Integrierte Unternehmensplanung

Andreas Mosler

Integrierte Unternehmensplanung

Anforderungen, Lösungen und
Echtzeitsimulation im Rahmen
von Industrie 4.0

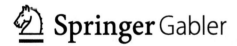 Springer Gabler

Sem 12
Mosl

Andreas Mosler
AEP AG
Hamburg, Deutschland

ISBN 978-3-658-08751-7   ISBN 978-3-658-08752-4   (eBook)
DOI 10.1007/978-3-658-08752-4

Die Deutsche Nationalbibliothek verzeichnet diese Publikation in der Deutschen Nationalbibliografie; detaillierte bibliografische Daten sind im Internet über http://dnb.d-nb.de abrufbar.

Springer Gabler
© Springer Fachmedien Wiesbaden GmbH 2017

Gedruckt auf säurefreiem und chlorfrei gebleichtem Papier

Springer Gabler ist Teil von Springer Nature
Die eingetragene Gesellschaft ist Springer Fachmedien Wiesbaden GmbH
Die Anschrift der Gesellschaft ist: Abraham-Lincoln-Str. 46, 65189 Wiesbaden, Germany

Vorwort

Die integrierte Unternehmensplanung ist ein seit vielen Jahrzehnten bekanntes Konzept zur zielgerichteten Koordination betrieblicher Entscheidungen. In den 1970er Jahren bis weit in die 1990er Jahre gab es eine Vielzahl von wissenschaftlichen Arbeiten zu diesem Thema. Der Nutzen integrierter Planungsrechnungen ist weitgehend unbestritten. Das Nutzenversprechen ist jedoch bis heute eher frommer Wunsch als Wirklichkeit. Zahlreiche Studien zeigen, dass 80 % der Unternehmen mit ihren Planungsprozessen unzufrieden sind. Fast ebenso viele Unternehmen sehen eine integrierte Planungsrechnung nach wie vor als „Fernziel" und wollen in Zukunft eine solche realisieren. Ferner werden seit vielen Jahren lange Planungsdauern, fehlende Flexibilität, hoher Ressourcen-Einsatz und mangelnde Qualität der Planungsresultate beklagt.

Globalisierung, verschärfter Wettbewerb, instabile Finanzmärkte und große Umbrüche im Rahmen der Digitalisierung führen in vielen Branchen zu immer volatileren Märkten. Schwerfällige und starre Planungsprozesse von drei bis vier Monaten Dauer sind in diesem ökonomischen Kontext inzwischen nicht nur überholt, sondern machen eine zeitnahe Reaktion und Steuerung nahezu unmöglich. Rollierende Forecast-Prozesse, die zeitnah auf veränderte Marktdaten reagieren und dabei auf Basis *aller relevanten Einflussgrößen* Projektionen der wesentlichen Zielgrößen erlauben, sind heute für die meisten Unternehmen eher „Science Fiction" als Realität. Unternehmen, die für die Erstellung von Prognosen und Forecasts „nur" wenige Wochen benötigen, werden als „Best in Class" gefeiert.

Dies zeigt jedoch eine große Diskrepanz zu dem regelrechten „Hype", der mittlerweile rund um die „Begriffswolke" der Digitalisierung entstanden ist. Wie schon in den 1990er Jahren im Rahmen der CIM-Bewegung werden heute erneut Visionen mit Schlagworten wie *vollständige Integration* und *Echtzeitsteuerung* diskutiert. Statt wie früher im Rahmen von CIM sind heute Digitalisierung, Industrie 4.0 und Internet der Dinge die Stichworte. Integrierte Planungsrechnungen in „Echtzeit" kommen in den ganzen Diskussionen zum Thema Industrie 4.0 allerdings nicht vor. Echtzeitsteuerung und Integration werden vorwiegend aus einer technischen Perspektive erörtert. Dabei stehen Fragen wie echtzeitnahe Rückmeldedaten, Durchlaufzeitenverkürzung, neue digitale Geschäftsmodelle, Lieferzuverlässigkeit, Wandlungsfähigkeit und Individualisierung (Losgröße 1) der Produkte im Vordergrund. Eine nur an technischen Parametern ausgerichtete Echtzeitsteuerung ergibt jedoch ohne gleichzeitige Betrachtung der finanzwirtschaftlichen Konsequenzen keinen Sinn.

Vor dem Hintergrund extrem großer Datenmengen und komplexer Planungsmodelle ist für die Anwendung der integrierten Planungsrechnung in der Unternehmenspraxis der Einsatz leistungsfähiger Computer-Hardware und -Software unerlässlich. Leistungsfähige Hardware ist heute zu extrem niedrigen Preisen verfügbar. Geeignete Software wird man jedoch, von ganz wenigen Ausnahmen abgesehen, vergeblich suchen.

Integrierte Planungsrechnungen liegen erst dann vor, wenn die leistungswirtschaftliche Ebene lückenlos mit der finanzwirtschaftlichen Ebene verbunden wird. Die Teilpläne des leistungswirtschaftlichen Bereiches repräsentieren die Realgütersphäre und sind ausgedrückt in Mengen- und Zeitmaßen. Hierzu zählen bspw. die Absatz-, Produktions-, Kapazitäts-, Beschaffungs- und Beständeplanung.

Die finanzwirtschaftliche Ebene beinhaltet lediglich eine monetäre Bewertung und Aggregation der Leistungswirtschaft in Form von Erfolgs-, Finanz- und Bilanzplänen. Daraus folgt, dass im Kontext der Planung auf der finanzwirtschaftlichen Ebene nur *Sekundär-Pläne* zu verorten sind. Die Instrumente der monetären Finanz- und Erfolgsplanung und der innerbetrieblichen Kosten- und Leistungsrechnung sind heute weit entwickelt und finden in vielen Unternehmen Anwendung. Die große Mehrheit der Unternehmen konzentriert seine Planungsprozesse bis heute überwiegend auf die finanzwirtschaftliche Ebene, ohne eine umfassende Integration der leistungswirtschaftlichen Ebene. Diese Trennung zeigt sich auch in den zur Erstellung der Planungsrechnung eingesetzten Softwaresystemen. Die Leistungswirtschaft ist die Domäne der ERP- und PPS-Systeme. Die Ebene der Finanzwirtschaft wird in über 80 % der Unternehmen von Tabellenkalkulationssoftware und ergänzender Finanzplanungssoftware dominiert.

Dieses Buch soll dazu dienen, auf Basis einer gründlichen Bestandsaufnahme die *aktuellen Probleme* der Unternehmenspraxis herauszuarbeiten. Ferner soll gezeigt werden, wie eine integrierte leistungs- und finanzwirtschaftliche Planungsrechnung konkret aussehen kann und welche *Anforderungen* sich daraus für Softwaresysteme ergeben. Diese Anforderungen werden ergänzt um neue Anforderungen, die sich aus den Visionen rund um die Digitalisierung und Industrie 4.0 ergeben. Schließlich wird gezeigt, welche *Lösungen* bereits heute existieren, um aktuellen und zukünftigen Anforderungen zu begegnen. Diese Lösungen existieren bereits weitgehend in Form von sogenannten AEP-Systemen. AEP steht als neue Softwaresystemklasse für „**A**dvanced **E**nterprise **P**lanning" und ermöglicht eine vollständige Integration der Leistungs- und Finanzwirtschaft in Echtzeit. Dabei wird zusätzlich ein kurzer Überblick zum aktuellen Entwicklungsstand der Applikation AEP I 4.0 gegeben.

Ich danke Dr. Timm Gudehus für die vielen wertvollen Hinweise und Ratschläge bei der Konzeption dieses Buches. Danken möchte ich ferner der Verlagslektorin Susanne Kramer für die sorgfältige und gründliche Beratung bei der Gestaltung des Manuskriptes. Meiner Frau Ute und meiner Tochter Laura danke ich ganz herzlich, da sie auf viele gemeinsame Wochenenden und diverse Urlaube verzichtet haben, damit dieses Buch neben meiner beruflichen Tätigkeit entstehen konnte. Ihnen widme ich dieses Buch.

Andreas Mosler

Inhaltsüberblick

Inhaltsverzeichnis

Einleitung

"Jene, die die Praxis der Wissenschaft vorziehen, sind wie Schiffer, die ohne
Steuerruder und ohne Kompass zu Schiffe gehen, sie sind nie sicher, wohin
sie gelangen."

Leonardo da Vinci

Dieses Buch ist ein Beitrag zum besseren Verständnis der operativen Planungsrechnung in
Industrieunternehmen. Dieses Verständnis ist von fundamentaler Bedeutung, wenn es darum geht, die Voraussetzungen für eine „betriebswirtschaftliche Mess- und Regeltechnik"
zu schaffen, die als Spiegelbild der technischen Mess- und Regeltechnik der Produktion,
die gegenwärtig mit dem Schlagwort Industrie 4.0 revolutioniert werden soll, vonnöten
sind. Seltsamerweise spielt die Integration der ökonomischen Planungsrechnung der im
Kontext von Industrie 4.0 so vielfach beschworenen „Echtzeitsteuerung" und Planung bisher so gut wie keine Rolle. Die Diskussionen hierzu werden vielmehr und fast ausschließlich aus einer technischen und produktionswirtschaftlichen Perspektive geführt.

Deutsche Unternehmen „investieren" Studien zufolge zwischen 1 % und 2 % ihres Umsat-
zes für das jährlich wiederkehrende Ritual der operativen Unternehmensplanung. Für dieses
Ritual ist in einem Zeitraum von drei bis vier Monaten ein Großteil der Führungskräfte mit
Planungsaufgaben beschäftigt. Am Ende dieses Prozesses steht ein Planungsergebnis in
Form einer Plan-Erfolgs- und Plan-Finanzrechnung. Diese aggregierten Planungsrechnun-
gen bilden die quantitative Zusammenfassung der vereinbarten Ziele und beschlossenen
Maßnahmen. Meist haben sich jedoch die Prämissen und die relevanten Parameter des
Unternehmensumfeldes in diesem Zeitraum schon wieder signifikant verändert, womit die
Planungsrechnung oft schon wieder obsolet ist. Industrieunternehmen geben heute also
Milliarden von Euro aus, nur um am Ende eines langen Planungsprozesses ein qualitativ
schlechtes und zudem meist veraltetes Planungsergebnis zu erhalten.

Dies steht in einem deutlichen Kontrast zu der aktuell geführten Diskussion der Planung
und Steuerung in „Echtzeit" im Rahmen von Industrie 4.0.

Solange sich die Integrations- und Steuerungsvisionen von Industrie 4.0 rein auf die technische Dimension der Produktion beschränken, droht das gleiche „Desaster", wie es schon
bei dem I40-Vorläufer – dem Computer Integrated Manufacturing (CIM) – der Fall war.
Auch in der CIM-Ära war von „Echtzeit" und Integration technischer *und kaufmännischer*
Geschäftsanwendungen die Rede.

Die fehlende Berücksichtigung der monetären Geschäftsplanung im Industrie-4.0-Kontext
führt zu der Frage, welchen Sinn eine rollierende Planung und Steuerung der Produktion in
„Echtzeit" haben soll, wenn nicht das ökonomische Spiegelbild der digitalen Smart Factory
ebenso in „Echtzeit" verfügbar ist?

Die Systeme der doppelten Buchhaltung, Kostenrechnung und Produktionsplanung müssen nicht neu erfunden werden. Was sich jedoch grundlegend ändern muss, sind die zur ökonomischen Planung und Steuerung verwendeten Softwarewerkzeuge und die in diesen Werkzeugen abgebildeten Planungsmodelle. Die Qualität von Softwarewerkzeugen zur Planungsunterstützung hängt einerseits davon ab, inwieweit die in ihnen implementierten Planungsmodelle einen Bezug zur Realität, d. h. zum realen System haben. Andererseits müssen die Ergebnisse von Simulationen sofort, d. h. ohne nennenswerten Zeitverzug zur Verfügung stehen, wenn relevante Parameter und Einflussgrößen verändert werden. Eine hohe Rechengeschwindigkeit ist jedoch wertlos, wenn das verwendete Modell nicht zum realen System passt. Und genau in dieser Hinsicht besteht der größte Mangel im Hinblick auf die in den Planungsprozessen verwendeten Softwaresysteme. Aus diesem Grund macht es auch keinen Sinn, sie mit den Datenströmen der Smart Factory verbinden zu wollen. Selbst wenn man es wollte, wird es nicht gelingen, da diese Planungsmodelle mangels adäquater Datenstrukturen mit den Datenströmen der Produktion gar nichts anfangen könnten.

Wenn es gelingt, realitätsnahe Planungsmodelle in Softwaresystemen abzubilden und dabei auch noch Rechengeschwindigkeiten in „Echtzeit" zu realisieren, eröffnen sich ganz neue Möglichkeiten der Planung und Steuerung von Industrieunternehmen. Dann kann auch die Kopplung mit der Smart Factory gelingen, wobei dann jede Änderung in der Produktionsplanung *sofort* ihre Auswirkungen in der Erfolgs- und Finanzrechnung zeigt. Damit entstehen rollierende Simulationsrechnungen, deren Trigger permanent auf bestimmte Ereignisse und veränderte Datenkonstellationen reagieren.

Dafür muss jedoch keineswegs auf die Verwirklichung der Industrie-4.0-Visionen gewartet werden. Mit solchen neuen Planungswerkzeugen wäre auch „offline" schon eine dramatische Verbesserung der gegenwärtigen Situation möglich. Verantwortliche Manager oder Controller könnten jederzeit veränderte Parameter, Entscheidungssituationen etc. im Hinblick auf ihre ökonomischen Auswirkungen in wenigen Sekunden durchspielen. Heute werden dafür im Rahmen von Forecasts und Erwartungsrechnung nicht selten noch mehrere Wochen benötigt, wobei die Qualität aufgrund unzureichender Planungsmodelle und Systeme auch noch mangelhaft ist.

Die derzeit vorherrschenden Prozesse und Systeme der operativen Planung sind schon lange nicht mehr geeignet, um auf die zunehmende Volatilität der Märkte angemessen reagieren zu können. Zunehmende Internationalisierung, Digitalisierung, stark beschleunigte Kommunikationsprozesse, Finanz- und Währungskrisen sowie ein sich abzeichnender tiefgreifender Transformationsprozess der gesamten Wirtschaft erzeugen eine zunehmende Volatilität. Diese Volatilität scheint mehr und mehr zur neuen Normalität zu werden.

Im Hinblick auf diese Entwicklung erscheinen die verwendeten Planungs- und Steuerungssysteme zunehmend ungeeignet, da sie in und für eine Zeit überwiegender Stabilität entwickelt wurden. Wenn sich nichts ändert, gibt es auch keinen Grund zu planen. Weil sich aber das Umfeld der Unternehmen zunehmend volatiler verhält, muss darauf mit immer neuen Simulationen und Planungsalternativen reagiert werden. Man könnte meinen, dass in solchen Zeiten eher die Improvisation der Planung vorzuziehen sei. Dieser Irrtum könnte jedoch fatale Folgen haben. Planung und Improvisation haben gemeinsam, dass Entscheidungen getroffen werden müssen. Allerdings unterscheiden sich die möglichen Handlungsalternativen und der dadurch erreichbare Zustand meist ganz erheblich. Entscheidungen im

Rahmen von Improvisation müssen immer unter Zeitdruck und ohne Vorbereitung auf eine veränderte Situation getroffen werden. Improvisierte Entscheidungen führen meist zu schlechteren Ergebnissen als Entscheidungen, die weit vor Eintreten bestimmter Situationen entweder getroffen oder in verschiedenen Szenarien bereits durchgespielt wurden. Insofern haben Simulationen und Planungen nicht den Anspruch, die Zukunft vorhersehen zu können, sondern eher den Anspruch, das Systemverhalten besser zu verstehen und durch eine Vielzahl möglicher Simulationen die „Zukunft zu erinnern". Mit Zukunft erinnern ist gemeint, dass die zwangsläufig anders als geplant eintretenden Situationen besser bewältigt werden können, weil sie am Modell schon erlebt wurden.

Die ERP-Systeme bieten eine ausreichende Integration für die Transaktionen des Tagesgeschäftes. Dafür wurden diese Systeme auch entwickelt. Die Unterstützungsfunktionen für die Planung beschränken sich jedoch meist auf das PPS (Produktionsplanung und Steuerungssystem), das eine grobe Mengen- und Zeitplanung der benötigten Ressourcen zulässt. Eine integrierte Erfolgs- und Finanzplanung ist mit diesen Systemen nicht möglich.

Wie ein angemessenes Modell der Planungsrechnung aussehen sollte, welche variierbaren Einflussgrößen es aufweisen muss und wie sich ein solches Modell in die Simulationsmodelle der Produktion, die im Umfeld von Industrie 4.0 diskutiert werden, einfügen lässt, ist u. a. Thema dieses Buches. Die dabei herauszuarbeitenden Merkmale können zugleich ein Leitfaden für die Definition von Anforderungen und die gezielte Auswahl von Softwaresystemen für die Planungsrechnung sein oder zur kritischen Überprüfung der eigenen Planungsprozesse, -systeme und -modelle dienen.

Das Auf und Ab der Erzeugnisläger und Umlaufbestände, das ständige Vibrieren der Durchlaufzeiten, die permanenten Umplanungen von Auftragsreihenfolgen, Losgrößen, Terminen etc. haben einen direkten Einfluss auf den Gewinn oder Verlust des Industrieunternehmens, was im Verlauf dieses Buches noch ausführlich zu zeigen sein wird. Und dieses permanente „Atmen" der Fabrik wird in Zukunft unregelmäßiger werden und aufgrund der zunehmenden Volatilität zu immer größeren Ausschlägen führen. Systeme, die sich nur auf die verkaufsseitigen Einflussgrößen in Form von Erlösen und Kosten reduzieren, können diese Veränderungen weder abbilden noch in ihren Zukunftswirkungen simulieren.

Die Mengen-, Ressourcen- und Leistungsplanung (PPS) auf der einen und die in monetären Größen planende Finanzsphäre (Erfolgs-, Finanz- und Bilanzplanung) auf der anderen Seite sind bis heute im Prinzip noch völlig getrennte Welten in der Unternehmensplanungsrechnung. Die eher an technischen Zielen und Größen orientierte Produktionsplanung interessiert sich nicht für die ökonomischen Auswirkungen in der Erfolgs- und Finanzrechnung. Sie bezieht für die komparative Bewertung bestimmter Planungs- oder Prozessalternativen bestenfalls rudimentäre Kosten- oder Opportunitätskosten in die Planung mit ein. Die Erfolgs- und Finanzplanung wiederum interessiert sich nicht für die vom Produktionssystem ausgehenden Mengen-, Zeit- und Liquiditätswirkungen. In die finanzielle Planungsrechnung wird bestenfalls noch ein Abgleich zwischen Kapazitätsbedarf und Kapazitätsangebot einbezogen. Basis für den Kapazitätsabgleich sind geplante Absatzmengen, die häufig die einzige gemeinsame „Klammer" beider Welten darstellen. Man kann sich die Trennung dieser beiden Welten so vorstellen, dass sich die finanzielle Planungsrechnung „gedanklich" nur ab der Habenseite (Ausgangsseite) des Fertigwarenlagers vollzieht. Alle zeitlich vorgelagerten Transformationsvorgänge im industriellen Wertschöpfungsprozess werden damit ausgeblendet. Demgegenüber erstreckt sich die Mengen-, Ressourcen- und Leistungsplanung der Produktion von der Beschaffungsseite (Ressourcen) über den industriellen Transformationsprozess (Mengen und Leistungen) bis hin zur Sollseite (Eingangsseite) des Fertigwarenlagers.

Bei zunehmender Volatilität zeigen sich in vielen Unternehmen dann oft große Überraschungen. Die zunehmende Entkopplung von Produktion und Absatz ruft dann oft großes Erstaunen im Hinblick auf starke Ergebnisschwankungen hervor. Ferner reift die Erkenntnis, dass bisher als variabel eingestufte Kosten gar nicht so variabel sind. Das stellen auch Kämmler-Burrak in ihrer Beschreibung einer „modernen Kosten- und Ergebnissteuerung" vor dem Hintergrund der Finanzkrise 2007 fest:

„Der Rückgang der Produktmengen zeigt vielfach, dass eine Reihe von als variabel angenommenen Kostenelementen tatsächlich eher Fixkostencharakter besitzen."[1]

Auch im Hinblick auf die derzeit umfangreich diskutierte Vision von Industrie 4.0 kann man feststellen, dass man sich fast ausschließlich an technischen Größen der Produktionsplanung und -steuerung orientiert. Dabei geht es meist um hochauflösende Produktionsrückmeldedaten in „Echtzeit", dramatisch verkleinerte Losgrößen (Losgröße 1), „Echtzeiteinblicke" in die Fabrik usw.

Die ökonomische Seite der „Echtzeitsteuerung" wird dabei jedoch komplett ausgeblendet. Das ist mehr als erstaunlich, da die technischen Orientierungsgrößen der Produktion allein (Zeit, Qualität, Mengen) keine zielkonforme Beeinflussung der unternehmerischen Lenkungsgrößen (Erfolg und Liquidität) sicherstellen können. Vor diesem Hintergrund ist Adam zuzustimmen, der bereits in den 1990er Jahren erkannte:

„Die traditionellen PPS-Systeme orientieren sich in erster Linie an technischen Zielen. Aus diesem Grund erlauben sie es nicht, die ökonomischen Wirkungen bestimmter Steuerungen zu verdeutlichen. In künftigen Steuerungskonzepten muss eine Orientierung an den ökonomischen Wirkungen erfolgen, d. h., derartige Systeme müssen die Möglichkeit eröffnen, den Einfluss einer Steuerung auf die Kosten und Erlöse und die Kapitalbindung zu analysieren. Erst diese ökonomische Bewertung schafft die Voraussetzungen, um die Fertigungssteuerung mit den Unternehmenszielen rückzukoppeln ... Durchlaufzeit- und Kostenkalküle sind keinesfalls stets identisch, da eine veränderte Durchlaufzeit durchaus zu steigenden, aber auch sinkenden Kosten führen kann"[2]

Bogaschewsky stellte in seinem Geleitwort zur Habilitationsschrift von Rollberg fest:

„Die Koordination betrieblicher Entscheidungen ist eines der ältesten Probleme der Betriebswirtschaftslehre und stand viele Jahrzehnte im Mittelpunkt der betriebswirtschaftlichen Forschung. Doch seit einigen Jahren scheint dieses komplexe Grundproblem vor dem Hintergrund einer verstärkten Diskussion moderner angloamerikanischer Schlagworte und Managementkonzepte immer mehr in Vergessenheit zu geraten. Erst mit der Entwick-

---

1   Kämmler-Burrak, Wieland, Brancheneinblicke in die Produktionssteuerung, in: Gleich et al., Moderne Kosten- und Ergebnissteuerung 2010, S. 191
2   Adam, Produktionsmanagement, S. 614

lung sogenannter „Advanced Planning and Scheduling Systems" ist in jüngster Zeit in Theorie und Praxis eine Rückbesinnung auf die klassischen Instrumente einer integrierten und engpassorientierten Planung zu verzeichnen, die sich allerdings vorwiegend mit eher kurzfristigen realwirtschaftlichen Fragestellungen auseinandersetzt."[3]

Die Kosten für den Prozess der operativen Unternehmensplanung werden heute auf 1–2 % vom Umsatz geschätzt. So werden beispielsweise die Kosten des Planungsprozesses bei Ford auf rund 1,2 Milliarden Euro pro Jahr beziffert.[4]

Die Zeit ist also mehr als reif, die Unternehmensplanungsprozesse und die dabei zur Anwendung kommenden Verfahren und Modelle grundlegend zu verändern.

Mit der Einführung von „Real-Time"-Simulationssystemen, die sowohl die Mengen- und Zeitstrukturen der Produktion als auch die ökonomischen Strukturen der Erfolgs- und Finanzplanung in einer Systemumgebung vereinen, könnten erhebliche Verbesserungen erzielt werden.

Solche AEP–Systeme („Advanced Enterprise Planning") könnten die Kosten für den Prozess der Planungsrechnung fast unter die Wahrnehmungsschwelle drücken. Ein System, das alle relevanten Planungsparameter in Sekunden durchrechnen kann, verursacht nicht mehr Kosten als die Durchrechnung einer kleinen Excel-Tabelle. Solche Systeme haben eine kürzere Amortisationsdauer als es der heutigen Planungsdauer (3–4 Monate) des operativen Planungsprozesses entspricht.

Es gab Ende der 1960er und Anfang der 1970er Jahre diverse theoretische Ausarbeitungen zu dem Thema der integrierten Unternehmensplanung. Zu den Autoren zählten bspw. Chmielewicz und Laßmann. Chmielewicz hat ausdrücklich darauf hingewiesen, dass es nicht interessieren soll, bis zu welchem Umfang solche Planungsmodelle in IT-Systemen abbildbar sind. Laßmann hat zum Abschluss seines Werkes über die Betriebsplanerfolgsrechnung ausgeführt, dass es laut Experten von IBM mindestens bis zum Jahr 2000 dauern würde, bis derart komplexe Planungsrechnungen rechentechnisch in akzeptabler Zeit bewältigt werden könnten.[5] Das war 1968!

Die Begrenzungen, die Laßmann und Chmielewicz in den 1960er und 1970er Jahren zur Recht gesehen haben, sind heute weggefallen. Es ist also an der Zeit, die Visionen der ganzheitlich integrierten Planung nunmehr umzusetzen. Dies wäre sozusagen der Schlussstein einer integrierten Unternehmensplanungsrechnung. Vor dem Hintergrund zunehmender und weithin spürbarer Volatilität und den Entwicklungslinien, die Industrie 4.0 vorzeichnet, wird die Zeit solcher Systeme mit Sicherheit in naher Zukunft kommen.

Es gibt bereits erste, sehr vielversprechende Ansätze, die geeignet sind, diese Vision Wirklichkeit werden zu lassen. Die meisten der heute in der Industrie-Praxis eingesetzten Systeme zur Planungsunterstützung haben erhebliche Mängel im Hinblick auf die Integration der Teilpläne und die „Real-Time"-Verarbeitung großer Datenmengen.

---

3 Bogaschewsky, in: Rollberg, Integrierte Unternehmensplanung, S. 6
4 Volkart, Corporate Finance, S. 957
5 Laßmann, Die Kosten- und Erlösrechnung als Instrument der Planung und Kontrolle in Industriebetrieben, S. 155

Die meisten Bücher zur Theorie der (optimierenden) integrierten Planungsrechnung haben den Nachteil, dass sie für den Praktiker schwer verständlich sind. Das liegt u. a. daran, dass diese Werke i. d. R. streng wissenschaftlich und die vorgestellten Planungsmodelle sehr formal beschrieben sind und sich dabei notwendigerweise der Sprache der Mathematik bedienen. Das vorliegende Buch soll aber insbesondere auch den Unternehmenspraktikern und den beratenden Praktikern helfen, die Struktur und Wirkungsweise von ganzheitlichen Unternehmensplanungsmodellen zu verstehen und nachzuvollziehen. Daher wurden im Rahmen dieses Buches zur Erläuterung der Grundzusammenhänge leicht nachvollziehbare mathematische und formale Beschreibungen gewählt. Der interessierte Leser kann als optionales Begleitmaterial zu diesem Buch jedoch auch diverse Beispielmodelle in programmierter Form über den Verlag beziehen. Diese Beispielmodelle beinhalten alle wesentlichen Elemente der integrierten Planungsrechnung (integrierte Absatz-, Produktions-, Erfolgs- und Finanzplanung). Der Leser kann die Wirkungsweise der Planungsmodelle anhand eines Modellunternehmens der metallverarbeitenden Industrie sehr einfach nachvollziehen und dabei die implementierte Rechenlogik im Detail mit eigenen Simulationen testen und verstehen.

Vor dem Hintergrund der beschriebenen Probleme der integrierten Planungsrechnung soll dieses Buch eine Lücke in zweierlei Hinsicht schließen. Zum einen mangelt es in der Literatur an geeigneten Darstellungen, die die Zusammenhänge einer integrierten Absatz- und Produktionsmengenplanung einerseits und einer integrierten Ergebnis-, Finanz- und Bilanzplanung andererseits aufzeigen. Ein Blick in die einschlägige Literatur der Produktionsplanung und -steuerung zeigt, dass hier das Thema Planung ausschließlich in dem Spannungsfeld von Mengen, Terminen, Losgrößen, Reihenfolgen und Beständen behandelt wird. Die Einbettung der Produktionskostenplanung als resultierende Größe der Produktionsprogramm- und Prozessplanung wird, wenn überhaupt, dann nur am Rande, meist jedoch überhaupt nicht behandelt. Die Liquiditäts- und Bilanzseite wird in der Produktionsplanung überhaupt nicht betrachtet. Auf der anderen Seite zeigt ein Blick in die gängige Literatur des Controllings und der finanziellen Unternehmensplanung, dass hier ausschließlich mit monetären Größen und deren kosten- und finanzwirtschaftlicher Verflechtung hantiert wird. Eine systematische Verbindung zur Produktionsprogramm- und Prozessplanung wird man hier wiederum vergeblich suchen. Diese in der Literatur sowie Lehre und Studium vorherrschende Zweiteilung findet sich auch nahezu flächendeckend in der Planungspraxis deutscher Industrieunternehmen.

Dabei sind die Produktionsplanung und die Ergebnis-, Finanz- und Bilanzplanung wie zwei Seiten einer Medaille. Sie gehören eigentlich untrennbar zusammen und ergeben nur über eine konsequente Integration ein sinnvolles Ganzes. Dieses Buch soll u. a. dabei helfen, die Gründe für die bisherige Trennung dieser beiden „Welten" herauszuarbeiten, sowie Wege aufzuzeigen, wie die ganzheitliche Integration beider Sphären sowohl inhaltlich, methodisch als auch IT-technisch gelingen kann. Dabei wird deutlich werden, welche enormen wirtschaftlichen Vorteile hieraus erwachsen können und mit welchen Risiken in Zukunft bei Beibehaltung dieser künstlichen Trennung zu rechnen sein wird.

Inzwischen erkennen immer mehr Industrieunternehmen, Verbände und Berater, dass im Hinblick auf die finanzielle Unternehmensplanung und Steuerung im Rahmen der Industrie-4.0-Entwicklung in der Tat ein großer Entwicklungsbedarf besteht. Konsens aus verschiedenen Veranstaltungen (bspw. 28. Stuttgarter Controller Forum)[6] und Studien (bspw. Roland Berger)[7] ist derzeit, dass im Controlling neue Ansätze zu dieser Thematik entwickelt werden müssten. Ein zentrales Anliegen dieses Buches ist es, den Handlungsbedarf nicht nur zu erkennen, sondern konkrete Nutzenpotenziale, Konzepte, Methoden und Techniken zu beschreiben, die im Hinblick auf die neuen Anforderungen zielführend sind.

Das Problem mangelhafter Planungsrechnungen lässt sich direkt oder indirekt auch in der Wirtschaftsberichterstattung verfolgen. Zwei Beispiele der jüngeren Vergangenheit sollen hierzu kurz geschildert werden.

Ein prominentes Beispiel konnte vor einiger Zeit beim Baukonzern Bilfinger verfolgt werden. Das im MDax notierte Unternehmen Bilfinger musste innerhalb von nur 14 Wochen seine Ergebnisprognose für das laufende Geschäftsjahr viermal erheblich nach unten korrigieren. Die Prognose des EBITA wurde im Juli um 30 Millionen Euro, im August um 40 Millionen Euro und im September nochmals um 80 Millionen Euro gesenkt.

Dies entspricht einer Absenkung der EBITA-Prognosen innerhalb weniger Wochen um 150 Millionen Euro (–40 %)!

Damit einhergehend brach der Aktienkurs des Unternehmens in diesem Zeitraum um fast 50 % ein und der CEO, Roland Koch, wurde kurzerhand entlassen. Sein Nachfolger war zugleich sein Vorgänger. Herbert Bodner war nach Amtsantritt von Koch in den Aufsichtsrat gewechselt und sollte nunmehr interimsmäßig erneut die Führung des Konzerns übernehmen. Kurz nach dem Amtsantritt von Bodner musste die Ergebnisprognose erneut deutlich gesenkt werden. Daraufhin musste der CFO, Joachim Müller, den Vorstand des Konzerns verlassen. Das Finance-Magazin titelte „Planungschaos bei Bilfinger"[8] und es wurden in der Presse immer wieder Fragen nach dem Planungsprozess bei Bilfinger aufgeworfen. Die Probleme bei Bilfinger sind eindeutig auf gravierende Mängel im Hinblick auf die Integration, Koordination, Vollständigkeit und Qualität der Planungsprozesse und der Planungsrechnung zurückzuführen.

Ein weiteres Beispiel ist der mittelständische Industriekonzern GESCO. Die GESCO AG muss ihren Aktionären seit geraumer Zeit immer wieder aufs Neue erklären, dass die zuletzt abgegebenen Ergebnisprognosen trotz steigender Umsätze nicht gehalten werden können. Dazu führt der Vorstand im Geschäftsbericht 2014/2015 aus:

„Trotz eines engmaschigen Netzes aus Controlling und Reporting, Risikomanagement und regelmäßigen Gesprächen sind die beiden erwähnten Unternehmen in Schwierigkeiten geraten. Wir nehmen dies zum Anlass, unsere Prozesse und generell unseren Umgang mit den Tochtergesellschaften kritisch zu hinterfragen und bei Bedarf anzupassen."[9]

---

6   http://www.isreport.de/news/controller-muessen-sich-kuenftig-um-big-data-kuemmern/

7   http://www.rolandberger.de/pressemitteilungen/Operations_Effizienz_Radar_2015.html

8   http://www.finance-magazin.de/strategie-effizienz/investorenkommunikation/planungschaos-bei-bilfinger/

9   GESCO, Geschäftsbericht 2014/2015, S. 10, http://www.gesco.de/fileadmin/templates/media/pdf/bkk2015/gesco-gb-2014-2015-d.pdf

Auch bei der GESCO AG gibt es offenbar große Probleme mit der Qualität der internen Planungsrechnung. Nur wenige Monate nach seiner letzten Prognose hatte der Vorstand bei fast gleichem Umsatzniveau einen Ergebnisrückgang von fast 20 % einräumen müssen. Börse Online titelte daraufhin: „GESCO Aktie: Vertrauen erst mal verspielt"[10].

Die aufgezeigten Beispiele sind jedoch keine Einzelfälle, die auf spezifische Probleme bei Bilfinger oder GESCO zurückzuführen wären. Es handelt sich vielmehr um ein Problem, das auf eine Vielzahl von Industrieunternehmen zutrifft. Beispiele hierfür ließen sich in Hülle und Fülle finden. Vor dem Hintergrund der zunehmenden Volatilität der Märkte und der immer wichtiger werdenden Planung und Steuerung mit kurzen Reaktionszeiten werden sich die Probleme in naher Zukunft mit Sicherheit erheblich verschärfen. Dabei werden die bisherigen Mängel der isolierten Teilplanungen sowie der ineffizienten Softwarelösungen noch viel deutlicher zu Tage treten als bisher.

Es ist eigentlich erstaunlich, dass in der Sphäre der Planungsrechnung in den letzten 40 Jahren keine nennenswerten methodischen Fortschritte erzielt wurden.

Trotzdem soll der Versuch einer zumindest ansatzweisen Erklärung unternommen werden:

Das Problem fehlender Integration war schon einmal, in den 1970er und 1980er Jahren, ein äußerst dringendes. Dabei ging es jedoch um die Integration der Transaktionsdaten, die auf Ebene der täglichen Geschäftsprozesse anfallen. Der Erfolg der Firma SAP gründete genau auf der Lösung dieser drängenden Probleme, nämliche auf *Integration und Echtzeit*. Das Kürzel SAP R/3 steht für „Systeme, Anwendungen und Produkte" wobei das R für „*Real-Time*" und die 3 für die Programmversion steht. Auf der Transaktionsebene des Tagesgeschäftes sind die Welten der Produktion und der Finanzen heute, wie selbstverständlich, durch ERP-Systeme miteinander verbunden. Bis Mitte der 1970er Jahre waren auch die Transaktionssysteme allerdings meist in völlig verschiedenen Applikationen beheimatet.

Genau das also, was auf der Transaktionsebene heute selbstverständlich ist, fehlt auf der Planungsebene meist noch komplett. Die ERP-System können dafür nicht verwendet werden, weil sie auf Transaktionsverarbeitung ausgelegt sind. Daher haben sie die Unternehmen mit dem Aufkommen der Tabellenkalkulation in den 1980er Jahren ihre eigenen (finanzorientierten) Planungslösungen „gestrickt" und diese mit den ERP-Systemen verbunden und zum Teil ergänzt um spezielle Finanzplanungssoftware. Dieser „Dreiklang" ist bis heute vorherrschend, ist aber zugleich eine der wesentlichen Ursachen für Planungsdauern von drei bis vier Monaten, hohe Fehleranfälligkeit und fehlende Integration.

Man kann die derzeitige Situation der Planungsrechnung durchaus mit dem Zustand der transaktionsverarbeitenden Systeme von vor 40 Jahren vergleichen. Bis Anfang der 1970er Jahre waren die Dispositions- und Abrechnungssysteme für betriebliche Transaktionen noch überwiegend isoliert. Man sprach demgemäß auch von sogenannten „Insellösungen". Zwischen den Systemen der Finanzbuchhaltung, Betriebsbuchhaltung (Kosten- und Leistungsrechnung), Lagerwirtschaft sowie der Produktions- und Zeitwirtschaft gab es in der Regel keine Integration. Es handelte sich um jeweils eigenständige Programme, die häufig in verschiedenen Programmiersprachen entwickelt wurden und zudem an herstellerspezifi-

---

10   Börse Online, http://www.boerse-online.de/nachrichten/aktien/Gesco-Aktie-Vertrauen-erst-mal-verspielt-1000702536

sche Hardware gebunden waren. Die Integration wurde entweder über aufwendige Datentransfers mit zuvor umständlich zu vollziehenden Datenformatumwandlungen sichergestellt oder durch Mehrfacherfassungen in den unterschiedlichen Systemen. Dieser Zustand änderte sich erst mit dem Aufkommen der ersten integrierten Systeme. Die Firma SAP, gegründet 1972, war Pionier auf dem Gebiet der Integration von Geschäftsanwendungen. Der bis heute überragende Geschäftserfolg der Firma SAP gründete genau auf diesem Integrationsgedanken. Neben der Integration war die damals noch revolutionäre „Real-Time"-Verarbeitung ein wesentlicher Grundpfeiler des Erfolges von SAP.

„Als SAP in den Markt startete, dominierte das Batch-Prinzip die Datenverarbeitung. Das bedeutete, dass die zu verbuchenden Geschäftsvorfälle zuerst von Datatypistinnen an speziellen Erfassungsgeräten eingegeben, abgespeichert und dann zeitversetzt – etwa abends oder zu einem bestimmten Stichtag – bei einem Programmdurchlauf im Rechenzentrum im „Stapel-Verfahren" (Batch) vom Computer verarbeitet wurden. Das Problem bei diesem Verfahren war, dass die EDV den Unternehmensprozessen dadurch stets hinterherhinkte. So erlaubt das Batchverfahren keinen wirklich aktuellen elektronischen Überblick über relevante Geschäftsprozesse."[11]

Doch Real-Time-Processing und Dialogbetrieb waren in Wirklichkeit nur technische Mittel zum Zweck. Die aus damaliger Sicht durchschlagende Innovation bestand darin, erstmals die verschiedenen betriebswirtschaftlichen Informationskreise per Computer zu einem integrierten Ganzen zu verbinden. *„Real-Time und Integration"* erklärt SAP-Mitbegründer Klaus Tschira, „waren für uns wie Bruder und Schwester".[12] Denn bis dahin waren betriebswirtschaftliche Daten entweder in zahlreiche Batch-Läufe zergliedert oder gar nicht elektronisch aufbereitet worden. Mit dem Aufkommen von Real-Time-Verarbeitung und Integration wurde die vereinte Erfassung und Auswertung von Geschäftsinformationen an einem Arbeitsplatz erstmals Realität.

Geschäftsprozesse, die sich vorher derart zersplittert auf mehrere Abteilungen (Abteilung kommt von „abteilen") verteilten, dass dieselben Informationen bei jeder Station neu erfasst werden mussten, konnten nun mit Hilfe des Computers zu überschaubaren Vorgängen zusammengefügt werden. „Es ging darum, ein jederzeit auskunftsbereites System verfügbar zu machen", so Klaus Tschira.[13] Bei Computerfachleuten derjenigen Großunternehmen, die ihre Software bis dahin noch selbst entwickelt hatten, stieß SAP von Anfang an oftmals auf Widerstand. Die mit den Eigenentwicklungen betrauten Mitarbeiter, zuweilen Hüter eines längst unentwirrbaren „Spaghetti-Codes" von Spezialprogrammen, sahen durch den Einsatz vorgefertigter Programme ihre Arbeitsplätze gefährdet. Auch EDV-Leiter fürchteten nach dem Vorstandsentscheid für die Einführung integrierter Gesamtsysteme um ihren Status als Oberbefehlshaber eines stehenden Heeres hauseigener Programmierer.[14]

Wenn man die damalige Situation der Transaktionsverarbeitung mit der heutigen Situation der betrieblichen Planungsprozesse vergleicht, fallen gleich mehrere Parallelen auf:

---

11 Meissner, SAP, die heimliche Software-Macht, S. 38
12 Meissner, SAP, die heimliche Software-Macht, S. 44
13 Ebd.
14 Ebd. S.46

In der Welt der Planungsprozesse und -systeme dominiert nach wie vor das „Inselprinzip".
Für die Erstellung einer wirklich integrierten Unternehmensplanungsrechnung wird heute
in den meisten Unternehmen ein Softwaremix aus ERP-System, einem unüberschaubaren
Wildwuchs an Spreadsheets und selbstentwickelten oder standardisierten Finanzplanungsapplikationen eingesetzt. Die heute zahlreich am Markt angebotene Planungssoftware stellt
fast ausnahmslos Funktionen einer sogenannten *statischen Plan-Buchhaltung* bereit, d. h.,
alle relevanten Teilbereiche der Planung werden auf Basis einer Buchhaltungsarithmetik in
Form von Konten/Kostenstellen abgebildet. Eine Verbindung zu den vorgelagerten Zeit-
und Mengenrelationen der Produktion fehlt vollständig. Diese Vorgehensweise ist für ein
Industrieunternehmen jedoch gänzlich ungeeignet. Viele Unternehmen verzichten auf eine
integrierte Planungsrechnung, weil ihnen die Umsetzung zu komplex erscheint. Angesichts
der Unmöglichkeit, innerhalb eines ERP-Systems eine vollständig integrierte Planungsrechnung durchzuführen, drängt sich die Frage auf, warum es bis heute keine wirklich
ernsthaften Bemühungen gibt, diesen Zustand zu verändern. Hierfür könnten zwei Dinge
ausschlaggebend sein:

Es besteht nach wie vor ein Mangel an Softwaresystemen, die eine planungslogisch fundierte Integration sämtlicher Teilpläne bei vernachlässigbarer Rechenzeit ermöglichen.
Zwar wird von den meisten Planlungssoftwareanbietern behauptet, sie böten eine vollständige Integration, jedoch zeigt sich bei näherer Hinsicht nur eine rein buchhalterische und
finanzgetriebene „Schein-Integration". Genauso hätten Anbieter von Buchhaltungssoftware
in den 1970er Jahren argumentierten können, sie böten eine vollständige Integration aller
Geschäftsbereiche. Diese Aussage wäre im Hinblick auf die pagatorische Abbildung von
Wertgrößen auch nicht falsch, sondern lediglich unvollständig gewesen.

Noch bis weit in die 1990er Jahre hinein wurde in vielen Industrieunternehmen argumentiert, die Geschäftsprozesse seien so individuell, dass sie einer Standardisierung nicht zugänglich seien. Ähnliches hört man heute zu den Planungsprozessen. Angeblich sind die
Verfahren, Methoden und Prozesse der operativen Unternehmensplanung so unternehmensspezifisch, dass sie einer Standardisierung nicht zugänglich sind. Dieses Argument hat sich
hinsichtlich der Transaktionswelt der ERP-Systeme als falsch herausgestellt. Schon aus
diesem Umstand lässt sich die Frage ableiten, warum das für die „Planungswelt" anders
sein soll.

Nahezu jedes produzierende Unternehmen lässt sich nach dem gleichen Grundschema und
der gleichen Rechenlogik planerisch abbilden. Wäre dem nicht so, dann hätten die ERP-
Systeme niemals flächendeckend zum Einsatz kommen können, denn die Transaktionsebene zeigt letztlich nur eine feinere Daten-Granularität als die Planungsebene. Wie selbstverständlich erwarten verantwortliche Controller und Manager eine vollständige Integration
auf der Transaktionsebene, vernachlässigen diese aber auf der Planungsebene bzw. erklären
die fehlende Integration auch noch zum Führungsprinzip, da eine vollständig integrierte
Planung angeblich nur mit einem zentralistischen und streng hierarchischen Führungsprinzip vereinbar sei. Diese Annahme entbehrt jedoch jeder Grundlage, da hiermit eine Voraussetzung genannt wird, die so überhaupt nicht zutreffen kann: Die Annahme einer zentralistischen Planung kann sich eigentlich nur auf „optimierende" Planungsrechnungen beziehen,
da das Optimum nur erreicht werden kann, wenn alle Teilpläne genau so umgesetzt werden,
wie es im Rahmen der Optimierungsrechnung ermittelt wurde. Wie weiter unten noch gezeigt wird, haben Optimierungsrechnungen im Rahmen der Gesamtunternehmensplanung

jedoch bestenfalls akademischen Stellenwert. Die Praxis arbeitet derzeit nicht mit solchen Modellen und wird dies auch zukünftig nicht können.

Prof. Dr. Heinrich Müller, einer der Pioniere der Plaut-Gruppe, hat schon Anfang der 1990er Jahre die Forderung aufgestellt, dass integrierte Unternehmensplanungssysteme zukünftig in der Lage sein müssten, komplexe Datenmodelle von Industrieunternehmen in allen Detailstufen abzubilden und die Auswirkungen von Veränderungen unabhängiger Parameter ohne Zeitverzug und auf allen Darstellungsebenen sichtbar zu machen:

„Geschlossene Simulationsmodelle, die die bestehenden Kapazitäten eines Unternehmens etwa in Form eines komplexen Gleichungssystems beschreiben und die die Auswirkungen von Veränderungen unabhängiger Parameter ohne Zeitverzug und auf allen Darstellungsebenen sichtbar machen, sind für den großtechnischen Einsatz bisher noch nicht verfügbar. Derartige Unternehmensmodelle könnten im Zuge der Ermittlung der Plan-Bezugsgrößenmengen aufgrund des Absatz-Wunschprogramms selbsttätig und in vernachlässigbarer Zeit Engpässe aufdecken. Die Maßnahmen zur Vermeidung des zunächst nur rechnerisch ermittelten Engpasses, beispielsweise durch „Verdopplung" der installierten Engpasskapazität (durch Überlegung bezüglich eines Übergangs von Einschicht- zu Zweischichtbetrieb), sowie die Rückwirkungen auf das Absatzprogramm sollten sofort sichtbar gemacht werden können. Integrierte Planungs- und Simulationssysteme für die Datenstruktur von Groß-Unternehmen fehlen heute noch vollständig. Es bleibt daher zu wünschen, dass fortschrittliche Softwarehäuser nicht nur integrierte Abrechnungssysteme, sondern in Zukunft auch integrierte Planungssysteme anbieten, die die heute in größeren Industriebetrieben immer noch sehr zeitaufwendigen, teils EDV-maschinellen, teils manuellen Planungsaktivitäten – bis zwei Monate intensiver Arbeit sind die Regel – auf einen wesentlich kürzeren Zeitumfang reduzieren. Dann würde den Planungsfachleuten auch weit mehr Zeit als heute für kreative Überlegungen zur Verfügung stehen, insbesondere bezüglich aller Vorschläge zur Beseitigung von Engpässen."[15]

Diese Forderung ist vor dem Hintergrund der sich abzeichnenden Digitalisierung und immer volatilerer Märkte aktueller denn je. Eine Echtzeitsteuerung sollte sich nicht nur auf die Mengen- und Zeitgerüste in der Produktion beschränken, sondern im Rahmen ganzheitlicher integrierter Unternehmensmodelle eine vollständige Integration auf allen Detailebenen und zwischen allen Teilplänen sicherstellen.

Man kann sich natürlich die Frage stellen, warum ein weiteres Buch die mehr als reichhaltige Literatur zum Thema integrierte Unternehmensplanung noch erweitern soll. Nach Ansicht des Verfassers bezieht sich fast die gesamte Literatur zu diesem Thema, von ganz wenigen Ausnahmen abgesehen, auf sogenannte Optimierungsmodelle. Mit Hilfe dieser *Optimierungsmodelle* hat man versucht, praktisch nicht realisierbare Totalmodelle, die die Maximierung bestimmter Zielgrößen beinhalten, zumindest theoretisch darzustellen. Man findet dann in diesen Büchern am Anfang oder zum Schluss immer den Hinweis, dass solche Modelle in der Praxis nicht realisiert werden können.

Dies ist für die Praxis natürlich wenig hilfreich und daher hat dieses Thema auch keinen nennenswerten Eingang in die Praxis gefunden. Die Unternehmenspraxis beschränkt sich

---

15   Müller, Prozesskonforme Grenzplankostenrechnung, S. 193

im Rahmen der Planungsrechnung daher ausschließlich auf *Ermittlungsmodelle*. Im Hinblick auf diese Ermittlungsmodelle ist es jedoch erstaunlich, dass diese in der Literatur entweder nur ganz grob verbal und grafisch (mit Schaukästchen, Pfeilen etc.) dargestellt werden oder nur rein buchhalterisch.

Der Leser soll mit diesem Buch ein Gefühl dafür bekommen, wie eine integrierte Unternehmensplanungsrechnung sowohl die Absatz-, Produktionsmengen-, Lager- und Zeiteffekte als auch die resultierenden Finanzflüsse rechnerisch korrekt und im Detail darstellen muss, damit überhaupt sinnvolle Aussagen abgeleitet werden können. Wie noch zu zeigen sein wird, ist dies mit der rein finanzorientierten Planungsrechnung (gleichgültig, ob integriert oder nicht) unmöglich. Ferner soll der Leser einen Leitfaden an die Hand bekommen, wenn es darum geht, die reichlich am Markt vorhandene Spezialsoftware für Unternehmensplanungsrechnung einerseits kritisch zu beurteilen und andererseits seine konkreten Anforderungen an solche Systeme im Detail beschreiben zu können. Entscheider in Industrieunternehmen sind häufig aufgrund der spärlichen Angaben der Hersteller und auch aufgrund mangelnder eigener Klarheit über das Anforderungsprofil kaum in der Lage, eine fundierte Bewertung der angebotenen Softwarelösungen vornehmen zu können.

Es stellt sich auch die Frage, warum es bisher offensichtlich nicht gelungen ist, ein integriertes System der Planungsrechnung für Industrieunternehmen zu entwickeln?

Daran schließt sich direkt die Frage an, warum die Rechenzeiten so extrem lang sind, wenn man mit den herkömmlichen Softwaresystemen zur Planungsunterstützung (ERP, Excel, Finanzplanungssoftware) eine integrierte Mengen-, Ressourcen- und Leistungsplanung mit einer Erfolgs- und Finanzplanung verbinden wollte?

Und welche Anforderungen sind an ein Softwaresystem der Planungsrechnung zu stellen, das einerseits eine vollständige Integration erlaubt und andererseits die Rechenzeiten so weit reduziert, das von „Real-Time"-Simulation gesprochen werden kann? Antworten auf diese und andere Fragen soll das vorliegende Buch geben.

Zunächst wird in *Kapitel 1* neben einem kurzen Ausflug in die Historie der integrierten Unternehmensplanung der Stand der heutigen Planungspraxis in deutschen Industrieunternehmen untersucht. Hierzu wurden verschieden Studien zur Praxis der Unternehmensplanung in Deutschland ausgewertet. Ferner wird ein kurzer Überblick bezüglich „neuartiger" Planungsansätze vorgenommen sowie deren Lösungsbeitrag zu den derzeitigen Problemen der Unternehmensplanung untersucht.

Das *Kapitel 2* beschreibt die für Industrieunternehmen relevanten Einflussgrößen (Treiber) verschiedener Teilpläne bis zu ihrer planungslogischen Vernetzung auf der finanzwirtschaftlichen Wertebene. Als Ausgangspunkt dient die Produktionsplanung als Zentrum der leistungswirtschaftlichen Planung sämtlicher Mengen- und Zeitstrukturen. Die wesentlichen Konzepte zur Messung von Kosten und Leistungen werden überblicksartig beschrieben, da dem Verständnis der Grundzusammenhänge der betrieblichen Kosten- und Leistungsrechnung eine zentrale Rolle hinsichtlich der Gestaltung der (Unternehmens-)Planungsrechnung zukommt. Den Schwerpunkt bildet Kapitel 2.6, in dem die Einflussgrößen der Beschaffungs-, Absatz-, Produktions- und Ressourcenplanung zu einem Gesamtplanungsmodell zusammengeführt werden.

In *Kapitel 3* werden die in Kapitel 2 gewonnen Erkenntnisse für die Formulierung von Anforderungen an Softwaresysteme für die Unternehmensplanung genutzt. Dabei werden sowohl die Defizite derzeitiger Lösungen diskutiert als auch die sich daraus ergebenden Verbesserungspotenziale aufgezeigt.

Die in Kapitel 3 erarbeiteten Anforderungen werden in *Kapitel 4* weiter vertieft, indem die aktuellen Entwicklungen zum Thema Digitalisierung und Industrie 4.0 in die Betrachtungen einbezogen werden. Die im Rahmen von Industrie 4.0 stets hervorgehobenen Integration und Echtzeitsteuerung werden in Zukunft selbstverständlich Auswirkungen auf die Planung und Steuerung auf Unternehmensebene haben. Derzeit wird die Diskussion jedoch ausschließlich auf die technische Echtzeitsteuerung der Produktion fokussiert. Kapitel 4 soll auch dazu dienen, den Blick für die enormen Chancen, die sich für das Controlling und die Unternehmensplanung ergeben, zu schärfen.

In *Kapitel 5* werden vor dem Hintergrund der herausgearbeiteten Softwareanforderungen und aktueller Entwicklungen aus dem Industrie-4.0-Umfeld Lösungsvorschläge für zukunftsfähige Softwaresysteme der Unternehmensplanung vorgestellt. Dabei werden aktuelle Forschungsaktivitäten aus dem Produktionsumfeld sowie bereits verfügbare „Echtzeit"-Applikationen der integrierten Unternehmensplanung vorgestellt.

Kapitel 6 beinhaltet eine Beschreibung des optionalen Zusatzpaketes, das über den Verlag bezogen werden kann. Der Leser kann mit diesen zusätzlichen Tools sowohl die im Rahmen dieses Buches vorgestellten Planungsmodelle im Detail nachvollziehen als auch eigene Simulationen und Tests durchführen. Ferner erhält er umfangreiches Material zur Vorbereitung der Einführung von Planungsapplikationen zur Unterstützung der operativen Unternehmensplanung.

Literatur

Adam, Dietrich (1993): Produktionsmanagement. 7., vollst. überarb. und erw. Aufl. Wiesbaden: Gabler.

Kämmler-Burrak, Andrea; Wieland, Florian (2010): Brancheneinblicke in die Produktionssteuerung. In: Gleich, Ronald; Michel, Uwe; Stegmüller, Werner; Kämmler-Burrak, Andrea (Hg.): Moderne Kosten- und Ergebnissteuerung. [Grundsätze und Konzepte zur Gemeinkosten-, Produktkosten- und Ergebnissteuerung ; Best Practices zu verschiedenen Aufgaben ; Handlungsempfehlungen zur IT-Umsetzung]. Freiburg: Haufe Mediengruppe (Der Controlling-Berater, 7), S. 187–198.

Laßmann, Gert (1968): Die Kosten- und Erlösrechnung als Instrument der Planung und Kontrolle in Industriebetrieben, Düsseldorf: Verl. Stahleisen.

Meissner, Gerhard (1998): SAP, die heimliche Software-Macht. München: Heyne.

Müller, Heinrich (1993): Prozesskonforme Grenzplankostenrechnung. Stand – Nutzanwendungen – Tendenzen. Wiesbaden: Gabler. Online verfügbar unter http://dx.doi.org/10.1007/978-3-322-91040-0.

Rollberg, Roland (2001): Integrierte Unternehmensplanung. Wiesbaden: DUV (DUV. Wirtschaftswissenschaft).

Volkart, Rudolf (2006): Corporate finance. Grundlagen von Finanzierung und Investition. 2., vollst. überarb. und stark erw. Aufl. Zürich: Versus.

1 Bestandsaufnahme

1.1 Planungsalltag in Deutschland

Wie jedes Jahr, in der Regel ab September des laufenden Jahres, zwingt der „Planungs-kalender" einen Großteil der Führungskräfte in Marketing, Vertrieb, Einkauf, Produktion, Geschäftsleitung und Controlling zur Erstellung der Planung für das nächste Geschäftsjahr. Diese Aufgabe gehört so ziemlich zu den „schlimmsten" und aus Sicht vieler Führungskräf-te unsinnigsten und zeitintensivsten Ritualen.

Die Geschäftsleitung hat für die Jahresplanung einige Eckdaten festgelegt. Hierzu gehören die Bewertung der gesamtwirtschaftlichen Entwicklung, gestützt auf eine Vielzahl von Expertenprognosen, die Einschätzung der für das Unternehmen relevanten Märkte, eine Prognose über erwartete Preisentwicklungen der wichtigsten Rohstoffe, erwartete Lohn- und Gehaltssteigerungen etc. Ferner wird darauf hingewiesen, dass ein Ergebniswachstum in Höhe von $+X\%$ angestrebt wird, was wiederum mit den Zielen in der strategischen Pla-nung und den Zielen der Anteilseigner, vertreten durch ihren Aufsichtsrat, korrespondiert.

Das Controlling hat die Excel-Eingabetabellen für die Absatzplanung vorbereitet und ver-sendet diese an die zuständigen Vertriebsmanager mit der Bitte um Erledigung bis Mitte Oktober. Diese Tabellen beinhalten eine nach Produktgruppen, Absatzkanälen und Kunden gegliederte Überschicht bezüglich der Entwicklung der letzten 2–3 Jahre sowie Plan und Ist des laufenden Jahres. In die Tabellen ist als Vorlage bereits ein Durchschnittswert der letz-ten Jahre mit einer Steigerung von $X\%$ eingearbeitet. Eventuell wird statt der Excel-Tabellen auch ein finanzorientiertes Planungssystem verwendet, von denen es aktuell in Deutschland über 50 Anbieter gibt. Diese Systeme unterstützen teilweise den Verkaufspla-nungsprozess durch Aggregations-, Disaggregations-, Saisonkurven-Funktionen etc. und stellen auch einen Prozessmonitor im Hinblick auf die Überwachung der Abgabetermine zur Verfügung.

Der Verkaufsplanungsprozess läuft in Abstimmung zwischen Marketing, Vertrieb und Geschäftsleitung über einige Runden und diverse Abstimm-Meetings. Nach einigen Wo-chen hat man sich auf einen Verkaufsplan für das kommende Jahr geeinigt. Der Controller veranlasst nach Abschluss der Absatzplanung die Übergabe der Planungswerte an die Pro-duktionsleitung. Hierzu werden die auf Produktgruppenebene geplanten Zahlen über eine Import-Routine in das PPS-System eingelesen und zunächst aufgrund bestimmter Disag-gregations-Routinen (abgeleitet aus Vergangenheitswerten) auf Einzelartikel „herunterge-brochen". Dies ist notwendig, weil Produktgruppen bekanntlich keinen Arbeitsplan und auch keine Stückliste haben können. Für die Produktionsplanung müssen also „echte" Arti-kel die Grundlage sein und keine verdichteten Gruppensummen. Nachdem die Verkaufs-planung auf Artikel heruntergebrochen wurde, kann jetzt die Primärbedarfsplanung gestartet werden. Hierzu wird geprüft welche Produktionsmengen zu welchen Zeiten realisiert werden müssen, damit der geplante Verkauf gedeckt ist. Dabei berücksichtigt die Produktion mit Hilfe des PPS-Systems die vorhandenen Lagerbestände und legt aufgrund bestimmter Lieferservicegrad-Ziel- und sonstiger Dispositionsparameter fest, wie hoch die Endbestände der einzelnen Artikel sein sollen. Danach wird über eine Stücklistenauflösung für Erzeugnisse, Baugruppen und Teile eine grobe Terminplanung durchgeführt. Jetzt wird z. B. mit Hilfe des Dispositionsstufenverfahrens im PPS unter Berücksichtigung fester Vorlaufzeiten für Teile und Baugruppen festgelegt, wann welche Teile und Baugruppen in welchen Mengen gefertigt werden müssen, damit die Montage rechtzeitig beginnen kann. Bei einer Vielzahl von Artikeln ist in den ersten beiden Monaten bspw. überhaupt keine Produktion notwendig, da man über sehr hohe Lagerbestände verfügt. Andere Teile und Baugruppen werden zu größeren Fertigungslosen zusammengefasst und so gleich der Bedarf für die Monate Januar bis April zusammengefasst. In der nächsten Stufe werden sämtliche Produktbedarfe in Produktionslose aufgeteilte und es wird über eine grobe Simulation von Losgrößen, Umrüstungen Auftragsreihenfolgen etc. ein Auftragsnetz simuliert. Im Ergebnis stellt die Produktionsleitung fest, dass der Verkaufsplan in der vorliegenden Höhe und Monatsverteilung in weiten Teilen nicht durchführbar ist. Es treten mehrere Kapazitätsengpässe auf, die auch durch Glättung der Produktionsmengenverteilung, Überstunden, Fremdvergabe und Leiharbeit nicht beseitigt werden können.

Parallel zum Verkaufsplanungsprozess wurde vom Controlling bereits die Kostenstellenplanung veranlasst bzw. selbst durchgeführt. Hierzu werden entweder Excel-Tabellen, spezielle Kostenrechnungssysteme oder die o. g. finanzorientierten Planungssysteme verwendet. Auf Basis einer „Normal-Beschäftigung" in der Produktion werden die Kostenarten jeder Fertigungskostenstelle geplant und bestimmte Kostenveränderungen (bspw. Änderung der Lohntarife, siehe oben) eingearbeitet. Nach Abschluss der Planung der primären Kostenarten werden Umlagen und innerbetriebliche Leistungsverrechnungen durchgeführt, um aktualisierte Plan-Kostensätze je Kostenstelle für die Plankalkulationen der Kostenträger bereitzustellen. In Marketing, Vertrieb und Administration wird die Kostenstellenplanung über die Einstellung von Projekten (Marketing- und Vertriebsmaßnahem wie Messen, Verkaufsaktionen, Neugestaltung von Verkaufsunterlagen etc.) bearbeitet. Im Einkauf wurden bereits die erwarteten Materialpreiserhöhungen (siehe oben) in die dafür vorgesehenen Prognose-Datenfelder im ERP-System eingepflegt. Nach Abschluss der Kostenstellenplanung startet der Controller die Ermittlung der Plankalkulationen je Produkt (Kostenträger). Hierzu werden vom ERP-System die für den Planungszeitraum hinterlegten Plan-Preise für die in den Stücklisten hinterlegten Materialien herangezogen. Ferner werden über die in den Arbeitsplänen hinterlegten Vorgabezeiten für Maschinen und Personal die Bearbeitungszeiten je Stück ermittelt und mit den Plan-Kostentarifen der Fertigungskostenstellen multipliziert. Die Erstellung der Plankalkulation ist ein äußerst zeitaufwendiger Prozess und wird daher in Batch-Prozeduren nur in der Nacht oder am Wochenende ausgeführt. Nachdem die Plankalkulation vom ERP-System berechnet wurde, importiert der Controller eine auf Produktgruppenebene verdichtete Datei in sein Excel-System und überprüft die Kalkulationswerte per Sichtkontrolle grob. Anschließend werden die Materialeinsatzwerte je Produktgruppe in die Plan-GuV eingelesen. Die Plan-GuV ist wiederum eine Excel-Tabelle oder ein spezielles Planungstool zur integrierten GuV- und Finanzplanung (siehe oben). Die Ergebnisse der Kostenstellenplanung werden ebenfalls über Dateiimport (bspw.

aus dem ERP-System oder spezielle Kostenrechnungssoftware) in die Plan-GuV eingelesen. Nachdem der Controller die GuV aus den beschrieben Einzelbausteinen zusammengesetzt hat, stellt er fest, dass das von der Geschäftsleitung „verordnete" bzw. geplante Ergebniswachstum mit den geplanten Verkaufsmengen und den erwarteten Kostensteigerungen nicht erreicht werden kann. Zudem hatte die Geschäftsleitung aus Wettbewerbsgründen Verkaufspreiserhöhungen ausgeschlossen. Neben den Materialpreis- und Lohnerhöhungen gibt es diverse Kostenerhöhungen, die durch eine Vielzahl verschiedener Projekte aus den Bereichen Marketing, Vertrieb und Personal begründet werden. Nach Durchführung der Produktionsplanung erreicht den Controller inzwischen auch die Nachricht, dass die Verkaufsmengenplanung angepasst werden muss, da sie aus verschiedenen Gründen von der Produktion nicht realisiert werden kann. Erweiterungsinvestitionen und die Einstellung zusätzlichen Personals in der Fertigung sollte nach Vorgabe der Geschäftsleitung ausdrücklich nicht in Erwägung gezogen werden. Kapazitätsspitzen sollten im Personalbereich vielmehr mit Leiharbeitern abgedeckt werden.

Diese erste Planungsrunde hat seit Anfang September gut vier Wochen Zeit in Anspruch genommen. Noch bleiben ca. drei Wochen bis zum Abgabetermin. Kurz nach dem Abgabetermin ist schon eine Aufsichtsratssitzung zur Erörterung und „Genehmigung" der Jahresplanung vorgesehen. Inzwischen hat es auch Gespräche mit einigen der wichtigsten Rohstofflieferanten im Hinblick auf die Rahmenverträge für die Bezugsmengen des folgenden Geschäftsjahres gegeben. Es zeichnet sich ab, dass ab 01.04. des kommenden Jahres die Rohstoffpreise bei diversen Materialien wesentlich stärker steigen sollen, als bisher in der Planung angenommen. Daraufhin hat die Geschäftsleitung die Einkaufsabteilung angewiesen, spätestens ab Januar größere Bestellungen zu den dann noch gültigen alten Preisen vorzunehmen, um durch diese „Hamsterkäufe" einige Reserven zu schaffen. Die Zeit für einen völligen Neuaufwurf der Planung wird langsam knapp. Dem Controller ist klar, dass er die Plankalkulationen der Produkte noch einmal neu durchführen muss. Die Kostenstellen- und Projektplanung ist auch noch einmal zu überarbeiten, da diverse „Wunschprojekte" gestrichen wurden und entgegen den bisherigen Annahmen die Energiepreise für Strom und Gas nun doch steigen sollen. Im Hinblick auf die die Kapazitätsabstimmung zwischen Vertrieb und Produktion hat man sich auf einen Kompromiss geeinigt. Es wurden einige Verschiebungen im Sortiment vorgenommen, d. h., von den Artikeln mit relativ langen Bearbeitungszeiten wurden Umschichtungen hin zu Artikeln mit kürzeren Bearbeitungszeiten vorgenommen. Ferner wurden bei diversen Artikeln die Verkaufsmengen reduziert und bei einigen Produktgruppen ohne Mengenanpassung nun doch die Verkaufspreisplanung angehoben. Die Geschäftsleitung vertritt die Auffassung, dass diese Produktgruppen weniger stark unter Wettbewerbsdruck stehen und man die Verkaufspreiserhöhungen gut mit den Rohstoffpreiserhöhungen „verkaufen" kann. Dagegen protestiert aber nun die Verkaufsleitung, weil man sich bei der Planung der Mengen auf die konstanten Verkaufspreise als Prämisse der Geschäftsgrundlagen verlassen hat.

Nach diversen Nacht- und Wochenendschichten des Controllings, weiterer diverser Abstimm-Meetings zwischen Verkauf, Produktion und Geschäftsleitung hat man einige Tage vor Abgabetermin tatsächlich eine Planung zusammengebaut, die die Zielvorgaben zumindest annähernd erfüllt.

Über einen Zeitraum von acht Wochen waren große Teile des Führungsteams, das Controlling und diverse weitere Spezialisten damit beschäftigt, dieses Zahlenwerk zu erstellen.

Die Planung wurde vom Aufsichtsrat genehmigt und alle sind froh, dass dieser „Planungs-irrsinn" wieder einmal vorbei ist.

Die ersten Monate des neuen Jahres sind inzwischen vorbei und es steht der erste Quartals-abschluss an.

Der Auftragseingang war deutlich besser als erwartet und liegt weit über Plan. Aufgrund diverser kaum einzuhaltender Lieferterminzusagen wurden sehr viele Fertigungsaufträge freigegeben und es kommt zu hohen Produktionsbeständen, langen Durchlaufzeiten und immer neuen Terminverschiebungen. Da die Läger zum Jahresbeginn gut gefüllt waren, konnten in den Monaten Januar und Februar sehr viele Aufträge direkt vom Lager erfüllt werden. Die Bestände wurden daher zwar deutlich abgebaut, aber die hohe Kundennach-frage konnte erfüllt werden. Ab März zeichnen sich jedoch Lieferschwierigkeiten ab.

Das Controlling hat in seinen Monatsabschlüssen festgestellt, dass der Umsatz sogar über Plan liegt, die Monatsergebnisse aber deutlich unter Plan bzw. sogar in der Verlustzone. Daraufhin gab es unzählige Abstimm-Meetings, zu denen das Controlling immer neue Analysen und Erklärungsversuche beizusteuern hatte. Einige Führungskräfte fühlen sich in ihrer Meinung bestätigt, dass Planung sowieso nichts bringt, da sich die Dinge ohnehin ständig verändern. Das Controlling ist von dem Dauerstress der Planung und den Erklä-rungs- und Deutungsversuchen der schlechten Monatsergebnisse nur noch genervt. Und die Geschäftsleitung ist überrascht und auch unzufrieden damit, dass es trotz intensivster Pla-nung und Vorbereitung mal wieder nicht gelingen wollte, die „Zahlen" im Griff zu haben. Schließlich naht der Quartalsabschluss und man hat bis jetzt noch keine wirklich gute Be-gründung für die außerordentlich schlechte Ergebnissituation trotz sehr guter Auftragsein-gänge und Umsätze.

So oder so ähnlich laufen in unzähligen deutschen Industrieunternehmen die jährlichen Planungs- und Berichtsprozesse ab. Was dieses Problem noch gravierender macht, ist der Umstand, dass die im Rahmen der Planungsrechnung ermittelten Ergebnisse mit sehr hoher Wahrscheinlichkeit auch noch von minderer Qualität sind. Damit ist nicht gemeint, dass die Planung falsch im Sinne von nicht richtig geplanten Kosten und Umsätzen ist. Die Ist-Zahlen sind ohnehin fast immer anders als ursprünglich geplant. Die Qualität bezieht sich in diesem Zusammenhang vielmehr auf die Berücksichtigung des Wirkungsgefüges zwi-schen Leistungserstellung (Produktion) einerseits und Leistungsverwertung (Verkauf) an-dererseits. Die große Mehrheit der Unternehmen plant nämlich ausschließlich vertriebsori-entiert, d. h., sämtliche proportionalen Kosten werden ausschließlich über die Verkaufs-mengen geplant. Die Erfolgs- und Finanzplanung gehen damit von einer Basis aus, die für die Ermittlung der Periodenerfolge und die Ermittlung des periodischen Finanzmittelbe-darfs unvollständig und für die Finanzplanung sogar schlicht irrelevant ist. So hängt bei-spielsweise die Höhe und die zeitliche Verteilung der Auszahlungen für Roh- und Werk-stoffe ausschließlich von den Bereitstellungszeitpunkten in der Produktion ab, die wie-derum über die Wiederbeschaffungszeiten und Dispositionsstrategien für die Materialläger die Beschaffungsmengen und Bestellzeitpunkte steuern. Im weiteren Verlauf werden noch viele Beispiele aufgezeigt werden, die die Problematik der fehlenden Integration der Pro-duktionsplanung verdeutlichen.

Dabei gehören die Abläufe des oben geschilderten fiktiven Unternehmens noch zur Klasse der „Führenden Unternehmen", wenn man bestimmten Studien bestimmter Beratungshäuser glaubt:

„Führende Unternehmen integrieren ihre Planungsaktivitäten. Das führt zu einem Effektivitäts- und Effizienzgewinn. Top-down gibt es klare Zielvorgaben und Annahmen, um die Bottom-up-Planung zu vereinfachen. Darüber hinaus nutzen diese Unternehmen einen durchgängigen Prozess, der vom Verkauf über die Produktion bis hin zur Beschaffung reicht."[1]

Auch hinsichtlich der Dauer des Planungsprozesses liegt unser fiktives Unternehmen noch im guten Mittelfeld. Laut der CapGemini-Studie benötigen rund 2/3 der befragten Unternehmen 2–3 Monate für die Erstellung ihrer operativen Jahresplanung und des Budgets. Über 30 % benötigen sogar länger als drei Monate. Rechnet man den zeitlichen Aufwand für die strategische Planung und die sogenannte Mittefristplanung hinzu, dann liegt die durchschnittliche Planungsdauer in der Industrie sogar bei 6–8 Monaten.[2] Viele Unternehmen scheinen sich also den überwiegenden Teil des Jahres mit Planungsaufgaben zu beschäftigen.

Der in vielen Unternehmen vorherrschende Planungs- und Budgetierungsprozess kann als äußerst langwierig und ressourcenintensiv bezeichnet werden, da er sich vom Mai bis in den November mit der abschließenden Aufsichts- oder Beiratssitzung Board-Meeting erstreckt.

Nach einer Studie von Deloitte verbringen Geschäftsführer und Vertriebsmanager rund 15 %, Mitarbeiter aus den Bereichen Treasury und Rechnungswesen ca. 10 % und das Controlling über 30 % ihrer Jahresarbeitszeit mit Planungs- und Budgetierungsaufgaben.[3] Rechnet man den Zeitaufwand für Mittelfristplanungen, unterjährige Forecasts, Abweichungsanalysen, Monatsabschlüsse etc. hinzu, ist der Zeitbedarf sogar noch deutlich höher. Daraus folgt, dass selbst mittlere Unternehmen, die einen Planungsprozess wie oben beschrieben praktizieren, hierfür auf Prozesskosten in Höhe von 0,5 bis 1 Million Euro kommen. Bei Großunternehmen liegen die Zahlen selbstverständlich deutlich höher. So werden beispielsweise die jährlichen Kosten für den Planungs- und Budgetierungsprozess bei Ford mit 1,2 Milliarden Euro veranschlagt.[4] Rund 1 % seines Umsatzes wendet Ford demnach für diesen Prozess auf. Nimmt man die Beispielzahlen für ein mittelständisches deutsches Industrieunternehmen mit einem Umsatz von ca. 50 Millionen Euro jährlich und den bereits erwähnten 0,5 Millionen Euro Prozesskosten, dann kommt man auch hier auf 1 %. *Dieser Wert wird in zahlreichen Studien bestätigt und kann auch vom Autor in seiner Funktion als Geschäftsführer in verschiedenen Industrie-Branchen und Berater diverser Unternehmen bestätigt werden.*

---

1 CapGemini Consulting, Forward Visibility Studie, Analysen und Empfehlungen für CFOs zur effektiveren Unternehmensplanung, S. 9

2 Ebd. S. 22

3 Deloitte, Blick nach vorn. Eine Standortbestimmung zur Planung in deutschen Unternehmen, S. 9

4 Volkart, Corporate Finance, S. 957

1.2 Historie der integrierten Unternehmensplanung

Das Konzept der integrierten Unternehmensplanung blickt mittlerweile auf eine lange Historie zurück.

„Ein einheitliches, umfassendes Planungs- und Abrechnungsschema, das eine Art Automatik bei der integrierten Budgetierung sicherstellen würde und für jedes Informationsbedürfnis auf einfache und übersichtliche Weise die benötigten Zahlen herausspringen ließe, wurde bis jetzt trotz mancher ideenreicher Versuche noch nicht gefunden. Folglich hängt der praktische Erfolg immer noch letzten Endes davon ab, dass die integrierte Gewinnplanung durch persönlichen Einsatz der Beteiligten mit aufgekrempelten Hemdsärmeln „gemanagt“ wird. “[5]

Dieses Zitat von Albrecht Deyhle, einem einflussreichen Trainer und Autor der deutschen Controller-Community, stammt aus dem Jahr 1967! Vor fast 50 Jahren war es sicher noch nachvollziehbar, dass aufgrund fehlender leistungsfähiger Computer-Hardware Systeme zur Unterstützung der integrierten Unternehmensplanung noch nicht zur Verfügung standen.

Rund 25 Jahre nach Deyhle und Laßmann wurde von Müller, einem der Pioniere der Plaut-Gruppe, der Wunsch nach Softwaresystemen zur Unterstützung der integrierten Unternehmensplanung wiederholt:

„Es bleibt daher zu wünschen, dass fortschrittliche Softwarehäuser nicht nur integrierte Abrechnungssysteme, sondern in Zukunft auch integrierte Planungssysteme anbieten, die die heute in größeren Industriebetrieben immer noch sehr zeitaufwendigen, teils EDV-maschinellen, teils manuellen Planungsaktivitäten – bis zwei Monate intensiver Arbeit sind die Regel – auf einen wesentlich kürzeren Zeitumfang reduzieren. Dann würde den Planungsfachleuten auch weit mehr Zeit als heute für kreative Überlegungen zur Verfügung stehen, insbesondere bezüglich aller Vorschläge zur Beseitigung von Engpässen. “[6]

Auch Adam erkannte Anfang der 1990er Jahre, dass integrierte Planungsrechnungen, die die ökonomischen Wirkungen bestimmter Entscheidungen in der Produktion sichtbar machen könnten, immer noch fehlen:

„Die traditionellen PPS-Systeme orientieren sich in erster Linie an technischen Zielen. Aus diesem Grund erlauben sie es nicht, die ökonomischen Wirkungen bestimmter Steuerungen zu verdeutlichen. In künftigen Steuerungskonzepten muss eine Orientierung an den ökonomischen Wirkungen erfolgen, d. h., derartige Systeme müssen die Möglichkeit eröffnen, den Einfluss einer Steuerung auf die Kosten und Erlöse und die Kapitalbindung zu analysieren. “[7]

Die CIM-Ära der 1990er Jahre hatte vielversprechende Ansätze im Hinblick auf eine integrierte Unternehmenssteuerung und Planung zu bieten. Der betriebswirtschaftliche Aspekt der Integration wurde im Rahmen der CIM-Bewegung viel stärker berücksichtigt, als es

---

5   Deyhle, Gewinnmanagement, S. 132
6   Müller, Prozesskonforme Grenzplankostenrechnung, S. 193
7   Adam, Produktionsmanagement, S. 614

heute beim „Nachfolge-Hype" mit der Bezeichnung „Industrie 4.0" der Fall ist. Aber auch aus der CIM-Bewegung sind keine brauchbaren Lösungen für die integrierte Unternehmensplanung hervorgegangen.

Dies bestätigt Haberlandt in seiner Beurteilung der heutigen Situation im Controlling wie folgt:

„Die vorwiegend nur verbal vollzogene Erweiterung der PPS-Systeme um Enterprise Resource Planning (ERP), erfolgte mittels schwerfälliger Integration der Buchhaltung und einiger Restbestände der Kostenrechnung. Die Ist-Daten der Produktion und der Verwaltung, das Mengengerüst der Kosten- und Leistungsrechnung, müssen in der Regel in separaten DV-Systemen erfasst und verarbeitet werden und sind mit individuellen Schnittstellen-Programmen rudimentär in das Hauptsystem zu überführen."[8]

Die technischen Begrenzungen, die Laßmann und Deyhle in den 1960er Jahren zur Recht gesehen haben, sind heute weggefallen. Im Hinblick auf die softwaretechnische Verwirklichung der integrierten Unternehmensplanung zeigt sich jedoch ein eher ernüchterndes Bild.

Erste Ansätze im Hinblick auf die Forderung und Beschreibung von integrierten Planungsrechnungen gab es schon 1865[9] von Gottschalk. Gottschalk hat die Teilpläne noch „Spezialanschläge" genannt und explizit schon auf die Notwendigkeit der Einbeziehung der Produktionsplanung (des „Produktionswertes") hingewiesen. Weitere Autoren vor dem ersten Weltkrieg waren Lehmann, Gomberg, Tolkmitts und Meyenberg.[10]

Man könnte provokativ formulieren, dass es den Unternehmen selbst nach über 150 Jahren nicht gelungen ist, das Konzept der integrierten Unternehmensplanung umzusetzen. Dabei gab es intensive Forschungsbemühungen und diverse Arbeitsgemeinschaften der Industrie, wie bspw. die Arbeitsgemeinschaft Planungsrechnung (AGPLAN). Zum Thema Unternehmensplanung ist seit 1960 eine ganze Flut theoretisch wissenschaftlicher und praxisorientierter Veröffentlichungen erschienen. Vom RKW sowie von der AGPLAN wurden zahllose Veröffentlichungen und Literatursammlungen herausgegeben.

Der erste deutschsprachige Autor, der sich systematisch der Anwendung integrierter Planungsrechnungen im industriellen Umfeld gewidmet hat, war Lohmann. In seinem Werk „Der Wirtschaftsplan" aus dem Jahr 1928 wird schon die Notwendigkeit der Integration einzelner Teilpläne im Detail beschrieben:

„An Hand der Normstückliste bei Massenfabrikation oder einer genügend weit zurückreichenden statistischen Analyse der speziellen Auftragsstücklisten bei Einzelfabrikation ist der Materialplan aus dem Produktionsplan in retrograder Richtung zu entwickeln. Um nun das Materialbudget, genauer den Materialbedarfsplan, so zu gestalten, dass er einem Einkaufsbudget als Grundlage dienen kann, muss die zeitliche Verteilung des Materialbedarfes beachtet werden. Zu berücksichtigen ist zunächst wieder der Anfangs- und Endbestand des Materiallagers und etwaige geplante Mengenunterschiede zwischen beiden, sodann, dass das Materialbudget als Auffangstelle zwischen den stoßweise erfolgenden Materialliefe-

---

8   Haberlandt, Controlling – quo Vadis, in: Dillerup et al., Heilbronner Beiträge zur Unternehmensführung, S. 73

9   Gottschalk, Die Grundlagen des Rechnungswesens

10   Lohmann, Der Wirtschaftsplan, S. 20

rungen und den gleichmäßiger verlaufenden Produktionsanforderungen dient. Hier wird man entsprechend an die Festlegung einer durchschnittlichen Einkaufszeit, der wahrscheinlichen Anforderungen der Werkstätten und der wirtschaftlich (in Hinsicht auf Zahlungsbedingungen, Preise, Lieferzeit und Frachtkosten) annehmbaren Mindestmenge eines Einkaufes zur Bestimmung von Höchst- und Untergrenzen für den Materialbestand denken."[11]

Auch die retrograde Ermittlung von Arbeits- und Maschinenzeitbedarfen aufgrund der Produktionsmengenplanung und deren Einbindung in die Finanz- und Erfolgsplanung wird von Lohmann schon behandelt.

Die von Lohmann vor fast 90 Jahren formulierte Stücklistenauflösung zur Materialbedarfs- und Materialeinsatzermittlung sowie die rechnerische Ableitung weiterer Teilpläne im Rahmen der Produktions- und Finanzplanung wird man in den allermeisten Softwarewerkzeugen zur Unterstützung der Unternehmensplanung jedoch vergeblich suchen. Setzt man sich also kritisch mit den heute am Markt verfügbaren Softwarewerkzeugen zur Unterstützung der Unternehmensplanung auseinander, stellt man schnell fest, dass die softwareseitige Realisierung integrierter Planungsrechnungen immer noch in meilenweiter Ferne liegt. Wie die in Kapitel 1.3 vorgestellten Studien zeigen, wird die integrierte Unternehmensplanung von vielen Unternehmen inzwischen zwar als Ideallösung wiederentdeckt, aber nach wie vor als „Fernziel" angesehen.

In diversen Studien wird immer wieder, überwiegend von BI-Herstellern, der vorherrschende Einsatz von Tabellenkalkulationssoftware beklagt (siehe die Zusammenfassung diverser Studien in Kapitel 1.3). So kommen die meisten Studien auf einen Anteil von über 80 %. Zudem werden in über 60 % der befragten Unternehmen zusätzlich die ERP-Systeme und spezielle Planungssoftware eingesetzt. Sieht man sich das Funktionsspektrum der „speziellen Planungssoftware" genauer an, wird sofort klar, warum dieser Softwaremix vorherrschend ist. Die heute zahlreich am Markt angebotene Planungssoftware stellt fast ausnahmslos Funktionen einer sogenannten *statischen Plan-Buchhaltung* bereit, d. h., alle relevanten Teilbereiche der Planung werden auf Basis einer Buchhaltungsarithmetik in Form von Konten/Kostenstellen abgebildet. Mit anderen Worten könnten diese Systeme als Applikationen beschrieben werden, die *Algorithmen einer Vorwärtsbuchhaltung* bereitstellen. Die Buchhaltung zur Erfassung der Ist-Transaktionen wäre dann ein *System der Rückwärtsbuchhaltung.*

Eine Verbindung zu den vorgelagerten Zeit- und Mengenrelationen der Produktion fehlt vollständig. Diese Vorgehensweise ist für ein Industrieunternehmen jedoch gänzlich ungeeignet. Es müssten auf Basis der Absatzmengen realisierbare Grobproduktionspläne erstellt werden, um zumindest einen ungefähren Anhaltspunkt für die Auslastung der Produktionskapazitäten zu bekommen. Ferner müssen über eine Stücklisten-/Rezepturenauflösung die benötigen Einsatzgütermengen (Roh- und Hilfsstoffe, Einbauteile, Komponenten etc.) bestimmt werden, wenn die Materialeinsatzplanung hinreichend fundiert sein soll. Da die Funktionen der Stücklisten- und Arbeitsplanauflösung fast ausnahmslos nur in den ERP-Systemen verfügbar sind, können diese Daten nur über aufwendige Rechen- und Datentransfers ermittelt und beschafft werden. Diese Daten sind dann in der Regel in diversen

---

11   Ebd. S. 102

Spreadsheetanwendungen aufzubereiten und zu verdichten. Erst danach erfolgt ein Transfer der verdichteten Daten in die aggregierte Planungsrechnung entweder in der Tabellenkalkulation selbst oder in spezieller Planungssoftware. Die Integration findet also nur auf hoher Aggregationsebene, d. h. auf Ebene Konto/Kostenstelle statt. Die vorgelagerten Mengen- und Zeitstrukturen der Leistungserstellung/Produktion mit ihren Rückwirkungen auf Kosten und Erträge wird dabei völlig ausgeblendet. In diesen Softwaresystemen läuft „gedanklich" alles zeitunabhängig, d. h. in unbegrenzter Geschwindigkeit ab. Beim Verkauf von Fertigerzeugnissen sind diese immer verfügbar, Fertigungsbeginn und -ende sind immer in derselben Teilperiode wie der Verkauf, Materialeinsatzkosten ändern sich immer proportional zur Umsatzveränderung, Kapazitätsrestriktionen (gleich ob beim Personal oder den Produktionsaggregaten) sind nicht vorhanden usw.

Diese Vorgehensweise stellt, wie bereits ausführlich begründet wurde, eine unsinnige Vereinfachung dar. Von „Realtime" kann schon gar keine Rede sein, es sei denn, man beschränkt die Planungsrechnung nur auf die Welt von Soll und Haben im Rahmen der finanzgetriebenen Planung.

Wie in Kapitel 1.3 noch gezeigt werden wird, kommen in der Praxis überwiegend System-Kombinationen bestehend aus ERP-System, Tabellenkalkulation und spezialisierter Finanzplanungssoftware für die Erstellung der Planungsrechnung zum Einsatz.

Im März 1972 veranstaltete das Betriebswirtschaftliche Institut für Organisation und Automation an der Universität Köln mit finanzieller Unterstützung des Bundesministeriums für Bildung und Wissenschaft ein Internationales Symposium zum Thema „Modell- und computergestützte Unternehmensplanung", an dem mehr als 50 Experten aus verschiedenen Ländern teilnahmen. Im Rahmen dieses Symposiums wurde hervorgehoben, dass schon seit längerer Zeit formalisierte Unternehmensplanungen unter Benutzung der Sprache des Rechnungswesens (Plan-Kostenrechnung, Plan-Erfolgsrechnung, Planbilanz, Finanzplan) existieren. Zur Dominanz des Rechnungswesens innerhalb der Unternehmensplanungsrechnung wurde festgestellt:

„Die dem Rechnungswesen inhärenten Grenzen sind bekannt. Im Rahmen der Pläne, die sich der Sprache des Rechnungswesens bedienen, ist es unmöglich, alle gesetzten Ziele, die Gesamtheit der zugewiesenen Mittel, die erwarteten oder zu erwartenden Umweltbedingungen und die zwischen diesen Größen bestehenden Beziehungen auszudrücken."[12]

Die Pläne des Rechnungswesens sollten daher ergänzt werden durch weitere Teilpläne (Absatzplan, Produktionsplan, Investitions- und Materialbeschaffungsplan, Personalplan etc.), die kurzfristig auf eine Jahresperiode auszurichten sind und Angaben über das den monetären Abbildungen zugrundeliegende Mengengerüst liefern sollten. Damit sollten wesentliche Verbesserungen im Hinblick auf die Verknüpfung zwischen Rechnungswesen und sachlicher, mengenorientierter Basis sichergestellt werden.

Im Rahmen des Symposiums wurde eine Umfrage deutscher Industrieunternehmen im Hinblick auf ihre Zufriedenheit mit den operativen Planungsprozessen vorgestellt. Es ist äußerst interessant, dass schon 1972 über 80 % der Unternehmen mit den Planungsprozes-

---

12   Grochla, Szyperski, Modell- und computergestützte Unternehmensplanung, S. 1

sen unzufrieden waren. Der Anteil der Unternehmen, die schon damals Computer zur Unterstützung ihrer Unternehmensplanung einsetzten, lag immerhin schon bei knapp 50 %.[13]

Wie die in Kapitel 1.3vorgestellten Studien zeigen, sieht die Zufriedenheit der Unternehmen mit ihren Planungsprozessen heute nicht anders aus als 1972, obwohl der Anteil der computergestützten Planung heute bei 100 % liegen dürfte.

Dieser Befund in Verbindung mit der Aussage, dass die Unternehmen die integrierte Unternehmensplanung immer noch als „Fernziel" betrachten, lässt eine erhebliche Unzulänglichkeit der eingesetzten Softwaresysteme zur Planungsunterstützung vermuten.

Wie bereits festgestellt wurde, bieten die ERP-Systeme, anders als es die Bezeichnung vermuten lässt, insgesamt keine Lösungen zur integrierten Unternehmensplanung. Vor diesem Hintergrund ist in den letzten 25 Jahren eine Vielzahl von spezialisierten Softwaresystemen zur Planungsunterstützung entstanden. Bei näherer Hinsicht entpuppen sich diese Systeme jedoch fast ausnahmslos als vom Rechnungswesen dominierte Lösungen. Dies ist auch nicht sonderlich überraschend, da die ERP-Systeme die Funktionen zur Erstellung verschiedener Teilpläne der Leistungswirtschaft ermöglichen, diese aber nicht durchgängig zur Erfolgs-, Finanz- und Bilanzplanung fortführen. Die fehlenden Funktionen der ERP-Systeme haben also zu einer Vielzahl von spezieller Finanzplanungssoftware und nebenher mit dem Aufkommen der Tabellenkalkulation zu einer unüberschaubaren Fülle an selbstprogrammierten „Notlösungen" geführt. Die Zersplitterung der Planungsprozesse auf verschiedene Softwaresysteme führt jedoch zu den Problemen, von denen die Unternehmen in diversen Befragungen berichten (siehe Kapitel 1.3).

Pionierarbeit auf dem Gebiet der computergestützten Unternehmensplanung wurde von Zwicker geleistet. Er hat die Konzepte der integrierten Unternehmensplanung nicht nur beschrieben, sondern in diversen Software-Prototypen auch umgesetzt. Diese Prototypen waren jedoch nur für die Planung im Rechnungswesen eines Unternehmens vorgesehen.[14]

Von Zwicker wurden umfassende Kosten- und Leistungsmodelle entwickelt, die eine vollständige Abstimmung des innerbetrieblichen Mengen- und Werteflusses ermöglichen. Neben der Vollständigkeit der kostenrechnerischen Einflussgrößen zeichnen sich die Software-Prototypen durch eine unschlagbare Rechengeschwindigkeit aus. Der Nachteil dieser Modelle besteht jedoch darin, dass die produktionswirtschaftlichen Verfahren und Teilplanungen nicht berücksichtigt wurden. So fehlten bspw. die automatisierten Stücklisten- und Arbeitsplanauflösungen sowie Verfahren zur Bestimmung von notwendigen Produktionsmengen. Stücklisten mussten im Mengengerüst der Kostenträgerrechnung manuell eingestellt und ständig mit den Stücklisten des Produktionssystems abgeglichen werden.[15]

Die Mängel der rechnungswesenzentrierten Planungsmodelle führten schon früh zur Entwicklung von sogenannten Input-Output-Modellen. Dahinter stand die Idee, die Methode der Input-Output-Analyse auf betriebswirtschaftliche Fragestellungen anzuwenden. Schon Anfang der 1960er Jahre wurden in Industriebetrieben der ehemaligen DDR umfangreiche Matrizenmodelle zur Produktionsprogramm-, Prozess-, Material- und Lohnplanung erprobt

---

13   Ebd. S. 53
14   Flemming, Integrierte Plankostenrechnung, S. 2
15   Ebd.

und eingesetzt. Die Ergebnisse dieser Erprobungen und praktischen Einsätze sind in verschiedenen Büchern von Seidel beschrieben worden. Die Matrizenmodelle von Seidel bezogen sich jedoch überwiegend auf den Mengenteil der Produktionsplanung. Die Matrizenmodelle wurden für den Rechnereinsatz auf dem ZRA1, dem ersten programmierbaren Digitalrechner der DDR, codiert. Nach den Berichten von Seidel, Frotscher und Schreiter war die Arbeitserleichterung trotz der damals noch geringen Rechenleistung beeindruckend. So konnten die Rechenzeiten für einen Betrieb mit ca. 10.000 verschiedenen Artikeln von rund 40 Stunden auf ca. 30 Minuten reduziert werden. Dabei muss man berücksichtigen, dass der damals eingesetzte „Zeiss-Rechenautomat 1" eine mittlere Leistung von ca. 120 FLOPS[16] (Floating Point Operations Per Second) aufwies. Ein heute handelsüblicher Personal Computer kommt auf eine mittlere Leistung von 50–80 Giga-FLOPS = 50–80 Milliarden FLOPS (PC mit Core-i7-Prozessoren) und kann bereits ab ca. 300 Euro erworben werden. Daraus wird deutlich, dass die Realisierung realitätsnaher Planungsmodelle heute keineswegs an der Rechenleistung und schon gar nicht an den Kosten der Hardware scheitert. Das Problem ist vielmehr, dass die meisten der in den betrieblichen Planungsprozessen verwendeten Softwarewerkzeuge keine realitätsnahen Modelle abbilden können und ineffiziente Algorithmen und Speicherkonzepte verwenden. Schon in den Jahren 1953–1954 hat Pichler ein auf den Input-Output-Systemen Leontiefs basierendes betriebswirtschaftliches Planungsmodell ausgearbeitet. Wohl auf Grund der Tatsache, dass dieses Modell in erster Linie für Chemiebetriebe, also für Produktionsprozesse mit rekursiven Beziehungen und Rückkopplungen, geschaffen wurde, hat es zunächst kaum Verbreitung gefunden. Auf dem Gedankengut von Pichler aufbauend wurden, wie bereits angemerkt, in der DDR gegen Ende der 1950er Jahre zum Teil recht unterschiedliche Modelle für Betriebe der metallverarbeitenden Industrie, der Textilindustrie, der Bauindustrie, für Vereinigungen Volkseigener Betriebe (VVB), für wichtige gesellschaftliche Produktionsprozesse und viele andere mehr erarbeitet. Auch in der UdSSR (zum Beispiel MODIN) und in der CSSR (zum Beispiel SKOLKA, 1963) wurden betriebliche Planungsmodelle auf der Basis von Verflechtungsbilanzen erarbeitet und zum Teil auch praktisch erprobt (SKOLKA, 1962).[17]

1.3 Studien zur Praxis der Unternehmensplanung

Zur Praxis der operativen Unternehmensplanung in Deutschland gibt es eine Vielzahl an Studien, die sich mit zum Teil verschiedenen Fragestellungen beschäftigen, aber andererseits auch immer wieder gleichlautende Fragen stellen. Hinsichtlich der Ergebnisse gibt es einen sehr hohen Deckungsgrad im Hinblick auf die Defizite und Mängel der Unternehmensplanung. Studien zu diesem Thema gibt es u. a. von BARC, Bearing Point, CapGemini Consulting, Deloitte, IBI, Lünendonk und KIM. Die Studien erscheinen zum Teile in regelmäßigen Abständen. Die Ergebnisse sind jedoch über Jahre nahezu unverändert, d. h., es werden immer wieder die gleichen Schwachstellen benannt. Das zeigt, dass diese zwar

---

16 https://de.wikipedia.org/wiki/ZRA_1#Technische_Daten
17 Vogel, Betriebliche Strukturbilanzen und Strukturanalysen, S. 27

erkannt werden, aber meist, aus welchen Gründen auch immer, nicht angegangen werden. Auf den folgenden Seiten sollen die wichtigsten Ergebnisse einiger Studien vorgestellt und anschließend einer kritischen Würdigung unterzogen werden.

1.3.1   BARC-Studien

BARC-Studie „Effizienter planen mit Advanced Planning" 2015

Im Juli 2015 ist eine Studie von BARC (Business Application Research Center) zum Stand der Unternehmensplanungsrechnung deutscher Unternehmen erschienen[18]. Unter dem Begriff „Advanced Planning" fasst BARC vier Methoden zusammen:

1) Treiberbasierte Planungsmodelle
2) Statistische Methoden für die Erstellung von Prognosen
3) Simulationen
4) Integrierte Planung

Planungs- und Budgetierungsprozesse in Unternehmen sind regelmäßig zu langwierig, verbrauchen zu viele Ressourcen, sind generell zu kostenintensiv und die Qualität der Ergebnisse lässt oftmals zu wünschen übrig – so lauten die Kernergebnisse des *BARC Planning Survey 2014*. Gründe hierfür liegen vermutlich in der mangelnden Integration, der fehlenden Konzentration auf das Wesentliche und dem Einsatz wenig geeigneter Softwarelösungen. Hinsichtlich der wesentlichen Schwachstellen und Mängel gibt es keine nennenswerten Unterschiede zu vorherigen BARC-Studien und anderen Studien. Es werden Kritikpunkte wie lange Planungsdauern (3–4 Monate), schlechte Qualität der Planungsrechnung, mangelnde Integration und ungeeignete Software hervorgehoben.

Die benannten Schwachstellen in der neuesten BARC-Studie stellen sich im Einzelnen wie folgt dar:

– Unzureichende Berücksichtigung strategischer Aspekte/keine Integration zwischen strategischem und operativem Plan
– Planung ist bereits veraltet, wenn sie verabschiedet wird, zu langwierige Abstimmungsprozesse, Planung braucht zu viele Ressourcen
– Ungenügende Steuerung des Planungsprozesses beispielsweise über Workflow-Funktionen, Status Monitoring, Abstimmungsfunktionen/Kollaboration
– Planung ist zu wenig integriert (zum Beispiel Integration von Teilplänen oder mit Berichtswesen/Analyse)
– Planung ist zu unflexibel und wenig agil, um auf sich ändernde Rahmenbedingungen zu reagieren, etwa bei der Anpassung des Planungsmodells
– Planung ist zu wenig fokussiert (tatsächliche interne/externe Werttreiber)

Interessant ist jedoch die in der Studie beschriebene Aufteilung der Zeitverbräuche des Planungsprozesses auf verschiedene Teilprozesse. Demnach benötigten die befragten Unternehmen ca. 2 Wochen für die Vorbereitung und nochmals ca. 4 Wochen für die Daten-

---

18   BARC, Effizienter planen mit Advanced Planning, http://barc.de/docs/advanced-planning-survey

bereitstellung. Es werden also allein schon 6 Wochen für administrative Vorbereitung und Bereitstellung der Daten für die Bearbeitung der Teilpläne benötigt. Weitere 1 ½ Monate werden benötigt, um die eingesammelten Daten zusammenzuführen und zu verarbeiten. Die Berechnung und Analyse der Planungsergebnisse in Erfolgs- und Finanzplanungsrechnungen dauert also rund 6 Wochen. Interessant in diesem Zusammenhang ist auch, dass nur 25 % der befragten Unternehmen Verbesserungspotenziale für die Reduzierung dieser äußerst zeitintensiven Datenverarbeitung sehen. Offensichtlich glauben demnach ¾ der Befragten, dass diese Zeitspanne bereits optimal ist.

Die im Rahmen der Studie „Advanced Planning" herausgearbeiteten Schwerpunkte zur Verbesserung der Planungsprozesse können wie folgt zusammengefasst werden:

- Integration: Integrierte Unternehmensplanung mit Verknüpfung verschiedener Performance-Management-Prozesse in einheitlichen Softwareplattformen
- Fokussierung: Konzentration auf wesentliche Planungs- und Steuerungsinhalte mit Szenarien-Simulation
- Prognose: Vorhersage von Entwicklungen und Optimierungsansätze
- Kollaboration: Zusammenarbeit und Steuerung von Planungsprozessen
- Agilität: Agile Anpassung von Planungsprozessen an sich ändernde Rahmenbedingungen

Bemerkenswert ist, dass ein Großteil der Unternehmen den größten Hebel zur Verbesserung ihrer Planung in vollständig *integrierten Planungsmodellen* sieht, aber nur ein Bruchteil von ihnen solche Systeme bisher realisiert hat. Über 80 % der Unternehmen haben keine integrierten Planungsmodelle im Einsatz. In der Studie wird berichtet, dass viele Unternehmen mittel- bis langfristig entsprechende Modelle aufbauen wollen.

In der Praxis zeigt sich der Nutzen einer integrierten Unternehmensplanung vor allem in der höheren Qualität der Planungsergebnisse. Fast 90 Prozent der befragten Unternehmen, die bereits vollständig integrierte Planungsmodelle nutzen, sehen ihre Planungsergebnisse stark bis sehr stark verbessert. Insbesondere die Ergebnisplanung (Bilanz, GuV, Cashflow) gewinnt an Aussagekraft, wenn einerseits die Abhängigkeiten zwischen den einzelnen Teilplänen Berücksichtigung finden und diese vollständig integriert sind sowie andererseits Ergebnisse aus den Teilplänen in die Ergebnisplanung einfließen. Interessant ist ferner, dass ca. 60 % der Unternehmen angeben, bereits professionelle Softwaresysteme zur Planungsunterstützung einzusetzen. Setzt man diese Ergebnisse in Beziehung zu der Aussage, dass weniger als 20 % über vollständig integrierte Planungsmodelle verfügen, dann scheint ein Großteil der eingesetzten Softwarelösungen keine vollständige Integration zu ermöglichen.

IT-Daily berichtet unter Bezugnahme auf die BARC-Studie, dass die integrierte Unternehmensplanung ein „Fernziel" der Unternehmen sei.[19]

BARC-Studie 2014

Trotz aller Vorbehalte gegen den Sinn und die Zweckmäßigkeit der Unternehmensplanung, die in diversen Beiträgen immer wieder beschrieben werden, geben 97 % der von BARC

---

19 http://www.it-daily.net/analysen/11150-bessere unternehmenssteuerung-dank-advanced-plan ning-studie

befragten Unternehmen an, dass das Thema Planung und Budgetierung wichtig bis sehr wichtig ist und sogar eine Differenzierung vom Wettbewerb ermöglichen soll. [20] Der Stellenwert der Planung und Budgetierung soll weiter deutlich zunehmen, was 63 % der Unternehmen zum Ausdruck brachten. Ferner geben über 50 % der Unternehmen an, dass sie ihre Planung und Budgetierung im Hinblick auf eine tiefere Detaillierung, bessere Integration und häufigere Simulationsrechnungen verbessern wollen.

Darüber hinaus haben die befragten Unternehmen offensichtlich die Notwendigkeit erkannt, Teilpläne zu integrieren. Nicht überraschend kommt die Studie zu dem Ergebnis, dass *fast 80 %* der Unternehmen ihre Produktionsplanung entweder gar nicht oder nur rudimentär mit geringem Detailgrad einbeziehen. Demgegenüber werden aber die Absatzzahlen in diesen Unternehmen zu *über 90 %* in einem hohen bis mittleren Detailgrad geplant. Da ist es natürlich ebenfalls nicht überraschend, dass nur *rund ein Viertel* der befragten Unternehmen ihre Liquidität mit einem hohen Detailgrad planen. Die Erfolgsrechnung wird hingegen in *über 80 %* der Fälle mit hohem bis mittlerem Detailgrad geplant. Im Hinblick auf die Integration von Produktion, Kosten und Umsatz kommt die Studie auf sehr widersprüchliche Ergebnisse. So geben über 80 % der Unternehmen an, Gesamtkosten und Absatz/Umsatz vollständig integriert zu planen, aber nur etwas mehr als 20 % bejaht eine Integration der Produktion in die Erfolgsrechnung. Wie eine vollständig integrierte Kostenplanung ohne integrierte Produktionsplanung funktionieren soll, bleibt hier allerdings im Dunkeln.

Die Frage nach dem Einsatz rollierender Planungen und rollierender Forecasts hat ergeben, dass *weniger als die Hälfte* der Unternehmen solche Instrumente einsetzen.

Rund 50 % der Unternehmen bemängeln *zeit- und ressourcenintensive Abstimmprozesse.* Fast *40 %* geben an, dass *Simulationen und Szenarien* mit ihren eingesetzten Softwarelösungen überhaupt nicht abbildbar sind. Ferner sei die *Planung insgesamt zu unflexibel und bereits veraltet, wenn sie verabschiedet (30 %) wird.*

Nur rund *30 %* der Unternehmen können die operative Planung mit *nur einer Softwarelösung* bewerkstelligen. *70 % benötigen mehre Systeme.* Dabei kommt das Tabellenkalkulationsprogramm Excel bei rund 90 % der Unternehmen zum Einsatz, das wiederum in ca. 60 % der Fälle mit speziellen Planungssoftwaresystemen sowie den operativen ERP-Systemen in Kombination verwendet wird. Im Hinblick auf die Zufriedenheit mit diesem „Dreiklang" aus Excel, ERP und Planungssoftware äußern nur 10 % der Befragten eine hohe Zufriedenheit mit Excel und 8 % eine hohe Zufriedenheit mit den Planungsfunktionen der ERP-Systeme. Immerhin rund 25 % sind hoch zufrieden mit ihren speziellen Planungs- und Controlling-Softwarelösungen und 49 % „eher zufrieden". Hier zeigt sich also, dass die große Mehrheit der Unternehmen diesen „Dreiklang" zwar einsetzt (und das seit vielen Jahren!), mit der Qualität dieser Lösungen aber offensichtlich sehr unzufrieden ist.

Nach den Gründen befragt, warum Unternehmen keine spezielle Planungssoftware einsetzen, beklagen *40 % ein schlechtes Kosten-/Nutzenverhältnis.* Rund *ein Drittel* weist darauf hin, dass solche *Planungswerkzeuge die Anforderungen nicht erfüllen* können.

---

20   http://barc.de/docs/the-planning-survey-14

1.3.2 CapGemini-Studie

CapGemini Studie 2013

Die Studie bezieht Unternehmen aus den USA, UK, Frankreich, Schweden, Niederlande, Schweiz und Deutschland ein. In der Studie werden die Unternehmen im Hinblick auf ihre Planungsprozesse und die von ihnen eingesetzten Methoden und Werkzeuge in Qualitäts-Cluster wie „Best-in-class", „Führend", „Fortgeschritten" und „Standard" eingeteilt, wobei die Cluster wie folgt definiert wurden:

Standard: Der Reifegrad eines Großteils der teilnehmenden Unternehmen ist auf dem Niveau „Standard". Sie nutzen die grundlegenden Planungsmethoden, die ein Minimum an Effektivität und Effizienz gewährleisten. Im Schnitt benötigen sie länger als fortgeschrittene oder führende Unternehmen für ihre Planung und treiben mehr Aufwand.

Fortgeschritten: Fortgeschrittene Unternehmen nutzen Planungsmethoden, die eine bessere Steuerung ermöglichen. Dazu gehört beispielsweise die Szenarioanalyse für Kapitalentscheidungen. Außerdem gibt es mehr Top-down- und Bottom-up-Abstimmungsschleifen zwischen operativer und strategischer Planung.

Führend: Führende Unternehmen *integrieren ihre Planungsaktivitäten*. Das führt zu einem Effektivitäts- und Effizienzgewinn. Top-down gibt es klare Zielvorgaben und Annahmen, um die Bottom-up-Planung zu vereinfachen. Darüber hinaus nutzen diese Unternehmen einen *durchgängigen Prozess, der vom Verkauf über die Produktion bis hin zur Beschaffung reicht*. Führende Unternehmen beschränken ihre Szenarioanalysen auf Trendanalysen zur Unterstützung bei Kapitalanlage- und Investitionsentscheidungen. Sie verteilen die Ressourcen flexibel gemäß definierter Regeln und passen die Verteilung kontinuierlich an.

Best-in-class: Diese Unternehmen verstehen *Planung als einen kontinuierlichen und automatisierten Prozess*. „Lernende Planung" erlaubt die permanente Anpassung des Rahmenwerks und der Vorgaben unter Berücksichtigung der wichtigsten Geschäftstreiber. Der Kern sämtlicher Planungs- und Entscheidungsprozesse sind weitgehend automatisierte Szenarioanalysen basierend auf unternehmensweit geltenden Annahmen. Diese Unternehmen verteilen ihre Investitionen nach deren Wertbeitrag.

Die Studie kommt zu dem Ergebnis, dass sich rund 50 % der teilnehmenden Unternehmen auf Standardniveau befinden und umgekehrt nur *sehr wenige Unternehmen* alle Möglichkeiten der Planungsinstrumente „ausreizen" und in die Kategorie „Führend" oder „Best-in-class" fallen. Die Mehrzahl der in der Studie befragten Unternehmen fokussiert in der Planung auf die Gewinn- und Verlustrechnung *basierend auf dem operativen Umsatz*, wobei eine Bilanzplanung nur auf historischen Werten basiert und nicht integriert ist.[21]

64 % der befragten Unternehmen haben *3–6 Abstimmschleifen* in ihren Planungs-/Prognose- und Forecast-Prozessen. Es wird klar herausgestellt, dass Unternehmen, die in integrierte Unternehmensplanung investieren, effizienter und effektiver planen. Die befragten Unternehmen benötigen im Schnitt 26 Tage für die Erstellung eines Finanz-Forecasts. Deutsche Unternehmen sind im Durchschnitt an 156 Tagen im Jahr mit Unternehmens-

---

21 CapGemini, Forward Visibility, S. 32

planungen und Simulationen (Jahresplanung, Forecasts, Prognosen etc.) beschäftigt. In den USA sogar 226 Tage. In den USA scheint man also fast das ganze Jahr mit Planungen und Prognosen beschäftigt zu sein.

Rollierende Planungen und Forecasts sind nach der CapGemini-Studie unabhängig von der Unternehmensgröße nur bei *30 % der Unternehmen tatsächlich im Einsatz*. Man erkennt zunehmend, dass das alte Konzept der einwertigen Jahresplanung nicht mehr zielführend ist und immer mehr Unternehmen wollen zu operativ rollierenden Forecasts und Szenariorechnungen übergehen.

Die Vorteile der integrierten Unternehmensplanung werden in der Studie besonders hervorgehoben:

„Im Ländervergleich zeigen sich ferner auffällige Unterschiede in Bezug auf den Integrationsgrad: Die Planung von Unternehmen aus dem angloamerikanischen Raum und Frankreich ist im Vergleich zu Organisationen aus anderen Ländern weniger stark integriert. Vor allem in Bezug auf die horizontale Integration liegen Organisationen aus den USA, Großbritannien und Frankreich hinter solchen aus Deutschland, der Schweiz, den Niederlanden und Schweden. Französische, britische und US-amerikanische Unternehmen sind tendenziell stärker hierarchisch organisiert, wobei jede Organisationseinheit über einen klar begrenzten Verantwortungsbereich verfügt. Was auf der einen Seite zu einem starken Verantwortungsbewusstsein führt, birgt auf der anderen Seite das Risiko von Daten- und Informationssilos – mit entsprechend negativen Auswirkungen auf die Planungseffizienz. Bei französischen Unternehmen ist das teils historisch bedingt und hängt mit dem hohen Zentralisierungsgrad und dem starken staatlichen Einfluss zusammen. Amerikanische Unternehmen setzen vor allem seit der durch die Finanzkrise gestiegenen Unsicherheit und den schärferen regulatorischen Vorgaben auf klare Verantwortlichkeiten. Unternehmen aus Schweden weisen dagegen einen hohen vertikalen und horizontalen Reifegrad auf. Das liegt an den Besonderheiten der schwedischen Unternehmenskultur, die Wert auf flache Hierarchien und die Einbindung aller Ebenen in den Planungsprozess legt. Das Steuerungsmodell „Konsenskultur mit flachen Hierarchien" hat dort einen höheren Verbreitungsgrad als komplexe Organisationen mit vielen Hierarchieebenen, wie sie in anderen Ländern zu finden sind. Die verhältnismäßig schnelle Planung schwedischer Unternehmen zeigt, welche Bedeutung ein integrierter Ansatz für die Effizienz der Planung hat. Frei gewordene Ressourcen können für die Verbesserung der Planqualität genutzt werden, was wiederum die Effektivität erhöht. Branchen- und länderübergreifend gilt, dass Unternehmen, die in integrierte Unternehmensplanung investieren, effizienter und effektiver planen."[22]

Zusammengefasst kann festgestellt werden, dass auch CapGemini zu ähnlichen Aussagen und Ergebnissen kommt wie BARC.

---

22   Ebd. S. 26

1.3.3   BearingPoint-Studie

BearingPoint-Studie 2009

Zu vergleichbaren Ergebnissen wie die Studien von BARC und CapGemini kommt die Studie von BearingPoint[23]:

Rund 25 % der befragten Unternehmen haben die Produktions- und Beschaffungsplanung in ihren Planungsprozess integriert. Damit kommt diese Studie annähernd auf das gleiche Ergebnis wie BARC.

Auch hinsichtlich der Befürwortung einer stärkeren Integration kommt man auf ähnliche Zustimmungswerte wie in der BARC-Studie:

„Die inhaltliche Integration steht für die Unternehmen außer Frage. Über 60 % der befragten Unternehmen halten eine Integration der strategischen Investitions- und Projektplanung mit der Vertriebs-, Personal-, Beschaffungs-, Kostenstellen- und Finanzplanung für sinnvoll.“[24]

Auch in der BearinPoint-Studie kommt also zum Ausdruck, dass als wesentlicher Treiber für die Kosten-, Personal-, Beschaffungs- und Finanzplanung der *Vertriebsplan* angesehen wird.

Bemerkenswert ist die Aussage, dass mehr als 50 % der Studienteilnehmer für eine vollständige *Integration von Vertriebs- und Kostenstellplanung* plädieren und gleichzeitig eine Integration der Produktions- und Beschaffungsplanung mit Hilfe von „Eckwerten" für ausreichend halten. Hier ist ein eklatanter Widerspruch erkennbar, der auch schon in der BARC-Studie aufschien. Es scheint in der Praxis in weiten Teilen keine Klarheit darüber zu herrschen, welche Eingangsgrößen die Kostenplanung und die Kostenentstehung im Detail wirklich dominieren.

Auch im Hinblick auf Simulationsrechnungen, Szenarien und rollierende Forecasts kommt die Studie zu fast gleichen Ergebnissen: Die Hälfte der Befragten hält den Einsatz solcher Methoden für sinnvoll bzw. „unbedingt notwendig".

Überraschend ist, dass sich die Verfasser der Studie offensichtlich den Widerspruch zwischen gewünschter Flexibilität und praktizierter Flexibilität im Hinblick auf die Berücksichtigung verschiedener Szenarien und die schnelle Anpassung bei Änderung der Prämissen nicht erklären können. Zu diesem Problem wird Folgendes ausgeführt:

„Interessant ist hierbei, dass trotz der hohen Befürwortung mehrerer Planungsszenarien von durchschnittlich nur 10 % (über alle Planungsanlässe) der befragten Unternehmen mehrere Szenarien tatsächlich in der Planung berücksichtigt werden ... so ergibt dies ein paradoxes Bild. Obwohl Flexibilität überall gewünscht ist, wird sie über die Abbildung der Planungsprämissen nahezu gar nicht berücksichtigt.“[25]

---

23   BearingPoint, Studie Unternehmensplanung 2020
24   Ebd. S. 29
25   Ebd. S. 34

Offensichtlich ist den Verfassern der Studie nicht bewusst, dass die Unternehmen aufgrund ihrer aktuellen Prozesse und Systeme solche Simulationen und Szenarien gar nicht umsetzen können (siehe die Ergebnisse der BARC-Studie).

In diesem Zusammenhang ist wohl auch der sicher nicht ernsthaft gemeinte Ratschlag zu verstehen, der an anderer Stelle unter der Überschrift „Entfeinerung der Planung und konsequente Ausrichtung an Steuerungsgrößen" gegeben wird:

„Ein verringerter Detaillierungsgrad der Planung vermindert den Ressourcenaufwand erheblich. Gleichzeitig lässt sich eine Fokussierung auf zentrale Planungspositionen erreichen. Dabei muss im Zentrum die methodische Lösung stehen, nicht die Aufgabe. Die Identifizierung des steuerungsrelevanten, geeigneten Kennzahlensystems und die Ausrichtung der Planung auf die Kennzahlen sind die Erfolgsfaktoren." [26]

Hier wird also empfohlen, über die Verringerung des Detaillierungsgrades den Ressourcenaufwand deutlich zu senken und dabei gleichzeitig auf „steuerungsrelevante geeignete Kennzahlensysteme" zu setzen. Was damit gemeint sein könnte, bleibt allerdings im Dunkeln.

Zusammengefasst kann festgestellt werden, dass auch BearingPoint zu ähnlichen Aussagen und Ergebnissen kommt wie BARC und CapGemini.

1.3.4   Deloitte-Studie

Deloitte-Studie 2005

Die überwiegend fehlende Berücksichtigung der Produktionsplanung in der operativen Unternehmensplanung wird auch in der Deloitte-Studie bestätigt. Nur rund die Hälfte der befragten Unternehmen berücksichtigt in irgendeiner Form die Produktion in der Unternehmensplanung. Als Planungsbasis werden laut der Studie bei fast 60 % der Unternehmen die Vorjahreswerte verwendet und durch Parameteranpassungen fortgeschrieben. Über 40 % der befragten Unternehmen benötigen drei Monate und länger für die Erstellung ihrer operativen Jahresplanung. Für Forecast werden 1–2 Monate benötigt. Hinsichtlich der eingesetzten Unterstützungssysteme dominiert auch hier Excel mit 54 %. Bei 40 % der befragten Unternehmen sind spezielle Softwaresysteme zur Planungsunterstützung im Einsatz. 90 % der Unternehmen sehen in der Absatzplanung die Haupteinflussgröße für die Unternehmensgesamtplanung. 50 % der Unternehmen gaben an, dass die Produktionsplanung in der Unternehmensgesamtplanung berücksichtigt wird.

Deloitte untersuchte zusätzlich die Abhängigkeit der Beurteilung des Managements von der Planerreichung. Für 88 % des Top-Managements war die Planerreichung bedeutend bis sehr bedeutend für deren Beurteilung. Beim mittleren Management waren dies rund 85 %, auf Gruppenleiterebene 57 %. Diese Ergebnisse sind natürlich wenig überraschend und korrespondieren mit zahlreichen anderen Studien.

---

26   Ebd. S. 42

Gemäß der Studie verbringen Geschäftsführer und Vertriebsmanager rund 15 %, Mitarbeiter aus den Bereichen Treasury und Rechnungswesen ca. 10 % und das Controlling über 30 % ihrer Jahresarbeitszeit mit Planungs- und Budgetierungsaufgaben.[27]

Rechnet man den Zeitaufwand für Mittelfristplanungen, unterjährige Forecasts, Abweichungsanalysen, Monatsabschlüsse etc. hinzu, ist der Zeitbedarf sogar noch deutlich höher. Daraus folgt, dass selbst mittlere Unternehmen, die einen Planungsprozess wie oben beschrieben praktizieren, *hierfür auf Prozesskosten in Höhe von 0,5 bis 1 Million Euro kommen.* Bei Großunternehmen liegen die Zahlen selbstverständlich deutlich höher. So werden beispielsweise die jährlichen *Kosten für den Planungs- und Budgetierungsprozess bei Ford mit 1,2 Milliarden Euro veranschlagt.*[28]

Rund 1 % seines Umsatzes wendet Ford demnach für diesen Prozess auf. Nimmt man die Beispielzahlen für ein mittelständisches deutsches Industrieunternehmen mit einem Umsatz von ca. 50 Millionen Euro jährlich und den bereits erwähnten 0,5 Millionen Euro Prozesskosten, dann kommt man auch hier auf 1 %.

Zu stark abweichenden Aussagen hinsichtlich der Planungskosten kommt Rieg, der eine Studie von „The Hackett Group" zitiert:

„Schon die Ermittlung der Kosten für die Planung ist nicht einfach und so wundert es nicht, wenn viele Unternehmen ihre Planungskosten gar nicht nennen können. Einzig die Studie von The Hackett Group nennt hier Zahlen: Danach wenden die Befragten ca. 450.000 € je Mrd. € Umsatz auf. Ein Unternehmen mit einem Jahresumsatz von 20 Mrd. € Umsatz käme auf Kosten von ca. 9 Mio. € allein für die Planung. Das beste Viertel an Unternehmen benötigte etwa die Hälfte davon."[29]

Die von Rieg zitierten Zahlen erscheinen jedoch wenig plausibel. Ein mittelständisches Unternehmen mit 50 Mio. Euro Jahresumsatz käme nach dieser Rechnung auf Planungskosten in Höhe von ca. 20.000 Euro. Das zeigt, dass der Umsatz als Bezugsgröße zur Angabe der Planungskosten keine brauchbare Aussagekraft besitzt. Angaben hinsichtlich des Anteils an der Jahresarbeitszeit der involvierten Beschäftigten sind somit wesentlich plausibler.

Auch die Teilnehmer an der Deloitte-Studie äußern eine große Unzufriedenheit im Hinblick auf die von ihnen eingesetzten Planungssysteme. 60 % der Unternehmen sind demnach mit ihren Systemen unzufrieden. Mit den durch den Planungsprozess bedingten Kosten und Ressourceneinsätzen sind sogar 75 % unzufrieden. Auch mit der Organisation und der inhaltlichen Ausgestaltung des Planungsprozesses selbst sind 54 % der Unternehmen unzufrieden. Ferner kommt wie schon in den anderen Studien zum Ausdruck, dass sich Szenarien und Simulationen bei 40 % der Unternehmen in ihren Planungssystemen nicht abbilden lassen. Rund ein Drittel der Studienteilnehmer hebt hervor, nur schwer auf veränderte Rahmenbedingungen mit ihren Planungssystemen reagieren zu können. 72 % betonen aber, die klassische operative Unternehmensplanung für ein unverzichtbares Instrument zu hal-

---

27   Deloitte, Blick nach vorn. Eine Standortbestimmung zur Planung in deutschen Unternehmen, S. 15
28   Volkart, Corporate Finance, S. 957
29   Rieg, Planung und Bugetierung, S. 62

ten. Rund die Hälfte der Teilnehmer plant mit hoher Priorität, die Planungsdauer in Zukunft zu verkürzen und die Defizite ihrer Planungssysteme in Angriff zu nehmen. Für 80 % der Unternehmen steht fest, dass sie mit hoher bis sehr hoher Priorität die Qualität ihrer Planung verbessern müssen. Die Hälfte der befragten Unternehmen hat erkannt, dass sie die Produktions- und Finanzplanung besser integrieren müssen, und will dies mit hoher Priorität angehen. Ebenfalls 50 % der Unternehmen wollen mit hoher Priorität systemtechnische Möglichkeiten für die Erstellung von Szenarien und Simulationen schaffen und ein Viertel will eine rollierende Planung einführen. Überraschend ist allerdings, dass *nur 16 % der Studienteilnehmer der Evaluierung und Einführung von Softwaresystemen zur Planungsunterstützung eine hohe Priorität einräumen*. Die ist vor allem deshalb überraschend, weil die meisten der von den Unternehmen geäußerten Verbesserungsmaßnahmen ohne die Einführung geeigneter Software kaum realisierbar erscheinen. Deloitte sieht hier den geringen Bekanntheitsgrad solcher Softwaresysteme als Grund für das überraschende Ergebnis.

1.3.5   IBI-Studie

IBI-Studie 2004

Auch die IBI-Studie[30] weicht nicht signifikant von den Ergebnissen der anderen Studien ab. Zwei Drittel der befragten Unternehmen betonen, dass eine integrierte Unternehmensplanung und eine Finanzplanung eine hohe Bedeutung für sie haben. Im Hinblick auf die Prioritäten der Planungsbereiche fällt auf, dass auch hier der Integration der Produktionsplanung in die finanzielle Unternehmensgesamtplanung keinerlei Bedeutung beigemessen wird. Dreiviertel der Unternehmen geben an, dass der *Vertriebsmengenplanung* die höchste Bedeutung zugemessen wird. Interessant und zugleich alarmierend ist, dass 67 % der Unternehmen angaben, die Planung als reine Fortschreibung der Vergangenheit zu betreiben. Eine wirkliche Neuplanung praktizieren nur 5 % der Unternehmen. 28 % verfolgen einen Mix aus Fortschreibung und Neuplanung. Hinsichtlich der Softwareunterstützung der Planung zeigt sich das gleiche Bild wie in allen anderen Studien: Für 60 % der Teilnehmer bildet Excel das Haupt- bzw. Kernsystem für die Erstellung der operativen Unternehmensplanung. Zwei Drittel der Teilnehmer nutzt Excel in Verbindung mit dem ERP-System als Planungswerkzeug. Weniger als 20 % der Unternehmen setzen spezielle Planungssoftware ein. Hierzu ist jedoch zu berücksichtigen, dass die Studie aus dem Jahr 2004 stammt. Die durchschnittliche Planungsdauer der befragten Unternehmen liegt bei 4–6 Monaten. Nur ca. 8 % der Unternehmen hatten einen monatlichen Forecast-Prozess implementiert, obwohl 60 % der Überzeugung waren, dass ein regelmäßiger Forecast-Prozess zu besseren Managementresultaten führt. Hinsichtlich der Generierung von Steuerungs- und Korrekturimpulsen ist interessant, dass *nur 20 % der Unternehmen unterjährige Abweichungsanalysen* durchführen. Hinsichtlich des internen Ressourcenaufwandes bestätigt sich wiederum der Wert aus diversen anderen Studien: 60 % der befragten Unternehmen geben an, dass sich die Kosten für den jährlichen Planungsprozess auf *1,5 % des Umsatzes* belaufen. 11 % der Unternehmen nennen sogar Werte in Höhe von *2–3 % vom Umsatz.*

---

30   http://www.controllingportal.de/upload/iblock/520/d0afefdfed7fa9d5b308009b620bf0d8.pdf

1.3.6   Zusammenfassung

Wie die vorgestellten Studien zeigen, ist der mangelnde Integrationsgrad der Planungsrechnungen das größte Problem im Hinblick auf die in der Praxis außerordentlich aufwendigen
Planungsprozesse. Obwohl die notwendigen Systeme und Datenstrukturen in den meisten
Industrieunternehmen vorhanden sind, werden diese nicht integrativ genutzt, sondern mehr
oder weniger im Rahmen der Planungsrechnung durch Insellösungen und Excel-Tabellen
ersetzt.

Rund 80 % der deutschen Industrieunternehmen setzen ERP-Systeme und Tabellenkalkulationssoftware in ihren Planungsprozessen ein.[31]

Allerdings berücksichtigen weniger als 20 % der Industrieunternehmen die Produktionsplanung als integralen Bestandteil ihrer Planungsrechnung. Zu diesem Befund passt auch die
Studie von Währisch, nach der ebenfalls weniger als 20 % der deutschen Industrieunternehmen ihre Kosten- und Leistungsrechnung als Basis für die Unternehmensplanungsrechnung verwenden.[32]

Da die Kosten- und Leistungsrechnung sehr eng mit den Produktionsprozessen verflochten
ist, überrascht dieser Befund von Währisch vor dem Hintergrund der Studien zur Unter-
nehmensplanungsrechnung in keiner Weise. Interessant ist auch, dass die Klassiker von
Kilger/Plaut „Flexible Grenzplankostenrechnung" und darauf aufbauende Seminare von
Plaut und der Controller Akademie zwar über viele Jahre bei sehr vielen Controllern in der
Theorie Anklang gefunden haben, aber in der praktischen Umsetzung offensichtlich ge-
scheitert sind. Das Scheitern ist hier in dem Sinne zu verstehen, dass ein Ausbau der Plan-
Kostenrechnung zu einer umfassenden Planungsrechnung, wie sie seit vielen Jahren gefordert, bis heute nicht realisiert werden konnte. Interessant ist in diesem Zusammenhang
auch, dass heute vermehrt der Ruf nach sogenannten „treiberbasierten Planungsmodellen"
laut wird. Hier ist vielleicht das Bewusstsein dafür verloren gegangen, dass solche treiberbasierten Planungsmodelle seit über 50 Jahren erprobt und entwickelt sind, nur eben nicht
für eine umfassende Planungsrechnung genutzt werden. Vielleicht kann darin auch ein
Hinweis gesehen werden, dass bedingt durch die Dominanz unternehmenswertorientierter
Planungsverfahren wichtige und bewährte Grundlagen des betrieblichen Rechnungswesens
in Ausbildung und Praxis aus dem Blickfeld geraten sind. Die Unternehmen nutzen ihre
Kosten- und Leistungsrechnungssysteme überwiegend zu Dokumentations- und Bewer-
tungszwecken (Erzeugnisbestände) und für die Vor- und Nachkalkulation von Aufträgen.
Der Umstand, dass die wesentlichen Datenstrukturen der Industrieunternehmen keinen
Eingang in ihre operativen Planungsprozesse finden, ist möglicherweise auch darauf zurückzuführen, dass die Integration der verschiedenen Systeme (PPS, Buchhaltung, Kosten-
und Leistungsrechnung) für die Planung außerordentlich komplex und schwerfällig ist.

Die im Rahmen der beschriebenen Studien und an verschiedenen anderen Stellen bereits
herausgearbeiteten Befunde stehen in einem krassen Gegensatz zu den Zielen und Visionen, die im Rahmen von *Industrie 4.0* immer wieder verkündet und wortreich geschildert
werden. Es wird ein digitaler „Echtzeiteinblick" und eine „Echtzeitplanung und -steuerung"

---

31   Konradin, ERP-Studie 2011, S. 17
32   Währisch, Kostenrechnungspraxis in der deutschen Industrie, S. 86

der „wandlungsfähigen" Fabrik in Aussicht gestellt. Da kommunizieren die Produkte und Werkstücke, die ihre Arbeitspläne und Stücklisten über integrierte Chips mit sich führen, und die Produktionsanlagen über cyberphysische Systeme (CPS) auch unternehmensübergreifend miteinander. Die Lücke zwischen dem realen Zustand des Produktionssystems und dessen digitalem Abbild soll in Zukunft verkleinert bzw. ganz zum Verschwinden gebracht werden. Unternehmen, die in Zukunft diese Visionen tatsächlich verwirklicht haben, werden mit Sicherheit große Wettbewerbsvorteile gegenüber Unternehmen haben, die bei den traditionell hierarchischen „Offline"-Planungssystemen bleiben. Aber es stellt sich natürlich die Frage, wie Echtzeitplanung und -steuerung in der digitalen Fabrik mit einer Erfolgs- und Finanzplanung zusammenpassen soll, die erst mit einem Zeitversatz von mehreren Wochen oder gar Monaten auf veränderte Planungsparameter reagiert. Hier ist also eine zweite Lücke, die es zu schließen gilt, da ansonsten die in Echtzeit verfügbaren Produktionsplanungsdaten keinen Niederschlag in den ökonomischen Planungssystemen finden. Ansonsten wären die Produktionsplanung und -steuerung und damit die Flexibilität und Termintreue zwar dramatisch verbessert, die Planungs- und Steuerungsfähigkeit des Unternehmens im Hinblick auf die Erfolgsziele und die Liquiditätssicherung jedoch nach wie vor eindimensional, träge, zeitversetzt und nicht an den realen Gegebenheiten orientiert.

Wie die beschriebenen Studien zeigen, gibt es bezogen auf diverse Themenfelder und erkannte Schwachstellen eine sehr große Übereinstimmung:

- Unverhältnismäßig *hoher Zeitaufwand* für den Planungsprozess
- Die Kosten für Planungsprozesse belaufen sich in vielen Unternehmen auf *1–2 % vom Umsatz.*
- Zeit- und *ressourcenintensive Abstimmprozesse*
- Einsatz von *mehreren Softwaresystemen* zur Unterstützung des Planungsprozesses
- Fehlende oder *unzureichende Integration* der betrieblichen Teilpläne im Rahmen der operativen Planung
- Fehlende Integration von *operativer und strategischer* Planung
- *Fehlende Reaktionsmöglichkeiten* auf veränderte Aktualität der Planungsprämissen
- Fehlende Möglichkeiten für *Szenarien/Simulationen*
- Zukünftige Bedeutung der operativen Unternehmensplanung
- Die Planung ist überwiegend *absatzmengenorientiert* ausgerichtet. Eine Integration erfolgt, wenn überhaupt, meist nur in der Finanzdimension und fokussiert sich kosten- und liquiditätsseitig fast ausschließlich auf den Absatz als Mengen- und Werttreiber.
- Die *Produktionsplanung* ist demzufolge nicht integriert. Die Produktion wird, wenn überhaupt, nur im Rahmen des (vertriebsmengenorientierten) Grobkapazitätsabgleichs einbezogen.

1.4 Kritische Analyse der Studienergebnisse

Die zeit- und ressourcenaufwendigen Abstimmprozesse (CapGemini berichtet von „10–12 Abstimmschleifen"[33] in der operativen Planung) sind überwiegend von der *fehlenden oder mangelnden Integration* getrieben. Die fehlende Integration wiederum ist darauf zurückzuführen, dass im ERP-System meist nur eine Integration des Mengen- und Zeitgerüstes (innerhalb der PPS-Komponente über Stücklisten-, Rezepturen- und Arbeitsplanauflösungen) vorhanden ist, jedoch keine integrierte Werteplanung für die Erfolgs-, Finanz- und Bilanzplanung existiert. Die am Markt erhältlichen Planungssoftwaresysteme wiederum ermöglichen zwar oft eine integrierte Werteplanung, jedoch keiner Integration des Mengen- und Zeitgerüstes der Produktion. Das hat zur Folge, dass über aufwendige Batch-Läufe und Dateitransfers die Planungsdaten aus den PPS-Systemen und aus den Kostenrechnungssystemen bzw. KLR-Modulen der ERP-Systeme zunächst in Tabellenkalkulationsprogrammen zusammengeführt und aufbereitet werden müssen, um dann in speziellen Planungswerkzeugen für eine integrierte Erfolgs-, Finanz- und Bilanzplanung zusammengeführt zu werden. Diese Planungspraxis ist auch der Grund für den Einsatz mehrerer Softwaresysteme im Rahmen der Planung. Es sind also deshalb mehrere Systeme notwendig, weil die jeweiligen Mängel bzw. fehlenden Funktionen des einen Systems mit den jeweiligen Spezialfunktionen der anderen Systeme ausgeglichen werden sollen. Dieser Prozess ist jedoch äußerst ressourcen- und abstimmintensiv, fehlerträchtig und schwerfällig. Ändert sich nur ein relevanter Parameter im Mengen- oder Preisgerüst, dann muss die ganze Prozedur wiederholt werden. Bedenkt man, dass schon der Neuaufwurf einer Materialplanung durchaus 20 Stunden und länger an reiner Rechenzeit in Anspruch nehmen kann[34], dann entwickelt man ein Gefühl dafür, warum die Abstimm- und Änderungsprozesse einen derart hohen Zeitbedarf erfordern. Im Hinblick auf den in der Unternehmenspraxis vorherrschenden „Dreiklang" aus spezieller Finanzplanungssoftware, Tabellenkalkulationssoftware und ERP-Systemen ist es nicht überraschend, dass die überwiegende Mehrzahl der Industrieunternehmen große Probleme im Hinblick auf die Integration ihrer Teilpläne hat. Es gibt in Deutschland über 50 Anbieter von Planungs- und Controlling-Softwaresystemen. Ein Großteil dieser Systeme unterstützt jedoch lediglich die finanzorientierte Integration von Erfolgs-, Finanz- und Bilanzplanung. Die Plan-Zahlen werden fast ausschließlich über Konten- und Kostenstellenwerte (also hochverdichtet) abgebildet und über die Logik der doppelten Buchhaltung miteinander verknüpft. Den höchsten Verbreitungsgrad haben diese Systeme deshalb auch in Handels- und Dienstleistungsunternehmen, wo sie gut einsetzbar sind und zudem deutliche Verbesserungen der Planungsqualität realisieren konnten. Diese Systeme zeichnen sich aus durch eine sehr gute Anwenderführung, übersichtliche Prozesse und einen hohen Integrationsgrad in der Finanzperspektive. In der Industrie wird der Anteil dieser rein finanzorientiert planenden Systeme hingegen auf unter 20 % geschätzt. Eine rein auf Konten basierende Erfolgs- und Finanzplanung lässt sich aber problemlos auch mit einer Tabellenkalkulationssoftware aufbauen (worauf diverse Tools tatsächlich auch basieren). Insofern stellen die Industrieunternehmen zur Recht das Kosten-Nutzen-Verhältnis solcher Systeme in Frage. Ein durchgängiger Planungsprozess über die Integration von

33   CapGemini, Forward Visibility, S. 46
34   http://www.deutschlandfunk.de/das-ist-auch-ein-hype.684.de.html?dram:article_id=236960

Absatz, Produktion, Beschaffung sowie Erfolgs-, Finanz- und Bilanzplanung, wie sie die „Best-in-class"-Unternehmen aus der CapGemini-Studie realisiert haben, kann von diesen Systemen daher nicht unterstützt werden. Aber auch die sogenannten „Best-in-class"-Unternehmen benötigen laut CapGemini-Studie fast 90 Tage für die Erstellung ihrer operativen Jahresplanung. Die mangelnde Integration wird auch durch eine Untersuchung von Todesco dargestellt. Im Rahmen seiner Studie zur Praxis der Unternehmensplanung in kleinen und mittleren Unternehmen gaben bspw. 80 % der befragten Unternehmen an[35], über eine detaillierte Finanz- und Liquiditätsplanung zu verfügen. Jedoch gaben nur 40 % der Unternehmen an, eine wirklich integrierte Unternehmensplanung durchzuführen. Demnach müsste in einem Großteil der befragten Unternehmen die Finanzplanung „isoliert", d. h. ohne vollständige Integration mit den übrigen Teilplänen stattfinden. Auch hier lassen sich erhebliche Widersprüche in den Antworten der Unternehmen erkennen. Dies legt den Verdacht nahe, dass das Verständnis für die Zusammenhänge der integrierten Unternehmensplanung zum Teil noch ausbaufähig ist.

Bemerkenswert und zugleich erfreulich ist es, dass die Diskussion um eine ganzheitlich integrierte Unternehmensplanung offensichtlich wieder aufgenommen wird. Der Gedanke der integrierten Unternehmensplanung ist nicht neu. Es ist eigentlich erstaunlich, dass über die Sinnhaftigkeit und über den Nutzen überhaupt diskutiert wird. Dabei müsste die Frage gestellt werden, was denn die Alternative dazu wäre. Es sollte doch eigentlich eine Selbstverständlichkeit sein, dass die Planungsergebnisse einzelner Teilbereiche in abgestimmter Form Eingang finden in andere Teilbereiche. Welchen Sinn soll es ergeben bspw. den auf Basis einer Absatz- und Produktionsmengenplanung ermittelten Materialbedarf nicht in der Beschaffungs-, Liquiditäts- und Erfolgsplanung zu verwenden, sondern davon unabhängig zu planen? Vor dem Hintergrund von Shareholder Value und wertorientierter Unternehmensplanung sind die wesentlichen Grundkonzepte der Planungsrechnung offensichtlich etwas in Vergessenheit geraten. Anders ist es nicht zu erklären, dass im Jahr 2015 in diversen Studien die integrierte Unternehmensplanung als führendes Konzept zur Verbesserung der Planungsqualität herausgestellt wird. Häufig wird jedoch übersehen, dass die jetzt von allen Seiten geforderte Integration sich nicht nur auf die Finanzsphäre des Unternehmens beschränken darf.

Eine rein auf Wertgrößen der Finanzdimension basierende integrierte Unternehmensplanung ist bei näherer Hinsicht unvollständig und meist unbrauchbar. Sie stellt lediglich eine auf der buchhalterischen Doppik fußende formale Integration sicher. Völlig ausgeblendet wird dabei jedoch der güterwirtschaftliche Teil der Planungsrechnung. Erst eine vollständig integrierte Mengenplanung in der Gütersphäre in Verbindung mit einer Bewertung dieser Realgüter mit den jeweiligen Preisen und die anschließende Überführung dieser „Werteplanung" in die Finanzdimension stellt eine ganzheitlich integrierte Unternehmensplanung dar. Der Versuch, eine integrierte Unternehmensplanungsrechnung ausschließlich auf Ebene der Wertgrößen zu realisieren, gleicht einer Vorwegnahme der Ergebnisse ohne Berücksichtigung des zugrundeliegenden Wirkungsgefüges. Dieses Vorgehen kann jedoch nie zu einer angemessenen Berücksichtigung der Komplexität des Systems (Industrieunternehmen) führen und dementsprechend auch keine brauchbaren Steuerungssignale erzeugen. Bedingt durch die Schwerfälligkeit und die ressourcenintensive Simulation der Auswirkungen be-

---

35   Todesco, Die Unternehmensplanung bei kleinen und mittleren Unternehmen, Dissertation, S. 69

stimmter Parameteränderungen (Materialpreisänderungen, Verkaufspreisänderungen, Produktions- und Absatzmengenänderungen etc.) ist zudem die zeitliche Reaktion im Hinblick auf die fundierte Entscheidungsfindung mehr oder weniger stark eingeschränkt.

Volkart weist in seinem Buch „Corporate Finance" auf die Schwachstellen der operativen Unternehmensplanung hin, die sich weitestgehend mit den bereits beschriebenen Defiziten decken:

*„**Erstens** sind Budgets durch ihre einmalige Fixierung oft nach kurzer Zeit bereits veraltet. Insbesondere in Branchen mit hoher Dynamik ist meist schon nach wenigen Monaten die Plan-Ist-Abweichung kaum mehr zu interpretieren, da die Planzahlen nicht mehr auf aktuellen Prämissen beruhen. **Zweitens** steht die hohe Ressourcen-Bindung für viele Unternehmen in keinem Verhältnis mehr zum Nutzen aus der Planung. Vorsichtig geschätzt, dürften 10 bis 20 % der Arbeitszeit von Führungskräften und rund 50 % der Kapazitäten des Controllings in der Planung und Budgetierung gebunden sein. **Drittens** findet die Budgetierung häufig von der Unternehmensstrategie bzw. der strategischen Planung entkoppelt statt, so dass sich die Strategie in der operativen Jahresplanung nicht widerspiegelt. Während in der strategischen Planung mehrjährige qualitative, nichtfinanzielle Aspekte und „weiche" Faktoren, wie die Innovationsfähigkeit, eine hohe Bedeutung haben, ist die operative Planung und Budgetierung meist rein finanziell auf einen Horizont von einem Jahr ausgerichtet. Somit steht nicht die Ausrichtung auf mittelfristige strategische Ziele im Vordergrund, sondern die Erreichung der Budgetziele zum Ende des Geschäftsjahres – als ob das Unternehmen zu diesem Zeitpunkt zu existieren aufhören würde. Dieser Effekt wird vor allem in jenen Unternehmen verstärkt, deren Anreizsysteme auf die jährliche Budget-Erreichung ausgerichtet sind."*[36]

1.5 Lösungsvorschläge von Beratern und Experten

1.5.1 Konsequente Vereinfachung der Planung

In den letzten Jahren wurden von diversen Beratern und Rechnungswesen-Fachleuten immer wieder Vorschläge für eine „Entfeinerung" der Planung gemacht. Damit sollte das Problem der schwerfälligen und ressourcenintensiven Planungsprozesse gelöst werden. Die Empfehlung lautet kurz zusammengefasst, dass Unternehmensplanung möglichst von einer Detailplanung abzusehen habe und stattdessen eine Konzentration auf die wichtigsten „Treiber" des Geschäftsmodells stattfinden sollte. Merkwürdigerweise wird aber meist eine detaillierte Absatzplanung empfohlen. Da stellt sich die Frage, welchen Sinn eine Detailabsatzplanung haben soll, wenn die darauf aufbauenden Teilpläne wie bspw. die Produktionsplanung nur „entfeinert" aufgebaut sein sollen. Und wie soll durch eine „entfeinerte" Planung bspw. festgestellt werden, ob die geplanten Absatzmengen kapazitativ, zeitlich und unter Beachtung bestimmter Kostenziele überhaupt realisierbar sind? So empfiehlt Wanic-

---

36   Volkart, Corporate Finance, S. 957

zek bspw. „eine starke Aggregation der Produkte nach Maßgabe der Handhabbarkeit".[37]
Der Materialeinsatz soll nach seinen Empfehlungen ferner im Rahmen der vereinfachten
Planung in Prozent vom Umsatz „indikatorbasiert" geplant werden. Wem das zu grob ist,
der sollte bestenfalls nur die „kritischen Einsatz-/Rohstoffe" analytisch planen. Die Planung
der Personalkosten soll allerdings im Detail erfolgen, da diese „dominant analytisch" sind.[38]
Da fragt sich der sachkundige Praktiker, wie eine Personalkostenplanung im Detail durchgeführt werden kann, wenn zuvor gefordert wird, die übrigen Teilpläne möglichst „entfeinert" bzw. pauschal zu planen. Der Bedarf an Personaleinsatzzeit, und damit maßgeblich
für die Fertigungslohnplanung, ergibt sich bekanntlich aus der Auflösung von Stücklisten
und Arbeitsplänen, die im Rahmen der Grobterminierung und Grobkapazitätsplanung entsprechend periodisiert werden müssen. Wenn auf diese „Feinplanung" jedoch verzichtet
werden soll (siehe Empfehlung zur pauschalen Materialeinsatzplanung), wie können dann
die Personalkosten im Detail geplant werden? Gleiches gilt für die Kostenstellenplanung.
Hier wird empfohlen, die Kostenstellen so zu planen, wie es der Ist-Struktur entspricht, und
dabei selbstverständlich die Bezugsgrößen für die Leistungsmengen der Kostenstellen zu
berücksichtigen. Hier stellt sich die gleiche Frage: Wie kann eine bezugsgrößenbasierte,
d. h. leistungsmengenorientierte Planung erfolgen, wenn auf die dazu nötigen Detailpla-
nungsschritte (Stücklisten- und Arbeitsplanauflösung) verzichtet werden soll?

Die ganzen Ratschläge zur „Entfeinerung" und Vereinfachung der Planungsrechnung sind
also in sich mehr als widersprüchlich und tragen bei näherer Hinsicht rein gar nichts zur
Verbesserung der Planungs- und Steuerungsfähigkeit eines Industrieunternehmens bei.

Man fragt sich ferner, was solch eine vereinfachte Planung eigentlich bezwecken soll und
was damit konkret gesteuert werden soll. Natürlich haben die Befürworter der konsequenten Vereinfachung Recht, wenn sie fordern, die Detailplanungen nicht manuell durchzuführen. Dies wäre auch praktisch überhaupt nicht zu leisten. Industrieunternehmen mit zehn-
oder gar hunderttausenden von Fertigerzeugnissen können unmöglich eine Detailplanung
manuell durchführen. Insofern ist es schon richtig, dass nur auf einem aggregierten Niveau
bspw. die Absatzmengenplanung durchgeführt wird. Die Detailplanungen müssen dann
durch die IT-Systeme der Planungsrechnung mit Hilfe entsprechender Regeln bis auf den
einzelnen Artikel disaggregiert werden. Es würde jedoch kein einziges Problem gelöst
werden, wenn auf jegliche Detaildaten verzichtet werden soll und nur noch die „wichtigsten
Treiber" Eingang in die Planungsrechnung finden sollen. Dabei scheint vielen Experten, die
solche Ratschläge abgeben, auch nicht klar zu sein, dass wichtige Treiber ohne Detaildaten
überhaupt nicht erfasst werden können. Als Beispiel möge an dieser Stelle nur die Materialeinsatzplanung erwähnt werden. Die Treiber der Materialkosten bilden bekanntlich die
Materialeinsatzmenge und die Materialpreise. Die Ermittlung der Materialeinsatzmenge
kann nur über die Auswertung der erzeugnisbeschreibenden Strukturdaten erfolgen. Diese
sind Stücklisten in der zusammensetzenden Industrie und Rezepturen in der Prozessindustrie. Bei der Stücklistenauflösung in komplexen Produktionsprogrammen fallen nicht selten
mehrere hunderttausend oder Millionen von Datensätzen an. Ohne die Detaildaten der
Stücklistenauflösung lässt sich der Materialeinsatz gar nicht ermitteln. Ein „Treiber-
modell", das ohne die Berücksichtigung der Detaildaten den Materialeinsatz ermitteln woll-

37   Waniczek, Unternehmensplanung neu, S. 19
38   Ebd S. 20

te, müsste sich demnach auf die statistische Schätzung bestimmter Verbrauchsdaten stützen. Es leuchtet jedoch nicht ein, warum statistische Schätzverfahren angewendet werden sollen, wenn analytische Verfahren der Bedarfsermittlung zur Verfügung stehen und leistungsfähige Softwaresysteme zur Planungsunterstützung solche Berechnungen in wenigen Sekunden durchführen können.

1.5.2 Alternative Ansätze der Unternehmensplanung

In den letzten Jahren wurden sowohl in der betriebswirtschaftlichen Forschung als auch von verschiedenen Experten und Beratern die Grundlagen der internen Erfolgsrechnung, insbesondere der Kosten- und Leistungsrechnung, als veraltet und im Hinblick auf die veränderten Umfeldbedingungen der Industrie als nicht mehr angemessen kritisiert. Die Kritik an verschiedenen Teilaspekten der Kostenrechnung ist durchaus berechtigt. So kann Hartmann bspw. zugestimmt werden, dass in der Kostenrechnung häufig Daten unabhängig vom Nutzen verarbeitet und wenig anwenderfreundlich aufbereitet werden. Nicht nachvollziehbar ist allerdings seine Kritik, dass die in den 1950er und 1960er Jahren des vorigen Jahrhunderts entwickelten Grundlagen des kalkulatorischen Rechnungswesens nach wie vor an den Produktions- und Marktverhältnissen des 20. Jahrhunderts ausgerichtet sind. Ferner wird in der Arbeit von Hartmann der überwiegende Produktionsbezug der Kostenrechnung kritisiert. Unter Bezugnahme auf Welge und Amshoff führt er aus, dass der Anteil der „reinen Produktionskosten" angesichts einer rapiden Zunahme der indirekten Kosten immer geringer werden wird. Zusätzlich wird darauf hingewiesen, dass die Zuschlagssätze für diese indirekten Kosten von früher ca. 50 % auf mehrere 100 % gestiegen seien.[39] Damit kann eigentlich nur das schon seit über 30 Jahren nicht mehr praktizierte Verfahren der Lohnzuschlagssätze gemeint sein. Auch Kaiser behauptet, dass vor dem Hintergrund zunehmender Automatisierung der Anteil der direkt dem Produkt zurechenbaren Einzelkosten deutlich abnehmen wird und somit nur noch „Teile" der Materialkosten als Produkteinzelkosten erfassbar sind.[40] Kaiser bleibt in seiner Arbeit allerdings empirische Nachweise für seine Behauptungen schuldig. Anders bei Schehl, der in seiner Arbeit einige empirische Daten aus den 1980er und 1990er Jahren vorlegt.[41]

Richtig ist ohne Zweifel, dass in den letzten 20 Jahren die Automatisierung deutlich zugenommen hat. Das zeigt sich bspw. an einem, am Umsatz gemessen, gesunken Lohnanteil. Dieser gesunkene Lohnanteil ist einerseits Ausdruck gestiegener Arbeitsproduktivität und andererseits Ausdruck einer Substitution von menschlicher Arbeit durch maschinelle Arbeit. Sieht man sich hingegen die gesamten Herstellkosten (nichts anderes kann Hartmann mit Produktionskosten meinen) in Relation zum Umsatz über längere Zeitreihen an, dann kann man feststellen, dass diese sehr stabil bei ca. 80–85 % des Umsatzes liegen. Die Kostenstruktur *innerhalb der Herstellkosten* der verarbeitenden Industrie zeigt seit vielen Jah-

---

39   Hartmann, Ein Rechnungswesen-Informationssystem auf Basis der Tensorbuchhaltung, S. 4
40   Kaiser, Kosten- und Leistungsrechnung bei automatisierter Produktion, S. 21
41   Schehl, Die Kostenrechnung der Industrieunternehmen vor dem Hintergrund unternehmensexterner und -interner Strukturwandlungen, S. 116 ff.

ren nahezu unverändert einen Anteil in Höhe von ca. 80 % für Material-/Energiekosten und 20 % für Lohn und Abschreibungskosten.[42]

Die genannten Autoren übersehen offensichtlich, dass die Kostenrechnung genauso wie die pagatorische Buchhaltung ein Set an Regeln und Methoden bereitstellt, die völlig unabhängig sind von Produktions- und Marktverhältnissen. Müller-Merbach schreibt in der Einleitung zur Dissertation von Hartmann, dass sich an den Methoden und Regeln der doppelten Buchhaltung, die von Lucca Pacioli erstmals 1494 aufgeschrieben wurden, seither nichts geändert hat und die vielen Beiträge zur doppelten Buchführung nach 1494 fast als eine Reihe von Fußnoten zu Pacioli bezeichnet werden können.[43] Mit diesem Hinweis hat Müller-Merbach uneingeschränkt Recht. Müller-Merbach und Hartmann haben aber offensichtlich übersehen, dass die gleiche Aussage auch für Kostenrechnungssysteme gilt. Kostenrechnungssysteme sind Bestandteil von internen Erfolgsrechnungen, die zwar stets auf bestimmte Annahmen angewiesen sind, sich jedoch hinsichtlich der bereitgestellten Methoden in keiner Weise von der Buchhaltung unterscheiden. Das ist auch der Grund, warum jedes Kostenrechnungssystem ebenfalls als System von internen *Leistungskontenreihen* dargestellt werden kann.

Die in vielfacher Hinsicht kritisierten Modelle der Kosten- und Leistungsrechnung, der Produktionsplanung und -steuerung und der Pagatorik sind im Hinblick auf bestimmte Teilbereiche sehr berechtigt. Allerdings stellt sich auch die Frage, welche Modelle und Methoden an ihre Stelle treten sollen, worin also konkrete Alternativen bestehen. In diesem Zusammenhang sind in den vergangenen Jahren einige alternative Ansätze entstanden, die nach einem gewissen „Beratungshype" meist schnell wieder aus dem Fokus geraten sind. Das liegt wahrscheinlich an dem Umstand, dass bei Lichte betrachtet die meisten „alternativen Ansätze" aus den altbekannten Ansätzen abgleitet wurden und daher alles andere als neu waren. Weder Balanced Scorecards und wertorientierte Planungsmodelle noch Produkt-Lebenszyklusrechnungen und (Activity Cost Based) Prozess-Kostenrechnungen konnten bisher einen nennenswerten Beitrag zur Verbesserung der Planungs- und Steuerungsfähigkeit von Unternehmen liefern. Die meisten der genannten Verfahren haben es auch nicht zu einer nennenswerten Verbreitung in der Praxis geschafft. Nur ca. 20 % der deutschen Industrieunternehmen setzen Lebenszyklusrechnungen ein, ca. 15 % nutzen eine Prozess-Kostenrechnung und ca. 24 % haben ihre Kostenrechnung um Verfahren des Target Costing ergänzt.[44]

Nicht viel besser sieht es bei wertorientierten Ansätzen der Unternehmenssteuerung und der Balanced Scorecard aus. Die wertorientierten Ansätze haben sich nur bei börsennotierten Unternehmen durchgesetzt, weil auch nur dort, wenn auch erheblich verzerrte, Marktpreise für das Eigenkapital ermittelt werden können. In nicht börsennotierten Unternehmen spielt diese „Innovation der betrieblichen Rechnungslegung" keine Rolle. Die Balanced Scorecard hat es vor rund 15 Jahren Schätzungen zufolge auf einen Verbreitungsgrad von ca. 20–

---

42   Deutsche Bundesbank, Verhältniszahlen aus Jahresabschlüssen deutscher Unternehmen, statistische Sonderveröffentlichungen 2006–2013

43   Müller-Merbach, in: Hartmann, Ein Rechnungswesen-Informationssystem auf Basis der Tensorbuchhaltung, S. 2

44   Währisch, Kostenrechnungspraxis in der deutschen Industrie, S. 145 ff.

35 % gebracht[45]. Allerdings ist die Datenlage hierzu äußerst dünn und repräsentative Studien, insbesondere für den Mittelstand, sind nicht vorhanden.

Zu ähnlichen Befunden kommt auch Wilken in seinem Forschungsbericht zur Kostenrechnungspraxis deutscher Industrieunternehmen: „Vermeintlich „moderne" Werkzeuge und viele Modebegriffe beherrschen zwar die fachliche Diskussion; *die Häufigkeit der Artikel hierzu in den Fachzeitschriften entspricht jedoch in keiner Weise der Verbreitung der Methoden in der Praxis.*"[46]

Die Ausführungen zu alternativen Ansätzen des Kostenmanagements und der Erfolgssteuerung sollen keineswegs als pauschale Kritik gegen neue oder „moderne" Verfahren verstanden werden. Jedoch muss jedes neue Konzept, jede neue Methode und Planungstechnik den Nachweis seiner Nützlichkeit in der Praxis erbringen. Nicht alles, was als „modern" daherkommt, ist gleichzeitig auch besser und meist ist es auch nicht neu. Die meisten alternativen Ansätze der vergangenen Jahre haben sich bei näherem Hinsehen als „alter Wein in neuen Schläuchen" entpuppt und haben nicht einmal im Ansatz durchgreifende Veränderungen herbeigeführt. Ihr Praxisbeitrag kann daher nur als enttäuschend bezeichnet werden. Die Studien zur Situation der operativen Unternehmensplanung in Deutschland haben das eindrucksvoll bewiesen.

Im Folgenden sollen einige alternative Ansätze des Kostenmanagements und der Erfolgssteuerung etwas mehr im Detail diskutiert werden.

1.5.2.1 Treiberbasierte Planung

Im Zuge immer größerer Volatilität und Komplexität setzt sich bei Unternehmen und ihren Beratern langsam die Erkenntnis durch, dass eine „direkte" Planung reiner Wertgrößen in Kontenmodellen nicht zielführend ist. Anders ist die aktuell häufig bemühte Forderung nach „treiberbasierten Planungsmodellen" nicht zu erklären.

Bei der Beurteilung dieser sogenannten Treibermodelle drängt sich die Frage auf, was damit eigentlich ausgesagt werden soll. Fuchs spricht in der BARC-Studie zu treiberbasierten Planungsmodellen von „linear-mathematischen Verknüpfungen von Treibern (Ursachen) und Ergebnisgrößen (Wirkung)".[47] Im Kontext dieser etwas „schwammigen" Formulierung ist die Ähnlichkeit zu den in Kapitel 2.6.1.1 beschriebenen Input-Output-Modellen als allgemeingültiger Form von Produktionsfunktionen unverkennbar. Weiterhin wird in der Studie von „mittleren Detailgraden" und „gemäßigten Detaillierungsebenen" gesprochen. Was soll man sich darunter vorstellen?

Sofern Industrieunternehmen ihre Produktions- und Kostenfunktionen (Stücklisten, Arbeitspläne, Preisvektoren der Einsatzgüter etc.), Erlösmodelle (Absatzmengen, Preis- und Konditionensystem), Bestandsgrößen und Durchlaufzeiten in einem durchgängigen Modell integrieren, verfügen sie stets über einen ausreichenden „Mengen- und Werttreiberbaum". Eine Beschränkung nur auf bestimmte Treiber, wie es von den Verfechtern der Treiber-

---

45   http://www.boeckler.de/pdf/p_arbp_266.pdf

46   http://www.hs-emden-leer.de/web/forschung/docs/Forschungsbericht_06082007121912.pdf

47   Fuchs, Janoschek, Reality Check: Treiberbasierte Planung, S. 7

modelle gefordert wird, ist weder notwendig noch sinnvoll. Es müssen stets alle relevanten Treiber, die direkt oder indirekt auf die Erfolgs- und Liquiditätsgrößen einwirken, einbezogen werden. Diese Bestimmungs- und Einflussgrößen sind durchaus überschaubar und stets in allen Industrieunternehmen identisch bzw. beobachtbar.

Die in Kapitel 2.4 zusammengefassten mengen- und wertmäßigen Zusammenhänge lassen alle wesentlichen Erfolgs- und Cash-Treiber eines Industrieunternehmens vollumfänglich erkennen. Diese Treiber müssen auch nicht, wie in der BARC-Studie behauptet, in einem aufwendigen Konzeptionsprozess „modelliert" werden, sondern sind bei fast allen Unternehmen der verarbeitenden Industrie in der Serien-, Sorten-, Massen- und Prozessfertigung nahezu identisch und meist aus den Datenstrukturen der PPS- und Kostenrechnungssysteme ableitbar. Die Plan-Kostenrechnung bspw. ist auch schon immer eine treiberbasierte Planungsrechnung gewesen. Die Bezugsgrößen der Plan-Kostenrechnung sind nichts anderes als Treiber (engl. Driver).

Zu dieser Einschätzung kommt auch Oehler in seinem Blog-Beitrag „Herausforderung treiberbasierter Planung":

„Die flexible Plan-Kostenrechnung unterteilt in proportionale und fixe Kosten in Bezug auf die zu erbringende Kostenstellenleistung. Insofern findet sich in der einschlägigen Kostenrechnungsliteratur eine unerschöpfliche Anzahl an Treibern. Zwar fehlt hier die finanzielle Zielgröße. Diese entsteht durch eine weitere Abhängigkeit, der zwischen der Kostenstellenleistung und dem Produktionsprogramm. Aus Absatzveränderungen kann über diese Kette auf potentielle Kostenveränderungen geschlossen werden."[48]

Allerdings wird in der Plan-Kostenrechnung zumeist die Beschäftigung als Haupteinflussgröße in den Vordergrund gestellt. Neben der Beschäftigung gibt es aber eine Reihe weiterer Einflussfaktoren im Hinblick auf die Erfolgshöhe und den Finanzmittelbedarf.

Absolut richtig ist die Einschätzung von Oehler, dass eine auf dem betrieblichen Wirkungsgefüge basierte Planung finanzorientierten Kontenmodellen weit überlegen ist: „Nicht zu vernachlässigen ist auch, dass Treiber und Ergebnisse tendenziell ein besseres Gesamtbild als die klassischen kontenbasierten Planungsschemata vermitteln."[49]

Bei der Diskussion um treiberbasierte Planungsmodelle drängt sich der Eindruck auf, dass hier wieder einmal „alter Wein in neuen Schläuchen", vor allem zu Gunsten bestimmter Beratungsinteressen verkauft werden soll. Manche Beratungshäuser sprechen daher auch schon *von einer völlig neuen Qualität des Controllings.*[50]

Der kostspielige Aufbau von „Treiberbäumen" ob mit oder ohne Unterstützung durch externe Berater, ist weder notwendig noch zielführend. Die Unternehmen haben alle relevanten Treiber, zumindest für die Kostenseite, bereits in ihren bestehenden ERP-Systemen abgebildet. Der Fokus sollte vielmehr auf der Zusammenführung der vorhandenen Datenstrukturen in ganzheitliche Planungssysteme liegen. Wenn neue Bezeichnungen wie „treiberbasierte Planung" den Anstoß hierzu geben, kann man das nur begrüßen. Eine aufwendige Neumodellierung der Zusammenhänge wäre aber unnötig. Wer sich für die Zusam-

---

48   https://www.pmone.com/blog/lesen/herausforderung-treiberbasierte-planung-teil23/
49   www.pmone.com/blog/lesen/herausforderung-treiberbasierte-planung-eine-serie-in-drei-teilen/
50   Fuchs, Janoschek, Reality Check: Treiberbasierte Planung, S. 11

menhänge zwischen Treibervariationen und Ouputgrößen in der Buchhaltung interessiert, der muss nur den Systemdurchlauf von Kunden- und Fertigungsaufträgen in seinem ERP-System einmal beobachten. Hier kann „live" nachvollzogen werden, welche Material-, Zeit-, Kostenstellen-, Kostenträger-, Lagerbuchungen etc. stattfinden und wie diese in die Soll- und Habenwelt der Finanzwirtschaft überführt werden. Vor diesem Hintergrund wirkt es mehr als erstaunlich, dass ein Großteil der Unternehmen für Treibermodelle eine inhaltliche Beratung wünscht.[51] Unternehmen, die tatsächlich durch Beratung die Einsicht gewinnen müssen, dass sich bspw. der Materialeinsatz aus der Beziehung Materialmenge × Materialpreis ableitet, deren Lage ist wahrscheinlich hoffnungslos.

1.5.2.2 Prozess-Kostenrechnung

Die Prozess-Kostenrechnung ist von ihren Grundgedanken her weder neu noch bedarf es für ihre Einführung neuer Methoden oder Konzepte. Die Grundgedanken sowie die Planungs- und Abrechnungstechnik der Plan-Kostenrechnung unterscheiden sich kaum von den Prinzipien der Prozess-Kostenrechnung. Im Kern geht es um die möglichst verursachungsgerechte Zuordnung von bestimmten Kosten, die aus Produktsicht in indirekten Funktionsbereichen (bspw. Verwaltung und Vertrieb) verortet sind, auf die Kostenträger. Die bisher überwiegend pauschal und undifferenziert angewendeten Zuschlagsätze auf die Herstellkosten für Beschaffung, Verwaltung und Vertrieb sollen durch differenzierte Leistungsmessung verursachungsgerecht zugerechnet werden. Im Rahmen der Planung solcher indirekten Prozesse geht es darum, den Nutzungsanteil an den Potenzialfaktoren (Mechanismen und Beschäftigte) zielführend und mit Einhaltung bestimmter Qualitätsanforderungen zu erhöhen und den Leerkostenanteil zu vermindern. Mithin soll eine dem mengenmäßigen Aufgabenanfall angemessene Personalausstattung sichergestellt werden. Diese grundsätzliche Aufgabenstellung unterscheidet sich nicht von der in der Produktion üblichen Personalbedarfsplanung. Das Referenzmodell zur integrierten Planung kann in seiner Grundstruktur genauso für die Planung indirekter Bereiche angewendet werden. Genauso, wie für die Plan-Kostenrechnung überwiegend nur Prozesse mit standardisierten Erzeugnissen der Massen- und Serienfertigung infrage kommen, kommen für die Prozess-Kostenrechnung nur Funktionen und Prozesse in Frage, die einen hohen Wiederholungsgrad und damit einhergehend eine prozessorientierte Standardisierung ermöglichen. Das trifft sicher auf große Teile sogenannter Ausführungsprozesse zu. Für Unterstützungs- und Führungsprozesse ist die Prozess-Kostenrechnung daher überhaupt nicht oder nur mit großen Einschränkungen anwendbar. Dennoch kann die Prozess-Kostenrechnung bei sachgerechter Anwendung sehr gute Beiträge im Hinblick auf die Transparenz bestimmter indirekter Funktionsbereiche leisten. Die Methoden der Plan-Kostenrechnung können ohne Schwierigkeiten auf die indirekten Bereiche übertragen werden und somit zu einer Differenzierung von leistungsmengeninduzierten und leistungsmengenneutralen Kostenblöcken in Vertrieb und Verwaltung beitragen. Ob man dieses Vorgehen Prozess-Kostenrechnung, Acitivity Based Costing, administrative Plan-Kostenrechnung oder sonstwie nennen will, ist dann Geschmacksache.

---

51   Ebd. S. 18

1.5.2.3 Wertorientierte Unternehmensführung

Die wertorientierte Unternehmensführung mit ihrem Kerngedanken des Shareholder Value soll als Führungskennzahl dabei helfen, den Unternehmenswert möglichst nachhaltig zu steigern. Diese „neue" Methode der finanzwirtschaftlich und am Marktwert des Unternehmens orientierten Unternehmensführung erfreute sich bis zum Ausbruch der Finanzkrise 2007 vor allem bei börsennotierten Unternehmen großer Beliebtheit. Heerscharen von Beratern, Finanzexperten und Investmentbanker haben das Credo der unternehmenswertorientierten Planung und Steuerung verbreitet.

Es ist eigentlich bei näherer Hinsicht erstaunlich, dass das Konzept der wertorientierten Unternehmensführung einen solchen Hype sowohl in der Wissenschaft als auch bei börsennotierten Unternehmen auslösen konnte. Wie verschiedene Studien zeigen, war und ist der Verbreitungsgrad bei mittelständischen und kleinen Unternehmen allerdings praktisch gleich null.[52]

Seit der Finanzkrise 2007 hat sich die Abkehr von diesem Konzept deutlich verstärkt, und es gibt heute kaum noch Berater oder Unternehmensführer, die das einstmals als Heilsbringer der finanzwirtschaftlichen Unternehmensführung gepriesene Modell verteidigen. Hierzu mag u. a. beigetragen haben, dass ein prominenter früherer Verfechter dieses Modells eine komplette Kehrtwende vollzogen hat. Jack Welch, ehemaliger CEO von General Electric, hat 2009 überraschend für viele Anhänger des sogenannten Shareholder Value zum Ausdruck gebracht, dass die angestrebte Maximierung des Shareholder Value wohl „das dümmste Konzept der Welt"[53] gewesen sei. Fredmund Malik hat darauf zu Recht schon viele Jahre zuvor hingewiesen.[54]

Eines der Argumente der Befürworter war, dass traditionelle Steuerungsgrößen wie bspw. Gewinn und Umsatz zukünftig nicht mehr tragfähig seien. Als Grund hierfür wurde häufig angeführt, die Steuerungsgrößen des traditionellen Rechnungswesens würden von einer Vielzahl von Bewertungswahlrechten abhängen und seien daher manipulierbar. Damit sei keine „objektive" Beurteilung der finanziellen Performance eines Unternehmens möglich. Dieses Argument entpuppt sich bei Lichte betrachtet allerdings als Scheinargument. Dabei wird nämlich übersehen, dass der Gewinn bzw. zukünftig erwartete Gewinn stets die Ausgangsgröße für alle zahlungsstrombasierten Bewertungsmodelle (Discounted Cash Flow) ist. Vor diesem Hintergrund können dann auch diese Modelle nicht frei sein von Annahmen und Bewertungswahlrechten. Objektive Beurteilungsmaßstäbe für die Beurteilung der finanziellen Performance ex ante sind daher eher Wunschtraum als Wirklichkeit.

Die Instrumente der wertorientierten Unternehmensführung können unterteilt werden in einperiodische *Ex-post-Betrachtungen* der Performance und mehrperiodische *Ex-ante-Betrachtungen* des Unternehmenswertes. Letztere lassen sich weiter aufteilen, in Methoden zur Ermittlung des Eigenkapitalwerts (Equity-Approach) und in Methoden zur Bestimmung des Gesamtwertes (Entity-Approach), wobei sich die Bereiche zum Teil gleicher Instru-

---

52   http://www.boeckler.de/pdf/mbf_pb_wou_studien_lsl2.pdf
53   http://diepresse.com/home/meingeld/aktien/4619240/Strategie_Shareholder-Value-dummes-
     Konzept
54   Malik on Management Letter Nr. 2, 1996, S. 7

mente bedienen. In den theoretischen Konzepten zur Messung von Werten bzw. Wertzu-wächsen für die Eigentümer auf Gesamtunternehmens- oder Unternehmenssegmentebene wird entweder von dem Datenmaterial des Jahresabschlusses ganz abstrahiert oder dieses nur nach umfangreichen Bereinigungsschritten verwendet. Die Kernaussage ist, dass im Gegensatz zu einer vergangenheitsorientierten Betrachtung der Wert einer Investition den zukünftig erwarteten Erfolgen (Erfolgsprognose) entspricht. Zudem sind die Instrumente i. d. R. als Contribution-Modelle ausgelegt, sodass sie nur die Übergewinne ausweisen, die nach den Ansprüchen der Eigenkapitalgeber verbleiben. Die dazu anzusetzenden Kapital-kosten sind daher als vom Kapitalgeber vorgegebene Cut-Off- oder Hurdle-Rate anzusehen, die mindestens erwirtschaftet werden muss, um den Erwartungen der Investoren gerecht zu werden.[55]

Im Kern ist das Konzept der wertorientierten Unternehmensführung nichts anderes als die Übertragung der Verfahren der dynamischen Investitionsrechnung auf das Gesamtunter-nehmen. Das Gesamtunternehmen bildet dann das „Investitionsobjekt" ab.

Beurteilung der wertorientierten Unternehmensführung

Der Cashflow aus dem operativen Geschäft kann keine selbstständig ermittelbare bzw. planbare Größe sein. Der Gewinn ist stets als Vorsteuergröße der Liquidität anzusehen. Somit muss der Gewinn in die Planungsrechnung zur Unternehmensbewertung selbstver-ständlich einfließen. Es zeigt sich, dass die angeblich unbrauchbaren „traditionellen" Steue-rungsgrößen dennoch Grundlage für die Ermittlung eines „objektiven Unternehmenswer-tes" sein sollen.

Neben diesem logischen Widerspruch wurde kaum thematisiert, dass die Übertragung der finanzmathematischen Konzepte der dynamischen Investitionsrechnung auf die Unterneh-mensbewertung natürlich die gleichen Vorbehalte nach sich zieht, die diese schon bei der Bewertung einzelner Investitionsprojekte aufweisen. Dabei geht es vor allem um die reali-tätsfremde Wiederanlageprämisse von freiwerdenden Zahlungsüberschüssen. Die vereinfa-chende Annahme der sogenannten Wiederanlageprämisse besagt, dass die Zahlungsüber-schüsse zum internen Zinsfuß oder bei der Kapitalwertmethode zum Kalkulationszinssatz (= gewichteter Kapitalkostensatz + Risikoprämie) wieder angelegt werden können. Es kommt im Rahmen der Unternehmensbewertung hinzu, dass diese für die Wiederanlage zur Anwendung kommenden Kalkulationszinssätze im Prinzip für eine *unendlich* lange Lauf-zeit bekannt sein sollen. Es kommt ferner eine triviale Erkenntnis hinzu:

Die tatsächlich realisierten Zahlungsüberschüsse können logischerweise erst nach Ende der Laufzeit einer Investition überprüft werden. Bei der Unternehmensbewertung wird jedoch eine „unendlich" lange Laufzeit unterstellt. Dabei wird am Ende des Prognosezeitraums mit einer unendlichen Rente auf Basis eines (um einen Wachstumsabschlag korrigierten) un-endlich konstanten Zahlungsüberschusses (Cashflow) gerechnet. Schon bei endlich laufen-den, d. h. einzelnen Investitionsprojekten ist die Ex-post-Überprüfung der Vorteilhaftigkeit der Investition oft nahezu unmöglich. Das liegt daran, dass zwar die Auszahlungen für ein Investitionsobjekt problemlos ermittelt werden können, die damit verbundenen Einzah-lungsströme wg. Verbundeffekten aber häufig nicht isoliert werden können. Im Rahmen der

---

55   http://www.controlling-wiki.com/de/index.php/Wertorientierte_Unternehmensf%C3 %BChrung

wertorientierten Unternehmensführung soll aber ein objektivierter Unternehmenswert berechenbar sein?

Da mit steigendem Zinssatz der Unternehmenswert aufgrund der immanenten Rechenlogik der Abzinsung sinkt bzw. mit sinkendem Zinssatz steigt, drängt sich eine weitere Frage auf:

Dadurch, dass aktuell die Kapitalmarktzinssätze nahe null sind, „explodieren" bei konsequenter Anwendung der finanzmathematischen Bewertungsverfahren die Unternehmenswerte. Auch die sogenannte Hurdle Rate im Rahmen der einperiodischen EVA(Economic Value Added)-Betrachtung überspringen die meisten Unternehmen jetzt locker. Ist dies nun darauf zurückzuführen, dass die meisten Unternehmen besser im Sinne von wettbewerbsfähiger geworden sind?

Gegen die finanzmathematische Akrobatik der wertorientierten Unternehmensführung ließen sich weitere Argumente in Hülle und Fülle finden.

Wichtig für die Überlebensfähigkeit von Unternehmen ist eben nicht die finanzorientierte Maximierung des Unternehmenswertes. Der Unternehmenswert ist ohnehin keine objektiv ermittelbare und messbare Größe, sondern hängt ganz entscheidend von den Zielen und Wertvorstellungen des Bewertenden ab. Für die Überlebensfähigkeit ist vielmehr ausschlaggebend, dass das „Kundenproblem" dauerhaft gelöst wird und gegenwärtige Erfolgspotenziale gesichert und ausgebaut sowie zukünftige Erfolgspotenziale erkannt und realisiert werden.

1.5.2.4 *Balanced Scorecard*

Balanced Scorecards (BSC), ein Hype der beginnenden 2000er Jahre, sind bei genauerer Hinsicht überhaupt keine Planungssysteme im engeren Sinne, sondern lediglich Strukturierungshilfen für die Zusammenfassung von Zielen, Maßnahmen und Einflussgrößen (KPIs = Key Performance Indicators). Dabei werden bestimmte globale Einflussgrößen und ihre „mutmaßlichen" Ursache-Wirkungs-Beziehungen in einer Matrix dargestellt. Die BSC eignet sich bestenfalls für die Kommunikation erhoffter Strategiewirkungen. Für konkrete Planungsrechnungen ist sie nicht geeignet.

Die Grundidee der Balanced Scorecard besteht in der nachvollziehbaren Transformation der Vision und Strategie eines Unternehmens in ein widerspruchsfreies Bündel qualitativer und quantitativer Zielsetzungen, deren Erreichungsgrad sich durch entsprechende Kennzahlen und Indikatoren erfassen lässt. Für die BSC ist kennzeichnend, dass zeitlich nachlaufende wertorientierte Spitzenkennzahlen der Finanzperspektive im Rahmen einer Ursache-Wirkungs-Kette mit zeitlich vorlaufenden werttreibenden Kennzahlen der drei Leistungsperspektiven Kunden, interne Geschäftsprozesse sowie Lernen und Entwicklung verknüpft werden. Auf diese Weise werden finanzielle und nicht-finanzielle Ziele und Kennzahlen miteinander vereint.[56]

Die Hauptschwierigkeit des Balanced-Scorecard-Konzepts ist in der Operationalisierung der Strategie zu erblicken. Damit sind die Konkretisierung der strategischen Ziele, die anschließende Festlegung und Quantifizierung entsprechender Kennzahlen sowie die Ablei-

---

56 Steinhaus, Kraft, Wertorientierte Unternehmensführung, S. 72

tung zielwirksamer Maßnahmen und Aktivitäten gemeint. Besonders schwierig gestaltet sich der Operationalisierungsprozess bei nicht-monetären, qualitativen Zielen der Kunden- und der Lern- und Entwicklungsperspektive. Die Bedeutung dieser beiden Perspektiven leuchtet zwar unmittelbar ein, ihre Messung und Bewertung gestaltet sich jedoch mitunter sehr kompliziert oder gelingt nicht.

Noch schwieriger gestaltet sich die Quantifizierung der sogenannten „Ursache-Wirkungs-Beziehungen", die zwischen den Kennzahlen und Perspektiven der BSC Aussagen über die quantitativen Wirkungsgefüge zulassen sollen:

Wird eine Größe x um x' verändert, dann ändert sich die abhängige Größe y um y'. Wann sich der neue Wert y + y' einstellt, bleibt jedoch offen. Damit wird klar, dass es sich bei der BSC bei näherer Betrachtung wiederum um ein statisches Modell handelt. Es kommt jedoch hinzu, dass auch Beziehungsrichtung und Beziehungsstärke weder eindeutig bestimmt noch gemessen werden können. Das unterstellte Wirkungsgefüge ist meist empirisch nicht beobachtbar und stellt damit nicht selten reines Wunschdenken dar. Die in BSCs formulierten Ursache-Wirkungs-Ketten bergen ein beträchtliches Risiko, lediglich Scheinkausalitäten oder Scheinkorrelationen zwischen Kennzahlen herzustellen, obwohl faktisch überhaupt keine Beziehungen bestehen.

Zur Verdeutlichung sei Folgendes kurzes Beispiel genannt:

In der Mitarbeiterperspektive stehen alle Kennzahlen (KPIs) auf „grün", d. h., die Mitarbeiter sind qualifiziert, abgesichert durch „360-Grad-Umfragen" auch motiviert, mit genügend „High Potentials" ausgestattet usw.

Die Prozessperspektive steht ebenfalls auf „grün", d. h., die Performance-KPIs der Hauptprozesse in Beschaffung, Produktion und Verwaltung liegen im Zielkorridor.

In der Markt- und Kundenperspektive sieht auch alles gut aus. Die geforderten Produktinnovationen sind realisiert, die Kundenzufriedenheitsumfragen ergaben zielführende Werte, die Service- und Performance-Kennzahlen des Vertriebs stehen ebenfalls auf „grün".

Ein Blick auf die Finanzperspektive zeigt jedoch, dass die hierfür definierten „harten" KPIs (Umsatz, Deckungsbeiträge, Gewinn und Liquidität, EVA) auf „tiefrot" stehen, d. h., die finanzielle „Performance" lässt zu wünschen übrig.

Solche Szenarien erlebt man in der Praxis nicht selten und meist greift dann eine gewisse Ratlosigkeit um sich. Nach der Logik der Ursachen-Wirkungs-Kette müssten doch in der Finanzperspektive auch alle Kennzahlen auf „grün" stehen? Dabei wird aber oft übersehen, dass die erhofften Ursache-Wirkungs-Ketten eben nicht selten Scheinkausalitäten und Wunschdenken widerspiegeln und auch die dynamischen Aspekte völlig außen vor lassen.

Einer der wenigen Autoren aus dem Hochschulbereich, der sich äußerst kritisch zur BSC geäußert hat, ist Zwicker. Er kritisiert, dass die BSC keinesfalls ein systematisches und nachvollziehbares Verfahren im Rahmen der Unternehmensplanung darstellt: Laut Zwicker bleibt beim Verfahren der BSC völlig unklar, wie man durch ein systematisches und nachvollziehbares Vorgehen zu den Werten der BSC kommt. Dieses Verfahren wird zudem in einer Weise beschrieben, „die man nur als Planungsgefasel bezeichnen kann".[57]

An anderer Stelle bringt Zwicker sein Unverständnis im Hinblick auf die Begeisterung eines Teils seiner Hochschullehrerkollegen zum Ausdruck:

„Auch unter deutschen Hochschullehrern der Betriebswirtschaft hat das Konzept der Balanced Scorecard großen Anklang gefunden. ... Weber und Schäffer sprechen von einem „äußerst gelungenem Versuch, eine Vielzahl von Erkenntnissen zu einem schlüssigen Gesamtkonzept zu verbinden." Weiter sind sie der Auffassung: „Die Balanced Scorecard ist derzeit das hoffnungsträchtigste Instrument in der Hand der Wirtschaft." Hoitsch sieht in der Balanced Scorecard „einen einigermaßen geschlossenen praktikablen Rahmen zur Umsetzung von Strategien in operative und messbare Größen." Eine solche „Schlüssigkeit" oder „Geschlossenheit" sollte wohl durch „schlüssige Standards" zum Ausdruck kommen, die bei der Entwicklung eines Balanced-Scorecard-Modells zu beachten wären. Weiterhin sollte eine solche Schlüssigkeit durch nicht triviale „schlüssige" prozedurale Vorschriften einer strategischen Planung und Kontrolle unter Verwendung eines solchen Modells repräsentiert werden. Aber eine solche Schlüssigkeit und auch Geschlossenheit sucht man vergebens. Wenn die Balanced Scorecard, wie Weber und Schäffer behaupten, wirklich das hoffnungsvollste Instrument „der Betriebswirte" ist, dann ist deren Lage mehr als hoffnungslos. Coenenberg erkennt in der Balanced Scorecard ein „wichtiges Werkzeug zielorientierter Unternehmenssteuerung" und Horváths Auffassung nach wird das System der Balanced Scorecard „nicht nur der Theorie, sondern auch der Unternehmenspraxis weltweit richtungsweisende Impulse geben." Das Konzept der Balanced Scorecard hat trotz aller Trivialität und Verworrenheit einen erfreulichen Effekt. Schon lange und mit Recht wird in der Literatur der „gap between strategic and operational planning" beklagt. Denn die operative und die strategische Planung laufen in vielen Unternehmen ziemlich unabgestimmt nebeneinander her. Die „neue" alte Botschaft von Kaplan und Norton ist, dass die finanziellen und nicht-finanziellen Ziele der strategischen Planung operationalisiert werden müssen und durch ein (möglichst) systematisches Verfahren mit den quantitativen Zielvorgaben der operativen Planung abgestimmt werden sollen. Wie dieses Verfahren ablaufen soll, das darf jeder selbst entscheiden. Wenn diese Botschaft in der Praxis zu verstärkten Aktivitäten führen sollte, diese Kluft zwischen der operativen und strategischen Planung zu vermindern, dann wäre dies tatsächlich eine „Balanced-Scorecard-Revolution".[58]

Trotz der heftigen, jedoch in allen Einzelheiten nachvollziehbaren Kritik von Zwicker, kann seinem finalen Hinweis auf die möglichen Vorteile einer BSC uneingeschränkt zugestimmt werden. Die BSC eignet sich gut, wenn es darum geht, Unternehmensstrategien in einer kompakten Form zu kommunizieren. Sie ist damit ein Kommunikations- und Strukturierungsinstrument an der Schnittstelle zwischen operativer und strategischer Planung. Genau an dieser Schnittstelle gibt es jedoch nach wie vor erhebliche Schwachstellen in den Unternehmen. Offensichtlich haben viele Unternehmen immer noch große Probleme, ihre strategische Planung auf sinnvolle Weise mit der operativen Planung zu verzahnen. Man

---

57   Zwicker, Integrierte Zielverpflichtungsplanung und Balanced Scorecard, S. 29, www.inzpla.de
58   Ebd. S. 31

könnte einwenden, die BSC sei ja schließlich auch ein strategisches Planungsinstrument das mit der operativen Planung nicht verwechselt werden darf. Dem ist jedoch zu entgegnen, dass die Verfechter der BSC ja vorgeben, eine planungslogische Prozedur zur nachvollziehbaren Begründung von finanziellen Ergebniskennzahlen, die in der Finanzperspektive münden, zu liefern. Aber genau das kann die BSC aufgrund der zum Teil abenteuerlichen Behauptungen „erhoffter" Wirkungsbeziehungen eben nicht leisten.

Die Beurteilung der zeitlichen Entscheidungsverbundenheit des BSC-Konzepts hängt zudem maßgeblich von der Art und Weise der Operationalisierung ab. Denn die zeitliche Entscheidungsverbundenheit erfordert, dass die Kennzahlen so gewählt werden, dass sie die Folgen der im Geschäftsbetrieb zu treffenden Entscheidungen zeitnah ausweisen. Andernfalls lässt sich kein oder kein eindeutiger Zusammenhang zwischen dem Treffen einer Entscheidung und dem Wirksamwerden der Entscheidungsfolgen ermitteln. Die Verständlichkeit des BSC-Konzepts ist scheinbar hoch, weil die Bedeutung der Perspektiven unmittelbar einleuchtet. Aufgrund der im Vergleich zu den wertorientierten Kennzahlen ansprechenderen Aufmachung besteht jedoch die Gefahr einer Komplexitätsunterschätzung. Dies gilt insbesondere dann, wenn sich die BSC aus wertorientierten Kennzahlen in der Finanzperspektive und weiteren Kennzahlen der leistungswirtschaftlichen Perspektiven zusammensetzt. Denn in diesem Fall summieren sich die Verständnisprobleme der finanz- und leistungswirtschaftlichen Kennzahlen.[59]

1.6 Literatur

Adam, Dietrich (1993): Produktionsmanagement. 7., vollst. überarb. und erw. Aufl. Wiesbaden: Gabler.

BARC, Effizienter planen mit Advanced Planning, http://barc.de/docs/advanced-planning-survey

Bearin Point, Unternehmensplanung 2020, https://www.bearingpoint.com/de-de/downloadformular/?item=2365

CapGemini, Forward Visibility Studie, https://www.de.capgemini-consulting.com/resource-file-access/resource/pdf/forward-visibility-edition-2.pdf

Deloitte, Blick nach vorn, Eine Standortbestimmung zur Planung in deutschen Unternehmen, https://www.controllingportal.de/upload/old/pdf/fachartikel/Planung/Planung-Studie-Deloitte.pdf

Deutsche Bundesbank, Verhältniszahlen aus Jahresabschlüssen deutscher Unternehmen, statistische Sonderveröffentlichungen 2006–2013. Online abrufbar unter http://www.bundesbank.de/Navigation/DE/Statistiken/Unternehmen_und_private_Haushalte/Unternehmensabschluesse/Tabellen/tabellen.html.

Flemming, Arne (2005): Integrierte Plankostenrechnung mit SAP R/3® unter Verwendung von INZ-PLA-Gleichungsmodellen. Techn. Univ., Diss. Berlin, 2005. Online abrufbar unter https://depositonce.tu-berlin.de/handle/11303/1497.

Fuchs, Christian; Janoschek, Nikolai (2015): Reality Check: Treiberbasierte Planung. Online abrufbar unter http://barc.de/docs/barc-study-treiberbasierte-planung.

---

59   http://www.boeckler.de/pdf/mbf_pb_wou_aktuell.pdf, S. 75 ff.

Grochla, Erwin; Szyperski, Norbert (Hg.) (1973): Modell- und computer-gestützte Unternehmensplanung. (Betriebswirtschaftliche Beiträge zur Organisation und Automation; Band 22). Wiesbaden: Gabler.

Haberlandt, Karlheinz (2009): Controlling – quo vadis. In: Dillerup, Ralf; Haberlandt, Karlheinz; Vogler, Gerhard (Hg.): *Heilbronner Beiträge zur Unternehmensführung. 40 Jahre Erfolgsgeschichten.* Oldenbourg: De Gruyter, S. 57–80. Online verfügbar unter http://dx.doi.org/10.1524/9783486852745.

Hartmann, Thilo (2004): Ein Rechnungswesen-Informationssystem auf Basis der Tensorbuchhaltung. Techn. Univ., Diss. Kaiserslautern, 2003. 1. Aufl. Lohmar: Eul.

Kaiser, Klaus (1993): Kosten- und Leistungsrechnung bei automatisierter Produktion. Univ., Diss. Bochum, 1990. 2., überarb. Aufl. Wiesbaden: Gabler (Bochumer Beiträge zur Unternehmungsführung und Unternehmensforschung, 37).

Konradin, ERP-Studie 2011, Einsatz von ERP-Lösungen in der Industrie

Laßmann, Gert (1968): Die Kosten- und Erlösrechnung als Instrument der Planung und Kontrolle in Industriebetrieben, Düsseldorf: Verl. Stahleisen.

Lohmann, Martin (1928): Der Wirtschaftsplan des Betriebes und der Unternehmung. Die kaufmännische Budgetrechnung. Zugl.: Leipzig, Habil. Schr., 1928. Berlin: Weiss.

Malik on Management Letter Nr. 2, 1996

Müller, Heinrich (1993): Prozesskonforme Grenzplankostenrechnung. Stand – Nutzanwendungen – Tendenzen. Wiesbaden: Gabler. Online verfügbar unter http://dx.doi.org/10.1007/978-3-322-91040-0.

Rieg, Robert (2015): Planung und Budgetierung. Was wirklich funktioniert. 2., überarbeitete Aufl. 2015. Wiesbaden: Gabler (SpringerLink : Bücher).

Schehl, Michael (1994): Die Kostenrechnung der Industrieunternehmen vor dem Hintergrund unternehmensexterner und -interner Strukturwandlungen. Eine theoretische und empirische Untersuchung. Univ., Diss. Mannheim, 1993. Berlin: Duncker & Humblot (Abhandlungen aus dem Industrieseminar der Universität Mannheim, 40).

Seufert, A.; Schäfer, R. (2004): Empirische Studie zur integrierten Unternehmensplanung. Hrsg.: IBI – Institut für Business Intelligence

Steinhaus, Henrik; Kraft, Stephan (2013): Wertorientierte Unternehmensführung – Einführung in das Konzept. Online abrufbar unter http://www.boeckler.de/pdf/mbf_pb_wou_aktuell.pdf.

Todesco, Felix (2010): Die Unternehmensplanung bei kleinen und mittleren Unternehmen im Blickpunkt der aktuellen gesetzlichen Anforderungen an die Unternehmensführung. Univ., Diss., Würzburg, 2010. Online abrufbar unter https://opus.bibliothek.uni-wuerzburg.de/files/4210/DissTodesco.pdf.

Vogel, Friedrich (1966): Betriebliche Strukturbilanzen und Strukturanalysen. Univ., Diss. Köln, 1966. Köln: Gouder u. Hansen.

Volkart, Rudolf (2006): Corporate finance. Grundlagen von Finanzierung und Investition. 2., vollst. überarb. und stark erw. Aufl. Zürich: Versus.

Währisch, Michael (1998): Kostenrechnungspraxis in der deutschen Industrie. Eine empirische Studie. Wiesbaden: Gabler (Bochumer Beiträge zur Unternehmungsführung und Unternehmensforschung, Bd. 53).

Waniczek, Mirko (2008): Unternehmensplanung neu. Vom teuren Managementprozess zum wirkungsvollen Steuerungsinstrument. Wien: Linde Verlag Wien (Fachbuch Wirtschaft).

Zwicker, Integrierte Zielverpflichtungsplanung und Balanced Scorecard. www.inzpla.de.

2 Planungsrechnung in Industrieunternehmen

In Kapitel 2 dieses Buches sollen die grundlegenden Arten von Planungsrechnungen in Industrieunternehmen vorgestellt werden. Industrieunternehmen unterscheiden sich insbesondere im Hinblick auf das interne Wirkungsgefüge der erfolgs- und liquiditätsbeeinflussenden Faktoren erheblich von anderen Unternehmenstypen. Vor diesem Hintergrund werden zunächst die grundlegenden Konzepte der Produktionsplanung und Produktionssteuerung erörtert. Dabei liegt der Schwerpunkt auf den Teilplänen der Produktionsplanung, da die Produktionssteuerung die Ausführungsebene betrifft. Allerdings gibt es zwischen der Ausführungs- und Planungsebene diverse Notwendigkeiten der Rückkopplung bzw. Antizipation, so dass auch bestimmte Problemkreise der Ausführungsebene berücksichtigt werden müssen. Die Produktionsplanung und -steuerung bezieht in der Regel noch keine Erfolgs- und Liquiditätskalküle in ihre Planungsprozesse ein. Vielmehr wird ausschließlich mit Mengen-, Kapazitäts-, Qualitäts- und Zeitgrößen geplant. Zur Überleitung und zum besseren Verständnis der Ausführungen zur integrierten Erfolgs-, Finanz- und Bilanzplanung wird in Kapitel 2.3 ein Überblick der gängigen Systeme und Konzepte zur Messung von Kosten und Leistungen gegeben. Dabei werden Kostenbegriffe und Kostenkategorien gebildet und die Grundzüge von Voll- und Teilkostenrechnungssystemen erläutert. Ferner wird auf den Zeitbezug und den Vorgabecharakter von Kostenrechnungssystemen eingegangen und dabei auf Problemkreise zur Einbeziehung der Kostenrechnung in das Gesamtsystem der integrierten Erfolgs- und Finanzplanung hingewiesen. Kapitel 2.4 beschreibt die wichtigsten Einflussgrößen auf den Betriebserfolg und den Liquiditätsbedarf des Industrieunternehmens sowie die externen Einflussgrößen des Absatzmarktes. Diese Einflussgrößen müssen bei jeder Planungsrechnung berücksichtigt und variiert werden können, damit sinnvolle Aussagen über das Systemverhalten des Industrieunternehmens getroffen werden können. Den Schwerpunkt dieses Abschnittes bildet das Kapitel 2.6, in dem ein Referenzmodell für integrierte Planungsrechnungen in Industrieunternehmen im Detail vorgestellt wird. Dieses Referenzmodell ist wiederum Ausgangspunkt für die Überlegungen in Kapitel 3, welches eine Beschreibung der Anforderungen an Softwaresysteme zur Unterstützung von Planungsrechnungen vornimmt.

2.1 Begriffsbestimmungen im Kontext der Planung

2.1.1 Ziele

Im Rahmen der Planung ist zu unterscheiden zwischen der Zielplanung und der Ausführungsplanung. Der wichtigste und schwierigste Teil der Planung ist eindeutig die Zielplanung. Hier geht es darum, auf Basis der heute erkennbaren Entwicklungen von einem gewünschten Endzustand her in die Gegenwart zu denken. Im Rahmen der Zielplanung bzw. strategischen Planung geht es darum, realistische und erreichbare Ziele sowie die Wege dorthin zu finden.

Dabei sollte man sich vor trivialen Aussagen wie bspw. „Wir wollen den Kunden in den Mittelpunkt unseres Denkens und Handelns stellen", „Wir wollen nachhaltig wachsen", „Wir müssen die Durchlaufzeiten senken", „Wir wollen profitabel wachsen" usw. hüten. Solche Aussagen haben mit Planung relativ wenig zu tun. Wie Gälweiler richtigerweise bemerkt, sollten solche Aussagen zur kritischen Überprüfung jeweils von der diametral entgegengesetzten Seite aus betrachtet werden. Dabei wird der Sinngehalt der Aussagen einfach umgedreht, also bspw. „Wir wollen den Kunden *nicht* in den Mittelpunkt stellen", „Wir wollen *nicht* nachhaltig wachsen", „Wir müssen die *Durchlaufzeiten erhöhen* und die *Lieferfähigkeit absenken*", „Wir wollen *nicht profitabel wachsen*" etc.[1]

Die Trivialität dieser Aussagen wird dann sofort augenfällig und entschleiert die gut gemeinten und wolkigen Sprüche als das, was sie sind: auf dem Boden der Rat- und Ahnungslosigkeit erzeugtes Planungsgefasel von Leuten, die vom Geschäft wahrscheinlich keine Ahnung haben.

Von dem eigentlichen Planungsprozess zu unterscheiden sind die Ziele des Unternehmens. Hätte das Unternehmen keine Ziele, bestünde auch keine Notwendigkeit zu planen. Diese triviale Erkenntnis gerät manchmal in Vergessenheit, wenn nach dem Sinn der Planung gefragt wird. Die Planung ist in diesem Zusammenhang die Suche nach alternativen Wegen zur Zielerreichung. Die Planungsrechnung übersetzt die Ziele und Maßnahmen letztendlich in Zahlen. Die Planung setzt demgemäß voraus, dass die allgemeinen unternehmenspolitischen Ziele bekannt sind.

Wichtigstes Ziel ist dabei stets die Sicherstellung einer ausreichenden und angemessenen Rentabilität, die wiederum als vorsteuernde Größe der Liquidität anzusehen ist. Eine Hauptaufgabe der unternehmerischen Planung ist deshalb darin zu sehen, alle betrieblichen Maßnahmen so auszurichten, dass die Rentabilität und finanzielle Stabilität im Hinblick auf die Entwicklung des Unternehmens nachhaltig gesichert ist. Um eventuelle Finanzierungslücken zu schließen, muss gewährleistet sein, dass das Unternehmen auch in der Lage ist, Kapital von außen zuzuführen. Hierfür ist unabhängig von der Art der Außenfinanzierung jedoch wiederum Voraussetzung, dass das Unternehmen rentabel arbeitet. Der Kreditgeber darf keinen Verlust seiner hergegebenen Mittel befürchten müssen: Das Unternehmen muss kreditwürdig sein.

Die Ergebnisse der Planungsrechnung können eine Anpassung der zunächst formulierten Ziele unter Berücksichtigung bestimmter Nebenbedingen (Kapazitäten, Finanzierungsmöglichkeiten etc.) notwendig machen. Allerdings kann es nicht Aufgabe der Planungsrechnung sein, eigenständige Ziele und Nebenbedingungen zu formulieren. Dies bleibt der Unternehmensleitung vorbehalten. Die Planungsrechnung hat aber die Aufgabe, einen Ausgleich zwischen Zielen und Nebenbedingungen zu ermöglichen und jederzeit Transparenz über die Art und das Ausmaß von Konflikten zwischen Zielen und Nebenbedingungen zu schaffen.

---

[1]   Gälweiler, Unternehmensplanung, S. 210 ff.

2.1.2   Prognosen

Prognosen sind *Vorhersagen*, die meist das Ergebnis von Analysen über Marktveränderungen, Konkurrenzverhalten, sonstige relevante Umweltdaten etc. sind und in Form von Trend-Extrapolationen die Vergangenheit in die Zukunft verlängern. In diese Prognosen, die sich auf das spezifische Umfeld des Unternehmens beziehen, werden in der Regel externe Prognosen über die Entwicklung gesamtwirtschaftlicher und konjunktureller Schlüsselgrößen mit einbezogen. Von solchen Prognosen ist aber die Planung deutlich zu unterscheiden. Der Unterschied zwischen Planung und Prognose liegt darin, dass Planungen Entscheidungen enthalten über das, was man tun oder lassen und wie man es durchführen will. Bei der Planung geht es also darum, sich festzulegen und Maßnahmen in Form von Beschlüssen auf den Weg zu bringen. Andererseits kann die Planung bei erfolgreicher Umsetzung der erforderlichen Maßnahmen die in einer Prognose vermuteten Entwicklungen aufhalten oder umkehren. Insofern können Planungen die Prognosen „zerstören". Bei der Beurteilung einer Unternehmensplanung kommt es deshalb darauf an, ob wirklich eine Planung in Form von strategischen Konzeptionen, Maßnahmen und Durchführungsbeschlüssen vorliegt oder ob nicht nur eine *rechnerische Verlängerung der Vergangenheit in die Zukunft* veranstaltet worden ist. Schätzt man den Umsatz für ein bevorstehendes Geschäftsjahr ausgehend von der Vergangenheit pauschal ab, so ist das keine Umsatzplanung, sondern eine Umsatzprognose.[2]

2.1.3   Improvisation

In der Unternehmenspraxis sind Aussagen wie „Wir können nicht planen, da sich unser Geschäft kurzfristig immer wieder ändert und somit der Plan schon zum Zeitpunkt seiner Fertigstellung obsolet ist" keine Seltenheit. Dem kann man eigentlich nur entgegenhalten, dass man selbstverständlich keine Planung benötigen würde, sofern sich nichts ändert. Planung ist also aus genau dem Grund notwendig, der häufig für deren Sinnlosigkeit ins Feld geführt wird. Gerade *weil sich so viel ändert, ist Planung unabdingbar.* Häufig wird im Hinblick auf den angeblich fehlenden Nutzen einer Planung auch darauf verwiesen, dass eine möglichst maximale *Flexibilität* und *Improvisation* der Planung vorzuziehen sei. Grundsätzlich können Entscheidungen zur Erreichung der wirtschaftlichen Ziele eines Unternehmens auf zwei verschiedenen Prinzipien beruhen. Im einen Fall spricht man von Improvisation. Die notwendigen Entscheidungen orientieren sich hierbei am Augenblick und beachten die vergangene und zukünftige Entwicklung nur so weit, wie sie unmittelbar erkennbar ist. Kennzeichnend für die Improvisation ist ferner die fehlende systematische Geschlossenheit der unternehmerischen Entscheidungen. Dadurch entsteht die Gefahr, dass die zu verschiedenen Zeitpunkten getroffenen Maßnahmen einander widersprechen. Die Auswirkung auf Bereiche der Unternehmung, die nicht unmittelbar durch die Entscheidung berührt werden, wird in der Regel nur unvollkommen beachtet und vielfach müssen nachträglich Zusatzdispositionen getroffen werden, deren Notwendigkeit der Verantwortliche zu Beginn des Entscheidungsprozesses noch nicht erkannt hat. Mit der Planung und der Improvisation stehen einem Unternehmen also zwei Alternativen zur Verfügung, um von

---

2   Deyhle, Controller-Handbuch, V, S. 5

einem vorhandenen Ist-Zustand zu einem erhofften Soll-Zustand zu gelangen. Unabhängig von diesen Alternativen ist die Unternehmensleitung aber stets dazu gezwungen, eine Entscheidung zu treffen. Das Vorhandensein einer Entscheidungssituation ist allerdings die einzige Gemeinsamkeit von Planung und Improvisation. Sowohl die im Entscheidungszeitpunkt zu beachtenden Zusammenhänge und verfügbaren Handlungsalternativen als auch der damit in Zusammenhang stehende erreichbare Zustand unterscheiden sich grundlegend voneinander. Improvisation hat stets Ad-hoc-Entscheidungen zur Folge, die aus dem Stegreif und somit ohne Vorbereitung als Reaktion auf eine veränderte Situation mit ihren spezifischen Kontextfaktoren getroffen werden müssen. Zu diesem Zeitpunkt führt kein Weg an einer Entscheidung mehr vorbei, denn „keine" Entscheidung ist in diesem Falle auch eine Entscheidung. Die Unmittelbarkeit einer spontanen Reaktionsentscheidung verbietet sowohl eine umfassende Problemanalyse als auch eine erschöpfende Suche nach Alternativen und deren Bewertung. Überdies ist die Menge möglicher Handlungsalternativen auf solche beschränkt, die in der noch verbleibenden, meist knapp bemessenen Zeit umgesetzt werden können. Mithin liegt der durch Improvisation erreichbare betriebliche Zustand grundsätzlich weiter vom angestrebten Soll-Zustand (Ziel) entfernt als bei einer Entscheidungsfindung vor Eintreten der besagten Situation.[3]

Vor diesem Hintergrund sollten Unternehmen, die auf eine möglichst langfristige Existenz hin angelegt sind, nur in Ausnahmesituationen improvisieren, ansonsten aber planen.

Planung erfolgt bereits, bevor bestimmte Situationen eingetreten sind, die einer Entscheidung bedürfen. Daraus folgt, dass die Planung in deutlich höherem Ausmaß Handlungsalternativen betrachten kann als die Improvisation.

Frühzeitige Entscheidungen müssen jedoch zukünftige Entwicklungen antizipieren, um auf Basis erwarteter Szenarien die zur Zielerreichung günstigste Alternative auswählen zu können. Planung ist damit stets ziel- und zukunftsorientiert und führt zu entsprechenden Antizipationsentscheidungen.

Der angestrebte Soll-Zustand kann umso besser realisiert werden, je genauer die Zukunft antizipiert wird. Dabei ist stets darauf zu achten, nicht nur eine mögliche Entwicklung den jeweiligen Entscheidungen zu Grunde zu legen, sondern stets in verschiedenen Szenarien zu denken und für den Fall signifikanter Abweichungen auch Alternativpläne zu haben. Diese Forderung ist natürlich umso schwieriger zu erfüllen, je umfangreicher und langfristiger die Entscheidungen sind. Gravierende Fehleinschätzungen zukünftiger Entwicklungen können für das Unternehmen existenzbedrohend werden, da langfristig wirkende Fehlentscheidungen dann nur noch schwer oder überhaupt nicht mehr zu korrigieren sind. Trotzdem besteht die Möglichkeit, sich auf alternative Zukunftsentwicklungen gezielt vorzubereiten und die tatsächlich eintretende Situation ohne Zeitverzug mit einem vorbereiteten Eventualplan im Rahmen einer flexiblen Planung zu beantworten. Daraus folgt, dass auf Planung nicht verzichtet werden sollte, auch wenn man sich stets darüber bewusst sein muss, dass die Realität nicht vollständig erfasst und die Zukunft nicht verlässlich vorhergesehen werden kann. Antizipationsentscheidungen sind daher immer nur begrenzt rational und ex ante nur bedingt richtig.

---

3   Rollberg, Integrierte Unternehmensplanung, S. 55

Vor diesem Hintergrund wird deutlich, dass Planung, die sich stets in einem offenen Entscheidungsfeld bewegt, wirtschaftlichen Erfolg selbstverständlich nicht garantieren kann.

Daraus darf jedoch nicht geschlossen werden, auf Planung völlig zu verzichten und sich stattdessen ausschließlich auf Improvisationen zu verlassen. Gerade die Schaffung zukünftiger Erfolgspotenziale und die richtige Einschätzung gegenwärtiger Erfolgspotenziale können nicht durch Improvisation erfolgen. Die systematische Analyse des unternehmensindividuellen Wirkungsgefüges führt in der Regel zu besseren Entscheidungen, als es die stets nur einen kleinen Ausschnitt betrachtende Improvisation zu leisten vermag.

Improvisation reicht in einem dynamischen Marktumfeld heute nicht mehr aus, wenn ein Unternehmen erfolgreich sein will. Es gilt, alle Risiken zu vermeiden, die in der unzureichenden Beachtung sowohl der künftigen Entwicklung als auch der Interdependenz der verschiedenen unternehmerischen Entscheidungen ihren Ursprung haben. Das geplante Handeln unterscheidet sich vom improvisierten Handeln also insbesondere durch zwei charakteristische Merkmale: stärkere Zukunftsbezogenheit und Systematik. Das bedeutet einmal, dass anhand einer Vorausschau der künftigen Entwicklung diejenigen Dispositionen getroffen werden, die es möglich machen, die Ziele der Unternehmensleitung optimal zu erreichen. Gegenwärtige und zukünftige Entscheidungen werden innerhalb eines Systems zu einer determinierten zeitlichen Folge verbunden. Des Weiteren berücksichtigt die Planung, dass die Unternehmung aus relativ selbstständigen Teilbereichen besteht. Jede Entscheidung hat Auswirkungen auf andere Unternehmensbereiche. Die Planung stellt sicher, dass keine isolierten, sondern koordinierte Entscheidungen getroffen werden. Sie erfasst somit die Interdependenz der in der Gegenwart zu treffenden Entscheidungen (horizontale Betrachtung) und stellt den optimalen Zusammenhang der gegenwärtigen Dispositionen mit den künftigen Geschehnissen sicher (vertikale Betrachtung). Improvisation und Planung sind jedoch keinesfalls sich gegenseitig ausschließende Alternativen zur unternehmerischen Entscheidung, sondern treten in der Praxis stets gemeinsam auf. Auch bei umfangreicher Planung wird auf Improvisation nicht verzichtet werden können. Wie bereits einleitend ausgeführt, wird von den Befürwortern einer improvisierten Unternehmensführung gegen die Planung eingewandt, dass die für die Planung unbedingt notwendige Prognose in vielen Fällen nicht durchgeführt werden kann oder dass die Ergebnisse so unsicher sind, dass sie für ein geplantes Handeln nicht ausreichen. Diese Ansicht trifft aus zwei Gründen nicht zu: Die Zukunft lässt sich zwar vielfach nur mit Einschränkungen vorhersagen – bemüht man sich jedoch, zukünftige Daten, die bereits jetzt deutlich erkennbar sind, systematisch aufzubereiten, so stellt sich heraus, dass die Kenntnis der Zukunft größer ist als erwartet. Auch wenn der Wahrscheinlichkeitsgrad für das Eintreten einer prognostizierten Entwicklung gering ist, ist es nicht sinnlos, damit in der Planung zu operieren. Vielfach lässt sich zumindest der Streubereich der zukünftigen Daten ausreichend abstecken.

Geplantes Handeln erfordert eine leistungsfähige Planungsrechnung. Sie enthält die Pläne, die das quantitative Gerüst der Planung darstellen. Sollten die im Rahmen der Planung formulierten Erwartungen zutreffen, sind die zum Planungszeitpunkt getroffenen Entscheidungen auch im Nachhinein richtig. Anderenfalls würden sie sich zwar als falsch erweisen, aufgrund des sich einstellenden Lerneffektes und der verbesserten Einsicht in das Wirkungsgefüge des Unternehmens ist man jedoch eher in der Lage, die unvorhergesehenen

Entwicklungen treffend zu deuten und zu bewältigen und damit die Qualität einer dann unausweichlichen Improvisation zu verbessern.[4]

2.1.4   Planung

Für die Planung benötigt man profunde und detaillierte Kenntnisse des eigenen Geschäftes und der für das Geschäft relevanten Märkte. Man benötigt klare Vorstellungen über die Organisation, die Kultur, die Menschen im eigenen Unternehmen und im relevanten Umfeld, die Prozesse, die Produkte und Kundenlösungen, die finanziellen Restriktionen und das innerbetriebliche ökonomische Wirkungsgefüge. Die Planung gehört daher ganz eindeutig zu den nicht delegierbaren Aufgaben des obersten Managements, weil es das Management ist, das heute die richtigen Entscheidungen treffen muss, damit das Unternehmen auch morgen noch am Markt ist und seine Überlebensfähigkeit sichern kann. Es ist inzwischen keine Seltenheit mehr, dass die strategische Planung an hochbezahlte Unternehmensberater „outgesourct" wird.

Die *Unternehmensplanung* hat bezüglich des Führungsprozesses u. a. die Aufgabe, über alle Grundphasen des Planungsprozesses, von der Analyse der Ausgangsbedingungen, der Zielerarbeitung, der Strategieauswahl bis zu den Entscheidungen über die erforderlichen Maßnahmen und Aktionen, eine transparente, überschaubare und diskutierbare Systematik zur Gestaltung der Zukunft bereitzustellen.

Damit sollen möglichst rechtzeitig die bestmöglichen strategischen, organisatorischen und operativen Entscheidungen gefunden werden.

Ein wesentliches Praxisproblem besteht darin, den *Planungsprozess* in jeder Hinsicht so zu organisieren, dass die für das jeweilige Unternehmen und seine Geschäftsgebiete wesentlichen Gegebenheiten so früh wie möglich und so gut wie möglich erkennbar werden. Das ist jeweils eine unternehmensspezifische Aufgabe. Auch noch so gut koordinierte Pläne sind weder Garant noch Qualitätsmerkmal für eine gute Planung. Auch für etwas im Grunde völlig Falsches oder Sinnloses lassen sich gutaussehende und abgestimmte Pläne aufstellen. Genauso lässt sich auch gröbster Unfug und Unsinn in seiner Ausführung gut planen. Die höchste Unfähigkeit kann sich nirgends besser verstecken als hinter einem hochentwickelten „Planungsritual".[5]

Diese Aussage lässt sich auch auf die in den letzten Jahren so in Mode gekommenen Ansätze der sogenannten Balanced Scorecard übertragen. Auch hier gilt, dass noch so ausgefeilte Kennzahlen, Maßnahmen und Ursache-Wirkungs-Beziehungen keinen Erfolg garantieren können. Die in der Balanced Scorecard festgelegten Ziele und Maßnahmen können auch Ausdruck einer „falschen Strategie" sein und dennoch sehr effizient umgesetzt werden.

Ein wesentliches Merkmal der Planung ist die Berücksichtigung der Interdependenz unternehmerischer Entscheidungen. Daraus ergibt sich bereits, dass sich der Planungsprozess nicht in zeitlicher Abfolge darstellen lässt. In vielen Fällen muss zunächst von vorläufigen

---

4   Ebd. S. 2
5   Gälweiler, Unternehmensplanung, S. 13

Daten ausgegangen werden, die durch die Ergebnisse der nachfolgenden Planungsüberlegungen korrigiert werden können. Im Anfang des Planungsprozesses steht die Festlegung der grundlegenden Annahmen durch die Unternehmensleitung. Hierzu zählen z. B. das angestrebte Verhältnis zwischen Eigenfertigung und Fremdbezug, die gewünschte oder aus Sicht der Fremdkapitalgeber als notwendig erachtete Relation zwischen Fremd- und Eigenkapital, die zukünftige Lohn- und Preisentwicklung etc. Diese Prämissen können jedoch nicht isoliert betrachtet und umgesetzt werden. Grundlegende Prämissen und Prognosen stecken gewissermaßen den Rahmen ab, in dem sich die Planung zu bewegen hat. Erst wenn Prämissen, Prognosen und die darauf aufbauende Planung zielgerichteter Maßnahmen vorliegen, ist es sinnvoll, mit der Aufstellung und Durchrechnung der

Einzelpläne zu beginnen, die dann schließlich in Form von Erfolgs-, Finanz- und Bilanzplänen zusammengefasst werden. Das Ergebnis dieser Planungsrechnung ist jedoch in der Regel nur

vorläufig. Einerseits ergeben sich bei der Abstimmung der Einzelpläne wegen der gegenseitigen Abhängigkeitsbeziehungen meist unvermeidliche Korrekturen. Andererseits wird die Planungsrechnung meist alternative Annahmen durchrechnen müssen, um zielführende Entscheidungen zu ermöglichen.

Um sich das Wesen der Planung zu verdeutlichen, und diese von der Ausführungsplanung zu unterscheiden, soll das folgende kurze Beispiel von Gälweiler[6] beschrieben werden:

Ein sich am Ort A befindender Autofahrer will an einem bestimmten Tag zu einer bestimmten Uhrzeit am Ort B sein und weiß dies bereits eine bestimmte Zeit im Voraus (bspw. 1, 2, 3, 5, 8, …n Tage). Zur Umsetzung seines Plans will er mit dem Auto anreisen und hierbei überwiegend Autobahnen nutzen. Die entscheidende Frage in Bezug auf eine Planung der Ausführung seines Vorhabens lautet:

Was kann man planen und was kann man nicht planen?

Der Einfachheit halber soll unterstellt werden, dass nur normale Verkehrsbedingungen eine Rolle spielen, d. h., außergewöhnliche Verkehrsereignisse wie Unfälle, Absperrungen, Umleitungen etc. werden nicht betrachtet.

Was kann man also in Bezug auf dieses Beispiel planen?

1) Den Zeitbedarf, d. h. zu welcher Uhrzeit man spätestens von Ort A losfahren muss. Dabei können folgende Faktoren Berücksichtigung finden:
   a) Die Fahrzeugausstattung
   b) Die Fahrweise des Reisenden
   c) Die vorliegende Kenntnis der Strecke und des Ziels
   d) Die um diese Tageszeit, an diesem Wochentag und in dieser Jahreszeit gewöhnlich bestehenden Verkehrsbedingungen
   e) Die in dieser Jahreszeit normalerweise bestehenden Witterungsbedingungen
   f) Die bekannten Engpässe, Umleitungen, Hindernisse etc.

---

6   Ebd. S. 87

2) Die Mittel, d. h. sicherzustellen, dass das Auto mit allem notwendigen Zubehör und
    Betriebsstoffen (Treibstoff, Reifen, Bremsbeläge, Öl etc.) ausgestattet ist und zwar
    derart, dass man auch auf untypische, aber nicht völlig auszuschließende Ereignisse zu
    reagieren in der Lage ist.

Was ist hingegen einer Planung nicht zugänglich d. h. ist grundsätzlich nicht planbar?

1) Wann und wo man wen überholen will oder muss und dabei die Fahrbahn wechseln
    muss.

2) Wann und wo man bremsen oder Gas geben muss etc.

Es ist unmittelbar einleuchtend, dass sämtliche Vorgänge der eigentlichen Ausführung in
ihren konkreten Ablauffolgen nicht vorhersehbar und damit auch nicht planbar sind. Das
kann schlicht aus dem einfachen Grund der Unkenntnis von maßgebenden Situationsbedingungen nicht funktionieren. Der Versuch, diese Ablauffolgen dennoch planen zu wollen, ist
nicht nur sinnlos, sondern auch von vornherein zum Scheitern verurteilt. Man kann diese
Situationsbedingungen vorher nicht kennen, weil es dafür eine große Anzahl selbst gleich
wahrscheinlicher, aber total unterschiedlicher Möglichkeiten gibt. Diese Anzahl vervielfacht sich, wenn man die weniger wahrscheinlichen, aber im Wirklichkeitsfall ebenso wichtigen Möglichkeiten hinzunimmt. Alle diese Möglichkeiten sind gegeben durch die Variationsbreite an der Art (Anzahl) der auftretenden Bedingungsfaktoren, der jeweiligen Bedingungskonstellationen (Größenmischung dieser Faktoren) und der zeitlichen Aufeinander-
folge der sich laufend ändernden Bedingungskonstellationen.

Planung im engeren Sinn ist im Zusammenhang mit dem Beispiel der Autofahrt die Frage
danach, wohin die Reise gehen soll. Dabei ist nicht jedes Detail der Ausführung von Bedeutung.

Hieraus wird auch deutlich, warum die Ausführungsplanung (z. B. die Prozessplanung im
Rahmen der Produktionsplanung) niemals sinnvoller Bestandteil einer operativen Unternehmensplanung sein kann. Die oben aufgestellte Forderung nach angemessenen Planungsmodellen, die alle relevanten Erfolgs- und Liquiditätstreiber und ihr jeweiliges Wirkungsgefüge berücksichtigen, darf keinesfalls dahingehend missverstanden werden, dass es
mit solchen Modellen darum geht, die Zukunft in solchen Details exakt vorhersehen und
planen zu wollen. Es geht dabei vielmehr um die Simulation möglicher Systemzustände
und daraus zu gewinnende Einsichten. Solche Modelle können dabei helfen, das Systemverhalten zu studieren. So wie ein Flugsimulator das wirkliche Fliegen nicht ersetzen kann,
kann der „Erfolgs- und Liquiditätssimulator" nicht die permanent zu treffenden Entscheidungen und Kurskorrekturen ersetzen. Das ist und bleibt Aufgabe des Managements und
der an der Umsetzung von Plänen beteiligten Mitarbeiter. Andererseits haben vollständig
integrierte Planungsrechnungen auch die Aufgabe, die auf einer höheren Aggregationsstufe
aufgestellten Teilpläne (bspw. Absatzplanung) im Hinblick auf ihre praktische Durchführbarkeit zu überprüfen. Ein Kapazitätsengpass in der Fertigung, ein Beschaffungsengpass
bei bestimmten Materialien, Engpässe bei bestimmten Tätigkeitsprofilen (Arbeitsgängen)
etc. lassen sich nun mal nicht auf der Ebene von hochverdichteten Kennzahlen oder Kontenmodellen ermitteln. Im Hinblick auf die Erstellung einer abgestimmten Planungsrechnung werden heute aber eindeutig die meisten Ressourcen investiert, um nicht zu sagen
„verschwendet".

Es ist eigentlich selbstverständlich und bedarf keiner tiefergehenden Erläuterung, dass die strategische Ziel- und Wegeplanung mit der operativen Planung integriert sein muss. Es spricht Bände, wenn immer wieder in Planungsstudien beklagt wird, dass diese Integration zu wenig bis gar nicht beachtet wird. Dabei kommt man zunehmend auf die Idee, dass die Integration durch BI-Werkzeuge sichergestellt werden soll, erkennt aber offensichtlich nicht, dass eine fehlende Integration auf ein schwerwiegendes Fehlverhalten des Managements zurückzuführen ist. Natürlich können BI-Werkzeuge hilfreich sein, wenn es darum geht, eine *Datenintegration* auf effiziente Art und Weise sicherzustellen. Aber die Integration von Zielen, Maßnahmen, Umsetzungsplänen und deren Kommunikation ist Teil der eigentlichen Planung und muss vom Management sichergestellt werden.

2.1.5 Planungsrechnung

„Die Bezeichnung Planungsrechnung wird in der betriebswirtschaftlichen Literatur und in der Unternehmenspraxis mit zwei voneinander abweichenden Begriffsinhalten verwendet.

Erstens versteht man unter Planungsrechnung ein Teilgebiet des betrieblichen Rechnungswesens, dessen Aufgabe darin besteht, die den gesamten Unternehmungsprozess charakterisierenden Plangrößen für eine bestimmte Planungsperiode quantitativ zu erfassen, unter Berücksichtigung der Interdependenz aller Teilpläne rechnerisch abzustimmen und nachträglich durch Soll-Ist-Vergleiche zu kontrollieren. Diese Form der Planungsrechnung ist in der betriebswirtschaftlichen Literatur und Praxis etwa seit der Zeit nach dem Ersten Weltkrieg bekannt. Sie wird häufig auch als Budgetrechnung, Budgetkontrolle oder in der angelsächsischen Literatur als budgetary control bezeichnet. Insbesondere in der amerikanischen Praxis sind geschlossene Planungs- oder Budgetrechnungen, die alle Teilpläne enthalten, sehr weit verbreitet. In Deutschland dagegen gibt es nur in relativ wenigen Betrieben eine rechnerische Abstimmung und Kontrolle sämtlicher Teilpläne [Dies zeigt sich auch in den in Kapitel 1 vorgestellten Studienergebnissen zur Praxis der operativen Unternehmensplanung in deutschen Unternehmen.]. Nur Teilgebiete der Planung, so z. B. die Kostenplanung (bei Durchführung einer Plan-Kostenrechnung), die Fertigungsplanung und die Finanzplanung, findet man häufiger zu periodischen Soll-Ist-Vergleichen ausgebaut. "[7]

Die Hauptaufgabe der *Planungsrechnung* liegt darin, die ökonomischen Wirkungszusammenhänge von der Einsatzseite (Beschaffungs- und Transformationsprozesse) her über alle Stufen, Stationen und Arbeitsvorgänge hinweg bis zur Ausgangsseite (Absatzprozesse) transparent, beherrschbar und in Bezug auf die angestrebte wirtschaftliche Effizienz übersehbar zu machen. Das Hauptproblem der Planungsrechnung und der in gleicher Struktur und Granularität aufgebauten Ist-Rechnung besteht nicht darin, den generellen Algorithmus der Erfolgs-, Finanz- und Bilanzplanung zu kennen und anzuwenden. Es besteht vielmehr darin, die ökonomischen Planungs-, Kontroll- und Steuerungssysteme für das Unternehmen so zu organisieren, dass die für die vorhandenen Geschäftsgebiete und ihre wirtschaftliche

---

7   Kilger, Planungsrechnung und Entscheidungsmodell, in: Grünewald et al., AGPLAN – Handbuch zur Unternehmensplanung, S. 54

Steuerung wesentlichen Größen und Positionen *so früh wie möglich und so gut wie möglich erkennbar werden.*

Die Aufstellung von einfach fortgeschriebenen und extrapolierten Erfolgs- und Finanzrechnungen bezeichnen heute noch viele Unternehmen als „ihre Planung". Die Planungsrechnung hat zwar eine ganz wesentliche und wichtige Funktion, kann die Planung jedoch nicht ersetzen. Die Planungsrechnung ist aber keineswegs überflüssig. Wenn hier Fehler gemacht werden, dann können diese sehr unangenehme Konsequenzen haben. Wenngleich Fehler, die in der strategischen Planung, also vor allem bei den zukünftigen Erfolgspotenzialen, gemacht werden, nur sehr schwer oder überhaupt nicht mehr korrigiert werden können. Jedoch können auch Fehler in der Planungsrechnung äußerst unangenehme Konsequenzen haben. Wenn bspw. durch Unkenntnis der Wirkungsmechanismen der Produktion die zeitlichen und strukturellen Verläufe von Erfolg und Liquidität falsch abgebildet werden oder aufgrund schwerfälliger Systeme und Prozesse die Prämissen längst überholt sind, dann sind Fehlentscheidungen meist vorprogrammiert. Es macht eben einen Unterschied, ob ein Liquiditätsengpass für den Monat August antizipiert wurde, er tatsächlich aber bereits im Monat April eintritt, weil bspw. Vorlaufzeiteneffekte und Kapazitätsverschiebungseffekte im Produktionsvollzug nicht berücksichtigt wurden. Der Liquiditätsengpass ist dann schon zu einem Zeitpunkt (überraschend) eingetreten, zu dem vielleicht noch nicht mal mit den Hausbanken über den voraussichtlichen August-Engpass gesprochen wurde. Solch eine Situation kann durchaus bedrohlich sein. Ferner könnten aufgrund falsch berechneter Erfolgs-und Liquiditätsverläufe Entscheidungen (evtl. Investitionsentscheidungen) getroffen worden sein, die bei richtiger Einschätzung so nicht getroffen worden wären. Bei börsennotierten Unternehmen kann es ebenfalls sehr unangenehme Konsequenzen haben, wenn diese aufgrund mangelhafter Planungsrechnungen eine Gewinnwarnung der anderen folgen lassen müssen. Damit wird klar, dass eine mangelhafte Planungsrechnung nicht nur sinnlos, sondern je nach Unternehmenssituation gefährlich sein kann.

In diesem Buch geht es nicht um die Planung im engeren Sinne, also die beschriebenen Ziel- und Wegeplanungen (strategische Planung). Hierzu gibt es eine Fülle von Literatur, die kaum noch zu überschauen ist. Es geht vielmehr um den Teil der Planung, der sich mit dem quantifizierbaren Anteil der Planung beschäftigt, also der Simulations- und Planungsrechnung. Diese Begriffe werden im Verlauf dieses Buches weitestgehend synonym verwendet, da aus den bereits beschriebenen Gründen die Planungsrechnung zu der falschen Annahme verleiten könnte, dass damit eine im Detail festgeschrieben Ausführungsplanung vorgenommen werden soll.

„Ein System mit einer gegebenen Komplexität kann nur mit Hilfe eines mindestens ebenso komplexen Systems unter Kontrolle gehalten werden"[8]: Für den Bereich der Planungsrechnung folgt daraus, dass die verwendeten Modelle das äußerst komplexe Systemverhalten eines Industrieunternehmens realitätsnah abbilden und dabei Simulationsergebnisse möglichst zeitnah liefern müssen.

Unter Planungsrechnungen im weiteren Sinne versteht man alle quantitativen finanzwirtschaftlichen Rechenverfahren und Lösungsmethoden, die im Rahmen von Ziel- und Ausführungsplanungen zur Anwendung kommen. Unter Planungsrechnung im engeren Sinn

---

versteht man die Aufstellung von Erfolgs-, Finanz- und Bilanzrechnungen für künftige Geschäftsperioden. Solche meist jährlichen Vorschaurechnungen werden häufig mit einem „Jahresplan" gleichgesetzt. Mit dieser Bezeichnung ist allerdings ein schwerwiegender Irrtum verbunden. Dieser besteht darin, dass man

1) die Planungsrechnung mit den „Unternehmensplänen" gleichsetzt,
2) die Erstellung der Planungsrechnung als das wesentliche und eigentliche Problem des Planungsprozesses ansieht.[9]

Es gibt diverse Gründe, die möglicherweise zu dieser irrtümlichen Sicht geführt haben:

Die mit der Planung beherrschbar zu machenden Unternehmensziele kurz- und mittelfristiger Art bilden in kompakter Darstellungsweise stets Erfolgs- und Liquiditätsziele. Diese Zielgrößen lassen sich in ihrer absoluten Höhe und im Hinblick auf die konkreten, sie beeinflussenden Parameter sinnvoll nur in finanzwirtschaftlich strukturierten Planungsrechnungen darstellen. Die Planungsrechnung ist damit die Übersetzung der Ziel- und Maßnahmenpläne in konkrete Zahlen. Vor diesem Hintergrund sind Planungsrechnungen selbstverständlich *wesentliche Bestandteile der Unternehmenspläne*, nicht jedoch die Unternehmenspläne selbst. Die Ausprägungen der Erfolgs- und Liquiditätsziele als Resultat der Planungsrechnungen sind selbstverständlich wichtige und grundlegende Orientierungsgrößen im gesamten Planungsprozess.

Eine Unternehmensplanung ist jedoch weit mehr als eine ausgefeilte Systemdarstellung des relevanten Wirkungsgefüges des Unternehmens. Die Erstellung der Planungsrechnungen kann nicht der eigentliche Zweck der Planung sein. Sie ist vielmehr ein Hilfsmittel und ein Messinstrument für die wirtschaftliche Effizienz, die mit der Planung und mit den von ihr ausgelösten Entscheidungen und Handlungen gesichert werden soll. Damit wird die Planungsrechnung gleichzeitig ein Messinstrument für die spätere Ausführung. In Form der Soll- oder Plangrößen enthält sie Maßstäbe für die Beurteilung der späteren Ist-Größen und Ansatzpunkte für die Analyse eventueller Abweichungen. Aber auch eine präzise und eindeutige Abweichungsanalyse ist gleichfalls nicht der eigentliche Zweck der Planung, so sehr diese Möglichkeit auch stets von Nutzen ist. Der eigentliche Zweck der Planung ist in dem Versuch zu sehen, die für die wirtschaftlichen Ergebnisse wesentlichen Ursachen weitestgehend beherrschbar zu machen. Diese Ursachen liegen größtenteils in anderen Funktionsbereichen und sind in ihren Ausgangsbedingungen nicht mit finanzwirtschaftlichen Kategorien fassbar, auch wenn ihre oft erst Jahre später eintretenden positiven oder negativen Wirkungen finanzwirtschaftlicher Natur sind. Diese Kausalbeziehungen in ihrer Bedeutung für die Ertragsfähigkeit des Unternehmens übersehbar zu machen und sie frühestmöglich in positive Richtungen zu lenken, ist der eigentliche Zweck des Planungsprozesses. Er wird nur ungenügend oder überhaupt nicht erfüllt, wenn die Erstellung der Planungsrechnung als das Grundproblem der Unternehmensplanung gesehen wird. Überall, wo dieses Missverständnis noch nicht überwunden ist und wo das Vorhandensein einer Planungsrechnung gleichgesetzt wird mit dem Vorhandensein einer ausreichenden Unternehmensplanung, ist diese „Unternehmensplanung" mehr oder weniger ungewollt, aber zwangsläufig mit folgenden Begleiterscheinungen verbunden:[10]

---

9   Gälweiler, Unternehmensplanung, S. 210
10   Ebd. S. 215

Das Resultat dieser sogenannten Planung, die Planungsrechnung, ist bestenfalls eine Prognose, ganz unabhängig davon, ob diese nun als „unsere Planung" bezeichnet wird oder nicht. In der Praxis kann häufig beobachtet werden, dass letztlich kein fundierter Planungsprozess hinter der Planungsrechnung steht, sondern eher eine Fortschreibung von Vergangenheitsdaten in die Zukunft.

Mit einer Planungsrechnung können später selbstverständlich Abweichungen festgestellt und analysiert werden. Aber der Nutzen von Abweichungsanalysen nimmt ab mit der Schnelligkeit der Umweltveränderungen. Nur wenn es gelingt, alle relevanten Abweichungen ohne nennenswerten Zeitverzug sichtbar zu machen, können sinnvolle Signale zur Geschäftssteuerung gewonnen werden. Wichtiger als vergangenheitsbezogene Abweichungen sind daher bereits erkennbare, d. h. in der Zukunft liegende Abweichungen. Solche Ex-ante-Abweichungen lassen sich aber nur mit „echtzeitfähigen" Simulationssystemen erfassen, da die konventionellen Planungs- und Prognoseprozesse zu schwerfällig sind, um solche Entwicklungen rechtzeitig zu signalisieren.

Planungsrechnungen sind in den Größen der Finanzwirtschaft, d. h. in Geldgrößen dargestellt. Damit ist natürlich nicht ausgeschlossen, dass diese Geldgrößen auf Basis des innerbetrieblichen Wirkungsgefüges aus Mengen-, Zeit- und Preisgefügen ermittelt wurden, auch wenn das heute in Industrieunternehmen immer noch eher die Ausnahme sein dürfte. Die hinter der Veränderung von Geldgrößen stehenden vielfältigen Ursachen und Ursachenbündel, die auf der Ebene der internen Leistungserstellung zu suchen sind, müssen durch die Planungsrechnung sichtbar gemacht werden. Nur in dem Maße, wie man diese Ursachen und ihre Wechselbeziehungen im Planungsprozess übersehbar macht, kann es gelingen, auch das finanzwirtschaftliche Wirkungsgefüge so früh und so weit wie möglich beherrschbar zu machen. Sprache und Methoden der rein auf monetären Aggregaten aufsetzenden Planungsrechnung, d. h. Funktionen des betrieblichen Rechnungswesens, sind nicht in ausreichendem Maße geeignet, die für die finanzwirtschaftlichen Wirkungen entscheidenden ursächlichen Kräfte und ihre Zusammenhänge und Verflechtungen sichtbar und diskutierbar zu machen.

Selbst ein so simpler Vorgang wie die in Kapitel 2.1.4 beschriebene Autofahrt von A nach B wird, bewusst oder unbewusst, geplant. Auf dem Weg von A nach B kann Nebel aufkommen, es kann beginnen zu regnen, es ist sehr kurvig, der Fahrer muss ständig bremsen, wieder beschleunigen, ausweichen etc. Der Fahrer muss also auf dem Weg von A nach B ständig kleine oder auch größere Korrekturen vornehmen. Der Plan, von A nach B zu kommen, hilft ihm in diesen Situationen allein jedoch nicht weiter. Er benötigt neben seiner Fahrerfahrung eine technische Mess- und Regeltechnik, um sein Fahrzeug trotz aller auftretenden Abweichungen vom Start ins Ziel zu steuern. Kein Mensch würde auf die Idee kommen, sein Fahrzeug durch einen permanenten Blick in den Rückspiegel ins Ziel zu steuern. Genau das passiert aber in vielen Unternehmen mit ihrer „Vergangenheit-plus-X-%"-Planung. Für die wirksame Steuerung von Unternehmen ist das ein guter Vergleich. Auch verantwortliche Manager eines Unternehmens benötigen (betriebswirtschaftliche) Mess- und Regeltechnik, um auf unvorhergesehene Situationen angemessen reagieren zu können. Und genau diese betriebswirtschaftliche Mess- und Regeltechnik liefert eine integrierte Planungs- und *Simulationsrechnung*.

Sie ist kein Selbstzweck, aber der Versuch, ohne sie auszukommen, kann in volatilen Märkten gefährlich werden. Das haben viele Unternehmen in den Jahren 2007–2009 bitter lernen müssen. Aus der PIMS-Forschung weiß man, dass es vielfältige Strategien gibt, mit denen Unternehmen Erfolg haben können. Man weiß aber auch, dass es eine nach außen hin nicht sichtbare Gemeinsamkeit aller wirklich erfolgreichen Unternehmen gibt: Sie haben ihre Zahlen im Griff und sie sind wahre Meister in der Entwicklung von betriebswirtschaftlicher Mess- und Regeltechnik! Die Mess- und Regeltechnik allein kann natürlich keinen Erfolg hervorbringen. Ohne sie auskommen zu wollen, führt jedoch fast sicher zu ernsthaften Problemen. Manager, die glauben, man könne nach Gefühl, Wellenschlag und Erfahrung ein mittleres oder größeres Unternehmen führen, werden ganz sicher keinen Erfolg haben. Ein Blick in die Insolvenzstatistiken zeigt, dass in fast 80 % der Fälle mangelndes bzw. fehlendes Controlling eine wesentliche Insolvenzursache war. Die Qualität und die Reaktionsgeschwindigkeit dieser betriebswirtschaftlichen Mess- und Regeltechnik konnte in jüngster Vergangenheit von einigen Pionieren auf diesem Gebiet entscheidend verbessert werden. Was bis heute eine Vielzahl von Controllern in jedem größeren Industrieunternehmen über Monate beschäftigt, könnten solche Systeme in wenigen Minuten bewerkstelligen, bei mindestens doppelt so hoher Aussagenqualität.

Planungsrechnungen, die im Rahmen der jährlichen Rituale über viele Monate das halbe Unternehmen beschäftigen, sind natürlich nicht gerade beliebt. Es ist die wahrscheinlich unbeliebteste Aufgabe der Führungskräfte. Genau diese zeitaufwendigen Rituale sollten komplett abgeschafft und durch weitestgehend selbststeuernde und ereignisgesteuerte Simulationssysteme ersetzt werden.

Genauso, wie mit Industrie 4.0 die zentralistischen und hierarchischen Produktionsplanungssysteme abgeschafft werden sollen, sollte die *starre und zentralistische Unternehmensplanungsrechnung* ersetzt werden durch Planungs- und Simulationssysteme, *die rollierende Erfolgs- und Finanzrechnungen mit den selbststeuernden Systemen der physischen Produktionswelt* verbinden.

2.1.6 *Operative und strategische Unternehmensplanung*

In diesem Buch geht es nicht um Fragen der strategischen Unternehmensplanung. Die kurze Einführung in die wesentlichen Unterschiede zwischen operativer und strategischer Unternehmensplanung dient als Abgrenzung zwischen den verschiedenen Planungsebenen und der Einordung des Kernthemas der folgenden Ausführungen. In diesem Buch geht es ausschließlich um die Erfassung und methodische Planung von Liquiditäts- und Erfolgsgrößen. Damit steht das interne Wirkungsgefüge der Haupteinflussgrößen auf die Höhe und die zeitliche Entwicklung dieser Orientierungsgrößen im Vordergrund. Auch wenn die gegenwärtigen und zukünftigen Erfolgspotenziale des Unternehmens letztlich entscheidend für sein *längerfristiges* Überleben sind, so kommt doch der effizienten Planung und Steuerung des Erfolges und der Liquidität auf kurze Sicht eine ebenso bedeutsame Stellung zu. Auch in der operativen Planungsumgebung können Fehler zu schwerwiegenden Schäden führen. Unternehmen können nur so lange am Markt agieren wie sie in der Lage sind, ihre Rechnungen zu begleichen. Sofern sie dazu nicht mehr in der Lage sind, scheiden sie unweigerlich aus dem Markt aus, egal wie hoch gegenwärtige und zukünftige Erfolgspotenziale auch sein mögen.

Es ist für jedes Unternehmen von herausragender Bedeutung, den Erfolg und die Liquidität simultan und integriert zu planen und zu steuern. So trivial das klingt, so ernüchternd ist jedoch ein Blick auf die in der Unternehmenspraxis vorherrschenden Planungs- und Steuerungssysteme. Schon ein Blick in die Insolvenzstatistiken zeigt, dass ein Großteil der Unternehmensinsolvenzen auf mangelnde Planungs- und Steuerungsfähigkeit (fehlendes oder unzureichendes Controlling) zurückzuführen ist. Nur eine integrierte Erfolgs- und Finanzplanung kann drohende Liquiditätsprobleme rechtzeitig aufdecken, so dass noch Zeit für entsprechende Gegensteuerungsmaßnahmen bleibt. Gerade in Industrieunternehmen ist die Entwicklung von Erfolgs- und Liquiditätsgrößen vor dem Hintergrund vielfältiger und häufig komplexer Prozessbedingungen so miteinander verwoben, dass die Rückwirkungen von Planungs- und Ablaufentscheidungen auf den Erfolg und von dort ausgehend zeitversetzt wiederum auf die Liquidität nicht immer trivial sind und nicht auf Anhieb erkennbar sind. Die Liquidität kann niemals isoliert, sozusagen aus sich selbst heraus prognostiziert und gesteuert werden. Das funktioniert nur, je nach Besonderheiten des Geschäftes, auf äußerst kurze Sicht von wenigen Tagen, Wochen oder maximal Monaten. Erfolgsgrößen hingegen können durchaus für einen größeren Zeithorizont, wiederum je nach Besonderheiten des Geschäftes, prognostiziert werden. Die Erfolgsplanung und Erfolgssteuerung ist damit eine der Liquiditätsplanung und -steuerung stets vorauslaufende Größe bzw. eine „Vorsteuerungsgröße" der Liquidität. Nur für den theoretischen, aber praktisch irrelevanten Fall der völligen Abwesenheit von Zahlungszielen sowie bei Abwesenheit von Investitionen, Abschreibungen, Rückstellungen, Dividenden, Bankdarlehen etc. wäre der Erfolgssaldo der betrachteten Periode identisch mit dem Liquiditätssaldo.

Auch bei noch so ausgefeilten Planungs- und Steuerungssystemen, Softwarewerkzeugen und gegenwärtig guter Ertrags- und Liquiditätslage kann das Unternehmen bereits dem Untergang geweiht sein. Damit soll zum Ausdruck gebracht werden, dass eine integrierte Planungsrechnung zur jederzeitigen Simulation unterschiedlicher Szenarien und zur Vorsteuerung der Liquidität durch ausgefeilte Erfolgsplanung und -steuerung keine Garantie für das Überleben des Unternehmens sein kann. Integrierte Planungsrechnungen sind zwar eine notwendige Bedingung für vorausschauendes Management und letztlich auch kurzfristigen Erfolg, aber eben noch lange keine hinreichende Bedingung.

Die Steuerungs- und Orientierungsgrößen der strategischen Unternehmensführung

Zentrale Navigationshilfen im System der strategischen Unternehmensplanung unterteilen sich nach Malik in zwei Arten. Diese zwei Arten der Navigationshilfe sind zum einen die sogenannten Steuerungsgrößen und zum anderen die Orientierungsgrößen, wobei vier Steuerungsgrößen und acht Orientierungsgrößen unterschieden werden.[11]

Die Steuerungsgrößen sind von elementarer Bedeutung, da sie zum Überleben des Unternehmens unter allen Umständen unter Kontrolle gehalten werden müssen. Dagegen sind die Orientierungsgrößen Indikatoren, die anzeigen, ob diese Steuerungsgrößen auch wirklich unter Kontrolle sind. Sie liefern demnach Wissen und Informationen darüber, ob die Steuerungsgrößen sich richtig oder falsch entwickeln. Die vier Steuerungsgrößen des stra-

---

11   Malik, Strategie, S. 114 ff.

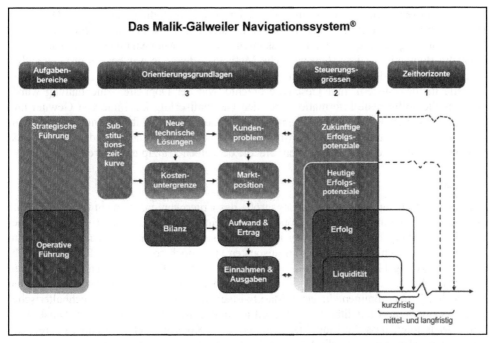

Abb. 2.1: Steuerungs- und Orientierungsgrößen der strategischen Unternehmensführung, mit freundlicher Genehmigung zur Verfügung gestellt von Prof. Dr. Fredmund Malik.

tegischen Planungssystems sind die *Liquidität*, der betriebswirtschaftliche *Erfolg*, die *gegenwärtigen Erfolgspotenziale* und die *zukünftigen Erfolgspotenziale*. Die acht Orientierungsgrößen sind *Einnahmen und Ausgaben, Ertrag und Aufwand, Marktposition und Kostenuntergrenze* sowie *neue technische Lösungen* und das *Kundenproblem.*

Abbildung 2.1 zeigt schematisch die unterschiedlichen Ebenen der operativen und strategischen Unternehmensführung. Die Ebenen 1 und 2 repräsentieren die Aufgabenfelder des Operativen Managements, die Ebenen 3 und 4 die Aufgabenfelder des Strategischen Managements. Eine ganzheitliche und simultane Steuerung des Unternehmens kann nur unter gleichzeitiger Berücksichtigung beider Dimensionen (operativ, strategisch) erfolgversprechend sein.

Die genannten vier Systemebenen sind stets zu beachten, da die Vernachlässigung nur einer einzelnen Größe ernsthafte Fehlentwicklungen zur Folge haben kann, die sich nur schwer wieder korrigieren lassen.

Das Planungs- und Steuerungssystem ist von unten nach oben, also beginnend mit der Liquidität, zu lesen, so wie auch die kaufmännische Geschäftsführung historisch entstanden ist. Denn bis zur Frührenaissance haben Kaufleute ihre Geschäfte mithilfe von Bargeld und von Schuldscheinen gesteuert, also liquiditätsbezogen. Damals genügte das vollauf, um das Geschäft unter Kontrolle zu haben. Als die Geschäfte aber zunehmend komplexer wurden und immer mehr längerfristige Bindungen z. B. durch Investitionen nötig wurden, etwa für Bau und Ausrüstung von Schiffen, musste eine zusätzliche, neue und höhere Navigationsebene erschlossen werden. Dies gelang in genialer Weise durch die Erfindung der Doppelten Buchhaltung, deren erstmalig geschlossene Darstellung 1494 in einem Buch von Luca Pacioli vorgelegt wurde, einem Franziskanermönch und Mathematiker. Man nannte die Doppelte Buchhaltung die „Venezianische Methode", denn sie war bereits in Gebrauch – unter anderem bei den Medici und auch bei Kaufleuten in Genua, denen sie unschätzbare Vorteile für das Steuern ihrer Geschäfte brachte. Mit der Doppelten Buchhaltung wurde erstmals die völlig neue Information über den Geschäftserfolg im Sinne von Gewinn und Verlust des Geschäfts darstellbar. Damit konnte man das Geschäft nicht nur steuern, sondern sogar voraussteuern. Ähnlich wurden in der Folge mit zunehmender Komplexität weitere Navigationsebenen erschlossen, die alle denselben Prinzipien gehorchen.[12]

Die Liquidität

Die erste und fundamentalste Steuerungsgröße des Unternehmens ist nicht der Erfolg, ausgedrückt als Gewinn oder Verlust, sondern es ist eindeutig die Liquidität, definiert als jederzeitige Zahlungsfähigkeit. Nur wer in der Lage ist, seine Rechnungen zu bezahlen, kann in der Marktwirtschaft überleben. Ein ansonsten auch noch so leistungsfähiges Unternehmen muss zwangsläufig untergehen, wenn es ihm nicht gelingt, seine Zahlungsfähigkeit jederzeit aufrecht zu erhalten. Es geht entweder in die Insolvenz oder wird von anderen Unternehmen übernommen. In einer Marktwirtschaft ist also nicht der (buchhalterische) Erfolg, sondern die Liquidität das wirtschaftlich und juristisch definierte Überlebenskriterium. Daraus folgt, dass die Liquidität jederzeit unter Kontrolle gehalten und entsprechend gesteuert werden muss. Für die Führung des Unternehmens ist die Sicherung seiner Zahlungsfähigkeit zunächst die ausschließlich relevante Zielgröße und nicht die häufig bemühten Faktoren wie Gewinn, Rentabilität und Wachstum. Entgegen der allgemeinen Auffassung ist die Marktwirtschaft also gar kein System, das vom Gewinn her definiert ist, sondern es ist durch die Liquidität definiert. Ob das Unternehmen Gewinn erzielt, spielt in der Marktwirtschaft im Grunde zunächst keine Rolle. Solange es seine Rechnungen bezahlen kann, ist es beim kapitalistischen Spiel dabei. Im Hinblick auf die Steuerung der Liquidität läuft in letzter Konsequenz alles bei den beiden Orientierungsgrößen für die Liquidität, den Einnahmen und Ausgaben, zusammen. An deren Differenz entscheidet sich das Überleben des Unternehmens.

Damit soll jedoch nicht der Eindruck entstehen, dass der Gewinn keine Rolle spielt. Dieser kommt als Steuerungsgröße jedoch erst auf der nächsthöheren Systemebene in den Fokus.

Planbarkeit der Liquidität

Die Liquidität ist eine kurzfristige Größe, die kaum sinnvoll langfristig geplant werden kann. In der Gegenwart kann zuverlässig bestimmt werden, ob das Unternehmen zahlungsfähig ist oder nicht. Die zentrale Frage ist aber, wie weit man in die Zukunft hinein wissen kann, ob man liquide sein wird. Im Rahmen der sogenannten wertorientierten Unternehmenssteuerung geht man sogar so weit, die Zahlungsmittelüberschüsse quasi bis in die Unendlichkeit planen zu können (siehe auch Kapitel 1.4.2.3).

---

12   Ebd. S. 115 ff.

Mit der Liquiditätssteuerung allein können immer nur kurzfristige Zeiträume erfasst werden, da die Zahlungsfähigkeit immer eine Momentaufnahme darstellt. Abhängig von der jeweiligen Unternehmenssituation kann die Liquiditätsentwicklung eventuell für wenige Wochen antizipiert werden.[13] Im Hinblick auf die Liquiditätsplanung und Steuerung wäre es völlig unsinnig, davon auszugehen, dass aufgrund der stets gegebenen Zahlungsfähigkeit der vergangenen Jahre diese auch in Zukunft sichergestellt sein wird.

Durch Analyse der liquiditätsbestimmenden Faktoren der Vergangenheit können keinerlei zusätzlich relevante Informationen zur Entwicklung der Liquidität in der Zukunft gewonnen werden, da diese nicht von der Liquidität selbst abhängt, sondern von einer ganzen Reihe weiterer Einflussfaktoren (siehe Kapitel 2.4).

Durch die Einbeziehung einer höheren Systemebene werden der betriebswirtschaftliche Erfolg und dessen Orientierungsgrößen in das Planungssystem integriert. „Höhere Systemebene" meint in diesem Zusammenhang, dass man einen größeren Zeithorizont überblicken kann, wenn man eine dafür geeignete andere Informationsart einbezieht. Mit der Einbeziehung der Erfolgsgrößen lässt sich ein größerer Zeitraum überblicken, weil der Erfolg der Liquidität vorausläuft. Die simultane Betrachtung von Erfolgs- und Liquiditätsgrößen bietet einen gewissen Schutz vor „programmierten Fehlsteuerungen". Diese bestehen darin, dass die Liquiditätslage für gut befunden werden kann, obwohl eine negative Erfolgssituation vorliegt, und umgekehrt, d. h., bei schlechter Liquiditätslage kann die Erfolgssituation durchaus sehr gut sein. Diese gegenläufigen Interdependenzen der Steuerungs- und Orientierungsgrößen können ohne Erfolgsrechnung überhaupt nicht wahrgenommen werden. Erst durch die Integration der Erfolgsrechnung wird diese Situation transparent. Diese Gegenläufigkeit in der Entwicklung der beiden Größen Liquidität und Erfolg kann durch noch so hoch entwickelte Extrapolation der Liquidität nicht erkannt werden, sondern erfordert sachlich ganz anders funktionierende Informationssysteme.

Der betriebswirtschaftliche Erfolg als Voraussetzung und Quelle der Liquidität kann bereits negative Steuerungssignale (Verlust) senden, während die Liquidität selbst noch immer positive Signale gibt (volle Bankkonten und gesicherte Zahlungsbereitschaft). Würde man nur die Liquidität zur Steuerung heranziehen, wäre der Weg in die Insolvenz vorprogrammiert, weil der Handlungsbedarf nicht gesehen wird. Umgekehrt kann die Liquiditätssituation angespannt sein, obwohl das Unternehmen gute Gewinne erzielt. Die Liquiditätslage kann also genau umgekehrt wie die Ertragslage sein, und daraus folgen wiederum jeweils falsche Signale für die Steuerung. Zwar ist dies nicht auf Dauer möglich, denn früher oder später schlagen Verluste und Gewinne auf die Liquidität durch, aber der jeweilige Zustand kann für die systematische Fehlsteuerung lange genug andauern und bei deren Entdeckung kann es für Korrekturen bereits zu spät sein. Daraus folgt also, dass mit der ausschließlichen Fokussierung auf die Liquidität falsche Entscheidungen programmiert wären, die darin bestehen könnten, nicht frühzeitig genug entsprechende Liquiditätsvorsorge durch Verhandlungen mit Banken getroffen zu haben. Wenn sich Verluste dann mit entsprechendem Zeitversatz auch in der Liquidität zeigen, sind Gegensteuerungsmaßnahmen eventuell gar nicht mehr möglich. Ein Mangel an Steuerungswissen ist eine der entscheidenden Ursa-

---

13   Ebd. S. 117

chen von geschäftlichen Fehlentwicklungen und eines der dominanten Risiken der Unternehmensführung.

Systeme können weder mit Geld noch mit Macht gesteuert werden, sondern ausschließlich mit Informationen, und auch nur mit Informationen steuern sich Systeme selbst. Selbstregulierung und Selbstorganisation sind daher nur mit entsprechenden Informationssystemen möglich.[14]

Zusammenfassend kann festgestellt werden, dass von der Liquidität niemals auf den Erfolg, jedoch umgekehrt vom Erfolg meist zeitversetzt zuverlässig auf die Liquidität geschlossen werden kann. Der Erfolg ist somit eine übergeordnete Steuerungsgröße, die zugleich eine Frühwarn- und (Voraus-)Steuerungsgröße darstellt. Aus der Erfolgsperspektive lässt sich weiter in die Zukunft blicken, weil der Erfolg der Liquidität kausal und zeitlich vorausläuft. Die Erfolgsplanung ist die einzige Möglichkeit, den Zeithorizont zu vergrößern und brauchbare Vorhersagen für die Liquiditätsentwicklung zu machen.

Der Erfolg

Die Erschließung eines größeren Zeithorizonts und als Folge die wirksame Voraussteuerung der Liquidität sind wie bereits ausgeführt nur über den betriebswirtschaftlichen Erfolg möglich. Der betriebswirtschaftliche Erfolg ist aber keineswegs nur der aus der internen Erfolgsrechnung ablesbare. Wie in Kapitel 2.6 noch im Detail dargelegt wird, weicht der nach den externen Rechnungslegungsgrundsätzen ermittelte Erfolg oft erheblich von den intern ermittelten Erfolgsgrößen ab. Maßgeblich ist aber der Erfolg nach externen Rechnungslegungsregeln, weil dieser den Ausgangspunkt für die Bemessung von Steuerzahlungen bildet und von daher wieder unmittelbare Rückwirkungen auf die Liquidität hat. *Der Erfolg ist im Hinblick auf die Liquiditätsentwicklung stets eine zeitlich vorauslaufende Bestimmungsgröße.*

Die Erfolgssteuerung ist somit die Ausgangsgröße für die Vorsteuerung der Liquidität. Durch die Verbindung der Erfolgssteuerung mit der Liquiditätssteuerung wird die Liquidität somit über längere Zeiträume abschätzbar. Die Messgrößen der Liquidität bilden die Einnahmen und Ausgaben, die durch logisch und zeitlich übergeordnete bzw. vorauslaufende Ertrags- und Aufwandsgrößen der Erfolgssphäre beeinflusst werden.

Genauso wie die Liquidität unmöglich aus sich selbst heraus geplant und gesteuert werden kann, lässt sich der Erfolg aus sich selbst heraus planen und steuern, bspw. durch Extrapolation bestimmter Vergangenheitswerte in die Zukunft. Im Hinblick auf den Erfolg ist somit zu unterscheiden zwischen Erfolg und *Erfolgspotenzial*. Von zentraler Bedeutung für die Steuerung der Erfolgsgrößen sind Orientierungsgrundlagen, die der Erfolgsentstehung wiederum zeitlich vorauslaufen. Hier gilt planungslogisch der gleiche Sachverhalt wie bei der Liquidität, d. h., es können durchaus noch positive Erfolge erzielt werden, obwohl das Erfolgspotenzial bereits beschädigt ist. Genauso wie umgekehrt noch negative Erfolgssalden gemessen werden, obwohl ein hervorragendes Erfolgspotenzial besteht. Der momentane Erfolg sagt also im Hinblick auf die zukünftige Erfolgsentwicklung in der Regel nichts aus. Hierzu müssen Informationen der nächsthöheren Ebene gewonnen werden. Diese Ebene

---

14   Ebd. S. 120

bilden die *gegenwärtigen Erfolgspotenziale*, die in den Systemen des betrieblichen Rechnungswesens allerdings nicht erfasst und gemessen werden können. An diesem Punkt erfolgt ein Wechsel von der operativen Unternehmensplanung zur strategischen Unternehmensplanung.

Aus der fehlenden Berücksichtigung gegenwärtiger Erfolgspotenziale folgen Risiken insofern, als die scheinbare Sicherheit momentan noch guter Gewinne zu der Fehlannahme verleitet, dass diese sich auch in Zukunft einstellen werden. Dabei wird dann möglicherweise nicht wahrgenommen, dass die Erfolgspotenziale bereits verbraucht sind. Andererseits kann der Erfolg sich durchaus in Verlusten ausdrücken, obwohl das vorgelagerte Erfolgspotenzial sogar besser geworden ist.

Schnittstelle zwischen operativer und strategischer Unternehmensplanung:
die gegenwärtigen und zukünftigen Erfolgspotenziale

Im Hinblick auf die Planung und Steuerung der Erfolgs- und Finanzsphäre hat die theoretische Betriebswirtschaftslehre sehr gute Grundlagenarbeit geleistet. Allerdings sind die Möglichkeiten und Potenziale *einer integrierten Planung und Steuerung* auf diesen Ebenen bis heute bei Weitem nicht erschlossen. Diese Verbesserungspotenziale bestehen in der Vollständigkeit der einzubeziehenden Haupteinflussgrößen der Erfolgs- und Liquiditätsplanung und in der Bewältigung der daraus entstehenden Datenmengen in innovativen Softwarewerkzeugen der integrierten Unternehmensplanungsrechnung. Die Erschließung der Potenziale auf dieser Ebene stellt ihrerseits einen wichtigen Beitrag durch die sich abzeichnenden Möglichkeiten der Echtzeitsteuerung im Rahmen von Industrie 4.0 dar.

Beim Verlassen der Systemebenen der Erfolgs- und Liquiditätsplanung gelangt man vom Bereich der operativen Planung in den Bereich der strategischen Planung. Im Rahmen der strategischen Planung geht es im Kern darum, erneut höhere Komplexität und größere Zeiträume unter Kontrolle zu bringen.

Die oberhalb des Erfolgs liegende Ebene von Wirkungszusammenhängen wird als Ebene der Erfolgspotenziale bezeichnet.[15] Ganz allgemein versteht man unter dem Erfolgspotenzial das gesamte Gefüge aller erfolgsrelevanten Voraussetzungen, die spätestens dann vorhanden sein müssen, wenn die Erfolgsrealisierung gelingen soll.

Die Eigenschaften dieser Voraussetzungen sind dadurch geprägt, dass für ihre Schaffung meist eine relativ lange Zeit benötigt wird. Die Realisierung von Produktentwicklungen, die Schaffung von Produktionskapazitäten und die Beherrschung bestimmte Produktionsprozesse, der Aufbau von Markpositionen sowie von Struktur- und Prozessorganisationen benötigen Zeit. Dabei spielen der Aufbau und die Erhaltung von Marktpositionen aufgrund der daraus entstehenden Erfolgspotenziale eine dominierende Rolle. Da der Aufbau der beispielhaft genannten Erfolgsvoraussetzungen meist eine relativ lange Zeit benötigt, können diese nicht mehr kurzfristig nachgeholt werden, wenn ihr Fehlen erst zum Zeitpunkt der Erfolgsrealisierung bemerkt wird. Vor diesem Hintergrund kommt der strategischen Planung insofern eine überragende Bedeutung zu, als grundlegende Versäumnisse und Fehlentscheidungen in diesen Bereichen meist nicht mehr korrigiert werden können, wenn

---

15   Ebd. S. 122

sie sich erst zum Zeitpunkt der operativen Umsetzung an den Erfolgsdaten bemerkbar machen.[16]

Die Kernaufgabe der strategischen Unternehmensplanung besteht in der Suche, dem Aufbau und der Erhaltung hinreichend hoher und sicherer Erfolgspotenziale unter Berücksichtigung der damit verbundenen langfristigen Liquiditätswirkungen. Davon zu unterscheiden ist die operative Unternehmensplanung, deren Aufgabe darin besteht, die vorhandenen Erfolgspotenziale bestmöglich zu realisieren und dabei die laufende Liquidität in ausreichender Höhe sicherzustellen. In der strategischen Planung geht es mithin darum, „die richtigen Dinge" zu tun, während es in der operativen Planung darauf ankommt, „die Dinge richtig" zu tun.

Von den beschriebenen gegenwärtigen Erfolgspotenzialen sind neue bzw. zukünftige Erfolgspotenziale zu unterscheiden. Die strategische Planung erschöpft sich nicht in der Sicherung und dem Ausbau bestehender Marktpositionen, so bedeutsam diese für den gegenwärtigen Erfolg des Unternehmens auch sind. Die Marktanteile sind bestimmend für die bisher erreichte Größe des eigenen Geschäftes. Logischerweise führen hohe Marktanteile in großen Märkten zu hohen Umsätzen. Daraus folgt, dass Unternehmen mit zu kleinen Marktanteilen stets durch die Konkurrenten mit großen Marktanteilen in ihrer Existenz gefährdet sind. Unternehmen mit hohen Marktanteilen haben aufgrund ihrer potenziell niedrigeren Stückkosten die Möglichkeit, diese in immer niedrigere Preise umzusetzen und dabei vor dem Hintergrund ihres hohen Mengenausstoßes trotzdem ausreichende und wesentlich höhere Gewinne als ihre Konkurrenz zu erzielen. In diesem Zusammenhang ist es natürlich einleuchtend, dass Unternehmen mit kleinen Marktanteilen einen Preiskampf mit den Marktführern nie gewinnen können.

Allerdings können auch die größten Marktanteile bedroht werden, wenn die zukünftigen Erfolgspotenziale nicht betrachtet und erschlossen werden. Genau dieser Sachverhalt kann mit einem Zitat von Shackleton auf den Punkt gebracht werden:

„General Motors, Sears, IBM were the greatest companies in their industries, the best of the best in the world. These companies did not make gigantic mistakes. They were not led by stupid, inept people. The only real mistake they made was to keep doing whatever it was that had made them successful for a little too long. . . . The real secret is to build an organization that isn't afraid to make change while it is still successful, before change become imperative for survival."[17]

Auch marktbeherrschende Unternehmen und Monopole können vom Markt verschwinden, wenn ihre eigenen Lösungen durch neue Technologien, die das Kundenproblem besser lösen, ersetzt werden. Das musste bspw. der ehemalige Fotogigant Kodak schmerzlich erfahren, der nur ein Beispiel einer langen Reihe von ehemals marktbeherrschenden Unternehmen darstellt.

Im Fokus der Schaffung und Steuerung neuer Erfolgspotenziale steht immer das Kunden- und Anwenderproblem. Dieses Kundenproblem muss immer lösungsinvariant betrachtet werden, d. h., es muss stets die Frage nach alternativen technologischen Lösungen hierfür

---

16   Gälweiler, Strategische Unternehmensführung, S. 28–33
17   Shackleton, Business Leadership, S. 118

gestellt werden. Damit rücken potenzielle Substitutionskonkurrenten oder Substitutions-technologien in den Fokus. Durch diese Fragen werden der Markt und die Konkurrenz weiter definiert, als es der gegenwärtigen Betrachtungsweise entspricht. Mithin steht dabei nicht die Frage nach den gegenwärtigen Produkten im Vordergrund, sondern vielmehr die Frage, welches Kundenproblem damit eigentlich gelöst und welcher Nutzen dabei gestiftet wird.

2.2 Produktionsplanung

2.2.1 Mengen- und Zeitmodelle der Produktionsplanung

Der Produktionsprozess und der Verkaufsprozess treffen sich sozusagen an der Übergabe-schnittstelle im Fertigwarenlager. Von den Beschaffungsprozessen über die Lagerein-gangsprozesse in den Roh- und Hilfsstofflägern, von dort weiter über die Lagerausgangs-prozesse in den Roh- und Hilfsstofflägern und dem Transformationsprozess des Produktionsvollzuges unter kombinierter Nutzung von Potenzialfaktoren (menschliche Arbeit und Maschinenarbeit) und Energie werden die Roh- und Hilfsstoffe in fertige Er-zeugnisse umgewandelt und an das Fertigwarenlager übergeben. Die relevanten Kosten- und Liquiditätswirkungen des Industrieunternehmens entstehen in der zeitlichen Abfolge und Struktur des Produktionsvollzuges, d. h. im Prozess hin zur Lagereingangsseite. Inner-halb und am Ende der jeweiligen Planungsperioden besteht meist weder in zeitlicher noch in quantitativer Hinsicht eine Deckung mit der von den Vertriebsprozessen bestimmten Lagerausgangsseite. Daraus folgt, dass sich die Planungsrechnung der Erfolgs- und Liquidi-tätssphäre nicht nur auf die Lagerausgangsseite konzentrieren darf, auch wenn dies bis heute die gängige Praxis in deutschen Industrieunternehmen ist. Zwar sind die *Standard-*produktkalkulationen je Einheit auf der Lagerein- und Lagerausgangsseite identisch, aber die *(dynamischen) Kostenverläufe der Periode* sind nun mal untrennbar mit der Produktion verbunden. Die Konzentration auf die Lagerausgangsseite ermöglicht nur eine *statische Verkaufserfolgsrechnung*, die jedoch keine brauchbaren Informationen über den zeitlichen Verlauf der Kosten- und Erfolgsentstehung und schon gar nicht über die Höhe und den zeitlichen Verlauf des Liquiditätsbedarfs geben kann. Es können sich sogar völlige Umkeh-rungen der Erfolgs- und Liquiditätsplanungen ergeben, wenn allein auf die Lagerausgangs-seite, also den Verkauf, fokussiert wird. Die Erfolgs- und Liquiditätswirkungen, die ins-besondere vom Produktionssystem ausgehen, sollen in den nachfolgenden Kapiteln verdeutlicht werden.

2.2.1.1 Vorbemerkungen zur Programm- und Prozessplanung

Für eine ganzheitlich integrierte Unternehmensplanungsrechnung ist es notwendig, die Pla-nungsschritte der Produktionsplanung mit den Ermittlungsmodellen der finanzorientierten Erfolgs- und Finanzplanung zu verbinden. Diese Verbindung zwischen PPS auf der einen und dem Finanzbereich auf der anderen Seite wird ex post auf Ebene der Transaktionssys-teme (ERP-Systeme) durch verschiedene Übergabeprozeduren realisiert.

Auf der Transaktionsebene steht bei Einzel- und Kleinserienfertigung in der Regel der Fertigungsauftrag als Kostensammler im Vordergrund. Bei Massen-, Sorten- und Großserienfertigung, die nach dem Fließprinzip organisiert sind und kundenanonym produzieren, sind es in der Regel Zählpunkte innerhalb der Fertigung, die regelmäßig ausgewertet werden.

Zur Realisierung von Planungs- und Steuerungssystemen müssen die Planungsdaten der Produktion in die ökonomische Welt von „Soll" und Haben, d. h. in die Erfolgs- und Finanzsphäre Eingang finden. Diese Verbindung zu einem durchgängigen Gesamtsystem fehlt heute noch weitestgehend. Auf Ebene der Ist-Daten wäre es zwar prinzipiell noch denkbar, dass bspw. durch tägliche Verarbeitung der aggregierten Produktionsprozessdaten die Zustandsänderungen der Produktion mit einem zeitlichen Versatz von wenigen Tagen in der Finanzsphäre sichtbar gemacht werden. Die aus dem Produktionssystem selbst stammenden Plan-Daten können allerdings in den Planungssystemen des Controllings meist nicht direkt verarbeitet werden, da eine Verbuchung von Planaufträgen, Start- und Endterminen von Fertigungsaufträgen usw. nicht vorgesehen bzw. mit der verwendeten Controlling-Software nicht möglich ist. Das bedeutet also, dass sämtliche auf Basis der aktuellen Produktionsprogramm- und Produktionsausführungsplanungen verfügbaren Zukunftsdaten der Produktion in der Finanzsphäre nicht auftauchen. Lediglich Mengen-, Zeit- und Termindaten können aus den Systemen aktualisiert zur Verfügung gestellt werden. Was sollen aber das Controlling und die Unternehmensführung mit diesen Daten anfangen, wenn nicht ganz konkret aufgezeigt wird, was diese Prozessdaten für das Ergebnis, die Liquidität und bestimmte Bilanzrelationen bedeuten? Selbstverständlich könnten diese Daten, wie bisher zum Teil auch schon, entsprechend aufbereitet, aggregiert und in ein Spreadsheet-Programm oder eine spezialisierte Finanzplanungsanwendung importiert werden. Dies ist, wie oben beschrieben, ein äußerst zeitraubender und fehleranfälliger Prozess und hätte zudem mit Echtzeitsteuerung nicht mehr im Entferntesten etwas zu tun.

Daraus folgt, dass mit den bisherigen ERP- und Finanzplanungssystemen keine Industrie-4.0-fähige Ausgangsbasis für die Unternehmensplanungsrechnung vorhanden ist. Die Systeme der Unternehmensplanungsrechnung der Zukunft müssen ein aus Finanzsicht hinreichend genaues Abbild des realen Produktionssystems liefern können und die Zustandsänderungen des Produktionssystems selbst in Echtzeit abbilden können. Industrie 4.0 benötigt zur zielgerichteten Realisierung als Gegenstück ein Controlling 4.0, das die Elemente der ökonomischen Planung und Steuerung hinzufügt. Controlling 4.0 liefert sozusagen die betriebswirtschaftliche Mess- und Regeltechnik, ohne die die rein technisch orientierte Mess- und Regeltechnik aus Industrie 4.0 wirkungslos bliebe.

Vor diesem Hintergrund soll in den folgenden Vorbemerkungen zunächst erläutert werden, welche Teilbereiche der Produktionsplanung auch für die Finanzsphäre der Unternehmensplanungsrechnung von Bedeutung sind. Im Rahmen der Erläuterung der einzelnen PPS-Elemente wird geklärt, warum und an welchen Stellen eine Berücksichtigung in der Finanzsphäre wichtig ist. Im Kapitel zur integrierten Unternehmensplanungsrechnung werden dann diese Hinweise aufgenommen und weiter vertieft.

Die nachfolgenden Ausführungen beziehen sich überwiegend auf ein Produktionssystem, das nach dem Verrichtungsprinzip (Werkstattfertigung) organisiert ist. Diese Organisationsform ist meist bei Industrieunternehmen mit (Klein-)Serienfertigung und kundenbezogener Produktion anzutreffen. Die meist in einer Fließfertigung organisierte Massen-, Reihen- und Sortenfertigung weist zum Teil andere Problemstrukturen hinsichtlich der Produktionsplanung und -steuerung auf bzw. es treten jene Planungs- und Steuerungsprobleme, die bei der Werkstattfertigung typisch sind, in weniger ausgeprägter Form oder überhaupt nicht auf. Dies gilt vor allem für die *kontinuierliche Prozessfertigung*. Auf einige Besonderheiten der verschiedenen Produktionstypen wird in Kapitel 2.6 noch näher eingegangen.

Aufgaben der Produktionsplanung

Produktion kann aufgefasst werden als zielgerichtete Kombination und Transformation von Elementarfaktoren zum Zwecke der Sach- und/oder Dienstleistungserstellung. Im Rahmen der Planung werden Möglichkeiten zur Erreichung eines gewünschten Soll-Zustandes analysiert und bewertet, wobei alternative Entwicklungen einbezogen werden und dabei Entscheidungen im Hinblick auf eine der betrachteten Optionen hervorgebracht werden. Damit Pläne nicht nur Absichtserklärungen darstellen, sondern auch tatsächlich realisiert werden, müssen die Planungsergebnisse in konkrete Handlungsanweisungen überführt werden. Hierfür ist die zwischen Planerstellung und -realisation liegende, mit der Steuerung und Kontrolle der betrieblichen Prozesse beauftragte Organisation zuständig. Daraus folgt, dass sich Planung und Organisation gegenseitig bedingen, d. h., Planung ohne nachfolgende Organisation und damit Realisation ist überflüssig und Organisation ohne vorausgehende Planung ist unmöglich. Der enge Zusammenhang zwischen Planung und Organisation und das Problem, keine klare Trennlinie zwischen Planung und Organisation ziehen zu können, haben in der Produktionswirtschaft dazu geführt, „in einem Atemzug" zwar nicht von Produktionsplanung und -organisation, wohl aber von Produktionsplanung und -steuerung zu sprechen.[18]

Mit der Planung des operativen Produktionsprogramms (Programmplanung) werden die Mengen der Enderzeugnisse für die jeweiligen Planperioden festgelegt. Das geplante Produktionsprogramm wird in der operativen Faktorplanung als Primärbedarf bezeichnet. Die Realisierung des geplanten Programms erfordert die Bereitstellung von Produktionsfaktoren (Input). Die Beziehungen der Produktionsfaktoren zum Produktionsprogramm (Output) werden durch Produktionsfunktionen bzw. Input-Output-Modelle abgebildet.[19]

Die Programmplanung geht von gegebenen Beständen an Potenzialfaktoren (Maschinen, Beschäftigten) aus, die in der Regel in der strategisch-taktischen Produktionsplanung festgelegt werden. Aus diesem Grunde beschränkt sich die operative Produktionsplanung ausschließlich auf die Bereitstellung der sogenannten Repetierfaktoren (stoffliche Einsatzgüter). Diese Begrenzung gilt in der Regel für Softwaresysteme der Produktionsplanung und -steuerung (PPS) , sollte aber für die noch im Detail zu beschreibenden integrierten Planungsrechnungen der Erfolgs- und Finanzsphäre aufgehoben werden, da im Rahmen alternativer Mengenplanungen auch erforderliche Investitionen und Personaleinstellungen oder Leerbestände von Potenzialfaktoren und damit Leerkosten zur Entscheidungsfindung sichtbar gemacht werden müssen. Im Rahmen der Programm- und Primärbedarfsplanung geht es

---

18   Rollberg, Integrierte Produktionsplanung, S. 127
19   Hoitsch, Produktionswirtschaft, S. 354

überwiegend um die Bereitstellungsplanung von daraus abgeleiteten Materialbedarfsplanungen.

Mit der Materialplanung sind dann folgende Teilpläne verbunden:

- Materialbedarfsplan
- Materialbeschaffungsplan
- Materiallagerung
- Materialeinsatzplanung

Die operative Materialplanung, insbesondere Werkstoffplanung, wird innerhalb von PPS-Systemen dem Modul Materialwirtschaft zugeordnet. Auch aus der Sicht der Unternehmensorganisation werden funktionale Unternehmensbereiche, die sich mit der Bedarfs-, Beschaffungs-, Lagerungs- und Einsatzplanung von Werkstoffen befassen, als Materialwirtschaft, Einkauf, Beschaffungswirtschaft, Logistik, Lagerwirtschaft etc. bezeichnet.

Die wesentlichen Teilbereiche der Produktionsplanung gliedern sich grob wie folgt:

- Programmplanung (Primärbedarfsplanung)
- Verfahrenswahl
- Bereitstellungsplanung (Sekundärbedarfsplanung)
- Prozessplanung (Ausführungsplanung)

Im Rahmen der *Programmplanung* wird bestimmt, welche Produkte in welchen Mengen in welchen Perioden unter Berücksichtigung der Produktionskosten hergestellt werden sollen. Industrieunternehmen, die für einen Markt anonymer Verbraucher lagerfähige Sachgüter produzieren, werden ihr Produktionsprogramm bei Kapazitätsengpässen in der Regel mithilfe der Deckungsbeitragsrechnung und Mindestlieferfähigkeitsgraden bestimmen. Industrieunternehmen, die überwiegend im Kundenauftrag produzieren, können sich für die Programmplanung in der Regel nur an den vorhandenen Auftragsbeständen orientieren bzw. anhand standardisierter Baugruppen und Teile eine Prognose vornehmen. Die konkrete Ausgestaltung der Enderzeugnisse zeigt sich dann erst im Rahmen einer konkreten Konfiguration der Baugruppen und Teile. Das Ergebnis der Programmplanung besteht in der Information bezüglich der herzustellenden Produktarten und -mengen entlang der Zeitachse. Häufig werden Programm- und *Primärbedarfsplanung* in Theorie und Praxis gleichgesetzt, was allerdings nicht ganz zutreffend erscheint. Die Programmplanung ist vielmehr Ausgangspunkt der Primärbedarfsplanung, da die herzustellenden Erzeugnisse in Baugruppen und Teile aufgelöst werden. Der nach Teilen, Baugruppen und Enderzeugnissen gegliederte Produktionsplan stellt somit genaugenommen den *Bruttoprimärbedarf* des Planungszeitraums dar. Im nächsten Schritt ist zu prüfen, ob die mengenmäßigen Primärbedarfe unter Berücksichtigung vorhandener und geplanter Lagerbestände bereits teilweise oder vollständig abgedeckt sind. Geplante Bestände ergeben sich unter Berücksichtigung geforderter Lieferfähigkeiten. Sofern vorhandene Bestände also in einer Höhe verfügbar sind, die sowohl das vorhandene Verkaufsprogramm als auch die sich aus den Lieferfähigkeitszielen ergebenden Zielbestände decken, wären im Planungszeitraum keine Erzeugnisse zusätzlich zu fertigen. Die unter der Berücksichtigung vorhandener und geplanter Bestände vorliegenden Produktionspläne beschreiben den *Nettoprimärbedarf* im Planungszeitraum. Die nachfolgenden Aufgaben der Produktionsplanung orientieren sich an der Primärbedarfsplanung und haben überwiegend zum Ziel, eine Kostenminimierung innerhalb des von der Primärbedarfsplanung gesetzten Rahmens zu erreichen.

Sofern Freiheitsgrade im Hinblick auf die konkreten Prozesse und Verfahren der Produktionsdurchführung bestehen, werden im Rahmen der *Verfahrenswahl* die Mengen der Programmplanung so auf die verschiedenen Verfahren und Betriebsmittel aufgeteilt, dass ein Kostenminimum erzielt wird. Diese Aufteilung ist notwendig, sofern die unterschiedlichen Verfahren unterschiedliche Produktionskosten aufweisen. Auch bei ansonsten funktions- und kostengleichen Betriebsmitteln ist eine Aufteilung dergestalt vorzunehmen, dass die Produktionsmengen bei Vorliegen kapazitativer Engpässe durch zeitliche, intensitätsmäßige und quantitative Anpassung realisiert werden können. Auch hier erfolgt die Anpassung im Hinblick auf das Ziel der Kostenminimierung.

Die Aufgabe der *Bereitstellungsplanung* besteht darin, die für die Produktion benötigten Ressourcen (Material, Maschinen, Beschäftigte, Energie) kostenoptimal in der richtigen Menge und Qualität zum richtigen Zeitpunkt bereitzustellen. Diese Bereitstellungsplanung wird an Anlehnung an den Begriff der Primärbedarfsplanung auch als *Sekundärbedarfsplanung* bezeichnet. Aus den o. g. Ressourcen leiten sich damit die Aufgaben der Material-, Personal- und Anlagenwirtschaft ab. Der Bedarf an menschlicher Arbeit und Maschinenarbeit ist in der Regel über die sogenannten Arbeitspläne ableitbar. Der Materialbedarf, also der Bedarf an Einsatzgütern (Repetierfaktoren), leitet sich aus Stücklisten (zusammensetzende Industrie) und Rezepturen (Prozessindustrie) ab. Diese Stücklisten und Rezepturen geben an, welche Materialarten und -mengen benötigt werden, um die in der Programmplanung festgelegten Primärbedarfe realisieren zu können. Im Rahmen der der Programmplanung nachfolgenden Sekundärbedarfsplanung sind sowohl die Maschinen- und Personaleinsatzplanung als auch die Materialeinsatzplanung durchzuführen. Abhängig vom Fristigkeitsgrad der Planung wird aber in der Regel eine unterschiedliche Vorgehensweise im Hinblick auf die Beschaffungsplanung der o. g. Ressourcen gewählt. Im Rahmen der *kurzfristigen Planung werden die Personal- und Maschinenausstattung in der Regel als gegeben bzw. festgelegt betrachtet.* Sofern aber Störungen beim Materialfluss auftreten, welcher die Arbeitsplätze und Maschinen zum Zwecke der Leistungserstellung miteinander verbindet, können diese zum Erliegen des Produktionsvorganges insgesamt führen. Die unterschiedliche Behandlung von Material- und Personal-/Maschinenressourcen hat aber auch ihren Grund in der Verschiedenartigkeit der zeitlichen Bindung. Das Material wird auch als sogenannter Repetierfaktor bezeichnet, d. h., die in den Produktionsprozess eingehenden Materialien werden laufend verbraucht und umgeformt. Anders ist die Situation jedoch bei den sogenannten Potenzialfaktoren (Personal und Maschinen). Diese Faktoren können Leistungen abgeben, stellen also sozusagen eine Nutzungspotenzial dar, das abgerufen werden kann oder auch nicht. Die Kosten für die Potenzialfaktoren entstehen (auf kurze und mittlere Sicht) aber unabhängig davon, ob produziert wird oder nicht. Aufgrund der längeren zeitlichen Bindung sowie der Kostenwirkung über einen längeren Zeitraum wird die Beschaffung von Personal (Einstellungen) und Maschinen (Investitionen) in der Regel also nur vor dem Hintergrund längerfristiger Absatzerwartungen entschieden. Dies ist im Hinblick auf das Material jedoch grundlegend anders. Materialkosten entstehen nur, wenn Erzeugnisse verkauft werden, d. h. eine Erfolgsrealisierung eintritt. Materialkosten im Hinblick auf den Betriebserfolg entstehen auch nicht durch den Produktionsvorgang, da hierbei lediglich eine Umformung von Rohmaterial in fertige und unfertige Erzeugnisse erfolgt. Aus Sicht der Erfolgs- und Bilanzrechnung ist dies lediglich ein erfolgsneutraler Aktivtausch. Der Ausgleich in der Erfolgsrechnung erfolgt über die Erhöhung des Bestandes fertiger und unfertiger Erzeugnisse. Vor diesem Hintergrund werden die Beschaffungsentscheidungen für das Material im Rahmen der Materialbedarfsplanung unter Berücksichtigung kostenminimaler Bestellmengen und *Losgrößen* integriert. Die Kostenminimierung bezieht sich hier jedoch auf den Ausgleich von gegenläufigen Kostenwirkungen in Hinsicht auf Beschaffungskosten und Lagerkosten. Wie die nächsten Kapitel noch zeigen werden, ist die Losgrößenermittlung mit dem Ziel der Kostenminimierung jedoch mit erheblichen Problemen verbunden und zudem im Hinblick auf die zeitgleiche Realisierung weiterer Ziele äußerst fragwürdig. Gegenstand der *Prozessplanung* ist es, die zur Durchführung der Produktion erforderlichen Fertigungsoperationen sachlich, zeitlich und räumlich so zu koordinieren, dass die Produktion kostenminimal realisiert werden kann. Die Berücksichtigung von Zeit- und Terminaspekten im Hinblick auf den Produktionsvollzug findet sich in der Planungspraxis auf verschiedenen Ebenen. Nach dem Grad der Detaillierung der Zeitplanung werden die terminierte Bedarfsermittlung, die Termingrobplanung und die Terminfeinplanung unterschieden. In Hinsicht auf die sachliche Koordination ergeben sich die Problemfelder der *Reihenfolge- und Maschinenbelegungsplanung*. Im Hinblick auf den Zeitaspekt erfolgt die Koordination im Rahmen der *Terminplanung und Durchlaufterminierung* der Fertigungsaufträge. Die räumliche Koordination führt zu den Problemstellungen der *innerbetrieblichen Standort- und Materialflussplanung*. Da jedoch insbesondere die innerbetrieblichen Standorte und Materialflüsse vor dem Vollzug der Produktion festgelegt werden müssen und auch nicht kurzfristig im Rahmen einer operativen Planung verändert werden können, sind Entscheidungen der Standort- und Materialflussplanung (*Layoutplanung*) in den Kontext der organisatorischen Aspekte der Produktion zu stellen.[20]

Generell besteht die Aufgabe der Terminplanung darin, die Zeitstruktur (das Zeitgerüst) des Produktionsprozesses in detaillierter Form festzulegen. Dazu gehört die Festlegung der Start- und Endtermine der Produktionslose (Fertigungsaufträge). Anhand der verfügbaren Produktionskapazitäten wird die Realisierbarkeit der festgelegten Produktionstermine überprüft und gegebenenfalls hergestellt. Diese in zwei Stufen erfolgende sukzessive Vorgehensweise der Terminplanung bezeichnet man als Durchlauf- und Kapazitätsterminierung. Obwohl die Terminplanung einen höheren zeitlichen Detailgrad als die terminierte Bedarfsermittlung hat, wird sie dennoch als Termingrobplanung bezeichnet. Mit noch höherem zeitlichem Detaillierungsgrad wird erst in der Maschinenbelegungsplanung eine Terminfeinplanung simultan mit der Reihenfolgeplanung vorgenommen. Durch die Betrachtung des gesamten konkreten Auftragsnetzes und der erforderlichen Feinplanung von Losgrößen, Maschinenbelegungen und Auftragsreihenfolgen wird ein Kapazitätspuffer benötigt, da die Auslastung durch Umrüstungsvorgänge und gegenseitige Abhängigkeiten innerhalb des Auftragsnetzes im konkreten Produktionsvollzug deutlich höher sein kann, als sie sich rechnerisch auf der Grobterminierungsebene darstellt.

Die ein konkretes Auftragsnetz umfassende Terminplanung kann jedoch nicht sinnvoller Bestandteil der operativen Unternehmensplanung sein. Sie gehört vielmehr zur Prozess- und Ausführungsplanung des konkreten Produktionsvollzuges. Diese Einordung ist auch leicht nachvollziehbar, da der Übergang zwischen der Planung und der Steuerung dort er-

---

20   Fandel, Fistek, Stütz, Produktionsmanagement, S. 95

folgt, wo die Planungsvorgaben in die Durchsetzungsaktivitäten münden. Insofern ist bspw. die Maschinenbelegung als Teil der *Durchsetzung* der Vorgaben der Produktionsplanung anzusehen und somit eindeutig der Produktionssteuerung zuzuordnen. Die Schnittstelle zwischen der zentralen Planungsebene und der dezentralen Feinplanungs- und Steuerungsebene stellt die Auftragsfreigabe dar, die im Anschluss an den Kapazitätsabgleich sowie eine dispositive Verfügbarkeitsprüfung der benötigten Ressourcen erfolgt. Im Rahmen der Auftragsfreigabe werden die Zeitpunkte bestimmt, an denen die von der Betriebsauftragsplanung erhaltenen Betriebsaufträge zur Produktion freigegeben werden. Die Produktionssteuerung besteht demnach aus kurzfristigen Planungs-, Steuerungs- und Überwachungsfunktionen. Aufgabe der Produktionssteuerung ist die *Realisierung* der im Rahmen der Produktionsplanung erzeugten Pläne. Das Ziel der Maschinenbelegungsplanung ist die detaillierte zeitliche Einplanung der Arbeitsgänge auf den Maschinen und damit verbunden die Festlegung der Bearbeitungsreihenfolge der einzelnen Arbeitsgänge. Für die Festlegung der Reihenfolge können Prioritätsregeln angewandt werden. Der Planungshorizont ist kürzer als auf den Planungsstufen und umfasst Schichten oder Tage. Der kleinste Zeitabschnitt (Periodenlängen) der operativen Unternehmensplanung ist hingegen in der Regel der Monat.[21]

2.2.1.2 Absatzmengenplanung

Auf den folgenden Seiten soll die Absatzmengenplanung aus der Perspektive der Produktionsprogrammplanung etwas näher betrachtet werden. Dabei soll insbesondere darauf eingegangen werden, wie Industrieunternehmen ihr Produktionsprogramm im Hinblick auf kundenindividuell und kundenanonym gefertigte Erzeugnisse gestalten. Dies sind zwei extreme Ausprägungsformen, wobei dazwischen verschiedenste Abstufungen in Form von Variantenbildungen bestehen.

Bedeutung und Einflussfaktoren im Hinblick auf die Komplexität der Absatzplanung bzw. Produktionsprogrammplanung

Im Hinblick auf das konkrete Vorgehen bei der Erstellung einer Absatzplanung sind verschiedene Ausprägungen des Produktionsprogramms bezüglich der Art und Weise der Kundenbedarfsdeckung zu berücksichtigen. Bei einer ausschließlich kundenspezifischen Fertigung werden nur die bereits vorliegenden Kundenaufträge und die sich in der Verhandlungsphase befindenden Neuaufträge der Absatzplanung zu Grunde gelegt. Dabei wird der Produktionsplan mit dem Absatzplan gleichgesetzt. Dieser Planungstyp findet sich überwiegend im Bereich der Einzelfertigung wie bspw. im Großanlagenbau. Bei einer kundenanonymen Fertigung erfolgt die Absatzplanung in der Regel auf Basis von Prognosen bzw. unter Berücksichtigung des oben beschriebenen absatzpolitischen Instrumentariums als zielvereinbarende Planung. Die Ausprägungen der kundenindividuellen und kundenanonymen Fertigung beschreiben im Prinzip die Bindung des Produktionsprozesses an den Absatzmarkt und damit die im Produktionsprogramm zum Ausdruck kommende Kundennähe. Damit werden auch die Grundlagen für die Gestaltung des Produktionssystems und der Produktionsprozesse gelegt. Im Spannungsfeld zwischen kundenindividueller und kun-

---

21   Westphal, Komplexitätsmanagement in der Produktionslogistik, S. 35

denanonymer Fertigung kommt ein Maß für die Veränderlichkeit der Absatzmengen und die Unsicherheit über die qualitative und quantitative Zusammensetzung des Produktionsprogramms zum Ausdruck, womit letztlich die Planbarkeit des Prozesses beschrieben wird. Die Komplexität der Planung wird dabei bestimmt durch die Breite des Produktionsprogramms, die Auftragsauslösungsart und die Dispositionsart. Dabei ist das zum Kunden hin sichtbare typologische Merkmal in dem angebotenen Produktprogramm zu sehen.[22] Eines der wesentlichen Ziele im Rahmen von Industrie 4.0 besteht darin, auftragsgetriebene Prozesse im Verhältnis zu den prognosegetriebenen Prozessen der Leistungserstellung auszudehnen. Die Produktion soll sich immer mehr an die kundenindividuellen Wünsche und Bedürfnisse anpassen und im Extremfall eine Fertigung mit Losgröße 1 ermöglichen.

Die Bevorratung als Entkopplungspunkt

Die Bevorratungsebene bzw. der Entkopplungspunkt der Kundenaufträge bezeichnet die Strukturebene, auf der erstmals eine auftragsspezifische Variantenbildung erfolgt. Von dieser Entscheidung hängt ab, welche Teile oder Baugruppen kundenanonym und welche kundenauftragsbezogen gefertigt werden.

Es können vier Stufen der Lage des Kundenauftragsentkopplungspunktes, die sich durch eine zunehmende Marktorientierung auszeichnen, unterschieden werden:[23]

–   **„assemble to order"**

    Nur die Montage erfolgt kundenauftragsgesteuert, während die Teile und Baugruppen kundenanonym auf der Basis von Prognosen gefertigt werden.

–   **„subassemble to order"**

    Die Baugruppenfertigung und die Montage werden auftragsbezogen durchgeführt, die Teilefertigung und die Beschaffung erwartungsbezogen ausgelöst.

–   **„make to order"**

    Lediglich die fremdbeschafften Materialien und Teile werden erwartungsbezogen bestellt, die anderen Prozesse werden in Abhängigkeit des Kundenauftrags durchgeführt.

–   **„purchase and make to order"**

Die gesamte Wertschöpfungskette in der Beschaffung und Produktion ist auf den Kundenauftrag ausgerichtet. Lieferanten werden als Wertschöpfungspartner gesehen und längerfristige Kooperationen zwischen Abnehmer und Lieferant aufgebaut.

Sofern eine überwiegend oder ausschließlich kundenorientierte Auftragsfertigung vorliegt, ist eine hohe innerbetriebliche Komplexität als Folge einer breiten Differenzierung von Fertigerzeugnissen, Baugruppen und Teilen gegeben. Die Koordinationsanforderungen sind demgemäß als hoch bis sehr hoch einzustufen. Zur Verringerung der Komplexität wird daher angestrebt, die Breite des Absatz- bzw. Produktionsprogramms auf den unteren Produktionsstufen durch Vereinheitlichung und Strukturierung der Teile und Baugruppen zu

---

22   Ebd. S. 139
23   Zäpfel, Auftragsgetriebene Produktion zur Bewältigung der Nachfrageungewißheit, S. 869

Verflechtungsmatrix (Gesamtbedarf-Matrix)

	T_1	T_2	T_3	$G1_1$	$G1_2$	$G2_1$	$G3_1$	E_1	E_2	E_3
T_1	1	0	0	0	0	0	0	0	0	0
T_2	0	1	0	0	0	0	0	0	0	0
T_3	0	0	1	0	0	0	0	0	0	0
$G1_1$	2	6	0	1	0	0	0	0	0	0
$G1_2$	3	12	0	0	1	0	0	0	0	0
$G2_1$	4	18	0	2	0	1	0	0	0	0
$G3_1$	7	36	0	2	1	1	1	0	0	0
E_1	12	69	1	6	0	3	0	1	0	0
E_2	15	87	1	3	3	0	0	0	1	0
E_3	28	164	1	8	4	4	4	0	0	1

Abb. 2.2: Gesamtbedarfsmatrix, Chmielewicz, Integrierte Finanz- und Erfolgsplanung, S. 130

reduzieren. Dabei wird eine weitgehende Verwirklichung des Baukastenprinzips verfolgt. In diesem Zusammenhang hat Chmielewicz den Begriff des Substanzverflechtungskoeffizienten (*SVK*) eingeführt.[24]

Der *SVK* kann als skalare Maßgröße der Teilevereinheitlichung interpretiert werden. Ein metrischer *SVK* bestimmt als $0 \leq SVK \leq 1$ gibt Auskunft darüber, inwieweit das Produktionsprogramm von gleichen Einzelteilen Gebrauch macht.

Der *SVK* kann anhand des folgenden Beispiels verdeutlicht werden:

Gegeben sei eine Gesamtbedarfsmatrix (siehe Abbildung 2.2), die die gesamten benötigten Mengen an Teilen und Baugruppen für die Erzeugung der Produkte *E1...E3* angibt.

Unten links erscheint die Verflechtungsmatrix, die den Zusammenhang zwischen Erzeugnissen und Einzelteilen wiedergibt. Der *SVK* wird aufgrund folgender Vorschrift ermittelt:

$$SVK = \frac{x-m}{m(n-1)} \tag{2.1}$$

n = Zeilenzahl (Zahl der Erzeugnisarten)

m = Spaltenzahl (Zahl der Teilearten)

x = Anzahl (nicht Summe) der positiven Koeffizienten in der Matrix

Für das Beispiel ergeben sich folgende Werte:

$$SVK \left(\frac{E}{T}\right) = \frac{9-3}{3(3-1)=1=SVKmax} \tag{2.2}$$

Der in diesem Beispiel maximale *SVK*-Wert in Höhe von 1 ist Ausdruck eines maximal hohen Vereinheitlichungsgrades, d. h., jedes Teil wird für jedes Erzeugnis verwendet. Die Definition des *SVK*, die in diesem Beispiel auf die Relation Teile/Erzeugnisse angewendet wurde, kann auch bspw. für die Analyse und Beurteilung einer einheitlichen Material- bzw.

---

24 Chmielewicz, Grundlagen der industriellen Produktgestaltung, S. 126 ff.

Werkstoffnutzung verwendet werden. Aus dem Quotienten *SVK E / T* würde dann der Quotient *SVK T / W*.[25]

Mit der Verringerung der Komplexität des Produktionsprogramms durch verschiedene technische Gestaltungsmaßnahmen können beträchtliche Koordinations- und Kostenvorteile erzielt werden, ohne dass die vom Kunden wahrgenommene marktgerechte Gestaltung des Sortiments verringert wird. Die Konfiguration kundenauftragsspezifischer Enderzeugnisse erfolgt aus einer begrenzten Anzahl kundenauftragsneutral hergestellter Komponenten. Individuelle Anforderungen des Kunden an das Enderzeugnis führen somit nicht zwangsläufig zu einer Erweiterung der Variantenvielfalt auf der Komponentenebene. Der Lage des Kundenauftragsentkopplungspunktes entsprechend können mit zunehmendem Anteil der kundenauftragsneutralen Fertigung die Merkmalsausprägungen Erzeugnisse nach Kundenspezifikation, Standarderzeugnisse mit kundenspezifischen Varianten, Standarderzeugnisse mit anbieterspezifischen Varianten und Standarderzeugnisse ohne Varianten unterschieden werden. Bei kundenindividueller Fertigung wird das Erzeugnis durch eine Variation technischer Parameter beschrieben, deren konkrete Ausgestaltung durch den Kunden vorgenommen wird. Vor diesem Hintergrund kann die Planung des Absatzprogramms nur auf Basis vorhandener Auftragsbestände vorgenommen werden, da der Primärbedarf unmittelbar durch Kundenaufträge ausgelöst wird. Eine Feinplanung von Terminen und Kapazitäten kann aufgrund der fehlenden Stabilität der Planungsgrundlagen bei kundenindividueller Fertigung stets nur kurzfristig erfolgen.

Auftragsänderungen und neue Aufträge führen dazu, dass eine instabile Planungsgrundlage mit dem Zwang zu einer hohen Frequenz bei der Auftragseinplanung entsteht. Hierdurch steigen der Informationsbedarf und der Koordinationsumfang der einzelnen Kundenaufträge stark an und die Ungewissheit über den aktuellen Zustand des Produktionssystems nimmt zu. In Abhängigkeit vom Grad des Kundeneinflusses auf die Erzeugniskonstruktion fehlt die Möglichkeit, Teile und Baugruppen in nennenswertem Umfang zu standardisieren. Die Anzahl der zu einem Planungszeitpunkt aktiven Aufträge nimmt bei gleichzeitig abnehmenden Auftragslosgrößen zu. Das Fehlen von auftragsspezifischen Fertigungsgrunddaten führt zu einer Erhöhung der Komplexität der Produktionsprogrammplanung, wobei andererseits die Bedeutung der Grobplanung zur Ermittlung von realistischen Lieferterminen und die Überprüfung der Kapazitätsbelastung ständig zunehmen.

Deutlich einfacher ist die Situation, wenn Standardprodukte mit kundenspezifischen Varianten angeboten werden, die aus standardisierten Komponenten bestehen und für die eine auftragsbezogene Anpassungskonstruktion erfolgt. Dabei wird das Ziel verfolgt, die Erzeugnisvarianten bis zu einer möglichst hohen Fertigungsstufe auf wenige Grundkomponenten zurückzuführen. Primärbedarfsschwankungen wirken sich dann nur auf den letzten bzw. höheren Fertigungsstufen aus, so dass die Planungsgrundlage wesentlich stabiler ist als bei rein kundenindividueller Fertigung. Bedingt durch die höhere Standardisierung auf den unteren Fertigungsstufen können die Stückzahlen je Variante und die Wiederholhäufigkeit gleichartiger Aufträge erhöht werden, wodurch die Gesamtanzahl zu koordinierender Aufträge sinkt und die Transparenz der Produktionsprozesse steigt. Ein noch höherer Standardisierungsgrad ist bei Standardprodukten mit anbieterspezifischen Varianten gege-

---

25   Chmielewicz, Integrierte Finanz- und Erfolgsplanung, S. 132

ben, da diese kundenanonym konzipiert und gefertigt werden. Dabei werden meist Erzeugnisgrundtypen mit einer begrenzten Anzahl von Varianten nach dem Baukastenprinzip realisiert. Da hier kundenindividuelle Änderungen der Erzeugniskonstruktion fehlen, ist die Planungsgrundlage auf Basis der Absatzprognosen bzw. Absatzplanungen häufig sehr stabil, wobei allerdings die Absatzprognosen mit steigender Variantenanzahl zunehmend schwieriger werden. Die geringste externe Nachfragekomplexität und damit verbundene Unsicherheit in Bezug auf die Zusammensetzung des Produktionsprogramms liegt bei einer Fertigung von Standarderzeugnissen ohne Varianten vor, da die Vielfalt der Kundewünsche durch eine eingeschränkte Kombinationsmöglichkeit weniger Grundbausteine realisiert wird und die Fertigung in der Folge von der Komplexität des Absatzmarktes weitestgehend isoliert wird. Bedingt durch die kundenauftragsneutrale Fertigung der Komponenten unterhalb der Bevorratungsebene auf der Grundlage von Absatzprognosen können Lieferzeiten, die kürzer als die Durchlaufzeit sind, realisiert werden. Wegen der Reduzierung der Komplexität erhöht sich auch die Servicequalität für den Kunden, da sehr verlässliche Liefertermine realisiert werden können. Bei einer Produktion auf Lager erfolgt die Auslösung des Primärbedarfs durch Absatzprognosen. Der Absatzmarkt und die Fertigung sind durch Fertigwarenläger entkoppelt, was zu einer sehr stabilen Planungsgrundlage für die Produktion führt, da das Produktionsprogramm nach Art, Menge und Termin auf Basis von Absatzerwartungen festgelegt wird. Allerdings sind auch hier kurzfristige Anpassungen notwendig, wenn die Absatzprognosen wesentlich von den realisierten Auftragseingängen abweichen.[26]

2.2.1.3 Programm- und Primärbedarfsplanung, Kapazitätsgrobplanung

Die Produktionsprogrammplanung behandelt in der Regel einen Planungszeitraum von 6–12 Monaten, wobei das Planungsintervall meist einen Monat beträgt. Die genaue Länge des Planungszeitraumes sowie der Planungsintervalle hängen von den verfügbaren Daten, insbesondere den Bedarfsprognosen und dem jeweils erforderlichen Detaillierungsgrad der Planung ab. Außerdem wird die Länge der Planungsintervalle meist an die Erfordernisse des saisonalen Verlaufs der Nachfrage angepasst. Die Zeiträume und die Länge der Planungsintervalle sind also stets unternehmensspezifisch festzulegen. Im Rahmen der Programm- und Primärbedarfsplanung wird in der Zeitdimension mit hoch aggregierten Werten gearbeitet (Monate, Quartale etc.).

Die Produktionsprogrammplanung als Teilgebiet der mittelfristigen operativen Planung legt die Absatz- und Produktionsmengen der einzelnen Planintervalle fest. Dabei sind die von Vertrieb und Marketing angestrebten Absatzmengen mit den von der strategisch-taktischen Planung vorgegebenen Produktionskapazitäten abzustimmen und saisonale Nachfrageschwankungen im Sinne einer möglichst gleichmäßigen Kapazitätsauslastung zu glätten. Die Produktionsmengen und die bereitgestellten Kapazitäten des gesamten Planungszeitraumes legen damit das kurzfristige Produktionsprogramm fest.

Auf der Basis des Produktionsprogramms lässt sich der Kapazitätsbedarf der einzelnen Monate oder Quartale zumindest übersichtsartig ableiten. Eine wichtige Aufgabe der Pro-

---

26   Westphal, Komplexitätsmanagement in der Produktionslogistik, S. 138

duktionsprogrammplanung ist darin zu sehen, Kapazitätsbedarf und Kapazitätsangebot für die einzelnen Teilperioden des Planungszeitraums aufeinander abzustimmen. Der Kapazitätsbedarf quantifiziert für einzelne Fertigungsbereiche und Produktionsstufen die zur Herstellung der im Produktionsprogramm festgelegten Produktmengen notwendige Anzahl an Arbeits- bzw. Maschinenstunden. Diesem Kapazitätsbedarf wird das Kapazitätsangebot gegenübergestellt. Das Kapazitätsangebot beschreibt die Höhe und zeitliche Verfügbarkeit der innerhalb des Planungszeitraums vorhandenen Beschäftigten- und Betriebsmittelbestände. Die Produktionsprogrammplanung kann auch als Bruttoprimärbedarfsplanung bezeichnet werden. Die Nettoprimärbedarfsplanung legt die endgültigen Produktionsmengen fest, indem aktuell vorhandene und zur Aufrechterhaltung bestimmter Lieferfähigkeitsgrade zukünftig notwendige Lagerbestände berücksichtigt werden.

Die Produktionsmengen sind zur Abstimmung der Kapazitäten so auf den Planungszeitraum zu verteilen, dass in jeder Teilperiode ausreichende Kapazitäten vorhanden sind. In diesem Zusammenhang sind auch Entscheidungen zu treffen, wie ggf. das kurzfristige Kapazitätsangebot variiert werden kann. In diesem Kontext spricht man auch von sogenannten Anpassungsmaßnahmen, die in zeitlicher, quantitativer und intensitätsmäßiger Ausprägung vorkommen. Dabei sind kurzfristige Entscheidungen im Hinblick auf bspw. Beschäftigtenanzahl, Schichtmodelle, Überstunden, Wochenendarbeit etc. zu treffen. Wichtig ist in diesem Zusammenhang, darauf hinzuweisen, dass die für die Produktionsprogrammplanung die Verfügbarkeit der Kapazitäten über den gesamten Planungszeitraum im Vordergrund steht. Daraus folgt, dass in dieser Planungsphase nur über Kapazitätspotenziale und nicht über Intensität der Nutzung dieser Potenziale in kürzeren Zeitintervallen (bspw. Tage oder Wochen) entschieden werden kann. Entscheidungen über die konkrete Nutzung der Kapazitäten können nur im Rahmen der kurzfristigen Ausführungsplanungen von nachgelagerten Stellen getroffen werden, da nur hier die für den reibungslosen Produktionsvollzug notwendigen Informationen vorliegen. Damit führt die Produktionsprogrammplanung letztlich auf ein Produktionsprogramm, das ein Mengengerüst und dazu „passende" Kapazitäten bereitstellt. Diese hierarchische Trennung von Programm- und Ausführungsplanungen erscheint sinnvoll, weil die übergeordnete Planungsebene mit zeitlich und sachlich viel höher aggregierten Bedarfen arbeitet als die untergeordneten Stellen.[27]

Wie bereits ausgeführt besteht die wesentliche Aufgabe der Produktionsprogrammplanung in der Bereitstellung einer *Kapazitätsgrobplanung*. Dabei lässt sich das Kapazitätsangebot relativ einfach aus der Personalstärke, den Schichtplänen und den verfügbaren Maschinenstunden ableiten.

Eine hinreichend genaue Ermittlung des tatsächlichen Kapazitätsbedarfs ist jedoch ungleich schwieriger. Der Kapazitätsbedarf ergibt sich aus der Summe des *Kapazitätsbedarfs für Fertigen* und des *Kapazitätsbedarfs für Rüstvorgänge*.

Der fertigungsbedingte Kapazitätsbedarf quantifiziert die Anzahl der Arbeitsstunden, die zur Herstellung der geplanten Produktionsmengen erforderlich sind. Der umrüstbedingte Kapazitätsbedarf hingegen ergibt sich aus der Summe der Rüstzeiten, die innerhalb des gesamten Planungszeitraumes voraussichtlich anfallen. Der fertigungsbedingte Kapazitätsbedarf kann durch Multiplikation der in den Arbeitsplänen hinterlegten Stückbearbeitungs-

---

27   Söhner, Hierarchisch integrierte Produktionsplanung und -steuerung, S. 15 ff.

zeiten mit den Produktionsmengen relativ einfach berechnet werden. Allerdings muss darauf hingewiesen werden, dass die Summation der Stückbearbeitungszeiten nur unter bestimmten Voraussetzungen zu einem brauchbaren Ergebnis führt. Die Stückbearbeitungszeiten bzw. Vorgabezeiten müssen immer im Zusammenhang mit den jeweiligen Prozessbedingungen und der technologischen Struktur des Unternehmens betrachtet werden.[28]

Im Gegensatz zu dem rein fertigungsbedingten Kapazitätsbedarf lässt sich der Kapazitätsbedarf für Umrüstungen nur schätzen, da zum Zeitpunkt der Programm- und Nettoprimärbedarfsplanung die Anzahl der Umrüstungen noch nicht feststehen kann. Die Ursache hierfür ist darin zu sehen, dass die Auflagehäufigkeit im Wesentlichen von der Anzahl der Lose abhängt, die wiederum erst von der Materialbedarfsplanung bestimmt wird. Da der Kapazitätsbedarf aufgrund von Umrüstungen abhängig von der Dauer der Rüstzeiten und der Anzahl der Rüstvorgänge einen signifikanten Anteil am gesamten Kapazitätsbedarf ausmachen kann, sollte dieser Umstand bei der Durchführung des Kapazitätsabgleichs im Rahmen der Produktionsprogrammplanung antizipiert werden. Dabei kann die Anzahl der Produktionslose lediglich aufgrund von Erfahrungswerten geschätzt werden.

Dabei treten Probleme aufgrund des Umstandes auf, dass die mögliche Losanzahl in Abhängigkeit des Kapazitätsabgleichs der Programmplanung bereis festgelegt wird. Wenn nämlich bereits ein Großteil des zur Verfügung stehenden Kapazitätsangebots fertigungsbedingt beansprucht wird, steht für Umrüstungen nur noch wenig Kapazität zur Verfügung. Vor diesem Hintergrund wäre die Materialbedarfsplanung gezwungen, wenige relativ große Lose zu bilden. Falls aber der geplante Kapazitätsbedarf durch Fertigen (im Vergleich zum Kapazitätsangebot) gering ist, könnte die Materialbedarfsebene aufgrund freier Kapazitäten auch viele kleine Lose einplanen, wobei dann die Losanzahl von der Zielsetzung und der konkreten Vorgehensweise der Losgrößenplanung abhängt.

Die Programmplanung entscheidet über den fertigungszeitbedingten Kapazitätsbedarf und über das Kapazitätsangebot, während die Materialbedarfsplanung unter Beachtung dieser Restriktionen (fertigungszeitbedingter Kapazitätsbedarf und Kapazitätsangebot) die Losgrößenplanung durchführt und den umrüstbedingten Kapazitätsbedarf festlegt.

Zur Ermittlung des Gesamtkapazitätsbedarfs sind daher im Rahmen der Programmplanung die Auswirkungen der Kapazitätsabstimmung auf die Losgrößenplanung gedanklich vorwegzunehmen bzw. zu schätzen. Daraus folgt, dass die Programmplanung den zu erwartenden umrüstungsbedingten Kapazitätsbedarf in Abhängigkeit der fertigungsbedingten Auslastung ermitteln muss. Nur dann lässt sich der gesamte Kapazitätsbedarf hinreichend genau abschätzen.

Bei der Antizipation der voraussichtlichen Losgrößen besteht allerdings eine Schwierigkeit darin, dass diese nicht nur in Abhängigkeit des umrüstungsbedingten Kapazitätsbedarfs, sondern auch unter Beachtung der Bedarfe kürzerer Planungsperioden, d. h. bspw. einzelner Wochen, zu bestimmen sind. Die Programmplanung kennt jedoch nur die geschätzten bzw. prognostizierten Monatsbedarfe, nicht jedoch einzelne Wochenbedarfe. Zur Abschätzung des umrüstungsbedingten Kapazitätsbedarfs genügt es jedoch meist, die *mittlere Los-*

---

28   Koßbiel, Die Bestimmung des Personalbedarfs, des Personaleinsatzes und der Personalausstattung als betriebliches Entscheidungsproblem, S. 31

größe zu antizipieren. Zusammen mit dem Gesamtbedarf des Planungszeitraumes kann hieraus die Auflagehäufigkeit geschätzt werden.

Die Produktionsprogrammplanung bestimmt somit den fertigungsbedingten Kapazitätsbedarf sowie das Kapazitätsangebot der einzelnen Monate. Sie determiniert damit die fertigungsbedingte Kapazitätsauslastung. Damit stellt sich die Frage, wie hoch der fertigungsbedingte Kapazitätsbedarf zu bemessen ist. Zur Beantwortung dieser Frage müssen die Auswirkungen einer hohen bzw. niedrigen fertigungsbedingten Auslastung analysiert werden. Der fertigungsbedingte Kapazitätsbedarf hat in erster Linie Auswirkungen auf die Produktionsmenge im Planungszeitraum. Wenn man den fertigungsbedingten Kapazitätsbedarf (bei gleichbleibendem Kapazitätsangebot) vergrößert, so ist dies mit einer höheren Produktionsmenge gleichbedeutend. Dabei kann die gesamte Kapazitätsauslastung selbstverständlich nicht mehr als 100 % betragen. Durch die Festlegung der fertigungsbedingten Kapazitätsauslastung wird somit gleichzeitig die für Umrüstungen zur Verfügung stehende (Rest-)Kapazität determiniert. Daraus folgt, dass die Ziele der Losgrößenplanung nicht durch zu große fertigungsbedingte Kapazitätsrestriktionen eingeschränkt werden dürfen. Werden für Umrüstungen nur relative geringe freie Kapazitäten bereitgehalten, bleiben für die Losgrößenplanung kaum andere Möglichkeiten, als relative wenige große Lose aufzulegen. Die Losgrößen sind jedoch von zentraler Bedeutung für die *mittlere Durchlaufzeit*, den *mittleren Bestand an Ware in Arbeit (WIP)*, die Termineinhaltung und andere bedeutende Kriterien der Produktionsplanung. Dies führt zu der Forderung, im Rahmen der Bestimmung der fertigungsbedingten Kapazitätsauslastung die möglichen Auswirkungen für die Losgrößenplanung und die davon abhängigen Kriterien zu beachten bzw. zu antizipieren. Da die fertigungsbedingte Auslastung meist einen Großteil der Gesamtauslastung ausmacht, wirkt sie sich nicht nur auf die Produktionsmenge und die Losgrößenplanung aus, sondern auch auf die mittlere Durchlaufzeit und den mittleren WIP-Bestand. Mit zunehmender Gesamtauslastung steigen sowohl die mittlere Durchlaufzeit als auch der mittlere WIP-Bestand überproportional stark an. Eine hohe Kapazitätsauslastung ist zwar einerseits mit dem Vorteil hoher Produktionsmengen verbunden, hat jedoch andererseits den Nachteil langer Durchlaufzeiten und hoher WIP-Bestände. Bereits bei der Festlegung der fertigungsbedingten Auslastung ist somit ein Kompromiss zwischen kurzen Durchlaufzeiten und niedrigen Beständen einerseits und einer hohen Produktionsmenge bzw. hoher Kapazitätsnutzung andererseits zu suchen.[29]

Die Durchlaufzeiten und deren Varianzen bilden eine wichtige Einflussgröße für die Bereitstellungszeitpunkte von Materialien und Produktionsfaktoren, die Höhe und die zeitliche Verteilung von WIP-Beständen und Beständen fertiger Erzeugnisse. Damit haben die mittleren Durchlaufzeiten nicht nur eine zentrale Stellung im Rahmen der Kapazitätsplanung, sondern auch im Hinblick auf die Höhe und die zeitliche Verteilung der wichtigsten Orientierungsgrößen der Erfolgs- und Finanzplanung. Dieser Umstand ist in den in der Praxis anzutreffenden Planungsrechnungen meist überhaupt nicht im Blickfeld.

---

29   Söhner, Hierarchisch integrierte Produktionsplanung und -steuerung, S. 30

2.2.1.4 Materialbedarfs- und Losgrößenplanung

Im Rahmen der Materialbedarfsplanung (engl.: material requirements planning (MRP)) werden die in der Programmplanung ermittelten Bedarfe für Endprodukte, die in dem sogenannten Master Planning Schedule (MPS), zusammengefasst werden, auf Komponenten, Teile und Baugruppen erweitert. Planungstechnisch wird dazu das Mengengerüst des MPS über die Auflösung von Stücklisten in die zur Fertigung der Endprodukte erforderlichen Teile, Komponenten und Baugruppen aufgelöst. Die im Rahmen dieser Stücklistenauflösung gewonnenen Mengenbedarfe werden auch als *Sekundärbedarfe* bezeichnet. Von diesen Sekundärbedarfen sind dann wiederum die Lageranfangsbestände zu subtrahieren und die Ziellagerendbestände hinzuzurechnen, um die tatsächlichen Produktionsmengen an Teilen, Baugruppen und Enderzeugnissen, die sogenannten Nettobedarfe, zu ermitteln.

Im Anschluss an die Nettobedarfsermittlung erfolgt die Planung der Losgrößen, wobei unter Beachtung der Nettobedarfe für alle Endprodukte, Teile, Komponenten und Baugruppen Produktionslose gebildet werden. In diesem Zusammenhang ist zu beachten, dass die Losgrößenbildung für die einzelnen Stufen der Erzeugnisstruktur getrennt erfolgt, d. h., es werden bspw. nach klassischen Losgrößenformeln jeweils „optimale" Produktionslosgrößen für die Teile, Komponenten, Baugruppen und Enderzeugnisse ermittelt oder es werden fest definierte Losgrößen vorgegeben. Hieraus können jedoch „Verzerrungen" resultieren, die in der Regel auch kein Gesamtoptimum im Hinblick auf die Minimierung der Kosten erwarten lassen. Werden die Losgrößen auf den einzelnen Produktionsstufen also nicht integriert und aufeinander abgestimmt ermittelt, dann sind hohe Lagerbestände und die sogenannte „MRP-Nervousness" die Folge. Der Grund hierfür ist darin zu sehen, dass schon bei relativ kleinen Bedarfsänderungen auf der obersten Erzeugnisebene große Änderungen im Teile- und Baugruppenbedarf resultieren können. Beträgt bspw. die fest definierte Losgröße auf der Erzeugnisebene 25 Einheiten und auf der Teileebene 20 Einheiten, dann würde der Bedarf auf der Teileebene bei einem Primärbedarf von 25 Einheiten auf der Erzeugnisebene 40 Einheiten (2 Produktionslose à 20 Teile) betragen.[30]

Im Zusammenhang mit der zeitlichen Verteilung der Losgrößenplanung ist ferner darüber zu entscheiden, ob mehrere aufeinanderfolgende Periodenbedarfe zu einem Los zusammengefasst oder einzelne Periodenbedarfe in mehrere Lose aufgeteilt werden. Um ein Produktionslos eines Enderzeugnisses termingerecht, d. h. bis zu seinem im MPS geplanten Fertigstellungszeitpunkt produzieren zu können, müssen bei Produktionsbeginn alle erforderlichen Teile, Komponenten und Baugruppen verfügbar sein. Die Produktion der Fertigungslose auf den unteren Hierarchieebenen der Erzeugnisstruktur muss deshalb umso viele Zeiteinheiten früher beginnen, wie zu ihrer Produktion benötigt werden. Zur Terminierung der Lose werden folglich die *Durchlaufzeiten* der Teile, Komponenten und Baugruppen an den einzelnen Produktionsstufen, d. h. die *Vorlaufzeiten*, benötigt. Diese zeitliche Koordination der Teile-, Baugruppen- und Erzeugnislose wird als *Vorlaufverschiebung* bezeichnet. In der Praxis wird die Vorlaufverschiebung über sogenannte *Fertigungs- oder Dispositionsstufenverfahren* ermittelt. Da die Vorlaufzeiten nur *periodengenau* ermittelt werden, handelt es sich hierbei um eine *Grobterminierung*. Die Vorlaufzeit eines Produktionsloses ergibt sich aus der Summe der Warte- und Bearbeitungszeiten an der betreffenden

30   Lödding, Verfahren der Fertigungssteuerung, S. 144

Produktionsstufe. Die Bearbeitungszeit kann mit hinreichender Genauigkeit aus der Losgröße sowie der Rüst- und der Stückbearbeitungszeit abgeleitet werden. Diese Informationen sind in den Arbeitsplänen hinterlegt und können bei entsprechender Stammdatenqualität für die Planung verwendet werden. Den größten Teil der Vorlaufzeit macht hingegen die Wartezeit aus. Die Wartezeit wiederum lässt sich in der Regel nur relativ grob schätzen, da sie von diversen Faktoren und insbesondere von der Kapazitätsauslastung abhängt. Aufgrund fehlender geeigneter Verfahren zur Bestimmung der Wartezeiten können diese meist nur geschätzt oder, sofern vorhanden, Anhaltspunkte aus historischen Datenbeständen gewonnen werden. Das Ergebnis der Vorlaufverschiebung sind periodengenau terminierte Lose, die sogenannten Plan-Fertigungsaufträge, die an die nachfolgende Kapazitätsbedarfsplanung weitergegeben werden. Die Stücklistenauflösung und die Nettobedarfsrechnung sind in der Regel durch einfache numerische Berechnungen im Rahmen der sogenannten Dispositionsstufen- und Fertigungsstufenverfahren oder durch Matrizenoperationen lösbar. Die nachfolgenden Schritte der Losgrößen- und die Grobterminplanung bereiten jedoch oft erhebliche Probleme.

2.2.1.4.1   Losgrößenplanung

Die Losgrößenplanung und ihre Bedeutung im Wirkungsgefüge der Produktionsplanung

In Abbildung 2.3 werden die Zusammenhänge und die Auswirkungen der Losgrößen auf grundlegende Planungs- und Steuerungskriterien der Produktion dargestellt.

Mit der Planung der Produktionslosgrößen sind gleichzeitig die Anzahl der Umrüstungen und damit korrespondierend die Auflagenhäufigkeit determiniert (1). Ferner werden durch die Losgrößen die Bearbeitungszeiten und damit deren Mittelwert sowie deren Varianz beeinflusst (2). Von der Anzahl der Produktionslose hängt wiederum die umrüstbedingte

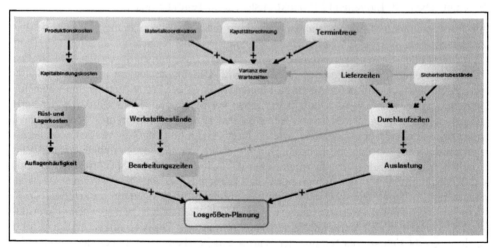

Abb. 2.3:   Wirkungsgefüge der Losgrößen innerhalb der Produktionsplanung, Söhner, Hierarchisch integrierte Produktionsplanung und -steuerung, S. 48

und gesamte Auslastung der Kapazitäten ab (3). Auf der Kostenseite hängen die Rüst- und Lagerkosten von den Losgrößen und Auflagehäufigkeiten ab (4). Bei den Rüstkosten ist jedoch zu beachten, dass diese innerhalb der Normal-Beschäftigungszone bei Anwendung eines Zeitlohnsystems keinen losgrößenbedingten Einfluss auf das Periodenergebnis haben. Die Existenz einer kostenoptimalen Losgröße ist dann nur vor dem Hintergrund von Opportunitätskostenkriterien sinnvoll interpretierbar.

Darüber hinaus wird deutlich, dass sich die Losgrößen auf alle Bestimmungsfaktoren der mittleren Durchlaufzeit, also auf den Mittelwert und die Varianz der Bearbeitungszeiten sowie die Kapazitätsauslastung, auswirken (5). Der Zusammenhang zwischen Losgröße und mittlerer Durchlaufzeit ergibt sich daraus, dass mit kleiner werdenden Losen die Anzahl der Umrüstungen und damit der umrüstbedingte und gesamte Kapazitätsbedarf ansteigen, was zu einem (überproportionalen) Anstieg der mittleren Durchlaufzeit führt. Durch den überproportionalen Anstieg der auslastungsbedingten Wartezeiten steigt also auch die mittlere Durchlaufzeit überproportional stark an. Hingegen sind mit steigenden Losgrößen längere Bearbeitungszeiten und damit einhergehend wiederum längere Durchlaufzeiten und längere Wartezeiten für nachfolgende Produktionslose verbunden. Wie Abbildung 2.4 erkennen lässt, existiert aufgrund der gleichgerichteten Wirkungen „sehr kleiner" und „sehr großer" Lose eine *durchlaufzeitminimale mittlere Produktionslosgröße*. Diese durchlaufzeitminimale mittlere Produktionslosgröße muss aber nicht identisch sein mit der kostenoptimalen Losgröße, die das Optimum aus Rüst- und Lagerkosten darstellen soll.

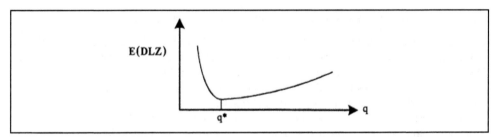

Abb. 2.4: Zusammenhang zwischen mittlerer Produktionslosgröße und mittlerer Durchlaufzeit, Söhner, Hierarchisch integrierte Produktionsplanung und -steuerung, S. 50

Der mittlere Produktionsbestand (WIP) ist mit der mittleren Durchlaufzeit positiv korreliert. Dies ist darauf zurückzuführen, dass bei kurzen bzw. langen Warteschlangen i. A. auch kurze bzw. lange Wartezeiten entstehen. Dies bedeutet, dass letztlich auch der mittlere Produktionsbestand (*WIP*) von der Losgrößenplanung abhängt (6).

Weitere Wirkungen der Produktionslosgrößen ergeben sich aus dem Zusammenhang zwischen Losgrößen und Produktionskosten. Neben den bereits geschilderten Kosteneffekten aus Rüst- und Lagerkosten (7) ergeben sich unter bestimmten Umständen auch Wirkungen aus der Kapitalbindung in den Produktionsbeständen (*WIP*). Ferner gehen von Veränderungen der WIP-Bestände direkte Erfolgs- und Liquiditätswirkungen aus (8). Der *WIP*-Bestand wiederum beeinflusst nicht nur die Erfolgshöhe des Unternehmens, sondern auch die Varianz der Wartezeiten, die wiederum mit der Länge der Warteschlangen vor den Maschinen variieren (9). Veränderungen der mittleren Schlangenlänge führen tendenziell zu einer größeren Varianz der Schlangenlänge. Daraus folgt, dass mit einer Zunahme der mittleren Wartezeit auch eine höhere Varianz der Wartezeiten verbunden ist.[31]

Des Weiteren zeigen die Losgrößen über ihren Einfluss auf die Gesamtdurchlaufzeiten einen direkten Zusammenhang zur Höhe der Sicherheitsbestände (siehe hierzu auch die Ausführungen zur dynamischen Disposition im Kapitel 2.2.1.7). Dieser Zusammenhang kann damit begründet werden, dass bspw. bei kurzen Durchlaufzeiten auch nur die Nachfrageschwankungen eines relativ kurzen Zeitraums abgedeckt werden müssen. Hieraus folgt, dass durch kürzere Durchlaufzeiten *und* eine geringere Varianz der Warte- und Durchlaufzeiten die Sicherheitsbestände gesenkt werden können. Der Einfluss der geringeren Varianz der Warte- und Durchlaufzeiten auf die Sicherheitsbestände ist auf verlässlichere Prognosen der Durchlaufzeiten zurückzuführen, was wiederum zu einem abnehmenden Sicherheitsbestand für Bedarfsschwankungen führt. Da die Sicherheitsbestände wiederum einen Einfluss auf die Höhe der Wiederbeschaffungsmengen und damit auf die Höhe der durchschnittlichen jeweiligen Soll-Endbestände haben, ergibt sich wiederum ein Zusammenhang zu den Lagerbestandsveränderungen an fertigen Erzeugnissen. Diese sind nicht nur aus logistischer Sicht von Bedeutung, sondern beeinflussen sowohl die Erfolgs- als auch die Liquiditätssalden auf der finanzwirtschaftlichen Ebene. Die Losgrößen haben schließlich über die Beeinflussung der Sicherheitsbestände und Wiederbeschaffungszeiten Auswirkungen auf die Lieferfähigkeit, Lieferzuverlässigkeit und die Lieferzeiten des Unternehmens.

2.2.1.4.2   Schwierigkeiten bei der Bestimmung von Durchlaufzeiten

Ein wesentlicher Unsicherheitsfaktor im Hinblick auf die Berücksichtigung der zeitlichen Vorlaufeffekte des Produktionsvollzugs besteht in der Ermittlung verlässlicher Vor- und Durchlaufzeiten der Teile, Komponenten und Baugruppen. Die Vorlaufzeit eines Produktionsloses wird formal bestimmt durch die Summe der Warte- und Bearbeitungszeiten an den einzelnen Produktionsstationen bzw. Produktionsstufen. Dabei kann die Bearbeitungszeit relativ zuverlässig aus der Losgröße und den in Arbeitsplänen hinterlegten Rüst- und Stückbearbeitungszeiten berechnet werden. Zur Ermittlung der voraussichtlichen Wartezeiten wären hingegen die Ankunftszeitpunkte und die Bearbeitungstermine aller vorhergehenden Produktionslose zu berücksichtigen. Wollte man die Wartezeiten exakt ermitteln, so wäre hierfür die genaue Kenntnis der Ankunftszeitpunkte und Bearbeitungsreihenfolgen die Voraussetzung. Die Ankunftszeitpunkte wiederum sind abhängig von den Freigabezeitpunkten der Fertigungsaufträge sowie den Bearbeitungszeiten und Bearbeitungsreihenfolgen der einzelnen Produktionslose. Vor diesem Hintergrund ist eine exakte Ermittlung der Wartezeiten nur möglich, wenn alle Produktionsstufen und Fertigungsaufträge simultan einer umfassenden Detailplanung unterzogen werden. Dies würde einen mehrstufigen Netzplan unter Berücksichtigung der Kapazitäten erfordern. Solch eine exakte Ermittlung ist jedoch aus mehreren Gründen sinnvoll kaum realisierbar. Einerseits können zum Zeitpunkt des MRP-Laufes im Rahmen der Materialbedarfsplanung unmöglich die genauen Bearbeitungstermine sämtlicher Fertigungsaufträge für einen Zeitraum von mehreren Monaten festgelegt werden. Andererseits sind auch die Bearbeitungszeiten mehr oder weniger großen Schwankungen ausgesetzt. Ferner hängen auch die Freigabezeitpunkte der Ferti-

---

31   Söhner, Hierarchisch integrierte Produktionsplanung und -steuerung, S. 50

gungsaufträge von unvorhersehbaren Zufälligkeiten ab. Die Freigabezeitpunkte von Fertigungsaufträgen können sich bspw. durch Abwesenheit des Maschinenpersonals, Maschinenausfälle oder Ausschussproduktion teilweise erheblich verzögern. Auch die mangelnde Verfügbarkeit von Einsatzstoffen, Teilen, Zukaufteilen etc. können Auslöser für unvorhergesehene Verzögerungen sein. Diese beispielhaft aufgeführten Zufallsereignisse können auch durch eine noch so ausgefeilte Detailplanung nicht berücksichtigt werden. Vor diesem Hintergrund können auf Ebene der Materialbedarfs- und Losgrößenplanung nur grobe Freigabezeitpunkte geplant werden, jedoch keine konkreten Freigabe- bzw. Bearbeitungsreihenfolgen. Diese Entscheidungen bleiben daher stets der Produktionssteuerung im Rahmen der Ausführungsplanung vorbehalten. Daraus folgt, dass im Rahmen der Materialbedarfsplanung keine exakten Warte- bzw. Vorlaufzeiten ermittelt werden können. Aus der Perspektive der Materialbedarfsplanung sowie der Primär- und Programmplanung können also die der Stochastik unterliegenden Ankunfts- und Bearbeitungsprozesse nicht für jedes einzelne Los exakt berechnet werden.

Aus diesem Grund kann auch in der Planungsrechnung der Finanz- und Erfolgssphäre sinnvoll nur mit festen bzw. mittleren Vorlaufzeiten unter Annahme grob geschätzter Losgrößen operiert werden. Im Rahmen der rollierenden Ergebnisprognosen kann dann jedoch eine immer engere Annäherung an den tatsächlichen und kurzfristig prognostizierten Produktionsvollzug erfolgen.

Die mittleren Durchlaufzeiten werden in der Praxis häufig aus Vergangenheitsdaten abgeschätzt. Hierbei ist jedoch zu bedenken, dass schon relativ kleine Abweichungen von den Vergangenheitswerten im Hinblick auf die Auslastung und/oder Varianz zu erheblichen Unterschieden zwischen geplanten und tatsächlichen Vor- und Durchlaufzeiten führen. Diese Abweichungen haben dann tiefgehende Konsequenzen für die Kapazitätsbedarfsermittlung, die Bestimmung der Freigabezeitpunkte der Produktionslose und die Koordination des Materialflusses. Im Hinblick auf die Koordination des innerbetrieblichen Materialflusses spielen die Vorlaufzeiten eine entscheidende Rolle. Dies wird insbesondere bei Montagearbeitsgängen sichtbar, da hier zur termingerechten Fertigstellung verschiedene Produktionslose aus den Produktionsstufen der Teile-, Komponenten- und Baugruppenfertigung möglichst zeitgleich auf der Produktionsstufe der Montage ankommen müssen. Kommen diese aus vorgelagerten Produktionsstufen benötigten Teile, Komponenten und Baugruppen nicht rechtzeitig auf der Montagestufe an, entstehen Warte- und Maschinen-Leerzeiten. Diese Probleme ließen sich eigentlich nur mit einer „genaueren" Zeitplanung vermeiden, wobei eine genauere Zeitplanung allerdings wieder die genaue Kenntnis der Vorlaufzeiten voraussetzt. Dabei ist zu berücksichtigen, dass die Qualität der Vorlaufzeitenermittlung nicht nur von der absoluten mittleren Wartezeit, sondern zusätzlich von der Varianz dieser Wartezeiten abhängt. Diese Ausführungen machen deutlich, dass die Ermittlung zuverlässiger Vorlaufzeiten für den gesamten Planungsprozess von hoher Bedeutung ist.

Die Planungsqualität ist grundsätzlich umso besser, je weniger die Wartezeiten um ihren Mittelwert streuen. Aus der unvermeidlichen Varianz der Wartezeiten folgt logischerweise immer ein gewisser Unsicherheits- und Ungenauigkeitsgrad im Hinblick auf die Bearbeitungstermine und Fertigstellungszeitpunkte der Produktionslose. Diese Ungenauigkeit ist jedoch innerhalb gewisser Bandbreiten hinnehmbar, da im Rahmen der Materialbedarfsermittlung ohnehin nur eine Grobplanung und Grobterminierung vorgenommen werden. Dies gilt in noch stärkerem Maße für die Erfolgs- und Finanzplanung, da hier in der Regel der Monat die kleinste Teilperiode bildet und eine termingenaue Abbildung weder nötig noch realisierbar wäre. Eine periodengenaue bzw. monatsgenaue Abbildung von Bedarfszeitpunkten ist aus Sicht der Erfolgs- und Finanzplanung ausreichend. Unterliegen die Wartezeiten der Fertigungsaufträge jedoch starken Schwankungen, kann davon ausgegangen werden, dass die Planung ganz erhebliche Ungenauigkeiten beinhaltet. Die Ist-Wartezeit vieler Produktionslose wird dann deutlich unter bzw. über der geplanten mittleren Wartezeit liegen. Die Berücksichtigung bzw. Abschwächung dieser Unschärfe kann durch entsprechende Puffer- bzw. Sicherheitszeiten in den Plandurchlaufzeiten berücksichtigt werden. Diese Pufferzeiten führen zu einer Verlängerung der geplanten mittleren Wartezeiten und geplanten Vorlaufzeiten. Je höher also die Varianz der Wartezeiten, desto längere Pufferzeiten sollten in der Planung berücksichtigt werden. Damit kann erreicht werden, dass auch für Produktionslose mit überdurchschnittlich langer Wartezeit ausreichend Kapazität reserviert wird. Diese Aussage gilt jedoch nur für die Grobplanung und nicht für die Auftragsfreigabe, da dadurch das oben beschriebene Durchlaufzeitensyndrom gefördert wird.

Zum Zeitpunkt der Ermittlung der geplanten Vorlaufverschiebung ist nicht bekannt, welche Produktionslose über- bzw. unterdurchschnittliche Wartezeiten aufweisen werden. Dies hat zur Folge, dass die Pufferzeiten aller, also auch der Produktionslose mit unterdurchschnittlicher Wartezeit, verlängert werden, was wiederum zu ungenutzten Kapazitäten führt. Diese ungenutzten Kapazitäten sind aber *in der Planung durchaus sinnvoll*, da die Produktionssteuerung hiermit einen Puffer für den Ausgleich der Ungenauigkeiten der Zeitplanung erhält. Dieser Kapazitätspuffer für die Produktionssteuerung dient darüber hinaus dem kapazitativen Ausgleich von Freigabe-, Auftragsreihenfolge- und Maschinenbelegungsplänen. Es liegt natürlich auf der Hand, dass der ungenutzte Teil der Kapazität umso höher ist, je länger die Pufferzeiten in den Plandurchlaufzeiten sind. Im Umkehrschluss folgt daraus, dass eine genauere bzw. zuverlässigere Zeitplanung mit weniger stark streuenden Wartezeiten zu einer höheren Kapazitätsauslastung führt. Vor diesem Hintergrund sind Maßnahmen zur Verringerung der Varianz der Wartezeiten stets von Bedeutung. Diese Maßnahmen können bspw. in der Wahl zielführender Produktionslosgrößen bestehen.

Die Berücksichtigung von Durchlaufzeiten ist zur Erfassung der dynamischen Aspekte der integrierten Erfolgs- und Finanzplanung von Bedeutung. Wie bereits dargelegt ist es notwendig, die Übergänge der einzelnen Ereignisse in der Produktion (bspw. Materialeinsatz zusammen mit dem ersten Arbeitsgang) zu den Nachfolgeereignissen (bspw. zeitlicher Übergang vom ersten Arbeitsgang zum zweiten Arbeitsgang) in dynamischer Hinsicht zu betrachten. Es geht hierbei also um Mengenverteilungen, die Informationen liefern zu den zeitlichen Verteilungen von Zu- und Abgängen innerhalb der Teilperioden (Zeitabschnitte).

Im Hinblick auf die Abbildung dieser dynamischen Produktionseffekte in der Planungsrechnung spielen die Vorlaufzeiten von Teilprodukten (Teile, Baugruppen) und die Durchlaufzeiten vom Produktionsbeginn bis hin zum Übergang an das Fertigerzeugnislager eine entscheidende Rolle. Die Durchlaufzeiten können im Rahmen der Erfolgs- und Finanzplanung zunächst nur mit festen Zeitlängen berücksichtigt werden, da die tatsächlichen Durchlaufzeiten nicht allein von den in den Arbeitsplänen gespeicherten Vorgabe-/Bearbeitungszeiten abhängen, sondern darüber hinaus von den oben beschriebenen Einflussgrößen, die im Rahmen der Planung nicht antizipiert werden können. Für die Zukunft der Erfolgs- und Finanzplanung könnten im Zusammenhang mit Industrie 4.0 durch echtzeitnahe

Rückmeldedaten aus den Produktionsprozessen und eine umfangreiche Datenbasis wesentlich bessere Simulationsmöglichkeiten bestehen, deren Ergebnisse rollierend in die Simulationsrechnungen der monetären Sphäre eingehen könnten. Damit entstünde ein wesentlich näher an der Realität orientiertes digitales Abbild der Fabrik nicht nur der technischen, sondern auch der monetären Daten.

Da die Vor- und Durchlaufzeiten von entscheidender Bedeutung für den dynamischen Aspekt der integrierten Erfolgs- und Finanzplanung sind, sollen an dieser Stelle einige ausgewählte Problemkreise und Determinanten der Durchlaufzeiten erläutert werden.

Wird die mittlere Durchlaufzeit unter Beachtung der nachfolgend beschriebenen Bestimmungsfaktoren ermittelt, erhält man bereits bei der Programmplanung einen Anhaltspunkt über die ungefähre Länge der Durchlaufzeiten. Ferner kann dadurch schon beim Kapazitätsabgleich extrem langen Durchlaufzeiten entgegengewirkt werden. Kurze Durchlaufzeiten bzw. niedrige WIP-Bestände ermöglichen eine genauere Terminplanung. Dadurch werden sowohl die Kapazitätsplanung als auch die Termintreue verbessert. Die Praxis der Produktionsprogrammplanung und deren Abbildung in PPS-Systemen sieht jedoch eine Berechnung der mittleren Durchlaufzeit meist nicht vor. Folglich werden die Auslastungen festgelegt, ohne die damit verbundenen Konsequenzen zu beachten. Der zuvor als Durchlaufzeitsyndrom geschilderte Prozess wird zwar früher oder später durch Anpassungsmaßnahmen wie Fremdvergabe, Überstunden etc. durchbrochen, jedoch sind diese Anpassungen meist kostspielig und können nur als kurzfristige temporäre Übergangslösungen dienen.

Anhand der in Abbildung 2.5 dargestellten Produktionskennlinien kann der prinzipielle Zusammenhang zwischen WIP-Bestand, mittlerer (gewichteter) Durchlaufzeit und mittlerer Leistung erläutert werden.

Aus der Relation zwischen der Leistung (gemessen in Zeiteinheiten) und Produktionsmenge sowie der Länge des Planungszeitraums ergibt sich die mittlere Leistung. Werden alle im Planungszeitraum freigegebenen Lose innerhalb dieses Zeitraums fertiggestellt, ist die mittlere Auslastung mit der mittleren Leistung identisch. Die mittlere Leistung nimmt bei

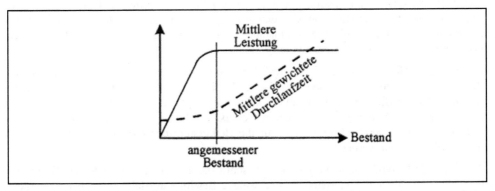

Abb. 2.5: Produktionskennlinie zum Zusammenhang zwischen mittlerer Leistung, mittlerer Durchlaufzeit und mittlerem Produktionsbestand, Söhner, Hierarchisch integrierte Produktionsplanung und –steuerung, S. 31

kontinuierlicher Materialzuführung zunächst linear mit dem mittleren Bestand zu, stagniert jedoch ab einem bestimmten Niveau. Ab diesem Niveau zeigt sich eine weitere Erhöhung der Materialzufuhr nur noch in einer Erhöhung der Bestände, die auf ihre Bearbeitung warten. Diese Einsicht folgt logisch aus der trivialen Feststellung, dass die Kapazitätsauslastung nicht über 100 % liegen kann und infolgedessen auch die Leistung eine gewisse Grenze nicht überschreiten kann. Davon abweichend stellt sich jedoch der Verlauf der mittleren gewichteten Durchlaufzeit dar. Befinden sich vor den Maschinen keine Bestände, dann treten auch keine Wartezeiten auf. Daraus folgt, dass die Summe der Bearbeitungszeiten identisch ist mit der Durchlaufzeit des Produktionsloses. Sind also Bearbeitungs- und Durchlaufzeiten identisch, ist dies gleichbedeutend mit der minimalen Durchlaufzeit. Entstehen jedoch Bestände vor den Maschinen bzw. steigen diese an, dann entstehen bzw. verlängern sich die Wartezeiten und damit die Durchlaufzeiten der Lose.[32]

Die beschriebenen Zusammenhänge führen zu der Forderung, den mittleren Bestand möglichst konstant auf einem bestimmten Niveau zu halten. Sofern dieses Niveau überschritten wird, sind lediglich verlängerte mittlere Durchlaufzeiten bei konstanter Produktionsmenge je Zeiteinheit die Folge. Eine Unterschreitung diese Bestandsniveaus würde wiederum nur zu nicht ausgenutzten Kapazitätsangeboten innerhalb bestimmter Zeitabschnitte führen. Diese nicht genutzten Kapazitäten führen dazu, dass mögliche Erhöhungen der Produktionsmengen unterbleiben, obwohl kein Anstieg der mittleren Durchlaufzeiten zu erwarten wäre.

Für die Programmplanung folgt aus den beschriebenen Zusammenhängen, die Kapazitätsauslastung möglichst so zu bemessen, dass sich angemessene WIP-Bestände und damit im Zusammenhang stehende mittlere Durchlaufzeiten ergeben. Die Programmplanung beeinflusst die WIP-Bestände somit nicht unmittelbar, sondern mittelbar über die vorgegebene Kapazitätsauslastung, womit jeweils ein bestimmter mittlerer WIP-Bestand einhergeht. Daraus folgt, dass die Programmplanung in der Regel nur einen Kompromiss aus möglichst hoher Kapazitätsauslastung und möglichst kurzen Durchlaufzeiten finden kann. Dieser Kompromiss wird im Kontext der Produktionssteuerung auch als „Dilemma der Ablaufplanung" bezeichnet, da sich hier das gleiche Problem nur auf einer feineren Ebene zeigt. Der Grobkapazitätsabgleich im Rahmen der Programmplanung ist daher grundsätzlich vergleichbar mit dem Feinkapazitätsabgleich der Ausführungsebene, da beide Ebenen die Menge der in die Produktion eingehenden Aufträge beeinflussen. Lediglich in der Länge des Planungszeitraums und in dem Umstand, dass die Programmplanung die Kapazitäten verändern kann, bestehen Unterschiede.

Der vor dem Hintergrund des Planungsdilemmas beschriebene Kompromiss ist mit den Zielen des Unternehmens und den spezifischen Bedingungen des Produktionssystems abzustimmen. Nur in diesem Zusammenhang kann festgelegt werden, was unter „angemessener" Kapazitätsauslastung im besonderen Kontext des betroffenen Unternehmens zu verstehen ist. Eine generelle Empfehlung für die Bemessung der Kapazitätsauslastung kann daher nicht gegeben werden.

Aus Sicht der Programmplanung stellt sich somit das Problem, welche Kapazitätsauslastung als „angemessen" anzusehen ist und welche Bestimmungsfaktoren dabei zu berück-

---

32   Ebd. S. 30

sichtigen sind. Im Hinblick auf die angesprochene Kompromisslösung ist zu berücksichtigen, dass im Rahmen der Programmplanung lediglich über die fertigungsbedingte Kapazitätsauslastung und somit nur über einen Teil der Gesamtauslastung entschieden wird. Die umrüstungsbedingte Kapazitätsauslastung kann hingegen erst aus der Losgrößenplanung im Rahmen der Materialbedarfsplanung ermittelt werden. Daraus folgt, dass die umrüstungsbedingte Kapazitätsauslastung im Rahmen der Programmplanung geschätzt werden muss.

Bestimmungsfaktoren der mittleren Durchlaufzeit

Aus der Addition der Warte- und Bearbeitungszeiten ergibt sich die Länge der Durchlaufzeit eines Fertigungsauftrages. Daraus folgt, dass die *durchschnittliche Durchlaufzeit* einer bestimmten Menge von Fertigungsaufträgen abhängt von den *mittleren Warte- und den mittleren Bearbeitungszeiten* an allen Produktionsstufen. Damit stellt sich die Frage, von welchen Bestimmungsfaktoren wiederum die mittleren Bearbeitungs- und Wartezeiten abhängen.

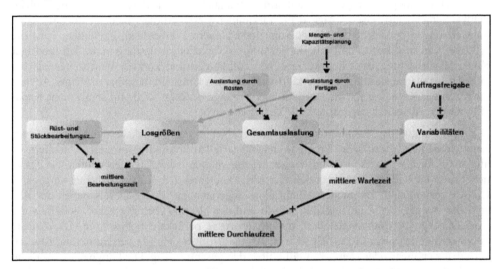

Abb. 2.6:   Bestimmungsfaktoren der mittleren Durchlaufzeit, Söhner, Hierarchisch integrierte Produktionsplanung und -steuerung, S. 38

Bestimmungsfaktoren der mittleren Bearbeitungszeit

Die Einflussfaktoren, die die Bearbeitungszeit eines Produktionsloses bestimmen, bestehen aus der Losgröße, der Rüstzeit und der Stückbearbeitungszeit. Die Rüst- und Stückbearbeitungszeiten sind in der Regel nicht konstant, sondern unterliegen im Zeitablauf stochastischen Schwankungen.

Bestimmungsfaktoren der mittleren Wartezeit

Die Wartezeit hängt ganz offensichtlich von der Länge der Warteschlangen vor den jeweiligen Maschinen ab. Die Länge dieser Warteschlangen variiert im Zeitablauf mehr oder weniger stark. Dies ist darauf zurückzuführen, dass die sogenannten Zwischenankunftszeiten erheblichen Schwankungen unterliegen können. Die Zwischenankunftszeit ist definiert als Zeitspanne zwischen dem Eintreffen der verschiedenen Lose vor den Maschinen. Werden diese Zwischenankunftszeiten so lang, dass bis zum Eintreffen des nächsten Loses die Maschine leerläuft, dann sind (temporär) überhaupt keine Warteschlangen vorhanden. Verkürzen sich die Zwischenankunftszeiten hingegen derart, dass die Maschinenleistung nicht ausreicht, um alle Lose ohne Wartezeiten abzuarbeiten, entstehen Warteschlangen. Daraus wird deutlich, dass auch bei Kapazitätsauslastungen von unter 100 % temporäre Kapazitätsengpässe auftreten können. Die Erklärung hierfür folgt aus dem Umstand, dass Kapazitäten in Leerlaufphasen nicht konserviert und deshalb auch nicht in den Betriebsphasen leistungserhöhend eingesetzt werden können. Die Kapazitäten der Leerlaufphasen verstreichen somit ungenutzt.[33]

Aus der Varianz der Zwischenankunftszeiten entsteht somit eine zeitlich ungleichmäßige und zufällige Verteilung der Kapazitätsnachfrage, wodurch zwangsläufig Warteschlangen und Wartezeiten entstehen. Zudem muss berücksichtigt werden, dass neben den stochastischen Schwankungen der Zwischenankunftszeiten auch die Stückbearbeitungszeiten solche Schwankungen aufweisen. Aus dem Zusammenwirken dieser beiden stochastischen Schwankungen entstehen dann wiederum noch längere Wartezeiten. Zusätzlich wird die mittlere Wartezeit beeinflusst von der jeweiligen Kapazitätsauslastung, d. h., bei niedriger Kapazitätsauslastung entstehen kürzere Warteschlangen und kürzere Wartezeiten als bei hoher Kapazitätsauslastung. Dies erklärt sich aus dem Umstand, dass bei niedriger Auslastung weniger Kapazität für die Bearbeitungsvorgänge benötigt wird und somit mehr Kapazität für den Ausgleich der Varianz zur Verfügung steht.

Die Problematik der Bestimmung von Kapazitäten unter Berücksichtigung bestimmter Zeitziele ist kein spezifisches Problem von industriellen Produktionsprozessen, sondern ist allgemein für alle stochastisch schwankenden Bearbeitungsvorgänge feststellbar. So bestehen bspw. im Dienstleistungsbereich ähnliche Probleme. Zur Kapazitätsbemessung eines Call-Centers müssen zur Sicherstellung eines sogenannten Service-Levels neben der Anzahl der Anrufe, der Zeitdauer der Anrufe und der Nachbearbeitungszeiten ebenfalls die stochastischen Schwankungen der Ankunftsprozesse berücksichtigt werden. Die Anrufe kommen nämlich nicht in zeitlich stabilen Abständen über den Tag verteilt herein, sondern verteilen sich mehr oder weniger zufällig über den gesamten Tag. Die Länge der Gespräche und die Nachbereitung der Gespräche unterliegen dabei meist erheblichen Varianzen. Damit ist grundsätzlich nicht vorhersehbar wann ein Mitarbeiter wieder „frei", d. h. wieder aufnahmebereit für den nächsten Anrufer ist. Aufgrund der Stochastik der Ankunftsprozesse (eingehende Anrufe) und der Gesprächsdauern bilden sich mehr oder weniger lange „virtuelle" Warteschlangen vor den Telefonarbeitsplätzen des Call-Centers. Im Gegensatz zum Industrieunternehmen unterliegt die Länge der Warteschlangen zudem weiteren Einflussfaktoren. Beispielsweise spielt die „Frustrationstoleranz" der Anrufer eine wesentliche Rolle, d. h., ein bestimmter Teil der Anrufer legt bereits nach kurzer Wartezeit „entnervt" wieder auf. Daraus entsteht wiederum ein bestimmter Teil an Wahlwiederholern bzw. Wiederanrufern, die die stochastischen Schwankungen der Länge der Warteschlangen und die Wartedauern verstärken können.

---

33   Ebd. S. 35

2.2.1.5 Produktionssteuerung

Die Produktionssteuerung ist gleichbedeutend mit Begriffen wie Durchführungsplanung, Ausführungsplanung, Ablaufplanung, Zeitwirtschaft, Vollzugsplanung, Prozessplanung und Durchsetzungsplanung. Im Kern geht es um die Durchsetzung der in der Produktionsplanung aufgestellten Mengenpläne in die Realität. In diesem Zusammenhang steht die Feinterminierung der Produktionsaufträge unter Beachtung der realen Kapazitätssituation im Vordergrund. Diese Feinplanung ist daher im Prinzip eine Termin- und Kapazitätsplanung des zeitlichen und kapazitätsmäßigen Ablaufs der Produktionsaufträge (Auftragsveranlassung und Auftragsüberwachung).

Das Problem der zeitlichen bzw. terminlichen Produktionsplanung zeigt sich in der Planungspraxis auf verschiedenen Ebenen. Nach dem Grad der Detaillierung der Zeitplanung werden die terminierte Bedarfsermittlung, die Termingrobplanung und die Terminfeinplanung unterschieden. Im Rahmen der Materialbedarfsplanung wurde bereits darauf eingegangen, dass die Zeitdimension als periodengenaue Grobplanung betrachtet wird. Die Periode umfasst hier i. d. R. einen Monat.

Generell besteht die Aufgabe der Terminplanung darin, die Zeitstruktur (das Zeitgerüst) des Produktionsprozesses in detaillierter Form festzulegen. Dazu gehört die Festlegung der Start- und Endtermine der Produktionslose (Fertigungsaufträge). Anhand der verfügbaren Produktionskapazitäten wird die Realisierbarkeit der festgelegten Produktionstermine überprüft und gegebenenfalls hergestellt. Diese in zwei Stufen erfolgende sukzessive Vorgehensweise der Terminplanung bezeichnet man als *Durchlauf- und Kapazitätsterminierung*. Obwohl die Terminplanung einen höheren zeitlichen Detailgrad als die terminierte Bedarfsermittlung hat, wird sie dennoch als Termingrobplanung bezeichnet. Mit noch höherem zeitlichem Detaillierungsgrad wird erst in der Maschinenbelegungsplanung eine Terminfeinplanung simultan mit der Reihenfolgeplanung vorgenommen. Durch die Betrachtung des gesamten konkreten Auftragsnetzes und der erforderlichen Feinplanung von Losgrößen, Maschinenbelegungen und Auftragsreihenfolgen wird ein Kapazitätspuffer benötigt, da die Auslastung durch Umrüstungsvorgänge und gegenseitige Abhängigkeiten innerhalb des Auftragsnetzes im konkreten Produktionsvollzug deutlich höher sein kann, als sie sich rechnerisch auf der Grobterminierungsebene darstellt.

Wie bereits in der Einleitung dieses Kapitels erwähnt, ist die Produktionssteuerung aufgrund ihres Ausführungs- und Durchsetzungscharakters kein Bestandteil der operativen Unternehmensplanung. Die ein konkretes Auftragsnetz umfassende Termin- und Reihenfolgeplanung ist als Ausführungsproblem der Steuerungsebene zuzuordnen. Wie in den vorhergehenden Kapiteln zum Teil angedeutet, bestehen zwischen der Planungs- und Ausführungsebene jedoch viele Interdependenzen, die somit im Rahmen der Planung zumindest näherungsweise antizipiert werden müssen (bspw. Kapazitäts- und Losgrößenplanung).

2.2.1.6 Praktische Probleme der hierarchischen Produktionsplanung und -steuerung

Die in der Praxis verbreiteten und in den meisten PPS-Systemen implementierten Methoden der Produktionsplanung vernachlässigen in der Regel die Antizipation der jeweils nachfolgenden Planungsebenen. Wie bereits ausgeführt, wird im Rahmen der Programmplanung die fertigungsbedingte Auslastung festgelegt, ohne die mittleren Durchlaufzeiten zu berücksichtigen und ohne den von der Auflagenhäufigkeit abhängenden umrüstungsbedingten Kapazitätsbedarf zu kennen. Die Produktionsleitung ist meist an einer möglichst hohen und gleichmäßigen Auslastung der Kapazitäten interessiert und plant vor diesem Hintergrund tendenziell eher größere Produktionsmengen und belässt damit der Ausführungsplanung einen zu geringen Spielraum für die Planung der Losgrößen. Ferner werden im Rahmen der Programmplanung nur Kapazitätsbedarfe der Erzeugnisse betrachtet, nicht jedoch die Kapazitätsbedarfe der Baugruppen und Teile. Es werden in diesem Planungsschritt also nur die Direktbedarfe der Enderzeugnisse auf einer hochverdichteten Informationsbasis beachtet. Erst in dem nachgelagerten Planungsschritt der Materialbedarfsplanung erfolgt über eine Stücklistenauflösung die Überführung der Direktbedarfe in Gesamtmengenbedarfe an Erzeugnissen, Baugruppen und Teilen. Daraus folgt, dass nicht nur auf der Stufe der Erzeugnisse Kapazitätsunterdeckungen auftreten können, sondern auch auf den vorgelagerten Stufen der Baugruppen und Teile. Dieser Effekt wird u. U. verstärkt durch den bereits in Kapitel 2.2.1.4 beschriebenen Effekt der nicht abgestimmten Losgrößen zwischen einzelnen Produktionsstufen (MRP-Nervousness). Dieser detailliertere Kapazitätsüberblick kommt also erst im Rahmen der Materialbedarfsplanung zum Vorschein. Das hat zur Folge, dass die Planungsschritte der Programm- und Materialbedarfsplanung u. U. mehrfach durchlaufen werden müssen. Sind aufgrund der Programmplanung und scheinbar gegebener freier Kapazitäten schon Materialbestellungen veranlasst und Liefer- und Terminzusagen gemacht worden, dann ist die Wiederholung der Planungsschritte zusätzlich erschwert, da die Einhaltung von Lieferterminzusagen die Einplanung der Produktionslose ohne Beachtung der Kapazitätsgrenzen erzwingt. In der Folge entstehen in der Produktion immer längere Wartezeiten aufgrund der hohen Anzahl freigegebener Fertigungsaufträge, was wiederum zu einer wachsenden Anzahl verspäteter Aufträge führt. In der Praxis führt dieses Problem häufig zu einer Verlängerung der Plandurchlaufzeiten, d. h., die längeren Wartezeiten werden in den Fortschreibungen der Planung entsprechend berücksichtigt. Das führt jedoch wiederum zu einer noch früheren Freigabe der Lose, so dass der WIP-Bestand weiter ansteigt und die mittleren Durchlaufzeiten nochmals verlängert werden. Daraus folgt, dass auch Fertigungsaufträge, deren Plandurchlaufzeiten bereits verlängert wurden, erneut von Terminüberschreitung betroffen sind usw. Dieses sich immer stärker aufschaukelnde Problem der Produktionsplanung wird auch als *Durchlaufzeitensyndrom* bezeichnet.[34]

Die praktischen Probleme der in PPS-Systemen hierarchisch organisierten Produktionsplanung können nach Söhner wie folgt zusammengefasst werden[35]:

1) Im Hinblick auf den Kapazitätsabgleich im Rahmen der Programmplanung ist der umrüstungsbedingte Kapazitätsbedarf abzuschätzen. Ferner sind nicht nur die Kapazitätsbedarfe der Erzeugnisse, sondern auch die der Baugruppen- und Teilestufen zu berücksichtigen. Der Kapazitätsabgleich im Rahmen der Programmplanung hat erhebliche Auswirkungen auf alle nachfolgenden Planungsebenen. Vor diesem Hintergrund führt eine unzureichende Abstimmung der Produktionsmengen und Produktionskapazitäten in der Praxis häufig zu schwerwiegenden Problemen.

---

34 Ebd. S. 59
35 Ebd. S. 60

2) Der Kapazitätsabgleich im Rahmen der Programmplanung determiniert die fertigungsbedingte Kapazitätsauslastung. Bei der Bestimmung der fertigungsbedingten Kapazitätsauslastung ist ein Kompromiss zwischen einer hohen Produktionsmenge und möglichst kurzen mittleren Durchlaufzeiten zu finden. Dabei ist zur Bewertung einer „an-
   „angemessenen" Kapazitätsauslastung die mittlere Durchlaufzeit zu berücksichtigen.

3) Die der Programmplanung zugrundeliegende Absatzmengenprognose besteht in der
   Regel aus stochastisch mehr oder weniger stark schwankenden Bedarfen. Ferner sind
   weder die Losgrößen noch die Auftragsreihenfolgen und Freigabezeitpunkte im Rahmen der Programmplanung bekannt. Die in der Literatur übliche Bezeichnung der
   „programmgebundenen deterministischen Bedarfsermittlung" ist insofern irreführend,
   als die stets vorhandene Stochastik meist in den Planungsprozessen nicht berücksichtigt wird.

4) Im Hinblick auf die der Programmplanung nachfolgende Materialbedarfsplanung ist
   vor allem die Losgrößenplanung problembehaftet. Diese Probleme resultieren aus dem
   Umstand, dass alle Erzeugnisse über alle Produktionsstufen simultan zu betrachten
   sind. Ferner müsste eine optimale Losgrößenplanung simultan mit der Grobtermimie-
   rung erfolgen, d. h., es wäre eine optimale Losgrößen-, Reihenfolge- und Terminplanung zu realisieren. Hierzu existieren bis heute jedoch keine Lösungsverfahren. In der
   Praxis besteht daher nach wie vor das Problem, dass Losgrößen festlegt werden, ohne
   die Auswirkungen auf die Warte- und Vorlaufzeiten zu berücksichtigen.

5) Neben den methodischen Problemen der Losgrößenplanung ist ferner die Zielsetzung
   der Losgrößenplanung zweifelhaft. Die Losgrößen beeinflussen mehrere Orientierungsgrößen der Produktionsplanung, wie bspw. die Varianz der Bearbeitungszeiten,
   die umrüstungsbedingte Kapazitätsauslastung und somit auch die WIP-Bestände und
   Durchlaufzeiten. Damit haben die Losgrößen einen zentralen Einfluss auf die Leistungsfähigkeit eines Produktionssystems. Zunehmende WIP-Bestände erhöhen die Varianz der Wartezeiten, wodurch die Zuverlässigkeit der Planung in der Regel abnimmt.
   Dies wirkt sich negativ auf die Koordination des Materialflusses, die Termintreue, die
   Sicherheitsbestände sowie die Zeit- und Kapazitätsplanung aus. Vor diesem Hintergrund sollte die Losgrößenplanung neben kostenminimierenden Kalkülen die Minimierung des mittleren Bestandes bzw. der mittleren Durchlaufzeit verfolgen. Wie oben
   dargelegt, ist eine tatsächliche Kostenminimierung jedoch nur unter äußerst seltenen
   Umständen realisierbar.

6) Problematisch im Hinblick auf die Kapazitätsbedarfsplanung ist die Länge der Teilperioden, da eine genaue Zuordnung der Kapazitätsbelastungen zu den einzelnen Perioden nicht möglich ist. Dies lässt sich einerseits damit erklären, dass sich die Bearbeitungszeiten teilweise über mehrere Perioden erstrecken. Andererseits sind die genauen
   Bearbeitungstermine nicht bestimmbar, da die Bearbeitungsreihenfolgen noch unbekannt sind und daher *nur mittlere und nicht die tatsächlichen Vorlaufzeiten* der einzelnen Fertigungsaufträge berücksichtigt werden können.

7) Die Fertigungssteuerung kann die Fehler der höheren Planungsebenen der Programm-
   und Materialbedarfsplanung nur äußerst begrenzt korrigieren. Die Korrekturmöglich-
   keiten werden, wie bereits dargelegt, von den durch die Programmplanung bereitgestellten Kapazitätsreserven bestimmt.

Die genannten Probleme der traditionellen Produktionsplanung haben auch für die Güte der darauf aufsetzenden ökonomischen Planungsrechnung (Erfolgs- und Finanzplanung) erhebliche Bedeutung.

Nicht oder nur unzureichend abgestimmte Kapazitäten führen in der praktischen Umsetzung des Produktionsprogramms entweder zu hohen Umlaufbeständen (WIP) und erheblichen Terminverzögerungen oder zu signifikanten Unterauslastungen, die sich in gestiegenen Leerkostenanteilen der Potenzialfaktoren zeigen. Hohe Schwankungen der Umlaufbestände haben wiederum einen direkten Einfluss auf die Schwankungen der Periodenergebnisse, da auch hier wiederum das Problem der Periodisierungseffekte aus Lagerbestandsveränderungen zum Tragen kommt. Die Varianzen der Bearbeitungs- und Wartezeiten, die sich in schwankenden Durchlaufzeiten zeigen, haben zudem Einfluss auf die Höhe der Sicherheitsbestände von fertigen Erzeugnissen. Damit pflanzen sich die Schwankungen der Durchlaufzeiten über die Sicherheitsbestände in entsprechenden Lagerbestandsschwankungen fort, was wiederum einen Einfluss auf die Erfolgshöhe und den Liquiditätsbedarf ausübt. Stark schwankende Durchlaufzeiten erschweren zudem die Prognose und Planung der Bereitstellungszeitpunkte für Material und Potenzialfaktoren, die wiederum einen maßgeblichen Einfluss auf die Finanzplanung haben. Die Schwierigkeiten im Hinblick auf die Planung der Losgrößen im Rahmen der Materialbedarfsplanung führen wiederum zu hohen Abweichungen zwischen rüstzeit- und bearbeitungszeitbedingten Fertigungslöhnen. Diese haben innerhalb gegebener Potenzialfaktorbestände, die sich im Bereich der Normalauslastung bewegen, keine direkten Auswirkungen auf den Periodenerfolg. Allerdings wird es im Rahmen von Simulations- und Planungsrechnungen für die deterministische Ermittlung des Bedarfs an Potenzialfaktoren immer schwieriger, sinnvolle Berechnungen durchzuführen. Bedingt durch die permanenten Schwankungen zwischen Rüst- und Bearbeitungszeiten wird eine Ableitung der Arbeitszeitbedarfe auf Basis der Normwerte aus den Arbeitsplänen immer fragwürdiger, da die Losgrößen immer wieder an kurzfristige Terminerfordernisse angepasst werden müssen. Für Zwecke der Erfolgs- und Finanzplanung sollte daher in der Regel mit ausreichenden Puffern im Hinblick auf die Kapazitätsbelegung und von mittleren Durchlaufzeiten ausgegangen werden. Eine exakte Ermittlung ist bisher zwar nicht möglich, jedoch ist eine hinreichend gute Abschätzung für die Erfolgs- und Finanzplanung schon ausreichend.

2.2.1.7 Dynamische Disposition als bewährtes Verfahren der Ermittlung von Beschaffungs- und Produktionsmengen unter Berücksichtigung der Lieferfähigkeit

Steigende Absatzmengen (Bedarfsprognosen) führen ceteris paribus zu einem Anstieg der Melde- und Sicherheitsbestände und damit zu einem erhöhten mittleren Bestand – bei Überschreitung der Kapazitätsgrenze für steigende Absatzmengen zu Lagerbestandsminderungen, sofern ausreichend hohe Anfangsbestände vorhanden sind und die Kapazitäten nicht ausgeweitet werden sollen.

Lagerbestandsveränderungen sind eine resultierende Größe im Gesamtplanungsprozess und können nicht isoliert geplant werden. Sie sind abhängig von den geplanten Absatz- und Produktionsmengen. Die Produktionsmengen sind ebenfalls eine resultierende Größe. Sie hängen ab vom notwendigen mittleren Bestand der Planungsperiode, von den Absatzmengen und dem vorhandenen Anfangsbestand. Der mittlere Bestand hängt ab vom prognostizierten Bedarf, den Varianzen des Bedarfs in den Teilperioden, der mittleren Durchlaufzeit und dem geforderten Lieferservicegrad. Die mittlere Durchlaufzeit wird beeinflusst von der mittleren Bearbeitungszeit und der mittleren Wartezeit. Die mittlere Wartezeit wird von stochastischen Schwankungen der Bearbeitungszeiten, der Auftragsfreigabe und den Losgrößen beeinflusst. Die mittlere Bearbeitungszeit wird determiniert von Rüst- und Stückbearbeitungszeiten und der Losgröße. Zur Planung von Durchlaufzeiten sind also Varianzen zu antizipieren, die wiederum von diversen Einflussgrößen abhängen.

Die Lagerbestandsveränderungen resultieren aus Veränderungen der Fertigwarenläger und des WIP. Der mittlere WIP hängt ab von den mittleren Durchlaufzeiten, der mittleren Leistung und der Gesamtauslastung, wobei diese von der fertigungsbedingten und rüstzeitbedingten Auslastung abhängt.

Aus diesen vielfältigen Interdependenzen wird deutlich, dass eine „exakte" Planung von Durchlaufzeiten und deren stochastischen Schwankungen sowie der notwendigen mittleren Bestände weder sinnvoll noch möglich ist. Vor diesem Hintergrund müssen Simulationsverfahren zur Anwendung kommen, die unter Berücksichtigung einer Vielzahl von Eingangsparametern Produktionsmengen ermitteln, die einerseits die gegebenen Restriktionen berücksichtigen und andererseits den geforderten Lieferservicegrad erfüllen. Solche Simulationsverfahren und Simulationsanwendungen werden im Rahmen diverser Industrie-4.0-Projekte entwickelt und erprobt (siehe beispielhaft das Projekt ProSense, das in Kapitel 5.2.1 vorgestellt wird).

Zur Bestimmung von kostenoptimalen Wiederbeschaffungsmengen unter Berücksichtigung angestrebter Lieferservicegrade sowie stochastischer Schwankungen der Bedarfsmengen und Durchlaufzeiten wurde von Gudehus[36] das Verfahren der dynamischen Disposition entwickelt. Das Verfahren der dynamischen Disposition kann sinnvoll in die Simulationssysteme der Produktionsplanung integriert werden. Dieses Verfahren soll im Folgenden in seinen Grundzügen vorgestellt werden.

Die dynamische Disposition ist ein Verfahren zur Erzeugnis- und Materialdisposition auf Basis des sogenannten Meldebestandsverfahrens, bei dem die Dispositionsparameter artikelspezifisch anhand der jeweils aktuellen Kosten- und Verbrauchsparameter *zyklisch* berechnet werden. Für den Anwender zeichnet es sich durch eine geringe Komplexität aus, da es weitestgehend selbstregelnd mit einer sehr überschaubaren Anzahl an Parametern zur Steuerung, die in der Regel nur einmalig eingestellt werden müssen, funktioniert.

Die heute verfügbaren Applikationen (bspw. SPM-ISYDIS) zur Unterstützung der dynamischen Disposition zeichnen sich aus durch geringe Regelabweichungen (Soll/Ist) und präzise Einhaltung der gewünschten Vorgaben. Ferner ist durch ablaufoptimierte Berechnungsschritte und Datenhaltung eine extrem schnelle Simulation möglich. Damit ergeben sich nur sehr geringe Berechnungszeiten auf der ausführenden Maschine (handelsüblicher PC). In Kapitel 5.2.2 wird die Einbindung des Systems SPM-ISYDIS in die Gesamtplanungsrechnung beispielhaft dargestellt. Das System kann aufwandsarm in bestehende Warenwirtschaftssysteme integriert werden, sofern diese das Meldebestandverfahren unterstützen.

---

36   Gudehus, Dynamische Disposition, S. 3

Die Disposition der meisten Unternehmen ist statisch. Sie findet in längeren Abständen zu bestimmten Zeitpunkten nach gleichbleibenden Strategien statt. Dabei werden die inzwischen eingetretenen Veränderungen in unterschiedlichem Ausmaß berücksichtigt. In der Chemie- und Prozessindustrie ist häufig noch die monatliche Disposition zu finden. In großen Handelsketten und Produktionsbetrieben ist die wöchentliche Disposition weit verbreitet. Logistikbetriebe, wie Speditionen und Verkehrsbetriebe, aber auch andere marktnahe Unternehmen disponieren täglich. In der Regel werden die seit der letzten Disposition hinzugekommenen und die noch nicht begonnenen Aufträge neu disponiert und die wichtigsten Veränderungen der Ressourcen berücksichtigt, wie die Verfügbarkeit von Material und Produktionseinrichtungen. Die Dispositionsstrategien, wie Lagerfertigung oder Auftragsfertigung, und die Strategieparameter, wie Lagernachschubmengen und Sicherheitsbestände, bleiben jedoch lange Zeit unverändert. In dieser Hinsicht ist die Disposition auch in fortschrittlichen Unternehmen immer noch weitgehend statisch. Je kürzer die Dispositionsperioden, umso größer ist die Termingenauigkeit und desto kürzer ist die Reaktionszeit. Je flexibler die Anpassung der Dispositionsstrategien und Parameter an die Veränderungen, umso besser sind die Ressourcennutzung, die Lieferfähigkeit und die Wettbewerbsfähigkeit. Das leistet die dynamische Disposition:

–   Die dynamische Disposition erfolgt in kurzen Zeitabständen, deren Länge von der geforderten Termingenauigkeit bestimmt werden, nach Strategien, deren Auswahl und Parameter laufend den veränderten Umständen angepasst werden. Abhängig von der Auslösung der Disposition lässt sich zwischen periodendynamischer Disposition und ereignisdynamischer Disposition unterscheiden:

    ▪   Die periodendynamische Disposition findet periodisch in kurzen Zeitabständen statt und berücksichtigt alle Veränderungen der Aufträge, Ressourcen und anderen dispositionsrelevanten Ereignisse der letzten Periode.

    ▪   Die ereignisdynamische Disposition findet unmittelbar nach Eintreffen eines Auftrags, Veränderung einer Ressource, einer Störung oder einem anderen dispositionsrelevanten Ereignis statt.

Mit der ereignisdynamischen Disposition ist die größte Flexibilität erreichbar. Aufwand und Zeitbedarf der Disposition nehmen jedoch mit der Ereignishäufigkeit rasch zu, so dass eine rein ereignisdynamische Disposition – selbst wenn sie weitgehend vom Rechner ausgeführt wird – in den meisten Fällen nicht realisierbar ist. Der Zielkonflikt zwischen Flexibilität und Praktikabilität wird gelöst durch die Kombination von perioden- und ereignisdynamischer Disposition:

Die dynamische Disposition findet regulär in kurzen Zeitabständen statt und wird bei Eintreffen eines Eil- oder Großauftrags, nach Ausfall einer wichtigen Ressource oder bei einem anderen gravierenden Ereignis neu durchgeführt. Die wichtigsten Eigenschaften der dynamischen Disposition im Vergleich zur herkömmlichen Disposition sind also die rasche Reaktion auf aktuelle Ereignisse und die laufende Adaption der Strategien und Dispositionsparameter an aktuelle Veränderungen.

Zur permanenten Sicherung der aktuellen Wettbewerbsfähigkeit muss ein Unternehmen die eingehenden Kundenaufträge im Rahmen der verfügbaren Ressourcen zu minimalen Kosten ausführen und dabei die vereinbarten Lieferzeiten einhalten. Aus diesem Ziel resultieren die drei zentralen Aufgaben der dynamischen Auftrags- und Lagerdisposition:

1) **Logistische Sortimentseinteilung**:
   Einteilung des Lieferprogramms nach Lieferzeit und Servicegrad in Lagerartikel, die ab Lager verfügbar sind und sofort geliefert werden können, und in Auftragsartikel, die nach Auftrag gefertigt oder beschafft werden und erst nach einer bestimmten Lieferzeit verfügbar sind.

2) **Permanente Auftragsdisposition**:
   Entscheidung, welche Positionen eines aktuellen Auftrags aus dem Lagerbestand geliefert und welche auftragsspezifisch gefertigt oder beschafft werden, sowie Disposition von Fertigung, Beschaffung und Versand.

3) **Dynamische Lagerdisposition**:
   Disposition von Nachschub und Beständen der Lagerartikel zu minimalen Kosten bei Einhaltung der benötigten Lieferfähigkeit.

Diese Aufgaben sind unter Berücksichtigung der verfügbaren Kapazitäten und Beschaffungsquellen so zu erfüllen, dass die vereinbarte Lieferfähigkeit der Lagerartikel und die Standardlieferzeit der Auftragsartikel mit einer vorgegebenen Termintreue eingehalten werden. Bei einem breiten Sortiment und einem hohen Auftragseingang ist es unerlässlich, die Disponenten durch ein Dispositionsprogramm zu unterstützen und zu entlasten. Wenn die Disposition der Standardaufträge und des regulären Nachschubs der Lagerartikel vom Programm durchgeführt wird, können sich die Disponenten auf die Disposition von Sonder- und Eilaufträgen, die Neuanlage und Aktualisierung der Artikel und Logistikstammdaten sowie die Kontrolle von Lieferzeiten, Termintreue und Auftragserfüllung konzentrieren. Für die selbstregelnde Unterstützung der Auftrags- und Lagerdisposition durch ein Dispositionsprogramm werden die nachfolgenden Dispositionsstrategien, Prognoseverfahren und Algorithmen zur dynamischen Berechnung der Dispositionsparameter benötigt. Die dynamischen Dispositionsparameter, wie der Glättungsfaktor, der aktuelle Bedarf, der Meldebestand, der Sicherheitsbestand und die Nachschubmenge, werden vom Dispositionsprogramm jeweils aus den Absatzdaten der letzten Periode errechnet. Die Prognostizierbarkeit der Artikel wird laufend überprüft. Dabei werden die Beschaffungsstrategie, die Bestellpunktstrategie, die Lagerhaltigkeit und die Ladungsträgerzuordnung dynamisch dem aktuellen Artikelabsatz angepasst.[37]

Die Höhe des Lagerbestands ist das Ergebnis und nicht das Ziel der Lagerdisposition. Wenn trotzdem viele Unternehmen der Disposition minimale Lagerbestände, eine hohe Lagerdrehzahl oder kurze Bestandsreichweiten als Ziel vorgeben, kann das zu überhöhten Kosten oder einer unzureichenden Lieferfähigkeit führen. Der aktuelle Bestand eines einzelnen Artikels ist eine im Verlauf der Zeit stark schwankende Größe und daher ohne Aussagekraft. Für den einzelnen Artikel ist nur der *mittlere Bestand* über einen ausreichenden Anteil von Nachschubzyklen eine sinnvolle Kontrollgröße. Der Gesamtbestand, die Drehzahl und die Reichweite eines breiten Sortiments sind ebenfalls irreführende Zielgrößen, weil das Sortiment in der Regel Artikel mit unterschiedlicher Gängigkeit und Beschaffenheit umfasst.[38]

---

37 Ebd. S. 5–8
38 Ebd. S. 63

Solange es Durchlaufzeiten und den Anspruch auf möglichst jederzeitige Lieferfähigkeit gibt, wird es auch Lagerbestände geben. Bei digitalen Produkten gibt es keine Durchlaufzeiten, da von dem Original des digitalen Produktes quasi in Lichtgeschwindigkeit eine Kopie erzeugt und über das Internet ausgeliefert werden kann. Diese Situation ist natürlich von Industrie 4.0 nicht zu erwarten. Bei Industrie 4.0 geht es logischerweise um physische Produkte. Dabei wird der Vision Ausdruck verliehen, durch die gewonnene Flexibilität in der Fertigung individualisierte Produkte bis hin zu Losgröße 1 zu realisieren. Ob das wirklich zu tragbaren Kosten gelingen kann, mag dahingestellt bleiben. Sicher ist hingegen, dass es auch im Industrie-4.0-Zeitalter weiterhin Bestände an Roh- und Werkstoffen, Teilen, Baugruppen und Erzeugnissen geben wird. Auf der Beschaffungsseite gibt es JIT-Lieferungen ohnehin nur bei Unternehmen mit Fließfertigung, wo zu genau definierten Zeitpunkten der Fertigungstakte Materialien direkt in den Produktionsfluss hineingegeben werden können. Bei Unternehmen mit Kleinserienfertigung, die in einer Werkstattfertigung organisiert sind, kann es kein JIT geben. Bei Materialien, die von einer Vielzahl unterschiedlicher Produkte zu unterschiedlichen Zeitpunkten in unterschiedlichen Losgrößen etc. benötigt werden, sind die Voraussetzungen für JIT nicht gegeben. Die Planung und Steuerung von kostenoptimalen Nachschubmengen und Bestandsverläufen wird also auch im Rahmen von Industrie 4.0 weiterhin von Bedeutung sein. Die dynamische Disposition ist für die dezentralen und selbstregelnden Produktionssteuerungen quasi der Baustein für die Nachschubmengensteuerung. Sie ist ein selbstregelndes System und passt sich über wenige Parameter permanent an die jeweilige Auftragseingangssituation und deren Schwankungsbreite sowie an die stets schwankenden Wiederbeschaffungszeiten an. Dabei werden Sicherheitsbestände, Nachschubmengen, Bedarfszeitpunkte und die Auslösung von Materialbestellungen und Fertigungsaufträgen selbstregelnd an die jeweilige Situation unter Berücksichtigung der jeweils angestrebten Lieferbereitschaftsgrade angepasst.

Eine der wichtigsten Parameter im Rahmen der Planungsrechnung in der Sorten- und Serienfertigung ist die Bestimmung von Solllagerendbeständen für Fertigerzeugnisse, Baugruppen und Teile. Unter Berücksichtigung der geplanten Lagerabgangsmengen (Absatz + Lagerverluste), der Lageranfangsbestände zu Beginn der Planungsperiode und der geplanten Endbestände ergeben sich die notwendigen Lagerzugangsmengen bzw. Produktionsmengen.

Es stellt sich allerdings die Frage, nach welcher Systematik Solllagerendbestände zu bestimmen sind. Dabei ist zu berücksichtigen, dass die Höhe der Bestände das Ergebnis von Nachschubmengen und Abgangsmengen zu bestimmten Zeitpunkten ist und nicht unabhängig als Zielgröße festgelegt werden kann. Die notwendigen Nachschubmengen und Zeitpunkte werden beeinflusst von der angestrebten Lieferfähigkeit bzw. Lieferzuverlässigkeit. Ferner ist zu berücksichtigen, dass sowohl der Lagerabgang als auch die Wiederbeschaffungszeiten und Durchlaufzeiten zum Teil erheblichen Schwankungen unterliegen. Vor diesem Hintergrund ist es nicht zielführend *statische Melde- und Mindestbestände* festzulegen. Die Ermittlung von notwendigen Nachschubmengen sollte unter Berücksichtigung der o. g. Schwankungen und unter Berücksichtigung von Kostenoptimierungskriterien in einer dynamischen und selbstregelnden Prozedur erfolgen.

Grundregeln und Prinzipien der dynamischen Disposition

Die dynamische Disposition der Aufträge und Bestände in den Beschaffungs- und Versorgungsnetzen ist der Schlussstein des Supply Chain Managements. Erst sie ermöglicht es, die Hauptziele des Supply Chain Managements zu erreichen: minimale Kosten, marktgerechte Lieferzeiten und hohe Termintreue.

Die dynamische Disposition beruht auf folgenden Grundregeln und Prinzipien:

1) Klare Aufgabenteilung zwischen Disposition und Planung
   - Disposition kurzzeitig
   - Planung mittel- bis langfristig
   - Disposition des aktuellen Bedarfs
   - Planung von zukünftigem Bedarf und Großprojekten

2) Richtige Organisation der Disposition
   - dezentrale Disposition von Leistungsstellen und Leistungsbereichen
   - zentrale Disposition von Lieferketten und Netzwerken
   - Abstimmung von interner und unternehmensübergreifender Disposition
   - Subsidiaritätsprinzip und Entkopplungsprinzip

3) Dynamische Kurzzeitprognose und rollierende Mittelfristprognose
   - dynamische Prognose des kurzfristigen Bedarfs zur Disposition
   - rollierende Prognose des Mittel- und Langfristbedarfs für die Planung

4) Sortimentseinteilung in Lagerartikel und Auftragsartikel
   - Lieferzeitopportunität der Lagerung
   - Kostenopportunität der Lagerung
   - Lagerhaltung von Fertigwaren und Vorprodukten
   - rollierende Aktualisierung der Sortimentseinteilung

5) Permanente Auftragsdisposition
   - aktuelle Entscheidung von Direktbeschaffung und Lagerlieferung
   - abgestimmte Fertigungsdisposition
   - optimale Beschaffungs- und Versandbündelung

6) Dynamische Lagerdisposition
   - zielabhängige Auswahl der Bestellpunktstrategie
   - aktuelle Berechnung der kostenoptimalen Nachschubmenge
   - selbstregelnde Sicherung der Lieferfähigkeit
   - richtiger Ablauf der Lagerdisposition

7) Richtige und vollständige Stammdaten und Kostensätze
   - Regelung der Stammdatenbeschaffung
   - Kalkulation nutzungsgemäßer Kostensätze
   - Vereinbarung nutzungsgemäßer Leistungspreise
   - klare Verantwortung für Dateneingabe und Pflege

8) Aufgabenteilung zwischen Disponenten und Dispositionsprogramm
   - Standardbedarf durch Dispositionsprogramm
   - Sonderbedarf, Freigaben, Änderungen durch Disponenten

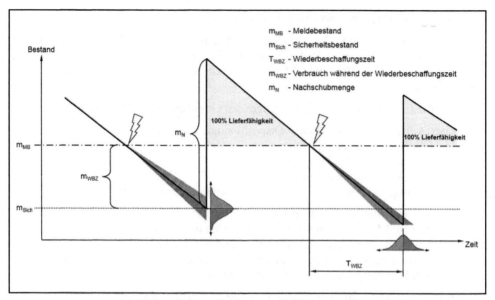

Abb. 2.7: Bestandsverlauf dynamische Disposition, R&A, http://aep-ag.com/index.php/loesungen/
planung/ganzheitliche-planungs-und-steuerungssysteme/produktionsmengenplanung

Ausgehend von der aktuellen Bedarfsprognose wird entschieden, welche Auftragspositio-
nen direkt gefertigt oder beschafft und welche besser ab Lager ausgeliefert werden. Für die
Lagerartikel werden dann die Bestellpunkte und die Nachschubmengen dynamisch so berechnet, dass sich selbstregelnd minimale Kosten ergeben. Die dynamische Disposition
sichert marktgerechte Lieferzeiten und eine kostenoptimale Lieferfähigkeit. Sie verhindert
überhöhte ebenso wie unzureichende Bestände. Je mehr Standardabläufe der dynamischen
Disposition zuverlässig, selbstregelnd und zielführend von einem Rechner ausgeführt werden, umso größer ist die Entlastung der Disponenten. Hieraus resultieren erhebliche Rationalisierungspotenziale im Bereich der heute mit Dispositionsarbeiten belasteten Mitarbeiter, ohne dass damit eine übermäßige Zentralisierung verbunden ist. Die Disposition in den
dezentralen Bereichen, in den Fertigungsstellen, im Einkauf, in den Verkaufsbereichen und
in den Filialen des Handels kann so weit vom Rechner ausgeführt oder unterstützt werden,
dass hier keine hauptamtlichen Disponenten mehr erforderlich sind. Die verbleibenden
Dispositionsaufgaben können von den Fach- und Führungskräften der dezentralen Bereiche
neben ihrer übrigen Tätigkeit eigenverantwortlich ausgeführt werden. Zusätzlich zur dezentralen Disposition wird in größeren Unternehmen eine zentrale Auftragsdisposition oder
Zentraldisposition benötigt, die mit wenigen hochqualifizierten Disponenten besetzt ist. Zu
ihren Aufgaben gehören die Unterstützung der Disposition in den dezentralen Bereichen,
die Überwachung des Dispositionsrechners, die Auswahl und Einsatzentscheidung der
Dispositionsstrategien, insbesondere der Zentralstrategien, sowie die laufende Abstimmung
der Disposition mit Unternehmensplanung, Controlling, Kunden und Lieferanten.[39]

---

39   Ebd. S. 8–10

2.3 Messung von Kosten und Leistungen in Industrieunternehmen

In diesem Kapitel soll ein Überblick über die Systeme und Konzepte der Erfolgsrechnung (Kosten und Leistungen) gegeben werden, die sich über viele Jahre in Theorie und Praxis durchgesetzt haben. Dabei werden die wichtigsten Fragen und Begriffe im Hinblick auf Kostenkategorien sowie Voll- und Teilkostenrechnungen aufgegriffen. Diese Begriffe sind zum Verständnis der Zusammenhänge der betrieblichen Erfolgsrechnung von Bedeutung. Einleitend hierzu wird ein komprimierter Gesamtüberblick hinsichtlich der Zusammenhänge zwischen Geschäftsbuchhaltung einerseits sowie Kosten- und Leistungsrechnung andererseits gegeben.

Das Industrieunternehmen unterscheidet sich im Hinblick auf die Erfassung der betrieblichen Wertschöpfung grundsätzlich von Handelsunternehmen. Im Industrieunternehmen ist eine Unterscheidung zwischen äußeren und inneren Prozessen von Bedeutung. Zwischen der Beschaffung von Produktionsfaktoren (Material, Energie, Beschäftigte, Maschinen) und der Verwertung selbsthergestellter Erzeugnisse findet der Prozess der betrieblichen Leistungserstellung statt. Die monetären Äquivalente der Beschaffungs- und Lagervorgänge lassen sich ohne Schwierigkeiten durch die Belege einzelner Transaktionen mit der Außenwelt feststellen. An der Schnittstelle zwischen den Rohstofflägern erfolgt der Übergang in die Transformationsprozesse der Produktion. Im Rahmen dieser Transformationsprozesse werden die Rohstoffe mit Hilfe menschlicher und maschineller Energie (Input) umgeformt in verkaufsfähige Erzeugnisse (Output) und an die Prozesse der Leistungsverwertung (Absatz) übergeben. Die im Rahmen dieser Transformationsprozesse anfallenden Kosten lassen sich jedoch nicht mehr „objektiv" feststellen, d. h., es müssen immer *Annahmen* im Hinblick auf die Zurechnung dieser Kosten auf die Output-Einheiten getroffen werden. Im Zusammenhang mit der plausiblen Begründung solcher Annahmen sind in der Vergangenheit in der betriebswirtschaftlichen Theorie und der betrieblichen Praxis eine Vielzahl von „Kostenrechnungssystemen" entwickelt worden. Im Laufe der wissenschaftlichen Auseinandersetzung mit diesen Themen ist es zu verschiedenen „Glaubenskriegen" im Hinblick auf die „richtigen" oder „plausibelsten" Annahmen gekommen. Allerdings gibt es im Zusammenhang mit den jeweils prozesskonform auszugestaltenden Kostenrechnungssystemen kein „richtig" oder „falsch". Es geht vielmehr um eine zweck- und prozesskonforme Ausgestaltung der Kostenrechnung, die der jeweiligen Situation des Industrieunternehmens am ehesten entspricht.

2.3.1 Transformationsprozesse

Die Hauptprozesse der Leistungserstellung und Leistungsverwertung von Industrieunternehmen können im System der doppelten Buchführung wie folgt gruppiert werden:

a) Konten für Ausgaben, Einnahmen, Auszahlungen und Einzahlungen (Zahlungsprozesse),

b) Konten für Einkäufe (Beschaffungsprozesse),

c)   Konten für den (Produktions-)Transformationsprozess (Verbrauch von Produktions-
     mitteln bzw. Kosten und Produktion),
d)   Konten für Verkäufe (Verkaufsprozess, Leistungsverwertung).

Da die im Laufe einer Periode erzeugten Produktionsmengen nicht immer in der gleichen
Periode verkauft werden, ist es notwendig, den Konten für den Produktions- und Verkaufsprozess ein Lagerkonto für fertige Erzeugnisse zwischenzuschalten.

Die grundlegenden Zusammenhänge des industriellen Prozesses der Leistungserstellung
und Leistungsverwertung gehen aus Abbildung 2.8 hervor (s. nächste Seite).

Die Umwandlungsprozesse des Industrieunternehmens bestehen grundsätzlich aus den
folgenden 6 Stufen: *Ausgabe, Einkauf, Kosten, Produktion, Verkauf, Einnahme.*

2.3.2   *Äußere und innere Prozesse*

Eine nähere Betrachtung der Prozesse zeigt, dass diese aus zwei wesensverschiedenen Teilen bestehen. Alle Buchungen, die sich außerhalb des abgegrenzten Gebietes ABCD vollziehen, beziehen sich ausschließlich auf Transaktionen mit der Außenwelt (s. Abbildung 2.8).

Alle Buchungen dagegen, die dem Inneren des Gebietes ABCD angehören, beziehen sich
ausschließlich auf Transaktionen, die in Verbindung zur Produktion stehen. Sie sind nicht
wie die zuerst genannten Buchungen die Folge von Kauf- und Verkaufsakten, sondern eine
Folge des transformierenden Produktionsprozesses. Den außerhalb des Gebietes ABCD
liegenden Prozessteil, also die sich auf die Transaktionen mit der Umwelt beziehenden
Prozesse, werden als Außenbereich der Unternehmensprozesse bezeichnet. In seinem Mittelpunkt stehen Einkäufe und Verkäufe sowie deren monetäre Äquivalente. Die rechnerische Behandlung des Außenbereichs vollzieht sich im externen Rechnungswesen, dessen
Zentrum die Geschäftsbuchhaltung ist. Der im Innern des Gebietes liegende Teil wird entsprechend als der Innenbereich bezeichnet. Im Mittelpunkt stehen hier Kosten und Produktion. Die theoretischen Grundlagen dieses Innenbereiches werden von der Produktions- und
Kostentheorie behandelt, wobei die Produktionstheorie die mengenmäßigen Beziehungen
der Transformationsprozesse behandelt und die Kostentheorie diese Mengenbeziehungen
durch Bewertung mit internen und externen Preisen in die monetäre Sphäre des Unternehmens überführt. Die rechnerische Erfassung des Innenbereichs erfolgt im internen Rechnungswesen bzw. in der Betriebsbuchhaltung. Zwischen dem Außen- und Innenbereich
besteht nun ein entscheidender, für das Rechnungswesen der Industrieunternehmung *be-
deutsamer Unterschied.* Der Außenbereich enthält überwiegend Vorgänge, zu deren rechnerischer Erfassung die Einführung irgendwelcher *Annahmen nicht notwendig ist.* Der
Hinweis „überwiegend" soll darauf aufmerksam machen, dass es jedoch auch im Außenbereich der Geschäftsbuchhaltung bestimmte Vorgänge (bspw. Nutzungsdauern für Investiti-
onsgüter, Rückstellungen etc.) gibt, die auch auf bestimmten Annahmen basieren. Trotzdem ist die Geschäftsbuchhaltung im Vergleich zur Betriebsbuchhaltung überwiegend eine
Registrierung von Tatsachen, d. h., in ihrem Mittelpunkt stehen die rechtsgebundenen
Kauf- und Verkaufsakte (Einsatz- und Absatzakte) der Unternehmung sowie die ihnen
entsprechenden Vorgänge in der Finanzsphäre. Der Innenbereich dagegen enthält Vorgänge, deren *rechnerische Erfassung ohne die Einführung von Annahmen nicht möglich ist.* Im

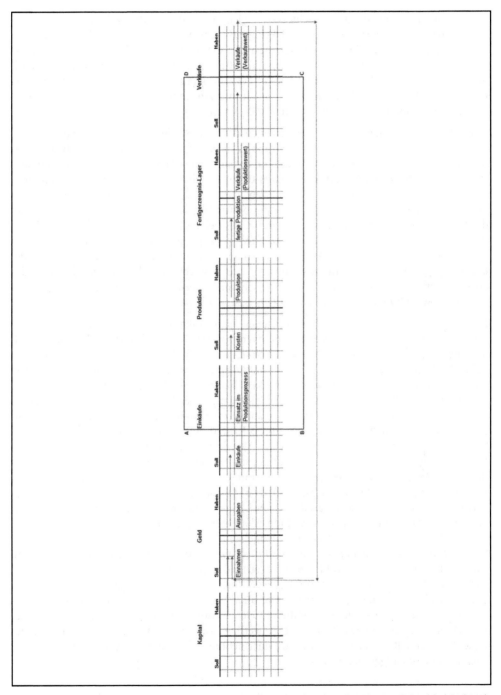

Abb. 2.8: Konten der Zahlungs- und Leistungsreihe im Industrieunternehmen, Schneider, Industrielles Rechnungswesen, S. 6

Mittelpunkt des Innenbereichs steht die Registrierung des *Verbrauchs an Gütern und Dienstleistungen* zum Zwecke der Produktion bzw. das wertmäßige Äquivalent dieses Verbrauchs: die Kosten. Und eben diese rechnerische Erfassung des Verbrauchs bzw. der Kosten ist ohne die Einführung von Annahmen nicht möglich. Diese Annahmen sind vielfältiger Natur. So müssen bspw. im Hinblick auf die Zuordnung bestimmter Kostenarten auf die Outputs der Produktion (Kostenträger) bestimmte Annahmen getroffen werden, da sich häufig keine eindeutigen Zuordnungsmerkmale finden lassen.

Beim Transformationsprozess in der Produktion ist bspw. eindeutig nachvollziehbar, dass bestimmte Einsatzstoffe (Roh- und Hilfsstoffe) in das Produkt eingehen. Daneben gibt es bestimmte Leistungen von Potenzialfaktoren (menschliche Arbeit, Maschinen), die eindeutig nachvollziehbar in das Produkt eingehen und seine physische Existenz ausmachen. Hingegen gibt es eine Vielzahl von Kostenarten, die zwar in der Produktion anfallen, deren Weg ins Produkt sich jedoch nicht eindeutig bestimmen lässt. Für solche Kostenarten sind dann Annahmen nötig, welche Kostenanteile für welche Produkte entstanden sind. Diese Annahmen sind häufig willkürlich und können je nach zugrundegelegter Verteilungsbasis unterschiedlich hoch ausfallen. Weitere Annahmen sind notwendig, wenn der Geldwert der Produktion einer Periode ermittelt werden soll, der wiederum Einfluss hat auf die Höhe des ausgewiesenen Betriebserfolges. *Die externen und internen Teile des Rechnungswesens sind also zwei völlig unterschiedlichen Ebenen zuzuordnen.*[40]

Der oben beschriebene Unterschied zwischen dem Außen- und Innenbereich des Rechnungswesens ist nur von Industrieunternehmen von Bedeutung. Für Handels- und Dienstleistungsunternehmen hat diese Unterscheidung im Hinblick auf die Erfolgsermittlung keine Bedeutung, da stoffliche Transformationsprozesse in diesen Unternehmenstypen fehlen. Damit ist natürlich nicht gesagt, dass Handels- und Dienstleistungsunternehmen kein internes Rechnungswesen hätten oder dieses nicht benötigten. Für interne Steuerungszwecke könnten auch hier bestimmte Annahmen im Hinblick auf Zuordnung von Leistungen und Kosten auf bestimmte abgrenzbare Kostenträger vorgenommen werden. Jedoch haben weder solche Zuordnungen noch die Aktivitäten im Innenbereich, im Gegensatz zu Industrieunternehmen, irgendeine Bedeutung für die Höhe des Erfolgsausweises. Das Handelsunternehmen kauft Waren ein, die unverändert in den Verkaufsprozess gelangen. Bei Dienstleistungsunternehmen fehlen stoffliche Transaktionen komplett, so dass hier nur periodische Kosten für Potenzialfaktoren entstehen. Die Transaktionsprozesse beim Handelsunternehmen sind mit denen von Industrieunternehmen nur bis zum Lagereingang vergleichbar. Danach schließt sich beim Handelsunternehmen direkt der Verkauf an. Leistungserstellung und Leistungsverwertung fallen hier somit sachlich zusammen. Somit sind auch keinerlei Bewertungsprobleme von vorhandenen Lagerbeständen gegeben, da jeder Artikel einen eindeutigen Anschaffungswert hat. Im Industrieunternehmen ist die Geschäftsbuchhaltung allein „auf einem Auge blind", da ohne Kenntnis der Transformationsvorgänge in der Produktion eine fundierte Erfolgsermittlung unmöglich ist. Wie im weiteren Verlauf dieses Buches noch gezeigt werden wird, werden trotz dieser Mängel der Geschäftsbuchhaltung in vielen Industrieunternehmen die Planungsrechnungen prinzipiell nach deren Grundregeln aufgebaut.

---

40   Schneider, Industrielles Rechnungswesen, S. 5 ff.

2.3.3 Laufende Geschäftsbuchhaltung

Wie oben dargelegt, umfasst das System der Geschäftsbuchhaltung von Industrieunternehmen zwei grundlegende *Kontenreihen*. Diese beiden Kontenreihen bestehen aus der *sogenannten Zahlungsreihe und der Leistungsreihe*. Die Aufgabe der Geschäftsbuchhaltung besteht in der laufenden Registrierung der dem Außenbereich angehörenden Transaktionen, d. h. der Einkäufe und Verkäufe sowie ihrer monetären Äquivalente. Zur Durchführung dieser laufenden Registrierung werden grundsätzlich drei Kontengruppen benötigt: *Geld- oder Finanzkonten, Einkaufskonten und Verkaufskonten*. Zu den Geldkonten gehören die Kapitalkonten, Bank- und Kassenkonten und die Konten für Debitoren und Kreditoren, d. h. das Kontokorrentbuch. Die Gesamtheit dieser Konten bezeichnet man als *Zahlungskonten* oder als *Zahlungsreihe*. Die Reihe der Einkaufskonten enthält

Konten für jede Einkaufsart (Rohstoffe, Hilfsstoffe, Maschinen, Nutzung menschlicher Arbeitskraft etc.). Ebenso enthält die Reihe der Verkaufskonten Konten für die vom Unternehmen selbst hergestellten und zugekauften Produkte. Da die Buchungen auf der Sollseite der Einkaufskonten und auf der Habenseite der Verkaufskonten Ausdruck von Leistungen der Umwelt an die Unternehmung und der Unternehmung an die Umwelt sind, werden die Konten der Einkäufe und Verkäufe zur *Reihe der Leistungskonten (Leistungsreihe)* zusammengefasst. Die Geschäftsbuchhaltung besteht damit nur aus zwei Kontenreihen: der Zahlungsreihe und der Leistungsreihe.

Die Gesamtheit der Transaktionen des Außenbereichs können in drei grundlegende Gruppen unterteilt werden:

1) Transaktionen, die *sowohl* die Zahlungsreihe *als auch* die Leistungsreihe berühren,
2) Transaktionen, die *nur die Zahlungsreihe* berühren,
3) Transaktionen, die *nur die Leistungsreihe* berühren.

Zur ersten Gruppe gehören alle Käufe und Verkäufe von Gütern. In die zweite Gruppe fallen sämtliche Finanztransaktionen (Regulierung von Verbindlichkeiten und Forderungen). Die dritte Gruppe umfasst diejenigen Transaktionen, die sich ausschließlich auf Güterbewegungen ohne finanzielle Gegenposten beziehen. Die Buchungen (Transaktionen) der ersten Gruppe repräsentieren im Prinzip das Spiegelbild der Leistungsreihe in der Zahlungsreihe.

2.3.4 Internes Rechnungswesen

Die Aufgaben des internen Rechnungswesens

Das interne Rechnungswesen (die Betriebsabrechnung) bezieht sich auf den Innenbereich des Unternehmensprozesses, also jenen Bereich, in dem sich der Produktionsprozess bzw. der Transformationsprozess der Roh-, Hilfs- und Werkstoffe mithilfe der Potenzialfaktoren (menschliche Arbeit, Maschinen) vollzieht. Im Mittelpunkt des Innenbereiches stehen mithin Kosten und Produktion. Dabei sind die Kosten Ausdruck für das, was im Produktionsprozess angewandt bzw. verbraucht wird. Die Produktion ist hingegen Ausdruck für das, was im Produktionsprozess hervorgebracht wird. Eine genaue Kenntnis der Struktur des Produktionsprozesses ist deshalb eine notwendige Voraussetzung für das Verständnis des

Aufbaus und der Aufgaben des internen Rechnungswesens. Wenn auch jeder Produktionsprozess seine Besonderheiten besitzt, sind doch bei allen Produktionsprozessen grundlegende Gemeinsamkeiten feststellbar.[41]

An dem grundlegenden Aufbau des innerbetrieblichen Rechnungswesens ändern die pro-
duktionsspezifischen Besonderheiten nichts. Alle Arten von unterschiedlichen Produktionstypen können in diesem System abgebildet werden. Das gilt nicht nur für die Ex-post-
Modelle des internen und externen Rechnungswesens, sondern auch für alle ex ante bezogenen Planungsrechnungen, sofern diese dem Produktionsprozess folgend zweckmäßig
aufgebaut sind.

Die Unterscheidung zwischen internem und externem Rechnungswesen hat in der betrieblichen Praxis eine zunehmend geringere Bedeutung. So verzichtet bspw. die Firma Siemens
AG schon seit vielen Jahren auf eine Trennung zwischen diesen beiden „Rechnungswe-
senwelten".

Grundsätzlich wurde die Umgestaltung des Internen Rechnungswesens bei Siemens von
den Überlegungen geleitet, die Gewinn- und Verlustrechnung weitgehend auch für die
Zwecke der internen Ergebnisrechnung einzusetzen sowie eine verbesserte Markt- und Pro-
duktorientierung zu schaffen. Hierzu wurde vor allem der Übergang vom Gesamtkostenverfahren zum Umsatzkostenverfahren der Gewinn- und Verlustrechnung für die internen und
externen Informationszwecke mit folgender Begründung vollzogen:[42]

1)   International hat sich eine Zweiteilung in Kosten- und Erlösrechnung einerseits und
     Aufwands- und Ertragsrechnung andererseits nicht durchgesetzt, so dass im Ausland
     diese deutsche Differenzierung schwer verständlich ist und von ausländischen Unter-
     nehmen des Siemens-Konzerns nicht durchgeführt wird.

2)   Die Notwendigkeit von zwei unterschiedlichen Rechnungssystemen, die zum gleichen
     Ergebnis führen, wird von Siemens bestritten. Zwei Messinstrumente für eine Zielgrö-
     ße sind aber, sofern sie vergleichbare Informationen liefern, nicht erforderlich und
     sollten gemäß dem Postulat der Wirtschaftlichkeit des Rechnungswesens nicht einge-
     setzt werden. Siemens betonte, dass in ihrem Hause die Differenz von Aufwand zu
     Kosten, insbesondere bei den neutralen Aufwendungen und den kalkulatorischen Zu-
     satzkosten, so gering sei, dass eine differenzierte Rechnung unwirtschaftlich sei. Da
     eine gesetzlich vorgegebene Gewinn- und Verlustrechnung zwingend ist, verzichtet
     Siemens auf die kosten- und erlösorientierte Ergebnisrechnung.

3)   Für die traditionelle, kostenrechnerische Kalkulation gibt es nur noch wenige Anwen-
     dungen im Hinblick auf die Preisfindung, da der Preis vom Markt her determiniert ist
     und nur noch in wenigen Fällen (z. B. bei öffentlichen Aufträgen nach LSP) eine Ent-
     scheidungsvariable der Unternehmung darstellt.

Aus dieser Argumentation von Siemens kann jedoch nicht geschlossen werden, dass dort
gänzlich auf eine Kostenrechnung verzichtet wird. Vielmehr geht es dabei um die Aufhe-
bung der Trennung zwischen interner und externer Erfolgsermittlung, die nur durch eine
komplizierte Überleitungsrechnung nachvollzogen werden kann. Diese Trennung macht in
der Tat wenig Sinn, da die Differenzen erstens kaum ins Gewicht fallen und zweitens der

---

41   Ebd. S. 22
42   Währisch, Kostenrechnungspraxis in der deutschen Industrie, S. 3

externe Erfolg letztlich maßgeblich ist. Die Kostenrechnung als unverzichtbares Instrument für die Wirtschaftlichkeitskontrolle von Kostenstellen, Prozessen und Fertigungsabschnitten sowie als Datenlieferant für die Bewertung von Erzeugnisbeständen ist selbstverständlich weiterhin erforderlich.

Die Erfolgsrechnung ist in der Praxis das zentrale Element der Unternehmensplanung und -steuerung. Wie oben bereits kurz ausgeführt, kann die Erfolgsrechnung grundsätzlich nach verschiedenen Gliederungsmerkmalen ausgestaltet sein. Die Grundform der Erfolgsrechnung ist nach *Kosten- und Leistungsarten* gegliedert. Eine weitere Möglichkeit der Erfolgsgliederung kann in Form einer *Stellenrechnung* ausgestaltet sein. Im Rahmen dieser Gliederung wird der Erfolgsausweis nach Organisationseinheiten unterteilt. Des Weiteren kann die Erfolgsrechnung nach *Trägern,* also nach den betrieblichen Produkten und Erzeugnissen, unterteilt sein. Diese drei Grundarten können auch in kombinierter Form auftreten. Die Erfolgsrechnung sollte nach Möglichkeit jederzeit Auskunft geben über den Erfolg einzelner Produkte/Produktgruppen, einzelner Kostenstellen, Profit-Center, Werke etc. und zwar differenziert nach Kosten- und Leistungsarten innerhalb dieser Dimensionen. Die Erfolgsrechnung ist daher für Steuerungszwecke nur geeignet, wenn sie als mehrdimensionale Planungs- und Ist-Rechnung aufgebaut ist. Zu den beispielhaft beschriebenen Dimensionen können weitere Dimensionen hinzukommen. So könnte die Trägerrechnung um die Kundendimension erweitert werden und auf der Inputseite könnte die Lieferantendimension hinzugefügt werden. Welche Dimensionen der Erfolgssteuerung für das einzelne Unternehmen von Bedeutung sind, kann jedoch nur im Einzelfall entschieden werden.

In Literatur und Praxis werden zwei grundlegende *Darstellungsformen* der Erfolgsrechnung unterschieden:

— Umsatzkostenverfahren,
— Gesamtkostenverfahren.

Diese beiden Verfahren unterscheiden sich lediglich hinsichtlich der Darstellung des Periodenerfolges. Es ist allerdings ein Irrtum, anzunehmen, dass ein differenzierter Erfolgsausweis nach Produkten (Kostenträgern) nur im Rahmen des Umsatzkostenverfahrens möglich ist. Ein differenzierter Erfolgsausweis der Produkte ist auch bei Anwendung des Gesamtkostenverfahrens nicht nur problemlos möglich, sondern sogar Voraussetzung. Die Bedingung hierfür ist lediglich, dass in der Produktedimension sowohl Output als auch Input unter Berücksichtigung der Lagerbewegungen geplant und abgerechnet werden. Verschiedene Autoren (Kilger, Schweitzer, Küpper, Eisele) haben darauf hingewiesen, dass die Anwendung des Gesamtkostenverfahrens stets zur Ermittlung der Bestandsveränderungen eine Inventur voraussetzt bzw. bei Anwendung des Umsatzkostenverfahrens keine Erfassung der Bestände an Zwischen- und Endprodukten erforderlich ist.[43] Die genannten Autoren übersehen offensichtlich, dass sowohl für das Umsatz- als auch das Gesamtkostenverfahren eine differenzierte Kostenträgerrechnung erforderlich ist. Andernfalls wäre weder im Rahmen der kurzfristigen Erfolgsrechnung noch im Rahmen der jährlichen Erfolgsrechnung eine Erfolgsermittlung möglich.

---

43   Zwicker, Modelltableausystem von Standard-Kosten-Leistungs-Modellen, S. 113

In der Praxis der externen Rechnungslegung kommt zu 99 % das Gesamtkostenverfahren zur Anwendung.[44] In der Praxis der internen Rechnungslegung (kurzfristige Erfolgsrechnung) und im Hinblick auf die Erstellung von Planungsrechnungen dominiert hingegen das Umsatzkostenverfahren. Allerdings verwenden viele Unternehmen intern beide Verfahren parallel.[45]

Umsatz- und Gesamtkostenverfahren führen selbstverständlich zu einem identischen Erfolgsausweis, da lediglich unterschiedliche Gliederungen für die gleichen Zahlen vorgenommen werden. Von diesen grundlegenden Darstellungsformen des Umsatz- und Gesamtkostenverfahrens zu unterscheiden sind die zur Anwendung kommenden Kostenrechnungssysteme, die je nach Ausgestaltung zu unterschiedlichen Erfolgsausweisen führen können. Der Erfolgsausweis ist zwischen Systemen der Teil- und Vollkostenrechnung immer dann unterschiedlich, wenn Produktions- und Absatzmengen voneinander abweichen. Allerdings hat diese Unterscheidung seit Inkrafttreten des Bilanzrechtsmodernisierungsgesetzes (BilMoG) keine praktische Bedeutung mehr. Nach Inkrafttreten dieses Gesetzes im Jahr 2010 sind in die Bewertung von Erzeugnisbeständen generell fixe Fertigungseinzel- und Fertigungsgemeinkosten einzubeziehen. Nach § 255 Abs. 2 Satz 2 HGB alter Fassung waren vor 2010 nur die Materialeinzelkosten, die Fertigungseinzelkosten sowie die Sonderkosten der Fertigung als zwingende Untergrenze in die Herstellungskosten einzubeziehen. Zusätzlich zu dieser handelsrechtlichen Wertuntergrenze *durften* notwendige Teile der Material- und Fertigungsgemeinkosten in die Herstellungskosten mit einbezogen werden. Nach alter handelsrechtlicher Regelung unterschieden sich also die handels- und steuerrechtlichen Wertuntergrenzen der Herstellungskosten, was durch Inkrafttreten des BilMoG weggefallen ist. Damit bestehen auch keine Unterschiede mehr zwischen der Erfolgsermittlung auf Basis von Teil- und Vollkostenrechnungssystemen, da die Erfolgsermittlung nunmehr immer auf Vollkostenbasis zu erfolgen hat. Dies ist ein weiteres Argument dafür, keine Unterscheidung zwischen interner und externer Erfolgsermittlung zu treffen. Zwar könnte ein Industrieunternehmen intern weiterhin auf Basis einer Teilkostenrechnung den Erfolg ermitteln, hätte aber in der externen Erfolgsermittlung eine andere Erfolgshöhe auszuweisen.

Das Umsatz- und Gesamtkostenverfahren ist somit als Gliederungsverfahren aufzufassen, wohingegen die Unterscheidung von Voll- und Teilkostenrechnungssystemen als unterschiedliche Erfolgsermittlungsverfahren zu interpretieren ist. Die Teilkostenrechnungssysteme können weiter in Grenzkosten- und Einzel-Kostenrechnungssysteme unterteilt werden.

Hinsichtlich des Zeitbezuges wird die Erfolgsrechnung in die vergangenheitsbezogene Ist-Rechnung und die zukunftsbezogene Planungsrechnung unterteilt. Im Hinblick auf den Umfang und den Ausweis bestimmter Kosten und Leistungen sowie Erträge und Aufwendungen wird ferner zwischen pagatorischen und kalkulatorischen Erfolgsrechnungen unterschieden. Die Finanzbuchhaltung und die Kosten- und Leistungsrechnung (Betriebsbuch-

---

44   Deutsche, Bundesbank, Verhältniszahlen aus Jahresabschlüssen deutscher Unternehmen von 2011 bis 2012, S. 10

45   Währisch, Kostenrechnungspraxis in der deutschen Industrie, S. 285

		1. Artenrechnung	Stellenrechnung		Trägerrechnung	
			2. Voll-rechnung	3. Teil-rechnung	4. Voll-rechnung	5. Teil-rechnung
Ist-Erfolgsrechnung	1. Pagatorisch (Ertrag - Aufwand)	11	12	13	14	15
	2. Kalkulatorisch (Leistung - Kosten)	21	22	23	24	25
Plan-Erfolgsrechnung	3. Pagatorisch (Ertrag - Aufwand)	31	32	33	34	35
	4. Kalkulatorisch (Leistung - Kosten)	41	42	43	44	45

Abb. 2.9:   Typen der Periodenerfolgsrechnung, Chmielewicz, Erfolgsrechnung, S. 64

haltung) sind Ist-Erfolgsrechnungen, berechnen also Vergangenheitserfolge. In der Spaltengliederung von Abbildung 2.9 wird unterschieden nach Arten-, Stellen und Trägerrechnung. Dabei wird im Hinblick auf die Artenrechnung nach Kostenarten gegliedert, im Hinblick auf die Stellenrechnung nach organisatorischen Bereichen, Abteilungen, Profit-Center etc. und im Hinblick auf die Trägerrechnung nach Erzeugnissen und Produkten.[46]

Die *Artenrechnung* wird wie beschrieben nach Aufwands- oder Kostenarten (Material-, Personal-, Abschreibungskosten etc.) sowie Ertrags- oder Leistungsarten (Verkaufs-, Vermietungs-Lizenzleistungen etc.) untergliedert. Im Rahmen der Artenrechnung wird der Erfolg als Saldo zwischen Ertrags- oder Leistungsarten und Aufwands- oder Kostenarten als *ungeteilter Saldo* ausgewiesen. Die *Bezeichnung „ungeteilt" bezieht sich auf die fehlende Verteilung im Hinblick auf betriebliche Erfolgsdimensionen wie bspw. Produkte, Kunden, Organisationseinheiten.*

Die *Stellenrechnung* versucht hingegen, den betrieblichen Erfolg auf Organisationseinheiten aufzuteilen. Hierbei werden die Kosten-/Aufwands- und Erlös-/Leistungsarten auf einzeln abgegrenzte Organisationseinheit aufgeteilt. Der Erfolgssaldo ist mithin nicht nur für das Gesamtunternehmen ausgewiesen, sondern für einzelne Abteilungen und Bereiche. Im Hinblick auf diese Stellenrechnung bestehen jedoch erhebliche bzw. unüberwindliche Verteilungs- und Zuordnungsprobleme. Vor diesem Hintergrund ist eine vollständige Aufteilung des Periodenerfolges auf betriebliche Organisationseinheiten kaum gebräuchlich.

Die *Trägerrechnung*, die in der Praxis meist üblich ist, versucht, den Gesamterfolg des Unternehmens auf die Leistungen und Produkte aufzuteilen. Das Ergebnis dieser Rechnung ist ein nach Produkten unterteilter Periodengewinn. *Die Träger- und die Stellenrechnung sind also letztendlich nur andere Differenzierungs- und Gliederungsformen der Artenrechnung.*

Sofern die Summe der einzelnen Produkterfolge in der Trägerrechnung bzw. die Summe der einzelnen Abteilungserfolge in der Stellenrechnung identisch ist mit dem Gesamterfolg des Unternehmens, wird von einer *Voll-Kostenrechnung* gesprochen. Werden auf die einzelnen Stellen bzw. Träger nur Teile der gesamten Kosten verteilt, dann spricht man von

---

46   Chmielewicz, Erfolgsrechnung, S. 55 ff.

einer *Teil-Kostenrechnung.* Die Teilkostenrechnung bedeutet also keineswegs, dass nur ein Teil der Kosten in der Kalkulation berücksichtigt wird. Vielmehr bezieht sich diese Unterscheidung ausschließlich auf den Umfang der Verrechnung im Rahmen der Erfolgsermittlung.

Bei der Erfolgsartenrechnung bleiben mehrere Steuerungsaufgaben ungelöst. Die Erfolgsartenrechnung erlaubt nur eine Erfolgslenkung des Gesamtbetriebes. Die Erfolgslage einzelner Abteilungen oder Arbeitsplätze ist dagegen aus ihr nicht ersichtlich. Die Erfolgsartenrechnung zeigt also nur, ob der Gesamtbetrieb Gewinne oder Verluste abwirft, nicht aber, welche Abteilungen oder gar Arbeitsplätze Gewinne oder Verluste erzeugen: Eine detaillierte Gewinnerhöhungs- oder Verlustbeseitigungsstrategie ist also auf der Basis einer Erfolgsartenrechnung nur begrenzt möglich. Für diese Strategien ist vielmehr eine Stellenrechnung nötig, die nicht nach Kosten und Leistungsarten gegliedert ist, sondern nach Kosten- und Leistungsstellen (Abteilungen, im Grenzfall Arbeitsplätzen). Jede Abteilung als Kostenstelle ist zugleich eine Leistungsstelle und kann deshalb auch zusammenfassend als Erfolgsstelle bezeichnet werden. Eine Erfolgsstellenrechnung muss von der Idee her die Kostensumme nicht nach Güterarten als Kostenarten, sondern nach Abteilungen als Kostenstellen gliedern, analog die Leistungssumme nicht nach Leistungsarten, sondern nach den gleichen Abteilungen als Leistungsstellen. Kosten und Leistung jeder Stelle werden gegenübergestellt und liefern als Saldo einen Periodenerfolg (Gewinn oder Verlust) jeder Stelle. Diese Leistungsverteilung und Gewinnermittlung für Abteilungen ist zwar sehr erwünscht, aber in der Praxis nur selten realisierbar. Nur wenn man den Stellenumfang ausreichend groß wählt (z. B. ein räumlich abgegrenztes Zweigwerk), dann ist eine solche Verteilung von Leistungsarten auf die Stellen und damit die Abteilungsgewinnermittlung möglich. In diesen Fällen wird meist von einem Profit-Center (Gewinnzentrum) gesprochen. Für jede Abteilung bzw. für jedes Werk als Profit-Center wird ein Sollgewinn vorgegeben, der vom Verantwortlichen als Zielgröße erreicht oder überschritten werden soll.

Die Kosten- und Leistungsrechnung des Industrieunternehmens ist eine Hilfsrechnung im Kontext der Erfolgsrechnung. Diese Hilfsrechnung soll dazu dienen, den betrieblichen Erfolg im Hinblick auf seine Quellen zu differenzieren. Diese Quellendifferenzierung wird ferner dazu genutzt, benötigte Informationen für die Produktkalkulationen (Kostenträgerstückrechnung) und die Bestandsbewertung der unfertigen und fertigen Erzeugnisse bereitzustellen. Die Erfolgsquellen des Unternehmens können nach verschiedenen Gliederungsgesichtspunkten differenziert werden. Diese Gliederungsmerkmale werden in der Datenbanktechnologie des sogenannten Online Analytical Processing (OLAP) Dimensionen genannt. Dimensionen sind im Prinzip Beschreibungsmerkmale oder verschiedene Perspektiven auf bestimmte Kennzahlen (Facts, Measures). Die Kennzahl, die im Rahmen der Erfolgsrechnung in erster Linie interessiert, ist der Periodenerfolg des Unternehmens. Der Periodenerfolg kann bspw. in den Dimensionen Produkte, Kunden, Vertriebskanal, Verkaufsregion, Profit-Center, Kostenstellen, Werke, Lieferanten, Zeit etc. unterteilt werden. Die Dimensionen Kunde, Vertriebskanal und Verkaufsregion sind im Prinzip eine einzige Dimension, da der Vertriebskanal und die Verkaufsregion lediglich unterschiedliche Zuordnungs- oder Hierarchiemerkmale innerhalb der Kundendimension darstellen. Auch das Profit-Center ist in engem Zusammenhang mit der Kundendimension zu sehen. So können bspw. die Verkaufsregionen eines Unternehmens unter bestimmten Voraussetzungen als Profit-Center geführt werden. Die Aufgabe der Kosten- und Leistungsrechnung besteht jetzt darin, mit Hilfe geeigneter Methoden den Erfolg und seine einzelnen Komponenten (Umsatz, Materialkosten, Personalkosten etc.) auf verschiedene Dimensionen aufzuteilen.

2.3.4.1 Kostenkategorien und Kostenbegriffe

Im Hinblick auf die Planung der Kontrolle des Verbrauchs von Input-Größen im Produktionsprozess ist eine Unterscheidung und begriffliche Abgrenzung von Kostenkategorien und Kostenbegriffen notwendig. Dabei geht es u. a. um das Verhalten der Kosten bei Beschäftigungsänderungen, ihrer Zurechenbarkeit auf Output-Größen (Kostenträger). In diesem Zusammenhang ist auch der Begriff der sogenannten Kostenspaltung von Bedeutung.

Kostenkategorien

Kostenkategorien beschreiben die Einteilung von Kosten im Hinblick auf ihr Verhalten bei Beschäftigungsänderungen und die Möglichkeit ihrer direkten Zurechnung auf bestimmte Bezugsgrößen. Als die wichtigsten Kostenkategorien können *Einzel- und Gemeinkosten, fixe und variable* (Sonderfall: proportionale) Kosten sowie *Grenz- und Residualkosten* hervorgehoben werden. Allen Fällen ist gemeinsam, dass die gleiche Vollkostensumme in jeweils zwei Unterblöcke aufgespalten wird. Schon an dieser Stelle sei hervorgehoben, dass Einzelkosten nicht mit variablen Kosten und Gemeinkosten nicht mit fixen Kosten gleichgesetzt werden können, wie dies in der betrieblichen Praxis bis heute noch oft vorkommt.

Einzel- und Gemeinkosten

Die Gliederung der Kosten in Einzel- und Gemeinkosten beruht auf einer unterschiedlichen Zurechenbarkeit auf *Bezugsgrößen*. Von Einzelkosten wird gesprochen, wenn sich die Kosten direkt, d. h. ohne Schlüsselungen auf eine Bezugsgröße zurechnen lassen, insbesondere auf Kostenstellen oder Kostenträger. Einzelkosten werden deshalb auch als direkte Kosten bezeichnet. Solche direkten oder Einzelkosten liegen z. B. vor, wenn Materialkosten auf Produkte verteilt werden sollen; hier ist ohne jede Hilfskonstruktion leicht feststellbar, dass auf jeden PKW als Produkt die Kosten für vier (oder auch fünf) Reifen zu verteilen sind. Gemeinkosten dagegen sind nicht in dieser Weise direkt, sondern nur indirekt verteilbar. Die indirekte Verteilung erfolgt unter Verwendung gedanklicher Hilfskonstruktionen und Schlüsselgrößen. So werden z. B. Heizungskosten nach der Anzahl der beheizten Quadrat- oder Kubikmeter oder nach der installierten Heizrippenzahl auf Räume als Stellen verteilt.

Im Hinblick auf die Gemeinkostenschlüsselung sind folgende Probleme zu beachten:

Jede Gemeinkostenschlüsselung erfordert mehr oder weniger Willkür und führt zu Verteilungsfehlern. Solche Fehler beruhen auf mangelnder Zurechenbarkeit und sind auch nicht durch Einsatz von Computern und/oder Mathematik zu beseitigen. Es wäre ein grober Fehler, anzunehmen, dass durch IT-Einsatz oder Anwendung des weiter unten beschriebenen Matrizenkalküls die Schlüsselungsfehler vermeidbar sind. Man kann zwar versuchen, eine Schlüsselgröße zu finden, zu der bestimmte Kosten proportional verlaufen: Man erhält aber keine Garantie für eine solche Proportionalität. Wenn verschiedene Schlüsselungsgrößen möglich sind, was fast immer der Fall ist, führt der Übergang zu einer anderen als der bisher verwendeten Schlüsselgröße gewöhnlich zu einer anderen Kostenverteilung. Innerhalb der Gemeinkosten sind zwei wichtige Unterfälle zu differenzieren. Normalerweise denkt man bei Gemeinkosten an echte Gemeinkosten, bei denen eine direkte Verteilung als Einzelkosten gar nicht möglich ist. Hier hat man nur die Wahl zwischen mehr oder weniger ungeeigneten Schlüsselgrößen bzw. zwischen alternativen Gemeinkostenschlüsselungen. Von jeder Schlüsselung kann vermutet werden, dass sie falsch ist, ohne dass man sagen könnte, um welchen Betrag. Davon zu unterscheiden ist ein zweiter Unterfall, der auch als unechte statt echte Gemeinkosten bezeichnet wird. Hier wäre an sich eine direkte Verteilung als Einzelkosten möglich; man sieht aber aus Zweckmäßigkeitserwägungen davon ab und verteilt den Kostenbetrag indirekt als Gemeinkosten. Hier erfolgt die indirekte Verteilung freiwillig, statt wie im ersten Fall zwangsweise. Durch Vergleich mit der Einzelkostenverteilung lässt sich auch der durch Schlüsselung entstehende Fehler errechnen – während diese Fehlerberechnung bei echten Gemeinkosten prinzipiell unmöglich ist. An sich strebt man aus Gründen der genauen Verteilung einen möglichst hohen Anteil der direkten Verteilung bzw. der Einzelkosten an. Dieses Prinzip wird aber durchbrochen, wenn es zu hohem Verteilungsaufwand führt oder unerwünschte Konsequenzen aufweist; dadurch gehen Einzelkosten in unechte Gemeinkosten über. Der Verteilungsaufwand spielt z. B. bei der Verteilung von Stromkosten eine Rolle. Hier ist an sich in der Stellenrechnung eine direkte Verteilung als Einzelkosten möglich, die aber den Einbau von Stromzählern an jeder Stelle erfordert und so zusätzliche Kosten hervorruft. Um diese einzusparen, begnügt man sich evtl. mit einer Schlüsselung nach dem Kilowattanschlusswert oder sogar der Zahl der Steckdosen oder Maschinen je Kostenstelle. Das führt zu großen Verteilungsfehlern, wenn bei gleichem Anschlusswert eine Maschine oder Steckdose eine Stunde pro Tag genutzt wird, eine andere dagegen acht Stunden pro Tag, wenn ferner eine Steckdose kurzfristig für Lichtstrom, eine andere langfristig für Heizstrom, d. h. mit entsprechend hohen kWh-Zahlen, benutzt wird. Einzelkosten wurden bisher durch direkte, Gemeinkosten durch indirekte Verteilung auf eine Bezugsgröße charakterisiert. Nun gibt es aber mehrere solche Bezugsgrößen und demzufolge verschiedene Formen der Einzel- und Gemeinkosten, wobei immer ein erläuternder Zusatz ratsam ist.[47]

Unter Zeitaspekten gibt es Kosten, die sich nach dem Zahlungsrhythmus Perioden verschiedener Länge direkt oder indirekt zurechnen lassen. Monatlich gezahlte Löhne stellen für den Monat oder das Jahr Periodeneinzelkosten dar; für eine kurzfristige Erfolgsrechnung mit einer Periodenlänge von einer Woche müssen sie dagegen als Periodengemeinkosten geschlüsselt werden. Abschreibungen für Maschinen stellen sogar für die Jahreserfolgsrechnung solche Periodengemeinkosten dar. Dieser Gemeinkostenaspekt ist identisch mit der Periodisierung von Zahlungen und taucht schon in der Kostenartenrechnung auf. Wollte man solche Periodengemeinkosten nicht auf Perioden verteilen, so könnte nicht einmal in der Artenrechnung (Gewinn- und Verlustrechnung, Jahreskosten- und Leistungsrechnung, kurzfristige Erfolgsrechnung) ein Periodengewinn des Betriebes ermittelt werden, geschweige denn ein Perioden- oder Stückgewinn einzelner Produkte. Unter räumlichen Aspekten lassen sich z. B. Vertriebskosten einzelnen Verkaufsbezirken direkt oder indirekt zurechnen (regionale Einzelkosten).

Die üblichen Einzel- und Gemeinkostenbegriffe beziehen sich dagegen auf Stellen- und Trägeraspekte. Lassen sich z. B. Kosten einem einzelnen Produkt als Kostenträger direkt

---

47   Chmielewicz, Rechnungswesen, S. 109

(indirekt) zurechnen, wird präziser von Kostenträgereinzelkosten (-Gemeinkosten) gesprochen. Üblicherweise werden meist nur Material- und Lohnkosten als solche Kostenträgereinzelkosten ausgewiesen. Werden daneben auch andere Kostenarten als Kostenträgereinzelkosten erfasst, nennt man sie üblicherweise Sondereinzelkosten (z. B. Energiekosten, Abschreibungskosten, Werkzeugkosten). Kostenträgereinzelkosten sind allgemein daran erkennbar, dass sie sich einer Produktart direkt zurechnen lassen. Engere Begriffsfassungen erscheinen unzweckmäßig. Wollte man z. B. davon ausgehen, dass sie sich der Periodenmenge einer Produktart direkt zurechnen lassen müssen, sind zwei verschiedene Einzel- und Gemeinkostenaspekte verknüpft: die direkte oder indirekte Zurechenbarkeit auf Produkte und, wie oben erwähnt, auf Perioden. Noch enger wäre die Begriffsfassung, wenn man bei Kostenträgereinzelkosten voraussetzen würde, dass sie sich einer Produkteinheit (dem Einzelstück einer Produktart) direkt zurechnen lassen müssen. Eine solche enge Fassung wäre evtl. für die Stückerfolgsrechnung (Kalkulation) akzeptabel, aber unangebracht für die Periodenerfolgsrechnung. Werden z. B. aus einem Rohgussteil vier Einzelteile hergestellt, die je Produkteinheit einmal benötigt werden, so wären nach dieser engen Fassung die Materialkosten des Rohgussteils der Produkteinheit nicht direkt zurechenbar und deshalb Kostenträgergemeinkosten. Um solche praxisfremden Resultate zu vermeiden, werden hier Kostenträgereinzelkosten durch direkte Zurechenbarkeit auf eine Produktart abgegrenzt. Die restlichen Kosten stellen Kostenträgergemeinkosten dar, die meist als undifferenzierter Block behandelt werden.

Die gleiche Unterscheidung im Hinblick auf Einzel- und Gemeinkosten bei den Kostenträgern lässt sich auch auf Kostenstellen anwenden. Einige Kosten lassen sich direkt einem Arbeits- oder Kostenplatz zurechnen (Kostenplatzeinzelkosten). Soweit das nicht geht, lässt sich ein weiterer Teil einer Kostenstelle oder Abteilung als Gruppe von solchen Kostenplätzen direkt zurechnen (Kostenstelleneinzelkosten). Wenn auch diese Möglichkeit versagt, lassen sich weitere Kosten einer Gruppe von Abteilungen direkt zurechnen (Kostenstellengruppeneinzelkosten).

Variable oder proportionale und fixe Kosten

Ein ganz anderes Abgrenzungsprinzip liegt vor, wenn die Vollkostensumme in die Kostenkategorien der fixen und variablen Kosten aufgespalten wird. Hier interessiert nicht die direkte oder indirekte Verteilbarkeit auf Bezugsgrößen, sondern das Verhalten der Kosten bei mengenmäßigen Schwankungen von Kosteneinflussgrößen insbesondere bei Produktmengenschwankungen oder – was terminologisch gleichgesetzt wird – Beschäftigungsschwankungen. Zunächst sei nur der wichtigste Sonderfall betrachtet, nämlich die produktmengen- oder beschäftigungsfixen bzw. -variablen Kosten. Im Hinblick auf die Unterscheidung von variablen und fixen Kosten liegt häufig eine Vereinfachung gegenüber der Realität vor. Von den vielen Einflussgrößen auf die Kostenhöhe werden nämlich alle, außer der Produktmenge, ausgeklammert. Es wird lediglich gefragt, wie die Kostenhöhe von der Beschäftigung bzw. Produktmenge abhängt. Beschäftigungsfixe Kosten sind so definiert, dass ihre Periodenhöhe bei Produktmengenänderungen nicht schwankt; sie sind bei beliebigen Produktmengen gleich hoch. Das bedeutet, um ein weit verbreitetes Missverständnis zu vermeiden, keineswegs, dass beschäftigungsfixe Kosten absolut unveränderlich sind. Sie können vielmehr in Abhängigkeit von jeder Kosteneinflussgröße schwanken – nur nicht in Abhängigkeit von der Einflussgröße Produktmenge. Beschäftigungsvariable Kosten ändern sich dagegen bei Änderungen der Produktmenge, hängen also in ihrer Periodenhöhe von der Produktmenge ab. In der Regel steigen sie mit zunehmender Produktmenge. Einen Spezialfall der variablen Kosten stellen die proportionalen Kosten dar. Sie steigen proportional, d. h. mit stets gleichen Zuwachsraten in Abhängigkeit von einer Variation der Produktmenge. Steigen die Periodenkosten hingegen stärker als proportional zur Produktmenge an, so wird diese Erscheinungsform variabler Kosten als überproportionale oder progressive Kosten bezeichnet. Im entgegengesetzten Fall steigen die Periodenkosten weniger als proportional zur Produktmenge an.[48]

Diese Form des Kostenverlaufs wird dann unterproportionale oder degressive Kosten genannt. Fallen die variablen Kosten bei steigender Beschäftigung, so wird von regressiven Kosten gesprochen.

Die Trennung proportionaler und fixer Kosten ist wichtig, aber in der Praxis ungemein schwierig; sie setzt nicht nur Erfahrung voraus, sondern bereitet aus verschiedenen Gründen auch theoretische Probleme:

Der Begriff der beschäftigungsfixen Kosten hat im Grunde den Charakter einer Restgröße. Kosten lassen sich in Einsatzgütermengen und -preise aufspalten. Die Einsatzgütermengen können proportional von der Produktmenge abhängen, proportional von anderen Kosteneinflussgrößen als dem Produkt (z. B. Loszahl, Temperatur, Tages- oder Jahreszeit) abhängen oder absolut konstant sein. Ähnlich können die Einsatzgüterpreise je Einsatzgütermengeneinheit oder je Mengeneinheit einer anderen Kosteneinflussgröße oder absolut konstant (z. B. konstante Sockel- oder Grundpreise für Strom).

Proportionale und Fixkosten sind nur zwei idealtypische Grenzfälle: Proportionale Kosten steigen schon bei einer Erhöhung der Produktmengen um eine Einheit. Fixe Kosten dagegen bleiben bei Produktmengenänderungen völlig unverändert. Zwischen diesen in der Theorie betrachteten Grenzfällen gibt es in der Praxis aber fast kontinuierliche Übergangsfälle, die eine Grenzziehung erschweren wie bspw. Sprungkosten, auch Intervall-(fix-)kosten genannt. Charakteristisch für sie ist ein treppenförmiger Verlauf. Wenn z. B. bei Werkstoffkosten aus einem Rohgussteil vier Einzelteile hergestellt werden, erfordert die Erhöhung der Produktmenge um eine Einheit ein zusätzliches Einzelteil; das aber erhöht die Werkstoffkosten gleich um ein Rohteil, das für vier Einzelteile und damit für vier Produkte ausreichen würde. Die Kosten steigen also intervallweise nicht je Produkteinheit, sondern je Rohgussteil. Ursache ist die Unteilbarkeit der Rohteile. Während hier Sprünge bei sonst proportionalen Kosten entstehen, treten sie im nächsten Beispiel bei eher fixen Kosten auf. Hat z. B. eine Maschine eine Kapazität von 250 Stunden/Monat und verursacht sie je Monat 1000 WE fixe Abschreibungskosten, so sind bei einem Monatskapazitätsbedarf von 250 Std. eine Maschine mit 1000 WE Fixkosten nötig, bei 251 bis 500 Std. zwei Maschinen mit 2000 WE Fixkosten, bei 501–750 Std. drei Maschinen mit 3000 WE Fixkosten. Wie vorher das Rohgussteil ist jetzt die Maschine nur unteilbar zu beschaffen und führt zu Sprungkosten.

Jeweils an den Sprungstellen (d. h. bei Bedarf nach einem neuen Rohteil bzw. bei der Kapazitätsgrenze einer Maschine) springen die Kosten treppenartig, sind insofern variabel.

---

48   Chmielewicz, Erfolgsrechnung, S. 67

Innerhalb jedes Intervalls sind sie aber unverändert und stellen insofern fixe Kosten dar. Dieser Übergangscharakter zwischen variablen und fixen Kosten wird noch deutlicher, wenn verschiedene Längen des horizontalen Intervalls betrachtet werden, an dessen Ende die Kosten treppenartig nach oben springen. Wird dieses Intervall stetig vergrößert, so ist schließlich kein Sprung mehr vorhanden und die Sprungkosten gehen in fixe Kosten über. Wird das Intervall dagegen stetig kleiner bis null, gehen Sprung- in proportionale Kosten über. Die Kostenkategorien proportionale und fixe Kosten sind also nur zwei klassifizierende Grenzfälle, während in der Realität dazwischen Sprungkosten mit einem stufenlosen Übergang der Intervalllänge vorliegen.

Demzufolge ist eine klare Abgrenzung von proportionalen und fixen Kosten kaum noch einwandfrei möglich. An dieser Stelle kann auch das Phänomen der Kostenremanenz erläutert werden. Sind, um bei dem Maschinenbeispiel zu bleiben, einmal drei Maschinen beschafft, ist aber später vorübergehend nur eine Maschine nötig, so sind die Sprungkosten für die zwei vorübergehend ungenutzten Maschinen nicht sofort abbaufähig. Die Sprungkosten bleiben also auf dem einmal erreichten hohen Niveau. Nach dem Vorbild der magnetischen Remanenz wird dieses Verharren auf hohem Kostenniveau als Kostenremanenz bezeichnet. Eine andere Ursache für die schwierige Abgrenzung von Proportional- und Fixkosten ist die *Dispositionsabhängigkeit der Kosten*. Die Höhe der Kosten ist von Dispositionen des Managements/der Betriebsleitung völlig oder zumindest teilweise abhängig. Das wird am klarsten bei Marketing- oder Forschungskosten sichtbar, deren Höhe vom Management unter Zweckmäßigkeitsaspekten völlig autonom festlegt wird. Solche disponiblen Kosten sind aber nicht aus der Sache heraus fix oder proportional; sie sind vielmehr dann proportional, wenn das Management ihre Höhe proportional zur Produktmenge disponiert. Sie sind hingegen fix, wenn das Management ihre Höhe bei Produktmengenschwankungen unverändert lässt. Die Einordnung ist also eine Folge alternativer Dispositionen. Die weitergehende Grundsatzfrage, ob Kosten allgemein determiniert oder disponibel sind, ist anscheinend nicht eindeutig zu beantworten. Vom Produkt oder von anderen Kosteneinflussgrößen abhängige Kosten sind einerseits determiniert, können andererseits durch Änderungen der Produktmengen, sonstigen Einflussgrößen, Verbrauchskoeffizienten und/oder Einkaufspreisen dispositiv beeinflusst werden. In jeder Kostenart dürften sich also determinierte und dispositive Elemente mischen, wobei aber Einflussgröße und Anteil des determinierten Bereichs und auch die Strenge der Determination von Fall zu Fall schwanken.

Wie oben ausgeführt, können als Kostenkategorien einerseits variable (proportionale) und fixe, andererseits Einzel- und Gemeinkosten gewählt werden. Beide Kategorien gliedern die gleiche Vollkostensumme nach verschiedenen Merkmalen. In der Literatur werden aber oft irreführend Fix- und Gemeinkosten einerseits, Proportional- und Einzelkosten andererseits gleichgesetzt. Wie falsch das ist, kann man sich schon mit Hilfe der einfachen Überlegung klarmachen, dass Kostenträgergemeinkosten nur im Mehrproduktbetrieb auftreten können, beschäftigungsfixe Kosten dagegen auch im Einproduktbetrieb erscheinen. Kostenträgergemeinkosten fallen für mehrere Produkte an und entstehen durch mangelnde direkte Zurechenbarkeit. Fixkosten sind dagegen beschäftigungsunabhängig und entstehen durch mangelnde Teilbarkeit von Einsatzgütern – siehe Werkstoff- und Maschinenbeispiel –, durch betriebspolitische Entscheidungen über disponible Einsatzgüter – siehe Forschungs- und Marketingkosten – sowie durch beschränkte Anpassungsmöglichkeiten aufgrund von juristischen und institutionellen Bindungen, wie bspw. Personalkosten.

Grenz- und Residualkosten

Wiederum andere Kostenkategorien als Einzel- und Gemeinkosten oder variable und fixe Kosten liegen bei Grenz- und Residualkosten vor. Grenzkosten (Marginalkosten) haben zwar eine Ähnlichkeit mit variablen/proportionalen Kosten, sind aber nicht mit ihnen identisch. Grenzkosten beruhen auf dem sogenannten Marginalprinzip, d. h. dem Denken in Grenzwerten als einem Grundprinzip der Wirtschaftswissenschaft und der Wirtschaftspraxis. Gefragt wird nicht nach Zuständen, sondern nach Änderungstendenzen bzw. nach Kostendifferenzen zwischen zwei zur Wahl stehenden beliebigen Alternativen. Grenzkosten sind begrifflich der Wertbetrag, um den sich eine beliebige Kostengröße ändert, wenn sich eine andere ebenfalls beliebige Kosteneinflussgröße ändert. Üblicherweise wird nach der Änderung der gesamten Periodenkosten gefragt, wenn sich die Produktmenge ändert. Dann ergibt sich eine relativ enge Verwandtschaft der Grenzkosten mit (beschäftigungs-)proportionalen Kosten. Es sei aber darauf hingewiesen, dass Grenzkosten auch eine andere Kostenänderung als die der Gesamtperiodenkosten aufgrund einer anderen Einflussgrößenänderung als der der Produktmenge darstellen können (z. B. eine Änderung der Fixkosten aufgrund von Qualitätsänderungen des Produktes). Wie bei Einzel- und Proportionalkosten muss also auch bei Grenzkosten als dritte Kostenkategorie stets ein präzisierender Zusatz erfolgen.

2.3.4.2 Voll- und Teilkostenrechnung

Bei der Unterscheidung der Einzel- und Gemeinkosten wurden bereits Probleme der Verteilung auf Kostenträger angesprochen. Eine andere Problematik der Kostenverteilung stellt sich im Hinblick auf die Frage der vollständigen oder teilweisen Zurechnung von Kostenkategorien auf Kostenstellen und Kostenträger. Diese Frage führt zu der Unterscheidung von Vollkostenrechnung und Teilkostenrechnung. Bei der Vollkostenrechnung werden die Kosten „vollumfänglich" auf Kostenstellen und Kostenträger zugerechnet, bei der Teilkostenrechnung hingegen nur teilweise. Bei der Teilkostenrechnung werden einzelne Kostenanteile von der Verteilung auf Kostenstellen und/oder Kostenträger ausgenommen und insofern nur in der Kostenartenrechnung erfasst. Die vorhergehenden Beschreibungen von Kostenbegriffen und Kostenkategorien sind als begrifflicher Ausgangspunkt der Voll- und Teilkostenrechnung aufzufassen. Das klassische Modell der Kostenstellen- und Kostenträgerrechnung beruht auf dem Prinzip der Vollkostenrechnung, in dem Kostenarten- und Kostenträgersumme stets gleich sind. Die Belastung der Kostenträger erfolgt demgemäß nicht nur mit Einzel-, variablen und Grenzkosten, sondern auch mit Gemein-, Fix- und Residualkosten. Diese Methodik erlaubt eine geschlossene Erfolgsträgerrechnung, in der für jedes Erzeugnis ein Periodenerfolg ausgewiesen werden kann. Diese produktbezogenen Periodengewinne erscheinen allerdings vor dem Hintergrund der bereits erläuterten Zurechnungsprobleme äußerst fragwürdig und grenzen zum Teil an reine Willkür.

2.3.4.3 Teilkostenrechnung (Deckungsbeitragsrechnung)

Der Ausdruck Teilkostenrechnung besagt zunächst nur, dass ein Teil der Kosten auf Kostenträger verteilt, ein anderer Teil von dieser Verteilung ausgeklammert wird. Da als Saldo Deckungsbeiträge statt Gewinne ermittelt werden, kann gleichbedeutend von Deckungsbeitrags- statt Teilkostenrechnung gesprochen werden. Der Deckungsbeitrag kann interpretiert werden als Bruttoerfolgsgröße, die die fixen Kosten und einen Gewinn decken soll. Daher der Name Deckungsbeitrag.

Typen der Teil-Kostenrechnung:

Der Teilkostenbegriff muss für Anwendungszwecke in mindestens zweifacher Hinsicht präzisiert werden. Ein erstes Teilproblem besteht darin, welcher Teil der Kosten vollständig bis auf Kostenträger verteilt wird. Unter Verwendung der genannten Kostenkategorien sind drei Hauptfälle zu unterscheiden[49]:

– Teilkosten A bzw. Proportional-Kostenrechnung: Belastung der Produkte mit variablen (im Spezialfall proportionalen) Kosten (oder auch mit proportionalen Grenzkosten);
– Teilkosten B bzw. Einzel-Kostenrechnung: Belastung der Produkte nur mit (Produkt- oder Kostenträger-)Einzelkosten, um Schlüsselungen von Gemeinkosten zu vermeiden;
– Teilkosten C bzw. Proportionaleinzel-Kostenrechnung: Belastung der Produkte nur mit variablen (proportionalen) Einzelkosten als Kombination Typ A und B.

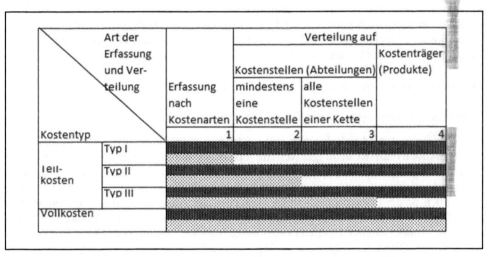

Abb. 2.10: Typen der Teilkostenrechnung, Chmielewicz, Erfolgsrechnung, S. 151

Das zweite Teilproblem lautet, was mit dem beim Typ A, B bzw. C jeweils von der Verteilung auf Kostenträger ausgeschlossenen Teil (Fix- und/oder Gemeinkosten) geschieht bzw. bis zu welcher Stufe dieser Teil verteilt wird. Auch hierbei sind verschiedene Typen der Teilkostenrechnung erkennbar:

– Bei dem Teilkostentyp I tauchen die von der Kostenträgerverteilung ausgeschlossenen Fix- und/oder Gemeinkosten nur in der als Ausgangspunkt dienenden Kostenarten-

---

49 Ebd. S. 151

rechnung auf. Eine Verteilung dieser Kostenkategorien auf einzelne Kostenstellen oder -träger erfolgt nicht.

– Beim Typ II werden diese Kostenkategorien darüber hinaus auf die Kostenstelle verteilt, in der sie anfallen. Alle Fix- und/oder Gemeinkosten tauchen dann in *mindestens je einer Kostenstelle* auf. Eine Weiterverteilung auf einzelne Kostenträger findet aber nicht statt.

– Beim Typ III werden Fix- und/oder Gemeinkosten *lückenlos auf alle Stellen* verteilt. Eine Verteilung dieser Kostenkategorien auf einzelne Kostenträger erfolgt nicht.

– Die Vollkostenrechnung erscheint als Grenzfall, bei dem der gesamte Kostenstrom in voller Breite erfasst und auch voll auf die Kostenstellen verteilt wird, beim Auftreten mehrerer durch Lieferbeziehungen verflochtener Kostenstellen auf die gesamte Kostenstellenkette, anschließend auf Kostenträger.

Durch die Kombination beider Fragestellungen lässt sich eine Teilkostenrechnung präziser als üblich kennzeichnen. Beim Teilkostentyp (A I) z. B. werden Proportionalkosten lückenlos verteilt, Fixkosten jedoch nur in der Kostenartenrechnung erfasst. Beim Typ (B II) werden nur (Kostenträger-)Einzelkosten voll auf die Produkte verteilt, Gemeinkosten dagegen nur auf die Kostenstelle einer Kostenstellenkette, in der sie entstanden sind. Diese Kostenstelle kann so abgegrenzt werden, dass ihr die Kostenträgergemeinkosten als Kostenstelleneinzelkosten und damit ebenfalls direkt zurechenbar sind. Beim Typ (C III) werden nur proportionale Einzelkosten bis auf Kostenträger verteilt, während alle fixen und Gemeinkosten lediglich in der Kostenarten- und Kostenstellenrechnung erscheinen.

Proportional- oder Grenz-Kostenrechnung (Direct Costing)

Proportional-Kostenrechnung mit Fixkosten als Block

Beim Teilkostentyp (A) als Proportional-Kostenrechnung werden nur variable (d. h. Proportionalkosten) auf Kostenträger verteilt. Fixkosten werden jedoch von der Verteilung ausgenommen. Je nach Unterfall (A I), (A II) oder (A III) erscheinen die Fixkosten nur in der Kostenartenrechnung, in der ersten Kostenstelle einer Stellenkette oder in allen Kostenstellen. Üblich ist der erstgenannte Fall (A I). Wegen der Ähnlichkeit von Proportional- und Grenzkosten wird in diesem Zusammenhang meist von einer Grenz-Kostenrechnung gesprochen. Andere gängige Bezeichnungen lauten Variable Costing oder Direct Costing. Die Bezeichnung Direct Costing ist allerdings unscharf, da er das Vorliegen einer Einzel-Kostenrechnung impliziert, obwohl hier Proportional- und nicht Einzelkosten verteilt werden. Grundlage für dieses Kostenrechnungssystem ist die Aufspaltung der Kosten in fixe und proportionale Kosten, ferner die Zerlegung der Periodenleistung und Proportionalkosten in eine Mengen- und Preiskomponente. Als Mengengröße erscheint in beiden Fällen die Produktmenge. Die Fixkosten werden hingegen nicht auf einzelne Produkte verteilt, sondern als ungeteilter Block in die Ergebnisrechnung übernommen.[50]

Ferner ist anzumerken, dass diese Form der Teilkostenrechnung im Gegensatz zur Vollkostenrechnung keine *reine* Kostenrechnung darstellt, sondern durch Absatzpreis- und

---

50   Chmielewicz, Rechnungswesen, S. 88–90

Merkmal	Produktgruppe I		Produktgruppe II	
	Produkt 1 (KT 1)	Produkt 2 (KT 2)	Produkt 3 (KT 3)	Summe von Produkt 1 - 3
1. Absatzmenge m (ME)	100	200	500	
2. Absatzpreis p (WE/ME)	100	300	60	
3. Stück-Proportionalkosten kp (WE/ME)	50	100	40	
4. Stück-Deckungsbeitrag d = 2 - 3 (WE/ME)	50	200	20	
5. Periodenleistung L = mp = 1 X 2 (WE)	10.000	60.000	30.000	100.000
6. Perioden-Proportionalkosten Kp = m * kp = 1 X 3 (WE)	-5.000	-20.000	-20.000	-45.000
7. Perioden-Deckungsbeitrag D (WE) = md = 1 X 4 = L - Kp = 5 - 6	5.000	40.000	10.000	55.000
8. Fixkosten Kf (WE)				-45.000
9. Periodengewinn G (WE) = D - KF = 7 - 8				10.000
10. Deckungsbeitragsspanne (%) = 100 (D : L) = 100 (7 : 5)	50%	67%	33%	55%
11. Umsatzrentabilität (%) Ru = 100 (G : L) = 100 (9 :5)				10%

Abb. 2.11: Proportional-Kostenrechnung mit Fixkostenblock, Chmielewicz, Erfolgsrechnung, S. 154

Leistungsüberlegungen ergänzt wird, ohne die ein Stückdeckungsbeitrag logischerweise gar nicht ermittelbar wäre. Dabei lautet die Grundüberlegung, dass die einzelnen Produkte Stück- und Periodendeckungsbeiträge liefern, die in Summe groß genug sein müssen, um den Sollgewinn und die Fixkosten des Unternehmens zu decken.

Soweit die einleitenden Ausführungen, um die äußere Form einer solchen Teilkostenrechnung zu zeigen. An dieser Stelle soll aber auch danach gefragt werden, welchen Sinn der Verzicht auf die Verteilung von Fixkosten auf Produkte haben soll. Dabei ergeben sich verschiedene Argumente:

Ein erstes Argument lautet, Fixkosten können gar nicht Produkten zugerechnet werden, weil sie nicht vom Produkt, sondern von Investitions- und Personalentscheidungen verursacht werden. Geht man aber vom erwähnten Kosteneinwirkungsprinzip aus, dürfte klar sein, dass ein Produkt ohne Fixkosten nicht zustande kommt und die Investitionsentscheidungen im Hinblick auf die angestrebte Produktart getroffen werden. Zwar wird die Beschaffung einer Maschine bzw. ihre Abschreibung als Fixkosten nicht für eine einzelne Einheit eines Produktes vorgenommen, wohl aber für eine Produktart (bzw. bei fixen Gemeinkosten für eine Gruppe von Produktarten). Insofern bestehen in der Periodenrechnung keine Bedenken, die fixen Periodenkosten auf eine Produktart zu verteilen; die Verteilung auf eine Produkteinheit und damit eine Division der fixen Periodenkosten Kf durch die Produktmenge m ist ja dabei – anders als in der Kalkulation – gar nicht nötig. Dieser wichtige Unterschied zwischen Perioden- und Stückkosten wird oft übersehen. Ein anderes Problem ist, dass die fixen Abschreibungskosten einer Periode selbst im Fall gleichbleibender Abschreibung durch eine Division (Investitionsausgaben / Zahl der Nutzungsperioden) entstehen; diese Periodisierung taucht aber schon in der Kostenartenrechnung auf, ist also allenfalls ein Argument gegen die Periodisierung in der Artenrechnung, nicht aber gegen die Fixkostenverteilung in der Trägerrechnung. Legt man zweitens statt mangelnder Verursachung mangelnde Zurechenbarkeit als Begründung für die fehlende Fixkostenverteilung zugrunde, so meint man anscheinend damit, dass es sich um Kostenträgergemeinkosten handelt, die nur mit Schlüsselungen dem Produkt zurechenbar sind. Es wird zwar von Fixkosten geredet, gemeint sind aber wohl Gemeinkosten. Eine solche Gleichsetzung von Fix- und Gemeinkosten ist in der Fachliteratur durchaus üblich. Sowohl Fix- als auch Proportionalkosten sind allerdings als Bestandteile in Einzel- und Gemeinkosten enthalten. Gegen die These mangelnder Zurechenbarkeit von Fixkosten ist deshalb einzuwenden, dass erstens fixe Einzelkosten sehr wohl direkt verteilbar sind und dass zweitens variable Kosten auch variable bzw. proportionale Gemeinkosten enthalten, welche nicht direkt verteilbar sind, bei dem Verfahren aber trotzdem verteilt werden. Ein drittes Argument lautet, Fixkosten spielten für Produktentscheidungen keine Rolle und brauchten deshalb nicht auf Kostenträger verteilt zu werden. Für richtige Produktentscheidungen genügen nach dieser Auffassung auf der Kostenseite Proportionalkosten. Entscheidungen über die Neuaufnahme, Förderung oder Eliminierung von Produkten sind aufgrund von Kalkulationen mit variablen Kostenbestandteilen zu treffen. Diese Argumentation ist besonders von der Technik der linearen Programmierung her bekannt und trifft wohl für Produktmengenentscheidungen zu, die kurzfristig bei gegebenen Verkaufspreisen, gegebener Kapazität und damit bei unveränderlichen Fixkosten erfolgen. Ein Beispiel für diese Argumentation wurde im Kapitel 2.3.4.1 gegeben; der Grenzerlös einer zusätzlichen Produkteinheit (oder eines zusätzlichen Auftrages) musste dort die Grenzkosten (bei linearem Verlauf die Proportionalkosten) decken. Bei Produktartenentscheidungen, bei langfristiger Betrachtung und/oder bei durch Investitionen veränderlichen Kapazitäten variieren aber die Fixkosten; sie dann bei strategisch wichtigen Produktentscheidungen zu vernachlässigen, wäre verfehlt. Für langfristige, strategische Produktentscheidungen ist es wichtig, die Periodenfixkosten und Periodengewinne einzelner Produktarten zu kennen und die Fixkosten deshalb anders als bei der Teilkostenrechnung auf Produkte zu verteilen. In der (Teilkosten-)Literatur wird mitunter argumentiert, solche langfristigen Erwägungen seien nicht Objekt der Kosten-, sondern der erwähnten Investitionsrechnung. Das ist aber keine sachliche Notwendigkeit, sondern eine freiwillige Selbstbeschränkung mit der nachteiligen Folge, dass die Kostenrechnung auf kurzfristige Betrachtungen eingeengt wird. Fixkosten werden dann nicht verteilt, weil die Kostenrechnung freiwillig auf kurzfristige Aspekte beschränkt wird und dafür keine Fixkosten nötig sind. Wenn weiterhin argumentiert wird, es genüge, dass die Deckungsbeiträge aller Produkte zusammen den Fixkostenblock und Sollgewinn decken, liegt ein ganzheitliches Denken vor, bei dem übersehen wird, dass sich Produktentscheidungen analytisch auf das Einzelprodukt statt auf das gesamte Produktprogramm erstrecken. Ebenso ist die Zurechnung von Fixkosten nötig, wenn die Kosten als eine von mehreren Grundlagen der Preis- und Erlöspolitik verwendet werden.

Periodengewinne und Umsatzrentabilität der einzelnen Produkte und damit ihr Beitrag zum Unternehmungsgewinn sind wegen der fehlenden Fixkostenverteilung auf Produkte aus einer Deckungsbeitragsrechnung nicht erkennbar, nur Periodendeckungsbeiträge und Deckungsbeitragsspannen. Man könnte nun erwägen, bei der Teilkostenrechnung die Periodengewinne einzelner Produkte ergänzend zu ermitteln. Voraussetzung ist aber die Verteilung des Fixkostenblocks auf Produkte und damit der Übergang zur Voll- statt Teilkostenrechnung. Es handelt sich also um keinen zufälligen, sondern um einen systembedingten Mangel der Proportional-Kostenrechnung. Solange die Periodenfixkosten pro Produkt nicht ermittelt werden, kann weder der Periodengewinn einzelner Produkte durch Abzug der Fixkosten vom Deckungsbeitrag ermittelt werden noch ein Sollwert für den Deckungsbeitrag als Summe von Sollgewinn plus Fixkosten. Um einen Soll-Deckungsbeitrag zu ermitteln, müssten vorher die Fixkosten verteilt werden, was die Teilkostenrechnung nicht leisten kann, ohne sich selbst untreu zu werden. Wenn nämlich der Soll-Deckungsbeitrag hinsichtlich der enthaltenen Fixkosten nach dem Kosteneinwirkungsprinzip ermittelt werden soll, besteht zwischen seiner Ermittlung und einer Fixkostenverteilung kaum noch ein Unterschied. Die alternativ mögliche Ermittlung der Soll-Deckungsbeiträge nach dem Kostentragfähigkeitsprinzip dürfte noch weit problematischer als eine Fixkostenverteilung sein, ist deshalb kaum sinnvoll. Ein globaler Schluss von hohen Deckungsbeiträgen auf hohe Gewinne wäre außerordentlich gefährlich. Wenn nämlich bei einzelnen Produkten atypisch hohe Fixkosten vorliegen, können hohe Deckungsbeiträge sehr wohl mit niedrigen Gewinnen oder gar Verlusten verbunden sein. Einige Anhänger der Teilkostenrechnung folgern daraus, eine gewinnorientierte Produktlenkung und die damit verbundene Frage nach dem Periodengewinnen einzelner Produktarten als überflüssig zu bezeichnen. Das scheint aber mehr eine Verdrängung als eine Lösung des Problems zu sein. Im Zielsystem taucht nun einmal ein Gewinnziel statt eines Deckungsbeitragsziels auf, und eine Produktpolitik auf der Basis einer für die Gewinnüberwachung einzelner Produktarten geeigneten Kostenrechnung ist in der Praxis unerlässlich. Damit soll allerdings nicht behauptet werden, dass Produktentscheidungen der alleinige Zweck der Kostenrechnung seien.

Stufenweise Fixkostendeckungsrechnung

Als Weiterentwicklung der Proportional-Kostenrechnung wurde das System der stufenweisen Fixkostendeckung vorgeschlagen. Dabei wird hervorgehoben, dass die Behandlung der Fixkosten als einheitlichen Block einen Rückschritt darstellt, da Fix- und Gemeinkosten dabei nicht ausreichend unterschieden werden und bspw. ein Deckungsbeitrag von 30 % über den Gewinn eines Produktes nichts besagt, solange man die zugehörigen Fixkosten nicht kennt. Bei einer Umsatzhalbierung etwa bliebe die prozentuale Deckungsbeitragsspanne unverändert und ließe aus der Produktperspektive trotzdem eine gute Erfolgssituation vermuten, obwohl dann auch der absolute Periodendeckungsbeitrag halbiert ist und evtl. nicht mehr zur Deckung der Fixkosten ausreicht. Es wird weiter betont, dass bei allen Produktentscheidungen, die neue Fixkosten hervorrufen oder vorhandene abbauen, die Fixkosten und nicht nur die Deckungsbeiträge bekannt sein müssen. Der Grundansatz der stufenweisen Fixkostendeckungsrechnung besagt, die Fixkosten nicht als einheitlichen Block zu betrachten, sondern sie nach ihrem Einzelkostencharakter zu stufen. Die Proportionalkosten- oder Deckungsbeitragsrechnung kann die Erfolgssituation ziemlich stark verzeichnen, weil sie die Fixkosten als undifferenzierten Block behandelt. Die stufenweise Fixkostendeckungsrechnung kommt der Gewinnlage näher und ist insofern der Proportional-Kostenrechnung wohl vorzuziehen. Sie ist der Proportional-Kostenrechnung umso mehr überlegen, je größer am oberen Ende der Staffel der Anteil der fixen Kostenträger- und Kostenträgergruppeneinzelkosten an der Fixkostensumme ist. Die beste Aussage über den Gewinn liefert die Vollkostenrechnung, jedoch muss sie im Gegensatz zur stufenweisen Fixkostendeckungsrechnung eine Schlüsselung der fixen Kostenträgergemeinkosten vornehmen. Ein Vorteil wird so durch einen anderen Nachteil erkauft, d. h., es liegt ein Zielkonflikt vor. Unproblematisch ist auch der Ansatz der stufenweisen Fixkostendeckungsrechnung nicht. Bezüglich der Fixkostenzurechnung ist das Verfahren einwandfrei und nimmt nur direkte Verteilungen vor. Problematisch erscheint aber der Deckungsbeitrag der Proportional-Kostenrechnung als Ausgangspunkt des Verfahrens (= Erlös – variable oder proportionale Kosten). Diese variablen Kosten werden bei jedem Produkt vom Produkterlös abgezogen, enthalten aber außer variablen Einzel- auch variable Gemeinkosten, die somit indirekt verteilt werden müssen. Das etwas merkwürdige Resultat lautet also, dass die stufenweise Fixkostendeckungsrechnung eine Gemeinkostenschlüsselung bei den fixen Gemeinkosten bewusst vermeidet, sie bei den variablen Gemeinkosten aber stillschweigend voraussetzt. Das liegt zwar weniger an dem System der Fixkostendeckungsrechnung als an der Proportional-Kostenrechnung als Ausgangspunkt des Systems, ist aber trotzdem eine Ungereimtheit.

Einzel-Kostenrechnung

Ein anderer Teilkostentyp B entsteht als Einzel-Kostenrechnung, wenn die Produkte mit Einzelkosten statt wie beim Typ A mit Proportionalkosten belastet werden. Von der Verteilung ausgeschlossen werden dann nicht fixe, sondern Gemeinkosten. Je nach Unterfall B I–III erscheinen Gemeinkosten nur in der Kostenartenrechnung, in mindestens einer Kostenstelle einer Kette oder in allen Kostenstellen. Das Motiv einer solchen Teilkostenrechnung als Einzel-Kostenrechnung ist leicht erkennbar: Gemeinkostenschlüsselungen sollen völlig vermieden und nur Einzelkosten direkt verteilt werden. Das führt insbesondere zum Typ B II, bei dem alle (Kostenträger-)Gemeinkosten auf mindestens eine Kostenstelle verteilt werden, so dass sie – nach entsprechender Stellenbildung – dieser Kostenstelle als (Stellen-)Einzelkosten direkt zurechenbar sind. Die Fehler jeder Gemeinkostenschlüsselung werden damit verhindert. Das Ziel einer Einzel-Kostenrechnung ist also primär die Ermittlung materiell verlässlicher und/oder rechentechnisch genauer Kostenwerte, nur sekundär ihre Aussagekraft für die Erfolgssteuerung des Unternehmens. Der konsequenteste Ansatz für eine Einzel-Kostenrechnung stammt von Riebel. Alle Entscheidungen aufgrund von Vollkosten sind seiner Ansicht nach mit größter Wahrscheinlichkeit falsch:

„Es gibt in jeder Wissenschaft Fragen, die aus der Natur der Sache heraus nicht beantwortet werden können. Dazu gehört die naheliegende, aber laienhafte Frage: „Was kostet die Leistungseinheit?" Es kann nicht die Aufgabe der Betriebswirtschaftslehre sein, dem praktischen Bedürfnis nach Beantwortung dieser Frage dadurch entgegenzukommen, dass sie Verrechnungsmethoden zu entwickeln oder konservieren hilft, die nichts anderes als eine Mischung aus viel Dichtung und wenig Wahrheit darstellen."[51]

Verteilt werden nur Einzelkosten auf möglichste kleine Bezugsbasen; die Aufspaltung in variable und Fixkosten kann zwar erfolgen, tritt aber in den Hintergrund. Es werden nicht einfach Einzel- und Gemeinkosten gegenübergestellt, sondern gestufte Einzelkosten verwendet und so weit wie möglich, aber stets direkt verteilt. Alle Kostenträgereinzelkosten werden bis auf Kostenträger verteilt, Kostenträgergruppeneinzelkosten auf Kostenträgergruppen, Kostenstelleneinzelkosten nur bis auf Kostenstellen, Werkseinzelkosten auf Werke. Das ist ein im Prinzip ähnlicher Ansatz wie bei der fast gleichzeitig entstandenen stufenweisen Fixkostendeckungsrechnung nach Agthe[52], der sich aber bei Riebel nicht nur auf Fixkosten erstreckt, sondern auf variable und fixe Kosten.

Theoretisch ist das Verfahren noch sauberer, weil zusätzlich auf die Schlüsselung von variablen Gemeinkosten verzichtet wird. Abgesehen davon, ergibt sich ein ähnliches Tabellenschema wie bei der Fixkostendeckungsrechnung. Riebel betont, dass die Reihenfolge der

---

51   Riebel, Einzelerlös-, Einzelkosten- und Deckungsbeitragsrechnung, S. 57
52   Agthe, Stufenweise Fixkostendeckung im System des Direct Costing, S. 404

Abzugsposten von der jeweiligen Fragestellung abhängt.[53] Ferner verallgemeinert er den Begriff des Deckungsbeitrages als Überschuss des Erlöses (oder Ertrag, Leistung) über beliebige Kosten statt nur über variable Kosten. In dieser weiten Fassung ist jede Teilkostenrechnung – und genau genommen auch die Vollkostenrechnung – eine Deckungsbeitragsrechnung.

Proportionaleinzel-Kostenrechnung

Beide bisher dargestellten Systeme der Teilkostenrechnung haben neben Vorteilen auch unübersehbare Nachteile. Insbesondere hat jeder Anhänger eines der beiden Systeme Einwände gegen das jeweils andere System:

- Der Anhänger der zuletzt erwähnten Einzel-Kostenrechnung wird gegen die Proportional-Kostenrechnung einwenden, dass außer proportionalen Einzel- auch Gemeinkosten auf Produkte verteilt werden, also Gemeinkosten geschlüsselt werden.
- Umgekehrt wird der Anhänger der Proportional-Kostenrechnung gegen eine Einzel-Kostenrechnung einzuwenden haben, dass die direkt verteilten Einzelkosten sowohl proportionale als auch fixe Kostenelemente enthalten, also Fixkosten auf Produkte zugerechnet werden.

Diese gegenseitigen Einwände lassen sich nur beseitigen, wenn sowohl Fix- als auch Gemeinkosten von der Verteilung auf Kostenträger ausgeschlossen werden. Dann entsteht der bereits erwähnte Teilkostentyp, der eine Belastung der Kostenträger nur mit variablen oder proportionalen Einzelkosten vorsieht. Dieser Teilkostentyp hat bisher kaum praktische Bedeutung, da dies zu einer Belastung der Kostenträger nur mit variablen Material- und Energiekostenanteilen führen würde. Erwähnt wird dieser Teilkostentyp bei Moews[54], der auch die anderen Typen in ähnlicher Art wie hier gegenüberstellt. Zu ähnlichen Überlegungen gelangen auch Männel/Hummel, die ausführen, dass die einzigen produktmengenvariablen Kosten ausschließlich in den Materialkosten (Roh- und Hilfsstoffe) und dem variablen Anteil der Energiekosten zu sehen sind.[55]

2.3.4.4 Kombinierte Voll- und Teilkostenrechnungen

Vor dem Hintergrund der z. T. massiven Kritik an der Vollkostenrechnung ist die sogenannte differenzierte Vollkostenrechnung entwickelt worden. Die Kernidee dahinter ist, die Vollkostenrechnung beizubehalten, sie aber in differenzierter Form weiterzuentwickeln, um einerseits die Kritik durch Anhänger der Teilkostenrechnung zu entkräften, andererseits die Mängel der Teilkostenrechnung zu vermeiden.

Munzel[56] charakterisiert die von ihm vorgeschlagene modifizierte Vollkostenrechnung durch folgende Grundsätze:

---

53   Riebel, Einzelerlös-, Einzelkosten- und Deckungsbeitragsrechnung, S. 37
54   Moews, Kosten- und Leistungsrechnung, S. 207 ff.
55   Hummel, Männel, Moderne Verfahren und System der Kostenrechnung, S. 78
56   Munzel, Die fixen Kosten in der Kostenträgerrechnung, S. 79 ff.

1)   *Zurechnung aller Kosten* auf Kostenträger (= Vollkostenrechnung)
1)   Trennung der Kosten in variable und fixe Anteile
2)   Differenzierung der Fixkosten nach der Abbaufähigkeit
3)   Unterteilung aller Kosten nach der Ausgabenwirksamkeit
4)   Spaltung der Fixkosten in Fixkostengruppen (Erzeugnisfixkosten, Erzeugnisgruppen-
     fixkosten, allgemeine Fixkosten)
5)   Trennung und getrennter Ausweis der Kosten nach Entstehungsbereichen (Material,
     Fertigung, Verwaltung, Vertrieb)
6)   Unterteilung der Kosten nach Kostenarten,
7)   Unterteilung der Kosten in Kostenträgereinzelkosten und Kostenträgergemeinkosten

Grundsatz 1 beinhaltet im Prinzip eine Vollkostenrechnung und bildet damit im Grunde den
Gegenpol zur Teilkostenrechnung. Aus den Grundsätzen 2, 5 und 8 folgt eine Differenzierung der Vollkosten in fixe und variable Kosten sowie Einzel- und Gemeinkosten. Die
differenzierte Vollkostenrechnung kann demnach so charakterisiert werden, dass die Kostenträger mit Vollkosten belastet werden, dabei aber eine Differenzierung nach einzelnen
Kostenkategorien erfolgt. Fixkosten werden zwar auf Kostenträger verteilt, ihre Höhe ist
aber wegen der Differenzierung erkennbar und ihr Einfluss auf die Stückkosten bei
schwankender Produktmenge einfach berechenbar.

Gemeinkosten werden zwar auf Kostenträger geschlüsselt, jedoch ist ihr Anteil wegen der
Differenzierung erkennbar. Damit wird die Größenordnung der durch die Schlüsselung
bedingten Zurechnungsfehler abschätzbar. Fixe Gemeinkosten werden nach einem Kapazi-
tätsbelastungsschlüssel auf Produkteinheiten verteilt. Anhänger der Vollkostenrechnung
können somit auf die Vollkosten als Basis für die Gewinnüberwachung und -lenkung zu-
rückgreifen, Anhänger der Proportional-Kostenrechnung auf die darin enthaltenen und
getrennt ausgewiesenen Proportionalkosten, Anhänger der Einzel-Kostenrechnung auf die
ebenfalls enthaltenen und ausgewiesenen Einzelkosten. Somit können im Hinblick auf den
Erfolgsausweis Proportional-(Grenz-), Einzel- und Vollkostenversionen parallel betrachtet
und interpretiert werden. Es sei bereits an dieser Stelle darauf hingewiesen, dass für die Integration der Erfolgsrechnung mit der Finanzrechnung nur auf die Vollkostenversion zurückgegriffen werden sollte, da die Ableitung bestimmter Zahlungsgrößen ansonsten fehlerhaft wäre. Dabei bezieht sich die Vollkostenversion ausschließlich auf die Bewertung der
Erzeugnisbestände, d. h., der Ausweis von Artikeldeckungsbeiträgen kann selbstverständlich auf Einzel- und/oder Grenzkostenbasis erfolgen.

Der differenzierte und parallele Kostenausweis ermöglicht es jedem Anhänger einer bestimmten „Kostenrechnungsphilosophie", das herauszulesen, was er bevorzugt. Damit
bleibt es dem Manager überlassen, für die jeweilige Entscheidungssituation die zweckmäßige Kostenrechnungsbasis zu wählen. Die Vorteile der einzelnen Kostenrechnungssysteme werden somit kombiniert und ihre Nachteile reduziert. In Abbildung 2.12 ist eine
differenzierte Vollkostenrechnung in Staffelform aufgeführt. Die sechs Kostenkategorien
des Beispiels sind in Zeile 2–7 für jeden Kostenträger getrennt aufgeführt. Eingeklammert
sind solche Zahlen, die entweder selbst geschlüsselte Gemeinkosten darstellen oder deren
Ermittlung eine Gemeinkostenschlüsselung voraussetzt. In Zeile 8–12 erscheinen alternative Saldogrößen (Gewinn bzw. Deckungsbeiträge).

Merkmal			Produktgruppe I			Produktgruppe II	
			Produkt 1 (KT 1)	Produkt 2 (KT 2)	Summe 1 + 2	Produkt 3 (KT 3)	Summe von Produkt 1 - 3
1. Periodenleistung L			10.000	60.000	70.000	30.000	100.000
Kostenträger-	2. Proportional		3.000	17.000	20.000	15.000	35.000
EK (WE)	3. Fix		1.000	3.000	4.000	1.000	5.000
Kostenträger-Gruppen	4. Proportional		1.000	1.000	2.000	0	2.000
EK (WE)	5. Fix		2.000	23.000	25.000	0	25.000
Allgemeine	6. Proportional		1.000	2.000	3.000	5.000	8.000
GK (WE)	7. Fix		1.000	10.000	11.000	4.000	15.000
8. Periodengewinn = 1 - (2 bis 7) (WE)			1.000	4.000	5.000	5.000	10.000
Perioden-Deckungsbeitrag		9. Proportionalkostenrechnung = 1 - (2 + 4 + 6)	5.000	40.000	45.000	10.000	55.000
	Einzelkostenrechnung	10. je Produktgruppe = 1 - (2 - 5)	3.000	16.000	19.000	14.000	33.000
		11. je Produkt = 1 - (2 + 3)	6.000	40.000	46.000	14.000	60.000
	12. Prop. Einzelkostenrechnung = 1 - 2		7.000	43.000	50.000	15.000	65.000

Abb. 2.12: Differenzierte Vollkostenrechnung in Staffelform, Chmielewicz, Erfolgsrechnung, S. 171

Manager, die der Vollkostenrechnung wohlgesonnen sind, werden zunächst nur den Gewinn in Zeile 8 in Betracht ziehen, die Teilkostenanhänger hingen nur einen der Deckungsbeiträge in Zeile 9–12. Dabei werden sich die Verfechter der Proportional-Kostenrechnung an Zeile 9 orientieren (Deckungsbeitrag über die Proportionalkosten), die Anhänger der gestuften Einzel-Kostenrechnung an Zeile 10 (Deckungsbeitrag über die Kostenträger- und Kostenträgergruppeneinzelkosten) und Zeile 11 (Deckungsbeitrag über die Kostenträgereinzelkosten), die Vertreter der Proportionaleinzel-Kostenrechnung an Zeile 12 (Deckungsbeitrag über die proportionalen Einzelkosten). In dem Schema aus Abbildung 2.13 ist auch die stufenweise Fixkostendeckungsrechnung darstellbar, wenn vom Deckungsbeitrag Zeile 9 die Fixkosten der Zeilen 3, 5, 7 stufenweise in Abzug gebracht werden. Die Unterschiede der einzelnen Teilkostensysteme kann man sich anhand der Abbildung 2.13 sehr einprägsam verdeutlichen und zugleich ihre Probleme erkennen. Jeder Anwender wird vom gleichen zweckindifferenten Kostenrechnungssystem mit Zahlen versorgt. Die differenzierte Vollkostenrechnung kann somit die gleichen Informationen für die Erfolgslenkung wie eine Voll- oder beliebige Teilkostenrechnung liefern, kann die sonst miteinander unverträglichen Forderung der Voll-, Proportional- und Einzel-Kostenrechnung zugleich realisieren und eine zweckindifferente Grundrechnung bieten. Ferner kann sie über jedes der genannten Systeme hinaus zusätzliche Informationen liefern. Der Vollkostenanhänger wird z. B. bei Produkt 1 erkennen, dass bei der Ermittlung des Gewinns in Höhe von 1.000 GE Gemeinkosten in Höhe von 5.000 GE in Zeile 4–7 geschlüsselt und damit ungenau zugerechnet wurden und ferner in Zeile 3, 5, 7 4.000 GE Fixkosten vorliegen, die den Gewinn bei Absatzschwankungen verändern. Der Verfechter der Proportional-Kostenrechnung wir neben der Gewinnhöhe auch erkennen, dass sein Deckungsbeitrag in Höhe von 5.000 GE die Schlüsselung von 2.000 GE Gemeinkosten in den Zeilen 4 und 6 bedingt. Der Befürworter der Einzel-Kostenrechnung realisiert, dass sein produktbezogener Deckungsbeitrag in Höhe von 6.000 GE den Gewinn (1.000 GE) weit übersteigt und ferner in Zeile 3 ebenfalls eine Fixkostenzurechnung in Höhe von 1.000 GE voraussetzt und deshalb bei Absatzschwankungen variieren wird. Beide Anhänger der Teilkostenrechnung sehen, wie hoch in der Planung die Soll-Deckungsbeiträge für die in ihrem System nicht verteilten Fix- bzw. Gemeinkosten sein müssen. Der Befürworter der proportionalen Einzel-Kostenrechnung erkennt, wie hoch sein Deckungsbeitrag (7.000 GE) über dem Gewinn (1.000 GE) bzw. wie nahe er dem Umsatz (10.000 GE) liegt, wie begrenzt demgemäß seine Aussagekraft für die Gewinnsteuerung ist. Das Konzept der differenzierten Vollkostenrechnung ermöglicht insofern einen vertieften Einblick in die Kostenstruktur. Allerdings stellt die differenzierte Vollkostenrechnung ungleich höhere Anforderungen an das Verständnis der kostenrechnerischen Zusammenhänge, da nicht mehr wie bei den anderen Systemen eine einzige (Voll- oder Teil-)Kostenaussage je Produktart zu ermitteln und zu beurteilen ist, sondern mehrere Kostenaussagen in beliebig tiefer Differenzierung (im Beispiel sechs Kostenaussagen je Produktart). Es kommt hinzu, dass in der Planung aufgrund der verschiedenen Kostenzurechnungsmethoden theoretisch auch unterschiedlich hohe Periodengewinne entstehen können. Dies liegt an der unterschiedlichen Bewertung von ggf. auftretenden Produktlagerbestandsveränderungen, die je nach Zurechnungsmethode in unterschiedlicher Höhe auf den Gewinn wirken. Praktisch ist dies jedoch kaum von Relevanz, da die Bewertung der Produktbestände mit vollen Herstellkosten zu erfolgen hat. Eine abweichende Bewertung in der Planung würde demgemäß keinen Sinn ergeben.[57]

2.3.4.5 Zeitbezug und Vorgabecharakter (Ist-, Normal- und Plan-Kostenrechnung)

In den vorherigen Kapiteln wurden Kostenrechnungssysteme nach den Merkmalen des Umfangs der Zurechnung auf Kostenträger (Voll- und Teilkostenrechnungssystem) unterteilt. Eine weitere Unterscheidung von Kostenrechnungssystemen wird im Hinblick auf die Betrachtung der Zeitdimension vorgenommen. Hinsichtlich der Zeitdimension werden Ist-, Normal- und Plan-Kostenrechnungen unterschieden. Dabei darf man jedoch nicht dem Irrtum unterliegen, dass bei der Plan-Kostenrechnung die Erfolgsermittlung auf Basis geplanter Kosten erfolgt. Vielmehr setzt die Plan-Kostenrechnung eine gut ausgebaute Ist-Kostenrechnung voraus. Ferner ist es falsch, anzunehmen, nur die *Plan-Kosten*rechnung könne Grundlage für die *Planungs*rechnung sein. Die Planungsrechnung kann auch von den Ist-Kosten der Vorperiode oder von Durchschnittskosten mehrerer Vergangenheitsperioden ausgehen. Damit wird dem Umstand Rechnung getragen, dass die Plan-/Standard-Kostensätze häufig idealisierte Zielwerte darstellen, die in der Praxis kaum erreicht werden können. Ein Kompromiss bietet in diesem Zusammenhang die sogenannte Prognose-Kostenrechnung, die nicht einfach unreflektiert Vergangenheitswerte fortschreibt, sondern auf erreichbaren statt idealisierten Vorgabewerten beruht.

Für den im Rahmen der Leistungserstellung anfallenden Verzehr an Produktionsfaktoren bieten sich grundsätzlich zwei Möglichkeiten an: Einerseits kann der Verzehr im Rahmen einer Planung antizipiert werden, andererseits kann dieser auf Basis einer Dokumentationsrechnung registriert werden. Eine antizipative Rechnung wird als Plan-Kostenrechnung bezeichnet, eine vergangenheitsorientierte Rechnung dagegen als Ist-Kostenrechnung (tatsächliche „Ist"-Kosten stehen im Mittelpunkt der Betrachtung). Werden die Ist-Kostendaten

---

57   Chmielewicz, Erfolgsrechnung, S. 122

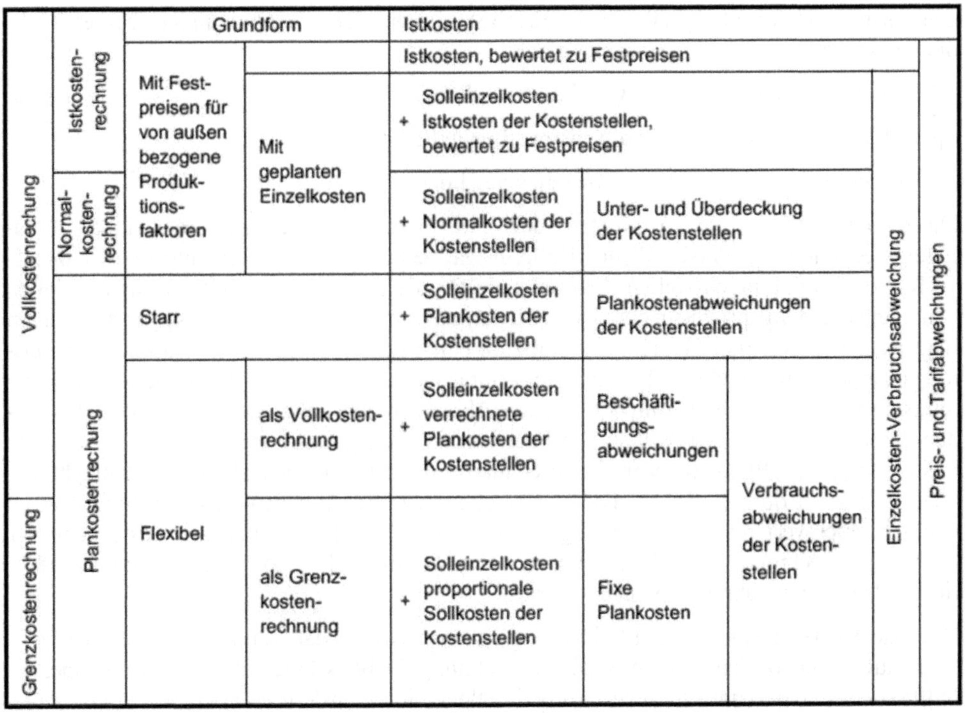

	Grundform		Istkosten		
			Istkosten, bewertet zu Festpreisen		
Istkostenrechnung / Normalkostenrechnung — Mit Festpreisen für von außen bezogene Produktionsfaktoren	Mit geplanten Einzelkosten		Solleinzelkosten + Istkosten der Kostenstellen, bewertet zu Festpreisen		
			Solleinzelkosten + Normalkosten der Kostenstellen	Unter- und Überdeckung der Kostenstellen	
Plankostenrechnung — Starr			Solleinzelkosten + Plankosten der Kostenstellen	Plankostenabweichungen der Kostenstellen	
Flexibel	als Vollkostenrechnung		Solleinzelkosten + verrechnete Plankosten der Kostenstellen	Beschäftigungsabweichungen	Verbrauchsabweichungen der Kostenstellen
	als Grenzkostenrechnung		Solleinzelkosten + proportionale Sollkosten der Kostenstellen	Fixe Plankosten	

(Vertikale Randbeschriftungen links: Vollkostenrechnung, Grenzkostenrechnung, Plankostenrechnung; rechts: Einzelkosten-Verbrauchsabweichung, Preis- und Tarifabweichungen)

Abb. 2.13: Entwicklungsformen der Kostenrechnung, Kilger, Pampel, Vikas, Flexible Plankostenrechnung und Deckungsbeitragsrechnung, S. 95

vergangener Perioden (oft in Form gemittelter Vergangenheitswerte) zu Prognosezwecken in die Zukunft projiziert, so wird von einer Normal-Kostenrechnung gesprochen. Die Normal-Kostenrechnung hat keine praktische Bedeutung mehr, allerdings fließt der Ansatz der Fortschreibung von „normalisierten" Vergangenheitsdaten in pragmatische Ansätze der Plan-Kostenrechnung ebenso ein wie in Ist-Kostenrechnungssysteme: So werden viele sogenannte „sonstige Gemeinkosten" nicht jährlich analytisch geplant, sondern, gegebenenfalls um Preisveränderungen korrigiert, selektiv fortgeschrieben. Andererseits werden zahlreiche Ist-Kosten geglättet, indem zum Beispiel zeitliche Abgrenzungen vorgenommen werden.[58]

Plan-Kostenrechnung

Die Voll- und Teilkostenrechnung kann sowohl als vergangenheitsbezogene Ist-Erfolgsrechnung als auch als zukunftsorientierte Plan-Erfolgsrechnung aufgestellt werden. Die Plan-Erfolgsrechnung stellt eine Ergänzung und Weiterentwicklung der traditionellen Ist-Erfolgsrechnung dar und trägt in sie den Gedanken der Planungsrechnung hinein. Die Einführung einer Plan-Erfolgsrechnung erfordert stets das Vorhandensein oder den gleichzeiti-

---

58 Dannhauser, Kostenrechnung und Produktionsplanung und -steuerung, S. 93

gen Ausbau einer leistungsfähigen Ist-Erfolgsrechnung. Der Zusammenhang beider Rechnungen lautet:

Ist-Erfolg – Plan-Erfolg = ± Gewinnabweichung   (2.3)

Speziell auf der Kostenseite ist die entsprechende Formel:

Ist-Kosten – Plan-Kosten = ± Kostenabweichung

Diese Gewinnabweichungen (Kosten- oder Leistungsabweichungen) spielen in der Plan-Erfolgsrechnung eine entscheidende Rolle. Negative Gewinn- oder Leistungs- sowie positive Kostenabweichungen stellen Alarmsignale für die Unternehmensleitung dar und leiten neue Entscheidungsprozesse ein. Der Schwerpunkt unternehmungspolitischer Aktivitäten liegt innerhalb der Plan-Erfolgsrechnung zum einen bei der sorgfältigen Kosten- und Leistungsplanung, zum anderen bei der Ermittlung und Auswertung von Kosten- und Leistungsabweichungen. Die Ermittlung solcher Abweichungen setzt einen in den entscheidenden Punkten gleichartigen Aufbau von Plan- und Ist-Erfolgsrechnung voraus. Es ist deshalb nicht ratsam, die Plan- als Vollkostenrechnung, die Ist- dagegen als Teilkostenrechnung oder umgekehrt durchzuführen. Die Vergleichbarkeit und Abweichungsermittlung würden dadurch erschwert oder sogar unmöglich gemacht. Zunächst sei nur die Kostenseite der Plan-Erfolgsrechnung behandelt, die unter dem Stichwort Plan-Kostenrechnung hauptsächlich in den 1950er Jahren entwickelt wurde.

Die Plan-Kostenrechnung stellt keinen einheitlichen Ansatz dar, sondern kann ebenso vielfältig aufgebaut werden wie die Ist-Kostenrechnung. Dabei können allgemeine und spezielle Plan-Kostentypen unterschieden werden. Allgemeine Plan-Kostentypen erscheinen schon in der Ist-Kostenrechnung und sind insofern nicht spezifisch für die Plan-Kostenrechnung. Die periodenbezogene Plan-Kostenrechnung kann als reine Kostenartenrechnung betrieben oder durch eine Kostenstellen- und Kostenträgerrechnung ergänzt werden. In der Plan-Kostenliteratur wird besonders die Kostenstellen- und Kostenträgerrechnung betont. Die Plan-Kostenrechnung dient dann bevorzugt der Wirtschaftlichkeitskontrolle der Produktionsabteilungen und Produkte. Deshalb spielt hier auch die Bildung und Abgrenzung von Kostenstellen eine größere Rolle als in der Ist-Rechnung, um den jeweiligen Stellenleiter für positive Kostenabweichungen verantwortlich zu machen. Die Kostenstellenbildung soll eine eindeutige Abgrenzung von geschlossenen Verantwortungsbereichen ermöglichen, einen möglichst großen Umfang direkt verteilter Einzelkosten zulassen, ferner eine einheitliche Produktart als Stellenausbringung aufweisen. Diese Betonung der Kostenstellen kann aber keinen Verzicht auf Kostenarten- und Kostenträgeraspekte bedeuten. Es sei nochmals betont, dass eine geschlossene Plan-Erfolgsrechnung mit Gewinnabweichungen de facto nur auf der Basis von Kostenarten oder -trägern möglich ist, während in der Kostenstellenrechnung nur Plan- und Ist-Kosten gegenübergestellt und die entstehenden Kostenabweichungen auf ihre Ursachen hin untersucht werden können. Unter den Aspekten der Kostenkategorien kann es sich bei der Kostenstellen- und auch Kostenträgerrechnung um eine Vollplan-Kosten- oder Teilplan-Kostenrechnung handeln. Die Teilplan-Kostenrechnung wird häufig „unscharf" auch Grenzplankostenrechnung genannt. Meistens wird darunter eine Proportional-Kostenrechnung ohne Fixkostenverteilung verstanden, seltener eine echte Grenzplankostenrechnung mit nichtlinearen Grenzkosten. Denkbar wäre aber ohne Weiteres auch eine Planeinzel-Kostenrechnung ohne Gemein-Kostenverteilung. Für die Vor- und

| | 1. Prognose-kostenrechnung | Standardkostenrechnung | |
		2. Normaltyp	3. Optimaltyp
1. Höhe der Planbeschäftigung (m_s)	Erwartete Ist-beschäftigung	Normal-beschäftigung	Kapazität = Optimalbeschäftigung
2. Höhe des Mengenverbrauchs (x : m)	Erwarteter Ist-Mengenverbrauch	Normaler Mengenverbrauch	Optimaler Mengenverbrauch
3. Art des Preisansatzes (r)	Erwartete Ist-preise	Festpreise	

Abb. 2.14: Mengen- und Preisansätze der Plan-(Standard-) und Prognose-Kostenrechnung, Chmielewicz, Erfolgsrechnung, S. 178

Nachteile einzelner Typen der Teilplan-Kostenrechnung gilt das bei der Teilkostenrechnung bereits Gesagte. Als relativ beste Lösung dürfte wieder eine differenzierte Vollplan-Kostenrechnung anzusehen sein. Ergänzend sei erwähnt, dass die Periodenlänge unterschiedlich sein kann. Die Plan-Kostenrechnung kann wahlweise eine Jahres- oder kurzfristige Quartals- oder Monatserfolgsrechnung sein.

Plan-Kostentypen können unterschieden werden nach Standard- und Prognose-Kostensystemen.

Als Einsatzgüterpreise werden bei der Standard-Kostenrechnung zeitlich unveränderte Festpreise, bei der Prognose-Kostenrechnung dagegen erwartete Ist-Preise im Planansatz berücksichtigt. Der Mengenverbrauch der Einsatzgüter (x / m) wird bei der Standard-Kostenrechnung in mittel- bis langfristiger Normalhöhe oder in optimaler (nämlich: minimaler) Höhe im Plan berücksichtigt, bei der Prognose-Kostenrechnung in Höhe des erwarteten Ist-Verbrauchs. Während diese Überlegungen schon in der Kostenartenrechnung auftreten und deshalb bereits erwähnt wurden, taucht speziell in der Stellen- und Trägerrechnung zusätzlich das Problem alternativer Plan-Beschäftigungen auf. Abbildung 2.15 zeigt zusammenfassend, durch welche Merkmalskombinationen die Prognose-Kostenrechnung und die zwei Unterformen der Standard-Kostenrechnung zu charakterisieren sind. Die Prognose-Kostenrechnung geht auf der ganzen Linie von erwarteten Ist-Größen aus, die Standard-Kostenrechnung auf der Mengenseite beim Normaltyp von Normalgrößen, beim Optimaltyp von Optimalgrößen. Allerdings sind auch andere Kombinationen als die drei genannten denkbar.

Ist-Kostenrechnung

Die Hauptzielsetzung der Ist-Kostenrechnung ist die Nachkalkulation der betrieblichen Aufträge und Erzeugnisse. Nach dem Kostenüberwälzungsprinzip sollen die durch die Kostenartenrechnung erfassten Ist-Kosten jeder Abrechnungsperiode vollständig auf die Kostenträger weiterverrechnet werden. Die Ist-Kostenrechnung konzentriert sich auf die Frage, wie viel die betrieblichen Aufträge und Erzeugnisse in den einzelnen Abrechnungsperioden „effektiv gekostet" haben. Eine genaue Nachkalkulation erfordert exakte Kalkulationssätze und damit eine gut ausgebaute Kostenstellenrechnung. Die Ist-Kostenrechnung wird heute als ein veraltetes Verfahren der Kostenrechnung angesehen, da sie die kostenrechnerischen Aufgaben nur unzureichend erfüllt und darüber hinaus rechnerisch schwerfällig ist. Ein wichtiger Einwand gegen die Ist-Kostenrechnung besteht darin, dass bei ihrer Anwendung keine laufende Kostenkontrolle möglich ist. Die Ist-Kosten sind das komplexe Ergebnis aller Kostenbestimmungsfaktoren, ohne dass bei einer Ist-Kostenrechnung die Möglichkeit besteht, den Einfluss dieser Kostenbestimmungsfaktoren zu isolieren. Hierzu fehlen die erforderlichen Maßkosten (= Plan-, Soll-, Standard- oder Richtkosten). Auch die dispositiven Aufgaben der Kostenrechnung kann eine Ist-Kostenrechnung nicht erfüllen, weil hierfür geplante Kosten erforderlich sind. Weiterhin ist die Zielsetzung der Ist-Kostenrechnung, laufende Nachkalkulationen für alle Erzeugnisse zu erstellen, kritisch zu beurteilen. Bei Massen- und Serienproduktion standardisierter Erzeugnisse, die dem Markt für einen bestimmten Zeitraum zu vorausbestimmten Listenpreisen angeboten werden, ist eine laufende Nachkalkulation sämtlicher Produktarten rechentechnisch gar nicht möglich und bei nur oszillativen Schwankungen der Ist-Kosten überhaupt überflüssig. Bei Auftrags- bzw. Einzelfertigung kann man dagegen auf die Nachkalkulation der Aufträge nicht verzichten, weil sich jede Kostenträgereinheit von den übrigen Kostenträgern unterscheidet und aus den Nachkalkulationen der einzelnen Auftragsgruppen Kostendaten für die Vorkalkulation zukünftiger Aufträge abgeleitet werden müssen. Weiterhin wird gegen die Ist-Kostenrechnung kritisch eingewandt, dass sie aus den folgenden Gründen ein rechentechnisch schwerfälliges Verfahren der Kostenrechnung ist. Dies liegt erstens daran, dass in einer konsequent durchgeführten Ist-Kostenrechnung jede einzelne Verbrauchsmenge an Roh-, Hilfs- und Betriebsstoffen mit dem zugehörigen Ist-Preis bewertet werden muss. Zweitens resultiert die rechentechnische Schwerfälligkeit der Ist-Kostenrechnung daraus, dass in jeder Abrechnungsperiode neue Ist-Verrechnungssätze für innerbetriebliche Leistungen gebildet werden müssen. Drittens erfordert eine konsequente Ist-Kostenrechnung, dass in jeder Abrechnungsperiode auch für sämtliche Hauptkostenstellen neue Kalkulationssätze gebildet werden, da nur so die Ist-Kosten auf die Kostenträger überwälzt werden können.[59]

Bereits in der Grundform der Ist-Kostenrechnung ging man aus Vereinfachungsgründen dazu über, in der Materialabrechnung statt der effektiven Ist-Preise gewogene Ist-Preisdurchschnitte zu verwenden. Hierbei kann man das Verfahren der laufenden oder der periodischen Durchschnittsbildung anwenden. Je häufiger Zu- und Abgänge stattfanden und je geringer die Preisschwankungen waren, desto mehr neigte man in der Praxis dazu, zur Vereinfachung mit dem letzten Ist-Preisdurchschnitt weiterzurechnen. Auf diese Weise wurden schließlich die gewogenen Ist-Preise zu „Normalwerten" und damit zu festen Verrechnungspreisen. Weiterhin erreichte man durch die Einführung fester Verrechnungspreise, dass die Kosten unterschiedlicher Abrechnungsperioden besser miteinander verglichen werden konnten als in der Grundform der Ist-Kostenrechnung. Durch die Einführung fester Verrechnungspreise wurde zugleich eine wichtige Grundvoraussetzung für die Kontrolle der Kostenwirtschaftlichkeit geschaffen. Im Rahmen der Kostenkontrolle kann ein Kostenstellenleiter nur für die Verbrauchsmengen, nicht aber auch für die Faktorpreise verantwortlich gemacht werden. Eine wirksame Kostenkontrolle erfordert neben dem Festpreissystem aber auch Maßgrößen für das Mengengerüst der Kosten, die in einer Ist-Kostenrechnung noch nicht zur Verfügung standen. Durch die Bewertung mit festen Verrechnungspreisen

59 Kilger, Pampel, Vikas, Flexible Planungskostenrechnung, S. 46

haben viele Kostenarten bereits in der Ist-Kostenrechnung ihren reinen Ist-Kostencharakter verloren. Sie wurden zu Mischkosten, deren Mengengerüst aus Ist-Größen bestand und deren Preise normalisierte oder standardisierte Werte waren. Trotzdem ist es heute üblich, diese Kosten sowohl in der Literatur als auch in der Praxis als Ist-Kosten zu bezeichnen. Hierbei muss man aber stets den Unterschied gegenüber den in der Grundform der Ist-Kostenrechnung verwendeten reinen Ist-Kosten beachten. Die Verwendung fester Verrechnungspreise führte zwangsläufig zur Entstehung von Preisabweichungen, d. h. zu Differenzen zwischen den reinen Ist-Kosten und den zu Festpreisen bewerteten Ist-Verbrauchsmengen.

2.3.4.6 Periodenbetriebsergebnisgleichung

Die in den vorherigen Kapiteln beschriebenen Zurechnungsmöglichkeiten von Kosten auf Kostenträger spielen auch mit Blick auf die Erfolgsermittlung eine Rolle. Die betriebsbezogene Erfolgsermittlung soll daher an dieser Stelle in ihren Grundzügen beschrieben werden. Die Erfolgsermittlung kann mithilfe der sogenannten Betriebsergebnisgleichung veranschaulicht werden. In ihrer einfachsten Form lautet die Gewinngleichung eines Unternehmens:

$$G = U - K$$

Der Gewinn ergibt sich demnach aus der Differenz zwischen Umsatzerlösen und Kosten. Diese Aussage ist zwar grundsätzlich richtig, hat jedoch keinerlei Aussagekraft im Hinblick auf die Einflussgrößen, die U und K bestimmen. Weder wird deutlich, wie U ermittelt wird, noch wird K näher spezifiziert.

Eine weitere Differenzierung der Gleichung $G = U - K$ führt auf folgende Beziehung

$$G = \sum \ (\ Pi - kvi\ ) \times Xi - Kf\ ,$$

wobei G = Gewinn, X = Menge, P = Stückpreis, i = Produktindex, v = variabel, f = fix, K = Kosten und k = Stückkosten bedeuten.

In dem Standardwerk „Operatives Controlling" von Klenger wird diese Formel als „Grundgleichung der Betriebswirtschaftslehre" bezeichnet. Unter Bezugnahme auf diese „Grundgleichung" schreibt Klenger: „Das operative Controlling trägt zur Findung von Kerngrößen bei *mit komprimierten Daten* über Ergebnisbeiträge nach Produkten, Kostenentwicklungen, aussagefähigen Kennzahlen, die eine schnelle überschlägige Abschätzung von Ergebnis und Liquiditätswirkungen erlauben."[60]

Die Bezugnahme auf Klenger bedeutet jedoch nicht, dass diese Gleichung nur in seinem Lehrbuch verwendet wird. Sie wird in unzähligen Standardwerken der Controlling-Literatur genauso verwendet.

Die von Klenger als „Grundgleichung" bezeichnete Beziehung beinhaltet eine Differenzierung der Größen $U = (Pi \times Xi)$ und $K = Kf + (Xi \times kvi)$. Die Wertgrößen U und K werden demgemäß aufgespalten in einen Mengen- und einen Preisteil. Damit wird in der Tat das Grundmuster der betrieblichen Erfolgsentstehung erkennbar, das sich stets aus der multipli-

---

60   Klenger, Operatives Controlling, S. 99

kativen Verknüpfung von Mengen und Preisen ergibt. Regeln und Gesetze (gekleidet in Formeln) sind ja nichts anderes als „Datenkompressionen", die ein Muster zum Ausdruck bringen sollen.

In der „Grundgleichung" wird Pi (Verkaufspreis = Stückpreis) als fester (produktabhängiger) Wert deklariert, was in der Praxis jedoch meist nicht zutrifft. Pi ist als Nettostückpreis die Differenz zwischen Bruttostückpreisen abzüglich gewährter Konditionen (Rabatte, Boni, Skonti). Diese Konditionen können jedoch in der Regel nicht ohne Kenntnis der Kundenstruktur bestimmt werden, da sie meist einzelkunden- oder kundengruppenbezogen gewährt werden. Insofern wird hier unterstellt, dass Pi für jedes Produkt bereits bekannt ist, was in der Praxis jedoch nicht zutrifft. Es fehlt mithin die Kundendimension, um Pi ermitteln zu können.

Ferner ist diese „Grundgleichung" noch weitgehend ohne Erklärungswert, da sie keine Erklärung darüber enthält, was man sich unter kvi, also den variablen Stückkosten, vorzustellen hat. Wie noch deutlich wird, ist die Ermittlung von kvi aber keineswegs so einfach und selbstverständlich, wie gemeinhin angenommen wird. Zu den variablen Stückkosten zählen ohne Zweifel bspw. die Materialkosten. Damit ist bereits eine variable Kostenart, die sich hinter kvi verbirgt, identifiziert. Aber schon die Isolierung des Materialkostenanteils in kvi ist nicht einfach „gegeben", sondern müsste über eine sogenannte Stücklistenauflösung zunächst einmal für jedes einzelne Erzeugnis ermittelt werden. Die Summe aller Stücklisten ergibt mathematisch betrachtet eine Stücklistenmatrix. Diese Stücklistenmatrix ist mit der sogenannten *Direktbedarfsmatrix* identisch. Die Stücklistenmatrix gibt an, welche Anzahl von Zwischenprodukten (Baugruppen) und Einzelteilen direkt für andere Output-Einheiten benötigt werden. Damit werden nur die Inputmengen der jeweils unmittelbar eingehenden untergeordneten Fertigungsstufe abgebildet. Die Direktbedarfsmatrix ist zu unterscheiden von der *Gesamtbedarfsmatrix*, die ausdrückt, welche Komponenten kumulativ (über alle Fertigungsstufen) in eine Produkteinheit eingehen. Die Direktmengen stimmen also nicht mit dem Bedarf an Gesamtmengen für Teile, Baugruppen etc. überein, da die einzelnen Komponenten auf verschiedenen Fertigungsstufen in verschiedene andere Komponenten eingehen.

Die „Grundgleichung" erfasst also nicht die Verflechtungsstruktur des Produktionsprogramms. Sie setzt somit voraus, dass diese Verflechtungen bereits vor Anwendung der Gleichung „aufgelöst" wurden. Und diese Verflechtungen sind natürlich nicht nur für die Materialkosten von Bedeutung, sondern auch für alle anderen „Einzelkosten" der Erzeugnisse, unabhängig davon, ob diese nun variablen oder fixen Kostencharakter haben. Ein weiterer, allerdings schwerwiegender, Mangel der sogenannten „Grundgleichung der Betriebswirtschaft" ist, dass die darin zum Ausdruck gebrachten Beziehungen, die der Erklärung des Gewinns bzw. Erfolgs dienen sollen, falsch bzw. unvollständig sind. Wenn man tatsächlich von einer „Grundgleichung" sprechen wollte, so müsste die Anwendung dieser Gleichung mit beobachteten Ist-Größen ex post den Erfolgsausweis eines Industrieunternehmens „erklären" können. Das wird, auf die Praxis übertragen, jedoch im Prinzip *nie* der Fall sein. Diese Behauptung führt zu einer näheren Betrachtung der Variablen X bzw. Xi, die bei Klenger schlicht mit der Bezeichnung „Menge" belegt wird. Es wird also keine nähere Spezifizierung von X vorgenommen, wodurch auf den ersten Blick offen bleibt, ob Absatzmengen oder Produktionsmengen gemeint sind. Bei näherer Hinsicht wird jedoch klar, dass mit „Menge" nur die Absatzmengen gemeint sein können. Denn Xi wird mit den

Verkaufspreisen/Stück, also *Pi*, multipliziert, was keinen Sinn ergibt, wenn *Xi* als Produktionsmenge aufgefasst würde. Daraus folgt, dass die „Grundgleichung der Betriebswirtschaftslehre" wiederum eine reine Verkaufserfolgsrechnung beschreibt und damit entweder das Auftreten von Unterschieden zwischen Produktions- und Absatzmengen ausklammert oder kvi mit „echten Grenzkosten" gleichsetzt. Würde letztere Interpretation zutreffen, dann dürfte *kvi* nur Materialkosten und (teilweise) Energiekosten enthalten. Beide Interpretationen helfen jedoch nicht weiter, da (1) Produktions- und Absatzmengen fast nie übereinstimmen und (2) eine Bewertung der Bestände fertiger und unfertiger Erzeugnisse nur zu Grenzkosten handels- und steuerrechtlich nicht zulässig ist. Denn für eine integrierte Planungsrechnung (insbesondere für die Liquiditätsrechnung) sind die Erfolgsgrößen, die sich nach externen Rechnungslegungsvorschriften ergeben, maßgeblich und nicht gewollte oder gewünschte interne Erfolgsgrößen. Aus diesen Gründen kann die Anwendung der „Grundgleichung" selbst bei Vorliegen aller Ist-Größen keinesfalls zu einem Ergebnis führen, das mit dem beobachteten Ist-Ergebnis übereinstimmt. Welchen Wert soll aber eine „Grundgleichung der Betriebswirtschaftslehre" haben, wenn sie weder für Kontrollrechnungen ex post noch für Planungsrechnung ex ante zu gebrauchen ist?

Wahrscheinlich nicht ohne Grund weist Klenger denn auch darauf hin, dass „die Konzentration auf diese „Grundgleichung" für den *Normalfall* einer *nicht liquiditätsgefährdeten* Unternehmung sinnvoll ist."[61]

Da Professor Klenger elf Jahre in der Industrie tätig war, ist ihm wahrscheinlich klar, dass diese Gleichung für die Liquidität überhaupt keine Erklärungskraft besitzt und für den Erfolg nur eine, wie er selbst schreibt, „überschlägige Abschätzung"[62] erlaubt. Aber für eine „überschlägige" Abschätzung des Erfolges müsste vorausgesetzt werden, dass alle Einsatzgüterpreise konstant sind, Produktion und Absatz weitestgehend übereinstimmen, die Durchlaufzeiten extrem kurz sind und die Kapazitätsauslastung sich nahezu an der Vollauslastung bewegt. Auch diese Annahmen sind in Summe wohl äußerst selten in der Praxis anzutreffen.

Man könnte sich die Frage stellen, ob die hier hervorgehobenen Feinheiten nicht „Haarspalterei" bedeuten, da es ja schließlich um Lehrbücher für das Controlling und die Grundausbildung von BWL-Studenten geht. Genau diese Grundgleichung ist jedoch auch in den meisten Softwareapplikationen zur Unterstützung der Planungsrechnung implementiert und hat damit auch eine ganz praktische Bedeutung. Dabei werden die variablen Kosten (*kvi*) entweder als %-Wert vom Umsatz oder als fester Stückwert, der mit den *Absatzmengen* multipliziert wird, geplant (siehe ausführlich Kapitel 2.2.1.2).

Diese Vorgehensweise ist jedoch nicht nur suboptimal, sondern kann durchaus zu einer gefährlichen Fehleinschätzung im Hinblick auf die Wirkung bestimmter Entscheidungen führen. Diese Gefahr bringt Klenger mit seinem Hinweis auf „nicht liquiditätsgefährdete Unternehmen" wenigstens zum Ausdruck. Bei den meisten anderen Autoren fehlt dieser Hinweis. Diese auf einer falschen „Grundgleichung der Betriebswirtschaft" basierenden Controlling-Instrumente in Verbindung mit den dahinter stehenden „Überzeugungen" impliziert auch Kämmler-Burrak in dem Buch „Moderne Kosten- und Ergebnissteuerung":

---

61 Ebd.
62 Ebd.

„Allen Branchen ist gemein, dass sie sich im Zuge des allgemeinen Mengenrückgangs im Jahr 2009 grundsätzlich mit dem Thema fixe Kosten und deren Berücksichtigung im Kalkulationsmodell auseinandersetzen müssen. Der Rückgang der Produktmengen zeigt vielfach, dass eine Reihe von als variabel angenommenen Kostenelementen tatsächlich eher Fixkostencharakter besitzen." [63]

Um die „Grundgleichung" näher an die industriebetriebliche Wirklichkeit heranzubringen, ist sie also weiter zu differenzieren und zu erweitern. Damit soll jedoch nicht zum Ausdruck gebracht werden, dass auf diese Weise eine Gleichung vorläge, die in der Praxis verwendbar wäre. Denn auch für sie gilt, dass die Verflechtungsstrukturen, die dynamischen Beziehungen der Produktion und diverse weitere Einflussgrößen nicht berücksichtigt sind. Die Planungsprozedur zur Ermittlung dieser fehlenden Größen sowie der Ausbau zu einem integrierten Erfolgs-, Finanz- und Bilanzplanungsmodell werden weiter unten beschrieben.

In die „erweiterte Grundgleichung der Betriebswirtschaftslehre" werden lediglich die Verkaufskonditionen (*EM*), die Unterscheidung von Repetier- und Potenzialfaktoren und die Berücksichtigung von Lagerbestandsveränderungen hineingetragen.

Die „erweiterte „Betriebsergebnisgleichung unter Berücksichtigung von Absatz- und Produktionsmengen hat die Form:

$$BE = \left[\sum Pa\,(Pvi + Pv2 + \cdots Pvn) - \left(\sum Pa\,(Pvi + Pv2 + \cdots Pvn)EM\right)\right.$$

$$-\sum Ph \times \left(\sum \frac{Xp}{h}r + \sum \frac{a}{h} \times \frac{r\times q}{c}\right) - \sum \left(Xf \times c - \sum \frac{a}{h}Ph\right)\left(\frac{r\times q}{c}\right) - \sum Pf \times r$$

$$-\sum n\,\frac{x}{n}\,r - \sum (Pa - Ph - Pf)\left(\sum \frac{Xp}{h}r + \sum \frac{a}{h} \times \frac{r\times q}{c} + \frac{Kf}{hs}\right)$$

$$\left. -\sum (KUf + Kf)\right](1-s)$$

(2.4)

$Pa =$	Absatzmengen
$Ph =$	Produktionsmengen
$Pf =$	Fremdbezugsmengen (Handelsware)
$Pv =$	Verkaufspreise je Produkteinheit
$EM =$	Erlösminderungsfaktor (Rabatte, Boni, Skonti)
$C =$	Planarbeitszeit je Periode
$Kf =$	fixe Herstellkosten
$KUf =$	übrige Unternehmensfixkosten
$Xp =$	konstanter Produktionskoeffizient
$Xf =$	Beschäftigten- oder Maschinenzahl
$x/n =$	Produktionskoeffizienten je sonstige Einflussgrößeneinheit
$a/h =$	konstante Arbeits-/Maschinennutzungszeiten je Output-Einheit
$h =$	Produkteinheit (Output)
$Xf \times c =$	Periodenkapazität
$hs =$	Beschäftigungsgrad (Normal-Beschäftigung)

---

63 Kämmler-Burrak, Wieland, Brancheneinblicke in die Produktionssteuerung, in: Gleich et al., Moderne Kosten- und Ergebnissteuerung 2010, S. 191

a/h =   konstante Arbeits- und Maschinenzeit je Produkteinheit
r =   Einsatzgüterpreis
$r \times q = r$ (q bei menschlicher Arbeit = 1)
$r \times q = r$ (Maschinenwert) $\times q$ (Abschreibungsquote) $0 < q <= 1$
q =   Abschreibungsquote = (1 / Nutzungsdauer)
c =   Periodenarbeitszeit (Maschinen und Personal)
kn =   Nutzkosten
kl =   Leerkosten
kp =   Proportionalkosten
n =   Einflussgröße
s =   Ertragssteuersatz

In der Regel wird die Erfolgsermittlung für Industrieunternehmen nur vereinfacht bzw. wesentlich verkürzt dargestellt. Es wird meist keine Aussage darüber getroffen, was in den variablen bzw. proportionalen Herstellkosten der Produkte denn eigentlich enthalten sein soll und was nicht. Folgt man jedoch den allgemeinen Darstellungen der (Grenz-)Plan-Kostenliteratur, dann sind in den variablen Herstellkosten neben den Material- und Energiekosten auch die Fertigungseinzelkosten in Form der Fertigungslöhne enthalten. Wie oben bereits mehrfach dargestellt, ist diese Sichtweise im Hinblick auf die periodenbezogene Erfolgsermittlung falsch.

In der erweiterten Form der oben notierten Betriebsergebnisgleichung werden die Mengengerüste sowohl auf der Absatz- (Pa) als auch auf der Produktionsseite (Ph) berücksichtigt. Die Betriebsergebnisgleichung zeigt verschiedene Einflussgrößen auf den Periodenerfolg auf. In der obersten Zeile erscheinen die Erlöse bestehend aus Absatzmengen (Pa) und Verkaufspreisen (Pv). Der durch $Pa \times Pv$ ermittelte Bruttoumsatz wird im nächsten Schritt reduziert um die Erlösminderungen für Rabatte, Boni, Skonti (EM). In der darunterliegenden Zeile wird die Ermittlung der Produktherstellkosten der Periode aufgezeigt, die sowohl von den Produktionsmengen als auch von den Fremdbezügen und der Differenz zwischen Absatz-, Produktions- und Fremdbezugsmengen abhängen. In der Herstellkostenermittlung wird dabei unterschieden zwischen produktmengen-proportionalen Herstellkosten (xp / h) r und den Nutzkosten der Potenzialfaktoren $kn = \Sigma (a / h) (r \times q / c)$ (Arbeit und Maschinen). Dabei stellt der Quotient xp / h den konstanten Produktionskoeffizienten je produzierter Produkteinheit dar, während bei den Nutzkosten der Potenzialfaktoren konstante Arbeits- bzw. Maschinennutzungszeiten a / h auftreten. Als Preiskomponente erscheint bei Proportionalkosten der *Einsatzgüterpreis r*, bei Nutzkosten der *Preis je Zeiteinheit*, nämlich *Periodenlohn oder Periodenabschreibung r × q* dividiert durch die *Periodenarbeitszeit c* des jeweiligen Potenzialfaktors. Die Größe q ist beim Faktor Arbeit = 1 $(r / q = r)$, bei Maschinen gleich der Abschreibungsquote der Periode (Periodenabschreibung r / q = Maschinenwert $r \times$ Abschreibungsquote q). Die Abschreibungsquote je Maschine wiederum ermittelt sich aus der reziproken Nutzungsdauer je Maschine = 1 / Nutzungsdauer. Der erste Summand der mittleren Zeile ist identisch mit der Ermittlung der Herstellkosten je Produkteinheit $(\Sigma xp / h \times r + \Sigma a / h \times r \times q / c)$, wohingegen der zweite Summand der mittleren Zeile die Ermittlung der Periodenleerkosten $kl = ((Xf \times c - \Sigma a / h \times Ph) \times (r \times q / c))$ beschreibt. Dabei beschreibt $(r \times q / c)$ die Preiskomponente und $(Xf \times c - \Sigma a/h \times Ph)$ die Mengenkomponente ausgedrückt als Leerzeit. Der Ausdruck $Xf \times c$ stellt die Mengenkomponente der gesamten Fixkosten der Potenzialfaktoren dar, d. h. die Maschinen- oder Beschäftigtenzahl Xf als Anfangsbestand der Periode multipliziert mit der spezifischen *Planarbeitszeit c* je Periode. Wird davon die Nutzungszeit $a / h \times Ph$ subtrahiert, ergibt sich als Differenz die Leerzeit eines Potenzialfaktors. Dabei muss diese Differenz stets nichtnegativ sein, da ansonsten die Produktionsmengen bei gegebenen Beständen an Potenzialfaktoren (gegebene Kapazitäten) nicht realisierbar sind. Der dritte Summand der mittleren Zeile enthält die Wareneinsatzkosten für fremdbezogene Produktmengen *Pf (Handelsware)*, die mit dem *Einkaufspreis r* multipliziert werden.

In der vorletzten Zeile zeigt der Ausdruck $n \times (x / n) \times r$ die Ermittlung zusätzlicher Herstellkosten, die jedoch nicht von den Produktmengen, sondern von beliebigen anderen mengenmäßigen Einflussgrößen n abhängig sein können. Die Größe x / n stellt wieder den Produktionskoeffizienten je Einflussgrößeneinheit dar, r den Preis. Sofern es sich dabei um Potenzialfaktoren handelt, könnte wiederum eine Aufteilung in Nutz- und Leerkosten vorgenommen werden. Beispielsweise könnten an dieser Stelle im Hinblick auf die Losgrößen und Los-Sequenzplanung die Kosten für das Umrüsten und Einfahren von Maschinen berücksichtigt werden.

Der letzte Teil der vorletzten Zeile ermittelt die Lagerbestandsveränderungen der hergestellten Produkte. Dabei wird zunächst durch $(Pa - Ph - Pf)$ die mengenmäßige Lagerbestandsveränderung ermittelt. *Pf* muss in diese Differenzrechnung mit einbezogen werden, da in den Absatzmengen Produkte enthalten sein können, die als Handelsware geführt werden. Die nächste Klammer beschreibt die Ermittlung der wertmäßigen Bestandsveränderung, indem die proportionalen Stückherstellkosten je Produkteinheit und die fixen Stückherstellkosten je Produkteinheit zusammen die Produktherstellkosten auf *Voll-Kostenbasis* ergeben. Der Ausdruck Kf / hs beinhaltet mit Kf die *fixen Herstellkosten* der Periode und hs den *Beschäftigungsgrad*. In diesem Fall wird mit hs ein konstanter Beschäftigungsgrad als sogenannte „*Normal-Beschäftigung*" angenommen. Kf kann jedoch auch durch den Ist- bzw. Plan-Beschäftigungsgrad dividiert werden. Dabei muss jedoch sichergestellt sein, dass die Wahl des Beschäftigungsgrades zur Herstellkostenermittlung die Einrechnung von Leerkosten in die Bewertungsansätze ausschließt, da dies handels- und steuerrechtlich unzulässig wäre. Allerdings gibt es für die Festlegung der Normal-Beschäftigung durchaus einen gewissen Spielraum und damit eine Ermittlungsbandbreite, da Abweichungen von der Normal-Beschäftigung nach oben und unten innerhalb gewisser Schwankungsbreiten in die Ermittlung einbezogen werden dürfen.

Schließlich werden in der untersten Zeile noch die übrigen, nicht zu den fixen Herstellkosten zählenden, Unternehmensfixkosten *(KUf)* abgezogen. Das Ergebnis wird mit einem proportionalen Gewinnsteuersatz *(1–S)* (Körperschaftsteuer, Gewerbesteuer) zur Ermittlung der erfolgsabhängigen Steuern multipliziert. Auf die Darstellung des Finanzergebnisses in Form von Zinsaufwendungen und Zinserträgen, die selbstverständlich die steuerliche Bemessungsgrundlage beeinflussen, wurde der Einfachheit halber verzichtet.

Abschließend sei noch angemerkt, dass die oben beschriebene Betriebsergebnisgleichung eine statische Form der Erfolgsermittlung beschreibt, d. h., die im Rahmen der Produktion auftretenden Verweilzeitverteilungen und Vorlaufverschiebungen sind nicht berücksichtigt. Diese sind aber für eine realistische Erfolgsermittlung von Bedeutung, da sich aufgrund dieser Dynamik eine andere zeitliche Verteilung des Kosten- und Ausgabenanfalls und damit, bedingt durch die *veränderten* Lagerbestandsveränderungen, andere Erfolgsgrößen ergeben können.

Die oben beschriebene Betriebsergebnisgleichung ist relativ einfach nachzuvollziehen, bereitet aber in der praktischen Umsetzung in einem realen Industrieunternehmen nicht zu unterschätzende Probleme. Man muss berücksichtigen, dass Industrieunternehmen häufig mehrere tausend Produkte herstellen, die in einem mehrstufigen Produktionsprozess durch diverse Produktionsstellen laufen. Diese Produkte bestehen wiederum aus diversen Baugruppen, Untergruppen und Einzelteilen. Mithin verbergen sich beispielsweise hinter $(xp / h) r$ in der Praxis riesige Datenmengen im Hinblick auf die Einsatzgüterverflechtungen der verschiedenen Produktionsfunktionen. Diese Beziehungen sind in realen Unternehmen in Stücklisten (zusammensetzende Industrie) oder Rezepturen (Prozessindustrie) beschrieben. Die Nutzkosten der Potenzialfaktoren $kn = \Sigma (a / h) (r \times q / c)$ errechnen sich aus Arbeitsplänen, die den Durchlauf (Arbeitsgangfolge) der Produkte, Baugruppen, Untergruppen und Teile durch die Produktion beschreiben und die Vorgabezeiten auf jeder Produktionsstufe beinhalten. Durch retrograde Auflösung der Arbeitspläne werden die Nutzkosten und der Kapazitätsbedarf an Potenzialfaktoren ermittelt. Allein die retrograde Stücklisten- und Arbeitsplanauflösung ist in der Praxis der Produktionsplanung immer noch ein meist äußerst zeitintensiver und komplexer Prozess, an den sich die Bewertung mit den jeweiligen Einsatz- und Potenzialgüterpreisen (r) noch anschließt. Es kommt hinzu, dass die Planung in der Praxis weitere Dimensionen berücksichtigen muss. So werden beispielsweise die Umsätze und Verkaufskonditionen häufig nicht nur in der Produktdimension, sondern zusätzlich in der Kundendimension nach bestimmten Merkmalen (Vertriebsregion, Kundengruppen, Absatzkanal etc.) geplant. Die Produktionsmengen verteilen sich ggf. auf mehrere Werke, so dass auch die Produktionswerke eine zusätzliche Dimension bilden. Darüber hinaus wird in der Zeitdimension in der Regel nicht nur für das Gesamtjahr, sondern in bestimmten Teilperioden (Tertiale, Quartale, Monate) geplant, womit sich das zu berechnende Datenvolumen wiederum vervielfacht.

Die Betriebsergebnisgleichung, die hier so einfach daherkommt, findet in der Unternehmenspraxis also eine komplexere Konkretisierung.

2.3.4.7 Das System der Managementerfolgsrechnung (MER)

Die MER gibt im Rahmen der Planung Auskunft über das Betriebsergebnis auf Basis der im Rahmen der Planung ermittelten Standard-Kostensätze. Im Rahmen der Ist-Rechnung werden zum Standardergebnis die einzelnen Komponenten der Abweichungsrechnung hinzugefügt. Ferner müssen im Rahmen einer sog. Abstimmbrücke alle Elemente berücksichtigt werden, die aufgrund von handels- und steuerrechtlichen Vorschriften anders bewertet werden als in der internen Standard-Kostenrechnung. Das Standardergebnis zusammen mit Abweichungsrechnung und Abstimmbrücke bildet dann das handels- oder steuerrechtliche Ergebnis ab. Die MER kann damit voll integriert und abgestimmt auf die GuV nach Umsatz- und/oder Gesamtkostenverfahren übergeleitet werden. Die MER ist jedoch eher an das Umsatzkostenverfahren angelehnt, d. h., es dominiert die Verkaufserfolgsrechnung auf Basis von (standardisierten) Umsatzkosten.

I. Verkaufserfolgsrechnung	Bezeichnung	Plan 2015	IST 2015	Δ
	Absatzmenge	1.460	1.490	
	Produktionsmenge	1.460	1.850	
	Umsatzerlöse, brutto	430.560	447.550	
	Gesamterträge	430.560	447.550	
	Rabatt	0	0	
	Boni	0	0	
	Gutschriften/Rückwaren	0	0	
	Skonti	0	0	
	Boni	0	0	
	Nettoumsatz	430.560	447.550	
	Materialeinzelkosten	215.280	222.600	7.320
	Fertigungslöhne	48.457	48.141	-315
	Fertigungslöhne Sozialaufwand	40.463	40.200	-263
	prop. Fertigungskosten	15.563	15.461	-101
	Deckungsbeitrag 1	110.798	121.148	10.350
	DBU 1 in %	25,7%	27,1%	
	Vertrieb	38.760	38.760	0
	Deckungsbeitrag 2	72.038	82.388	
	DBU 2 in %	16,7%	18,4%	
	Verwaltung	0	0	0
	Deckungsbeitrag 3	72.038	82.388	
	DBU 3 in %	16,7%	18,4%	
	Gemeinkostenlohn	15.470	15.470	0
	Betrieb	6.000	6.000	0
	Betriebsergebnis	50.568	60.918	10.349,76
	Betriebsergebnis in %	11,7%	13,6%	
II. Abweichungsrechnung	Sonstige Kalkulationsdifferenzen	0	14.677	14.677
	Ausschuß (Lohnanteil)	0	0	0
	Ausschuß (pFK)	0	0	0
	Verbrauchsabweichung Fertigungslohn incl. kalk. Soz.-Lohn	0	0	0
	Verfahrensabweichung prop. Fertigungslohn	0	0	0
	Verfahrensabweichung prop. Fertigungskosten	0	0	0
	Verbrauchsabweichungen Kostenstellen prop. Fertigungskosten	0	0	0
	Materialpreisabweichung	0	-6.325	-6.325
	Materialmengenabweichung	0	-2.970	-2.970
	Ausschuß (Materialanteil)	0	0	0
	Σ	0	5.382	5.382
III. Abstimmbrücke				
	Aktivierte Fixkosten	0	4.041,11	4.041,11
	Aktivierte Abweichungen	0	-2.059,72	-2.059,72
	Σ	0	1.981,39	1.981,39
	Betriebsgewinn GuV	50.568	68.281	17.713
	Betriebsgewinn in %	11,7%	15,3%	3,5%

Abb. 2.15:　System der Managementerfolgsrechnung, Quelle: Eigene Darstellung

Dieses System bietet vielschichtige Einsichten in die Erfolgs- und Kostenstrukturen des Unternehmens. Die MER mit einer integrierten Verkaufserfolgsrechnung kann nach beliebigen Dimensionen aufgebaut und analysiert werden. Sie bildet daher die wesentliche Grundlage für mehrstufige Deckungsbeitragsrechnungen auf Basis von Artikel-, Regions-, Filial-, Kunden- und Absatzkanalstrukturen.

Die MER kombiniert demgemäß den Ausweis sowohl interner als auch externer Erfolgsgrößen. Dabei wird der Managementerfolg als die maßgebliche Zielgröße für die operative Geschäftstätigkeit angesehen. Der Managementerfolg wird definiert als Saldo aus Standardergebnis und entstandenen Abweichungen. Das Standardergebnis ergibt sich aus der Multiplikation der Absatzmengen mit Plan-Verkaufspreisen und Standard-Grenzkosten laut Produkt-Plankalkulation. Die Abweichungen ergeben sich aus Preis- (Einsatzgüterpreise, Verkaufspreise) und Mengenabweichungen (Materialmengenabweichungen, Verbrauchsabweichungen der Kostenstellen). Das Grundprinzip der MER entspricht einer mehrstufigen Deckungsbeitragsrechnung. Der Managementerfolg (vor Abweichungen) entspricht der Verkaufserfolgsrechnung. Die MER ist im Prinzip ein Instrument der zielorientierten Verkaufssteuerung.

Die MER besteht aus der *Verkaufserfolgsrechnung*, die im Prinzip eine mehrstufige Deckungsbeitragsrechnung darstellt. Sie ist damit eine Kombination aus Verkaufsplanung und (Standard-)Kostenträger- und Kostenstellenrechnung. Im Rahmen der kurzfristigen Erfolgsrechnung werden die geplanten Kostenstandards mit dem Ist-Mengengerüst bewertet. Die auf Standardwerten basierende Verkaufserfolgsrechnung wird innerhalb der MER in eine Abweichungsrechnung übergeleitet. Diese Abweichungsrechnung umfasst alle von den Standards und Budgets abweichenden Positionen. Diese Abweichungen resultieren aus Preis- (Einsatzgüterpreise, Verkaufspreise) und Mengenabweichungen (Materialmengenabweichungen, Verbrauchsabweichungen der Kostenstellen).

In der Planungsrechnung sind Standardergebnis und Managementerfolg stets identisch, d. h., sämtliche Positionen der Abweichungsrechnung stehen stets auf null.

Managementerfolg und handelsrechtlicher Erfolg unterscheiden sich insofern, als dass Bewertungsabweichungen und kalkulatorische Kosten über eine sogenannte „Abstimmbrücke" herausgerechnet werden. Als Bewertungsabweichungen werden bspw. die in den Plankalkulationen der Erzeugnisse enthaltenen Fixkostenanteile betrachtet, da das System der MER von einer Grenz-Plan-Kostenrechnung ausgeht und demzufolge auch die Bewertung der Erzeugnisse zu Grenzkosten unterstellt.

Kritik:

Fragwürdig erscheint die Annahme, dass der Managementerfolg von handels- und steuerrechtlichen Bewertungsvorschriften bereinigt werden soll. Letztlich werden Manager vom tatsächlich ausgewiesenen Erfolg her beurteilt und nicht von irgendwelchen internen Erfolgsgrößen. Die Herstellungskosten nach § 255 (2) HGB schreiben ohne Zweifel einen Vollkostenansatz vor. Auch die internationalen Rechnungslegungsstandards (bspw. IAS/IFRS und US GAAP) sehen eine Bewertung der fertigen Erzeugnisse auf der Basis von Vollkosten vor. Der getrennte Ausweis unterschiedlicher Erfolgsgrößen trägt insbesondere bei Managern, die keine Kostenrechnungs- und Controlling-Fachleute sind, eher zur Verwirrung denn zur zielgerichteten Steuerung bei. In diesem Zusammenhang ist auch die Diskussion um die Zusammenlegung von interner und externer Erfolgsrechnung zu sehen. Immer mehr Unternehmen wollen hier keine parallelen Rechensysteme mehr betreiben und im Rahmen von komplizierten Überleitungsrechnungen beide Welten miteinander verbinden.

Im System der MER wird implizit davon ausgegangen, dass die Grenz-Plan-Kostenrechnung das zur Beurteilung des Managementerfolges „richtige" Werkzeug darstellt. Problematisch ist jedoch, dass die Fertigungslöhne stets als Grenzkosten (ins Produkt „schlüpfende" Einzelkosten) angesehen werden. Insofern werden in der MER die Fertigungslöhne einerseits als Grenzkosten in den Managementerfolg eingerechnet, im Rahmen der Abstimmbrücke aber als nicht managementrelevant zum Teil wieder herausgerechnet. Würde es sich bei den Fertigungslöhnen stets um Grenzkosten handeln, dann dürften diese in der Abstimmbrücke auch nicht erscheinen. Dieses Problem wird jedoch nicht erkannt, da in der

Abstimmbrücke lediglich von „Strukturkosten in der Bestandsveränderung" gesprochen wird. Welche Strukturkosten darin enthalten sein können, wird nicht thematisiert. Insofern wohnt der MER ein innerer Widerspruch inne, wenn Fertigungslöhne einerseits als produktmengenvariable Kosten betrachtet werden und andererseits als nur handelsrechtlich motivierte Periodenverschiebungen von Strukturkosten. Damit ist auch die Aussage, die Abweichungsrechnung sei in der Planung stets null, mehr als fragwürdig. Diese Aussage träfe eigentlich nur dann zu, wenn die Fertigungslöhne stets zu 100 % als solche anfallen, d. h. eine Vollauslastung der Kapazitäten unterstellt wird. Wird mit einer Unterauslastung geplant, dann müssten Teile der Lohnkosten auch schon im Rahmen der Planung als Leerkosten ausgewiesen werden. Damit stellt sich auch die Frage, warum das Management nicht für falsche Dispositionen der Mitarbeiterkapazitäten verantwortlich gemacht werden soll. Entstandene Leerkosten im Rahmen kapazitativer Unterauslastungen werden im System der MER jedoch ex post als Verbrauchsabweichungen der Fertigungskostenstellen ausgewiesen, was sachlich falsch ist. Leerkosten sind im Prinzip Dispositionsfehler durch Fehleinschätzung der benötigten Mitarbeiterkapazitäten und keine Verbrauchsabweichungen. Erfolgt die Budgetierung der Fertigungslöhne ausschließlich in Anlehnung an die Plan-Beschäftigung, dann liegen im Falle der Unterauslastung programmierte Planungsfehler vor, die später durch Verbrauchsabweichungen auf den Fertigungskostenstellen sichtbar werden. Vor diesem Hintergrund ist die MER auch keine geeignete Ausgangsbasis für die Finanzplanung (siehe Kapitel 2.4). Insofern liegt bei dem MER-Konzept keine schlüssige Begründung für die Unterscheidung zwischen Managementerfolg und bilanziellem Erfolg vor.

Positiv ist hervorzuheben, dass im System der MER eine Integration von Kostenrechnung und Verkaufserfolgsrechnung vorgesehen ist. Es gibt auf dem Markt für Softwaresysteme zur Unterstützung der operativen Unternehmensplanung nur sehr wenige Anbieter, die auf der Kosten- und Leistungsrechnung aufsetzen und diese zu einem Instrument der Planungsrechnung, wenn auch nur als Erfolgsrechnung, ausbauen.

2.4 Wirkungsgefüge von Erfolgs- und Liquiditätsgrößen

2.4.1   Externe Einflussgrößen des Absatzmarktes

2.4.1.1 Absatzmengen

Die Absatzplanung ist in der heutigen Zeit in nahezu allen Unternehmen der dominierende Engpass der Planung. Diese Situation ist Ausdruck einer grundlegend veränderten Marktsituation. In der Startphase einer Volkswirtschaft ist die Situation geprägt durch einen hohen Bedarf an lebensnotwendigen Gütern. Die Befriedung existenzieller Grundbedürfnisse steht zunächst im Vordergrund. In der Regel wird alles, was produziert wird, auch verkauft. Der dominierende Engpassfaktor in diesen sogenannten Verkäufermärkten ist die Produktion. Die Sättigungsphase einer Volkswirtschaft ist jedoch geprägt durch zunehmenden Wettbewerb, immer stärkere Produkt- und Leistungsdifferenzierung und kürzere Produktentwicklungszyklen. Diese Entwicklung ist zwangsläufig, da es für die Unternehmen zunehmend schwieriger wird, vor dem Hintergrund weitestgehend befriedigter materieller Bedürfnisse neue Absatzpotenziale zu entwickeln. In diesem Zusammenhang nimmt die Unsicherheit im Hinblick auf die voraussichtlich absetzbaren Verkaufsmengen immer mehr zu. Die Volatilität der Absatzentwicklung nimmt ebenfalls stark zu. Die Qualität der Absatzprognosen in der Unternehmenspraxis ist relativ stark abhängig von der Branche und dem jeweiligen Marktumfeld. Branchen mit relativ stabiler Bedarfsstruktur sind gegen konjunkturelle Schwankungen relativ unempfindlich.

Die Absatzplanung wird ferner wesentlich determiniert von dem vorherrschenden Produktionstyp des jeweiligen Unternehmens. Es stellt sich daher die generelle Grundfrage, ob man Absatzzahlen planen kann. Wenn sie nicht geplant werden können, so könnten sie dennoch prognostiziert werden. Dabei stellt sich die Frage nach geeigneten Prognoseverfahren. Für große statistische Massen gibt es durchaus anwendbare und geeignete Prognoseverfahren. Für Unternehmen, die den Massenmarkt bedienen, stellt sich die Situation im Hinblick auf die Erstellung von belastbaren Absatzprognosen erheblich besser dar als für Unternehmen mit kundenindividueller Fertigung oder Unternehmen, die Nischenmärkte mit wenigen Marktteilnehmern beliefern. Wenn es bspw. um wenige Kunden und Großaufträge geht, spielt der Zufall eine große Rolle. Solche Unternehmen würden also dringend geeignete Methoden benötigen, da auf dem Engpass der Absatzplanung/-prognose alle anderen Teilpläne aufbauen. Aber leider gibt es für diese Situationen keine geeigneten Methoden. Wenn also die solide methodische Basis im Engpassbereich der Absatzprognose schon nicht gegeben ist, ist die zum Teil übergroße Genauigkeit in anderen Bereichen von vornherein sinnlos.

„Je bedeutender das Problem, desto schwächer die methodische Basis und umgekehrt (Reziprozität von Problembedeutung und Methodenangebot). In der Praxis kann man immer wieder beobachten, wie auf einer relativ schwachen Planungsbasis des Vertriebs aufbauend von der Produktion wahre Meisterwerke an Planung für ihren Bereich aufgestellt werden. Oft wird dabei (bewusst) vergessen, auf welch schwachem Fundament die Absatzplanung steht"[64]

Ganz generell gilt für Absatzprognosen: „Alle Prognosen der Wirtschaftsentwicklung sind mit Unsicherheiten behaftet, die umso größer sind, je weiter sie in die Zukunft reichen, je kleiner die Zahl der Akteure ist und je kürzer die Zeiträume sind, auf die sie sich beziehen."[65]

Diese für bestimmte Unternehmen zunächst sehr ernüchternde Feststellung sollte jedoch nicht dazu verleiten, die Planung von vornherein als sinnlos abzutun. Die Planung in verschiedenen Bandbreiten sowie die Erstellung verschiedener Simulationen und Szenarien ist einer reinen Improvisation auf jeden Fall vorzuziehen.

Im Hinblick auf die Absatzplanung wäre zunächst eine Prognose über die Veränderung des Marktvolumens der für die Unternehmung relevanten (Teil-)Märkte aufzustellen. Im nächsten Schritt sind verschiedene Kombinationen von Maßnahmen und Aktionsbündeln zu

---

64 Klenger, Operatives Controlling, S. 136
65 Gudehus, Dynamische Märkte, S. 84

untersuchen und zu bewerten, um Aussagen über die maximal absetzbaren Produktmengen zu erhalten. Das absatzpolitische Instrumentarium umfasst dabei die Produkt-, Kommunikations-, Absatzkanal- und Preis- und Konditionenpolitik.

Aufgabe der Absatzplanung ist es, für den jeweiligen Planungszeitraum die zu verkaufenden Produkte nach Art, Menge und Periode im Rahmen von Zielvereinbarungen festzulegen und dabei ferner zu entscheiden, welches absatzpolitische Instrumentarium für die Erreichung dieser Ziele am geeignetsten erscheint. Eine große Schwierigkeit der Absatzplanung besteht darin, dass die aus dem relevanten Unternehmensumfeld wichtigen Variablen nur schwer berücksichtigt bzw. prognostiziert werden können. Im Prinzip müsste im Rahmen der Absatzplanung das zukünftige Käuferverhalten vorhergesagt werden. Dies ist jedoch schwierig bis unmöglich.

Zwar sind im Hinblick auf die Entwicklungen von Big Data, Predictive Analytics und dem Internet der Dinge in Zukunft wesentliche Verbesserungen des Prognose-Instrumentariums zu erwarten, jedoch wird sich an dem Grundproblem der prinzipiellen Unvorhersagbarkeit künftiger Marktentwicklungen nichts ändern. Das Verhalten aktueller und potenzieller Abnehmer und Wettbewerber vorhersagen zu wollen, kann auch in Zukunft nur eingeschränkt gelingen. Ein relevanter Teil der entscheidungsrelevanten Umfeldfaktoren entzieht sich komplett der Beeinflussbarkeit durch das einzelne Unternehmen. So ist bspw. die volkswirtschaftliche Konjunktur ein Datum für die Absatzplanung, aber kein Aktionsfeld. Die Aktionen und Maßnahmen im Rahmen der Absatzplanung beziehen sich daher im Wesentlichen auf die Beeinflussung des Käuferverhaltens.

In der Planungspraxis kann man immer wieder beobachten, dass die Absatzplanung schon durchgeführt werden soll, bevor überhaupt Einschätzungen über Marktvolumenentwicklungen, eigene Kostenentwicklungen, Verkaufspreisstrategien und Marketingaktivitäten verfügbar sind. Diese Situation findet sich häufig in größeren Konzernen, wo bspw. die Vertriebsgesellschaften schon Verkaufsmengen planen sollen, damit die Produktionsgesellschaften kostenbasierende Transferpreise für die Vertriebsgesellschaften kalkulieren können. Auch wenn die sogenannten Preis-Absatz-Funktionen in der Praxis nie anzutreffen sind, weil es sie schlicht und einfach nicht gibt, so ist es doch trotzdem unmittelbar einleuchtend, dass der Verkaufspreis in der Regel einen Einfluss auf die Höhe der Absatzmengen hat. Für die Vertriebsverantwortlichen sind die Verkaufspreise also eine Art „Geschäftsgrundlagenparameter"[66]. Nicht selten werden in den betrieblichen Planungsprozessen zirkuläre Planungsprobleme generiert, weil die Verkaufspreisgestaltung überwiegend von der zu erwartenden Kostensituation abhängig gemacht wird. So fordern die Vertriebsverantwortlichen (zu Recht), dass zumindest bestimmte Indikationen zu den erwarteten Verkaufspreisen für die Absatzmengenplanung bereitgestellt werden. Geschäftsführung und Produktionsleitung argumentieren hingegen, dass für solche Preisindikationen zunächst einmal Aussagen über die zu erwartenden Verkaufs- und in der Folge Produktionsmengen getroffen werden müssten. Diese Argumentationen entspringen häufig dem auf Basis der Vollkostenrechnung nach wie vor anzutreffenden Glauben, es ließen sich zum einen die (Voll-)Kosten des einzelnen Produktes feststellen und es würden zum anderen die Herstellkosten je Produkteinheit mit den Produktionsmengen schwanken. Aus den obigen

---

66   Zwicker, Modelltableausystem von Standard-Kosten-Leistungs-Modellen, S. 21

Ausführungen zu den inhaltlichen Mängeln der Planungsrechnungen dürfte jedoch deutlich geworden sein, dass es die „richtigen" Produktkosten weder jetzt noch in Zukunft geben kann. Ferner bedarf es eigentlich keiner weitergehenden Begründungen, dass die Verkaufspreise (von wenigen Ausnahmen abgesehen) in der Regel durch den Absatzmarkt bestimmt werden und nicht durch die interne Kostenstruktur des Unternehmens. Eine Einschätzung der eigenen Verkaufspreispolitik unter Berücksichtigung von antizipierten Wettbewerbsaktivitäten, prognostizierten Absatzmarktentwicklungen, prognostizierten Rohstoffpreisentwicklungen, prognostizierten Lohntarifänderungen etc. sollte also zu Beginn der operativen Absatzplanung vorliegen. Mit Hilfe der weiter unten noch im Detail zu beschreibenden Systeme wird es in Zukunft auch keine Schwierigkeit mehr darstellen, diese Indikationen in einem vollständig integrierten System der Planungsrechnung quasi in Echtzeit zu generieren. Dies ist bis heute aufgrund der oben beschriebenen Unzulänglichkeiten und Schwerfälligkeit der eingesetzten ERP-Systeme nicht möglich.

Mit Hilfe dieser initial gegebenen Verkaufspreisindikatoren ist es dann möglich, unmittelbar nach Vorlage der Absatzplanung einzuschätzen, ob die Verkaufspreise für die Rentabilitätsziele und die gegebenen Liquiditätsrestriktionen auskömmlich sind. Es sollte aber tunlichst vermieden werden, einfach die Verkaufspreise unter Beibehaltung der Absatzplanung zu erhöhen, damit das geplante Unternehmensergebnis sozusagen „passend" gemacht wird. Wie oben bereits beschrieben, sind die Verkaufspreise für den Vertrieb „Geschäftsgrundlagenparameter". Die Absatzmengen gelten daher (innerhalb gewisser Bandbreiten) nur für diese gesetzten Parameter. Sollten die Verkaufspreise im Laufe der Planung signifikant verändert werden, müsste selbstverständlich die Absatzplanung ebenfalls überprüft und ggf. geändert werden.

Maßgrößen für die Nachfrage in der Industrie ist allgemein der Auftragseingang. Dieser ist die primäre und weitgehend exogene Größe, auf die sich insbesondere Produktions-, Lager-, Beschaffungs- und Kapazitätsplanung einzustellen haben. Der Auftragseingang wird durch Faktoren beeinflusst, die gedanklich getrennt werden können in:

- Einflüsse des Gesamtmarktes,
- Einflüsse aus der Stellung des Unternehmens im Markt und
- Einflüsse durch spezielle Produkteigenschaften.

Eine saubere Trennung solcher Einflüsse ist aber nicht möglich und darüber hinaus für das Informationsbedürfnis einer kurz- und mittelfristigen Planung nur wenig ergiebig. Ursachen von Nachfrageänderungen lassen sich vielleicht auflisten, nur ein geringer Teil davon jedoch so quantifizieren, dass sie in einem Prognosemodell verwendet werden können. Daraus erklärt sich, dass praktisch angewendete Prognoseverfahren meist sehr theoriearm sind. Wenn sie überhaupt über die reine Intuition hinausgehen, verwenden sie mehr oder weniger ausgeprägte statistische Analysen der bisherigen Verläufe und versuchen danach eine Extrapolation. Einen Zugang findet man durch die Analyse der verschiedenen Bewegungskomponenten eines Nachfrageverlaufs und die anschließenden Überlegungen, wie diese möglichst gut vorausgesagt werden können. Für die mittelfristige Prognose sind die Komponenten Trend, Konjunktur und Saison die bedeutendsten, wobei die Prognose der Konjunktur besonders schwierig ist.[67]

Betrachtet man den Verlauf einer ökonomischen Zeitreihe in Monatswerten über mehrere Jahre, so fällt auf, dass in vielen Fällen die folgenden Bewegungskomponenten visuell und statistisch klar zu erkennen, wenn auch nicht exakt zu trennen sind:

1) Der langfristige Trend, d. h. die Entwicklung einer Zeitreihe, die von den zyklischen Bewegungen wie Saison und Konjunktur überlagert wird. Bei einer Nachfragekurve ist der Trend ein Ausschnitt aus der Lebenszykluskurve des Produktes.
2) Die konjunkturelle Komponente als mittelfristige Schwankungen um den Trend. Unter Konjunktur kann die zyklische Ab- und Zunahme der wirtschaftlichen Aktivität mit einer Schwingungsdauer von ungefähr 4–6 Jahren verstanden.
3) Die saisonale Komponente, die alle periodischen Schwankungen enthält, die direkt oder indirekt auf den Ablauf der Jahreszeiten, auf die wiederkehrenden Jahrestermine oder auf die Kalenderunregelmäßigkeiten zurückgehen. Die Saisonalität umfasst Schwingungen über ein Jahr oder Bruchteile davon, z. B. Vierteljahresschwingungen.
4) Die Sonderaktionskomponente umfasst die Wirkungen kurzfristiger Unternehmensaktivitäten wie Werbemaßnahmen, Preisänderungen und andere Sonderaktionen, aber auch entsprechende Aktivitäten der Konkurrenz oder des Staates.
5) Die Zufallskomponente (oder Störgröße) enthält alle nicht quantifizierbaren Wirkungen, deren Ursachen unbekannt oder sehr komplex zusammengesetzt sind. Sie tritt gewöhnlich als Restgröße auf, nachdem alle anderen Komponenten eliminiert sind.

Der langfristige Trend kann im Allgemeinen nicht klar von konjunkturellen Bewegungen abgegrenzt werden. Interpretiert man jedoch Konjunktur als zyklische Ab- und Zunahme in der Geschäftstätigkeit, die auf die starke industrielle Verflechtung zusammen mit Verhaltens- und Reaktionsweisen von Konsumenten und Produzenten aufgrund von Erwartungen mit psychischen Einstellungen zurückgehen, so lassen sich langfristige Trends als strukturelle Wirtschaftsbewegungen begreifen. Strukturelle Bewegungen sind das Ergebnis eines Konglomerates von einzelnen und zum Teil einmaligen Bewegungen. Einzelne Bewegungsanstöße überlagern sich zu Expansions- oder Schrumpfungsprozessen oder lösen einander ab. Sie sind besonders in Zeiten raschen Wachstums mit der Entwicklung neuer Produkte, Qualitätsverbesserungen, neuer Formgebungen, dem Einsatz neuer oder abgewandelter Vorprodukte und Rohstoffe, durch Verbesserung der Produktionstechniken oder der Entwicklung neuer Absatzmethoden wirksam. Neuentwicklungen und Substitutionsprozesse lassen so einzelne Industriezweige und Produkttypen wachsen, andere stagnieren oder schrumpfen.

Zu den Symptomen struktureller Wirtschaftsbewegungen können solche auf der Anbieter- und Abnehmerseite sowie gesamtwirtschaftliche Änderungen in der Struktur und Zusammensetzung der Bevölkerung, der Haushalte und in der Einstellung der Konsumenten und Unternehmer zu Wirtschaft und Technik unterschieden werden.

Bei einem mittelfristigen Planungshorizont sind die Änderungen auf der Abnehmerseite besonders zu beachten. Anstöße zu anhaltenden Trends können ausgehen von:

---

67   Stöppler, Nachfrageprognose und Produktionsplanung bei saisonalen und konjunkturellen Schwankungen, S. 17

- Wohlstandsänderungen der Verbraucher
- Änderungen der Nutzenvorstellungen der Verbraucher
- Rationalisierungen in der weiterverarbeitenden Industrie
- Kapazitätsveränderungen der Abnehmerindustrie
- Erweiterung des Absatzes durch neue Abnehmerkreise
- Schrumpfung des Absatzes infolge von Marktsättigung
- Substitution durch neue Produkte
- Änderungen der Absatzwege, Absatztechniken und Absatzorganisationen

Diese plötzlich in Stufen oder auch stetig fortschreitenden Bewegungen treffen jedoch meist nicht nur das einzelne Produkt, sondern oft den Produkttyp oder eine ganze Gattung von Produkten. Vom einzelnen, durch präzise angebbare technische Eigenschaften abgegrenzten Produkt aus gesehen lassen sich die Auswirkungen genauer durch den Lebenszyklus beschreiben. Bei dieser Abgrenzung auf das spezifische Produkt oder die Marke führen Produktvariationen und -differenzierungen nicht zu einer Fortsetzung des Lebenszyklus, sondern begründen einen neuen. Der Absatzverlauf einer Produktgattung ergibt sich dann durch Superposition aller einzelnen Zyklen. Dieser Verlauf kann aber auch selbst einen langfristig ablaufenden Zyklus bilden.

Diese einleitenden Bemerkungen machen deutlich, dass es keine allgemeinen Modelle und Methoden für die Durchführung der Absatzmengenplanung geben kann. In diesem Buch können die Marketing- und Vertriebskonzepte zur Vorhersage und Beeinflussung des Käuferverhaltens und der Absatzmärkte nicht im Detail behandelt werden. Hierzu sei der Leser auf die zahlreich am Markt erhältliche Fachliteratur verwiesen. Für die hier zu behandelnden Modelle der integrierten Planungsrechnung sind die Absatzmengen ein Eingangsparameter, dessen exogene Einflussgrößen im Prinzip eine Black-Box darstellen. Aufgabe der Planungsrechnung ist es, die Auswirkungen verschiedener Absatzmengenszenarien sichtbar zu machen und nicht die Schwankungen der Absatzmengen selbst zu erklären. Dies kann weder Aufgabe der Planungsrechnung sein, noch kann sie dies leisten.

2.4.1.2 Marktvolumen und Marktanteil

Wenn Marktanteile Erfolgspotenziale repräsentieren, dann erfordert ein Halten eines guten Erfolgspotenzials das Halten der entsprechenden Marktanteile. Ein erreichter Marktanteil lässt sich nur verteidigen, wenn das Unternehmen mit den gleichen Veränderungsraten wächst oder schrumpft wie die relevanten Märkte des Unternehmens. Dabei ist es natürlich eine triviale Feststellung, dass eine Erhöhung der Marktanteile immer und automatisch auch eine höhere Wachstumsrate des eigenen Unternehmens im Vergleich zum Markt bedeutet. Weniger Wachstumsdynamik als der Markt bedeutet logischerweise zwingend einen Verlust an Marktanteilen. Gälweiler bezeichnet diesen zwingenden arithmetischen Zusammenhang zwischen Marktwachstum, Marktanteilsveränderungen und dem Unternehmenswachstum (in Mengen, nicht im Umsatz) als den Kern und als die Grundformel der Unternehmensstrategie.[68] Es bedarf sicher keiner weitergehenden Untersuchungen, dass in fast allen Unternehmen die Tendenz besteht, eine Ausweitung ihrer Marktanteile, mindestens

---

68 Gälweiler, Strategische Unternehmensführung, S. 167

aber ein Halten ihrer Marktanteile in ihren jeweiligen Planungen zur berücksichtigen und als Ziel zu formulieren. Wenn jetzt von hoher Wachstumsdynamik des Gesamtmarktes und einer gleichzeitigen Erhöhung der eigenen Marktanteile ausgegangen wird, dann ergeben sich natürlich enorm hohe Wachstumsraten für das jeweilige Unternehmen. Nimmt man eine Marktwachstumsrate von bspw. 15 % an und strebt gleichzeitig eine Erhöhung des eigenen Marktanteils von bspw. 8 % auf 10 % an, dann resultiert daraus ein eigenes notwendiges Absatzwachstum in Höhe von 43 ¾ %. Solch ein Wachstum innerhalb eines Jahres können die meisten Unternehmen weder personell noch organisatorisch, kapazitativ und schon gar nicht finanziell realisieren. Es ist jedoch keine Seltenheit, dass dieser trivialarithmetische Konsistenzcheck der Planung unterbleibt, da diese Zusammenhänge entweder nicht bewusst sind oder weil es kaum brauchbare Vorstellungen über das Marktvolumen und dessen Dynamik gibt. Auch die bereits erwähnte gleichzeitige Ausdehnung von Marktanteilen kann natürlich aus rein logischen Gründen nicht funktionieren, da es für eine Gesamtheit von Wettbewerbern keinerlei Marktanteilsgewinne geben kann. Nur ein gleichzeitiges Halten von Marktanteilen ist möglich. Marktanteilsgewinne für das einzelne Unternehmen sind zwar logischerweise immer möglich, aber nur dann, wenn in gleicher Höhe die anderen Wettbewerber Marktanteile verlieren. Diese Zusammenhänge gelten ganz allgemein für eine Vielzahl ökonomischer Sachverhalte und zwar immer dann, wenn man einzelwirtschaftliches Verhalten auf eine Gruppe von Wirtschaftsteilnehmern oder die Gesamtwirtschaft zu übertragen versucht. Genauso wenig, wie alle Wettbewerber gleichzeitig ihre Marktanteile steigern können, können alle Wettbewerber ihren Absatz gleichzeitig durch die Erhöhung bzw. Intensivierung ihrer Marketing-/Werbeausgaben steigern.[69]

Übertragen auf die Unternehmensplanung ergibt sich als Konsequenz, dass man sich sehr genau überlegen sollte, wie und von wem man Marktanteile gewinnen will.

Beim Fußball leuchten diese Trivialitäten sofort ein und sind jedem Schulkind bewusst. Die Summe aller geschossenen Tore ist logischerweise immer identisch mit der Summe der hingenommenen Tore. Die Anzahl der gewonnenen Spiele ist immer genau identisch mit der Anzahl der verlorenen Spiele. In gesamtwirtschaftlichen Zusammenhängen ist die Situation meist nicht anders. Nur hier sind die Zusammenhänge meist nicht bewusst.

Aufbauend auf obigen Überlegungen kann folgende Grundformel der Absatzmengenplanung angegeben werden:

Marktvolumenveränderung x Marktanteilsveränderung =
Unternehmenswachstum (in Mengen).

$$MV\Delta F \ x \ MA\Delta F = UWF_m \tag{2.5}$$

Dabei sind:

$MV\Delta F =$ Marktvolumenveränderungsfaktor = Marktwachstum (in Mengen)

$MA\Delta F =$ Marktanteilsveränderungsfaktor, wobei der Ausgangsmarktanteil = 1.00 gesetzt wird

$UWF_m =$ Unternehmenswachstumsfaktor (in Mengen).

---

69   Gälweiler, Unternehmensplanung, S. 166

Beispiel:

Das Marktwachstum sei 15 %. Der Marktanteil sollte von 8 % auf 10 % gesteigert werden. Dann ermittelt sich das dafür notwendige Unternehmenswachstum wie folgt:

Marktwachstum 10 % = $MV\Delta F = 1.15$

Marktanteilsveränderung von 8 % auf 10 % $MA\Delta F = 1.25$

$$MV\Delta F \times MA\Delta F = UWF_m = 1.15 \times 1.25 = 1.4375 \qquad (2.6)$$

Marktvolumenveränderungen repräsentieren das aggregierte Ergebnis aus Veränderungen aller externen Variablen, die auf das realisierbare Marktvolumen einen Einfluss haben. Marktanteilsveränderungen bilden die strategisch wichtigste Zielgröße des Unternehmens. In der Marktanteilsveränderung kommt die positive bzw. negative Gestaltung des Erfolgspotenzials im Vergleich zu den übrigen Konkurrenten zum Ausdruck. Durch die rechnerische Verknüpfung der Veränderungsfaktoren des Marktvolumens mit den (gewünschten, geplanten) Veränderungsfaktoren der eigenen Marktanteile ergeben sich wichtige Signale in Bezug auf die zur Realisierung der strategischen Ziele notwendigen internen Leistungspotenziale. Es werden also Hinweise im Hinblick auf notwendige Veränderungen interner Leistungspotenziale sowie daraus resultierende Folgewirkungen und finanzwirtschaftliche Voraussetzungen gegeben.

Aus den dargestellten Zusammenhängen folgt zwingend, dass Marktanteilsveränderungen stets nur aus dem quantitativen Unterschied zwischen Marktwachstum und Unternehmenswachstum kommen können, wobei das Marktwachstum bzw. die Marktvolumenveränderung eine vom Unternehmen selbst nicht zu beeinflussende Größe darstellt.

2.4.1.3 Begriff des Marktvolumens

Die Entwicklung des Marktvolumens ist aus Sicht des jeweiligen Unternehmens eine exogene Größe, die nur aufgrund bestimmter statistischer Zusammenhänge prognostiziert werden kann. Die Höhe des Marktvolumens und die Dynamik des Marktwachstums kann i. d. R. vom einzelnen Unternehmen nicht beeinflusst werden. Die Marktanteilsentwicklung ist hingegen einer bewussten Planung zugänglich, da das einzelne Unternehmen durch die bewusste Gestaltung des Leistungsangebotes und begleitender Services seine Marktanteile beeinflussen kann.

Die Definition des Marktvolumens muss so gewählt sein, dass aus ihr eine Quantifizierung mit Hilfe sekundärstatistischer Messverfahren möglich ist, um so die Marktlage einer Unternehmung möglichst genau bestimmen zu können. Die an die Definition des Marktvolumens geknüpften Forderungen nach theoretischer Reinheit des Begriffes und seinen empirischen Erfassungsmöglichkeiten verhalten sich widersprüchlich:

Mit zunehmender theoretischer Genauigkeit des Begriffes nehmen die Möglichkeiten einer statistischen Verifizierung meist ab, und umgekehrt ist eine empirische Messung des Marktes oft nur dann möglich, wenn von den theoretischen Erfordernissen bei der Begriffswahl wieder mehr oder minder stark abgewichen wird. Dieses Spannungsverhältnis zwischen der begrifflich-qualitativen und statistisch-quantitativen Bestimmbarkeit eines Marktes drückt sich auch in den folgenden Begriffsklassen aus, die für eine Lösung des Problems der Marktmessung denkbar sind:

1) die angebotsorientierte Begriffsbestimmung (Produktionskapazität oder das Produktionsvolumen),
2) die verbrauchsorientierte Begriffsbestimmung (Verbrauchsvolumen) und – zwischen diesen beiden Polen stehend –
3) die marktorientierte Begriffsbestimmung (Marktvolumen).

Zur angebotsorientierten Definition kann man einmal die von den anbietenden Unternehmen je Raum- und Zeiteinheit erstellbare gesamte Produktionskapazität, zum anderen das tatsächlich realisierte Produktionsvolumen eines gegebenen Marktgutes rechnen. Beide Bezugsgrößen sind statistisch meist leicht messbar, können aber theoretisch betrachtet nur ein unvollkommener Maßstab für die Ermittlung von Marktpositionen sein. Hier fehlt noch das entscheidende Merkmal eines Marktkontaktes mit den definitiven Verbrauchern; die Divergenzen zum marktwirksam geäußerten Verbrauchsvolumen können daher erheblich sein. Diese verzerrenden Einflüsse können durch Schwankungen der Gesamtkapazität und ihres Auslastungsgrades, durch Lagerbewegungen (Aufstockungen oder Abbau) der Absatzmittler und der Letztverbraucher und durch zwischenstaatliche Handelsverflechtungen (Importe und Exporte) hervorgerufen werden.

Erst wenn diese Deviationen null sind oder sich gegenseitig in ihrer Wirkung ausgleichen, werden die Größen Gesamtkapazität, Produktions- und Verbrauchsvolumen identisch. Diese vereinfachende Annahme kann langfristig zutreffen, so dass dann die Gesamtkapazität der produzierenden Unternehmen eine mögliche Bezugsgröße für die Kennzeichnung von Marktpositionen ist.

Für mittel- und kurzfristige Zeitabschnitte wird man als denkbaren, wenn auch noch unvollkommenen Maßstab das realisierte Produktionsvolumen wählen können, wenn das Ausmaß der Abweichungen zum Verbrauch abzuschätzen ist. Während die Import-Export-Verflechtungen meist noch sekundärstatistisch zu verfolgen sind, ergeben sich bei der Messung des Lagereinflusses bereits große Schwierigkeiten. Wenn auch das Wirken der Lagerkomponente nach Richtung und Ausmaß bekannt ist, so kann man im Idealfall durch die folgende Beziehung direkt vom Produktionsvolumen auf das Verbrauchsvolumen schließen:

Produktionsvolumen + Import-Export ± Saldo der Lagerbewegungen = Verbrauchsvolumen

Das Verbrauchsvolumen ist der dem Angebot entgegengesetzte, verbrauchsorientierte Pol der Begriffsbestimmung und die theoretisch vollkommene Bezugsgröße zur Messung von Marktanteilen. Das Verbrauchsvolumen knüpft an die definitiven Bedarfsträger (Letztabnehmer) an, die ein gegebenes Marktgut je Raum- und Zeiteinheit effektiv zum Gebrauch oder Verbrauch verwenden. Das Verbrauchsvolumen der Letztabnehmer kann sich je Beobachtungsperiode aus zwei Komponenten zusammensetzen:

1) aus dem Volumen, das über den Markt an die Letztabnehmer geleitet wird,
2) aus dem Volumen, das nicht dem Markt entnommen ist.

Im ersten Fall haben die Letztabnehmer die Güter durch das Wechselspiel von Angebot und Nachfrage entweder direkt bei den Produzenten oder indirekt über Absatzmittler marktwirksam gekauft. Von den Bestandteilen des Verbrauchsvolumens, die nicht über den Markt geleitet werden, sind einmal der aus hauswirtschaftlicher oder betriebswirtschaftlicher Eigenerzeugung gespeiste Eigenverbrauch der definitiven Bedarfsträger und zum andern der Lagerabbau der Letztabnehmer zu nennen. Beim sogenannten Eigenverbrauch handelt es sich um Bestandteile des Verbrauchsvolumens, die vom definitiven Bedarfsträger hergestellt und zugleich wieder ohne Umleitung über den Markt verbraucht werden. Je nach der Art der Letztabnehmer kann man den Eigenverbrauch der Produzenten, der Absatzmittler und der hauswirtschaftlichen Verbraucher unterscheiden. Der Lagerabbau der Letztabnehmer kann einmal aus Beständen der Eigenerzeugung gespeist werden. Hinzu kommt möglicherweise noch der Abbau von Beständen, die in den Vorperioden vom Markt bezogen wurden, im Beobachtungszeitraum selbst aber bereits Güter darstellen, die nicht über den Markt geleitete sind. Lagerakkumulationen der Letztabnehmer zählen nicht mehr zum Verbrauchsvolumen im Sinne der gewählten Definition. Wie schon oben ausgeführt, ist das Verbrauchsvolumen eine vollkommene Bezugsgröße zur Messung von Marktanteilen. In den meisten Fällen werden jedoch sowohl der Eigenverbrauch der Letztabnehmer als auch deren Lagerabbau statistisch nicht erfasst. In einer schrittweisen Annäherung an die aus theoretischen Gründen gering geeignete angebotsorientierte Definition eines Marktes soll daher nunmehr das Marktvolumen (in zwei Varianten: Marktvolumen im engeren und im weiteren Sinn) als eine optimale, marktorientierte Begriffsbestimmung weiter abgegrenzt werden.

Unter Marktvolumen (im engeren Sinn) wird die Gesamtheit aller in physischen oder in Werteinheiten gemessenen, ökonomisch oder substantiell homogenen Marktobjekte – Güter oder Dienstleistungen – verstanden, die von den definitiven Bedarfsträgern je Zeit- und Raumeinheit vom Markt zum sofortigen Gebrauch oder Verbrauch – nicht zur Lagerhaltung – effektiv aufgenommen werden.

Im Unterschied zum Verbrauchsvolumen werden bei der Messung des Marktvolumens nur jene Bestandteile erfasst, die Objekte des Marktes, also durch Angebot und Nachfrage von den Letztabnehmern marktwirksam gekaufte (entweder direkt beim Produzenten oder indirekt über Absatzmittler) Güter sind.

Der Begriff Marktvolumen ist vielschichtig und in mehreren Dimensionen darstellbar. Für die verschiedenen Darstellungsebenen sind die sektorale, die zeitliche und räumliche Dimension sowie der Maßstab der Sorte und der Messeinheit ordnende Merkmale.[70]

Für die Beschreibung und Messung des Markvolumens ist also klar zu definieren und abzugrenzen, was darunter in welchem Kontext jeweils verstanden werden soll.

---

70 Fuchs, Marktvolumen und Marktanteil, S. 6

Sektorale Dimension

Die Gesamtheit eines gegebenen Marktgutes wird nur bei den definitiven Trägern des Marktvolumens je Zeit- und Raumeinheit gemessen, um alle Doppelzählungen zu vermeiden, die bei einem mehrmaligen, vertikalen Stufengang des Gutes im Markt als Vorprodukt, Halbfabrikat und Endprodukt vom Produzenten über die Absatzmittler (Groß- und Einzelhandel) auftreten würden.

Die definitiven Bedarfsträger eines Marktgutes können dabei jedem der einzelnen Sektoren einer Volkswirtschaft – dem der Unternehmen und Betriebswirtschaften aller Produktions-, Handels- und Dienstleistungsbereiche, dem staatlichen Sektor und dem Bereich der privaten Haushalte – entstammen. Der Schichtung der Kunden nach Verbrauchergruppen entsprechend ist auf der sektoralen Darstellungsebene das Gesamtmarktvolumen der Summe der sektoralen Teilvolumen gleich. So ergibt beispielsweise die Summe aller sektoralen Volumen von mineralischem Heizöl und von Teerheizölen der Landwirtschaft, des industriellen Sektors und der gewerblichen Kleinverbraucher (Handwerk), der öffentlichen Versorgungsbetriebe, des Verkehrs (Bundesbahn und Schifffahrt) und des Handels, der Privathaushalte und der Behörden sowie aller sonstigen Verbraucher (z. B. Sparkassen, Krankenhäuser, Verwaltungsgebäude u. a.) das Gesamtmarktvolumen für das genannte Produkt. Die sektoralen Konglomerate können dabei wieder in weitere, mehr oder minder stark verzweigte Bedarfsträgergruppen aufgegliedert werden, bis im Idealfall das nachgefragte Teilvolumen eines jeden einzelnen Bedarfsträgers erkennbar wird.

Zeitliche Dimension

Nur in Vergangenheit und Gegenwart kann das Marktvolumen effektiv von den Bedarfsträgern aufgenommen werden. Will man die zukünftige Aufnahmefähigkeit eines Marktes als latente Nachfrage von der effektiven gedanklich scheiden, so kann hierfür der Begriff Marktpotenzial recht gut verwendet werden. Bei wachsendem Markt wäre dann das Marktpotenzial eines Gutes größer, bei schrumpfendem Markt kleiner als das in der Gegenwart bestehende Marktvolumen. Nur bei Marktstagnation wären Marktvolumen und Marktpotential identische Größen.

Räumliche Dimension

Die räumliche Dimension des Begriffs Marktvolumen umfasst Binnen- und Exportmärkte und innerhalb derselben wieder Marktsegmente verschiedener räumlicher Reichweite. Die politisch-administrativen Raumeinheiten für das Bundesgebiet sind beispielsweise die Bundesländer, Regierungs- und Verwaltungsbezirke, Stadt- und Landkreise und als kleinste Regionaleinheit die Gemeinden.

Auf der regionalen Darstellungsebene ist das Gesamtmarktvolumen eines Gutes gleich der Summe aller regionalen Teilvolumen.

Dimension der Sorte

Eine weitere Abgrenzungsebene für ein gegebenes Marktvolumen sind die im Markt getauschten Marktobjekte. Von den vielen Unterscheidungsmöglichkeiten sollen nur die wichtigsten Merkmale hervorgehoben werden. Zunächst können die konkreten Marktgüter von den immateriellen Dienstleistungen geschieden werden. Die Marktgüter werden nach dem Verwendungszweck in Konsum- und Produktionsgüter, nach Nutzungsdauer in dauerhafte Gebrauchs- und nicht dauerhafte Verbrauchsgüter unterteilt. Eine genaue Feststellung, ob ein Gut „fertig" und damit investitions- oder verbrauchsreif ist, kann erst nach erfolgter Investition oder nach erfolgtem Verbrauch, nicht jedoch bereits im Zeitpunkt des Produktionsausstoßes beim Betrieb getroffen werden.

Dimension der Messeinheit

Ein weiteres Darstellungsmerkmal ist die Messeinheit, in der die Gesamtheit der auf den Markt gelangenden Güter ausgedrückt wird. Das Marktvolumen kann in physischen (Mengen-, Raum- oder Gewichtseinheiten) oder in Wertquantitäten, letztere wieder in konstanten oder jeweiligen Preisen ausgedrückt, gemessen werden. Mengenangaben sind dann angebracht, wenn das Sortiment einfach ist und sich aus wenigen homogenen Gütern oder Gütergruppen zusammensetzt. Die Wahl von Werteinheiten als Messbasis eines Marktvolumens ist immer dann erforderlich, wenn die Heterogenität der Güter in einem gemeinsamen Generalnenner, eben dem Wert, nivelliert werden kann. Wenn möglich, sollten jedoch Mengen- und Wertzahlen kombiniert verwendet werden, um den Einfluss von Preisveränderungen isoliert betrachten zu können. Die möglichen Abgrenzungen zum Begriff Marktvolumen zeigen, dass die Kombination und Variation der sektoralen, zeitlichen und räumlichen Merkmale, der Sortendimension und der Messbasis bereits vielfältige Differenzierungen des Marktbildes insgesamt und in seinen Teilen und dementsprechend auch der Beurteilung der Marktlage einer Unternehmung zulassen.

Schließlich soll noch der mögliche Einfluss von Lagerbewegungen bei den Letztabnehmern (hier nur Lageranbau) und bei den Absatzmittlern auf allen Zwischenstufen (hier Lagerakkumulation und -abbau) auf Begriffswahl und Messung des Marktvolumens erwähnt werden. Dem möglichen Einfluss von Lagerzyklen entsprechend sollen gedanklich zwei Arten des Marktvolumens unterschieden werden: das Marktvolumen im engeren und im weiteren Sinn. Das Marktvolumen im engeren Sinn enthält begrifflich nicht den Lageranbau der Letztverbraucher und der Absatzmittler. Der Lagerabbau der Absatzmittler, soweit dieser an die definitiven Bedarfsträger weitergegeben wird, ist jedoch diesem Begriff zur Messung zuzurechnen. Diese Begriffswahl hält sich noch am engsten an das Verbrauchsvolumen, das sich lediglich um den Eigenverbrauch und den Lagerabbau der Letztabnehmer vom Marktvolumen im engeren Sinn unterscheidet. In vielen Fällen wird jedoch das Marktvolumen im engeren Sinn statistisch nicht bestimmbar sein, da sowohl die Letztverbraucher als auch die Absatzmittler (Groß- und Einzelhandel) Lagerakkumulationen in dem jeweiligen Untersuchungszeitraum vornehmen können. Hier muss der Begriff Marktvolumen extensiver (Marktvolumen im weiteren Sinn) ausgelegt werden, indem noch der Lageraufbau der definitiven Bedarfsträger und der Absatzmittler in das Marktbild einbezogen wird.

Das Marktvolumen im weiteren Sinn ist aus Gründen der statistischen Messbarkeit eine weitere Annäherung an den angebotsorientierten Begriff Produktionsvolumen und kann in der Marktforschung der Praxis meist aus der Blickrichtung der anbietenden Unternehmungen mit der Gesamtheit aller je Raum- und Zeiteinheit an Letztabnehmer und Absatzmittler abgesetzten Güter gleichgesetzt werden.

Die Unschärfe dieses Begriffs im Vergleich zum theoretisch einwandfrei fundierten Begriff Verbrauchsvolumen wird umso stärker sein, je größer der verzerrende Einfluss von Lagerbewegungen und je höher der Eigenverbrauch der Letztabnehmer sind. Das Produktionsvolumen ist größer als das Marktvolumen im weiteren Sinn, wenn die Produzenten selbst nicht abgesetzte Lagervorräte haben. Es wird kleiner, wenn die Absatzmittler nicht nur das gesamte Produktionsvolumen der Zeitperiode an die Letztverbraucher verkauft, sondern darüber hinaus noch zusätzliche Verkäufe an die definitiven Bedarfsträger aus eigenen Lagerbeständen getätigt haben. Die begrifflichen und statistischen Divergenzen der bisher erwähnten Größen Produktionsvolumen, Marktvolumen (im engeren und weiteren Sinn) und Verbrauchsvolumen sind im Übrigen auch aus der oben beschriebenen Beziehung zu ersehen. Eine Identität dieser drei Begriffe tritt danach nur dann ein, wenn das je Zeit- und Raumeinheit von den Unternehmungen erzielte Produktionsvolumen über die Absatzmittler ohne Lageraufstockungen und bei Fortfall von Lagerabbau ohne Rest an die definitiven Bedarfsträger zum sofortigen Gebrauch oder Verbrauch geleitet wird, wobei weiter vorausgesetzt werden muss, dass weder Eigenverbrauch der Letztabnehmer noch irgendein Lagerabbau dieser Verwendergruppe zum gewählten Beobachtungszeitpunkt vorliegen.

Formale Bestimmung des Marktvolumens

Das Marktvolumen (Mv) eines Gutes kann je Raum- und Zeiteinheit aus der folgenden Bestimmungsgleichung errechnet werden:

$$Mv = B' \times b \times S \tag{2.7}$$

Es sind:

B' alle existenten Wirtschaftssubjekte
B (siehe weiter unten) alle tatsächlichen Bedarfsträger
b die Bedarfsintensität (auch Durchschnittsverbrauch oder spezifischer Verbrauch) und
S der Sättigungsgrad

Die Größe B' umfasst alle in einem bestimmten Marktgebiet existenten Wirtschaftssubjekte (z. B. alle Einwohner, Haushalte, Betriebe etc. eines Gebietes), gleichgültig, ob diese ihre Nachfrage auf ein angebotenes Wirtschaftsgut richten oder nicht.

Die tatsächlichen Bedarfsträger (B) sind jene Wirtschaftssubjekte, die ihre Nachfrage bereits effektiv auf das angebotene Wirtschaftsgut richten (z. B. alle Einwohner, die Zigaretten rauchen).

Sättigungsstufe (oder Sättigungsgrad S) ist das Verhältnis aus der Zahl der tatsächlichen Bedarfsträger (B) zu allen vorhandenen Wirtschaftssubjekten (B')

$$S = B / B' \text{ (z. B. } x \text{ % aller Einwohner rauchen Zigaretten)} \tag{2.8}$$

Die Größe b kennzeichnet den Durchschnittsverbrauch der tatsächlichen Bedarfsträger. Diese, auf das effektiv verbrauchende Wirtschaftssubjekt bezogene Größe kann auch Bedarfsintensität oder spezifischer Verbrauch genannt werden (z. B. durchschnittlicher Verbrauch von y Zigaretten je Zigarettenraucher – nicht je Einwohner!).

Die allgemeine Bestimmungsgleichung $Mv = B \times b$ zeigt somit das Marktvolumen eines Gutes als Produkt der drei Faktoren B', S und b.

Bleiben die Zahl der insgesamt existenten Wirtschaftssubjekte und der Sättigungsgrad konstant (*B'*, *S* = const.), so steigt das Marktvolumen, wenn die Bedarfsintensität (*b*) der tatsächlichen Bedarfsträger zunimmt und umgekehrt (z. B. bei steigendem durchschnittlichen Zigarettenverbrauch).

Bleiben die Zahl der insgesamt existenten Wirtschaftssubjekte und der spezifische Verbrauch der Bedarfsträger konstant (*B'*, *b* = const.), so steigt das Marktvolumen eines Gutes, wenn der Sättigungsgrad (*S*) zunimmt und umgekehrt (z. B. bisher potentielle Bedarfsträger treten als Zigarettenverbraucher in den Markt).

Sind der spezifische Verbrauch und die Sättigung gegeben (*b*, *S* = const.), so wächst das Marktvolumen (*Mv*), wenn die Zahl der Wirtschaftssubjekte (*B'*) zunimmt und umgekehrt (z. B. bei Bevölkerungswachstum durch Wanderungs- und/oder Geburtenüberschuss).

Weitere Varianten sind denkbar, wie etwa die Wirkung einer sinkenden Bedarfsintensität auf das Volumen des Marktes bei steigendem Sättigungsgrad u. Ä.

Die allgemeine Bestimmungsgleichung ist bereits ein verdichteter Ausdruck für das gesuchte Marktvolumen. Sie kann je nach Lage des Einzelfalles nach der Qualität der statistischen Daten in die Verbrauchssektoren *B1*, *B2*, *B3* ... und die Bedarfsintensitäten *b1*, *b2*, *b3* ... aufgeteilt werden:

$$Mv = B1 \times b1 + B2 \times b2 + B3 \times b3 + ... \tag{2.9}$$

Die beschriebene allgemeine Bestimmungsgleichung und ihre sektorale Aufgliederung sind formaler und definitorischer Natur, da sie an äußere Merkmale (*B*, *B'*) anknüpfen. Richtung und Ausmaß der Wirkung der verursachenden wirtschaftlichen (wie Bedarfsstruktur, Einkommen und Einkommensverteilung, Sparneigung, Preisstruktur) und außerwirtschaftlichen (politische, technische, meteorologische u. a.) Faktoren auf die innere Struktur eines Marktvolumens werden, soweit möglich, mit sekundärstatistischen Methoden analysiert.

2.4.1.4 Wirkungsgefüge des Marktvolumens

Die bisherigen Ausführungen sagen noch nichts darüber aus, welche verschiedenen Einflussgrößen für die Höhe und zeitliche Entwicklung des Marktvolumens bestimmend sind.

Das Wirkungsgefüge eines bestimmten Marktvolumens soll anhand eines Beispiels kurz erläutert werden. Ein Hersteller von Dachfenstern hat zur Ermittlung des für ihn relevanten Marktvolumens nicht nur das sogenannten *Primärmarktvolumen* der Erstausstattung, sondern auch das sich aus einem Ersatzbedarf ergebende *Sekundärmarktvolumen* zu berücksichtigen. Dachfenster sind langlebige Gebrauchsgüter in Form von Bauelementen.

Die Struktur eines Marktsystems kann anhand der Abbildung 2.16 dargestellt werden. Die grundlegende Struktur eines bestimmten Marktes kann anhand bestimmter Merkmale beschrieben werden. Ausgangspunkt ist das eigene Unternehmen und seine jeweiligen und zukünftigen Wettbewerber. Das Unternehmen kann direkt an die Produktverbraucher oder an ein Handelssystem liefern. Neben dem eigenen Unternehmen, den Handelssystemen und den Produktverbrauchern können externe Beeinflusser der Kaufentscheidung und Produktinstallateure als Akteure im Marktsystem auftreten. Übertragen auf das Beispiel eines

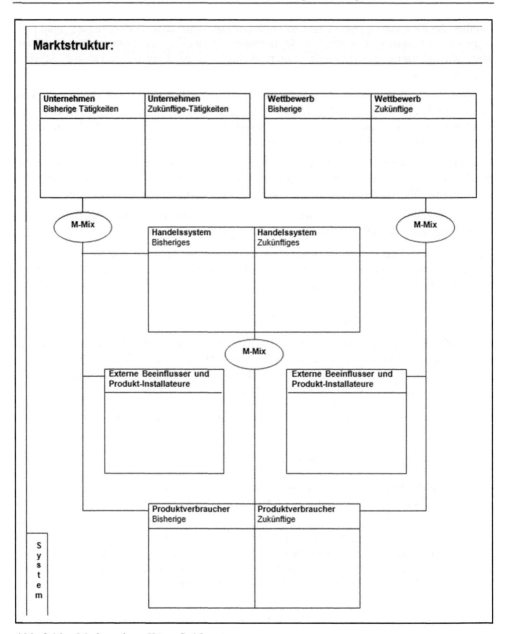

Abb. 2.16:   Marktstruktur, Küng, S. 15

Dachfensterherstellers erfolgt die Lieferung der Produkte an ein Handelssystem (Baustoff-fachhandel und Baumärkte), die Installation der Produkte wird von Handwerkern (Dach-decker, Zimmerer) vorgenommen. Externe Beeinflusser wären bspw. Architekten und Pla-ner, die wesentlichen Einfluss auf die Ausgestaltung und damit den Dachgeschossausbau von Wohngebäuden haben. Produktverbraucher können sowohl private und öffentliche Bauherren als auch Unternehmen sein. Auf der Stufe der Produktverbraucher können auch Anbieter von Fertighausherstellern auftreten.

Das Marktvolumen (*Mv*) langlebiger Wirtschaftsgüter setzt sich je Zeiteinheit aus zwei Komponenten zusammen – dem primären (*Mpr*) und dem sekundären (*Ms*) Marktvolumen:

Das primäre Marktvolumen (*Mpr*) stellt die Gesamtheit des marktwirksamen Neubedarfs der definitiven Bedarfsträger dar. Dieser „Ausweitungsbedarf" kann laut der oben einge-führten Bestimmungsgleichung ceteris paribus auf eine Erhöhung der Bedarfsintensität (*b*) der definitiven Bedarfsträger, auf eine Erhöhung des Sättigungsgrades (*S*) des Marktes bei konstanter Gesamtbevölkerung und auf das Entstehen neuer Bedarfsträger (*B'*) durch eine wachsende Bevölkerung zurückgeführt werden. Das sekundäre Marktvolumen umfasst die Gesamtheit des marktwirksamen Ersatzbedarfs, der dazu dient, den wirtschaftlichen oder physischen Verschleiß der Güter zu ersetzen und so das primäre Marktvolumen auf dem einmal erreichten absoluten Stand zu halten. Das sekundäre Marktvolumen hängt von der absoluten Größe des primären Marktvolumens, von der Art des Wirtschaftsgutes, seinem Altersaufbau und von den allgemeinen wirtschaftlichen und technischen Verhältnissen ab. Bei gegebenen wirtschaftlichen und technischen Verhältnissen und bei einem bestimmten Entwicklungsniveau des primären Marktvolumens ist der Altersaufbau des jeweiligen Gu-tes der entscheidende Bestimmungsfaktor für die Größe des Ersatzbedarfs in einer be-stimmten Periode.

Eine Messung des sekundären Marktvolumens setzt daher voraus, dass der Altersaufbau der untersuchten Güter statistisch bekannt ist. Der Altersaufbau der in der Vergangenheit ver-kauften und eingebauten Dachfenster ist bestimmend für die daraus zu erwartenden „Aus-tauschquoten", die für den Ersatzbedarf maßgeblich sind. Die Austauschquote kennzeichnet die Wahrscheinlichkeit, dass ein Dachfenster des Alters *x* im Verlauf des nächsten Jahres ausscheidet und ersetzt wird. Allerdings werden diese Austauschordnungen kaum jemals den Zuverlässigkeitsgrad aufweisen wie bspw. allgemeine Sterbetafeln für die Bevölkerung eines Landes. Der eingebaute Bestand an Dachfenstern setzt sich zusammen aus verschie-denen Qualitäten und damit auch recht unterschiedlichen Nutzungsdauern. Die Dauer der Benutzung ist daneben durch die wirtschaftliche Entwicklung bestimmt. Bei allgemeinem Wohlstand wird ein Dachfenster eher als unbrauchbar ausgeschieden als bei schlechter Wirtschaftslage. Jede Austauschordnung für Gebrauchsgüter behält also nur solange ihre Gültigkeit, wie die technische und wirtschaftliche Situation, die zur Zeit ihrer Aufstellung gegeben ist, sich nicht grundlegend verändert. Ferner sind bei der Bestimmung des Markt-volumens Substitutionstendenzen zu berücksichtigen. Die Substitution ist nicht nur für den Austauschsektor, sondern auch für den Erstausstattungssektor von Bedeutung. Übertragen auf das Dachfensterbeispiel wäre eine Substitution bspw. in Form von Dachgauben mög-lich. Darüber hinaus ist im Hinblick auf die Erstausstattung von Bedeutung, welche Archi-tekturtrends jeweils vorherrschen. Dachfenster werden nur benötigt, wenn Häuser mit Schrägdächern gebaut werden. Ein Trend hin zu Flachdächern würde das Marktvolumen für die Erstausstattung entsprechend verringern.

Aus Abbildung 2.17 gehen die wesentlichen Einflussgrößen für das primäre und sekundäre Marktvolumen von Dachfenstern hervor. Es ist ersichtlich, dass das primäre Marktvolumen

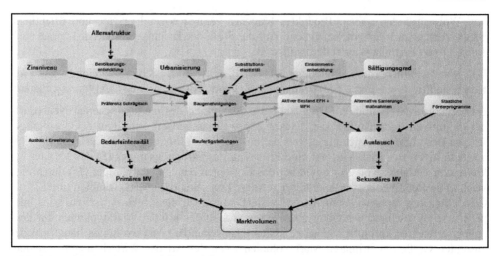

Abb. 2.17: Marktvolumenmodell Dachfenster anhand einer System-Dynamics-Skizze. Quelle: Eigene Darstellung

beeinflusst wird von der Höhe der Baufertigstellungen, der Bedarfsintensität sowie der Ausbau- und Erweiterungsquote. Die Bedarfsintensität ist eine Verwendungsrate, d. h., sie gibt an, wie viel Dachfenster je Neubau verwendet werden. Die Ausbau- und Erweiterungsquote beschreibt den Sachverhalt eines nachträglichen Dachausbaus. Daraus folgt, dass die Baufertigstellungen mit einer Sofortausbauquote und mit einer (zeitversetzten) Ausbau- und Erweiterungsquote auf das jeweilige Marktvolumen eines bestimmten Zeitabschnitts einwirken. Basisgröße für die Ausbau- und Erweiterungsquote ist somit der aktive Bestand an Wohngebäuden mit Schrägdach, der über kein ausgebautes Dachgeschoss verfügt. Das sekundäre Marktvolumen ist mit langer Zeitverzögerung abhängig von der Entwicklung des primären Marktvolumens. Die genannten Einflussgrößen des primären und sekundären Marktvolumens sind wiederum von einer Vielzahl weiterer Einflussgrößen abhängig. So werden die Baugenehmigungen u. a. beeinflusst von der Bevölkerungsentwicklung, dem Sättigungsgrad (Quote der Eigenheimbesitzer), der Einkommensentwicklung potenzieller Neukunden, dem Zinsniveau, dem Trend der Urbanisierung.

Bei der Erklärung des Wirkungsgefüges des Marktvolumens treten verschiedene Probleme zutage, die ihre Ursache darin haben, dass die Wirkungen bestimmter Einflussgrößen auf andere Einflussgrößen zeitversetzt stattfinden, wobei diese Zeiten nur schwer vorhersehbar sind. Beispielsweise erfolgen die Baufertigstellungen immer mit einem gewissen Zeitversatz nach den Baugenehmigungen. Der Austausch von Dachfenstern erfolgt erst mit großer zeitlicher Distanz zum Ersteinbau. Änderungen des Zinsniveaus zeigen sich erst mit zeitverzögerter Wirkung in einer Veränderung der Baugenehmigungen. Der Ausbau und die Erweiterung von Dachgeschossen erfolgt mit zeitlicher Verzögerung nach den Baufertigstellungen. Das Ausmaß und die Zeitverzögerung des Ausbaus hängen wiederum von einer Vielzahl von Variablen ab, die nur schwer ermittelt und prognostiziert werden können usw.

Die Güte eines formulierten Marktvolumenmodells hängt davon ab, inwiefern es gelingt, die Korrelationen der einzelnen Einflussgrößen untereinander und ihr gemeinsames Einwirken auf das Markvolumen zu finden. Ein Marktvolumenmodell ist auf seine Erklärungsgüte hin zu überprüfen. Dabei ist entscheidend, ob mit seiner Hilfe bestimmte Veränderungen des Marktvolumens ex post erklärt werden können. Hierfür gibt es eine Reihe statistischer Verfahren (bspw. die multiple Regressionsanalyse), die zur Überprüfung eingesetzt werden können.

Bei der Planung von Marktanteilszielen ist zu berücksichtigen, dass die Möglichkeit eines Fensteraustausches nicht automatisch zu einem Wiedereinsatz des eigenen Produktes führt. Um das frei gewordene „Loch im Dach" konkurrieren also verschiedene Anbieter.

2.4.1.5 Marktanteilsziele

Das Unternehmen hat selbst auf die Entwicklung des Marktvolumens in der Regel wenig Einfluss. Vor diesem Hintergrund ist die Ermittlung des zukünftigen Marktvolumens vorwiegend eine prognostische Aufgabe. Die Bestimmung von Marktanteilszielen und die dazu für erforderlich gehaltenen Strategien und Maßnahmen stellen Planungsaufgaben dar.

Eine geplante Steigerung der Marktanteile muss stets einhergehen mit entsprechenden Maßnahmenplänen, die im Detail Auskunft darüber geben, mit welchen Produkten und Leistungen, in welchen Absatzkanälen, in welchen Regionen, mit welchen Preisen, gegen welche Konkurrenten diese gewonnen werden sollen.

Die Maßnahmenplanung ist zusammen mit den aus den Marktanteilszielen zu erwartenden Effekten auf ihre Durchführbarkeit hin zu überprüfen. Die Realisierung der Marktanteilsziele ist also immer an bestimmte Bedingungen geknüpft, die auf jeden Fall erfüllt sein müssen. In diesem Zusammenhang sind die Konsequenzen für alle Unternehmensbereiche aus dem geplanten Mengenwachstum zu untersuchen. Eine Steigerung eines Marktanteils von 13 % auf 14,5 % in einem Jahr bei einem Marktwachstum von 10 % p. a. hat eine Steigerung der eigenen Absatzmengen in Höhe von 23 % zur Folge. Hierzu wären beispielsweise u. a. folgende Fragen zu klären:

- Von welchen Konkurrenten sollen Marktanteile hinzugewonnen werden?
- Bei welchen Kunden in welchen Vertriebskanälen mit welchem Marketingmix mit welchem Zeitplan soll das realisiert werden?
- Können für ein Absatzmengenwachstum in Höhe von 23 % die notwendigen Produktionskapazitäten, Einsatz- und Werkstoffe, Personalkapazitäten in der erforderlichen Qualifikation bereitgestellt werden?
- Soll das Absatzmengenwachstum aus dem vorhandenen Kundenstamm generiert werden oder setzt man überwiegend die Gewinnung von Neukunden voraus? Sind hierzu die Vertriebskapazitäten mit den erforderlichen Qualifikationen vorhanden?
- Folgen aus dem Kapazitätsbedarf Investitionserfordernisse und können die finanziellen Mittel hierfür beschafft werden bzw. sind diese vorhanden? Welcher zeitliche Vorlauf ist zu beachten?
- Ergibt sich die Notwendigkeit von Personalaufstockungen und mit welchem zeitlichen Vorlauf muss hierfür gerechnet werden?
- Ist der aus dem Absatzmengenwachstum resultierende Materialbedarf mit den vorhandenen Kreditlinien vorfinanzierbar?

–   Kann es eventuell Engpässe bei bestehenden Lieferanten geben und können ggf. neue
    Lieferanten rechtzeitig aufgebaut werden?
–   Können die aus dem Absatzmengenwachstum entstehenden Kostensenkungspotenziale
    und daraus abzuleitenden Kostensenkungsprogramme mit den vorhandenen Führungs-
    kräften und Mitarbeitern realisiert werden?
–   Ergeben sich Einflüsse auf die Produktentwicklung und können die daraus resultieren-
    den Anforderungen umgesetzt werden?
–   Sind organisatorische Anpassungsmaßnahmen notwendig und wie schnell können
    diese umgesetzt werden?

Aus diesen beispielhaften Fragen erwächst eine Vielzahl von organisatorischen und finanziellen Konsequenzen. Die Marktanteilsziele determinieren zusammen mit den prognostizierten Marktwachstumsraten den Liquiditätsbedarf.

Intensive Wachstumsphasen haben meist über einen längeren Zeitraum einen hohen Liquiditätsbedarf zur Folge. Ein Unternehmen, dessen Geschäftsbereiche sich überwiegend in
solche Wachstumsphasen befinden, kann leicht in Probleme geraten, wenn es nicht über
ausreichende Möglichkeiten zur Finanzierung dieses Wachstums verfügt.

Die Vorsteuerung der Liquidität resultiert aus den Mengeneffekten der angestrebten Marktanteilsziele zusammen mit den daraus abzuleitenden Aktivitäten. Die Höhe der sich ergebenden positiven und negativen Liquiditätssalden hängt im Zeitverlauf von Marktposi-
tionsveränderungen, den zeitlichen Produktionsprozessanordnungen und vom Marktwachstum ab. Aus den Prüfschritten im Hinblick auf die Marktanteilsziele wird deutlich, dass
nicht mehr Aktivitäten begonnen werden können, als das Unternehmen auf Dauer zu finan-
zieren in der Lage ist. Nur wenn dies der Fall ist, kann das Unternehmen in gute Marktpositionen geführt werden und sich dauerhaft darin halten.[71]

2.4.1.6 Erfahrungskurve

Die Erfahrungskurve ist ein betriebswirtschaftliches Konzept, das erstmals 1925 im US-
amerikanischen Flugzeugbau entdeckt wurde.

Das Konzept besagt, dass die inflationsbereinigten (realen) Stückkosten konstant sinken,
wenn sich die kumulierte Ausbringungsmenge (Produktionsmenge) erhöht. Typischerweise
sinken die Kosten um 20 bis 30 % bei einer Verdoppelung der kumulierten Ausbringungsmenge, entsprechend einer Lernrate von $L = 70$–80 %. Dieses Konzept besagt damit, dass
es vorteilhaft ist, möglichst schnell große Marktanteile zu gewinnen, um durch hohen Output die internen Kosten senken zu können und dadurch Wettbewerbsvorteile zu erlangen.
Es sinken nur jene Kosten, die der Wertschöpfung unterliegen (beispielsweise sinken Materialeinzelkosten dadurch nicht).

Dabei ist der enger gefasste Begriff der Lernkurve dadurch abgegrenzt, dass er sich lediglich auf die Menge der addierten (kumulierten) Arbeitszeit bezieht. Die Erfahrungskurve
bezieht auch andere Einflussgrößen mit ein.

---

71   Gälweiler, Strategische Unternehmensführung, S. 44 ff.

Der Ausbau dieses Konzepts wurde in den 1970er Jahren durch die Boston Consulting Group betrieben, welche es als strategisches Marketinginstrument vermarktete. Das Erfahrungskurvenkonzept ist deshalb auch unter dem Namen „Boston-Effekt" bekannt.

Zum Erfahrungskurveneffekt tragen viele Einzelursachen bei, die in zwei Hauptkategorien zusammengefasst werden können:

1) Dynamischer Skaleneffekt:

Hier unterscheidet man den Lerneffekt (Übungsgewinn aufgrund wiederholender Arbeitstätigkeit), Effizienzsteigerung durch fortschreitende qualitative Verfahrenstechniken/Produktqualität (Wertanalyse, Standardisierung, Kanban etc.) und die Effizienzsteigerung durch Automatisierung und Rationalisierung (Produktivitätssteigerung, technischer Fortschritt etc.).

2) Statischer Skaleneffekt:

Hierbei sind Fixkostendegression, Betriebsgrößendegression (Skaleneffekte, Verbundeffekte) und von der Ausstoßmenge abhängige Übergänge zu kostengünstigeren Produktionstechnologien (zum Beispiel von Werkstatt- zu Fließfertigung) zu betrachten.

Der oftmals angegebene statische Effekt steht dabei aber im Widerspruch zur ursprünglichen Definition, die von einer kumulierten Ausbringungsmenge ausgeht (wird je Zeiteinheit die gleiche Menge produziert, können sich die statischen Effekte nicht ergeben).

Der dynamische Effekt verursacht, im Gegensatz zum statischen Effekt, keine automatische Senkung der Kosten. Es bedarf zum Teil der bewussten Anstrengung, um die Kostensenkungspotenziale auch zu realisieren, die auch mit Geld- und Zeitbedarf zusammenhängen. Diese Kosten machen den möglichen Vorteil mitunter wieder wett.

Die Aussagekraft der Erfahrungskurve ist unter anderem stark branchenabhängig, so trifft sie in der chemischen und elektronischen Industrie besonders stark zu, da dort eine Homogenität und geringe Unterschiedlichkeit zwischen erst- und letztproduziertem Produkt besteht. Im Dienstleistungsbereich insbesondere mit Kundenkontakt können die Erfahrungskurveneffekte beschränkt sein. Gründe sind die Integration des externen Faktors in die Dienstleistungsproduktion und die damit verbundene Individualität der Dienstleistung sowie deren Nichtlagerfähigkeit. Aufgrund der zunehmenden Automatisierung und Standardisierung von Dienstleistungen (z. B. Bankautomaten) werden vermutlich in Zukunft höhere Erfahrungskurveneffekte zu erwarten sein.

Eventuelle Probleme bei Strategieverfolgung mittels der Erfahrungskurve:

Die Erfahrungskurve schließt aufgrund ihres betriebswirtschaftlichen Effizienzsteigerungsfokus andere Strategien aus. Optimal ist sie für Preis- oder Kostenstrategien.

Bei reiner Konzentration auf Produktionsvolumensteigerung entlang der Kurve, verliert man oft den Blick auf den Markt und neue geforderte Produkte.

Das zugrundeliegende Ziel der Produktionsvolumenerhöhung oder der relativen Marktanteilssteigerung kann andere Erfahrungsquellen (Technologieersatz etc.) außer Acht lassen, d. h., man darf sich daher nicht mit einem hohen Marktanteil zufriedengeben.

Es kann vorkommen, dass Wettbewerber mit erheblich geringeren kumulierten Mengen die niedrigsten Stückkosten besitzen, wenn sie beispielsweise im Rahmen eines Greenfield-Ansatzes ihre Produktionsstätte völlig neu geplant und errichtet haben. Manchmal geschieht dies in Kombination mit einer Verlagerung des Produktionsstandortes in Länder mit niedrigeren Löhnen. Wird diese Strategie beispielsweise durch die Imitation nicht patentgeschützter Prozesse ergänzt, können durchaus weniger erfahrene Wettbewerber am Kostenführer vorbeiziehen.

Es lässt sich eine Interaktion zwischen dem relativen Marktanteil und den Kosten erkennen. Der Marktanteil spiegelt dabei den Faktor Erfahrung wider. Dabei sind die Stückkosten indirekt proportional zum Marktanteil. Folgende Kriterien müssen zutreffen, damit der Marktanteil als Erfahrungsfaktor gelten kann:

–   Alle Marktteilnehmer müssen zugleich eingetreten sein.
–   Die Marktteilnehmer müssen sich gleichmäßig entwickelt und stabilisiert haben.
–   Die produzierten Produktionsvolumen wurden abgesetzt.[72]

Stetige Verbesserungen des Produktionsprozesses und der resultierenden Produktionskosten sind eng verknüpft mit den bereits lange bekannten Erfahrungs- und Lernkurveneffekten. Ende der 1960er Jahre wurde dieses allgemeingültige Prinzip erkannt und durch eine Vielzahl empirischer Studien bestätigt.[73] Die Erkenntnis war, dass mit jeder Verdopplung der im Zeitablauf kumulierten Produktionsmengen die potenziellen Stückkosten eines Produktes um 20–30 % zurückgehen. Das Phänomen der Erfahrungs- und Lernkurveneffekte darf jedoch keinesfalls verwechselt werden mit den sogenannten Größenvorteilen (Economies of Scale), die letztlich auf eine Fixkostendegression der auf die Produkte verrechneten Fixkostenanteile bei ansteigenden Kapazitätsauslastungen und ansteigenden Kapazitätsgrößen zurückzuführen sind. Im Gegensatz zu den Erfahrungskurveneffekten handelt es sich bei den Degressionseffekten um zwangsläufig eintretende und berechenbare Wirkungen alternativer Mengen bezogen auf einen Zeitpunkt unter der Prämisse konstanter Fixkosten. Der Kosten-/Erfahrungskurveneffekt stellt sich, wie erwähnt, keinesfalls von selbst ein, d. h., die Kosten gehen mit der Verdopplung der kumulierten Produktionsmengen nicht automatisch und zwangsläufig zurück. Die Realisierung des Kostensenkungspotenzials hängt vielmehr in entscheidendem Maße davon ab, ob das jeweilige Management die Fähigkeit besitzt, die mit den zunehmenden Produktionsmengen sich ergebenden Wege und Möglichkeiten der Kostensenkung zu erkennen und umzusetzen.[74]

2.4.1.7 Marktanteile und Kostensenkungspotenziale

Aus der Bestimmung und der Prognose zukünftiger Marktvolumenentwicklungen und der eigenen Marktanteile lassen sich bestimmte Orientierungsgrößen zur zukünftigen Gestaltung der eigenen Kostenpositionen und der eigenen Verkaufspreise abschätzen. Lern- und Erfahrungskurveneffekte determinieren gleichzeitig potenzielle Kostensenkungsziele und daraus abzuleitende Kostensenkungsprogramme.

---

72   https://de.wikipedia.org/wiki/Erfahrungskurve
73   Gälweiler, Unternehmensplanung, S. 241
74   Ebd. S. 248

„Alle prinzipiellen Zusammenhänge zwischen Preisen, potenziellen Erfolgsspannen und Marktanteilsgefährdungen lassen sich wie folgt zusammenfassen:

- *Bei einer Preiserhöhung ist die relative Erhöhung der potenziellen Erfolgsspannen der einzelnen Anbieter umso stärker, je kleiner ihre Marktanteile sind. Die gleiche Wirkung tritt ein, wenn bei stark rückläufigen potenziellen Kosten entsprechende Preissenkungen unterbleiben.*
- *Bei starken Preisrückgängen kommt stets der Grenzanbieter als erster in Ertragsschwierigkeiten, der Marktführer als letzter.*
- *Jede Veränderung der Marktanteile bringt eine Veränderung der vordem gegebenen Abstände in den potenziellen Kosten und Erfolgsspannen mit sich.*

Mit einer Hochpreispolitik gibt der Marktführer den nachgeordneten Anbietern oft starke Anreize, ihre Marktanteile zu steigern. Ebenso entstehen daraus Anreize für potenzielle Konkurrenten, die angelockt werden, in den Markt einzutreten. Es kann aber niemand Marktanteile gewinnen, ohne dass ein anderer welche verliert. Mit dem Verlust von Marktanteilen gehen stets Kostensenkungspotenziale und anteilige Erfolgspotenziale verloren, auch wenn dem eine vorübergehende Gewinnmaximierung gegenübersteht. Die Einbuße an Erfolgspotenzialen ist besonders schwerwiegend, wenn es sich um Marktanteile in Wachstumsmärkten und in dauerhaften Märkten handelt. Damit sind Marktanteile stets bestimmend für das Erfolgspotenzial. Die Höhe der Marktanteile geben dabei keine absoluten Erfolgssicherheiten aber stets die höchsten und am wenigsten gefährdeten Erfolgs-Chancen, weil sie immer die relativ besten Voraussetzungen von der Kostenseite her enthalten. Ein sehr niedriger Marktanteil, vorausgesetzt der Mart ist entsprechend den Gegebenheiten der Erfahrungskurve hinreichend genau nach Produkt, Region, Abnehmergruppe abgegrenzt, ist daher strategisch immer eine schlechte Dauerposition, auch wenn in der Gegenwart und in der näheren Zukunft die bestehenden Preise eine gute Rendite erlauben. Die Preise können aber stets sehr schnell fallen, vor allem viel schneller, als man in eigendeiner Art und Weise mit Erfolg darauf reagieren kann. Wenn Marktanteile Erfolgspotenziale repräsentieren, dann erfordert ein Halten der Marktanteile und der entsprechenden Erfolgspotenziale stets ein Wachstum wie der Markt, ganz gleich, ob das Marktwachstum hoch oder niedrig, positiv oder negativ ist. Eine Steigerung der Marktanteile heißt schneller wachsen als der Markt. Jedes langsamere Wachstum als der Markt bedeutet zwangsläufig einen Verlust an Marktanteilen. Die notwendige Orientierung der strategischen Führung an den Erfolgspotenzialen zeigt sehr deutlich, dass das Unternehmenswachstum keine autonome Zielsetzung sein kann, sondern nur eine Folge der Marktanteilsziele, weil sie zur Sicherung von Erfolgspotenzialen notwendig sind. Das zeigt sich besonders deutlich, wenn ein signifikant hoher Marktanteil auf einem kleineren Marktsegment mit kleinem Marktvolumen einem kleinen Marktanteil auf einem größeren Markt gegenübersteht. Marktanteile und Erfolgspotenziale verhalten sich daher prinzipiell nicht parallel mit dem Unternehmenswachstum (gemessen in Umsatz) und mit den Unternehmensgrößen schlechthin.“[75]

Die Marktwachstumsrate und die Verkaufspreisentwicklung sind wichtige Bestimmungsfaktoren hinsichtlich der Abschätzung des zukünftigen nominellen Umsatzwachstums sowie zukünftiger Liquiditäts- und Erfolgssalden.

---

75   Gälweiler, Strategische Unternehmensführung, S. 41

An den Schnittstellen zwischen strategischer und operativer Planung können im Zusammenhang mit Marktvolumen- und Marktanteilsveränderungen auf Basis von Erfahrungskurveneffekten Anhaltspunkte für die langfristige Gestaltung der eigenen Verkaufspreise zur Absicherung der Marktanteilsziele gewonnen werden.

Zur Ermittlung der potenziellen Kostensenkungspotenziale und der sich daraus ergebenden Spielräume zur Verkaufspreissenkung sowie der Ableitung des nominellen Umsatzwachstums sind verschiedene Rechenschritte zur durchlaufen, die nachfolgend kurz vorgestellt werden:

Die eigene Wachstumsrate der Absatzmengen ergibt sich aus der Multiplikation der Wachstumsrate des eigenen Marktanteils mit der Wachstumsrate des Marktvolumens:

$$\Delta MV \times \Delta MA = \Delta U_r \qquad\qquad (2.10)$$

Die eigene Wachstumsrate kann selbstverständlich nicht unbegrenzt lange über der Marktwachstumsrate liegen. Der Logarithmus zur Basis 100 / eigener Marktanteil im Zeitpunkt $t0$ ($Mat0$) aus dem Quotienten der eigenen Wachstumsrate (EWR) und der Marktwachstumsrate gibt an, wie viele Jahre bis zur Erreichung eines Marktanteils von 100 % unter Beibehaltung der gegebenen Wachstumsdynamik benötigt werden:

$$JMAmax = 1 \,/\, log_{\left(\frac{100}{MAt0}\right)} \frac{EWR}{MWR} \qquad\qquad (2.11)$$

Diese Kennzahl der Anzahl Jahre bis zur Erreichung der Monopolstellung ($JMAmax$) ist natürlich nur eine theoretische Informationsgröße, da die eigene Wachstumsrate i. d. R. mit zunehmenden Marktanteilen immer kleiner wird. Andererseits wird daraus deutlich, dass bei sehr hohen Marktanteilen und stagnierendem Marktvolumen die Verdopplungszeiten für die eigenen Produktionsmengen extrem lang werden können. Dies folgt aus dem Umstand, dass bei Erreichung der Monopolstellung keinerlei Wachstum mehr durch Marktanteilsgewinne möglich ist. Damit sind dann auch die Potenziale für weitere Kostensenkungen stark begrenzt. Andererseits nimmt der Druck für weitere Kostensenkungen bei Erreichung von Monopolstellungen auch deutlich ab, da die Markteintrittsbarrieren für potenzielle neue Wettbewerber wiederum sehr hoch werden.

Zur Ermittlung des Kostensenkungspotenzials ist die Kenntnis der Anzahl der Jahre bis zur Verdopplung der Absatzmengen notwendig. Der beschriebene Erfahrungskurveneffekt erlaubt potenzielle Senkungen der Stückkosten in Höhe von 20–30 %. Die Verdopplungszeit (VZ) unter der Annahme konstanter Wachstumsraten wird ermittelt, indem der der Quotient aus 1 und dem Logarithmus aus der Wachstumsrate ΔU_r berechnet wird. Die Gleichung bestimmt auf Basis der eigenen Mengenwachstumsrate (UWR) die Verdoppelung der kumulierten Produktionsmenge von einer auf zwei Einheiten:

$$VZ = \frac{ln2}{ln(1+UWR)} \qquad\qquad (2.12)$$

Wird die bisher produzierte (kumulierte) Ausgangsmenge in die Berechnung mit einbezogen ist zu beachten, dass sich die Verdopplungszeiten gegenüber der o. g. Grundgleichung ändern.

Ist die kumulierte Produktionsmenge der Ausgangbasis (U_{rk}) niedriger, als es dem Quotienten aus Absatzmenge ($AM = MV \times MA$) und eigener Wachstumsrate ($\Delta U_r - 1$) entspricht, dann ist die Verdopplungszeit kürzer als die nur aus der Wachstumsrate $1 / \ln(\Delta U_r)$ ermittelte Verdopplungszeit.

Wenn

$$\frac{U_r}{\Delta U_r - 1} > U_{rk} \tag{2.13}$$

dann gilt:

$$\frac{\ln(\frac{U_{rk} \times UWR}{U_r} + 1)}{\ln(1+UWR)} < \frac{\ln2}{\ln(1+UWR)} \tag{2.14}$$

Daraus folgt, dass die Verdopplungszeiten, je nach dem Ausgangsniveau der kumulierten Produktionsmengen, länger oder kürzer sein können, als es der nur aus der Wachstumsrate der Verkaufsmengen ermittelten Verdopplungszeit entspricht.

Ist die Verdopplungszeit unter Berücksichtigung der kumulierten Produktionsmengen des Ausgangsniveaus kürzer, als es der Verdopplungszeit der Wachstumsrate der Verkaufsmengen entspricht, dann benötigen die aufeinanderfolgenden Verdopplungen der kumulierten Produktionsmengen für jede Verdopplung eine zunehmende Zeitspanne, die bei einer gleichbleibenden Wachstumsrate dem Grenzwert $1 / \ln(\Delta U_r)$ zustrebt.

Die kumulierten Produktionsmengen verhalten sich in der betrieblichen Wirklichkeit natürlich nicht so, wie es den idealtypischen Annahmen der in der Erfahrungskurve zum Ausdruck kommenden Wachstumsfunktion entspricht. Trotzdem können die Aussagen der Erfahrungskurve als Orientierungswerte genutzt werden, indem für zwei beliebige Produktionsmengen $U_{rk\,\alpha}$ und $U_{rk\,\beta}$ die zwischen diesen beiden Größen liegende Anzahl der Verdopplungen ermittelt wird[76]:

$$AVD = \frac{\ln(U_{rk\,\beta}) - \ln(U_{rk\,\alpha})}{\ln2} \; \text{für} \; (U_{rk\,\alpha} > U_{rk\,\beta}) \tag{2.15}$$

Über die ermittelte Anzahl der Verdopplungen … kann das in diesem Zeitabschnitt liegende Kostensenkungspotenzial ermittelt werden. Zuvor ist jedoch zu berücksichtigen, dass nicht alle Kostenarten dem Erfahrungskurveneffekt unterliegen. Dieser bezieht sich in der Regel auf den Wertschöpfungsanteil und umfasst bspw. keine Materialkosten. In der Regel sind die Wertschöpfungskostenanteile also die untere Grenze für die Ermittlung von Rationalisierungspotenzialen. Bei hochorganisierten Produkten, bei denen die Endfunktionen aus vielen hierarchisch gestuften Teilfunktionen aufgebaut sind, bezieht sich der potenzielle Kostenrückgang im Maximalfall auf die gesamten Stückkosten. Bei den meisten mechanischen und elektrotechnischen Produkten liegt der für die Ermittlung des Rationalisierungsanteils in Frage kommende Anteil der Stückkosten zwischen dem Wertschöpfungskostenanteil und den gesamten Stückkosten (100 %).[77]

---

76   Coenenberg, Fischer, Günther, Kostenrechnung und Kostenanalyse, S. 414
77   Gälweiler, Strategische Unternehmensführung, S. 192

Vor diesem Hintergrund ist es also nicht zutreffend, den Materialkostenanteil generell außer Betrachtung zu lassen. Ferner sei daran erinnert, dass die Effizienz der Materialverarbeitung (Ausschussraten) häufig weiter verbessert werden können.

Je mehr Materialeinsparungen durch den Wissensfortschritt ohne eine Beeinträchtigung der Endfunktion des Produktes möglich sind, desto mehr wird sich der Stückkostenanteilsfaktor dem Wert 1,00 nähern.[78]

Liegt der dem Erfahrungskurveneffekt unterliegende Anteil unter 100 %, dann ist ein Stückkostenanteilsfaktor zu berechnen, der stets < 1,00 ist.

Aus der ermittelten Anzahl der Verdopplungen, die auf dem Zeitabschnitt der kumulierten Produktionsmengen

$$U_{rk\,\alpha} - U_{rk\,\beta} \tag{2.16}$$

liegen, lässt sich die potenzielle Kostenersparnis für diesen Zeitabschnitt berechnen.

$$KSP = 100 - (100 \times (1 - EKR)^{AVD}) \tag{2.17}$$

Diese gesamte potenzielle Kostenersparnis wird auf eine durchschnittliche potenzielle Kostenersparnis je Periode umgerechnet, indem die n-te Wurzel der mit der Anzahl der Verdopplungen (AVD) potenzierten Erfahrungskurvenrate (EKR) gebildet wird.

$$\emptyset\ KSP\ je\ Periode\ Jahr = 1 - \sqrt[n]{(1 - EKR/100)^{AVD}} \tag{2.18}$$

mit n =   Anzahl der Perioden, die zwischen $U_{rk\,\alpha} - U_{rk\,\beta}$ liegen
EKR =   Erfahrungskurvenrate
AVD =   Anzahl Verdopplungen zwischen $U_{rk\,\alpha} - U_{rk\,\beta}$

Die potenziellen Kostensenkungen je Periode sind im nächsten Schritt um die erwarteten Preisänderungen je Kostenart und Periode zu korrigieren.

Die für die unterschiedlichen Kostenarten ermittelten Preisveränderungsraten gehen ihrem Stückkostenanteil entsprechend in die Berechnung des sogenannten Kosteninflationsfaktors ein.

Zu beachten ist hier, dass nicht nur die erwarteten jährlichen Inflationsraten in dem Korrekturfaktor zu berücksichtigen sind, sondern auch Einsparpotenziale, die sich u. U. aus wachstumsbedingt höheren Einkaufsvolumina bei den Materialpreisen ergeben können.

$$KIF = 1 + \sum_{i=1}^{n} aKi \times \Delta pKi \tag{2.19}$$

mit KIF: Kosteninflationsfaktor
aKi: Anteil der Kostenart i an den Stückkosten
ΔpKi: Preisveränderung der Kostenart i

$i = 1, ..., n$

---

78   Gälweiler, Unternehmensplanung, S. 248

Im letzten Schritt wird von der potenziellen Kostensenkung je Produkt und Periode der zu erwartende Inflationsfaktor (*KIF*) abgezogen. Als Ergebnis erhält man die potenziellen Kostensenkungen, die unter Berücksichtigung der allgemeinen Teuerung real erzielt werden könnten.

$$KSP_r = \emptyset\, KSP - KIF \tag{2.20}$$

Die Aussagen der Erfahrungskurve lassen sich auch nutzen, um zu überprüfen, ob in der Vergangenheit gegebene Potenziale ausgeschöpft wurden. Daraus lassen sich Hinweise generieren, ob ggf. bestimmte Nachholpotenziale zur gezielten Kostensenkung vorliegen. Um diese Überprüfung vorzunehmen, müssten für ein bestimmtes Basisjahr die Preise der Produktionsfaktoren festgeschrieben und anschließend die verbrauchten Inputmengen der kumulierten Produktionsmengen für einen bestimmten Zeitabschnitt der Vergangenheit mit den Basispreisen bewertet werden.

Mithilfe der realen potenziellen Kostensenkung lässt sich berechnen, welche Änderungen der Verkaufspreise zur Sicherung der Marktanteilsziele möglich wären.

$$\Delta VP = KSP_r \times HK\% \times RSK \tag{2.21}$$

mit ΔVP = potenzielle Verkaufspreisänderung
$KSPr$ = reale potenzielle Kostensenkung
$HK\%$ = Anteil der Herstellkosten am Umsatz
RSK = Anteil der reduzierbaren Kosten an den Stückherstellkosten

Das nominale Umsatzwachstum je Periode ergibt sich somit aus:

$$\Delta U_n = \Delta MV \times \Delta MA \times \Delta VP \tag{2.22}$$

Zur Veranschaulichung der dargestellten Zusammenhänge der Erfahrungskurve soll das kurze Zahlenbeispiel aus Abbildung 2.18 dienen.

Die praktische Anwendbarkeit des Erfahrungskurveneffektes und seine Umsetzung im Rahmen strategischer und operativer Planungen werden zum Teil kritisch gesehen. So bemängelt Coenenberg die fehlende Rückkopplung zu evtl. notwendigen Kapazitätserweiterungen sowie die fehlende Berücksichtigung von Produktverbesserungen:

„Trotz der prinzipiellen Gültigkeit der Grundaussage des Erfahrungskurvenkonzeptes unterliegt die praktische Anwendbarkeit einigen Begrenzungen, die im Folgenden kurz dargestellt und erläutert werden. Das Konzept der Erfahrungskurve geht von einer statischen Produktdefinition aus, d. h., eine Produktdifferenzierung oder Qualitätsunterschiede zwischen den Anbietern werden nicht erfasst. Die Realität zeigt jedoch, dass viele Produkte einer ständigen Anpassung an technische Weiterentwicklungen oder geänderten Kundenwünsche unterliegen. Diese Produktmodifikationen verändern u. U. die kostenmäßige Situation entscheidend. Soll die für ein bestimmtes Produkt bislang gültige Erfahrungskurve in einem solchen Fall weiter fortgeführt werden, müssten die durch das »qualitative Wachstum« der produktbezogenen Wertschöpfung bedingten Mehrkosten, z. B. für eine verbesser-

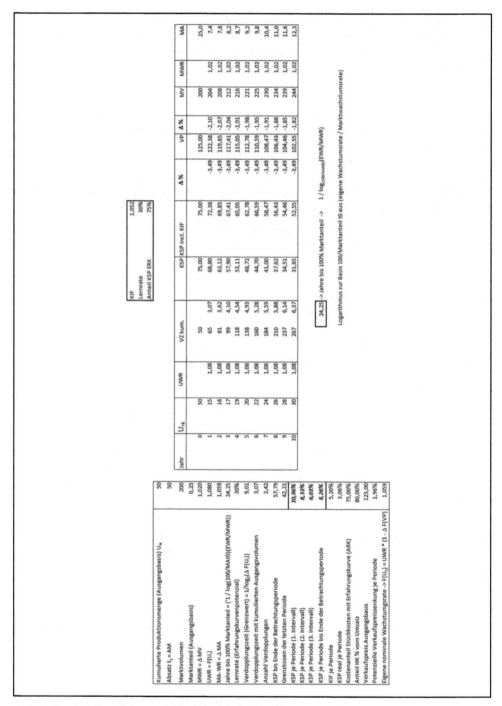

Abb. 2.18: VP-Trendfaktor – Zahlenbeispiel. Quelle: Eigene Darstellung

te Serienausstattung im PKW, eigentlich abgezogen werden. Eine sachlich und zeitlich verursachungsgemäße Kostenzurechnung auf die Produkte ist weiterhin Voraussetzung für die Ermittlung einer Erfahrungskurve. Nachdem die gesamten realen Stückkosten den Erfahrungswirkungen unterliegen, müssten auch die Entwicklungs-, Fertigungs-, Verwaltungs- und Vertriebskosten produktspezifisch verrechnet werden, um die Erfahrungswirkungen zutreffend abbilden zu können. Verbundwirkungen in Form von Sortiments- oder Synergieeffekten durch die Übertragung von Lerneffekten bleiben unberücksichtigt. So bewirkt beispielsweise die Mehrfachverwendung bestimmter Komponenten im Rahmen des Sortiments zusätzliche Kostenvorteile. Auch eine synergetische Nutzung von Leistungen betrieblicher Abteilungen zeigt positive Auswirkungen auf die Kostensituation. Das Erfahrungskurven-Konzept kennt keine Kapazitätsbeschränkungen. Eine problemlose Absatz- bzw. Produktionsausweitung wird vorausgesetzt. So wird unterstellt, dass genügend potenzielle Käufer für ein standardisiertes Massenprodukt vorhanden sind. Die Absatzmärkte müssen hohe Wachstumsraten aufweisen, um eine rasche Ausweitung der kumulierten Produktionsmengen zu gewährleisten. Dies setzt in gleicher Weise die Möglichkeiten einer problemlosen Erweiterung der Produktionskapazitäten voraus, unabhängig davon, ob überhaupt die quantitativ und qualitativ erforderlichen Ressourcen beschafft werden können. "[79]

Dieser Kritik kann nur teilweise zugestimmt werden, da keineswegs die kapazitätsmäßigen Auswirkungen von angestrebten Mengeneffekten ausgeblendet werden müssen. Gälweiler hat in seinem Ansatz zur Abstimmung zwischen Unternehmensstrategie und Finanzierungspotenzial sehr wohl eine Rückkopplung zwischen Mengenwachstum, Kapazitäten, Investitionen und Finanzierungsnotwendigkeiten vorgesehen. Zur Realisierung dieser Abstimmung verknüpft Gälweiler bestimmte quantitative Grunddaten der Strategie mit den Elementen eines sogenannten Mittelfluss-Saldos. Gälweilers Konzept zur Ermittlung des Mittelfluss-Saldos geht aus Abbildung 2.19 hervor.

---

79 Coenenberg, Fischer, Günther, Kostenrechnung und Kostenanalyse, S. 429

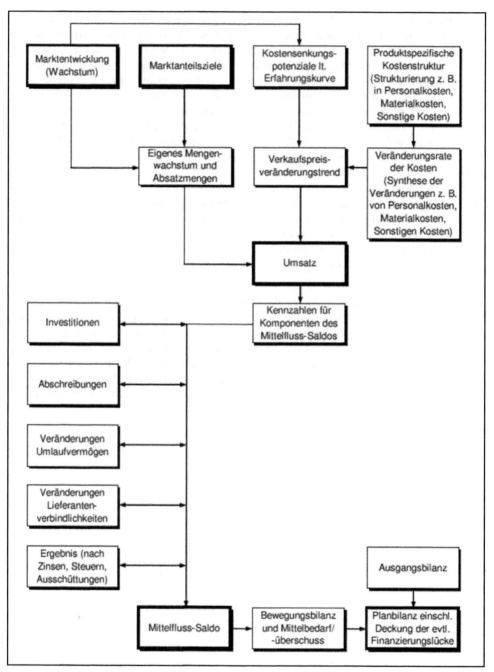

Abb. 2.19: Mittelfluss-Saldo nach Gälweiler, Krützfeld, Integration von operativem und strategischem Controlling, S. 71

2.4.2   Einflussgrößen des Betriebserfolges

Die Haupteinflussgrößen des Betriebserfolges

In Kapitel 2.3 wurden die Einflussgrößen der Kostenentstehung bereits kurz beschrieben. Nunmehr soll der Frage nachgegangen werden, von welchen Einflussgrößen das *Niveau der Kosten* im Industrieunternehmen abhängt. Dabei können die Einflussgrößen in sechs Gruppen unterteilt werden:

- Faktorqualität der Einsatzgütermengen und Potenzialgütermengen[80]
- Faktorpreise
- Beschäftigung
- Zeitliche Verteilung der Produktionsmengen
- Betriebsgröße
- Produktionsprogramm

Neben den Kosteneinflussgrößen sind im Hinblick auf den Betriebserfolg die Absatzmengen-, die Verkaufspreise und die Unterschiede zwischen Absatz- und Produktionsmengen entscheidend. Der Unterschied zwischen Absatz- und Produktionsmengen führt zu Lagerbestandsveränderungen, die stets erfolgswirksam sind. Dieser Aspekt wird in Kapitel 3.4.1.2 ausführlich behandelt.

2.4.2.1 Absatzmengen

Absatzmengen als Produkt von Marktvolumen und Marktanteil

Die Absatzmengen des Unternehmens hängen von einer ganzen Reihe von Faktoren ab, die sich einer direkten Beeinflussung durch das Unternehmen selbst entziehen. Konjunktureinflüsse, politische Veränderungen, Gesetzesänderungen etc. sind Faktoren, die hier beispielhaft zu nennen sind.

Auch auf die Größe des Marktes (Marktvolumen) haben die meisten Unternehmen keinen direkten Einfluss. Rein rechnerisch hängt die Höhe der eigenen Absatzmengen ab von der Höhe und zeitlichen Veränderung des Marktvolumens und von der Höhe und der zeitlichen Entwicklung des eigenen Marktanteils. Die Zusammenhänge zwischen Marktvolumen, Marktanteil und eigener Absatzmenge wurden in den vorhergehenden Kapiteln eingehend behandelt. Die in Kapitel 2.1.6 beschriebenen Grundlagen der strategischen Unternehmensführung in Form von Bestimmung und Schaffung von gegenwärtigen und zukünftigen Erfolgspositionen zielen stets auf eine Vergrößerung des Marktanteils. Wie bereits ausgeführt, können aber auch noch so große Marktanteile nicht davor schützen, durch Substitutionskonkurrenz langsam oder abrupt vom Markt verdrängt zu werden. Die Entwicklung des Marktvolumens, der eigenen Marktanteile, das Wettbewerbsverhalten etc. hängen also von einer Vielzahl unbeeinflussbarer und nur über längere Zeiträume indirekt beeinflussbarer Variablen ab. Die Prognose der Entwicklung dieser Variablen ist mit großer Unsicherheit behaftet und kann bestenfalls in Marktvolumenmodellen (bspw. System-Dynamics-Anwen-

---

80   Gutenberg, Produktion, S. 344

dungen) simuliert und mit bestimmten Wahrscheinlichkeitsverteilungen unterlegt werden. Die Höhe der Absatzmengen entzieht sich somit einer deterministischen Planung. Andererseits ist die Absatzmenge heute in den meisten Unternehmen der Engpassfaktor, d. h. alle anderen Teilbereiche des Unternehmens haben sich an diesem Plan auszurichten. Daraus folgt, dass die Zuverlässigkeit einer Planungsrechnung im Sinne der Eintrittswahrscheinlichkeit der geplanten Ergebnisse nie besser sein kann als die Zuverlässigkeit der zugrundeliegenden Absatzplanung.

Für die Planung und Prognose von Absatzmengen haben Unternehmen, die einen zyklischen und oder regelmäßigen Bedarf aufweisen, wesentlich günstigere Voraussetzungen als Unternehmen, die mit wenigen Kunden, unregelmäßigen Bedarfen und kurzen Zeiträumen planen müssen.

Die Haupteinflussgrößen der Verkaufspreise werden hier nicht weiter behandelt, da diese bereits im Rahmen der Erfahrungskurveneffekte (Kapitel 2.4.1.6) erläutert wurden.

2.4.2.2 Faktorqualität

Faktorqualität der Einsatzgütermengen und Potenzialgütermengen:

Die Höhe der im Produktionsprozess anfallenden Faktoreinsatzmengen wird beeinflusst durch die *Qualität der eingesetzten Produktionsfaktoren* und das *Niveau der jeweiligen Beschäftigung*. Veränderte Faktorqualitäten sind meist gleichbedeutend mit Produktivitätsänderungen. Die technisch-organisatorischen Grundlagen des Industrieunternehmens beeinflussen das Kostengefüge und die Ergiebigkeit des Produktionsprozesses. Das Verhalten der Produktionskosten kann demzufolge nicht nur aus der Perspektive der Beschäftigungshöhe, also vom Produktionsmengenniveau, betrachtet werden, sondern auch im Hinblick auf die qualitative Variation der Faktoreigenschaften. Unabhängig vom technischen Fortschritt oder dispositiven Entscheidungen zu Verfahrensänderungen unterliegen die Produktionsbedingungen „oszillativen" Schwankungen.[81]

Diese Schwankungen sind auf normale und sich regelmäßig wiederholende Leistungsschwankungen der Beschäftigten zurückzuführen. Motivation, Betriebsklima, persönliche Einstellungen, Fluktuation, Erfahrung, fachliche Fähigkeiten und Fertigkeiten, Führungsstil etc. beeinflussen die Leistungsfähigkeit. Die mögliche Leistungsfähigkeit und die realisierte Leistungsfähigkeit weichen vor diesem Hintergrund in allen Unternehmen mehr oder weniger stark voneinander ab. Die Leistungsfähigkeit schwankt nicht nur im Vergleich bestimmter Perioden, sondern auch im Tagesverlauf. Da alle mitarbeitenden Menschen im Unternehmen diesen Schwankungen in der Leistungsfähigkeit unterliegen und ständig Menschen aus dem Unternehmen ausscheiden und neu eintreten, ergibt sich in der Regel ein weitgehender Ausgleich im Hinblick auf das Gesamtunternehmen. Im Durchschnitt haben also die positiven und negativen Abweichungen von der Leistungsnorm die Tendenz zum Ausgleich und pendeln in wechselnder Folge um einen Durchschnittswert. Vor diesem Hintergrund ist es auch nicht angeraten, wie zum Teil in der reinen Lehre der Plan-Kostenrechnung empfohlen, auf Basis von „Ideal-Leistungsnormen" eine Planungsrechnung auf-

---

81　Ebd. S. 394

zubauen. Die spezifischen Produktions- und Kostenfunktionen des jeweiligen Industrieunternehmens werden von diesen natürlichen Schwankungen kaum beeinflusst und verlieren daher auch nichts an ihrer Aussagekraft. Ähnlich verhält es sich mit den eingesetzten Betriebsmitteln (Maschinen, Vorrichtungen, Mechanismen), die je nach Intensitätsgrad in der Verwendung, Instandhaltungsqualität, Alter und Verschleiß etc. ebenfalls kein konstantes Leistungsniveau über die Zeit aufrechterhalten können. Werden die in ihrer Leistung nachlassenden Betriebsmittel regelmäßig ersetzt, so ergeben sich im Hinblick auf den Verlauf der Leistungsabgabe zwar ebenfalls gewisse Schwankungen, die sich jedoch im Durchschnitt ausgleichen. Bleibt also der Altersaufbau des Betriebsmittelbestandes im Durchschnitt unverändert und werden ferner keine wesentlichen Verbesserungen in den fertigungstechnischen Eigenschaften erzielt, dann bleibt abgesehen von gewissen oszillativen Schwankungen die Produktionsleistung im Durchschnitt konstant. Auch im Hinblick auf eingesetzte Roh- und Werkstoffe lassen sich innerhalb bestimmter Bandbreiten Schwankungen der Ausschussmengen, Qualitäten, Mischungen, physikalisch-chemischen Eigenschaften, Chargen etc. feststellen und sind unvermeidbar.

Erst wenn wesentliche Veränderungen in den produktiven Wirkungen und Eigenschaften der Produktionsfaktoren vorliegen, kann von relevanten Niveauverschiebungen und einem veränderten Kostengefüge gesprochen werden. Diese Veränderungen können sich stetig oder sprunghaft über die Zeit vollziehen. Im Regelfall verlaufen solche kostenverändernden Prozesse eher stetig, d. h., durch *Lern- und Erfahrungskurveneffekte* sinken mit der Zeit *potenziell* die Durchschnittskosten je Produkteinheit. Der Hinweis auf potenziell sinkende Durchschnittskosten ist wichtig, da Lernkurveneffekte nicht automatisch mit den kumulierten Produktionsmengen eintreten, sondern vielmehr durch stetige Detailverbesserungen auch realisiert werden müssen.

Man kann durchaus behaupten, dass das produktive Niveau der Produktionsfaktoren weitgehend einen Maßstab für das qualitative Niveau des Managements bildet. Es ist die Aufgabe des Managements, die Produktionsfaktoren zu einer effizienten und produktiven Einheit zusammenzubringen. Mit zunehmender Größe und Differenzierung des Unternehmens kommt es aufgrund der Volatilität inner- und außerbetrieblicher Daten zu Situationen, die durch Zufälligkeiten, Unzulänglichkeiten und Unberechenbarkeiten geprägt sind. Und gerade die „unvorhergesehenen" Geschehnisse sind es, die den produktiven Effekt und damit die Kosten der Leistungserstellung belasten. Je mehr es nun gelingt, diese unvorhergesehenen Ereignisse vorhersehbar zu machen und die Produktion mit Hilfe der Programm-, Ausführungs-, Bereitstellungs- und Ablaufplanung von Zufälligkeiten und Störungen freizuhalten, umso geringer wird das Kostenniveau sein, mit dem das Unternehmen arbeitet.[82]

Ändern sich in einem Umstellungsprozess die fertigungstechnischen Verfahren und Möglichkeiten grundlegend, können auch sprunghafte Veränderungen der Produktivität auftreten. Sehr bedeutend kann eine fertigungstechnische Umstellung bspw. sein, wenn von einer verrichtungsorientierten Werkstatt- oder Zentrenproduktion auf eine Reihenfertigung oder getaktete Fließfertigung übergangen wird. In solchen Fällen handelt es sich im Allgemeinen nicht um eine allmähliche Aneignung neuer fertigungstechnischer Prinzipien und Möglichkeiten, sondern um eine die Fertigungsstruktur plötzlich und revolutionierend umgestalten-

---

82   Ebd. S. 400

de Aktion. Hier werden die bestimmenden Größen der Produktions- und Kostenfunktion grundlegend und sprunghaft umgestaltet.[83] Auch bei den eingesetzten Werkstoffen kann eine stetige und sprunghafte Veränderung eintreten. Sofern die Eigenschaften und die konstruktiven Merkmale im Rahmen eines stetigen Verbesserungsprozesses in höherem Maße den Bearbeitungsmöglichkeiten und -notwendigkeiten Rechnung tragen, spricht man von stetigen Materialverbesserungen. Wird jedoch im Zeitverlauf auf völlig neue Werkstoffe umgestellt, deren Eigenschaften sich von den bisherigen Werkstoffen grundlegend unterscheiden und zudem bspw. deutlich weniger Materialfehler, Ausschuss aufweisen und/oder die Bearbeitungszeiten werkstoffbedingt deutlich sinken, dann kann von sprunghaften Materialverbesserungen gesprochen werden.

2.4.2.3 Faktorpreise

Faktorpreise:

Die Produktionskosten ergeben sich stets als Produkt aus Faktoreinsatzmengen und Faktorpreisen. Werden die Faktorpreise als unveränderlich unterstellt, dann ergeben sich Kostenkurven, die das jeweilige Mengengerüst der Kosten widerspiegeln. Durch Variation der Faktorpreise wird die Gestalt der Kostenkurven bestimmt. Der Einfluss der Faktorpreise kann unterteilt werden in konstant verlaufende Faktorpreise, Faktorpreisänderungen, die durch das Nachfrageverhalten des Unternehmens mitbestimmt sind, und Faktorpreise, die nach einer bestimmten Inanspruchnahme automatisch im Preis steigen. Bleiben die Faktorpreise unverändert, dann sind die Kostenkurven eindeutig durch den Verlauf der Produktionskurven bestimmt. Ändern sich zu irgendeinem Zeitpunkt die Faktorpreise, dann verlaufen die Kostenkurven entweder steiler oder flacher, aber sie bleiben durch die Produktionsfunktion bestimmt, d. h., ihre Extremwerte bleiben jeweils den Ausbringungsmengen zugeordnet. Anders ist die Situation hingegen, wenn die Faktorpreise von dem Nachfrageverhalten des Unternehmens selbst abhängig sind. Dann stellen nicht nur die Faktoreinsatzmengen, sondern auch die Faktorpreise eine Funktion der Produktmenge dar. Die Kostenkurve kann dann nicht mehr allein durch die Produktionsfunktion bestimmt sein. Nach Gutenberg werden diejenigen Kostenkurven, welchen konstante Faktorpreise zugrunde liegen, „technische Kostenkurven" genannt. Kostenkurven mit variierenden Faktorpreisen werden „pretiale Kostenkurven" genannt.[84] Pretiale Kostenkurven können auch im Zusammenhang mit Veränderungen des Produktionsprogramms auftreten. Sofern bspw. über Vereinheitlichungen von Teilen und Baugruppen (siehe auch Berechnung von Substanzverflechtungskoeffizienten, Kapitel 2.2.1.2) Bündelungseffekte in der Beschaffung auftreten, können damit Preissenkungen einhergehen. Sofern sich Preiserhöhungen für bestimmte Faktoren nach Erreichen einer bestimmten Einsatzmenge automatisch erhöhen, diese Erhöhungen aber nur für die nach Erreichen dieser Grenze hinzukommenden Faktoreinsatzmengen gelten, dann liegen kapazitätsgrenzenbedingte Preiserhöhungen vor. Diese Situation liegt bspw. für Überstundenzuschläge beim Verlassen der Normal-Beschäftigungszone vor.

---

83   Ebd. S. 399
84   Ebd. S. 302

2.4.2.4 Beschäftigung

Beschäftigungsschwankungen (Variation der Produktionsmengen):

Das Industrieunternehmen kann sich bei Vorliegen von signifikanten Beschäftigungs-schwankungen in verschiedenen Formen darauf einstellen bzw. anpassen. Innerhalb der Normal-Beschäftigung schwanken die Kosten der Produktionsfaktoren in der Regel propor-tional zur Produktionsmenge. Relevante Beschäftigungsänderungen liegen dann vor, wenn eine bestimmte „Normal-Beschäftigung" in bestimmter Höhe für einen längeren Zeitraum unterschritten wird oder für einen bestimmten Zeitraum die Kapazitätsgrenze erreicht wird. Die Anpassung an veränderte Beschäftigungslagen kann in *intensitätsmäßiger, zeitlicher, quantitativer und selektiver Hinsicht* erfolgen.

Nutz- und Leerkosten:

Kosten, die die Aufrechterhaltung einer bestimmten Betriebsbereitschaft verursacht, sind fixe Kosten. Sie sind von der Inanspruchnahme der betrieblichen Anlagen unabhängig und entstehen ohne Rücksicht auf die Art und Weise, in der sich ein Unternehmen an Beschäf-tigungsschwankungen anpasst.[85]

Die Potenzialfaktoren (Beschäftigte, Maschinen) können entweder Leistungen abgeben oder eben keine Leistungen abgeben. Sie können ihr Leistungspotenzial also entweder in unterschiedlicher Intensität und Höhe realisieren oder keinerlei Leistung abgeben. Die im Produktionsprozess verbrauchte Leistungsabgabe, also der Nutzungsanteil an den Potenzi-alfaktoren, wird dann aus der Produktperspektive zu Leistungskosten, die über den Trans-formationsprozess der Herstellung in das Produkt einfließen. Dieser Nutzungsanteil ist dann als Teil der Leistungserstellung zusammen mit den Repetierfaktoren (Material, Ener-gie) als Vermögenswert aktivierbar. Die Kosten für die Potenzialfaktoren fallen aber unab-hängig von der Leistungsabgabe an. Der Nutzungsanteil kann bis zur Kapazitätsgrenze ausgeschöpft werden, dann entstünden keine Kosten für den nicht genutzten Anteil (*Leer-kosten*). Der Nutzungsanteil kann aber auch null oder zwischen null und der Kapazitäts-grenze liegen, dann ändert sich nur das *Verhältnis zwischen Nutzungs- und Leerkosten-anteil*. Die Gesamthöhe der Kosten für die Potenzialfaktoren bleibt innerhalb der Kapa-zitätsgrenzen, die durch die Potenzialfaktorenausstattung des Unternehmens gegeben sind, jedoch unverändert. Kosten der Potenzialfaktoren sind erst dann aktivierungsfähig, wenn Leistungen abgegeben wurden, die sozusagen in das Produkt „schlüpfen". Entstandene Leerkosten durch fehlende Leistungsabgabe hingegen sind unwiderruflich verloren und schmälern das Betriebsergebnis.

Die unterschiedlichen Anpassungsformen führen zu unterschiedlichen Verläufen der Pro-duktions- und Kostenkurven und somit zu unterschiedlichen Produktionskostenniveaus der jeweiligen Produktmengen.

Die *intensitätsmäßige Anpassung* erfolgt durch Variation der Intensität der Nutzung bei unverändertem Bestand an Produktionsfaktoren und konstanter Nutzungszeit. Die intensi-tätsmäßige Anpassung ist im Gegensatz zu den in der Praxis häufig anzutreffenden Formen

---

85   Ebd. S. 348

der quantitativen und der zeitlichen Anpassung selten. Bei Steigerung der Intensität über die Optimalintensität hinaus muss in der Regel ein progressiver Anstieg der Gesamtkosten in Kauf genommen werden.

Zeitliche Anpassung liegt vor, wenn bei rückläufiger Beschäftigung die Betriebszeit reduziert (Kurzarbeit, Feierschichten) und bei zunehmender Beschäftigung erhöht wird (Überstunden, zusätzliche Schichten). Sie erfolgt durch eine Änderung der Betriebszeit, also z. B. durch Überstunden, zusätzliche Schichten (bei Erhöhung der Beschäftigung) oder Kurzarbeit, Feierschichten (bei verminderter Beschäftigung). Die Auswirkungen zeitlicher Anpassung auf die Kosten lassen sich nicht generalisieren: Die fixen Kosten der Anlagen bleiben meist konstant, die Personalkosten können sich linear, aber auch unter- oder überproportional verändern (letzteres z. B. bei Überstundenlöhnen, Nacht-, Schicht-, Sonntagszuschlägen). Die zeitliche Anpassung ist eine Form der kurzfristigen Anpassung an Beschäftigungsschwankungen, bei der die Betriebszeit variiert wird, während der Bestand an Betriebsmitteln und Arbeitskräften sowie die Leistung konstant gelassen werden.

Quantitative Anpassung liegt vor, wenn die Anzahl der eingesetzten Produktionsfaktoren variiert wird. So werden bei rückläufiger Beschäftigung Betriebsmittel stillgelegt bzw. verkauft und Arbeitskräfte entlassen; bei steigender Beschäftigung dagegen werden die stillgelegten Betriebsmittel wieder eingesetzt bzw. werden neue gekauft und Arbeitskräfte neu eingestellt. Beim Vorliegen verschiedenartiger Produktionsfaktoren ist dabei nach den Prinzipien der selektiven Anpassung zu verfahren. Da die Anpassung nicht in beliebig kleinen Schritten vollzogen werden kann, sondern mindestens um eine ganze Einheit des jeweiligen Produktionsfaktors variiert werden muss, ergeben sich intervallfixe Kosten (auch die Problematik der Kostenremanenz). Eine reine quantitative Anpassung liegt vor, wenn bei Konstanz der Leistung und der Betriebszeit die Anzahl der in einem Betrieb eingesetzten Potenzialfaktoren verändert wird, um eine Erhöhung oder Verminderung der Ausbringung zu erreichen. Bei rückläufiger Beschäftigung kann die quantitative Anpassung beispielsweise darin bestehen, dass Maschinen stillgelegt und Arbeitskräfte umgesetzt werden. Bei zunehmender Beschäftigung werden die vorher stillgelegten Maschinen wieder in Betrieb genommen und die anderweitig beschäftigten Arbeitskräfte an den Maschinen wieder eingesetzt. Heinen weist darauf hin, dass eine quantitative Anpassung nicht mehr gegeben ist, wenn bei Beschäftigungsänderungen Maschinen veräußert oder beschafft bzw. Arbeitskräfte entlassen oder neu eingestellt werden, da hier bereits eine Änderung der Betriebsgröße vorliegt.[86]

Die *selektive Anpassung* ist eine Form der betrieblichen Anpassung an Schwankungen der Ausbringung. Diese Anpassungsform variiert sowohl die einzusetzende Menge an Produktionsfaktoren als auch deren Art. Die Selektion vollzieht sich nach dem Kriterium der Qualität, d. h., bei abnehmender Beschäftigung werden zuerst die unwirtschaftlich arbeitenden Maschinen aus dem Produktionsprozess herausgenommen. Bei zunehmender Beschäftigung wird analog verfahren; die wirtschaftlicher arbeitenden Maschinen sind zuerst wieder in den Herstellungsprozess einzugliedern. Die selektive Anpassung ist eine andere Bezeichnung für die qualitative Anpassung im Rahmen der Betriebsgrößenvariation. Sie verdankt ihren Namen dem damit verbundenen Selektionsprozess.

---

86   Heinen, Betriebswirtschaftliche Kostenlehre, S. 504

2.4.2.5 Zeitliche Produktionsmengenverteilung

Die Wirkung der zeitlichen Verteilung auf die Kosten

Ein Kostenminimierungsproblem existiert bei der zeitlichen Produktionsverteilung nur, wenn die variablen Produktionskosten je Erzeugniseinheit entweder

- vom Beschäftigungsniveau des gesamten Betriebes oder
- von der Leistung eines Aggregates

abhängig sind. Hängen diese Kosten pro ME weder vom Beschäftigungsniveau des Betriebes noch von der Leistung eines Aggregates ab, hat die zeitliche Verteilung der Produktionsmengen auf die einzelnen Teilperioden keinen Einfluss auf die Höhe der Produktionskosten in der Planungsperiode, da dann ein vorgegebener Kostensatz pro ME mit einer im ganzen Planungszeitraum gegebenen Produktionsmenge multipliziert wird. Allerdings ergeben sich im Hinblick auf die Höhe des Erfolgsausweises trotzdem Unterschiede in den einzelnen Teilperioden, da die Lagerbestandsveränderungen in Höhe der enthaltenen fixen Herstellkostenanteile Auswirkungen auf das Periodenergebnis haben.

Die Produktionskosten in der gesamten Planungsperiode sind dann gegebene, durch die zeitliche Produktionsverteilung nicht beeinflussbare Kosten. Kostenminimal ist dann grundsätzlich die Politik, bei der auch keine Lagerkosten entstehen; die Produktion wird folglich an die Entwicklung des Absatzes voll angepasst, sofern die verfügbare Kapazität das zulässt.

Von der Beschäftigung abhängige Kosten pro ME ergeben sich in drei Fällen:

- Die variablen Kosten je Erzeugniseinheit sind bei Optimalverhalten vom Beschäftigungsniveau des ganzen Betriebes abhängig, wenn sich im Betriebsmittelbestand funktionsgleiche, hinsichtlich der Kosten aber unterschiedliche Aggregate befinden, die zeitlich und quantitativ angepasst werden können. Bei geringeren Ausbringungsmengen werden zunächst die kostengünstigeren Aggregate mit niedrigeren Kosten pro *ME* eingesetzt. Bei höheren Ausbringungsmengen kommen auch die ungünstigeren Verfahren zum Einsatz und erhöhen damit die Durchschnittskosten pro *ME*.
- Von der Leistung eines Aggregates hängen die variablen Kosten pro *ME* ab, wenn die Aggregate intensitätsmäßig und zeitlich an Beschäftigungsschwankungen angepasst werden können. Bei einem die kostenminimale Leistung überschreitenden Leistungsniveau wachsen die Kosten pro *ME* bei u-förmig nach oben geöffneten Kosten-Leistungsfunktionen an.
- Nach den neuen Stromtarifen hängen die Stromkosten als Teil der Produktionskosten auch vom maximalen Beschäftigungsniveau des Gesamtbetriebes in der Planperiode ab. Die gesamten Stromkosten teilen sich in zwei Komponenten: Einen ersten Teil, genannt Arbeitspreis, der sich proportional zur Stromabnahme in der Planperiode verhält, und einen Bereitstellungspreis, der sich nach der im Laufe des Jahres erreichten Leistungsspitze errechnet. Um die nachgefragte Leistungsspitze festzustellen, messen die Kraftwerke in den Betrieben mit 96-Stunden-Zählern den Verbrauch in einem Zeitintervall von 96 Stunden. Die bei allen Messungen innerhalb eines Jahres aufgetretene Leistungsspitze muss dann während des gesamten Jahres bezahlt werden. Die zweite Komponente der Stromkosten soll jene Kosten des Kraftwerkes abdecken, die durch

die vorgehaltene Stromkapazität entstehen. Der Durchschnittspreis je Kilowattstunde hängt damit von der Leistungsspitze ab. Je höher diese Spitze ausfällt, umso höher ist der Kilowattpreis im Durchschnitt.

Bei variablen Kosten, die vom Beschäftigungsniveau bzw. von der Intensität abhängen, ist zu überprüfen, ob die Kosten im Planungszeitraum für einen im Zeitablauf schwankenden Absatz bei Emanzipation oder bei Synchronisation höher sind. Die Antwort auf diese Frage hängt allein von der Form der Kostenfunktion ab.

In die Überlegungen zur zeitlichen Verteilung der Produktion müssen die kapazitätsabhängigen Kosten neben den Produktions- und Lagerkosten mit einbezogen werden, wenn die Kapazität des Betriebes noch zu bestimmen ist. Gesucht sind dann die zeitliche Produktionsverteilung und die Kapazität, bei der die Gesamtkosten, die sich aus den Produktions-, den Lager- und den kapazitätsabhängigen Kosten zusammensetzen, für eine gegebene zeitliche Verteilung des Absatzes zum Minimum werden. Die kapazitätsabhängigen Kosten sind dabei zu den sprungfixen Kosten zu rechnen. Deren Höhe hängt davon ab, wie viele Maschinen erforderlich sind, um die Spitzenproduktionsmenge aller Teilperioden herstellen zu können. Das Ausmaß der erforderlichen Kapazität und der kapazitätsabhängigen Kosten richtet sich danach, ob sich der Betrieb für das Synchronisations- oder das Emanzipationsprinzip entscheidet. Bei synchronisierter Fertigung müssen, um die Spitzennachfrage befriedigen zu können, größere Fertigungskapazitäten aufgebaut werden als bei emanzipierter Fertigung. Bestehen keine Unteilbarkeitsprobleme, ist die bei Synchronisation von Produktion und Absatz erforderliche Kapazität wesentlich höher als bei emanzipierter Fertigung. Für die Beschaffung der Betriebsmittel wird demzufolge bei Emanzipation weniger Kapital benötigt als bei Synchronisation. Das Synchronisationsprinzip führt daher bei gegebener Gesamtausbringung zu höheren kapazitätsabhängigen Kosten und einer höheren durchschnittlichen Kapitalbindung im Anlagevermögen als eine emanzipierte Fertigung. Der durchschnittlich höheren Kapitalbindung im Anlagevermögen bei synchronisierter Fertigung im Vergleich zur emanzipierten Fertigung steht aber bei emanzipierter Fertigung, bedingt durch die erforderlichen Fertigfabrikateläger, eine höhere Kapitalbindung im Umlaufvermögen gegenüber.

2.4.2.6 Betriebsgröße

Die Betrachtung von Kostenproblemen erfolgt im Hinblick auf den Zeithorizont einerseits kurzfristig, wenn es um temporäre Beschäftigungsschwankungen geht. Andererseits müssen eher langfristige Überlegungen eine Rolle spielen, wenn Anpassungen an grundsätzliche Änderungen des Absatzmarktes notwendig werden. Von einer kurzen Periode spricht man dann, wenn der Zeitraum, der dem Unternehmen für seine betrieblichen Maßnahmen zur Verfügung steht, zu kurz ist, um grundlegende Änderungen, insbesondere der Betriebsgröße, durchzuführen. Mit anderen Worten liegt der kurzen Periode der Gedanke zugrunde, dass sich ein Betrieb an Änderungen seiner Beschäftigung ohne eine Änderung der Betriebsgröße anpasst. Die bereits erläuterten Anpassungsformen (zeitlich, quantitativ, Intensität, selektiv) beziehen sich auf diese kurze Periode, wenn auch zwischen den Kostenkurven bei Variation des Beschäftigungsgrades im Falle quantitativer Anpassung und der Kostenkurve bei Variation der Betriebsgröße kein grundsätzlicher Unterschied besteht.[87]

Die lange Periode hingegen besagt, dass der Anpassungszeitraum lang genug ist, um eine vollständige Anpassung der Betriebsgröße selbst zu erreichen und somit alle Faktoren als variabel betrachtet werden können. Art und Umfang der Faktoranpassungsprozesse hängen entscheidend davon ab, wie die Beurteilung der technischen und ökonomischen Lage ausfällt, in der sich das Unternehmen befindet. Diese Frage ist eng verknüpft mit den im Kapitel 2.1.6 diskutierten Grundlagen der strategischen Unternehmensführung, insbesondere im Hinblick auf die gegenwärtigen und zukünftigen Erfolgspositionen. Arbeitet das Unternehmen bereits längere Zeit an der Kapazitätsgrenze und ist vor dem Hintergrund der Beurteilung gegenwärtiger Erfolgspositionen und Marktvolumenprognosen davon auszugehen, dass Absatz- und Preisentwicklung auf die Dauer weiterhin günstig verlaufen, dann wird das Management des Unternehmens in eine Kapazitätserweiterung investieren. Diese Investitionen werden u. U. auch dann vorgenommen, wenn bei gegenwärtig nicht voll ausgenutzten Kapazitäten die gleiche Einschätzung im Hinblick auf die künftige Entwicklung vorliegt und die aktuell verfügbaren Kapazitätsreserven nicht ausreichen. Die Unsicherheit, welche derartigen Lagebeurteilungen innewohnt, belastet alle geschäftlichen Maßnahmen und Entscheidungen mit einem unaufhebbaren Risiko, da die Investitionen von heute bekanntlich die Fixkosten von morgen darstellen. Eine Variation der Betriebsgröße führt nicht notwendig zu einer Vermehrung sämtlicher Produktionsfaktoren, da bspw. Reservekapazitäten in Form von ungenutzten oder unterausgelasteten Maschinen vorhanden sein können. Die Variation der Betriebsgröße besteht in diesem Falle darin, dass Voraussetzungen für die Ausnutzung ihres freien und ungenutzten Potenzials geschaffen werden. Sollte der Betrieb darüber hinaus vergrößert werden, dann werden diese Faktoren wahrscheinlich zunächst wieder zu „Überschussfaktoren", um dann gegebenenfalls wieder zu Minimumfaktoren zu werden. Die Vorstellung, dass sich eine Betriebsgrößenvariation mit Notwendigkeit durch „totale" Anpassung aller Produktionsfaktoren kennzeichne, erscheint also für den Regelfall wenig realistisch. Denn von Betriebsgröße zu Betriebsgröße gibt es disharmonische, disproportionierte Übergänge, die mit zunehmender Betriebsgröße zugleich verschwinden und wieder entstehen. Die Unterscheidung zwischen „partieller" und „totaler" Anpassung trifft nur Grenzfälle. Für den Regelfall wird man von Variation der Betriebsgröße auch dann schon sprechen dürfen, wenn sich ein Betrieb mit einem Teil seiner Produktionsfaktoren anpasst, und nicht nur dann, wenn er sich mit allen Produktionsfaktoren an die neue Absatzentwicklung anpasst.

2.4.2.7 Produktionsprogramm

Die Struktur und Zusammensetzung des jeweiligen Produktionsprogramms hat einen maßgeblichen Einfluss auf die Höhe der Produktionskosten. Dem Produktionsprogramm kommt eine wichtige wachstumsbestimmende Bedeutung zu, die noch wesentlich höher als die Kommunikations-, Preis-, Verkaufsförderungs- und Absatzkanalpolitik einzustufen ist. Auf der anderen Seite bestimmen die produktionstechnische Apparatur, ihre Beschaffenheit und ihr Vollzug, das Produktionsprogramm. Welche Erzeugnisse in das Produktionsprogramm

---

87 Gutenberg, Produktion, S. 426

aufgenommen oder aus ihm ausgeschlossen werden, welche Mengen von ihnen erzeugt werden können und zu welchen Zeitpunkten diese Mengen bereitstehen sollen, hängt wesentlich von den technisch-organisatorischen Bedingungen der Produktion ab. Diese Bedingungen bestimmen die Kosten der Erzeugnisse, die ein wichtiges Kriterium dafür sind, ob Erzeugnisse in das Produktionsmodell aufgenommen werden sollen. Die Produktionskosten müssen bereits bekannt sein, wenn eine „optimale" Planung des Produktionsprogramms erfolgen soll, und umgekehrt müssen Erzeugnisarten und Erzeugnismengen für die jeweilige Planungsperiode zur Bestimmung der Produktionskosten bekannt sein. Daraus folgt, dass Produktionsprogramm und Produktionsprozess eigentlich simultan bestimmt werden müssten. Die Höhe der Produktionskosten hängt also neben der Zusammensetzung des Produktionsprogramms von der Produktionsprozessplanung (Auftragsgrößen-, Auftragsreihenfolge- und Terminplanungen) ab. Sofern ein Unternehmen ein breites und tiefes Produktionsprogramm aus Wettbewerbsgründen für notwendig hält, erfordert dies im Hinblick auf die Fertigungsorganisation und die produktionstechnische Apparatur ein hohes Maß an betriebstechnischer Elastizität. Je höher die betriebstechnische Elastizität, desto höher sind in der Regel auch die Produktionskosten. Diese Aussage wird unmittelbar einsichtig am Beispiel der Seriengrößen. Große Stückzahlen können mit niedrigeren Kosten hergestellt werden als Serien mit geringen Stückzahlen. Änderungen des Produktionsprogramms lassen sich auf vier Formen zurückführen: Verminderung der Erzeugnisvielfalt, Auswechslung von Erzeugnisarten innerhalb eines Programms, Vermehrung der Erzeugnisvielfalt und Umschichtungen innerhalb gegebener Sortimentsstrukturen (Mix-Änderung).

2.4.3   Einflussgrößen des Finanzmittelbedarfs

Die folgenden Ausführungen beschäftigen sich mit der Frage, welche Einflussgrößen die Höhe und den zeitlichen Verlauf des Finanzmittelbedarfs in der Industrieunternehmung bestimmen.

Eine sofort einsehbare Grundtatsache im Hinblick auf die industriellen Hauptprozesse der Leistungserstellung (Produktion) und Leistungsverwertung (Absatz) besteht darin, dass sie in der Zeit ablaufen. Würde man eine unendlich große Produktions- und Umsatzgeschwindigkeit unterstellen und zudem annehmen, dass alle Ein- und Auszahlungen in gleicher Höhe und zu gleichen Zeitpunkten anfallen, dann entstünde kein Finanzmittelbedarf. Ist hingegen die zeitliche Abfolge von Ein- und Auszahlungen gegeneinander verschoben, entsteht ein Finanzmittelbedarf. Die finanzwirtschaftliche Zeitordnung von Ein- und Auszahlungen wird überwiegend bestimmt von der *güterwirtschaftlichen Zeitordnung* der Produktions- und Absatzprozesse. Stimmen die Zeitpunkte der geleisteten Auszahlungen nicht mit den güterwirtschaftlichen Zeitpunkten der Beschaffung überein, dann vollzieht sich die Bewegung von Material, Energie, Arbeits- und Maschinenzeitverbrauch durch die Produktion offensichtlich in einer anderen Zeitordnung, als es der finanzwirtschaftlichen Zeitordnung entspricht.

Die finanzwirtschaftlichen Vorgänge des Unternehmens können nur dann transparent werden, wenn die Vorgänge im güterwirtschaftlichen Bereich transparent sind.

Sowohl auf der Beschaffungs- als auch auf der Absatzseite können Materialien- und Erzeugnisse vor ihrem Einsatz im Produktionsprozess bzw. vor ihrer Verwertung im Absatzprozess eine gewisse Zeit lagern. Davon abweichend ist es auch möglich, dass weder auf der Beschaffungs- noch auf der Absatzseite Lagerprozesse ablaufen, sondern Materialien unmittelbar nach ihrer Beschaffung dem Produktionsprozess zugeführt werden und Erzeugnisse unmittelbar nach Produktionsende ohne Zwischenlagerung in den Verkauf gehen.

Die Haupteinflussgrößen des Finanzmittelbedarfs:

Die Höhe und die zeitliche Verteilung des Finanzmittelbedarfs werden wesentlich durch fünf Haupteinflussgrößen bestimmt:

- zeitliche Prozessanordnung
- Prozess- bzw. Produktionsgeschwindigkeit
- Beschäftigungsniveau innerhalb konstanter Kapazitäten
- Produktions- und Absatzprogramm
- Betriebsgröße

Werden eine der genannten Haupteinflussgrößen variiert und dabei die jeweils anderen gedanklich konstant gehalten, dann können die jeweiligen Einflüsse beschrieben und gegeneinander abgegrenzt werden.

Der Ablauf des betrieblichen Geschehens vollzieht sich in einer Vielzahl von zeitlich unterschiedlich angeordneten Prozessen. In der Produktion können Prozesse zeitlich so angeordnet sein, dass sie in einem stabilen Muster nacheinander ablaufen. Dabei können mehrere stets nacheinander ablaufende Prozesse zeitlich parallel auf mehreren Fertigungslinien erfolgen. Die Fertigungsprozesse können auch zeitlich versetzt, d. h. zu unterschiedlichen Beginn- und Endzeitpunkten gestaffelt verlaufen. Der erste Fall würde eine *gleichzeitige Prozessanordnung* bedeuten, der zweite Fall eine *zeitlich gestaffelte Prozessanordnung*. Diese zunächst nur sehr grobe Unterscheidung der zeitlichen Prozessanordnung hat Konsequenzen für die Höhe und die zeitliche Verteilung des Finanzmittelbedarfs bei jeweils *konstanter Höhe der Gesamtbeschäftigung* bzw. des Geschäftsvolumens. Darüber hinaus sind das Bedarfsmaximum und das Bedarfsminimum jeweils unterschiedlich. Wird unterstellt, dass die Aus- und Einzahlungszeitpunkte mit den jeweiligen Beginn- und Ende-Zeitpunkten der güterwirtschaftlichen Sphäre zusammenfallen, dann ergibt sich bei gleichzeitiger Prozessanordnung mehrerer paralleler Prozesse ein zyklischer Verlauf der Finanzmittelbedarfskurve. Die einzelnen Prozessschritte lösen in zeitlich stabilen Abständen Auszahlungen in stets gleicher Höhe aus und mit dem Ende des letzten Prozessschrittes Einnahmen in stets gleicher Höhe. Damit ergibt sich ein in der Zeit konstantes Anstiegsmuster der Auszahlungen, das jeweils mit Beginn des letzten auszahlungsrelevanten Prozessschrittes sein Maximum erreicht. Nach Beendigung des letzten Prozessschrittes ergeben sich stets Einzahlungen in gleicher Höhe, womit gleichzeitig das Minimum der Finanzmittelbedarfskurve markiert wird. Diese Muster wiederholen sich in zyklischer Abfolge immer wieder. Bei gestaffelter Prozessanordnung hingegen erreichen die Auszahlungen ihr Maximum niemals zum gleichen Zeitpunkt. Das hat zur Folge, dass das Maximum paralleler und gleichzeitiger Prozessanordnungen stets höher ist als das Maximum zeitlich gestaffelter Prozessanordnungen. Sobald nach Beendigung des ersten Prozesses bei gestaffelter Prozessanordnung die Einzahlungen hierfür fließen, fällt und steigt die Finanzmittelbedarfskurve in gleichem zeitlichem Abstand um den jeweils gleichen Betrag. Der durchschnittliche Finanzmittelbedarf verharrt dann auf diesem einmal erreichten Niveau.

Bei der bisherigen Betrachtung der zeitlichen Prozessanordnung wurde stillschweigend unterstellt, dass die für die einzelnen Prozessschritte benötigten Materialien und Dienstleistungen jeweils synchron innerhalb der jeweiligen Prozesse beschafft und bezahlt werden. Rohstoffe, Einbauteile, Hilfsstoffe etc. werden jedoch in der Regel nicht für einzelne Produktionsprozesse oder Produkte beschafft, sondern für eine Vielzahl von Prozessen und Produkten. Vor diesem Hintergrund bilden sich auf den Eingangslägern entsprechende Vorräte, die durch laufende Entnahmen für die einzelnen Produktionsprozesse abgebaut und zu bestimmten Zeitpunkten wieder aufgefüllt werden. Durch die Zusammenfassung der Bedarfe für die einzelnen Prozesse hat der Prozessbeginn somit den gleichen Zeitpunkt. Da die Prozesse jedoch nicht gleichzeitig gestartet und beendet werden, gehen die Einzahlungen für die zum gleichen Zeitpunkt auf Lager genommenen und bezahlten Verbrauchsgüter zu unterschiedlichen Zeitpunkten ein. Werden die abgebauten Läger der einzelnen Materialarten zu verschiedenen Zeitpunkten wieder aufgefüllt, dann ergibt sich eine ähnliche Nivellierung, wie sie sich für den Fall der prozesssynchronen Beschaffung ergibt.

Im Hinblick auf den Einfluss der zeitlichen Anordnung der Prozesse wird zunächst unterstellt, dass diese mit gleichbleibender Geschwindigkeit ablaufen, d. h., die Zeitspanne zwischen Prozessbeginn und Prozessende ist stets gleich. Die Zeitspanne zwischen Prozessbeginn und Prozessende wird im Kontext der Produktionswirtschaft meist als *Durchlaufzeit* beschrieben.

Gibt man die Annahme der konstanten Zeitspanne im Hinblick auf die Prozessanordnungen auf, dann kommt eine weitere Haupteinflussgröße zum Vorschein. Diese besteht in der *Prozess- bzw. Produktionsgeschwindigkeit.* Veränderungen der Produktionsgeschwindigkeiten haben ebenfalls einen Einfluss auf die Höhe und die zeitliche Verteilung des Finanzmittelbedarfs, jedoch *nicht immer* auf die *Höhe des maximalen und minimalen Finanzmittelbedarfs.* Bei *paralleler Prozessanordnung* und *gleichbleibender Beschäftigung* bleibt das Niveau der Finanzmittelbedarfskurve konstant. Maximum und Minimum bleiben ebenfalls konstant, es vermindert sich jedoch die Dauer der Finanzmittelbindung. Die den Prozess bisher begrenzenden Aus- und Einzahlungstermine rücken zeitlich lediglich näher zusammen. Da die nacheinander ablaufenden Prozesse nach kürzerer Zeitdauer aneinander anschließen, wäre eine Verkürzung der Durchlaufzeiten gleichbedeutend mit einer Erhöhung des Produktionsvolumens. Bleibt das Produktionsvolumen bei gesunkener Durchlaufzeit konstant, dann sinkt die Kapazitätsauslastung und bestimmte Teile der bisherigen Kapazitäten werden freigesetzt. Der Finanzmittelbedarf würde vor diesem Hintergrund nur sinken, wenn die durch die reduzierte Durchlaufzeit frei gewordenen Kapazitäten tatsächlich abgebaut werden. Erhöht sich also die Prozessgeschwindigkeit (Durchlaufzeitenverkürzung) bei unverändertem Produktionsvolumen, verkürzt sich lediglich die Bindungsdauer der Finanzmittel, weil die Aus- und Einzahlungszeitpunkte näher zusammenrücken. Die Höhe des Finanzmittelbedarfs gemessen an seinem Maximum bleibt jedoch unverändert. Sofern also das *Produktionsvolumen unverändert* bleibt und die *bisherigen Kapazitäten beibehalten* werden, haben die *Durchlaufzeiten keinen Einfluss* auf den Finanzmittelbedarf. Verlängern sich hingegen die Durchlaufzeiten bei unverändertem Produktionsniveau, dann ergibt sich eine Veränderung des Finanzmittelbedarfs nur dann, wenn die Produktionskapazitäten durch die Prozessverlangsamung nicht mehr ausreichen und zur Aufrechterhaltung des Produktionsvolumens infolgedessen die Kapazität erweitert werden muss. Maximum und Minimum des Finanzmittelbedarfs bleiben bei einer Verlängerung der Durchlaufzeiten und ausreichend großen Kapazitätsreserven konstant, die Bindungsdauer verlängert sich jedoch, da die Aus- und Einzahlungen weiter auseinanderrücken. Bei zeitlich überlappenden, d. h. um bestimmte Intervalle zeitlich gegeneinander verschobenen Prozessen *können* sich bei verkürzten Durchlaufzeiten andere Konsequenzen für den Finanzmittelbedarf ergeben. Ob sich Auswirkungen auf den Finanzmittelbedarf, gemessen an den Maxima und Minima der Finanzmittelbedarfskurve, ergeben, hängt davon ab, wie sich die zeitliche Schaltung und das Ausmaß der Geschwindigkeitserhöhung bei gegebener Prozessstruktur darstellen. Liegen die Einzahlungspunkte von den jeweils letzten Auszahlungszeitpunkten der überlappenden Prozesse so weit auseinander, dass die Einzahlungspunkte durch die Durchlaufzeitenverkürzung nicht in die Auszahlungszeitpunkte „greifen", dann bleibt die Höhe des Finanzmittelbedarfs, nicht jedoch seine zeitliche Verteilung, unverändert. Ist die Durchlaufzeitenverkürzung jedoch groß genug, um sich mit den letzten Auszahlungszeitpunkten zu überlappen, dann ändern sich die maximalen und minimalen Finanzmittelbedarfe und damit das Niveau der Finanzmittelbedarfskurve. Eine Verkürzung der Bindungsdauer der Finanzmittel bei ausreichend hoher Durchlaufzeitensenkung hat bei gestaffelter Prozessanordnung und konstantem Geschäftsvolumen also stets einen verringerten Finanzmittelbedarf zur Folge. Werden die *Zahlungsziele* auf Kunden- oder Lieferantenseite bei parallelen Prozessen verändert, ändern sich die Zeiträume der Finanzmittelbindung, nicht jedoch Maxima und Minima der Finanzmittelbedarfskurve. Ändern sich die Zahlungsziele hingegen bei zeitlich gestaffelten Prozessen, dann ändern sich Maxima und Minima der Finanzmittelbedarfskurve der Höhe und der Zeit nach.[88]

Wird wiederum die Annahme eines konstanten Beschäftigungs- bzw. Geschäftsvolumens aufgegeben, und variiert dieses bei unverändert bleibender Betriebsgröße, dann bildet die *Beschäftigungshöhe* eine weitere Haupteinflussgröße auf die Höhe und zeitliche Verteilung des Finanzmittelbedarfs. Änderungen des Beschäftigungsgrades führen im Kostenbereich stets zu anderen Konsequenzen als im Finanzbereich.

Eine Variation des *Produktionsprogramms* kann einen kaum spürbaren Einfluss auf den Finanzmittelbedarf haben oder einen so starken Einfluss, dass Änderungen aufgrund fehlender Finanzmittel überhaupt nicht durchgeführt werden können. Die Größenordnungen, in denen sich der Finanzmittelbedarf durch Programmänderungen ändert, können also sehr hohen Bandbreiten unterliegen. Die Höhe des Einflusses auf den Finanzmittelbedarf spielt jedoch keine Rolle, es interessiert lediglich, ob ein Einfluss besteht oder nicht. Dass ein Einfluss besteht, ist jedoch unmittelbar einsichtig. Ergeben sich durch Programmänderungen bspw. andere Materialanforderungen oder geänderte Durchlaufzeiten, hat dies unmittelbaren Einfluss auf den Finanzmittelbedarf.

Innerhalb gegebener Kapazitäten vollziehen sich die finanzwirtschaftlichen Vorgänge auf dem Niveau und in dem Rhythmus, wie er durch die Prozessanordnungen, die Durchlaufzeiten, das Beschäftigungsniveau und die Programmstruktur vorgegeben ist. Werden die *Kapazitäten und damit die Betriebsgröße* erhöht, dann tritt während der Übergangsphase des Kapazitätsausbaus ein erhöhter Finanzmittelbedarf auf, der unabhängig ist von den finanziellen Zyklen des gegenwärtigen Kapazitätsniveaus.

---

88 Gutenberg, Finanzen, S. 55

Bei der Bestimmung des Finanzmittelbedarfs sind die maximale und minimale Höhe, die durchschnittliche Höhe und die zeitliche Verteilung bzw. Finanzmittelbindungsdauer zu unterscheiden.

Variationen der genannten Haupteinflussgrößen können die durchschnittliche Höhe und die Bindungsdauer beeinflussen, die minimale und maximale Höhe jedoch unverändert lassen.

Aus den oben beschriebenen Bestimmungs- und Einflussgrößen auf die Höhe des betrieblichen Erfolgs und auf die Höhe des Finanzmittelbedarfs lassen sich in Verbindung mit den Anforderungen, die an ökonomische Modelle zu stellen sind, die notwendigen Systemelemente eines Planungs- und Simulationsmodells ableiten. Die sich daraus ergebenden Anforderungen sind dazu geeignet, einen Beurteilungsrahmen für Softwaresysteme zur Unterstützung der betrieblichen Planungsrechnung in Industrieunternehmen zu entwickeln.

2.5 Ziele und Instrumente der Erfolgs- und Finanzrechnung

In Kapitel 2.2 wurden die wesentlichen Methoden der Produktionsplanung beschrieben. Dabei wurden die Programm- und Primärbedarfsplanung sowie deren Überführung in die Materialbedarfsplanung (Sekundärplanung) skizziert. Die Materialbedarfsplanung umfasst zusätzlich die Berücksichtigung vorhandener (Anfangsbestände) und anzustrebender Bestände (Endbestände) sowie eine Grobterminierung der daraus abgeleiteten (Netto-)Produktionsbedarfe. Durch diese Planungsschritte ist das für die operative Planungsrechnung notwendige Mengen- und Zeitgerüst in Form von Bedarfs-/Absatzmengen, Produktionsmengen, Materialbedarfsmengen, Bereitstellungs- und Fertigstellungszeitpunkten bestimmt und darüber hinaus mit dem Kapazitätsangebot in grober Form abgestimmt.

Die Ergebnisse dieser Planungsschritte bilden zugleich den Ausgangspunkt für die Überführung des Mengengerüstes in die Finanzsphäre des Unternehmens. Es findet also eine Bewertung der Realgütersphäre mit den jeweiligen Preisbestandteilen (Verkaufspreise, Einsatzgüter- und Potenzialgüterpreise) statt. Das Ergebnis dieser Bewertung ist die Zusammenfassung der Teilpläne in monetärer Form, ausgedrückt in den Kategorien des betrieblichen Rechnungswesens.

Die wichtigsten Aggregate sind die Erfolgs-, Finanz- und Bilanzrechnung. Diese Aggregate bilden zugleich das Abbildungs- und Steuerungsinstrument der Realgütersphäre, d. h. von Gütermengen, Beständen und Güterbewegungen. Das Gütersystem ist also in monetärer Form im (Planungs-)Rechnungssystem abzubilden und für Zwecke der Steuerung zu gestalten. Der quantitativen wertmäßigen Abbildung folgen ökonomische Entscheidungen. Diese Entscheidungen sind im Zusammenhang mit den wichtigsten Orientierungs-/Lenkungsgrößen des Unternehmens zu sehen: den *Erfolgs- und Liquiditätszielen* sowie dem Markt- bzw. Wachstumsziel. Das (Planungs-)Rechnungssystem stellt somit ein Steuerungsinstrument für Güterprozesse dar, dem wiederum Steuerungsziele vorgegeben sind, die es im Hinblick auf ihre Realisation zu überwachen hat.

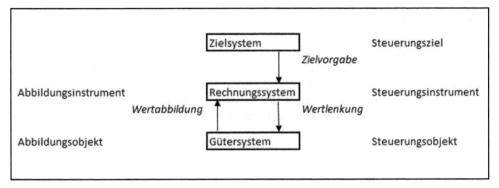

Abb. 2.20: Abbildungs- und Steuerungssysteme des Unternehmens, Chmielewicz, S. 5

2.5.1.1 Zielsystem (Gewinn- und Liquiditätsziele)

Gewinn- und Liquiditätsziel können nicht unabhängig voneinander bestimmt werden. Der Gewinn fungiert als Vorsteuergröße der Liquidität. Gewinnziele sind nicht nur von der Eigentümerseite her zu begründen, sondern auch von der Marktseite hinsichtlich eigener Marktanteilsentwicklungsziele. Kurzfristige Gewinnmaximierung, wie sie häufig in der Literatur beschrieben wird, steht i. d. R. im Konflikt zum Ziel der langfristigen Überlebenssicherung des Unternehmens.

Im Zusammenhang mit der Aufstellung von Erfolgs- und Finanzplanungen ist die Frage nach den dahinterstehenden Zielsetzungen zu untersuchen.

Das Zielsystem des Unternehmens kann differenziert werden nach:

Erfolgs-, Liquiditäts-, Markt-, Produkt- und Wachstumszielen.

Die Markt-, Produkt- und Wachstumsziele bilden im Prinzip die Schnittstelle zur strategischen Planung, da nur durch die Sicherung bzw. den Ausbau der eigenen Marktanteile potenziell niedrigere Stückkosten möglich sind, die in niedrigere Preise umgesetzt werden und dabei vor dem Hintergrund eines hohen Mengenausstoßes trotzdem ausreichende bzw. steigende Gewinne im Vergleich zur Konkurrenz ermöglichen.

Im Zusammenhang mit den Ausführungen zur strategischen Unternehmensplanung (Kapitel 2.1.6) wurde deutlich, dass die Liquidität und der sie vorsteuernde Erfolg auf kurze und mittlere Sicht notwendige, wenn auch nicht hinreichende Voraussetzungen für die Überlebensfähigkeit des Unternehmens sind.

Im Folgenden soll der Frage nachgegangen werden, wie Anhaltspunkte für die Höhe der Erfolgs- und Liquiditätsziele bestimmt werden können. Dabei ist zunächst zu berücksichtigen, dass beide Ziele in einem bestimmten Spannungsverhältnis zueinander stehen und somit ein Zielkonflikt vorliegt. Auch die Wachstumsziele können nicht losgelöst von den Erfolgs- und Liquiditätszielen betrachtet werden, da im Rahmen von Wachstumsprozessen erhebliche Liquiditätsbedarfe und Auswirkungen auf die Erfolgshöhe entstehen können.

2.5.1.1.1   Liquiditätsziele

Für das Verhältnis von Erfolg und Liquidität gilt ganz allgemein, dass Liquiditätsbestände Opportunitätskosten in Form entgangener Renditen für alternative Anlagen (bspw. Geldanlagen, Sachinvestitionen) verursachen. Je höher also die Bestände an liquiden Mitteln sind, desto höher sind die potenziellen Opportunitätskosten und desto geringer ist der potenzielle Erfolg. Damit rückt die Frage nach der Bestimmung der „angemessenen" bzw. „optimalen" Liquidität in den Fokus. Zur Beantwortung dieser Frage sind zunächst verschiedene Liquiditätszonen zu unterscheiden:

- Illiquidität
- Unterliquidität
- Optimale Liquidität
- Überliquidität

Ganz allgemein können verschiedene Liquiditätsbedingungen formuliert werden:

$$L = LMAB + E - A \geq 0 \tag{2.23}$$

$$L = LMAB + E - A > 0 \tag{2.24}$$

$$L = LMAB + E - A = -X \mid -X = LMAB - SB \rightarrow LMAB > SB \tag{2.25}$$

L = Liquidität
$LMAB$ = Liquide Mittel Anfangsbestand
E = Einnahmen
A = Ausgaben
SB = Liquide Mittel Endbestand
X = abzubauende Liquidität

Die erste Bedingung beschreibt einen anzustrebenden Liquiditätsbestand in Höhe von null oder größer null. Davon unterscheidet sich die zweite Bedingung insofern, als hier ein Liquiditätsbestand von *stets* größer null angestrebt wird. Die dritte Bedingung wiederum berücksichtigt den Umstand, dass u. U. vorhandene Überliquidität abgebaut werden soll. Dabei ist X der abzubauende Betrag, der sich als Differenz zwischen vorhandener und anzustrebender Liquidität ergibt.

Die Bedingung $LMAB + E - A > 0$ fordert zwar einen Liquiditätsbestand von größer null, allerdings ist damit nicht spezifiziert, wie weit L über null liegen sollte.

Die grundsätzlichen Beziehungen und Restriktionen im Hinblick auf Erfolgs-, Liquiditäts- und Wachstumsziele seien zunächst anhand von Abbildung 2.21 skizziert.

Aus Abbildung 2.21 ist erkennbar, dass sowohl auf der Erfolgsachse als auch auf der Liquiditätsachse ein Insolvenzkriterium angezeigt wird. Im Hinblick auf die Liquidität ist das Insolvenzkriterium bei der Unterschreitung der Null-Linie erfüllt, d. h., $L < 0$. Damit wäre eine Situation der Illiquidität gegeben was gleichbedeutend mit Zahlungsunfähigkeit ist. Auch von der Erfolgsseite her betrachtet kann Insolvenz drohen. Sofern Verluste eintreten, die das vorhandene Eigenkapital übersteigen, liegt eine Situation der Überschuldung vor, d. h., die Schulden des Unternehmens übersteigen den Wert des Vermögens. Trotzt (noch) vorhandener Liquidität kann also eine Verpflichtung zur Anmeldung der Insolvenz ein-

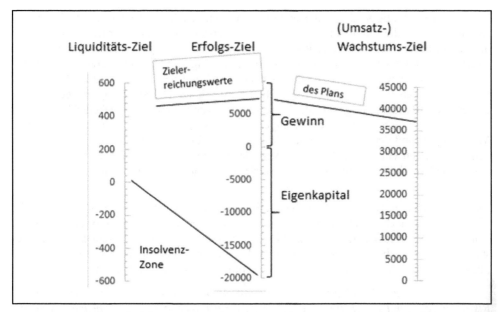

Abb. 2.21:   Erfolgs-, Liquiditäts- und Wachstumsziele, Chmielewicz, Finanzwirtschaft, S. 104

treten. Oberhalb der Zone der Illiquidität ist eine Pufferzone erkennbar, die als optimale Liquidität betrachtet werden kann. Dieser Puffer trägt dem Umstand Rechnung, dass eine Planung und Steuerung der Liquidität mit dem Ziel einer Liquidität von null niemals erreicht werden kann. Insofern kann die angestrebte Liquidität oberhalb der Null-Linie als Risikopuffer betrachtet werden. Dieser Risiko- oder Liquiditätspuffer erfüllt im Prinzip die gleiche Funktion wie ein Sicherheitsbestand in der Realgütersphäre. Man wird also allein aus Risikoaspekten die Höhe der vorgehaltenen Liquidität nicht auf 0 disponieren oder planen können, so sehr dies auch aus Rentabilitätsgründen wünschenswert wäre. Auch bei der Disposition der Liquidität ist zu berücksichtigen, dass sowohl der Bedarf zyklischen und stochastischen Schwankungen unterliegt als auch die Wiederbeschaffung Zeit in Anspruch nimmt und bestimmten Restriktionen ausgesetzt ist. Die Eingangsparameter zur Bestimmung der „optimalen" Liquidität unterschieden sich also nicht von den weiter oben beschriebenen Parametern zur Bestimmung von kostenoptimalen Nachschub- und Bestandsmengen für Materialien und Erzeugnisse. Zu berücksichtigen ist, dass in den Liquiditätspuffer keine „stillen" Spielräume einbezogen sind. Diese können bspw. in zugesagten Kontokorrent-Kreditlinien, nicht ausgenutzten Lieferantenzahlungszielen, nicht betriebsnotwendigen Finanzaktiva, nicht betriebsnotwendigen Sachaktiva (bspw. Grundstücke) etc. bestehen. Die Berücksichtigung dieser stillen Liquiditätspotenziale kann unter Berücksichtigung ihrer Liquidationsfähigkeiten und Liquidationsgeschwindigkeit zu einer Reduzierung des monetären Liquiditätspuffers führen. Die obige Abbildung deutet an, dass Erfolgs-, Liquiditäts- und Wachstumsziele stets im Zusammenhang und simultan betrachtet werden müssen. Wachstumsziele können zwar zu positiven Erfolgsbeiträgen führen, stehen aber andererseits stets unter Finanzierungsvorbehalt.

Erfolg und Liquidität sind grundlegende Orientierungsgrößen der kurzfristigen Planungsrechnung, wobei die Liquidität letztlich als Existenzbedingung des Unternehmens schlechthin zu betrachten ist. Primärziel jedes Unternehmens ist es, einen möglichst hohen bzw. angemessenen Gewinn bei jederzeitiger Sicherstellung der Zahlungsbereitschaft zu erzielen. Die Angemessenheit des Gewinns bezieht sich auf den Umstand, dass dieser nicht losgelöst von den Wachstumszielen betrachtet werden kann. Die Sicherung und der Ausbau der eigenen Marktanteile gelten als Grundvoraussetzung für die Überlebensfähigkeit des Unternehmens. Insofern kann ein unangemessenes Gewinnstreben zu dem Verlust von Marktanteilen und dem Untergang des Unternehmens führen. Anders wäre die Situation zu beurteilen, wenn ein Unternehmen gar kein dauerhaftes bzw. langfristiges Überleben anstrebt, sondern einen bestimmten Wettbewerbsvorteil nur so lange wie möglich ausnutzen will.

Der Vollständigkeit halber sei an dieser Stelle noch darauf hingewiesen, dass die bilanzielle Überschuldung nach der aktuellen Rechtslage inzwischen weniger restriktiv gesehen wird. Durch die neue Rechtslage kann eine bilanzielle Überschuldung u. U. sehr lange Zeit bestehen und durchgehalten werden. Durch das Finanzmarktstabilisierungsgesetz wurde Ende 2008 die Insolvenzpflicht aufgrund von Überschuldung faktisch abgeschafft:

„Die Überschuldung hat eine zentrale Funktion als Insolvenzgrund: Sie zeigt an, dass das Risiko, welches mit der Tätigkeit des Unternehmens verbunden ist, nicht mehr von den Eigentümern (Gesellschaftern) getragen wird (mit Eintritt der Überschuldung haben die Eigentümer alles verloren; mehr können sie nicht verlieren), sondern auf die Gläubiger übergegangen ist. Daher ist es richtig und wichtig, dass die Entscheidungen über die Tätigkeit des Unternehmens nicht mehr von den Eigentümern, sondern von den Gläubigern getroffen werden. Dieser Übergang der Entscheidungskompetenz wird durch das Insolvenzverfahren bewirkt. Wenn man auf die Überschuldung verzichtet, erlaubt man den Eigentümern, Entscheidungen zu treffen, deren Risiko nicht mehr sie, sondern eine andere Gruppe (nämlich die Gläubiger) trifft. Auch die Insolvenzrechte anderer Staaten definieren „Insolvenz" mit „Überschuldung" und meistern die Schwierigkeiten, die mit der Bewertung des Vermögens verbunden sind. Warum das hierzulande nicht möglich sein soll, ist nicht zu verstehen."[89]

2.5.1.1.2   Gewinnziele

Genauso wie bei der Liquidität ein bestimmter Puffer oder eine Mindestliquidität vorgesehen werden kann, ist die Erreichung einer bestimmten Mindestrendite oder Mindestgewinnhöhe denkbar. Dem Mindestgewinn kommt jedoch nicht die gleiche Bedeutung wie der Mindestliquidität zu, da die Unterschreitung des Mindestgewinns in der Regel keine unmittelbaren Auswirkungen auf den Fortbestand des Unternehmens hat. Es wird hiermit vielmehr das Anspruchsdenken der Aktionäre und Gesellschafter widergegeben.

Auch für die Bestimmung des Gewinnziels können keine allgemeingültigen Regeln beschrieben werden. Es spielt eine Vielzahl von Parametern dabei eine Rolle, die von Unternehmen zu Unternehmen je nach Wettbewerbssituation, Kapitalausstattung, Ausschüt-

---

89   Wilmowsky, Insolvenzrecht I: Grundzüge, S. 14 f.; www.jura.uni-frankfurt.de/43347093/
     IRV_UM_P5_1_Ueberschuldung.pdf

tungspolitik, Anspruchsverhalten etc. sehr unterschiedlich sein können. Gewisse Orientierungshilfen können jedoch auf der Basis bestimmter Prämissen durchaus verallgemeinert werden. Aus der PIMS-Forschung ist bekannt, dass der Marktanteil und die relative Qualität den stärksten Einfluss auf die Höhe der Rentabilität haben. Dabei hat die relative Qualität wiederum einen starken Einfluss auf den Marktanteil. Die Orientierung an Zielmarktanteilen erfolgt also aufgrund des statistisch nachgewiesenen Zusammenhangs zwischen Marktanteilshöhe und Rentabilität. Es ist vor dem Hintergrund der langfristigen Überlebenssicherung des Unternehmens nicht ein maximaler Gewinn, sondern ein *marktanteilszielgerechter Gewinn* zu fordern. Insofern können durch die Orientierung an den eigenen Marktanteilen sowohl die Wachstumsziele definiert als auch die Höhe der angemessenen Gewinne abgeschätzt werden. Die Zusammenhänge zwischen Marktwachstum, Marktvolumen und Marktanteil wurden bereits weiter oben erläutert.

Zunächst soll der Frage nachgegangen werden, welche Parameter im Hinblick auf die Bestimmung eines Mindestgewinns und eines marktzielorientierten Gewinns berücksichtigt werden könnten.

Dabei wäre zunächst zu fragen, welcher Bedarf hinsichtlich der Rücklagen- und Dividendenpolitik angenommen werden kann. Hierbei handelt es sich jedoch nicht um objektiv feststellbare Größen, sondern um eine Abwägung von Risiko- und Sicherheitsinteressen des Unternehmens und Anspruchsinteressen der Eigentümer. Die Bestimmung von Mindestgewinn und Soll-Umsatz kann aus den folgenden Rechenschritten abgeleitet werden:

Dividende (auf gezeichnetes Kapital) + Rücklagenzuführung = Gewinn nach Steuern (2.26)

Gewinn nach Steuern / (1 – Gewinnsteuersatz) = Gewinn vor Steuern (2.27)

Gewinn vor Steuern + zu verzinsendes Fremdkapital × Fremdkapitalzinssatz = Gewinn vor Steuern und Zinsen (EBIT) (2.28)

EBIT + Fixkosten = absoluter Deckungsbeitrag (2.29)

Absoluter Deckungsbeitrag / aktuelle DB-Spanne (% vom Umsatz) = Soll-Umsatz (2.30)

Abbildung 2.22 zeigt ein numerisches Beispiel einer Mindestgewinnzielbestimmung.

Die überschlägige Berechnung des Soll-Gewinns ist im nächsten Schritt von der Marktseite und den strategischen Zielsetzungen des Unternehmens her zu überprüfen. Dieser Prüfschritt ist von großer Bedeutung, da das bottom up ermittelte Gewinnziel u. U. nur mit Verkaufspreiserhöhungen zu realisieren ist. Höhere Verkaufspreise können zielführend sein, wenn das Unternehmen aufgrund einer überlegenen Qualität und eines deutlich höheren Kundennutzens diese durchsetzen kann. Sofern diese Voraussetzungen nicht gegeben sind, können Verkaufspreiserhöhungen die Marktposition und damit die langfristige Überlebensfähigkeit des Unternehmens gefährden.

Der bottom up aus dem Renditeziel ermittelte Soll-Umsatz (siehe Abbildung 2.23) ist zu vergleichen mit den in der strategischen Planung bestimmten Marktanteilszielen und der prognostizierten Marktvolumenentwicklung. Die auf diese Weise abgeleiteten Soll-Absatzmengen sind zu bewerten mit dem Verkaufspreistrendfaktor (siehe oben), der wiederum die

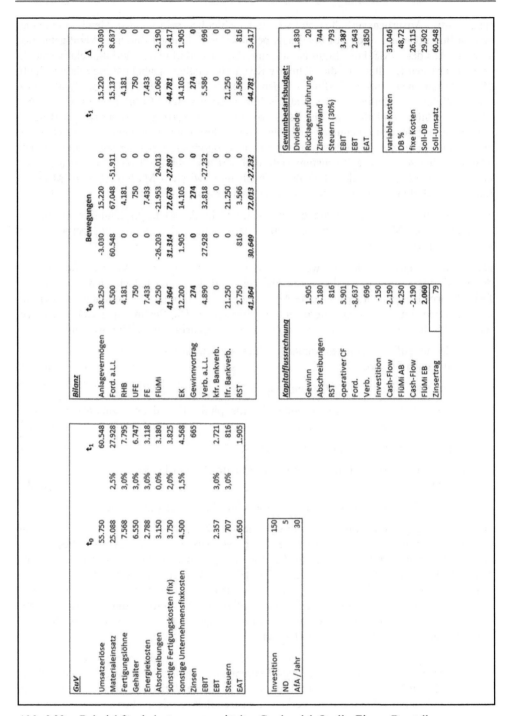

Abb. 2.22:   Beispiel für ein bottom-up-ermitteltes Gewinnziel, Quelle: Eigene Darstellung

Kostensenkungspotenziale aufgrund von potenziellen Erfahrungskurveneffekten berücksichtigt und damit die Gestaltung der eigenen Verkaufspreise in den strategisch notwendigen Kontext stellt. Auf diese Weise muss sichergestellt werden, dass die aus der geforderten Mindestrendite ggf. resultierenden Wachstumsziele nicht im Konflikt stehen zur strategischen Planung der Marktanteilsziele, da ansonsten die Marktstellung des Unternehmens in Gefahr geraten könnte. Die Gewinnzielbestimmung vollzieht sich daher stets im Spannungsfeld strategischer Pläne zur Sicherung der langfristigen Überlebensfähigkeit des Unternehmens und der finanziellen Anspruchshaltung der Anteilseigner.

Im Hinblick auf die Beurteilung einer angemessenen Rentabilität sind in der Betriebswirtschaft eine Reihe verschiedener Konzepte entwickelt worden. Der Versuch, quantitative Zusammenhänge zwischen bestimmten Kernfaktoren des Unternehmenserfolges aufzuzeigen, wurde im Rahmen des sogenannten PIMS-Projektes unternommen. Ziel des Projektes war es, quasi „strategische Gesetzmäßigkeiten" für gegenwärtige Erfolgspotenziale von Unternehmen aufzuzeigen. Die PIMS-Methode wurde in den 1960er Jahren bei General Electric entwickelt und in dem Zeitraum von 1972–1975 an der Harvard Business School weiterentwickelt. Im Jahr 1975 erfolgte die Ausgliederung der PIMS-Datenbank an das gemeinnützige Strategic Planning Institute, Cambridge/Massachusetts, USA. Im Jahr 1982 wurde eine europäische Repräsentanz in London gegründet. Weitere Expansionen in Europa wurden in Kooperation mit dem Malik Management Zentrum St. Gallen und durch Vertretungen in Skandinavien, Deutschland und Italien vorgenommen.

Das Projekt *Profit Impact of Market Strategy (PIMS)* befasst sich mit spezifischen Informationen, die für den Erfolg eines Unternehmens bestimmend sind. Die im Rahmen des PIMS-Projektes definierten Ziele sind darin zu sehen, den Zusammenhang zwischen dem Erfolg strategischer Geschäftseinheiten (SGE) und den diesen Erfolg beeinflussenden Erfolgsfaktoren aufzuzeigen. Damit wurde der Versuch unternommen, quasi Gesetzmäßigkeiten des Erfolges anhand wesentlicher Determinanten zu bestimmen. In diesem Zusammenhang wurde eine umfassende Datenbank aufgebaut, die strategisch relevante Informationen über die Geschäftätigkeit einer großen Anzahl von Unternehmen enthält. Die in der Datenbank gespeicherten Unternehmen stammen aus unterschiedlichen Branchen, Regionen und Staaten. Die Datensätze der Unternehmen wurden in SGE (Strategische Geschäftseinheiten) aufgeteilt und dabei mit über 200 quantifizierten Angaben versehen.[90]

Im Rahmen des PIMS-Projektes erfolgte eine Konzentration auf SGE, um zu lernen, wie der Wettbewerb auf einem bestimmten abgegrenzten Markt den finanziellen Erfolg beeinflusst

Eine SGE ist definiert als ein Geschäftsbereich, der bestimmte Gruppen von Produkten oder Dienstleistungen für eine spezielle Kundengruppe verkauft und eine klar definierte Gruppe von Wettbewerbern aufweist. Der Erfolg (ROI) wird im Zusammenhang mit PIMS definiert als Gewinn vor Zinsen und Steuern (EBIT) dividiert durch das eingesetzte Kapital oder als EBIT dividiert durch den Umsatz (ROS).

Die in der Datenbank gespeicherten Informationen werden mit Hilfe quantitativer Methoden, insbesondere der multiplen Regressionsanalyse, hinsichtlich ihres Zusammenhangs mit

---

90   Krützfeldt, Integration von operativem und strategischem Controlling im Hinblick auf die Erfolgs- und Finanzlenkung von Unternehmen, S. 65

dem Erfolg der SGE untersucht. Aufgrund dieser Untersuchung konnten einerseits Haupt-einflussgrößen der Rentabilität sowie des Cashflows bestimmt werden. Andererseits bilde-ten die Untersuchungsergebnisse die Grundlage für die Konzeption von Modellen, mit deren Hilfe sich Situation und Verhalten von SGE analysieren und simulieren lassen.

Die Modelle können u. a. eingesetzt werden, um alternative strategische Optionen einer SGE anhand operativer Kriterien, wie z. B. dem Cashflow oder dem Gewinn, zu bewerten. Zu diesem Zweck lassen sich einige ausgewählte strategische Erfolgsfaktoren, wie bei-spielsweise der Marktanteil oder die vertikale Integration, in ihrer Ausprägung verändern. Aufgrund der ermittelten Zusammenhänge zwischen diesen strategischen Erfolgsfaktoren einerseits und bestimmten Kennzahlen, wie z. B. dem ROI oder dem Umsatzwachstum, andererseits kann die Erfolgswirkung abgeschätzt werden.

Insoweit begründet die Erfolgsfaktorenforschung des PIMS-Projekts auch einen Ansatz zur Integration von operativen und strategischen Dimensionen. Die Erkenntnisse des PIMS-Projekts stützen sich auf den Erfahrungsschatz der zahlreichen in der PIMS-Datenbank abgebildeten SGE. Daher sind die postulierten Zusammenhänge zwischen strategischen Einflussgrößen und dem Erfolg einer SGE empirisch vergleichsweise gut abgesichert. Die erfolgreiche Entwicklung des PIMS-Projekts und die große Zahl der Mitgliedsfirmen sind ein Indiz dafür, dass die gewonnenen Erkenntnisse auch in der Unternehmenspraxis auf Akzeptanz stoßen. Diese Gesichtspunkte sprechen für einen auf den Resultaten des PIMS-Projekts basierenden Integrationsansatz.[91]

Auf Basis der in den PIMS-Datenbanken gespeicherten Zusammenhänge können Ver-gleichsmaßstäbe für die Beurteilung der Ist-Rentabilität eines Unternehmens geliefert wer-den. Zugleich können sich Anhaltspunkte für notwendige Strategieanpassungen ergeben. Für den Vergleich zwischen der Ist-Rentabilität und der aufgrund bestimmter Parameter für möglich gehaltenen Soll-Rentabilität wurde im Rahmen des PIMS-Projektes der Begriff PAR-ROI geprägt.

Der PAR-ROI ist ein Bezugswert dafür, welches Rentabilitätsniveau für ein gegebenes Profil strategischer Charakteristika als normal bezeichnet werden kann. Anstatt Investiti-onsvorhaben nur aufgrund von Finanzrechnungen zu genehmigen, sollten Unternehmen solche Geschäftseinheiten einheitlich fördern, die sich gegenwärtig in einer guten strategi-schen Position befinden, oder aber Investitionsstrategien unterstützen, die einer Geschäfts-einheit helfen, von einer schlechten zu einer guten strategischen Position zu kommen, und ein gewinnträchtiges Wachstum erlauben.[92]

In diesem Zusammenhang stellt sich die Frage, welche Erfolgsfaktoren für die Beurteilung des Rentabilitätsniveaus von Bedeutung sind. Mit anderen Worten könnte man fragen: Wodurch wird ein Markt profitabler als ein anderer?

Die wichtigsten, im Rahmen der PIMS-Forschung herausgearbeiteten Gewinneinflussgrö-ßen stellen sich wie folgt dar[93]:

---

91   Ebd. S. 67
92   Buzzel, Gale, Das PIMS-Programm, S. 132
93   Ebd. S. 47

- Marktentwicklung und reale (inflationsbereinigte) Wachstumsrate
- Marktanteile
- Inflationsrate der Verkaufspreise
- Grad der Anbieterkonzentration
- Relative Qualität
- Relative Herstellkosten
- Produktivität
- Vertikale Integration
- typische Auftragsgröße und die Bedeutung des Produkts für den Kunden

Diese Einflussgrößen können nicht isoliert betrachtet werden, sondern stehen in bestimmten Wechselbeziehungen zueinander. Es ist unmittelbar einleuchtend, dass die eigenen Verkaufspreise und die aus Kundensicht wahrgenommene Qualität einen Einfluss auf die Marktposition haben. Umgekehrt haben Erhöhungen von Marktanteilen, sofern sie mit erhöhten Absatzmengen einhergehen, einen potenziellen Einfluss auf die Höhe der eigenen Kosten.

Das Marktanteilswachstum des Unternehmens steht somit stets im Zusammenhang mit bestimmten Aussagen über inverse Beziehungen zwischen Kosten und Mengen. Hohe Marktanteile bedeuten potenzielle Einsparungen im Hinblick auf Produktionskosten, Beschaffungskosten, Finanzierungskonditionen, Prozessverbesserungen bedingt durch Erfahrungs- und Lernkurveneffekte, Größenvorteilen usw.

Im Hinblick auf die Anwendung der Forschungsergebnisse des PIMS-Projektes ist zum Teil methodische Kritik geübt worden. Die Einzelheiten hierzu sollen hier nicht weiter vertieft werden, sondern auf die hierzu vorhandene Literatur verwiesen werden, siehe bspw. ausführlich bei Kreilkamp.[94]

2.5.1.1.3 Bilanzziele

Aus der Bilanz ergeben sich i. d. R. keine eigenständigen Lenkungsziele. Die Bilanz hat vielmehr eine Pufferfunktion zwischen Finanz- und Erfolgsrechnung. Sie dient als Bindeglied zwischen diesen beiden Teilrechnungen und ergibt sich automatisch aus der Zusammenführung von Erfolgs- und Finanzrechnung. Eigenständige Bilanzziele sind weder sinnvoll noch sind sie wissenschaftlich in irgendeiner Form fundiert. Andererseits haben sich in der Praxis im Hinblick auf bestimmte Bilanzrelationen und Kennzahlen bestimmte „Faustregeln" etabliert, die auch von Banken für die Bonitätsbeurteilung der Unternehmen herangezogen werden. Vor diesem Hintergrund ist es trotz fehlender eigenständiger Bilanzziele ratsam, die Einhaltung bestimmter Relationen und Kennzahlen zu überwachen und zu steuern. Allenfalls für einzelne Bilanzpositionen können sich eigene Zielbündel ergeben. So ist bspw. die Höhe der Vorräte zur Sicherung einer bestimmten Lieferfähigkeit und zur Erfüllung bestimmter Lieferzuverlässigkeitsziele von Bedeutung. Die zielgerichtete Disposition von Nachschubmengen unter Berücksichtigung von prognostizierten Abgangsmengen und Wiederbeschaffungszeiten ist jedoch eine Aufgabe im Bereich der Materialdisposition und Beschaffungsplanung. Im Hinblick auf die Sicherstellung einer angemessenen Fremdfinanzierung sind jedoch meist bestimmte Bilanzrelationen zu berücksichtigen, da diese sowohl

---

94 Kreilkamp, Strategisches Management und Marketing, S. 401 ff.

bei der Kreditentscheidung als auch bei der Überwachung der laufenden Kredite eine gewichtige Rolle spielen können. So werden von Banken bspw. häufig sogenannte Covenants verlangt. Dies sind Kennzahlen (bspw. Einhaltung einer bestimmten Eigenkapitalquote), die der Kreditnehmer während der Kreditlaufzeit auf einer bestimmten Mindesthöhe halten muss. Bei Unterschreitung der definierten Covenants können Strafzahlungen oder sogar sofortige Kündigungen der Kredite die Folge sein.

2.5.1.2 Steuerungsinstrumente der Erfolgs- und Liquiditätsziele (EFB-System)

Zur Abbildung und Steuerung der der Erfolgs- und Liquiditätsziele stehen grundsätzlich verschiedene Konzepte der Integration zur Auswahl. Die Planung und Steuerung auf Basis isolierter Teilrechnungen (Erfolgs-, Finanz- und Bilanzrechnung) ist ein grundsätzlich abzulehnender Ansatz, da die Dependenzen und Interdependenzen des Unternehmens damit nicht berücksichtigt werden. Integrative Ansätze sind die Erfolgs- und Bilanzplanung mit derivativer Finanzplanung (EB-System) sowie die Erfolgs- und Finanzplanung mit derivativer Bilanzplanung (EFB-System). Der Bilanz kommt kein eigenständiges Lenkungsziel zu. Sie dient vielmehr als Zwischenspeicher. Die integrativen Ansätze unterscheiden sich hinsichtlich der Detailliertheit der Planung von Erfolg- und Liquidität. *Als weiteres Abgrenzungsmerkmal fungiert die Einbeziehung der Realgüterprozesse in das System der integrierten Unternehmensplanung.* Die Realgüterprozesse werden in integrierten Mengen- und Zeitmodellen hinsichtlich der Funktionen Beschaffung, Eingangsläger, Produktion, Absatz, Ausgangsläger sowie benötigter Potenzialfaktoren (menschliche Arbeit, Maschinenarbeit) beschrieben. Vor diesem Hintergrund werden EFB/EB-Systeme mit Mengenmodell und ohne Mengenmodell unterschieden. Diese Unterscheidung ist wichtig, da fast alle am Markt erhältlichen Softwaresysteme zur Planungsunterstützung EB-Systeme ohne Mengenmodell darstellen.

Im Anschluss an die Bestimmung von Erfolgs-, Liquiditäts- und Wachstumszielen ist der Frage nachzugehen, welche Lenkungsinstrumente zur Abbildung und Steuerung dieser Ziele zur Verfügung stehen und auf welche Art und Weise diese miteinander zu verknüpfen sind. Ferner ist die Kombination dieser Lenkungsinstrumente auf ihre Eignung im Hinblick auf die zielorientierte Planung, Steuerung und Kontrolle zu diskutieren.

Die Gütersysteme des Produktions- und Finanzsystems (Kapitalfonds und Kapitalbedarf) werden mithilfe der Planungsrechnung in Form von Erfolgs-, Finanz- und Bilanzrechnungen sowie der Produktionsplanung und Produktionssteuerung zielorientiert abgebildet, gestaltet und überwacht. Dabei sind die Erfolgs- und die Finanzrechnung als Detailrechnungen der Bilanzpositionen Eigenkapital und flüssige Mittel aufzufassen.

Weiter oben wurden bereits die grundlegenden Orientierungsgrößen zur Erreichung der wichtigsten monetären Ziele des Unternehmens vorgestellt. Dabei wurde deutlich, dass der Erfolg als eine zeitlich vorauslaufende Steuerungsgröße der Liquidität betrachtet werden kann. Es wäre jedoch grundfalsch, zu behaupten, der Erfolg sei wichtiger als die Liquidität, oder umgekehrt, die Liquidität stets wichtiger als der Erfolg. Beide Größen müssen stets im Zusammenhang betrachtet werden. Vor diesem Hintergrund ist es eigentlich erstaunlich, dass für die Erfolgsrechnung detaillierte Rechnungskonzepte entwickelt wurden, für die Finanzrechnung hingegen bestenfalls Kompromisslösungen.

		Erfolg		
		Detail	global	keine
Liquidität	Detail	**EFB, EF**	FB	F
	global	EB	B	---
	keine	**E**	---	---

Abb. 2.23: Systeme der Planungsrechnung, Chmielewicz, S. 40

Die verschiedenen Systeme der Planungsrechnung können wie in Abbildung 2.23 grob unterschieden werden.

Abbildung 2.23 lässt erkennen, dass im Hinblick auf die Rechnungssysteme zwischen detaillierter, globaler und fehlender Planung unterschieden werden kann. In der Diagonalen der Matrix sind die isolierten Planungsrechnungen E = reine Erfolgsplanung, B = reine Bilanzplanung und F = reine Finanzplanung erkennbar. Von praktischer Relevanz ist davon nur die reine Erfolgsplanung (E), die durchaus in der Praxis vorkommt. Theoretisch denkbar wäre auch eine reine Bilanzplanung (B), die weder einen differenzierten Erfolgs- noch Liquiditätsausweis ermöglichen würde. Alle Erfolgs- und Zahlungsvorgänge würden demnach direkt und saldiert in den Bilanzpositionen liquide Mittel und Eigenkapital erfasst werden. Eine reine Finanzplanung (F) wäre gleichbedeutend mit einer detaillierten Planung von Ein- und Auszahlungen, die überhaupt keine Erfolgsplanung beinhalten würde. In der Praxis kommen auch detaillierte Erfolgs- und Finanzplanungen vor, ohne dass diese systematisch miteinander integriert wären. Im Rahmen einer Studie zur Praxis der Unternehmensplanung in kleinen und mittleren Unternehmen gaben bspw. 80 % der befragten Unternehmen an, über eine detaillierte Finanz- und Liquiditätsplanung zu verfügen. Jedoch gaben nur 40 % der Unternehmen an, eine wirklich integrierte Unternehmensplanung durchzuführen.[95] Demnach würden detaillierte Erfolgs- und Finanzplanung ohne systematische Verbindung „nebeneinander" geplant.

Als erste Stufe der Integration können die EB- und FB-Systeme angesehen werden. Ein EB-System ist gekennzeichnet durch eine detaillierte Erfolgs- und eine globale Finanzplanung. Dieses System hat in der Praxis den weitaus größten Verbreitungsgrad. Ausgehend von einer detaillierten Erfolgsplanung werden die Erfolgsvorgänge doppelt, d. h. in der Erfolgs- und in der Bilanzrechnung erfasst. Alle zahlungswirksamen Erfolgsvorgänge werden direkt und saldiert in der Bilanzposition „liquide Mittel" erfasst. Ferner werden evtl. Investitionen und Annahmen im Hinblick auf die Veränderung bestimmter Bilanzpositionen berücksichtigt. Die Bilanzposition „Eigenkapital" wird hingegen im Detail nach Aufwand (Kosten) und Ertrag (Leistungsarten) geplant. Eine nachträglich „Detaillierung" der Liquidität wird dabei häufig über indirekte „Rückrechnungen" im Rahmen sogenannter Cashflow- und Kapitalflussrechnungen versucht. Das EB-System ist ferner in nahezu allen Softwaresystemen zur Planungsunterstützung implementiert. Wie aus Abbildung 2.24 er-

---

95 Todesco, Die Unternehmensplanung bei kleinen und mittleren Unternehmen, S. 69

Finanzrechnung		Bilanzrechnung		Erfolgsrechnung	
Perioden-Einzahlungen	Perioden-Auszahlungen	Vermögen (ohne Geldbestandsver-änderung)	Schulden	Perioden-Aufwand oder Kosten	Perioden-Ertrag oder Leistung
	Geldbestands-erhöhung	Geldbestands-erhöhung	Gewinn	Gewinn	

Abb. 2.24: Schematische Darstellung Drei-Komponenten-System. Quelle: Eigene Darstellung

sichtlich, ist nur in einem EF-System eine detaillierte Planung der Erfolgs- und Liquiditätsgrößen möglich. Das EF-System ist gleichzeitig ein *EFB-System*, da sich aus der Zusammenführung der Erfolgs- und Finanzplanung automatisch eine Bewegungsbilanz ableiten lässt. Die Bewegungsbilanz bildet zusammen mit den prognostizierten Endsalden der Vorjahresbilanz die Bilanz der Planperiode. Der Bilanz kommt dabei kein eigenständiges Zielsystem zu, sie bildet vielmehr einen Puffer oder Zwischenspeicher zur Verbindung verschiedener Planperioden.

Die Diskussion der verschiedenen Systeme der Planungsrechnung sagt noch nichts darüber aus, inwieweit die monetären Werte der Erfolgs-, Finanz- und Bilanzrechnung mit anderen Teilplänen und dem Mengen- und Zeitgefüge der Realgütersphäre vernetzt sind. Die monetären Werte des Planungsrechnungssystems bestehen überwiegend aus einer Mengen- und Preiskomponente. Beispiele für rein monetäre Planungsgrößen wären bspw. betriebliche Steuern, Zinsen, bestimmte Rückstellungen. Diese Werte haben keine Verzahnung mit der Realgütersphäre, sondern knüpfen an bestimmte monetäre Aggregatgrößen an. So bildet bspw. der Erfolgssaldo vor Steuern die Bemessungsgrundlage für die betrieblichen Steuern. Die Liquiditätssalden sowie bestimmte Darlehensbestände bilden die Bemessungsgrundlage für Zinszahlungen.

Aussagefähigkeit der Finanzrechnung

In der Praxis wird meist ein sogenanntes Zwei-Komponenten-System sowohl in der Ist- als auch in der Planungsrechnung verwendet. Dieses System besteht aus einer Erfolgs- und Bilanzplanung (EB-System). Dabei werden aus Differenzenbilanzen die Veränderungen eines „Finanzmittelfonds" indirekt abgeleitet. Im Rahmen der hier vorgestellten Planungsmodelle wird aber einem Drei-Komponenten-System der Vorzug gegeben, weil hiermit eine wesentlich größere Klarheit über die Zusammensetzung und die Quellen der Veränderung von Finanzmittelbeständen hergestellt werden kann.

Die folgenden Ausführungen sollen im Detail begründen, warum diese erweiterte Form der Finanzplanungsrechnung von Vorteil ist. Der wesentliche Unterschied zwischen dem in Abbildung 2.24 schematisch dargestellten Rechnungssystem und dem üblichen Rechnungssystem bestehend aus Bilanz und Erfolgsrechnung liegt in dem Übergang auf ein *dreiteiliges System* der Periodenrechnung. Damit drängt sich die Frage auf, welche Vorteile sich daraus im Hinblick auf die Planung und Steuerung von Industrieunternehmen ergeben. In der einschlägigen Literatur sowie in der Unternehmenspraxis ist ein ausgeprägter Fokus auf das Erfolgs- und Kostendenken feststellbar. Liquiditätsaspekte hingegen sind weniger stark im Fokus und werden häufig meist nur am Rande in der Planung behandelt.

Das kalkulatorische Denken in Kosten und Leistungen ist hochentwickelt, während das pagatorische Denken in Einnahmen und Ausgaben zurücktritt. Dem gegenüber erscheint die finanzwirtschaftliche Rechnung in der Praxis als unentwickelt und unzulänglich. Das Denken in Einnahmen und Ausgaben war früher die ursprüngliche Mentalität des Unternehmers. Diese Unterentwicklung hat praktische Konsequenzen, weil Unternehmungskrisen oft Liquiditätskrisen sind, im Wachstums- oder Schrumpfungsprozess oft Liquiditätsengpässe auftreten und der Konkurs wegen Illiquidität relativ schnell eintreten kann. Die spektakulärsten Konkurse seit dem Ende des Zweiten Weltkrieges hingen deshalb maßgeblich mit Liquiditätsproblemen zusammen.[96]

Die einseitige Ausrichtung des Rechnungswesens auf die Erfolgsrechnung ist jedoch keinesfalls zwingend und kann leicht korrigiert werden. Genauso wie die Erfolgsrechnung eine Nebenrechnung auf Unterkonten des Eigenkapitals darstellt, wäre eine Finanzrechnung als Nebenrechnung auf Unterkonten der liquiden Mittel denkbar. Prinzipiell wäre auch ein zweiteiliges Rechnungssystem bestehend aus Finanz- und Bilanzrechnung denkbar. Genauso wie bei der heute meist „angeflanschten" Finanzrechnung könnte über Differenzenbilanzen und Finanzrechnung indirekt auf die Erfolgspositionen zurückgerechnet werden. Das wäre dann eine an die Finanz- und Bilanzrechnung „angeflanschte" Erfolgsrechnung. Wollte man bspw. in einem solchen System den Umsatz ermitteln, dann müsste nur die Gleichung

Endbestand Forderungen – Anfangsbestand Forderungen +
Einzahlungen von Kunden = Zugang Forderungen (2.31)

angewendet werden. Der Zugang an Forderungen entspricht dann den Umsätzen der jeweiligen Periode. Auf diese Idee würde in der Praxis natürlich niemand kommen. Aber es zeigt nochmals, dass das Denken in Kategorien der Erfolgsrechnung stark dominiert und sich daher auch in der methodisch fragwürdigen Ausgestaltung des betrieblichen Rechnungswesens widerspiegelt.

In den letzten Jahrzehnten ist auch versucht worden, vor dem Hintergrund der erkennbaren Mängel, die finanzwirtschaftliche Aussagekraft des Rechnungswesens zu erhöhen. So ist die Aufstellung von Kapitalflussrechnungen mittlerweile für Konzerne und kapitalmarktorientierte Kapitalgesellschaften nach HGB Pflicht. Der Nachteil dieser Ansätze ist, dass sie hinsichtlich Zweck und Aufbau z. T. ziemlich unklar sind und sie innerhalb des zweiteiligen Rechnungssystems verbleiben und damit die finanzwirtschaftliche Aussagekraft der Bilanz und/oder Erfolgsrechnung verbessern wollen. Dieser Ansatz erscheint jedoch umständlich und wenig erfolgversprechend. Zur Ausgestaltung einer finanzwirtschaftlich orientierten Rechnung liegt es doch nahe, *direkt* an die Einnahmen und Ausgaben und damit

---

96 Chmielewicz, Finanzrechnung und Bilanz, S. 73

an die Finanzrechnung anzuknüpfen, *die ja auch als Finanzplan bereits praktisch bekannt ist.*

Die in der Literatur sowie in der Unternehmenspraxis dargestellten bzw. angewendeten Finanzplanungsrechnungen haben meist den Nachteil, dass sie isoliert aufgestellt werden und ihre Verzahnung mit der Erfolgsplanung nicht ausreichend beachtet wird. Dies wird durch die in Kapitel 1.2 beschriebenen Studien entsprechend bestätigt.[97]

Die Finanzplanung kann nicht isoliert existieren, da sie von anderen Teilplanungen beeinflusst wird und ihrerseits wiederum die anderen Teilplanungen beeinflusst. Vor diesem Hintergrund ist im Rahmen der Gesamtplanungsrechnung eine buchungstechnisch verzahnte Finanzrechnung mit Erfolgsrechnung und Bilanz zu verknüpfen. Finanz- und Erfolgssphäre sind strikt voneinander abzugrenzen, aber trotzdem in ihrer Interdependenz und Verzahnung zu betrachten. Ersteres ist insofern wichtig, als bei Tatbeständen wie Selbstfinanzierung, Cashflow oder Rücklagen oft beide Sphären irreführend vermischt werden. Bei Ansatz des Drei-Komponenten-Systems werden sowohl die einseitige Erfolgsorientierung des Rechnungswesens als auch die isolierte Behandlung von Finanzplänen vermieden und die Suche nach Ersatzlösungen wie Cashflow- oder Kapitalflussrechnungen insoweit überflüssig.

Mit Hilfe der buchungstechnisch mit dem Finanzmittelfond verzahnten Finanzrechnung sind folgende Aussagen möglich:

—   Die Finanzrechnung lässt über die Höhe des Liquiditätssaldos der Bilanz hinaus auch die Quellen erkennen, aus denen dieser Saldo stammt. Das ist bei den indirekten Cashflow- und Kapitalflussrechnungen nicht der Fall. Die Finanzrechnung zeigt im Gegensatz zur Bilanz wirklich *alle Finanzierungsquellen in detaillierter Form* auf. Veränderungsursachen des Liquiditätssaldos sind direkt und ohne Umweg ersichtlich. Vor diesem Hintergrund ist die verzahnte Finanzrechnung als Planungs- und Steuerungssystem den indirekten Methoden, die nur globale Veränderungsrechnungen liefern, weit überlegen. Zur Überwachung und Steuerung der Liquiditätsziele des Unternehmens erweist sich diese Art von Finanzrechnung als bestes Instrument. Generell sollten alle Fragen der Finanzierung und Liquidität direkt von der Finanzrechnung her analysiert und beurteilt werden und nicht wie üblich von der Bilanzseite.

—   Mittelbar hat die Finanzrechnung auch *Auswirkungen auf den Erfolg* oder Gewinn, die zu beachten sind. Erstens stimmt der Erfolgszahlungssaldo (= Erfolgseinnahmen – Erfolgsausgaben) in der Totalperiode mit dem Thesaurierungssaldo überein, unterscheidet sich in der Einzelperiode nur durch die Periodisierung. Zweitens führt ein überhöhter Saldo der Finanzrechnung zu überhöhten Finanzmittelbeständen und damit zu Erfolgseinbußen, die bei guter Finanzplanung vermeidbar wären.

—   Die Periodenliquidität als Differenz aller Periodeneinnahmen und -ausgaben wird durch Abzug des Zahlungsmittelanfangsbestandes in der Finanzrechnung sofort sichtbar. Eine *negative Periodenliquidität* ist nur bei ausreichender Höhe des Anfangsbestandes und zeitlich begrenzt möglich. Eine negative Periodenliquidität ist somit ein direkt aus der Finanzrechnung ersichtliches Steuerungssignal.

---

97   Vgl. insbesondere Todesco, Unternehmensplanung bei mittleren Unternehmen, S. 69

- Die Gesamtperiodenliquidität wird in der Finanzrechnung differenziert ausgewiesen. Sie gewährt damit auch einen direkten Einblick in das *finanzwirtschaftliche Deckungsverhältnis des Produktionsprozesses*. Der Erfolgszahlungssaldo zeigt damit das Innenfinanzierungsvolumen, das aus der laufenden Produktion entsteht.
- Wie aus der Erfolgsrechnung typische Kosten- und Leistungsstrukturen ablesbar sind, können analog aus der Finanzrechnung *charakteristische Ausgaben- und Einnahmenstrukturen* auf einen Blick sichtbar gemacht werden.
- Die Finanzrechnung gibt dabei auch einen systematischen Überblick über *alternative Finanzierungsformen*, der über die üblichen Formen Eigen-, Selbst- und Fremdfinanzierung weit hinausgeht. Die Finanzrechnung macht deutlich, dass Finanzierungsformen nur vorliegen, wenn Einnahmen und/oder Ausgaben betroffen sind, dass also einige sog. Finanzierungsformen überhaupt nichts mit Finanzierung zu tun haben (z. B. Kapitalerhöhung aus Gesellschaftsmitteln, Sanierung ohne Zuführung von Finanzmitteln), andere nur unter bestimmten Voraussetzungen (z. B. Finanzierung aus einbehaltenen Gewinnen oder aus Abschreibungen).
- In der Finanzrechnung können zusätzlich Zweck- und neutrale Zahlungen getrennt ausgewiesen werden. Erstere fallen im Rahmen des Betriebs- oder Produktionszwecks an, letztere außerhalb des Betriebszwecks für zweckneutrale Vorgänge. Dann lässt sich zusätzlich erkennen, ob die zweckbezogenen Einnahmen und Ausgaben im Gleichgewicht sind oder umgekehrt ein Zweckzahlungsdefizit durch neutrale Einnahmenüberschüsse überkompensiert wird. Letzteres wäre ebenfalls ein finanzwirtschaftliches Alarmsignal, da primär die Zweckzahlungen im Gleichgewicht sein müssen, da neutrale Überschüsse jederzeit wegfallen können und dann zur Illiquidität führen. Insofern ist nicht nur der o. g. Erfolgszahlungssaldo von besonderer Wichtigkeit, sondern auch der *Zweck-Erfolgszahlungssaldo*. Der Zweck-Erfolgszahlungssaldo stellt die wichtigste Untergröße innerhalb der Gesamtliquidität dar.
- Die Finanzrechnung macht auch deutlich, dass die *Liquidität ein Gesamtphänomen* des Betriebes darstellt, dass also alle Einnahmen alle Ausgaben oder auch alle (Zweck-)Erfolgseinnahmen alle (Zweck-)Erfolgsausgaben decken müssen. Dagegen kommt es nicht darauf an, ob z. B. die Darlehenseinnahmen die Darlehensausgaben oder wie in der Investitionsrechnung die Verkaufseinnahmen die Betriebsmittelausgaben decken. Solche partiellen Deckungsregeln sind hier ebenso wie bei der Bilanz von fragwürdigem Wert.
- Wird die Finanzrechnung als gleitende Mehrperiodenplanung aufgezogen, so erlaubt sie zusätzlich einen Überblick über die mittel- bis langfristige Finanz- und Liquiditätsstruktur. Die sogenannte mittelfristige Finanzplanung des Staates geht vom gleichen Gedanken aus. Eine Finanzplanung für eine Periode führt dagegen zu einer kurzfristigen Orientierung und deshalb evtl., zu Fehlsteuerungen. Sie ist insofern theoretisch weniger aussagekräftig.[98]

Zu betonen ist noch, dass hier bewusst von einer Finanzrechnung und nicht von einer *Kapitalflussrechnung* die Rede ist. Die Begrifflichkeit der Kapitalflussrechnung ist nicht einheitlich. Einerseits soll die Kapitalflussrechnung die Vorgänge der Finanzierung, Investierung und Zahlungsmittelversorgung deutlich machen. Damit ist sie aber nicht, wie hier die Fi-

---

98   Chmielewicz, Finanzrechnung und Bilanz, S. 74 ff.

nanzrechnung, eine reine Zahlungsrechnung, sondern eine Rechnung über Güter und Leistungen und damit ausdrücklich nicht nur über Geld. In einer Kapitalflussrechnung tauchen bspw. mehrfach Posten wie Gewinn und Abschreibungen, Rückstellungen etc. auf, die in einer Finanzrechnung eigentlich grundsätzlich nichts zu suchen haben. Von einer Kapitalflussrechnung zu unterscheiden wäre eine sogenannte *Geldflussrechnung* (*Cashflow-Rechnung*). Solch eine Geldflussrechnung wird jedoch auch häufig Kapitalflussrechnung genannt. Sie unterscheidet sich von der zuerst beschriebenen Kapitalflussrechnung dadurch, dass sie Veränderungs-(Bewegungs-)Bilanzen mit der Erfolgsrechnung verknüpft. Die Zielsetzung entspricht daher weitestgehend der hier vorgestellten Finanzrechnung, unterscheidet sich aber im Aufbau und in der Aussagekraft.

2.6 Integrierte Unternehmensplanungsrechnung

Im Rahmen der Produktionsplanung und -steuerung wird, wie oben im Detail ausgeführt, auch von Primär- und Sekundärplanung gesprochen. Aus Sicht der Unternehmensplanung sind alle Mengenpläne Primärpläne und die daraus abgeleiteten monetären (wertorientierten) Pläne (Erfolgs- und Finanzplan, Bilanzplan) stellen Sekundärpläne dar. Von einer integrierten Unternehmensplanung im engeren Sinne kann nur dann gesprochen werden, wenn sowohl alle Mengenpläne als auch die monetären Teilpläne sachlich und zeitlich aufeinander abgestimmt sind. Dieser Hinweis ist deshalb wichtig, weil in der Praxis schon bei einer integrierten (buchungslogischen) Abstimmung reiner Wertgrößen in der Finanzebene schon von integrierter Unternehmensplanung gesprochen wird.

Im Rahmen der Planungsrechnung müssen Dependenzen und Interdependenzen zwischen verschiedenen Funktionsbereichen Berücksichtigung finden. Bei Vorliegen von dependenten Beziehungen können Planungsprobleme in mehrere Teilprobleme zerlegt werden, die sukzessiv aufgrund der einseitigen Abhängigkeiten in Richtung des zwangsläufigen Informationsflusses gelöst werden können. Diese Vorgehensweise ist dann problematisch, wenn wechselseitige Abhängigkeiten (Interdependenzen) vorliegen. Sofern solche Interdependenzen bestehen, kann mit Annahmen hinsichtlich der erforderlichen Informationen aus anderen Planungsbereichen gearbeitet werden. Die Planungsprobleme können dann in beliebiger Reihenfolge gelöst werden. Dabei ist jedoch zu berücksichtigen, dass Divergenzen hinsichtlich der getroffenen Annahmen und den tatsächlichen Planungsergebnissen nachgelagerter Bereiche zu einem Neuaufwurf vorhergehender Planungsschritte führen können. Insofern liegen Rückkopplungsprobleme zwischen den jeweils betroffenen Planungsgebieten vor. Von zentraler Bedeutung sind Interdependenzen, die im Bereich der Erfolgsplanung auftreten können. Diese sachlichen Erfolgsinterdependenzen können durch sukzessive Planungsschritte nicht aufgelöst werden. Daraus folgt, dass eine Simultanplanung auf Basis eines das gesamte Geschehen abbildenden Totalmodells als theoretische Idealform einer integrierten Unternehmensplanung zu fordern wäre.

Dieses theoretische Ideal kann jedoch unter praktischen Bedingungen nicht realisiert werden und wird sich auch in Zukunft nicht realisieren lassen. Hierzu wurden bereits im Zusammenhang mit den Planungsproblemen der Produktionsplanung Beispiele genannt. Dabei wurde deutlich, dass bspw. die simultane Losgrößen-, Reihenfolge-, Termin-, Vorlauf-zeiten- und Kapazitätsplanung unter praktisch auftretenden Bedingungen nicht durchführ-bar ist.[99]

Daraus folgt, dass geplante und tatsächliche Kapazitätsauslastungen und Durchlaufzeiten meist erheblich voneinander abweichen. Die daraus entstehenden Konsequenzen hinsicht-lich Termintreue, Bestandsverläufen und Kostenwirkungen haben entsprechende Folgewir-kungen in der Erfolgsrechnung.

Vor dem Hintergrund dieser praktisch bisher unlösbaren Probleme wird man nicht umhin-kommen, die Komplexität durch Vereinfachungen zu reduzieren und sich auf das Wesentli-che zu konzentrieren. Allerdings gibt es im Zusammenhang mit der Industrie-4.0-Forschung hoffnungsvolle Ansätze, die bekannten Planungsprobleme besser zu lösen (z. B. das ProSense-Projekt; siehe Kapitel 5.2.1). Die zentralen betrieblichen Entscheidungsberei-che der Beschaffungs-, Absatz-, Produktions-, Investitions- und Finanzplanung sind nichts-destotrotz explizit zu berücksichtigen.

Die zentrale Aufgabe der integrierten Unternehmensplanung besteht somit weiterhin darin, die bereichsspezifischen Planungen vor dem Hintergrund der angestrebten Ziele möglichst gut aufeinander abzustimmen. Durch isolierte Bereichsplanungen können die beschriebe-nen Interdependenzen nicht aufgelöst und keine zielführende unternehmensweite Abstim-mung erreicht werden. Dezentral und isoliert durchgeführte Teilplanungen können die sachliche und zeitliche Planungsintegrität nicht sicherstellen, da auf diesem Wege keine geschlossene strategische Gesamtunternehmenskonzeption entwickelt werden kann, die eine in sich widerspruchsfreie taktische Maßnahmenplanung ermöglicht.[100]

Das Konzept der integrierten Unternehmensplanung geht somit weit über die in der Praxis meist vorherrschenden isolierten Teilplanungen hinaus.

Die im Rahmen der Unternehmensplanung zu beachtenden und abzustimmenden Variablen können in sachlicher und zeitlicher Hinsicht gegliedert werden:

a) Die *sachliche Abstimmung* bezieht sich auf die konkreten Ausprägungen der verschie-denen Unternehmensvariablen in jeder Periode:

   ▪ Abstimmung zwischen den nacheinander gelagerten Funktionen Beschaffung, Produktion und Absatz („vertikale Abstimmung")

   ▪ Abstimmung zwischen den verschiedenen nebeneinander geführten Produktlinien bzw. Produkttypen („horizontale Abstimmung") bei beschränkt verfügbaren fi-nanziellen Ressourcen

   ▪ Abstimmung der verschiedenen Variablen ein und desselben Tätigkeitsbereichs, z. B. zwischen Absatzregion und Absatzprogramm.

b) *Zeitliche Abstimmung* der Unternehmensvariablen bedeutet, dass die konkreten Aus-prägungen der Unternehmensvariablen in verschiedenen Perioden koordiniert werden.

---

99 Noltemeier, Computergestützte Planungssysteme, S. 395
100 Rollberg, Integrierte Unternehmensplanung, S. 15 ff.

Diese Abstimmungen sind primär unter dem Gesichtspunkt der erfolgsmaximierenden Verwendung der verfügbaren finanziellen Mittel, zugleich aber auch unter dem Gesichtspunkt der Unternehmenssicherung vorzunehmen.

Für Unternehmen, die im intensiven nationalen und internationalen Wettbewerb stehen, ist eine integrierte Unternehmensplanung eigentlich eine unabdingbare Notwendigkeit. Denn es lässt sich eine langfristig ausgelegte, geschlossene und in sich konsistente Unternehmenspolitik nur in Form einer integrierten Unternehmensplanung durchführen.

„Die integrierte Unternehmensplanung ist bei Unternehmen mit weitgehend dezentralisierten Entscheidungen die beste Medizin gegen die Krankheit des Partikularismus. Sie ist das wirkungsvollste Instrument, die Unternehmensbereiche Absatz, Lagerung, Fertigung, Beschaffung und Finanzierung gegenseitig so aufeinander abzustimmen, dass sich insgesamt eine geschlossene Unternehmenspolitik ergibt. Sie ist für die oberste Leitung von Großunternehmen wegen der starken Zentrifugalkräfte, die hier vorherrschen, praktisch das einzige Mittel, das Unternehmen als Ganzes in den Griff zu bekommen.“[101]

2.6.1   Modellierung von Realgüterprozessen

In unzähligen Werken zur Unternehmensplanung wird betont, dass eine integrierte Unternehmensplanung sich durch die Vernetzung aller relevanten Teilpläne auszeichnet. Dazu gehören insbesondere:

– Absatzplanung
– Beschaffungs- und Materialplanung
– Produktionsplanung
– Investitionsplanung
– Personalplanung

Häufig wird in Schaubildern gezeigt, wie die beschriebenen Teilpläne in eine Erlös- und Kostenplanung und darauf aufbauend in eine Finanzplanung einmünden. Insbesondere die Teilpläne der Materialwirtschaft und Produktion werden dabei jedoch meist nur als Randnotiz oder als „Kästchen" in den Schaubildern behandelt. Die Kostenplanung wird wiederum sehr detailliert dargestellt und in Verbindung mit verschiedenen Kostenrechnungskonzepten ausgiebig diskutiert. Dabei wird die Produktionsplanung in der Regel als Ausgangsgröße und als irgendwie gegeben vorausgesetzt.

In der Spezialliteratur zur Produktionsplanung und -steuerung spielen wiederum die kosten- und finanzwirtschaftlichen Aspekte nur eine Nebenrolle. Vielleicht kommt in dieser unterschiedlichen Behandlung der Planungsprobleme zum Ausdruck, dass die Produktionsplanung eher die Welt der Ingenieure und die operative Unternehmensplanung eher die Domäne der Finanzfachleute ist.

Fakt ist jedoch, dass eine voll integrierte Unternehmensplanung in der Praxis nur selten umgesetzt ist. Das liegt sicher nicht daran, dass die Unternehmen es nicht wollen, sondern vielmehr daran, dass sie es nicht können. Zur Umsetzung bedarf es nämlich entsprechender

---

101 Koch, Integrierte Unternehmensplanung, S. 9 ff.

Softwarewerkzeuge, da eine manuelle Realisierung bei den in der Praxis anfallenden Datenmengen undenkbar ist. Fakt ist jedoch auch, dass es am Markt bisher keine Softwaresysteme gab, die eine integrierte Unternehmensplanung vollumfänglich abbilden und unterstützen können. Weder die ERP-Systeme noch die zahlreich am Markt vorhandenen Speziallösungen für die Unternehmensplanung bieten vollständig integrierte Unternehmensplanungsmodelle.

In der Praxis dominiert nach wie vor das Erfolgsdenken in den Kategorien Erlöse und Kosten. Das kommt auch in den in der Unternehmensplanung eingesetzten Softwaresystemen zum Ausdruck. Auch hier wird ausgehend von der Erfolgsrechnung der Liquiditätsbedarf in der Regel durch eine doppische Erfassung der Erfolgsgrößen in GuV und Bilanz und einer daraus abgeleiteten Bewegungsbilanz ermittelt. Es ist zwar unbestritten, dass der Erfolg eine der Liquidität vorauslaufende Steuerungsgröße ist – dies gilt jedoch immer nur für das Ende eines betrachteten Zeitabschnittes. Am Anfang sind immer Vorfinanzierungsnotwendigkeiten zu berücksichtigen. Die Beschaffung und die Produktion sind stets vorzufinanzieren und laufen der Erfolgsrealisierung zeitlich voraus. Dies wäre nur dann anders, wenn Wiederbeschaffungszeiten, Produktionsdurchlaufzeiten und der Verkaufsprozess zeitlich zusammenfallen. Dies entspricht allerdings nicht der Realität.

Die Periodenliquidität aus der Perspektive des Leistungserstellungs- und Leistungsverwertungsprozesses auf der Auszahlungsseite wird allein von den Produktionsprozessen dominiert. Die Höhe und die zeitliche Verteilung der Erfolgszahlungssalden werden auf der Auszahlungsseite maßgeblich bestimmt von der Höhe und der zeitlichen Verteilung des Materialbedarfs, von Kapazitätsanpassungsmaßnahmen etc. In der Verkaufserfolgsrechnung wird so getan als würden die Erfolgsauszahlungen von den Verkaufsmengen abhängen. Die Verkaufsmengen sind jedoch nur der Endpunkt in der gesamten Prozesskette der Leistungserstellung und Leistungsverwertung. Die Leistungserstellung findet logischerweise zeitlich vor der Leistungsverwertung statt, folglich fallen auch die durch die Leistungserstellung bedingten Erfolgsauszahlungen zeitlich vor dem Verkaufsprozess an. Je nach Produktionstyp, Branche, Saisonalität etc. mögen die zeitlichen und sachlichen Divergenzen zwischen beiden Prozessabschnitten unterschiedlich stark ausgeprägt sein. Dass sie jedoch stets vorhanden sind, dürfte unstrittig sein.

Die Hauptaufgabe der Unternehmungsführung besteht darin, Entscheidungen über Maßnahmen zu treffen, die eine – im Hinblick auf bestimmte Zielsetzungen – möglichst gute Produktions- und Absatzgestaltung gewährleisten sollen. Die Effizienz solcher Entscheidungen hängt in erster Linie davon ab, inwieweit das betriebliche Rechnungswesen zeitnah relevante und zutreffende Informationen über das Betriebsgeschehen als Entscheidungsgrundlage liefern kann.

Diese zahlenmäßigen Entscheidungsgrundlagen sollen nicht nur möglichst erschöpfende Auskünfte über den Produktionsprozess geben, sondern darüber hinaus auch in kürzester Zeit zur Verfügung stehen. Von besonderem Interesse für die Unternehmungsleitung sind jene Informationen, die Anhaltspunkte dafür geben, wie sich bestimmte unternehmerische Maßnahmen in der Zukunft wirtschaftlich auswirken werden. Gerade diese prognostizierenden Informationen kann die vergangenheitsorientierte – heute von den meisten Unternehmungen immer noch praktizierte – Kostenrechnung, bestehend aus der Kostenarten-, Kostenstellen- und Kostenträgerrechnung, nicht oder in nur sehr ungenügendem Maße liefern, da sie in erster Linie der Überwachung und Kontrolle des Betriebsgeschehens und der Erfolgsermittlung dient. Hinzu kommt, dass die vielfach sehr umfangreichen und unübersichtlichen innerbetrieblichen Verflechtungen und Abhängigkeiten in Industriebetrieben und die Schwerfälligkeit des Rechnungswesens weder erschöpfende noch kurzfristige Auskünfte zulassen. So ist es beispielsweise auf Grund von Verzweigungen und von Rückläufen des Materialflusses oft kaum möglich, vom Produktionsprogramm auf den benötigten Materialeinsatz oder dessen Kosten zu schließen, das heißt eine exakte Bedarfsplanung durchzuführen. Aus diesen und anderen Gründen findet sich in der Literatur häufig die Ansicht, die klassische Kostenrechnung sei veraltet.[102]

Hierzu sollte jedoch kritisch angemerkt werden, dass nicht die Verfahren und Methoden der klassischen Kostenrechnung veraltet sind, sondern eher die *eingesetzten Softwarewerkzeuge*. Um den immer schwierigeren Aufgaben im Umfeld volatiler Märkte und den daraus resultierenden Anforderungen an das industrielle Rechnungswesen zu begegnen, fehlt ein Softwaresystem, welches gleichzeitig sowohl die eigentlichen Funktionen der klassischen Kostenrechnung und der Produktions- und Absatzmengenplanung als auch deren Verknüpfung mit der Finanz- und Erfolgsrechnung sicherstellt. Diese Funktionen müssen nicht nur in einer einheitlichen Systemumgebung verfügbar, sondern auch in Echtzeit mit dem Produktionssystem gekoppelt sein, damit die Forderung nach kurzfristig verfügbaren Informationen zur adäquaten Entscheidungsunterstützung erfüllt werden kann. Damit würde ein Instrument verfügbar sein, das es gestattet, wirtschaftliche Entscheidungen im Voraus auf ihre Auswirkungen im Hinblick auf Erlöse, Kosten, Gewinn und Liquidität zu prüfen und damit frühzeitig Entscheidungshilfen zur Verfügung zu stellen.

Die relativ strenge Determiniertheit technologischer Betriebsprozesse und die Linearität der Leistungsverflechtungen verlangen nach einem Rechenverfahren, welches imstande ist, sowohl die Strukturen dieser Prozesse, als auch die technologischen Verkettungen ihrer Organisationseinheiten beziehungstreu abzubilden. Ein diesen Bedingungen entsprechendes Rechenverfahren ist mit dem Matrizenkalkül vorhanden. Hierbei können die Matrizen selbst als formale Abbildungen von Strukturkomplexen und die nach den Regeln der Matrizenrechnung erfolgenden Verknüpfungen als formale Abbildungsverfahren betrieblicher Verflechtungsbeziehungen angesehen werden. Beispielsweise entsprechen Matrizenmultiplikationen, als lineare Transformationen, dem Umwandlungsprozess von Rohstoffen über Halbfabrikate und Zwischenerzeugnisse in Endprodukte und die Inversion einer den Produktionsprozess beschreibenden „Strukturmatrix" einer Prozessumkehr: Durch die Umkehrung der Matrix des Verbrauchsprozesses ergibt sich eine Matrix des Produktionsprozesses. Hierbei sind auch die Operationsregeln der Matrizenrechnung technisch-ökonomisch interpretierbar. So gilt zum Beispiel für die Matrizenmultiplikation nicht das Kommutativgesetz, was bedeutet, dass die Reihenfolge der in den einzelnen Betriebsabteilungen ablaufenden technologischen Prozesse der Güterumwandlung nicht vertauscht werden darf. Ist eine Strukturmatrix nicht invertierbar, so bedeutet dies, dass von den zur Produktion notwendigen Rohstoffen nicht auf die Endprodukte geschlossen werden kann. Die im betrieblichen Rechnungswesen verwendeten Matrizen sind dem Betriebsabrechnungsbogen eng verwandte, nach genau definierten Ordnungsprinzipien aufgestellte, Tabellen (Matrizen) und Vektoren.

---

102   Vogel, Betriebliche Strukturbilanzen und Strukturanalysen, S. 10

In diesen mathematischen Objekten werden die den Umwandlungsprozess (zeitliche, örtliche und sachliche Umwandlung von Gütern und Diensten) bestimmenden Bestands- und Bewegungsgrößen (zum Beispiel Kapazitäten und Wertflüsse) mit beliebigen Rückkopplungen (Rückverflechtungen) übersichtlich dargestellt. Aus diesen Tabellen können neue Tabellen entwickelt werden, wobei diesem Verknüpfungsprozess eindeutig betriebswirtschaftliche Vorgänge entsprechen.[103]

Die Anwendung des Matrizenkalküls im industriellen Rechnungswesen bietet eine Reihe von Vorteilen gegenüber den herkömmlichen Verfahren:

- Mit Hilfe der Matrizenschreibweise können ökonomische Zusammenhänge und Probleme sehr kurz und übersichtlich formuliert werden. Große Datenmengen schrumpfen auf „winzige" Punkte zusammen und es entsteht ein effizienter Zugriff auf und eine Verarbeitung von zweckmäßig strukturierten Planungs- und Ist-Daten.
- Die für die Verarbeitung auf Computern besonders geeigneten Algorithmen erlauben es, schneller mit Ergebnissen aufzuwarten und durchgeführte bzw. geplante unternehmerische Maßnahmen im Hinblick auf ihre ökonomischen Auswirkungen direkt zu beurteilen.
- Alternativrechnungen und Planvarianten können mit einem Minimum an Zeitaufwand „durchgespielt" werden.
- Der Kalkül ermöglicht eine auch im mathematischen Sinne exakte Kostenrechnung (simultane Gleichungsauflösung für die Kostenermittlung bei innerbetrieblicher Leistungsverrechnung) und eine wesentlich verfeinerte Kostenanalyse, indem der Wertefluss von den Primärkosten bis hin zum Endprodukt bzw. der Gewinnermittlung verfolgt werden kann.
- Er bietet erhebliche Arbeitserleichterungen dadurch, dass bestimmte Ausgangsdaten (technische Koeffizienten) in einer Koeffizientenmatrix gespeichert werden, die die Grundlage für eine Vielzahl von Berechnungen liefert. Damit werden, unabhängig von der inhaltlichen Kompliziertheit der zu lösenden ökonomisch-mathematischen Probleme, die durchzuführenden Berechnungen extrem vereinfacht und schematisiert.
- Damit liefert der Matrixkalkül durch Berücksichtigung der kausalen Zusammenhänge und Betriebsverflechtungen ein wirkungsvolles Werkzeug für kurz- und mittelfristige Simulationen und Planungen.

2.6.1.1 *Produktions- und Kostenfunktionen als Input-Output-Modelle*

Für das Verständnis der ökonomischen Verflechtungen eines Industrieunternehmens leistet die Produktions- und Kostentheorie gute Dienste. Die Produktionstheorie beschreibt dabei die mengenmäßigen Beziehungen im Rahmen der Leistungserstellung. Die Kostentheorie beschreibt aufbauend auf diesen Mengenbeziehungen die daraus zu erwartenden Kostenbeziehungen, indem diese Mengen einer Bewertung mit Geldgrößen unterzogen werden, d. h., die Bewertung der Verbrauchsmengen in einer Produktionsfunktion erfordert eine Bewertung der erstellten Produkte und führt zu einer *Kostenfunktion*.

---

103 Ebd. S. 11

Analyse des Produktionsprozesses

Im Rahmen eines produktionswirtschaftlichen *Transformationsprozesses* werden Ressourcen, die als Input bezeichnet werden, zu einem Output in Form von Produkten oder Dienstleistungen umgewandelt. Die an einem Produktionsprozess beteiligten Produktionsmittel bestehen aus zwei unterschiedlichen Gruppen von Produktionsfaktoren: die erste Gruppe enthält die Güter, die zu Fertigerzeugnissen verarbeitet werden. Es sind die Güter, *an denen gearbeitet* wird. Man bezeichnet diese Güter auch als *transformierte Produktionsfaktoren, Repetierfaktoren oder Verbrauchsfaktoren*. Sie können allgemein als Rohstoffe oder noch allgemeiner als Werkstoffe bezeichnet werden. Die zweite Gruppe umfasst die Produktionsfaktoren, die bei der Transformation der Werkstoffe verwendet werden, d. h. Güter, *mit denen gearbeitet* wird. Diese Produktionsfaktoren werden auch als *transformierende Faktoren, Gebrauchsfaktoren oder Potenzialfaktoren* bezeichnet. Zu dieser zweiten Gruppe gehören menschliche Arbeitskraft und Maschinen. Der Produktionsprozess vollzieht sich nun in der Weise, dass Werkstoffe die Arbeitsstellen der Unternehmung durchlaufen, wobei sie sukzessiv unter Einsatz von Arbeitskraft, Energie und Betriebsmitteln einen immer höheren Reifegrad erreichen. Die treibenden Kräfte im Produktionsprozess sind also die mit bestimmten Mitteln ausgerüsteten Arbeitskräfte – die sogenannten Arbeitseinheiten. Der Weg des Werkstoffes durch die Unternehmung ist die Bahn, an der die in bestimmter Weise zusammengesetzten und aufeinander folgenden Arbeitseinheiten angebracht sind. Es ist wichtig, sich diese Tatsache ganz klar zu machen. Eine Analyse des Produktionsprozesses besteht dann aus einer Analyse a) des Weges des Werkstoffes durch die Unternehmung, b) der Arbeitsweise der Arbeitseinheiten.[104]

Eine zentrale Stellung im Hinblick auf die operative Planung und Steuerung kommt den sogenannten Produktionsfunktionen zu. Hierbei handelt es sich keineswegs um produktions- und kostentheoretische „Spielereien", sondern um ein unverzichtbares Hilfsmittel der Planungsrechnung. Jedes Industrieunternehmen arbeitet, ob bewusst oder unbewusst, mit Produktions- und Kostenfunktionen, die in ihren IT-Systemen mehr oder weniger präzise abgebildet sind. Die Grunddaten hierfür sind in den ERP- und PPS-Systemen in Form von Stücklisten, Rezepturen, Arbeitsplänen, Entlohnungsmodellen, Materialpreistabellen, Kostentariftabellen etc. gespeichert. Im Rahmen der Produktionsplanung und -steuerung liefern diese Stammdaten das strukturelle Gerüst für die Programm-, Kapazitäts- und Terminplanung sowie die Umformung des Verzehrs von Einsatzgütern und Potenzialfaktoren in Kostengrößen.

Begriff der Produktionsfunktion und des Input-Output-Modells:

Die Produktionsfunktion beschreibt die Zusammenhänge zwischen dem Ertrag (dem Output) und dem hierfür erforderlichen Einsatz an Produktionsfaktoren: Werkstoffen, Energie, Betriebsmitteln und Arbeitsleistungen (dem Input der Unternehmung). Eine oder mehrere Funktionen, in die die Faktoreinsatzmengen und der Ertrag als Variable eingehen, erfassen diese Input-Output-Beziehungen eindeutig.[105]

---

104 Schneider, Industrielles Rechnungswesen, S. 22
105 Kloock, Betriebswirtschaftliche Input-Output-Modelle, S. 16

Eine Produktionsfunktion kann man sich anschaulich anhand eines einfachen Beispiels verdeutlichen. Zur Herstellung eines Kuchens sind bekanntlich verschiedene Zutaten (Einsatzstoffe) notwendig. Diese Einsatzstoffe sind im Kuchenbeispiel etwa Mehl, Zucker, Bindemittel z. B. Ei, Fett, Flüssigkeiten wie Milch, Wasser, Fruchtsaft, Aromen und Triebmittel wie Backpulver oder Hefe und stellen den materialbezogenen Input dar. Diese Einsatzstoffe stehen in einem bestimmten Mischungsverhältnis zueinander und sind hinsichtlich ihres Mengenbedarfs abhängig von der Menge des zu erzeugenden Kuchens. Der Ku-Kuchen selbst bildet den sogenannten Output. Neben den Einsatzstoffen sind (zumindest in häuslicher Produktion) sowohl Arbeitsleistungen (Zutaten portionieren, Zutaten vermischen etc.) als auch Maschinenleistungen (Backvorgang im Backofen) notwendig. Der Vorgang der Herstellung, im Beispiel der Backvorgang, wird auch als Transformationsprozess bezeichnet.

In realen Unternehmen gibt es natürlich nicht nur eine Produktionsfunktion, sondern ein ganzes Bündel unterschiedlicher Produktionsfunktionen, die sich aus der Vielzahl der Erzeugnisse ergeben. Die Zusammenfassung aller Produktionsfunktionen des Unternehmens in einem sogenannten Betriebsmodell kann man auch als Input-Output-Modell bezeichnen.

Die betriebswirtschaftliche Produktionstheorie beschäftigt sich mit der Gliederung des Produktionsprozesses der Unternehmung in Teilprozesse und der näheren Analyse der Beziehungen zwischen Realgütereinsatz und Realgüterausbringung dieser Teilprozesse. Die Produktionsfunktion der Unternehmung wird durch eine Aggregation der Input-Output-Beziehungen aller Teilprozesse hergeleitet. Hierzu ist es notwendig, die *Verflechtungen* zwischen den Teilprozessen zu erfassen. Für die Abbildung dieser strukturellen Beziehungen stellt der Input-Output-Ansatz eine geeignete Grundlage dar. In diesem Zusammenhang ist das makroökonomische *Input-Output-Modell* auf den einzelwirtschaftlichen Produktionsprozess übertragen und durch die Berücksichtigung unterschiedlicher Input-Output-Funktionen der Teilprozesse erweitert worden. Der Produktionsprozess einer Unternehmung setzt sich aus einer Vielzahl von Teilprozessen zusammen. Um zu einer präzisen Abbildung zu gelangen, die möglichst viele Typen von Produktionsprozessen umfasst, erscheint es zweckmäßig, diese Teilprozesse und nicht Produktionsstellen als kleinste Einheiten des Input-Output-Ansatzes zu wählen.[106]

In der Produktionstheorie werden verschiedene Typen von Produktionsfunktionen beschrieben, die nachfolgend kurz wiedergegeben werden sollen:

Typen von Produktionsfunktionen

Ertragsgesetzliche Produktionsfunktionen:

Hierbei handelt es sich um die wohl älteste Produktionsfunktion. Sie beruht auf Beobachtungen in der Landwirtschaft und wurde von Turgot als Gesetz vom abnehmenden Bodenertrag formuliert. Es wird von zwei Faktoreinsatzmengen und einer Ausbringungsmenge ausgegangen. Turgots Beobachtungen zeigten, dass durch die Erhöhung von Arbeitseinsatz

---

106 Küpper, Das Input-Output-Modell als allgemeiner Ansatz für die Produktionsfunktion der Unternehmung, S. 492

oder Dünger das Produktionsergebnis zunächst steigt, aber ab einer bestimmten Faktoreinsatzmenge die Ausbringungsmenge stetig fällt.[107]

Substitutionale Produktionsfunktionen:

Bei einer substitutionalen Produktionsfunktion kann ein Produktionsfaktor (zumindest innerhalb bestimmter Grenzen) durch einen anderen oder die Kombination von anderen Produktionsfaktoren ersetzt (substituiert) werden. Ein weiteres Kennzeichen der Substitutionalität ist, dass die Outputmenge durch veränderte Einsatzmengen nur eines Faktors bei Konstanz der übrigen Faktormengen beeinflusst werden kann. Hinsichtlich der Substitutionalität kann man zwischen der totalen und der peripheren Substitutionalität unterscheiden. Totale Substitutionalität liegt vor, wenn ein Faktor vollständig durch einen anderen ersetzt werden kann. Dabei kann die Einsatzmenge des Faktors auch null betragen. Periphere Substitutionalität ist dadurch gekennzeichnet, dass der Austausch der Produktionsfaktoren nur innerhalb bestimmter Grenzen möglich ist.

Limitationale Produktionsfunktionen:

Hierbei stehen die Faktoren in einem bestimmten Einsatzverhältnis, d. h., der Ertrag steigt nur dann, wenn beide Faktoren vermehrt eingesetzt werden. Dies gilt jedoch nur, wenn beide Faktoren im gleichen Maße vorhanden sind, d. h., wenn ein Faktor im Überschuss da ist, so gilt dies nicht. In diesem Falle reicht die Erhöhung des anderen Faktors, um die Ausbringungsmenge zu erhöhen. Dies gilt so lange, bis der Überschussfaktor verbraucht ist. Um eine weitere Steigerung der Ausbringungsmenge zu erreichen, müssen also wieder beide Faktoren erhöht werden. Bis zu diesem Zeitpunkt erhöht sich der Ertrag nicht. Dieser Umstand zeigt sich in einem „Knick" der Ertragsfunktion. Effizient ist diese Produktion jedoch nur, wenn kein Faktor verschwendet wird, d. h. wenn das richtige Einsatzverhältnis eingehalten wird.

Linear-limitationale Produktionsfunktion:

Die Produktionsfaktoren stehen in einem festen Verhältnis zueinander und in einem festen Verhältnis zum Ausstoß (Output) eines Betriebes oder einer Anlage. Eine bekannte Vertreterin dieses Typs ist die Leontief-Produktionsfunktion. Die *Leontief-Produktionsfunktion*, benannt nach Wassily Leontief, ist ein Typ der mikroökonomischen Produktionsfunktion. Sie wird als linear limitational bezeichnet, da die Produktionsfaktoren in einem *festen Verhältnis* zueinander *und* in einem *festen Verhältnis zum Ausstoß (Output)* eines Betriebes oder einer Anlage stehen. Die Ausbringungsmenge erreicht eine Limitation, wenn ein Produktionsfaktor nicht in ausreichendem Maße zur Verfügung steht. Diese Produktionsfunktion ist für einen Großteil der Industrieunternehmen repräsentativ.

Im Folgenden soll nunmehr der Frage nachgegangen werden, durch welche Maßzahlen sich die einzusetzenden Produktionsfaktoren und die im Fertigungsprozess erstellten Produkte ausdrücken lassen und welche funktionalen Abhängigkeiten bestehen können.

---

107 Turgot, S. 15 http://wirtschaftslexikon.gabler.de/Definition/ertragsgesetz.html

Produktionsprogramme:

Das Produktionsprogramm bestimmt die verschiedenen Einflussgrößen oder Variablen, die in eine Produktionsfunktion eingehen. Es legt die Produktionshöhe, die Produktionstiefe und die Breite des Verkaufssortimentes an marktfähigen Endprodukten fest. Im Wesentlichen fixiert das Produktionsprogramm die Ertragsseite der Produktionsfunktion. Als Maßzahlen für den Ertrag gelten Mengeneinheiten wie beispielsweise Kilogramm oder Stück. Die Produktionsprogramme einer Unternehmung lassen sich wie folgt systematisieren:

a) Produktion nur einer homogenen und qualitativ gleichbleibenden Güterart (Einfachproduktion)
b) Produktion mehrerer Güterarten (Mehrfachproduktion):
b1) verbundene Produktion (wirtschaftliche oder naturgesetzliche Koppelung mehrerer Güterarten):

   1) alternative Produktion
   2) starr verbundene Produktion (Kuppelproduktion in einem fest vorgegebenen Mengenverhältnis)
   3) dispositiv verbundene Produktion (Kuppelproduktion in veränderlichen Mengenverhältnissen)

unverbundene Produktion:

1) mehrstufige Produktion
2) parallele Produktion

Das Messen des mengenmäßigen Ertrages einer Unternehmung dürfte in den meisten Fällen ohne Weiteres möglich sein. Dagegen ergeben sich bei der Aufstellung einer Produktionsfunktion für viele Produktionsprogramme oft schwierig lösbare Zuordnungsprobleme. Im Falle der Einfachproduktion, der starr verbundenen, der mehrstufigen und parallelen Produktion sind die Produktionsverfahren unabhängig voneinander. Die eingesetzten Produktionsfaktoren lassen sich in der Regel einer bestimmten Menge einer einzigen homogenen und qualitativ gleichbleibenden Güterart zuweisen. Die alternative und die dispositiv verbundene Produktion ermöglichen eine solche Zuordnung nur indirekt für eine Produktart bei vorgegebenem Output der restlichen Produktarten mittels der Produktionsfunktion einer Mehrproduktartenunternehmung.

Produktionsfaktoren:

Die Produktionsfaktoren gliedern sich in Werkstoffe, Energie, Betriebsmittel und menschliche objektbezogene sowie dispositive Arbeitsleistungen. An der betrieblichen Produktion sind die Elementarfaktoren Werkstoffe, Energie, Betriebsmittel und objektbezogene Arbeitsleistungen beteiligt, während mittels der dispositiven Arbeitsleistungen, der dispositiven Faktoren, der Betrieb geleitet wird. Zu den Werkstoffen zählen alle Rohstoffe und unfertigen Erzeugnisse, die der Herstellung marktfähiger Absatzprodukte dienen. Die Betriebsmittel umfassen Grundstücke, Gebäude, alle maschinellen Anlagen sowie solche Hilfs- und Betriebsstoffe, die den Betrieb arbeitsfähig halten. Die Kombination der Elementarfaktoren führt zur betrieblichen Leistungserstellung und somit zur Produktion. Das Maßproblem der Einsatzmengen an Elementarfaktoren hat in der Literatur eine große Auseinandersetzung veranlasst. Sie entzundete sich an der Wahl der Maßzahlen für die Faktoren der klassischen Produktionsfunktion. Dieser Streit entstand durch die zwei unterschiedlichen Arten von Elementarfaktoren. Ein Teil der Produktionsfaktoren – wie die Werkstoffe und Betriebsstoffe einschließlich der Hilfsstoffe – wird im Produktionsprozess bei seinem Einsatz direkt verbraucht. Sie erhalten die Bezeichnung *Repetierfaktoren*. Der Verbrauch oder Verzehr der restlichen Produktionsfaktoren in einem Betrieb erstreckt sich über mehrere Perioden. Diese Faktoren besitzen eine längere Nutzungsdauer und müssen nur in größeren Zeitintervallen neu beschafft werden. Sie heißen *Potenzialfaktoren*.[108] Zu ihnen gehören die Arbeitsleistungen und bis auf die Hilfs- sowie Betriebsstoffe alle Betriebsmittel. Für das Messen des Einsatzes der Elementarfaktoren im Produktionsprozess bieten sich folgende Maßzahlen an:

1) der eingesetzte Faktorbestand pro Periode als Faktoreinsatzmenge,
2) die Leistungsabgabemengen oder die Einsatzzeit des Faktors pro Periode als Faktoreinsatzmenge.

Für die Repetierfaktoren stimmt der pro Periode im Produktionsprozess eingesetzte Faktorbestand mit den Leistungsabgabemengen überein, da diese Faktoren während der Fertigung vollständig verzehrt werden. Dies gilt für die Potenzialfaktoren nur dann, wenn sie nach einer Periode aus dem Produktionsprozess ausscheiden, ein Fall, der sich in der Regel nur selten ereignet.

Die beiden Maßzahlen der Einsatzmengen an Potenzialfaktoren weisen wesentliche Nachteile auf. Dient der eingesetzte Faktorbestand als Maß für die Faktoreinsatzmengen, dann müssen beispielsweise maschinelle Anlagen der gleichen Art, die aber mit verschiedenen Leistungsintensitäten arbeiten, als unterschiedliche Produktionsfaktoren angesehen werden. Bei konstant gehaltenem Faktorbestand kann sich nämlich durch Variation der Leistungsabgaben je Zeiteinheit die Höhe des Ertrages ändern. Die Produktionsfunktion verliert, falls man die Leistungsintensität der Faktoren unberücksichtigt lässt, ihre Eindeutigkeit. Demnach wäre die Maßzahl für die Bedarfsmengen an Potenzialfaktoren der eingesetzte, mit konstanter Leistungsintensität arbeitende Faktorbestand pro Periode. Eine solche Definition widerspricht aber der neben der *Leontief-Produktionsfunktion* wichtigsten klassischen Produktionsfunktion, dem Ertragsgesetz; werden doch in den ertragsgesetzlichen Kurvenverlauf Intensitätsänderungen von vornherein impliziert. Das Messen der Einsatzmengen an Potenzialfaktoren mit Hilfe der Leistungsabgabemengen führt ebenfalls zu einem Widerspruch des Ertragsgesetzes. Beide Maßzahlen sind also in Bezug auf die einzusetzenden Potenzialfaktoren problematisch. Analog zu der absatzbestimmten Produktion, dem Ertrag des Produktionsprozesses, wird für die Produktionsfaktoren vorausgesetzt, dass zu einer Produktionsfaktorart nur artgleiche Einsatzmengen zählen. Artgleich heißen die Faktoren dann, wenn sie in ihren Eigenschaften übereinstimmen und sich gegenseitig ersetzen lassen.

Statische Input-Output-Modelle

Falls sich alle Daten betriebswirtschaftlicher Produktionsfunktionen auf eine konstante Zeitperiode beziehen, sind die hierauf basierenden Input-Output-Modelle statisch. Um die Einflussgröße „Zeit" völlig auszuschalten, sollen weiterhin alle Daten in Abhängigkeit vom Zeitablauf innerhalb der betrachteten Periode konstant bleiben, sich also stationär verhalten.

---

108 Kloock, Betriebswirtschaftliche Input-Output-Modelle, S. 18

Den betriebswirtschaftlichen Produktions- und Kostenmodellen liegt das von Leontief ursprünglich für volkswirtschaftliche Fragestellungen konzipierte statische offene Input-Output-Modell zugrunde. Das Modell wird statisch genannt, weil sich alle relevanten Daten auf dieselbe Rechnungsperiode beziehen. Das Modell ist offen, weil der Output eines Produktionsbereichs durch außerhalb des Bereichs liegende Faktoren bestimmt wird. Input-Output-Modelle – für die auch die Bezeichnungen Verflechtungs- oder Strukturmodelle gebräuchlich sind – dienen dazu, die durch wechselseitige Abhängigkeiten der Elemente eines Produktionsbereichs oft überlagerten Beziehungen zwischen Einsatz- und Ausstoßgrößen zu analysieren und Aussagen darüber zu machen, wie sich Änderungen im Bereich des Inputs auf den Output bzw. umgekehrt Output-Änderungen auf den Input auswirken. Damit stehen nicht mehr Verrechnungsprobleme im Vordergrund der Betrachtung, sondern Planungsfragen, wie zum Beispiel die mengenmäßige Planung der Einsatzfaktoren bei vorgegebenen Absatzmengen und gegebener Kapazität der an einem Produktionsprozess beteiligten Organisationseinheiten. Ausgangspunkt aller Überlegungen zum Aufbau von Input-Output-Modellen ist die Aufgliederung eines Produktionsbereichs, der eine ganze Volkswirtschaft, einen Wirtschaftszweig oder auch nur einen Betrieb umfassen kann, in Organisationseinheiten oder Stufen. Der Produktionsprozess bedingt, dass zwischen den verschiedenen Organisationseinheiten eines Produktionsbereichs makro- oder mikroökonomischer Art im Hinblick auf bestimmte Einsatz- und Ausstoßgrößen meist komplizierte Wechselbeziehungen oder Verflechtungen bestehen. Für die quantitative Analyse dieser mengen- oder wertmäßigen Verflechtungen ist es erforderlich, den Produktionsbereich so aufzugliedern, dass jede Organisationseinheit nur eine (auch fiktive) messbare Leistungsart und diese nur mit einem Produktionsverfahren erstellt. Kuppelprodukte dürfen also grundsätzlich nicht anfallen. Außerdem müssen die Organisationseinheiten so gebildet sein, dass stets eindeutige Beziehungen zwischen Faktoreinsatz und Leistung jeder Organisationseinheit bestehen. Dies kann durch eine Gliederung nach produktionstechnischen Kriterien erfolgen.

Jede Organisationseinheit, die annahmegemäß nur eine Leistungsart erstellt, benötigt zur Produktion dieser Leistungsart entweder Güter, die von anderen Organisationseinheiten desselben Betriebes produziert werden – das sind die sekundären Einsatzfaktoren oder der sekundäre Input – und/oder Güter, die von außen bezogen werden müssen – primäre Einsatzfaktoren oder primärer Input. Im Grundmodell werden nur die sekundären Inputs, also die Leistungsaustausche der Organisationseinheiten untereinander, analysiert. Primäre Inputs – von denen vorausgesetzt wird, dass sie in beliebiger Menge bezogen werden können – können leicht mit dem Grundmodell, genauer, mit der *Matrix der innerbetrieblichen Leistungsaustausche*, verknüpft werden. Die innerbetrieblichen und die nach außen fließenden Leistungsströme können entweder mengenmäßig oder wertmäßig erfasst werden. Dies führt zur Unterscheidung von Mengen- und Wert- oder Preissystemen.[109]

2.6.1.2 *Verflechtungsstrukturen (Strukturbilanzen)*

Wie bereits ausgeführt, hat ein Mehrproduktunternehmen nicht eine Produktionsfunktion, sondern so viele Produktionsfunktionen wie es unterschiedliche Produkte hat. Damit wird

---

109 Vogel, Matrizenrechnung in der Betriebswirtschaft, S. 95

ein anderes Konstruktionsprinzip zur Abbildung der Input-Output-Relationen notwendig. Zur Abbildung und rechnerischen Erfassung von Input-Output-Relationen bietet sich der Matrizenkalkül an.

Zur Abbildung der Produktionsfunktionen von mehrstufigen Produktionsprozessen in Mehrproduktunternehmen werden sogenannten Verflechtungsmatrizen benötigt. Die Verflechtungsmatrizen werden auch Verflechtungs- oder Strukturbilanzen genannt. Zur Lösung der Probleme der betrieblichen Planungsrechnung ist das deterministische und offene Input-Output-Modell von Leontief geradezu prädestiniert. Zwar hat Leontief dieses Modell für makroökonomische Fragestellungen konzipiert, doch lässt es sich ebenso gut zur Lösung mikroökonomischer, insbesondere innerbetrieblicher Probleme heranziehen.

Voraussetzung ist nur, dass die den Betriebsprozess bestimmenden Vorgänge periodenweise durch eine lineare Technologie approximiert werden können. Zwischen Input- und Output-Größen oder sonstigen Einflussgrößen müssen also streng proportionale Beziehungen angenommen werden. Unter dieser Annahme lässt sich der Betriebsprozess durch ein System von linearen Verhaltens- oder Reaktionsgleichungen darstellen.

In der Regel sind die Abhängigkeiten zwischen Kosten und ihren Einflussgrößen sowie die innerbetrieblichen Leistungsverflechtungen von so komplexer Art, dass ihre numerische Berechnung nur mit Hilfe sehr umfangreicher Gleichungssysteme mit einer Vielzahl von Unbekannten möglich ist. Gerade die Lösung solcher Gleichungssysteme lässt sich jedoch auf die Matrizentheorie – als Lehre von den linearen Beziehungen – zurückführen.

Mithilfe von Strukturbilanzen können alle relevanten Fertigungstypen der Industrie (Massen-, Sorten-, Serien- und Einzelfertigung) in jeglicher Organisationsform (Werkstatt-, Fließ-, Chargen-, Prozessfertigung) abgebildet werden.

Matrizen erlauben eine kompakte und leicht verständliche Darstellung komplexer Zusammenhänge mit großen Datenmengen. Darüber hinaus sind sie aber auch der Schlüssel zu einer Realisierung von In-Memory-Anwendungen, die eine Durchrechnung in „Echtzeit" erlauben sollen.

Wie bereits ausgeführt, ist die Annahme linearer Input-Output-Beziehungen eine Grundvoraussetzung für die Anwendung des Matrizenkalküls.

In der industriellen Praxis sind diese linearen Beziehungen in der Regel gegeben und dominieren die produktionswirtschaftliche Realität. Daher baut auch die in der Praxis verbreitete Plan-Kostenrechnung auf eben diesen linearen Beziehungen auf. Die von Kilger/Plaut entwickelte flexible (Grenz-)Plan-Kostenrechnung ist ferner 1:1 in dem CO-Modul des ERP-Systems SAP R/3 abgebildet. SAP ist bekanntlich mit Abstand der Marktführer im Bereich der ERP-Systeme, vor allem auch in der Industrie. Vor diesem Hintergrund scheint die Annahme von überwiegend linearen Wirkungsgefügen im Hinblick auf die industrielle Kostenrechnungspraxis gerechtfertigt zu sein. Sofern nichtlineare Beziehungen in einem nicht zu vernachlässigenden Umfang auftreten, können diese durch bestimmte Algorithmen in „lineare Teilstücke" zerlegt werden. Zum Algorithmus der Linearisierung nichtlinearer Kostenverläufe sei auf die ausführlichen Beschreibungen von Lackes verwiesen.[110]

---

110 Lackes, EDV-orientiertes Kosteninformationssystem, S. 268 ff.

Eine andere Einschränkung besteht darin, dass bspw. in der Prozessindustrie (chemische Industrie) sogenannte Zyklen, d. h. rekursive Beziehungen auftreten können. Unter Zyklen versteht man Mengenschleifen zwischen Produkten, d. h., Produkte treten in der Fertigungsstelle als Vorprodukt von sich selbst auf. Von Zwicker sind Lösungsverfahren in Form rekursiver Gleichungssysteme für die Auflösung solcher Zyklen entwickelt worden.[111] Solche rekursiven Beziehungen treten nicht nur in der Kostenträgerrechnung, sondern auch in der Kostenstellenrechnung auf. Dieses Problem ist im Hinblick auf die innerbetriebliche Leistungsverrechnung bekannt und kann mit Hilfe linearer Gleichungssysteme oder mit bestimmten Iterationsverfahren gelöst werden.

2.6.1.2.1 Output-Verflechtung

Output- und Input-Verflechtungsmatrizen als zentraler Bestandteil des Planungskalküls

Zentraler Bestandteil eines Planungskalküls sind die Output- und Input-Verflechtungsmatrizen, die die technologische Verflechtung einerseits sowie die Input-Output-Rechnung andererseits beschreiben. Die in diesen Verflechtungsmatrizen enthaltenen Beziehungen stellen die quantitativen und zeitlichen Verknüpfungen zwischen Output und Input und somit die Produktionsfunktionen des Industrieunternehmens dar. Die Bewertung dieser quantitativen und zeitlichen Beziehungen mit den entsprechenden Preisvektoren der Produktionsfaktoren bilden die Kosten- und Erlösfunktionen ab.

Output-(Produkt-)Verflechtungsmatrix

Die sogenannte Output- oder Produkt-Verflechtungsmatrix beschreibt die technologische Struktur und die mengenmäßigen Beziehungen der Fertigungsprozesse. Mit Hilfe dieser Verflechtungs- oder Technologiematrix können praktisch sämtliche Typen von industriellen Fertigungsprozessen abgebildet werden. Dabei gibt es keine Beschränkung auf die zusammensetzende Industrie. Wichtig ist nur, dass innerhalb der technologischen Reihenfolge keine Zyklen auftreten. Unter Zyklen versteht man Mengenschleifen zwischen Produkten, d. h., Produkte treten in der Fertigungsstelle als Vorprodukt von sich selbst auf. Solche zyklischen Beziehungen sind bspw. in der chemischen Industrie anzutreffen. Diese zyklischen Beziehungen können analog zu den zyklischen Beziehungen, die im Rahmen der innerbetrieblichen Leistungsverrechnung zwischen Kostenstellen auftreten, durch Matrizeninversion gelöst werden.

Um die *Output-Verflechtungsmatrix* zu erhalten, muss von der sogenannten *Einheitsmatrix* die *Stücklistenmatrix* abgezogen werden und das Ergebnis anschließend invertiert werden. Jede Stückliste bildet in mathematischer Hinsicht einen Zeilenvektor. Die Summe aller Stücklisten ergibt eine Stücklistenmatrix. Diese Stücklistenmatrix ist mit der sogenannten *Direktbedarfsmatrix* identisch. Die Stücklistenmatrix gibt an, welche Anzahl von Zwischenprodukten (Baugruppen) und Einzelteilen direkt für andere Werkstücke benötigt werden[112], d. h., es werden nur die Inputmengen der jeweils unmittelbar eingehenden untergeordneten Fertigungsstufe abgebildet. Die Direktbedarfsmatrix ist nichts weiter als die

111 Zwicker, Simultane und rekursive Gleichungssysteme, S. 3
112 Vázsonyi, Planungsrechnung, S. 385

numerische Darstellung von Gozinto-Diagrammen, die zur Veranschaulichung von Produktstrukturen verwendet werden. Die Direktbedarfsmatrix ist zu unterscheiden von der *Gesamtbedarfsmatrix*, die ausdrückt, welche Komponenten kumulativ (über alle Fertigungsstufen) in eine Produkteinheit eingehen.[113] Die Direktmengen stimmen also nicht mit dem Bedarf an Gesamtmengen für Teile, Baugruppen etc. überein, da die einzelnen Komponenten auf verschiedenen Fertigungsstufen in verschiedene andere Komponenten eingehen. Die Koeffizienten der Baugruppen (*G1 ... G3*) in der Gesamtbedarfsmatrix sind ökonomisch nur als Montagen zu interpretieren. Die in den Baugruppen enthaltenen Einzelteile (*T1 ... T3*) sind in den Koeffizienten der Einzelteile enthalten. Dies ist abweichend von der Stücklistenmatrix. Die Baugruppenkoeffizienten dort stellen einen tatsächlichen Teile-Erzeugnisbedarf dar. Die auf der Diagonalen ablesbaren Einsen geben aus Sicht der Baugruppen und Enderzeugnisse je einen benötigten Montagevorgang an. Aus Sicht der Teile ist dies so zu interpretieren, dass eben jedes Teil selbst für die Produktion erforderlich ist.

$$Vpp = (J - S)^{-1} \tag{2.32}$$

J = Einheitsmatrix

S = Output-Verflechtungsmatrix (Direktmengen)

Abbildung 2.25 zeigt die Umformung einer Direktbedarfsmatrix in die zugehörige Gesamtbedarfsmatrix (*Vpp*). Der Index *pp* ist so zu interpretieren, dass eine Verflechtung von Produkten mit Produkten vorliegt. Zur Ermittlung des Gesamtmengenbedarfs bei gegebenem Produktprogramm ist die Gesamtbedarfsmatrix mit der Produktionsmengenmatrix auf Direktmengenbasis (*PHd*) zu multiplizieren.

$$PH_g = PH_d \times Vpp \tag{2.33}$$

Daraus folgt, dass mit

$$PHg \, (J - S) = PHd \tag{2.34}$$

eine Umrechnung von Gesamtmengen in Direktmengen vorgenommen werden kann.

Die Multiplikation einer Absatzmengenmatrix (*PK*) mit der Erzeugnisverflechtungsmatrix ergibt den Gesamtbedarf an Erzeugnissen auf Basis von Gesamtmengen, sofern die Absatzmengen mit den Produktionsmengen identisch sein sollen.

$$PK \times Vpp = P_g \tag{2.35}$$

Die üblicherweise in der zusammensetzenden Industrie verwendeten Stücklisten enthalten direkte Mengen, weisen jedoch beim Auftreten von Baugruppen nicht die in den Baugruppen enthaltenen Einzelteile und damit nicht den gesamten Einzelteilbedarf je Erzeugnis aus.

Diese Gesamtbedarfsmengen je Erzeugnis müssen daher mühselig, zeitraubend und fehlerträchtig ausmultipliziert werden.

Jede Stückliste kann beim Matrixansatz als ein Zeilenvektor s aufgefasst werden. Mehrere derartige Stücklisten zusammen ergeben eine Stücklistenmatrix *S*. Die Verflechtungsmatrix *Vpp* entsteht aus dieser Stücklistenmatrix *S* in Verbindung mit der Einheitsmatrix *J* nach der in Beziehung (2.16) dargestellten Vorschrift.[114]

---

113 Dannhauser, Kostenrechnung und Produktionsplanung und -steuerung, S. 16
114 Kemeny et al., Mathematik für die Wirtschaftspraxis, S. 272 ff.

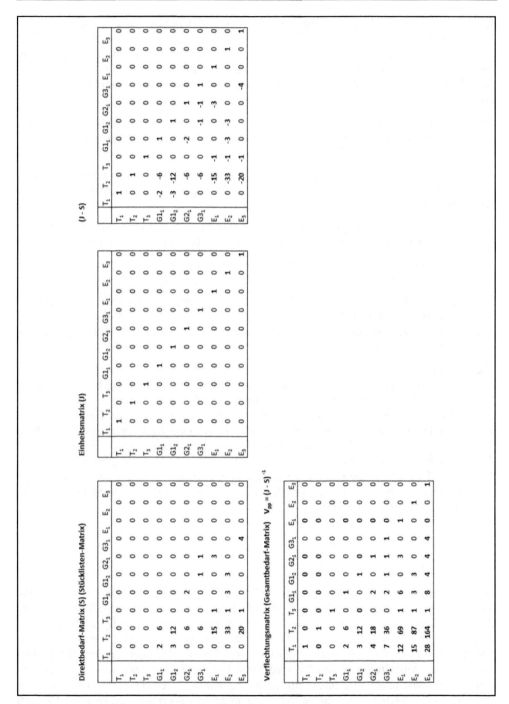

Abb. 2.25: Output-Verflechtungsmatrix Quelle: Eigene Darstellung

Jeder Zeilenvektor stellt die übliche Stückliste des in der linken Vorspalte benannten Erzeugnisses dar. Die Zahlen sind als direkte Teilerzeugnis-Koeffizienten je Erzeugniseinheit zu interpretieren. Die Matrix kann auch durch einen sog. Gozinto-Graph als Netzplan wiedergegeben werden. Die Stücklisten von Einzelteilen stellen stets Null-Zeilenvektoren dar, sind aber trotzdem aufzuführen. Der gesamte Einzelteilbedarf je Erzeugnis ist aus S nicht ablesbar.

Jede Zeile muss eindeutig festgelegt sein und darf keine wahlweisen Elemente enthalten; ggf. muss deshalb eine Zeile mit variablen Elementen in mehrere eindeutige Zeilen aufgespalten werden.

Die Stücklistenmatrix S ist stets quadratisch und enthält zeilenweise von oben nach unten, spaltenweise von links nach rechts alle im Produktprogramm erscheinenden Einzelteile, Baugruppen wachsender Stufenzahl und Erzeugnisse.

Die Beachtung der technologischen Reihenfolge führt bei den hier zugrunde gelegten linearen Produktionsprozessen stets zu einer leichter invertierbaren Dreiecksmatrix.

Die verschärfte technologische Reihenfolge führt dazu, dass auf der Hauptdiagonalen von S stets Null-Untermatrizen oder im Grenzfall Null-Skalare entstehen.

Die Ermittlung des gesamten Teilebedarfs ist über Vpp einfacher als über S, weil der gesamte spezifische Teilebedarf unmittelbar abgelesen werden kann, statt erst mühselig ausmultipliziert zu werden. Allerdings muss Vpp selbst ermittelt werden, ist aber bei gegebener Stücklistenmatrix S eine konstante Größe.

Die technologische Reihenfolge führt bei linearen Produktionsprozessen für Vpp ebenso wie für S zu einer quadratischen Dreiecksmatrix, ihre verschärfte Fassung bei Vpp zu einer Besetzung der Hauptdiagonalen mit Einheitsmatrizen oder im Grenzfall mit skalaren Einsen – während bei S dort Null-Matrizen oder -Skalare auftauchten. Die Einheitsmatrizen auf der Hauptdiagonalen besagen, dass – wie bei der verschärften technologischen Reihenfolge gefordert – die Produkte in den Untermatrizen nur sich selbst, aber kein anderes Produkt gleicher Stufe als Element enthalten. Bei Multiplikation einer Programmmatrix Pd mit Vpp liefern die Einheitsmatrizen auf der Hauptdiagonalen von Vpp den direkten Bedarf, die links darunter stehenden Untermatrizen den indirekten Bedarf, die Verflechtungsmatrix im Ganzen also den gesamten Bedarf.

2.6.1.2.2   Input-Verflechtung

Input-Verflechtungsmatrix

Wie in Kapitel 2.6.1.2.1 ausgeführt, beschreibt die Output-Verflechtungsmatrix (Vpp) die Verflechtung von Produkten mit Produkten. Die Input-Verflechtungsmatrix zeigt hingegen die Verflechtung von Produkten und die zu ihrer Erzeugung notwendigen Einsatz- und Potenzialgüter (Produktionsfaktoren). Bei Annahme einer sogenannten Leontief-Produktionsfunktion (was auf sehr viele Industrieunternehmen weitestgehend zutrifft) besteht zwischen den Ausbringungs- und Einsatzgütermengen eine feste Beziehung, d. h., es werden feste Produktionskoeffizienten unterstellt. Das zentrale Element der Planung von Einsatzgüter- und Potenzialfaktoren ist die sogenannte Input-Verflechtungsmatrix. Sie gibt Auskunft darüber, welche Input-Faktoren (Arbeit, Maschinen, Roh- und Werkstoffe, Energie) in welchen Mengen benötigt werden, um eine Output-Einheit zu erzeugen. Die Input-Verflechtungsmatrix bildet somit den zur Output-Verflechtungsmatrix gehörenden Verbrauchsteil. Unter Berücksichtigung dieser im Rahmen der Leontief-Produktionsfunktion gegebenen linearen Abhängigkeiten können verschiedene Einflussgrößen im Rahmen der Input-Rechnung berücksichtigt werden. Die Einflussgrößen für die Bestimmung des jeweils notwendigen Inputs sind einerseits die Produktionsmengen und andererseits diverse andere Einflussgrößen, die nicht unbedingt direkt von der Produktionsmenge abhängig sein müssen (beispielsweise Losgrößen). Welche zusätzlichen linearen Einflussgrößen im konkreten Anwendungsfall berücksichtigt werden sollen, hängt von der Struktur des Produktionsprozesses ab.

Die statische Input-Verflechtungsmatrix

Der Aufbau der statischen Input-Verflechtungsmatrix soll im Folgenden kurz skizziert werden. Die Bezeichnung „statische Input-Verflechtungsmatrix" folgt aus dem Umstand, dass die zeitlichen Interdependenzen des Produktionsprozesses nicht berücksichtigt sind. Die zeitlichen Vor- und Durchlaufeffekte werden in der dynamischen Input-Verflechtungsmatrix erfasst, die weiter unten behandelt wird.

Die statische Input-Verflechtungsmatrix enthält den spezifischen Mengenbedarf an Input-Faktoren (Roh- und Werkstoffe, Arbeit, Maschinen, Energie) je Einflussgrößeneinheit (Produktionsmenge bzw. Output, sonstige Einflussgrößen wie bspw. Produktionslose). Output und Einflussgröße sind in diesem Zusammenhang gleichbedeutend. In der Input-Verflechtungsmatrix werden alle Input-Faktoren erfasst, die in einer lineareren Abhängigkeit zu den Einflussgrößen stehen. Neben den o. g. Input-Faktoren können selbstverständlich weitere Faktoren durch Hinzufügung entsprechender Spalten berücksichtigt werden.

Die Zeilenstruktur der Input-Verflechtungsmatrix entspricht der Spaltenstruktur der Output-Matrix, d. h., in den ersten drei Zeilen wird die Struktur des Produktprogramms nach Teilen, Baugruppen und Erzeugnissen dargestellt. Die in Zeile 4 zusammengefassten sonstigen Einflussgrößen sind ebenfalls nach der Struktur des Produktprogramms aufzufächern. In Zeile 5 wird ein konstanter Input-Bedarf angegeben, der unabhängig von allen Einflussgrößen auftreten kann.

Produktionsfaktoren /Einflussgrößen	Werkstoff-Verbrauch W	Menschliche Arbeit A	Maschinelle Arbeit N	Energie-Verbrauch F	5. Σ 1-4 Spalten-Summe I
1. Einzelteile	11 V_{tw}	12 V_{ta}	13 V_{tn}	14 V_{tf}	V_{ti}
2. Baugruppen	21 V_{gw}	22 V_{ga}	23 V_{gn}	24 V_{gf}	V_{gi}
3. Erzeugnisse	31 V_{ew}	32 V_{ea}	33 V_{en}	34 V_{ef}	V_{ei}
4. Restliche Einflussgrößen RE	41 V_{rw}	42 V_{ra}	43 V_{rn}	44 V_{rf}	V_{ri}
5. Konstanter Faktorenbedarf	51 V_{kw}	52 V_{ka}	53 V_{kn}	54 V_{kf}	V_{ki}
6. Σ 1 - 5 Zeilensumme	V_{ow}	V_{oa}	V_{on}	V_{of}	V_{oi}

Abb. 2.26: Statische Input-Verflechtungsmatrix. Quelle: Eigene Darstellung

In Spalte 1 werden die Roh-, Werk- und Hilfsstoffe (*Vtw, Vgw, Vew, Vrw, Vkw*) erfasst, die grundsätzlich fremdbezogen werden. In der Praxis treten im Hinblick auf den Materialbedarf meist nur in der Untermatrix 11 (*Vtw*) Materialeinsatzkoeffizienten auf, da auf den folgenden Produktionsstufen die gefertigten Teile zu Baugruppen und Erzeugnissen zusammengefügt werden. Das schließt natürlich nicht aus, dass auch auf den Produktionsstufen der Baugruppen und Erzeugnisse (*Vgw, Vew*) Materialeinsatzkoeffizienten hinzukommen können. Der produktionsmengenabhängige Materialeinsatz je Periode wird ermittelt, in dem die Untermatrizen 11–31 mit der Produktionsmengenmatrix (*PHg*) multipliziert werden. Vor diesem Hintergrund ist das Produktionsprogramm in der Input-Verflechtungsmatrix in den Zeilen angeordnet. Nach den Regeln der Matrizenmultiplikation muss die Anzahl der Zeilen der Matrix *A* mit der Anzahl der Spalten der Matrix B übereinstimmen, um eine Multiplikation von $A \times B$ zu übermöglichen. Die Untermatrix 41 (*Vrw*) beinhaltet Materialeinsatzkoeffizienten für weitere, nicht direkt von der Produktionsmenge abhängige Einflussgrößen, die aber dennoch in einer linearen Beziehung zu den Produktionsmengen auftreten. Als Beispiel können feste Produktionslose genannt werden, bei denen ein Materialeinsatz für das Anfahren und Testen nach dem Umrüsten anfällt. Dieser Materialeinsatz ist dann proportional zur Anzahl der Produktionslose.

Spalte 2 umfasst die mit den Beschäftigten verknüpfte menschliche Arbeit. Die Beschäftigten repräsentieren ein Einsatzpotenzial für die wirtschaftliche nutzbare Arbeit und zählen daher zu den sogenannten Potenzialfaktoren. Anders als beim Materialeinsatz liegen auf allen Produktionsstufen (Teile, Baugruppen und Erzeugnisse) Einsatzkoeffizienten für die Nutzung der menschlichen Arbeit vor. Diese Einsatzkoeffizienten beschreiben den je Output-Einheit notwendigen Arbeitseinsatz. Durch Multiplikation der Untermatrizen 12–42 (*Vta, Vga, Vea, Vra*) mit der Produktionsmengenmatrix (*PHg*) ergibt sich der zur Realisierung der Produktion notwendige Einsatz an menschlicher Arbeit, ausgedrückt als Gesamtzeitbedarf. Durch diese Multiplikation wird der Nutzungsanteil des Produktionsfaktors menschliche Arbeit ermittelt. Dieser Nutzungsanteil ist umzurechnen in den benötigten Bestand und zu vergleichen mit dem vorhandenen Bestand. Ist der benötigte Bestand kleiner als der vorhandene Bestand, ergeben sich zunächst Leerkosten für nicht genutzte Beschäftigtenbestände. Wird hingegen ein größerer Bestand als vorhanden ermittelt, zeigt die Differenz einen Zugangs- bzw. Einstellungsbedarf an. Die Planung von Beschäftigtenbeständen wird weiter unten im Rahmen der Behandlung der generellen Bestandsplanungen für Erzeugnisse, Material, Beschäftigte, Maschinen etc. behandelt.

In Spalte 3 sind Maschinen, Produktionsvorrichtungen, Apparate etc. zu erfassen, die für die Durchführung der Produktion notwendig sind. Genauso wie bei der menschlichen Arbeit ist auch hier zu unterscheiden zwischen dem Einsatzpotenzial der Maschinen und deren Nutzung. Dabei ist die (Ab-)Nutzung als Verbrauch von Einsatzpotenzialen zu interpretieren. Im Unterschied zur menschlichen Arbeit sind bei den Maschinen stets beide Größen (die Einsatzpotenziale und die Nutzung) Wirtschaftsgüter. Dabei repräsentieren die Nutzungen immaterielle Wirtschaftsgüter, die Maschinen selbst hingegen materielle Gebrauchsgüter. Wie bereits weiter oben ausgeführt, besteht hinsichtlich der Planungstechnik kein wesentlicher Unterschied zur Planung der Beschäftigtenbestände und Kosten. Durch Multiplikation der Untermatrizen 13–43 (*Vtn, Vgn, Ven, Vrn*) mit der Produktionsmengenmatrix (*PHg*) ergibt sich der zur Realisierung der Produktion notwendige Einsatz an Maschinen, wiederum ausgedrückt als Gesamtzeitbedarf. Durch diese Multiplikation wird der

Nutzungsanteil des Produktionsfaktors Maschinen ermittelt. Dieser Nutzungsanteil ist umzurechnen in den benötigten Bestand und zu vergleichen mit dem vorhandenen Bestand. Ist der benötigte Bestand kleiner als der vorhandene Bestand, ergeben sich zunächst Leerkosten für nicht genutzte Maschinenbestände. Wird hingegen ein größerer Bestand als vorhanden ermittelt, zeigt die Differenz einen Zugangs- bzw. Investitionsbedarf an. Die Planung von Maschinenbeständen wird ebenfalls weiter unten im Rahmen der Behandlung der generellen Bestandsplanungen für Erzeugnisse, Material, Beschäftigte, Maschinen etc. behandelt.

In Spalte 4 schließlich werden die Energieverbräuche (Gas, Strom, Wasser, Dampf etc.) erfasst, die im Produktionsprozess anfallen. Der produktionsmengenabhängige Energieeinsatz je Periode wird ermittelt, indem die Untermatrizen 14–44 (Vtf, Vgf, Vef, Vrf) mit der Produktionsmengenmatrix (PHg) multipliziert werden.

Abbildung 2.27 zeigt ein Beispiel einer numerisch spezifizierten Input-Verflechtungsmatrix.

| | | Produktionsfaktoren (Input) | | | | | | | | | | | |
| | | Werkstoffe | | | Menschliche Arbeit | | | Maschinen-Arbeit | | | Energie | | |
		W_1	W_2	W_3	A_1	A_2	A_3	N_1	N_2	N_3	F_1	F_2	F_3
Produktionsmengenabhängiger Verbrauch	T_1	4	0	0	100	80	0	100	40	0	50	80	0
	T_2	0	0	2	60	20	0	60	10	0	30	20	0
	T_3	0	24	0	80	120	0	80	60	0	40	120	0
	$G1_1$	0	0	0	0	0	50	0	0	30	0	30	60
	$G1_2$	0	0	0	0	0	100	0	0	60	0	60	120
	$G2_1$	0	0	0	0	0	50	0	0	30	0	30	60
	$G3_1$	0	0	0	0	0	50	0	0	30	0	30	60
	E_1	0	0	0	0	0	150	0	0	90	0	90	180
	E_2	0	0	0	0	0	300	0	0	180	0	180	360
	E_3	0	0	0	0	0	200	0	0	120	0	120	240
Sonstige Einflussgrößen	T_1	0	0	0	0	0	0	0	0	0	0	0	0
	T_2	0	0	0	0	0	0	0	0	0	0	0	0
	T_3	0	0	0	0	0	0	0	0	0	0	0	0
	$G1_1$	0	0	0	0	0	0	0	0	0	0	100	200
	$G1_2$	0	0	0	0	0	0	0	0	0	0	100	200
	$G2_1$	0	0	0	0	0	0	0	0	0	0	100	200
	$G3_1$	0	0	0	0	0	0	0	0	0	0	100	200
	E_1	0	0	0	0	0	0	0	0	0	0	300	600
	E_2	0	0	0	0	0	0	0	0	0	0	500	1.000
	E_3	0	0	0	0	0	0	0	0	0	0	300	600
Konstanter Verbrauch	K	0	0	0	100.000	50.000	5.000	100.000	25.000	3.000	60.000	60.000	15.000

Abb. 2.27: Numerisch spezifizierte Input-Verflechtungsmatrix (statisch). Quelle: Eigene Darstellung

Die in den Spalten (*W1, W2, W3*) angegebenen Matrixeinträge für Roh- und Werkstoffe entsprechen zusammen mit der Output-Verflechtungsmatrix für Teile, Baugruppen und Erzeugnisse im Prinzip den Stücklisten und Rezepturen der Industrie.

Die in den jeweiligen Spalten für menschliche Arbeit (*A1, A2, A3*) ersichtlichen Matrixeinträge entsprechen den Arbeitsplänen für die auf den einzelnen Produktionsstufen durchzuführenden unterschiedlichen Tätigkeiten mit jeweiligen Vorgabezeiten. Die bei Maschinen und menschlicher Arbeit angegebenen Inputmengen sind stets im Zusammenhang zu betrachten, da sich hieraus die Maschinenbedienungsrelationen ergeben. Bei stark automatisierten Produktionsvorgängen kommt der menschlichen Arbeit nur eine Kontroll- und Überwachungsaufgabe zu, so dass durch die resultierende Mehr-Maschinenbedienung die menschliche Arbeitszeit nur einen Bruchteil der gesamten Maschinennutzungszeit beträgt.

Die hier aus Gründen der Übersichtlichkeit stark vereinfachte Input-Verflechtungsmatrix beinhaltet für praktische Anwendungsfälle auch eine Abbildung der Fertigungs- bzw. Kostenstellenstruktur. Dazu sind die unterschiedlichen Leistungsarten menschlicher Arbeit (im Beispiel A1–A3) den Arbeits- bzw. Kostenplätzen, die wiederum zu Kostenstellen aggregiert werden, zuzuordnen. Ferner werden zur Abbildung der innerbetrieblichen Leistungsverflechtung die vom Produktionsprogramm abhängigen Leistungsmengen von Hilfsstellen abgebildet, die wiederum die Basis für die matrizenbasierte Ermittlung der innerbetrieblichen Leistungsverrechnung (siehe unten) darstellen. Genauso wie die Leistungsarten der menschlichen Arbeit den einzelnen Kostenplätzen und Kostenstellen zugeordnet werden, werden die Leistungsarten unterschiedlicher Maschinen und dabei anfallende unterschiedliche Energiearten zugeordnet. Die Abbildung der innerbetrieblichen Organisationsstruktur in der Input-Verflechtungsmatrix repräsentiert damit die leistungsmengenbasierte, d. h. vom Produktionsausstoß der Kostenstellen abhängige Kostenstellenplanung. Damit bilden die Untermatrizen 11–44 die Informationsstruktur für die proportionalen Kostenstellenkosten. Die produktionsmengenunabhängigen (fixen) Kostenstellenkosten sind in einer separaten Matrix zu erfassen. Durch Multiplikation der Matrix der fixen Kostenstellenkosten mit der inversen Kapazitätsmatrix (siehe im Detail weiter unten) werden die Kostenstellenverrechnungssätze für fixe Herstellgemeinkosten der Kostenstellen ermittelt, die wiederum in die Ermittlung der vollkostenbasierten Herstellkostenkalkulation einfließen. Die Kostenstellensätze können dabei differenziert werden in einzelne Kostenarten, d. h., es wird je Kostenart und Kostenstelle ein Kostensatz ermittelt. Dadurch wird im Matrixkalkül die Grundlage für eine Primär-Kostenrechnung als zusätzliche und differenziertere Sicht auf die Plankalkulationen geschaffen.

Neben der Funktion der Ermittlung der notwendigen Inputmengen der geplanten Produktionsmengen ist die Input-Verflechtungsmatrix also auch als Grundlage für die stückbezogenen Produktkalkulationen zu betrachten. Sie bildet ferner die Ausgangsbasis für die Ermittlung von Verbrauchsabweichungen (siehe Kapitel 2.6.2.2).

Aus dem Grad der jeweiligen Besetzung der Untermatrizen der Input-Verflechtungsmatrix ergeben sich die unterschiedlichen Formen von Industrie- und Handelsunternehmen. Die in den Spalten Arbeit, Maschinennutzung und Energie auftretenden Inputs treten bei allen Unternehmen auf. Die in der Spalte Roh- und Werkstoffe aufgeführten Inputmengen treten hingegen nur bei Industrieunternehmen auf. Im Hinblick auf die Zeilenstruktur sind die Erzeugnisse bzw. Produkte sowie weitere Einflussgrößen ebenfalls in jedem Unternehmen anzutreffen, während Einzelteile und Baugruppen nur bei Unternehmen der zusammensetzenden Industrie hinzukommen. Die gesamte Input-Verflechtungsmatrix ist bei Unternehmen mit mehrstufiger Produktionsstruktur sowie bei der zusammensetzenden Industrie in allen Untermatrizen besetzt. Handelsunternehmen (als einfachste Form) und Industrieunternehmen mit einstufiger Produktionsstruktur können also jeweils als vereinfachte, d. h. weniger komplexe Form von Leistungserstellungsprozessen aufgefasst werden.

2.6.2 Integrierte Mengen- und Werteplanung im EFB-Modell

Die in Kapitel 2.6.1.2 beschriebenen Verflechtungsbilanzen bilden die Basisdatenstruktur für eine integrierte Mengen- und Werteplanung von Erfolgs-, Finanz- und Bilanzgrößen in Industrieunternehmen. Alle Bestands- und Bewegungsgrößen der integrierten Planungsrechnung benötigen zu ihrer Bestimmung die Verflechtungsbeschreibungen der Output- und Inputseite.

Das in den folgenden Kapiteln darzustellende Modell des rechnerischen Wirkungsgefüges einer integrierten Planungsrechnung unterscheidet sich wesentlich von den allgemein üblichen Darstellungen der Plan-Kostenliteratur und den meist in der Praxis vorherrschenden Formen. Die Unterschiede liegen einerseits in der konsequenten Anwendung von Bestandsmengengleichungen in allen Mengenrechnungen der Erzeugnis-, Einsatzgüter- und Potenzialfaktoren. Andererseits werden durch die Einbeziehung sämtlicher relevanter Bestandsbeziehungen die Einsatz- und Potenzialfaktoren in Nutzungs- und Leeranteile aufgespalten sowie im Hinblick auf die Erzeugnisse eine durchgängige und detaillierte Ermittlung der mengen- und wertmäßigen Entstehung von Bestandsveränderungen ermöglicht. Ferner werden die dynamischen Aspekte des Produktionsvollzugs durch die Berücksichtigung von Plandurchlaufzeiten sichtbar gemacht. Diese dynamischen Effekte der Produktion haben vielfältige Auswirkungen auf die Umlaufbestände (WIP) in der Produktion und damit auf die zeitliche Verteilung von Erfolgs- und Liquiditätswirkungen.

Die in Kapitel 2.3.4.6 beschriebenen Komponenten der Erfolgsermittlung beschreiben das Betriebsergebnis allgemein in Form einer Gleichung. Diese „erweiterte" Betriebsergebnisgleichung ist geeignet, um ein Betriebsergebnis ex post zu berechnen, wenn bereits alle benötigten Variablen ermittelt wurden. Für Planungszwecke müssen bestimmte Planungsgrößen (wie bspw. die Produktionsmengen) planungslogisch nach bestimmten Prozeduren ermittelt werden. Es fehlen also bspw. Angaben darüber, wie die Produktionsmengen unter Berücksichtigung von Lagerbeständen ermittelt werden müssen. Ferner ist nicht berücksichtigt, dass im Produktionsprozess Verlustmengen auftreten und die eigenen Erzeugnisse auch für interne Zwecke verbraucht (bspw. Garantieleistungen) bzw. gebraucht (aktivierte Eigenleistungen) werden können. Darüber hinaus bezieht sich die Betriebsergebnisgleichung nur auf die Erfolgsdimension. Es fehlen also die Verknüpfungen zur Finanz- und Bilanzdimension. Das Wirkungsgefüge der integrierten Mengen-, Erfolgs- und Finanzplanung kann im Hinblick auf seine einzelnen Komponenten für Mehrproduktunternehmen in Form einer Mehrperioden- und Mehreinflussgrößenrechnung gut in Matrizenform dargestellt werden, da eine große Anzahl von Produkten, Materialien, Maschinen etc. in mehrstufigen *linearen* Produktionsprozessen „durchzurechnen" ist. Matrizen haben ihr informationstechnisches Spiegelbild in sogenannten Arrays. Ein Beispiel einer informations- bzw.

softwaretechnischen Umsetzung zur Simulation von Betriebsergebnisverläufen wird in Kapitel 5.2.3 vorgestellt.

Die Kosten- und Leistungsarten sowie die daraus abgeleiteten Einnahmen/Ausgaben sowie Einzahlungs- und Auszahlungsgrößen müssen auf Basis einer integrierten Produktions-und Finanzmittelplanung abgeleitet werden. Diesen Zweck kann die übliche Plan-Kostenrechnung jedoch nicht erfüllen, da eine Plan-Leistungsrechnung sowie die Integration von Plan-Kosten- und Plan-Leistungsrechnung mit einer Finanz- und Bilanzplanung nicht ohne umfangreiche Korrekturen möglich ist. Die umfangreiche Literatur zu Plan-Kostenrechnung verzichtet auch durchgehend darauf, solch eine Integration in das Modell mit aufzunehmen. Das zugrundeliegende Mengengerüst der Produktions- und Zahlungsmittelplanung muss explizit und differenziert dargestellt und mit dem Wertesystem integriert werden. Die Entstehung jeder Kosten- und Leistungsgröße aus der Mengenplanung ist dann formell und zahlenmäßig nachvollziehbar. Die Konsequenzen für Liquidität und Gewinn durch zielorientierte Eingriffe in das Mengen- oder Preisgerüst sind sofort erkennbar und als Entscheidungshilfen für eben diese Eingriffe verwendbar. Während der erste Punkt eine Integration im Rechnungswesen bedeutet, erfolgt hier zusätzlich eine Integration zwischen Rechnungswesen und zugrundeliegender Mengenplanung in den Bereichen Absatz und Produktion.

Die übliche Plan-Kostenrechnung geht von der Produktmenge (meist Absatzmenge) als Haupteinflussgröße für Kosten und Leistungen aus; andere Einflussgrößen tauchen nur am Rande oder gar nicht im Planungskalkül auf. Es liegt deshalb nahe, eine Mehreinflussgrößenrechnung zu entwickeln, die diese Einflussgrößen nicht nur verbal beschreibt, sondern auch tatsächlich im Planungskalkül erfasst. Im nachfolgend zu beschreibenden Ansatz können beliebig viele Einflussgrößen berücksichtigt werden, sofern sie lineare Abhängigkeiten aufweisen.[115]

Die im Rahmen der Planungs- und Abweichungsrechnung interessierenden Erfolgs-, Finanz- und Bilanzsalden lassen sich basierend auf Mengen- und Preismatrizen sämtlich durch einfache Operationen des Matrixkalküls (Addition, Subtraktion, Multiplikation, Inversion, Transformation) erzeugen. Das Matrizenmodell stellt also eine nochmalige Erweiterung der oben beschriebenen „erweiterten" Betriebsergebnisgleichung dar. Es enthält einen Mehrprodukt-, Mehreinflussgrößen- und Mehrperiodenansatz und integriert zudem zusätzlich die Finanz- und Bilanzrechnung.

Der formale Aufbau und die Rechenlogik der industriellen Planungsrechnung sind keineswegs so individuell, dass von Unternehmen zu Unternehmen jeweils unterschiedliche Wege und Implementierungen gefunden werden müssten. Das beschriebene Matrizenmodell ist vielmehr auf jedes Industrieunternehmen anwendbar. Einzige Voraussetzung sind weitestgehend lineare Produktionsfunktionen, was für den weitaus größten Teil der Industrieunternehmen zutrifft (siehe oben).

Genau genommen handelt es sich bei praxisrelevanten Planungsmodellen nicht um Matrizenmodelle, sondern um Tensoren. Tensoren sind mathematische Objekte bzw. Matrizen deren Elemente wiederum Vektoren oder Matrizen darstellen. Auf diese Weise entstehen

---

115 Chmielewicz, Erfolgsrechnung, S. 101

ineinander verschachtelte mehrstufige Matrizen (Tensoren), die alle relevanten Dimensionen des Industrieunternehmens abbilden. Der Übergang zu Tensoren ist darin begründet, dass bspw. die zeitliche Dynamik des Produktionsprozesses über sogenannte Vorlaufvektoren zur Erfassung von Vor- und Durchlaufzeiten notwendig ist. Ferner werden die Matrizen der unterschiedlichen Planungsgrößen (Absatzmengen, Produktionsmengen, Bestände etc.) über die Integration weiterer Dimensionen auseinandergezogen bzw. „aufgespreizt". So werden bspw. die Absatzmengen in der Unternehmenspraxis häufig nicht nur in den Dimensionen Zeit (Monate, Quartale, Tertiale, Jahre) und Produkt (Erzeugnisse, Baugruppen, Teile) geplant, sondern zusätzlich die Kundendimension (Einzelkunden, Kundengruppen, Absatzkanäle, Vertriebsregionen etc.) einbezogen. Daraus folgt, dass die Absatzzahlen eines Erzeugnisses für eine bestimmte Teilperiode weiter differenziert werden in bestimmte Merkmale und Hierarchien der Kundendimension. Damit ist der Gesamtabsatz eines bestimmten Erzeugnisses in einer bestimmten Teilperiode nicht mehr ein einzelnes Element in der Absatzmengenmatrix, sondern ein nach bestimmten Kriterien geordneter Vektor.

2.6.2.1 Integrierte Planung der leistungs- und finanzwirtschaftlichen Ebene

Die vollständige rechnerische Ableitung der gesamten Mengenverflechtungen würde den Rahmen dieses Buches sprengen. Vor diesem Hintergrund werden die Zusammenhänge nur in allgemeiner Form beschrieben. Der an den Details der rechnerischen Ermittlung anhand eines umfangreichen Beispiels interessierte Leser sei auf das beim Verlag erhältliche Computer-Simulationsmodell verwiesen (s. Kapitel 6). Auf den folgenden Seiten wird die Grundstruktur von integrierten Erfolgs-, Finanz- und Bilanzplanungsmodellen (EFB) mit integriertem Mengen- und Zeitverbrauchsmodell beschrieben. Im Gegensatz zur weiter oben dargestellten Periodenbetriebsergebnisgleichung beinhaltet der hier vorgestellte Ansatz eine Mehrprodukt-, Mehrperioden- und Mehreinflussgrößenrechnung. Zur Darstellung der Zusammenhänge eignet sich aufgrund der überwiegend linearen Input-Output-Beziehungen in Industrieunternehmen die Verwendung von Matrizenmodellen. Das im Folgenden in den Grundzügen vorgestellte Matrizenmodell kann als Referenzmodell für die integrierte Planung von Verkaufsmengen, Produktionsmengen, erforderlichen Inputmengen, Kapazitäten und Beständen dienen. In diesem Ansatz sind die Planungsschritte der integrierten Absatz- und Produktionsplanung (Programmplanung, Primär- und Materialbedarfsplanung, Kapazitätsplanung) in einem einheitlichen und durchgängigen Modell mit den Planungsschritten der Erfolgs-, Finanz- und Bilanzplanung verzahnt. Dieses Modell unterscheidet sich von den herkömmlichen Planungsmodellen dadurch, dass im Rahmen einer dreiteiligen Planungsmethodik die Erfolgs- und Finanzplanung direkt mit den Leistungsprozessen aus Vertrieb und Produktion verknüpft ist und die Bilanz als Puffer eine resultierende Größe darstellt. Bei den üblichen Planungsmodellen in der Praxis fehlt einerseits die durchgängige Verbindung zu den Leistungsprozessen der Produktion und andererseits wird die Erfolgsplanung lediglich mit der Bilanzplanung integriert („durchgebucht") und aus einer Bewegungsbilanz eine Finanzplanung (indirekt) abgeleitet. Vor diesem Hintergrund könnte man bei den in der Praxis üblichen und in vielen Softwareprodukten implementierten Modellen von (EB-)Systemen sprechen, da die Finanzplanung nur mit bestimmten Annahmen mit pauschalen Saldogrößen erzeugt wird und keiner planungslogischen Prozedur folgt.

Tabelle 2.1: Rechnerischer Gesamtzusammenhang

A. Erfolgsrechnung

Abgangsrechnung — I. Produktionsmengenplanung (Output-Rechnung)

lfd. Nr.	Mengen-Matrizen	Beschreibung	Preis-Matrizen	Wert-Matrizen
		Verkaufsmengenrechnung		
1	PK	Absatzmengen	pK / EMS	PKU
		Vermietungsmengen-Rechnung		
2	PMN	Vermieteter Endbestand	bVM	PMNW
3	PML	+ Nicht genutzter Vermiet-Bestand (Leer-Bestand)		
4	PMAB	- vermieteter Anfangsbestand		
5	PMAB	+ vom Anfangsbestand abhängige Vermiet-Abgänge		
6	PMAZ	+ vom Zugang abhängige Vermiet-Abgänge		
7	PMZ	= **Zugang vermieteter Erzeugnisse**	pW/pB/pM/pF	PAEL
		Interne Eigenleistungsmengen-Rechnung		
8	PEN	Genutzter Eigenleistungs-Endbestand		
9	PEL	+ Nicht genutzter Eigenleistungsbestand (Leer-Bestand)		
10	PEB	- Eigenleistungs-Anfangsbestand		
11	PEAB	+ vom Anfangsbestand abhängige Abgänge an Eigenleistungen		
12	PEAZ	+ vom Zugang abhängige Abgänge an Eigenleistungen		
13	PEZ	= **Zugang (aktivierter) Eigenleistungen**	pW/pB/pM/pF	PAEL
		Interne Verbrauchsmengen-Rechnung		
14	PE	+ **Verbrauch interner Eigenleistungen (Garantie, Messen etc.)**	pW/pB/pM/pF	
		Interne Verlustmengen-Rechnung		
15	PVS	+ vom Endbestand abhängige Verlustmengen		
16	PVZ	+ vom Zugang abhängige Verlustmengen		
		Produkt-Bestandsmengen-Rechnung		
17	PB	- Anfangsbestand		
18	PSV	+ Vorläufiger Soll-Endbestand		
19	PSK	+ Endbestands-Korrektur		
20	PA	= **Bestandsveränderung fertiger Erzeugnisse**	pW/pB/pM/pF	PÄW
		Fremdbezugsmengen-Rechnung		
21	PF	- Erzeugnis-Fremdbezüge	pFr	PFW
		Direkt- und Gesamtbedarfmengenrechnung		
22	PH_d	= Produktionsmengen auf Direktmengenbasis (1 + 7 + 13 + 14 + 15 + 16 + 20)		
23	V_{sp}	X **Output - Verflechtungsmatrix**		
24	PH_g	= Produktionsmengen auf Gesamtmengenbasis (Output)		
		Auffächerung in Bestands-Mengengleichungen		
25	PA	Abgangsmengen (PA = PK + PMZ + PEZ + PE + PVS + PVZ)		
26	PH_g	Produktionsmengen (PH = PA + PA)		
27	PA	Bestandsveränderungsmengen (PA = -PB + PSV + PSK)		
28	PZ	Zugangsmengenverteilung Produktion und Fremdbezug (PZ = PF + PH)		
29	PSV	Endbestandsmengen (PSV = PB + PZ - PA)		

II. Einsatz- und Potenzialgüter-Bedarfe (Input-Rechnung)

1. Einflußgrößenmatrix bestehend aus:

lfd. Nr.	Mengen-Matrizen	Beschreibung	Preis-Matrizen	Wert-Matrizen
		Einflußgrößen-Rechnung		
30	O/OT	Produktionsmengen auf Gesamtmengenbasis (Output)		
31	PH_g	Sonstige Einflußgrößen (z.B. Losgrößen)		
32	RE	Eins-Vektor (mengenunabhängige Produktionskosten)		
33	1			
		X Input-Verflechtungsmatrix		
34	V_{xx}/V_{xx}			
		Ressourcen-Bedarfs-Rechnung		
35	JW/JWT	Verbrauchsmengen (Input)		
		bestehend aus:		
36	WW/WWWT	Materialverbrauch	pW	WWW
37	AW/AWT	Arbeitszeitverbrauch	pB	BSW
38	NW/NWT	Maschinenzeitverbrauch	pM	MSW
39	FW/FWT	Energieverbrauch	pF	FWGW

Tabelle 2.1: Forts.

Kategorie	Nr.	Symbol	Beschreibung		
Materialbedarfsmengen-Rechnung	40	WWW/WWT	produktionsmengenabhängiger Materialverbrauch	pW	WWW
	41	WV	+ Materialverlust	pW	WWW
	42	WK	+ Materialverkauf	pW	WWW
	43	WSV	+ Vorläufiger Material-Endbestand		
	44	WSK	+ Endbestands-Korrektur		
	45	WB	– Material-Anfangsbestand		
	46	WZ	**= Material-Zugang**		
Bestandsmengenrechnung Produktion (WIP)	47	UTB	Anfangsbestand (WIP)		UTÄW
	48	WWT	+ Zugang unfertiger Teile		
	49	WW	– Abgang unfertiger Teile		
	50	UTA	= Bestandsveränderung unfertiger Teile	pW/pB/pMpF	
	51	UTS	**= Endbestand unfertiger Teile**		
Arbeitszeit-Bedarfsrechnung	52	AW/AWT	produktionsmengenabhängiger Arbeitszeitverbrauch		
	53	V_{ab}	X Arbeits-Kapazitätsmatrix		
	54	BNO	= produktionsmengenabhängige (notwendige) Personal-Endbestände		
	55	BNS	+ Sonstige genutzte Personal-Endbestände		
	56	BN	= Genutzter Personalendbestand	pB	BSW
BN > BB -> Kapazitätsüberschreitung	57	BL	+ Personal-Leer-Endbestand (BB > BN)	pB	BSW
	58	BB	– Personalanfangsbestand		
	59	BAB	+ Anfangsbestandsabhängiger Personal-Abgang		
MN > MB -> Kapazitätsüberschreitung	60	BAZ	+ Zugangsabhängiger Personal-Abgang		
	61	BZ	**= Personal-Zugang (notwendige Einstellungen)**		
Maschinenzeit-Bedarfsrechnung	62	NN/NNT	produktionsmengenabhängiger Maschinenzeitverbrauch		
	63	V_{nm}	X Maschinen-Kapazitätsmatrix		
	64	MNO	= Vom Produktionsprogramm abhängige Maschinen-Endbestände		
	65	MNS	+ Sonstige genutzte Maschinen-Endbestände		
	66	MN	= Genutzter Maschinen-Endbestand	pM / qM	MSW
MN > MB -> Kapazitätsüberschreitung	67	ML	+ Maschinen-Leer-Endbestand (MB > MN)	pM / qM	MSW
	68	MB	– Maschinen-Anfangsbestand		
	69	MAB	+ Anfangsbestandsabhängiger Maschinen-Abgang		
	70	MAZ	+ Zugangsabhängiger Maschinen-Abgang		
	71	MK	+ Maschinen-Verkaufsabgang		
	72	MZ	**= Maschinen-Zugang (notwendige Investitionen)**		
Energiebedarfsmengen-Rechnung	73	FW/FWT	produktionsmengenabhängiger Energieverbrauch		
	74	FWS	+ Sonstiger Energieverbrauch		
	75	FWG	**= Gesamter Energieverbrauch**	pF	FWGW
zeitabhängig disponierte Ressourcen	76		**Sonstige Fixkosten des Herstellbereiches**		Kf
	77		**Sonstige Unternehmens-Fixkosten**		KUf
Zinsen, Steuern, außerordentliche Vorgänge	78		**Finanzergebnis**		FEW
	79		**a.o. Ergebnis**		AOEW
	80		**Betriebliche Steuern (Gewerbesteuer, Körperschaftsteuer)**		GSBW

Tabelle 2.1: Forts.

B. Finanzrechnung

Operative Erfolgseinnahmen und -ausgaben und Bestandsrechnung Ford./Verb. aufgrund von Lieferungen und Leistungen

No.	Beschreibung	Code 1	Code 2	Code 3
81	**Anfangsbestand Forderungen a.L.L.**	PK	pK	PKU
82	+ Zugang aus Plan-Umsätzen			
83	X Spektralvektor der Umsatzeinnahmen (SVU)			PKE
84	- **Umsatzeinnahmen**			PMNW / PMZW
85	+ **Zugang aus Vermietungs-Umsätzen**	PMN / PMZ	bVM	
86	X Spektralvektor der Vermietungseinnahmen (SVPM)			PME
87	- **Vermietungseinnahmen**			MSWV
88	+ **Maschinen-Verkaufsabgang**	MK	pM	
89	X Spektralvektor der Einnahmen aus Maschinenverkäufen (SVMK)			
90	- **Maschinenverkaufseinnahmen**			MKE
91	Vorauszahlungen an Lieferanten			
92	= **Einzahlungen aus dem Erfolgsbereich**			
93	**Anfangsbestand Verbindlichkeiten a.L.L.**			
94	+ Zugang Material	WZ	pW	WZW
95	X Spektralvektor der Materialausgaben (SVW)			WZA
96	- **Materialausgaben**			PFWA
97	+ Zugang aus Plan-Fremdbezug	PF	pFr	
98	X Spektralvektor der Fremdbezugsausgaben (SVF)			PFWA
99	- **Fremdbezugsausgaben**			MZW
100	+ Zugang aus Maschinen-Investitionen	MZ	pM	
101	X Spektralvektor der Investitionsausgaben (SVI)			
102	- **Investitionsausgaben**			MZWA
103	+ Zugang aus sonstigen Plan-Fixkosten			Kf / KUf
104	X Spektralvektor der Fixkostenausgaben (SVKA)			
105	- **Fixkostenausgaben**			
106	+ Zugang aus Personalkosten	BN / BL	pB	SFA
107	X Spektralvektor der Personalausgaben (SVB)			BSW
108	- **Personalausgaben**			BSWA
109	+ Zugang aus Energiekosten	FWG	pF	FWGW
110	X Spektralvektor der Energieausgaben (SVE)			
111	- **Energieausgaben**			FWGA
112	+ Zugang betriebliche Steuern			GSBW
113	X Spektralvektor der Steuerausgaben (SVGS)			
114	- Steuerausgaben			GSBWA
115	Erhaltene Anzahlung von Kunden			KAEW
116	= **Auszahlungen aus dem Erfolgsbereich**			
117	**Fremdfinanzierungs-Rechnung** + Plan-Zugang aus Darlehensaufnahmen			FFZ
118	- Plan-Tilgungen aus Darlehensrückzahlungen			FFT
119	Zinszahlungen aus Bankdarlehen			FFZZ
120	Kontokorrent-Zinsen			FFKK
121	**Eigenfinanzierungs-Rechnung** + Plan-Abgang aus Kapitalherabsetzungen			BFGA
122	+ Plan-Zugang aus Kapitalerhöhungen			BFGE
123	- Plan-Abgang Dividenden (Gewinnausschüttung)			BFGDA
124	**Veränderungsrechnung liquide Mittel** **Anfangsbestand liquide Mittel** + Plan-Einzahlungen aus dem Erfolgsbereich			
125	- Plan-Auszahlungen aus dem Erfolgsbereich			
126	+ Plan-Einzahlungen aus dem Investitionsbereich (Desinvestitionen)			
127	- Plan-Auszahlungen aus dem Investitionsbereich			
128	+ **Finanzierungssaldo der Erfolgssphäre**			
129	+ **Finanzierungssaldo der Fremdfinanzierungssphäre**			
130	+ **Finanzierungssaldo der Eigenfinanzierungssphäre**			
131	= **Finanzierungssaldo Gesamt + Anfangsbestand = Endbestand**			

Tabelle 2.1: Forts.

C. Bilanzrechnung				
Anlagevermögen				
Forderungen, Verbindlichkeiten, liquide Mittel, Material- und Erzeugnisbestände sind eingewoben in die Erfolgs- und Finanzrechnung, daher nur Zusammenfassung für Anlagevermögen und Eigenkapital.				
Anlagevermögen:				
Anfangsbestand Maschinen	133	MB	pM	MBW
+ Plan-Investitionen	134	MZ	pM	MZW
+ aktivierte Eigenleistung (Vermietung)	135	PMZ	pW/pB/pM/pF	PMZW
+ aktivierte Eigenleistung (Sonstige)	136	PEZ	pW/pB/pM/pF	PEZW
- Anfangsbestandsabhängiger Abgang	137	MAB	pM	MABW
- Zugangsabhängiger Abgang	138	MAZ	pM	MAZW
- Verkaufsabgang	139	MK	pM	MSWV
- Abschreibungen (extern beschaffte Maschinen)	140	MN / ML	pM / qM	MSWV
- Abschreibungen (eigene Herstellung)	141	PMZ / PEZ	pW/pB/pM/pF	MSW
Endbestand Anlagevermögen	142			
Eigenkapital				
Anfangsbestand Eigenkapital	143			
+ Plan-Erträge/Leistungen	144			
- Plan-Aufwendungen/Kosten	145			
+/- Zinsergebnis	146			
+/- a.o. Ergebnis	147			
= Saldo der Erfolgsrechnung	148			PES
+ Kapitalerhöhungen	149			BFGE
- Kapitalherabsetzungen	150			
- Dividenden / Ausschüttungen	151			BFGA
= Endbestand Eigenkapital	152			BFGDA
Rückstellungen				
Anfangsbestand Rückstellungen	153			
+Plan-Zugang	154			
-Plan-Verbrauch	155			
-Plan-Auflösung	156			
= Endbestand Rückstellungen	157			

Die Zeilen der Tabelle 2.1 repräsentieren Matrizen, da Mehrproduktunternehmen den einzigen relevanten Praxisfall darstellen. In der Praxis können diese Matrizen sehr große Ausmaße annehmen, da Industrieunternehmen mit mehreren zehntausend Produkten bis hin zu mehreren hunderttausend Produkten keine Ausnahme, sondern die Regel sind. Eng mit diesem Mengproblem verbunden sind die nach wie vor in der industriellen Planungspraxis auftretenden Probleme der Realisierung integrierter Planungsmodelle. Der Grund hierfür kann in den enorm großen Datenmengen im Hinblick auf die Anzahl der Produkte und Einsatzgüter erblickt werden. Währisch hat in einer Untersuchung zur Kostenrechnungspraxis deutscher Industrieunternehmen festgestellt, dass schon kleinere Industrieunternehmen im Mittel rund 5.000 verschiedene Produkte inklusive diverser Produktvarianten aufweisen.[116] Bei mittleren Industrieunternehmen liegt dieser Wert bereits bei rund 13.000 und reicht bis zu 150.000 Produkten. Nach der Erfahrung des Verfassers gibt es Industrieunternehmen, die noch über vielfach größere Produktprogramme verfügen. In diesen Mengenangaben sind Varianten der jeweiligen Basisprodukte enthalten.

Um trotz einer Tendenz zur Serienproduktion den Kunden individuelle Produkte anbieten zu können, werden im Sinne der Differenzierungsstrategie Grundausstattungen mit verschiedenen Varianten entwickelt. Die Anzahl der einzeln zu kalkulierenden Kostenträger belegt das Ausmaß der Variantenproduktion empirisch, da bei derart hoher Anzahl an Kalkulationsobjekten nicht davon auszugehen ist, dass es sich dabei um völlig unterschiedliche Produkte handelt.[117]

Eine betriebsgrößenspezifische Erhebung der Anzahl der Kalkulationsobjekte bzw. Anzahl der Produktarten ist allerdings wenig sinnvoll, da die Anwendung der Verfahren weitgehend von der Produktions- und Absatzstruktur und nur in geringerem Ausmaß von der Unternehmensgröße abhängt. Der Hinweis auf reale in der Industriepraxis übliche Produktprogrammgrößen ist aber dennoch hilfreich. Dadurch bekommt man ein Gefühl für die in der Praxis zu bewältigenden Probleme, die nicht in der Komplexität der notwendigen Auflösungs- und Rechenschritte bestehen, sondern in dem Umfang der zu verarbeitenden Daten. Die o. g. Beispiele von Unternehmen mit 150.000 Produkten bedeuten, dass 150.000 Stücklisten/Rezepturen und Arbeitspläne für die Ermittlung von Einsatzgütermengen und Nutzungsanteilen von Potenzialgütern aufgelöst werden müssen. Hieraus resultieren meist Millionen von zu verarbeitenden Stücklisten- und Arbeitsplanzeilen. Ferner sind alle Produkte, Baugruppen, Teile, Einsatzstoffe etc. in die o. g. Bestandrechnung einzubeziehen. Es gibt heute jedoch sehr vielversprechende Ansätze, dieses Mengenproblem in der Planungsrechnung beherrschbar zu machen (siehe im Detail hierzu Kapitel 5).

Allgemeiner Aufbau der Matrizen im
Mehrperioden-Mehrprodukt-Mehreinflussgrößenansatz:

Die in Tabelle 2.1 aufgeführten Symbole für die Mengenmatrizen beziehen sich auf einen Mehrperioden- und Mehrproduktplanungskalkül. Die Mengenmatrizen haben dabei stets einen einheitlichen Aufbau. Dieser einheitliche Aufbau soll anhand der Produktprogrammmatrix erläutert werden.

---

116 Währisch, Kostenrechnungspraxis in der deutschen Industrie, S. 134
117 Ebd. S. 135

Produktprogramm-Matrix (P)

	T_1	T_2	T_3	$G1_1$	$G1_2$	$G2_1$	$G3_1$	E_1	E_2	E_3
1										
2										
3		T			G1	G2	G3		E	
4										
.										
.										
n										

Abb. 2.28: Produktprogramm-Matrix. Quelle: Eigene Darstellung

Das Produktprogramm kann in einer Mehrperiodenmatrix P zusammengefasst werden, die im Fall der zusammensetzenden Industrie spaltenweise von links nach rechts das Einzelteilprogramm T, das Baugruppenprogramm G und das (Gesamt-)Erzeugnisprogramm E als Untermatrizen enthält, zeilenweise von oben nach unten die Planperioden $t = 1 \dots n$. Die Koeffizienten in den Matrizen stellen die jeweiligen Produktmengen dar, wobei die Produktart durch die Spaltenzuordnung, die Periode durch die Zeilenzuordnung determiniert wird. Alle in der Programmmatrix P erfassten Elemente stellen einen Output von Produktionsprozessen und insofern Produkte dar.

Baugruppen bestehen aus Einzelteilen und/oder anderen Baugruppen, gehen andererseits in Erzeugnisse und/oder andere Baugruppen als Elemente ein. Die Untermatrix G für Baugruppen ist hier und in allen folgenden Matrizen weiter aufgespalten in Baugruppen der Stufen 1 bis p (im Beispiel $p = 3$). Teilegruppen erster Stufe $G1$ enthalten als Elemente ex definitione nur Einzelteile T. Teilegruppen höherer Stufe Gi ($i > 1$) enthalten als Elemente stets Baugruppen der nächst niedrigeren (links danebenstehenden) Stufe $Gi1$, daneben meist auch Baugruppen niedrigerer Ordnung Gi bis $Gi2$ und/oder Einzelteile T. Baugruppen und Einzelteile werden zusammen als Teilerzeugnisse bezeichnet. In der Programmmatrix sind aus noch zu erläuternden Gründen folgende Leitgedanken berücksichtigt:

a) Jedes Produkt steht in der Matrix links von dem Produkt, in das es als Element eingeht. Voraussetzung dafür ist ein linearer (statt zirkulärer) Verlauf der Produktionsprozesse.

b) Jede Untermatrix enthält nur Produkte gleicher Stufe, von denen keines in ein Produkt der gleichen Untermatrix als Element eingeht.

c) Die spaltenweise Reihenfolge der Produkte innerhalb jeder Untermatrix ist beliebig und wird durch einen tiefgestellten laufenden Index ausgedrückt.

Punkt a) wird gemeinhin als technologische Reihenfolge bezeichnet. Dabei können aber Einzelteile zwischen Teilegruppen auftauchen, ohne Punkt a) zu verletzen. Diese Möglichkeit wird hier durch die Untermatrixbildung ausgeschlossen. Insofern stellt Punkt b) eine Verschärfung des Ordnungsprinzips dar. Punkt a) bis c) zusammen können somit als verschärfte technologische Reihenfolge bezeichnet werden. Die Zuordnung von Produkten zu je einer Untermatrix kann ggf. schon im Stücklisten-Nummernsystem verankert werden, indem z. B. eine Stelle für die laufende Nummer der Untermatrizen vorgesehen wird (im Beispiel Untermatrizen der Nummer 1) bis 5)). In komplexen Produktionsprogrammen können mehr als 10 solcher Stufen auftreten. Die Stufenzahl kann in der Programmmatrix durch entsprechende Bildung der Teilegruppen variiert werden. Im Prinzip kann man die Teilegruppenbildung sogar ganz vermeiden und dann im Grenzfall mit zwei Untermatrizen (T und E) auskommen. Die Programmmatrix P ist nicht nur für die zusammensetzende Industrie anwendbar, sondern auch für:

a) mehrstufige lineare (nicht aber wie in Chemiebetrieben zirkuläre) industrielle Produktionsprozesse, das erste Stufenprodukt entspricht T, das letzte E, jedes dazwischenliegende G,

b) einstufige (industrielle oder auch nichtindustrielle) Produktionsprozesse, dabei schrumpft die Produktmatrix P zu einer Erzeugnismatrix E, die für die Programmplanung z. B. auch des Dienstgewerbes anwendbar ist.

2.6.2.1.1   Integrierte Mengenplanung

Aus Tabelle 2.1 ist der Gesamtzusammenhang eines integrierten Erfolgs-, Finanz- und Bilanzplans mit korrespondierenden Gütermengenverflechtungen erkennbar. In den rechten Spalten erscheinen nebeneinander 6 Wertspalten des EFB-Systems, d. h. Kosten/Aufwendungen und Leistungen/Erträge der Erfolgsrechnung, Einnahmen und Ausgaben der Finanzrechnung sowie Aktiva und Passiva der Bilanzrechnung. In den Vorspalten links werden die Mengen- und Preismatrizen notiert, so dass von links nach rechts in jeder Zeile die Grundgleichung Menge x Preis = Wert erkennbar ist. Daraus folgt, dass jede Wertgröße aus dem Mengengerüst abgeleitet wird.

Im Teil A. der Tabelle 2.1 ist ausgehend von der Absatzplanung die vollständige Ableitung der darauf aufbauenden Mengenpläne erkennbar. Die Absatzplanung ist zwar der zentrale Ausgangsplan der Mengenrechnung, jedoch selbst nur Teil der gesamten zu planenden Lagerabgänge (Abgangsrechnung). Die Erzeugnisse sind nicht nur für den Verkauf bestimmt, sondern sie können auch vermietet werden oder für den internen Einsatz dauerhaft gebraucht oder für interne Zwecke verbraucht werden. Die Lagerabgänge können also neben dem Absatz der Produkte auch anderen Zwecken dienen. Diese anderen Zwecke erfordern jedoch auch eine andere planungslogische Behandlung, da selbst genutzte oder vermietete Produkte aus Sicht der zweckspezifischen Mengenrechnung zwar ebenfalls einen Lagerabgang auf dem Produktlager zur Folge haben, jedoch einen Bestandszugang an vermieteten oder selbst genutzten Produkten bedeuten. Bei verkauften Produkten bestimmt sich der volle Verkaufserlös nach dem Verkaufszeitpunkt, bei vermieteten Produkten gehen die Erlöse ratierlich über bestimmte Zeiträume ein. Die Kosten verteilen sich ebenfalls ratierlich über die voraussichtliche Nutzungsdauer in Form von Abschreibungen. Beim Verkauf hingegen sind die vollen Herstellkosten im Verkaufszeitpunkt erfolgswirksam. Neben diesen zweckbestimmten Abgängen treten zusätzlich unvermeidliche Verlustmengen auf, die den Zugangsbedarf an Produktionsmengen erhöhen. Dies sind vor allem Verluste, die während der Produktion (Ausschuss) und im Rahmen der Lagerung (Lagerschwund) auftreten können. Die gesamte Abgangsrechnung besteht somit aus der Absatzmengen-, Vermietungsmengen-, Eigenleistungsmengen- und Verlustmengenrechnung. Diese Teilrechnungen repräsentieren die Ausgangsseite der Erzeugnisläger. Diese sind jedoch weder nach der Höhe noch nach der zeitlichen Staffelung identisch mit den erforderlichen Produktionsmengen (Zugangsmengen). Dies folgt aus dem Umstand, dass nur die wenigsten Industrieunternehmen in der Lage sind, bedarfssynchron zu produzieren. Die Volatilität der Auftragseingänge, ausgeprägte saisonale Schwankungen, die Länge und die Volatilität von Wiederbeschaffungszeiten etc. führen dazu, dass Läger zwischen Produktion und Absatz geschaltet werden, die eine Pufferfunktion für diese unvermeidlichen Schwankungen erfüllen. Die zweckmäßige Höhe der Lagerbestände richtet sich demnach nach den unternehmensindividuellen Ausprägungen der Volatilität und dem angestrebten Lieferbereitschaftsgrad. Die Produktionsmengenplanung beinhaltet also grundsätzlich auch immer die Planung der Lagerbestände. Dabei werden vorhandene Anfangsbestände von den geplanten Abgangsmengen abgezogen, da sie den Produktionsmengenbedarf mindern. Unter Berücksichtigung der genannten Unsicherheiten der Absatz- und Wiederbeschaffungszeit-Volatilitäten sind Solllagerendbestände zu planen, die den Produktionsmengenbedarf erhöhen. Aus formalen Gründen ist in der Produktbestandsrechnung in Tabelle 2.1 zusätzlich eine Endbestandskorrektur vorgesehen. Diese Korrekturmatrix dient der Beseitigung eventuell sich rechnerisch ergebender negativer Zugangsmengen. Diese können auftreten, wenn eine Bestandsminderung eingeplant wird, die größer ist als die geplanten Abgänge. Diese negativen Zugänge wären bei den betroffenen Produkten durch eine Korrekturmatrix zu beseitigen, so dass sich die Zugänge auf null stellen. Aus der Abgangsmengenplanung und der Bestandsmengenplanung resultieren die notwendigen Zugangsmengen. Diese müssen jedoch nicht identisch sein mit den Produktionsmengen, da ein Teil der Produkte auch fremdbezogen werden könnte. Der Fremdbezug kann aus strategischen, kapazitiven, fertigungstechnischen etc. Gründen erforderlich sein. Nach Abzug der Fremdbezüge vom gesamten Zugangsmengenbedarf ergibt sich schließlich der Produktionsmengenbedarf für die betrachteten Planungsperioden. Der Produktionsmengenbedarf liegt an dieser Stelle jedoch auf Direktmengenbasis vor und muss daher durch Multiplikation mit der Output-Verflechtungsmatrix in den Gesamtbedarf an Teilen, Baugruppen und Erzeugnissen umgeformt werden.

Die in der Tabelle 2.1 farblich markierten Zeilen zeigen deutlich die zentrale Stellung der Output- und Inputverflechtungsmatrizen, die im Prinzip das Industrieunternehmen in seine relevanten Strukturbilanzen auffächert. Die Input-Verflechtungsmatrix ist quasi die Schnittstelle, an der die Output-Planung (Produktionsmengenplanung) in die Ressourcenplanung (Input-Planung) umgeformt wird. Wie bereits in Kapitel 2.6.1.2.2 beschrieben, beinhaltet die Input-Verflechtungsmatrix sowohl produktionsmengenabhängige Einflussgrößen als auch weitere nicht direkt von der Produktionsmenge abhängige Einflussgrößen. Somit ist die hier vorgestellte Form einer Planungsrechnung nicht nur eine Mehrprodukt- und Mehrperioden-, sondern auch eine Mehreinflussgrößenrechnung. Damit unterscheidet sie sich grundsätzlich von der Plan-Kostenrechnung, die in der Regel eine Mehrprodukt-, Einperioden-, Monoeinflussgrößenrechnung darstellt.

Unter Berücksichtigung der spezifischen Einflussgrößen des Produktionsvollzuges wird der Produktionsmengenbedarf in die notwendigen Ressourcenbedarfe aufgelöst. Die Höhe sowie die Art und die Zusammensetzung der Produktionsmengenplanung determinieren somit die Höhe und die Zusammensetzung an erforderlichen Materialien (Werk-, Roh- und Hilfsstoffe), Arbeits- und Maschinenzeiten und Energiebedarfen.

Im Hinblick auf den Einsatz- und Potenzialgüterverbrauch sind vier Fälle zu unterscheiden:

1) nicht lagerfähige Einsatzgüter wie bspw. Energie (Strom und Gas)
2) lagerfähige Einsatzgüter wie bspw. Roh- und Hilfsstoffe, Werkstoffe, Einbauteile usw.

3) Materielle Potenzialfaktoren, insbesondere langlebige Gebrauchsgüter wie bspw. Maschinen

4) Menschliche Potenzialfaktoren (Beschäftige)

Bei näherer Hinsicht sind es jedoch lediglich drei Grundfälle, da sich hinsichtlich der Planungstechnik keinerlei Unterschiede zwischen menschlichen und materiellen Potenzialfaktoren ergeben.

Bei den lagerfähigen Ressourcen zeigen sich die gleichen Bestandsmengengleichungen wie bei der Output-Rechnung der Produktionsmengen. Beim Material errechnet sich der Zugangsbedarf aus verschiedenen Abgängen. Neben dem durch die Produktionsmengen determinierten Materialverbrauch (WW) werden ggf. lagerabhängige Materialverluste (WV) und Materialverkäufe (WK) berücksichtigt. Genauso wie bei den Produkten sind auch für die Materialien vorhandene Anfangsbestände zu berücksichtigen und Soll-Endbestände zu planen, um einen definierten Lieferbereitschaftsgrad für die Produktionsprozesse zu gewährleisten.

Für nicht lagerfähige Einsatzgüter ist die Mengenplanung mit der direkt vom Produktionsprogramm abhängigen Ableitung abgeschlossen. Sie ergibt sich schlicht aus der Multiplikation der Produktionsmengen mit den jeweiligen Verbrauchskoeffizienten, die in der Input-Verflechtungsmatrix gespeichert sind.

Die Angabe der Mengenmatrizen der Input-Bedarfe ist zusätzlich mit ein „T" gekennzeichnet. Das T soll die Zeitabhängigkeit der Produktionsprozesse kennzeichnen. Damit wird dem Umstand Rechnung getragen, dass der Beginn der Produktionsprozesse um eine bestimmte Anzahl an Perioden vor den Bereitstellungszeitpunkten liegen kann und daher Material-, Arbeitszeit-, Maschinenzeit- und Energieverbräuche zeitlich vorverlagert sind und sich über eine bestimmte Anzahl an Perioden erstrecken. In diesem Kontext ist auch die Bestandsrechnung des Produktionskontos zu interpretieren, da nur bei einer dynamischen Planung der Produktionsprozesse Bestände unfertiger Erzeugnisse (WIP) in die Betrachtung einbezogen werden können. Sofern sich Produktionsbeginn und Produktionsende immer innerhalb der Teilperioden des Planungszeitrasters (bspw. Monat) vollziehen, können keine Bestände unfertiger Erzeugnisse zum Ende der Planungsperioden auftreten. Diese Annahmen sind jedoch praxisfremd und haben daher mit den Produktionsprozessen realer Industrieunternehmen nichts gemein.

Die Berücksichtigung des dynamischen Zeitverhaltens der Produktion ist von Bedeutung, da die Höhe und der zeitliche Verlauf der Erfolgs- und Liquiditätssalden hiervon mehr oder weniger stark beeinflusst werden können.

Neben dem Energie- und Materialeinsatz müssen die Nutzungsanteile der Potenzialfaktoren (Maschinen und Arbeitskräfte) geplant werden. Diese Planungsschritte sind in Tabelle 2.1 in den Blöcken „Arbeitszeit-Bedarfsrechnung" und „Maschinenzeit-Bedarfsrechnung" zu finden. Anders als bei Produkten und Materialen wird vereinfachend angenommen, dass Zu- und Abgänge jeweils nur am Periodenende erfolgen, d. h., die Anfangsbestände bleiben bis zum Periodenende unverändert. Daraus folgt, dass die Periodenkapazitäten und Periodenkosten stets bis zum Periodenende unverändert bleiben und nur von den jeweiligen Anfangsbeständen der Periode abhängen. Zur Ermittlung der zur Produktionsrealisierung notwendigen Potenzialfaktoranfangsbestände wird der aus den Produktmengen abgeleitete

Arbeits- bzw. Maschinenzeitverbrauch umgeformt in Kapazitätseinheiten je Potenzialfaktor (Anzahl Beschäftigte, Anzahl Maschinen). Hierzu wird der aus den Produktmengen abgeleitete Potenzialfaktorzeitverbrauch durch die Periodenkapazität je Potenzialfaktor dividiert. Als Ergebnis dieser Umformung erhält man den notwendigen Potenzialfaktorendbestand, der ausreicht, um die verlangte Arbeitszeit je Periode abzugeben. Der notwendige Endbestand darf dabei nicht größer sein als der vorhandene Anfangsbestand, da ansonsten der vorhandene Bestand und damit das Periodenkapazitätsangebot zur Realisierung der Plan-Produktionsmengen nicht ausreichen würden. Als Differenz zwischen vorhandener und benötigter Personal- und Maschinenkapazität können sogenannte Leer-Endbestände entstehen. Diese Leer-Endbestände sind gleichbedeutend mit ungenutzten Potenzialfaktorkapazitäten. Die Differenz muss stets ≥ 0 sein, da ansonsten die Kapazitätsrestriktionen nicht eingehalten wären. Andererseits können negative Differenzen anzeigen, dass zur Realisierung der Produktionsmengen entweder Anpassungen im Hinblick auf die Kapazitätsnachfrage (bspw. Verringerung der Produktionsmengen oder Veränderungen des Programmmixes) oder des Kapazitätsangebotes (zeitliche, quantitative oder intensitätsmäßige Anpassung) erfolgen müssen. Dabei ist jedoch zu beachten, dass insbesondere quantitative Anpassungsmaßnahmen (Einstellungen, Investitionen) einen bestimmten zeitlichen Vorlauf benötigen. Zeitliche Anpassungen (bspw. Übergang vom 2-Schichtbetrieb auf einen 3-Schichtbetrieb) wiederum erfordern ebenfalls Neueinstellungen oder führen im Falle von Überstunden zu Zusatzkosten, die in der Planung zu berücksichtigen wären.

Die Berechnung notwendiger Potenzialfaktorzugänge beim Auftreten von Engpässen und unveränderten Produktionsmengen wird wiederum nach der allgemeinen Bestandsgleichung berechnet:

Abgang + Benötigter Endbestand (t_{-1}) – Vorhandener Anfangsbestand = Benötigter Zugang (≥ 0)   (2.36)

Der Abgang in dieser umgeformten Bestandsgleichung ergibt sich im Hinblick auf das Personal aus zu erwartenden Kündigungen, Entlassungen, Pensionierungen usw., im Hinblick auf Maschinen aus einer geplanten Abgangsordnung (technische Überalterung, Verschleißstatus etc.), die zu notwendigen Ersatzinvestitionen führt. Ein notwendiger Zugangsbedarf kann anhand der Bestandsgleichung also aufgeteilt werden in Ersatzinvestitionen = Abgang und Erweiterungsinvestitionen (= Benötigter Zugang – Abgang (≥ 0)). Ersatz- und Erweiterungsinvestitionen können entsprechend kombiniert auftreten:

Erweiterungs- und Ersatzinvestitionen notwendig:
(Endbestand – Anfangsbestand > 0 und Abgang > 0   (2.37)

Nur Ersatzinvestitionen notwendig:
(Endbestand – Anfangsbestand = 0 und Abgang > 0)   (2.38)

Nur Erweiterungsinvestitionen:
(Endbestand – Anfangsbestand > 0 und Abgang = 0)   (2.39)

Beim Personal entspräche diese Aufteilung dann den fluktuationsbedingten Ersatzeinstellungen und den bedarfsorientieren Erweiterungseinstellungen. Bei den Maschinen ist in diesem Ansatz unterstellt, dass die Ersatzinvestitionen mit gleichartigen Maschinen erfolgen. Nicht berücksichtigt ist also, dass Ersatzinvestitionen mit qualitativ veränderten und/oder produktivitätserhöhenden/kostensenkenden Maschinen erfolgen können. Damit würde eine Überschneidung von Ersatz- und Erweiterungsinvestitionen vorliegen, die aber problemlos durch die Anpassung der Verbrauchskoeffizienten in der Input-Verflechtungsmatrix berücksichtigt werden könnte. Der benötigte Endbestand ist hier mit $t{-}1$ dargestellt, da dieser spätestens zu Beginn der Vorperiode und damit am Anfang der Planperiode realisiert sein muss, wenn das geplante Produktionsprogramm hinsichtlich Menge und Zusammensetzung realisiert werden soll.

Diese eigentlich trivial erscheinende (mengenintegrierte) Kapazitätsbedarfsermittlung ist in der Praxis jedoch oft eine Quelle für Inkonsistenzen in den Planungsrechnungen. Werden nämlich die Produkt-Plankalkulationen mit den Verkaufs- oder Produktionsmengen multipliziert, dann ergibt sich lediglich der zu erwartende Nutzungsanteil der Potenzialfaktoren, da in die Plankalkulationen nur Vorgabezeiten je Produkteinheit einfließen und (korrekterweise) keine Leerkostenanteile. Häufig wird versucht, diese Inkonsistenz durch eine Planung auf dem Niveau der sogenannten „Normal-Beschäftigung" zu umgehen. Auf den Kostenstellen werden dann bspw. die Lohnkosten in nahezu voller Höhe als Fertigungslohn geplant. Daraus kann sich jedoch eine Inkonsistenz zur Absatz- und Produktionsmengenplanung ergeben, da bei einer von der Normalauslastung abweichenden Planauslastung eigentlich Bestandsveränderungen resultieren müssten, ohne diese jedoch näher bestimmen zu können.

Hervorzuheben wäre nochmals, dass mit dem oben beschriebenen Ansatz zur Ermittlung notwendiger Zugänge an Maschinen und Personal nur ein rechnerisch fundierter Entscheidungspunkt geliefert wird. Es sind also Signale, die zur Diskussion einer Kapazitätsanpassung Anlass geben, die nur bei längerfristiger Betrachtung aller relevanten Parameter sinnvoll erscheint. Die Investitions- und Personalpolitik hat sich also selbstverständlich an längerfristigen Überlegungen auszurichten, d. h., es muss eine hinreichende Klarheit bzw. Überzeugung herrschen, die erweiterten Kapazitäten auch über einen längeren Zeitraum auslasten zu können. Dabei gilt der Grundsatz, dass die Investitionen von heute die Fixkosten von morgen darstellen. Ferner sind durch nicht vorhandene Finanzierungsmöglichkeiten den Erweiterungen oft ohnehin von vornherein Grenzen gesetzt.

Damit sind die mengenmäßigen Beziehungen eines integrierten Planungskalküls in allgemeiner Form beschrieben. Die Mengen sind dann mit den jeweiligen Preisvektoren der Produkte und der Einsatzgüter/Potenzialfaktoren zu multiplizieren, um auf die jeweiligen Wertansätze der Erträge und Aufwendungen sowie Einnahmen und Ausgaben zu kommen. Hinzuzusetzen sind noch die nicht aus der integrierten Absatz- und Produktionsmengenplanung ableitbaren Ertrags- und Aufwandspositionen wie bspw. Administrationskosten, Gehälter etc.

Die hier in Kurzform beschriebenen rechnerischen Zusammenhänge der integrierten Planungsrechnung zeigen, dass die Aspekte der Programm-, Primärbedarfs-, Materialbedarfs- und Kapazitätsbedarfsrechnung systematisch mit der gesamten Abgangsplanung (Absatz, Vermietung, Eigenleistung) verzahnt sind. Diese integrierten Teilpläne repräsentieren sowohl die Mengenbasis als auch die zeitliche Dynamik der darauf aufsetzenden Erfolgs- und Finanzplanung. Hier zeigt sich nochmals, dass die Erfolgs-, Finanz- und Bilanzplanung lediglich die monetäre Abbildung der betrieblichen Prozesse der Realgütersphäre darstellen und somit aus Sicht der Planungslogik Sekundärpläne bilden.

Die sich ergebenden Wertgrößen finden sich dann, den Regeln der doppelten Buchführung folgend, in jeweils doppelter Ausprägung in den jeweiligen Teilrechnungen (Erfolgs-, Finanz- und Bilanzrechnung) wieder. Die Umformung von Aufwendungen und Erträgen zu (Erfolgs-)Ausgaben und Einnahmen erfolgt über die Berücksichtigung von Zahlungszielen. Die Zahlungsziele können über die Einbeziehung von sogenannten Spektralvektoren in dem integrierten Ansatz berücksichtigt werden. Spektralvektoren geben an, wie sich der zeitliche Nachlauf von Erträgen und Aufwendungen voraussichtlich verhalten wird, d. h., x % der Umsätze der laufenden Periode werden zu Einnahmen der laufenden Periode, x % der Umsätze der laufenden Periode werden zu Einzahlungen in der folgenden Periode (t+1) usw.

Die vertikale Addition der 6 Wertespalten (Aufwendungen, Erträge, Ausgaben, Einnahmen, Aktiva, Passiva) ergibt dann die vorläufigen Salden. Der vorläufige Finanzierungssaldo ist zu ergänzen um Finanzierungsmaßnahmen (Kreditaufnahme = Ausgaben > (Einnahmen – Liquiditätssaldo (t–1)) oder ggf. Anlagemaßnahmen (Ausgaben < Einnahmen). Finanzierungsmaßnahmen können auch über entsprechende Zahlungszielvariationen erreicht werden, was hier jedoch im Detail nicht dargestellt wird.

Eine gesonderte Kapitalbedarfsrechnung ist beim Aufstellen integrierter Pläne nicht erforderlich, der Kapitalbedarf bzw. die Kapitalbindung ergibt sich automatisch aus der Planbilanz, die Liquiditätslage aus dem Finanzplan. Auch wenn man keinen integrierten Plan auf Wertebene aufstellt, sondern nur einen isolierten Finanzplan mit zugrundeliegendem Gütermengengerüst, zeigt der Finanzplan automatisch den Finanz- oder Kapitalbedarf jeder Periode; nach Deckung dieses Finanzbedarfs entsteht der Liquiditätssaldo. Bereits der Liquiditätssaldo eines Finanzplans stellt eine Verklammerung aller Güterpläne dar.[118]

Zusammengefasst zeigt Tabelle 2.1, wie aus dem Absatzplan als Primärplan von links oben nach unten hin die sekundären Mengenpläne, nach rechts hin die zugehörigen Werte abgeleitet werden und sich alles im Liquiditäts- und Gewinnsaldo bzw. im Umsatz als ökonomische Wertgrößen widerspiegelt. Damit wird deutlich, dass *Finanz- und Erfolgspläne als Sekundärpläne sinnvoll nur aus einer Mengenplanung abgeleitet werden können.* Trotzdem wird in der Praxis sehr häufig auf eine integrierte Mengen- und Werteplanung (mit Ausnahme der Umsatzplanung) fast vollständig verzichtet. Daraus folgt jedoch nahezu zwangsläufig, dass ein Großteil der industriellen Planungsrechnungen mit mehr oder weniger großen „systemimmanenten" Planungsfehlern behaftet ist. Damit ist selbstverständlich nicht gemeint, dass mit einem integrierten Planungsansatz jegliche Abweichungen zwischen Plan und Realität vermieden werden können. Die Qualität der Planungsrechnung kann nämlich niemals besser sein als die der Planung zugrunde gelegte Absatz- und Umsatzplanung, d. h., der Finanzplan und auch der Erfolgsplan können materiell nicht zuverlässiger sein als die Absatzmengenplanung als Ausgangspunkt. Die Absatzmengenplanung wird aber so gut wie immer von den Ist-Werten abweichen. Es geht vielmehr um die zielgerichtete Steuerung und die Vermeidung der „systemimmanenten" Ableitungsfehler, die durch mangelnde Integration des Produktionssystems entstehen. Wie später noch zu zeigen sein wird, können sich die realisierten Erfolgs- und Liquiditätsgrößen selbst bei vollkommener Plan-/Ist-Übereinstimmung relevanter Parameter wie Absatzmengen, Ein- und Verkaufspreise, Fixkosten

---

118 Chmielewicz, Betriebliche Finanzwirtschaft, S. 139

etc. trotzdem erheblich von den geplanten Größen unterscheiden. Sofern auf eine integrierte Mengen- und Werteplanung ganz oder überwiegend verzichtet wird, ist eine zielgerichtete Steuerung und Interpretation von entstandenen Abweichungen so gut wie unmöglich. Wie im Kapitel 2.6.2.2 zur „integrierten Abweichungsrechnung" noch gezeigt werden wird, wäre eine Aufspaltung der einzelnen Abweichungsursachen in Mengen-, Mix- und Preisbestandteile sowohl auf der Output- (Markt) als auch auf der Inputseite (Produktionssystem) überhaupt nicht möglich und würde sich damit einer zielgerichteten Steuerung entziehen. Eine gezielte Vorsteuerung der Liquidität ist nur über eine hinreichend zuverlässige und flexible Erfolgsplanung und diese wiederum nur über eine mehr oder weniger gut antizipierte Planung und Steuerung gegenwärtiger und zukünftiger Erfolgspotenziale möglich.

In Teil B der Tabelle 2.1 ist die Finanzplanung dargestellt, die vollumfänglich mit der Mengen- und Zeitplanung der Realgüterprozesse verzahnt ist. Alle ein- und auszahlungsrelevanten Mengen- und Wertmatrizen der Realgüterprozesse münden in eine integrierte Planung der Forderungs-, Verbindlichkeiten- und Liquiditätsbestände. Die Zugänge der Forderungen a.L.L. speisen sich aus den Matrizen der Absatz-/Umsatzplanung (*PK, PKU*). Da die Einzahlungen aus Umsätzen i. d. R. zeitversetzt erfolgen, ist ein Spektralvektor zwischenzuschalten. Dieser Spektralvektor beschreibt den Verlauf der zeitlich nachgelagerten Zahlungseingänge. Durch Multiplikation der Spektralvektoren mit den Anfangsbeständen und Zugängen zeigt sich eine nach Perioden aufgefächerte Zeitordnung der zu erwartenden Einzahlungen. Damit sind die Abgangsseite der Forderungsbestände und zugleich die Zugangsseite der liquiden Mittel (Kasse, Bank) aufgrund von Umsatzeinzahlungen determiniert. Analog werden Einzahlungen aus Vermietungsumsätzen, Maschinenverkäufen etc. ermittelt.

Die Bestände an Verbindlichkeiten a.L.L. sind in analoger Art und Weise mit den Leistungsprozessen verwoben. Die in den Realgüterprozessen geplanten Zugänge (Material, Fremdbezug, Investitionen) bilden gleichzeitig die Zugänge zu den Verbindlichkeiten a.L.L. und werden ergänzt um die laufend entstehenden Verbindlichkeiten für die Personalbestände und sonstigen Kostenarten. Durch Multiplikation mit den spezifischen Spektralvektoren entstehen wiederum nach Perioden aufgefächerte Zeitreihen bzw. Zeitordnungen der durch die operativen Leistungsprozesse bedingten Auszahlungen.

Die Zu- und Abgänge aus dem operativen Leistungsbereich determinieren damit spiegelbildlich die Zu- und Abgänge zu den Beständen der Forderungen und Verbindlichkeiten. Die in den Spektralvektoren erfassten Zahlungsziele determinieren wiederum die Abgänge der Forderungen und Verbindlichkeiten sowie die Zu- und Abgänge der Bestände an liquiden Mitteln. Auf diese Weise ergibt sich ein vollständig mit den Prozessen der Leistungserstellung- und Leistungsverwertung verzahntes System der Planungsrechnung.

Die auf diese Weise ermittelten Liquiditätssalden aus operativen Leistungsbewegungen bilden wiederum den Ausgangspunkt für notwendige Finanzierungsmaßnahmen. Eine Liquiditätsunterdeckung (ggf. unter Berücksichtigung vorhandener Kreditlinien) zeigt somit an, ob der Finanzmittelbedarf mit dem verfügbaren Finanzmittelfond des Unternehmens im Einklang steht. Die Hauptdeterminanten des Kapitalbedarfs mit ihren spezifischen Zeitordnungen, Vorrats- und Investitionsprozessen, Prozessgeschwindigkeiten und Prozessanordnungen sowie Beschäftigungsschwankungen werden damit simultan zu den verfügbaren Finanzmittelfonds betrachtet. Damit werden sowohl Restriktionen in den Leistungsprozessen selbst als auch in der finanziellen Sphäre des Unternehmens simultan betrachtet. So zeigen negative Kapazitätssalden (Beschäftigte, Maschinen) Einstellungs- bzw. Investitionsbedarf, der sich zeitlich vorverlagert entsprechend in den Liquiditätssalden zeigt.

Die Finanzierungsmaßnahmen im Bereich der Fremd- und Eigenfinanzierung sind in separaten Matrizen zu erfassen, da diese nicht automatisiert ableitbar sind.

Was jedoch nach automatisierbaren Regeln im Planungskalkül abgebildet werden kann, sind sogenannte Covenants. Diese berechtigen den Kreditgeber bei Verletzung bestimmter Bilanzrelationen zur vorzeitigen Kündigung des Darlehens oder zur Forderung bestimmter Strafzahlungen (Waver Fee). Im Planungskalkül können daher diese Covenants (bspw. Einhaltung einer bestimmten Eigenkapitalquote) überwacht werden. Bei Eintritt einer Bedingungsverletzung können dann automatisch die daraus resultierenden finanziellen Verpflichtungen als zusätzlicher Finanzmittelbedarf angezeigt werden.

Grundsätzlich ist unter Berücksichtigung einer Vielzahl von Bedingungen im Rahmen des Corporate Finance zu entscheiden, welche Finanzierungsmaßnahmen realisierbar erscheinen und eine möglichst zielführenden Finanzierungsmix erlauben. Zur Fremdfinanzierung stehen eine Reihe unterschiedlicher Vehikel zur Verfügung, die über den klassischen Bankkredit über Unternehmensanleihen, Schuldscheindarlehen, Factoring, Leasing, Zerobonds bis hin zu Wandel- und Optionsanleihen sowie Genussrechten (Mezzanine-Kapital) reichen. Bezüglich des Umfangs, Mitwirkungsrechten, Fristen, Auszahlungs-, Tilgungs- und Zinsmodalitäten bestehen bei den Fremdfinanzierungsformen z. T. erhebliche Unterschiede. Welche Finanzierungsform zur Anwendung kommt, ist immer im spezifischen Unternehmenskontext zu beurteilen und entzieht sich allgemeingültiger „Rechenregeln". Lediglich die finanzmathematische Abbildung der Finanzierungsinstrumente ist standardisiert und kann problemlos im Planungskalkül über separate Matrizen berücksichtigt werden. Dies gilt genauso für den Fall von Überschussliquidität, die u. U. in Finanztiteln angelegt werden soll.

Im Hinblick auf die Eigenfinanzierung ist zu entscheiden, ob Kapitalerhöhungen bzw. Kapitalherabsetzungen möglich und sinnvoll erscheinen und in welcher Höhe Dividendenausschüttungen vorgenommen werden sollen. Auch das gesamte Spektrum der Eigenfinanzierungsmaßnahmen ist nicht automatisch im Planungskalkül ermittelbar, sondern muss ebenfalls manuell in separaten Matrizen „händisch" erfasst werden.

Nach dem planerischen Abschluss der geplanten Finanzierungsmaßnahmen steht auch die Plan-Bilanz als integraler Bestandteil der Planungsrechnung für Auswertungszwecke zur Verfügung. Die Plan-Bilanz ist im Grunde kein eigenständiges Planungsgebiet, da sie sich bei dem hier vorgestellten Ansatz automatisch aus der Zusammenführung der Erfolgs- und Finanzplanung quasi als „Abfallprodukt" ergibt. Allenfalls für die Gestaltung bestimmter Bilanzrelationen (bspw. zur Vermeidung von Covenants) kann die Bilanz selbst Gegenstand bestimmter Lenkungsziele und damit der Planung sein. In dem hier vorgestellten Ansatz der integrierten Planungsrechnung wird die Bilanz nicht durch die herkömmliche doppelte Erfassung der Erfolgs- und Finanzierungsvorgänge erzeugt, sondern durch Zwischenschaltung einer sogenannten Buchhaltungsmatrix. In dieser Buchhaltungsmatrix werden alle Vorgänge der Erfolgs- und Finanzsphäre nur einfach erfasst, da durch die Zeilen- und Spaltenkoordinaten der Matrixelemente die Soll- und Habenbuchungen bereits bestimmt sind.

Damit ist der Aufbau des Planungskalküls in allgemeiner Form weitgehend beschrieben. In den folgenden Kapiteln wird auf die einzelnen Planungsschritte weiter im Detail eingegangen. Insbesondere werden die Bestandsmengengleichungen des Outputs und Inputs sowie die daraus abzuleitenden Erfolgs- und Finanzpläne weiter detailliert. Ferner wird auf die Ableitung der Bewertungsbasen innerhalb des Planungskalküls (Produktkalkulationen, Herstellkostenermittlung) weiter eingegangen und der Aufbau und die Funktionsweise der Buchhaltungsmatrix erläutert. Der hier vorgestellte mengenbasierte Matrizenkalkül wird durch die Buchhaltungsmatrix in Form „fest verdrahteter" Beziehungen in die monetäre Sicht der Erfolgs-, Finanz- und Bilanzrechnung umgeformt. Die Buchhaltungsmatrix bildet somit die programmierte Buchungssteuerung für den gesamten Planungskalkül.

Zusammenfassung

Die Absatzmengen der Erzeugnisse, Baugruppen und Teile (PK) werden um geplante Soll-Endbestände (PSV) erhöht und um vorhandene bzw. prognostizierte Anfangsbestände (PB) reduziert. Daraus ergibt sich eine Soll-Produktionsmenge auf Direktmengenbasis, die um zugangsabhängige (Ausschuss) und bestandsabhängige Verluste (Schwund, Inventurdifferenzen etc.) zu erhöhen ist (PVS, PVZ). Von diesen vorläufig geplanten Produktionsmengen auf Direktmengenbasis (PHd) sind die geplanten *Fremdbezüge (PF)* in Abzug zu bringen. Durch die Multiplikation der resultierenden, um Fremdbezüge korrigierten Produktionsmengenmatrix auf Direktmengenbasis (PHd) mit der Output-Verflechtungsmatrix (Vpp) ergibt sich die Produktionsmengenmatrix (PHg) auf Gesamtmengenbasis. Sofern die geplanten Absatzmengen von den geplanten Produktionsmengen abweichen ($PK <> PHd = PB <>PSV$) resultieren daraus geplante und erfolgsverändernde Lagerbestandsveränderungsmengen ($P\ddot{A}$). Zur Ermittlung der Bedarfe an Input-Faktoren (Materialverbrauch, Arbeitszeit, Maschinenzeit, Energieverbrauch) sind die entsprechenden Untermatrizen der Input-Verflechtungsmatrix ($Voi/Vtoi$) mit der Produktionsmengenmatrix (PHg) zu multiplizieren. Wird mit Voi multipliziert, dann ergeben sich die statischen Verbräuche (WW, AW, NW, FW). Wird mit Vtoi multipliziert, ergeben sich dynamische Verbräuche, die entsprechend der in Vtoi gespeicherten Vorlaufvektoren (feste Vorlaufzeiten) einen zeitlich entsprechend vorverlagerten Verbrauch (WWT, AWT, NWT, FWT) berücksichtigen. Die Differenz zwischen statischen und dynamischen Verbrauchsmatrizen ($WW - WWT$, $AW - AWT$, $NW - NWT$, $FW - FWT$) zuzüglich des Anfangsbestandes (UTB) zeigt den Bestand unfertiger Teile in Fertigung (UTS). Die Differenz $UTB - UTS$ ergibt die Bestandsveränderung des Bestandes unfertiger Teile in Fertigung ($UT\ddot{A}$). Die gesamten Lagerbestandsveränderungen fertiger und unfertiger Erzeugnisse setzen sich somit zusammen aus $P\ddot{A} + UT\ddot{A}$. Bei der Berechnung der Periodenverbräuche für die Potenzialfaktoren (Arbeit, Maschinen) sind neben den nutzungsbedingten Bedarfen die Leer-Endbestände der jeweiligen Perioden zur berücksichtigen. Hierzu sind die produktmengenorientiert berechneten Zeitbedarfe (AW, AWT, NW, NWT) durch Multiplikation mit den Arbeits- und Maschinenkapazitätsmatrizen (Vab, Vnm) umzurechnen in benötigte Endbestände zum Periodenfang (BN, MN). Die Differenz zwischen benötigten Endbeständen und den um anfangsbestands- und zugangsabhängige Abgänge (*BAB, BAZ, MAB, MAZ*) erhöhten Anfangsbeständen (*BB, MB*) ergibt die notwendigen Zugänge an Beschäftigten und Maschinen. Sind die jeweiligen Anfangsbestände (*BB, MB*) zu den jeweiligen Periodenanfängen höher als die erforderlichen Bestände (*BB > BN, MB > MN*), ergeben sich Leerbestände (*BL, ML*). Diese Leerbestände markieren einen Entscheidungspunkt insofern, als entweder Anpassungsmaßnahmen zu planen sind (zeitliche Vorverlagerungen der Produktion, horizontaler Beschäftigungsausgleich, Entlassung bei dauerhafter Unterbeschäftigung, Kurzarbeit etc.) oder die Leerbestände bewusst als Kapazitätsreserve vorgehalten werden.

2.6.2.1.1.1 Bestandsmengengleichungen

Wie oben bereits ausgeführt, ist die Mengenplanung in der für den Planungsprozess logischen Reihenfolge geordnet. Unter A.I. der Tabelle 2.1. erscheint die Produktionsmengenplanung, deren Primärplanung aus dem Absatzmengenplan besteht. Aus den Absatzmengen werden unter Berücksichtigung bestimmter Korrektur- und Zielgrößen Herstellmengen und aus den Herstellmengen wiederum die benötigten Einsatzgütermengen errechnet.

Die Ausgangsbasis für die gesamte Mengenplanung bilden *Bestandsmengengleichungen* sowohl auf der Output- (Produktionsmengen) als auch auf der Inputseite (Einsatzgütermengen, Beschäftigte, Maschinen):

(Anfangsbestand + Zugang = Abgang + Endbestand) (2.40)

Aus Gleichung 2.40 geht der Grundzusammenhang der Mengenrechnung hervor.

Die Bestandsgleichungen werden jeweils so umgeformt, dass die jeweils notwendigen Zugangsmengen erscheinen:

Abgang + Ziel-Endbestand – Vorhandener Anfangsbestand =
Nötiger Zugang (≥ 0) (2.41)

Grundlegend für den gesamten Planungskalkül ist also, dass zur Ermittlung notwendiger Zugangsmengen und erforderlicher Endbestandsmengen die Bestandsmengengleichungen als Ausgangspunkt dienen. Damit werden alle relevanten Bestands- und Flussgrößen, getrennt nach Mengen- und Werteflüssen, im Modell der Planungsrechnung integriert. Durch entsprechende Umformung der Bestandsmengengleichungen werden notwendige Zugangs- und Verbrauchsmengen für alle Produktionsfaktoren unter Berücksichtigung der geplanten Absatz- und Produktionsmengen ermittelt.

In Teil A. I. der Tabelle 2.1 sind die Bestandsmengengleichungen der Outputseite, bestehend aus *Abgangs- und Zugangsmengenrechnung*, erkennbar. Diese sind auf der Abgangsseite wiederum nach *Verkaufs-, Vermietungs-, Eigenleistungs-, und Verlustmengenrechnung* differenziert. Auf der Zugangsseite erfolgt die Auffächerung der notwendigen Zugangsmengen mithilfe *der Produktbestandsmengenrechnung und der Fremdbezugsmengenrechnung*. Als Bindeglied zwischen den Bestandsmengenrechnungen des Outputs und des Inputs fungiert die Input-Verflechtungsmatrix (Voi), die in Teil A. II. die *Ressourcen-Bedarfsrechnung* erzeugt und diese nach *Materialbedarfsmengen-, Energiebedarfsmengen-, Arbeitszeitbedarfs- und Maschinenzeitbedarfsrechnung* differenziert.

Bei den Erzeugnissen (Output) und den lagerfähigen Repetierfaktoren (Input) wird der Ziellagerendbestand bestimmt von der Höhe und den stochastischen Schwankungen des Bedarfs und der Länge und den stochastischen Schwankungen der Wiederbeschaffungszeiten. Dabei ist zu berücksichtigen, dass der Bedarf der Repetierfaktoren (Material, Energie) wiederum von den zuvor ermittelten notwendigen Herstellmengen an Erzeugnissen abhängt.

Bei den Potenzialfaktoren wird der Ziel-Endbestand bestimmt aus den Bestandsmengengleichungen der Erzeugnisse, da sich aus den notwendigen Herstellmengen die erforderlichen Bestandsmengen für Potenzialfaktoren ableiten. Die notwendigen Bestandsmengen an Potenzialfaktoren determinieren wiederum ggf. notwendige Zugangsmengen oder zeigen im Vergleich zu vorhandenen Beständen ggf. nicht genutzte (Leer-)Bestände an.

Insofern stehen die Bestandsmengengleichungen der Output- und Inputseite zueinander in Beziehung und müssen in einer bestimmten Reihenfolge bestimmt werden.

In den vorhergehenden Darstellungen bezüglich der Output- und Input-Verflechtungsmatrizen wurde das grundlegende Prinzip der einflussgrößenbasierten Verbrauchsmengenermittlung erläutert. Der Matrixkalkül der industriellen Planungsrechnung muss zusätzlich aber Verfahren bereitstellen, um die notwendigen Zugangsmengen für Erzeugnisse, Baugruppen, Teile, Material, Beschäftigte und Maschinen zu ermitteln. Die notwendigen Zugangsmengen für Erzeugnisse, Baugruppen und Teile sind gleichbedeutend mit den Produktionsmengen der Planungsperioden. Diese ergeben sich jedoch in der Regel nicht allein aus den Absatzmengen, sondern es sind neben den Absatzmengen weitere Abgangsmengen (interner Einsatz, Ausschuss etc.) sowie vorhandene Anfangsbestände und anzustrebende (Soll-)Endbestände zu berücksichtigen. Die gleiche Aussage gilt für lagerfähige Repetierfaktoren wie Werk-, Roh-, Hilfs- und Betriebsstoffe. Auch sind nicht nur Abgänge = Verbräuche, die sich aus Zugangsmengen = Produktionsmengen der Teile, Baugruppen und Erzeugnisse ableiten, zu berücksichtigen. Zu diesen produktionsmengengetriebenen Abgängen kommen weitere Abgänge (Lagerverluste, Schwund) und es sind wiederum vorhandene Anfangsbestände und anzustrebende (Soll-)Endbestände zu berücksichtigen. Ferner sind bei den Potenzialfaktoren (Beschäftigte, Maschinen) die Nutzungspotenziale der vorhandenen Bestände mit dem Produktionsmengenbedarf abzugleichen und ggf. Bestandserhöhungen (Einstellungen, Investitionen) zu planen. Die systematische Planung von Soll-Endbeständen für Erzeugnisse, Baugruppen, Teile und Material ist vor dem Hintergrund der vom Unternehmen angestrebten Ziel-Lieferservicegrade von hoher Bedeutung, da die Wettbewerbsfähigkeit in vielen Industrien von der möglichst jederzeitigen Lieferbereitschaft und Lieferzuverlässigkeit entscheidend abhängt. Andererseits ist die Berücksichtigung von notwendigen Bestandsveränderungen an Erzeugnissen und Produktionsfaktoren für die Qualität der Planungsrechnung von entscheidender Bedeutung.

2.6.2.1.1.2   Bestandsmengengleichungen des Outputs

Die Anwendung der allgemeinen Bestandsmengengleichung hat bezogen auf die Produktionsmengen die Form:

Verkauf + Vermietung + interne Eigenleistung +
Bestandsveränderung – Fremdbezug = Produktionsmenge   (2.42)

Auf der Lagerausgangsseite erscheinen extern verkaufte Mengen und intern (z. B. für Kundendiensteinsätze im Rahmen der Gewährleistung) verwendete Einsatzmengen. Die Bestandsveränderung ergibt sich aus dem Unterschied von Anfangsbeständen und Ziel-Endbeständen. Der erforderliche Produktmengenzugang kann aus externen Fremdbezügen und/oder wie hier aus interner Herstellung bestehen. Die Fremdbezüge sind auf die linke Gleichungsseite gebracht, um die Gleichung nach den Herstellmengen aufzulösen. Die Absatzmenge kann also aus der Produktion und ggf. Fremdbezügen des laufenden Jahres und aus Bestandsverringerungen gedeckt werden. Wie weiter unten noch ausführlich dargelegt wird, ist die Unterscheidung, ob die Absatzmengen aus der Produktion der laufenden Periode (bzw. Planperiode) und/oder aus der Produktion der Vorperiode gedeckt werden, von Bedeutung, da sich je nach gewählter Kombination *unterschiedliche Periodenerfolge* einstellen werden.

Durch Umstellung der allgemeinen Bestandsmengengleichung können die Ab- und Zugänge dargestellt werden. Im Hinblick auf die Produktionsmengen (Output) ergeben sich die folgenden Definitionsgleichungen:

Endbestandsmengen: $PS = PB + PZ - PA$ (2.43)

Abgangsmengen: $PA = PB - PS + PZ$ (2.44)

Zugangsmengen: $PZ = PA - PB + PS$ (2.45)

Produktionsmengenrechnung:

Ausgehend von der grundlegenden Bestandsmengengleichung für Produkte der Form

Endbestand (PS) = Anfangsbestand (PB) + Zugänge (PZ) – Abgänge (PA) (2.46)

können durch Umformung nach PA die Abgänge und nach PZ die Zugänge separiert werden. Im Hinblick auf die notwendigen Zugänge (PZ) ist zu entscheiden, wie diese sich auf interne Zugänge (= eigene Produktion) und externe Zugänge (= Fremdbezug) aufteilen. Für PZ gilt daher:

PZ (notwendiger Zugang) = PH (interner Zugang) + PF (externer Zugang) (2.47)

Zur Ermittlung der Abgangsmengen (PA) ist ebenfalls eine weitere Differenzierung erforderlich. Die Abgangsmengen setzen sich zusammen aus Verkaufsmengen (PK), Vermietungsmengen (PM) und intern verwendeten Produktmengen ($PE + PEZ$). Vermietungen von selbst hergestellten Erzeugnissen sind in diversen Branchen üblich (bspw. Baumaschinen, Maschinen in der Landtechnik, PKW und LKW). Die Vermietung von Erzeugnissen erfordert eine andere rechentechnische Behandlung im Rahmen der Planungsrechnung. Die Erzeugnisse bleiben im Eigentum und damit im Bestand des Vermieters (Herstellers), während der physische Besitz und damit die tatsächliche Lagerung beim Mieter erfolgen. Formell stellen vermietete Produkte daher Bestände dar und werden im Planungskalkül nach dem gleichen Ansatz wie Bestände für den Verkauf behandelt. Allerdings sind zusätzliche Vermietungen als Bestandszugänge zu erfassen, während der Verkauf von Produkten Bestandsabgänge darstellt. Andererseits erscheinen notwendige Zugänge für Vermietungen auf den Produktlägern als Abgang, da diese einer internen Verwendung zugeführt werden. Für den Absatz und die interne Verwendung sind die vermieteten Bestände somit nicht verfügbar. Vor diesem Hintergrund ist eine getrennte Bestandsrechnung für vermietete Produkte vorzunehmen.

Intern verwendete Produkte ($PE + PEZ$) können weiter differenziert werden in interne Verbrauchsprodukte (PE) und aktivierte Eigenleistungen (PEZ). Interner Verbrauch ist bspw. im Rahmen von Garantie- und Kulanzgeschäften gegeben. Bei aktivierten Eigenleistungen werden die selbst erzeugten Produkte über einen längeren Zeitraum im Unternehmen selbst genutzt. Bei aktivierten Eigenleistungen treten grundsätzlich die gleichen erfolgs- und finanzbezogenen Auswirkungen auf wie bei den Lagerbestandsveränderungen von fertigen und unfertigen Erzeugnissen.

Zusätzlich zu den Bedarfsmengen für Verkauf, Vermietung und interne Nutzung ist zu berücksichtigen, dass Verlustmengen in Form von zugangsabhängigen (Produktion = PVZ) und bestandsabhängigen (Lager = PVS) Verlusten auftreten. Die produktionsabhängigen Verluste sind über bestimmte Ausschussquoten zu berücksichtigen. Am Lager treten zusätzliche Verluste für Schwund, Diebstahl, Überalterung etc. auf. Diese sind ebenfalls über bestimmte Quoten im Planungskalkül zu berücksichtigen.

Vermietungsmengenrechnung:

PMZ (Zugang) = PMN (genutzter Endbestand) + PML (Leer-Endbestand) – PMB (Anfangsbestand) + $PMAB$ (anfangsbestandsabhängiger Abgang) + $PMAZ$ (zugangsabhängiger Abgang)   (2.48)

Die Vermietungsmengenrechnung unterscheidet sich von der Produktionsmengenrechnung, wie bereits erwähnt, dadurch, dass eine Erhöhung von Vermietungsmengen zu einer Bestandserhöhung führt, eine Erhöhung von Verkaufsmengen hingegen zu einer Bestandsverringerung in Form von erhöhten Abgangsmengen.

Analog zum Verkaufsprogramm ist zunächst zu planen, in welcher Höhe Vermietungen in den jeweiligen Planungsperioden realisiert werden sollen. Diese Vermietungen sind gleichbedeutend mit dem genutzten Endbestand (PMN) zum jeweiligen Periodenende. Davon sind vorhandene Anfangsbestände (PMB) in Abzug zu bringen. Die zeitliche Verteilung von auslaufenden Mietverträgen und geplanten Neuvermietungen kann temporär zu Leer-Endbeständen (PML) führen. Ferner ist zu beachten, dass vor dem Hintergrund bestimmter Vertragslaufzeiten bestimmte Abgänge bezogen auf den vorhandenen Anfangsbestand und bezogen auf die laufenden Zugänge anfallen. Diese Abgangsordnung kann aufgrund der Vertragslaufzeiten sowohl für die Anfangsbestände als auch für die Zugänge erstellt werden. Für diese aus dem Vermietungsbestand auslaufenden bzw. rücklaufenden Produkte muss entschieden werden, ob diese weitervermietet werden können oder aufgrund der Abnutzung verschrottet werden müssen.

Einsatzproduktmengenrechnung (aktivierte EL):

Sofern eigene Produkte im Unternehmen für innerbetriebliche Zwecke, d. h. zum dauerhaften Gebrauch bestimmt sind, gehören diese zum Anlagevermögen und sind als aktivierte Eigenleistungen zu erfassen. Die aus den Bestandsmengengleichungen für aktivierte Eigenleistungen zu ermittelnden Zugangsmengen folgen wiederum der allgemeinen Definitionsgleichung:

PEZ (Zugang) = *PEN* (genutzter Endbestand) + *PEL* (Leer-Endbestand) –
PEB (Anfangsbestand) + *PEAB* (anfangsbestandsabhängiger Abgang) +
PEAZ (zugangsabhängiger Abgang)　　　　　　　　　　　　　　　　　(2.49)

Einsatzproduktmengenrechnung (interner Verbrauch = *PE*):

Von den zu aktivierenden Einsatzproduktmengen (aktivierte Eigenleistungen) zu unterscheiden sind die für interne Zwecke bestimmten Verbrauchsmengen, die nicht zum dauerhaften Gebrauch, sondern zum *sofortigen Verbrauch* bestimmt sind. Beispiele hierfür sind
interne Verbräuche für Forschungs- und Versuchszwecke, Verwendung auf Messen, Garan-
tie- und Kulanzleistung im Rahmen von Kundendiensteinsätzen etc.

Die gesamten Abgangsmengen ergeben sich zusammengefasst in Form folgender Gleichung:

$$PA = PK + PM + PE + PEZ + PVS + PVZ \qquad (2.50)$$

Die Abgangsmengengleichung ist noch zu ergänzen um die geplanten Bestandsverände-run-
gen an fertigen Erzeugnissen, da ansonsten unterstellt würde, dass die Abgangsmengen mit
den notwendigen Zugangsmengen identisch sind, was so gut wie nie der Realität entspricht.

Die *Bestandsveränderungen* ergeben sich gemäß der obigen Grundgleichung der Lager-
bilanz aus:

$$PÄ = -PB + PSV \qquad (2.51)$$

Es ist von grundlegender Bedeutung, dass sowohl die Anfangsbestände (*PB*) als auch die
Endbestände zu planende Größen darstellen. In Kapitel 2.2.1.7 wurde das Verfahren der
dynamischen Disposition vorgestellt, das zur Ermittlung notwendiger Bestände im Hinblick
auf die Realisierung von Ziel-Lieferservicegraden verwendet werden kann. In der vergan-
genheitsbezogenen (ex post) Rechnung sind Anfangs- und Endbestände stets beobachtete
Ist-Größen, in der zukunftsbezogenen (ex ante) Rechnung jedoch stets Größen, die vor dem
Hintergrund bestimmter Zielsetzungen festzulegen bzw. zu planen sind. Dies folgt aus dem
Umstand, dass notwendige Herstellmengen nur berechnet werden können, wenn die An-
fangs- und Endbestände planerisch festgelegt wurden. In der Ex-post-Rechnung hingegen
können die Zugangsmengen aus den beobachteten Anfangs- und Endbestandsmengen sowie den Abgangsmengen berechnet werden. Umgekehrt können die Abgangsmengen aus
den beobachteten Anfangs- und Endbestandsmengen sowie den Zugangsmengen berechnet
werden. Auch die Anfangsbestände sind Planungs- bzw. Prognosegrößen, da die Planung
des folgenden Geschäftsjahres in der Regel vor Abschluss des laufenden Geschäftsjahres
erfolgt.

In Abbildung 2.29 sind die Eingabeparameter zur Simulation notwendiger Endbestandsmengen oder Zugangsmengen beispielhaft dargestellt.

Zur Ermittlung der mittleren Bestände je Teilperiode sind verschiedene Absatz- und Dispositionsparameter zu berücksichtigen. Neben den Abgangsmengen (*PA*) sind weitere Absatzparameter zur Auftragsstruktur (durchschnittliche Liefermengen je Auftrag und statistische Streuung), Trendfaktoren und Saisonalität von Bedeutung. Im Hinblick auf die
Dispositionsparameter sind die geforderte Lieferfähigkeit, die durchschnittliche Wieder-

Eingabetabelle 1 : Artikelstammdaten und Absatzparameter

ABSATZPARAMETER		Wert	Einheit
Artikel			
Artikelnummer		E$_1$	
Verkaufseinheit		Getriebeschiene	VE
Herstellkosten/Einkaufspreis		0,75	€/VE
Absatz			
Tagesabsatz		700	VE/AT
Simulierter Jahresmittelwert		677	VE/AT
Absatzstreuung		360	VE
		51%	
Jahresabsatz		169.230	VE/AT
Umsatz		126.923	€/a
Auftragsstruktur			
Auftragseingang		70	Auf/AT
Auftragsstreuung		8	VE/AT
		12%	
Liefermenge		10	VE/Auf
Mengenstreuung		5	VE/Auf
		50%	
Jahresverlauf			
Zeitraum		250	AT/a
Trend			
Zuwachsrate		100%	1/a
Saisonalität			
Zyklusfaktor		1,5	
Zyklusfrequenz		1,8	1/a
Störung			
Anstiegsfaktor		2,0	
Beginn		80	AT
Ende		100	AT

Eingabetabelle 2 : Kostensätze und Dispositionsparameter

DISPOSITIONSPARAMETER	Werte		Einheit
Lieferfähigkeit	98,0%		Jahresmittel
Ladeeinheiten	Großkasten 400x600x210		VPE
Kapazität	400		VE/VPE
	8		VPE/Pal
Leistungskosten	NAuf	DAuf	
Nachschubauftragskosten Rüsten	65,00	65,00	€/Auf
Disposition	50,00	50,00	€/Auf
Einlagerkosten	15,00	15,00	€/Auf
	2,00	2,00	€/Pal
Lagerplatzkosten	0,250	0,250	€/VPE
	0,25	0,25	€/Pal*Tag
	0,031	0,031	€C/VPE*AT
Lagerzinssatz	9,0%		p.a.
Kapitalverzinsung	6,0%		p.a.
Absatzrisiko	3,0%		p.a.
Wiederbeschaffungszeit	8		AT
Streuung	2		AT
WBZ-Glättungsparameter	0,33		
Absatzprognoseparameter			
Zulässige Mittelwertschwankung	5%	resultierende Glättungsreichweite	
minimaler Glättparameter	0,033	60 AT	
maximaler Glättparameter	0,330	5 AT	
mittlere Absatzglättung	0,033	60 AT	
Nachschubdisposition			
Bereitstellzahl	s	Bestellpunktverf.: s oder b	
	1	nur bei Bereitstellverfahren	
Nachschubmenge/Nachschubzahl	optimal	"optimal"/Anzahl	VPE/NAuf
minimale Nachschubmenge	1,0		VPE/NAuf
Volle Ladeeinheiten	ja		
Maximale Reichweite	120		AT
Auftragsbündelung	5		AT

Abb. 2.29: Eingabeparameter, Absatzparameter und Kostensätze zur Bestimmung von notwendigen Endbeständen, Gudehus, dynamische Disposition, S. 248

Kennwerte	Simulation	Analytisch	Einheit
Absatztage	250	250	AT
Artikel	**Getriebeschiene**		VE
Jahresabsatz	**169.230**	**169.230**	VE/Jahr
Mittlerer Tagesabsatz	677	677	VE/AT
Absatzstreuung	418	360	VE/AT
Mittlerer Bestand	**12.260**	**10.922**	VE
Sicherheitsbestand	3.015	1.840	VE
Anteil am Bestand	25%	17%	
Dispositionsbestand	9.245	9.083	VE
Nachschubmenge			
Mittlere Nachschubmenge	15.656	18.165	VE
Nachschubreichweite	23,1	26,8	AT
Lagerumschlag	**13,8**	**15,5**	pro Jahr
Nachschubfrequenz	10,8	9,3	NAuf/Jahr
Bestandswert	**9.195**	**8.192**	€
Lieferfähigkeit	**98,4%**	**98,0%**	Jahresmittel
Nullperiodenanteil	0%		
Sprungwarnungen	1		pro Jahr
Lagerlogistikkosten	**1.825**	**1.666**	€/a
Nachschubkosten	755	711	€/a
Lagerungskosten	1.071	954	€/a
Lagerlogistikstückkosten	**0,011**	**0,010**	€/VE
Relation zu Herstellkosten	1,4%	1,3%	
Auftragslogistikkosten	**3.461**	**3.422**	€/a
Beschaffungsauftragskosten	3.371	3.362	€/a
Lagerungskosten	90	60	€/a
Auftragslogistikstückkosten	**0,020**	**0,020**	€/VE
Relation zu Herstellkosten	2,7%	2,7%	
Einsparpotenzial			
	1.636	**1.756**	€/a
relativ	47,3%	51,3%	der ALogK
Logistikstückkosten	**0,010**	**0,010**	€/VE
Relation zu Herstellkosten	1,3%	1,4%	

Abb. 2.30: Simulationsergebnisse zur Ermittlung notwendiger (mittlerer) Endbestände, Gudehus, dynamische Disposition, S. 249

beschaffungszeit und deren statistische Streuung sowie verschiedene Kostendaten zur Ermittlung kostenoptimaler Nachschubmengen (Produktionsmengen) notwendig. Die hier genannte durchschnittliche Wiederbeschaffungszeit ist gleichbedeutend mit den durchschnittlichen Durchlaufzeiten, die in der *dynamischen Input-Verflechtungsmatrix* (siehe Kapitel 2.6.3.2) erfasst werden. Die Durchlaufzeiten haben somit nicht nur Bedeutung für die realitätsnahe Simulation der zeitlichen Verteilung von Produktionskosten, sondern auch für die Ermittlung der notwendigen Endbestände (*PS*).

Mithilfe der beschriebenen Absatz- und Dispositionsparameter werden mittlere Nachschubmengen, erreichte Lieferfähigkeit, mittlere Endbestände (PS) inklusive notwendiger Sicherheitsbestände sowie Auftrags- und Lagerlogistikkosten analytisch ermittelt und zusätzlich mithilfe bestimmter Wahrscheinlichkeitsverteilungen simuliert. Das Ergebnis eines Simulationslaufes für einen beispielhaften Artikel zeigt Abbildung 2.30.

Auf die Algorithmen der dynamischen Disposition wird an dieser Stelle nicht im Detail eingegangen, da damit der Rahmen dieses Buches gesprengt würde. Der interessierte Leser sei hierzu auf das Buch von Timm Gudehus „Dynamische Disposition" verwiesen. In dem beim Verlag erhältlichen Computer-Simulationsmodell der integrierten Planungsrechnung (s. Kapitel 6) sind die Algorithmen der dynamischen Disposition ebenfalls enthalten.

Die notwendigen Zugangsmengen (PZ) ergeben sich somit durch Subtraktion der geplanten Bestandsveränderungen ($PÄ = -PB + PS$) von den geplanten Abgangsmengen (PA). Da die Bestandsveränderungen Bestandserhöhungen oder Bestandsverringerungen sein können, werden diese zu den Abgangsmengen mit positivem oder negativem Vorzeichen hinzuaddiert.

$$PZ = PK + PM + PE + PEZ + PVS + PVZ + (-PB + PS) \tag{2.52}$$

Aus formalen Gründen sei an dieser Stelle noch darauf hingewiesen, dass auch der nicht realisierbare Fall von negativen Zugangsmengen auftreten kann. Sofern nämlich der geplante Bestandsabbau

$$(-PB + PS) < 0$$

größer ist als die geplanten Abgangsmengen (PA), wäre ein Bestandsabbau über den geplanten Bestandsabgang hinaus erforderlich. Dies wäre jedoch nur realisierbar, wenn entweder „überschüssige" Lagerbestände vernichtet werden oder die geplanten Abgangsmengen erhöht werden. Die Vernichtung von Lagerbeständen zur Realisierung von Zielbeständen scheidet logischerweise als Entscheidungsalternative aus. Können die Abgangsmengen jedoch nicht erhöht werden, dann treten zwangsläufig negative Zugangsmengen auf. Diese müssen dann durch die Addition von Korrekturmatrizen beseitigt werden, so dass sich Zugangsmengen von null ergeben.

Die gesamten Zugangsmengen sind aufzuteilen auf

$$PZ \text{ (notwendiger Zugang)} = PH \text{ (interner Zugang)} + PF \text{ (externer Zugang)} \tag{2.53}$$

In Abbildung 2.31 sind beispielhaft die Matrizen der direkten und gesamten Produktionsmengen, der Abgangsmengen und der Bestandsveränderungsmengen aufgeführt (s. nächste Seite).

Fremdbezugsmengen:

Der Fremdbezug ist je nach Wertschöpfungstiefe der Unternehmen in unterschiedlicher Ausprägung vorhanden. Dabei können ganze Fertigungsstufen (Teile, Baugruppen, Enderzeugnisse) als Fremdbezug realisiert werden oder innerhalb der Fertigungsstufen ein gemischter Zugang aus Eigenfertigung und Fremdbezug. Die Möglichkeiten des Fremdbezugs von Teilen, Baugruppen und Erzeugnissen stelle sich wie folgt dar:

1. Aufteilung kompletter Fertigungsstufen:

    a) $PFg = (0 \quad 0 \quad 0)$ $PHg = (TZg \; GZg \; EZg)$

    b) $PFg = (TZg \; 0 \quad 0)$ $PHg = (0 \quad GZg \; EZg)$

    c) $PFg = (TZg \; GZg \; 0)$ $PHg = (0 \quad 0 \quad EZg)$

    d) $PFg = (TZg \; GZeg \; EZg)$ $PHg = (0 \quad 0 \quad 0)$

Plan - Absatzmengen

	T_1	T_2	T_3	$G1_1$	$G1_2$	$G2_1$	$G3_1$	E_1	E_2	E_3
1	50	200	20	30	50	10	0	100	300	0
2	50	200	20	30	50	10	0	80	450	0
3	50	200	20	30	50	10	0	0	600	100
4	50	200	30	40	50	20	40	0	450	50
5	100	300	30	30	100	0	30	0	500	100
6	100	300	30	40	50	50	100	10	700	200

Produktions-Direktmengen

	T_1	T_2	T_3	$G1_1$	$G1_2$	$G2_1$	$G3_1$	E_1	E_2	E_3
1	-4.500	-25.000	-400	-801	150	0	0	0	400	0
2	500	4.000	-450	100	150	0	0	0	450	0
3	1.500	1.000	-750	100	200	-501	200	0	800	250
4	0	0	-200	0	0	-100	-101	0	400	100
5	500	0	100	101	100	-100	-100	0	600	100
6	2.000	10.000	300	300	300	100	100	0	950	400

Bestandsänderungs - Matrix

	T_1	T_2	T_3	$G1_1$	$G1_2$	$G2_1$	$G3_1$	E_1	E_2	E_3
1	-4.400	-25.500	-440	-800	50	-10	0	-100	50	0
2	100	300	-470	100	100	-20	0	-80	0	0
3	100	300	-690	0	0	-270	200	-50	50	50
4	-200	-900	-200	-100	-100	-100	-100	0	-50	0
5	100	300	100	0	0	0	0	0	0	0
6	200	900	200	100	100	100	100	-10	50	50

Produktions-Gesamtmengen

	T_1	T_2	T_3	$G1_1$	$G1_2$	$G2_1$	$G3_1$	E_1	E_2	E_3
1	349	6.797	0	400	1.350	0	0	0	400	0
2	7.900	45.550	0	1.450	1.500	0	0	0	450	0
3	20.698	112.791	300	3.899	3.800	700	1.200	0	800	250
4	7.697	45.782	300	1.599	1.500	200	300	0	400	100
5	11.705	65.024	800	2.303	2.200	201	301	0	600	100
6	30.049	169.047	1.650	6.750	4.850	1.800	1.700	0	950	400

Abb. 2.31: Absatzmengen-, Produktionsdirektmengen-, Produktionsgesamtmengen- und Bestands-veränderungsmengenmatrix. Quelle: Eigene Darstellung

Die aufgeführten Fälle a)–d) enthalten stets die gesamten Zugangsmengen ($PFg + PHg$). Dabei sind die Zugangsmengen jedoch in unterschiedlicher Verteilung realisiert.

Fall a) wäre gleichbedeutend mit einem Industrieunternehmen, das eine Wertschöpfungstiefe von 100 % aufweist, d. h. ohne Fremdbezüge auskommt. Die gesamten Zugangs- und Herstellungsmengen wären also identisch.

Fall b) ist gleichbedeutend mit Unternehmen der Montageindustrie. Es werden alle Teile (TZg) fremdbezogen, wobei die Montagen zu Baugruppen und Enderzeugnissen im Unternehmen selbst erfolgt. In Fall c) werden nicht nur die Teile, sondern auch alle Baugruppen (GZg) fremdbezogen. Lediglich die Montage der Enderzeugnisse erfolgt im Unternehmen selbst.

Den komplett entgegengesetzten Grenzfall zu a) würde der Fall d) abbilden, d. h., 100 % der benötigten Produkte werden fremdbezogen ($TZg + GZg + EZg$). Fall d) wäre dann gleichbedeutend mit der Funktion von Handelsunternehmen. Die gesamten Zugangsmengen wären mit den Fremdbezugsmengen identisch. In diesem Fall wäre jedoch auch keine Umrechnung von Direktmengen in Gesamtmengen und keine Unterteilung in Stufenerzeugnisse (Teile, Baugruppen, Erzeugnisse) notwendig.

Die aufgeführten Gleichungen a)–d) machen deutlich, dass Industrie und Handel nur polare Grenzfälle der Verteilungsrelation Fremdbezug/Herstellung darstellen und dazwischen ein Kontinuum von Übergangsfällen besteht. Ferner wird deutlich, dass der Matrixkalkül sowohl für die Grenzfälle a) und d) als auch für die Übergangsfälle b) und c) anwendbar ist.

2.   Auslagerung bestimmter Teile, Baugruppen oder Erzeugnisse
Im Unterschied zu 1. ist es natürlich auch denkbar, dass nicht sämtliche Teile oder Baugruppen fremdbezogen werden, sondern nur bestimmte Teile und/oder Baugruppen. Bezogen auf das Matrizenmodell wären also einzelne Spaltenvektoren (Teile, Baugruppen, Erzeugnisse) entweder im Produktionsprogramm oder im Fremdbezugsprogramm zu finden.

3.   Gemischte Verteilung innerhalb der Fertigungsstufen oder einzelner Teile, Baugruppen
     oder Erzeugnisse
Auch eine gemischte Verteilung fremdbezogener und eigengefertigter Teile, Baugruppen und Erzeugnisse ist durchaus üblich. Dabei werden bestimmte Teile, Baugruppen oder Erzeugnisse *sowohl* selbst gefertigt *als auch* fremdbezogen. Die Entscheidung, wann und in welchen Mengen Fremdbezüge vorgenommen werden sollen, hängt dabei von verschiedenen Faktoren ab. Beispielsweise kann im Rahmen von Anpassungsmaßnahmen bei Überschreitung eigener Kapazitätsgrenzen auf fremdbezogene Teile zurückgegriffen werden. Bei Unterauslastung kann der Fremdbezug null betragen, wenn eigene Teile stets Vorrang vor Fremdbezug haben. Ferner können neben den eigenen Kapazitätsgrenzen Kriterien wie Lieferzeiten, Kosten und Qualität eine Rolle spielen.

Es sei an dieser Stelle noch darauf hingewiesen, dass die Ermittlung der Bestandsveränderungen ($PÄ$) insofern problematisch sein kann, als durch eine Mischung von Fremdbezug und Eigenfertigung bei identischen Teilen, Baugruppen und Erzeugnissen die Bewertung erschwert wird. Das liegt an dem Umstand, dass ohne bestimmte organisatorische Vorkehrungen nicht festgestellt werden kann, ob die am Lager befindlichen Teile aus eigener Herstellung oder aus Fremdbezug stammen. Die Trennung ist aber dennoch erforderlich, da die

Bewertungspreise und die Erfolgswirkung von Lagerbestandsveränderungen unterschiedlich sind. Die Herstellkosten der selbst hergestellten Teile sind in der Regel nicht identisch mit den Einkaufspreisen der fremdbezogenen Teile. Vor diesem Hintergrund müssen für identische, also sowohl selbst hergestellte als auch fremdbezogene Teile, Baugruppen und Erzeugnisse getrennte Materialnummern geführt werden. Daraus folgt, dass im Rahmen der Planung auch eine Entscheidung getroffen werden muss, in welcher Höhe sich die Abgänge (PA) auf Eigenfertigung (PAH) und Fremdbezug (PAF) verteilen.

Die Aufteilung der Abgänge (PAF, PAH) führt dann unter Berücksichtigung der nach Fremdbezug und Eigenfertigung differenzierten Zugangsmengen (PF, PH) zu einer Auffächerung der Bestandsveränderungen in Eigenfertigung und Fremdbezug:

Bestandsverringerung aus Fremdbezug + Bestandsverringerung aus Herstellung

$$PÄ = (PAF - PF) + (PAH - PH) \tag{2.54}$$

Es entstehen somit zwei unterschiedlich zu bewertende mengenmäßige Bestandsveränderungen.

Dabei ist die Bestandsveränderung der Fremdbezüge mit den durchschnittlichen Anschaffungskosten (Einkaufspreis) und die Bestandsveränderung der selbst hergestellten Erzeugnisse mit den Herstellkosten zu bewerten.

2.6.2.1.1.3 Bestandsmengengleichungen des Inputs

Nach den Bestandsmengengleichungen des Outputs sind die erforderlichen Zugangs- und Einsatzmengen der Produktionsfaktoren zu planen. Die mithilfe der Bestandsmengengleichungen des Outputs ermittelten Zugangsmengen bilden wiederum Eingangsgrößen für die Bestandsmengengleichungen der Repetier- und Potenzialfaktoren. Die Bestandsmengengleichungen des Inputs sind in Teil A. II. der Tabelle 2.1 aufgeführt. Dort ist zunächst nochmals die Einflussgrößenrechnung aufgeführt, die für die Ableitung der notwendigen Ressourcenbedarfsrechnung notwendig ist. Neben den Produktionsmengen als Haupteinflussgröße sind in der Matrix RE weitere Einflussgrößen gespeichert, die für die Ermittlung von Ressourcenbedarfen von Bedeutung sind. Dies kann bspw. die Anzahl von Produktionslosen sein, die ihrerseits einen spezifischen Bedarf an Umrüstvorgängen, Material- und Energieverbräuchen, Maschinen- und Personalzeitverbräuchen etc. auslösen. Zusätzlich ist aus formalen Gründen bei den Einflussgrößen ein „Einsvektor" aufgeführt. Dieser dient dazu, dass auch konstante Ressourcenbedarfe auftreten können, die von den Produktionsmengen, Loszahlen etc. unabhängig sind (bspw. konstanter Energiebedarf, konstante Arbeitszeitverbräuche etc.). Dabei handelt es sich dann um fixe, direkt dem Produkt zurechenbare Einzelkosten.

Zwischen der Planung der sogenannten Repetierfaktoren (Material und Energie) und den Potenzialfaktoren (Beschäftigte und Maschinen) besteht aus Sicht der Erfolgsrechnung jedoch ein grundlegender Unterschied. So entstehen erfolgswirksame Materialkosten nur dann, wenn diese tatsächlich in den Transformationsprozess der Produktion einfließen und anschließend in die vertriebliche Leistungsverwertung gelangen. Sofern nur produziert, aber noch nicht verkauft wurde, erfolgt lediglich eine Transformation des Materials in unfertige Erzeugnisse oder Fertigerzeugnisse, d. h., es hat im Prinzip ein Aktivtausch stattgefunden. In der Erfolgsrechnung wird der produktionsbedingte Materialeinsatz ausgewiesen, der jedoch durch eine Bestandserhöhung in gleicher Höhe wieder ausgeglichen wird. Erst mit dem Verkaufsvorgang entfalten die Materialkosten eine erfolgsrechnerische Wirkung. Diese Wirkung tritt selbstverständlich auch dann ein, wenn Erzeugnisse in der jeweiligen Periode überhaupt nicht produziert werden. Dann wird in der Erfolgsrechnung zwar kein produktionsbedingter Materialeinsatz ausgewiesen, der Materialeinsatz ist dann jedoch in der Bestandsverringerung enthalten.

Anders ist die Situation hingegen bei den Potenzialfaktoren. Die erfolgswirksamen (Kosten-)Wirkungen für die Bestände an Potenzialfaktoren treten unabhängig von Produktions- und Vertriebsvorgängen ein. Das liegt an dem Umstand, dass die Potenzialfaktoren kurzfristig nicht proportional zur Produktionsmenge disponiert werden können. Die Kosten fallen also, zumindest kurzfristig, unabhängig von Produktionsmengen an. Daran ändert auch der Einzelkostencharakter der Potenzialfaktoren nichts. Durch die Transformationsvorgänge in der Produktion werden die Kosten für die Potenzialfaktoren ganz oder teilweise bis zum Verkaufsvorgang neutralisiert, da sie als Bewertungsbestandteil in die erzeugten Bestände einfließen und somit aktiviert werden. Für die Planung der Kosten für Potenzialfaktoren dürfen daher nicht nur die zur Realisierung der Produktionsmengen benötigten Zeitverbräuche kalkuliert werden. Bei geplanter Unterauslastung der Kapazitäten (was der Regelfall sein dürfte) müssen die Kosten für nicht genutzte „Leerbestände" ebenfalls planerisch erfasst werden.

Materialbedarfsmengenrechnung:

WZ (Zugang) = WW (Verbrauch) + WV (Verlust) + WK (Verkauf) +
WSV (Endbestand) – WB (Anfangsbestand)   (2.55)

Die Planung der erforderlichen Materialzugangsmengen (WZ) erfolgt formal analog zur Ermittlung der Produktzugangsmengen (PZ) gemäß der allgemeingültigen Bestandsmengengleichung. Der notwendige Zugang ergibt sich aus dem Verbrauch (WW) zuzüglich eventueller Lagerverluste (WV) und Verkäufe (WV). Materialverkäufe sind hier aufgeführt, da es durchaus vorkommen kann, dass auch Rohmaterialien und Werkstoffe an Kunden verkauft werden. Wie in der Produktionsmengenrechnung sind wiederum Anfangsbestände und Zielendbestände für die Materialien zu planen, wobei der Zielendbestand den Bedarf erhöht und der prognostizierte Anfangsbestand den Bedarf vermindert. Der produktionsmengengetriebene Materialmengenverbrauch (WW) ergibt sich aus der Multiplikation der Gesamtbedarfsmatrix der Herstellmengen (PHg) mit den Einflussgrößen, die in den Untermatrizen (Vtw, Vgw, Vew, Vrw) der Input-Verflechtungsmatrix gespeichert sind.

Materialeinsatzmengen WW =
((PHg × Vtw) + (PHg × Vgw) + (PHg × Vew) + (PHg × Vpl) × Vrw))   (2.56)

Die Materialeinsatzmengenplanung ergibt sich aus der Multiplikation der geplanten Produktionsmengen auf Gesamtmengenbasis mit den Untermatrizen Vtw, Vgw, Vew, Vrw der Input-Verflechtungsmatrix. Wie oben bereits ausgeführt, repräsentieren die in der Output-Verflechtungsmatrix $Vpp = (J - S)^{-1}$ gespeicherten Spalten die Stücklisten. Sie geben Auskunft darüber, welche Erzeugnisse aus welchen Baugruppen und Teilen bestehen und welche Gesamtmengen jeweils für eine Output-Einheit benötigt werden. In den Untermatrizen Vtw, Vgw und Vew ist hinterlegt, welche Materialarten in welchen Mengen jeweils für eine

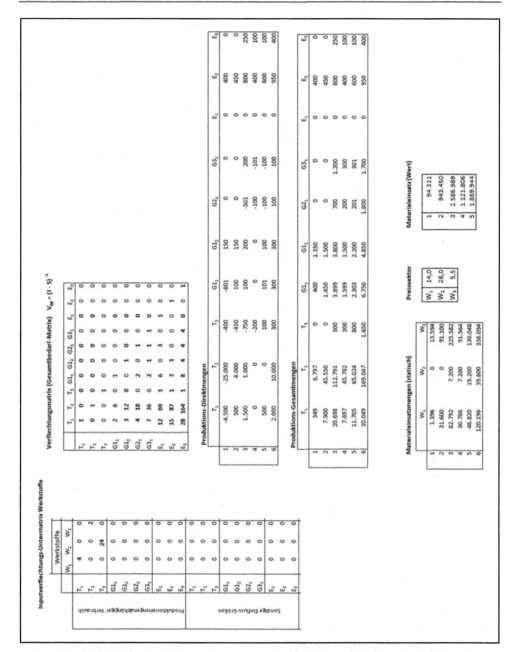

Abb. 2.32: Matrizenoperationen zur Materialeinsatzermittlung. Quelle: Eigene Darstellung

Output-Einheit benötigt werden. Neben den produktionsmengengetriebenen Materialeinsatzmengen sind in der Untermatrix Vrw die Materialmengen je Produktionslos hinterlegt, die mit der Anzahl der Produktionslose (*VPl*) zu multiplizieren sind.

Arbeitszeitbedarfsrechnung (notwendige Personalkapazitäten):

Im Rahmen der Arbeitszeitbedarfsrechnung ist festzustellen, welche Personalstärke in welchen Perioden für die Realisierung des Produktionsmengenprogramms benötigt wird. Der Arbeitszeitbedarf wird mithilfe einer Arbeitskapazitätsmatrix in die Anzahl Arbeitskräfte umgerechnet. Der für die Realisierung der Produktionsmengen benötigte Personalbestand ist mit dem vorhandenen Personalbestand abzugleichen. Bei diesem Abgleich ist zu berücksichtigen, dass im Rahmen der natürlichen Fluktuation und durch planmäßige Abgänge (bspw. Pensionierungen) ein entsprechender Ersatzbedarf bestehen kann. Die notwendigen Zugänge (Einstellungen) im Personalbereich ergeben sich somit aus dem Ersatz von Personalabgängen und einer ggf. vorliegenden Differenz aus notwendigen Personalbeständen und vorhandenen Personalbeständen ($BNO > BBO$).

Bei den genutzten Personalbeständen ist zwischen produktionsgetriebenen, d. h. einflussgrößenabhängigen (BNO) und sonstigen Beständen zu unterscheiden. Die einflussgrößenabhängigen Personalbestände ergeben sich aus der Multiplikation der Produktionsmengenmatrix (PHg) mit den jeweiligen Untermatrizen für menschliche Arbeit (Vta, Vga, Vea) und der Matrix der sonstigen Einflussgrößen (Vra) aus der Input-Verflechtungsmatrix.

$$BNO = (PHg \times Vta \times Vab) + (PHg \times Vga \times Vab) +$$
$$(PHg \times Vea \times Vab) + (PHg \times Vpl \times Vra) \tag{2.57}$$

Die Untermatrizen Vta, Vga und Vea beinhalten die Vorgabezeiten, die zur Produktion jeweils einer Einheit an Teilen, Baugruppen und Erzeugnissen notwendig sind. Diese Untermatrizen sind materiell identisch mit den sogenannten Arbeitsplänen, die in der Planung und Steuerung der diskreten und zusammensetzenden Fertigung zum Einsatz kommen. In der Prozessindustrie (z. B. chemische Industrie) sind die Arbeitspläne meist integraler Bestandteil der Rezeptur.

Die sonstigen Personalbestände (BNS) beinhalten notwendiges Personal für alle Tätigkeiten, die sich nicht direkt aus den Produktionsmengen oder sonstigen Einflussgrößen der Produktion ableiten lassen, also alle indirekten Bereiche der Produktion (Meister, Arbeitsvorbereiter etc.), des Vertriebes und der Verwaltung. Die über die Produktionsmengenmatrix und die Input-Verflechtungsmatrix ermittelten Personalbestände stellen benötigte Endbestände dar. Der Terminus benötigte Endbestände leitet sich aus der Notwendigkeit ab, dass diese Personalbestände am Ende (und damit gleichzeitig zu Beginn) der jeweiligen Vorperiode in voller Höhe zur Verfügung stehen müssen. Sofern sich daraus notwendige Personalzugänge ergeben, leitet sich daraus eine Vorlaufverschiebung ab. Diese Vorlaufverschiebung wird noch verlängert durch notwendige Personalsuchzeiten. Die Einstellungskosten sind demnach zeitlich vorverlagert. Das Ergebnis der Matrizenkalkulation ist also hinsichtlich des benötigten Personalbestandes jeweils um eine Periode vor zu terminieren. Die Umrechnung des Arbeitsmengenverbrauchs in notwendige Personalbestände erfolgt über eine *Koeffizientenmatrix (Vab)* der Periodenarbeitskapazität.

Die Periodenarbeitskapazität eines Mitarbeiters wird ohne Berücksichtigung von eventuellen Überstunden wie folgt ermittelt:

Minuten/Stunde × Stunden/Schicht × Schichten/Arbeitstag ×
Arbeitstage/Mitarbeiter je Planperiode.

	B₁	B₂	B₃
A₁	1/126.000	0	0
A₂	0	1/108.000	0
A₃	0	0	1/126.000

Abb. 2.33: Arbeitskapazitätsmatrix. Quelle: Eigene Darstellung

Die Minuten/Stunde können bei Vorliegen eines Akkordlohnsystems > 60 sein, womit der jeweilige Leistungsgrad ausgedrückt werden kann.

Die in der Diagonalmatrix der Periodenarbeitskapazität eingetragenen Koeffizienten gehen von 60 Arbeitsminuten je Stunde und einem Einschichtbetrieb aus. Die Anzahl Arbeitstage beinhaltet die jeweils zur Verfügung stehende Nettokapazität, d. h., es sind 52 × 2 = 104 Tage für Wochenendarbeit sowie durchschnittlich 30 Tage Urlaub, 5 Krankentage und 2 Feiertage abgezogen. Zur Verfeinerung der Finanzrechnung könnten die Urlaubstage (bspw. Werkferien) auf die Perioden mit dem gehäuften Auftreten von Urlaub verteilt werden. Das gilt genauso für die Krankheitstage, die ebenfalls in bestimmten Perioden häufiger auftreten. Die Feiertage stehen bereits vorher fest und können demgemäß periodengerecht geplant werden. Diese Verfeinerung bedingt jedoch das Einfügen weiterer Matrizen, wovon in diesem Beispiel abgesehen werden soll. Die Koeffizienten der Diagonalmatrix drücken materiell aus, dass für eine Arbeitsminute der Beschäftigungsart Ax in FTE (Fulltime Equivalent) gemessen $1/k$ Beschäftigte notwendig sind.

Sofern man umgekehrt aus gegebenen Beschäftigtenzahlen die Gesamtperiodenkapazität in Arbeitsminuten berechnen will, dann muss die Koeffizientenmatrix der Periodenarbeitskapazität invertiert werden. Die notwendigen Personalendbestände ergeben sich somit aus der Multiplikation der Produktionsmengenmatrix mit der Input-Verflechtungsmatrix sowie der Koeffizientenmatrix der Periodenkapazität.

Aus der Gegenüberstellung notwendiger Personalendbestände (BNO) und vorhandener Personalanfangsbestände (BBO) sowie unter Berücksichtigung zu erwartender Personalabgänge (BAB, BAZ) können die Personalzugänge (BZ) durch Umformung der Bestandsmengengleichung ermittelt werden.

$$BZ = BNO + BNS + BL - BBO - BBS + BAB + BAZ \qquad (2.58)$$

Die Anfangsbestände der Periode 1 entsprechen den jeweiligen Endbeständen der Periode 0. Der Personalanfangsbestand darf nicht kleiner sein als der aus den Produktionsmengen abgeleitete notwendige Endbestand der Periode 0, der sich aus den geplanten Produktionsmengen und sonstigen Einflussgrößen der Periode 1 errechnet. Diese Restriktion folgt aus dem einfachen Umstand, dass für die Vergangenheit keine Personalzugänge mehr geplant werden können. Sollte also der Endbestand der Periode 0 nicht ausreichen, den erforderlichen Personalkapazitätsbedarf der Periode 1 zu decken, dann müssen entweder Überstunden geplant werden oder es müssen entsprechende Kürzungen der Produktionsmengen in Periode 1 vorgenommen werden. Die Überstunden können dabei nur in Höhe des gesetzlich möglichen Rahmens eingeplant werden. Selbstverständlich sind auch Kombinationen aus

Überstunden, Produktionsmengenkürzungen und Fremdvergabe einzelner Arbeitsgänge sowie komplette Fremdbezüge von Teilen, Baugruppen und Erzeugnissen möglich. Zeile 1 der Personalangangsbestandsmatrix muss also stets $\geq$ Zeile 1 der Matrix der notwendigen Personalendbestände sein.

Die in der Personalanfangsbestandsmatrix (BB) verzeichneten Personalbestände garantieren nicht, dass diese auch für den gesamten Planungszeitraum des Kalküls zur Verfügung stehen. Die Personalbestände sinken durch Kündigungen, Erreichung des Renteneintrittsalters, langandauernde Krankheit etc. Dabei sind bestimmte Personalabgänge durch Verträge determiniert und vorhersehbar. Renteneintritt sowie Personalbestandsveränderungen im Rahmen von Personalentwicklungsplänen sind entsprechend einfach zu planen. Kündigungen von beiden Seiten sind aber eher unbestimmt und können durch den Ansatz von Fluktuationsquoten auf Basis betrieblicher Erfahrungswerte in Ansatz gebracht werden. Dabei ist zu unterscheiden zwischen anfangsbestandsabhängigen (BAB) und zugangsabhängigen Personalabgängen (BAZ), da erfahrungsgemäß ein bestimmter Anteil an neuen Arbeitnehmern bereits in der Planungsperiode, d. h. in der Probezeit wieder ausscheidet.

Sofern die vorhandenen Personalanfangsbestände vermindert um zu erwartende Abgänge größer sind als die notwendigen Personalendbestände ($BBO - BAB - BAZ$) > BNO ergeben sich rein rechnerisch zunächst negative Personalzugänge. Der Personalanfangsbestand ist also größer als der benötigte Endbestand laut Produktionsmengenbedarf. Dieser Fall liegt stets vor, wenn die vorhanden Beschäftigten durch das geplante Produktionsmengenprogramm nicht ausgelastet werden können. Da es negative Zugänge nicht geben kann, sind für diesen Sachverhalt im Planungskalkül entsprechende Korrekturmatrizen zu berücksichtigen, die die negativen Zugänge beseitigen. Diese Korrekturmatrix lässt sich im Hinblick auf verschieden Anpassungsmaßnahmen wie folgt interpretieren:

a) Ausleihung von überschüssigen Personalbeständen, d. h. Ausgleich von fehlenden internen Beschäftigungsmöglichkeiten durch externe Beschäftigungsmöglichkeiten
b) Zeitliche Vorverlagerung bzw. zeitlicher Beschäftigungsausgleich im Rahmen der Produktionsmengenverteilung
c) Horizontaler Beschäftigtenausgleich bei Vorliegen von Mehrfachqualifikationen, d. h., Mitarbeiter aus unterbeschäftigen Produktionsstellen könnten eventuell in Produktionsstellen mit Kapazitätsengpass temporär umgesetzt werden
d) Entlassungen, sofern eine dauerhafte Unterbeschäftigung angenommen werden muss – allerdings sollte dieses Mittel immer die letzte Wahl sein, da bei späterem Wiederanstieg der Beschäftigung mit extrem hohen Kosten beim Wiederherstellen der benötigten Kapazität gerechnet werden muss
e) Kurzarbeit

Die unter a)–e) beschriebenen Anpassungsmaßnahmen lassen sich beliebig kombinieren. Dabei wurde jedoch eine weitere Alternative bisher nicht erörtert. Die prinzipielle Frage lautet, ob und in welchem Umfang es sinnvoll erscheint, Unterbeschäftigung durch Entlassungen, Personalausleihungen etc. auszugleichen. Es bietet sich darüber hinaus an, die entstehenden Personalleerbestände als Reservekapazität weiter zu beschäftigen. Die bewusst veranschlagte Reservekapazität kann in einer Leerendbestandsmatrix (BL) erfasst werden bzw. automatisch zum Ausgleich negativer Zugangsmengen befüllt werden.

Ergänzende Bemerkungen zur Personalkapazitätsplanung

Die Personalbedarfsrechnung darf sich u. U. nicht ausschließlich an der Input-Verflechtungsmatrix, d. h. in den Arbeitsplänen hinterlegten Vorgabezeiten für Teile, Baugruppen und Fertigerzeugnisse orientierten. Auf Basis einer Prozessanalyse muss geklärt werden ob die Vorgabezeiten aus der Input-Verflechtungsmatrix tatsächlich mit den jeweiligen Produktionsprozessen korrespondieren. Sofern diese Bedingung nicht vorliegt, ist das Matrizenmodell um eine sogenannte Prozesskoeffizientenmatrix zu erweitern.

Zur Verdeutlichung der Problematik soll folgendes Beispiel dienen:

Eine Arbeitskraft habe zwei verschiedene Werkstücke $W1$ und $W2$ in folgender arbeitsorganisatorisch festgelegter Weise zu bearbeiten (in Klammern die Bezeichnungen der Aktivitäten):

Zunächst wird das Werkstück $W1$ in die Maschine $B1$ eingespannt und die Maschine zur Bearbeitung des Werkstücks in Gang gesetzt ($A1$). Während der selbsttätigen Bearbeitung des Werkstücks $W1$ durch Maschine $B1$ ($A2$) wird das Werkstück $W2$ in die Maschine $B2$ eingespannt ($A3$), bearbeitet ($A4$) und wieder ausgespannt ($A5$). Erst dann wird das Werkstück $W1$ von der Maschine $B1$ genommen ($A6$). Und die Verrichtungsfolge kann erneut beginnen. Zwischen der Beendigung des Ausspannvorgangs von $W2$ ($A5$) und der Beendigung des Bearbeitungsvorgangs von $W1$ ($A2$), die beide als Voraussetzung für das Ausspannen des Werkstückes $W1$ ($A6$) anzusehen sind, können zeitliche Verwerfungen auftreten, die entweder Wartezeiten für die Arbeitskraft oder Brachzeiten für die Maschine $B1$ bedeuten. Jede der mit $A1$ bis $A6$ bezeichneten Aktivitäten ist in eindeutiger Weise mit anderen Aktivitäten verknüpft, mit der Folge, dass keine Aktivität isoliert geplant werden kann.[119] Treten solche Prozessfolgen auf, dann ist dem Planungskalkül eine Prozesskoeffizientenmatrix hinzuzufügen, die die zeitliche Verknüpfung solcher Elementarprozesse berücksichtigt. Die einfache Multiplikation der Stückzeiten (Vorgabezeiten in den Arbeitsplänen) würde ansonsten zu ungenauen Ergebnissen hinsichtlich des zu erwartenden Arbeitszeitbedarfs führen.

Die Personalbedarfs-, Personaleinsatz- und Personalausstattungsplanung im industriellen Kontext gehört zu den schwierigsten Planungsaufgaben im Rahmen der Planungsrechnung. Zur tieferen Analyse der Planungsprobleme des Personalbedarfs sei auf die umfangreiche Spezialliteratur zu diesem Thema verwiesen (Sent, Kosspiel, Kochen, Strutz, Günther, Schneeweiß, Hemmers, Dienstorf, Braun, Fehr et al.).

Der gesamte (erfolgswirksame) Personalendbestand ergibt in der Situation einer Unterauslastung der Personalkapazitäten und der bewussten Bildung von Personalreserven zusammengefasst somit als:

$BS = BNO + BNS + BL$ = Gesamt-Endbestand Beschäftigte

---

119 Kossbiel, Die Bestimmung des Personalbedarfs, S. 34 ff.

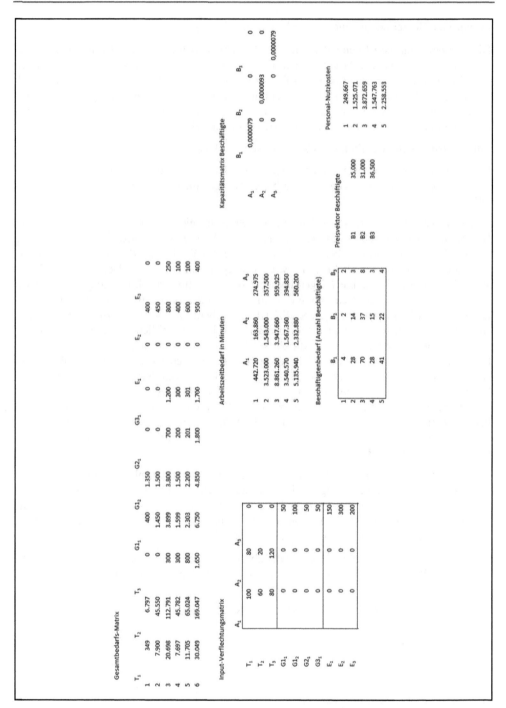

Abb. 2.34: Matrizen der Personalbedarfs- und Personalbestandsplanung. Quelle: Eigene Darstellung

Maschinenzeit – Bedarfsrechnung:

MZ (Zugang) = *MN* (genutzter Endbestand) + *ML* (Leer-Endbestand) +
MM (vermieteter Endbestand) – *MB* (Anfangsbestand) +
MAB (anfangsbestandsabhängiger Abgang) + *MAZ* (zugangsabhängiger Abgang) +
MK (Verkaufsabgang)

Genutzte Endbestände

Die erforderlichen Endbestände an Maschinen werden analog zu den erforderlichen Perso-
nalendbeständen geplant.

$$MNO = (PHg \times Vtn \times Vnm) + (PHg \times Vgn \times Vnm) +$$
$$(PHg \times Ven \times Vnm) + (PHg \times Vpl \times Vrn) \tag{2.59}$$

Auch hier ist darauf zu achten, dass die erforderlichen Maschinen-Endbestände jeweils zum
Ende der vorhergehenden Periode in vollem Umfang zur Verfügung stehen müssen. Durch
Multiplikation der Produktionsmengenmatrix mit der Input-Verflechtungsmatrix ergeben
sich die erforderlichen Maschinenzeiten. Die Umrechnung des Zeitbedarfs in Maschinenbestände erfolgt mit der Matrix der Periodenkapazität der Maschinen:

Minuten/Stunde × Stunden/Schicht × Schichten/Arbeitstag ×
Arbeitstage/Maschine je Planperiode

Die theoretische Kapazitätsobergrenze für Maschinen beträgt:

Max. Maschinenkapazität = 60 Minuten × 8 Stunden × 3 Schichten × 365 Tage =
525.600 Stunden

Bei der Berechnung der Periodenkapazität sind wiederum Feiertage, Zeiten für Instandhaltung etc. abzuziehen.

	M₁	M₂	M₃
N₁	1/120.000	0	0
N₂	0	1/120.000	0
N₃	0	0	1/96.000

Abb. 2.35: Maschinenkapazitätsmatrix. Quelle: Eigene Darstellung

Die Anfangsbestände an Maschinen müssen größer/gleich den benötigten Endbeständen der
jeweiligen Planperiode sein, da ansonsten der Produktionsplan entweder nicht durchführbar
ist oder durch die erforderliche Kapazität durch entsprechende Investitionen erst geschaffen
werden muss. Anders als bei den Personalbeständen sind die voraussichtlichen Abgänge an
Maschinen weitestgehend determiniert, d. h., die betriebsübliche Nutzungsdauer ist in der
Regel bekannt. Aus den Anschaffungszeitpunkten und der betriebsüblichen Nutzungsdauer
ergeben sich die voraussichtlichen Zeitpunkte des Abgangs. Somit ergibt sich eine weithin
kalkulierbare Abgangsordnung, die in die Planungsrechnung integriert werden kann.

Analog zur Ermittlung der benötigten Personalendbestände bzw. den nötigen Personalzugängen können auch bei den Maschinen negative Zugänge erscheinen. Diese negativen Zugänge signalisieren nicht genutzte Maschinenbestände (Leerkapazitäten). Es ist zu entscheiden, ob und wie diese Leerkapazitäten genutzt werden können. Ergeben sich keine sinnvollen internen Nutzungsmöglichkeiten, dann ist bspw. über externe Vermietung oder Verkauf nachzudenken. Eventuell ist es auch möglich, die Maschinen anderen Unternehmen zur Durchführung bestimmter Arbeitsgänge an ihren jeweiligen Produkten zur Verfügung zu stellen. Sofern keine Vermietung bzw. Auslastung mit Fremdarbeitsgängen möglich ist und ein Verkauf wegen der Vorhaltung der nicht genutzten Maschinen als Reservekapazität ebenfalls nicht durchgeführt werden soll, sind die überzähligen Maschinenkapazitäten in einer Leer-Endbestandsmatrix zu erfassen. Diese Leer-Endbestandsmatrix ist, wie beim Personal, die Basis für die Berechnung und den separaten Ausweis der Leerkosten.

Planungstechnischer Vergleich zwischen Arbeitszeit-Bedarfsrechnung und
Maschinenzeit-Bedarfsrechnung:

Aus der dargestellten Systematik zur einflussgrößenbasierten Planung von Personal- und Maschinenzeiten wird deutlich, dass keinerlei Unterschiede in der reinen Planungstechnik erkennbar sind. Die mengenmäßige Bedarfs- und Bestandsplanung weist also bei beiden Potenzialfaktoren die exakt gleiche Grundstruktur auf. Sowohl die menschliche Arbeitsleistung als auch die Maschinennutzung sind untrennbar an Nutzungspotenziale gebunden. Vor diesem Hintergrund werden diese Produktionsfaktoren in der Produktions- und Kostentheorie auch als Potenzialfaktoren bezeichnet.

Die im Hinblick auf menschliche Arbeitszeit und Maschinenzeit korrespondierenden Planungsgrößen können wie folgt beschrieben werden:

1) Arbeitszeitbedarf $\leftrightarrow$ Maschinenzeitbedarf
2) Personalbestand $\leftrightarrow$ Maschinenbestand
3) ungenutzter Personalreservebestand $\leftrightarrow$ ungenutzter Maschinenreservebestand
4) Einstellungen $\leftrightarrow$ Investitionen (Maschinenzugänge)
5) Kündigungen $\leftrightarrow$ Desinvestitionen (Maschinenabgänge)
6) Personalkosten $\leftrightarrow$ Abschreibungskosten

Lediglich in den in Ziffer 2 ausgewiesenen Beständen besteht ein ökonomischer Unterschied in der Bilanzierung. Nur der Maschinenbestand repräsentiert einen bilanzierungspflichtigen Wirtschaftsgüterbestand. Hinsichtlich der Ausgabenwirkungen besteht zusätzlich noch ein Unterschied dergestalt, dass für die Nutzung des Faktors menschliche Arbeit laufende Personalausgaben erforderlich sind, die Maschinennutzung hingegen unter Auszahlungsgesichtspunkten nur einmalige vorhergehende Investitionsausgaben erfordert. Ein Unterschied ist also nur im Hinblick auf die Periodizität der Auszahlungen erkennbar. Würden alternativ Maschinen angemietet werden, dann wären auch im Hinblick auf den zeitlichen Verlauf der Auszahlungen keine Unterschiede mehr gegeben.

Vor dem Hintergrund dieser Ausführungen erscheint es mehr als fragwürdig, warum Abschreibungskosten i. d. R. als Periodengemeinkosten angesehen werden, Fertigungslöhne hingegen als proportionale Einzelkosten. Diese unterschiedliche Behandlung wäre nicht einmal bei Akkordlohnsystemen gerechtfertigt, da bei Unterschreitung einer bestimmten

Kapazitätsauslastung Akkordlöhne nach allen geltenden Tarifverträgen automatisch in Zeitlöhne übergehen.

2.6.2.1.2   Preisvektoren und Preismatrizen

Bei der Multiplikation der Mengenmatrizen mit den jeweiligen Preisen der Repetier- und Potenzialfaktoren ist in Mehrperiodenmodellen zu berücksichtigen, dass in den einzelnen Teilperioden unterschiedliche Preise geplant werden können. Sofern die Mengenmatrizen mit Preisvektoren multipliziert werden, ergeben sich für alle Produkte, Repetierfaktoren und Potenzialfaktoren einheitliche Preisbasen, die für alle Teilperioden gültig sind. Will man diese Vereinfachung vermeiden, müssen die Mengenmatrizen mit Preismatrizen multipliziert werden. Dabei repräsentieren die einzelnen Spalten der Preismatrix die für jede einzelne Periode gültigen Preise. Die bei der Multiplikation entstehende Wertmatrix enthält dann auf der Diagonalen die jeweiligen Teilperiodenwerte.

Aus den unterjährigen Preisänderungen entsteht in gewisser Hinsicht ein Bewertungsproblem. So ist z. B. nicht eindeutig erkennbar, mit welcher Preisbasis die Kostenträger-Stückkalkulationen erstellt werden sollen. Hier könnte z. B. mit den jeweils zuletzt gültigen Preisen oder mit einem gewogenen Periodendurchschnitt gerechnet werden. Bei einer Durchschnittsbetrachtung müssten jedoch zunächst alle Mengenmatrizen mit den Preismatrizen ausmultipliziert werden und im nächsten Schritt die Durchschnittspreise ermittelt werden. Dies wäre bei einer eindeutigen Preisbasis (bspw. letzter gültiger Preis) nicht notwendig, da die Multiplikation der Input- und Output-Verflechtungsmatrizen mit den zugehörigen Preisvektoren direkt zu den gesuchten Kalkulationen je Output-Einheit führen würde. Im Hinblick auf Rohstoff- und Produktläger ist jedoch zu beachten, dass diese nur mit Durchschnittspreisen oder anderen handels- und steuerrechtlich zulässigen Verbrauchsfolgefiktionen (FIFO, LIFO etc.) bewertet werden dürfen. Insofern bedarf das Planungsmodell für Bewertungszwecke einer Ergänzung in Form von sogenannten Lager-Durchflussmodellen. Damit werden die Zu- und Abgänge mathematisch in der gewünschten Form modelliert und jeder Zu- und Abgang auf Basis der gewählten Verbrauchsfolgefiktion bewertet. Die Zwischenschaltung von Lager-Durchflussmodellen erlaubt es auch, evtl. notwendige Abwertungen nach handels- und steuerrechtlichen Vorschriften zu berücksichtigen. Hierzu wäre bspw. für die Rohstoffe eine Prognose für die zum Jahresende voraussichtlich gültigen Einkaufspreise zu speichern. Diese Prognose ergibt in vielen Fällen jedoch erst dann einen Sinn, wenn eine zuverlässige Abschätzung der Preisentwicklung zum Jahresende möglich erscheint. Das wird meist erst in der Nähe des Jahresendes möglich sein. Damit wären dann Simulationen möglich, die Auskunft darüber geben, welcher Abwertungsbedarf sich aufgrund der bisherigen Preisverläufe und der erwarteten Wiederbeschaffungspreise voraussichtlich ergeben könnte. Ähnlich verhält es sich mit der Bewertung der fertigen und unfertigen Erzeugnisse zum Jahresende. Einerseits können im Rahmen des sogenannten „beizulegenden Wertes" retrograd aus den zum Jahresende gültigen Verkaufspreisen der Erzeugnisse die jeweiligen Bewertungsansätze ermittelt werden. Dabei müssen andererseits vom Verkaufspreis die üblichen (kalkulatorischen) Gewinnmargen sowie die üblicherweise anfallenden Verwaltungs- und Vertriebskosten in Abzug gebracht werden. Dieser vom Absatzmarkt determinierte Herstellkostenwert ist dann mit den kalkulierten Herstellkosten zu vergleichen, wobei der niedrigere der beiden Werte den Bilanzansatz darstellt. Für die Ermittlung der Herstellkosten in diesem Zusammenhang müssen unter Berücksichtigung

der voraussichtlich zu erwartenden Ist-Kosten der Einsatzgüter und Potenzialfaktoren sogenannte Inventurkalkulationen aus dem Planungsmodell abgeleitet werden.

Die Erfassung von unterschiedlichen Preisen in einzelnen Teilperioden ist nicht nur für die
realitätsnahe Abbildung der Wertmatrizen notwendig.

Beispiel

Für eine bestimmte Materialart soll sich der Einkaufspreis ab einer bestimmten
Periode ändern. Zur Bestimmung der Erfolgsauswirkung dieser Preisänderung
müssen die Einkaufs- und Bestandsmengen dieser Materialart bekannt sein. Ferner müssen die Produkte bekannt sein, in denen diese Materialart verwendet
wird, und welche Produktions- und Verkaufsmengen nach der Materialpreisänderung erwartet werden. Nur der Verkaufsanteil der von der Materialpreisänderung betroffenen Produkte ist erfolgswirksam. Dabei wäre zusätzlich zu klären,
ob die betroffenen Produkte nach der Materialpreisänderung bis zum Ende der
gesamten Planungsperiode überhaupt noch produziert werden. Ist dies nicht der
Fall, ergibt sich aufgrund der Materialpreisänderung überhaupt keine Erfolgsauswirkung, da alle zu neuen Preisen eingekauften Materialpositionen im Materialbestand aktiviert würden. Nur wenn nachproduziert wird, fließen die geänderten Materialpreise ggf. anteilig in die Herstellkosten ein. Sie fließen nur anteilig
ein, da i. d. R. über Verbrauchsfolgefiktionen eine bestimmte Materialver-
brauchsreihenfolge unterstellt wird. Die Verbrauchsfolgefiktionen kommen dann
zum Tragen, wenn zum Produktionszeitpunkt noch Materialbestände aus früheren Einkäufen vorhanden sind. Aber auch wenn das der Fall ist, können die anteilig in die Herstellkosten einfließenden Materialkosten je nach Verbrauchsfolgefiktion (LIFO, FIFO, gewogener Durchschnitt) unterschiedlich hoch
ausfallen. Die Verbrauchsfolgefiktionen gelten nicht nur für das Material, sondern auch für die Produkte selbst. Daraus folgt, dass sich die Bewertung der Produktbestände und damit die anteilig auf den Verkauf entfallenden Herstellkosten
ebenfalls ändern und sich damit eine weitere „Verzerrung" der aus der Materialpreisänderungen resultierenden Erfolgsauswirkung ergibt. Auch hier wäre analog
zu den Materialbeständen zu prüfen, ob und in welcher Höhe Produktbestände
vorhanden sind. Nur wenn die realitätsfremde Annahme in allen Perioden stets
identischer Produktions- und Absatzmengen, wie das in den Kontenmodellen der
Verkaufserfolgsrechnung der Fall ist, das Planungsmodell bestimmt, können die
beschriebenen Effekte vernachlässigt werden. Aber auch dies würde streng genommen auch nur dann zutreffen, wenn zusätzlich unterstellt würde, dass keine
Bestände vor der Preisänderung vorhanden sind.

– Material wird nur beschafft, bis zum Ende der Planungsperiode jedoch nicht
  mehr weiterverarbeitet → keine Erfolgsauswirkung.
– Material wird bis zum Ende der Planungsperiode noch im Produktionsprozess verwendet → keine auf die Preisänderung zurückzuführende Erfolgsauswirkung, wohl aber Erfolgserhöhung durch Bestandsveränderung.

- Produkte, in denen das Material verwendet wird, werden bis zum Ende der Planungsperiode noch verkauft → Erfolgsauswirkung in voller oder teilweiser Höhe abhängig von Bestands-, Einkaufs-, Produktions-, Absatzmengen- und Verbrauchsfolgefiktion.
- Der Erfolgsausweis ist abhängig davon, ob die Produkte aus vorhanden Lagerbeständen vor der Preisänderung verkauft werden oder ob die Verkaufsmenge zusätzlich produziert oder in geringeren Mengen produziert wird.

Diese kurzen Ausführungen zeigen, dass die Frage nach der Erfolgsauswirkung von Materialpreisänderungen keineswegs so einfach zu beantworten ist, wie es vordergründig scheint. Nur eine differenzierte Abbildung von Einkaufs-, Bestands-, Produktions- und Abgangsmengen (Verkauf, Vermietung, Eigenleistung) einerseits sowie andererseits eine differenzierte Abbildung der Output- und Input-Verflechtungen in Verbindung mit einer periodischen Erfassung der Preisentwicklungen können eine realitätsnahe Simulation der Erfolgs-, Finanz- und Bilanzwirkungen ermöglichen. Diese Aussage gilt selbstverständlich nicht nur für Materialpreisänderungen, sondern für alle Preisänderungen von Repetier- und Potenzialfaktoren.

2.6.2.1.2.1   Produktkalkulationen

Zur Bewertung der fertigen und unfertigen Erzeugnisse sowie der aktivierten Eigenleistungen sind aus dem Planungskalkül die Herstellkosten je Erzeugniseinheit abzuleiten. Durch den differenzierten Aufbau des Planungskalküls ist es auf einfache Art und Weise möglich, sowohl auf Teilkosten- als auch auf Vollkostenbasis die jeweiligen Produktkalkulationen zu bestimmen. Die Bewertung der Erzeugnisse auf Vollkostenbasis führt stets zu einem anderen Betriebsergebnis als die Bewertung auf Teilkostenbasis, sofern Lagerbestandsveränderungen und/oder aktivierte Eigenleistungen vorliegen.

Bestandsveränderungen an fertigen Erzeugnissen:

$$PÄW = (- (PA - PAF) + PHg) ((Vpp (J + Vzv Vpp) (Vpi + Vpl Vli))$$
$$(pW \mid pB \mid pM{\times}qM \mid pF) + (Kf + (I\text{-}LE \times (I\text{-}KflV^{-1} \times KF)) -$$
$$(I\text{-}LA \times (I\text{-}KflV^{-1} \times KF)) \times (PHg \times Voa)^{-1}) \qquad (2.60)$$

Der Mengenteil der Bestandsveränderung (*PÄ*) ergibt sich aus den Matrizen der Output-Rechnung als Differenz zwischen den Abgangsmengen (*PA*) und Zugangsmengen (*PHg*). Die Abgangsmengen sind zu vermindern um darin enthaltene Mengen für fremdbezogene Produkte, da diese nicht zu Herstellkosten, sondern mit den jeweiligen Einkaufspreisen der Lieferanten zu bewerten sind. Sind in den Zu- und Abgängen keine fremdbezogenen Produkte enthalten, könnte der Mengenteil der Bestandsveränderung auch durch (– *PB* + *PS*) ermittelt werden, d. h., es wird die Differenz zwischen der Anfangs- und Endbestandsmatrix gebildet.

Der Bewertungsteil der Bestandsveränderungen enthält die Herstellkosten je Erzeugnis auf Basis von Vollkosten. Hierzu ist eine Herstellkostenkalkulation pro Mengeneinheit (Kostenträgerstückrechnung) durch eine multiplikative Verknüpfung der Output-Verflechtungsmatrix auf Gesamtmengenbasis (*Vpp*) mit den Untermatrizen der Input-Verflechtungsmatrix (*Voi*) vorzunehmen. Das grundlegende Konstruktionsprinzip der Input-Verflechtungsmatrix wurde bereits weiter oben erläutert. Die gesamten Inputmengen je Produktionsfaktor und Output-Einheit ergeben sich aus:

$$((Vpp \ (J + Vzv \ Vpp) \ (Vpi + Vpl \ Vli))) \tag{2.61}$$

Zunächst ist die Einheitsmatrix J um die zugangsabhängigen Verlustmengen (*Vzv* × *Vpp*) zu erhöhen und anschließend mit den Untermatrizen (*Vpi*) und dem Produkt aus (*Vpl* × *Vli*) zu multiplizieren.

In Vzv könnten auch eventuelle Schrotterlöse für zwangsläufig entstehende Werkstoffabfälle einbezogen werden. In der metallverarbeitenden Industrie wird bspw. das Zuschneiden von Stahlblechen mit Laser- und Plasma-Schneidemaschinen mithilfe einer sogenannten Verschachtelungssoftware optimiert. Allerdings lassen sich aufgrund bestimmter geometrischer Eigenschaften der zuzuschneidenden Rohlinge bestimmte Verschnittabfälle nicht vermeiden. Diese Stahlschrottabfälle werden durch die Industrieunternehmen an Stahlschrotthändler verkauft. Solche Erlöse aus Werkstoffabfällen sind als Korrekturposten in die Stückkalkulation einzubeziehen, wenn die Kalkulationsgenauigkeit bei Nichtberücksichtigung signifikant schlechter sein würde.

Vpi repräsentiert die produktionsmengenabhängigen Einflussgrößen der Produktionsfaktoren. *Vpi* besteht wiederum aus den Untermatrizen für Teile (*Vti*), Baugruppen (*Vgi*) und Erzeugnisse (*Vei*). Die Untermatrizen *Vti*, *Vgi* und *Vei* repräsentieren damit die einzelnen Produktionsstufen und gliedern sich wiederum in Untermatrizen für Werkstoffe (*Vtw*, Vgw, *Vew*), menschliche Arbeit (*Vta, Vga, Vea*), Maschinennutzung (*Vtn, Vgn, Ven*) und Energie (*Vtf, Vgf, Vef*). Der produktmengenabhängige Input wird somit durch 12 Untermatrizen repräsentiert, der durch Multiplikation mit der um Ausschuss erhöhten Output-Verflechtungsmatrix auf Gesamtmengenbasis (*J + (Vzv Vpp)*) bestimmt wird. Der produktmengenabhängige Input ist um weitere Einflussgrößen zu ergänzen, die nicht direkt von der Produktionsmenge abhängen. Im Beispiel wird die Losgrößenmatrix (*Vpl*) mit den losgrößenabhängigen Einflussgrößen (*Vpl* × *Vli*) multipliziert, da nur die Losgrößen als zusätzliche Einflussgrößen erfasst sind. Abweichend zur obigen Darstellung der Input-Verflechtungsmatrix wurde anstelle der allgemeinen Untermatrix für die restlichen Einflussgrößen (*Vri*) hier nur die Untermatrix (*Vli*) einbezogen, da nur losgrößenabhängige Einflussgrößen berücksichtigt wurden. Selbstverständlich können beliebige weitere Einflussgrößen im Matrizenkalkül erfasst werden, sofern diese in einer linearen Abhängigkeit zum Produktionsprogramm stehen. Der Matrizenkalkül lässt sich damit als eine Mehrprodukt-, Mehrperioden- und Mehreinflussgrößenrechnung auffassen.

Die so ermittelten Inputmengen sind mit den jeweiligen Preisvektoren der Produktionsfaktoren zu multiplizieren, um den mengenmäßigen Input in einen in Geldeinheiten bewerteten Input zu überführen. Die Preisvektoren der einzelnen Input-Faktoren sind in dem Vektor *pi* zusammengefasst. Der Preisvektor *pi* umfasst die Untervektoren *pW, pB, pM×qM, pF*. Dabei werden in den Untervektoren *pW* die Werkstoffpreise, *pB* die Beschäftigtenentgelte, *pM×qM* die Abschreibungsbeträge und *pF* die Energiepreise bereitgestellt. Die Abschreibungsbeträge für die Maschinennutzung errechnen sich aus einer Abschreibungsquotenmatrix (*qM*), die mit dem Anschaffungspreisvektor der Maschinen (*pM*) multipliziert wird. Die Abschreibungsquoten sind die Kehrwerte der Nutzungsdauern (1 / *ND*).

Durch den Ausdruck

$$((Vpp \ (J + Vzv \ Vpp) \ (Vpi + Vpl \ Vli)) \ pi; \ pi = (pW \mid pB \mid pM \times qM \mid pF) \qquad (2.62)$$

sind die Einzelherstellkosten je Output-Einheit ermittelt. Es sei an dieser nochmals darauf hingewiesen, dass diese Einzelkosten nicht mit variablen Einzelkosten oder gar Grenzkosten verwechselt werden dürfen. Variable Herstelleinzelkosten sind in der Regel nur bei Werkstoffen und Energie gegeben, nicht hingegen bei Beschäftigten und Maschinen. Bei Beschäftigen und Maschinen liegt zwar die Möglichkeit der Einzelerfassung je Output-Einheit und damit eine produktionsmengenproportionale Verrechnungsmöglichkeit vor, jedoch sind die Gesamtkosten abhängig von der zeitlichen Disposition bzw. vertraglichen Bindung und nicht von den Produktionsmengen.

In Abbildung 2.36 ist das Zusammenspiel einzelner Matrizen zur Ermittlung stückbezogener Einzelherstellkosten nachvollziehbar.

Die Einzelherstellkosten sind noch um die (fixen) Gemeinherstellkosten zu erhöhen. Diese Kosten fallen in der Regel unabhängig von den Produktionsmengen an und können nur über bestimmte Zurechnungsvorschriften bzw. Schlüsselungen auf die Output-Einheit verrechnet werden. Die in der Praxis übliche Zurechnungsvorschrift ist die zeitliche Inanspruchnahme der Fertigungsstellen durch die Output-Einheiten.

Die Kostensummen der fixen Fertigungsgemeinkosten der Kostenstellen werden in der Matrix Kf erfasst. Die Kostensätze (Preisvektoren) bestimmen sich aus der Division der Kostensummen durch die Plan-Bezugsgrößen der Beschäftigung je Kostenstelle. Als Plan-Bezugsgröße wurden hier die Fertigungsstunden des Produktionsfaktors Beschäftigte gewählt, die sich aus der Multiplikation der Produktionsmengen je Output-Einheit mit den Vorgabezeiten je Kostenstelle ergeben. Selbstverständlich sind auch andere Plan-Bezugsgrößen denkbar, je nachdem welche Bedienungsrelationen zwischen Beschäftigtenstunden und Maschinenstunden vorherrschen.

Da in der Matrizenrechnung die Division von Matrizen nicht definiert ist, müssen die Kostensätze je Kostenstelle durch Matrizeninversion ermittelt werden. Matrizen können nur dann invertiert werden, wenn sie quadratisch sind und eine Determinante <> null besitzen. Diagonalmatrizen können immer invertiert werden, sofern alle Einträge auf der Hauptdiagonale <> null sind. Die Kostenstellenmatrix (Kf) im Planungskalkül ist zwar stets eine quadratische Diagonalmatrix, jedoch ist nicht immer davon auszugehen, dass in allen Kostenstellen fixe Fertigungsgemeinkosten anfallen. Sollte dieser (unwahrscheinliche) Fall auftreten, sind die Kostensätze je Kostenstelle außerhalb des Matrizenkalküls durch elementweise Division zu ermitteln.

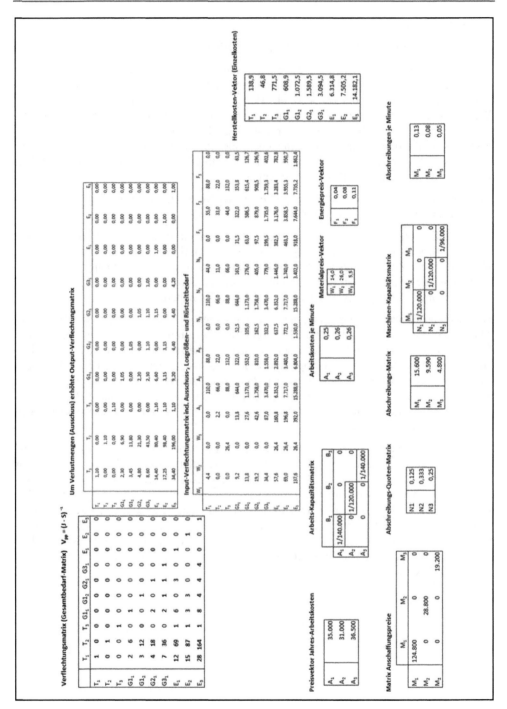

Abb. 2.36: Matrizen der Einzelherstellkosten, Stückkalkulation. Quelle: Eigene Darstellung

Matrix der Verkaufsmengen (Plan)	
T1	900
T2	1200
T3	1500
T4	1550
	5150

Kostenstellen-Diagonalmatrix Fertigungsgemeinkosten (Kf)			
	1	2	3
1	6.000	0	0
2	0	8.500	0
3	0	0	6.950
	6.000	8.500	6.950	21.450

Matrix der Vorgabezeiten (Voa)			
	1	2	3
T1	0,1	0,11	0,121
T2	0,15	0,165	0,1815
T3	0,125	0,1375	0,15125
T4	0,17	0,187	0,2057

Matrix der Produktionsmengen (PHg)			
	T1	T2	T3	T4
1	1.000	1.300	1.400	1.500
2	1.000	1.300	1.400	1.500
3	1.000	1.300	1.400	1.500
	3.000	3.900	4.200	4.500

Diagonalmatrix der Kapazitätsauslastung			
	1	2	3
1	725	0	0
2	0	797,5	0
3	0	0	877,25

Inverse Kapazitätsmatrix			
	1	2	3
1	0,00137931	0	0
2	0	0,00125392	0
3	0	0	0,00113993

Matrix der Kostensätze auf Basis Plan-Auslastung			
	1	2	3
1	8,27586207	0	0
2	0	10,6583072	0
3	0	0	7,92248504

Matrix der Kostenkalkulationen je Artikel (Plan-Auslastung)			
	1	2	3	Σ
T1	0,82759	1,17241	0,95862	2,96
T2	1,24138	1,75862	1,43793	4,44
T3	1,03448	1,46552	1,19828	3,70
T4	1,40690	1,99310	1,62966	5,03

Abb. 2.37: Matrizen zur Ermittlung von stückbezogenen fixen Herstellkosten, Stückkalkulation. Quelle: Eigene Darstellung

Die Kostensätze vor Durchführung der internen Leistungsverrechnung lassen sich ermitteln durch:

$$(Kf \times (PHg \times Voa)^{-1}) \tag{2.63}$$

Die Produktionsmengenmatrix (*PHg*) wird multipliziert mit den Vorgabezeiten je Output-Einheit (*Voa*) und das Ergebnis invertiert. Die inverse Kapazitätsbedarfsmatrix ist zu multiplizieren mit der Diagonalmatrix der Fertigungsgemeinkosten (*Kf*). Als Ergebnis erhält man die Kostensätze je Output-Einheit basierend auf der Plan-Beschäftigung. Der Vollständigkeit halber sei an dieser Stelle darauf hingewiesen, dass die Verwendung der Plan-Beschäftigung nicht zwingend ist oder im Rahmen der Ex-ante-Rechnung (Ist-Kostenermittlung) sogar unzulässig sein kann. Das liegt daran, dass aufgrund von handels- und steuerrechtlichen Vorschriften einerseits nur die tatsächlich angefallenen Herstellkosten und zudem keine „Leerkosten" in die Bewertung einbezogen werden dürfen. Sofern eine signifikante Unterbeschäftigung vorliegt, ist die Verwendung der sogenannten Normal-Beschäftigung zur Kostensatzermittlung vorgeschrieben. Für den Matrixkalkül hat das jedoch keine rechentechnische Bedeutung, da dann anstelle der inversen Kapazitätsbedarfsmatrix eine inverse Normal-Beschäftigungsmatrix (*CCN*) zu verwenden wäre:

$$(Kf \times CCN^{-1}) \times Voa \tag{2.64}$$

Materiell ergibt sich allerdings ein gravierender Unterschied. Da bei Anwendung der Normal-Beschäftigung die Kostensätze unabhängig von der tatsächlichen Auslastung sind, sind in der Folge die daraus resultierenden Ergebnisschwankungen durch Bestandsveränderungen wesentlich größer als bei Anwendung der Ist- oder Plan-Beschäftigung. Der Grund hierfür liegt darin, dass bei Variation der Beschäftigung auch die Kostensätze variieren, die bei Anwendung der Normal-Beschäftigung aber „künstlich" fixiert werden.

Hierin bestätigt sich noch einmal die bereits oben vorgenommene Aussage, dass in Industrieunternehmen der rechnerische Erfolg nicht nur durch verschiedenen Ansatz- und Bewertungswahlrechte mitbestimmt wird, sondern auch durch die im Rahmen der internen Kosten- und Leistungsrechnung getroffenen Annahmen.

2.6.2.1.2.2   Interne Leistungsverrechnung

Im Rahmen der Ermittlung der Kalkulationssätze der Kostenstellen ist zu berücksichtigen, dass zwischen Produktionskostenstellen und sogenannten fertigungsunterstützenden Hilfskostenstellen interne Leistungsbeziehungen auftreten können. Diese internen Leistungsbeziehungen verändern die nur auf Basis der angefallenen Primärkosten ermittelten Kalkulationssätze der Kostenstellen. Dabei bleibt die Gesamtsumme der auf Kostenstellen geplanten Kosten zwar unverändert, es findet jedoch eine interne Umverteilung bestimmter Kostenblöcke statt. Diese intern umverteilten Kostenblöcke erscheinen auf den empfangenden Kostenstellen als sogenannte Sekundärkosten. Im Hinblick auf die Anwendung bestimmter Verteilungsmethoden muss untersucht werden, welche Art von Leistungsbeziehung vorliegt. Sind nur einseitige, d. h. Leistungsbeziehungen in eine Richtung gegeben, können einfache Verteilungsmethoden wie bspw. das Stufenleiterverfahren angewendet werden. Liegen hingegen interdependente Leistungsbeziehungen vor, kann das Verteilungsproblem nur mit Hilfe simultaner Lösungsmethoden exakt gelöst werden. Interdependente Leistungsbeziehungen sind durch Rückflüsse der leistungsempfangenden Kostenstelle an die leistungsabgebende Kostenstelle gekennzeichnet. Dadurch entsteht ein sogenanntes Zirkularitätsproblem. Dieses kommt dadurch zum Ausdruck, dass zur Ermittlung des Verrechnungssatzes der leistungsempfangenden Kostenstelle die Höhe der Leistung der leistungsabgebenden Kostenstellen bekannt sein muss und umgekehrt. Zur Lösung dieses Zirkularitätsproblems stehen im Prinzip drei Lösungsverfahren zur Verfügung:

– Verfahren zur Lösung linearer Gleichungssysteme
– Iterationsverfahren
– Inversionsverfahren

Im Folgenden wird lediglich das Inversionsverfahren (Matrizenverfahren) behandelt.

Im ersten Schritt sind in einer Diagonalmatrix (KfL) die Kostenstellenleistungen bzw. Leistungsmengen zu erfassen. Diese Leistungsmengen sind gleichbedeutend mit den sogenannten Plan-Bezugsgrößen der Kostenstellen. Sie können direkt aus der Multiplikation der Untermatrizen (Voa) und (Von) der Input-Verflechtungsmatrix mit den Produktionsmengen (PHg) abgeleitet werden. Im nächsten Schritt sind in einer Verflechtungsmatrix (I-$KflV$) die internen Leistungsbeziehungen zwischen den Kostenstellen festzuhalten. Dabei ist auf der Hauptdiagonale von I-$KflV$ die Kostenstellenleistung der jeweiligen Kostenstellen vermehrt um die abgegebenen Leistungen darzustellen. Die Matrixkomponenten unterhalb und ober-

Diagonalmatrix der Kapazitätsauslastung

	1	2	3
1	725	0	0
2	0	797,5	0
3	0	0	877,25

Matrix interner Leistungsaustausch

	1	2	3	Kf
1	0	20	20	-6.000
2	30	0	20	-8.500
3	40	30	0	-6.950

Diagonalmatrix Σ Leistungsabgabe

	1	2	3
1	-795	0	0
2	0	-847,5	0
3	0	0	-917,25

Diagonalmatrix der ILV (I-Kflv)

	1	2	3	Kf
1	-795	20	20	-6000
2	30	-847,5	20	-8500
3	40	30	-917,25	-6950

Inverse Matrix interne Leistungsverflechtung

	1	2	3	Determinante:
1	-0,00126	-0,00003	-0,00003	
2	-0,00005	-0,00118	-0,00003	-616269303
3	-0,00006	-0,00004	-0,00109	

Matrix der Kostensätze auf Basis Plan-Auslastung nach ILV

	1	2	3
1	8,01959667	0	0
2	0	10,5085501	0
3	0	0	8,27041741

Matrix der Kostenkalkulationen je Artikel (nach ILV)

	1	2	3
T1	0,80195967	1,15594052	1,00072051
T2	1,2029395	1,73391077	1,50108076
T3	1,00244958	1,44492565	1,25090063
T4	1,36333143	1,96509888	1,70122486

Matrix Kostendifferenzen (vor vs. nach ILV)

	1	2	3
T1	-0,02562654	-0,01647328	0,04209982
T2	-0,03843981	-0,02470992	0,06314973
T3	-0,03203318	-0,0205916	0,05262477
T4	-0,04356512	-0,02800457	0,07156969

Abb. 2.38: Matrizen zur Kostensatz-Ermittlung im Rahmen der internen Leistungsverrechnung. Quelle: Eigene Darstellung

halb der Kreuzungspunkte der Hauptdiagonalen repräsentieren die jeweils an andere Kostenstellen abgegebenen Leistungen. Die Matrixkomponenten links und rechts von den Kreuzungspunkten der Hauptdiagonalen repräsentieren die jeweils an andere Kostenstellen abgegebenen Leistungen. Die Matrixkomponenten in der letzten Spalte repräsentieren die Primärkostensummen vor Durchführung der internen Leistungsverrechnung.

Die inverse Matrix der internen Leistungsverflechtungen multipliziert mit dem Kostensummenvektor (letzte Spalte von I-*KflV*) ergibt die internen Verrechnungskostensätze.

In einer Zu- und Abgangsmatrix können durch Multiplikation der empfangenen und abgegebenen Leistungen die Salden der umverteilten Kostensumme ermittelt und zu den Kostensummen vor Durchführung der internen Leistungsverrechnung addiert werden. Auf diese Weise erhält man die Kostensummen nach Durchführung der internen Leistungsverrechnung, die wiederum Grundlage für die Multiplikation mit der inversen Kapazitätsmatrix $(PHg \times Voa)^{-1}$ sind.

Die vollständige Matrizengleichung zur Ermittlung der Fertigungsgemeinkosten pro Output-Einheit lautet somit:

$$(Kf + (I\text{-}LE \times (I\text{-}KflV^{-1} \times KF)) - (I\text{-}LA \times (I\text{-}KflV^{-1} \times KF)) \times (PHg \times Voa)^{-1} \qquad (2.65)$$

Diese Gleichung kann verbal knapp so zusammengefasst werden, dass die Primärkostensummen der Diagonalmatrix Kf um die Salden aus Zu- und Abgängen aus interner Leistungsverrechnung (I-$LE \times (I\text{-}KflV^{-1} \times KF)) - (I\text{-}LA \times (I\text{-}KflV^{-1} \times KF))$ zu korrigieren sind und das Ergebnis mit der inversen Kapazitätsmatrix $(PHg \times Voa)^{-1}$ zu multiplizieren ist.

Zusammen mit der oben erläuterten Ableitung der Einzelkosten je Output-Einheit (Kostenträger) ergibt sich somit der Vollkostensatz je Output-Einheit in der Form

$$((Vpp\ (J + Vzv\ Vpp)\ (Vpi + Vpl\ Vli))\ pi + (Kf + (I\text{-}LE \times (I\text{-}KflV^{-1} \times KF)) -$$
$$(I\text{-}LA \times (I\text{-}KflV^{-1} \times KF)) \times (PHg \times Voa)^{-1}) \qquad (2.66)$$

und ist zu multiplizieren mit den Bestandsveränderungen $((-(PA - PAF) + PHg))$ der fertigen Erzeugnisse:

$$PÄW = ((-(PA - PAF) + PHg)) \times$$
$$((Vpp\ (J + Vzv\ Vpp)\ (Vpi + Vpl\ Vli))\ (pW\ |\ pB\ |\ pM{\times}qM\ |\ pF) +$$
$$(Kf + (I\text{-}LE \times (I\text{-}KflV^{-1} \times KF)) - (I\text{-}LA \times (I\text{-}KflV^{-1} \times KF)) \times (PHg \times Voa)^{-1}) \qquad (2.67)$$

Aus dieser Matrizengleichung ergibt sich der Wertansatz der Bestandsveränderungen fertiger Erzeugnisse auf Vollkostenbasis.

An dieser Stelle ist darauf hinzuweisen, dass die Matrizeninversion zur Durchführung der internen Leistungsverrechnung bei Eintritt bestimmter Konstellationen problematisch sein kann. Sollten sich im System, wenn auch nur vorübergehend, allgemeine und/oder Hilfskostenstellen finden, die keine Leistungen an andere Kostenstellen abgeben und gleichzeitig auch keinerlei Leistungen von anderen Kostenstellen empfangen, dann führen diese fehlenden Beziehungen dazu, dass auf der Hauptdiagonalen der Matrix der internen Leistungsbeziehungen Nullen auftauchen. Für die Inversion der Matrix ist es aber zwingend, dass die Hauptdiagonale ausschließlich Werte ungleich Null aufweist. Ist diese Bedingung nicht erfüllt, dann kann die Matrizeninversion nicht durchgeführt werden. In komplexen Systemen der industriellen Praxis kann es durchaus Konstellationen geben, wo die o. g. Probleme auftauchen, d. h., eine Matrizeninversion, die einstmals durchführbar war, kann plötzlich, wenn auch nur für einzelne Perioden, nicht mehr durchführbar sein. Dieses Problem wird in der Literatur leider so gut wie nie behandelt. Die Leistungsbeziehungen müssen also vor dem Einsatz der Matrizenmethode im Hinblick auf im Leistungsverbund isolierte Kostenstellen überprüft werden. Vor diesem Hintergrund ist es nicht möglich, eine Standardmethode für die interne Leistungsverrechnung zu definieren, die für alle praktisch vorkommenden Ausprägungen der Praxis einsetzbar ist. Daher ist es unzutreffend, dass die in der Praxis gebräuchlichen, wenn auch ungenauen, Standardverfahren (bspw. Stufenleiterverfahren) überflüssig sind. Sie gehören demnach nicht in die Geschichtsbücher der BWL, wie Zwicker fordert[120], sondern müssen immer dann eingesetzt werden, wenn die

---

120 Zwicker, Klassische Kosten-Leistungsrechnung und Integrierte Zielverpflichtungsplanung, S. 51

exakten Verfahren zu keiner Lösung führen. Andererseits führen die traditionellen Verfahren jedoch zu teilweise erheblichen Abweichungen im Vergleich zu den exakten Lösungsverfahren. Dies ist ein weiteres Argument, das den Anspruch an verursachungsgerechte Zurechnungen von Gemeinkosten als praktisch undurchführbar erscheinen lassen. Neben den bereits geschilderten Problemen der verursachungsgerechten Kostenzuordnung kommt also das Problem der nicht immer gegebenen exakten Leistungsverrechnung bei wechselseitigen Leistungsverflechtungen hinzu. Die Vollkosteninformationen der einzelnen Artikel sollten daher auf jeden Fall mit Vorsicht genossen werden. Für die Planung und Steuerung im Rahmen der kurzfristigen Unternehmensrechnung ist die Kostenstellenrechnung mit all ihren komplexen Verflechtungen und Verrechnungsbeziehungen im Hinblick auf die Erfolgs- und Liquiditätssteuerung, anders als in der reinen Plan-Kostenrechnung, nicht von entscheidender Bedeutung. Die Vollkosteninformationen sind aber für die Bestandsbewertung von fertigen und unfertigen Erzeugnissen dennoch erforderlich und haben zum Teil erhebliche Auswirkungen auf das Periodenergebnis. Die interne Leistungsverrechnung führt auf den Produktionskostenstellen zu Sekundärkosten. Die Summe aller belasteten und empfangenen Leistungen ist über das gesamte Netz der internen Kostenstellen betrachtet stets null. Sofern Änderungen von internen Leistungsbeziehungen auftreten, sind sie für die Bestandsbewertung, und damit für die Erfolgshöhe, nur dann relevant, wenn nicht alle Produkte alle Kostenstellen durchlaufen. Wenn jedoch alle Produkte alle Kostenstellen durchlaufen, sind veränderte interne Leistungsbeziehungen bei konstanter Kostenhöhe der interdependent abrechnenden (Hilfs-) Kostenstellen ohne Bedeutung für die Höhe der Bewertungsansätze der Produkte mit Bestandsveränderungen.

Ferner sei noch darauf hingewiesen, dass die Anwendung einer Grenzplankostenrechnung die Bewertung der Bestände zu Vollkosten keineswegs ausschließt, wie es fälschlicherweise in der Literatur oft behauptet wird. Die Details des vorgestellten Matrizenmodells zeigen nämlich das genaue Gegenteil.

Aktivierte Eigenleistungen

$$PAEL = (PE + PM)) ((Vpp \ (J + Vzv \ Vpp) \ (Vpi + Vpl \ Vli)) \ pi +$$
$$(Kf + (I\text{-}LE \times (I\text{-}KflV^{-1} \times KF)) - (I\text{-}LA \times (I\text{-}KflV^{-1} \times KF)) \times (PHg \times Voa)^{-1}) \qquad (2.68)$$

Für selbst hergestellte Erzeugnisse, die vermietet oder dauerhaft im Unternehmen genutzt werden, hat eine Zurechnung dieser Erzeugnisse zum Anlagevermögen zu erfolgen. Im Vergleich zu fremdbezogenen Gegenständen des Anlagevermögens ist der Anschaffungspreisvektor durch den Herstellkostenvektor auf Vollkostenbasis zu ersetzen, der bereits bei den Bestandsveränderungen der Fertigerzeugnisse beschrieben wurde. Wichtig ist auch hier der Hinweis, dass bei aktivierten Eigenleistungen die gleichen erfolgserhöhenden Wirkungen eintreten wie bei Bestandserhöhungen von zum Verkauf bestimmten Fertigerzeugnissen. Auch bei den aktivierten Eigenleistungen werden die in den Herstellkosten enthaltenen Fixkostenanteile aktiviert. In den Folgeperioden nach Inbetriebnahme wirken diese zuvor erfolgserhöhenden Fixkostenaktivierungen über die Abschreibungen entsprechend erfolgsmindernd.

2.6.2.1.3   Erfolgsplanung

Erfolgsplanung (Wertmatrizen):

Der monetäre Erfolgssaldo ergibt sich aus der Multiplikation der Mengenmatrizen mit den jeweiligen Preisvektoren. Die *Umsatzerlöse (PKU)* resultieren aus der Multiplikation der Absatzmengenmatrix (*PK*) mit dem Verkaufspreisvektor (*ppk*), eventuell vermindert um Konditionenbestandteile (Rabatte, Boni, Skonti). Die *Materialkosten* ergeben sich aus der Multiplikation der Materialeinsatzmatrizen (*WW, WWT*) mit dem Materialpreisvektor (pw). Die *Energiekosten* ergeben sich durch Multiplikation der Energieeinsatzmatrizen mit dem Energiepreisvektor (*pE*). Die *Fremdbezugskosten* ergeben sich durch Multiplikation der Fremdbezugsmatrix (*PF*) mit dem Fremdbezugspreisvektor (*pF*).

Die *Lohnkosten (BNW+BLW)* ergeben sich aus der Multiplikation der genutzten Personalbestände (*BN*) und eventueller Personalleerbestände (*BL*) mit dem Lohnkostenvektor (*pB*).

Die *Maschinenkosen* resultieren aus der Multiplikation der Abschreibungsquotenmatrix (reziproke Nutzungsdauer = *Qm* = 1 / Nutzungsdauer) mit der Matrix der Anschaffungswerte der genutzten Maschinenendbestände (*MN* × *Pm*) und den Leer-Maschinenendbeständen (*ML* × *Pm*), die jeweils aus Investitionen der laufenden Periode stammen. Die Maschinenkosten für Bestände aus früheren Perioden ergeben sich aus der Multiplikation der Abschreibungsquotenmatrix (*Qm*) mit der Matrix der historischen Anschaffungswerte der in früheren Perioden angeschafften genutzten Maschinenbestände und den in früheren Perioden angeschafften Leer-Maschinenbeständen.

Die übrigen fixen Herstellkosten und die übrigen Unternehmensfixkosten ergeben zusammen die *nicht produktionsmengenorientiert geplanten Fixkosten.*

Die *Bestandsveränderungen an Fertigerzeugnissen* ergeben sich aus der Multiplikation der Bestandsveränderungsmengenmatrix (*PÄ*) mit dem Kalkulationsvektor der Herstellkosten. Der Kalkulationsvektor der Herstellkosten je Produkteinheit ergibt sich wiederum aus der Multiplikation der um anteilige Verlustmengen (Ausschuss, Lagerverluste etc.) erhöhten Output-Verflechtungsmatrix auf Gesamtmengenbasis mit der statischen Input-Verflechtungsmatrix und den Preisvektoren für Material, Beschäftigte, Maschinen, Energie und den übrigen fixen Herstellkosten. Zur Ermittlung der fixen Herstellkosten je Output-Einheit ist die Produktionsmengenmatrix (*PHg*) zu multiplizieren mit den Vorgabezeiten je Output-Einheit (*Voa*) und das Ergebnis zu invertieren. Die so erhaltene inverse Kapazitätsbedarfsmatrix ist zu multiplizieren mit der Diagonalmatrix der fixen Herstellkosten. Als Ergebnis erhält man die Kostensätze je Output-Einheit basierend auf der Plan-Beschäftigung.

Die *Bestandsveränderungen aus unfertigen Erzeugnissen* ergeben sich aus der Multiplikation der Bestandsveränderungsmengenmatrix (*UTÄ*) mit dem Kalkulationsvektor der Herstellkosten. Bestandsveränderungen an unfertigen Erzeugnissen (*WIP*) treten nur auf, wenn zur Erfassung der Vorlaufzeiten die dynamische Input-Verflechtungsmatrix verwendet wird. Diese ist immer dann anzuwenden, wenn die Durchlaufzeiten der Erzeugnisse länger sind als die in der Periodenrasterung des Planungskalküls verwendeten Teilperioden.

Der *Erfolgssaldo* (*Betriebsergebnis*) ergibt sich somit aus:

Verkaufs-Umsatz
+ Vermietungsumsatz
+ aktivierte Eigenleistungen
± Bestandsveränderung fertiger Erzeugnisse
± Bestandsveränderung unfertiger Erzeugnisse (*WIP*)
– Materialkosten
– Energiekosten
– Fremdbezugskosten
– Personalkosten der Produktion (Nutz- und Leerkosten)
– Maschinenkosten (*AfA*)
– sonstige fixe Herstellkosten
– übrige Unternehmensfixkosten

Die im Matrixkalkül integrativ ausgeführten Planungsschritte der Kosten- und Leistungsrechnung und der Produktionsplanung münden in eine integrierte Erfolgs-, Finanz- und Bilanzplanung. Ausgehend von der Absatzmengenplanung erfolgt schrittweise die Überführung in die nachgelagerten Planungsbereiche. In Anknüpfung an die oben beschriebenen Produktionsfunktionen sind die einzelnen Teilschritte der Planungsrechnung in einen Output- und einen Input-Bereich aufgeteilt. Die integrierte Absatz- und Produktionsplanung bildet dabei das gesamte relevante Mengengerüst der Planung ab. Die Absatz- und Produktionsplanung ist mit der Ergebnis-, Finanz- und Bilanzplanung über entsprechende Preismatrizen verbunden und führt zu einer auf dem gesamten Mengenfluss basierenden Werteplanung.

Die Programmplanung (Primärbedarfsplanung) übernimmt die nach Teilperioden und Erzeugnissen gegliederte Absatzmengenplanung und ergänzt diese um die Zielbestände je Erzeugnis und Teilperiode. Die Programmplanung spezifiziert den notwendigen Output an Erzeugnissen unter Berücksichtigung geplanter Absatzmengen. Die Zielbestände sind unter Berücksichtigung unterschiedlicher Restriktionen und Sollgrößen zu planen. Die wichtigste Zielgröße für die Bestände ist in der Praxis die Lieferfähigkeit bzw. Lieferzuverlässigkeit. In Kapitel 2.2.1.7 wurde bereits das Verfahren der dynamischen Disposition kurz vorgestellt, das wertvolle Hilfestellungen bei der Ermittlung kostenoptimaler Nachschubmengen unter Berücksichtigung verschiedener Restriktionen (Kapazitäten, Lagerraum etc.) sowie der Varianz von Wiederbeschaffungszeiten (Durchlaufzeiten) und Verbrauchsmengen (Absatzmengen) gibt. Für ein ausführliches Studium dieses Verfahren sei auf die Originalquelle von Dr. Timm Gudehus verwiesen.[121]

Ergebnis der Programmplanung ist eine nach Erzeugnissen und Teilperioden gegliederte Übersicht bezüglich des insgesamt zu erstellenden Outputs für den Zeitraum der jeweiligen Planungsrechnung. Die Programmplanung stellt zugleich eine Übersicht bereit, die Auskunft über die jeweiligen Bereitstellungszeitpunkte der Erzeugnisse gibt, und betrachtet somit ausschließlich die Lagerzugangsseite des Produktionsunternehmens. Über die Produktionsbeginn-Zeitpunkte sowie den zeitlichen Verlauf der Produktion und die dabei anfallenden Verbräuche an Produktionsfaktoren ist damit jedoch noch nichts ausgesagt.

---

121 Gudehus, Dynamische Disposition

Diese Aussage ist jedoch sowohl für Erfolgs- als auch für die Finanz- und Bilanzplanung von Bedeutung, da die im Produktionsverlauf entstehenden Wertveränderungen und Vermögensumschichtungen Einfluss auf Erfolgs-, Finanz- und Bestandsgrößen haben.

Im nächsten Schritt wird der geplante Output im Rahmen der Sekundärbedarfsplanung in die jeweils benötigten Inputs an Produktionsfaktoren überführt. Dabei werden die auf Basis des Outputs notwendigen Einsatzmengen für Material (Roh-, Hilfs- und Betriebsstoffe), menschliche Arbeit, Maschinenarbeit und Energie ermittelt. Im Rahmen dieser Sekundärbedarfsplanung erfolgt eine Termin- und Kapazitätsgrobplanung für die Bereitstellung von Material, Energie sowie Mitarbeiter- und Maschinenkapazitäten. Die Ermittlung der notwendigen Inputs erfolgt dabei sowohl in statischer als auch in dynamischer Form. Die dynamische Verbrauchsermittlung an Produktionsfaktoren berücksichtigt den zeitlichen Verlauf der Produktion und arbeitet mit festen Vorlauf-(Durchlauf-)zeiten. Da die Durchlaufzeiten jedoch meist starken Schwankungen unterliegen, ist dieses Vorgehen natürlich nicht optimal. Dieses Problem ließe sich nur durch die simultane Planung und echtzeitnahe Rückkopplung der Produktionsmengen-, Kapazitäts-, und Ausführungsplanung lösen. Genau hier sind jedoch die Ansätze von Industrie 4.0 vielversprechend, da durch eine Kopplung von APS-, MES-, ERP- und Simulationssystemen der „digitalen Fabrik" verschiedene Simulationen zum Auftragsdurchlauf nahezu in Echtzeit bereitgestellt werden könnten und die Ergebnisse dieser Simulationen in die finanzielle Planungsrechnung übernommen werden könnten.

Die Output- und Input-Rechnungen im Rahmen der Gesamtplanungsrechnung repräsentieren den gesamten Mengenteil der Planungsrechnung, der zudem nach Beginn- und Bereitstellungszeitpunkten gegliedert ist. Durch Multiplikation der Mengenmatrizen mit den entsprechenden Preisvektoren bzw. Preismatrizen der Produktionsfaktoren entstehen die monetären Fluss- und Bestandsgrößen, die ihren Niederschlag in der Erfolgs-, Finanz- und Bilanzplanung finden. Produktionswirtschaft (Mengenmatrizen) und Kostenwirtschaft (Mengenmatrizen × Preismatrizen) sind so in einem integrativen Gesamtansatz miteinander verbunden.

Durch Multiplikation der Produktzugangsmengenmatrix mit den jeweiligen Untermatrizen der Input-Verflechtungsmatrix ergeben sich die notwendigen Einsatzmengen der Repetierfaktoren und die notwendigen Leistungsmengen der Potenzialfaktoren. Die Leistungsmengen der Potenzialfaktoren sind umzuformen in Bestandsgrößen, die jeweils am Periodenanfang vorhanden sein müssen. Aus dem Vergleich zwischen benötigten und vorhandenen Beständen an Potenzialfaktoren ergeben sich eventuell notwendige Zugangsmengen (Investitionen, Personaleinstellungen). Die vorhandenen Bestandsmengen an Potenzialfaktoren sind zuvor zu vermindern um geplante (Pensionierungen, Zeitverträge, geplante Maschinenverkäufe etc.) und stochastisch beeinflusste Abgänge (bspw. Personalfluktuation). Sind die vorhandenen Bestände an Potenzialfaktoren größer als die benötigten, entstehen im Planungskalkül zu berücksichtigende Leerkosten. Dann ist zwischen der bewussten Beibehaltung strategischer Personal- und Maschinenreserven und eventuellen alternativen Verwendungen bis hin zu Freisetzungen zu entscheiden.

Auswertung der Lagerbilanzgleichungen der Output- und Input-Bedarfe für die
Erfolgs- und Finanzrechnung

Die nachfolgenden Darstellungen zeigen die Verknüpfungen einzelner Elemente der Bestandsgleichungen zu den entsprechenden Positionen der Erfolgsrechnung. Damit wird die auf den betrieblichen Produktionsfunktionen basierende Mengenplanung in betriebliche Kosten- und Erlösfunktionen der Werteplanung überführt. Das verbindende Element zwischen Produktionsfunktion (Mengenplanung) und Kostenfunktion (Werteplanung) wird über entsprechende Preisvektoren bzw. Preismatrizen der Produktionsfaktoren zur Verfügung gestellt. Die Kostenplanung ist zu ergänzen durch die Leistungsplanung. Die Kosten- und Leistungsplanungen bilden zusammen die Erfolgsplanung. Die zahlungswirksamen Elemente der Erfolgsplanung sind zu ergänzen um die Zugangsmengenmatrizen für Material, Fremdleistungen und Maschinen, die zusammen mit sogenannten Spektralvektoren in die Finanzplanung überführt werden. Bei den Personalkosten ist keine Ergänzung um Zugangsmengenmatrizen notwendig, da der gesamte Beschäftigtenbestand kosten- und auszahlungswirksam ist. Bei Maschinen hingegen wird nur der notwendige Zugang (Investitionen) auszahlungswirksam. Spektralvektoren geben an, in welchen dem Umsatz bzw. den Kosten/Einkäufen nachgelagerten Perioden diese Erfolgsgrößen zu Einzahlungs- und Auszahlungsgrößen werden. Durch die Verknüpfung der Erfolgs- und Finanzplanung wird eine Bilanzplanung abgeleitet. Die Ableitung der Finanz- und Bilanzplanung ist Gegenstand der Kapitel 2.6.2.1.4 und 2.6.2.1.5.

2.6.2.1.3.1 Umsatzerlöse und Konditionen

$$\text{Umsatz } PKU = (PK \times pK) \times (J - EMS) \times (J - Upk \times SKpk) \times (J - EMN) \qquad (2.69)$$

Die Ermittlung der geplanten Umsätze aus Produktverkäufen erfolgt durch eine Multiplikation der Absatzmengenmatrix (PK) mit dem Verkaufspreisvektor (pK). Der Verkaufspreisvektor enthält Bruttopreise. Von diesen sind in der Regel Erlösminderungen (Konditionen) wie Skonti, Rabatte und Boni abzuziehen. Die Inanspruchnahme von Zahlungskonditionen wie bspw. Skonti ist in Form einer Ausnutzungsmatrix (UpK) zu erfassen. In dieser Matrix kommt zum Ausdruck, welcher Umsatzanteil unter Inanspruchnahme von Skonto realisiert wird. Mit dem Ausdruck

$$(PK \times pK) \times (J - EMS) \times (J - Upk \times SKpk)$$

werden also Bruttoumsatzrechnung, Sofortrabatte und Skontogewährung multiplikativ ermittelt. Dabei werden von der Einheitsmatrix J die jeweiligen Konditionenfaktoren abgezogen, um so die Faktoren für die Ermittlung der jeweiligen Umsatzstufen zu erhalten. Auf die ermittelten Nettoumsätze nach Rabatten und Skonti sind im letzten Schritt durch Multiplikation mit

$$(J - EMN)$$

die Nettoumsätze nach Gewährung von nachträglichen Rabatten (Boni) zu berechnen. Diese Differenzierung ist von Bedeutung, da die nachträglichen Rabatte erst zu einem späteren Zeitpunkt zur Auszahlung gelangen, die Sofortrabatte hingegen sofort die Bemessungsgrundlage für nachverlagerte Umsatzeinzahlungen mindern.

Rabatte als sofort und direkt bei der Fakturierung erfasste Erlösminderungen und Boni als nachträglich gewährte Erlösminderungen sind in der Praxis in äußerst vielfältigen Erscheinungsformen anzutreffen. Erlösminderungen können grob anhand folgender Konditionenarten gruppiert werden[122]:

- Zahlungskonditionen (Skonto, Inkasso- und Delkrederevergütungen als Vergütung für Zentralregulierungen)
- Mengen- und Belieferungskonditionen (Auftragsmengenvergütung, Vordispositions- bzw. Frühbezugsvergütung)
- Kaufvolumenkonditionen
- Marktbearbeitungskonditionen (Leistungsvergütung, Distributionsvergütung, Messevergütung, Sonderstammplatzvergütung, Zweitplatzierungsvergütung, Sonderpreisvergütung, Werbevergütung, Präsentationsvergütung)

Mengen- und Belieferungskonditionen sowie Verkaufsförderungskonditionen werden perioden- und wertbezogen, perioden- und mengenbezogen, auftrags- und mengenbezogen und zeitbezogen gewährt. Ferner variiert die Berechnungsbasis für die Konditionen. Nachträgliche Konditionen wie bspw. Umsatzboni können direkt an den Bruttolistenpreis anknüpfen oder an den um Zahlungs- und Mengenkonditionen verringerten Nettoumsatz. Die Konditionen können ferner in Prozent vom Umsatz oder als Geldbetrag pro Mengeneinheit berechnet werden. Darüber hinaus sind auch feste Geldbeträge für die Erfüllung bestimmter Kriterien üblich. Beispielsweise können für die Aufstellung bestimmter Präsentationsmodule oder Informationstheken bestimmte mengen- und wertunabhängige Konditionen gewährt werden. Auch die Ausgestaltung der Rechenregeln für Rabattstaffeln kann unterschiedlich sein. So wird bei „durchgerechneten" Rabatten immer die volle Bezugsgröße (Menge, Umsatz) mit einem bestimmten Rabattsatz bewertet, bei „angestoßenen" Rabatten hingegen nur bestimmte Intervalle der Bezugsgröße mit bestimmten Rabattsätzen.

In Industriebranchen mit ausgeprägten Handelsbeziehungen (bspw. Lebensmittelindustrie, Konsumgüterindustrie, Baustoff- und Bauelementeindustrie) spielen Konditionensysteme eine herausragende Rolle. Vor dem Hintergrund der erwähnten Vielfältigkeit von Konditionenarten, Bezugssystemen, Bezugsgrößen, Kalkulationsschemen, Berechnungsbasen und Rechenregeln ist eine *standardisierte Konditionenberechnung* im Rahmen einer integrierten Planungsrechnung schwierig bis unmöglich. Daher können in einem Standardansatz nur durchschnittliche Konditionen je Produkt und/oder Kunde berücksichtigt werden. Sofern ein unternehmensindividuelles Konditionensystem in das Gesamtplanungsmodell integriert werden soll, muss dieses den jeweiligen individuellen Rechenregeln entsprechend erweitert werden. Da Konditionensysteme stets mit sehr einfachen Rechenregeln abgebildet werden, sind solche Erweiterungen problemlos möglich.

Abbildung 2.39 zeigt beispielhaft die erforderlichen Matrizen zur Umsatzplanung.

---

122 Steffenhagen, Konditionengestaltung zwischen Industrie und Handel, S. 50

Plan - Absatzmengen

	T_1	T_2	T_3	$G1_1$	$G1_2$	$G2_1$	$G3_1$	E_1	E_2	E_3
1	50	200	20	30	50	10	0	100	300	0
2	50	200	20	30	50	10	0	80	450	0
3	50	200	20	30	50	10	0	0	600	100
4	50	200	30	40	50	20	40	0	450	50
5	100	300	30	30	100	0	30	0	500	100
6	100	300	30	40	50	50	100	10	700	200

Umsatzmatrix

	T_1	T_2	T_3	$G1_1$	$G1_2$	$G2_1$	$G3_1$	E_1
-2	0	0	0	0	0	0	0	0
-1	0	0	0	0	0	0	0	0
0	4.294.238	0	0	0	0	0	0	0
1	5.180.463	0	0	0	0	0	0	0
2	4.956.060	0	0	0	0	0	0	0
3	5.459.820	4.294.238	0	0	0	0	0	0
4	6.007.840	5.180.463	0	0	0	0	0	0
5	6.607.960	4.956.060	4.294.238	0	0	0	0	0
6	7.267.115	5.459.820	5.180.463	0	0	0	0	0
7	5.452.570	6.007.840	4.956.060	4.294.238	0	0	0	0
8	4.086.600	6.607.960	5.459.820	5.180.463	4.294.238	0	0	0
9	3.065.830	7.267.115	6.007.840	4.956.060	5.180.463	0	0	0
10	2.299.390	5.452.570	6.607.960	5.459.820	4.956.060	4.294.238	0	0
11	1.725.595	4.086.600	7.267.115	6.007.840	5.459.820	5.180.463	0	0
12	0	3.065.830	5.452.570	6.607.960	6.007.840	4.956.060	4.294.238	0
13	0	2.299.390	4.086.600	7.267.115	6.607.960	5.459.820	5.180.463	4.294.238
14	0	0	0	0	0	0	4.956.060	5.180.463

Zahlungseingangsmatrix

	ZE. brutto	Umsatz	ZE. netto	Skonto	Deb.-Best.
1	1.073.559	4.294.238	1.041.333	32.207	3.252.885
2	2.153.963	5.180.463	2.115.110	38.853	6.318.238
3	2.704.531	4.956.060	2.667.361	37.170	8.606.937
4	3.733.061	5.459.820	3.692.112	40.949	10.374.645
5	4.769.758	6.007.840	4.724.699	45.059	11.657.786
6	5.382.533	6.607.960	5.332.974	49.560	12.932.772
7	6.048.263	7.267.115	5.993.759	54.503	14.206.128
8	6.004.729	5.452.570	5.963.834	40.894	13.694.863
9	5.582.438	4.086.600	5.551.788	30.650	12.229.675
10	5.147.035	3.065.830	5.124.041	22.994	10.171.464
11	4.408.045	2.299.390	4.390.799	17.245	8.080.055
12	3.526.819	1.725.595	3.513.877	12.942	6.291.773
	50.534.733	56.403.480	50.111.707	423.026	

Spektralvektor

Spektralvektor brutto	Skontosatz	Spektralvektor netto
0,00	0,00	0,00
0,00	0,00	0,00
0,00	0,00	0,00
0,25	0,01	0,24
0,20	0,00	0,20
0,10	0,00	0,10
0,20	0,00	0,20
0,15	0,00	0,15
0,05	0,00	0,05
0,05	0,00	0,05
0,00	0,00	0,00
0,00	0,00	0,00
0,00	0,00	0,00
0,00	0,00	0,00
0,00	0,00	0,00
0,00	0,00	0,00
1,00		0,99

Abb. 2.39: Matrizen der Umsatzplanung. Quelle: Eigene Darstellung

Erlöse aus vermieteten Erzeugnissen:

Vermietungserlöse $PMNW = PMN \times bVM$ (2.70)

Als Mengenbasis zur Ermittlung der Vermietungserlöse dienen die effektiv vermieteten Endbestände (*PMN*). Diese sind zu multiplizieren mit einem Preisvektor, der die Vermietungspreise der einzelnen Erzeugnisarten enthält. Zu beachten ist, dass die Endbestandsmengen jeweils zu Beginn der Vermietungsperiode vorhanden sein müssen. Die vermieteten Bestände der Periode *t* führen also zu Vermietungserlösen in der Periode *t+1*, d. h., die Werte sind gegen die Mengen um eine Periode verschoben. Während nur die tatsächlich vermieteten Erzeugnisse zu Erlösen führen, fallen für sämtliche dem Vermietungszweck gewidmete Bestände entsprechend Abschreibungskosten an. Die Abschreibungskosten enthalten in Höhe der jeweils nicht vermieteten Bestände Leerkosten.

2.6.2.1.3.2 Materialkosten und Fremdbezugskosten

$$WWW = ((PHg \times Vtw) + (PHg \times Vgw) + (PHg \times Vew) + (PHg \times Vpl) \times Vrw) \, pW$$
(2.71)

Die Materialeinsatzplanung ergibt sich aus der Multiplikation der geplanten Produktionsmengen auf Gesamtmengenbasis mit den Untermatrizen *Vtw, Vgw, Vew, Vrw* der Input-Verflechtungsmatrix. Wie oben bereits ausgeführt, repräsentieren die in der Output-Verflechtungsmatrix $Vpp = (J - S)^{-1}$ gespeicherten Spalten die Stücklisten. Sie geben Auskunft darüber, welche Erzeugnisse aus welchen Baugruppen und Teilen bestehen und welche Gesamtmengen jeweils für eine Output-Einheit benötigt werden. In den Untermatrizen *Vtw, Vgw* und *Vew* ist hinterlegt, welche Materialarten in welchen Mengen jeweils für eine Output-Einheit benötigt werden. Neben den produktionsmengengetriebenen Materialeinsatzmengen sind in der Untermatrix Vrw die Materialmengen je Produktionslos hinterlegt, die mit der Anzahl der Produktionslose (*VPl*) zu multiplizieren sind. Der mengenmäßige Materialeinsatz wird mit dem Preisvektor der einzelnen Materialarten multipliziert und damit wertmäßig festgelegt (s. Abb. 2.40).

Fremdbezugskosten $PFW = PFA \times pFr$ (2.72)

Die Fremdbezugskosten werden durch Multiplikation der verbrauchten Fremdbezüge an Teilen, Baugruppen und Erzeugnissen (*PFA*) mit dem Preisvektor für Fremdleistungen (*pFr*) berechnet. Sofern die insgesamt fremdbezogenen Teile, Baugruppen und Erzeugnisse (*PF*) den Verbrauch übersteigen, ist der Bestand entsprechend zu aktivieren (*PF – PFA*).

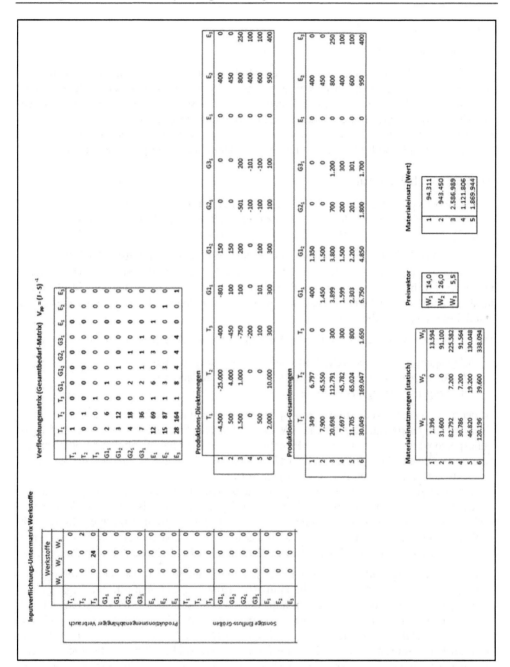

Abb. 2.40: Matrizenoperationen zur Materialeinsatzermittlung. Quelle: Eigene Darstellung

2.6.2.1.3.3 Energiekosten

Energiekosten $FWGW = (PHg \times Vof + FWS)\, pF$ (2.73)

Die Energiekosten ergeben sich aus der Multiplikation der Produktionsmengenmatrix (PHg) mit den in der Untermatrix Vof gespeicherten Verbrauchskoeffizienten der einzelnen Energiearten je Teil, Baugruppe und Erzeugnis. Zu den so ermittelten Energieeinsatzmengen sind noch Energieeinsatzmengen zu addieren, die unabhängig von den zu produzierenden Mengen entstehen (FWS). Diese Gesamtenergieeinsatzmengen werden mit dem Energiepreisvektor (pF) multipliziert. Als Ergebnis erhält man die Energiekosten je Periode.

2.6.2.1.3.4 Lohnkosten

Lohnkosten incl. Leerkosten $BSW = ((PHg \times Vta \times Vab) + (PHg \times Vga \times Vab) + (PHg \times Vea \times Vab) + (PHg \times Vpl \times Vra)\, pB + (BBO - ((PHg \times Vta \times Vab) + (PHg \times Vga \times Vab) + (PHg \times Vea \times Vab) + (PHg \times Vpl \times Vra) + BNS)\, pB$ (2.74)

Wie oben bereits erläutert, sind die Kosten für die Potenzialfaktoren (Beschäftigte und Maschinen) grundsätzlich anders zu planen als die Kosten der Repetierfaktoren (Material und Energie). Im Gegensatz zu den Repetierfaktoren, bei denen Kosten nur in Höhe des tatsächlichen Verbrauchs anfallen, sind die Kosten der Potenzialfaktoren vom Gesamtbestand dieser Faktoren abhängig.

Durch die oben (Kapitel 2.6.2.1.1.2) bereits erläuterte Bestandsmengengleichung

BZ (Zugang) = BN (genutzter Endbestand) + BL (Leer-Endbestand) –
BB (Anfangsbestand) + BAB (anfangsbestandsabhängiger Abgang) +
BAZ (zugangsabhängiger Abgang)

ist der aufgrund der Produktionsmengenplanung eventuell notwendige Zugang an Beschäftigten bereits festgelegt. Die Matrix BN, bestehend aus BNO = genutzter Bestand Fertigungspersonal und BNS = genutzter Bestand sonstiges Personal, beinhaltet bereits den notwendigen Zugang. Dies folgt aus dem Umstand, dass der zur Realisierung der geplanten Produktionsmengen benötigte Beschäftigtenbestand (BNO) durch Multiplikation der Produktionsmengenmatrix (PHg) mit den Vorgabezeiten (Voa) für Teile, Baugruppen und Erzeugnisse bereits ermittelt wurde. Der notwendige Zugang ist also eine im Matrizenmodell erzeugte Information, die gleichzeitig einen Entscheidungspunkt markiert. Sollen Einstellung nicht vorgenommen werden, so müssen andere Anpassungsmaßnahmen (Fremdvergabe, Überstunden, Produktionsmengenkürzungen) in Betracht gezogen werden.

Vor diesem Hintergrund ist der Leer-Endbestand (BL) immer ≥ 0. Ist der notwendige Bestand BNO größer als der Anfangsbestand BB, ergibt sich automatisch ein Zugangsmengenbedarf. Ist BNO kleiner als der Anfangsbestand BB, ist in Höhe der Differenz automatisch ein Leer-Endbestand BL gegeben. Demnach ist der Ausdruck $BBO - (PHg + RE + 1) \times Voa \times Vab$ stets ≥ 0. Ist der Ausdruck $BBO - (PHg + RE + 1) \times Voa \times Vab > 0$, dann liegt ein Leer-Endbestand vor. Dieser Leer-Endbestand ist aber selbstverständlich mit entsprechenden Lohnkosten verbunden. Die je Periode berechneten Endbestände für Fertigungspersonal (BNO), aufgrund von Unterauslastung nicht benötigtes Personal (BL) und sonstige Beschäftigte (BS) werden mit dem Lohnkostenvektor (bP) multipliziert, woraus sich die gesamten Lohnkosten je Periode ergeben.

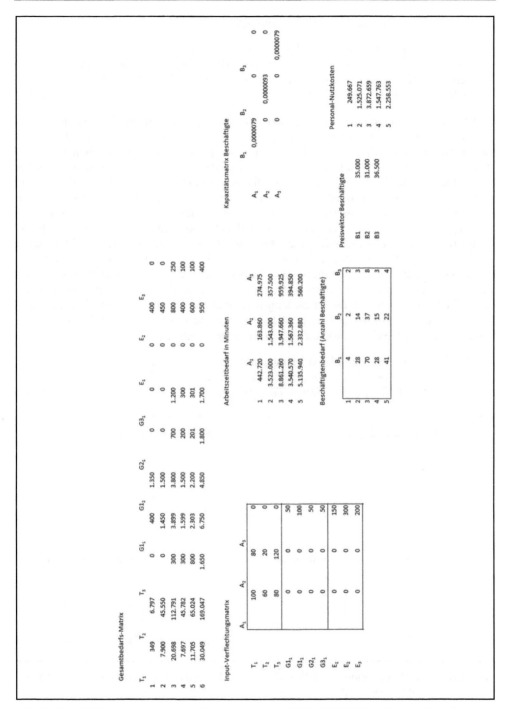

Abb. 2.41: Matrizenoperationen zur Personalkostenermittlung. Quelle: Eigene Darstellung

2.6.2.1.3.5   Maschinenkosten (Abschreibungen)

Abschreibungen Maschinen incl. Leerkosten $MSW = (PHg \times Vtn \times Vnm) +$
$(PHg \times Vgn \times Vnm) + (PHg \times Ven \times Vnm) + (PHg \times Vpl \times Vrn)\,pM \times qM +$
$(MBO - (PHg \times Vtn \times Vnm) + (PHg \times Vgn \times Vnm) + (PHg \times Ven \times Vnm) +$
$(PHg \times Vpl \times Vrn) + MNS)\,pM \times qM$ (2.75)

Wie bereits an anderer Stelle hervorgehoben, besteht im Hinblick auf die reine Planungstechnik grundsätzlich kein Unterschied zwischen dem Potenzialfaktor Beschäftigte und
dem Potenzialfaktor Maschinen. Die bei der Lohnkostenplanung als Entscheidungspunkt
deklarierten Zugänge = Einstellungen gelten bei den Maschinen analog, d. h., Zugänge
stellen hier notwendige Investitionen dar. Soll aus bestimmten Gründen, die an dieser Stelle
nicht weiter interessieren sollen, nicht investiert werden, so sind wie bei der Personalkapazität andere Anpassungsmaßnahmen zu planen. Der einzige Unterschied bei der Kostenermittlung besteht darin, dass der gesamte Maschinenbestand mit einem Anschaffungspreisvektor (pM) und einer Abschreibungsquotenmatrix (qM) zu multiplizieren ist. Die Kosten
des Maschinenbestandes werden also auf die voraussichtliche Nutzungsdauer verteilt. Für
den Potenzialfaktor Maschinen finden also die Auszahlungen bei der Anschaffung statt und
die Kosten werden ratierlich auf die Nutzungsdauer verteilt. Beim Potenzialfaktor Beschäftigte fallen die Kosten und die Auszahlungen zusammen. Würden die Maschinen gemietet,
bestünde auch im Hinblick auf den zeitlichen Anfall von Auszahlungen und Kostenentstehung keinerlei Unterschied mehr zum Potenzialfaktor Beschäftigte.

Abschreibungen aktivierte Eigenleistungen $AAEL = (PE + PM)$
$((Vpp\,(J + Vzv\,Vpp)\,(Vpi + Vpl\,Vli))\,pi + (Kf + (I\text{-}LE \times (I\text{-}KflV^{-1} \times KF)) -$
$(I\text{-}LA \times (I\text{-}KflV^{-1} \times KF)) \times (PHg \times Voa)^{-1}) \times qEM$ (2.76)

Matrix Anschaffungspreise

	M_1	M_2	M_3
M_1	124.800	0	0
M_2	0	28.800	0
M_3	0	0	19.200

Abschreibungs-Quoten-Matrix

N1	0,125
N2	0,333
N3	0,25

Abschreibungs-Matrix

M_1	15.600
M_2	9.590
M_3	4.800

Maschinen-Kapazitätsmatrix

	M_1	M_2	M_3
N_1	1/120.000	0	0
N_2	0	1/120.000	0
N_3	0	0	1/96.000

Abschreibungen je Minute

M_1	0,13
M_2	0,08
M_3	0,05

Abb. 2.42:   Matrizenoperationen zur Ermittlung der Abschreibungen (Maschinenkosten). Quelle:
Eigene Darstellung

Für selbst hergestellte Erzeugnisse, die vermietet oder dauerhaft im Unternehmen genutzt werden, hat eine Zurechnung dieser Erzeugnisse zum Anlagevermögen zu erfolgen. Im Hinblick auf die Abschreibung ergeben sich keine Unterschiede zur Vorgehensweise bei den gekauften Anlagen und Maschinen. Der Anschaffungspreisvektor wird lediglich ersetzt durch den Herstellkostenvektor auf Vollkostenbasis, der bereits bei den Bestandsveränderungen der Fertigerzeugnisse beschrieben wurde. Die ermittelten Herstellkosten für die zu aktivierenden Eigenleistungen sind zu multiplizieren mit der Abschreibungsquotenmatrix (qEM). Wichtig erscheint noch der Hinweis, dass bei aktivierten Eigenleistungen die gleichen erfolgserhöhenden Wirkungen eintreten wie bei Bestandserhöhungen von zum Verkauf bestimmten Fertigerzeugnissen. Auch bei den aktivierten Eigenleistungen werden die in den Herstellkosten enthaltenen Fixkostenanteile aktiviert. In den Folgeperioden nach Inbetriebnahme wirken diese zuvor erfolgserhöhenden Fixkosten über die Abschreibungen entsprechend erfolgsmindernd.

2.6.2.1.3.6   Erfolgsplanung nach Gesamtkosten- und Umsatzkostenverfahren

Fasst man die mengenbasierte Werteplanung der vorhergehenden Kapitel zusammen, dann stellt sich die Erfolgsrechnung auf Vollkostenbasis nach dem Gesamtkostenverfahren vereinfacht wie folgt dar:

Erfolgsrechnung (Gesamtkostenversion):

Umsatz $PKU = (PK \times pK) \times (J - EMS) \times (J - Upk \times SKpk)$ – nachträgliche Erlösminderungen $EMN = (PK \times pK) \times (J - EMS) \times (J - Upk \times SKpk) \times EMN)$

+ Vermietungsumsätze $PMNW = PMN \times bVM$

(+ Aktivierte Eigenleistungen $PAEL = (PEZ + PMZ) - ((Vpp (J + Vzv\ Vpp)$ $(Vpi + Vpl\ Vli))\ pi + (Kf + (I\text{-}LE \times (I\text{-}KflV^{-1} \times KF)) - (I\text{-}LA \times (I\text{-}KflV^{-1} \times KF)) \times (PHg \times Voa)^{-1})$

+ Bestandsveränderungen Fertigerzeugnisse $P\ddot{A}W = (-(PA - PAF) + PHg)$ $((Vpp (J + Vzv\ Vpp) (Vpi + Vpl\ Vli))\ pi + (Kf + (I\text{-}LE \times (I\text{-}KflV^{-1} \times KF)) - (I\text{-}LA \times (I\text{-}KflV^{-1} \times KF)) \times (PHg \times Voa)^{-1})$

+ Materialeinsatz $WWW = ((PHg \times Vtw) + (PHg \times Vgw) + (PHg \times Vew) + (PHg \times Vpl) \times Vrw)\ pW$

+ Fremdbezugskosten $PFW = PFA \times pFr$

+ Lohnkosten incl. Leerkosten $BSW = ((PHg \times Vta \times Vab) + (PHg \times Vga \times Vab) + (PHg \times Vea \times Vab) + (PHg \times Vpl \times Vra)\ pB + (BBO - ((PHg \times Vta \times Vab) + (PHg \times Vga \times Vab) + (PHg \times Vea \times Vab) + (PHg \times Vpl \times Vra) + BNS)\ pB$

+ Abschreibungen Maschinen incl. Leerkosten $MSW = (PHg \times Vtn \times Vnm) + (PHg \times Vgn \times Vnm) + (PHg \times Ven \times Vnm) + (PHg \times Vpl \times Vrn)\ pM \times qM + (MBO - (PHg \times Vtn \times Vnm) + (PHg \times Vgn \times Vnm) + (PHg \times Ven \times Vnm) + (PHg \times Vpl \times Vrn) + MNS)\ pM \times qM$

+ Abschreibungen auf aktivierte Eigenleistungen $AAEL = (PE + PM))$
$((Vpp\ (J + Vzv\ Vpp)\ (Vpi + Vpl\ Vli))\ pi + (Kf + (I\text{-}LE \times (I\text{-}KflV^{-1} \times KF)) - (I\text{-}LA \times (I\text{-}KflV^{-1} \times KF)) \times (PHg \times Voa)^{-1}) \times qEM$

+ Energiekosten $FWGW = (PHg \times Vof + FWS)\ pF$

+ sonstige fixe Fertigungsgemeinkosten $= Kf$

+ Übrige Unternehmensfixkosten $= KUf)$

$= PES$ statischer Erfolgssaldo

Der Erfolgssaldo (PES) wird als statisch bezeichnet, da in diesem Ansatz noch nicht das zeitdynamische Verhalten der Produktion berücksichtigt ist (siehe ausführlich weiter unten).

Bei Berücksichtigung des zeitdynamischen Verhaltens der Produktion werden die Vor- und Durchlaufzeiten der Erzeugnisse im Planungskalkül berücksichtigt. Sofern diese Vorlaufzeiten dazu führen, dass sich der Produktionsvorgang einzelner Erzeugnisse über mehr als eine Teilperiode erstreckt, treten die Bestandsveränderungen fertiger Erzeugnisse in anderer Höhe auf und es erscheinen zusätzlich Bestandsveränderungen für unfertige Erzeugnisse (WIP). Diese Effekte führen grundsätzlich zu anderen Periodenergebnissen als in der statischen Berechnung der Erfolgssalden.

Erfolgsrechnung nach dem Umsatzkostenverfahren:

Die oben beschriebenen Herleitungen der Ertrags- und Kostenpositionen basieren auf dem Ausweis der Erfolgsrechnung nach dem Gesamtkostenverfahren. Wie bereits erläutert, können aus dem Matrixkalkül Deckungsbeitragsrechnungen, Kostenträgerkalkulationen (Kostenträgerstückrechnung), Erfolgsrechnungen nach dem Umsatzkostenverfahren und Gesamtkostenverfahren jeweils auf Voll- und Teilkostenbasis parallel erzeugt werden. Im Gegensatz zum Gesamtkostenverfahren wird beim Umsatzkostenverfahren nicht nach Kostenarten gegliedert, sondern nach Funktionsbereichen. Ferner sind nur die auf die Umsatzrealisierung entfallenen Herstellkosten (Herstellkosten des Umsatzes) auszuweisen. Ein getrennter Ausweis der Bestandsveränderungen für Erzeugnisse sowie der aktivierten Eigenleistungen ist demnach nicht vorgesehen. Es soll nochmals darauf hingewiesen werden, dass es sich hierbei nur um andere Ausweisvorschriften handelt. Materiell besteht selbstverständlich keinerlei Unterschied zwischen beiden Verfahren, d. h., der Periodenerfolg ist stets identisch.

Prinzipiell bestehen drei Möglichkeiten, die Erfolgsrechnung nach dem Umsatzkostenverfahren aus dem Matrizenmodell abzuleiten.

1) Alle anhand der Produktionsmengenmatrix (PHg) abgeleiteten Erfolgspositionen werden statt mit PHg mit der der Absatzmengenmatrix (PK) bewertet. Die in den Bestandsveränderungen der Erzeugnisse und aktivierten Eigenleistungen enthaltenen Fixkosten werden den Herstellkosten des Umsatzes hinzugerechnet.

2) Die Bestandsveränderungen werden in die einzelnen Kostenarten der Herstellung zerlegt und den jeweiligen Kostenartenpositionen hinzugerechnet. Damit ergeben sich ebenfalls die auf den Umsatz entfallenen Herstellkosten je Kostenart.

3) Die Bestandsveränderungen werden pauschal, d. h. undifferenziert zu den Herstellkosten addiert.

Aus Gründen der Klarheit wurde in der nachfolgenden Darstellung die Alternative 2 gewählt. Die Bestandsveränderung wird demnach in die einzelnen Herstellkostenbestandteile zerlegt. Demnach wird die mengenmäßige Bestandsveränderung je Teil, Baugruppe und Erzeugnis mit den enthaltenen Materialmengen und dem zugehörigen Materialpreisvektor multipliziert und zu den insgesamt angefallenen Materialkosten der Produktion addiert. Genauso ist mit den Bestandsveränderungen Lohnkosten-, Energie- und Fixkostenanteilen zu verfahren. Da die Bestandsveränderung in beide Richtungen wirken kann, wird der Mengenteil wie folgt ermittelt:

$$PA = PH + (-(PH - PA))$$

Daraus folgt, dass bei einer Bestandserhöhung durch das Minuszeichen vor der Klammer diese von der jeweiligen Kostenposition abgezogen wird und bei einer Bestandsverringerung hinzugerechnet wird.

Erfolgsrechnung (Umsatzkostenverfahren):

Umsatz $PKU\ (22,1) = (PK \times pK) \times (J - EMS) \times (J - Upk \times SKpk)$

– nachträgliche Erlösminderungen $EMN\ (Boni) = (PK \times pK) \times (J - EMS) \times (J - Upk \times SKpk) \times EMN)$

+ Vermietungsumsätze $PMNW = PMN \times bVM$

– Herstellkosen des Umsatzes = (Materialeinsatz = $WW = ((PHg \times Vtw) + (PHg \times Vgw) + (PHg \times Vew) + (PHg \times Vpl) \times Vrw)\ pW$

+ $(-(PHg - (PA - PAF)))\ (Vpp\ (J + Vzv\ Vpp)\ (Vpi + Vpl\ Vli))\ pW$

+ Fremdbezugskosten = $PFA \times pFr$

+ Lohnkosten incl. Leerkosten = $BSW = ((PHg \times Vta \times Vab) + (PHg \times Vga \times Vab) + (PHg \times Vea \times Vab)\ pB + (BBO - ((PHg \times Vta \times Vab) + (PHg \times Vga \times Vab) + (PHg \times Vea \times Vab) + BNS)\ pB$

+ $(-(PHg - (PA - PAF)))\ ((Vpp\ (J + Vzv\ Vpp)\ (Vpi + Vpl\ Vli))\ pB$

+ Abschreibungen Maschinen incl. Leerkosten = $(PHg \times Vtn \times Vnm) + (PHg \times Vgn \times Vnm) + (PHg \times Ven \times Vnm) + (PHg \times Vpl \times Vrn)\ pM \times qM + (MBO - (PHg \times Vtn \times Vnm) + (PHg \times Vgn \times Vnm) + (PHg \times Ven \times Vnm) + (PHg \times Vpl \times Vrn) + MNS)\ pM \times qM$

+ $(-(PHg - (PA - PAF)))\ ((Vpp\ (J + Vzv\ Vpp)\ (Vpi + Vpl\ Vli))\ pM \times qM$

+ Abschreibung auf aktivierte Eigenleistungen $PAEA = (PE + PM))$ $((Vpp\ (J + Vzv\ Vpp)\ (Vpi + Vpl\ Vli))\ pi + (Kf + (I\text{-}LE \times (I\text{-}KflV^{-1} \times KF)) - (I\text{-}LA \times (I\text{-}KflV^{-1} \times KF)) \times (PHg \times Voa)^{-1}) \times qEM$

+ Energiekosten = $FWG = (PHg \times Vof + FWS)\ pF$

+ $(-(PHg - (PA - PAF)))\ ((Vpp\ (J + Vzv\ Vpp)\ (Vpi + Vpl\ Vli))\ pF$

fixe Fertigungsgemeinkosten in Bestandsveränderungen $FE =$

$+ (-(PHg - (PA - PAF))) + (Kf + (I\text{-}LE \times (I\text{-}KflV^{-1} \times KF)) - (I\text{-}LA \times (I\text{-}KflV^{-1} \times KF))$
$\times (PHg \times Voa)^{-1})$

$+$ Aktivierte Eigenleistungen $PAEL = (PE + PM) ((Vpp (J + Vzv \; Vpp)$
$(Vpi + Vpl \; Vli)) \; pi + (Kf + (I\text{-}LE \times (I\text{-}KflV^{-1} \times KF)) - (I\text{-}LA \times (I\text{-}KflV^{-1} \times KF)) \times$
$(PHg \times Voa)^{-1}))$

$+$ Sonstige fixe Fertigungsgemeinkosten $= Kf$

$./.$ Vertriebskosten $= KUfV$

$./.$ Verwaltungskosten $= KUfVw$

$./.$ Forschungskosten $= KUfF$

$PES =$ statischer Erfolgssaldo

2.6.2.1.4 Finanzplanung

Wie bereits mehrfach ausgeführt, werden im Rahmen der integrierten Absatz- und Produktionsplanung einerseits sowie der daraus abgeleiteten Erfolgs-, Finanz- und Bilanzplanung andererseits die Liquiditätsgrößen der Finanzrechnung nicht über eine indirekte „Rückrechnung" aus Bewegungsbilanz und Erfolgsrechnung ermittelt, sondern über eine differenzierte Verzahnung aller Leistungs- und Kostengrößen mit den entsprechenden Auszahlungs- und Einzahlungsgrößen. Der dem betrieblichen Leistungsprozess folgende Teil der Finanzrechnung ist damit ein um zeitliche Vor- und Nachlaufeffekte ergänztes Spiegelbild der Erfolgsrechnung. Genauso, wie im Rahmen der Erfolgsrechnung das Eigenkapitalkonto in Unterkonten für Aufwendungen und Erträge aufgelöst wird, wird der Finanzmittelfond (Kasse, Bank) in Unterkonten für Auszahlungen und Einzahlungen aufgelöst. Den Materialaufwendungen stehen dann Materialauszahlungen, den Personalaufwendungen Personalauszahlungen, den Umsatzerlösen Umsatzeinzahlungen usw. gegenüber. Diese differenzierte Finanzplanung und -steuerung ist notwendig, weil der Liquiditätssicherung eine überragende Bedeutung im Hinblick auf die Überlebensfähigkeit des Unternehmens zukommt. Wie oben bereits ausgeführt, bleiben Unternehmen nur dann „im Spiel", wenn sie jederzeit in der Lage sind, ihre Eingangsrechnungen pünktlich zu begleichen. Temporäre Verluste und temporäre Überschuldungen können Unternehmen überwinden, der Verlust der Zahlungsfähigkeit hingegen bedeutet unweigerlich das Ende der Veranstaltung.

Die Finanzplanung basiert auf den Mengen- und Wertmatrizen der Erfolgsrechnung und ist somit im Gegensatz zu konventionellen Planungsmodellen vollständig mit der Realgüter- und Leistungssphäre vernetzt. Die Wertmatrizen der Kosten- und Leistungsrechnung, ergänzt um die aus Bestandsveränderungsmatrizen resultierenden notwendigen Zugänge an Maschinen und Material, werden im Rahmen der Finanzrechnung mit sogenannten Spektralvektoren verknüpft. Spektralvektoren geben Auskunft darüber, in welcher zeitlich nachlaufenden Struktur aus den Erfolgs- und Zugangsgrößen (Investitionen, Material) Einnahmen und Ausgaben bzw. Einzahlungen und Auszahlungen werden. Sofern auf der Beschaffungs- und Absatzseite des Unternehmens Zahlungsziele vereinbart werden, repräsentiert die Finanzrechnung im Prinzip eine zeitversetzte Erfolgsrechnung, wobei natürlich nur ein- und auszahlungsrelevante Erfolgsgrößen einfließen. Aus einer vollständig integrierten Kosten- und Leistungsplanung werden über die Verknüpfung mit den spezifischen Spektralvektoren jeder Leistungs- und Kostenart die aus dem betrieblichen Leistungsbereich stammenden Erfolgszahlungssalden sichtbar. Zusätzlich sind neben dem Erfolgs-zahlungssaldo die aus der Finanzierungs- und Gesellschaftersphäre herrührenden Geldfluss-Salden zu planen. Dies sind in der Finanzierungssphäre bspw. Tilgungen und Zinszahlungen für bereits bestehende Kredite, Darlehen und sonstige Finanzierungsinstrumente sowie Tilgungen und Zinszahlungen für neue Kredite, Darlehen und sonstige Finanzierungs-instrumente. In der Gesellschaftersphäre sind geplante Dividendenzahlungen, Kapitalerhö-hungen und Kapitalherabsetzungen zu betrachten. Die Geldmittelfluss-Salden aus der be-trieblichen Erfolgs-, Finanzierungs- und Gesellschaftersphäre ergeben zusammen mit den Anfangsbeständen an liquiden Mitteln den geplanten bzw. simulierten Endbestand an liqui-den Mitteln.

Nachfolgend werden die Bewegungszahlen für die wichtigsten Positionen der Finanzrech-nung kurz dargestellt. Dabei wird Bezug genommen auf die Matrizen der Realgüter- und Leistungssphäre, deren Summen je Periode in die Finanzrechnung einfließen.

Wie einleitend bereits erwähnt, werden die Positionen der Erfolgsrechnung ergänzt um Materialzugänge und Investitionen durch Zwischenschaltung von Spektralvektoren in die Finanzrechnung überführt. Der Saldo hieraus bildet den Finanzfluss-Saldo der Erfolgssphä-re. Dieser leitet sich automatisch aus den vorgelagerten Planungsschritten der Lagerbilanz-gleichungen und Erfolgsrechnung ab. Im nächsten Schritt sind die Ein- und Auszahlungen, die in der Fremdfinanzierungssphäre, Beteiligungssphäre und Gesellschaftersphäre ihren Ursprung haben zu planen. Im Gegensatz zum Finanzfluss-Saldo der Erfolgssphäre lassen sich die zu letztgenannten Finanzfluss-Salden nicht automatisiert ableiten. Sie müssen vielmehr vor dem Hintergrund des finanzwirtschaftlichen Gleichgewichts und unter Beach-tung bestimmter Finanzierungsgrundsätze separat geplant werden.

In der nachfolgenden Übersicht sind die Gleichungen zur Ermittlung der Einnahmen und Ausgaben dargestellt:

Finanzrechnung

Umsatzeinnahmen $PKE = (PK \times pK) \times (J - EMS) \times (J - Upk \times SKpk) \times SVU + (PKFA \times SVU)$

Konditionenausgaben $PKA = (PKE = (PK \times pK) \times (J - EMS) \times (J - Upk \times SKpk) \times EMN \times SVUN + SOVA \times SVUN$

Materialausgaben $WZWA = (WW + WV + WK + WSV - WB) \, pW \times SVW + VBAW \times SVW$

Fremdbezugsausgaben $PFWA = PF \times pFr \times SVF + VBA \, F \times SVF$

Personalausgaben $BSWA = (BNO + BNL + BNS) \, pB \times SVB + VBAB \times SVB$

Energieausgaben $FWGA = (PHg \times Vof + FWS) \, pF \times SVE + VBAE \times SVE$

Investitionsausgaben $MZWA = (MNO - MBO + MNS - MBS) \, pM \times SVI + VBAI \times SVI$

Sonstige Fixkostenausgaben $SFA = (Kf + KUf) \times SVKA + VBAK \times SVKA$

$PFS =$ Zwischensumme Finanzfluss-Saldo der Erfolgssphäre

$FFZ =$ Zugang aus Darlehensaufnahmen

FFT =   Tilgungen aus Darlehensrückzahlungen

FFS =   Zwischensumme Finanzfluss-Saldo aus der (Fremd-)Finanzierungssphäre

BFGE =   Kapitalerhöhungen

BFGA =   Kapitalherabsetzungen

BFGDA =   Dividenden/Gewinnausschüttungen

BFG =   Zwischensumme Finanzfluss-Saldo aus der Gesellschaftersphäre (Eigen-
               finanzierung)

Umsatzeinnahmen

Die Umsatzeinnahmen (*PKE*) ergeben sich aus der Multiplikation der Umsatzmatrix mit dem Spektralvektor der Umsatzeinzahlungen. Die Umsatzmatrix ist dabei so konstruiert, dass in einer unteren Dreiecksmatrix die Umsätze absteigend von links nach rechts einge-tragen werden, d. h., in Spalte 1 sind die Umsätze der Perioden 1 bis 12, in Spalte 2 die Umsätze der Perioden 2–12, in Spalte 3 die Umsätze der Perioden 3–12 usw. verzeichnet. Diese Dreiecksmatrix ist mit dem Spektralvektor zu multiplizieren. Im Spektralvektor ist angegeben, welcher Anteil der Umsätze in der gleichen Periode zu Einzahlungen führt, welcher Anteil in der Periode *t*+1 usw. Die Summe der im Spektralvektor eingetragenen Faktoren ergibt für den Bruttoumsatz stets 1. Da der Skonto die Umsatzeinzahlungen ver-mindert, ist der um Skonto bereinigte Spektralvektor < 1. Der Spektralvektor kann aus kundenindividuellen Zahlungsbedingungen und tatsächlichen Zahlungsgewohnheiten abge-leitet werden. Wird eine kundenbezogene Umsatzplanung durchgeführt, können die Spekt-ralvektoren auch kundenindividuell im Matrixkalkül abgebildet und jede Kundenumsatz-matrix damit multipliziert werden. Neben den Umsätzen und Einzahlungen der Planperiode sind die noch nicht erhaltenen Einzahlungen aus Umsätzen der Vorperioden (*PKFA* = An-fangsbestand der Kundenforderungen) zu berücksichtigen. Vor diesem Hintergrund sind die aufgrund der Zahlungsziele in die Planperiode hineinreichenden Umsätze der Vorperioden in einer separaten Matrix zu erfassen.

Aus Abbildung 2.43 gehen die Matrizen zur Ermittlung der Umsatzeinzahlungen hervor (s. nächste Seite).

Das Prinzip zur Ermittlung von zeitlich nachlaufenden Zahlungsgrößen unter Verwendung von Spektralvektoren ist bei Ein- und Auszahlen stets identisch und wird daher nur an die-ser Stelle beispielhaft skizziert. Bei den nachfolgend beschriebenen Auszahlungsgrößen unterbleiben daher konkrete Zahlenbeispiele.

Auszahlungen für nachschüssige Konditionen

Der in der Dreiecksmatrix eingetragene Umsatz entspricht nicht den geplanten Nettoumsät-zen, da nur Bruttoumsätze vermindert um Sofortrabatte und Skonti einfließen. Nachträglich gewährte Rückvergütungen wie bspw. Boni mindern in der Erfolgsrechnung zwar kalkula-torisch den Umsatz, führen aber aufgrund der unterjährig zu hoch vereinnahmten Umsätze zu einem nachträglichen Geldabfluss.

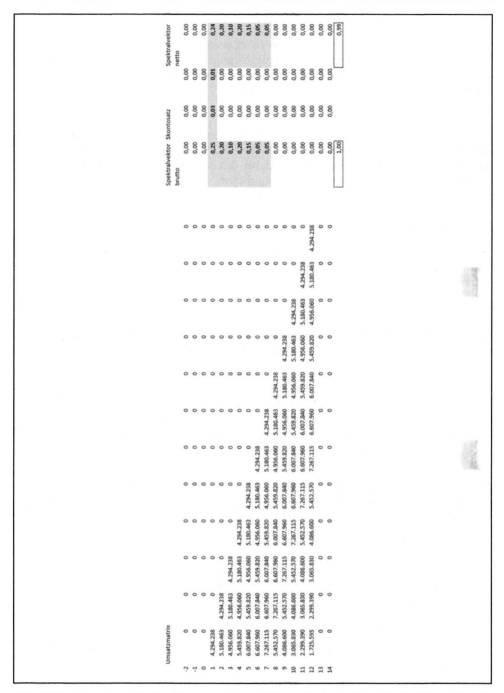

Abb. 2.43: Dreiecksmatrix des Umsatzes mit zugehörigem Spektralvektor. Quelle: Eigene Darstellung

Material- und Fremdbezugsausgaben

Aus den Bestandsmengengleichungen der fremdbezogenen Teile, Baugruppen und Erzeugnisse ergeben sich aufgrund der produktionsmengengetriebenen Abgänge unter Berücksichtigung vorhandener Anfangsbestände und gewünschter Ziel-Endbestände die notwendigen Zugänge (WZ) an Roh-, Werk- und Hilfsstoffen.

$$WZ = WW + WV + WK + WSV - WB \qquad (2.77)$$

Diese mit den jeweiligen Preisvektoren (pW) bewerteten Zugänge werden multipliziert mit dem Spektralvektor der Materialauszahlungen (SVW). Analog zu den Einzahlungen aus Kundenforderungen aus Vorperioden sind bei den Materialausgaben noch nicht erfolgte Auszahlungen aus Vorperioden zu berücksichtigen. $VBAW$ repräsentiert den Bestand an Verbindlichkeiten für bezogenes Material aus Vorperioden (s. Abb. 2.44, s. nächste Seite).

Personal-, Energie- und fixe Ausgaben

Die Ausgaben für Personal (BSW), Energie ($FWGW$) und Fertigungsgemeinkosten (Kf) sowie Unternehmensfixkosten (KUf) können direkt aus der Erfolgsrechnung unter Anwendung der jeweils kostenartenspezifischen Spektralvektoren ermittelt werden.

Investitionen:

Für den Potenzialfaktor Maschinen erfolgen Auszahlungen nur im Zeitpunkt der Anschaffung. Die notwendigen Zugänge (Investitionen) werden wiederum aus den Lagerbilanzgleichungen (MWZ) abgeleitet.

Zusammenfassend kann festgestellt werden, dass lagerfähige Repetierfaktoren (Material) und physische Potenzialfaktoren (Maschinen) in die Finanzrechnung stets mit ihren notwendigen Zugängen eingehen. Menschliche Potenzialfaktoren, nicht lagerfähige Repetierfaktoren (Energie) sowie dispositive Kosten (Fixkosten) hingegen gehen als Ausgangspunkt mit den Werten aus der Erfolgsrechnung in die Finanzrechnung ein.

Im Anschluss an die Finanzplanung der Erfolgssphäre erfolgt die Planung der externen Fremd- und Eigenfinanzierung. Die Planungsmaßnahmen der Fremd- und Eigenfinanzierung (Corporate Finance) benötigen jedoch als Grundlage eine differenzierte und aussagefähige Planung der Erfolgssphäre.

  + FFZ (Zugang aus Darlehensaufnahmen)

  – FFT (Tilgungen aus Darlehensrückzahlungen)

  = FFS (Zwischensumme Finanzfluss-Saldo aus der (Fremd-)Finanzierungssphäre)

  + $BFGE$ (Kapitalerhöhungen)

  – $BFGA$ (Kapitalherabsetzungen) – $BFGDA$ (Dividenden)

  = BFG (Zwischensumme Finanzfluss-Saldo aus der Gesellschaftersphäre (Eigenfinanzierung))

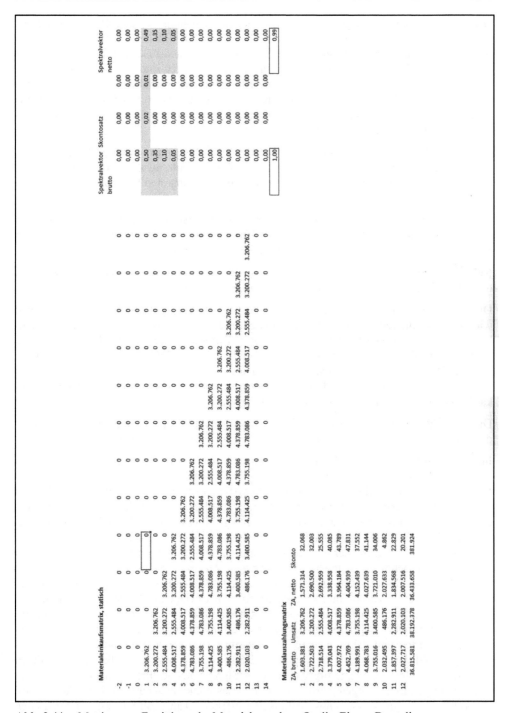

Abb. 2.44: Matrizen zur Ermittlung der Materialausgaben. Quelle: Eigene Darstellung

Die Auszahlungen (Tilgungen) der Planperiode sind abhängig von dem Bestand laufender Darlehen und den geplanten Zugängen. Die laufenden Darlehen sind der Anfangsbestandsmatrix der Darlehen eingetragen. Die Anfangsbestandsmatrix enthält die Höhe der gewähren Darlehenssummen. In der Darlehenstilgungsmatrix sind die Tilgungen der einzelnen Perioden und in der Zinsmatrix die Zinszahlungen enthalten. Aus diesen beiden Matrizen lassen sich die Auszahlungen der Planperiode aufgrund vorhandener Darlehen ableiten. Neue Darlehen sind in der Zugangsmatrix sowie in den Tilgungs- und Zinsmatrizen für Darlehenszugänge zu erfassen.

Neben der Aufnahme von Darlehen als Fremdfinanzierungsform kommen weitere Finanzierungsformen (Industrieobligationen emissionsfähiger Unternehmen, Mezzanine, Factoring, Leasing etc.) in Betracht, deren Zahlungsströme in separaten Matrizen erfasst werden können.

Factoring wäre jedoch bei den Spektralvektoren zu erfassen, d. h., die Umsatzeinzahlungen gehen stets in derselben oder nachfolgenden Periode ein. Der Vektor wäre dann ein Skalar < 1, da die Factoring-Gebühr als Zinsaufwand zu erfassen wäre.

Neben den Fremdfinanzierungen sind eventuelle Einzahlungen aus Beteiligungserträgen oder Auszahlungen aus Verlustausgleichsverträgen in der Matrix BFS zu berücksichtigen.

Die die Gesellschaftersphäre betreffende Eigenfinanzierung umfasst Finanzierungsformen wie bspw. Kapitalerhöhungen durch bestehende und/oder neue Gesellschafter, Kapitalherabsetzungen, Private Equity etc. Ferner ist auf dieser Ebene die Dividendenpolitik als weiteres Finanzierungsvehikel angesiedelt. Im Hinblick auf die Dividenden/Gewinnausschüttungen sind die für die Planperiode zu erwartenden Zahlungen in einer Ausschüttungsquotenmatrix zu erfassen. Durch Multiplikation mit dem ausschüttungsfähigen Eigenkapital ergeben sich die geplanten Ausschüttungen der Periode.

Die Innenfinanzierungsmöglichkeiten ergeben sich aus der Variation bestimmter Parameter der Erfolgssphäre im Matrixkalkül, werden hier jedoch nicht weiter behandelt.

Im Zusammenhang mit den Finanzierungsmaßnahmen zeigt sich nochmals, dass die Erfolgsplanung das Instrument der Vorsteuerung der Liquidität ist. Werden in der Erfolgsplanung nicht die entscheidenden Einflussgrößen systematisch berücksichtigt, können sich mit zeitlicher Verzögerung schwerwiegende Planungsfehler im Hinblick auf die Liquiditätsentwicklung ergeben. Damit sind nicht nur Planungsfehler gemeint, die aufgrund unrealistischer Marktwachstums-, Marktanteils- und daraus folgender Umsatzerwartungen entstehen. Die Planung und Prognose der eigenen Umsätze sind immer mit mehr oder wenigs großen Unsicherheiten behaftet. Vielmehr soll damit zum Ausdruck gebracht werden, dass selbst bei zutreffenden Umsatzerwartungen aufgrund der fehlenden Berücksichtigung der innerbetrieblichen Einflussgrößen im Planungsmodell schwerwiegende Fehler vorprogrammiert sind. Diese Fehler können dazu führen, dass bestimmte Kosten, notwendige Personalzugänge, Investitionen, Lagerbestandsveränderungen und Materialzugänge etc. unzutreffend abgeleitet werden und daher zu einer mangelhaften Entscheidungsgrundlage führen. Das betrifft sowohl die absolute Höhe geplanter Erfolgs- und Liquiditätsgrößen als auch deren zeitliche Verteilung. Werden aufgrund falscher Signale aus der Erfolgsplanung bestimmte Finanzierungsentscheidungen getroffen oder unterlassen, können daraus erhebliche Liquiditätsprobleme bis hin zur Zahlungsunfähigkeit entstehen. Damit soll nochmals unterstrichen werden, welche Bedeutung einer möglichst zutreffenden Markteinschätzung einerseits und einem situationsadäquaten Planungsmodell andererseits zukommt

2.6.2.1.5   Bilanzplanung

Die Bilanzplanung ist in Tabelle 2.1 in Teil B direkt mit der Finanzplanung verwoben. Die Finanzplanung ist wiederum direkt mit der Erfolgsplanung verbunden, so dass sich die Bestände der Planbilanz automatisch aus der Zusammenführung der Erfolgs- und Finanzplanung ergeben.

Die Bilanzplanung ist daher bei näherer Hinsicht eigentlich kein eigenständiges Planungsgebiet. Die Fortschreibung der Bilanzsalden ist vielmehr automatisch mit der Buchung der Planungsgrößen aus der Erfolgs- und Finanzrechnung verbunden. Von dieser zwingenden Saldenmechanik zu unterscheiden sind allerdings sogenannte Bilanzgestaltungsmaßnahmen.

Die Finanzplanung verknüpft im Rahmen des betrieblichen Leistungsprozesses die Bestandkonten der Einnahmen und Ausgaben (Debitoren und Kreditoren) mit den Ein- und Auszahlungen der Finanzmittelbestandskonten (Bar- und Girokonten), sofern die Zahlungszeitpunkte von den Leistungszeitpunkten abweichen. Fallen Zahlungs- und Leistungszeitpunkte zusammen, dann entfällt die Zwischenschaltung von getrennten Einnahmen-/Ausgabenkonten und die Zahlungszuflüsse oder Zahlungsabflüsse sind zeitlich direkt mit den Bewegungszahlen der Erfolgsrechnung gekoppelt.

Daneben gibt es Transaktionen, die sich direkt aus der Erfolgsrechnung ohne Berührung der Einnahmen-/Ausgaben- und Einzahlungs-/Auszahlungskonten auswirken. Dazu zählen beispielsweise Rückstellungen, Wertberichtungen und Abschreibungen. Dabei wird über Rückstellungen bilanztechnisch ein Passivtausch zwischen Eigenkapital und Fremdkapital abgebildet (Aufwandskonto an Rückstellungskonto).

Wertberichtigungen (bspw. Einzel- und Pauschalwertberichtigungen auf Forderungen) und Abschreibungen (Vorrats- und Anlagevermögen) repräsentieren dagegen stets eine Bilanzverkürzung. Der Wertansatz eines Wirtschaftsgutes wird gegen das Eigenkapitalkonto auf einen niedrigeren Wert „abgeschrieben" (Aufwandskonto an Aktivkonto). Die Ursachen und die Höhe von Wertberichtigungen und Abschreibungen ergeben sich aus handels- und steuerrechtlichen Vorschriften.

Allen anderen Bilanzpositionen sind direkt oder indirekt mit Transaktionen der Realgüter- und Leistungssphäre verbunden. Von betriebsfremden Transaktionen wird hier abgesehen, da diese mit der betrieblichen Leistungserstellung in keinem Zusammenhang stehen.

Abbildung 2.45 zeigt den Zusammenhang der Erfolgsrechnung als Nebenrechnung des Eigenkapitals und der Finanzrechnung als Nebenrechnung der liquiden Mittel.

Nachfolgend werden die Bewegungszahlen für die wichtigsten Bilanzpositionen kurz dargestellt. Dabei wird Bezug genommen auf die Matrizen der Realgüter- und Leistungssphäre, deren Summen je Periode in die Bilanzrechnung einfließen.

In der Praxis haben sich insbesondere vor dem Hintergrund der Fremdfinanzierung bestimmte Regeln zur Einhaltung und Bewertung von Bilanzrelationen und Kennziffern her-

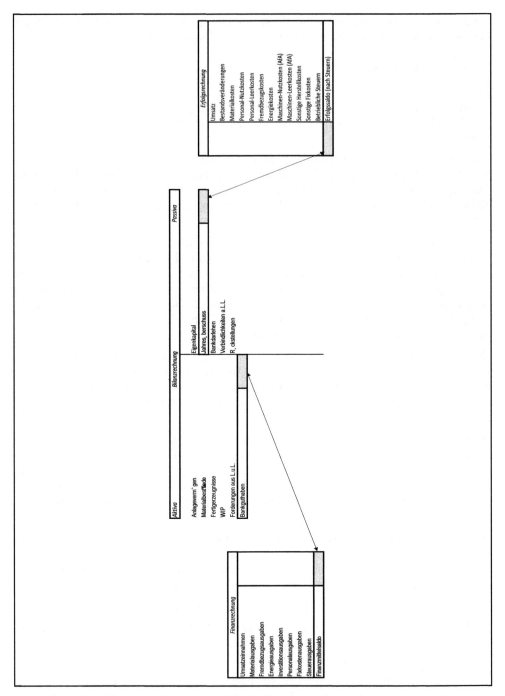

Abb. 2.45: Zusammenhang Bilanzplanung mit Finanz- und Erfolgsrechnung. Quelle: Eigene Darstellung

ausgebildet. Diese sind zwar wissenschaftlich kaum haltbar, spielen aber dennoch für die Beurteilung von Finanzierungsentscheidungen eine nicht unbedeutende Rolle. Vor diesem Hintergrund sind u. U. im Anschluss an die automatische Berechnung der Erfolgs-, Finanz- und Bilanztensoren bestimmte bilanzpolitische Maßnahmen zu simulieren. Diese Maßnahmen können in der Variation von Rückstellungsbildungen, veränderten Ausschüttungsquoten, veränderten Ziel-Endbeständen von Material- und Erzeugnislägern, Variation der Spektralvektoren für Debitoren und Kreditoren etc. bestehen. Die Variationen sind jedoch nicht beliebig, da bspw. veränderte Zahlungsziele nicht allein im Ermessen des Unternehmens sind bzw. nicht ohne Weiteres durchgesetzt werden können. Ferner können auch veränderte Ziel-Endbestände für Material- und Erzeugnisläger nicht ohne Konsequenzen für die Lieferservicegrade und damit für die Wettbewerbsfähigkeit sein. Auch veränderte Durchlaufzeiten können zwar leicht simuliert, jedoch nur schwer realisiert werden. Eine Durchlaufzeitenverkürzung bei gleichbleibender Absatzgeschwindigkeit (Absatzmengen) führt lediglich zu geringeren durchschnittlichen Produktions- und Materialbeständen, jedoch zu höheren durchschnittlichen Erzeugnisbeständen. Aus den Buchungsmatrizen können auf einfache Weise die gängigen Bilanz-, Rentabilitäts- und Cashflow-Kennziffern abgeleitet werden. Die Auswirkungen bestimmter Parametervariationen auf diese Kennzahlen können sofort sichtbar gemacht werden. Ferner können die in den Buchungsmatrizen eingetragenen Komponenten der Abweichungsmatrizen zur Erklärung der Veränderung von relativen Kennzahlen genutzt werden. So können bspw. die Einflüsse der Materialabweichungsrechnung auf die Höhe der Umsatzrendite schrittweise dargestellt werden.

Der Saldo und die Einzelkomponenten der Erfolgsrechnung stellen automatisch die Änderungen des Eigenkapitals vor Durchführung von Eigenfinanzierungsmaßnahmen dar. Der Saldo und die Einzelkomponenten der Finanzrechnung ergeben automatisch die Veränderungen der flüssigen Mittel (Liquiditätssalden). Die Finanzrechnung ist verzahnt mit den „Durchgangskonten" des Kontokorrentbereiches, den Forderungen und Verbindlichkeiten und bildet die in Kapitel 2.3 beschriebene Zahlungskontenreihe.

Die Bestände des Anlagevermögens, Materials sowie der in Arbeit befindlichen (WIP) und fertigen Erzeugnisse bilden die Leistungskontenreihe (siehe auch Kapitel 2.3). Die Leistungskontenreihe bildet den innerbetrieblichen Wertefluss des Industrieunternehmens ab. Die im Matrixkalkül vorhandenen Lagerbilanzgleichungen der fertigen Erzeugnisse, Materialien/Werkstoffe und Maschinen sind mit dieser Leistungskontenreihe verknüpft. Sofern in den Matrixkalkül eine dynamische Planung aufgenommen wurde (siehe oben), sind aufgrund der erfassten Vorlaufzeiten in der dynamischen Input-Verflechtungsmatrix die zeitlich gegeneinander verschobenen Zu- und Abgänge des Produktionskontos darstellbar. Daraus ergeben sich die in Arbeit befindlichen Erzeugnisbestände, aufgegliedert in einzelne Herstellkostenbestandteile.

Wie bereits dargelegt, leitet sich die Bilanzplanung aus der Erfolgs- und Finanzplanung ab. Die einzelnen Matrizengleichungen für die wichtigsten Bilanzpositionen werden nachfolgend kurz beschrieben.

Bilanzrechnung (Kurzform):

Aktiva:

Anlagevermögen:	$MBW + MZW - MSW + PAEB + PAEL - PAEA$
Material:	$WBW + WZW - WWW - WVW - WKV$
Erzeugnisse:	$PBW + P\ddot{A}W$
Forderungen:	$PFKA + PKW - PKE$
Liquide Mittel:	$LMA + PFS + FFS + BFS + BFG$

Passiva:

Eigenkapital:	$EKA + PES + BFG$
Verbindlichkeiten:	$VBA + BSW + WZW + MZW + FW + Kf + KUf - BSWA - WZWA - FWGA - MZWA - SFA$
Sonstige Verbindlichkeiten:	$SOVA + (PK \times (J - Upk \times SKpk) \times pK \times (J - EMS) \times EMN) - PKA$
Darlehensverbindlichkeiten:	$FFA + FFZ - FFT$

Im Folgenden soll nur in Kürze auf die Hauptpositionen der Plan-Bilanz eingegangen.

Anlagevermögen:

Das Plan-Anlagevermögen ergibt sich aus dem Anfangsbestand (MBW) zuzüglich der Investitionen (MZW) abzüglich der Abschreibungen (MSW) extern bezogener Anlagengegenstände zuzüglich des Anfangsbestandes selbst erstellter Anlagen ($PAEB$, aktivierte Eigenleistungen) zuzüglich aktivierter Eigenleistungen ($PAEL$) der Planperiode abzüglich der Abschreibungen auf aktivierte Eigenleistungen ($PAEA$).

Materialbestand:

Der geplante Materialbestand berechnet sich aus dem Anfangsbestand (WBW) zuzüglich der in der Lagerbilanzgleichung ermittelten Zugänge (WZW) abzüglich der produktionsbedingten Abgänge (WWW), der Lagerverluste (WVW) und der Materialverkäufe (WKV). Materialverkäufe sind nur der Vollständigkeit halber angegeben, in der Erfolgsrechnung jedoch nicht ausgewiesen. Es wird als gegeben angenommen, dass die Matrix null ist.

Fertige Erzeugnisse:

Der Bestand an fertigen Erzeugnissen ergibt sich aus dem Anfangsbestand (PBW) zuzüglich geplanter Bestandsveränderungen ($P\ddot{A}W$). Bestandsveränderungen an unfertigen Erzeugnissen treten in der Plan-Bilanz nur dann auf, wenn der Matrixkalkül als dynamischer Ansatz (siehe oben) unter Berücksichtigung der Vor- und Plandurchlaufzeiten ausgestaltet ist. Dieser dynamische Ansatz kommt nur dann zum Einsatz, wenn die Plandurchlaufzeiten einen längeren Zeitabschnitt umfassen als die im Kalkül gewählte Periodenrasterung (Monate, Quartale etc.).

Forderungen:

Die Forderungen aufgrund von Lieferungen und Leistungen ergeben sich aus dem Anfangsbestand ($PFKA$) zuzüglich des geplanten Periodenumsatzes (PKW) abzüglich der Umsatzeinnahmen laut Finanzplanung.

Liquide Mittel:

Die Zahlungsmittelbestände leiten sich ab aus dem Anfangsbestand zuzüglich des Finanzmittelfluss-Saldos der Erfolgssphäre (PFS), der Fremdfinanzierungssphäre (FFS) und der Eigenfinanzierungssphäre (BFG) ab.

Verbindlichkeiten:

Die Verbindlichkeiten aufgrund von Lieferungen und Leistungen errechnen sich aus dem Anfangsbestand zuzüglich Personalkosten (BSW), Investitionen (MZW), Materialeinkäufe (MZW), Energieeinkäufe (FW), sonstiger Leistungen, die in der Erfolgsrechnung Fixkosten darstellen (Kf, KUf), abzüglich der Zahlungsausgänge zu genannten Lieferungen und Leistungen laut Finanzplanung ($BSWA$, $WZWA$, FWA, KfA, $KUfA$).

Sonstige Verbindlichkeiten:

Die sonstigen Verbindlichkeiten im Matrixkalkül ergeben sich aus dem Anfangsbestand der nachträglichen Kundenkonditionen zuzüglich eingegangener Verpflichtungen nachträglich zu vergütender Kundenkonditionen der Planperiode abzüglich der Auszahlung von Kundenkonditionen.

Eigenkapital:

Das Eigenkapital ist der Saldo aus Anfangsbestand (EKA) zuzüglich Erfolgssaldo (PES) und Finanzmittelfluss-Saldo der Eigenfinanzierung (Gesellschaftersphäre = BFG).

Rückstellungen, Rechnungsabgrenzungen

Aktive und passive Rechnungsabgrenzungsposten könnten bspw. aufgrund der Berücksichtigung von Fälligkeitsterminen von Mietzahlungen und Mieteinnahmen berücksichtigt werden.

Die *Rückstellungen* werden in dem Planungskalkül nicht behandelt, da sie nur für einzelne Sachverhalte automatisiert aus dem Matrizenkalkül abgeleitet werden könnten. Denkbar wäre beispielsweise die automatisierte Ermittlung von *Gewährleistungsrückstellungen*. Hierzu müssten die Produktionsmengen des laufenden Jahres zuzüglich der noch in der Gewährleistungsfrist befindlichen Produktionsmengen aus Vorjahren mit einer Schadenquotenmatrix multipliziert werden. Die Schadenquotenmatrix ergäbe sich bspw. aus gemittelten Schadensquoten für einen definierten Zeitraum. Die Produktionsmengen des laufenden Jahres wären dann mit der Summe aus den gemittelten Schadensquoten für die Länge des Gewährleistungszeitraums zu multiplizieren. Für die Produktionsmengen der Vorjahre verkürzen sich die noch zurückzustellenden Zeiträume jeweils um eine Periode bis hin zum Ende der Gewährleistungsfrist. Auf diese Weise könnten die statistisch zu erwartende Anzahl an Schäden für die Produktionsmenge des laufenden Jahres und die noch gewährleistungsbehafteten Produktionsmengen der Vorjahre ermittelt werden und mit einem Preisvektor für die durchschnittlich anfallenden Gewährleistungskosten je Fall multipliziert werden. Ein weiterer in den Planungskalkül integrierbarer Sachverhalt bestünde bspw. in der Rückstellungsbildung für Erlösminderungen, die als *Jahresrückvergütung (Boni)* zu zahlen sind. Hierzu könnten die (ggf. nach Kunden oder Kundengruppen differenzierten) Umsatzmatrizen mit den jeweiligen Diagonalmatrizen der Konditionenbestandteile multipliziert werden. Die so ermittelte Summe wäre dann zum Periodenende zurückzustellen. Der Ausweis könnte jedoch auch, wie hier angenommen, unter der Position *sonstige Verbindlichkeiten* erfolgen, sofern die ermittelte Summe der Höhe und dem Grunde nach genau feststünde. Auch die Rückstellungen für Gewerbe- und Körperschaftsteuer könnten im Prinzip automatisiert ermittelt werden, da die zu leistenden Vorauszahlungen bekannt sind und die Gewinnsteuern der Planperioden in linearer Abhängigkeit zum Erfolgssaldo stehen. Die Gewinnsteuern wurden in den Ausführungen jedoch nicht berücksichtigt, wohl aber in dem über den Springer-Verlag erhältlichen Originalmatrizenmodell (s. Kapitel 6).

2.6.2.1.6   Zusammenführung der Werteplanung in der Buchhaltungsmatrix

Die Matrizenfelder können als Seiten eines Kontos interpretiert werden. Jede Eintragung in den Matrizenfeldern ist damit gleichzusetzen mit einer Buchung, wobei die Sollseite durch die Zeilen und die Habenseite durch die Spalten eindeutig festgelegt ist. Die Festlegung der Soll-/Habenzuordnung in Zeilen (Soll) und Spalten (Haben) ist jedoch nicht zwingend, sondern nur eine Konvention und kann daher auch umgekehrt festgelegt werden, d. h., Soll = Spalten und Haben = Zeilen. Im Gegensatz zur sonst üblichen Doppik ist hier nur eine Buchung erforderlich anstatt der ansonsten erforderlichen zwei Buchungen.

Daraus folgt, dass die Verflechtungsstrukturen und Werteflüsse eines Industrieunternehmens theoretisch auch auf Konten abgebildet werden könnten, was in den heutigen ERP-Systemen zur Erfassung der Ist-Transaktionen auch die Regel ist. Besteht ein Produktionsprogramm bspw. aus mehrstufigen Prozessen, in denen verschiedene Teile, Baugruppen und Erzeugnisse gefertigt werden, kann man sich das im Matrizensystem enthaltene Prinzip der Doppik wie folgt verdeutlichen:

Auf der Ebene der Werkstoffe und Einsatzmaterialien werden Einkäufe als Zugang erfasst, die bei Weitergabe an die Produktion auf den Materialkonten als Abgang und auf der ersten Produktionsstufe der Teile wiederum als Zugang registriert werden (bspw. durch Eröffnung eines Fertigungsauftrages).

Neben den Werkstoffen werden die Nutzungen weiterer Produktionsfaktoren (Energie, menschliche Arbeit, Maschinenarbeit) ebenfalls als laufender Zugang im Produktionsprozess erfasst. Bei Beendigung des Fertigungsauftrages für die Teile erfolgen eine Entlastung des Produktionskontos (für Teile) und eine Belastung = Zugang auf einem Zwischenlager oder direkt auf der nächst höheren Produktionsstufe (Baugruppen). Auf der Stufe der Baugruppen kommen wiederum die Verbräuche für eingesetzte Mengen und Zeiten von Produktionsfaktoren hinzu. Bei der Beendigung des Produktionsvorganges erfolgt wiederum eine Entlastung = Abgang des Produktionskontos (= Fertigungsauftrag für Baugruppen) und Belastung = Zugang auf einem Zwischenlager oder direkt auf der nächst höheren Produktionsstufe (Erzeugnisse). Auf der Stufe der Erzeugnisse kommen weitere Verbräuche an Produktionsfaktoren hinzu und der Vorgang endet mit der Übergabe an das Erzeugnislager. Dabei wird wiederum das Produktionskonto entlastet (= Fertigungsauftrag für Erzeugnisse) und das Erzeugnislager belastet. Anschließend verbinden die Entlastungen (= Abgänge des

Erzeugnislagers) die Produktionsprozesse mit den Vertriebsprozessen. In der Kostenrechnung erfolgen dabei eine Entlastung des Erzeugnislagers und eine Belastung eines Kostenkontos (Kosten der verkauften Erzeugnisse). In der Finanzbuchhaltung erfolgen ein Zugang auf einem Forderungskonto (bei Zielverkäufen) und ein Zugang auf einem Erfolgskonto (Umsatzerlöse).

Diese doppisch verknüpfte Vorgangskette ist implizit in dem Matrizenmodell durch die Verflechtungs-, Transformations- und Buchhaltungsmatrizen enthalten.

Hier zeigt sich, dass das betriebliche Rechnungswesen als n-stufiges Matrizen-(Tensor-)-System aufgefasst werden kann. Damit wird ein die gesamten Struktur-, Transformations- und Verflechtungsbilanzen bis hin in die monetäre Finanzsphäre durchziehendes Grundprinzip deutlich, das seinen Endpunkt in der Buchungsmatrix findet: die Doppik – allerdings mit dem Unterschied, dass die Doppik hier auch den gesamten innerbetrieblichen Transformationsprozess erfasst und nicht nur die Soll- und Habenwelt der Buchhaltungskonten.

Durch Anwendung von Buchhaltungsmatrizen wird sichergestellt, dass der gesamte Planungs- und Kontrollansatz der Erfolgs-, Finanz- und Bilanzrechnung in einem einheitlichen und durchgängigen Matrixkalkül dargestellt und angewendet werden kann. Dieser Ansatz hat ferner den Vorteil, dass alle Mengen- und Wertetreiber (Einflussgrößen) bis hin zur Verdichtung in GuV, Finanz- und Bilanzplan ohne Unterbrechung in einer einzigen Rechnertransaktion kalkuliert werden können. Damit liegt ein sogenanntes „Ein-Schritt-Rechenmodell" vor, das sich von den prozeduralen Mehr-Schritt-Rechenmodellen grundlegend unterscheidet.

Im Gegensatz zur herkömmlichen Darstellung der Buchhaltung in Kontenform, können im Matrixkalkül sogenannte Buchungsmatrizen dargestellt werden. In diesen Buchungsmatrizen werden summarisch alle Matrizen der Erfolgs- und Finanzplanung zusammengeführt.

Das System der doppelten Buchführung kann damit neben der klassischen Kontenform auch in Form von quadratischen Matrizen dargestellt werden. In der allgemein üblichen „doppelten" Buchführung wird ein einzelner Vorgang gewöhnlich so registriert, dass einmal auf der Sollseite und einmal auf der Habenseite eines Kontos gebucht wird. Dabei werden die Sollbuchung auf der linken Seite eines Kontos und die Habenbuchung auf der rechten Seite eines anderen Kontos vorgenommen. Da es, zumindest bei manuell erstellten Buchhaltungen, leicht möglich ist, entweder die Soll- oder die Habenbuchung zu vergessen oder zweimal auf der Soll- bzw. auf der Habenseite zu buchen, benutzt man gewöhnlich zur Überprüfung eine sogenannte Probebilanz. Die Probebilanz dient der Feststellung, ob die Summe der Sollbuchungen der Summe der Habenbuchungen entspricht. Die Tatsache, dass die Summen identisch sind, ist eine notwendige, jedoch keine hinreichende Bedingung dafür, dass alle Vorgänge richtig gebucht wurden. Der wichtigste Punkt bei der doppelten Buchführung ist nicht das zweimalige Buchen jedes Geschäftsvorfalls, sondern das doppelte Klassifizieren jedes Vorgangs, und zwar einmal als Soll und einmal als Haben. Eine Alternative, um einen Geschäftsvorfall doppelt zu klassifizieren, besteht darin, ihn in eine Matrix einzuordnen. Der eingetragene Geschäftsvorfall wird dann einmal nach der Zeile und einmal nach der Spalte klassifiziert. Der Geschäftsvorfall bzw. die damit verbundene Zahl ist nur einmal als Koordinatenpunkt anzugeben. Dadurch werden die bereits genannten Fehlerquellen der herkömmlichen doppelten Buchführung im Rahmen der Planung vermieden, und die Notwendigkeit der Aufstellung einer Probebilanz, um diese Fehler herauszufinden, entfällt.[123]

Die Abbildung der Buchhaltung in Matrixform ermöglicht eine kompakte und übersichtliche Darstellung der Ergebnisse der Planungsrechnung in der Erfolgs-, Finanz- und Bilanzdimension.

Das Prinzip und die Grundstruktur der im Matrixkalkül der Planungsrechnung enthaltenen Buchungsmatrix zeigt Abbildung 2.46. Die in der Buchungsmatrix angegebenen Zahlen beziehen sich auf die Zeilennummern der Tabelle 2.1. Sie geben somit Auskunft über die Verbuchung der einzelnen Teilschritte der integrierten Planungsrechnung.

Die Buchungsmatrix repräsentiert die Komponenten des dreiteiligen EFB-Systems der Planungsrechnung bestehend aus Erfolgs-, Finanz- und Bilanzplanung.

An den Rändern (unten und rechts) der Buchungsmatrix sind die Summenzeilen der jeweiligen Spalten und Zeilen platziert. Diese Summenzeilen sind differenziert nach den einzelnen Teilrechnungen (Erfolgs-, Finanz- und Bilanzrechnung) und innerhalb der Teilrechnungen wiederum in Soll- und Habensummen. Am unteren Rand der Matrix ergeben sich die Sollsummen aus der Summenspalte (Spalte 39) der Zeilen am rechten Rand der Matrix (Spaltenvektor) und die Habensummen aus der Summenzeile (Zeile 39) der Spalten. Am rechten Rand der Matrix ergeben sich die Habensummen aus der Summenzeile (Zeile 39) der Spalten am unteren Rand der Matrix (Zeilenvektor) und die Sollsummen aus der Summenspalte der Zeilen (Spalte 39).

In Zeile 40 und Spalte 40 stehen die Anfangsbestände der Aktiv- und Passivkonten der Vorperiode (t–1). Durch Addition der Anfangsbestände mit den Soll- und Habenbuchungen der Aktiva sowie den Soll- und Habenbuchungen der Passiva entstehen die Bilanzsalden der Periode (t1). Werden nur die Soll- und Habenbewegungen addiert, kommen die Salden der Bewegungsbilanz zum Vorschein (Zeile 43, Spalte 43).

Durch Saldierung der Soll- und Habensummen der Aufwendungen und Ausgaben sowie der Erträge und Einnahmen resultieren der Erfolgssaldo und der Finanzsaldo. Da die Erfolgsrechnung eine Nebenrechnung des Eigenkapitalkontos darstellt, ist der Saldo der Erfolgsrechnung an das Eigenkapitalkonto zu übertragen. Für den Fall eines positiven Erfolgssaldos (Gewinn) erfolgt ein Eintrag in den Koordinaten (35,31), bei negativem Erfolgssaldo (Verlust) in den Koordinaten (31,35). Die Finanzrechnung wiederum ist eine Nebenrechnung des Bankkontos bzw. Finanzmittelfonds (= liquide Mittel = Barmittel, Bank). Somit ist der Saldo der Finanzrechnung an dieses Bankkonto bzw. den Finanzmittelfond zu übertragen. Für den Fall eines positiven Finanzmittelfluss-Saldos erfolgt ein Eintrag in den Koordinaten (30,35), bei negativem Finanzmittelfluss-Saldo in den Koordinaten (35,30).

Durch entsprechende Sortierung der saldierten Elemente der Buchungsmatrix können Erfolgs-, Finanz- und Bilanzrechnung in gesonderte Auswertungsvektoren übertragen werden. Diese Vektoren beinhalten dann die jeweiligen Teilrechnungen in der gewohnten Darstellungsform einer Staffel oder Kontendarstellung.

---

123 Kemeny et al., Mathematik für die Wirtschaftspraxis, S. 353 und Mattessich, Die wissenschaftlichen Grundlagen des Rechnungswesens, S. 208

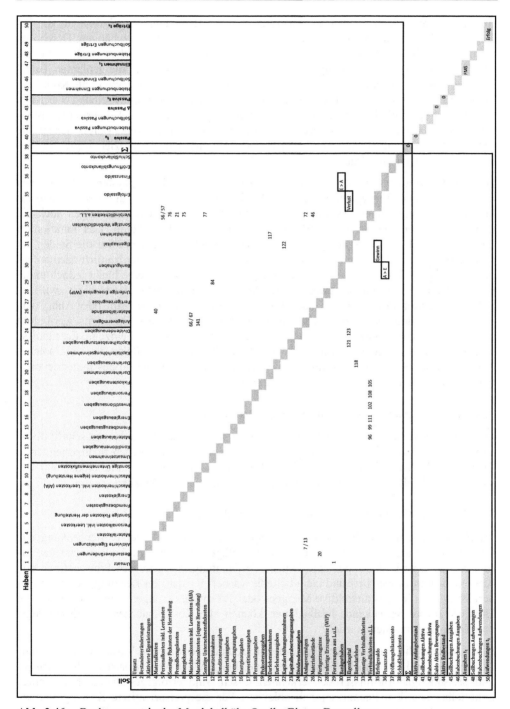

Abb. 2.46: Buchungsmatrix des Matrixkalküls. Quelle: Eigene Darstellung

Im Matrizenmodell, d. h. allen Wertmatrizen, die die Berechnungsergebnisse für die Erfolgs-, und Finanzplanung liefern, ist ein Zeilen- und Spaltenindex anzuhängen. Durch diese Indizes ist für alle Transformationen eindeutig hinterlegt, nach welchen Buchungsregeln die Eintragungen in der Buchungsmatrix erfolgen sollen. Damit sind die geplanten Transaktionen aus dem Absatz-, Produktions-, Administrations- und Finanzsystem als Koordinatenpunkte „fest verdrahtet" mit der buchhaltungslogischen Saldenfortschreibung. Über den Zeilen- und Spaltenindex werden auch die Auswertungen für einzelne Teilperioden gesteuert, da der Matrixkalkül eine Mehrperiodenplanungsrechnung darstellt. Damit werden die Erfolgs-, Finanz- und Bilanzrechnungen in der Zeitdimension differenziert bspw. für einzelne Monate, Quartale, Jahre etc.

Hier zeigt sich auch die Schwäche des sog. zweiteiligen Rechnungssystems, das nur aus einer Erfolgs- und Bilanzplanung besteht. Dabei wird meist versucht, aus Veränderungsbilanzen die Finanzrechnung (indirekt) abzuleiten. Dieser Vorgehensweise folgen auch die meisten Anbieter von Softwarewerkzeugen zur Planungsunterstützung. Das funktioniert zwar (mit Einschränkungen) ex post, jedoch nicht ex ante. Es können zwar die Salden der Erfolgsrechnung in der Bilanz verbucht werden und aus den Umsätzen zeitlich nachlaufende Einzahlungen berechnet werden. Die gesamte Leistungskontenreihe bleibt jedoch unberührt, d. h., die Salden bleiben unverändert. Dies kann nur mit mehr oder weniger „willkürlichen" Eingriffen in Form von pauschal geplanten Beträgen für den Auf- oder Abbau von Materiallägern und/oder Erzeugnislägern realisiert werden. Bei den Erzeugnislägern stellt sich dann aber das Problem, wie sich die Bestandsveränderungen auf einzelne Erzeugnisse und die Herstellkostenarten aufteilen sollen. Es erklärt sich von alleine, dass ein solches Vorgehen mit einer Planungsrechnung, die das monetäre Systemabbild des Industrieunternehmens ex ante darstellen soll, nichts zu tun hat.

2.6.2.1.6.1   Gestaltungs- und Auswertungsoperationen

Die differenzierte und integrierte Mengen- und Ressourcen- und Preisplanung schafft diverse Simulations- und Auswertungsmöglichkeiten, die mit herkömmlichen finanzorientierten Planungsmodellen nicht möglich sind. Nachfolgend werden einige Simulations- und Gestaltungsmöglichkeiten innerhalb des integrierten EFB-Modells skizziert.

Simulation und Gestaltungsmaßnahmen in der Erfolgssphäre:

Im Hinblick auf die Erfolgssteuerung dominieren die Unterziele der Kostensenkung und Leistungserhöhung. Das spezifische Wirkungsgefüge dieser beiden Teilbereiche der Erfolgsrechnung ist in den Input- und Output-Verflechtungsmatrizen, den Preisvektoren und Kostenmatrizen gespeichert und kann beliebig variiert werden. Im Leistungs- und Kostenbereich können jeweils alternative Mengen- oder Preisveränderungen simuliert werden. Im Hinblick auf kostensenkende Maßnahmen können alle Kostenmatrizen auf Einsparungspotenziale hin analysiert werden.

Das kann über die Senkung der Ressourcenpreise und/oder über die Variation der Ressourcenmengen erfolgen. Da die Bestimmungsgleichungen der Kostenmatrizen die mengen- und preismäßigen Einflussgrößen erkennen lassen, sind erfolgsgestaltende Maßnahmen unmittelbar aus dem Planungsmodell ableitbar. Für die preisorientierte Kostengestaltung kann durch Verhandlungen mit den Lieferanten eine Senkung der Beschaffungspreise angestrebt werden, die in den einzelnen Preisvektoren simuliert werden können. Alternativ können Konditionenbestandteile der Preise wie bspw. Skonti- und Boni-Sätze in Form von Erhöhungen durchgespielt werden.

Auf der Mengenseite lassen sich folgende Kostensenkungspotenziale direkt aus dem Planungsmodell ablesen:

Variation einzelner Produktmatrizen:

- Verringerung der Einsatzproduktmengen PE.
- Verringerung der Lagerverluste PVS oder des Ausschusses PVZ, letzteres über Senkung der Verlustkoeffizienten Vzv.
- Verringerung der geplanten Lagerbestände PSV, wobei die Zinskosten sinken.
- Verlängerung der Nutzungsdauer für Vermietungs- und Einsatzprodukte, so dass die Abgänge PMA und PEA und die kostenverursachenden Zugänge bzw. Abschreibungen sinken.
- Leerkostenabbau bei Vermietungsprodukten PML und Einsatzprodukten PEL.
- Veränderung der Mengenrelation zwischen Herstellung PH und Fremdbezug PF.
- Variation der Losgrößen in der Einflussgrößenmatrix.
- Senkung der Teilekoeffizienten und damit des Teilebedarfs je Produkt.
- Vereinheitlichung von Teilen und Baugruppen als Zusammenlegung ganzer Zeilen bzw. Spalten, so dass die Zahl der Teile und Baugruppen sinkt bzw. der Substanzverflechtungskoeffizient (SVK) als Ausdruck der Teilevereinheitlichung steigt. Damit steigen automatisch die Losgrößen der betroffenen Teile und Baugruppen, was zu signifikanten Kosteneinsparungen führen kann.

Variation der Input-Verflechtungsmatrix:

- Senkung der Verbrauchskoeffizienten aller Einsatzgüter.
- Vereinheitlichung der Einsatzgüter, so dass ganze Spalten der Verflechtungsmatrix zusammengelegt werden und die Zahl der Materialarten sinkt, die Bestellmengen aber steigen; dies führt auf der Beschaffungsseite zu deutlich geringeren Einkaufspreisen und niedrigeren Logistik- und Transportkosten je Einheit.
- Verkürzung der Durchlaufzeiten. Hierzu müssen die Verbrauchskoeffizienten früherer Vorlaufperioden verringert, die späterer Perioden entsprechend erhöht werden. Bei konstantem spezifischem Verbrauch verringert sich dabei der zeitliche Vorlauf. Dadurch sinken die Bestände unfertiger Teile und die Zinskosten können sinken. Allerdings können bei konstanter Absatzgeschwindigkeit die Bestände in den Erzeugnislägern zunehmen. Durchlaufzeitenverkürzungen führen bei konstanter Beschäftigung immer zur Freisetzung von Kapazitäten. Erst wenn der Abbau dieser freien Kapazitäten betrieben wird, stellen sich potenzielle Kostensenkungen ein. Durchlaufzeiten, Produktions- und Lagerkapazitäten müssen daher stets simultan betrachtet werden.
- Aus der Bestimmungsgleichung des Materialverbrauchs können ergänzend Materialverluste verringert werden und Bestände gesenkt werden. Hier können die weiter oben beschriebenen Effekte der Erfahrungskurve in potenzielle Kostensenkungspotenziale umgesetzt werden.
- Die potenziellen Kostensenkungsmöglichkeiten im Zusammenhang mit Erfahrungskurveneffekten kommen auch bei den Potenzialfaktoren zum Ausdruck. Der Abbau der einflussgrößenunabhängigen Beschäftigten BNS, die wegen der fehlenden Ein-

flussgrößenrechnung oft große Rationalisierungspotenziale bergen, wäre hier zu untersuchen.

- Vergrößerung der Periodenkapazität durch höhere Koeffizienten gemäß der Kapazitätsverflechtungsmatrizen *Vab* bzw. *Vnm*, was gleichbedeutend ist mit einer Verlängerung der Arbeitszeit.
- Gezielter Abbau von Leerbeständen an Maschinen und Personal, sofern von dauerhafter Unterauslastung der Kapazitäten auszugehen ist.
- Verlängerung der Nutzungsdauern für Maschinen. Diese führen zu einer Verringerung der Koeffizienten in der Abschreibungsquotenmatrix, so dass die Abgänge *MA* sinken und die kostenverursachenden Zugänge bzw. Abschreibungen sich verringern.
- Veränderung der Mengenrelation bei Maschinen zwischen Kauf und Miete.
- Verringerung des einflussgrößenunabhängigen Energieverbrauchs *FWS*.

Neben den beispielhaft beschriebenen Variations- und Simulationsmöglichkeiten zur Kostensenkung, ist im integrierten EFB-Modell eine Vielzahl weiterer Maßnahmen abbildbar, die nicht alle im Detail beschrieben werden können. Es zeigt sich, dass mit diesem Ansatz das gesamte kostenbestimmende Wirkungsgefüge betrachtet und variiert werden kann. Diese Möglichkeit fehlt selbstverständlich in allen Systemen, die nur auf der finanzwirtschaftlichen Ebene operieren.

Auf der Leistungsseite lassen sich analog zur Kostenseite im EFB-Modell alle wesentlichen Einflussgrößen erkennen:

- Erhöhung der Absatzmengen mit bestehenden oder potenziellen neuen Kunden, zu erfassen in der Verkaufsmengenmatrix *PK*.
- Vergrößerung der Erzeugnisvermietungsmengen in der Matrix *PMN*.
- Erhöhung der Teilerzeugnisverkaufsmengen in der Matrix *PK* für Ersatzteilzwecke, Reparaturen, Zubehör, Belieferung der Konkurrenz oder der Lizenznehmer,
- Verschiebungen zwischen Verkauf *PK* und Vermietung *PMN* je nach Erfolgssituation beider Absatzarten.
- Aufnahme neuer Produkte in die Verkaufs- oder Vermietungsmengenmatrix, zu erfassen über neue Spalten in den Matrizen *PK* und *PMN*.
- Erhöhung der Verkaufspreise oder Vermietungspreise für Erzeugnisse oder Teilerzeugnisse. Dies kann als direkte Preisänderung oder indirekt über die Verkaufskonditionen (Rabatte, Boni, Skonti) gesteuert werden. Bei Variationen innerhalb des Preissystems ist jedoch darauf zu achten, dass die Preise i. d. R. eine enge Beziehung zu den Absatzmengen haben. Nur in weitgehend preisunelastischen Marktsituationen sind Preisänderungen ohne Mengenänderungen realisierbar.
- Erhöhung der Marktdurchdringung.
- Erzielung zusätzlicher Leistungs- oder Ertragsarten, z. B. bessere Ausnutzung des Absatzpotentials durch zusätzliche Services in den Bereichen Kundendienst, Beratung, Support etc.
- Verkauf überschüssiger Materialien, Betriebsmittel oder Energiemengen.
- Vermietung überschüssiger Personal- oder Betriebsmittelbestände.
- Verstärkte Erzielung von Zins- oder Dividendenerträgen, bei Überschussliquidität.

Bilanzgestaltung

Im Hinblick auf die Bilanzgestaltung muss berücksichtigt werden, dass die Bilanz im Grunde keine eigenständigen Lenkungsziele aufweist. Sie ist als resultierende Größe lediglich Bindeglied zwischen Erfolgs- und Finanzrechnung und erfüllt damit eine Pufferfunktion zwischen diesen beiden Teilrechnungen. Die Erfolgs- und Liquiditätsziele können wirksam nur über die Erfolgs- und Finanzrechnung gesteuert werden. Daher ist die theoretische Bedeutung der Bilanzgestaltung gering, wenn auch nicht völlig unwichtig. Dieser Umstand ist darauf zurückzuführen, dass bestimmte Bilanzrelationen (bspw. Eigenkapital zu Fremdkapital, Eigenkapital zu Anlagevermögen) als Daumen- und Finanzierungsregeln in der Praxis verbreitet sind und auch die Banken auf solche Bilanzrelationen achten. Im Rahmen der Bilanzgestaltung ist bspw. die sog. Verschuldungsobergrenze zu beachten. Höhere Fremdfinanzierungsrelationen können die Überschuldungs- und damit die Insolvenzgefahr erhöhen. Ferner kann dadurch ein weiterer Anstieg der Zinssätze ausgelöst werden, was die Erfolgs- und Verschuldungssituation weiter verschlechtert. Bei der Gestaltung der Finanzierung sind also die Auswirkungen auf bestimmte Bilanzrelationen zu berücksichtigen. Dies ist auch im Hinblick auf sogenannte Covenants von Bedeutung, da Banken die Einhaltung bestimmter Kennziffern als Bedingung für die Aufnahmen von Fremdkapital verlangen. Die Verletzung dieser Covenants kann zu empfindlichen Strafzahlungen oder gar zur Kündigung von Krediten führen. Vor diesem Hintergrund können Kapitalerhöhungen als Finanzierungsmaßnahme günstiger sein, auch wenn die erwartete Dividendenbelastung höher als die Darlehensverzinsung ist.

Finanzgestaltung

Im Rahmen der Finanzgestaltung stehen die Liquiditätssicherung und die damit im Zusammenhang stehenden Maßnahmen im Vordergrund. Dabei sind sowohl Unter- als auch Überliquidität zu vermeiden. Aus Abbildung 2.47 gehen die wesentlichen Gestaltungsmaßnahmen im Hinblick auf die Finanzgestaltung hervor.

Die Außenfinanzierung gemäß Zeile 1 von Abb. 2.47 kann – wie dort ersichtlich – erfolgen durch:

- Darlehens- oder Beteiligungskredite,
- Kreditaufnahme oder -tilgung,
- Variation der Einnahmen oder Ausgaben,
- Betragsänderung oder bloße zeitliche Verschiebung bei konstantem Betrag,
- liquiditätssaldenerhöhende oder -senkende Maßnahmen.

Die übliche Darlehensfinanzierung z. B. entspricht der Kombination der jeweils erstgenannten Fälle. Wie in Abb. 2.47 ersichtlich, gibt es aber weitaus mehr Außenfinanzierungsmöglichkeiten, deren Liquiditäts- und Erfolgseffekte zu vergleichen sind. Man kann z. B. bei Liquiditätsengpässen den Beteiligungserwerb verschieben oder ganz unterlassen, die Darlehensaufnahme erhöhen oder zeitlich vorziehen. Insgesamt zeigt Abb. 2.47 in Zeile 1 vier Fälle der Betragsänderung und daneben acht Fälle der zeitlichen Verschiebung. Analog sind bei der Innenfinanzierung in Zeile 2 verschiedene – wenn auch weniger streng systematisch geordnete – Möglichkeiten genannt, deren Realisierbarkeit, Liquiditäts- und Erfolgswirkung zu vergleichen sind. Unter 23 erscheinen z. B. vier Alternativen, die Er-

	Einnahmengestaltung		Ausgabengestaltung	
	1. Einnahmen-Erhöhung [-Verringerung]	2. Einnahmen-Vorverschiebung [-Nachverschiebung]	3. Ausgaben-Verringerung [-Erhöhung]	4. Ausgaben-Nachverschiebung [-Vorverschiebung]
1. Finanz-zahlung (Außen-finanzie-rung)	11.1 Darlehens-aufnahme EI .2 Beteiligungs-aufnahme E2	12.1 Darlehensaufnahme EI .2 Beteiligungs-aufnahme E2 .3 Darlehenstilgung oder -veräußerung E3 .4 Beteiligungstilgung oder -veräußerung E4	13.1 Darlehens-gewährung A3 .2 Beteiligungs-gewährung A4	14.1 Darlehensgewährung A3 .2 Beteiligungs-gewährung A4 .3 Darlehenstilgung AI .4 Beteiligungs-tilgung A2
2. Erfolgs-zahlung (Innen-finanzie-rung)	21.1 Laufende Erfolgseinnahme EII .2 Offene Subven-tionen E15 .3 Dividenden En .4 Veräußerung von Material oder Betriebsmitteln E6,7 .5 Vermietung über-zähliger Betriebs-mittel E7 oder Beschäftigter E10	22.1 Variation des Veräußerungs-zeitpunktes .2 Variation des Zahlungszeitpunktes .3 Factoring als Sonder-fall von Punkt .2 .4 Wechsel zwischen Verkauf E5 und Vermietung E8	23.1 Variation determinierter Ausgaben AII (Material, Energie, Lohn) .2 Variation dispo-nibler Ausgaben AII (Betriebsmittel A7, Werbung, Forschung) .3 Versteckte Subventionen AII .4 Dividenden A17	24.1 Variation des Beschaffungszeitpunktes .2 Variation des Zahlungszeitpunktes .3 Pensionslöhne A10 .4 Wechsel zwischen Kauf A7 und Anmietung A8 .5 Steuerstundung A14

Abb. 2.47: Finanzgestaltung zur Verringerung/Erhöhung des Liquiditätssaldos. Quelle: Grochla, Szyperski, Computergestützte Unternehmensplanung, S. 593

folgsausgaben zu verringern (oder auch zu erhöhen), unter 24 fünf Fälle der Erfolgsausga-bennachverschiebung. Dabei kann (24.1) die Beschaffung verschoben werden oder (24.2) bei konstantem Beschaffungszeitpunkt lediglich spätere Zahlung erfolgen (Zahlungsziele). Ferner kann eine (24.4) Anmietung statt Kauf erfolgen. Auch hier sind Liquiditäts- und Erfolgsaspekte zu vergleichen.

2.6.2.1.6.2   Kennzahlensysteme

Die Hauptfunktion der Buchhaltungsmatrix besteht darin, die Erfolgs-, Finanz- und Bilanz-rechnung direkt in einem durchgängigen Planungskalkül aus den Basismatrizen der Mengen-, Ressourcen- und Preisplanung abzuleiten. Neben dieser im EFB-Modell verankerten Funktion zur regelkonformen Aggregation der Wertmatrizen kommt der Buchhaltungsmatrix die Aufgabe zu, bei Bedarf einzelne Kennzahlen oder ganze Kennzahlensysteme zur Verfügung zu stellen. Beispielsweise wird die Anlagenintensität ermittelt, indem das Matrixelement der Buchhaltungsmatrix aus Zeile 44 / Spalte 25 dividiert wird durch das Matrixelement der Zeile 44 / Spalte 39. Aufbauend auf der Buchhaltungsmatrix kann demgemäß eine Kennzahlenmatrix konstruiert werden, die ausgewählte Kennzahlen aus den Bereichen der Vermögensstrukturanalyse, Kapitalstrukturanalyse und der Rentabilitätsanalyse bereitstellt. Bei jeder Parametervariation des Wirkungsgefüges in der Erfolgs- und Finanzsphäre (bspw. im Rahmen von Simulations- und Gestaltungsmaßnahmen) wird die Kennzahlenmatrix automatisch aktualisiert. Diese Feststellung klingt zunächst trivial und unterscheidet sich nicht von den Möglichkeiten herkömmlicher Tabellenkalkulationssoftware. Allerdings sei an dieser Stelle nochmals darauf hingewiesen, dass ein praxisrelevantes EFB-Modell mit Tabellenkalkulationssoftware aufgrund der zu verarbeitenden Datenmengen nicht realisiert werden kann. Tabellenkalkulationssoftware stößt schon bei Matrizenoperationen mit wenigen tausend Zeilen und Spalten schnell an ihre Grenzen. Als Beispiel sei hier die Invertierung der Stücklistenmatrix genannt. In der Praxis kann eine Stücklistenmatrix mehrere hunderttausend Zeilen und Spalten umfassen.

Beispielsweise könnte eine Matrix ausgewählter Kennzahlen der Vermögens-, Kapital- und Rentabilitätsanalyse folgende Elemente enthalten:

Vermögensstrukturanalyse:

- Anlagenintensität
- Umlaufintensität
- Abschreibungsquote
- Investitionsquote
- Nettoinvestitionsdeckung
- Wachstumsquote
- Umschlaghäufigkeit der Vorräte
- Umschlagdauer der Vorräte
- Vorratsintensität
- Umschlaghäufigkeit der Forderungen
- Kundenziel

Kapitalstrukturanalyse:

- Eigenkapitalquote
- Fremdkapitalquote
- Statischer Verschuldungsgrad
- Verschuldungskoeffizient
- Kurzfristige Fremdkapitalquote
- Kurzfristige Verbindlichkeitenquote
- Dynamischer Verschuldungsgrad
- Selbstfinanzierungsgrad
- Goldene Bilanzregel

- Anlagendeckung
- Liquidität 1. Grades
- Liquidität 2. Grades
- Liquidität 3. Grades
- Working Capital

Rentabilitätsanalyse:

- Gesamtkapitalrentabilität
- Cashflow-Gesamtkapitalrentabilität
- Eigenkapitalrentabilität
- Cashflow-Eigenkapitalrentabilität
- Return on Investment
- Umsatzrentabilität (Jahresergebnis)
- Umsatzrentabilität (Ordentlicher Betriebserfolg)

2.6.2.2 Integrierte Abweichungsrechnung

Das EFB-Planungsmodell erlaubt differenzierte Abweichungsanalysen und Aufspaltung der einzelnen Abweichungsursachen sowohl des Erfolgssaldos als auch des Liquiditätssaldos. Da die Ein- und Auszahlungen differenziert nach einzelnen Ein- und Auszahlungsarten (analog zu den Leistungs- und Kostenarten der Erfolgsrechnung) geplant und gebucht werden, ist auch eine differenzierte Abweichungsanalyse sämtlicher Zahlungsströme möglich. Diese Möglichkeiten sind von vornherein bei den EB-Modellen und bei den kontenbasierten „Plan-Buchhaltungsmodellen" ausgeschlossen. Das liegt daran, dass einerseits das Mengenmodell entweder unvollständig oder überhaupt nicht in Form von Plan-Zahlen vorliegt. Andererseits werden bei EB-Modellen bestimmte Annahmen für die Bewegungs-bilanzen getroffen, die für Lagerbestandsveränderungen keine differenzierte Produkt- und Kostenaufspaltung zulassen. Darüber hinaus fehlt meist die Verbindung zu den Systemen der Kosten- und Leistungsrechnung.

Um eine differenzierte Abweichungsrechnung durchführen zu können, sind demnach zwei Voraussetzungen notwendig:

1) Die Planungsrechnung muss in allen Teilrechnungen mit hinreichender Detailtiefe und den notwendigen Bestands- und Bewegungsmengen sowie Preisinformationen erstellt worden sein.
2) Für alle Bestands- und Bewegungsmengen sowie für alle Preisinformationen müssen beobachtbare und quantifizierbare Ist-Werte bereitgestellt werden können.

Punkt 2 ist in der Unternehmenspraxis so gut wie immer erfüllt, da in der Industrie nahezu flächendeckend ERP-, PPS-, Buchhaltungs- und Kostenrechnungssysteme zum Einsatz kommen. Punkt 1 ist hingegen äußerst selten erfüllt, da, wie mehrfach in den vorhergehenden Kapiteln beschrieben, keine systematische und umfassende Planungsrechnung existiert. Wenn diese jedoch existiert, dann ist dennoch aufgrund des meist vorherrschenden „Drei-klangs" aus ERP-System, Tabellenkalkulation und Finanzplanungsapplikation eine diffe-renzierte Abweichungsrechnung praktisch kaum durchführbar. Das liegt daran, dass bei dieser Konstellation die Plan-Daten in verschiedenen Anwendungen und Nebenrechnungen verteilt sind und nicht in einer für die Berechnung zweckmäßigen Form vorliegen. Aus den genannten Gründen ist eine alle Teilpläne umfassende, differenzierte Abweichungsrechnung in der Praxis äußerst selten anzutreffen. Lediglich innerhalb der Kostenstellenrechnung und im Rahmen einer Nachkalkulation der Fertigungsaufträge für Teile der Kostenträgerrechnung ist bei Nutzung entsprechender Kostenrechnungssoftware ein gewisser, wenn auch geringer, Verbreitungsgrad in der Praxis feststellbar. Zugleich kann in diesem Befund aber auch einer der wesentlichen Gründe für die meist äußerst zeitraubenden *Versuche* von Abweichungserklärungen gefunden werden. Da aufgrund veralteter oder mangelhafter Systeme entweder die jeweiligen Plan-Zahlen fehlen oder die Ist-Zahlen nur mit unverhältnismäßig hohem Aufwand mit den Plan-Zahlen verknüpft werden können, muss eine differenzierte Abweichungsrechnung über alle Teilpläne meist unterbleiben. Daraus folgt aber unmittelbar, dass die Interpretation von entstanden Abweichungen oftmals nur mit viel „Gefühl und Wellenschlag" und umfangreichen Diskussionen, Hypothesen und Überprüfungen vorgenommen werden kann. Hinzu kommt, dass hiermit nicht nur ein unsinniger und vermeidbarer Aufwand getrieben wird, sondern die Zeitlücken zwischen Abweichungsentstehung, Abweichungserkennung und Abweichungserklärung viel zu groß sind. Die ex post festgestellten Abweichungen haben nur dann einen Wert, wenn sie ohne Zeitverzug in aktuelle Steuerungsentscheidungen einfließen. Von viel größerer Bedeutung sind jedoch die Ex-ante-Abweichungen, die sich aus der Gegenüberstellung ursprünglich geplanter und prognostizierter Größen mit aktuell prognostizierten Größen ergeben (bspw. aktuelle Hochrechnung im Vergleich zum ursprünglichen Plan). Nur diese bereits *angekündigten Abweichungen* können Basis für eventuell noch erfolgreiche Gegensteuerungsmaßnahmen sein. Die Systematik der Abweichungsermittlung und Aufspaltung bleibt dabei stets gleich. Allerdings bleiben auch die Voraussetzungen für die Durchführung gleich, d. h., liegt keine adäquate Systematik der Planungsrechnung vor, können auch Ex-ante-Abweichungen nur unscharf oder überhaupt nicht wahrgenommen werden.

Eine systematische und automatisierte Abweichungsanalyse zwischen Plan, Soll und Ist gilt als Grundvoraussetzung für eine zielgerichtete Steuerung des Unternehmens. Die Abweichungsanalyse sollte von der Hauptzielgröße, dem Plan-Betriebsergebnis, ausgehen und die Ergebnisabweichungen systematisch differenzieren und in einzelne Abweichungskomponenten aufspalten. Dabei lautet die Hauptfrage: Was sind die Ursachen der Ergebnisabweichung und mit welchen Maßnahmen muss ggf. gegengesteuert werden? Eine integrierte Abweichungsrechnung sollte ohne nennenswerten Zeitverzug Auskunft darüber geben, wie sich bspw. veränderte Absatzmengen, veränderte Sortimentsstrukturen, Verkaufs-und Einkaufspreisänderungen, veränderte Lohn- und Energietarife, die Abweichungen von Fertigungsstandards (Vorgabezeiten), geänderte Fertigungsverfahren, veränderter Kunden-/Produktmix etc. auf das Ergebnis ausgewirkt haben. In der Praxis bereitet die Ermittlung der Abweichungen häufig große Schwierigkeiten. Die Anforderungen, die an eine zweckmäßige Abweichungsanalyse zu stellen sind, können wie folgt beschrieben werden:

- *Aktualität:* Die Abweichungsinformationen haben nur dann eine Steuerungsrelevanz, wenn sie zeitnah, d. h. unmittelbar nach dem Eintritt den verantwortlichen Mitarbeitern zur Verfügung stehen. Nur dann kann sichergestellt werden, dass ein unmittelbarer Bezug zum aktuellen Zustand und Geschehen des Unternehmens gegeben ist.
- *Relevanz:* Bei der systematischen und lückenlosen Darstellung einer integrierten Abweichungsrechnung des Betriebsergebnisses entstehen naturgemäß sehr große Daten-

mengen. In einem Industrieunternehmen mit hoher Wertschöpfungstiefe und einigen Tausend Kunden und Artikeln, hoher Stücklistentiefe etc. entstehen jeden Monat Millionen von Abweichungsinformationen. Dadurch stellt sich automatisch das Problem, die relevanten Abweichungsinformationen zu identifizieren. Hierzu sind die Abweichungen entsprechend zu gruppieren und zu aggregieren (Produktgruppen, Sortimentsbereiche, Kundengruppen, Absatzkanäle, Funktionsbereiche etc.). Diese aggregierten Abweichungsinformationen erlauben dann zunächst einen globalen Überblick über bestimmte Abweichungsursachen, die dann über systemgestützte Disaggregationen (Drill-Downs) bei Bedarf weiter detailliert werden können.

– *Detailgrad:* Voraussetzung für eine zweckmäßige Abweichungsrechnung ist selbstverständlich eine hinreichende Detailtiefe der Planungsrechnung, damit eine sinnvolle Abweichungsanalyse überhaupt durchgeführt werden kann. Es ist logisch, dass eine grobe Planung auch nur eine grobe Abweichungsanalyse zulässt. Der Detailgrad der Plan-Daten sollte daher zwingend mit dem Detailgrad der zu vergleichenden Ist-Daten übereinstimmen. Nur bei hinreichender Detailtiefe lassen sich bestimmte Abweichungsinformationen überhaupt erst ermitteln. Wenn bspw. nur auf aggregierter Ebene (bspw. Produktgruppen, Sortimentsbereiche etc.) geplant wird, kann z. B. auf der Erlösseite keine Differenzierung der Abweichungen in Absatzmengen-, Verkaufspreis- und Sortimentsmixabweichung vorgenommen werden. Ursache hierfür ist, dass bei der Aufspaltung des Umsatzes im Rahmen einer produktgruppenorientierten Abweichungsanalyse der Mengen- und Preisteil lediglich über Durchschnittspreise dargestellt werden kann. Die zwischen Soll und Ist aufgetretenen Abweichungen der Durchschnittspreise müssen ihre Ursache jedoch nicht in veränderten Verkaufspreisen haben. Die Durchschnittspreisabweichung kann auch durch Mixverschiebungen in der Artikel- und/oder Kundendimension verursacht sein. Das gleiche Problem stellt sich auch auf der Kostenseite. Abweichungen des Materialeinsatzes können bekanntlich durch Materialmengenabweichungen (Abweichungen von den Mengenstandards, Ausschuss etc.) und Materialpreisabweichungen entstehen. Wird der Materialeinsatz nur auf Produktgruppenebene geplant, entsteht das gleiche Problem wie oben beim Umsatz beschrieben. Selbst wenn der Materialeinsatz auf Ebene der Fertigartikel als Materialkostenstandardsatz geplant wird, kann nicht mehr in Materialmengen- und Materialpreisabweichung unterschieden werden. Hier stellt sich erneut das Problem der unterschiedlichen Detailgrade, da sich der Materialeinsatz / Stück wiederum aus diversen Stücklisten-/Rezepturpositionen zusammensetzt. Eine Soll-Ist-Abweichung im Hinblick auf den Materialeinsatz / Produkteinheit kann wiederum auf veränderte Stücklistenstrukturen, Verbrauchsmengen, Materialqualitäten etc. zurückzuführen sein. Somit ist auch hier nicht unbedingt eine Preisabweichung gegeben, sondern Struktur- und/oder Mengenabweichungen. Die Preisabweichung wiederum kann nur sinnvoll auf Ebene der Einsatzmaterialien (Rohstoffe, Einbauteile etc.) analysiert werden.

Die Abweichungsrechnung sollte im Hinblick auf die unternehmerischen Steuerungsaufgaben folgende Informationen liefern:

– Darstellung innerbetrieblicher Unwirtschaftlichkeiten und Ableitung von Korrekturentscheidungen
– Hinweise zur Verbesserung der künftigen Wirtschaftlichkeit des Produktionsvollzuges

- Auslösung notwendiger Plananpassungen
- Aufzeigen notwendiger Zielanpassungen
- Hinweise zur Verbesserung der künftigen Planungsrechnungen

Der Ausweis von *Abweichungen aus Vorperioden* ist in der geschlossenen Abweichungsrechnung notwendig, sofern die Anfangsbestände für Roh- und Hilfsstoffe, Ware in Arbeit (WIP) und fertige Erzeugnisse in dem Planungskalkül mit den für den Planungszeitraum gültigen Standardpreisen und Standardherstellkosten angesetzt werden sollen. Damit ergibt sich in der Regel eine Differenz zwischen den tatsächlichen Bilanzansätzen der Vorperiode und den Bilanzansätzen der Planungsperiode. Diese Differenzen wirken sich auf den Erfolgsausweis der Planungsperiode natürlich entsprechend aus, da sich die tatsächlichen Anfangsbestandswerte in den späteren Ist-Verbrauchswerten der Planungsperiode wiederfinden. Ein weiterer Unterschied ergibt sich in der Regel aus dem Umstand, dass die Planungsrechnung für die Folgeperiode zu einem Zeitpunkt erstellt wird, in dem die Endbestände der laufenden Periode nur prognostiziert werden können. Die Endbestände der laufenden Periode sind aber logischerweise die Anfangsbestände der Folgeperiode. Mithin gehen in das Planungsmodell prognostizierte Anfangsbestände ein, die selbst wieder eine (sichere) Quelle von Abweichungen darstellen. Die Erfolgswirkungen der Abweichungen aus Anfangsbeständen werden einerseits aus Platzgründen hier nicht dargestellt. Andererseits ergeben sich hinsichtlich der Technik der Abweichungsermittlung keine bedeutsamen Unterschiede, da im Rahmen der Ermittlung der Erfolgswirksamkeit der in der Periode entstandenen Abweichungen lediglich die Anfangsbestände mit einzubeziehen wären und nicht nur die Produktionsabgänge = Lagerzugänge der laufenden Periode.

Das Konzept von *integrierten Abweichungsrechnungen* unterscheidet sich von den weithin üblichen Darstellungsmethoden der Abweichungsanalysen im Rahmen der Plan-Kostenrechnung. Die Plan-Kostenliteratur und auch die Spezialliteratur im Hinblick auf Abweichungsrechnung in der Industrie beziehen sich überwiegend nur auf bestimmte Teile der Erfolgsrechnung. Der Kern der integrierten Abweichungsrechnung hingegen liegt vor allem darin, dass die Differenz zwischen geplanten Sollgrößen und realisierten Ist-Größen im Hinblick auf die wichtigsten Lenkungsgrößen (Erfolg, Liquidität) *insgesamt* erklärt werden soll. In den üblichen Darstellungen im Rahmen der betrieblichen Kosten- und Leistungsrechnung hingegen werden überwiegend Kostenabweichungen mit deutlichem Fokus auf dem *Soll-Ist-Vergleich von Kostenstellen* beschrieben. Eine Zusammenführung zu einer differenzierten Abweichungsrechnung des Betriebserfolges unterbleibt jedoch meist. Eine Überleitung dieser Erfolgsabweichungen in eine differenzierte Abweichungsrechnung in der Finanz- und Bilanzsphäre fehlt völlig, da diese Bereiche nicht in die Sphäre der Kosten- und Leistungsrechnung fallen. Umgekehrt beschäftigt sich die Finanz- und Bilanzanalyse ausschließlich mit Struktur- und Verhältnisrelationen und wenig bis gar nicht mit Abweichungsanalysen zwischen Soll- und Ist-Größen.

Die in den nächsten Kapiteln beschriebene Abweichungsrechnung stützt sich zwar auf den Vergleich von Soll- und Ist-Größen, kann aber selbstverständlich in gleicher Systematik für Ist-Ist-Vergleiche, also Vergangenheitsanalysen, verwendet werden. Voraussetzung hierfür ist natürlich, dass die Ist-Zahlen vergangener Perioden in dem notwendigen Detailgrad vorliegen.

Wie die Bezeichnung „integrierte Abweichungsrechnung" bereits nahelegt, wird die Abweichungsermittlung nicht isoliert für einzelne Teilbereiche vorgenommen, sondern simultan für alle Teilbereiche gleichzeitig. Hier kommt wieder das Prinzip der Doppik zum Tragen. Die in der Erfolgs- und Finanzrechnung entstandenen Abweichungen werden über die oben beschriebenen Buchungsmatrizen „automatisch" gebucht. Die Addition der Erfolgsabweichungs- und Finanzabweichungsmatrizen ergibt dann die Bilanzabweichungsmatrix.

In der Erfolgsabweichungsrechnung wird wieder das Prinzip der Lagerbilanzgleichungen verwendet. Die Abweichungen müssen genauso wie in der Ermittlungsrechnung des Erfolgssaldos in Abweichungen aus Vorperioden (Anfangsbestand), Abweichungen der Produktionssphäre (Zugang) und Abweichungen der Verkaufssphäre (Abgang) differenziert werden. Nur auf diese Weise ergibt sich ein differenzierter Einblick in die Abweichungsarten und Strukturen einerseits und in die Abweichungsentstehung auf der Leistungserstellungs- (Produktion) und Leistungsverwertungsseite (Verkauf) andererseits.

2.6.2.2.1   Integrierte Abweichungsrechnung der Leistungs- und Finanzsphäre

Im Zusammenhang mit den einzelnen Planungsschritten der integrierten Erfolgs-, Finanz- und Bilanzplanung ist im nächsten Schritt die Feststellung zwischen geplanten und beobachteten (Ist-)Größen von Bedeutung. Auch im Rahmen der Abweichungsrechnung zeigt sich die Notwendigkeit der Unterscheidung zwischen leistungswirtschaftlicher Mengenplanung und finanzwirtschaftlicher Werteplanung. Eine systematische Zerlegung beobachteter Abweichungsgrößen lässt sich nur dann vornehmen, wenn alle relevanten Mengen-, Zeit- und Preisgrößen im Detail geplant wurden. Erst dann und nur dann lässt sich eine nach einzelnen Einflussgrößen aufgefächerte Abweichungsrechnung sowohl in der Erfolgsrechnung als auch in der Finanz- und Bilanzrechnung durchführen. Eine nur auf der finanzwirtschaftlichen Ebene vorgenommene Werteplanung kann keinerlei Aussagen im Hinblick auf eine differenzierte Abweichungsanalyse treffen. Sie kann sich nur auf die Feststellung einer „globalen" Abweichungsgröße beschränken. Die Feststellung einer globalen Abweichung (bspw. Plan-Materialkosten – Ist-Materialkosten) ist jedoch keine Analyse, sondern lediglich eine Beobachtung ohne Erklärungswert.

Analog zur Darstellung der rechnerischen Zusammenhänge der integrierten Erfolgs- und Finanzplanung im EFB-System (Tabelle 2.1) sind in Tabelle 2.2 die einzelnen Komponenten der integrierten Abweichungsrechnungen aufgeführt. In der integrierten Abweichungsrechnung kommt wieder das Prinzip der Bestandsmengengleichungen zu Anwendung. Dieses Prinzip ist auch in der Abweichungsrechnung von Bedeutung, da die Erfolgswirkung entstandener Abweichungen zum Teil davon abhängt, ob die von den Abweichungen betroffenen Produkte bereits in den Verkauf gelangt sind. Entstandene Materialpreisabweichungen sind bspw. erfolgsneutral, solange sich die betroffenen Materialarten noch im Materiallager, im Produktionsprozess (Produktionslager) oder nach Abschluss der Produktion im Erzeugnislager befinden. Erst mit dem Verkauf der Erzeugnisse, die diese Materialien beinhalten, treten die Erfolgsrealisierung und damit die Wirkung der Materialkostenabweichung ein.

Die einzelnen Abweichungskomponenten der Erfolgsrechnung zerlegen das Delta des Betriebsergebnisses in die verschiedenen auf das Betriebsergebnis wirkenden Einflussfaktoren:

Tabelle 2.2   Komponenten der integierten Abweichungsrechnungen

C. Abweichungsrechnung

I. Erfolgsrechnung

Brutto-Umsatzabweichung		Nr.			
	Marktvolumen- und Marktanteilabweichung	158			
	Absatzmengen-Abweichung	159	PK	pK	VAMU
	Sortiments-Mix-Abweichung	160	PK	pK	VSMU
	Verkaufspreis-Abweichung	161	PK, PKI	pK, pKI	VVPU

Konditionenabweichung					
	Absatzmengen-Abweichung Rabatte	162	PK	pK	VAMR
	Sortiments-Mix-Abweichung Rabatte	163	PK	pK	VSMR
	Verkaufspreis-Abweichung Rabatte	164	PK, PKI	pK, pKI	VVPR
	Rabattsatzabweichung	165	PK, PKI	pK, pKI	VSAR
	Absatzmengen-Abweichung Skonti	166	PK	pK	VAMS
	Sortiments-Mix-Abweichung Skonti	167	PK	pK	VSMS
	Verkaufspreis-Abweichung Skonti	168	PK, PKI	pK, pKI	VVPS
	Rabattsatzabweichung Skonti	169	PK, PKI	pK, pKI	VSARS
	Ausnutzungsgrad –Abweichung Skonti	170	PK, PKI	pK, pKI	VAGS
	Skontisatz-Abweichung	171	PK, PKI	pK, pKI	VSAS
	Absatzmengen-Abweichung Boni	172	PK	pK	VAMB
	Sortiments-Mix-Abweichung Boni	173	PK	pK	VSMB
	Verkaufspreis-Abweichung Boni	174	PK, PKI	pK, pKI	VVPB
	Rabattsatzabweichung Boni	175	PK, PKI	pK, pKI	VSARB
	Ausnutzungsgrad –Abweichung Skonti Boni	176	PK, PKI	pK, pKI	VAGSB
	Skontisatz-Abweichung Boni	177	PK, PKI	pK, pKI	VSASB
	Bonisatz-Abweichung	178	PK, PKI	pK, pKI	VSAB

Repetierfaktorm-Kostenabweichung:

Produktion					
	Produktionsmengen-Abweichung	179	Pflg, Vow, Vof (Plan)	pW, pF	PMAM / PMAF
	Programm-Mix-Abweichung	180	Pflg, Vow, Vof (Plan)	pW, pF	PPMM / PPMF
	Losgrößen-Abweichung	181	Pflg, Vpl, Vow, Vof (Plan)	pW, pF	PLGM / PLGF
	Material- und Energie Verbrauchsabweichung	182	Pflg, Vpl, Vow, Vof (Plan/Ist)	pW, pF	PVAM / PVAF
	Material- und Energiepreis-Abweichung	183	Pflg, Vpl, Vow, Vof (Plan/Ist)	pW, pWI, pF, PFI	PMPM / PMPF

Verkauf					
	Absatzmengen-Abweichung	184	PK, Vow, Vof (Plan)	pW, pF	VMAM / VMAF
	Sortiments-Mix-Abweichung	185	PK, Vow, Vof (Plan)	pW, pF	VSMM / VSMF
	Losgrößen-Abweichung	186	PK, Vpl, Vof (Plan)	pW, pF	VLGM / VLGF
	Material- und Energie Verbrauchsabweichung	187	PK, Vpl, Vow, Vof (Plan/Ist)	pW, pF	VVAM / VVAF
	Material- und Energiepreis-Abweichung	188	PK, Vpl, Vow, Vof (Plan/Ist)	pW, pWI, pF, PFI	VMPM / VMPF

Erzeugnis-Bestand (Produktion ./. Verkauf)					
	Mengenabweichung	189			
	Mix-Abweichung	190			
	Losgrößen-Abweichung	191			
	Material- und Energie Verbrauchsabweichung	192			
	Material- und Energiepreis-Abweichung	193			
	Bewertungs-Abweichung	194			

Potenzialfaktorenkosten-Abweichung (Beschäftigte, Maschinen)

	pagatorische Lohn- und Maschinenkosten-Abweichung				BSA

Produktion					
	Produktionsmengen-Abweichung	195	Pflg, Voa, Von (Plan/Ist)	pB, pM	PMAB/PMAN
	Programm-Mix-Abweichung	196	Pflg, Voa, Von (Plan/Ist)	pB, pM	PPMB/PPMN
	Losgrößen-Abweichung	197	Pflg, Vpl, Von (Plan/Ist)	pB, pM	PLGB/PLGN
	Verbrauchsabweichung	198	Pflg, Vpl, Von (Plan/Ist)	pB, pM	PVAB/PVAN
	Preis-Abweichung	199	Pflg, Vpl, Von (Plan/Ist)	pB, pBI, pM, pMI	PMPB/PMPN

Verkauf					
	Absatzmengen-Abweichung	200	PK, Voa, Von (Plan/Ist)	pB, pM	VMAB/VMAN
	Sortiments-Mix-Abweichung	201	PK, Voa, Von (Plan/Ist)	pB, pM	VSMB/VSMN
	Losgrößen-Abweichung	202	PK, Vpl, Von (Plan/Ist)	pB, pM	VLGB/VLGN
	Verbrauchsabweichung	203	PK, Vpl, Von (Plan/Ist)	pB, pM	VVAB/VVAN
	Preis-Abweichung	204	PK, Vpl, Voa, Von (Plan/Ist)	pB, pBI, pM, pMI	VMPB/VMPN

Erzeugnis-Bestand (Produktion ./. Verkauf)					
	Mengenabweichung	205			
	Mix-Abweichung	206			
	Losgrößen-Abweichung	207			
	Lohn- und Maschinen-Verbrauchsabweichung	208			
	Lohntarif- und Maschinenpreis-Abweichung	209			
	Bewertungs-Abweichung	210			

(fixe) Gemeinkosten-Abweichung

Gesamtabweichung Fertigungsgemeinkosten	pagatorische Fertigungsgemeinkostenabweichung				

Produktion					
	Produktionsmengen-Abweichung	211	Pflg. (Pflg * Vos) $^{-1}$ Plan	kf	PMAFK
	Programm-Mix-Abweichung	212	Pflg. (Pflg * Vos) $^{-1}$ Plan	kf	PSMFK
	Kostensatzabweichung Plan-/Ist-Beschäftigung	213	Pflg. (Pflg * Vos) $^{-1}$ Planfist	kf	BMEF
	Kostensatzabweichung Vorgabezeiten	214	Pflg. (Pflg * Vos) $^{-1}$ Planfist	kf	BZAF
	Kostensatzabweichung Kostenhöhe	215	Pflg. (Pflg * Vos) $^{-1}$ Planfist	Kf, Kfl	BKAF

Verkauf					
	Produktionsmengen-Abweichung	216	Pflg. (Pflg * Vos) $^{-1}$ Plan	kf	VMAFK
	Programm-Mix-Abweichung	217	Pflg. (Pflg * Vos) $^{-1}$ Plan	kf	VSMFK
	Kostensatzabweichung Plan-/Ist-Beschäftigung	218	Pflg. (Pflg * Vos) $^{-1}$ Planfist	kf	VMEF
	Kostensatzabweichung Vorgabezeiten	219	Pflg. (Pflg * Vos) $^{-1}$ Planfist	kf	VZAF
	Kostensatzabweichung Kostenhöhe	220	Pflg. (Pflg * Vos) $^{-1}$ Planfist	Kf, Kfl	VKAF

Erzeugnis-Bestand (Produktion ./. Verkauf)					
	Produktionsmengen-Abweichung	221			
	Programm-Mix-Abweichung	222			
	Kostensatzabweichung Plan-/Ist-Beschäftigung	223			
	Kostensatzabweichung Vorgabezeiten	224			
	Kostensatzabweichung Kostenhöhe	225			
	Bewertungs-Abweichung	226			
	Bewertungs-Abweichung	227			

Restliche Unternehmensfixkosten	pagatorische Unternehmensfixkostenabweichung	228			

Tabelle 2.2   Forts.

II. Finanzrechnung	Umsatzeinnahmen	Abweichung Umsatzeinnahmen	229		PKEAU
		Abweichung Zahlungszielspektrum Umsatz	230		PKEZZ
	Materialausgaben	Abweichung Materialausgaben	231		MAMA
		Abweichung Zahlungszielspektrum Material	232		MZZ
	Energieausgaben	Abweichung Energieausgaben	233		PFAA
		Abweichung Zahlungszielspektrum Energie	234		PFZZ
	Fremdbezugsausgaben	Abweichung Fremdbezugsausgaben	235		PKFA
		Abweichung Zahlungszielspektrum Fremdbezug	236		PKFAZ
	Personalausgaben	Abweichung Personalausgaben	237		BBAA
		Abweichung Zahlungszielspektrum Personal	238		BZZ
	Investitionsausgaben	Abweichung Investitionsausgaben	239		MZAE
		Abweichung Zahlungszielspektrum Investitionen	240		MZAW
	Ausgaben für sonstige Fixkosten	Abweichung Fixkostenausgaben (Sonstige)	241		KFZA
		Abweichung Zahlungszielspektrum sonstige Fixkosten	242		KFZZ
	Steuerausgaben	Abweichung Steuerausgaben	243		GSBWAA
		Abweichung Zahlungszielspektrum Steuern	244		GSBWAZ
	Fremdfinanzierungssphäre	Abw. Darlehensaufnahme + Abw. Darlehenstilgung	245		FFDAA/FFDTA
	Eigenfinanzierungssphäre	Abw. Kapitalerhöhung + Abw. Kapitalherabsetzung + Dividenden-Abw.	246		BFKEA/BFKHA/BFGAA
III. Bilanzrechnung	Anlagevermögen	Zugangsabw. + Abschreibungsabw. + Abgangsabweichung	247		
	Material	Materialpreisabw. + Zugangsmengenabw. +/- Produktions-Abw.	248		
	unfertige Erzeugnisse	Produktionsabweichungen + Durchlaufzeiten-Abw.	249		
	fertige Erzeugnisse	Saldo der Abweichungen aus Verkauf und Produktion	250		
	Forderungen	Umsatzabweichung + Einnahmenabweichung aus Umsatz	251		
	Liquide Mittel	Saldo der Abweichungskomponenten der Finanzrechnung	252		
	Eigenkapital	Saldo Abweich. Erfolgsrechnung + Abweich. der Eigenfinanzierungssphäre	253		
	Verbindlichkeiten a.L.L.	Zugangsabweichungen Produktionsfaktoren + Ausgabenabw. Produktionsfaktoren	254		
	Bankdarlehen	Abweichungen der Fremdfinanzierungssphäre	255		

Die globale Umsatzabweichung kann zunächst in Mengen- und Preiskomponenten unterteilt werden. Die Mengenkomponente zerfällt wiederum in reine Mengen- und Mixabweichungen. Die Mixabweichungen werden auch als Umsatzzusammensetzungs- oder Sortimentszusammensetzungsabweichung bezeichnet. Ferner sind die Mengenabweichungen weiter zerlegbar in Marktvolumen- und Marktanteilsabweichungen. Die Verkaufspreisabweichungen und die Konditionenabweichungen bilden die Preiskomponenten der Abweichungsrechnung.

Auf der Kostenseite werden differenziert nach Kostenarten wiederum Mengen-, Mix-, Verbrauchs- und Preisabweichungen berechnet. Dabei werden diese Abweichungskomponenten für die Produktions- und Verkaufsmengen getrennt ermittelt und in der Bestandsrechnung zusammengeführt.

Die Abweichungskomponenten der Erfolgsrechnung werden stets nach *pagatorischen Abweichungen* und *kalkulatorischen Abweichungen* unterschieden. Die pagatorischen Abweichungen entstehen bei der Beschaffung der Ressourcen (Material, Maschinen, Beschäftigte, Energie, Fixkosten) oder durch Bestandsminderungen. Allerdings unterscheidet sich die Erfolgswirkung der Abweichungen einzelner Ressourcen schon in der Phase der Beschaffung. Wird Material in höherer Menge und/oder zu höheren Preisen eingekauft, hat dies zunächst lediglich bilanzverlängernde Wirkung (Einkauf auf Ziel) oder einen Aktivtausch (Einkauf gegen Sofortzahlung) zur Folge. Erst wenn das Material in der Produktion transformiert wird und anschließend als Bestandteil der Erzeugnisse in den Verkauf gelangt, tritt überhaupt eine Erfolgswirkung dieser Abweichungen ein. Anders ist die Situation hingegen bei den Potenzialfaktoren Maschinen und Beschäftigte. Zusätzliche Investitionen und Einstellungen, die zu einer Erhöhung des Bestandes an Potenzialfaktoren führen, haben unabhängig von Produktion und Verkauf sofort Auswirkungen auf die Erfolgssituation. Die kalkulatorischen Abweichungen resultieren stets aus einem abweichenden Verzehr von Ressourcen im Produktionsprozess und entstandenen Differenzen zwischen Produktions- und Verkaufsmengen.

Grundsätzlich sind auf der Kostenseite die Abweichungen nach den unterschiedlichen Phasen der Leistungsprozesse (Beschaffung, Materiallagerung, Produktion, Erzeugnislagerung, Verkauf) einerseits und innerhalb dieser Phasen nach Mengen-, Mix-, Verbrauchs- und Preisabweichungen andererseits zu differenzieren. Die Mengen-, Mix-, Verbrauchs- und Preisabweichungen werden wiederum nach einzelnen Kostenarten der verbrauchten Ressourcen differenziert.

Der allgemeinen Bestandsmengengleichung folgend (Anfangsbestand Abweichungen + Zugang Abweichungen − Abgang Abweichungen = Endbestand Abweichungen) können die entstandenen Abweichungen über die gesamte Prozesskette der Leistungserstellung und Leistungsverwertung nachverfolgt werden.

Die Abweichungskomponenten (Menge-, Mix- und Preiskomponenten) der Leistungskontenreihe werden nach einzelnen Kosten- und Leistungsarten von der Entstehung beim Einkauf über das Materiallager und die Transformation in der Produktion bis hin zur Abgabe an das Erzeugnislager und dem abschließenden Verkaufsabgang vom Erzeugnislager sichtbar. Die durchgängige Logik ermöglicht nicht nur eine Abweichungsanalyse der Erfolgssalden, sondern durch Einbeziehung der Spektralvektoren auch eine Abweichungsanalyse der Liquiditätssalden. Die Abweichungsanalyse bzw. Aufspaltung der Gesamtabweichungen der betroffenen Bilanzpositionen resultiert daraus automatisch.

2.6.2.2.2 Erfolgsabweichungsrechnung

Die Erfolgsabweichungsrechnung hat die Aufgabe, den Unterschied zwischen Plan-Betriebserfolg und Ist-Betriebserfolg in einzelne Abweichungskomponenten zu zerlegen. Die Abweichungskomponenten repräsentieren im Prinzip die auf unterschiedlichen Ursachen beruhenden Sachverhalte der entstandenen Abweichungen. Die konsequente Trennung von Mengen- und Preisbestandteilen sowie die vollständige planungslogische Ableitung aller Mengen- und Wertgrößen im EFB-Modell erlaubt eine differenzierte Betrachtung aller entstandenen Abweichungen.

Erlösabweichungen

Die Erlösabweichungen setzen sich zusammen aus Absatzmengen-, Sortimentsmix-, Verkaufspreis- und Konditionenabweichungen. Sofern eine sinnvolle Abgrenzung der Produkte nach Märkten und eine Messung der Marktanteile möglich ist, können die Mengenabweichungen weiter differenziert werden nach Marktvolumen- und Marktanteilsabweichungen.

Kostenabweichungen

Beschäftigungsschwankungen führen ceteris paribus (Annahme konstanter Produktionskoeffizienten) zu einer proportionalen Veränderung der von der Produktionsmenge abhängigen Kosten. Diese Kostenänderungen erscheinen in der Abweichungsrechnung als *Produktionsmengenabweichung*.

Abweichungen vom geplanten Produktionsprogramm zeigen Änderungen in *Struktur und Zusammensetzung der Produktionsmengen*. Die dadurch hervorgerufenen Kostenänderungen zeigen sich in der Abweichungsrechnung als Programmmixabweichung. Solche Abweichungen treten natürlich nur im Mehrproduktunternehmen auf, was jedoch die Regel darstellt.

Abweichungen der erwarteten *Produktions- und Kostenfunktionen* zeigen sich als *Verbrauchs- und Preisabweichungen* der einzelnen Produktionsfaktoren. Diese Abweichungen können wiederum zurückzuführen sein auf zeitliche und intensitätsmäßige Anpassungsmaßnahmen, Verfahrensabweichungen, Lernkurveneffekte etc. Nicht geplante quantitative Anpassungsmaßnahmen zeigen sich hingegen als Kapazitätsabweichung in den *Gesamtkosten der Potenzialfaktoren*. Wurden bspw. in Folge einer quantitativen Anpassung mehr Mitarbeiter in der Produktion eingestellt, dann ergeben sich insgesamt höhere Personalkosten bei konstanten Produktionskoeffizienten und Einsatzpreisen je Zeiteinheit. Abweichungen der Kapazitätsnutzung bei konstantem Personalbestand zeigen sich hingegen nur in einer *Verschiebung von Nutz- und Leerkostenanteilen*. Zeitliche Anpassungen in der Nutzung des Personalbestandes führen jedoch in der Regel zu Abweichungen in den beobachteten Kostenfunktionen (z. B. Überstunden-, Schicht- und Wochenendzuschläge).

Der Bereich der beschaffungs- und produktionsbedingten Kostenabweichungen ist zu unterteilen in *erfolgswirksam gewordene Kostenabweichungen* und *aktivierte Kostenabweichungen*. Nur die auf die Verkaufsmengen entfallenden Kostenabweichungen sind auch erfolgswirksam, da die Differenz zwischen insgesamt in Beschaffung und Produktion angefallenen Kostenabweichungen und den durch den Verkauf „verbrauchten" Kostenabweichungen in den Lagerbeständen aktiviert ist. Daraus folgt, dass die Abweichungsanalyse der Kostenabweichungen für Vertriebs- und Produktionsmengen separat durchgeführt werden muss. Nur dadurch kann sichergestellt werden, dass die Abweichungsrechnung von Kosten und Erlösen getrennt nach erfolgs- und bestandswirksamen Komponenten in die Abweichungsrechnung für Finanz- und Bilanzrechnung übergeleitet werden kann.

Programmmix- und Produktionsmengenabweichungen sowie Abweichungen der Produktions- und Kostenfunktionen beinhalten implizit die produktionsbedingten Einflussgrößen des Finanzmittelbedarfs (zeitliche Prozessanordnung, Produktionsgeschwindigkeit, Beschäftigungsniveau etc.). Vor diesem Hintergrund wirken diese Abweichungen zusammen mit Abweichungen der Zahlungsziele (Spektralvektoren) als Einflussgröße für festgestellte Unterschiede der erfolgszahlungsbedingten Liquiditätssalden.

2.6.2.2.2.1 Umsatzabweichungen

Abweichungsrechnung Bruttoumsatz:

Die Abweichungsrechnung auf der Erlösseite beinhaltet, wie einleitend erwähnt, die Aufspaltung der Umsatzabweichungen nach *internen berechenbaren Abweichungsursachen*. Dabei darf nicht vergessen werden, dass bei näherer Hinsicht gar keine „echten" Abweichungsursachen vorliegen, sondern eine interne Zerlegung in Mengen-, Struktur-, Verkaufspreis- und Konditionenbestandteile vorgenommen wurde. Die eigentlichen Abweichungsursachen sind folglich externer Natur und mithin zurückzuführen auf *Marktvolumenabweichungen* und *Marktanteilsabweichungen*. Ein verändertes Marktvolumen kann zurückzuführen sein auf konjunkturelle Schwankungen der Gesamtwirtschaft, veränderte Präferenzstrukturen der Zielgruppen, neue Technologien etc. Veränderte Marktanteile bei konstanten Marktvolumen sind wiederum meist ein Anzeichen für eine von den Zielgruppen geänderte Präferenz im Hinblick auf die Anbieter. Die Gründe hierfür sind äußerst vielschichtig und häufig nicht messbar.

Sofern belastbare Daten zu Marktvolumen und Marktanteilen vorliegen, kann die Umsatzabweichung leicht nach diesen externen Einflussgrößen differenziert werden. Es ergeben sich jedoch in vielen Branchen generell Probleme im Hinblick auf die Messbarkeit von Marktvolumen und Marktanteilen. Wenn überhaupt lassen sich diese Größen nur für bestimmte Sortimentsteile in aggregierter Form feststellen, nicht jedoch für einzelne Erzeugnisse. Unternehmen der Konsumgüterindustrie haben hier wesentlich bessere Möglichkeiten, auf Sekundärdaten der Marktforschung zurückzugreifen als bspw. Unternehmen die im B2B-Umfeld in bestimmten Marktnischen operieren.

$$\text{Absatzmengenabweichung } VAMU = PK - (\Sigma\, PKI \,/\, \Sigma\, PK \times PK) \times pK \qquad (2.78)$$

Die Abweichungen werden nach dem sogenannten Ceteris-paribus-Prinzip ermittelt. Das bedeutet, dass eine Variable/Einflussgröße verändert wird, während die anderen Variablen/ Einflussgrößen konstant gehalten werden. Ceteris paribus (c.p.) bedeutet also wörtlich „unter ansonsten unveränderten übrigen Bedingungen".

Die Absatzmengenabweichung wird ermittelt, indem die Summe der Ist-Absatzmengenmatrix (PKI) durch die Summe der Plan-Absatzmengenmatrix (PK) dividiert wird und der so erhaltene Skalar mit der Plan-Absatzmengenmatrix multipliziert wird (($\Sigma\, PKI \,/\, \Sigma\, PK) \times PK$). Das Ergebnis ist eine Soll-Absatzmengenmatrix, die wiederum von der Plan-Absatzmengenmatrix subtrahiert wird und mit den Plan-Verkaufspreisen multipliziert wird. Als Ergebnis erhält man die absatzmengenbedingte Abweichung des Bruttoumsatzes.

$$\text{Sortimentsmixabweichung } VSMU = PKI - (\Sigma\, PKI \,/\, \Sigma\, PK \times PK) \times pK \qquad (2.79)$$

Die Sortimentsmixabweichung wird ermittelt, in dem die Soll-Absatzmengenmatrix (($\Sigma\, PKI \,/\, \Sigma\, PK) \times PK$) von der Ist-Absatzmengenmatrix (PKI) subtrahiert wird und das Ergebnis mit den Plan-Verkaufspreisen (pK) multipliziert wird. Die Rechnung ersetzt die auf Ist-Mengen hochgerechnete Plan-Absatzzusammensetzung durch die Ist-Absatzzusammensetzung bei konstant gehaltenen Plan-Verkaufspreisen. Die Summe der Einzeldifferenzen zwischen Soll-Absatzmengenmatrix und Ist-Absatzmengenmatrix ist stets null. Der erhaltene Wert nach Multiplikation mit den Plan-Verkaufspreisen ist nur dann stets null, wenn alle Erzeugnisse einen gleich hohen Verkaufspreis haben. Da die Verkaufspreise jedoch in der Regel unterschiedlich sind, zeigt die Größe $VSMU$ an, welche Abweichungen durch „Umschichtungen" innerhalb des Verkaufssortiments entstanden sind.

$$\text{Verkaufspreisabweichung } VVPU = PKI \times (pK - pKI) \qquad (2.80)$$

Die Absatzmengen- und Sortimentsmixabweichung bilden zusammen den mengengetriebenen Anteil an der Bruttoumsatzabweichung. Zur Erklärung der Gesamtabweichung ist noch die Verkaufspreisabweichung zu ergänzen, die sich aus der Differenz zwischen Plan- und Ist-Verkaufspreis ($pK - pKI$) multipliziert mit der Ist-Absatzmengenmatrix (PKI) errechnet.

Die gesamte Bruttoumsatzabweichung ergibt sich somit aus:

$$VAU = PK - (\Sigma\, PKI \,/\, \Sigma\, PK) \times PK)\, pK + PKI - (\Sigma\, PKI \,/\, \Sigma\, PK \times PK)\, pK +$$
$$(pK - pKI)\, PKI \qquad (2.81)$$

Abweichungsrechnung Konditionen:

Aufgrund der multiplikativen Verknüpfung der Bruttoumsatzrechnung mit der Nettoumsatzrechnung durch die Konditionenelemente ergeben sich bei 3 Konditionenarten (Rabatte, Skonti, Boni), deren Abweichungen auf Mengen-, Mix- und Preisabweichungen aufgespalten werden, insgesamt 17 Abweichungskomponenten:

Da die Kalkulationssatzabweichungen der Konditionenarten auf jeder Ebene hinzukommen und sich auch auf die jeweils nächsten Ebenen fortpflanzen, ergeben sich normalerweise (3 × 3) + 1 + 2 + 3 = 15 Abweichungskomponenten. Da die Skontosatzabweichung noch zergliedert wird in Skontoausnutzungsgradabweichung und Skontosatzabweichung, kommen auf der Ebene der Skontoabweichungen und auf der Ebene der nachgelagerten Boniabweichungen noch 2 Abweichungskomponenten hinzu, insgesamt also 15 + 2 = 17 Abweichungskomponenten.

Absatzmengenabweichung Rabatte:

$$VAMR = VAMU \times EMS \tag{2.82}$$

Sortimentsmixabweichung Rabatte:

$$VSMR = VSMU \times EMS \tag{2.83}$$

Verkaufspreisabweichung Rabatte:

$$VVPR = VVPU \times EMS \tag{2.84}$$

Rabattsatzabweichung:

$$VSAR = (PKI \times pKI) \times (EMSI - EMS) \tag{2.85}$$

Absatzmengenabweichung Skonti:

$$VAMS = (VAMU - VAMR) \times (Upk \times SKpk) \tag{2.86}$$

Sortimentsmixabweichung Skonti:

$$VSMS = (VSMU - VSMR) \times (Upk \times SKpk) \tag{2.87}$$

Verkaufspreisabweichung Skonti:

$$VVPS = (VVPU - VVPR) \times (Upk \times SKpk) \tag{2.88}$$

Rabattsatzabweichung Skonti:

$$VSARS = -VSAR \times (Upk \times SKpk) \tag{2.89}$$

Ausnutzungsgradabweichung Skonti:

$$VAGS = (PKI \times pKI) \times (J - EMSI) \times ((UpkI - Upk) \times SKpk) \tag{2.90}$$

Skontisatzabweichung:

$$VSAS = (PKI \times pKI) \times (J - EMSI) \times ((UpkI \times SKpkI) - (UpkI \times SKpk)) \tag{2.91}$$

Absatzmengenabweichung Boni:

$$VAMB = (VAMU - VAMR - VAMS) \times EMN \tag{2.92}$$

Sortimentsmixabweichung Boni:

$$VSMB = (VSMU - VSMR - VSMS) \times EMN \tag{2.93}$$

Verkaufspreisabweichung Boni:

$$VVPB = (VVPU - VVPR - VVPS) \times EMN \tag{2.94}$$

Rabattsatzabweichung Boni:

$$VSARB = -VSARS \times EMN \tag{2.95}$$

Ausnutzungsgradabweichung Skonti *Boni:*

$$VAGSB = -VAGS \times EMN \tag{2.96}$$

Skontisatzabweichung Boni:

$$VSASB = -VSAS \times EMN \tag{2.97}$$

Bonisatzabweichung:

$$VSAB = PKI \times (pKI \times (1-EMS) \times (J - Upk \times SKpk)) \times (EMNI - EMN) \tag{2.98}$$

Ausgehend von der Isolierung der einzelnen Komponenten der Bruttoumsatzabweichung werden schrittweise die Abweichungsursachen der Konditionen abgeleitet. Die Abweichungskomponenten (Absatzmenge, Sortimentsmix, Verkaufspreis) der Bruttoumsatzabweichung werden mit der Matrix der Plan-Rabattsätze (*EMS*) (Rabattsatz / 100) multipliziert. Daraus ergeben sich c.p. die Rabattabweichungen aufgrund von Absatzmengen-, Sortimentsmix- und Verkaufspreisabweichungen: *VAMU* × *EMS*, *VSMU* × *EMS* und *VVPU* × *EMS*. Hinzu kommt die Abweichung der Rabattfaktoren selbst, d. h., es wird die Matrix der Ist-Bruttoumsätze multipliziert mit der Differenz zwischen Ist-Rabattsatz und Plan-Rabattsatz: (*PKI* × *pKI*) × (*EMSI – EMS*).

Auf der nächsten Ebene im Kalkulationsschema folgen die Skontiabweichungskomponenten. Die Bemessungsgrundlage für Skonti sind die um Rabatte verminderten Bruttoumsätze. Daher müssen von den Bruttoumsatzabweichungen (*VAMU, VSMU, VVPU*) die Rabattabweichungen (*VAMR, VSMR, VVPR*) subtrahiert werden und mit den Plan-Skontosätzen (*Upk* × *SKpk*) multipliziert werden. Neben den Abweichungskomponenten des Bruttoumsatzes wirken die Rabattsatzabweichungen auf die Skonti, da auch hierdurch die Bemessungsgrundlage geändert wird.

Da durch den Rabatt die Bemessungsgrundlage vermindert wird, ist die Rabattsatzabweichung (*VSAR*) mit negativem Vorzeichen zu berücksichtigen und mit den Plan-Skontosätzen zu multiplizieren: *–VSAR* × (*Upk* × *SKpk*). Im nächsten Schritt werden die Satzabweichungen (Kalkulationsabweichungen) der Skonti selbst ermittelt. Da die durchschnittlichen Skontosätze sich aus den Skonto-Ausnutzungsgraden und den Skonto-Sätzen zusammensetzen, ist eine Aufspaltung in eine Ausnutzungsgradabweichung (*PKI* × *pKI*) × (*J – EMSI*) × ((*UpkI – Upk*) × *SKpk*) und eine Satzabweichung (*PKI* × *pKI*) × (*J – EMSI*) × ((*UpkI* × *SKpkI*) – (*UpkI* × *SKpk*)) vorzunehmen.

Als letztes Konditionenelement sind die Abweichungen der nachträglichen Umsatzvergütungen (*EMN*, bspw. Boni) aufzuspalten. Die Bemessungsgrundlage für Boni ergibt sich aus den Bruttoumsatzabweichungen (*VAMU, VSMU, VVPU*) abzüglich der Rabattabweichungen (*VAMR, VSMR, VVPR*) und der Skontoabweichungen (*VAMS, VSMS, VVPS*), die wiederum mit den Plan-Bonisätzen (*EMN*) zu multiplizieren sind. Wie bei den Skonti wirken sich Rabattsatzabweichungen über die Veränderung der Bemessungsgrundlage auf die Höhe der Boni aus, so dass (–*VSAR* × *EMN*) gilt. Die Skontosatzabweichungen (*VAGS* und *VSAS*) wirken sich ebenfalls auf die Bemessungsgrundlage aus und sind durch (–*VAGS* × *EMN*) und (–*VSAS* × *EMN*) zu berücksichtigen. Auf der letzten Stufe wird wiederum die Bonisatzabweichung selbst berechnet. Diese ergibt sich aus der Multiplikation der Ist-Nettoumsätze *PKI* × (*pKI* × (1–*EMS*) × (*J* – *Upk* × *SKpk*)) mit der Differenz zwischen Ist-Bonisätzen (*EMNI*) und Plan-Bonisätzen (*EMN*).

Die gesamten Konditionenabweichungen setzen sich somit zusammen aus:

Abweichungen der Sofortkonditionen:

$$VAKS = VAMR + VSMR + VVPR + VSAR + VAMS + VSMS + VVPS +$$
$$VSARS + VAGS + VSAS \qquad\qquad\qquad (2.99)$$

Abweichungen der nachträglichen Konditionen:

$$VAKN = VAMB + VSMB + VVPB + VSARB + VAGSB + VSASB + VSAB \qquad (2.100)$$

2.6.2.2.2.2   Kostenabweichungen

Abweichungsrechnung der Kosten:

An die Erlösabweichungsrechnung schließt sich die Abweichungsrechnung der Kosten an. Die Herstellkostenabweichungen (Material, Lohn, Maschinen, Energie) differenziert in Abweichungen, die in der Produktion entstanden und dem Lager zugeführt worden sind, und Abweichungen, die auf den Verkauf entfallen und somit dem Lager entnommen worden sind. Auch hier ist wieder das Prinzip der Lagerbilanzgleichungen erkennbar. Da jedoch eine Abweichungsanalyse auf der Ebene der Output- und Inputmengen aus Sicht der Kostenträger vorgenommen wird, sind die Kostenabweichungen der Potenzialfaktoren nicht immer identisch mit den tatsächlichen Kostenabweichungen der jeweiligen Abrechnungsperiode. Diese Identität ist nur dann gegeben, wenn die Potenzialfaktoren zu 100 % im Produktionsprozess genutzt wurden, d. h. ein Leerkostenanteil von null gegeben war. Die Differenz aus den Abweichungen produktionsbedingter Lagerzugänge und verkaufsbedingter Lagerabgänge der Herstellkostenanteile für Potenzialfaktoren erklärt somit nur die über die Bestandsveränderungen ausgelösten Erfolgswirkungen von Kostenabweichungen der Potenzialfaktoren. Grundlegend anders ist die Situation bei den Repetierfaktoren (Material und Energie), da hier die Gesamtabweichungen aus Kostenträgersicht stets identisch sind mit den Gesamtabweichungen laut Erfolgsrechnung. Das liegt daran, dass die Repetierfaktoren tatsächlich proportional zur Produktionsmenge anfallen, d. h., Kosten entstehen nur dann, wenn tatsächlich produziert wird. Präziser formuliert werden die Kosten erst dann erfolgswirksam wenn die Erzeugnisse in den Verkauf gelangen, da bis zum Verkauf eine Aktivierung im Lager erfolgt.

Abweichungsrechnung der Repetierfaktoren (Material und Energie):

Auf den Verkauf entfallende Materialkostenabweichungen:

Die auf den Verkauf entfallende Materialkostenabweichung *(VMA)* setzt sich zusammen aus:

Absatzmengenabweichung:

$$VMAM = (((\Sigma\,PKI\,/\,\Sigma\,PK)\,\times\,PK)\,-\,PK)\,\times\,Vtw)\,+$$
$$(((\Sigma\,PKI\,/\,\Sigma\,PK)\,\times\,PK)\,-\,PK)\,\times\,Vgw)\,+\,(((\Sigma\,PKI\,/\,\Sigma\,PK)\,\times\,PK)\,-\,PK)\,\times\,Vew)\,+$$
$$(((\Sigma\,PKI\,/\,\Sigma\,PK)\,\times\,PK)\,-\,PK)\,\times\,Vpl)\,\times\,Vrw)\,pW \qquad (2.101)$$

Sortimentsmixabweichung:

$$VSMM = (((PKI\,-\,(\Sigma\,PKI\,/\,\Sigma\,PK\,\times\,PK))\,\times\,Vtw)\,+$$
$$((PKI\,-\,(\Sigma\,PKI\,/\,\Sigma\,PK\,\times\,PK)))\,\times\,Vgw)\,+\,(((PKI\,-\,(\Sigma\,PKI\,/\,\Sigma\,PK\,\times\,PK)))\,\times\,Vew)\,+$$
$$((PKI\,-\,(\Sigma\,PKI\,/\,\Sigma\,PK\,\times\,PK)))\,\times\,Vpl)\,\times\,Vrw)\,pW \qquad (2.102)$$

Losgrößenabweichung:

$$VLGM = (PKI\,\times\,(VplI\,-\,Vpl))\,\times\,Vrw)\,pW \qquad (2.103)$$

Materialverbrauchsabweichung:

$$VVAM= ((PKI\,\times\,(VtwI\,-\,Vtw))\,+\,(PKI\,\times\,(VgwI\,-\,Vgw))\,+$$
$$(PKI\,\times\,(VewI\,-\,Vew))\,+\,(PKI\,\times\,Vpl)\,\times\,(VrwI\,-\,Vrw))\,pW \qquad (2.104)$$

Materialpreisabweichung:

$$VMPM = ((PKI\,\times\,VtwI)\,+\,(PKI\,\times\,VgwI)\,+\,(PKI\,\times\,VewI)\,+$$
$$(PKI\,\times\,VplI)\,\times\,VrwI)\,(pWI\,-\,pW) \qquad (2.105)$$

Die verkaufsbedingte Materialkostenabweichung setzt sich zusammen aus Verkaufsmengen- und Sortimentsmixabweichungen einerseits und den Verbrauchs- und Preisabweichungen andererseits.

Zur Ermittlung der Absatzmengenabweichung werden analog zur Bruttoumsatzabweichung bei konstanter Sortimentszusammensetzung die Plan-Absatzmengen auf Soll-Absatzmengen hochgerechnet $((\Sigma\,PKI\,/\,\Sigma\,PK)\,\times\,PK)\,-\,PK)$ und mit den jeweiligen Untermatrizen für Teile *(Vtw)*, Baugruppen *(Vgw)* und Erzeugnissen *(Vew)* multipliziert. Zur Berücksichtigung von losgrößenabhängigen Materialverbräuchen wird ferner die Absatzmengenabweichung mit der Losgrößenmatrix *(Vpl)* und dem losabhängigen Materialverbrauch *(vrw)* multipliziert. Die Summen der so ermittelten Abweichungen der Soll-Materialverbrauchsmengen werden multipliziert mit dem Plan-Preisvektor der Materialien *(pW)*.

Die aufgrund von Verschiebungen in der Sortimentsstruktur ausgelösten Materialkostenabweichungen werden ermittelt, indem von den Ist-Absatzmengen *(PKI)* die Soll-Absatzmengen $((\Sigma\,PKI\,/\,\Sigma\,PK)\,\times\,PK)$ abgezogen und wiederum mit den Untermatrizen für Teile *(Vtw)*, Baugruppen *(Vgw)* und Erzeugnissen *(Vew)* multipliziert werden. Die so ermittelten Abweichungen der Soll-Materialverbrauchsmengen auf Basis der Ist-Sortimentsstruktur wird wiederum mit dem Plan-Preisvektor der Materialien *(pW)* multipliziert.

Die bisher linear zu den jeweiligen Mengenabweichungen hochgerechneten Losgrößen sind im nächsten Schritt mit den tatsächlichen Losgrößen zu vergleichen, wobei die Differenzen mit dem losgrößenbedingten Standardmaterialverbrauch und dem Plan-Preisvektor der Materialien zu multiplizieren sind.

Die aufgrund von Absatzmengen- und Strukturabweichungen ermittelten Materialkostenabweichungen basierten auf der Annahme konstanter Standardproduktionsfunktionen und Standardkostenfunktionen. Im nächsten Schritt sind die Abweichungen dieser Standardfunktionen von den tatsächlich beobachteten Mengenverbräuchen und Kostenverzehren zu isolieren. Die Abweichung der tatsächlich beobachteten Mengenverbräuche ergibt sich aus der Ist-Inputverflechtungsmatrix (*VoiI*), die bspw. aus den abgerechneten Fertigungsaufträgen (Werkstattfertigung) oder ausgewerteten Zählpunkten (Serien- und Massenfertigung) gewonnen werden kann. Die auf die Absatzmengen entfallende Materialverbrauchsabweichung errechnet sich aus den Differenzen der Materialverbrauchskoeffizienten der Untermatrizen für Teile (*VtwI – Vtw*), Baugruppen (*VgwI – Vgw*), Erzeugnisse (*VewI – Vew*) und Losgrößen (*VrwI – Vrw*). Die so ermittelten Differenzen der Verbrauchskoeffizienten werden wiederum multipliziert mit dem Plan-Preisvektor der Materialien (*pW*).

Bisher wurden sämtliche Mengenabweichungen mit dem Plan-Preisvektor multipliziert und damit alle mengenbedingten Materialkostenabweichungen isoliert. Die schrittweise Isolierung der Abweichungskomponenten der Mengenrechnung führt ausgehend von den Plan-Verbrauchsmengen zu den Ist-Verbrauchsmengen. Im letzten Schritt sind diese Ist-Verbrauchsmengen noch mit der Differenz aus Ist-Preisvektor und Plan-Preisvektor der Materialien zu multiplizieren, um die preisbedingte Materialkostenabweichung zu ermitteln: $((PKI \times VtwI) + (PKI \times VgwI) + (PKI \times VewI) + (PKI \times VplI) \times VrwI) (pW - pWI)$.

Auf die Produktion entfallende Materialkostenabweichungen:

Die auf die Produktion entfallende Materialkostenabweichung *(PMA)* setzt sich zusammen aus:

Produktionsmengenabweichung:

$$PMAM = (((\Sigma\,PHgI\,/\,\Sigma\,PHg \times PHg) - PHg) \times Vtw) +$$
$$((((\Sigma\,PHgI\,/\,\Sigma\,PHg \times PHg) - PHg) \times Vgw) +$$
$$((((\Sigma\,PHgI\,/\,\Sigma\,PHg \times PHg) - PHg) \times Vew) +$$
$$((((\Sigma\,PHgI\,/\,\Sigma\,PHg \times PHg) - PHg) \times Vpl) \times Vrw)\,pW \qquad (2.106)$$

Programmmixabweichung:

$$PPMM = (((PHgI - ((\Sigma\,PHgI\,/\,\Sigma\,PHg \times PHg)) \times Vtw) +$$
$$((PHg - ((\Sigma\,PHgI\,/\,\Sigma\,PHg \times PHg)) \times Vgw) +$$
$$((PHg - ((\Sigma\,PHgI\,/\,\Sigma\,PHg \times PHg)) \times Vew) +$$
$$((PHg - ((\Sigma\,PHgI\,/\,\Sigma\,PHg \times PHg)) \times Vpl) \times Vrw)\,pW \qquad (2.107)$$

Losgrößenabweichung:

$$PLGM = (PHgI \times (VplI - Vpl)) \times Vrw)\,pW \qquad (2.108)$$

Materialverbrauchsabweichung:

$$PVAM = ((PHgI \times (VtwI - Vtw)) + (PHgI \times (VgwI - Vgw)) +$$
$$(PHgI \times (VewI - Vew)) + (PHgI \times Vpl) \times (VrwI - Vrw)) \, pW \qquad (2.109)$$

Materialpreisabweichung:

$$PMPM = ((PHgI \times VtwI) + (PHgI \times VgwI) + (PHgI \times VewI) +$$
$$(PHgI \times VplI) \times VrwI) \, (pWI - pW) \qquad (2.110)$$

Neben den auf die Absatzmengen entfallenden Materialkostenabweichungen sind die produktionsbedingten Abweichungsbeträge zu ermitteln. Statt der Matrizen der Plan- und Ist-Absatzmengen (*PK, PKI*) sind in die Gleichungen zur Ermittlung der produktionsbedingten Abweichungen die Matrizen der Plan- und Ist-Produktionsmengen (*PHg, PHgI*) einzusetzen. Statt der Absatz- und Sortimentsmixabweichungen werden Produktions- und Programmmixabweichung (*PMAM, PPMM*) berechnet. Die produktionsbedingten Materialverbrauchs-, Materialpreisabweichungen werden demgemäß mit der Ist-Produktionsmengenmatrix (*PHgI*) errechnet.

Aufgrund der allgemeinen Lagerbilanzgleichung ergeben sich aus der Differenz von Zugängen und Abgängen die Bestandsveränderungen. Aus der Saldierung der produktions- und absatzbedingten Materialkostenabweichungen errechnen sich somit die Abweichungen der Materialkostenanteile in der Lagerbestandsveränderung:

Auf den Bestand entfallende Materialkostenabweichungen:

Aus den auf den Verkauf und die Produktion entfallenden Materialkostenabweichungen ergeben sich die in der Bestandsveränderungsabweichung enthaltenen Materialkostenanteile wie folgt:

BVMA (Materialkostenabweichungsanteil in der Bestandsveränderung) =
Mengenabweichung (*PMAM − VMAM*) + Mixabweichung (*PPMM − VSMM*) +
Materialverbrauchsabweichung (*PVAM − VVAM*) +
Losgrößenabweichung (*PLGM − VLGM*) +
Materialpreisabweichung (*PMPM − VMPM*) $\qquad (2.111)$

Zu beachten ist, dass die Angabe der Materialkostenabweichungen in der Bestandsveränderung hier nur aus informatorischen Gründen angegeben ist und nicht in der Deltamatrix (*DMIPD*, siehe Kapitel 2.6.2.2.5) gebucht wird. Der Grund hierfür ist, dass die absatzgetriebenen Abweichungen (*VMA*) auf der Habenseite und die produktionsgetriebenen Abweichungen (*PMA*) auf der Sollseite des Kontos fertige Erzeugnisse gebucht werden. Somit ist die Materialkostenabweichung der Bestandsveränderung bereits automatisch in die Ermittlung der Abweichungen des Erfolgssaldos eingeflossen. Diese Ausführungen gelten auch für alle anderen Herstellkostenabweichungen in der Bestandsveränderung.

Abweichungsrechnung Energie:

Die Abweichungsrechnung der Energiekosten unterscheidet sich methodisch und in der Erfolgswirkung nicht von der Abweichungsrechnung der Materialkosten, da es sich ebenfalls um Repetierfaktoren handelt.

Auf den Verkauf entfallende Energiekostenabweichung:

Die auf den Verkauf entfallende Energiekostenabweichung *(VFA)* setzt sich zusammen aus:

Absatzmengenabweichung:

$$VMAF = (((\Sigma\,PKI\,/\,\Sigma\,PK)\times PK) - PK)\times Vtf) +$$
$$(((\Sigma\,PKI\,/\,\Sigma\,PK)\times PK) - PK)\times Vgf) + (((\Sigma\,PKI\,/\,\Sigma\,PK)\times PK) - PK)\times Vef) +$$
$$(((\Sigma\,PKI\,/\,\Sigma\,PK)\times PK) - PK)\times Vpl)\times Vrf)\,pF \qquad (2.111)$$

Sortimentsmixabweichung:

$$VSMF = (((PKI - (\Sigma\,PKI\,/\,\Sigma\,PK\times PK))\times Vtf) +$$
$$((PKI - (\Sigma\,PKI\,/\,\Sigma\,PK\times PK)))\times Vgf) + (((PKI - (\Sigma\,PKI\,/\,\Sigma\,PK\times PK)))\times Vef) +$$
$$((PKI - (\Sigma\,PKI\,/\,\Sigma\,PK\times PK)))\times Vpl)\times Vrf)\,pF \qquad (2.112)$$

Losgrößenabweichung:

$$VLGF = (PKI\times(VplI - Vpl))\times Vrf)\,pF \qquad (2.113)$$

Energieverbrauchsabweichung:

$$VVAF = ((PKI\times(VtfI - Vtf)) + (PKI\times(VgfI - Vgf)) + (PKI\times(VefI - Vef)) +$$
$$(PKI\times Vpl)\times(VrfI - Vrf))\,pF \qquad (2.114)$$

Energiepreisabweichung:

$$VMPF = ((PKI\times VtfI) + (PKI\times VgfI) + (PKI\times VefI) +$$
$$(PKI\times VplI)\times VrfI)\,(pFI - pF) \qquad (2.115)$$

Auf die Produktion entfallende Energiekostenabweichung:

Die auf die Produktion entfallende Energiekostenabweichung *(PFA)* setzt sich zusammen aus:

Produktionsmengenabweichung:

$$PMAF = (((\Sigma\,PHgI\,/\,\Sigma\,PHg\times PHg) - PHg)\times Vtf) +$$
$$((((\Sigma\,PHgI\,/\,\Sigma\,PHg\times PHg) - PHg)\times Vgf) +$$
$$((((\Sigma\,PHgI\,/\,\Sigma\,PHg\times PHg) - PHg)\times Vef) +$$
$$((((\Sigma\,PHgI\,/\,\Sigma\,PHg\times PHg) - PHg)\times Vpl)\times Vrf)\,pF \qquad (2.116)$$

Programmmixabweichung:

$$PPMF = (((PHgI - ((\Sigma\,PHgI\,/\,\Sigma\,PHg\times PHg))\times Vtf) +$$
$$((PHg - ((\Sigma\,PHgI\,/\,\Sigma\,PHg\times PHg))\times Vgf) +$$
$$((PHg - ((\Sigma\,PHgI\,/\,\Sigma\,PHg\times PHg))\times Vef) +$$
$$((PHg - ((\Sigma\,PHgI\,/\,\Sigma\,PHg\times PHg))\times Vpl)\times Vrf)\,pF \qquad (2.117)$$

Losgrößenabweichung:

$$PLGF = (PHgI\times(VplI - Vpl))\times Vrf)\,pF \qquad (2.118)$$

Energieverbrauchsabweichung:

$$PVAF = ((PHgI \times (VtfI - Vtf)) + (PHgI \times (VgfI - Vgf)) +$$
$$(PHgI \times (VefI - Vef)) + (PHgI \times Vpl) \times (VrfI - Vrf)) \, pF \qquad (2.119)$$

Energiepreisabweichung:

$$PMPF = ((PHgI \times VtaI) + (PHgI \times VgfI) + (PHgI \times VefI) +$$
$$(PHgI \times VplI) \times VrfI) \, (pFI - pF) \qquad (2.120)$$

Auf den Bestand entfallende Energiekostenabweichung:

Aus den auf den Verkauf und die Produktion entfallenden Energiekostenabweichungen ergeben sich die in der Bestandsveränderungsabweichung enthaltenen Energiekostenanteile wie folgt:

BVFA (Energiekostenabweichungsanteil in der Bestandsveränderung) =
Mengenabweichung (*PMAF – VMAF*) + Mixabweichung (*PPMF – VSMF*) +
Energieverbrauchsabweichung (*PVAF – VVAF*) +
Losgrößenabweichung (*PLGF – VLGF*) +
Energiepreisabweichung (*PMPF – VMPF*) $\qquad (2.121)$

Abweichungsrechnung der Potenzialfaktoren (Beschäftigte und Maschinen):

Abweichungsrechnung Lohn:

Die Abweichungsrechnung der Fertigungslohnkosten aus Produktsicht folgt der gleichen Methodik wie die Abweichungsrechnung der Materialkosten. Statt der Untermatrizen der Spalte Werkstoffe (*Vow = Vtw + Vgw + Vew + Vrw*) werden die Abweichungskomponenten der Mengenrechnung jetzt mit den Untermatrizen der Spalte Arbeit (*Voa = Vta + Vga + Vea + Vra*) multipliziert. Die auf diese Weise berechneten Abweichungen der Fertigungslohnkosten stellen Mengen-, Verbrauchs- und Tarifabweichungen der Nutzungsanteile des Potenzialfaktors Arbeit dar. Diese Teilabweichung muss nicht mit der festgestellten Gesamtabweichung der Fertigungslohnkosten übereinstimmen, da die Leerkostenabweichungen nicht einbezogen sind.

Die gesamte Abweichung der Fertigungslohnkosten wird wie folgt ermittelt:

$$BSA = BSWI - BSW = (BNWI - BNW) + (BLWI - BLW) \qquad (2.122)$$

Die produktorientierte Abweichungsrechnung (siehe oben) erklärt die Abweichung (*BNWI – BNW*), wobei *BNWI* die beobachteten, auf Kostenträger verrechneten, Ist-Fertigungslohnkosten repräsentiert und *BNW* die Plan-Fertigungslohnkosten. War der Nutzungsgrad der Beschäftigten in der Produktion jedoch kleiner als 100 %, dann entstehen Leerkosten (*BLWI* = Ist-Leerkosten, *BLW* = Plan-Leerkosten). Bei einem im Ist gegenüber der Planung unveränderten Gesamtbestand an Beschäftigten in der Fertigung ist die Abweichung *BSWI – BSW* unter der Voraussetzung unveränderter Lohntarife stets null. Die berechneten Abweichungen in der Produktdimension stellen dann lediglich Verschiebungen zwischen Nutz- und Leerkostenanteilen dar. Weicht der Ist-Bestand (*BS*) an Beschäftigten jedoch von dem Plan-Bestand ab oder sind bei konstantem Bestand ungeplante Tarifänderungen aufgetreten, dann ist *BSWI – BSW* stets ungleich null.

Von den in der Erfolgsrechnung direkt ersichtlichen Abweichungen der Fertigungslohnkosten ist die Erfolgs*wirkung* dieser Abweichungen zu unterscheiden. Die erfolgswirksamen Abweichungen der Fertigungslohnkosten setzen sich wie folgt zusammen:

$$(BSWI - BSW) + (VBA - PBA)$$

Die Differenz aus den Zu- und Abgängen der in den Herstellkosten enthaltenen Anteile für Fertigungslohnabweichungen (*BVBA*) erhöht oder vermindert die insgesamt wirksame Abweichung (*BSWI – BSW*). Hier zeigen sich nochmals die Aussagen, die im Kapitel 2.5 zu den Erfolgswirkungen der Lagerbestandsveränderungen gemacht wurden.

Die gemachten Aussagen gelten stets für Zeitlohnsysteme. Für Leistungslohnsysteme (Akkordsysteme) gelten die Ausführungen nur unter bestimmten Voraussetzungen. Bei Leistungslohnsystemen bekommt der Fertigungslohn erst bei Unterschreitung bestimmter Kapazitätsauslastungen Fixkostencharakter, d. h., ab dieser Grenze geht der Leistungslohn in einen Zeitlohn als tarifvertraglich festgelegte Mindestentlohnung über. An der Systematik der Abweichungsermittlung in der Produktdimension ändert dies jedoch nichts. Lediglich die Erfolgswirkungen bei den Abweichungen der Lagerbestandsveränderungen sind andere, d. h., eine Lagerbestandserhöhung oberhalb der Mindestlohnzone hat dann keine Erfolgswirkung.

Auf den Verkauf entfallende Lohnkostenabweichung:

Die auf den Verkauf entfallende Lohnkostenabweichung *(VBA)* setzt sich zusammen aus:

Absatzmengenabweichung:

$$VMAB = (((\Sigma\,PKI\,/\,\Sigma\,PK)\times PK) - PK)\times Vta) +$$
$$(((\Sigma\,PKI\,/\,\Sigma\,PK)\times PK) - PK)\times Vga) + (((\Sigma\,PKI\,/\,\Sigma\,PK)\times PK) - PK)\times Vea) +$$
$$(((\Sigma\,PKI\,/\,\Sigma\,PK)\times PK) - PK)\times Vpl)\times Vra)\,pB \qquad (2.123)$$

Sortimentsmixabweichung:

$$VSMB = (((PKI - (\Sigma\,PKI\,/\,\Sigma\,PK\times PK))\times Vta) +$$
$$((PKI - (\Sigma\,PKI\,/\,\Sigma\,PK\times PK)))\times Vga) + (((PKI - (\Sigma\,PKI\,/\,\Sigma\,PK\times PK)))\times Vea) +$$
$$((PKI - (\Sigma\,PKI\,/\,\Sigma\,PK\times PK)))\times Vpl)\times Vra))\,pB \qquad (2.124)$$

Losgrößenabweichung:

$$VLGB = (PKI \times (VplI - Vpl))\times Vra)\,pB \qquad (2.125)$$

Lohnverbrauchsabweichung:

$$VVAB = ((PKI \times (VtaI - Vta)) + (PKI \times (VgaI - Vga)) + (PKI \times (VeaI - Vea)) +$$
$$(PKI \times Vpl)\times (VraI - Vra))\,pB \qquad (2.126)$$

Lohntarifabweichung:

$$VMPB = ((PKI \times VtaI) + (PKI \times VgaI) + (PKI \times VeaI) +$$
$$(PKI \times VplI)\times VraI)\,(pBI - pB) \qquad (2.127)$$

Auf die Produktion entfallende Lohnkostenabweichung:

Die auf die Produktion entfallende Lohnkostenabweichung *(PBA)* setzt sich zusammen aus:

Produktionsmengenabweichung:

$$PMAB = (((\Sigma PHgI / \Sigma PHg \times PHg) - PHg) \times Vta) +$$
$$((((\Sigma PHgI / \Sigma PHg \times PHg) - PHg) \times Vga) +$$
$$((((\Sigma PHgI / \Sigma PHg \times PHg) - PHg) \times Vea) +$$
$$((((\Sigma PHgI / \Sigma PHg \times PHg) - PHg) \times Vpl) \times Vra) pB \qquad (2.128)$$

Programmmixabweichung:

$$PPMB = (((PHgI - ((\Sigma PHgI / \Sigma PHg \times PHg)) \times Vta) + ((PHg -$$
$$((\Sigma PHgI / \Sigma PHg \times PHg)) \times Vga) + ((PHg - ((\Sigma PHgI / \Sigma PHg \times PHg)) \times Vea) +$$
$$((PHg - ((\Sigma PHgI / \Sigma PHg \times PHg)) \times Vpl) \times Vra) pB \qquad (2.129)$$

Losgrößenabweichung:

$$PLGB = (PHgI \times (VplI - Vpl)) \times Vra) pB \qquad (2.130)$$

Lohnverbrauchsabweichung:

$$PVAB = ((PHgI \times (VtaI - Vta)) + (PHgI \times (VgaI - Vga)) +$$
$$(PHgI \times (VeaI - Vea)) + (PHgI \times Vpl) \times (VraI - Vra)) pB \qquad (2.131$$

Lohntarifabweichung:

$$PMPB = ((PHgI \times VtaI) + (PHgI \times VgaI) + (PHgI \times VeaI) +$$
$$(PHgI \times VplI) \times VraI) (pBI - pB) \qquad (2.132)$$

Auf den Bestand entfallende Lohnkostenabweichung:

Aus den auf den Verkauf und die Produktion entfallenden Lohnkostenabweichungen ergeben sich die in der Bestandsveränderungsabweichung enthaltenen Lohnkostenanteile wie folgt:

$BVBA$ (Lohnkostenabweichungsanteil in der Bestandsveränderung) = Mengenabweichung ($PMAB - VMAB$) + Mixabweichung ($PPMB - VSMB$) + Lohnverbrauchsabweichung ($PVAB - VVAB$) + Losgrößenabweichung ($PLGB - VLGB$) + Lohntarifabweichung ($PMPB - VMPB$) (2.133)

Abweichungsrechnung Maschinenkosten:

Die Planungstechnik der Bestände des Potenzialfaktors Maschinen unterscheidet sich nicht von der Planungstechnik des Beschäftigtenbestandes. Demzufolge bestehen auch in der Abweichungsrechnung keine wesentlichen Unterschiede. Unterschiede resultieren lediglich in der Berechnung der Kosten je Output-Einheit, da bei Maschinen neben den Anschaffungskosten (pM) eine Abschreibungsquotenmatrix (qM) zu berücksichtigen ist.

Die gesamte Abweichung der Maschinenkosten wird wie folgt ermittelt:

$$MSA = MSWI - MSW = (MNWI - MNW) + (MLWI - MLW) \qquad (2.134)$$

Von den in der Erfolgsrechnung direkt ersichtlichen Abweichungen der Maschinenkosten ist die Erfolgs*wirkung* dieser Abweichungen zu unterscheiden. Die erfolgswirksamen Abweichungen der Maschinenkosten setzen sich wie folgt zusammen:

$$(MSWI - MSW) + (VNA - PNA) \qquad\qquad (2.135)$$

Auf den Verkauf entfallende Maschinenkostenabweichung:

Die auf den Verkauf entfallende Maschinenkostenabweichung *(VNA)* setzt sich zusammen aus:

Absatzmengenabweichung:

$$VMAN = (((\Sigma\,PKI\,/\,\Sigma\,PK) \times PK) - PK) \times Vtn) +$$
$$(((\Sigma\,PKI\,/\,\Sigma\,PK) \times PK) - PK) \times Vgn) + (((\Sigma\,PKI\,/\,\Sigma\,PK) \times PK) - PK) \times Ven) +$$
$$(((\Sigma\,PKI\,/\,\Sigma\,PK) \times PK) - PK) \times Vpl) \times Vrn)\ pM \times qM \qquad\qquad (2.136)$$

Sortimentsmixabweichung:

$$VSMN = (((PKI - (\Sigma\,PKI\,/\,\Sigma\,PK \times PK)) \times Vtn) +$$
$$((PKI - (\Sigma\,PKI\,/\,\Sigma\,PK \times PK))) \times Vgn) + (((PKI - (\Sigma\,PKI\,/\,\Sigma\,PK \times PK))) \times Ven) +$$
$$((PKI - (\Sigma\,PKI\,/\,\Sigma\,PK \times PK))) \times Vpl) \times Vrn))\ pM \times qM \qquad\qquad (2.137)$$

Losgrößenabweichung:

$$VLGN = (PKI \times (VplI - Vpl)) \times Vrn)\ pM \times qM \qquad\qquad (2.138)$$

Verbrauchsabweichung Maschinennutzung:

$$VVAN = ((PKI \times (VtnI - Vtn)) + (PKI \times (VgnI - Vgn)) +$$
$$(PKI \times (VwnI - Ven)) + (PKI \times Vpl) \times (VrnI - Vrn))\ pM \times qM \qquad\qquad (2.139)$$

Preisabweichung Maschinennutzung:

$$VMPN = ((PKI \times VtnI) + (PKI \times VgnI) + (PKI \times VenI) +$$
$$(PKI \times VplI) \times VrnI) \times (pMI \times qMI) - (pM \times qM) \qquad\qquad (2.140)$$

Auf die Produktion entfallende Maschinenkostenabweichung:

Die auf die Produktion entfallende Maschinenkostenabweichung *(PNA)* setzt sich zusammen aus:

Produktionsmengenabweichung:

$$PMAN = (((\Sigma\,PHgI\,/\,\Sigma\,PHg \times PHg) - PHg) \times Vtn) +$$
$$((((\Sigma\,PHgI\,/\,\Sigma\,PHg \times PHg) - PHg) \times Vgn) +$$
$$((((\Sigma\,PHgI\,/\,\Sigma\,PHg \times PHg) - PHg) \times Ven) +$$
$$((((\Sigma\,PHgI\,/\,\Sigma\,PHg \times PHg) - PHg) \times Vpl) \times Vrn)\ pM \times qM \qquad\qquad (2.141)$$

Programmmixabweichung:

$$PPMN = (((PHgI - ((\Sigma\,PHgI\,/\,\Sigma\,PHg \times PHg)) \times Vtn) +$$
$$((PHg - ((\Sigma\,PHgI\,/\,\Sigma\,PHg \times PHg)) \times Vgn) +$$
$$((PHg - ((\Sigma\,PHgI\,/\,\Sigma\,PHg \times PHg)) \times Ven) +$$
$$((PHg - ((\Sigma\,PHgI\,/\,\Sigma\,PHg \times PHg)) \times Vpl) \times Vrn)\ pM \times qM \qquad\qquad (2.142)$$

Losgrößenabweichung:

$$PLGN = (PHgI \times (VplI - Vpl)) \times Vrn)\ pM \times qM \qquad\qquad (2.143)$$

Verbrauchsabweichung Maschinennutzung:

$$PVAN = ((PHgI \times (VtnI - Vtn)) + (PHgI \times (VgnI - Vgn)) +$$
$$(PHgI \times (VenI - Ven)) + (PHgI \times Vpl) \times (VrnI - Vrn)) pM \times qM \qquad (2.144)$$

Preisabweichung Maschinennutzung:

$$PMPN = ((PHgI \times VtnI) + (PHgI \times VgnI) + (PHgI \times VenI) +$$
$$(PHgI \times VplI) \times VrnI) \times (pMI \times qMI) - (pM \times qM) \qquad (2.145)$$

Auf den Bestand entfallende Maschinenkostenabweichung:

Aus den auf den Verkauf und die Produktion entfallenden Maschinenkostenabweichungen ergeben sich die in der Bestandsveränderungsabweichung enthaltenen Maschinenkostenanteile wie folgt:

$BVMMA$ (Maschinenkostenabweichungsanteil in der Bestandsveränderungsabweichung) = Mengenabweichung ($PMAN - VMAN$) + Mixabweichung ($PPMN - VSMN$) + Verbrauchsabweichung Maschinennutzung ($PVAN - VVAN$) + Losgrößenabweichung ($PLGN - VLGN$) + Preisabweichung Maschinennutzung ($PMPN - VMPN$) $\qquad (2.146)$

Abweichungsrechnung Fremdbezugskosten und aktivierte Eigenleistungen:

Auf eine gesonderte Abweichungsrechnung für aktivierte Eigenleistungen wird an dieser Stelle verzichtet, da sich keine methodischen Unterschiede zur Abweichungsanalyse fremdbezogener Maschinen ergeben. Lediglich die Anschaffungspreisvektoren $pM \times qM$ wären zu ersetzen durch den Herstellkostenvektor

$$((Vpp (J + Vzv \ Vpp) (Vpi + Vpl \ Vli)) (pW \mid pB \mid pM \times qM \mid pF) +$$
$$(Kf + (I\text{-}LE \times (I\text{-}KflV^{-1} \times KF)) - (I\text{-}LA \times (I\text{-}KflV^{-1} \times KF)) \times (PHg \times Voa)^{-1}), \quad (2.147)$$

der bereits bei der Planung der Bestandsveränderungen und aktivierten Eigenleistungen erläutert wurde.

Die Gesamtabweichung der aktivierten Eigenleistungen errechnet sich aus:

$$PAA = PAELI - PAEL \qquad (2.148)$$

Die Gesamtabweichung der Abschreibungen aus aktivierten Eigenleistungen errechnet sich aus:

$$AAEA = (AAELI - AAEL) \qquad (2.149)$$

Eine Abweichungsrechnung für Fremdbezüge (PF) wäre prinzipiell möglich, wenn bestimmte Erzeugnisse ausschließlich fremdbezogen werden oder bei gemischter Beschaffung eine gesonderte Abgangsmatrix und Bestandsmengenmatrix existiert. Auf eine Darstellung einer Abweichungsanalyse der Fremdbezugskosten wird an dieser Stelle ebenfalls verzichtet, da diese ebenfalls eine einfache Dekomposition in Absatzmengen-, Sortimentsstruktur und Preisabweichungen beinhaltet und keinerlei zusätzliche Erkenntnisse liefert.

Die Gesamtabweichung der Fremdbezugskosten errechnet sich aus:

$$PKFK = PFWI - PFW \qquad (2.150)$$

Abweichungsrechnung aktivierte/deaktivierte Fixkosten:

Die Abweichungsrechnung für aktivierte/deaktivierte Fixkosten bezieht sich auf Abweichung der fixen Herstellkostenbestandteile, die über die Bestandsveränderungen der fertigen Erzeugnisse zusätzlich zu den aktivierten/deaktivierten Zeitlohnanteilen auf die Erfolgshöhe der Periode wirken. In Perioden hoher Marktvolatilität können sich in dieser Abweichungsposition extrem hohe Auswirkungen auf den Periodenerfolg ergeben. Wurden bspw. in größerem Umfang Lagerbestandserhöhungen geplant, während (aus welchen Gründen auch immer) tatsächlich in größerem Umfang Lagerbestandsminderungen eingetreten sind, können erhebliche Ergebnisverschlechterungen die Folge sein. Statt eines erfolgserhöhenden Lagerbestandsaufbaus ist dann ein erfolgsverschlechternder Lagerbestandsabbau eingetreten, der ein Vielfaches der geplanten positiven Erfolgskomponente mit umgekehrten Vorzeichen bedeuten kann.

Die Ermittlung der Abweichungskomponenten für die Mengenrechnung (Absatzmengen-, Sortimentsmix-, Produktionsmengen- und Programmmixabweichungen) unterscheidet sich nicht von der Vorgehensweise bei den Material-, Energie-, Lohn- und Maschinenkosten. An die Stelle der Preisvektoren zur Bewertung dieser Abweichungen tritt eine interne Bewertungskomponente, die bereits bei der Ermittlung der geplanten Bestandsveränderungen an fertigen Erzeugnissen eingehend erläutert wurde (siehe oben).

Bei Anwendung der Plan- bzw. Ist-Beschäftigung statt der Normal-Beschäftigung ist zu beachten, dass der Verrechnungskostensatz für die fixen Herstellkosten entsprechend schwankt. Die Schwankung dieser Verrechnungskostensätze ist zurückzuführen auf abweichende Mengeneffekte, Zeiteffekte und Abweichungseffekte der in die Kalkulation einfließenden Kostenhöhe.

Der Mengeneffekt der Kostensatzabweichung resultiert c.p. aus einer von der Planung $(PHg \times Voa)^{-1}$ abweichenden Ist-Kapazitätsauslastung $(PHgI \times Voa)^{-1}$. Wie oben bereits dargelegt, ergibt sich die Kapazitätsauslastung aus der inversen Ergebnismatrix, die aus der Multiplikation der Produktionsmengen mit den Vorgabezeiten je Fertigungsstelle resultiert.

Zusätzlich ist zu beachten, dass in den Lagerzugängen der Abweichungsbeträge aus Produktion (PHg) die Abweichungen für aktivierte Eigenleistungen (PE, PB) formell enthalten sind.

Auf den Verkauf entfallenden Fixkostenabweichungen:

Die auf den Verkauf entfallende Fixkostenabweichung der Herstellung *(VFKA)* setzt sich zusammen aus:

Verkaufsmengenabweichung:

$$VMAFK = (((\Sigma\, PKI \,/\, \Sigma\, PK) - PK \times PK)) \times (Kf + (I\text{-}LE \times (I\text{-}KflV^{-1} \times KF)) - (I\text{-}LA \times (I\text{-}KflV^{-1} \times KF)) \times (PHg \times Voa)^{-1}) \qquad (2.151)$$

Sortimentsmixabweichung:

$$VSMFK = ((PKI - (\Sigma\, PKI \,/\, \Sigma\, PK \times PK)) \times (Kf + (I\text{-}LE \times (I\text{-}KflV^{-1} \times KF)) - (I\text{-}LA \times (I\text{-}.KflV^{-1} \times KF)) \times (PHg \times Voa)^{-1}) \qquad (2.152)$$

Kostensatzabweichungen Verkauf:

Mengeneffekt Kostensatz:

$$VMEF\ (11,27) = (PKI - PK) \times (Kf + (I\text{-}LE \times (I\text{-}KflV^{-1} \times KF)) - (I\text{-}LA \times (I\text{-}KflV^{-1} \times KF)) \times (PHg \times Voa)^{-1}) - ((Kf + (I\text{-}LE \times (I\text{-}KflV^{-1} \times KF)) - (I\text{-}LA \times (I\text{-}KflV^{-1} \times KF)) \times (PHgI \times Voa)^{-1}))$$

(2.153)

Zeitabweichung Kostensatz:

$$VZAF\ (11,27) = (PKI - PK) \times (Kf + (I\text{-}LE \times (I\text{-}KflV^{-1} \times KF)) - (I\text{-}LA \times (I\text{-}KflV^{-1} \times KF)) \times (PHgI \times Voa)^{-1}) - ((Kf + (I\text{-}LE \times (I\text{-}KflV^{-1} \times KF)) - (I\text{-}LA \times (I\text{-}KflV^{-1} \times KF)) \times (PHgI \times VoaI)^{-1}))$$

(2.154)

Kostenabweichung:

$$VKAF = (PKI - PK) \times (Kf + (I\text{-}LE \times (I\text{-}KflV^{-1} \times KF)) - (I\text{-}LA \times (I\text{-}KflV^{-1} \times KF)) \times (PHgI \times VoaI)^{-1}) - (KfI + (I\text{-}LE \times (I\text{-}KflV^{-1} \times KF)) - (I\text{-}LA \times (I\text{-}KflV^{-1} \times KF)) \times (PHgI \times VoaI)^{-1})$$

(2.155)

Auf die Produktion entfallenden Fixkostenabweichungen:

Die auf die Produktion entfallende Fixkostenabweichung der Herstellung *(PFKA)* setzt sich zusammen aus:

Produktionsmengenabweichung:

$$PMAFK\ (27,11) = (((PHg - ((\Sigma\ PHgI\ /\ \Sigma\ PHg) \times PHg) - PHg) \times (Kf + (I\text{-}LE \times (I\text{-}KflV^{-1} \times KF)) - (I\text{-}LA \times (I\text{-}KflV^{-1} \times KF)) \times (PHg \times Voa)^{-1})$$

(2.156)

Produktionsmixabweichung:

$$PSMFK\ (27,11) = (((PHgI - ((\Sigma\ PHgI\ /\ \Sigma\ PHg \times PHg \times (Kf + (I\text{-}LE \times (I\text{-}KflV^{-1} \times KF)) - (I\text{-}LA \times (I\text{-}KflV^{-1} \times KF)) \times (PHg \times Voa)^{-1})$$

(2.157)

Kostensatz Produktion:

Mengeneffekt Kostensatz:

$$BMEF = (PHgI - PKI) \times (Kf + (I\text{-}LE \times (I\text{-}KflV^{-1} \times KF)) - (I\text{-}LA \times (I\text{-}KflV^{-1} \times KF)) \times (PHg \times Voa)^{-1}) - ((Kf + (I\text{-}LE \times (I\text{-}KflV^{-1} \times KF)) - (I\text{-}LA \times (I\text{-}KflV^{-1} \times KF)) \times (PHgI \times Voa)^{-1}))$$

(2.158)

Zeitabweichung Kostensatz:

$$BZAF = (PHgI - PKI) \times (Kf + (I\text{-}LE \times (I\text{-}KflV^{-1} \times KF)) - (I\text{-}LA \times (I\text{-}KflV^{-1} \times KF)) \times (PHgI \times Voa)^{-1}) - ((Kf + (I\text{-}LE \times (I\text{-}KflV^{-1} \times KF)) - (I\text{-}LA \times (I\text{-}KflV^{-1} \times KF)) \times (PHgI \times VoaI)^{-1}))$$

(2.159)

Kostenabweichung:

$$BKAF = (PHgI - PKI) \times (Kf + (I\text{-}LE \times (I\text{-}KflV^{-1} \times KF)) - (I\text{-}LA \times (I\text{-}KflV^{-1} \times KF)) \times (PHgI \times VoaI)^{-1}) - (KfI + (I\text{-}LE \times (I\text{-}KflV^{-1} \times KF)) - (I\text{-}LA \times (I\text{-}KflV^{-1} \times KF)) \times (PHgI \times VoaI)^{-1})$$

(2.160)

Auf den Bestand entfallende Fixkostenabweichungen:

Aus den auf den Verkauf und die Produktion entfallenden Fixkostenabweichungen der Herstellung ergeben sich die in der Bestandsveränderungsabweichung enthaltenen Fixkostenanteile wie folgt:

> BVF (Fixkostenabweichungsanteil in der Bestandsveränderung) =
> Mengenabweichung ($PMAFK - VMAFK$) + Mixabweichung ($PSMFK - VSMFK$) +
> Kostensatzabweichung Beschäftigung ($BMEF - VMEF$) +
> Kostensatzabweichung Vorgabezeiten ($BZAF - VZAF$) +
> Kostensatzabweichung Kostenhöhe ($BKAF - VKAF$)   (2.161)

Abweichungsrechnung Fixkosten:

Die Abweichungsrechnung der Fixkosten ergibt sich aus der einfachen Differenz zwischen beobachteten Ist-Fixkosten und Plan-Fixkosten je Kostenart. Diese Rechnung kann im Produktionsbereich ergänzt werden um Analysen hinsichtlich genutzter Potenziale und entstandener Leerkosten. Die *ergebniswirksame Fixkostenabweichung* ergibt sich allerdings nicht aus der einfachen Differenz zwischen Ist- und Plan-Fixkosten, sondern aus

> $FKAE = (Kfl + KUfl) - (Kf + KUf) + BVF.$ (2.162)

Die direkt in der Erfolgsrechnung ersichtliche, absolute Fixkostenabweichung ergibt sich aus:

> $FKHA = (Kfl - Kf)$ (2.163)
>
> $FKÜA = (KUfl - KUf)$ (2.164)

2.6.2.2.2.3   Betriebsergebnisabweichung

Aus der Zusammenfassung der beschriebenen Umsatz- und Kostenabweichungen resultiert die Betriebsergebnisabweichung. Diese zerfällt gemäß der obigen Beschreibung in fünf Hauptblöcke:

1) Die Bruttoumsatz- und Konditionenabweichungen ($VAU - VAKS - VAKN$)
2) Die Abweichungen der aktivierten Eigenleistungen ($PAA - AAEA$)
3) Die auf den *Verkauf* entfallenden *Material- und Energiekostenabweichungen (Repetierfaktoren) (VMA + VFA)*
4) Die *absoluten Kostenabweichungen* der Potenzialfaktoren und übrigen *Fixkosten der Herstellung* sowie der *Fixkosten aller anderen Unternehmensbereiche (BSA + MSA + FKHA + FKÜA)*
5) Die in der *Bestandsveränderungsabweichung* enthaltenen *Kostenabweichungen der Potenzialfaktoren* und der *übrigen Fixkosten der Herstellung* ($- PBA + VBA$) + ($- PFKA + VFKA$) + ($- PNA + VNA$)

Die Abweichungen der aktivierten Eigenleistungen müssten genau genommen ebenfalls unterteilt werden in die Komponenten der einzelnen Kostenarten der Herstellung. Eine Veränderung der aktivierten Eigenleistungen hat über die enthaltenen Fixkostenanteile ebenfalls eine erfolgsbeeinflussende Wirkung. Aus Platzgründen wurde allerdings auf eine vollständige Dekomposition der aktivierten Eigenleistungen verzichtet. PAA ist folglich dahingehend zu interpretieren, dass nur der enthaltene Abweichungsanteil der Fixkosten (Löhne, sonstige fixe Herstellkosten) die Höhe des Betriebsergebnisses beeinflusst.

Wichtig ist der Hinweis, dass nur die auf den Absatz entfallenden Abweichungskomponenten der Repetierfaktoren erfolgswirksam werden, da die in den Beschaffungs- und Produktionsprozessen entstandenen Abweichungen solange aktiviert werden, bis die betroffenen Erzeugnisse in den Verkauf gelangen. Bei den Potenzialfaktoren werden zusätzlich zur *pagatorischen* Gesamtabweichung die auf diese Faktoren entfallenden und in den Bestandsveränderungen für fertige und unfertige Erzeugnisse enthaltenen *kalkulatorischen* Kostenabweichungen $((PBA - VBA) + (PNA - VNA))$ hinzuaddiert. Hier zeigt sich nochmals, dass die ergebniswirksamen Kostenabweichungen der Potenzialfaktoren über die Bestandsveränderungen dieser Faktoren selbst und zusätzlich über die in den Lagerbestandsveränderungen enthaltenen Abweichungen bestimmt werden. Neben den Abweichungskomponenten der Repetier- und Potenzialfaktoren sind zusätzlich zur pagatorischen Gesamtabweichung der fixen Herstellkosten die in den Abweichungen der Lagerbestandsveränderungen enthaltenen kalkulatorischen Fixkostenabweichungen der Herstellung $(PFKA - VFKA)$ zu berücksichtigen.

Betriebsergebnisabweichung:

$$(VAU - VAKS - VAKN) + PAA - AAEA - (PMA + BSA + MSA + FKHA +$$
$$PKFK + PFA + FKÜA) + ((- PMA + VMA) + (- PBA + VBA) +$$
$$(- PFA + VFA) + (- PFKA + VFKA) + (- PNA + VNA) + (- PFKA + VFKA) \qquad (2.165)$$

Vereinfacht:

$$(VAU - VAKS - VAKN) + PAA - AAEA - (VMA + BSA + MSA +$$
$$FKHA + PKFK + VFA + FKÜA) + (- PBA + VBA) + (- PFKA + VFKA) +$$
$$(- PNA + VNA) \qquad (2.166)$$

Die Summe der Abweichungskomponenten der Bruttoumsatzrechnung vermindert um die Abweichungskomponenten der Konditionenrechnung abzüglich der auf den Verkauf entfallenden Mengen-, Mix-, Preis- und Verbrauchsabweichungen der Repetierfaktoren und der Bestandsabweichungen der Potenzialfaktoren zuzüglich der Abweichungen aktivierter/deaktivierter Fixkosten in der Lagerbestandsabweichung ergibt zusammen die Abweichung des operativen Erfolgssaldos (Betriebsergebnisses).

2.6.2.2.3 Finanzabweichungsrechnung

Da in dem vorgestellten Matrixkalkül eine vollständige Verzahnung der Output-/Input-Rechnung mit entsprechenden Lagerbilanzgleichungen vorliegt, erlaubt dieser Ansatz auch eine vollständige Abweichungszerlegung zwischen Finanzplanung und beobachteten Ist-Größen der Finanzrechnung. Wie oben bereits erwähnt, stellen die sogenannten Spektralvektoren das Verbindungsglied zwischen Erfolgs- und Finanzplanung dar. Die Abweichungsrechnung des Finanzmittelfluss-Saldos der Erfolgssphäre ergibt sich demgemäß aus den zahlungswirksamen Abweichungskomponenten der Erfolgsrechnung und den Abweichungen geplanter und tatsächlich beobachteter Zahlungszielspektren (Spektralvektoren).

Die Abweichungsanalyse der Finanzrechnung setzt sich bezüglich der Zahlungsvorgänge aus dem betrieblichen Leistungsbereich im Wesentlichen zusammen aus den Abweichungskomponenten der Erfolgsrechnung sowie den Abweichungen des Zahlungszielspektrums auf der Debitoren- und Kreditorenseite. Hinzu kommen noch die Materialmengen-, Materialmix- und Materialpreisabweichungen im Hinblick auf die eingekauften Materialmengen, da diese in der Erfolgsrechnung nicht berücksichtigt wurden, weil sie dort keine Rolle spielen. Ferner ist der Bereich der Investitionen und Desinvestitionen zu ergänzen. Neben den Zahlungsabweichungen aus dem betrieblichen Leistungsbereich müssen die Zahlungsabweichungen aus der Finanzierungs- und Gesellschaftersphäre (Aufnahmen und Tilgung von Darlehen, Krediten, Beteiligungsfinanzierungen, Dividendenausschüttungen etc.) ergänzt werden. Wie einleitend bereits erwähnt wurde, kann der interessierte Leser die Details der integrierten Absatz-, Produktions-, Erfolgs-, Finanz- und Bilanzplanung in einem Excel-Modell nachvollziehen, das zusammen mit anderen hilfreichen Tools zur Softwareauswahl, Unternehmensbewertung etc. über den Verlag bezogen werden kann (s. Kapitel 6). Der Anwender kann mit Hilfe dieser Modelle im Detail studieren, wie die Teilabweichungen bzw. die Abweichungsaufspaltung in der Erfolgs-, Finanz- und Bilanzsphäre berechnet werden und wie sich die Änderungen bestimmter Eingabeparameter absolut und in der integrierten Abweichungsrechnung auswirken. Vor diesem Hintergrund soll die Darstellung der Abweichungsanalyse im Finanz- und Bilanzbereich weitestgehend knapp gehalten werden, da sich die Abweichungskomponenten der Erfolgsrechnung größtenteils wiederholen und nur einige ergänzende Komponenten hinzugefügt werden müssen.

2.6.2.2.3.1   Einnahmenabweichungen

Abweichungsanalyse der Einnahmen und Ausgaben der Erlösrechnung:

Im ersten Schritt sind die Teilabweichungen des Finanzmittelfluss-Saldos der Erfolgssphäre zu isolieren. Zur Wiederholung der oben erläuterten Erlös-Abweichungsrechnung werden an dieser Stelle nochmals die Gleichungen der Brutto-/Nettorechnung dargestellt:

Bruttoumsatzabweichung:

$$VAMU = PK - (\Sigma\,PKI\,/\,\Sigma\,PK) \times PK)\ pK$$

$$VSMU = PKI - (\Sigma\,PKI\,/\,\Sigma\,PK \times PK)\ pK$$

$$VVPU = PKI\,(pK - pKI)$$

Konditionenabweichungen:

Absatzmengenabweichung *Rabatte*	$VAMR = VAMU \times EMS$
Sortimentsmixabweichung *Rabatte*	$VSMR = VSMU \times EMS$
Verkaufspreisabweichung *Rabatte*	$VVPR = VVPU \times EMS$
Rabattsatzabweichung	$VSAR = (PKI \times pKI) \times (EMSI - EMS)$
Absatzmengenabweichung *Skonti*	$VAMS = (VAMU - VAMR) \times (Upk \times SKpk)$
Sortimentsmixabweichung *Skonti*	$VSMS = (VSMU - VSMR) \times (Upk \times SKpk)$

Verkaufspreisabweichung *Skonti*	$VVPS = (VVPU - VVPR) \times (Upk \times SKpk)$
Rabattsatzabweichung *Skonti*	$VSARS = - VSAR \times (Upk \times SKpk)$
Ausnutzungsgradabweichung *Skonti*	$VAGS = (PKI \times pKI) \times (J - EMSI) \times ($ $(UpkI - Upk) \times SKpk)$
Skontisatzabweichung	$VSAS = (PKI \times pKI) \times (J - EMSI) \times$ $((UpkI \times SKpkI) - (UpkI \times SKpk))$
Absatzmengenabweichung *Boni*	$VAMB = (VAMU - VAMR - VAMS) \times$ EMN
Sortimentsmixabweichung *Boni*	$VSMB = (VSMU - VSMR - VSMS) \times EMN$
Verkaufspreisabweichung *Boni*	$VVPB = (VVPU - VVPR - VVPS) \times EMN$
Rabattsatzabweichung *Boni*	$VSARB = - VSARS \times EMN$
Ausnutzungsgradabweichung Skonti *Boni*	$VAGSB = - VAGS \times EMN$
Skontisatzabweichung *Boni*	$VSASB = - VSAS \times EMN$
Bonisatzabweichung	$VSAB = PKI \times (pKI \times (1-EMS) \times$ $(J - Upk \times SKpk)) \times (EMNI - EMN)$

Die Abweichungen der Umsatzeinnahmen ergeben sich aus der Summe der Teilabweichungen des Bruttoumsatzes und den Teilabweichungen der Konditionenbestandteile. Dabei ist zu unterscheiden zwischen Konditionenbestandteilen, die sofort von den Ausgangsrechnungen abgesetzt werden (Sofortrabatte, Skonti), und nachschüssigen gewährten (nachträglichen) Konditionen wie bspw. Boni. Die letztgenannten Konditionen führen zu einer zeitlich nachverlagerten Auszahlung, die erstgenannten zu einem sofortigen Abzug vom fakturierten Bruttoumsatz und mindern damit die zeitlich nachgelagerten Umsatzeinzahlungen.

Abweichung der Umsatzeinnahmen:

$$PKEAU = (VAMU + VSMU + VVPU - (VAMR + VSMR + VVPR + VSAR + VAMS + VSMS + VVPS + VSARS + VAGS + VSAS)) \times SVU \qquad (2.167)$$

Zahlungszielspektrumsabweichung:

$$PKEZZ = ((VAMU + VSMU + VVPU - (VAMR + VSMR + VVPR + VSAR + VAMS + VSMS + VVPS + VSARS + VAGS + VSAS)) \times SVUI) - ((VAMU + VSMU + VVPU - (VAMR + VSMR + VVPR + VSAR + VAMS + VSMS + VVPS + VSARS + VAGS + VSAS)) \times SVU) \qquad (2.168)$$

Die Abweichung der Umsatzeinnahmen *PKEA* setzt sich zusammen aus den Abweichungskomponenten des Umsatzes ($VAMU + VSMU + VVPU + VAMR + VSMR + VVPR + VSAR + VAMS + VSMS + VVPS + VSARS + VAGS + VSAS$) multipliziert mit dem Plan-Spektralvektor (*SVU*) der Umsatzeinnahmen und der Abweichung zwischen beobachtetem Spektralvektor (*SVUI*) und Plan-Spektralvektor (*SVU*) multipliziert mit den Abweichungskomponenten des Umsatzes. Der Plan-Spektralvektor (*SVU*) stellt einen über alle Kunden gewichteten Durchschnitt dar. Die vereinbarten und tatsächlich in Anspruch genommenen

Zahlungsziele der Kunden sind in der Regel sehr unterschiedlich. Sofern eine kundenbezogene Absatz- und Umsatzplanung vorgenommen wird, können die Abweichungen der Spektralvektoren weiter zerlegt werden in tatsächliche Zahlungszielveränderungen gegenüber der Planung und Verschiebungen im Kundenmix.

2.6.2.2.3.2   Ausgabenabweichungen

Boni-Ausgaben:

Die Abweichung der nachträglichen Auszahlungen für Konditionen (Boni) *PKBA* setzt sich wie folgt zusammen:

Umsatzabweichung:

$$PKBU = (VAMB + VSMB + VVPB + VSARB + VAGSB + VSASB + VSAB) \times SVUN \tag{2.169}$$

Zahlungszielspektrumsabweichung:

$$PKBZZ = (VAMB + VSMB + VVPB + VSARB + VAGSB + VSASB + VSAB) \times SVUNI - (VAMB + VSMB + VVPB + VSARB + VAGSB + VSASB + VSAB) \times SVUN \tag{2.170}$$

Analog zu den Abweichungen der Umsatzeinnahmen werden die Abweichungen der Boni-Ausgaben berechnet. Nur mit dem Unterschied, dass sich die Abweichungskomponenten der Boni multiplizieren mit dem Spektralvektor (SVUN) und die Differenz zwischen beobachtetem Spektralvektor (SVUNI) und Plan-Spektralvektor (SVUN) Differenzen in zeitlich nachgelagerten Ausgaben erklärt und keine Differenzen in dem Umsatzvorgang zeitlich nachgelagerten Einnahmen.

Abweichungen der Materialausgaben:

Zunächst ist die Abweichung der Materialeinkäufe *MAE* aufzuspalten in Mengen-, Mix- und Preisabweichungen.

Einkaufsmengenabweichung:

$$MAAM = (WZ - (\Sigma WZI \ / \Sigma WZ \times WZ)) \tag{2.171}$$

Einkaufsmixabweichung:

$$MEAM = (WZI - (\Sigma WZI \ / \Sigma WZ \times WZ)) \, pW \tag{2.172}$$

Einkaufspreisabweichung:

$$MEAP = (pW - pWI) \, WZI \tag{2.173}$$

Die Abweichung der Materialausgaben *MAA* setzt sich wie folgt zusammen:

Ausgabenabweichung *Einkaufsmengen*:

$$MAMA = (WZ - (\Sigma WZI \ / \Sigma WZ \times WZ)) \, pW \times SVW \tag{2.174}$$

Ausgabenabweichung *Einkaufsmix*:

$$MEMA = (WZI - (\Sigma WZI \ / \Sigma WZ \times WZ)) \, pW \times SVW \tag{2.175}$$

Ausgabenabweichung *Einkaufspreis*:

$$MEPA = (pW - pWI)\ WZI \times SVW \qquad (2.176)$$

Zahlungszielspektrumsabweichung:

$$MZZ = (MAMA + MEMA + MEPA) \times SVWI - \\ (MAMA + MEMA + MEPA) \times SVW \qquad (2.177)$$

Die Abweichungen der Materialausgaben setzen sich zusammen aus Einkaufsmengen-, Einkaufsmix- und Einkaufspreisabweichungen einerseits und Differenzen zwischen den beobachteten Spektralvektoren der realisierten Zahlungsziele (SVWI) und den geplanten Spektralvektoren andererseits. Bezüglich der weiteren Zerlegung der Spektralvektoren gelten bei den Materialausgaben die Ausführungen zu den Umsatzeinzahlungen analog, nur dass hier an die Stelle der Kunden die einzelnen Lieferanten treten.

Abweichungen der Energieausgaben:

Die Abweichung der Energieausgaben *PFAW* setzt sich wie folgt zusammen:

Energiekostenabweichung:

$$PFAA = (PMAF + PPMF + PVAF + PLGF + PMPF) \times SVE \qquad (2.178)$$

Zahlungszielspektrumsabweichung:

$$PFZZ = (PMAF + PPMF + PVAF + PLGF + PMPF) \times SVEI - \\ (PMAF + PPMF + PVAF + PLGF + PMPF) \times SVE \qquad (2.179)$$

Die Abweichung der Energieausgaben resultiert aus den Abweichungskomponenten der Energiekosten (*PMAF + PPMF + PVAF + PLGF + PMPF*) multipliziert mit dem Plan-Spektralvektor Energie (*SVE*) und der Differenz zwischen Ist- und Plan-Spektralvektor (*SVEI – SVE*).

Abweichungen der Personalausgaben:

Die Abweichung der Personalausgaben *BBAA* setzt sich wie folgt zusammen:

Personalbestandsabweichung:

$$BBA = (BSI - BS)\ pB \times SVB \qquad (2.180)$$

Personaltarifabweichung:

$$BTA = BSI \times (pBI - pB) \times SVB \qquad (2.181)$$

Zahlungszielspektrumsabweichung:

$$BZZ = (BSI \times SVBI) - (BSI \times SVB) \qquad (2.182)$$

Bei den Abweichungen der Personalausgaben bildet die Bestandsabweichung (*BSI – BS*) die Ausgangsbasis, da die Personalkosten und Personalausgaben stets vom gesamten Beschäftigtenbestand und nicht vom Nutzungsgrad im Produktionsprozess abhängen. Bei den Personalausgaben beinhalten die Spektralvektoren (*SVBI, SB*) in der Regel die volle Auszahlung der Personalausgaben entweder im Monat des Kostenfalles oder in der Folgeperiode.

Abweichungen der Investitionsausgaben:

Zunächst ist die Abweichung der Investitionen *MZAE* aufzuspalten in Mengen-, und Preisabweichungen.

Zugangsmengenabweichung:

$$MAZA = (MZI - MZ) \times pM \qquad\qquad (2.183)$$

Einkaufspreisabweichung:

$$MEAP = MZI \times (pMI - pM) \qquad\qquad (2.184)$$

Die Abweichung der Investitionsausgaben *MZAW* setzt sich wie folgt zusammen:

Zugangsmengenabweichung:

$$MZAA = (MZI - MZ)\, pM \times SVI \qquad\qquad (2.185)$$

Investitionspreisabweichung:

$$MZPAA = MZI \times (pMI - pM) \times SVI \qquad\qquad (2.186)$$

Zahlungszielspektrumsabweichung:

$$MZZA = (MZI \times SVII) - (MZI \times SVI) \qquad\qquad (2.187)$$

Anders als bei den Ausgaben für den Potenzialfaktor Arbeit sind die Ausgaben für den Potenzialfaktor Maschinen nicht vom Bestand, sondern von den Zugängen der Periode abhängig. Die Ausgabenabweichung für Maschinen setzt sich daher aus der Zugangsmengenabweichung (*MZA*), der Investitionspreisabweichung (*MZPA*) und der Zahlungszielspektrumsabweichung (*MZZ*) zusammen.

Abweichungen der Fremdbezugsausgaben:

Die Abweichung der Fremdbezugsausgaben *PKFA* setzt sich wie folgt zusammen:

Abweichung der *Fremdbezugskosten*:

$$PKFAA = (PFWI - PFW) \times SVF \qquad\qquad (2.188)$$

Zahlungszielspektrumsabweichung:

$$PKFAZ = ((PFWI - PFW) \times SVFI) - ((PFWI - PFW) \times SVF) \qquad\qquad (2.189)$$

Sonstige Fixausgaben:

Die Abweichung der Fixausgaben *SFAW* setzt sich wie folgt zusammen:

Fixkostenabweichung:

$$KFZA = (KfI + KUfI) - (Kf + KUf) \times SVKA \qquad\qquad (2.190)$$

Zahlungszielspektrumsabweichung:

$$KFZZ = (KfI + KUfI) - (Kf + KUf) \times SVKAI - (KfI + KUfI) - \\ (Kf + KUf) \times SVKA \qquad\qquad (2.191)$$

Die Abweichung der Ausgaben für Fixkosten resultiert aus den Abweichungen der einzelnen Kostenarten $(KfI + KUfI) - (Kf + KUf)$ multipliziert mit dem Plan-Spektralvektor Fixkosten $(SVKA)$ und der Differenz zwischen Ist- und Plan-Spektralvektor $(SVKAI - SVKA)$.

2.6.2.2.3.3 Abweichungen des Erfolgszahlungs-Saldos (Innenfinanzierungsabweichung)

Die Zusammenfassung der Ein- und Auszahlungsabweichungen aufgrund veränderter Erfolgsgrößen und abweichender Zahlungszielspektren ergibt die Gesamtabweichung des Erfolgszahlungssaldos. Diese Abweichung kann auch als Innenfinanzierungsabweichung bezeichnet werden.

$$EFZA = (PKEAU + PKEZZ) - (PKBU + PKBZZ + MAMA + MEMA + MEPA +$$
$$MZZ + PFAA + PFZZ + BBA + BTA + BZZ + MZAA + MZPAA + MZZA +$$
$$PFKAA + PFKAZ + KFZA + KFZZ) \tag{2.192}$$

2.6.2.2.3.4 Außenfinanzierungsabweichungen

Fremd- und Eigenfinanzierungssphäre:

Da die Abweichungen der Finanzfluss-Salden aus der Fremd- und Eigenfinanzierungssphäre keinen Bezug zur güterwirtschaftlichen Leistungssphäre aufweisen, ergeben sich diese aus der einfachen Subtraktion beobachteter Ist-Bewegungsgrößen und Plan-Bewegungsgrößen.

Abweichung *Zugang von Darlehensaufnahmen*:

$$FFDAA = FFDAI - FFDA \tag{2.193}$$

Abweichung *Darlehenstilgungen*:

$$FFDTA = FFDTI - FFTD \tag{2.194}$$

Abweichung *Kapitalerhöhungen*:

$$BFKEA = BFKEI - BFKE \tag{2.195}$$

Abweichung *Kapitalherabsetzungen*:

$$BFKHA = BFKHI - BFKH \tag{2.196}$$

Abweichung *Dividenden/Gewinnausschüttungen*:

$$BFGAA = BFGAI - BFGA \tag{2.197}$$

2.6.2.2.4 Bilanzabweichungsrechnung

2.6.2.2.4.1 Abweichungen der Aktiven

Aus den Abweichungskomponenten der Erfolgs- und Finanzrechnung ergänzt um die Abweichungskomponenten der Zugangsmengen für Repetierfaktoren und des Potenzialfaktors Maschinen lassen sich die Abweichungen der leistungswirtschaftlich getriebenen Bilanzpositionen ableiten. Dabei setzt sich die Abweichung des Eigenkapitals aus den Abweichungskomponenten der Erfolgsrechnung und die Abweichung der liquiden Mittel aus den

Abweichungskomponenten der Finanzrechnung zusammen. Die Abweichungen der Forderungen und Verbindlichkeiten aus Lieferungen und Leistungen korrespondieren mit den Abweichungskomponenten der Finanzrechnung ohne Berücksichtigung der Spektralvektoren. Die Abweichungen des Finanzfluss-Saldos der Erfolgssphäre sowie der Forderungen und Verbindlichkeiten aus Lieferungen und Leistungen bilden zusammen die Abweichungen der *Zahlungskontenreihe*.

Die Abweichungen der Konten der *Leistungsreihe* (Materialbestände, Bestände fertiger und unfertiger Erzeugnisse) leiten sich auf der Zugangsseite des Materialkontos aus den Einkaufsmengen-, Einkaufsmix- und Einkaufspreisabweichungen (Materialbestand) und auf der Zugangsseite der Erzeugnisbestände aus den Abweichungskomponenten der Produktionsmengenrechnung ab. Auf der Abgangsseite spiegeln sich bei den Materialbeständen wiederum die Abweichungskomponenten der Produktionsmengenrechnung und bei den Erzeugnisbeständen die Abweichungskomponenten der Absatzmengenrechnung. Bei den unfertigen Erzeugnissen sind ferner die Durchlaufzeitenabweichungen von Bedeutung. Abweichungen zwischen geplanten und tatsächlichen Durchlaufzeiten zeigen sich stets in Abweichungen des Bestandes in der Produktion (*WIP*).

Einzelne Bilanzpositionen sind noch zu ergänzen um Bewertungsabweichungen, die sich aus handels- und steuerrechtlichen Bewertungsvorschriften ergeben. Diese Bewertungsabweichungen einzelner Aktiva und Passiva korrespondieren wiederum mit dem Eigenkapitalkonto.

Anlagevermögen:

$$MZAE - MSA + PAA - AAEA \qquad (2.198)$$

Die Abweichungen des produktionsbedingten Anlagevermögens sind zu ermitteln aus den Zugangsmengen- und Abschreibungsabweichungen für selbst erstellte und fremdbezogene Maschinen. Die Zugangsabweichung (Investitionsabweichung) besteht wiederum aus einer Mengen- und Preisabweichungskomponente. Die Abgangsabweichung wird berechnet aus den Abschreibungsabweichungen, die sich wiederum zusammensetzen aus Abschreibungsabweichungen aus Zugangsmengen, Investitionspreisen und Abschreibungsquoten. Genau genommen müssten an dieser Stelle auch noch Abgänge aus Anlagenverkäufen erscheinen, die selbstverständlich auch in der Erfolgs- und Finanzrechnung von Bedeutung sein können. Aus Vereinfachungsgründen wird auf die Beschreibung von Anlagenverkäufen verzichtet. Das vollständige, über den Springer-Verlag beziehbare, Matrizenmodell beinhaltet diesen Sachverhalt jedoch (s. Kapitel 6).

Materialbestand:

$$MAE - PMA \qquad (2.199)$$

Die Abweichungen des Materialbestandes ergeben sich aus der Abweichung der Materialzugangsmengen und Einkaufspreise. Die Abweichung der Materialzugangsmengen teilt sich wiederum in eine reine Einkaufsmengenabweichung und die Einkaufsmixabweichung (Verschiebung der Anteile einzelner Materialien). Auf der Abgangsseite spiegeln sich die Abweichungskomponenten der Produktionsmengenrechnung.

Fertigerzeugnisse:

$$(PMA + PBA + PFKA + PFA + PNA) - (VMA + VBA + VFKA + VFA + VNA) \quad (2.200)$$

Im Rahmen der Abweichungsrechnung für Material, Energie, Fertigungslohn und Maschinenkosten wurde bereits eine Isolierung aller mengen-, mix- und strukturbedingten Abweichungen und deren Aufteilung auf Produktion und Absatz vorgenommen. Die Summe dieser Abweichungskomponenten findet ihr Spiegelbild in der Abweichung der Bestände für fertige Erzeugnisse.

Unfertige Erzeugnisse (*WIP*):

$$(ZPMA + ZPBA + ZPFKA + ZPFA + ZPFA + ZPNA) - (PMA + PBA +$$
$$PFKA + PFA + PNA) \quad (2.201)$$

Sofern im Planungsmodell die dynamischen Effekte der Vorlaufverschiebung berücksichtigt wurden, entstehen im Modell zwangsläufig Bestände unfertiger Erzeugnisse (*WIP*). Die Abweichung der Bestandsveränderungen unfertiger Bestände resultiert auf der Abgangsseite aus den Abweichungskomponenten der Zugangsseite der Bilanzposition fertige Erzeugnisse. Die Zugänge zum Lager fertiger Erzeugnisse entsprechen spiegelbildlich den Abgängen auf dem Produktionskonto (unfertige Erzeugnisse). Auf der Zugangsseite erscheinen die Abweichungskomponenten aller begonnen Fertigungsaufträge (*ZPMA + ZPBA + ZPFKA + ZPFA + ZPFA + ZPNA*). Die Abweichungsrechnung der Zugangsseite wurde hier nicht dargestellt, da von einem statischen Planungsmodell ausgegangen wurde. Die Angabe der Abweichungskomponenten erfolgt also nur aus informatorischen Gründen. In dem über den Springer-Verlag erhältlichen Beispielmodell werden jedoch statische und dynamische Ermittlungsmodelle verwendet, so dass hier die Abweichungsrechnung für die Bilanzposition unfertige Erzeugnisse nachvollzogen werden kann (s. Kapitel 6).

Abweichungen auf dieser Bilanzposition entstehen dadurch, dass bei konstanten Durchlaufzeiten entweder in einer von der Planung abweichenden Programmzusammensetzung produziert wurde oder bei konstanter Programmzusammensetzung mit abweichenden Durchlaufzeiten produziert wurde. Beide Abweichungsursachen treten natürlich auch stets gemischt auf. Die Einflussgrößen, die auf die Durchlaufzeit wirken, wurden in Kapitel 2.2.1.6 eingehend erläutert.

Forderungen aufgrund von Lieferungen und Leistungen:

$$VAU - VAKS - PKEA \quad (2.202)$$

Die Abweichung der Bilanzposition Forderungen aufgrund von Lieferungen und Leistungen korrespondiert auf der Zugangsseite mit den Abweichungskomponenten der Bruttoumsatzrechnung (*VAU*) vermindert um die Abweichungskomponenten der Konditionenrechnung (*VAKS*). Auf der Abgangsseite erscheinen die in der Abweichungsrechnung der Finanzplanung ermittelten Abweichungskomponenten der Umsatzeinzahlungen (*PKEA*).

Liquide Mittel:

Die Abweichungen der liquiden Mittel ergeben sich automatisch als Saldo der Abweichungskomponenten der Finanzplanung.

$$PKEA + FFDA + BFKEA - (PKBA + MAA + PKFA + PFAW + MZAW +$$
$$BBAA + SFAW + FFDTA + BFKHA + BFGAA) \tag{2.203}$$

2.6.2.2.4.2   Abweichungen der Passiven

Verbindlichkeiten aufgrund von Lieferungen und Leistungen:

Die Abweichungen der Bilanzposition Verbindlichkeiten aus Lieferungen und Leistungen korrespondieren auf der Zugangsseite mit den Abweichungskomponenten der Zugangs-rechnung für Material (MAE), Energie (PFA), Fremdbezüge ($PKFK$), Maschinen ($MZAE$), Beschäftigte (BSA), Fixkosten der Herstellung (PFA) und übrige Unternehmensfixkosten ($FKÜA$). Auf der Abgangsseite finden die leistungswirtschaftlichen Abgangspositionen der liquiden Mittel für die genannten Positionen ihr Spiegelbild ($MAA + PKFA + PFAW + MZAW + BBAA + SFAW$).

Die Veränderung der Bilanzposition Verbindlichkeiten aufgrund von Lieferungen und Leis-tungen setzt sich demnach zusammen aus:

$$(BSA + FKHA + PKFK + PFA + FKÜA + MZAE + MAE) - (MAA + PKFA + PFAW$$
$$+ MZAW + BBAA + SFAW) \tag{2.204}$$

Sonstige Verbindlichkeiten:

$$VAKN - PKBA \tag{2.205}$$

Die Abweichungen der Bilanzposition sonstige Verbindlichkeiten spiegeln sich auf der Zugangsseite mit den Abweichungskomponenten der Erfolgsrechnung für die Bonikonditi-onen ($VAKN$). Auf der Abgangsseite korrespondieren die Auszahlungsabweichungen für Boni wiederum mit der zugehörigen Abweichungsposition der Finanzrechnung bzw. liqui-den Mitteln ($PKBA$).

Eigenkapital:

$$(VAU - VAKS - VAKN) + PAA - AAEA - (VMA + BSA + MSA + FKHA +$$
$$PKFK + VFA + FKÜA) + (- PBA + VBA) + (- PFKA + VFKA) +$$
$$(- PNA + VNA) + (BFKEA - BFKHA - BFGAA) \tag{2.206}$$

Die gesamte Abweichung des Eigenkapitals ergibt sich aus den Abweichungen des opera-tiven Erfolgssaldos und den Abweichungen der Eigenfinanzierungssphäre (BFKEA – BFKHA – BFGAA).

2.6.2.2.5   Deltamatrix im Buchhaltungskalkül

Die Matrizen der Abweichungsrechnung werden in einer separaten Deltamatrix verbucht und gespeichert. Von der Plan-Buchungsmatrix (BM) ist die aggregierte Buchungsmatrix der Ist-Verkehrszahlen (BMI) abzuziehen ($BM - BMI$). Auf diese Weise erhält man eine Deltamatrix ($DMIP$), die die absoluten Differenzen zwischen Ist und Plan für jede einzelne Position der Erfolgs-, Finanz- und Bilanzrechnung ausweist:

$$DMIP = BMI - BM \tag{2.207}$$

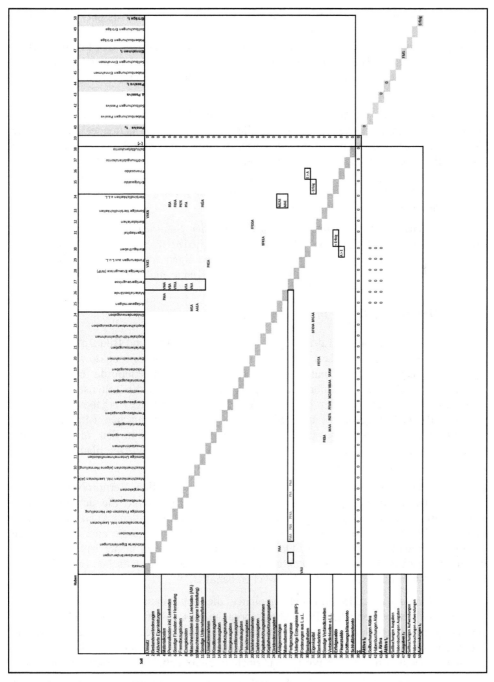

Abb. 2.48: Deltamatrix DMIPD zur buchungstechnischen Darstellung der Abweichungskomponenten. Quelle: Eigene Darstellung

Diese (pauschalen) absoluten Abweichungsbeträge sagen jedoch nichts über die Ursachen bzw. Quellen, die zu diesen Abweichungen geführt haben, aus. Um die einzelnen Abweichungsursachen zu isolieren, sind allen Mengen- und Preismatrizen des Planungskalküls die entsprechenden Matrizen mit Ist-Werten gegenüberzustellen. Die in einzelne Abweichungskomponenten zerlegten Gesamtabweichungen werden in der Deltamatrix (*DMIPD*) gespeichert.

Abbildung 2.48 zeigt die Buchung der einzelnen Abweichungskomponenten in der *Deltamatrix DMIPD* (s. letzte Seite). Die in Tabelle 2.2 eingetragenen laufenden Nummern der Abweichungsrechnung sind in der Deltamatrix in die jeweiligen Soll- und Haben-Koordinatenpunkte übertragen. Die in Tabelle 2.2 eingetragenen Abkürzungen beziehen sich auf die im Rahmen der integrierten Abweichungsrechnung verwendeten Symbole d.h. die Einzelkomponenten der Abweichungsrechnung sind in der Deltamatrix in die jeweiligen Soll- und Haben-Koordinatenpunkte übertragen.

Die Deltamatrix DMIPD beinhaltet die Buchung der Summen der jeweiligen Abweichungsmatrizen. Die Details der Abweichungen gegliedert nach den Grundkomponenten Menge, Mix, Preis und Verbrauch können in den jeweiligen Abweichungsmatrizen in den jeweils interessierenden Dimensionen (Zeit, Produkt, Kunde etc.) aufgerufen werden.

2.6.3   Dynamische Aspekte in Planungsmodellen

Die bisherigen Betrachtungen der integrierten Erfolgs-, Finanz- und Bilanzplanung gingen stillschweigend davon aus, dass sich Beginn- und Beendigungszeitpunkte sämtlicher Beschaffungs-, Lager-, Transformations- und Verkaufsprozesse innerhalb der einzelnen Teilperioden vollziehen. Diese Annahme entspricht jedoch nur in den seltensten Fällen der betrieblichen Realität. Aus der Dynamik des Produktionsvollzuges ergeben sich sowohl Erfolgs- als auch Liquiditäts- und Bilanzeffekte. Diese dynamischen Effekte kommen dadurch zum Ausdruck, dass sich die Produktion in der Zeit, d. h. über mehre Perioden hinweg vollzieht. Damit rückt auch die Beachtung von Vor- bzw. Durchlaufzeiten in den Fokus der operativen Planungsrechnungen.

Die in der Betriebswirtschaft häufig in den Vordergrund gestellten Kernprobleme in Form von Optimierungsüberlegungen vernachlässigen meist die Probleme, die sich unter Einbezug der dynamischen Aspekte realer Systeme zwangsläufig stellen. Auch die Optimierungsmodelle, die in fast allen Betrachtungen der Produktionstheorie eine Rolle spielen, sind überwiegend statischer Natur. Optimierungsmodelle spielen in der Unternehmensgesamtplanung zwar ohnehin keine praktische Rolle, aber auch die statischen Ermittlungsmodelle sind mit großen methodischen Schwächen behaftet.

Statische Planungsmodelle sind nicht geeignet, die Zeitdimension der Transformationsbeziehungen der betrieblichen Produktionsvorgänge zu erfassen. Sie sind vielmehr allein auf die quantitativen Beziehungen bestimmter Einflussgrößen beschränkt. Sie gestatten nur Aussagen der Art, dass die Änderung einer Größe x um x' die abhängige Größe y um y' verändert. Wann sich der neue Wert $y + y'$ einstellt, bleibt dabei jedoch meist im Dunkeln.

Dabei ist zu unterscheiden, ob sich die statischen Modelle auf eine definierte Zeitperiode beziehen oder aber völlig von der Kalenderzeit abstrahieren. Werden die statischen Beziehungen nur als quantitative Abhängigkeiten, also völlig zeitunabhängig bzw. zeitlichen Bezug definiert, so enthalten die Modelle implizit ein unbeschränktes Alibi.[124] Denn selbst wenn sich die behauptete Wirkung während des beliebig langen Beobachtungszeitraumes nicht zeigt, ist die

Hypothese nicht falsifiziert, da die Größenänderung y' sich immer noch einstellen kann. Daraus folgt jedoch, dass die Beziehung gerade wegen der fehlenden zeitlichen Spezifikation nicht falsifizierbar ist und damit auch nicht Bestandteil einer realwissenschaftlichen Aussage sein kann. Soweit in statischen Modellen allerdings ausdrücklich auf eine bzw. mehrere Zeitperioden Bezug genommen wird, wie es bei betrieblichen Planungsmodellen fast immer der Fall ist, impliziert sie, dass sich die Auswirkung von x' in der gleichen Zeitperiode einstellt. Sie muss diesen Zeitraum dann notwendigerweise so lang dimensionieren, dass der Transformationsprozess $x' -> y'$ innerhalb der Periode vollständig abgeschlossen ist, denn sie unterstellt, dass die Größen aufeinanderfolgender Perioden voneinander unabhängig sind, dass also keine periodenüberschreitenden Wirkungen auftreten. Diese Feststellung kann zweierlei implizieren:

1) Die Änderung x' tritt zu *Beginn der Periode* ein, und y' ist *spätestens am Ende der Periode vollzogen*. In dieser Interpretation wird ein Zeitverbrauch der Produktionsvorgänge zwar zugelassen, aber alle Änderungen xi' müssen spätestens in einem Zeitpunkt realisiert sein, der genau um die Reaktionsdauer vor dem Ende der Periode liegt. Zwischen diesem Zeitpunkt und dem Periodenende treten keine weiteren Ereignisse xi' ein. Wird ein statisches Modell auf die Kalenderzeit projiziert, so wird klar, dass intermittierende Inputfolgen unterstellt sind. Die nächste Teilfolge darf erst auftreten, wenn die vorhergehende ihre Wirkung entfaltet hat. Dem möglichen Einwand, dass die Interpretation statischer Modelle auf dem Hintergrund der Kalenderzeit nicht zulässig sei, kann entgegnet werden, dass sich das reale Produktionsgeschehen, das diese Modelle ja vorgeben zu erklären, sich nur in der Kalenderzeit vollzieht. Die Falsifikation von Hypothesen muss in endlicher Zeit entscheidbar sein, da ansonsten nur unbewiesene Behauptungen Eingang in die Planungsrechnung finden.

2) Die Produktion bzw. Transformation vollzieht sich mit *unendlich großer Geschwindigkeit*. x' kann zu einem *beliebigen Zeitpunkt innerhalb der definierten Periode* auftreten, die unendlich große Produktionsgeschwindigkeit sorgt dafür, dass sich auch y' noch in der gleichen Periode einstellt. Hier sind beliebig dichte Inputfolgen, sogar kontinuierlich fließende Inputströme zugelassen. Die Änderungen x' und y' während der Periode sind dann als Summe von bzw. als Integral über die abzählbaren bzw. nicht mehr abzählbaren einzelnen Änderungen der Größen x und y aufzufassen.

Aus diesen kurz dargelegten Modellinterpretationen wird deutlich, dass diese mit den tatsächlich beobachteten Vorgängen und Prozessverläufen in realen, stets dynamischen Systemen, wie sie Industrieunternehmen darstellen, nicht vereinbar sind. Denn weder können von vornherein intermittierende Inputfolgen noch unendlich hohe Produktionsgeschwindigkeiten unterstellt werden. Damit sind die in den statischen Modellen unterstellten intertemporalen Unabhängigkeiten nichts weiter als Fiktion. Damit stellt sich die entscheidende Frage, ob die zeitlichen Beziehungen zwischen Input und Output so bedeutsam sind, dass

---

sie nicht vernachlässigt werden dürfen. Diese Frage kann nicht generell beantwortet werden. Nur wenn sich alle Input- und Output-Größen zeitunabhängig verhalten, ist es ohne Belang, ob die Werte zweier Variablen aus der gleichen oder aus verschiedenen Perioden zueinander in Beziehung gesetzt werden.

Die Zeitdimension von Input-Output-Beziehungen kann auch dann weitgehend unberücksichtigt bleiben, wenn sich der größte Teil der Wirkungen tatsächlich innerhalb der definierten Teilperioden des statischen Modells einstellt. Wird die Planungsrechnung bspw. als eine Unterteilung des Geschäftsjahres in 12 Teilperioden, also Monate, aufgesetzt und nahezu alle Erzeugnisse haben Durchlaufzeiten von deutlich weniger als einem Monat, dann könnte der dynamische Aspekt tatsächlich vernachlässigt werden. Es gibt jedoch eine Vielzahl von Industrieunternehmen mit Serien-, Kleinserien- und Einzelfertigung, in denen die Durchlaufzeiten mehrere Monate betragen. Insbesondere nach dem Verrichtungsprinzip (Werkstattfertigung) organisierte Unternehmen der Kleinserienfertigung haben oft extrem lange Durchlaufzeiten.

Daraus folgt, dass die Entscheidung darüber, ob statische Modelle für das konkrete Industrieunternehmen ausreichend sind, sinnvoll nur aufgrund einer dynamischen Betrachtung gefällt werden kann, welche die intertemporalen Beziehungen und deren Wirkungen offenlegt.

Ein nicht empirisch überprüftes Urteil über die Wichtigkeit periodenüberschreitender Wirkungen ist methodologisch zweifelhaft. Ein Blick auf die in der Praxis vorhandenen Planungsmodelle und die dabei zum Einsatz kommenden Softwaresysteme zeigt jedoch, dass diese Überprüfung nicht für notwendig gehalten wird. Anders ist es nicht zu erklären, dass es nahezu keine Applikationen gibt, die dynamische Beziehungen der Produktion in der Erfolgs- und Finanzplanung einbeziehen. In den Systemen der mengenorientierten Produktionsplanung (*PPS*) werden über bestimmte Algorithmen (bspw. Fertigungs- und Dispositionsstufenverfahren) zwar explizit Vorlaufzeiten im Rahmen der Materialbedarfsplanung berücksichtigt, diese fließen jedoch nicht in die finanziellen Erfolgs- und Finanzplanungsrechnungen ein. Ferner bildet die Materialbedarfsplanung nur einen Teil der vorlaufverschobenen Bedarfe an Produktionsfaktoren ab.

Der dynamische Aspekt von Planungsmodellen gewinnt auch in Entscheidungsüberlegungen unmittelbar Bedeutung, sobald der Erfolg der zu ergreifenden Maßnahmen davon abhängt, wie schnell, d. h. wann sich die Auswirkungen einstellen. Solche Entscheidungssituationen sind beispielsweise mit allen liquiditätssichernden Maßnahmen verbunden. Die erforderlichen Informationen über Reaktionszeiten kann nur die dynamische Betrachtungsweise verschaffen.

Industrieunternehmen, die über ausreichend hohe Liquiditätsreserven und Kreditlinien verfügen und zudem in weitgehend stabilen Märkten eine relativ gleichbleibende Beschäftigung aufweisen, können es sich möglicherweise leisten, auf die zeitlichen Beziehungen in kurzfristigen Planungsrechnungen zu verzichten. Für Unternehmen in angespannter Liquiditätssituation mit hoher Volatilität und Marktdynamik kann es jedoch u. U. zu irreparablen Zahlungsschwierigkeiten kommen, wenn die zeitliche Entwicklung von Liquiditätsbedarfen falsch eingeschätzt wird.

Die Zeitdistanzen zwischen Eingriff und Wirkung können in zweifacher Weise die Bedingungsstruktur eines Entscheidungsproblems modifizieren. In der ersten, progressiv genannten Form würde die Bedingung fordern, dass sich ein festgelegter Teil der Effekte bis zu einem bestimmten, spätest zulässigen Termin realisiert haben muss, damit der beabsichtigte Erfolg, z. B. Beseitigung der drohenden Zahlungsunfähigkeit, überhaupt erreicht werden kann. Dem gleichen Zweck dient die retrograde Form der Bedingung, die fordert, dass die möglichen Maßnahmen bis zu einem spätesten Zeitpunkt verwirklicht sein müssen. Die Distanz zwischen dem spätesten Maßnahmentermin und dem spätest zulässigen Zeitpunkt der Auswirkungen hängt von den Reaktionszeiten der betroffenen (Teil-)Systeme ab. Die Entscheidungsüberlegungen oder, soweit sie formalisiert werden können, die Entscheidungskalküle müssen in derartigen Situationen dynamische Beziehungen und damit prognostische Elemente enthalten.

Es kommt hinzu, dass bei statischen Planungsmodellen und in der Theorie der statischen Produktionsfunktionen meist konstante Einsatzgüterpreise unterstellt werden. In der Praxis sind diese Rohstoffpreise aber meist hohen Volatilitäten ausgesetzt. Im Rahmen der Planungsrechnung werden oft zu verschiedenen Zeitpunkten Preisanpassungen angenommen. Wird bspw. eine Rohstoffpreisänderung zum 01.04. des Planjahres budgetiert, dann führt die fehlende Berücksichtigung der zeitlichen Dynamik der Produktionsvorgänge dazu, dass tatsächlich ein erheblicher Teil der ab dem 01.04. mit neuen Preisen geplanten Rohstoffmengen noch zu alten Preisen eingekauft werden und in der Produktion verbraucht werden muss. Die unter statischen Annahmen geplanten Erfolgs- und Liquiditätssalden sind dann schon bei der Aufstellung der Planungsrechnung erheblich verzerrt. Das ist u. a. der Grund, warum selbst bei weitgehender Übereinstimmung sämtlicher Mengen- und Preisparameter sich trotzdem erhebliche Abweichungen von den geplanten Erfolgs- und Liquiditätssalden zeigen können.

2.6.3.1   Vorlaufzeiten in der terminierten Bedarfsermittlung

Die Betrachtung von dynamischen Produktionsfunktionen, die eine Berücksichtigung der zeitlichen Dauer von Produktionsprozessen durch Transformationsfunktionen mit Verweildauerangabe erfordern, spielt in der theoretischen Betriebswirtschaftslehre bestenfalls am Rande eine Rolle (u. a. Kloock, Küpper, Trossmann). Auch in der zahlreich vorhandenen Literatur zur operativen Unternehmensplanung, zu Controlling, Plan-Kostenrechnung etc. werden diese Themen so gut wie komplett ausgeblendet. Die Durchlaufzeiten als dynamisches Element der Produktion, die saisonalen Schwankungen von Absatzmengen und die zeitliche Entkopplung von Produktions- und Absatzmengen weisen im Hinblick auf Veränderung von Lagerbeständen einen engen Zusammenhang auf. Es sind die Haupteinflussgrößen für das ständige Auf und Ab von Mengenbedarfen für Roh- und Werkstoffe und für ausgeprägte Schwankungen der Bestände im Zeitverlauf.

Selbst dann, wenn der unwahrscheinliche Ausnahmefall einer Übereinstimmung von Produktionsmengen und Absatzmengen bezogen auf die Gesamtperiode gegeben sein sollte, können in den einzelnen Teilperioden dennoch erhebliche Lagerbestandsveränderungen auftreten.

Wenn aufgrund der Vorlaufzeiten der Produktionsbeginn für einzelne Teile und/oder Baugruppen aus Sicht des Planungskalküls in der Vergangenheit liegt, kann der Bedarf nur vom

Lager (also durch Bestandsabbau) befriedigt werden. Sind keine ausreichenden Bestände vorhanden, ist der Absatzplan in der geplanten zeitlichen Verteilung überhaupt nicht durchführbar. Dann müssten, sofern möglich, für diese Teilperioden Fremdbezüge geplant werden, um den Absatzplan zu realisieren. Die Kosten für Fremdbezüge sind jedoch i. d. R. nicht identisch mit den eigenen Herstellkosten. Sind ausreichend Bestände vorhanden, so sind in den Folgeperioden entsprechend höhere Produktionsmengen zu planen, um die Bestandsverringerung zu Beginn des Planungszeitraums wieder auszugleichen.

In der flexiblen (Grenz-)Plan-Kostenrechnung wird der zeitliche Verlauf der Erfolgshöhe auf die Durchschnittswerte der Produkt-Plan-Kalkulationen verdichtet. In der Zeitdimension fallen damit Start der Fertigung, Durchlaufzeit und Ende der Fertigung in die Periode des Verkaufs zusammen. Dies kann nur dann zu adäquaten Ergebnissen in der Planungsrechnung führen, wenn die Preise der Einsatzgüter nur gering schwanken und wenn die mittleren Durchlaufzeiten kürzer sind als die Länge der Teilperioden der Planungsrechnung. Dies trifft jedoch, wie oben bereits ausgeführt, auf eine Vielzahl von Unternehmen der Serien- und Kleinserienfertigung überhaupt nicht zu, auf Einzelfertiger erst recht nicht. Die flexible Grenz-Plan-Kostenrechnung wurde nie systematisch zu einer umfassenden Planungsrechnung erweitert. Sie ist daher zwar ein wichtiger Baustein für den Aufbau einer systematischen Planungsrechnung, ihre alleinige Nutzung für Zwecke der Unternehmensplanung ist jedoch keinesfalls zielführend und ausreichend. Auch in der Kostenplanung wird i. d. R. nur mit Durchschnittswerten gearbeitet und diese dann wiederum auf einen „Durchschnittsmonat" basierend auf einer Plan- oder Normalauslastung verdichtet. Die Erfassung der Zeitstrukturen der Produktionsprozesse, die häufig erhebliche Auswirkungen auf den zeitlichen Verlauf der Ergebnis- und Finanzplanung haben, unterbleibt in der Grenz-Plan-Kostenrechnung völlig. Dies kann jedoch nicht zu brauchbaren Ergebnissen im Rahmen der Planungsrechnung führen.

Bei den in der Praxis vorherrschenden Unternehmensplanungsrechnungen wird meist unterstellt, dass sämtliche Produktionsvorgänge zeitgleich bzw. in der gleichen Teilperiode ablaufen. Dies ist das Ergebnis der meist vorherrschenden Multiplikation der Plankalkulationen mit den Absatz- oder Produktionsmengen. Es ist daher notwendig, die Übergänge der einzelnen Ereignisse (bspw. Materialeinsatz zusammen mit dem ersten Arbeitsgang) zu den Nachfolgeereignissen (bspw. zeitlicher Übergang vom ersten Arbeitsgang zum zweiten Arbeitsgang) in dynamischer Hinsicht zu betrachten. Dazu müssen Informationen vorliegen, die die zeitlichen Verteilungen von Zu- und Abgängen innerhalb der Teilperioden (Zeitabschnitten) beschreiben. Die Berücksichtigung der dynamischen Produktionseffekte ist einerseits von Bedeutung, da die Länge der Durchlaufzeiten die Höhe und den zeitlichen Verlauf von Produktionsbeständen (*WIP*) bestimmen und damit wiederum eine Einflussgröße für Lagerbestandsveränderungen sind. Andererseits spielen die Durchlaufzeiten für die Liquiditätsplanung eine entscheidende Rolle, da sie die Materialbereitstellungszeitpunkte determinieren. Die Materialbereitstellungszeitpunkte determinieren wiederum die Zeitpunkte der Bestellauslösung. Von der Auslösung der Bestellung bis zum Lagereingang vergeht Zeit. Der Lagereingang ist meist nicht identisch mit dem Materialbereitstellungszeitpunkt in der Produktion, da das Material meist in eine Vielzahl von Erzeugnissen eingeht, die zu unterschiedlichen Zeitpunkten in der Fertigung bearbeitet werden.

Ausgehend von dem mit Beginn der Fertigung eintretenden Einsatz der ersten Ressource hinweg über die verschiedenen Reifestadien der zu erstellenden Produkte bis hin zu ihrer endgültigen Gestalt als Enderzeugnis findet bei jedem Arbeitsgang ein Verbrauch bestimmter Güter statt. Unter diesem Aspekt stellt der Produktionsprozess eine Kette von Verbrauchsereignissen dar. Zum anderen entsteht praktisch nach Abschluss jedes einzelnen Arbeitsgangs ein neues Gut, welches allerdings zumeist in nachfolgenden Arbeitsgängen erneut eingesetzt wird. Der Produktionsprozess kann also in gleicher Weise auch als Kette von Güterentstehungsereignissen begriffen werden. Es ist einsichtig, dass die Übergänge zwischen Produktionsbeginn und der Vielzahl der dadurch ausgelösten Materialeinsatzereignisse bzw. Güterentstehungsereignisse durch entsprechende Verweilzeitverteilungen abgebildet werden muss, da in diesem Bereich gerade die individuellen Strukturen der zukünftigen Einsatz- bzw. Entstehungszeitreihen interessieren. Zum Teil werden diese Informationen für die Planung des Fertigungsgeschehens selbst benötigt, insbesondere bilden sie aber die Grundlage für die weiterführende Prognose der Lager- und Beschaffungsereignisse bis hin zur Vorhersage der zu erwartenden Ausgaben einerseits und der Umsatzereignisse bis hin zu den daraus resultierenden Einnahmen andererseits. Inhaltlich wird durch die anzuwendende Verweilzeitverteilung der quantitativ zeitliche Zusammenhang zwischen *Fertigungsbeginnereignissen* und den zugehörigen Input- bzw. *Output-Ereignissen* ausgedrückt. Welche Arten von Einsatzgütern oder entstehenden Gütern in die Verweilzeitverteilung aufgenommen und dadurch der Prognose zugänglich gemacht werden sollen, ist in Abhängigkeit von ihrer Bedeutung und dem Informationsbedürfnis der Unternehmensführung zu entscheiden.[125]

Auch Chmielewicz hat in einem integrierten Mehrperiodenplanungsmodell aufgezeigt, wie die Unterschiede zwischen Produktions- und Absatzmengen und die Länge von Durchlaufzeiten zu „Schwingungsvorgängen" führen, die bei fehlender Berücksichtigung in der Planungsrechnung große Fehler hervorrufen können. Diese „Schwingungsvorgänge" werden unter Berücksichtigung von dynamischen Verlaufseffekten noch verstärkt und rufen im Zeitverlauf vorverlagerte Schwingungen bei den Einsatzgüter- und Potenzialfaktornutzungskosten hervor.[126]

Die Berücksichtigung der Vorlaufverschiebung mit Hinblick auf die gesamten Durchlaufzeiten der Produktionsvorgänge findet sich in der Planungspraxis auf verschiedenen Ebenen. Nach dem Grad der Detaillierung der Zeitplanung werden die terminierte Bedarfsermittlung, die Termingrobplanung und die Terminfeinplanung unterschieden.

Generell besteht die Aufgabe der Terminplanung darin, die Zeitstruktur (das Zeitgerüst) des Produktionsprozesses in detaillierter Form festzulegen. Dazu gehören die Festlegung der Start- und Endtermine der Produktionslose (Fertigungsaufträge). Anhand der verfügbaren Produktionskapazitäten wird die Realisierbarkeit der festgelegten Produktionstermine überprüft und gegebenenfalls hergestellt. Diese in zwei Stufen erfolgende sukzessive Vorgehensweise der Terminplanung bezeichnet man als Durchlauf- und Kapazitätsterminierung. Obwohl die Terminplanung einen höheren zeitlichen Detailgrad als die terminierte Bedarfsermittlung hat, wird sie dennoch als Termingrobplanung bezeichnet. Mit noch höherem zeitlichem Detaillierungsgrad wird erst in der Maschinenbelegungsplanung eine Termin-

125 Langen, Weinthaler, Prognose mithilfe von Verweilzeitverteilungen, in: Mertens, Rässler, Prognoserechnung, S. 123 ff.
126 Chmielewicz, Integrierte Finanz- und Erfolgsplanung, S. 165 und S. 178

feinplanung simultan mit der Reihenfolgeplanung vorgenommen. Durch die Betrachtung des gesamten konkreten Auftragsnetzes und der erforderlichen Feinplanung von Losgrößen, Maschinenbelegungen und Auftragsreihenfolgen wird ein Kapazitätspuffer benötigt, da die Auslastung durch Umrüstungsvorgänge und gegenseitige Abhängigkeiten innerhalb des Auftragsnetzes im konkreten Produktionsvollzug deutlich höher sein kann, als sie sich rechnerisch auf der Grobterminierungsebene darstellt.

Die ein konkretes Auftragsnetz umfassende Terminplanung kann jedoch nicht sinnvoller Bestandteil der operativen Unternehmensplanung sein. Sie gehört vielmehr zur Prozess- und Ausführungsplanung des konkreten Produktionsvollzuges.

Falsche Plan-Vorgabezeiten, unvermeidliche Abweichungen der mittleren Durchlaufzeiten, Varianzen hinsichtlich der Rüst- und Bearbeitungsdauer, Losgrößenabweichungen, stochastisch schwankende Ankunftsraten der Produktionslose führen meist dazu, dass die Zuverlässigkeit der erzeugten Produktionspläne bereits nach 3 Tagen nur noch bei ca. 25 % liegt.[127]

Darüber hinaus sind fehlende Informationen im System, wie z. B. geplanter Personalausfall durch Urlaub oder kurzfristig priorisierte Aufträge, Ursachen dafür, dass das Planungssystem kein vollständiges Abbild der Produktion wiedergeben kann. Des Weiteren führen Umplanungen auf der Ausführungsebene wie die Veränderung von Maschinenbelegungen und Reihenfolgevertauschung in der Abarbeitung von Aufträgen zu Abweichungen von der Planung. Aufgrund dieser Abweichungen zwischen der realen Situation in der Produktion und der in den Planungssystemen abgebildeten Situation werden nahezu täglich Neuplanungen durchgeführt, was im Tagesrhythmus zu Umplanungen des Produktionsvollzuges und damit zu permanent verschobenen Fertigstellungsterminen der Fertigungsaufträge führt. Die Liefer- und Fertigstellungstermine sind daher nicht exakt vorhersagbar.

Für Zwecke der Planungsrechnung folgt daraus, dass in der Regel nur die terminierte Bedarfsermittlung von Bedeutung ist, da feinere Terminierungen aufgrund des langen Planungshorizontes (i. d. R. 1–2 Jahre) nicht sinnvoll erscheinen. Es ergäbe planungslogisch keinerlei Sinn, die Maschinenbelegungs- und Reihenfolgeplanung für 1–2 Jahre im Voraus planen zu wollen. Eine völlige Vernachlässigung der betriebsüblichen Durchlaufzeiten im Kontext der operativen Unternehmensplanung wäre jedoch ebenfalls nicht zielführend. Sofern Durchlaufzeiten von 1–2 Monaten und länger für einen relevanten Teil des Produktionsprogramms üblich sind, müssen diese auch in der Unternehmensplanung zumindest in grober Form berücksichtigt werden da sich ansonsten eine Verzerrung sowohl der Erfolgs- als auch der Liquiditätsplanung ergibt. Dabei kommt der Liquiditätsplanung in diesem Zusammenhang ein noch stärkeres Gewicht zu. Je nach finanzieller Situation des Unternehmens macht es einen erheblichen Unterschied, ob ein produktionsbedingt hoher Liquiditätsbedarf im April oder im Januar/Februar zu erwarten ist. Im Rahmen der operativen Planungsrechnung sollten dynamische Effekte daher in Form einer groben terminierten Bedarfsermittlung berücksichtigt werden. Ferner empfiehlt es sich, die Kapazitätsauslastung nur bis maximal 80–85 % zuzulassen, da ansonsten der Spielraum für Ausgleichsmaßnahmen auf den unteren Planungs- und Ausführungsebenen zu klein wäre.

---

127 Schuh et al., Steigerung der Kollaborationsproduktivität durch cyber-physische Systeme, in: Bauernhansl et al., Industrie 4.0 in Produktion, Automatisierung und Logistik, S. 290

Im Rahmen der terminierten Bedarfsermittlung werden Produktionslose unter Berücksichtigung der sog. Vorlaufverschiebung gebildet. Dabei treten insbesondere zwei Fragestellungen in den Vordergrund:[128]

1) Wie sind die Produktionslose eines Erzeugnisses, das aus mehreren Teilen besteht, zu bilden?
2) Wie sind die Produktionslose eines Erzeugnisses, das zur Herstellung mehrere Produktionsstufen durchläuft, zu wählen? Das bedeutet, es muss geklärt werden, welchen Umfang die Lose auf den einzelnen Produktionsstufen haben sollen.

Dabei wird folgende grundsätzliche Vorgehensweise gewählt: aus den Nettobedarfen b_{lt} eines Erzeugnisses l in der Periode t $(t=l\ (1)\ T)$ werden Produktionslose gebildet. Aus jedem Los x_{lt} des Erzeugnisses l in der Periode t wird für den technologischen Vorgänger k ein Bruttosekundärbedarf nach folgender Beziehung abgeleitet:

$$r_{k\ t} - \Delta_{k\ l} = q_{k\ l} X_{l\ t} \qquad (2.208)$$

r_{kt} = Bruttosekundärbedarf für Erzeugnis k in Periode t

Δ_{kl} = Zeit, um die das Erzeugnis k früher gestartet werden muss, in Perioden ausgedrückt (Vorlaufzeit)

q_{kl} = Menge, die von Erzeugnis k erforderlich ist, um eine Mengeneinheit von Erzeugnis l herzustellen (Produktionskoeffizient)

x_{lt} = Los des Erzeugnisses l in der Periode t

Dieser Sekundärbedarf wird in der Periode $t - \Delta_{kl}$ mit den bereits vorhandenen Bedarfsmengen in dieser Periode zusammengefasst. Dementsprechend wird der Bruttosekundärbedarf nach Perioden getrennt für alle Erzeugnisse ermittelt. Die Vorlaufverschiebung ist erforderlich, da untergeordnete Erzeugnisbestandteile bei Arbeitsbeginn des übergeordneten Produkts zur Verfügung stehen müssen. Ein untergeordnetes Teil muss um die Durchlaufzeit früher gestartet werden, d. h. um die jeweilige Zeitdifferenz zwischen dem Beginn der Bearbeitung des Loses eines Erzeugnisses und dem Beginn der Bearbeitung des Loses eines Vorgängers. Die Durchlaufzeit eines Erzeugnisses errechnet sich wie folgt:

Durchlaufzeit = Menge × Stückzeit + Rüstzeit + Übergangszeit   (2.209)

Die Übergangszeit umfasst vor allem Warte- und Transportzeiten für das Erzeugnis. Um zum Nettosekundärbedarf zu gelangen, sind die vorhandenen Lagerbestände eines Erzeugnisses zu saldieren. Üblicherweise geht man beim Brutto-Netto-Abgleich so vor, dass die zeitlich frühesten Bruttobedarfe vom verfügbaren Lagerbestand, solange er ausreicht, abgedeckt werden. Erst wenn eine Befriedigung des Bruttobedarfs durch den Lagerbestand nicht mehr möglich ist, weist man einen Nettobedarf aus.

Die Losgrößenbildung untergeordneter Erzeugnisbestandteile erfolgt dann mit dem Ziel der Minimierung von Rüst- und Lagerkosten, wobei folgende Ergebnisse denkbar sind:[129]

– Losgröße = Nettobedarf der betreffenden Periode

---

128 Züpfel, Produktionswirtschaft, S. 211
129 Hoitsch, Produktionswirtschaft, S. 408

- Losgröße = Nettobedarf der betreffenden Periode + Nettobedarf der (mehrerer) folgenden (folgender) Periode(n).

Die so ermittelten Losgrößen müssen hinsichtlich ihres Kapazitätsbedarfs einer Überprüfung unterzogen werden. Gegebenenfalls sind sie kapazitätsmäßig nicht realisierbar und müssen wiederum korrigiert werden.

Die zeitliche Vorverlagerung des Ressourcenverbrauchs hat natürlich Auswirkungen auf die Höhe und den zeitlichen Verlauf der Erfolgs- und Liquiditätssalden.

Zur Verdeutlichung der Notwendigkeit der Berücksichtigung von Vorlaufverschiebungen möge das kurze Zahlenbeispiel in Abbildung 2.49 dienen (s. nächste Seite).

Es wird nur ein Artikel betrachtet, der im Rahmen eines mehrstufigen Produktionssystems in diskreter Kleinserienfertigung nach dem Werkstattprinzip gefertigt wird.

In dem Beispiel wird angenommen, dass die Durchlaufzeit für ein Erzeugnis aufgrund der Vorlaufzeiten bestimmter Teile oder Komponenten drei Monate beträgt. Von diesem Erzeugnis sollen laut Absatzplanung im Monat April 210 Stück verkauft werden. Die Verkaufserfolgsrechnung unterstellt hinsichtlich des Produktionsbeginns, der Durchlaufzeit und des Abgangs vom Fertigwarenlager, dass sich alle diese Vorgänge im Monat April vollziehen (unterer Teil der Abbildung 2.49). Im oberen Teil der Abbildung 2.49 ist hingegen der tatsächliche Verlauf der Erfolgsentstehung erkennbar. Dieser ist geprägt durch die erforderliche Durchlaufzeit von drei Monaten.

Folgende Erkenntnisse können diesem Beispiel entnommen werden:

Das kumulierte Ergebnis der Teilperioden 1–4 stimmt bei beiden Alternativen überein. Die Ergebnisse der Teilperioden sind hingegen in allen Teilperioden unterschiedlich. Während des Produktionsprozesses bis zur Periode des Verkaufs sind die Ergebnisse nach der Verkaufserfolgsrechnung deutlich schlechter als bei der produktionsorientierten Erfolgsermittlung. In der Periode des Verkaufs ist das Ergebnis bei der Verkaufserfolgsrechnung genau um den Betrag der kumulierten Abweichungen der Vorperioden höher. Die Abweichungen resultieren aus aktivierten (fixen) Fertigungsgemeinkosten und aktivierten Fertigungslöhnen während der Dauer des Produktionsvollzugs. Ferner folgt aus diesen Unterschieden, dass bei der Verkaufserfolgsrechnung die ermittelten Finanzbedarfe in jeder Teilperiode unzutreffend sind. Als Folge würden auch das Finanzergebnis (Zinsergebnis) und der Liquiditätsbedarf in allen Teilperioden kumuliert unzutreffend ermittelt werden. Darüber hinaus würde auch die Entwicklung der Bestände an Fertigerzeugnissen, Produktionsbestände (*WIP*), Verbindlichkeiten, Steuerrückstellungen und liquiden Mittel unzutreffend kalkuliert werden.

Der Materialeinsatz wird um die Länge der Vorlaufperioden für Teile und Baugruppen vorverlagert in der GuV angezeigt. Die Ergebniswirkung aus vorverlagerten Materialeinsätzen ist allerdings neutral, da durch die Erhöhung des *WIP*-Bestandes der jeweilige Ausgleich erfolgt. Anders ist der Sachverhalt bei den Fertigungslöhnen und den fixen Fertigungsgemeinkosten. Da diese unabhängig von der Produktion anfallen, werden durch die Aktivierung des *WIP* zu Herstellkosten die auf den Zeitraum der Herstellung entfallenden Kosten aktiviert.

		Jan	Feb	Mrz	Apr	Mai	Jun	Jul	Aug	Sep	Okt	Nov	Dez
Produkt	P10100												
Anfangsbestand	700												
Verkaufspreis		2,250	2,250	2,250	2,250	2,250	2,250	2,250	2,250	2,250	2,250	2,250	2,250
FTE Fertigung		10	10	10	10	10	10	10	10	10	10	10	10
Lohn / FTE		3000	3000	3000	3000	3000	3000	3000	3000	3000	3000	3000	3000
Lohn / Minute		0.30	0.30	0.30	0.30	0.30	0.30	0.30	0.30	0.30	0.30	0.30	0.30
Fertigungsminuten		80,850	80,850	80,850	80,850	88,200	0	0	0	0	0	0	0
Absatz		210	210	210	210	210	0	0	0	0	0	0	0
Produktion (Lagerzugang)		210	210	210	210	210	0	0	0	0	0	0	0
Produktion (Lagerabgang)		210	210	210	210	210	0	0	0	0	0	0	0
Bestand FE		8,400	700	700	700	700	700	700	700	700	700	700	700
Ware in Arbeit (Zugang)		210	70	70	70	0	0	0	0	0	0	0	0
Ware in Arbeit (Abgang)		210	0	0	210	210	0	0	0	0	0	0	0
Bestand Ware in Arbeit		70	140	210	210	0	0	0	0	0	0	0	0
Bestandveränderung WIP		70	70	70	0	-210	0	0	0	0	0	0	0
Bestandsveränderung in Stück FE		0	0	0	0	0	0	0	0	0	0	0	0
Umsatz		472,500	0	0	0	472,500	0	0	0	0	0	0	0
Bestandsveränderung FE		0	203,369	38,729	38,729	-280,828	0	0	0	0	0	0	0
Bestandsveränderung WIP		0	164,640	0	0	0	0	0	0	0	0	0	0
Materialeinsatz		164,640	360,000	30,000	30,000	30,000	30,000	30,000	30,000	30,000	30,000	30,000	30,000
Zeitlohn Fertigung		98,438	30,000	30,000	30,000	26,250	30,000	30,000	30,000	30,000	30,000	30,000	30,000
Fertigungslohn		261,563	24,063	24,063	5,938	3,750	0	0	0	0	0	0	0
Gemeinkostenlohn		60,000	5,000	5,000	5,000	5,000	5,000	5,000	5,000	5,000	5,000	5,000	5,000
fixe FGK		30,000	2,500	2,500	2,500	2,500	2,500	2,500	2,500	2,500	2,500	2,500	2,500
VertGK		30,000	2,500	2,500	2,500	2,500	2,500	2,500	2,500	2,500	2,500	2,500	2,500
VerwGK		-172,140	2,500	2,500	2,500	2,500	2,500	2,500	2,500	2,500	2,500	2,500	2,500
Betriebsergebnis		-172,140	-1,271	-1,271	-1,271	151,673	-40,000	-40,000	-40,000	-40,000	-40,000	-40,000	-40,000
Umsatz		472,500	0	0	0	472,500	323,078	323,078	323,078	323,078	323,078	323,078	323,078
Bestandsveränderungen		0	203,369	38,729	38,729	-323,078	0	0	0	0	0	0	0
Materialkosten		164,640	164,640	0	0	-280,828	0	0	0	0	0	0	0
Fertigungslohn		98,438	0	0	0	164,640	0	0	0	0	0	0	0
Gemeinkostenlohn		261,563	30,000	30,000	30,000	30,000	30,000	30,000	30,000	30,000	30,000	30,000	30,000
Fixkosten		120,000	10,000	10,000	10,000	10,000	10,000	10,000	10,000	10,000	10,000	10,000	10,000
Betriebsergebnis		-172,140	38,729	38,729	-40,000	267,860	-40,000	-40,000	-40,000	-40,000	-40,000	-40,000	-40,000
Δ						-116,188							
Fixkosteneffekt Bestandsveränderung		0	38,729	14,667	14,667	-44,000	0	0	0	0	0	0	0
Lohneffekt Bestandsveränderung		0	38,729	24,063	24,063	-72,188	0	0	0	0	0	0	0
Kontrolle		0	0	0	0	0	0	0	0	0	0	0	0

Abb. 2.49: Erfolgs- und Liquiditätswirkungen von Vorlaufverschiebungen. Quelle: Eigene Darstellung

Durch die Vorlaufverschiebung entstehen nicht nur falsche Liquiditäts- und Ergebnisinformationen auf Basis geänderter Einkaufszeitpunkte des Materials und Bestandsveränderungen. Sofern zu bestimmten Zeitpunkten Preisveränderungen bei Rohstoffen geplant werden, verschieben sich auch die Mengenanteile, die zu alten bzw. neuen Preisen eingekauft werden.

Die Durchlaufzeit hängt von einer Vielzahl von Parametern ab, die im Rahmen der Programmplanung noch nicht bekannt sind und daher antizipiert werden müssen. Diese antizipierte Durchlaufzeit kann erheblich von der Durchlaufzeit, die sich im Rahmen der Ausführungsplanung bzw. im konkreten Produktionsvollzug ergibt, abweichen. Im Rahmen einer Unternehmensplanungsrechnung kann und sollte selbstverständlich nicht versucht werden, den konkreten Produktionsvollzug im Detail vorauszuplanen. Dies kann nicht Aufgabe der Planungsrechnung sein. Die Durchlaufzeiten jedoch völlig zu ignorieren, würde bedeuten, von vornherein in die Planungsrechnung mehr oder weniger große „Rechenfehler" einzubauen. Es wird gezeigt, wie die Vorlaufverschiebung in einer Planungsrechnung zumindest auf Basis mittlerer Durchlaufzeiten berücksichtigt werden kann.

Für realitätsnahe Planungsrechnungen ist daher zu fordern, dass diese eine *dynamische Planung* der gesamten Produktverflechtung und Einsatzgüterverflechtung auf Ebene der Artikel, Baugruppen und Teile ermöglichen. Nur durch die Dynamisierung der Planungsrechnung können die zeitlichen Vorlaufeffekte mit ihren entsprechenden Kostenwirkungen hinreichend genau abgeschätzt werden.

2.6.3.2 *Dynamische Input-Verflechtung*

Die grobe Berücksichtigung von dynamischen Vorlaufeffekten ist auch mithilfe des Matrixkalküls möglich. Die oben dargestellte Input-Verflechtungsmatrix ermöglicht eine *statische* Planungs- und Simulationsrechnung. Diese ist als statisch zu bezeichnen, da die stillschweigende Prämisse enthalten ist, dass alle in den jeweiligen Teilperioden (bspw. Monate) benötigten Produktionsmengen *innerhalb dieser Teilperioden* hergestellt werden können. Diese Prämisse kann jedoch in sehr vielen Branchen und Produktionstypen nicht als realistisch gelten. In der Einzel- und Kleinserienfertigung, meist organisiert als Werkstattfertigung, sind Durchlaufzeiten von mehreren Monaten keineswegs selten, in der Einzelfertigung sind sogar mehrere Jahre nicht selten.

Eine Möglichkeit, die zeitlich vorverlagerten Inputmengen zur berücksichtigen, ist die Zergliederung der statischen Input-Verflechtungsmatrix in mehrere Matrizen. Hierzu ist die dynamische Input-Verflechtungsmatrix in einzelne Matrizen je Periode aufzulösen. Die Anzahl der Matrizen bestimmt sich aus den Produkten mit den jeweils längsten Vorlaufzeiten.

Für jedes Element der Vorlaufvektoren ist also eine gesonderte Matrix aufzustellen. Die jeweiligen Periodenverbräuche können dann über eine einfache Matrizenaddition ermittelt werden. Die letzte Untermatrix ergibt dann bspw. den periodengleichen Verbrauch an, während die darüberliegenden Matrizen jeweils die Verbräuche in vorgelagerten Perioden $(t - n)$ aufzeigen.

	W_1	W_2	W_3	A_1	A_2	A_3	N_1	N_2	N_3	F_1	F_2	F_3
T_1	4	0	0	60	60	0	60	30	0	30	60	0
	0	0	0	40	20	0	40	10	0	20	20	0
T_2	0	0	2	40	10	0	40	5	0	20	10	0
	0	0	0	20	10	0	20	5	0	10	10	0
T_3	0	24	0	20	60	0	20	30	0	10	60	0
	0	0	0	60	60	0	60	30	0	30	60	0
$G1_1$	0	0	0	0	0	0	0	0	0	0	0	0
	0	0	0	0	0	50	0	0	30	0	30	60
$G1_2$	0	0	0	0	0	0	0	0	0	0	0	0
	0	0	0	0	0	100	0	0	60	0	60	120
$G2_1$	0	0	0	0	0	0	0	0	0	0	0	0
	0	0	0	0	0	50	0	0	30	0	30	60
$G3_1$	0	0	0	0	0	0	0	0	0	0	0	0
	0	0	0	0	0	50	0	0	30	0	30	60
E_1	0	0	0	0	0	0	0	0	0	0	0	0
	0	0	0	0	0	150	0	0	90	0	90	180
E_2	0	0	0	0	0	0	0	0	0	0	0	0
	0	0	0	0	0	300	0	0	180	0	180	360
E_3	0	0	0	0	0	0	0	0	0	0	0	0
	0	0	0	0	0	200	0	0	120	0	120	240
T_1	0	0	0	300	400	0	400	200	0	0	0	0
	0	0	0	0	0	0	0	0	0	0	0	0
T_2	0	0	0	200	100	0	300	100	0	0	0	0
	0	0	0	0	0	0	0	0	0	0	0	0
T_3	0	0	0	400	300	0	300	200	0	0	0	0
	0	0	0	0	0	0	0	0	0	0	0	0
$G1_1$	0	0	0	0	0	0	0	0	0	0	0	0
	0	0	0	0	0	100	0	0	100	0	100	200
$G1_2$	0	0	0	0	0	0	0	0	0	0	0	0
	0	0	0	0	0	200	0	0	100	0	100	200
$G2_1$	0	0	0	0	0	0	0	0	0	0	0	0
	0	0	0	0	0	100	0	0	100	0	100	200
$G3_1$	0	0	0	0	0	0	0	0	0	0	0	0
	0	0	0	0	0	100	0	0	100	0	100	200
E_1	0	0	0	0	0	0	0	0	0	0	0	0
	0	0	0	0	0	300	0	0	300	0	300	600
E_2	0	0	0	0	0	0	0	0	0	0	0	0
	0	0	0	0	0	600	0	0	500	0	500	1.000
E_3	0	0	0	0	0	0	0	0	0	0	0	0
	0	0	0	0	0	400	0	0	300	0	300	600
K	0	0	0	0	0	0	0	0	0	0	0	0
	0	0	0	100.000	50.000	5.000	100.000	25.000	3.000	60.000	60.000	15.000

Abb. 2.50: Dynamische Input-Verflechtungsmatrix. Quelle: Eigene Darstellung

Die Matrix der dynamischen Inputmengenermittlung hat bei x Vorlaufperioden stets $x + 1$ Untermatrizen. Dies ergibt sich aus x Vorlaufperioden zuzüglich einer Periode für den periodengleichen Verbrauch und Zugang von Inputmengen.

Die Erfassung der Vorlaufzeiten muss auf der Stufe der Verflechtungsmatrix der Einsatzgüter-/Potenzialfaktoren erfolgen, da auf der Stufe der Erzeugnisverflechtungsmatrix folgende Schwierigkeiten auftreten würden:

Der Verbrauch der Potenzialfaktoren Arbeit, Maschinen und des Repetierfaktors Energie erstreckt sich über die gesamte Zeitdauer des Fertigungsauftrags bzw. des Produktionsvollzuges. Der Verbrauch der genannten Faktoren erstreckt sich also im Gegensatz zum Material über mehrere Planungsperioden. Beim Material ist die Situation anders, da hier in der Regel mit dem ersten Arbeitsgang das Material meist in voller Höhe dem Fertigungsauftrag in der Periode des Produktionsstarts belastet wird. Werden auf der Stufe der Output-Verflechtungsmatrix die Vorlaufvektoren angewendet, dann würden die Verbräuche an Produktionsfaktoren über die Input-Verflechtungsmatrix in *voller Höhe* in die jeweiligen Vorlaufperioden verschoben werden. Dies würde jedoch nicht den zu erwartenden zeitlichen Verhältnissen des Kostenanfalls entsprechen, da sich, wie bereits ausgeführt, die Verbrauchsmengen für Arbeit, Maschinen und Energie anteilig auf die gesamte Dauer des Herstellprozesses verteilen. Zu den produktions- und verfahrenstechnisch bedingten Vorlaufverschiebungen kommen noch weitere Vorlaufeffekte. Da die zur Realisierung der Produktionspläne notwendigen Personal- und Maschinenbestände jeweils zum Anfang der jeweiligen Planungsperioden zur Verfügung stehen müssen, ergeben sich auch dadurch weitere zeitliche Vorverlagerungen. Bei signifikanten Wachstumsprozessen sind dann zusätzlich zu dem zeitlich vorverlagerten Material-, Maschinennutzungs- und Arbeitsmengenbedarf Einstellungs- und Investitionswellen mehr oder weniger stark zeitlich vorverlagert.

Wie oben bereits zum Teil erläutert, erfolgt die Planung der Durchlaufzeiten bzw. Vorlaufverschiebung innerhalb des Matrizenkalküls mit *festen Durch- bzw. Vorlaufzeiten*. Dieses Vorgehen bildet die tatsächlichen Realitäten des Produktionssystems aber nur unzureichend ab. In der obigen Einleitung zu den Teilgebieten der Produktionsplanung und Steuerung wurde bereits darauf hingewiesen, dass die Durchlaufzeit von einer Vielzahl von Faktoren abhängt. Die Durchlaufzeiten hängen neben der Varianz der Bearbeitungszeiten zusätzlich von den Losgrößen, dem Produktionsbestand (*WIP*), den Auftragsfreigabeprinzipen etc. ab. Die in dem Matrizenkalkül angenommen Durchlaufzeiten sind also nur dann halbwegs realistisch, wenn mit ausreichend hohen Kapazitätsreserven in allen Teilperioden geplant wird. Eine geplante Kapazitätsauslastung nahe 100 % im Rahmen der Programmplanung führt zwangsläufig zu nicht realisierbaren Produktionsplänen. Nur wenn für die nachfolgende Ebene der Prozess- und Ausführungsplanung noch ausreichend hohe Reserven für die Losbildung sowie die Reihenfolge- und Terminplanung auf Auftragsebene verbleiben, können realisierbare Ausführungspläne generiert werden.

Auf diese Einschränkung im Hinblick auf die Verwendung von festen Vorlaufzeiten macht auch Küpper aufmerksam:

„Der Geltungsbereich dieser Produktionsfunktion wird vor allem durch die Prämisse eingeschränkt, dass die Fertigungsdauern sowie die Verweilzeiten der Einsatzgüter unabhängig von den Ausbringungsmengen für jeden Prozess gegeben und konstant sind. Diese Annahme entspricht nur bei Chargenprozessen exakt der Realität. Insbesondere bei geschlossener Produktion sind die Fertigungsdauern der Aufträge in den einzelnen Arbeitsgängen von der jeweiligen Losgröße abhängig. Deshalb kann diese dynamische Produktionsfunktion lediglich als näherungsweise Abbildung der Realität unter der Annahme durchschnittlicher Fertigungsdauern und Verweilzeiten angesehen werden. Die Interdependenzen zwischen Losgrößen und Fertigungsdauern können mit ihr nicht erfasst werden."[130]

Dieser Hinweis von Küppers ist berechtigt. Allerdings können unterschiedliche Losgrößen und deren Umrechnung in unterschiedlich lange Vorlaufzeiten in dem Ansatz der dynami-

---

[130] Küpper, Dynamische Produktionsfunktion der Unternehmung auf der Basis des Input-Output-Ansatzes, S. 103

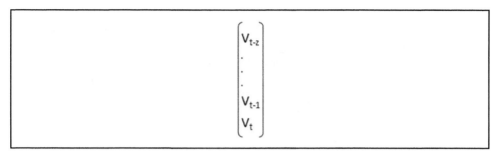

Abb. 2.51: Formaler Aufbau der Vorlaufvektoren. Quelle: Chmielewicz, Finanzplanung, S. 180

schen Input-Verflechtungsmatrix durchaus berücksichtigt werden. Trotzdem wäre hiermit das Problem nicht grundsätzlich gelöst, da die Vor- und Durchlaufzeiten nicht nur von den Losgrößen, sondern von diversen anderen Einflussgrößen abhängen (siehe Produktionsplanung und -steuerung, Kapitel 2.2).

Die Berücksichtigung der Vor- und Durchlaufeffekte macht natürlich nur Sinn, sofern ein signifikanter Anteil der Erzeugnisse eine längere Durchlaufzeit aufweist als die Länge der Teilperioden des Planungskalküls. Diese Verhältnisse sind häufig in Industrieunternehmen der kundenbezogenen Kleinserienfertigung, die nach dem Verrichtungs-(Werkstatt-)Prinzip organisiert sind, anzutreffen. In der Massen-, Großserien- und Sortenfertigung tritt diese Problem nicht bzw. nur in vernachlässigbarem Umfang auf. Sofern also die Durchlaufzeiten stets kleiner als die Teilperioden (bspw. Monate) des Planungszeitraums sind, kann mit der statischen Input-Verflechtungsmatrix operiert werden.

Die Berücksichtigung von Vorlaufzeiten führt formal zu einem Übergang von Matrizen zu Tensoren. Vogel nennt diese zur Abbildung der Vorlaufverschiebung entstehenden Tensoren „Übermatrizen".[131] Wesentliches Merkmal solcher Tensoren oder Übermatrizen ist, dass die einzelnen Elemente einer Matrix selbst wiederum Vektoren oder Matrizen repräsentieren. Der oben beschriebene statische Ansatz der Einsatzgüter-Verflechtungsmatrix wird durch die Einfügung der Vorlaufvektoren quasi auseinandergezogen.

Die Vorlaufvektoren haben allgemein die in Abbildung 2.51 dargelegte Form.

Damit erfolgt ein Übergang auf eine höhere Tensorstufe, d. h. zu einem Verflechtungstensor 3. Stufe statt zu einer Verflechtungsmatrix. Sofern man das Auflösen der statischen Input-Verflechtungsmatrix in n (n = Anzahl der Vorlaufperioden) separate Verflechtungsmatrizen vermeiden will, ist die Produktionsmengenmatrix (PHg) mit dem Verflechtungstensor zu multiplizieren. Dieser Tensor gibt den effektiven Verbrauch an Produktionsfaktoren an, aufgefächert nach Zugangs- und Verbrauchsperioden. Wie beim Verflechtungstensor erscheinen auch hier Vorlaufvektoren. Der Vorlaufvektor eines numerisch spezifizierten Beispiels zeigt links unten in Abbildung 2.52, dass beim Werkstoff W1 (= Spalte 1) für den Teilezugang der Periode 6 in der Periode 6 selbst kein Verbrauch, in der vorgelagerten Periode 5 dagegen ein effektiver Verbrauch von $120,2 \times 10^3$ = 120.200 ME nötig ist.

---

131 Vogel, Matrizenrechnung in der Betriebswirtschaft, S. 51 ff.

Verbrauch in Periode	Für Zugänge der Periode						Summe der effektiven Verbräuche
	1	2	3	4	5	6	
0	294						294
1	250	2.298					2.548
2		1.327	5.770				7.097
3			3.202	2.305			5.507
4				1.342	3.328		4.670
5					1.916	8.621	10.537
6						4.782	4.782

Abb. 2.52: Numerisch spezifizierte Verbrauchsauffächerung. Quelle: In Anlehnung an Chmiele-wicz, Finanzplanung, S. 182

Addiert man alle Komponenten je eines Vorlaufvektors, dann muss die Summe wiederum mit den statischen Verbrauchsmengen übereinstimmen. Der Ansatz führt also offensichtlich zu einer zeitlichen Verbrauchsauffächerung. Der Teilezugang einer Periode t wird beim statischen Ansatz aus Verbräuchen der Periode t, beim dynamischen Ansatz dagegen aus Verbräuchen der Periode $T - z$ bis t realisiert. Der zeitliche Vorlauf bzw. der Dynamisie-rungseffekt des Verflechtungstensors wird daraus klar erkennbar. Gefragt ist letztlich der unter Berücksichtigung von Vorlaufzeiten *wahrscheinliche* Verbrauch je Periode.

2.6.4   Ermittlungs- und Optimierungsmodelle

2.6.4.1   Optimierungsmodelle

Der Begriff der Planungsrechnung wird in Theorie und Praxis häufig für unterschiedliche Anwendungszwecke verwendet. Nach Gälweiler lassen sich folgende Arten von Planungs-rechnungen unterscheiden:[132]

–   *Objektorientierte Planungsrechnungen* für neue Geschäftsvorhaben, Entwicklungspro-jekte, Investitionsvorhaben, neue Produkte, Marktanteilsveränderungen usw. Ihre zeit-liche Reichweite wird bestimmt von der dem jeweiligen Objekt zugemessenen Le-bens- oder Nutzungsdauer.

–   *Produktorientierte Planungsrechnungen* wie zum Beispiel: Vorkalkulationen, Voran-schläge Standardkostenkalkulationen usw.

–   *Funktionsorientierte Planungsrechnungen* wie zum Beispiel: Kosten einer Kostenstel-le, eines Kostenplatzes, einer Arbeitsoperation usw.

–   *Alle Arten von Optimierungsrechnungen*, die unter der Bezeichnung „Operations Re-search" zusammengefasst sind.

---

132 Gälweiler, Unternehmensplanung, S. 108

Alle diese Planungsrechnungen müssen an den verschiedensten Stellen im Planungsprozess je nach den vorliegenden Einzelproblemen oft vielfältig kombiniert werden, um in den jeweiligen Entscheidungssituationen die wirtschaftlichste Alternative zu finden.

Als Planungsrechnungen werden nicht nur Ermittlungsmodelle, sondern auch sogenannte Entscheidungsmodelle des Operations Research (OR) bezeichnet. Die in den vorhergehenden Kapiteln vorgestellte Prozedur zur Ermittlung von Erfolgs- und Finanzgrößen werden in Abgrenzung von Optimierungsmodellen auch Ermittlungsmodelle genannt.

OR-Modelle stellen demgegenüber Optimimierungsmodelle dar. Diese Form vom Planungsrechnungen soll auf der Grundlage mathematischer Methoden für die Unternehmungspolitik Entscheidungsmodelle zur Verfügung stellen, mit deren Hilfe bei gegebenen oder erwarteten Daten aus mehreren Handlungsalternativen die im Hinblick auf die gewählte Zielsetzung optimale Lösung gefunden werden kann. Sie dient also im Gegensatz zur ersten Form der Planungsrechnung (Ermittlungsmodelle) unmittelbar dem optimalen Aufbau der betrieblichen Teilpläne selbst. Auch für diese zweite Form der Planungsrechnung gilt grundsätzlich die Forderung, dass die Interdependenz der Entscheidungsvariablen aller Teilplane berücksichtigt werden soll. Der Gesamtplan einer Unternehmung für einen bestimmten Zeitraum müsste daher als ein umfassendes Entscheidungsmodell formuliert werden und die Optimalwerte aller Variablen würden simultan zu bestimmen sein. Ein solches Gesamtoptimum der Unternehmung sollte zwar das Idealziel der Unternehmensforschung sein, ist jedoch aus praktischen Gründen nicht realisierbar. Es ist vielmehr aus mehreren Gründen nur möglich, die Methoden des Operations Research in der Weise einzusetzen, dass Teilplane optimiert und schrittweise aufeinander abgestimmt werden. [133]

Aus der Systemtheorie ist bekannt, dass die Summe lokaler Optima nicht mit dem globalen Optimum identisch ist.[134]

Dennoch werden in der (theoretischen) Betriebswirtschaftslehre im Zusammenhang mit Planungsrechnungen der Industrie fast immer optimierende Modelle behandelt. Optimierungsmodelle versuchen unter Berücksichtigung bestimmter Restriktionen (Kapazitätsgrenzen, Lagerflächen, Absatzhöchstmengen etc.), aus einem Produktionsprogramm diejenige Mengenkombination zu berechnen, die den höchstmöglichen (maximalen) Deckungsbeitrag verspricht. Zur Bewältigung dieser Aufgabe werden Prämissen gefordert, die nicht einmal näherungsweise etwas mit den realen Systemen der Industrie zu tun haben. Damit wird der Versuch unternommen, das gesamte Unternehmensgeschehen einer Optimierungsrechnung unterziehen zu wollen. Dieser Versuch ist von vornherein zum Scheitern verurteilt und wird auch in Zukunft nicht gelingen. Daran werden auch die Visionen von Industrie 4.0 nichts ändern, auch wenn dieser Eindruck durch bestimmte Publikationen vielleicht indirekt manchmal vermittelt wird. Fast alle Beiträge hierzu wimmeln nur so von Vokabeln der Optimierung, ohne jedoch genau anzugeben, was genau wie und unter welchen Bedingungen im Hinblick auf welche Einflussgrößen optimiert werden soll.

---

133 Kilger, Planungsrechnung und Entscheidungsmodell, in: Grünewald et al., AGPLAN – Handbuch zur Unternehmensplanung, S. 57
134 Gillesen, Integrierte Produktionsplanung, S. 55

Optimierungs- oder Entscheidungsmodelle im Sinne des Operations Research spielen für die Praxis von Unternehmensplanungsrechnungen keine bedeutende Rolle, obwohl sie in der Literatur oft (irreführend) als Planungsmodelle schlechthin interpretiert werden.

Eine *optimierende Unternehmensplanungsrechnung* ist im Grunde unmöglich und es gibt wohl kein Industrieunternehmen, das jemals versucht hätte, in der Praxis solch ein Gesamtoptimum zu finden. Viele Optimierungsrechnungen scheitern in der Praxis an den meist völlig wirklichkeitsfremden Prämissen, die für die Ermittlung einer Optimallösung vorausgesetzt werden. Ein gewinnoptimales Produktionsprogramm bei Existenz mehrerer Engpässe bspw. kann es schon deshalb nicht geben, weil der Gewinn bei gegebenen Verkaufs- und Einkaufspreisen und bei gegebenen Fixkosten eben nicht nur von der Absatzmenge, sondern auch von der Produktionsmenge abhängt. Identische Gewinnhöhen sind mit unterschiedlichen Kombinationen von Absatz- und Produktionsmengen möglich.

Ferner lassen sich

- Absatzhöchstmengen nicht bestimmen,
- von Absatzmengen unabhängige Verkaufspreise nicht unterstellen,
- kapazitätserhöhende Anpassungsprozesse nicht berücksichtigen (Annahme konstanter Stückdeckungsbeiträge),
- Lagerbestandsveränderungen nicht einfach ausschließen,
- die Probleme der Produktionsprozessplanung (Losgrößen-, Termin- und Reihenfolgeprobleme) nicht einfach wegdefinieren,
- nur Einperiodenmodelle einbeziehen.

Ferner ist es Unsinn, Produkte mit negativen Deckungsbeiträgen von vornherein unberücksichtigt zu lassen. Diese können durchaus sinnvoll sein, da zur Aufrechterhaltung einer insgesamt profitablen Kundenbeziehung einige Produkte mit negativen Deckungsbeiträgen „durchgehalten" werden müssen. Auch wird meist nicht klar definiert, was denn in den variablen Stückkosten eigentlich enthalten sein soll. Absatz und Produktion werden einfach gleichgesetzt und Verbundeffekte innerhalb des Sortiments kommen nicht vor. Das Fehlen dynamischer Zeiteffekte in der Produktion sowie der Ausschluss von Lagerbestandsveränderungen unterstellt zudem unendlich große Produktions- und bedarfssynchrone Beschaffungsgeschwindigkeiten. Es können also alle Produkte selbst innerhalb kleinster Teilperioden unter Berücksichtigung der Kapazitätsgrenzen immer termingerecht hergestellt werden. Um dieses Problem zu vermeiden, werden nur Einperiodenmodelle zugelassen. In der Optimierungsrechnung wird auch die Kundendimension vernachlässigt. Eine Optimierungsrechnung, die nur nach den Stückdeckungsbeiträgen einzelner Erzeugnisse optimiert, würde Gefahr laufen, dass Aufträge von Großkunden u. U. abgelehnt werden müssten, wenn die Artikel dieses Auftrages nicht im optimalen Produktionsprogramm vorgesehen sind. Hierin zeigt sich auch die grundsätzliche Fehleinschätzung der sogenannten Gewinnmaximierung. Gewinnmaximierung ist eine Prämisse im Denkgebäude der theoretischen Betriebswirtschaftslehre, die mit praktischer Unternehmensführung nicht viel zu tun hat. Wie weiter oben dargelegt wurde, ist es primäres Ziel jedes Unternehmens, seine Überlebensfähigkeit zu sichern. Dabei ist die Konzentration auf gegenwärtige und zukünftige Erfolgspotenziale wichtig und nicht die Erzielung maximaler Gewinne. Mit einseitiger Ausrichtung auf Gewinnmaximierung können in bestimmten Situationen die Erfolgspotenziale eines Unternehmens sogar nachhaltig beschädigt werden.

Neben diesen modellimmanenten Schwächen bestehen weitere Probleme darin, dass selbst bei einer möglichen Durchführbarkeit einer Optimierungsrechnung diese permanent an neue Datenlagen angepasst werden müsste. Bekanntlich ändert sich die Datenlage von Tag zu Tag, was zur Folge hätte, permanent ein neues Optimum bestimmen zu müssen. Ferner müsste eine streng hierarchische und zentralistische Durchsetzung sämtlicher Transaktionen gefordert werden, da nur dann die Erreichung des Optimums sichergestellt werden könnte. Auch dies ist eine völlig realitätsferne Annahme bzw. Forderung.

Optimierungsprobleme in der industriellen Praxis mögen zur *Erkenntnis eines Entscheidungsproblems* durchaus ihre Berechtigung haben und hilfreich sein. Da es unmöglich ist, ein Gewinnmaximum rechnerisch zu bestimmen, ist es in der Folge auch unmöglich, einen maximalen Unternehmenswert zu bestimmen, wie dies im Konzept des sogenannten Shareholder-Value-Ansatzes gefordert wird. Zur Lösung wirklich realer Entscheidungsprobleme tragen diese Konstrukte daher nichts bei. Optimierungsmodelle können in Verbindung mit Simulationsmodellen jedoch durchaus gute Dienste leisten, wenn es bspw. um die Bestimmung von kostenoptimalen Nachschubmengen unter Berücksichtigung bestimmter Lieferfähigkeitsziele geht.

Neben nichtlinearen Zusammenhängen besteht ein weiteres Problem darin, dass die Lösbarkeit bei sehr großen Datenmengen bis heute praktisch nicht bewältigt werden kann. Hierzu schreibt Rollberg in seiner Habilitationsschrift zur integrierten Unternehmensplanung:

„Doch selbst unter Vernachlässigung der fertigungstechnischen Details ist die praktische Anwendbarkeit des gemischt-ganzzahligen linearen Optimierungs-Modells zu bezweifeln, insbesondere dann, wenn die Zahl der Rohstoffe, Teile, Komponenten und Erzeugnisse sowie die der Investitions- und Finanzierungsalternativen realistische Größenordnungen annehmen. Letztlich ist eine Modelllösung in Ermangelung effizienter Algorithmen der ganzzahligen Planungsrechnung trotz deutlich zunehmender Rechnerkapazitäten außer bei belanglosen „Miniproblemen" nicht zu leisten, da die unbestritten rasante Entwicklung der Computertechnologie die Schwächen der in diesem Felde unzureichenden Lösungstechnologie noch immer nicht auszugleichen vermag. Insofern gilt weiterhin das Planungsdilemma, nach dem Entscheidungsmodelle in der Regel entweder wirklichkeitsnah und lösungsdefekt oder wirklichkeitsfern und lösbar sind."[135]

In ähnlicher Art und Weise äußert sich Gudehus:

„Die Einspareffekte und Verbesserungen von Teilstrategien, die sich auf überschaubare Teilnetze beschränken, lassen sich in vielen Fällen noch quantifizieren oder zumindest abschätzen. Eine Berechnung aller Auswirkungen einer Zentralstrategie, die auf die Optimierung eines größeren Gesamtsystems abzielt, ist hingegen bisher nicht möglich. Es gibt kaum praktikable, wissenschaftlich fundierte Ansätze, die eine simultane Bestimmung all dieser Dispositionsparameter (des Gesamtsystems) im Rahmen eines Optimierungskalküls ermöglichen. Dies gilt erst recht, wenn zu der horizontalen Abstimmung auf einer einzelnen

---

135 Rollberg, Integrierte Unternehmensplanung, Habilitationsschrift, S. 128

*Stufe die Aufgabe der vertikalen Abstimmung über alle Stufen einer Logistikkette hinzu-
kommt.*"[136]

2.6.4.2 Ermittlungsmodelle

In der Praxis der Industrieplanungsrechnungen in Form von Gesamtunternehmensplanungs-
rechnungen handelt es sich ausschließlich um sogenannte Ermittlungsmodelle bzw. planende Ermittlungsrechnungen.

Eine Annäherung an ein „unbekanntes" Optimum findet in der Praxis, wenn überhaupt,
vielmehr durch Simulation als mehrstufige Wiederholung von Ermittlungsprozessen statt.
Die o. g. Studien zeigen deutlich, dass meist nicht einmal für eine mehrstufige Wiederholung und schrittweise Verbesserung von Planungsalternativen Zeit vorhanden ist. Die Unternehmen sind meist froh, wenn sie nach einem 3–4 Monate dauernden Planungsprozess
eine einigermaßen plausible und akzeptable Aussage in Form der Erfolgsrechnung im Hinblick auf die formulierten Ziele präsentieren können.

Bei unvollkommener Information, wie es der Situation in der Praxis stets und ohne Ausnahme entspricht, und komplexen Anwendungsbereichen tragen die vergleichenden Alternativen, im Gegensatz zu den strengen Extremierungsformen (Minimierung oder Maximierung) dem Umstand Rechnung, dass man einen strengen Extremwert zwar fordern, aber
nicht realisieren kann. Dieses „stufenweise komparative Herantasten" an einen theoretischen Optimalwert kann also stets *akzeptable Lösungen* liefern. Das Herantasten erfolgt
nicht nach Zufallsprinzipien, sondern wird nach der Methode von Versuch und Irrtum (trial
and error) durchgeführt und stellt ein in Lernprozessen entwickeltes systematisches Probie-
ren dar. Methodisch handelt es sich um eine Alternative zur einstufigen Extremierung.
Letztere ist – auch bei iterativem Rechenalgorithmus – Gegenstand des Operations Research. Das erwähnte mehrstufige Herantasten an bestimmte Zielgrößen wird auch als Simulation bezeichnet. Insofern hängen komparative Veränderung und Simulation zusammen
und bilden eine Alternative zum Operations Research. Diese Herangehensweise ist im Gegensatz zur strengen Maximierung praktikabel und überfordert mithin nicht die für die
Planung verantwortlichen Führungskräfte. Der Suchprozess nach weiteren Alternativen
kann an beliebiger Stelle abgebrochen werden, wobei der Anteil der subjektiv bekannten an
den theoretisch möglichen Alternativen – sofern letztere überhaupt bestimmbar sind – beliebig zwischen 0 und 100 % schwanken kann. Die komparative Erhöhung stellt im Vergleich zur strengen Maximierung eine Stoppregel dar, indem nicht die beste aller denkbaren, sondern die beste aller bekannten Alternativen gewählt wird. Durch mehrstufiges
Durchrechnen alternativer Planungskonstellationen werden Optimierungsgedanken in das
Modell hineingebracht, ohne dass dabei die Behauptung aufgestellt würde, es sei keine
weitere Verbesserung möglich. Eine einstufige strenge Optimierung des gesamten Planungsmodells im Sinne des Operations Research ist aus den oben genannten Gründen weder praktikabel noch realisierbar.

---

136 Gudehus, Dynamische Disposition, S. 23

2.7 Literatur

Agthe, Klaus (1959): Stufenweise Fixkostendeckung im System des Direct Costing. In: *Zeitschrift für Betriebswirtschaft*, 29. Jg., S. 404–418.

Bauernhansl, Thomas; ten Hompel, Michael; Vogel-Heuser, Birgit (Hg.) (2014): Industrie 4.0 in Produktion, Automatisierung und Logistik. Anwendung, Technologien und Migration. Wiesbaden: Springer Vieweg.

Braun, Hans-Jürgen (1995): Ein unscharfes Planungsverfahren zur mittelfristigen Personalkapazitätsanpassung für die bedarfsorientierte Serienproduktion. Mit 10 Tabellen. Zugl.: Stuttgart, Univ., Diss., 1994. Berlin u. a.: Springer (IPA-IAO-Forschung und Praxis, 205).

Brunner, Manfred (1962): Planung in Saisonunternehmungen. Zeitliche Abstimmung zwischen Fertigungs- und Absatzvolumen bei saisonalen Absatzschwankungen. Wiesbaden: VS (Beiträge zur betriebswirtschaftlichen Forschung, 16).

Buzzel, Robert D.; Gale, Bradley T. (1989): Das PIMS-Programm. Wiesbaden: Gabler.

Chmielewicz, Klaus (1968): Grundlagen der industriellen Produktgestaltung. Berlin: Duncker & Humblot (Betriebswirtschaftliche Forschungsergebnisse, Bd. 35).

Chmielewicz, Klaus (1972): Integrierte Finanz- und Erfolgsplanung. Versuch einer dynamischen Mehrperiodenplanung. Stuttgart: Poeschel.

Chmielewicz, Klaus (1973): Betriebliches Rechnungswesen. [1. - 10. Tsd.]. Reinbek (bei Hamburg): Rowohlt (Rororo-studium, 43 : Betriebswirtschaftslehre).

Chmielewicz, Klaus (1976): Betriebliche Finanzwirtschaft. Berlin: De Gruyter (Sammlung Göschen, 2026).

Chmielewicz, Klaus (1976): Finanzierungsrechnung. 1. Aufl. Berlin [u. a.]: De Gruyter (Sammlung Göschen, 2026).

Chmielewicz, Klaus (1981): Erfolgsrechnung. 2. Aufl. Opladen: Westdt. Verl (WV-Studium, 44).

Chmielewicz, Klaus (1982): Finanzrechnung und Bilanz. 3. Aufl. Opladen: Westdeutscher Verlag (WV Studium, 43).

Coenenberg, Adolf Gerhard; Fischer, Thomas M.; Günther, Thomas (2012): Kostenrechnung und Kostenanalyse. 8., überarb. Aufl. Stuttgart: Schäffer-Poeschel. Online verfügbar unter http://digitool.hbz-nrw.de:1801/webclient/DeliveryManager?pid=4670713&custom_att_2= simple_viewer.

Corsten, Hans; Friedl, Birgit (Hg.) (1999): Einführung in das Produktionscontrolling. München: Vahlen.

Dannhauser, Michael (2000): Kostenrechnung und Produktionsplanung und -steuerung. Ansatz für ein integriertes Fertigungscontrolling. 1. Aufl. Wiesbaden, Wiesbaden: Dt. Univ.-Verl.; Gabler (Gabler Edition Wissenschaft : Schriften zum Produktionsmanagement).

Deutsche Bundesbank, Verhältniszahlen aus Jahresabschlüssen deutscher Unternehmen, statistische Sonderveröffentlichungen 2011–2012. Online abrufbar unter http://www.bundesbank.de/Navigation/DE/Statistiken/Unternehmen_und_private_Haushalte/Unternehmensabschluesse/Tabellen/tabellen.html.

Deyhle, Albrecht (2003): Controller-Handbuch. Enzyklopädisches Lexikon für die Controller-Praxis. 5., neugeschr. Aufl. Offenburg, Wörthsee: Verl. für ControllingWissen (Controlling pockets, 15).

Deyhle, Albrecht (Hg.) (1967): Gewinn-Management. Gewinnerzielung durch richtige Artikelstrate-gie, Verkaufspolitik und Kostensenkung mit Hilfe der Plankostendeckungsrechnung. Deutsches Institut für Betriebswirtschaft. München: Verl. Moderne Industrie.

Deyhle, Albrecht; Bösch, Martin (1979): Arbeitshandbuch Gewinnmanagement. Landsberg : Verlag Moderne Industrie.

Dillerup, Ralf; Haberlandt, Karlheinz; Vogler, Gerhard (Hg.) (2009): Heilbronner Beiträge zur Unter-nehmensführung. 40 Jahre Erfolgsgeschichten. Oldenbourg: De Gruyter. Online verfügbar unter http://dx.doi.org/10.1524/9783486852745.

Edin, Robert (1971): Dynamische Analyse betrieblicher Systeme. Ein Beitrag zur industriellen Pla-nung. Berlin: Berlin Verl (Dynamische Ökonomie, 7).

Egerer, Markus (2013): Auswirkungen saisonaler Effekte auf das working capital management: Ent-wicklungen von Bewertungsansätzen zur Steuerung des working capitals. Illustriert durch Fall-studien deutscher Industrieunternehmen, München, Techn. Univ., Diss., 2013.

Eisele (2011), Technik des betrieblichen Rechnungswesens, Vahlen, 8. Aufl..

Fandel, Günter; Fistek, Allegra; Stütz, Sebastian (2011): Produktionsmanagement. 2., überarb. und erw. Aufl. Berlin, Heidelberg: Springer (Springer-Lehrbuch).

Fuchs, Reimar (1963): Marktvolumen und Marktanteil. Möglichkeiten und Grenzen der Bestimmung der Marktposition einer Unternehmung durch sekundärstatistische Verfahren. Stuttgart: Poeschel (Betriebswirtschaftliche Abhandlungen, N.F., 2).

Gälweiler, Aloys (1960): Produktionskosten und Produktionsgeschwindigkeit. Wiesbaden: Gabler.

Gälweiler, Aloys (1986): Unternehmensplanung. 1. Aufl. Frankfurt: s. n.

Gälweiler, Aloys; Malik, Fredmund; Schwaninger, Markus (1990): Strategische Unternehmensfüh-rung. 2. Aufl. Frankfurt a.M. etc.: Campus-Verlag.

Gillessen, E. (1988): Integrierte Produktionsplanung. Lagerhaltung und Fremdbezug als Bestandteil eines ganzheitlichen Planungskonzeptes. Berlin, New York: Springer (Forschung für die Praxis, Bd. 12).

Gleich, Ronald; Michel, Uwe; Stegmüller, Werner; Kämmler-Burrak, Andrea (Hg.) (2010): Moderne Kosten- und Ergebnissteuerung. [Grundsätze und Konzepte zur Gemeinkosten-, Produktkosten- und Ergebnissteuerung ; Best Practices zu verschiedenen Aufgaben ; Handlungsempfehlungen zur IT-Umsetzung]. Freiburg: Haufe Mediengruppe (Der Controlling-Berater, 7).

Gottschalk, C. G. (1865): Die Grundlagen des Rechnungswesens und ihre Anwendung auf industrielle Anstalten, insbesondere auf Bergbau, Hütten- und Fabrikbetrieb, mit besonderer Rücksicht auf die verschiedenen Methoden und Systeme der Buchführung für Unternehmer, angehende Betriebs- und Rechnungs-Beamte, sowie insbesondere für Studierende der Bergwissenschaften. Leipzig: Felix.

Grochla, Erwin; Szyperski, Norbert (Hg.) (1973): Modell- und computer-gestützte Unternehmenspla-nung. (Betriebswirtschaftliche Beiträge zur Organisation und Automation; Band 22). Wiesbaden: Gabler.

Grünewald, Hans-Günter; Kilger, Wolfgang; Seiff, Wolfgang (Hg.) (1980): AGPLAN – Handbuch zur Unternehmensplanung. Berlin: Verlag E. Schmidt.

Gudehus, Timm (2012): Dynamische Disposition. Strategien, Algorithmen und Werkzeuge zur opti-malen Auftrags-, Bestands- und Fertigungsdisposition. Berlin, Heidelberg: Springer-Verlag Berlin Heidelberg.

Gudehus, Timm (2012): Logistik 2. Netzwerke, Systeme und Lieferketten. Studienausgabe der 4. Auflage. Berlin Heidelberg: Springer Berlin Heidelberg (VDI-Buch). Online verfügbar unter http://dx.doi.org/10.1007/978-3-642-29376-4.

Gudehus, Timm (2015): Dynamische Märkte. Grundlagen und Anwendungen der analytischen Ökonomie. 2., neu bearb. u. erw. Aufl. 2015. Berlin: Gabler (SpringerLink : Bücher).

Günther, Hans Otto (1989): Produktionsplanung bei flexibler Personalkapazität. Stuttgart: C.E. Poeschel.

Gutenberg, Erich (1979): Die Produktion. 23., unveränd. Aufl. Berlin: Springer (Enzyklopädie der Rechts- und Staatswissenschaft Abteilung Staatswissenschaft / von Erich Gutenberg ; 1).

Gutenberg, Erich (1980): Die Finanzen. 8., erg. Aufl. Berlin: Springer (Enzyklopädie der Rechts- und Staatswissenschaft Abteilung Staatswissenschaft, / von Erich Gutenberg ; 3).

Heinen (1983), Betriebswirtschaftliche Kostenlehre, Gabler, 6. Aufl., Wiesbaden.

Held, Holger (2007): HTW Aalen: Planung in KMU 2007. Strategische Unternehmensplanung in kleinen und mittleren Unternehmen. Ergebnisse einer bundesweiten Unternehmensbefragung in Zusammenarbeit mit dem Mittelstandsmagazin ProFirma. Diskussions- und Arbeitspapier. Online verfügbar unter https://www.hs-aalen.de/uploads/publication/file/6442/111_Studie_Planung_in_KMU_2007.pdf

Hemmers, Karlheinz (1986): Planung des Personalbedarfs in indirekten Bereichen. Techn. Hochsch., Diss. u.d.T.: Hemmers, Karlheinz: Entwicklung und Erprobung eines Instrumentariums zur Personalbedarfsplanung indirekter Bereiche – Aachen. Berlin, Heidelberg, New York, London, Paris, Tokyo: Springer (Forschung für die Praxis / Forschungsinstitut für Rationalisierung und Institut für Arbeitswissenschaft der Rheinisch-Westfälischen Technischen Hochschule Aachen, 9).

Hoitsch, Hans-Jörg (1993): Produktionswirtschaft. Grundlagen einer industriellen Betriebswirtschaftslehre. 2., völlig überarb. und erw. Aufl. München: Vahlen (Vahlens Handbücher der Wirtschafts- und Sozialwissenschaften).

Hoitsch, Hans-Jörg; Lingnau, Volker (2004): Kosten- und Erlösrechnung. Eine controllingorientierte Einführung. 5., überarb. Aufl. Berlin: Springer (Springer-Lehrbuch).

Hummel, Siegfried (1969): Die Auswirkungen von Lagerbestandsveränderungen auf den Periodenerfolg. Ein Vergleich der Erfolgskonzeptionen von Vollkostenrechnung und Direct Costing. In: Schmalenbachs Zeitschrift für betriebswirtschaftliche Forschung : Zfbf 21 (2/3), S. 155–180.

Hummel, Siegfried; Männel, Wolfgang (1993): Moderne Verfahren und Systeme der Kostenrechnung. 3. Aufl., Nachdr. Wiesbaden: Gabler (Lehrbuch, 2).

Kaiser, Klaus (1993): Kosten- und Leistungsrechnung bei automatisierter Produktion. Univ., Diss. Bochum, 1990. 2., überarb. Aufl. Wiesbaden: Gabler (Bochumer Beiträge zur Unternehmungsführung und Unternehmensforschung, 37).

Kämmler-Burrak, Andrea; Wieland, Florian (2010): Brancheneinblicke in die Produktionssteuerung. In: Gleich, Ronald; Michel, Uwe; Stegmüller, Werner; Kämmler-Burrak, Andrea (Hg.): Moderne Kosten- und Ergebnissteuerung. [Grundsätze und Konzepte zur Gemeinkosten-, Produktkosten- und Ergebnissteuerung ; Best Practices zu verschiedenen Aufgaben ; Handlungsempfehlungen zur IT-Umsetzung]. Freiburg: Haufe Mediengruppe (Der Controlling-Berater, 7), S. 187–198.

Kemeny, John G.; Schleifer, Arthur; Snell, J. Laurie; Thompson, Gerald L. (1972): Mathematik für die Wirtschaftspraxis. 2., verb. Aufl. Berlin u. a.: De Gruyter.

Kersten, Wolfgang; Koller, Hans; Lödding, Hermann (Hg.): Industrie 4.0. Wie intelligente Vernetzung und kognitive Systeme unsere Arbeit verändern. Schriftenreihe der Hochschulgruppe für Arbeits- und Betriebsorganisation e. V. (HAB). Berlin. Gito.

Kilger (1962), Kurzfristige Erfolgsrechnung, Betriebswirtschaftlicher Verlag Gabler, Wiesbaden.

Kilger, Wolfgang; Pampel, Jochen R.; Vikas, Kurt (2007): Flexible Plankostenrechnung und De-ckungsbeitragsrechnung. 12., vollst. überarb. Aufl. 2007. Springer: Gabler.

Klenger, Franz (2000): Operatives Controlling. 5., durchges. Aufl. München: Oldenbourg.

Kloock, Josef (1969): Betriebswirtschaftliche Input-Output-Modelle. Ein Beitrag zur Produktionsthe-orie. Wiesbaden: Gabler. Online verfügbar unter http://dx.doi.org/10.1007/978-3-663-04306-5.

Koch, Helmut (1982): Integrierte Unternehmensplanung. Wiesbaden: Gabler.

Kochen, Rainer (1979): Personalplanung bei Auftragsfertigung. Göttingen: Vandenhoeck und Rup-recht (Schriftenreihe des Seminars für Allgemeine Betriebswirtschaftslehre der Universität Ham-burg, Bd. 16).

Kossbiel, Hugo (1970): Die Bestimmung des Personalbedarfs, des Personaleinsatzes und der Perso-nalausstattung als betriebliches Entscheidungsproblem. Unveröff. Habilitationsschrift. Kiel.

Kreilkamp, Edgar (1987): Strategisches Management und Marketing: Markt- und Wettbewerbsanaly-se. Strategische Frühaufklärung. Portfolio-Management. Berlin u. a.: De Gruyter (Marketing Ma-nagement, 11). Online verfügbar unter http://search.ebscohost.com/login.aspx?direct=true&scope=site&db=e000xat&AN=559668.

Krützfeldt, Tim (2006): Integration von operativem und strategischem Controlling im Hinblick auf die Erfolgs- und Finanzlenkung von Unternehmen. Ein prognosebasierter Ansatz. Univ., Diss. Oldenburg. Online verfügbar unter http://oops.uni-oldenburg.de/27/12/kruint06.pdf

Küng, Management von Verkauf und Vertrieb, Seminarunterlagen MZSG St. Gallen, 2003

Küpper, Hans-Ulrich (1977): Das Input-Output-Modell als allgemeiner Ansatz für die Produktions-funktion der Unternehmung. In: *Jahrbücher für Nationalökonomie und Statistik*, Vol. 191, S. 492–519.

Küpper, Hans-Ulrich (1979): Dynamische Produktionsfunktion der Unternehmung auf der Basis des Input-Output-Ansatzes. In: *Zeitschrift für Betriebswirtschaft*, Vol. 49, S. 93–106

Küpper, Hans-Ulrich (1980): Interdependenzen zwischen Produktionstheorie und der Organisation des Produktionsprozesses. Berlin: Duncker & Humblot (Betriebswirtschaftliche Forschungser-gebnisse; Bd. 83).

Küpper, Hans-Ulrich (1981): Dynamische Produktionsfunktionen als Grundlage für eine Analyse von Interdependenzen in der Produktion. In: Bratschnitsch, Rudolf; Schnellinger, Wolfgang (Hg.): *Un-ternehmenskrisen – Ursachen, Frühwarnung, Bewältigung*. Stuttgart: Poeschel, S. 225–239

Lackes, Richard (1989): EDV-orientiertes Kosteninformationssystem. Flexible Plankostenrechnung und neue Technologien. Univ., Diss. Saarbrücken, 1989. Wiesbaden: Gabler (Neue betriebswirt-schaftliche Forschung, 62).

Langen, Heinz; Weinthaler, Fritz (2012): Prognose mithilfe von Verweilzeitverteilungen. In: Mertens, Peter; Rässler, Susanne (Hg.): *Prognoserechnung*. 7., wesentlich überarb. und erw. Aufl. Heidel-berg: Physica-Verl., S. 123–133.

Laßmann, Gert (1992): Betriebsplankosten- und Betriebsplanerfolgsrechnung. In: Männel, Wolfgang (Hg.): *Handbuch Kostenrechnung*, S. 300–319.

Lödding, Hermann (2008): Verfahren der Fertigungssteuerung. Grundlagen, Beschreibung, Konfigu-ration. 2., erw. Aufl. Berlin: Springer (VDI).

Malik, Fredmund (2011): Strategie. Navigieren in der Komplexität der neuen Welt. Frankfurt a.M. etc.: Campus-Verlag (Management, Bd. 3).

Mattessich, Richard (1970): Die wissenschaftlichen Grundlagen des Rechnungswesens. Eine analytische und erkenntniskritische Darstellung doppischer Informationssysteme für Betriebs- u. Volkswirtschaft. Düsseldorf: Bertelsmann Universitätsverlag.

Mertens, Peter; Rässler, Susanne (Hg.) (2012): Prognoserechnung. 7., wesentlich überarb. und erw. Aufl. Heidelberg: Physica-Verl.

Moews, Dieter (1992): Kosten- und Leistungsrechnung. 5., völlig überarb. u. erw. Aufl. München: Oldenbourg.

Müller, Heinrich (1993): Prozesskonforme Grenzplankostenrechnung. Stand – Nutzanwendungen – Tendenzen. Wiesbaden: Gabler. Online verfügbar unter http://dx.doi.org/10.1007/978-3-322-91040-0.

Münstermann, Hans (1969): Unternehmungsrechnung. Untersuchungen zur Bilanz, Kalkulation, Planung mit Einführungen in die Matrizenrechnung, Graphentheorie und Lineare Programmierung. Wiesbaden: Gabler. Online verfügbar unter http://dx.doi.org/10.1007/978-3-322-98939-0.

Munzel, Gerhard (1966): Die fixen Kosten in der Kostenträgerrechnung. Wiesbaden: Gabler.

Noltemeier, Hartmut (1976): Computergestützte Planungssysteme. Würzburg, Wien: Physica-Verlag.

Oehler, Karsten (2006): Corporate Performance Management mit Business Intelligence Werkzeugen. München: Hanser. Online verfügbar unter http://deposit.ddb.de/cgi-bin/dokserv?id=2714908&prov=M&dok_var=1&dok_ext=htm.

Riebel, Paul (1992): Einzelerlös-, Einzelkosten- und Deckungsbeitragsrechnung als Kern einer ganzheitlichen Führungsrechnung. In: Männel, Wolfgang (Hg.): *Handbuch Kostenrechnung*, S. 247–299.

Rieg, Robert (2015): Planung und Budgetierung. Was wirklich funktioniert. 2., überarbeitete Aufl. 2015. Wiesbaden: Gabler.

Rollberg, Roland (2001): Integrierte Unternehmensplanung. Wiesbaden: DUV (DUV. Wirtschaftswissenschaft).

Scheer, August-Wilhelm (2013): Wirtschaftsinformatik. Referenzmodelle für industrielle Geschäftsprozesse. 7., Aufl. 1997. Berlin: Springer Berlin.

Schehl, Michael (1994): Die Kostenrechnung der Industrieunternehmen vor dem Hintergrund unternehmensexterner und -interner Strukturwandlungen. Eine theoretische und empirische Untersuchung. Univ., Diss. Mannheim, 1993. Berlin: Duncker & Humblot (Abhandlungen aus dem Industrieseminar der Universität Mannheim, 40).

Scherer, Eric; Karlen, Werner (1994): Flexible Konzepte zur Reihenfolgeplanung in der Flussfertigung: simulated annealing und genetic algorithm. In: *BWI Arbeitspapiere zu Logistik, PPS und Betriebsinformatik*, 6/1994, S. 46.

Schneeweiß, Christoph (Hg.) (1992): Kapazitätsorientiertes Arbeitszeitmanagement. Heidelberg: Physica-Verl (Schriften zur quantitativen Betriebswirtschaftslehre, 5).

Schneider, Erich (1969): Industrielles Rechnungswesen. Grundlagen u. Grundfragen. 5. Aufl. Tübingen: Mohr.

Schoner, Peter (2008): Operative Produktionsplanung in der verfahrenstechnischen Industrie. Kassel University Press.

Schuh, Günther; Potente, Till; Thomas, Christina; Hauptvogel, Annika (2014): Steigerung der Kollaborationsproduktivität durch cyber-physische Systeme. In: Bauernhansl, Thomas; ten Hompel, Michael; Vogel-Heuser, Birgit (Hg.): *Industrie 4.0 in Produktion, Automatisierung und Logistik. Anwendung, Technologien und Migration.* Wiesbaden: Springer Vieweg, S. 277–295.

Schweitzer, Küpper (2008), Systeme der Kosten- und Erlösrechnung, Vahlen, 9., überarb. u. erw. Aufl.

Sent, Bernd (1991): Personalbedarfsplanung. Anlagenorientierte Personalbedarfsplanung für kontinuierliche Fertigungsprozesse. Techn. Hochsch., Diss. u.d.T.: Entwicklung einer Vorgehensweise zur anlagenorientierten Personalbedarfsplanung für kontinuierliche Fertigungsprozesse – Aachen. Berlin: Springer (FIR + IAW-Forschung für die Praxis, 38).

Shackleton, V. J. (1995): Business leadership. London, New York: Routledge (Essential business psychology).

Simon, Henrik (2010): Produktion und Organisation. Online verfügbar unter https://www.uni-koblenz-landau.de/de/koblenz/fb4/ifm/agvonkorflesch/Lehre/lehrveranstaltungen/som2010/prodorga/produktion-01-20100708.pdf

Söhner, Volkmar (1995): Hierarchisch integrierte Produktionsplanung und -steuerung. Heidelberg: Physica-Verlag HD (Schriften zur quantitativen Betriebswirtschaftslehre, 9). Online verfügbar unter http://dx.doi.org/10.1007/978-3-642-51089-2.

Srinivasan, Sridhar; Srinivasan, Kumar (2013): SAP business planning and consolidation. 3rd ed. Boston: Galileo Press.

Steffenhagen, Hartwig (1995): Konditionengestaltung zwischen Industrie und Handel. Leistungsbezogen – systematisch – professionell. Wien: Ueberreuter.

Stöppler, Siegmar (1984): Nachfrageprognose und Produktionsplanung bei saisonalen und konjunkturellen Schwankungen. Würzburg: Physica-Verlag (Physica-Schriften zur Betriebswirtschaft, 11).

Strutz, Harald (1976): Langfristige Personalplanung auf der Grundlage von Investitionsmodellen. Zugl.: Hamburg, Univ., Diss., 1974. Wiesbaden: Gabler (Schriftenreihe des Seminars für Allgemeine Betriebswirtschaftslehre der Universität Hamburg, 8).

Todesco, Felix (2010): Die Unternehmensplanung bei kleinen und mittleren Unternehmen im Blickpunkt der aktuellen gesetzlichen Anforderungen an die Unternehmensführung. Univ., Diss., Würzburg, 2010. Online abrufbar unter https://opus.bibliothek.uni-wuerzburg.de/files/4210/DissTodesco.pdf.

Trossmann (1983), Grundlagen einer dynamischen Theorie und Politik der betrieblichen Produktion, Verlag Duncker & Humblot, Berlin.

Vázsonyi, Andrew (1962): Die Planungsrechnung in Wirtschaft und Industrie. Wien: R. Oldenbourg.

Vogel, Friedrich (1966): Betriebliche Strukturbilanzen und Strukturanalysen. Univ., Diss. Köln, 1966. Köln: Gouder u. Hansen.

Vogel, Friedrich (1997): Matrizenrechnung in der Betriebswirtschaft. Grundlagen und Anwendungsmöglichkeiten. Wiesbaden: Gabler. Online verfügbar unter http://dx.doi.org/10.1007/978-3-663-04345-4.

Währisch, Michael (1998): Kostenrechnungspraxis in der deutschen Industrie. Eine empirische Studie. Wiesbaden: Gabler (Bochumer Beiträge zur Unternehmungsführung und Unternehmensforschung, Bd. 53).

Weißenberger, Barbara E. (2005): Controlling unter IFRS : Möglichkeiten und Grenzen einer integrierten Erfolgsrechnung. Arbeitspapiere industrielles Management und Controlling, Working Paper 1/2005, Justus-Liebig-Universität Gießen. http://geb.uni-giessen.de/geb/volltexte/2005/2320/pdf/ApapIMC_2005_01.pdf

Westphal, Jan R. (2001): Komplexitätsmanagement in der Produktionslogistik. Ein Ansatz zur flussorientierten Gestaltung und Lenkung heterogener Produktionssysteme. Mit einem Geleitwort von Sebastian Kummer. Wiesbaden: Dt. Univ.-Verl. (Gabler-Edition Wissenschaft).

Wilmowsky, Peter von (2015): Insolvenzrecht I: Grundzüge (Vorlesung). § 5 Insolvenzgründe – insbesondere: Überschuldung. Online verfügbar unter http://www.jura.uni-frankfurt.de/43347093/IRV_UM_P5_1_Ueberschuldung.pdf

Woehle, Michael (1999): Dynamische Planung des betrieblichen Materialbedarfs, Ingenieurwissenschaften – Wirtschaftsingenieurwesen. Seminararbeit im Rahmen des Seminars zur Beschaffungsplanung Sommersemester 1999 Dynamische Planung des betrieblichen Materialbedarfs. Online verfügbar unter http://www.grin.com/de/e-book/105037/dynamische-planung-des-betrieblichen-materialbedarfs

Zäpfel, Günther (1982): Produktionswirtschaft. Operatives Produktions-Management. Berlin: De Gruyter (De-Gruyter-Lehrbuch).

Zäpfel, Günther (1996): Auftragsgetriebene Produktion zur Bewältigung der Nachfrageungewißheit. In: *Zeitschrift für Betriebswirtschaft : ZfB*, 66(7), S. 861–877.

Zimmermann, Alexander (2010): Praxisorientierte Unternehmensplanung mit harten und weichen Daten. Das Strategische Führungssystem. Berlin, Heidelberg: Springer-Verlag Berlin Heidelberg.

Zwicker, Integrierte Zielverpflichtungsplanung und Balanced Scorecard, www.inzpla.de.

Zwicker, Klassische Kosten-Leistungsrechnung und Integrierte Zielverpflichtungsplanung, www.inzpla.de.

Zwicker, Modelltableausystem von Standard-Kosten-Leistungs-Modellen, www.inzpla.de.

Zwicker, Simultane und rekursive Gleichungssysteme in der Kosten- und Leistungsrechnung, www.inzpla.de.

3 Anforderungen an Unternehmensplanungssoftware

Die Praxis der operativen Planungsrechnung steckt vor dem Hintergrund der geschilderten Unzulänglichkeiten der Verkaufserfolgsrechnung und der klassischen Kostenrechnung in dem Dilemma, aus einem „Flickenteppich" bestimmter Zweckrechnungen des Rechnungswesens ein prozesskonformes Planungsinstrument zu entwickeln, was sich jedoch aufgrund der heterogenen Strukturen und Applikationen sowie des Zwanges, immer schneller auf Änderungen des Unternehmensumfeldes reagieren zu müssen, immer schwieriger darstellt. Die Kostenrechnung ist aufgrund der o. g. Schwachstellen nicht in der Lage, die notwendigen Basisdaten in einer für die Planungsrechnung hinreichenden Qualität zu liefern. Die Verkaufserfolgsrechnung, die mit pauschalen Annahmen hinsichtlich der Änderungen bestimmter Bilanzpositionen versucht, „indirekt" auf eine Geldflussrechnung (Cashflow-Rechnung) zu schließen, ist jedoch aus den weiter oben genannten Gründen ebenfalls abzulehnen. Wirklich zielführend wäre nur eine Planungsrechnung, die entlang der Beschaffungs-, Produktions- und Vertriebsprozesse ein durchgängig integriertes Simulationsmodell bereitstellt, dass sowohl die relevanten Elemente der Kostenrechnung als auch notwendige Zugangsmengen über Bestandsmengengleichungen und darüber hinaus die Verflechtungsstrukturen auf der Output- und Inputseite berücksichtigt. Ferner muss dieses Modell die pagatorische Doppik beinhalten, um die Erfolgs-, Finanz- und Bilanzplanung als „Sekundärrechnung" abzuleiten. Sekundärrechnung deshalb, weil zuvor das gesamte Preis-, Mengen- und Zeitgerüst der Beschaffungs-, Produktions- und Vertriebsfunktionen zu planen ist und erst dann eine sinnvolle Abbildung der resultierenden Wertgrößen in den bekannten Teilrechnungen des Rechnungswesens erfolgen kann. Die am Markt überwiegend verbreitete Standardsoftware geht allerdings den umgekehrten Weg, d. h., über pagatorische Wertgrößen soll direkt auf die vorgelagerten Größen geschlossen werden, was jedoch planungslogisch unmöglich ist.

3.1 Der Nutzen anforderungsgerechter Planungssoftware

Dieses Buch beschäftigt sich nicht bzw. nur am Rande mit den für die strategische Planung relevanten Planungselementen. Der Schwerpunkt liegt vielmehr auf der zweckmäßigen Gestaltung und zukünftigen systemtechnischen Umsetzung der operativen Planungsrechnung. Im Kontext des Kapitels 2.1.6 geht es also ausschließlich um die Systemebenen 1 und 2 (Erfolgs- und Liquiditätsplanung) des Gesamtsystems der operativen und strategischen Unternehmensführung. In diesem Zusammenhang kann die Frage gestellt werden, welche Bedeutung diese beiden Ebenen im Hinblick auf den Erfolg haben und welche konkreten Erfolgsbeiträge hieraus zu erwarten sind. Dabei ist es wichtig, nochmals darauf hinzuweisen, dass die unterschiedlichen Systemebenen keine Rangfolge hinsichtlich ihrer Wichtigkeit darstellen. Es dürfte aus den obigen Ausführungen hinreichend klar geworden sein, dass Mängel in der Erfolgs- und Liquiditätsplanung zu schwerwiegenden Problemen führen können. Es dürfte auch deutlich geworden sein, dass eine Liquiditätsplanung ohne die sie vorsteuernde Erfolgsplanung nicht nur unmöglich, sondern auch mit ernsthaften Gefahren verbunden ist. Dabei darf natürlich nicht übersehen werden, dass eine Erfolgs- und Liquiditätsplanung, so ausgefeilt diese auch ausgestaltet sein mag, losgelöst von den gegenwärtigen und zukünftigen Erfolgspotenzialen und den einzuleitenden Maßnahmen für deren Aufrechterhaltung bzw. Erschließung keinen Sinn ergibt. Planung ist also keineswegs mit Planungsrechnung gleichzusetzen.

Vor dem Hintergrund der gegenwärtig fast flächendeckend feststellbaren Mängel im Hinblick auf eine integrierte und zweckmäßige Unternehmensplanungsrechnung und ihrer Bedeutung für das Sichtbarmachen der Konsequenzen von alternativen Entscheidungen auf den Ebenen 3 und 4 (gegenwärtige und zukünftige Erfolgspotenziale) kann der Beitrag, den verbesserte Planungs- und Steuerungssysteme liefern können, gar nicht hoch genug eingeschätzt werden. Nur eine operative Planungsrechnung, die alle relevanten Einflussgrößen der Erfolgs- und Liquiditätsrechnung berücksichtigt und ohne Zeitverzug und zuverlässig die Konsequenzen aus veränderten Datenkonstellationen darstellen kann, ist für Unternehmen in Zukunft überhaupt von Nutzen. Systeme der erweiterten Unternehmensplanungsrechnung (Advanced Enterprise Planning, siehe Kapitel 5.1) können konkreten Nutzen insbesondere im Hinblick auf folgende Kriterien liefern:

Flexibilität, Anpassungs- und Steuerungsfähigkeit

Aufgrund der vollständigen Abbildung des innerbetrieblichen Wirkungsgefüges in Echtzeit können die Auswirkungen alternativer Entscheidungsmöglichkeiten schnell und zuverlässig simuliert werden. Dadurch erhöhen sich die Flexibilität und Anpassungsfähigkeit des Unternehmens im Hinblick auf die immer mehr zunehmende Volatilität seiner Märkte. Da eine permanente Rückkopplung der Auswirkungen getroffener Entscheidungen ermöglicht wird, erhöht sich die Steuerungsfähigkeit des Unternehmens signifikant. Ferner wird es aufgrund von permanent rollierenden Hochrechnungen und deren automatischem Abgleich mit den Ursprungsplänen möglich, Zielabweichungen bereits frühzeitig zu erkennen. Diese Ex-ante-Abweichungsrechnungen führen zu einer deutlichen Verbesserung der Steuerungsfähigkeit und Prognosezuverlässigkeit des Unternehmens.

Lernkurve im Hinblick auf das Systemverhalten (quantitative Abbildung)

Die oben beschriebenen Lern- und Erfahrungskurveneffekte beziehen sich nicht nur auf die physische Produktionsleistung, sondern auch auf die Planungs- und Steuerungsprozesse, die nach wie vor und auch in Zukunft von Menschen auszuführen sind. Durch eine alle relevanten Einflussgrößen umfassende Planungsrechnung in Echtzeit, die in ein anwenderfreundliches System eingebettet ist, erhalten alle am Planungsprozess beteiligten Menschen einen tiefgehenden Einblick in das Systemverhalten durch Variation der relevanten Parameter. Dieses Erfahrungswissen befähigt die beteiligten Mitarbeiter auch intuitiv zu viel besseren Entscheidungen, da sie das Geschäftsmodell des Unternehmens und sein jeweiliges

Wirkungsgefüge immer vor Augen haben und zuverlässig die Wirkungsweise geänderter Parameter einschätzen können.

Prozesskosten

Die durchschnittliche Planungsdauer in deutschen Industrieunternehmen beträgt, wie die Studien in Kapitel 1.2 gezeigt haben, 3–4 Monate. Im Kontext stetig zunehmender Marktdynamik, die sich in steigender Volatilität auf nahezu allen Märkten bemerkbar macht, ist das Planungsergebnis meist schon am Ende des Prozesses durch die Überholung der ursprünglichen Prämissen unbrauchbar geworden. Es taugt nicht für die Steuerung des Unternehmens und die kurzfristige Anpassung an veränderte Umfeldbedingungen. Vor diesem Hintergrund stellen die durch den Planungsprozess entstanden Prozesskosten (1–2 % des Umsatzes) im Prinzip Verschwendung von Ressourcen, Zeit und Geld dar. Eine Planungsrechnung jedoch, die jederzeit über die Variation der relevanten Einflussgrößen der Finanz- und Erfolgsplanung in Echtzeit zuverlässige Ergebnisse generiert, ermöglicht nicht nur die Beseitigung der genannten Prozesskosten, sondern erhöht darüber hinaus die Flexibilität und die Steuerungsfähigkeit signifikant. Bei fast vollständiger Beseitigung der Prozesskosten wird zusätzlich eine wesentlich höhere Planungsqualität und Basis für Entscheidungen ermöglicht, da u. a. langwierige Abstimmprozesse und Fehlerquellen entfallen. Damit ist die Amortisationsdauer im Hinblick auf die Investition in vollständig integrierte Echtzeit-Planungssysteme verschwindend gering.

Planung in Bandbreiten und Risikocontrolling

Echtzeitfähige Planungssysteme eröffnen auch ganz neue Möglichkeiten im Hinblick auf eine *stochastische Unternehmensplanung* und ein damit einhergehendes Risiko-Controlling. Das Ergebnis traditioneller Planungsprozesse ist eine sogenannte „Punkt-Planung", d. h., nach Abschluss der mehrmonatigen Planungsprozedur wurde genau der Wert *einer* bestimmten Alternative berechnet. Die Prämissen, die dieser einen Alternative zugrunde gelegt wurden, sind aber häufig schon im Zeitpunkt der finalen Erstellung der Pläne überholt. Die zunehmende Volatilität der Märkte erzwingt daher immer mehr ein Denken in Bandbreiten. Die Unternehmensleitung benötigt zuverlässige Informationen darüber, wie sich Ergebnis und Liquidität innerhalb bestimmter Bandbreiten (bspw. Materialpreissteigerungen zwischen 2–8 %, Absatzmengen zwischen −5 % und +5 % etc.) verhalten und mit welcher Wahrscheinlichkeit bestimmte Datenkonstellationen zu berücksichtigen sind. Dies führt zu einer Vielzahl von Simulationsläufen, die mit den herkömmlichen Softwaresystemen zur Planungsunterstützung nicht zu leisten sind.

Unternehmensbewertung

Vollständig integrierte Planungsrechnungen ermöglichen auch im Hinblick auf Modellrechnungen der Unternehmensbewertung ganz neue Möglichkeiten. Bisher wurden solche Bewertungsrechnungen ausschließlich auf einer mehr oder weniger plausiblen Fortschreibung von aggregierten Salden der Finanzsphäre (Erfolgs- und Bilanzrechnung) vorgenommen. Das komplexe interne Wirkungsgefüge der Leistungserstellung war dabei vollkommen intransparent. In Zukunft könnten Änderungen von innerbetrieblichen Prozessen, Durchlaufzeiten, Kapazitätsauslastungen, Lagerpolitiken, Materialpreisen bestimmter Materialarten etc. durch wenige Mausklicks direkt in die Bewertungsmodelle einfließen. Damit wird ein erheblicher Beitrag zur Risikosteuerung im Hinblick auf die Durchführung von M&A-Transaktionen geleistet.

Zuverlässigere Kapitalmarktinformationen

Für börsennotierte Unternehmen ist es von Bedeutung, zuverlässige Ergebnisprognosen für die Marktteilnehmer bereitzustellen. Die in der Einleitung erwähnten Beispiele von Bilfinger und GESCO zeigen, wie schnell die Aktienkurse auf unzuverlässige Erfolgsprognosen reagieren. Eine alle relevanten Einflussgrößen umfassende Planungsrechnung, die zudem stochastische Elemente zur Risikoerfassung enthält, kann zu einer deutlichen Verbesserung der Qualität von Ergebnisprognosen beitragen. Erhebliche Ergebnisabweichungen innerhalb von wenigen Wochen sind eindeutig auf mangelhafte Systeme der Planungsrechnung zurückzuführen und könnten durch vollständig integrierte Systeme nahezu ausgeschlossen werden.

3.2 Der Markt für Planungs- und Controlling-Software

Der Gesamtmarkt für Business-Intelligence-Software in Deutschland umfasste im Jahr 2012 ein Gesamtmarktvolumen in Höhe von ca. 1,2 Milliarden Euro. *Etwa 10 %* davon entfielen auf das Marktsegment für Software zur Planungsunterstützung. Damit beträgt das Gesamtmarktvolumen für spezialisierte Planungs- und Controlling-Software ca. *120 Mio. Euro pro Jahr*, wovon wiederum rund 43 % auf den Verkauf von Lizenzen (Neukundengeschäft), 26 % auf Wartungsgebühren (Bestandskundengeschäft), 10 % auf Implementierungsdienstleistungen, 15 % auf Beratung und Schulung und 5 % auf Individualprogrammierung und sonstige Dienstleistungen entfallen.[1]

– Die Top-5-Anbieter (SAP, Oracle, IBM, SAS, Microsoft) des deutschen BI-Gesamtmarktes vereinen ca. 60 % der Marktanteile auf sich.[2]
– Der deutsche Markt für Planungs- und Controlling-Software ist hingegen sehr heterogen und verteilt sich auf mehr als 50 verschiedene Anbieter.
– Insgesamt gibt es in Deutschland über 150 Anbieter von BI-Softwarelösungen. Davon erzielen mehr als 100 Anbieter einen Jahresumsatz von unter 1 Million Euro.[3]

Bei der Betrachtung des BI-Marktvolumens ist zu berücksichtigen, dass sich dieses auf alle Unternehmenssektoren und den Bereich der öffentlichen Auftraggeber bezieht. Aufgrund des hohen Anteils von Handel, Banken, Versicherungen und Telekommunikationsunternehmen dürfte der Industriekundenanteil an der Gesamtnachfrage des BI-Marktes maximal 50 % betragen. Somit dürfte der Umsatz mit Planungs- und Controlling-Lösungen im Industriesektor nicht über 50–60 Millionen Euro pro Jahr hinausgehen.

---

1   Lündendonk, Lünendonk®-Marktstichprobe 2013, S. 21
2   http://www.cio.de/a/sap-vor-oracle-und-ibm,2892437
3   https://de.wikipedia.org/wiki/Business_Intelligence

Allein die Umsätze der 5 größten ERP-Softwareanbieter erreichten in Deutschland im Jahr 2013 ca. 1 Milliarde Euro.[4] Der Gesamtumsatz für ERP-Software in Deutschland betrug im Jahr 2013 ca. 2,6 Milliarden Euro.[5]

Daraus folgt, dass deutsche Industrieunternehmen gemessen an ihren ERP-Investitionen nur knapp 2 % in Softwareunterstützung im Bereich der Unternehmensplanung investieren. Dies steht auf den ersten Blick in einem krassen Missverhältnis zu den in zahlreichen Studien zum Ausdruck gebrachten Prioritäten, wonach für einen Großteil der Unternehmen der Ausbau und die Verbesserung ihrer Planungssysteme höchste Priorität genießen soll. Zieht man ferner in Betracht, dass deutsche Industrieunternehmen ca. 1–2 % ihres Umsatzes für ihren jährlichen Planungsprozess mit zudem höchst unbefriedigenden Resultaten aufwenden, wird die offensichtliche Diskrepanz zwischen Anspruch und Wirklichkeit noch deutlicher.

Ferner ist auffällig, dass fast 80 % des gesamten BI-Marktvolumens auf Reporting- und Analyse-Software incl. erforderlicher Datenintegrations-Tools (ETL) entfällt. Das Auswerten von historischen Ist-Daten scheint demnach eine ungleich höhere Priorität zu haben als die Verbesserung der Planungsprozesse. Ob sich die Unternehmen in Zukunft wirklich ernsthaft mit der Neugestaltung ihrer Planungssysteme auseinandersetzen werden, bleibt abzuwarten. Die Gefahr scheint jedoch groß zu sein, dass aufgrund immer neuer BI-Modetrends die essentiell wichtige Verbesserung der Planungssysteme weiterhin unterbleibt.

3.3 Defizite derzeit eingesetzter Planungssoftware

3.3.1 ERP-/PPS-Software

ERP-Systeme verwalten alle wesentlichen Transaktionen eines Unternehmens, um das Tagesgeschäft zu steuern. Diese Systeme sind aus den PPS-Systemen entstanden, die auf Basis des MRP-I-Konzeptes die integrierte Planung von Produktionssystemen ermöglichen sollten.

In den 1980er Jahren entstand dann das MRP-II-Konzept, das zusätzlich wirtschaftliche und strategische Gesichtspunkte der Produktionsplanung berücksichtigen sollte. Das MRP-II-Konzept findet auch heute noch vielfältige Anwendung in der Produktionsplanung und -steuerung, da es die Basis für den größten Teil der existierenden IT-Systeme in diesem Bereich, der „PPS-Systeme", ist. Nach Einführung des Begriffes „Enterprise Ressource Planning = ERP" wurden quasi alle PPS-Systeme in ERP-Systeme umbenannt, obwohl sich an den Defiziten zur Erstellung von operativen Unternehmensplanungen in diesen Systemen nichts geändert hatte. Das *P* steht also für Planning. Allerdings haben ERP-Systeme

---

4   http://de.statista.com/statistik/daten/studie/262273/umfrage/umsaetze-der-anbieter-von-erp-soft ware-in-deutschland/

5   Bergmann, Universität Potsdam, S. 16 (http://wi.uni-potsdam.de/homepage/potsdam.nsf/e01 b4d8cacb32e42c12572bf003d75e2/48957d5593e94766c1257c0a0036d87e/$FILE/ERP%20 Markt_M%20Goetze_S%20Bergmann.pdf)

mit der eigentlichen Unternehmensplanung bestenfalls in wenigen Teilbereichen etwas zu tun. Eine wirklich integrierte Gesamtplanung ist mit ERP-Systemen mit wirtschaftlich vertretbarem Aufwand nicht zu realisieren.

Laut Gabler Wirtschaftslexikon ist das für ERP-Systeme bestimmende MRP-II-Konzept wie folgt definiert:

„MRP II ist eine Methode für die Planung aller Ressourcen innerhalb eines Produktionsunternehmens. Es integriert die monetäre Geschäftsplanung, die marketingorientierte Produktionsprogrammplanung mit der fertigungsnahen Kapazitäts- und Materialbedarfsplanung sowie mit der Produktionssteuerung, Betriebsdatenerfassung (BDE) und der Maschinendatenerfassung (MDE). Die Planung erfolgt sequentiell mit einer Reihe von Feedback-Schleifen. MRP II ist aus MRP entstanden. MRP II liegt vor, wenn die Ergebnisse von MRP-Planungsvorgängen durch Rückkopplung für die Produktionsprogrammplanung weiterverwendet werden. Mit MRP II wird eine höhere Integrationsstufe von Planungen bezeichnet, deren Ergebnisse in weitere betriebliche Bereiche eingehen. MRP II ist geeignet für gut prognostizierbare Produktionsprozesse mit regelmäßigen Auftragseingängen.“[6]

Der Hinweis auf die „integrierte monetäre Geschäftsplanung" ist wie bereits erwähnt irreführend bzw. nicht korrekt, da es bis heute kein ERP-System gibt, das eine in die MRP-II-Konzeption eingebettete monetäre Geschäftsplanung hat. Eine monetäre Geschäftsplanung wäre eine integrierte Erfolgs-, Finanz- und Bilanzplanung die auf den Mengen- und Preistabellen des ERP-Systems aufsetzend eine durchgängige Planung von Mengen- und Wertestrukturen ermöglichen würde.

Der Begriff ERP (Enterprise Ressource Planning) ist in erster Linie eine Präzisierung des aus dem MRP (Material Requirements Planning) hervorgegangenen PPS-Begriffs. Es ging Ende der 1990er Jahre einerseits darum, klarzustellen, dass im Industriebetrieb neben dem Material auch die Ressourcen „Mensch" und „Maschine" sowie die Kapitalflüsse zu planen sind. Andererseits sollte verdeutlicht werden, dass nicht jedes Unternehmen notwendigerweise über eine Produktion verfügt. Tatsächlich sind im Zuge dieser Betrachtung fast alle ehemals als „PPS" bezeichneten Systeme zum ERP-System geworden.[7]

Kostenrechnungssoftware:

Zur Durchführung einer Kostenstellen- und Kostenträgerrechnung und Erstellung von Plankalkulationen für die Ergebnisrechnung sowie von Herstellkostenkalkulationen für die Bewertung von unfertigen und fertigen Erzeugnissen benötigt ein Industrieunternehmen in der Regel eine entsprechende Kostenrechnungssoftware. Dies ist allerdings nicht zwingend, da es nach wie vor keinerlei gesetzliche Verpflichtung für die Einrichtung einer Kosten- und Leistungsrechnung gibt. Fehlt eine Kosten- und Leistungsrechnung, dann kann über sogenannte retrograde Schätzabschläge ausgehend von den Verkaufspreisen eine Ermittlung vorgenommen werden. Dies ist in der Praxis allerdings, zumindest im Mittelstand und in der Großindustrie, äußerst selten. So setzen nahezu alle industriellen Groß- und Mittel-

---

6   Gehr, Logistik in der Automobilindustrie, S. 169
7   Marczinski, http://www.cim-aachen.de/showpub.php?show=read_erp0408.html

standsunternehmen für die Bestandsbewertung eine Kostenrechnung und entsprechende Kostenrechnungssoftware ein. Bei den kleineren Industrieunternehmen trifft dies hingegen nur auf rund die Hälfte aller Unternehmen zu.[8]

Die Kostenrechnungssoftware ist entweder Bestandteil umfassender ERP-Systemlösungen oder wird von den Unternehmen von spezialisierten Anbietern hinzugekauft.

Dies ist ein weiteres Indiz dafür, dass die Praxis der Planungsrechnung in der deutschen Industrie eher einer pauschalen Werteplanung in der Finanzdimension folgt. Dieser Befund deckt sich auch mit der Studie von CapGemini, nach der die sogenannten „Best-In-Class" und „Führenden Unternehmen", die tatsächlich die Produktionsplanung integrieren, einen Anteil von unter 30 % haben (s. Kapitel 1.2.2).

Softwarewerkzeuge zur Unterstützung der betrieblichen Kosten- und Leistungsrechnung beschränken sich allein auf die Kostenträger- und Kostenstellenrechnung, haben jedoch keinen Bezug zu einer umfassenden Planungsrechnung. Diese Systeme werden in der Praxis meist für die Bestimmung von Kostenpreisen und für die Bewertung der Erzeugnisbestände eingesetzt. Sie werden also meist für Dokumentations- und Bewertungszwecke eingesetzt. Diese Aussage wird auch von Währisch gestützt, dessen Untersuchungen aufzeigen, dass die betriebliche Kosten- und Leistungsrechnung nur bei ca. 20 % der Unternehmen als Grundlage für eine operative Produktions- und Absatzplanung genutzt wird.[9]

3.3.2 Erweiterte Kostenrechnungssoftware

Die Systemklasse der integrierten EFB- und KLR-Modelle zeichnet sich dadurch aus, dass sie speziell für die Anforderungen der Industrie entwickelt wurde. Dabei wird das Unternehmen nicht, wie bei den Plan-Buchhaltungsmodellen, in hochaggregierten Konten modelliert, sondern in den für die Industrie notwendigen Detailgraden der Fertigung. Der gesamte innerbetriebliche Mengen- und Wertefluss kann über die integrierten Modelle der Kosten- und Leistungsrechnung abgebildet werden. Es werden meist sowohl Vollkosten- als auch Teilkostenrechnungssysteme unterstützt. Die führenden produktionswirtschaftlichen Planungselemente in diesen Systemen sind daher Stücklisten, Rezepturen und Arbeitspläne. Es können Plankalkulationen je Kostenträger, leistungsmengenbasierte Kostenstellenplanungen, Deckungsbeitragsrechnungen in verschiedenen Dimensionen (Kunde, Zeit, Produkt, Werk etc.) realisiert werden. Ebenfalls möglich ist ein grober Kapazitätsabgleich, der aufgrund der geplanten Verkaufs- oder Produktionsmengen mit Hilfe der hinterlegten Arbeitspläne durchgeführt wird. Oftmals werden zusätzliche Spezialmodelle (bspw. Prozess-Kostenrechnung, Target Costing, Projekt-Kostenrechnung etc.) angeboten. Damit sind die wesentlichen Bestandteile der Produktions- und Kostenfunktionen in diesen Systemen abbildbar. Auf Basis der Detailplanung können aggregierte Kosten- und Leistungsinformationen an vordefinierte EFB-Modelle zur integrierten Planung von Erfolgs-, Finanz- und Bilanzrechnung übergeben werden, die zum Teil ebenfalls Bestandteil dieser Systemklasse sind. In der Regel handelt es sich bei diesen Systemen um statische Planungsmodelle, d. h., die dynamischen Zeiteffekte der Produktion sind standardmäßig nicht implemen-

---

8 Währisch, Kostenrechnungspraxis in der deutschen Industrie, S. 86
9 Ebd. S. 271

tiert. Diese Systemklasse bietet die günstigsten Voraussetzungen, um sich im Hinblick auf die Anforderungen von AEP-Systemen (siehe Kapitel 5) weiterzuentwickeln, da die relevanten Beschreibungselemente für Industrieunternehmen bereits feste Modellbestandteile sind. Die erweiterten Planungsmodelle der Kostenrechnung ermöglichen i. d. R. eine kostenrechnerisch fundierte Ermittlung des Plan-Betriebsergebnisses.

3.3.3   Tabellenkalkulationssoftware

Tabellenkalkulationsprogramme haben in den 1980er Jahren eine große Verbreitung und Beliebtheit erfahren, da hiermit Berechnungstabellen und Modelle frei gestaltbar und automatisiert durchgerechnet werden konnten. Dies war gegenüber der bis dahin praktizierten Vorgehensweise der „Papiertabellen" in Kombination mit Tischrechnern eine echte Revolution. Es war nun möglich, alle nur denkbaren Parameteränderungen „auf Knopfdruck" durchzuspielen. Änderte man bspw. ein bestimmtes Datenfeld, dann wurden alle davon abhängigen Berechnungsfelder automatisch über Zell-Referenzen und definierte Formeln neu berechnet. In der Zeit davor hätte eine Parameteränderung die manuelle Neuberechnung aller abhängigen Felder und die manuelle Neuaufbereitung der Tabelle erfordert. Was in einem Tabellenkalkulationsprogramm jetzt auf Knopfdruck möglich war, verlangte vorher also eine manuelle Neuberechnung, was je nach Umfang des Tabellenwerkes mehrere Stunden oder gar Tage in Anspruch nehmen konnte. Der Siegeszug der Tabellenkalkulationssoftware war nicht mehr aufzuhalten, auch wenn einige Geschäftsführer und Buchhalter davor warnten, sich bei der Berechnung wichtiger Zahlen und Modelle nicht zu sehr auf eine Software zu verlassen. Die Gefahr von „Formelfehlern" wurde schnell erkannt und es gab in den Anfängen der Tabellenkalkulation durchaus Manager, die ihren Einsatz zunächst ablehnten. Man befürchtete, dass die Mitarbeiter sich dann nicht mehr im Klaren darüber waren, was sie da eigentlich berechneten. Die Software übernahm schließlich jegliche Rechenarbeit nach vorher definierter Formellogik. Später waren die anfänglichen Skeptiker allerdings die intensivsten Anwender dieser Software und konnten sich einen Berufsalltag ohne Tabellenkalkulation gar nicht mehr vorstellen. In der Anfangszeit hatten diese Systeme noch nicht die Möglichkeit, direkt an Datenbanksysteme angebunden zu werden und die für die Berechnung erforderlichen Rohdaten automatisch in das Arbeitsblatt zu laden. Das änderte sich jedoch schnell, als im Rahmen des sog. CLI(Call Level Interface) -Standards die Open-Database-Connectivity-Schnittstelle Ende der 1980er Jahre entwickelt und verbreitet wurde. Mit ODBC als Datenbankschnittstelle entstand die Möglichkeit, mithilfe von SQL-Statements auf die Geschäfts- und Transaktionsdaten des Unternehmens zuzugreifen. Damit wurde es möglich, bestimmte Berechnungen zeit- oder ereignisgesteuert quasi automatisch ablaufen zu lassen. Damit war es natürlich naheliegend, auch die meisten für die Planungsrechnung erforderlichen Rechenschritte in diesen Systemen ablaufen zu lassen. Die Tabellenkalkulation diente dazu, die Planungsrechnung der verschiedenen Teilbereiche in aggregierter Form zusammenzuführen und die Berechnung zu automatisieren. Es konnten jedoch nicht alle Rechenschritte in einem Spreadsheet-Modell ausgeführt werden, weil damit die Speicher- und Rechenkapazitäten der Software bei Weitem überfordert gewesen wäre. Dies ist auch bis heute nahezu unmöglich obwohl inzwischen über 1 Million Zeilen und ca. 16.000 Spalten verarbeitet werden können. Das Datenvolumen ist also weniger das Problem als vielmehr die umfangreiche und komplexe Planungs- und Rechenlogik. Das

Hauptproblem der Tabellenkalkulation besteht darin, dass ein realitätsnahes Planungsmodell mit Tabellenkalkulationssoftware schlicht und einfach überhaupt nicht abgebildet werden kann. Es können lediglich Planungsfunktionen auf der Finanzebene realisiert werden, da hier aufgrund der hohen Aggregationsstufe die Datenmengen überschaubar sind. Sobald die Leistungsebene mit der Detailkalkulation von Ressourcenbedarfen, Kapazitätsauslastungen, Produktkalkulationen etc. ins Spiel kommt, versagen Tabellenkalkulationsprogramme vollends. Zwar verfügt bspw. das Programm Excel über Funktionen zur Invertierung von Matrizen (bspw. zur Auflösung von Stücklisten), jedoch können hiermit nur sehr kleine Datenmengen bearbeitet werden. Schon die Invertierung einer $2000\text{-}\times\text{-}2000$-Matrix lässt das System auf einem Hochleistungsrechner abstürzen.

Nach wie vor kommen Tabellenkalkulationsprogramme in der Mehrzahl der Unternehmen im Rahmen der Unternehmensplanung zum Einsatz. Die Kritik, die gegen den Einsatz solcher Systeme vorgebracht wird, geht jedoch weitgehend am Kern der Sache der vorbei. Solche Programme eignen sich hervorragend zur Modellierung betrieblicher Sachverhalte sowie zur Darstellung von quantitativen Reports und Grafiken etc. Genau für diesen Zweck waren solche Programme ursprünglich auch vorgesehen. Zur Verarbeitung von Massendaten waren solche Systeme jedoch nie vorgesehen. Es würde wohl auch niemand auf die Idee kommen, ein ERP-System durch Excel-Anwendungen ersetzen zu wollen. Bei vollständig integrierten Planungsrechnungen werden ebenfalls in vielen Fällen Massendaten verarbeitet werden müssen. Der unerschütterliche Glaube, mit Excel alle Anforderungen einer Planungsrechnung lösen zu können, wird also nicht weiterhelfen. Wenn Unternehmen tatsächlich, wie in den o. g. Studien (s. Kapitel 1.2) angegeben, in Zukunft zu integrierten Planungsrechnungen kommen wollen, dann wird dies mit Tabellenkalkulationssoftware jedenfalls nicht gelingen.

Ein weiteres großes Problem in der unternehmensweiten Verwendung von Kalkulationstabellen besteht darin, dass es keine Versionskontrollen gibt und Daten und Rechenlogik in einer Datei gehalten werden. Ferner erfordert der Einsatz solcher Systeme in der Unternehmensplanung, dass eine Zersplitterung der Planungsdaten auf eine sehr große Anzahl von Tabellenblättern und Dateien erforderlich wird. In einem Großunternehmen kommen so leicht mehr als 10.000 Excel-Tabellen aus allen Funktionsbereichen zusammen, die verglichen, abgestimmt und geprüft werden müssen. Zimmermann berichtet von einem Unternehmen, das für die Planung 26.000 verschiedene „Sheets" verwendete. Neben diesem Tabellendschungel existieren in den Unternehmen meist noch unzählige weitere Dateiformate (Office-Dateien) zur Beschreibung und Dokumentation von Planungsprämissen, Abstimmungen etc. Es ist also keineswegs überraschend, wenn die Verantwortlichen in den Unternehmen schon mal den Überblick über den Stand und das Zustandekommen bestimmter Planungsrechnungen verlieren. In einer Vielzahl von Unternehmen bedeutet die Arbeit mit Excel häufig, dass das Budget des letzten Jahres auf Basis einer Trendanalyse mit einer Faktor X multipliziert wird und dabei angenommen wird, der Erfolg der Vergangenheit könne so in die Zukunft verlängert werden.[10]

---

10 Zimmermann, Praxisorientierte Unternehmensplanung mit harten und weichen Daten, S. 100

3.3.4   Dedizierte Finanzplanungssoftware

Wie bereits an anderer Stelle kurz erläutert, bestehen Plan-Buchhaltungsmodelle im Wesentlichen aus vordefinierten Kontenmodellen für die integrierte Planung von Erfolgs-, Finanz- und Bilanzrechnung. Standardisierte Finanzplanungssoftware beinhaltet i. d. R. ausschließlich solche Kontenmodelle mit vordefinierter Verknüpfungslogik.

Diese Systemklasse zeichnet sich dadurch aus, dass die Software mit einer sehr kurzen Einführungszeit implementiert werden kann. Inhaltlich sind die Teilrechnungen der Erfolgs-, Finanz- und Bilanzrechnung über „fest verdrahtete" Buchungsregeln miteinander verknüpft. Daraus erklärt sich auch die äußerst kurze Einführungszeit, da an Stammdateninformationen lediglich Kontenplan und ggf. Kostenstellenplan in das System importiert werden müssen. Der Strukturaufbau ist daher sehr einfach. Die Bewegungsdaten werden über Summen- und Saldenlisten der Kontenbewegungen sowie Vortragsdaten und Vergangenheitsdaten aus Vorperioden eingelesen. Die Planungsmasken sind in der Regel fest vordefiniert. Als Ausgabeschnittstelle werden meist standardisierte GuV, Bilanz- und Cashflow-Strukturen ausgeliefert, die zum Teil an eigene Gliederungskriterien angepasst werden können.

Neben diesen reinen Plan-Buchhaltungsmodellen gibt es weitere Applikationen, die ebenfalls standardisierte Erfolgs-, Finanz- und Bilanzplanungsmodelle ausliefern, aber zusätzlich eine größere Flexibilität hinsichtlich der Anpassbarkeit der Modelle sowie der Ein- und Ausgabestrukturen etc. erlauben. Darüber hinaus werden von diesen Anbietern oftmals Modelle für bestimmte Branchen oder bestimmte Teilgebiete der Planung mit angeboten. Beispielsweise können spezielle Personalkostenplanungsmodelle, Vertriebsplanungsmodelle, Konsolidierungsmodelle etc. mit angeboten werden. Im Hinblick auf branchenspezifische Modelle ist häufig zu beobachten, dass die vordefinierten Planungsmodelle auf eine Vielzahl von Branchen (Handel, Logistik, öffentliche Verwaltung, Energieversorger, Gesundheitswesen etc.) anpassbar sind bzw. hierfür bereits vordefinierte Modelle ausgeliefert werden können. Das führende Planungselement ist bei diesen Systemen jedoch genauso wie bei den reinen Plan-Buchhaltungsmodellen das Konto und ggf. die Kostenstelle. Eine nach Mengen- und Preisbestandteilen differenzierte Planung ist bei diesen Systemen meist in den Bereichen Vertriebs- und Personalplanung möglich. Eine Integration der Produktionsplanung fehlt in dieser Systemklasse vollständig.

Die Probleme der ausschließlichen Planung mit Tabellenkalkulationssoftware wurden bereits früh erkannt und führten bereits Ende der 1980er Jahre zur Entwicklung von spezialisierter Controlling-Software. Diese Software sollte die Nachteile der Tabellenkalkulationssoftware vermeiden, indem ein standardisiertes Rechenmodell und eine Trennung von Datenhaltung, Datenverwaltung und Rechenlogik vorgenommen wurden. Das Rechenmodell besteht in der Regel aus einer vorkonfigurierten Verknüpfungslogik zwischen Erfolgs-, Finanz- und Bilanzrechnung nach den Regeln der doppelten Buchführung. Eines der ersten Systeme dieser Art war das System „Professional Planner" der Firma Winterheller aus Österreich. Manfred Winterheller, ein ehemaliger Wirtschaftsprüfer und Steuerberater, gründete sein gleichnamiges Unternehmen 1988. Das System hatte in Europa zuletzt über 4.000 Kunden, wurde jedoch 2011 an einen deutschen BI-Hersteller verkauft. Die Lizenzkosten für ein Winterheller-System betrugen für ein Unternehmen mittlerer Größe (3–4 Anwender) rund 20–30 Tsd. Euro. Angesichts dieser relativ geringen Einstiegspreise und der unbestreitbaren Vorteile gegenüber „unkontrollierter" Tabellenkalkulation fand das System einen recht hohen Verbreitungsgrad.

Mit dem Professional Planner konnte weder eine Kosten- und Leistungsrechnung betrieben werden noch eine produktionsorientierte Planungsrechnung durchgeführt werden. Die Daten aus vorgelagerten Kostenrechnungs- und PPS-Systemen mussten in aggregierter Form per Dateiimport oder Datenbankschnittstelle übernommen werden. Der Professional Planner war, wie einleitend schon angedeutet, im Prinzip ein „Plan-Buchhaltungssystem", d. h. eine kontenmodellorientierte Planungsrechnung. Damit ist gemeint, dass auf rein wertmäßiger Basis auf Konten- und Kostenstellen innerhalb der Organisationsstruktur eine Erfolgs-, Finanz- und Bilanzrechnung abgebildet werden konnte. Auszahlungsrelevante Änderungen in der Erfolgsrechnung wurden bspw. über Zahlungszielspektren automatisch in die Finanzrechnung und in die Bilanzrechnung gesteuert. Später ermöglichte das System auch eine differenzierte Mengen- und Preiseingabe für die Umsatzplanung und eine rudimentäre Darstellung der Einsatzfaktoren. Diese Einsatzfaktoren waren für die Erfassung von variablen Gemeinkosten und Einsatzmaterial vorgesehen, was in etwa den Stücklisten und Arbeitsplänen als Beschreibungselement von Input-Faktoren gleichkommt. Die Anzahl dieser sog. Einsatzfaktoren war jedoch auf maximal 5 Positionen begrenzt.[11]

Mit der Begrenzung auf 5 Positionen war allerdings die Planung eines realen Industrieunternehmens nicht möglich, da hier in der Regel mehrstufige Erzeugnisstrukturen und Stücklisten-/Arbeitspläne mit mehreren Hundert bis hin zu Tausenden Positionen möglich und üblich sind. Neben Winterheller entstanden ab ca. Anfang der 1990er Jahre diverse andere Unternehmen, die ähnliche Planungsapplikationen wie Winterheller auf den Mark brachten. Diese Systeme unterschieden sich von der Winterheller-Software zwar in technischen Details wie bspw. der verwendeten Datenbanktechnik, Speicherkonzepten, Umfang der vordefinierten Rechenlogik, Benutzeroberflächen und flexiblen Datenimport- und Datenexportmöglichkeiten usw., das Grundkonzept war und ist aber meist identisch. Das Grundkonzept bestand weiterhin in einer Verkaufserfolgsrechnung mit einer kontenmodellorientierten Integration in der Erfolgs- und Finanzsphäre. In dieser Systemklasse gibt es heute weit als 50 Anbieter auf dem deutschen Markt. Eine Vielzahl von Systemen lässt in bestimmtem Umfang die Anpassung der Standardmodelle zu und erlaubt eine flexible Konfiguration der unternehmensindividuellen Organisationsstruktur, Produkt- und Kundendimension etc.

Integrierte Finanzplanungsmodelle stellen im Prinzip kontenorientierte Verkaufserfolgsrechnungen dar und finden sich in einer Vielzahl der am Markt angebotenen Softwaresysteme zur Unterstützung der operativen Planungsrechnung. Die der Absatz-/Umsatzplanung *nachgelagerten Werteflüsse* werden in diesen Systemen über ein Kontenmodell abgebildet. Da diese Systemklasse heute am Markt für Softwaresysteme zur Planungsunterstützung vorherrscht, soll im Folgenden auf die Nachteile und die Informationsverluste solcher nur scheinbar integrierten Planungsapplikationen eingegangen werden.

Kontenmodelle bieten für Handels- und Dienstleistungsunternehmen, öffentliche Unternehmen, kommunale Verwaltungen etc. sehr gute Hilfen für die Erstellung von Planungsrechnungen. Es ist natürlich nachvollziehbar und verständlich, dass die Anbieter von Pla-

---

11 Esters, Latoska, Professional Planner, S. 272 ff.

nungssoftware einen möglichst breiten Markt abdecken wollen. Man hat auf Seiten der Anbieter also nach einer gemeinsamen Klammer gesucht, die für eine Vielzahl von Unternehmenstypen eine möglichst problemlose Implementierung und Modellverwendung ermöglicht. Diese gemeinsame Klammer ist zwangsläufig das Modell der Doppik mit dem Konto als Basisdatenstruktur. Alle genannten Unternehmenstypen, einschließlich der kommunalen Verwaltungen und öffentlichen Körperschaften, betreiben ihr Rechnungswesen mit den gleichen Grundmodellen. Mit Ausnahme der Handelsunternehmen weisen die genannten Unternehmenstypen auf der Kostenseite überwiegend dispositive Fixkosten auf. Einige dieser Systeme bieten neben dem Konto auch Kalkulationsobjekte für Teilplanungen. So kann die Umsatzplanung in vielen Systemen als Ergebnis einer Absatzmengen- und Verkaufspreisplanung gestaltet werden. Dabei können verschiedene Dimensionen (Artikel, Kunde, Geografie, Zeit etc.) zur weiteren Differenzierung der Planung verwendet werden. Auch für Personalkostenplanungen stehen häufig bestimmte Templates bereit, die ebenfalls eine Auflösung in Mengen- und Preisgrößen (Anzahl Mitarbeiter × Gehalt) ermöglichen. Diese Systeme erlauben hinreichend zuverlässige Planungsrechnungen für Unternehmenstypen auf relativ geringen Komplexitätsstufen. So ist bspw. ein Handelsunternehmen ein Unternehmen niedrigerer Komplexitätsstufe, da die integrierte Mengenplanung bestehend aus Absatzmengen-, Einkaufs- und Bestandsplanung sowohl auf der Eingangs- als auch auf der Ausgangsseite stets nur identische Artikel betrachten muss. Bestandsveränderungen eingekaufter Waren haben keinerlei Erfolgswirkung. Input und Output sind in der Produktdimension identisch, d. h., für 1 Output-Einheit ist genau 1 Input-Einheit, eben das Produkt selbst, erforderlich. Für die Bewertung der Warenbestände sind keine Plankalkulationen, also Beschreibungen von Input- und Output-Verflechtungen, erforderlich. Die Bewertung ergibt sich schlicht aus Bestandsmenge × Einstandspreis. Die produktionsbeschreibenden Datenstrukturen wie Stücklisten, Rezepturen, Arbeitspläne, Ressourcenlisten etc. sind hier schlicht überflüssig. Für die integrierte Planung des Mengengerüstes von Industrieunternehmen sind neben dem Konto aber genau diese Datenstrukturen führend und notwendig. Die Stücklisten und Rezepturen repräsentieren die wichtigsten Datenstrukturen für die Grunddaten der Primärbedarfs- und Programmplanung. Die Arbeitspläne und Ressourcenlisten hingegen sind die wichtigsten Grunddaten für die Zeit- und Kapazitätsplanung. Diese Datenstrukturen wird man in der beschriebenen Systemklasse aber meist vergeblich suchen.

Planungsrechnungen, die ausschließlich auf Kontenmodellen basieren, sind in der Sprache der Finanzwirtschaft, also in Geldgrößen, dargestellt. Mit ihnen kann man daher auch nur finanzwirtschaftliche Probleme aufzeigen oder lösen. Sie enthalten letztlich nur unvollständige finanzwirtschaftliche Wirkungen des Unternehmensgeschehens. Sie sagen nichts aus über die dahinterstehenden vielfältigen Ursachen und Ursachenbündel. Nur in dem Maße, wie man diese Ursachen und ihre Wechselbeziehungen im Planungsprozess übersehbar macht, kann es gelingen, auch das finanzwirtschaftliche Wirkungsgefüge so früh und so weit wie möglich beherrschbar zu machen. Sprache und Methoden, d. h. Funktionen des betrieblichen Rechnungswesens sind nicht in ausreichendem Maße geeignet, die für die finanzwirtschaftlichen Wirkungen entscheidenden ursächlichen Kräfte und ihre Zusammenhänge und Verflechtungen sichtbar und diskutierbar zu machen.[12]

---

12   Gälweiler, Unternehmensplanung, S. 212

Wie bereits mehrfach an anderer Stelle ausführlich beschrieben, eignen sich kontenmodell-basierte (rein wertbasierte) Planungsrechnungen nicht für eine zweckmäßige Abbildung der Transformationsvorgänge in Industrieunternehmen.

Die Abbildung von Industrieplanungs- und Simulationsmodellen nur auf der Kontenebene kann also aus verschiedenen Gründen nicht zielführend sein:

– Es fehlen die vorgelagerten Einflussgrößen (Treiber). Die Konten sind lediglich Endpunkte für die Aufnahmen der aggregierten Daten.
– Je höher die Verdichtungsstufen der Integration gewählt werden, desto mehr relevante Steuerungsinformationen gehen verloren.

Die Wertgrößen sind konkreter ausgedrückt stets Geldgrößen. Über das System der doppelten Buchführung werden alle Transaktionen der realen Leistungs- und Gütersphäre gleichnamig gemacht. In dem Kontenmodell der doppelten Buchführung können reale Transaktionen der Leistungs- und Gütersphäre nicht direkt erfasst werden. Diese sind ausgedrückt in Zeiteinheiten (Minuten, Stunden etc.) und unterschiedlichen Mengeneinheiten (Tonnen, Liter, Stück, qm etc.) und sind daher nicht addierfähig. Erst über das System der doppelten Buchführung werden die Transaktionen der Realgütersphäre gleichnamig gemacht und damit auf eine gemeinsame Bezugsgröße gebracht. Diese Bezugsgröße ist das Geld. Tatsächlich hängt das System der doppelten Buchführung eng mit der Geldentstehungsgeschichte zusammen. Die Wurzeln der doppelten Buchführung reichen zurück in die Jahre um 1340 als in Genua und Venedig deren Grundzüge „erfunden" wurden. Die Regeln der doppelten Buchführung wurden erstmals von dem italienischen Mathematiker und Franziskaner Luca Pacioli 1494 in seinem Buch „Abhandlung über die Buchhaltung" zusammenfassend dargestellt. In Anlehnung an die Ursprünge wird die doppelte Buchhaltung auch Venezianische Methode genannt. Einige Historiker weisen darauf hin, dass jedoch lange vor den Europäern arabische Händler über hoch entwickelte Buchhaltungstechniken und Finanzinstrumente wie bspw. bargeldlosen Zahlungsverkehr und Schecks verfügten.

Nach Schneider[13] kann das Kontenmodell des Industrieunternehmens in eine Leistungs- und Zahlungskontenreihe zergliedert werden.

Die Leistungskontenreihe findet innerbetrieblich ihr Spiegelbild in der (altsprachlich) sogenannten Betriebsbuchhaltung. Dabei ist die Leistungskontenreihe eng verknüpft mit den Transformationsvorgängen der realen Gütersphäre. Die Leistungskonten sind zwar in den Softwaresystemen der kontenbasierten Planungsmodelle auch vorhanden, können jedoch nicht „mit Leben" gefüllt werden, da hierzu die Beschreibungselemente der Transaktionsebene fehlen. Trotz des Fehlens der Informationen hinsichtlich der relevanten Treiber für die in der Finanzdimension geplanten Geldgrößen wird zwar eine formale (finanztechnische) Abstimmung, jedoch keinerlei Integration und Abstimmung der Leistungserstellung ermöglicht.

Was soll bspw. ein Einkäufer mit der Information anfangen, dass im nächsten Jahr auf Basis der Planabsätze rund 80 Millionen Euro an Materialzukäufen (mindestens) notwendig sind? Oder ein Produktionsleiter mit der Information, dass rund 300 Millionen Euro Umsatz – aufgeteilt auf wenige Produktgruppen – geplant sind? Wie kann er daraus eine Pro-

13   Schneider, Industrielles Rechnungswesen, S. 5

duktionsplanung ableiten? Diese kurzen Beispiele zeigen, dass von Integration im engeren Sinne eigentlich keine Rede sein kann.

Mit der Verdichtung einer Planungsrechnung auf reine Wertgrößen, d. h. Geldgrößen sind erhebliche Nachteile im Hinblick auf die Qualität einer Planungsrechnung und deren Informationsgehalt gegeben.

Ein vollständig integriertes Industrieplanungsmodell „endet" planungslogisch im Hinblick auf die Rechenprozedur in der Buchhaltungsmatrix (siehe im Detail Kapitel 2.6), also in der Soll- und Haben-Welt der Erfolgs- und Finanzrechnung. Gedanklich vorgelagert sind in der Industrie die gesamten Prozesse der integrierten Mengenplanung, die mit den jeweiligen Preisfaktoren der eingesetzten Produktionsfaktoren zu bewerten sind.

Die Rechenprozeduren von auf Kontenmodellen basierenden Planungssystemen *beginnen und enden* in der Soll- und Haben-Welt. Dieser fundamentale Unterschied hat zur Folge, dass die integrierte Planungsrechnung solcher Systeme nur auf Wertgrößen basiert. Es wird also ausschließlich auf pagatorische Größen fokussiert und kalkulatorische Größen der innerbetrieblichen Transformationsvorgänge werden ausgeblendet. Die Wertgrößen sind aber letztlich immer die erklärten Variablen von Gleichungen der Form:

Wertgröße = Mengengröße × Preisgröße oder Zeitbedarf = Mengengröße × Zeitgröße $\qquad$ (3.1)

Mathematisch ausgedrückt werden also nur die erklärten Variablen betrachtet, ohne die dazugehörigen erklärenden Variablen zu berücksichtigen.

Die Ermittlung auf Kontenebene impliziert, dass quasi direkt in der Erfolgs- und Finanzsphäre Werte geplant werden können, die eigentlich *das Ergebnis* aus verschiedenen vorgelagerten Mengen- und Zeittransformationen sind. Die monetäre Planungsrechnung in Form von Erfolgs- und Finanzrechnungen ist jedoch stets eine Sekundärplanung. Die Primärplanung bildet ausgehend vom Absatzplan alle darauf aufbauenden Teilpläne (Beschaffungs-, Produktions-, Bestands-, Logistikplanung), ausgedrückt in Mengengrößen. In kontenorientierten „Plan-Buchhaltungsmodellen" werden *Ergebnisgrößen zu Eingabegrößen umfunktioniert*. Durch die verdichtete Planung von Wertgrößen in reinen Kontenmodellen geht somit eine Vielzahl an steuerungsrelevanten und planungslogischen Informationen verloren. Diese Aussage sei kurz am Beispiel der Materialeinsatzplanung erläutert.

Kontenmodellbasierte Planungssysteme bieten zur Materialeinsatzplanung nur zwei Alternativen an:

1) Planung des Materialeinsatz als Quote in % vom Umsatz oder der Gesamtleistung
2) Planung des Materialeinsatzes auf Basis eines zuvor aus Fremdsystemen importierten Stückkostensatzes

Die Planung des Materialeinsatzes als umsatzabhängige Quote unterstellt eine direkte Abhängigkeit zweier Wertgrößen, die bestenfalls mittelbar eine Beziehung aufweisen. Die Höhe des in der Erfolgsrechnung (nach dem Gesamtkostenverfahren) ausgewiesenen Materialeinsatzes hängt allein von den Produktionsmengen und nicht vom Umsatz ab. Sind die Produktionsmengen höher als die Absatzmengen, dann bildet der in der Bestandsveränderung enthaltene Materialanteil die Korrekturgröße für noch nicht erfolgswirksame Materialeinsätze. Sind die Produktionsmengen geringer als die Absatzmengen, dann bildet der

Materialanteil in der Bestandsveränderung die aus Vorperioden hinzuzurechnenden Materialeinsätze der Periode. Dem Realisationsprinzip folgend ist also eine mittelbare Beziehung zu den Verkaufsmengen tatsächlich gegeben. Die Planung in Form einer umsatzabhängigen Quote hat jedoch den Nachteil, dass die relevanten Einflussgrößen nicht separat berücksichtigt werden und sich somit einer gezielten Veränderung in der Planungsrechnung entziehen. Der Materialeinsatz ist abhängig von:

– Anzahl und Input-Struktur (Stücklisten) der produzierten Erzeugnisse
– Materialpreise der enthaltenen Roh-und Hilfsstoffe, Einbauteile, Komponenten und Baugruppen
– Sortimentsmix und Produktionsprogrammmix, d. h. von der Zusammensetzung des Produktions- und Absatzprogramms

Diese Einflussfaktoren lassen sich nicht sinnvoll in einer einzigen Prozentgröße verdichten. Man kann zwar den Materialeinsatz ex post als hochverdichtete Kennzahl darstellen, ex ante jedoch nur unter äußerst unrealistischen Bedingungen. Die Projektion von historischen Materialeinsatzquoten in die Zukunft unterstellt Preisstabilität bei allen Einsatzstoffen, Stabilität der Materialzusammensetzung bei allen Erzeugnissen, ein unverändertes Sortiment mit exakt identischen Mengenrelationen und unveränderte Verkaufspreise.

Würden sich in einer Planungsrechnung bspw. die Verkaufspreise erhöhen, dann erhöhen sich aufgrund der umsatzwertabhängigen Planungslogik in der Folge automatisch auch die absoluten Wertgrößen für den Materialeinsatz. Zwischen Verkaufspreis und Materialeinsatz besteht jedoch überhaupt kein direkter Zusammenhang. Daher müssten die Materialeinsatzquoten „händisch" entsprechend angepasst, d. h. in diesem Beispiel herabgesetzt werden.

Noch unsinniger ist die Planung als Quote in Abhängigkeit von der Gesamtleistung. Die Gesamtleistung beinhaltet bekanntlich sowohl die Lagerbestandsveränderungen als auch die aktivierten Eigenleistungen. Da in den Lagerbestandsveränderungen selbst Materialkostenanteile enthalten sind, wird mit dieser Quote quasi der Materialeinsatz in % vom Materialeinsatz (zumindest teilweise) gemessen.

Einige Systeme bieten auch die Möglichkeiten, den Materialeinsatz in Abhängigkeit von den Absatzmengen zu planen. Hierfür werden aus Vorsystemen die Plan-Materialkosten je Erzeugniseinheit importiert. Das ist allerdings nur mit zusätzlichem Aufwand und nicht selten mit Fehlern verbunden. Diese Prozedur muss zudem immer dann wiederholt werden, wenn Preisänderungen bei bestimmten Einsatzstoffen simuliert werden sollen. Hierzu müssen in den Vorsystemen (PPS) über die Verwendungsnachweise (inverse Stücklisten) zunächst die Erzeugnisse selektiert werden, die die preislich veränderten Einsatzstoffe enthalten. Danach müssen die Plankalkulationen im PPS neu erstellt und anschließend wiederum importiert werden.

Schon dieses kleine Beispiel der fehlerhaften Materialeinsatzplanung zeigt, dass die Planung von Wertgrößen ohne Berücksichtigung der erklärenden Variablen sinnlos ist.

Aufgrund des fehlenden Leistungsbezuges von kontenmodellbasierten Verkaufserfolgsrechnungen können eine ganze Reihe von relevanten Planungsgrößen und Sachverhalten in diesen Modellen nicht abgebildet werden:

- Keine automatische Ermittlung und Bewertung von Bestandsveränderungen (fehlende Plankalkulationen; keine Mengenintegration)
- Kein Kapazitätsabgleich (fehlende Arbeitspläne und Ressourcenlisten)
- Keine differenzierte Abweichungsanalyse (fehlende Mengen- und Preiskomponenten)
- Keine leistungsmengenbasierte Kostenstellenplanung (fehlende Kostenauflösung, fehlende Arbeitspläne → fehlende Leistungsmengen → fehlende Plan-Bezugsgrößen)
- Keine Plankalkulationen (Kostenträgerstückrechnung)
- Keine Bewertung von unfertigen und fertigen Erzeugnissen (fehlende Plankalkulationen)
- Keine den Erzeugnisstrukturen entsprechenden Materialeinsatzplanungen (fehlende Stücklistenauflösung)
- Keine Nutz-/Leerkostensimulation für Potenzialfaktoren (fehlende Arbeitsplanauflösung)
- Keine aussagefähige Deckungsbeitragsrechnung (keine Plankalkulationen)
- Keine Materialpreissimulationen (keine Stücklisten und Verwendungsnachweise, kein Materialstamm)
- Kein direkter Datenaustausch mit PPS-Systemen möglich (fehlende Datenstrukturen; nur „berechnete" Kontenaggregate können importiert werden)
- Nur summarische und saldierte Betrachtungen von Geldgrößen ohne objektbezogene Controlling-Relevanz

3.3.5   Spezialisierte Entwicklungsumgebungen

Die Entwicklungsumgebungen zeichnen sich durch eine hohe Flexibilität im Hinblick auf eine unternehmensindividuelle Realisierung von Planungsanwendungen aus. Unternehmen, die sich für diese Systemklasse entscheiden, haben natürlich mit wesentlich höheren Projektkosten zu rechnen als bei den einfachen Standardmodellen, da quasi „auf der grünen Wiese" eine Planungsapplikation von Grund auf individuell neu entwickelt wird. Vordefinierte Modelle fehlen in der Regel bzw. werden nur als rudimentäre Grundgerüste zur individuellen „Ausprogrammierung" angeboten.

Entwicklungsumgebungen für die Planung bieten meist spezielle Programmbausteine, Algorithmen, Speicherkonzepte etc. die speziell im Hinblick auf die Anforderungen von Planungsmodellen optimiert sind. Für diese Systeme wird ein großes Know-how über den Aufbau der Systeme und die jeweils verwendeten Programmierwerkzeuge vorausgesetzt. Inwieweit mit dieser Systemklasse integrierte EFB-Systeme und Produktionsplanungssysteme umgesetzt werden können, hängt einerseits davon ab, ob hierfür effiziente Programmiermethoden oder vordefinierte Programmbausteine vorhanden sind.

Andererseits muss beachtet werden, dass bestimmte Entwicklungsumgebungen eine eigene Datenhaltung, d. h. ein eigenes Datenbankmodell voraussetzen. Werden die Planungsmodelle bspw. ausschließlich in proprietären, multidimensionalen Datenbanken gespeichert, dann sind hiermit eher ungünstige Voraussetzungen gegeben. Das liegt daran, dass es mit multidimensionalen Datenbanken oft schwierig bis unmöglich ist, Stücklisten-/Arbeitspläne und voll integrierte Kostenrechnungssysteme zu implementieren.[14]

Daraus folgt, dass Entwicklungswerkzeuge, die auf multidimensionale Datenbanksystemen aufsetzen, nicht geeignet sind, um integrierte Planungssysteme für Industrieunternehmen zu realisieren.

3.3.6 Softwaremix zur Planungsunterstützung

In der Unternehmenspraxis kommen in der Regel nicht einzelne Softwaresysteme, sondern eine Kombination verschiedener Werkzeuge zum Einsatz. Dies liegt daran, dass für eine Berücksichtigung aller relevanten Teilpläne und deren Verdichtung in der Erfolgs- und Finanzsphäre die Funktionen und Datenstrukturen aus verschiedenen Anwendungen genutzt werden müssen. Die für die Produktion und die Kostenrechnung relevanten Datenstrukturen sind in den ERP-Systemen enthalten. Die Datenstrukturen für die finanzwirtschaftliche Ebene werden entweder in Excel oder in dedizierten Finanzapplikationen vorgehalten. Wie bereits oben dargelegt, werden die ERP-Systeme ihrem eigenen Anspruch nach umfassender Planung sämtlicher Ressourcen nicht gerecht.

Wenn die offizielle Definition von ERP-Systemen tatsächlich so zuträfe, bestünde eigentlich keine Notwendigkeit, zusätzliche Softwareprodukte in der Unternehmensplanung einzusetzen. Ferner wäre kaum erklärbar, warum für die Erstellung von operativen Jahresplänen 3–4 Monate benötigt werden. Fakt ist, dass 90 % der Unternehmen die Tabellenkalkulation Excel und, je nach Studie, 50–60 % zusätzlich ihre ERP-Systeme und spezielle Finanzplanungssoftware für ihre Planung verwenden.

Die ERP-Systeme können Transaktionen verwalten und beinhalten alle wesentlichen Systemverbindungen und Integrationen des jeweiligen Geschäftsmodells, um das *tägliche Geschäft* des Unternehmens zu steuern.

Die Zersplitterung der Unternehmensplanung auf verschiedene Softwarewerkzeuge, aufwendige Datentransfers und Abstimmung zwischen den Softwaresystemen, äußerst zeitintensive Abstimmprozesse zwischen den Abteilungen sowie zum Teil immer noch extrem lange Rechenzeiten sind die Hauptursachen für lange Planungsdauern (3–4 Monate) und mangelhafte Integration.

Um die Problematik der heute eingesetzten Systemlandschaft und die damit zusammenhängenden Koordinationsanforderungen zu verdeutlichen, soll einmal ein typischer Planungsprozess skizziert werden. Der schematische Ablauf dieser integrierten Planung soll anhand der Abbildung 3.1 kurz zusammengefasst werden.

Der erste Schritt besteht in der Regel aus der Erstellung der Absatzmengenplanung, die entweder direkt im ERP-System, in Excel-Tabellen oder speziellen Finanzplanungs- oder BI-Applikationen durchgeführt wird. Sofern die Absatzmengenplanung nicht direkt im ERP-System erfolgen kann, müssen die Zahlen aus den aufgeführten Fremdsystemen in das ERP-System zur Durchführung der Produktionsplanung übertragen werden. In den

---

14   Oehler, Corporate Performance Management, S. 286

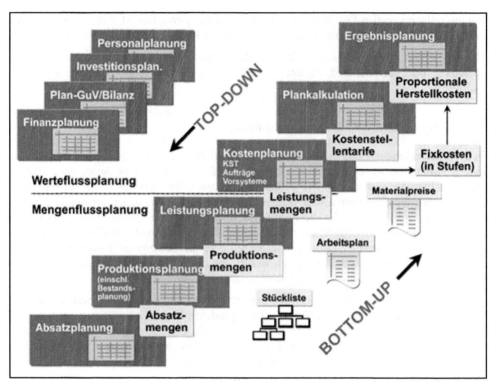

Abb. 3.1: Ablauf integrierte Planung im ERP-System. Quelle: Svoboda, Integrierte Unternehmensplanung, in „Der Controlling Berater" Nr. 6 / 2002, S. 26

PPS-Modulen des ERP-Systems wird unter der Berücksichtigung der Bestandssituation die
Produktionsprogrammplanung (Primärbedarfsplanung, Master Production Scheduling)
durchgeführt. Im nächsten Schritt erfolgt im Rahmen einer Stücklistenauflösung die Materialbedarfsplanung (Sekundärbedarfsplanung). Die im Rahmen der Sekundärbedarfsplanung ermittelten Bedarfe für Teile, Baugruppen etc. werden in die Zeit- und Kapazitätsbedarfsplanung übernommen und in eine Durchlaufterminierung (bspw. mithilfe des
Dispositionsstufenverfahrens) überführt. Im Anschluss erfolgt ein Kapazitätsabgleich, der
Kapazitätsangebot und Kapazitätsnachfrage für den zeitlichen Planungshorizont in Einklang zu bringen versucht. Sofern keine Kapazitätsengpässe vorliegen, können die aus der
Zeit- und Kapazitätsplanung resultierenden Leistungsmengen (Plan-Bezugsgrößen) an die
Kostenstellenrechnung übergeben werden. Neben den Leistungsmengen erhält die Kostenstellenplanung aus der Anlagenbuchhaltung die Planabschreibungen für bereits vorhande-
nes Anlagevermögen und geplante Investitionen. Nach Durchführung der Gemeinkosten-
planung, der Planung von Umlagen und Durchführung der internen Leistungsverrechnung
werden die Leistungsmengentarife, Kostenstellenkalkulationssätze und Zuschlagsätze an
die Erzeugniskalkulation (Kostenträgerrechnung) übergeben. Das Programmmodul der
Erzeugniskalkulation empfängt neben den Kostenstellenkalkulationssätzen die zuvor über-
prüften und aktualisierten Materialpreise, Stücklisten und Arbeitspläne aus der Materialwirtschaft und der Fertigungsplanung. Auf Basis der nunmehr vorliegenden Eingangsdaten

aus der Kostenstellenrechnung, Materialwirtschaft und Fertigungsplanung können die Erzeugniskalkulationen erstellt werden. Diese werden für die Deckungsbeitragsrechnung und die Bewertung der Bestände fertiger Erzeugnisse benötigt. Die in der Kostellenrechnung geplanten Gemeinkosten können jetzt zusammen mit den Herstellkosten aus der Erzeugniskalkulation an das Modul Ergebnisrechnung übergeben werden. Dieser Schritt ist natürlich nur möglich, wenn das ERP-System über ein eigenes Controlling-Modul verfügt. Ansonsten müssten Plan-GuV und Deckungsbeitragsrechnungen in Excel oder anderen Systemen aufbereitet werden. Da die Kostenplanung, dem Paradigma der Plan-Kostenrechnung folgend, mit „Standards" geplant wurde, ist eine Anpassung für die Finanzplanung erforderlich. Beispielsweise wurden die Personalnebenkosten als „kalkulatorische Sozialkosten" ratierlich mit gleich hohen Beträgen in der Kostenstellenrechnung angesetzt. Hinzu kommt, dass in der Kostenstellenrechnung für die Produktionskostenstellen nur aufgrund der Plan-Bezugsgrößen (Leistungsmengen) der Plan-Beschäftigung geplant wurde. Die gesamten Personalkosten müssen aber aufgrund der vorhandenen Personalbestände und damit unabhängig von der Beschäftigung geplant werden. Hierzu werden in der Personalabteilung spezielle Excel-Sheets eingesetzt, die für jeden Mitarbeiter anhand der aktuellen Organisationsstruktur eine individuelle Kostenplanung durchführt. Die Abrechnungsdaten aus der Lohn- und Gehaltsbuchhaltung werden per ODBC-Anbindung aus der Unternehmensdatenbank in die Excel-Sheets geladen. Nach Vorlage der Personalkostenplanung und Anpassung der Personalkostenzeilen aus dem Plan-BAB der Kostenrechnung können die Daten in die Finanzplanungsapplikation des Unternehmens geladen werden. Zuvor wurden die Prognosedaten der GuV und Bilanz zum Jahresende ermittelt, damit die Prognosebilanz als Anfangsbilanz für das Plan-Jahr herangezogen werden kann. Die Finanzplanungsapplikation verbucht die Plan-GuV-Zeilen automatisch gegen die entsprechenden Bilanzpositionen. Daraus wird wiederum aus einer Bewegungsbilanz die Liquiditäts- und Finanzplanung abgleitet. Nach mehreren Wochen Planungsarbeit liegt nunmehr ein erstes Planungsergebnis vor. Der Prozess wird noch erheblich verlängert, wenn bspw. die Absatzplanung aufgrund mangelnden Kapazitätsangebotes wiederholt bzw. angepasst werden muss. Dann müssen Teile des gesamten Prozesses erneut durchlaufen werden. Denkbar ist natürlich auch, dass das Plan-Ergebnis nicht den Vorstellungen der Unternehmensleitung entspricht und daher an vielen Stellen angepasst und wiederholt werden muss.

Hinzu kommen die äußerst rechenintensiven Prozeduren in den ERP-Systemen. Allein die Materialbedarfsplanung benötigt nicht selten 24 Stunden und mehr an reiner Rechenzeit. Die Erstellung der Erzeugniskalkulationen ist nicht weniger rechenintensiv. Der Ablauf zeigt, dass eine Vielzahl von unterschiedlichen ERP-Modulen, Excel-Sheets, Finanz- und Personalplanungsapplikationen etc. durchlaufen werden muss. Dabei entstehen vielen potenzielle Fehlerquellen durch die Datentransfers, manuelle Bearbeitungs- und Abstimmläufe, Formelfehler in Spreadsheets etc.

Die aufgezeigten Rechen- und Transferprozeduren benötigen in der Praxis viele Wochen bis zur Vorlage brauchbarer Planungsergebnisse. Nicht eingerechnet sind dabei unzählige Abstimmrunden und Meetings, sofern die Planzahlen nicht „zusammenpassen" und Teile der Planung wiederholt werden müssen. Der beispielhaft skizzierte Planungsprozess hat über einen Zeitraum von 3–4 Monaten einen Großteil der Führungskräfte „in Atem" gehalten, für zahlreiche Überstunden gesorgt und wieder einmal die Abneigung gegen die Planung verschärft. Hinzu kommt, dass die Planungsergebnisse zum Teil bereits veraltet und mit sehr großer Wahrscheinlichkeit auch noch fehlerhaft sind.

– Planungsprämissen haben sich geändert.
– Die Höhe und der zeitliche Verlauf der Produktionsplanung wurde nicht in der Planungsrechnung abgebildet:
– Monatsergebnisse und Jahresergebnisse unzutreffend,
– Finanzmittelbedarf falsch abgeleitet.

Zusammenfassend kann festgestellt werden, dass ein Großteil deutscher Industrieunternehmen einen äußerst zeit- und ressourcenintensiven Planungsprozess betreibt, an dessen Ende veraltete und häufig fehlerhafte Planungsresultate herauskommen. Aus dem beispielhaft skizzierten Planungsprozess wird ferner deutlich, dass eine wirklich integrierte Gesamtplanung mithilfe von ERP-Systemen bis heute mit wirtschaftlich vertretbarem Aufwand nicht zu realisieren ist.

3.4 Methodische Defizite praktischer Planungsrechnungen

Aus den im vorigen Kapitel beschriebenen Mängeln und Defiziten der heute überwiegend praktizierten Planungsrechnung wird deutlich, dass die einseitige *Fokussierung der Planungsrechnung auf die Absatzmengen (Lagerausgangsseite)* weder bei Anwendung der Vollkostenrechnung noch bei Anwendung von Teilkostenrechnungssystemen (bspw. Direct-Costing- oder Grenzplankostenrechnung) zu einer adäquaten Abbildung des innerbetrieblichen Wirkungsgefüges und der Höhe des Ausweises von Erfolgs- und Liquiditätsgrößen führen. Diese Fehler lassen sich nur verringern, wenn die Produktionsplanung mit ihren strukturellen und zeitdynamischen Effekten konsequent in die finanzorientierte Planung in den Dimensionen von Erfolgs-, Finanz- und Bilanzgrößen eingebunden wird. Hier zeigen sich jedoch im Hinblick auf die am Markt verfügbaren Softwarewerkzeuge sowie im Hinblick auf die in der Praxis (notgedrungen) zur Anwendung kommenden Kombinationslösungen (Tabellenkalkulation, ERP, Finanzplanungssoftware) eklatante Schwachstellen.

Die Herausarbeitung der bestehenden Schwachstellen im Hinblick auf die Praxis der Unternehmensplanungsrechnung hat gezeigt, dass sich diese auf wenige Problemkreise konzentrieren.

Die Qualität einer Planungsrechnung hängt im Wesentlichen von dem Umfang der einbezogenen Einflussgrößen (Treibergrößen) ab. Es konnte gezeigt werden, dass die in Theorie und Praxis vorherrschenden Verkaufserfolgsrechnungen relevante Einflussgrößen vernachlässigen bzw. überhaupt nicht beachten. Die Verkaufserfolgsrechnungen finden ihre „handelsrechtliche Entsprechung" im sogenannten Umsatzkostenverfahren, das die Planungsrechnung in deutschen Industrieunternehmen dominiert.[15] Diese Verfahren sind einseitig an rein finanzwirtschaftlichen Kategorien (Umsätze, Deckungsbeiträge, umsatzabhängige Kosten etc.) ausgerichtet. Daraus folgt, dass die Erfolgs- und Liquiditätseinflüsse aus der

---

15   Währisch, Kostenrechnungspraxis in der deutschen Industrie, S. 140 und 285

Produktionsplanung keinen Eingang in die Planungsrechnungen finden. Dies konnte auch empirisch bestätigt werden. Die in Kapitel 1 erläuterten Studien und auch die umfangreichen Studien von Währisch zur Kostenrechnungspraxis deutscher Industrieunternehmen zeigen, dass deutlich weniger als 20 % der Industrieunternehmen ihre Produktionsplanung als integralen Bestandteil der finanziellen Planungsrechnungen behandeln. Damit sind systemimmanente Fehler vorprogrammiert, die leicht 20–30 % des errechneten Erfolgssaldos betragen können.

Die wesentlichen Mängel der in der Planungspraxis vorherrschenden Methoden und Systeme können wie folgt zusammengefasst werden:

- Gleichsetzung von Absatz- und Produktionsmengen und damit ausschließliche Orientierung an der Verkaufserfolgsrechnung. In der Folge werden zwangsläufig die Erfolgs- und Liquiditätswirkungen des Produktionssystems nicht erfasst. Dies führt zu systemimmanenten Planungsfehlern der Verkaufserfolgsrechnung.
- Das dynamische Zeitverhalten (Vor- und Durchlaufzeiten) des Produktionssystems wird nicht beachtet. Dies führt zwangsläufig zu weiteren systemimmanenten Planungsfehlern der Verkaufserfolgsrechnung, selbst dann, wenn die Produktions- und Absatzmengen nicht gleichgesetzt werden.
- Die Verkaufserfolgsrechnung birgt aufgrund ihrer einseitigen Ausrichtung auf die verkaufsmengenproportionale Entstehung unzutreffend deklarierter Grenzkostengrößen die Gefahr, dass Leerkosten nicht systematisch in der Planungsrechnung berücksichtigt werden. Die Fertigungslöhne werden damit nur in Höhe der Nutzkosten auf Basis der gleichgesetzten Verkaufs- und Produktionsmengen geplant. Die Praxis versucht diese Schwachstelle häufig damit auszugleichen, dass auf Ebene der Kostenstellenplanung die Planbezugsgrößen auf Basis einer „Normal-Beschäftigung" geplant werden. Dieses Vorgehen hat jedoch zwangsläufig eine nicht konsistente Gesamtplanung zur Folge, da der Kostenstellenplanung eine andere Beschäftigung zugrunde liegt, als es der eigentlich erwarteten Beschäftigung entspricht.
- Eine systematische Einflussgrößenrechnung wird durch zusätzliche Vereinfachungen der Verkaufserfolgsrechnung praktisch unmöglich gemacht. Die zusätzlichen Vereinfachungen bestehen darin, auf Mengengrößen innerhalb der Verkaufserfolgsrechnung weitestgehend zu verzichten und nur auf Basis von Wertgrößen in einem Kontenmodell zu planen.
- Der Verzicht auf relevante Mengengrößen und die fehlende systematische Einbeziehung der Produktionsplanung in die ökonomische Planungsrechnung führen zur praktischen Unmöglichkeit einer differenzierten Abweichungsrechnung. Damit sind wesentliche Steuerungs- und Planungsinformationen schlicht nicht existent.
- Die Planungsrechnung wird im Hinblick auf eingesetzte IT-Systeme nicht adäquat unterstützt. In PPS-Systemen fehlt die monetäre Perspektive fast gänzlich. Tabellenkalkulationssoftware eignet sich nicht für die Abbildung realer Planungsmodelle. Die meisten am Markt verfügbaren Applikationen zur Unterstützung einer integrierten Erfolgs- und Finanzplanung unterstützen wiederum nur Verkaufserfolgsrechnungen auf Kontenebene. Die Schwächen und fehlenden Datenstrukturen dieser drei Systemklassen führen in der Praxis dazu, dass diese in kombinierter Form eingesetzt werden. Damit sollen die Schwächen zwischen den Systemen ausgeglichen werden. Der Einsatz dieses Softwaremixes führt jedoch zu zeitaufwendigen Datentransfers, einer ho-

hen Fehleranfälligkeit und einem insgesamt außerordentlich hohen Zeitbedarf für die Durchführung einer integrierten Planungsrechnung.

Die zunehmende Volatilität der für Industrieunternehmen relevanten Beschaffungs- und Absatzmärkte wird in Zukunft die gegenwärtigen Methoden und Systeme der Planungs-rechnungen praktisch wertlos machen. Zunehmender Volatilität kann nur mit permanent rollierenden Vorschaurechnungen und Simulationen begegnet werden. Diese müssen ohne Zeitverzug Abweichungen und deren Ursachen ex post sichtbar machen können. Die Ex-post-Abweichungen triggern selbst wiederum die ebenfalls ohne nennenswerten Zeitverzug erforderlichen Vorschaurechnungen. Damit können Abweichungen ex ante identifiziert werden, die wiederum Auslöser für zielgerichtete Gegensteuerungsmaßnahmen sein kön-nen. Um die Erfolgs- und Liquiditätsplanung in die „Echtzeitsteuerung" von *Industrie 4.0* zu integrieren, bedarf es sowohl einer grundlegenden Anpassung der Planungsmodelle als auch der Beherrschbarkeit von Real-Time-Berechnungen. Beides zusammen kann in der Unternehmensplanung, Simulation und Steuerung eine zuvor nicht für möglich gehaltene Qualitätsverbesserung und Zeitersparnis bewirken. Auf eine Kurzformel gebracht, würde eine bisher äußerst zeit- und ressourcenintensive und zudem inhaltlich meist „falsche" Un-ternehmensplanungsrechnung ersetzt werden durch eine schnelle und auch noch planungs-logisch „richtige" Planungs- und Simulationsrechnung. Damit eröffnen sich völlig neue Möglichkeiten der Unternehmensplanung und Unternehmenssteuerung, was sich in einer Verbesserung der kurzfristigen Anpassungsfähigkeit, einer echten Vorsteuerungsfähigkeit relevanter Erfolgs- und Liquiditätsgrößen und in einer deutlich verbesserten Rentabilität der anwendenden Unternehmen zeigen wird.

Auf den folgenden Seiten soll aufgezeigt werden, welche Auswirkungen auf die Qualität der Planungsinformationen durch unzweckmäßige Softwaremodelle und mangelhafte In-tegration fast zwangsläufig entstehen. Die ermittelten Erfolgs- und Liquiditätsgrößen sind aufgrund der meist rein absatzorientiert ermittelten, aggregierten Durchschnittswerte meist mit mehr oder weniger großen Planungsfehlern behaftet. Die in Kapitel 1 untersuchten Studien haben gezeigt, dass die Produktionsplanung in der Regel kein integraler Bestandteil der finanzwirtschaftlichen Planungsrechnung ist. Diese mangelnde Verknüpfung zwischen leistungs- und finanzwirtschaftlicher Ebene ist die Ursache für systemimmanente „Pla-nungsfehler". Auf die Berücksichtigung der Zeit- und Kosteneffekte aus der Produktion, eingebettet in die finanzielle Planungsrechnung, kommt es aber im Hinblick auf die im Rahmen von *Industrie 4.0* aufgezeigte „Echtzeitplanung und -steuerung" entscheidend an.

3.4.1   *Fehlende Integration der Produktionsplanung*

In den nachfolgenden Kapiteln sollen die Konsequenzen, die sich aus einer unzureichenden Integration der Produktionsplanungsprozesse ergeben, aufgezeigt werden. *Die Ausblendung der Produktionsplanung aus der Gesamtplanungsrechnung führt zwangsläufig zu falsch ermittelten Erfolgs- und Liquiditätsgrößen.* Diverse Studien haben gezeigt, dass weniger als 25 % der Industrieunternehmen die Produktionsplanung als integralen Bestandteil ihrer operativen Unternehmensplanung behandeln. Dieses Defizit ist weniger auf das fehlende Problembewusstsein der Verantwortlichen Planer in den Unternehmen zurückzuführen. Vielmehr unterbleibt die Integration der Produktionsplanung aufgrund der Zersplitterung der Planungsapplikationen und der damit im Zusammenhang stehenden äußerst komplexen

Transfer- und Abstimmprobleme. Es kommt hinzu, dass derzeit noch äußerst lange Rechenzeiten in der Produktionsplanung vorherrschen. Die zur Planung verwendeten IT-Systeme unterstützen die Integration sämtlicher Teilpläne bis hin zu den ökonomischen Aggregationsrechnungen der Erfolgs-, Finanz- und Bilanzrechnung nur unzureichend bzw. überhaupt nicht. In der Praxis sind daher vom betrieblichen Rechnungswesen dominierte Planungsmodelle vorherrschend, die statt der produktionsgetriebenen Mengen- und Zeitprobleme eine einseitige Orientierung an den Verkaufsmengen aufweisen. In diesem Zusammenhang wird auch verständlich, warum in der externen Berichterstattung, d. h. in der legalen Rechnungslegung, das Gesamtkostenverfahren vorherrscht, im internen Management-Accounting hingegen das Umsatzkostenverfahren.

Die eng mit der Leistungserstellung verbundenen mengenorientierten Prozesse der Beschaffungs- und Produktionsplanung sind zwar im Hinblick auf die Abwicklung von realen Leistungstransaktionen mit den wertorientierten Abrechnungssystemen verbunden, in den Planungsprozessen fehlt diese Verbindung jedoch meist vollständig. Was für ERP-Systeme im Hinblick auf die Abwicklung der täglichen Geschäftstransaktionen selbstverständlich ist, unterbleibt hingegen für Planungszwecke.

Die mengenorientierten Prozesse werden von wertorientierten Abrechnungssystemen begleitet, um ihre betriebswirtschaftlichen Konsequenzen sichtbar werden zu lassen. Die betriebswirtschaftlichen Konsequenzen werden damit jedoch nur ex post sichtbar. Die wertorientierten Systeme bauen auf den mengenorientierten Systemen auf. Die mengenorientierten Systeme bilden somit die Basis für alle wertbezogenen Aggregationen und Auswertungen.

Beispiele hierfür sind für ein Beschaffungssystem die Kreditorenbuchhaltung, für ein Produktionssystem die Betriebsbuchhaltung und für ein Vertriebssystem die Debitorenbuchhaltung.

In einer dritten Stufe werden aus den mengen- und wertorientierten Systemen Informationen für Berichts- und Kontrollsysteme übernommen.[16] Diese Systeme werden heute meist unter dem Sammelbegriff „Business Intelligence" zusammengefasst.

Der Grund der fehlenden Eignung mengenorientierter Abrechnungssysteme für Planungszwecke liegt in der ineffizienten Verarbeitung der Detaildaten. Die mangelnde Effizienz bei der Verarbeitung der Daten wiederum ist zurückzuführen auf den Umstand, dass dieselben Prozeduren und (transaktionsorientierten) Datenbanken verwendet werden, die auch für die Verarbeitung der Geschäftsprozesse Anwendung finden. Die hierzu verwendeten relationalen Datenmodelle sind aber auf die effiziente Verarbeitung dieser Geschäftsprozesstransaktionen optimiert und ausgerichtet und nicht für die schnelle Berechnung von Massendaten. In der PPS-Welt kommen also meist „rechnende Transaktionsdatenbanken" zum Einsatz, die eigentlich für die effiziente Verarbeitung einzelner Transaktionen vorgesehen sind. Die ERP-Systeme beinhalten für die kurzfristige Produktionsplanung im Rahmen ihrer PPS-Module zwar Planungsfunktionen, diese werden jedoch meist nur für kurze Planungshorizonte von einigen Wochen genutzt.

---

16 Scheer, Wirtschaftsinformatik, S. 5

3.4.1.1   Planungslogische Fehler der Verkaufserfolgsrechnung

Verkaufsmengenorientierte Planungsrechnungen werden auch Verkaufserfolgsrechnung genannt. Verkaufserfolgsrechnungen sind im Prinzip gleichbedeutend mit mehrstufigen Deckungsbeitragsrechnungen, die sich ausschließlich an der Darstellungsform eines differenzierteren Umsatzkostenverfahrens ausrichten. Ein Beispiel für eine mehrstufige Deckungsbeitragsrechnung wäre auch die Managementerfolgsrechnung (MER) nach Deyhle (siehe Kapitel 2.3.4.7).

Die Planungssystematik der Verkaufserfolgsrechnung steht in einem engen Zusammenhang zum dominierenden Prinzip der Erfolgsrealisation, das prägend für das gesamte betriebliche Rechnungswesen ist. Die Herstellkosten sind grundsätzlich nur mit dem auf die realisierten Verkaufsmengen entfallenden Anteil anzusetzen. Vor diesem Hintergrund ist die planungslogische Anknüpfung an das Prinzip der Erfolgsrealisation vordergründig nachvollziehbar. Allerdings gerät durch die Fokussierung auf die Verkaufsmengen der Umstand aus dem Blickfeld, dass von den Produktionsmengen ebenfalls Erfolgswirkungen ausgehen, die durch die Periodisierungsbuchungen für von den Absatzmengen abweichende Produktionsmengen nicht vermieden werden können. Die Problematik liegt dabei in künstlich proportionalisierten Fixkosten, von denen Verschiebungseffekte zwischen einzelnen Perioden ausgehen. Die verkaufsmengenorientierte Planungsrechnung geht also von der stillschweigenden Prämisse aus, dass von Abweichungen zwischen Verkaufs- und Produktionsmengen aufgrund der Erfolgsrealisierungsprämisse *keine Erfolgswirkungen* ausgehen. Wie die nachfolgenden Kapitel zeigen werden, ist diese Annahme jedoch falsch.

Die Merkmale der Verkaufserfolgsrechnung lassen sich wie folgt charakterisieren:

–   Der Periodenausweis der Produktionskosten folgt dem Prinzip der Erfolgsrealisation.
–   Die Liquiditätsplanung orientiert sich an den in der Verkaufserfolgsrechnung berechneten Produktionskosten der Periode.
–   Absatz und Produktion finden gedanklich in stets gleicher Höhe in der Periode der Erfolgsrealisierung statt.
–   Es wird ausschließlich die Lagerausgangsseite des industriellen Wertschöpfungsprozesses betrachtet.

In der Planungspraxis deutscher Industrieunternehmen dominiert das *Umsatzkostenverfahren*, in der externen Berichterstattung der Ist-Rechnung hingegen das *Gesamtkostenverfahren*. Beide Verfahren führen ex post immer zum gleichen Ausweis der Erfolgshöhe. Jedoch ist diese automatische Übereinstimmung ex ante nur durch eine detaillierte Produktionsmengenplanung und Kostenträgerkalkulation herstellbar. Und genau diese Teilbereiche der Planung fehlen in der Regel bei reinen Verkaufserfolgsrechnungen.

Die sogenannte Managementerfolgsrechnung nach Deyhle ist im Grunde eine Verkaufserfolgsrechnung, die mit Standardherstellkosten und Abweichungsrechnung das „Ist-Ergebnis" ermittelt. Dort ist zwar in Form einer sogenannten „Abstimmbrücke" eine Abstimmung zwischen dem ermittelten „Managementergebnis" und dem handels-/steuerrechtlichen Ergebnis vorgesehen. Diese Abstimmbrücke ist jedoch in mehrfacher Hinsicht irreführend. Zum einen wird der Eindruck erweckt, als sei das „Managementergebnis" (für den Manager?) maßgebend und die Elemente der Abstimmbrücke seien nur aufgrund handels- und steuerrechtlicher Vorschriften entstanden. Zum anderen könnte aus der Abstimmbrücke gefolgert werden, dass die Bestandsveränderungen eben in der Produktion ihren Ursprung haben und daher mit dem Managementerfolg nichts zu tun haben. Das mag für einen Vertriebsmanager durchaus zutreffen, für einen gesamtverantwortlichen Manager zählt jedoch einzig und allein das Gesamtergebnis. Und dieses Gesamtergebnis kann eben nicht nur über die Verkaufsmengen beeinflusst werden, sondern auch über die Produktionsmengen und die Wahl der Beschäftigungsbasis zur Ermittlung der zur Vorratsbewertung notwendigen Kostenträgerkalkulation (Normal-, Ist-, Plan-Beschäftigung).

Die Verkaufserfolgsrechnung, als Modell der Unternehmensplanungsrechnung, enthält die stillschweigende Prämisse, dass der mengenmäßige Verbrauch der Repetierfaktoren (Material und Energie) und die Veränderungen von Material- und Produktbeständen zeitlich mit der Erfolgsrealisierung zusammenfallen. Damit ist die *Verkaufserfolgsrechnung eine statische Planungsrechnung*, die weder den zeitlichen Verlauf des Kostenanfalls noch den zeitlichen Verlauf von Bestandsgrößen adäquat beschreiben und prognostizieren kann. Der zeitliche Verlauf des Kostenanfalls ist gleichbedeutend mit den Bereitstellungs- und Verbrauchszeitpunkten der Produktionsfaktoren. Diese Bereitstellungszeitpunkte sind wiederum relevant für die Dispositions- und Beschaffungszeitpunkte, die als Ausgangsgröße für den zeitlich nachverlagerten Liquiditätsabfluss fungieren. Daraus folgt, dass auf Basis einer Verkaufserfolgsrechnung weder eine im Zeitverlauf zutreffende Erfolgsermittlung noch eine zeitlich hinreichend aussagefähige Liquiditätsbedarfsrechnung möglich sind. Die verkaufsmengenorientierte Erfolgsplanung kann schon deshalb keine sinnvollen Ergebnisse liefern, weil die Verkaufsmengenpläne mit unterschiedlichen Produktions- und Lagerplänen realisiert werden können oder müssen. Alternative Produktions- und Bestandspläne bei konstanter Absatzmenge haben jedoch stets veränderte Erfolgssituationen zur Folge. In Phasen eines gewollten oder erzwungenen Lagerbestandsabbaus ist das Betriebsergebnis stets schlechter als bei konstanten Lagerbeständen und umgekehrt. Im Hinblick auf die Finanzplanung kehren sich die Vorzeichen der Erfolgsplanung um, d. h., die negativen Erfolgseffekte können sich in positiven Liquiditätseffekten zeigen und umgekehrt. Die Vielzahl an Handlungsalternativen können nur durch geeignete Simulationswerkzeuge sichtbar und bewertbar gemacht werden.

Die Definitions- und Hypothesengleichungen (siehe Kapitel 2) einer Verkaufserfolgsrechnung sind unvollständig. Sie sind deshalb unvollständig, weil in die Ermittlung des Erfolgssaldos als Mengenkomponente ausschließlich die Absatzmengen zur Bestimmung der variablen Kosten einfließen. Ferner fehlen bei der Verkaufserfolgsrechnung dynamische Hypothesen, da zeitlich gegeneinander verzögerte Ereignisse nicht definiert sind. Erst durch die Verknüpfung der Verkaufserfolgsrechnung mit der Finanzrechnung treten dynamische Hypothesen auf. Dabei werden jedoch lediglich zeitlich nachverlagerte Ein- und Auszahlungen für Umsatzerlöse und Kosten berücksichtigt.

Die Definitionsgleichung $E = U - K$ wird bei der Verkaufserfolgsrechnung in die Hypothesengleichung

$$E = AM \times (AP - Kv) - Kf \qquad (3.2)$$

umgeformt, mit

$E =$ Erfolg,
$AM =$ Absatzmenge,

$AP =$ Verkaufspreis,
$Kv =$ variable Kosten / Produkteinheit,
$Kf =$ fixe Kosten.

Wie weiter unten noch gezeigt werden wird, hängt der Erfolg nicht nur von den Absatzmengen, sondern auch von der Höhe und zeitlichen Verteilung der Produktionsmengen ab. Da Absatz- und Produktionsmengen stets mit an Sicherheit grenzender Wahrscheinlichkeit voneinander abweichen, sind die Hypothesengleichungen der Verkaufserfolgsrechnung auch dann falsifizierbar, wenn sämtliche Beobachtungsgrößen (bspw. Umsatz, Absatzmengen) und Hypothesenparameter (bspw. Preiskomponenten der Produktionsfaktoren) mit den prognostizierten Werten übereinstimmen. Damit würde auch eine empirische Überprüfung des Modellansatzes fast immer zu anderen Ergebnissen führen, als im Rahmen der Hypothesenbildung angenommen. Würde der Ist-Erfolg eines Industrieunternehmens mit den Ist-Absatzmengen und Ist-Verkaufspreisen sowie den Ist-Faktorverbrauchsmengen und Ist-Faktorpreisen mit dem Modell der Verkaufserfolgsrechnung „nachkalkuliert" werden, dann dürften sich aufgrund der Hypothesengleichung keine Abweichungen zum Ist-Erfolg ergeben. Sind aber, wie in der Realität immer feststellbar, die Produktionsmengen nicht identisch mit den Absatzmengen, ergeben sich stets Abweichungen zum „nachkalkulierten" Ist-Erfolg. Nimmt man einmal an, dass alle Verkaufs- und Produktionsmengen, Preisparameter und Fixkosten und zusätzlich alle Zahlungszielhypothesen in Ist und Plan identisch sind, dann müsste sich auch ein identischer Liquiditätssaldo einstellen. Auch dies ist jedoch nie der Fall. Eine rein auf Verkaufsmengen basierende Erfolgsplanung und deren Umformung zur Liquiditätsplanung allein anhand von Zahlungszielspektren liefert in der Regel ein verzerrtes Abbild der betrieblichen Gegebenheiten. Das liegt vor allem an der unrealistischen Annahme, dass die Bestände an Roh-, Hilfs- und Betriebsstoffen sowie unfertigen und fertigen Erzeugnissen in den Planungsperioden konstant bleiben. Sie bleiben deshalb konstant, weil bei der Verkaufserfolgsrechnung unterstellt wird, dass die Zu- und Abgangszeitpunkte der Einsatzstoffe und Fertigerzeugnisse immer innerhalb einer (Teil-)Planperiode liegen und die wertmäßige Höhe der Zu- und Abgänge stets identisch ist.

Die zeitliche Dynamik der Leistungserstellung (Produktion) wird von der Verkaufserfolgsrechnung ausgeblendet. Es wird unterstellt, dass für jeden einzelnen Monat die Produktionsmengen exakt den Absatzmengen entsprechen und zusätzlich für alle Teile, Baugruppen und Erzeugnisse die Durchlaufzeiten weniger als einen Monat betragen. Damit geht zusätzlich die Annahmen einher, dass Roh-, Hilfs- und Werkstoffe in jedem Monat stets produktionssynchron beschafft werden können. Die Konten der Leistungsreihe (Materialbestände, unfertige Erzeugnisse und fertige Erzeugnisse) weisen demnach in allen Monaten einen unveränderten Bestand auf. Von der Bewegung der Konten für unfertige und fertige Erzeugnisse gehen jedoch im Industrieunternehmen erhebliche Schwankungen der Periodenerfolge aus und die Materialeinkäufe stellen den wichtigsten Auszahlungsposten der Finanzplanung dar. Die Qualität der Finanzplanung kann nie besser sein als die Qualität der Erfolgsplanung. Wenn die Erfolgsplanung also wesentliche Sachverhalte des zeitlichen Verlaufs von Planungsgrößen ausblendet, kann auch die Finanzplanung keine brauchbaren Zahlen liefern.

Zur adäquaten Abbildung der relevanten Bestands- und Flussgrößen eines Industrieunternehmens muss die statische Verkaufserfolgsrechnung also um eine dynamische Produktionserfolgsrechnung ergänzt werden.

3.4.1.2   Lagerbestandsveränderungen

3.4.1.2.1   Erfolgs- und Liquiditätswirkungen

Die statische Verkaufserfolgsrechnung impliziert ein Planungsmodell, das mit den tatsächlichen Zeit-, Mengen- und Kostenaspekten des Systems des Industrieunternehmens nicht zu vereinbaren ist.

Insbesondere die aufgrund zunehmender Marktvolatilität und zeitlicher Entkopplung von Produktion und Absatz zwangsläufig auftretenden Schwankungen der Lagerbestände finden in der Verkaufserfolgsrechnung keine Berücksichtigung. Dies ist insofern problematisch, als das Prinzip der Verkaufserfolgsrechnung in fast allen gängigen Softwaresystemen zur Planungsunterstützung vorherrschend ist.

Im vorhergehenden Kapitel 3.4.1.1 wurde bereits dargelegt, dass die Gleichsetzung von Absatz- und Produktionsmengen bei Anwendung der Verkaufserfolgsrechnung zu erheblichen Verzerrungen im Hinblick auf die kalkulierten Erfolgs- und Liquiditätssalden führen kann. In diesem Kapitel sollen die Ursachen hierfür näher beleuchtet werden. Dabei wird deutlich werden, dass die Höhe des ausgewiesenen Periodenerfolges bei gegebenen fixen und variablen Kosten keineswegs nur von den Absatzmengen abhängt.

Hinsichtlich der erfolgsrechnerischen Auswirkungen von Unterschieden zwischen Absatz- und Produktionsmengen und der daraus zwangsläufig entstehenden Lagerbestandsveränderungen sind sowohl in der Unternehmenspraxis als auch in der Literatur häufig Fehleinschätzungen und Interpretationsungenauigkeiten feststellbar. Diese Fehlinterpretationen werden zusätzlich genährt durch falsche Auffassungen hinsichtlich der gesetzlich vorgegebenen Struktur- und Ausweisunterschiede der Erfolgsrechnung nach dem Gesamtkostenverfahren und dem Umsatzkostenverfahren. Die selbstverständliche Übereinstimmung des Periodenerfolges nach Umsatz- und Gesamtkostenverfahren verleitet häufig zu der Fehleinschätzung, Lagerbestandsveränderungen seien erfolgsneutral. Diese Einschätzung ist, wie die folgenden Ausführungen zeigen werden, ein grundlegender Irrtum und ist selbst dann (häufig) falsch wenn ein Teilkostenrechnungssystem bzw. eine Grenzplankostenrechnung für die interne Erfolgsermittlung zur Anwendung kommt.

Tatsächlich vertreten viele Autoren (Kilger, Schweitzer, Küpper, Eisele)[17] zudem die Auffassung, dass das Umsatzkostenverfahren leichter zu handhaben sei, weil hier bei Vorliegen einer Kostenträgerstückrechnung problemlos die Herstellkosten des Umsatzes ermittelt werden könnten und die Bestandsveränderungen daher nicht berücksichtigt werden müssten. Dabei wird übersehen, dass auch beim Umsatzkostenverfahren die Bestandsveränderungen ermittelt und berücksichtigt werden müssen, da ansonsten das Umsatzkostenverfahren zu einem anderen Erfolgssaldo kommen würde als das Gesamtkostenverfahren. Warum dennoch in der Literatur immer wieder behauptet wird, das Umsatzkostenverfahren hätte gegenüber dem Gesamtkostenverfahren den Vorteil, dass damit eine aussagefähige Deckungsbeitragsrechnung nach Artikel, Kunden usw. ermöglich wird und zudem, anders als beim Gesamtkostenverfahren, keine Ermittlung der Bestandsveränderungen notwendig sei, bleibt ein Rätsel.

---

17   Zwicker, Modelltableausystem von Standard-Kosten-Leistungs-Modellen, S. 113

Wenn man einmal von dem (realitätsfremden) Fall einer völligen Übereinstimmung von geplanten Absatzmengen und Ist-Absatzmengen, Plan- und Ist-Preisen auf der Absatz- und Beschaffungsseite sowie einer exakten Übereinstimmung der Unternehmensfixkosten ausginge, dann kann der tatsächlich realisierte Unternehmenserfolg trotzdem erheblich von dem geplanten Unternehmenserfolg abweichen. Diese Abweichung resultiert dann (überwiegend) aus der Nichtberücksichtigung von Differenzen zwischen Produktions- und Absatzmengen sowie aus der Nichtberücksichtigung der Verweilzeitverteilungen bzw. dynamischen Effekte der Vor- und Durchlaufzeiten in der Produktion.

Wie bereits ausgeführt, zeigen sowohl das Gesamtkosten- als auch das Umsatzkostenverfahren selbstverständlich ein exakt übereinstimmendes Betriebsergebnis, da schließlich der Erfolgsausweis nicht davon abhängen kann, in welcher Art und Weise die GuV-Positionen gegliedert werden. Die Frage muss also anders gestellt werden. Es ist zu fragen, ob das Betriebsergebnis *ohne Lagerbestandsveränderungen* identisch wäre mit dem Betriebsergebnis *mit Lagerbestandsveränderungen.*

Bezieht man diese Frage auf den *Erfolgsausweis auf Basis handels- und steuerrechtlicher Bewertungsvorschriften* lautet die Antwort: Nein, die Ergebnisse werden *nie identisch* sein.

Bezieht man die Frage hingegen auf einen *internen Erfolgsausweis,* kommt es darauf an, ob ein Teilkosten- oder Vollkostenrechnungssystem zur Anwendung kommt. Bei Anwendung eines Teilkostenrechnungssystems laut die Antwort: Die Ergebnisse werden nur dann identisch sein, wenn die Herstellkosten der Erzeugnisse ausschließlich *produktionsmengenvariable* Kostenbestandteile enthalten. Produktionsmengenvariable Kostenbestandteile wären in diesem Zusammenhang identisch mit den Grenzkosten.

Nach herrschender Lehrmeinung kann der Unterschied zwischen Produktions- und Absatzmengen dann vernachlässigt werden, wenn eine Teilkostenrechnung z. B. in Form einer Grenzplankostenrechnung/Direct Costing als Basis für die Ermittlung der Herstellkosten unterstellt wird, also nur die „Grenzkosten" in die Bestandsbewertung einfließen. Dann wären angeblich die Unterschiede zwischen Absatz- und Produktionsmengen ohne Erfolgswirkung. Die Begründung hierfür resultiert aus der Annahme, dass bei einer die Absatzmenge übersteigenden Produktionsmenge nur die *hinzukommenden Grenzkosten* aktiviert werden. Damit würden sich die hinzukommenden Herstellkosten der Periode und die Lagerzugangsbuchung (Aktivierung) genau ausgleichen und mithin erfolgsneutral sein. Die Grenzplankostenrechnung und das Direct Costing unterstellen also, dass die Herstellkosten nur produktionsmengenproportionale Kostenbestandteile enthalten.

Um diese Annahmen zu überprüfen, müssten die in Theorie und Praxis „üblichen" Grenzkostenbestandteile auf ihren tatsächlichen Grenzkostencharakter hin untersucht werden. In den äußerst spärlichen Literaturbeiträgen zum Thema der Erfolgswirkung von Lagerbestandsveränderungen werden nicht die einzelnen Kostenartenbestandteile der Herstellkosten betrachtet, sondern es wird nur in verallgemeinerter Form von variablen (produktionsmengenproportionalen) Herstellkosten gesprochen. Damit stellt sich aber zwangsläufig die Frage, welchen Kostenarten denn zu den variablen und fixen Herstellkosten zu zählen sind.

Überprüft man die Hauptkostenbestandteile der Herstellkosten anhand realer Gegebenheiten, kommt man sehr schnell zu der Erkenntnis, dass sich nur die sogenannten Repetierfaktoren (Material und Energie) produktionsmengenproportional verhalten. Die Kosten für Potenzialfaktoren (Lohn, Abschreibungen) fallen jedoch unabhängig von ihrer tatsächlichen Nutzung an, d. h., sie sind lediglich abhängig von der Höhe des Potenzialfaktorbestandes. Bei voller Kapazitätsauslastung stellen diese Kosten in voller Höhe Nutzkosten dar, bei allen Beschäftigungsgraden unterhalb der Vollauslastung sinkt der Nutzkostenanteil und steigt der Leerkostenanteil. Bei einer Auslastung von 0 % beträgt der Leerkostenanteil, zumindest kurzfristig, somit 100 %.

Nimmt man jetzt die Aussagen des Direct Costing und der Grenzplankostenrechnung ernst, dann dürften die Erzeugnisbestände im Grunde nur mit den Materialkostenanteilen und den variablen Energiekostenanteilen bewertet werden. Dieses Vorgehen wäre jedoch nach externen Rechnungslegungsvorschriften unzulässig. Auch nach den üblichen internen Bewertungsregeln würde niemand auf die Idee kommen, die Erzeugnisse nur mit ihrem Materialanteil anzusetzen. Es werden i. d. R. mindestens zusätzlich die Fertigungslohnkosten einbezogen. Hier liegt nun allerdings der Denkfehler des Direct Costing: Der Fertigungslohn, der aus Produktsicht unzweifelhaft Einzelkostencharakter besitzt, wird beim Direct Costing kurzerhand zu den variablen Kosten gezählt.

Würden fertige Erzeugnisse in Industrieunternehmen tatsächlich nur mit variablen Einzelkosten bewertet werden, dann bestünde überhaupt keine Notwendigkeit, eine GuV-Position „Lagerbestandsveränderungen" zu führen, da diese keinerlei Auswirkungen auf den Periodenerfolg hätte. Genau aus diesem Grund wird man bei *Handelsunternehmen* vergeblich nach solch einer GuV-Position suchen. Auch in Industrieunternehmen wird man eine GuV-Position „Erhöhung oder Verminderung der Rohstoffbestände" nicht finden.

Wie bereits in Kapitel 2 ausführlich dargelegt, kommen beim Direct Costing noch unbegründete Unterschiede im Hinblick auf die Behandlung von Einzelkosten der Maschinennutzung und Einzelkosten der Beschäftigtennutzung hinzu.

Deyhle, der einerseits den Grenzkostencharakter der Fertigungslöhne aus Produktsicht betont, schreibt zu den Abschreibungen: „Im Allgemeinen … wird es sinnvoll sein, die Abschreibungen voll fix zu budgetieren, als ein Cashflow-Ziel, das im Interesse der Finanzierung eines zukünftigen Investitionsprogramms gefordert ist."[18]

Bei den Fertigungslöhnen wurde von Deyhle jedoch argumentiert, dass diese im Hinblick auf die Frage „Was schlüpft ins Produkt, weil es physisch existiert?" ganz klar Grenzkosten sind. Warum sollen dann aber die Abschreibungen in voller Höhe Fixkosten sein? Die Vorgabezeiten für die Maschinennutzung stehen genauso in den Arbeitsplänen wie die Vorgabezeiten für das Fertigungspersonal. Die Maschinennutzungszeit „schlüpft" genauso ins Produkt und macht seine physische Existenz aus. Warum soll dann die Maschinennutzungszeit Fixkostencharakter haben, die Personalnutzungszeit jedoch Grenzkostencharakter?

Weiter weist Deyhle darauf hin, dass man bei Grenzkosten verbrauchsorientiert zu denken habe: „Auch beim Material zählt der Verbrauch, nicht der Einkauf".[19] Das ist zwar richtig, jedoch entstehen die Kosten für Personal und Maschinen völlig unabhängig von der Nut-

---

18   Deyhle, Hauser, Controller-Praxis, Band II, S. 47
19   Ebd. S. 48

zungszeit, also dem Verbrauch. Bei den Potenzialfaktoren zählt also sehr wohl der „Einkauf" und nicht die Nutzung. Ganz abgesehen davon, zeigt das verbrauchsorientierte Denken sehr deutlich die starke Gewichtung der Erfolgsrechnung. Aus Sicht der integrierten Planungsrechnung zählt selbstverständlich sowohl der Verbrauch als auch der Einkauf, da dieser letztlich allein maßgeblich ist für die Finanzplanung.

Insofern wären „echte" Grenzkosten tatsächlich nur in den sogenannten Repetierfaktoren zu erblicken, also in den Materialkosten und dem variablen Anteil der Energiekosten. Zu diesem Ergebnis kommt auch Männel: „Teilkostenrechnungssystemen liegt eine falsche, für die praktische Anwendung gefährliche Kostenspaltung zugrunde. *Weit verbreitet ist vor allem der Fehler, dass man auch die Fertigungslöhne zu den leistungsabhängigen Kosten zählt, obwohl diese zumindest auf kurze Sicht eindeutig den Charakter von Bereitschaftskosten haben."*[20]

Bei der Beurteilung der Fertigungslöhne ist auch das jeweilige Entlohnungssystem zu berücksichtigen. In der Praxis der verarbeitenden Industrie kommen inzwischen zum Großteil Zeitlohnsysteme zum Einsatz. Für Zeitlohnsysteme gelten die oben gemachten Aussagen uneingeschränkt. Nur bei Akkordlohnsystemen liegt innerhalb bestimmter Bandbreiten der Kapazitätsausnutzung tatsächlich ein zur Produktionsmenge proportionaler Kostenverlauf vor. Akkordlöhne bekommen allerdings immer dann Zeitlohncharakter, wenn bestimmte Beschäftigungsgrenzen unterschritten werden. Für solche Unterbeschäftigungssituationen ist in allen Tarifverträgen ein garantierter Mindestlohn vorgesehen.

Die von Männel klar gesehene Gefährlichkeit der falschen Annahmen des Direct Costing führte im Rahmen der Finanzkrise 2009 angeblich zu Überraschungen. Zu dieser Einschätzung gelangten jedenfalls Kämmler-Bura: „Allen Branchen ist gemein, dass sie sich im Zuge des allgemeinen Mengenrückgangs im Jahr 2009 grundsätzlich mit dem Thema *fixe Kosten und deren Berücksichtigung im Kalkulationsmodell* auseinandersetzen müssen. *Der Rückgang der Produktmengen zeigt vielfach, dass eine Reihe von als variabel angenommenen Kostenelementen tatsächlich eher Fixkostencharakter besitzen."*[21]

Aus der Unternehmensperspektive sind also Abschreibungen und Fertigungslöhne eindeutig Kosten, die von Dispositionsentscheidungen des Managements abhängen und eine bestimmte zeitliche Bindungswirkung entfalten. Dieser Umstand zeigt sich damit selbstverständlich auch im Hinblick auf die Beurteilung der Erfolgswirkung von Lagerbestandsveränderungen.

Im Rahmen der Finanzkrise wurden von vielen Unternehmen im Zuge der Kurzarbeit die Lagerbestände in zum Teil erheblichem Umfang abgebaut. Dies führte zu erheblich schlechteren Ergebnissen oder gar zu Verlusten, weil die in den Lagerbeständen „gespeicherten" Fixkosten jetzt zusätzlich die Periodenergebnisse belasteten. Zusätzliche Abwertungen des Vorratsvermögens in Folge des Preisverfalls vieler Rohstoffe kamen noch hinzu. Die Prognoseinstrumente der Unternehmen hatten diese Effekte jedoch häufig überhaupt nicht vorhergesehen, weil weiterhin der Gedanke der Verkaufserfolgsrechnung vorherrschte und die unsinnigen Vereinfachungen des Direct Costing zur Anwendung ka-

---

20   Hummel, Männel, Kostenrechnung, S. 59
21   Kämmler-Burrak, Wieland, Brancheneinblicke in die Produktionssteuerung, in: Gleich et al., Moderne Kosten- und Ergebnissteuerung 2010, S. 191

men. Im Industrieunternehmen ist im Hinblick auf den Absatz stets die Frage zu beantworten, ob dieser durch Lagerabbau oder aus der Produktion der laufenden Periode realisiert wird. Diese Frage ist deshalb von Bedeutung, weil sich unterschiedliche Erfolgs- und Liquiditätswirkungen daraus ergeben.

Im Kontext der Planung ist die Entwicklung der Erfolgs- und Liquiditätssituation aus Unternehmenssicht entscheidend und nicht die Fokussierung auf „richtige" oder „falsche" Zuordnungsvorschriften von Kostenarten auf Kostenträger.

Daraus folgt, dass das Planungsmodell die relevanten Bestands- und Flussgrößen des Unternehmens abbilden muss. Nur unter Berücksichtigung der Wechselwirkungen zwischen Absatz- und Produktionsmengen, Beständen und Durchlaufzeiten sowie deren adäquater Abbildung auf der finanzwirtschaftlichen (wertorientierten) Ebene können Erfolgs- und Liquiditätssalden in ihrer Höhe und ihrem zeitlichen Verlauf realitätsnah ermittelt werden.

Zur Veranschaulichung der diskutierten Problematik möge das nachfolgende Beispiel in Anlehnung an Hummel dienen:

$$G_t = x_t \left(p - k_v - \frac{K_F}{y_n} \right) + y_t \frac{K_F}{y_n} - K_F - K_A \tag{3.3}$$

Umgeformt:

$$y_t = \frac{-(p - k_v - \frac{K_F}{y_n})}{\frac{K_F}{y_n}} \times x_t + \frac{K_F + K_A + G_t}{\frac{K_F}{y_n}} \tag{3.4}$$

Mit:

Konstante:

k_v = variable Herstellkosten (*GE*/Stück)
K_F = fixe Herstellkosten (*GE*/Periode)
K_A = fixe Verwaltungs- und Vertriebskosten (*GE*/Periode)
p = Verkaufspreis
y_n = Normal-Beschäftigung (*ME*/Periode)

Variable:

y_t = Produktionsmenge in der Periode t
x_t = Absatzmenge in der Periode t
G_t = Erfolg (Gewinn oder Verlust) der Periode t (*G_E*/Periode)

Gleichung (3.4) drückt eine in der Vollkostenrechnung auf Basis der Normal-Beschäftigung geltende Beziehung zwischen Produktionsmenge (*yt*) und Absatzmenge (*xt*) aus. Da auf der rechten Seite dieser Gleichung mit Ausnahme von xt nur konstante Glieder stehen, kann sie für einen bestimmten, vorgegebenen Gewinn (*Gt*) als eine Gerade in einem üblichen Koordinatensystem dargestellt werden. In der Sprache der ökonomischen Theorie handelt es sich um eine Iso-Gewinngerade, auf der jeder Punkt die Bedingung $G_t = \overline{G_t}$ erfüllt. Um die Iso-Gewinngerade tatsächlich zeichnen zu können, soll folgendes Zahlenbeispiel verwendet werden:

p = 10, kv = 5, *KF* = 20, *KA* = 10, *yn* = 10

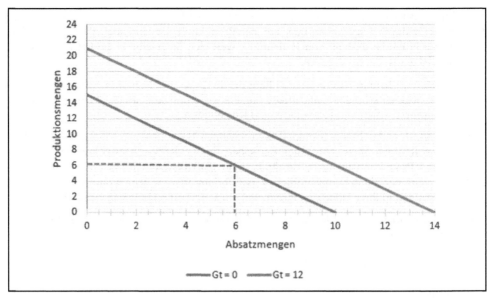

Abb. 3.2:   Iso-Gewinngeraden. Quelle: Eigene Darstellung

Für den Periodenerfolg werden zwei Werte vorgeben: $Gt = 0 \; und \; \overline{Gt} = 12$

Setzt man die Angaben in die Gleichung (3.212) der Iso-Gewinnlinie ein, so erhält man (nach Vereinfachung) folgende Geradengleichungen:

$$f\ddot{u}r\; G_t = 0 \qquad y_t = -1{,}5\, x_t + 15 \tag{3.5}$$

$$f\ddot{u}r\; G_t = 12 \qquad y_t = -1{,}5\, x_t + 21 \tag{3.6}$$

Die grafische Darstellung der Geradengleichungen zeigt Abbildung 3.2.

Die Zeichnung aus Abbildung 3.2 macht deutlich, dass in der Vollkostenrechnung auf Basis der Normal-Beschäftigung ein bestimmter Periodenerfolg (z. B. $Gt = 12$) durch alle Kombinationen von Produktions- und Absatzmengen realisiert werden kann, die auf der entsprechenden Iso-Gewinngerade liegen. Aus der Information, der Periodengewinn habe 12 betragen, kann also nicht geschlossen werden, welche Produktions- und Absatzverhältnisse in der Berichtsperiode tatsächlich herrschten. In unserem Zahlenbeispiel lässt sich ein Periodengewinn von 12 beispielsweise ohne jegliche Produktion durch den Absatz von 14 Produkteinheiten, die vom Lager genommen werden, erzielen ($xt = 14$, $yt = 0$). Derselbe Periodengewinn ergibt sich jedoch auch, wenn 21 Produkteinheiten auf Lager produziert werden und überhaupt keine Verkäufe erfolgen ($xt = 0$, $yt = 21$).[22]

Es sei nochmals darauf hingewiesen, dass die beschriebenen Effekte nicht nur bei einer Vollkostenrechnung, sondern auch bei Anwendung der Teilkostenrechnung auftreten. Ein Unterschied besteht lediglich in der Höhe der berücksichtigten Fixkosten. In der Teilkostenrechnung werden die Fertigungslöhne als variable Herstellkosten deklariert, tatsäch-

---

22   Hummel, Die Auswirkungen von Lagerbestandsveränderungen auf den Periodenerfolg, S. 167

lich handelt es sich aber um fixe Fertigungseinzelkosten. Im Hinblick auf diesen Sachverhalt ist die Aussage von Hummel fragwürdig: „Anders als in der Vollkostenrechnung auf Basis der Normal-Beschäftigung kann bei Periodenerfolgsgrößen, die nach der Methode des Direct Costing ermittelt wurden, *unmittelbar und eindeutig* auf die Absatzmenge (nicht auf die Produktionsmenge) geschlossen werden, die zu diesem Periodenerfolg führte."[23]

Diese Aussage wäre nur dann zutreffend, wenn in den variablen Herstellkosten (kv) nur Repetierfaktoren (Material, Energie) berücksichtigt würden, was jedoch praxisfremd ist. Da beim Direct Costing die Fertigungslöhne *stets* zu den variablen Herstellkosten gerechnet werden, ist die Aussage von Hummel definitiv falsch.

Sofern die fixen Fertigungseinzel- und Fertigungsgemeinkosten in Relation zum Umsatz zusammen größer sind als die Umsatzrendite, die sich bei voller Nutzung der Kapazitäten ohne Bestandsveränderungen ergibt, dann ist das Betriebsergebnis bei einer Kapazitätsauslastung von 0 % bei ansonsten identischen Absatzmengen *stets negativ*. Der Liquiditätssaldo ist ceteris paribus gegenüber der Ausgangssituation *stets positiv*.

Umgekehrt kann das Betriebsergebnis bei gänzlich fehlendem Absatz und einer vollen Kapazitätsauslastung (kein Verkauf, ausschließlich Lagerproduktion) null oder im Extremfall sogar größer null sein. Der Liquiditätssaldo ist ceteris paribus gegenüber der Ausgangssituation stets negativ.

Zu diesem „erstaunlichen Effekt" schreibt Hummel: „Verkaufsleiter wird es überraschen, von einem Vollkostenrechner zu hören, in seinem Rechnungssystem ließen sich selbst dann Gewinne ausweisen, wenn man in einer Periode überhaupt nichts verkaufe, sondern nur auf Lager produziere."[24]

Aus dem obigen Beispiel kann indirekt auch abgeleitet werden, dass es einen Unterschied macht, ob bei gegebenen Verkaufsmengen diese aus der Produktion der laufenden Periode oder vom Lager entnommen werden. Werden in großem Umfang Lagerbestände abgebaut, können bei identischen Absatzmengen, Fixkosten, Produktionsfaktorpreisen und Verkaufspreisen in einer Periode ohne Lagerabbau Gewinne, in einer Periode mit ausgeprägtem Lagerabbau hingegen Verluste entstehen. Dieser Effekt ist auf die zusätzlich aus Vorperioden „herüber geholten" Fixkosten, die in den Lagerbeständen „gespeichert" waren, zurückzuführen.

Dieser Effekt soll anhand eines kleinen Zahlenbeispiels in Abbildung 3.3 erläutert werden.

Ein Industrieunternehmen habe für die Periode 2 einen gleich hohen Absatz und Umsatz wie in der Vorperiode bei konstanter Sortimentszusammensetzung geplant. Alternativ könnte ein Einproduktunternehmen angenommen werden. Der gesamte für die Realisierung der Absätze erforderliche Bedarf an fertigen Erzeugnissen möge sich am Lager befinden, d. h. eine komplette Periodenproduktion. Ein- und Verkaufspreise, Verkaufskonditionen, sämtliche Unternehmensfixkosten, kurzum alle relevanten Parameter der Planungsrechnung seien in unveränderter Höhe angenommen. Lediglich für den Verkauf wird die Annahme getroffen, dass alle Absätze direkt vom Lager bedient werden können und keinerlei Nach-

---

23 Ebd. S. 168
24 Ebd. S. 166

Periode	Vollkosten						Direct Costing	
	1	2	Δ	1	2	Δ	2	Δ
	Industrie			Handel				
	P = A	A = LBV		E = A	A = LBV		V = LBV	
Umsatz	100	100	0	100	100	0	100	0
LBV	0	-80	-80	0	-80	-80	-70	-70
Materialeinsatz (variabel)	-50	0	50	-80	-80	0	0	50
Fertigungslohn (Nutzkosten)	-15	0	15	0	0	0	0	15
GMK-Lohn (Leerkosten)	0	-15	-15	0	0	0	-15	-15
Energie (variabel)	-5	0	5	0	0	0	0	5
fixe Fertigungsgemeinkosten	-10	-10	0	0	0	0	-10	0
Σ Kosten Produktionsbereich	-80	-25	55	-80	-80	0	-25	55
Vertriebskosten	-10	-10	0	-10	-10	0	-10	0
Betriebsergebnis	10	-15	-25	10	10	0	-5	-15
Liquiditätssaldo	10	65	55	10	90	80	65	55

Abb. 3.3:   Zahlenbeispiel Lagerbestandsveränderungen. Quelle: Eigene Darstellung

produktion vorgenommen wird. In der Periode 1 waren Produktions- und Absatzmengen identisch (P = A). Ferner sei angenommen, dass das benötigte Material (Rohstoffe) in der Vorperiode bedarfssynchron eingekauft wurde, d. h., die Materialbestände blieben unverändert. Die Kosten für Produktion und Vertrieb mögen in gleicher Höhe zu Auszahlungen geführt haben, der Umsatz zu entsprechenden Einzahlungen aus Umsatz. Bei Anwendung dieser Prämissen ergibt sich in Periode 1 ein positives Betriebsergebnis in Höhe von +10 GE. Der Liquiditätssaldo ist in Höhe von +10 *GE* ebenfalls positiv, da Ein- und Auszahlungen annahmegemäß in gleicher Höhe wie Umsatz und Kosten angefallen sind.

Im Vergleich zu Periode 1 zeigt sich in Periode 2 ein negatives Betriebsergebnis in Höhe von –15 *GE* und ein positiver Liquiditätssaldo i. H. v. +65 *GE*. Das Betriebsergebnis ist somit in Periode 2 gegenüber Periode 1 um 25 GE gesunken, der Liquiditätssaldo hingegen um 55 *GE* gestiegen. Die Liquiditätssituation zeigt also annahmegemäß genau das umgekehrte Bild. Die Differenz i. H. v. 55 *GE* entspricht exakt den durch die fehlende Produktion nicht angefallenen und nicht zugekauften Material- und Energieeinheiten.

Ein Blick auf die Kostenartenzeilen der Abbildung 3.4 zeigt, worauf diese Abweichungen zurückzuführen sind. Die Differenz von –25 *GE* beim Betriebsergebnis entspricht exakt den aus der Vorperiode „herübergeholten" Fixkostenanteilen (Fertigungslohn und Fertigungsgemeinkosten = –15 + –10) der Lagerbestandsminderung, die in den Erzeugnisbeständen „gespeichert" waren.

	Vollkosten						Direct Costing	
Periode	1	2	Δ	1	2	Δ	2	Δ
	Industrie			Handel				
	P = V	V = LBV		E = V	V = LBV		V = LBV	Δ
Umsatz	100	100	0	100	100	0		
LBV	0	0	0	0	0	0	0	0
Materialeinsatz (variabel)	-50	-50	0	-80	-80	0	-50	0
Fertigungslohn (Nutzkosten)	-15	-15	0	0	0	0	-15	0
GMK-Lohn (Leerkosten)	0	-15	-15	0	0	0	-15	-15
Energie (variabel)	-5	-5	0	0	0	0	-5	0
fixe Fertigungsgemeinkosten	-10	-20	-10	0	0	0	-10	0
Σ Kosten Produktionsbereich	-80	-105	-25	-80	-80	0	-95	-15
Vertriebskosten	-10	-10	0	-10	-10	0	-10	0
Betriebsergebnis	10	-15	-25	10	10	0	-105	-115
Liquiditätssaldo	10	65	55	10	90	80	-35	-45

Abb. 3.4: LBV aufgelöst nach Kostenarten. Quelle: Eigene Darstellung

Dies wird noch deutlicher, wenn die GuV-Zeile der Lagerbestandsveränderungen (LBV) in die einzelnen Kalkulationsbestandteile (Material, Lohn, Energie, Fertigungsgemeinkosten) aufgelöst wird und mit den originären Kostenartenzeilen verrechnet wird.

Die Zeile Lagerbestandsveränderungen (*LBV*) in Abbildung 3.3 beinhaltet den Wert der *LBV* als Saldo, so wie es auch im handelsrechtlichen Gliederungsschema vorgesehen ist. In Abbildung 3.4 sind die *LBV* jedoch auf null gesetzt und die einzelnen Herstellkosten-bestandteile (Material, Lohn, Energie, Fertigungsgemeinkosten) sind den originären Kostenartenzeilen der GuV zugeordnet. Hier zeigt sich, dass Lohnkosten (Nutz- und Leer-kosten) und die Fertigungsgemeinkosten in doppelter Höhe ergebniswirksam werden. Bei den Lohnkosten hat lediglich die Kontierung gewechselt, d. h., in Periode 2 sind aufgrund der fehlenden Produktion die Lohnkosten einmal auf dem Konto Gemeinkostenlohn (*GMK*-Lohn) erfasst (−15 *GE*) und einmal als Fertigungslohn (aus Vorperioden). Die Kosten des Produktionsbereichs sind in Periode 2 demgemäß mit −105 *GE* um genau −25 *GE* höher als in Periode 1.

Die Überleitung einer Erfolgsrechnung nach dem Gesamtkostenverfahren in die Darstel-lungsweise des Umsatzkostenverfahrens verläuft im Prinzip ähnlich wie in diesem Beispiel. Allerdings erfolgt keine kostenartenweise Saldierung, sondern die *Bestandsveränderung wird in voller Höhe* in einer Zeile „Herstellkosten des Umsatzes" mit den gesamten Herstellkosten der Periode saldiert.[25] Die einzelnen Herstellkostenbestandteile sind beim Umsatzkostenverfahren also nicht erkennbar.

Auch bei Anwendung einer Teilkostenrechnung würde sich eine Betriebsergebnisdifferenz zwischen den Perioden 1 und 2 einstellen. Die Differenz würde sich dann von –25 GE auf –15 GE verändern. Da die (fixen) Fertigungsgemeinkosten in Höhe von 10 GE nicht auf die Erzeugnisse verrechnet würden, wäre die Lagerbestandsveränderung statt mit –80 GE mit –70 GE zu bewerten, d. h., das Betriebsergebnis würde einen Saldo von –5 GE aufweisen. Der Liquiditätssaldo würde sich überhaupt nicht verändern. Diese Aussage gilt in dieser Datenkonstellation unabhängig davon, ob ein Zeit- oder Leistungslohnsystem zur Anwendung kommt. Die von vielen Autoren vertretene Auffassung, dass die auf die Vollkostenrechnung zurückzuführenden Ergebniseinflüsse durch Lagerbestandsveränderungen bei Teilkostenrechnungen nicht auftreten, kann somit nicht richtig sein. Es sei denn, man unterstellte realitätsfremd, dass die Erzeugnisbestände nur mit den Materialkosten bewertet werden. Diese Unterstellung würde schließlich dazu führen, dass in der Rechnungslegung zwischen Industrie- und Handelsunternehmen keinerlei Unterschiede mehr bestehen, d. h., der GuV-Ausweis von Lagerbestandsveränderungen könnte bei Industrieunternehmen genauso wie bei Handelsunternehmen unterbleiben. Eine Kostenrechnung wäre dann ebenfalls überflüssig, da die Erzeugnisbestände einfach durch Multiplikation der Materialarten mit den Einkaufspreisen bewertet werden. Hier zeigt sich, mit welchen absurden Prämissen hantiert wird, um die in der operativen Planungsrechnung vorherrschende Verkaufserfolgsrechnung zu rechtfertigen.

Die bisherigen Ausführungen zeigen, dass die Bewertung der Erzeugnisse offensichtlich mit drei unterschiedlichen kostenrechnerischen Ansätzen möglich ist:

- Vollkostenversion
- Einzelkostenversion
- Grenzkostenversion

Bei der Vollkostenversion werden sämtliche variablen *und* fixen Herstellkosten aktiviert. Die Einzel- und die Grenzkostenversion bilden zusammen die Teilkostenversionen, da in Abgrenzung zur Vollkostenversion nur ein bestimmter Teil der Herstellkosten aktiviert wird. Bei der Grenzkostenversion wären nur die Kostenanteile der Repetierfaktoren (Material und Energie) und bei der Einzelkostenversion neben den Repetierfaktoren zusätzlich die Kostenanteile der Potenzialfaktoren (Beschäftigten- und Maschinennutzungszeit) in die Bewertung einzubeziehen. Alle drei Kostenzurechnungsmethoden führen i. d. R. zu unterschiedlichen Bewertungsansätzen und somit zu unterschiedlichen Betriebsergebnissen, sofern Lagerbestandsveränderungen auftreten.

Theoretisch könnten die Einzel- und Grenzkostenversion identische Ergebnisse liefern, wenn die Einzelkosten ausschließlich Grenzkostencharakter haben. Dieser Fall wäre denkbar, wenn in der Produktion sowohl die Maschinennutzung als auch die Beschäftigten proportional zu den Produktionsmengen disponiert werden könnten (leistungsabhängige Bezahlung von Leiharbeit und leistungsabhängiges Maschinen-Leasing). In der Praxis kommt dieser Fall allerdings nicht vor. Berücksichtigt man zusätzlich zu den unterschiedlichen

---

25   Vgl. auch Coenenberg, Fischer, Günther, Kostenrechnung und Kostenanalyse, S. 178

Kostenzurechnungsmethoden die unterschiedlichen Lagerbewertungsverfahren (Fifo, Lifo, gewogener Durchschnitt, Wiederherstellungskosten), dann ergeben sich schon 12 unterschiedliche Wertansätze. Bei Berücksichtigung des Niederstwertprinzips können sich sogar 24 unterschiedliche Wertansätze ergeben.

Um diese Aussagen bezüglich der Unterschiede zwischen Handel und Industrie noch weiter zu präzisieren, ist in die Zahlenbeispiele in den Abbildungen 3.3 und 3.4 beispielhaft auch eine vergleichbare Konstellation für Handelsunternehmen eingebaut. Für die Periode 1 wurde unterstellt, dass die Absatzmengen in voller Höhe eingekauft werden ($E = A$). In der Periode 2 hingegen werden die Absatzmengen in voller Höhe aus dem Lager entnommen und ein Wareneinkauf findet nicht statt ($A = LBV$). Die Lagerbestandsveränderung ist hier nur nachrichtlich in der GuV dargestellt. Es wird deutlich, dass sich beim Handelsunternehmen ein Unterschied nur im Liquiditätssaldo zeigt. Dieser steigt in Höhe der unterbliebenen Einkäufe von +10 *GE* auf +90 *GE*. Das Betriebsergebnis ist hingegen in beiden Perioden mit +10 *GE* gleich hoch. Dies erklärt sich ganz einfach aus dem Umstand, dass die Produkte (Handelswaren) aufgrund der fehlenden Bearbeitung/Verarbeitung mit keinerlei Fixkosten belastet werden. Die Ware wird eingekauft und unverändert weiterverkauft. Für das Betriebsergebnis im Handelsunternehmen spielt es daher überhaupt keine Rolle, ob der Absatz aus vorhandenen Lagerbeständen oder aus Einkäufen der laufenden Perioden realisiert wird.

Das Zahlenbeispiel zeigt welche schwerwiegenden Fehler auftreten, wenn die Absatzmengen aus Vereinfachungsgründen mit den Produktionsmengen gleichgesetzt werden. Genau diese Vorgehensweise ist jedoch in den Planungsmodellen der allermeisten Softwareanbieter abgebildet. Hier zeigt sich auch die starke Rechnungswesendominanz, die die Planungsrechnung in den Industrieunternehmen beherrscht. Folgt man dem tatsächlichen Mengen-, Zeit- und Wertefluss der produktionswirtschaftlichen Leistungserstellung, ergeben sich meist ganz andere Planungsrechnungen, als von den Rechnungswesen-Tools prognostiziert.

Wie bereits in Kapitel 2 ausgeführt, beinhaltet der „Innenbereich" des Produktionsvollzugs immer Vorgänge, deren *rechnerische Erfassung ohne die Einführung von Annahmen nicht möglich ist*. Diese Annahmen sind zwar nicht willkürlich, führen jedoch stets zu unterschiedlichen Ausweishöhen des Betriebsergebnisses. Damit wird auch verständlich, dass es nicht das *richtige Kostenrechnungssystem* und *den richtigen Erfolgsausweis* geben kann. Vielmehr gilt der, wenn auch deutlich überspitzt formuliert, altbekannte Satz:

„Profit is a opinion. Only Cash is a fact".

Die vereinfachte Betriebsergebnisgleichung der Form

$$\text{Absatzmenge} \times (\text{Verkaufspreis}/ME - \text{variable Kosten}/ME) - \text{fixe Kosten} \qquad (3.7)$$

gilt stets für Handelsunternehmen, jedoch nicht für Industrieunternehmen. Beim Handelsunternehmen hat der Auf- oder Abbau von Lägern keinerlei Auswirkungen auf das Betriebsergebnis. Im Industrieunternehmen hingegen steigt (Lageraufbau) bzw. sinkt (Lagerabbau) bedingt durch *Fixkosten-Perioden-Verschiebungseffekte* das Betriebsergebnis. Diese Aussage gilt stets für Einproduktunternehmen. Beim Mehrproduktunternehmen gilt als zusätzliche Einflussgröße der

Produktmix des Lagerauf- bzw. Lagerabbaus. Dieser Unterschied zwischen Handels- und Industrieunternehmen beruht auf der Tatsache, dass bei Handelsunternehmen für das Produkt ausschließlich sogenannte Repetierfaktoren in Form eben dieses Produktes selbst notwendig sind. Das Produkt wird eingekauft und ohne weitere Bearbeitung oder Verarbeitung weiterverkauft. Der Vergleich zum Handelsunternehmen bestätigt damit die oben gemachte Aussage, dass die Grenzkosten des Industrieunternehmens bei Variation der Beschäftigung eigentlich nur aus den Materialkosten bestehen können.

Im Hinblick auf eine periodengerechte Erfolgsermittlung kann zusammenfassend festgestellt werden, dass bei gegebenem Fixkostenniveau der Erfolg des Industrieunternehmens keineswegs nur von der Absatzmenge abhängt. Er hängt vielmehr zusätzlich von folgenden Faktoren ab[26]:

- Vom gewählten Kostenrechnungssystem in Verbindung mit der gewählten Bewertungsmethode für halbfertige und fertige Erzeugnisse (Vollkostenrechnung, Teilkostenrechnung). Dies gilt jedoch nur für die interne Erfolgsermittlung. Die externe Erfolgsermittlung verlangt stets die Bestandsbewertung auf Vollkostenbasis.
- Von der Wahl des der Bewertung der Lagerbestände zugrunde gelegten Beschäftigungsmaßstabes (Normal-Beschäftigung oder Ist-/Plan-Beschäftigung).
- Von der Absatzmenge *und* der Produktionsmenge der Periode t, der Produktionsmenge der Periode *t*–1, von der Höhe des Anfangsbestandes, von der Höhe des Endbestandes, von den Differenzen der Kostenträgerkalkulationen zwischen *t* und *t*–1 (Vollkostenrechnung und Ist-Beschäftigung ex post / Vollkostenrechnung und Plan-Beschäftigung ex ante).
- Von der Relation der variablen Herstellkosten zu den fixen Herstellkosten.
- Vom Grad der zeitlichen Entkopplung von Produktion und Absatz.
- Von dem jeweils verwendeten Lohnsystem (Zeitlohn vs. Akkordlohn).
- Von der Entscheidung im Hinblick auf Bewertungs- bzw. Bewertungsvereinfachungsverfahren (FIFO oder Bewertung nach gewogenem Durchschnitt).

Aus dem Umstand, dass der Periodenerfolg neben den Absatzmengen zusätzlich auch von den Produktionsmengen, Anfangsbeständen, vom Beschäftigungsgrad und dem Lohnsystem abhängt, können weitere Schlüsse gezogen werden:

1) Die (Grenz-)Plan-Kostenrechnung/Direct Costing treffen praktisch unhaltbare Aussagen zur kurzfristigen Erfolgsrechnung und der daraus abgeleiteten *Verkaufserfolgsrechnung*.
2) Modelle der *linearen Produktionsprogrammoptimierung* (Deckungsbeitragsoptimierung) sind unter praktischen Bedingungen (aus mehreren Gründen) so gut wie nie sinnvoll anwendbar.

---

26   Siehe z. T. auch Hummel, Die Auswirkungen von Lagerbestandsveränderungen auf den Periodenerfolg, S. 160

a) *Break-Even-Analysen* haben nur für (Handels-) Unternehmen bei Vorliegen des sogenannten Einproduktfalles eine praktische Bedeutung.

b) Ein mithilfe der (Grenz-)Plan-Kostenrechnung oder Vollkostenrechnung nur auf Basis der Absatzmengen ermittelter Planperiodenerfolg ist unter praktischen Bedingungen mit an Sicherheit grenzender Wahrscheinlichkeit *sachlogisch unzutreffend.*

c) Neben der verkaufsorientierten Deckungsbeitragsrechnung existiert eine produktionsorientierte „Schein-Deckungsbeitragsrechnung", die Erfolgsbeiträge in negativer oder positiver Form in Höhe anteilig aktivierter oder deaktivierter fixer Fertigungseinzel- und Fertigungsgemeinkosten je Produkteinheit liefern kann. Dies sind selbstverständlich keine „echten" Deckungsbeiträge, da hiermit lediglich Erfolgsverschiebungen zwischen einzelnen Perioden ermöglicht werden. Der Erfolgsbeitrag bzw. Erfolgsverschiebungseffekt wird begrenzt durch Lageranfangsbestände, den maximalen Lagerraum, die Produktionskapazität und Restriktionen hinsichtlich der maximal verfügbaren Zahlungsmittel und Kreditlinien.

d) Eine integrierte Erfolgs-, Finanz- und Bilanzplanung benötigt für sinnvolle Aussagen und Planungsergebnisse eine vollständige Integration der Verkaufs- und Produktionsmengenplanung. Wird nur verkaufsmengenorientiert geplant, so wird nur die Lagerausgangsseite, d. h. die Leistungsverwertung, betrachtet, und die Lagereingangsseite, d. h. die Leistungserstellung, wird ignoriert. Damit fehlen jedoch wesentliche Lager-, Kosten- und Ertragswirkungen. Vor diesem Hintergrund ist eine ausschließlich verkaufsmengenorientiere Erfolgs- und Finanzplanung als unvollständig und potenziell fehlerbehaftet abzulehnen.

e) Die wesentlichen Auszahlungspositionen der *Finanzrechnung* – Material-, Energie-, Personal-, Investitionsauszahlungen und Auszahlung für Fremdbezüge (Handelswaren, Fremdarbeitsgänge, Zeitarbeit und Fertigungsgemeinkosten) – hängen *allein* von den Produktionsprogrammentscheidungen, d. h. von den Produktionsmengen sowie den Bereitstellungszeitpunkten ab. Die rein absatzorientierte Finanzplanung in Verbindung mit Durchschnittssätzen aus Produktplankalkulationen der Plan-Kostenrechnung kann in der Regel nur falsche Datengrundlagen liefern.

f) Die *Erfolgsschwankungen* sind umso größer, je höher der *Fixkostenanteil* in den Herstellkosten ist, je stärker die *Absatzmarktvolatilität* und damit die *Entkopplung* der Produktions- von den Absatzmengen ist und je länger die *mittleren Durchlaufzeiten* und deren Streuung in der Produktion sind.

3.4.1.2.2 Kostenpolitik und zeitliche Produktionsverteilung

Neben den im vorhergehenden Kapitel ausführlich dargestellten Erfolgs- und Finanzauswirkungen von Lagerbestandsveränderungen als Ausdruck von divergierenden Absatz- und Produktionsmengen übt auch die zeitliche Verteilung der Produktion einen nicht unwesentlichen Einfluss auf die Kostenhöhe aus. Diese aus kostenpolitischen Erwägungen motivierte zeitliche Produktionsmengenverteilung ist insofern einerseits eine weitere Einflussgröße für die Entstehung von Lagerbestandsveränderungen und andererseits für die Bestimmung des Produktionskostenniveaus insgesamt.

Zeitliche Verteilung der Produktionsmengen
(Entkopplungsgrad von Produktion und Absatz)

Überlegungen zur Kostenpolitik werden häufig davon geleitet, bei gegebener Ausbringungsmenge diese mit minimalen Kosten herzustellen. Für die in diesem Zusammenhang notwendigen Analysen werden meist statische Modelle eingesetzt, die den Zeitablauf nicht berücksichtigen. Damit wird unterstellt, es sei unerheblich, wann die Produktion innerhalb des Planungszeitraums erfolgt, ob sie sich auf bestimmte Zeiträume konzentriert oder ob sie über die gesamte Planungsperiode zu verteilen ist. In der statischen Analyse wird die zeitliche Dimension des Planungsproblems komplett vernachlässigt und damit die *Planungsperiode als Zeitpunkt aufgefasst*. Für eine realistische Planungsrechnung ist es jedoch unerlässlich, die *Planungsperiode als Zeitraum* zu betrachten und damit das Problem der Kostenpolitik um die *zeitliche Produktionsverteilung* zu erweitern. Ferner tritt bei der zeitlichen Verteilung der Produktionsmengen automatisch das Problem der Lagerbestandsveränderungen hervor, das im vorhergehenden Kapitel aus Sicht der Erfolgs- und Liquiditätswirkungen ausführlich behandelt wurde. Insofern hat die kostenpolitisch motivierte Verteilung der Produktionsmengen sowohl über die Lagerbestandsveränderungen als auch über die zeitbedingten Kostenwirkungen einen Einfluss auf die erfolgswirksame Höhe der Produktionskosten und somit auf den Periodenerfolg.

Für *kostenpolitische Überlegungen* ist nicht nur die gesamte Ausbringungsmenge relevant, sondern zusätzlich die zeitliche Struktur von Absatz und Produktion. Sofern diese Zeitstrukturen voneinander abweichen, ergeben sich Konsequenzen für Läger, Liquidität und Periodenerfolg. Eilt die Produktion bspw. dem Absatz voraus, entstehen Läger. Im umgekehrten Fall treten temporäre Fehl- oder Verzugsmengen auf. Für die Planungsüberlegungen sind dann neben den Produktionskosten zusätzlich die Lagerkosten, die aus Lagerbestandsveränderungen resultierenden Erfolgs- und Liquiditätswirkungen und die Fehlmengenkosten relevant. Findet eine von den Absatzmengen emanzipierte Produktionsplanung statt, um bspw. eine gleichmäßigere Kapazitätsauslastung sicherzustellen, entstehen wiederum zwangsläufig Lagerbestandsveränderungen insbesondere bei Unternehmen mit ausgeprägtem Saisongeschäft. Ferner gibt es Produktionstypen, bei denen sich im Rahmen einer langfristigen Auftragsfertigung der Produktionsvollzug über eine lange Zeitphase ausdehnt und erst am Ende dieser Phase „in einem Schub" Erlöse entstehen (bspw. Einzelfertigung im Hoch- und Tiefbau, Großanlagenbau, Schiffsbau etc.).

Für eine dynamische Analyse des Planungsproblems sind grundsätzlich zwei Modellkonzepte denkbar. Beim ersten Konzept wird mit kontinuierlichen Zeitfunktionen gearbeitet, die die Absatzmengen sowie die Produktionsmengen im Zeitablauf und den Zustand des Produktionssystems (Läger) *in jedem Zeitpunkt* des Planungszeitraums abbilden. Beim zweiten Konzept wird der Planungszeitraum in eine *beliebige Anzahl von Teilperioden* unterteilt. Für jede Teilperiode wird eine zu erreichende Absatzmenge vorgegeben, und es wird untersucht, ob diese Mengen in der gleichen oder einer früheren Teilperiode produziert werden sollen. Das zweite Modellkonzept erlaubt es nicht, die genaue zeitliche Entwicklung des Produktionssystems darzustellen. Vielmehr wird der Systemzustand jeweils nur zum Ende einer Teilperiode berechnet. Die zeitliche Entwicklung von Produktion und Lägern *während einer Teilperiode* kann hingegen nicht abgebildet werden. Jede der Teilperioden wird damit als Zeitpunkt angesehen. Im Gegensatz zur bisherigen statischen Vorgehensweise werden beim zweiten Modellkonzept mehrere statische Planungszeitabschnitte hintereinander gereiht, wobei die einzelnen Teilperioden über *Zustandsbedingungen in Form von Lägern* miteinander verknüpft werden (zeitübergreifende Restriktionen). Als Folge der nur beschränkt möglichen Darstellung der zeitlichen Entwicklung ergeben sich beim zweiten Modellkonzept u. U. Probleme bei der Abbildung von Lagerkosten. Diese Probleme treten auf, wenn die Lagerkosten nicht nur vom Zustand (Lagerbestand) des Systems am Ende einer Teilperiode abhängen, sondern auch die Bestandsentwicklung zwischen zwei untersuchten Zeitpunkten Einfluss auf die Kosten nimmt. Probleme bei der Abbildungsgenauigkeit der Lagerkosten treten auf, wenn nicht die Gesamtzeit einer Teilperiode für die Produktion genutzt wird (bspw. zeitliche Anpassung) oder wenn innerhalb der Teilperiode mit mehr als einer Intensität (Intensitätssplitting) gearbeitet wird. Für die zeitliche Entwicklung der Lagerbestände ist es dann von Bedeutung, wann innerhalb einer Teilperiode die Anlagen stillstehen bzw. wann mit welcher Intensität gearbeitet wird. Das zweite Modellkonzept bildet das Produktionssystem ungenauer ab als das erste, wobei der Genauigkeitsgrad über die Zahl zu bildender Teilperioden beeinflusst werden kann. Mit steigender Zahl von Teilperioden nähert sich das Planungsergebnis des zweiten Modellkonzeptes den Ergebnissen der ersten Konzeption an. *Modelle nach dem ersten Konzept sind aber so komplex, dass sie sich mit den heute verfügbaren mathematischen Instrumenten nur für Spezialfälle lösen lassen.*[27]

In der um zeitablaufbezogene Aspekte modifizierten Problemstellung der Kostenpolitik ist zu entscheiden, ob die Produktionsmenge der jeweiligen Teilperioden genau den Absatzmengen dieser Teilperioden entsprechen sollen (*Synchronisation*) oder ob sich die Produktionsentwicklung von der des Absatzes entkoppeln soll (*Emanzipation*). Sofern Verzugs- oder Fehlmengen vermieden werden sollen, ist zu fordern, dass die Summe der Produktionsmengen bis zur jeweils betrachteten Teilperiode mindestens so groß sein muss wie die Summe der Absatzmengen. Eine derartige Bedingung ist für jede Teilperiode aufzustellen.

Voraussetzung für eine Emanzipation der Produktions- von der Absatzentwicklung sind *lagerfähige Erzeugnisse und ausreichende Lagerkapazitäten*. Kostenpolitisch existiert das Problem der zeitlichen Verteilung der Produktion allerdings nur, wenn eine der drei folgenden Situationen vorliegt:

— Das Planungsproblem tritt erstens auf, wenn sich die Absatzmengen in den einzelnen Teilperioden als Folge von saisonalen Einflüssen voneinander unterscheiden. Ein im Zeitablauf schwankender Absatz hat bei zeitlich synchron verlaufender Produktion eine ungleichmäßige Beanspruchung der Betriebsmittel und der Arbeitskräfte im Zeitablauf zur Folge. Werden die Absatzschwankungen in den Produktionsbereich übertragen, wird der Betrieb zu kostspieligen Anpassungen des Leistungsniveaus gezwungen. Das Problem der zeitlichen Verteilung der Produktion stellt sich in diesem Falle, wenn die Produktionskosten pro ME vom erreichten Produktionsniveau abhängig sind. Dieser Fall ist bei intensitätsmäßiger Anpassung gegeben. Das Problem stellt sich z. B.

27 Adam, Produktionsmanagement, S. 520

auch durch die seit 1990 geltenden Stromtarife. Bei diesen Tarifen hängen die Stromkosten nicht allein von den bezogenen Kilowattstunden ab. Vielmehr ist mit dem Bereitstellungspreis eine zweite Berechnungskomponente vorhanden, deren Höhe von
der *maximalen Leistung* (Kilowatt/Stunde) abhängt, die in einem Betrieb innerhalb eines Jahres auftritt.

– Das Planungsproblem tritt zweitens auf, wenn sich die Produktionskosten pro ME in
einzelnen Teilperioden voneinander unterscheiden. Dieser Fall kann gegeben sein,
wenn die Materialkosten sich im Zeitablauf verändern. In Teilperioden mit niedrigen
Produktionskosten wird dann tendenziell mehr produziert, als abgesetzt werden kann.
Ein Problem der zeitlichen Verteilung der Produktionsmengen ergibt sich in diesem
Fall unabhängig davon, ob saisonale Absatzschwankungen bestehen.

– Das Planungsproblem stellt sich drittens auch dann, wenn eine gegebene Produktionsmenge eines Planungszeitraums kostengünstiger hergestellt werden kann, wenn
abwechselnd mit hohen und niedrigen Intensitäten gearbeitet wird. Dieser Fall liegt bei
Intensitätssplitting vor, da bei einem s-förmigen Kostenverlauf mit einem konkaven
Bereich am Anfang eine einheitliche Intensität zu höheren Kosten als ein Wechsel
zwischen zwei Intensitäten führt. In einer derartigen Situation kann es sinnvoll sein,
Intensitätssplitting über die einzelnen Teilperioden des Planungszeitraums zu betreiben und in benachbarten Teilperioden bei gleichen Absatzmengen die Intensität zu
wechseln.[28]

Bei vorgegebener zeitlicher Verteilung des Absatzes besteht die Planungsaufgabe der zeitlichen Produktionsverteilung darin, die *kostengünstigste zeitliche Verteilung* der Produktionsmengen auf die Teilperioden des Planungszeitraums festzulegen. Darin eingeschlossen
ist das Problem, die Produktionsmengen der einzelnen Teilperioden auf die vorhandenen
Aggregate zu verteilen und die Intensitäten sowie die Arbeitszeiten der Aggregate zu bestimmen. Für die Lösung der Planungsaufgabe sind neben den Produktionskosten zusätzlich
auch Lagerkosten zu berücksichtigen. Die Produktionsmengen sind, bei gegebener zeitlicher
Verteilung der Absatzmengen, so auf die einzelnen Teilperioden zu verteilen, dass über die
gesamte Planungsperiode hinweg die Summe der Produktions- und Lagerkosten das Minimum
erreicht.

Auch aus kostenpolitischer Sicht wird deutlich erkennbar, welche Planungsfehler sich einstellen, wenn in den Planungsmodellen der finanzwirtschaftlichen Ebene Absatz- und Produktionsmengen aus Vereinfachungsgründen und fehlendem Verständnis der Wirkungszusammenhänge stets gleichgesetzt werden. Dabei werden nicht nur die zwangsläufig auftretenden
Lagerbestandsveränderungen ignoriert, sondern auch die Produktionskosten in unzutreffender
Höhe „pauschalisiert".

3.4.1.2.3   Kapazitätsauslastung und Bestandsbewertung

Die wertmäßige Höhe der Lagerbestandsveränderungen ist neben der Differenz zwischen
Absatz- und Produktionsmengen auch abhängig von der Wahl des Beschäftigungsgrades,
der der Herstellkostenermittlung zu Grunde gelegt wird. Wird bei der Herstellkostenermittlung eine *Normal-Beschäftigung*, wie im Beispiel oben, in Ansatz gebracht, dann sind die

---

28   Ebd. S. 529

fixen Herstellkostenbestandteile je Produkteinheit unabhängig vom tatsächlichen Beschäftigungsgrad festgeschrieben. In der Folge könnte also theoretisch die Situation eintreten, dass ein Unternehmen ohne realisierte Absatzmengen allein über die Höhe der Produktionsmengen einen Gewinn ausweist. Es ist leicht einzusehen, dass bei Umformung von Gleichung (3.212) zu

$$Aus \left(y_t \frac{K_F}{y_n} \right) > (K_F + K_A) \, folgt \; Gt > 0 \tag{3.8}$$

ein positives Periodenergebnis eintritt, d. h., wenn die Summe aus Herstellmenge (yt) multipliziert mit den fixen Herstellkosten/Stück $\left(\frac{K_F}{y_n} \right)$ größer ist als die Summe der gesamten Fixkosten (KF + KA), entstünde rechnerisch ein positiver Erfolgsausweis.

Diese Situation kann natürlich nur dann eintreten, wenn Produktions- und Lagerkapazitäten für diese Produktionsmengen in ausreichender Höhe zur Verfügung stehen und auch finanzielle Restriktionen (bspw. zur Vorfinanzierung des Materials) eingehalten werden. Diese Situation ist natürlich ein reines Gedankenexperiment und wird in der Praxis so nicht eintreten. Dennoch zeigen diese Überlegungen, dass der Hebel für die Erfolgsbeeinflussung bei Festlegung der fixen Herstellkostenanteile im Rahmen der Normal-Beschäftigung am stärksten ist. Werden die gesamten fixen Herstellkostenanteile mit Hilfe der *Ist- bzw. Plan-Beschäftigung* ermittelt, dann kann das Ergebnis bei Absatzmengen von null durch Steigerung der Produktionsmengen ebenfalls *maximal null* sein, jedoch niemals positiv. Dies liegt daran, dass die fixen Herstellkosten bei Annahme fehlender Absatzmengen stets in voller Höhe auf die Kostenträger verteilt werden und die Multiplikation aus Bestandserhöhung und fixen Herstellkosten je Produkteinheit stets identisch ist mit der absoluten Höhe der fixen Herstellkosten. Würde im Extremfall nur eine Produkteinheit hergestellt werden und der Absatz null betragen, dann entfielen alle fixen Fertigungskosten auf diese eine produzierte Produkteinheit. Der Periodenerfolg ist genau dann gleich null, wenn bei fehlenden Absatzmengen die Produktionsmengen > 0 sind und die fixen Verwaltungs- und Vertriebskosten (KA) = 0 sind.

$$\left(y_t \frac{K_F}{y_t} \right) = (K_F + K_A) \, wenn \, K_A = 0 \, und \, y_t > 0 \; \Rightarrow G_t = 0 \;) \tag{3.9}$$

Neben der verkaufsorientierten Deckungsbeitragsrechnung existiert also offensichtlich eine produktionsorientierte „Scheindeckungsbeitragsrechnung", die Erfolgsbeiträge in negativer oder positiver Form in Höhe der fixen Fertigungseinzel- und Fertigungsgemeinkosten je Produkteinheit liefern kann. Dies sind selbstverständlich keine „echten" Deckungsbeiträge, da hiermit lediglich Erfolgsverschiebungen zwischen einzelnen Perioden ermöglicht werden. Der Erfolgsbeitrag bzw. Erfolgsverschiebungseffekt wird begrenzt durch Lageranfangsbestände, den maximalen Lagerraum, die Produktionskapazität und Restriktionen hinsichtlich der maximal verfügbaren Zahlungsmittel und Kreditlinien.

3.4.1.2.4 Stückdeckungsbeitrag und Stückfixkosten

Eine weitere Einflussgröße im Hinblick auf die Ergebniswirkungen von Lagerbestandsveränderungen bildet die Relation zwischen (variablen) Stückdeckungsbeiträgen und Stückfixkosten auf *Voll- oder Einzelkostenbasis*. Sofern die Stückfixkosten eines Artikels größer sind als die variablen Stuckdeckungsbeitrage, führt eine Verringerung der Absatzmengen zu einem höheren Betriebsergebnis und umgekehrt eine Erhöhung der Absatzmengen zu einem niedrigeren Betriebsergebnis, sofern Produktions- und Absatzmengen unterschiedlich hoch sind. Daraus folgt, dass Steigerungen der Absatzmengen *trotz positiver Deckungsbeiträge* zu einer *Verringerung des Periodenerfolgs* führen können.

Dieser Effekt tritt stets auf, wenn folgende Bedingung erfüllt ist:

$$\left(\frac{K_F}{y_n}\right) > \left(V_p/ME - K_v/ME\right); \quad x_t <> y_t \tag{3.10}$$

Dieser auf den ersten Blick erstaunliche Mechanismus soll anhand des Zahlenbeispiels in Abbildung 3.5 kurz illustriert werden.

In dem Beispiel aus Abbildung 3.5 beträgt der Stückdeckungsbeitrag 0,4 GE und die auf den Artikel entfallenden Stückfixkosten 1,0 GE (fixe Fertigungskosten = 200 GE (kf) dividiert durch Produktionsmenge = 200 ME). Die Verringerung der Absatzmenge um 100 ME bewirkt somit einen Rückgang des Deckungsbeitrages um 40 GE. Die Verringerung der Absatzmenge führt jedoch bei gleichbleibender Produktion zur einer Erhöhung des Lagerendbestandes um 100 ME und somit zu einer Zunahme des Fixkostenanteils im Lagerendbestand um 100 GE. Das Betriebsergebnis steigt somit um 60 GE, weil der Verminderung des Deckungsbeitrages um 40 GE eine Erhöhung des Lagerwertes um 100 GE gegenübersteht.

Ferner können sich die Stückfixkosten $\left(\frac{K_F}{y_n}\right)$ auch durch Verbundeffekte aufgrund von Produktionsverschiebungen verändern. Wenn sich durch Umschichtungen im Produktionsprogramm die Zurechnungen der Fixkostenanteile auf die Artikel verändern, kann die Bedingung bei bestimmten Artikeln erfüllt sein, auch wenn sie vorher nicht erfüllt war. Daraus folgt wiederum, dass sämtliche Verkaufs-, Produktions- und Lagerbeziehungen sowie die kostenrechnerischen Zurechnungsvorschriften simultan in einem durchgängigen Planungsmodell berücksichtigt werden müssen. Ansonsten könnten die Absatzmengenplanungen zu verzerrten bzw. falschen Betriebsergebniserwartungen führen. Dies gilt insbesondere für Unternehmen, die geringe Bruttomargen (Umsatz – Materialkosten) aufweisen und relativ hohe Fertigungskosten haben. Hier können Sortiments- und/oder Produktionsprogrammumschichtungen sowie von den Absatzmengen entkoppelte Produktionsverläufe zu sehr großen Abweichungen zwischen Plan- und Ist-Ergebnissen führen und zwar selbst dann, wenn die Absatzmengen weitestgehend der Planung entsprechen.

Die für die Erfolgsrechnung bedeutsamen Relationen von Stückdeckungsbeiträgen und Stückfixkosten sowie die angedeuteten Verbundeffekte lassen sich in einem Planungsmodell, das die Produktionsmengen und Erfolgswirkungen nicht beinhaltet, überhaupt nicht erkennen bzw. abbilden. In einer reinen Verkaufserfolgsrechnung wird daher eine Verminderung der Absatzmenge immer zu einer Verminderung des Betriebsergebnisses und eine Erhöhung der Absatzmenge zu einer Erhöhung des Betriebsergebnisses führen, sofern $\left(V_p/ME - K_v/ME\right) > 0$ gilt. Hieraus folgt dann nicht nur eine fehlerhafte Ermittlung des Plan-Betriebsergebnisses, sondern logischerweise auch eine falsche Ableitung von Gewinnsteuern, Zinsen und Liquiditätsbedarf.

	Ausgangs-situation	Absatzmengen-änderung	Δ
Absatz	100	0	-100
Produktion	200	200	0
Vp	7,5	7,5	0
Kv	7,1	7,1	0
Kf	200	200	0
BE	140	200	60
DB	40	0	-40
LBV	100	200	100
DB/Stück	0,4	0,4	0
Kf/Stück	1,0	1,0	0

Abb. 3.5: Relation Stückdeckungsbeitrag zu Stückfixkosten und Erfolgsauswirkung. Quelle: Eigene Darstellung

Ganz allgemein kann man feststellen, dass bei Verkaufsentscheidungen zur Veränderung der Erfolgssituation folgende Fälle unterschieden werden müssen:

1. Verkauf = Produktion

$$\left(\frac{K_F}{y_n}\right) > \left(V_p/ME - K_v/ME\right) ; \ x_t = y_t ; \left(V_p/ME - K_v/ME\right) > 0 \qquad (3.11)$$

2. Verkauf ab Lager und Stück-DB ist größer als Stückfixkosten

$$\left(V_p/ME - K_v/ME\right) > \left(\frac{K_F}{y_n}\right) ; \ x_t < y_t ; \left(V_p/ME - K_v/ME\right) > 0 \qquad (3.12)$$

3. Verkauf ab Lager und Stück-DB ist kleiner als Stückfixkosten

$$\left(\frac{K_F}{y_n}\right) > \left(V_p/ME - K_v/ME\right) ; \ x_t < y_t ; \left(V_p/ME - K_v/ME\right) > 0 \qquad (3.13)$$

Im ersten Fall sind Produktions- und Absatzmengen identisch, d. h., die vom Lager entnommenen Verkaufsmengen werden in der laufenden Periode stets nach-/vorproduziert. Unter der Voraussetzung, dass der Deckungsbeitrag positiv ist, führt eine Erhöhung der Absatz- und Produktionsmengen innerhalb gegebener Kapazitäten stets zu einem höheren Betriebsergebnis.

Im zweiten Fall führt eine Erhöhung der Absatzmengen, die vom Lager ohne Nachproduktion entnommen werden, ebenfalls zu einem höheren Betriebsergebnis. Die Betriebsergebnisverbesserung wird aber geringer ausfallen als im ersten Fall. Dies liegt daran, dass der Stückdeckungsbeitrag zwar größer ist als die Stückfixkosten, aber nunmehr kleiner als im ersten Fall, wo die Reduzierung des Stückdeckungsbeitrages um die vom Lager „deaktivierten" Stückfixkosten nicht zum Tragen kommt.

Im dritten Fall sind die Stückfixkosten höher als der Stückdeckungsbeitrag, der aber immer noch positiv ist. In dieser Konstellation wird bei einem Verkauf ab Lager ohne Nachproduktion das Betriebsergebnis sinken. Die „deaktivierten" Stückfixkosten sind jetzt höher als der Stückdeckungsbeitrag. Somit erhöht jede zusätzlich ab Lager und ohne Nachproduktion verkaufte Mengeneinheit den Verlust oder reduziert den Gewinn.

Diese Aussagen gelten unabhängig davon, ob die Erzeugnisse zu Einzel- oder Vollkosten bewertet werden. Sie gelten nur dann nicht, wenn die Einzelkosten ausschließlich aus „echten" Grenzkosten bestehen. Wie oben bereits festgestellt, sind „echte" Grenzkosten in der Regel nur Materialkosten und proportionale Energiekosten, nicht jedoch Fertigungslöhne und Abschreibungen.

Als Beispiel für in dieser Hinsicht übliche Missverständnisse soll an dieser Stelle kurz ein Beitrag zu „Direct Costing" und Deckungsbeitragsrechnung von Rieder[29] diskutiert werden:

In dem Aufsatz von Rieder wird der Deckungsbeitrag I wie folgt definiert: „Der Deckungsbeitrag I ist international definiert als der Erlösüberschuss über die von einer Produkteinheit oder einem Auftrag *direkt verursachten Kosten*. Er dient der Deckung der Strukturkosten (Fixkosten) sowie der Erzielung eines genügenden Gewinns."[30] In der Einleitung seines Aufsatzes wird angekündigt, dass die Ideen des Direct Costing nach wie vor *richtig* sind und dies „zu beweisen sein wird"[31].

Die direkt verursachten Kosten werden spezifiziert als Einzelmaterialkosten und proportionale Fertigungskosten. Die proportionalen Fertigungskosten werden dann später definiert als „Schlüpfkosten", die in den Arbeitsplänen (Vorgabezeiten) stehen. Der Begriff „Schlüpfkosten" soll dabei veranschaulichen, dass diese direkt ins Produkt schlüpfen und daher seine physische Existenz ausmachen. Demgegenüber bilden die sogenannten „Strukturkosten" die periodenabhängigen Fixkosten. Zur Unterscheidung wird die Prüffrage „Welche Kosten kommen durch die Leistung dazu, welche fallen weg?" formuliert. Im nächsten Schritt thematisiert der Aufsatz die Unterschiede der Erzeugnisbewertung nach externen Rechnungslegungsvorschriften (Vollkosten) und der „betriebswirtschaftlich richtigen" Methode der Bewertung mit proportionalen Herstellkosten. Dabei geht es vor allem um die Aktivierung/Deaktivierung von Fixkosten in den Erzeugnisbeständen.

Wörtlich heißt es: „Betriebswirtschaftlich ist das widersinnig, da die Fixkosten der Produktion, der Lagerung und des Einkaufs, beispielsweise die Kosten des Werksleiters, des Arbeitsvorbereiters, des Einkäufers und die *Abschreibungen* Periodenkosten sind."[32]

Rieders Zwischenfazit zur Erfolgsermittlung nach externen Rechnungslegungsvorschriften lautet dann: „Sie weist aus betriebswirtschaftlicher Sicht jedoch ein *falsches Ergebnis* aus, da sie die Perioden-(fix-)kosten aktiviert und deaktiviert."[33] Anschließend wird in verschiedenen Konstellationen erläutert, warum die Deckungsbeitragsrechnung nach der Methode des Direct Costing allein die richtigen betriebswirtschaftlichen Entscheidungen im Hinblick auf die Steuerung der Erfolgsziele ermöglicht.

---

29   Rieder, Deckungsbeitragsrechnung
30   Ebd. S. 2.
31   Ebd.
32   Ebd. S. 10
33   Ebd.

Zunächst fällt auf, dass in dem Aufsatz die Abschreibungen wie selbstverständlich als fixe Periodenkosten, die Fertigungslöhne hingegen als proportionale Einzelkosten angesehen werden. Dem Autor fällt offensichtlich der Widerspruch zu seiner eigenen Definition nicht auf. Auch die Maschinenzeiten stehen mit ihren Vorgabezeiten in den Arbeitsplänen, sollen aber merkwürdigerweise keine „Schlüpfkosten" darstellen. Diese Ungereimtheit wurde bereits weiter oben im Zusammenhang mit den Aussagen von Deyhle kurz beschrieben. Rieder bleibt genauso wie Deyhle eine Erklärung schuldig, warum zwischen Abschreibungen und Fertigungslöhnen ein Unterschied bestehen soll. Maschinen und Beschäftigte stellen aus betriebswirtschaftlicher Sicht sogenannte Potenzialfaktoren dar. Beide Potenzialfaktoren verursachen unabhängig von ihrer Nutzung Kosten. Entsprechend ihrem Nutzungsgrad können diese Kosten aufgeteilt werden in Nutzkosten und Leerkosten. Die Vorgabezeiten für die Nutzung stehen für beide Faktoren in den Arbeitsplänen der Produkte. Es ist somit schwer einzusehen, warum die Nutzkosten des einen Potenzialfaktors als proportional zur Produktionsmenge betrachtet werden sollen, die des anderen Potenzialfaktors hingegen nicht. Insofern sind schon die Definitionen des Direct Costing widersprüchlich bzw. unvollständig. Davon unabhängig wird jedoch völlig übersehen, dass die Aussagen zur betriebswirtschaftlich richtigen Erfolgsermittlung so nicht stimmen können. Es wird nämlich implizit unterstellt, dass die Unterschiede im Erfolgsausweis zwischen externer Rechnungslegung (Vollkosten) und Direct Costing verschwinden, wenn in beiden Systemen die Erzeugnisbestände mit proportionalen Herstellkosten bewertet würden. Wie das Beispiel in Abbildung 3.6 zeigt, kann diese Sichtweise allerdings nicht richtig sein.

In der Ausgangssituation werden 200 ME verkauft und produziert. Der Verkaufspreis sei mit 8 GE/ME angenommen, die Einzelmaterialkosten mit 6,7 GE/ME und der Fertigungslohn 0,9 GE/ME. Der Stück-DB beträgt dann gemäß Definition des Direct Costing 0,4 GE/ME. Das Betriebsergebnis weist bei dieser Datenkonstellation einen Verlust in Höhe von –40 GE aus. Nach der Definition des Direct Costing dürfte das Betriebsergebnis jedoch eigentlich nur –20 GE betragen, da die Fertigungslöhne angeblich proportional zur Produktionsmenge anfallen. Hier entsteht eine Differenz in Höhe von –20 GE, weil nur 200 × 0,9 GE = 180 GE auf die Absatzmengen verrechnet wurden. Insofern entstehen 20 GE Leerkosten, zu denen im Direct Costing jedoch keine Aussagen gemacht werden. Nimmt man einmal an, dass diese Leerkosten im System des Direct Costing als Beschäftigungsabweichung Berücksichtigung finden, dann kommt man auch hier auf das korrekte Betriebsergebnis in Höhe von –40 GE. Es sei angenommen, dass die Absatzmenge gegenüber der Ausgangssituation nunmehr um 50 ME erhöht wird. Nach den Regeln des Direct Costing müsste sich jetzt ein Betriebsergebnis in Höhe von 0 GE respektive von +25 GE bei Berücksichtigung der Beschäftigungsabweichung einstellen. Das tatsächliche Ist-Betriebsergebnis wird bei dieser Datenkonstellation jedoch nicht +25 GE, sondern –20 GE betragen. Die Differenz von –45 GE erklärt sich aus dem Umstand, dass 50 ME dem Lager entnommen wurden, da 250 ME verkauft, aber nur 200 ME produziert wurden. –50 ME multipliziert mit dem Kostensatz Fertigungslohn in Höhe von 0,9 GE ergibt genau die –45 GE Betriebsergebnisdifferenz. Somit stellt sich die Frage, warum das Betriebsergebnis im System des Direct Costing von dem nach IFRS / HGB ermittelten Ergebnis abweicht, obwohl doch annahmegemäß in beiden Systemen die gleichen Bewertungsregeln angewendet wurden. Dies liegt natürlich daran, dass die Lohnkosten tatsächlich fixe Periodenkosten

	Ausgangs-situation	Absatzmengen-änderung	Δ
Absatz	200	250	50
Produktion	200	200	0
Vp	8,0	8,0	0
K$_{vm}$	6,7	6,7	0
K$_{vfl}$	0,9	0,9	0
DB I	0,4	0,4	0
Kfgl	200	200	0
Kffg	100	100	0
BE	-40	-20	20
DB	80	100	20
Kf - LBV	-120	-120	0
DB/Stück	0,4	0,4	0
Kfvl/Stück	0,9	0,9	0
DB	80	100	
Kf	100	100	
BE Direct Costing	-20	0	
Verr. Abw. FL	20	-25	
Soll-BE	-40	25	
LBV	0	-45	
Ist-BE	-40	-20	

Abb. 3.6:   Betriebsergebnis Direct Costing. Quelle: Eigene Darstellung

darstellen und nicht, wie im Direct Costing unterstellt, produktionsmengenproportionale Fertigungskosten. Die zuvor kritisierte Proportionalisierung von Fixkosten wird im System des Direct Costing bei näherer Hinsicht also auch betrieben. Der Unterschied besteht lediglich darin, dass fixe Fertigungs*einzelkosten* aktiviert/deaktiviert werden und keine fixen Fertigungs*gemeinkosten, wobei jedoch im Hinblick auf den Effekt der Erfolgsbeeinflussung durch Lagerbestandsveränderungen kein Unterschied besteht.* Auf künstliche Schlüsselungen verzichtet das Direct Costing zwar, aber das Problem der betriebswirtschaftlich angeblich widersinnigen Fixkostenaktivierung/-deaktivierung besteht auch hier.

Die Vertreter des Direct Costing hatten betont, die externe Betriebsergebnisermittlung liefere *falsche* Ergebnisse, da Perioden-(fix-)kosten aktiviert und deaktiviert werden. Wie das o. g. Beispiel beweist, muss das dann aber für das Direct Costing auch gelten. Hier werden nämlich auch Periodenfixkosten aktiviert und deaktiviert. Das Beispiel zeigt, dass ohne Beachtung der Produktionsmengen auch die Deckungsbeitragsrechnung nach Direct Costing zu irreführenden Aussagen führen kann.

Es ist demnach müßig, danach zu fragen, was im Hinblick auf die Betriebsergebnisermittlung richtig oder falsch ist. Trotz der z. T. dogmatisch vorgetragenen Argumente der Vertreter des Direct Costing gelingt es offensichtlich auch ihnen nicht, die aus Lagerbestandsschwankungen stammenden Einflüsse der Produktionswirtschaft aus der Erfolgsermittlung herauszuhalten. Dies würde nur dann gelingen, wenn in die proportionalen Herstellkosten tatsächlich nur „echte" Grenzkosten, also die Materialkosten einbezogen würden. Soweit wollen die Direct-Costing-Anhänger jedoch nicht gehen, da dann hinsichtlich der Bestandsbewertung und Erfolgsermittlung keinerlei Unterschiede mehr zum Handelsunternehmen bestünden.[34]

Wie oben bereits kurz angedeutet, wird von den Vertretern des Direct Costing argumentiert, dass es grundsätzlich widersinnig sei, fixe Kosten „ans Lager" zu legen, d. h. zu aktivieren. Dies ist jedoch keineswegs so abwegig, wie es scheint. Dies zeigt einerseits der Vergleich zum Handelsunternehmen. Andererseits sind bspw. Lohn- und Maschinenkosten ja eindeutig ins Produkt „geschlüpft", womit der Zeitverbrauch der Potenzialfaktoren quasi konserviert wird. Es leuchtet nicht auf Anhieb ein, was daran falsch sein soll. Dieser Aspekt wurde auch von Munzel aufgegriffen:

„Wenn die fixen Kosten als Periodenkosten beziehungsweise Periodenaufwand angesehen werden und nicht auf folgende Perioden übertragbar sind, so liegt dem der Gedanke zugrunde, dass das Leistungspotential der Faktoren, die die Fixkosten verursachen, nicht über die Zeit hinweg konservierbar ist, das heißt, sie verlieren auch bei Nichtbenutzung allein durch den Zeitablauf an Fähigkeit, zur Leistungserstellung beizutragen. Das äußere Zeichen dafür ist die Tatsache, dass Fixkosten, also Periodenkosten, entstehen. Der Mangel der Konservierbarkeit des Nutzungspotentials kann jedoch, kostentheoretisch betrachtet, durch die Produktion auf Lager überwunden werden. Hierzu ein Beispiel: Ein im Betrieb beschäftigter Arbeiter bezieht einen festen Lohn, der als Fixkosten zu betrachten ist. Wird der Arbeiter in einer Periode nicht beschäftigt, so ist sein Nutzungspotential dieser Periode (das heißt die Produktmenge, die er hätte fertigen können) unwiederbringlich verloren; denn die an eine bestimmte Zeit gebundene Nutzungsfähigkeit ist an sich nicht konservierbar. Dieser Mangel könnte aber dadurch beseitigt werden, dass der Arbeiter Güter fertigt, die lagerfähig sind; diese am Periodenende vorhandenen Güter repräsentieren sein Nutzungspotential der abgelaufenen Periode, und da sie in der Regel nicht durch den Ablauf der Zeit untergehen, kann durch den Vorgang der Lagerproduktion das an die Zeit gebundene Leistungspotential auf die folgende (oder folgenden) Periode(n) übertragen werden."[35]

Der Aufsatz von Riedel zeigt neben vielen richtigen Aspekten also einen gewissen Dogmatismus im Hinblick auf die Beurteilung von „richtiger" und „falscher" Ermittlung des Erfolgsausweises. Diesen seit vielen Jahren vorherrschenden Methodenstreit hat auch schon Hummel vor fast 50 Jahren kritisiert: „Mit einem solchen Dogmatismus ist aber rein gar nichts gewonnen, denn welches Erfolgsermittlungsverfahren man anwendet, ist in diesem Fall keine Frage der objektiven Richtigkeit, sondern der bewussten Festlegung im Hinblick auf bestimmte gewünschte Auswertungsziele und Interpretationsabsichten."[36]

---

34 Rieder, Berger-Vogel, Echte Deckungsbeitragsrechnung contra Ergebnisrechnung nach IFRS, S. 14
35 Munzel, Die fixen Kosten in der Kostenträgerrechnung, S. 62
36 Hummel, Die Auswirkungen von Lagerbestandsveränderungen auf den Periodenerfolg, S. 178

Die Kompromisslösung sollte daher darin bestehen, im Sinne der oben bereits beschriebenen differenzierten Vollkostenrechnung alle „Glaubensanhänger" einer bestimmten Richtung zu befriedigen. Softwaresysteme zur Unterstützung der integrierten Unternehmensplanung müssen in der Lage sein, die Vollkosten-, Einzelkosten- und Grenzkostenversionen parallel zu ermitteln und den Entscheidern somit eine zweckneutrale Datenbasis zur Verfügung zu stellen. Für die integrierte Planungsrechnung kann kein Zweifel daran bestehen, dass die Vollkostenbewertung für die Lagerbestandsbewertung benötigt wird. Schließlich leiten sich aus dem Erfolgssaldo weitere Planungsgrößen, wie z. B. die Gewinnsteuern, ab. Diese müssen auf Basis der steuerrechtlichen Bemessungsgrundlagen ermittelt werden, da ansonsten der Jahresüberschuss, die ausschüttungsfähigen Dividenden sowie die Gewinnsteuern falsch ermittelt werden und auch in die Finanzplanung in unzutreffender Höhe einfließen. Eine alleinige Bewertung der Erzeugnisbestände mit der Einzel- oder Grenzkostenversion hätte aufwendige Nebenrechnungen, Anpassungs- und Abstimmungsmaßnahmen zur Folge. Die parallele Ermittlung der Produktkalkulationen hätte auch zur Folge, dass je nach betriebswirtschaftlicher Fragestellung unterschiedliche Ansätze herangezogen werden könnten. Diesen Vorteil sieht auch Chmielewicz: „Wer dagegen diesen höheren Verteilungsaufwand im Interesse erhöhter Aussagefähigkeit der Kostenrechnung hinnehmen will, wird nicht vor die Wahl zweier Übel gestellt, sondern er kann die Nachteile beider Systeme vermeiden."[37]

Der von Chmielewicz genannte „höhere Verteilungsaufwand" besteht bei leistungsfähiger Planungssoftware heute jedoch nicht mehr. AEP-Systeme (siehe Kapitel 5) können parallele Kostenstellensätze und Produktkalkulationen selbst für sehr große Produktsortimente in wenigen Sekunden „durchrechnen".

Auch Zwicker hat darauf hingewiesen, dass aus einer Vollkostenversion die anderen Versionen abgeleitet werden können und somit eine parallele Betrachtung alternativer Betriebsergebnisversionen möglich ist:

„Wenn man beispielsweise die Vollkostenversion eines Kosten-Leistungs-Modells generiert hat, dann fragt es sich, welchen Sinn noch die Generierung von drei weiteren Versionen hat. Die Antwort ist, dass die anderen Versionen nur der Modellexploration dienen. Ein Anwender kann anhand dieser Versionen zu bestimmten Einsichten über die Eigenschaften (Implikationen) des Kostensystems gelangen, die er für wichtig hält. Wenn es möglich ist, die Vollkostenversion eines Plan-Modells zu generieren, dann ist das Konfigurationssystem aufgrund der in diesem Modell enthaltenen strukturellen Informationen und auch der Semantik in der Lage, alle übrigen Versionen „automatisch" zu generieren. "[38]

3.4.1.2.5   Effekte im Mehrproduktunternehmen

Im Mehrproduktunternehmen (was in der Praxis der Regelfall ist) in Verbindung mit mehrstufigen Fertigungsprozessen ergeben sich mit Blick auf die Lagerbestandsveränderungen weitere Einflussgrößen auf den Erfolg. Die im Einproduktunternehmen anfallenden fixen Kosten der Herstellung können problemlos dem Kostenträger zugerechnet werden, da es nur einen einzigen Kostenträger gibt. Im Mehrproduktunternehmen stellt sich jedoch schon

---

37   Chmielewicz, Erfolgsrechnung, S. 122
38   Zwicker, Modelltableausystem von Standard-Kosten-Leistungs-Modellen, S. 15

im ersten Schritt das Problem der Zurechnung der auf die einzelnen Produkte (Kostenträger) entfallenden Kosten. In diesem Fall ist schon die Zurechnung der fixen Herstellkosten auf einzelne Produkte von der Wahl des Beschäftigungsgrades abhängig (Normal-, Ist-, Plan-Beschäftigung). Die Zurechnung erfolgt meist dergestalt, dass die fixen Herstellkosten (der einzelnen Kostenstellen) über die zeitliche Inanspruchnahme der einzelnen Produkte verrechnet werden. Hierbei ergibt sich im Hinblick auf die Normal-Beschäftigung jedoch das Problem, dass die zeitliche Inanspruchnahme im Rahmen einer unterstellten Normal-Beschäftigung nicht feststellbar ist und daher wiederum willkürlich zugeordnet werden müsste. Dieses Problem stellt sich bei Anwendung der Ist- bzw. Plan-Beschäftigung nicht, da hier entweder tatsächliche oder geplante Produktionsmengen mit den Vorgabezeiten in den Arbeitsplänen multipliziert werden können und somit je Produkt eine Zurechnung erfolgen kann. Zu beachten ist in diesem Zusammenhang ferner, dass bei Sortimentsverschiebungen ceteris paribus Bestandsveränderungen auftreten können, die zwar mengenmäßig in der Summe null ergeben, jedoch wertmäßig einen Wert ungleich null ausweisen. Dieser Effekt resultiert aus Mixabweichungen (Sortiments- und Produktionszusammensetzung) im Verkaufs- und Produktionsprogramm. Ferner kann eine mengenmäßige Lagerbestandserhöhung vorliegen, die zu einer wertmäßigen Lagerbestandsminderung führt. Dies ist der Fall, wenn die Herstellkosten der Artikel, die eine Lagerbestandsminderung aufweisen, in Summe höher sind als die Herstellkosten der Artikel, die eine Lagerbestandserhöhung aufweisen.

Die Problematik der fehlenden Berücksichtigung von Erfolgsverschiebungen durch abweichende Produktions- und Absatzmengen wird sich im Rahmen der integrierten Abweichungsrechnungen (Kapitel 2.6.2.2) nochmals im Detail zeigen. Bei den Abweichungsrechnungen mischen sich die Periodenverschiebungseffekte des Erfolgsausweises in Folge von Lagerbestandsveränderungen mit Mengen-, Preis- und Mixeffekten sowohl auf der Lagereingangs- (Produktionsseite) als auch auf der Lagerausgangsseite (Verkaufsseite).

3.4.1.2.6 Praktische Relevanz

Die Unterscheidung der Bewertung von Erzeugnisbeständen nach Teil- und Vollkostensystemen hat mittlerweile jedoch auch nur noch theoretischen Wert, da nach Inkrafttreten des Bilanzrechtsmodernisierungsgesetztes (BilMoG) im Jahr 2010 in die Bestandsbewertung fixe Fertigungseinzel- und Fertigungsgemeinkosten *zwingend* einzubeziehen sind.

Nach § 255 Abs. 2 Satz 2 HGB alter Fassung waren vor 2010 nur die Materialeinzelkosten, die Fertigungseinzelkosten sowie die Sonderkosten der Fertigung in die Herstellungskosten einzubeziehen. Zusätzlich zu dieser handelsrechtlichen Wertuntergrenze *durften* notwendige Teile der Material- und Fertigungsgemeinkosten in die Herstellungskosten mit einbezogen werden.

Nach alter handelsrechtlicher Regelung unterschieden sich also die handels- und steuerrechtlichen Wertuntergrenzen der Herstellungskosten, was durch Inkrafttreten des BilMoG weggefallen ist. Damit sind die in den vorhergehenden Kapiteln beschriebenen Erfolgswirkungen von Lagerbestandsveränderungen *immer in voller Höhe* wirksam, da sämtliche auf die Fertigung entfallenden fixen Einzel- und Gemeinkosten in die Bewertung einzubeziehen sind.

Es mag dahingestellt bleiben, ob nun die Bewertung der Bestände fertiger und halbfertiger Erzeugnisse zu Teil- oder Vollkosten betriebswirtschaftlich richtig ist. Schon aufgrund der Zurechnungsprobleme von Gemeinkosten gibt es nicht die „richtige Lösung". Hierzu wurden in den 1960er und 1970er Jahren des vorherigen Jahrhunderts wahre „Glaubenskriege" zwischen Bilanztheoretikern ausgefochten. Fakt ist jedoch, dass sowohl nach Handels- als auch nach Steuerrecht fixe Herstellkosten (Material- und Fertigungsgemeinkosten, Fertigungseinzelkosten und teilweise auf die Herstellung entfallende Verwaltungskosten) in die Bestandsbewertung einzubeziehen sind. Die Unternehmensleitung muss also demnach an dem Erfolgsausweis interessiert sein, der sich auf Basis der externen Rechnungslegung ergibt. Selbstverständlich kann die interne Rechnungslegung hiervon abweichen. Allerdings ist seit Jahren die Tendenz hin zu einer einheitlichen Rechnungslegung klar erkennbar.

Es versteht sich auch von selbst, dass zur Abbildung einer realitätsnahen Finanzplanung, als Teil einer integrierten Unternehmensplanung, von den richtigen Bemessungsgrundlagen zur Ermittlung der Gewinnsteuerauszahlungen auszugehen ist. Insofern verbietet sich schon aus der Perspektive einer integrierten Planungsrechnung die Verwendung von Teilkostenbewertungen. Es ergibt sich demnach im Hinblick auf die richtige Bemessung der voraussichtlichen Gewinnsteuerauszahlungen ein Einfluss der Lagerbestandsveränderungen auf die Finanzplanung. Noch gravierendere Planungsfehler sind zu erwarten, wenn aufgrund einer reinen Verkaufserfolgsrechnung falsch terminierte und bemessene Materialauszahlungen Eingang in die Finanzplanung finden. Die Liquiditätswirkungen aus dem Unterschied zwischen Absatz- und Produktionsmengen verhalten sich genau umgekehrt zu den Erfolgswirkungen. Ein Lagerbestandsaufbau hat ceteris paribus eine Verminderung des Liquiditätssaldos, jedoch eine Erhöhung des Erfolgssaldos zur Folge. Für den Lagerbestandsabbau gilt logischerweise der umgekehrte Sachverhalt.

Hier zeigt sich nochmals die Richtigkeit der Aussage von Klenger im Hinblick auf die Anwendung der Verkaufserfolgsrechnung, die bereits in Kapitel 2.3.4.6 zitiert wurde. Er bezeichnet die Verkaufserfolgsrechnung als „Grundgleichung der Betriebswirtschaft": „Die Konzentration auf diese „Grundgleichung" ist für den *Normalfall* einer *nicht liquiditätsgefährdeten* Unternehmung sinnvoll."[39]

In der Literatur wird die Berücksichtigung von Lagerbewegungen und die Modellierung von Lagerprozessen im Rahmen der operativen Unternehmensplanung so gut wie nicht thematisiert. In der Literatur zur Produktionsplanung wird meist nur auf die Berücksichtigung von Lagerbeständen bei der Nettobedarfsermittlung hingewiesen. Arbeiten, die sich mit der Finanzplanung beschäftigen, klammern die Thematik ebenfalls aus. Wenn überhaupt, dann werden im Rahmen der indirekten Finanzplanung lediglich Hinweise auf mögliche Veränderungen der Vorratspositionen und deren Berücksichtigung im Finanzplan gegeben. Die Literatur zur Kostenplanung beschäftigt sich mit dem Thema ebenfalls nur am Rande. Zu dieser Einschätzung kommt auch Zwicker:

„Eine quantitative Beschreibung der Modellierung des mengen- und wertmäßigen Lagerdurchflusses (im Plan und Ist) ist in der Literatur nicht zu finden. Es wird zwar ausführlich diskutiert, ob Lagerbestände nach Grenz- oder Vollkosten bewertet werden sollen, aber es wird selten der modellmäßige Zusammenhang beschrieben, d. h. die mengen- und wertmä-

---

39   Klenger, Operatives Controlling, S. 99

ßigen Eingangs-Ausgangsbeziehungen eines Lagers bei verschiedenen Mengenbeziehungen (Durchschnitt, LIFO etc.) und Bewertungsarten (Grenz-, Voll-, Einzelkostenbewertung). Im Abschnitt „Kostenträgerrechnung" des Kilgerschen Werkes gibt es keine systematische Beschreibung einer Lagerdurchflussmodellierung. Lediglich in einem tabellarischen Beispiel wird das folgende Rechenschema angegeben:

Anfangsbestand zu Plan-Grenzherstellkosten (€)

+ Zugänge zu Plan-Grenzherstellkosten

− Abgänge zu Plan-Grenzherstellkosten

= Endbestand zu Plan-Grenzherstellkosten

Weitere Beispiele hat der Verfasser in der Literatur zur Kosten-Leistungsrechnung nicht gefunden."[40]

Die Problematik der Lagerbestandsveränderungen, als Ausdruck von zeitlicher Entkopplung von Verkauf und Produktion, ist keineswegs ein zu vernachlässigendes Randproblem. Eine Analyse der Erfolgsrechnungen über alle Wirtschaftszweige der verarbeitenden Industrie zeigt ein sehr unterschiedliches Bild hinsichtlich der Bedeutung der Lagerbestandsveränderungen. In Branchen wie Maschinenbau, Metallbearbeitung und Metallverarbeitung, Hoch- und Tiefbau sowie Schiffsbau sind Bestandsveränderungen in Relation zum Umsatz in Höhe von 3 % bis 10 % die Regel.[41]

Da der Anteil der fixen Herstellkosten an den gesamten Herstellkosten bei ca. 30 % liegt und die durchschnittliche Umsatzrendite in der verarbeitenden Industrie bei ca. 4,5 % liegt, kann leicht berechnet werden, wie hoch die Ergebnisabweichung allein durch die Bestandsveränderungen ausfallen kann:

Nimmt man eine Bestandsveränderung in Höhe von 2,5 % des Umsatzes und die durchschnittliche Umsatzrendite vor Steuern der verarbeitenden Industrie in Höhe von 4,5 % an, dann ergibt sich ein *Ergebniseffekt in Höhe von ca. ±17 %*:

$$((2,5 \% \times 30 \%) / 4,5 \%) \qquad (3.14)$$

Dabei muss zusätzlich berücksichtigt werden, dass die genannten Zahlen Durchschnittszahlen ganzer Branchen darstellen. Eine Analyse von Einzelabschlüssen in Bilanzdatenbanken zeigt, dass eine signifikante Standardabweichung, d. h. eine große Streuung der Einzelwerte vorliegt. Ferner muss berücksichtigt werden, dass sich die Zahlen auf ein gesamtes Jahr beziehen. Daraus folgt, dass die Ergebniseffekte in Bezug auf die einzelnen Teilperioden (in der Regel ein Monat), insbesondere in Unternehmen mit ausgeprägtem Saisongeschäft, noch viel höher liegen.

Selbst in Unternehmen, die in Branchen mit einer relativ stabilen Endverbrauchernachfrage angesiedelt sind, können sich entlang der Supply Chain durch den sogenannten Bullwhip-

40 Zwicker, Modelltableausystem von Standard-Kosten-Leistungs-Modellen, S. 111, www. inzpla.de

41 Deutsche Bundesbank, Verhältniszahlen aus Jahresabschlüssen deutscher Unternehmen 2011-2012

oder Peitschenknall-Effekt schon durch kleine Absatzänderungen erhebliche Bestands-
schwankungen ergeben.[42]

Berücksichtigt man, dass in der Praxis der Unternehmensplanung das Prinzip der Verkaufserfolgsrechnung in Verbindung mit indirekt aus Bewegungsbilanzen abgeleiteten Finanzplänen vorherrscht, kann man ein Gefühl dafür entwickeln, in welchem Ausmaß systemimmanente Planungsfehler durch diese Vorgehensweise „produziert" werden.

Diese Zahlen zeigen, dass es sich bei den Lagerbestandsveränderungen um keine theoretischen Zahlenspielereien handelt, sondern sie im Gegenteil einen wesentlichen Faktor für
die Prognosegenauigkeit sowohl im Hinblick auf die Erfolgs- als auch die Finanzlage darstellen. Im Hinblick auf die sich im Rahmen von Industrie 4.0 abzeichnenden Möglichkeiten neuartiger Simulationssysteme in der Produktion ergeben sich ganz neue Perspektiven
für die Einbeziehung der Produktionserfolgsrechnung in die Unternehmensplanungsrechnung (siehe Kapitel 5).

In der Praxis der Unternehmensführung von Industrieunternehmen ist es ein altbekanntes
Problem, dass mit erheblichen „Überraschungen" im Rahmen der Erstellung des Jahresab-
schlusses im Hinblick auf den realisierten Periodenerfolg zu rechnen ist. Das Ausmaß der
Überraschungen hängt in der Regel davon ab, inwieweit im Rahmen einer kurzfristigen
Erfolgsrechnung (ex post) und in rollierenden Prognosen Gebrauch von einer geschlossenen Kostenträgererfolgsrechnung gemacht wird. Wird hiervon kein Gebrauch gemacht,
dann spielen bei der Betrachtung der „Inventurergebnisse" nicht nur Überreichweiten,
Schwund und Abwertung eine Rolle, sondern es zeigen sich erstmalig auch die Wirkungen
der eingetretenen Bestandsveränderungen. *Erhebliche Bestandserhöhungen (ergebnisver-
bessernd) oder Bestandsverringerungen (ergebnisverschlechternd) in Kombination mit
Bewertungsabschlägen wegen Überreichweiten, gesunkenen Wiederbeschaffungskosten
bzw. Wiederherstellungskosten können leicht zu Abweichungen des Ist-Ergebnisses vom
zuletzt prognostizierten Ergebnis in Höhe von ±25 % und mehr führen.* Sofern die Absätze
und Umsätze in etwa den letzten Prognosen entsprechen, ist es durchaus keine Seltenheit,
dass dann operative Hektik und Verwirrung eintritt, da das Ergebnis nicht hinreichend erklärt werden kann.

3.4.2   Transparenz der Abweichungsursachen

Im Hinblick auf die in Kapitel 2.6.2.2 vorgestellte Systematik einer integrierten Abweichungsrechnung wird schnell klar, dass diese ohne die Einbeziehung einer systematischen
Planung der Mengen- und Zeitstrukturen nicht möglich ist. Insbesondere die Produktionsplanung liefert die wesentlichen Mengen-, Preis- und Wertgrundlagen, die zu einer differenzierten Abweichungsaufspaltung im Rahmen der einzelnen Phasen der Leistungserstellung benötigt werden. Ohne das relevante Preis- und Mengengerüst der Beschaffungs-,
Produktions-, Kostenstellen-, Kostenträger- und Absatzplanung können die Abweichungsursachen zwischen geplanten und beobachteten Größen keiner Ursachenanalyse unterzogen
werden. Es leuchtet unmittelbar ein, dass pauschal mithilfe von Kontenmodellen erzeugte
Planungsgrößen, zudem als reine Verkaufserfolgsrechnung, nur globale Abweichungsbe-

---

42   Gudehus, Logistik, S. 984 ff.

träge liefern können. Daraus folgt, dass festgestellte Abweichungen nur beschrieben, jedoch nicht erklärt werden können. Es ist keine Seltenheit, dass bei signifikanten Abweichungen versucht wird, Plan-Zahlen mit allerlei „Kunstgriffen" im Nachhinein zu disaggregieren und an die Ist-Datenstruktur anzupassen, um eine Abweichungsanalyse im Detail zu ermöglichen. Hier sind auch die von vielen BI-Herstellern angebotenen „bunten" Abweichungsberichte („Ampelberichte") wenig hilfreich, auch wenn sie noch so „hübsch" nach allen möglichen Designregeln aufbereitet sind.

Hierdurch wird in der Praxis eine Vielzahl von ereignisgesteuerten Abweichungsanalysen notwendig, die aufgrund fehlender Datenstrukturen nicht nur vom Ergebnis her fragwürdig sind, sondern vor allem mit einem sehr hohen Ressourcen- und Zeitbedarf einhergehen. Fehlende integrierte Abweichungsrechnungen führen daher auch in den Planungsprozessen selbst immer wieder zu langen Verzögerungen und aufwendigen Plausibilisierungsroutinen. Eine zweckmäßige Abweichungsanalyse muss die hinter den aggregierten Abweichungswerten stehenden Einflussgrößen sichtbar machen. Sofern die Planungsrechnung sowohl auf der Vertriebs- als auch auf der Produktionsseite die relevanten Wertgrößen der Erfolgs- und Finanzrechnung in Mengen- und Preisbestandteile zerlegt, ist eine differenzierte Abweichungsrechnung problemlos möglich. Diese Möglichkeit ist in aggregierten Wertgrößenmodellen, die ausschließlich auf einer Verkaufserfolgsrechnung basieren, nicht gegeben.

Dieses Problem wird auch von Rieg in seiner Abwägung zwischen „entfeinerter" und detaillierter Planung gesehen: In den Unternehmen kommt „unterschiedliche Software für die Planung und für die operative Abwicklung der Geschäftsvorfälle" zum Einsatz. „Für die Planung dominieren Tabellenkalkulation oder eigene Planungssoftware, für die Abwicklung des Tagesgeschäfts ERP-Systeme … Da die Planung auch auf der Vergangenheit aufbaut …, benötigt sie Informationen aus dem ERP-System. Will man eine Abweichungsanalyse im ERP-System durchführen, müssen Plandaten aus der Planungssoftware zurückübertragen werden. Ein weiteres Problem entsteht, wenn Plan- und Istdaten unterschiedlich strukturiert sind."[43]

Rieg geht offensichtlich davon aus, dass die für eine Abweichungsanalyse notwendigen Detaildaten in den eingesetzten Planungssystemen zur Verfügung stehen. Das ist jedoch in der weitaus überwiegenden Mehrzahl der Unternehmen nicht der Fall. Eine Rückübertragung von Plan-Daten ins ERP-System scheidet daher von vornherein aus.

„Beim Festlegen des Detailgrads der Planung offenbart sich ein Dilemma aus Genauigkeit versus Aufwand: Einerseits ist für eine detaillierte Abweichungsanalyse eine entsprechend detaillierte Planung nötig, andererseits steigt der Planungsaufwand mit dem Detailgrad deutlich an. Ein gröberes Kontrollraster mit geringerer Aussagekraft und unter Umständen Brüche in der Trendanalyse beim Übergang zur gröberen Planung. In hohem Ausmaß gehen Informationen in der Abweichungsanalyse verloren, wenn man den Umsatz pauschal plant, anstatt Absatzpreise und Absatzmengen zu planen. Die Planung der Preise, Mengen

---

43   Rieg, Planung und Budgetierung, S. 61

Abweichungsanalyse			
Umsatzabweichung	Ist-Umsatz 54.750,00 €	Planumsatz 51.250,00 €	Abweichung 3.500,00 € (G)
Absatzpreisabweichung	nicht berechenbar, da Einzelpreise fehlen		
Absatzmengenabweichung	nicht berechenbar, da Absatzmengen fehlen		
Absatzmixabweichung	nicht berechenbar, da Absatzmengen fehlen		
Absatzvolumenabweichung	nicht berechenbar, da Absatzmengen fehlen		
DB-Absatzmengenabweichung	nicht berechenbar, da Absatzmengen und Stück-Deckungsbeiträge fehlen		
DB-Absatzmixabweichung	analog		
DB-Absatzvolumenabweichung	analog		
DB-Preisabweichung	analog		
Gesamt-DB-Abweichung	Ist-DB 28.550,00 €	Plan-DB 33.250,00 €	Abweichung - 4.700,00 € (U)
Kostenseitig verursachte DB-Änderung	Ist-Kosten 26.200,00 €	Plan-Kosten 18.000,00 €	Abweichung 8.200,00 € (U)
damit ergibt sich die marktseitig verursachte DB-Änderung zu Sie entspricht und resultiert aus der Umsatzerhöhung		3.500,00 € (G)	

Abb. 3.7:   Informationsverdichtung in der Abweichungsanalyse. Quelle: Rieg, Planung und Budgetierung, S. 75

und Stückkosten je Produkt erlaubt eine sehr detaillierte Abweichungsanalyse. Ohne diese Plan- und Istdaten lassen sich statt neun nur noch drei Abweichungsarten rechnen. "[44]

Von Rieg wird dieses Problem anhand einer Umsatz- und Deckungsbeitragsabweichungsanalyse demonstriert (s. Abb. 3.7).

Das Beispiel von Rieg zeigt nochmals, dass die pauschale Planung von Wertgrößen mit einem deutlichen Informationsverlust einhergeht. Hier wird nochmals deutlich, dass mit solchen Planungssystemen lediglich entstandene Abweichungen festgestellt, aber keineswegs erklärt werden können. So sind bspw. im Hinblick auf die Umsatzabweichung, die DB-Abweichung und die kostenseitig verursachte DB-Abweichung diese nur durch die Ermittlung der Differenz zwischen Plan- und Ist-Zahlen darstellbar. Eine Aufspaltung der Abweichungen auf Preis-, Mengen-, und Mix-Einflüsse sowohl auf der Erlös- als auch auf der Kostenseite ist nicht möglich. Eine Differenzierung der Abweichungen nach Beschaf-

---

44   Ebd. S. 74

fungs-, Produktions-, Lager- und Verkaufsprozessen ist ebenfalls nicht möglich. Diese Informationen können von der Verkaufserfolgsrechnung, auch wenn sie in detaillierter Form vorliegt, nicht geliefert werden, von kontenmodellbasierten Planungsrechnungen schon gar nicht.

Selbstverständlich liefert die detaillierte Aufspaltung der Abweichungskomponenten keine erschöpfende Erklärung der Abweichungsursachen. Sie liefert aber eine sinnvolle Struktur und Systematik, um die richtigen Fragen zu stellen. Eine aufgrund einer absoluten Differenz rot eingefärbte Materialeinsatzabweichung hat überhaupt keinen Erklärungswert und stellt aus der Steuerungssicht zunächst eine sinnfreie Übung dar. Erst wenn Informationen zur Mengen-, Preis-, Struktur- und Verbrauchsabweichung vorliegen, kann die Abweichung überhaupt erst sinnvoll beurteilt werden und Fragen mit den richtigen Adressaten erörtert werden. Die Mengen- und Strukturabweichung ist nur im Zusammenhang mit den Produktions- und Absatzmengen diskutierbar. Steigt der Materialeinsatz im Einklang mit den Produktionsmengen, dann gibt es keinen Grund, weiter in die Thematik einzusteigen. Dann steht die Ampel nicht auf rot, sondern auf grün. Liegen hingegen signifikante Verbrauchs- und Preisabweichungen vor, dann besteht hier Klärungsbedarf. Dabei wäre zunächst zu klären, bei welchen Materialgruppen oder Materialarten, ggf. welchen Fertigungsaufträgen bspw. erhöhte Verbrauchsmengen (z. B. erhöhter Ausschuss) aufgetreten sind. Eventuell ist die Abweichung auch nur ein Hinweis auf fehlerhafte Stammdaten in den Stücklisten. Solche Fragen wären mit der Produktionsleitung zu besprechen. Bei Preisabweichungen ist ebenfalls eine tiefergehende Analyse nach Materialarten und Lieferanten notwendig. Ansprechpartner wäre dann die Einkaufsleitung. Eine gute Planungssoftware muss in der Lage sein, diese Informationen auf „Knopfdruck" zu liefern. Die Praxis sieht jedoch vielfach anders aus.

In den gängigen Controlling-Softwaresystemen wird meist nur die Abweichungshöhe, nicht aber die Abweichungsursachen dargestellt. Die gängigen ERP-Systeme, die in der Industrie verwendet werden, liefern in der Regel keine systemgestützten Abweichungsanalysen in Echtzeit. Im Vordergrund stehen meist nur Abweichungsinformationen auf der Kostenseite in den Bereichen Kostenstellencontrolling und Produktkostencontrolling. Für eine geschlossene Abweichungsrechnung ist aber die Aufspaltung des Betriebsergebnis-Deltas auf der Erlösseite in Mengen-, Verkaufspreis-, Konditionen- und Sortimentsmixabweichung sowie auf der Kostenseite in Mengen-, Preis-, Mix-, Verbrauchs-, Verfahrens-, Mischungs-, Fixkostenabweichungen etc. unabdingbare Voraussetzung. In der Praxis gibt es daher im Hinblick auf die Betriebsergebnisanalyse bestenfalls Excel-Anwendungen, die über stark verdichtete Informationen versuchen, die Lücke in der Abweichungsermittlung zu schließen. Die Excel-Lösungen sind jedoch äußerst zeitintensiv und meist fehlerbehaftet und unvollständig. Schlimmstenfalls wird auf eine systematische Abweichungsaufspaltung aufgrund der vorherrschenden Komplexität und Datenmengen ganz verzichtet. Da ist es auch wenig hilfreich, wenn in Excel- oder BI-Anwendungen die Abweichungen nach irgendwelchen „Hichert-Regeln" hübsch und mit bunten Balken, Törtchen und Pfeilen aufbereitet werden. Der alleinige Ausweis der Abweichungshöhe (ob mit oder ohne Beachtung von Hichert-Success-Regeln) ist in den meisten Fällen schlicht irrelevant bzw. sagt überhaupt nichts aus. Solche Berichte sind dann in der Regel der Auslöser für Nachfragen und anschließende Detailanalysen von Abweichungen. Häufig werden dann mehrere Tage in-

Alpha GmbH
Ergebnisrechnung in Mio. EUR
Jahresabschluss 2009

	Plan	Ist	Ist - Plan	Vorjahr	Ist - Vorjahr
Umsatzerlöse	1.000	1.110	+110	980	+
Bestandsveränderungen	0	-20	-20	-5	-15
andere aktivierte Eigenleistungen	0	4	+4	18	-14
sonstige betriebliche Erträge	50	24	-26	12	+12
Gesamtleistung	**1.050**	**1.118**	+68	**1.005**	+1
Materialaufwand	-350	-437	-87	-423	-14
Personalaufwand	-380	-383	-3	-422	+39
Abschreibungen	-50	-63	-13	-40	-23
sonstige betriebliche Aufwendungen	-252	-265	-13	-240	-25
Betriebsaufwand	**-1.032**	**-1.148**	-116	**-1.125**	-23
Betriebsergebnis	**18**	**-30**	-48	**-120**	+90
Finanzergebnis	**24**	**37**	+13	**32**	+5
Ergebnis d. gew. Geschäftstätigkeit	**42**	**7**	-35	**-88**	+95
außerordentliches Ergebnis	**0**	**4**	+4	**-10**	+14
Ergebnis vor Steuern	**42**	**11**	-31	**-98**	+1
Steuern vom Einkommen und vom Ertrag	-10	-3	+7	0	-3
sonstige Steuern	0	0		0	
Jahresüberschuß/Jahresfehlbetrag	**32**	**8**	-24	**-98**	+1

Abb. 3.8: Beispiel pauschale Abweichungsanalyse. Quelle: www.hichert.com

tensiver Analyse- und Recherchetätigkeiten verbracht, um eine einigermaßen schlüssige Erklärung liefern zu können. Sind die Plan-Daten allerdings nur auf einem bestimmten Aggregationsniveau erstellt worden, ist eine systematische Aufspaltung der Abweichungsursachen schlicht unmöglich. In der Folge werden dann häufig bestimmte Vermutungen angestellt und es werden Ergebnisse aus unsystematischen Teilanalysen so lange miteinander kombiniert, bis eine ungefähre Übereinstimmung mit der Gesamtabweichung besteht. Solch ein Vorgehen ist nicht nur Ressourcenverschwendung, sondern liefert stets und zuverlässig falsche Informationen für darauf aufbauende Handlungen und Entscheidungen.

Zur Verdeutlichung ist in Abbildung 3.8 ein Beispiel-Report aufgeführt, der so oder in ähnlicher Form in einer Vielzahl von Unternehmen entweder mit Tabellenkalkulationssoftware oder dedizierten Finanzplanungsapplikationen generiert wird. Es ist eine GuV nach dem Gesamtkostenverfahren.

Beispielhaft soll hier die Abweichungsinformation zum Materialaufwand betrachtet werden. In dem GuV-Bericht wird lediglich die absolute Höhe der Abweichung (farbcodiert) ausgegeben. Schon an der Farbcodierung (rot steht hier für „schlechte Abweichung") lassen sich mehrere Missverständnisse aufzeigen. Eine Erhöhung des Materialaufwandes ist zunächst weder „gut" noch „schlecht", sondern ist nur im Zusammenhang und in Relation zu den Produktionsmengen zu beurteilen. Sind die Ist-Produktionsmengen höher als die Plan-Produktionsmengen, steigt ceteris paribus logischerweise der Materialaufwand. Diese Folge ist aber nicht zwingend bei einer Steigerung der Absatzmengen, da diese Absatzmengensteigerung vollständig oder zum Teil durch Lagerbestandsabbau realisiert worden sein könnte.

Wurden im Fall der Produktionsmengensteigerung die in den Stücklisten hinterlegten Verbrauchsstandards eingehalten, kein Ausschuss produziert und zusätzlich die geplanten Materialeinkaufspreise realisiert, dann entspricht der Materialaufwand genau dem Soll-Materialaufwand für das neue Produktionsmengenniveau und die „Ampel" steht daher auf „grün" und nicht auf „rot". Diese Informationen sind in einem wie oben aufgebauten GuV-Bericht aber überhaupt nicht erkennbar. Jetzt könnte man auf Idee kommen und einwenden, dass der Materialeinsatz doch in einer bestimmten Relation zum Umsatz steht und sich daher über die Materialeinsatzquote gut brauchbare Aussagen treffen lassen. Auch dies trifft nicht zu bzw. ist nur mit bestimmten Annahmen haltbar. Es träfe zu, wenn auf der Absatzseite keine signifikanten Sortimentsverschiebungen und keine signifikanten Veränderungen der Verkaufspreise und zusätzlich keine nennenswerten Verschiebungen der Relationen zwischen Produktions- und Verkaufsmengen eingetreten sind. In einer GuV nach dem Gesamtkostenverfahren lassen sich also nur ganz grobe Beurteilungen zur Höhe des Materialaufwands in Verbindung mit den Zeilen Umsatzerlöse und Bestandsveränderungen treffen – ganz grob deshalb, weil in der GuV nur eine Anzeige der Werte ohne ergänzende Angaben zu Mengen- und Preiskomponenten erfolgt. Zudem ist ein Teil des auf die abgesetzte Menge entfallenden Materialaufwandes in der Position Bestandsveränderung enthalten. Neben dem Materialaufwand sind hier jedoch auch alle übrigen Kalkulationsbestandteile der Herstellkosten enthalten (Lohnkosten, proportionale Fertigungskosten, fixe Herstellkosten bei Vollkostenkalkulation). Daher wäre zunächst also eine Aufspaltung der Bestandsveränderungen auf die einzelnen Herstellkostenarten nötig.

Aussagen zur Abweichung des Materialaufwandes lassen sich sinnvoll nur treffen, wenn mindestens die folgenden Einflussgrößen in differenzierter Form ausgewiesen werden:

- Materialmengenabweichung (Produktion, Lager, Verkauf)
- Materialpreisabweichung (Produktion, Lager, Verkauf)
- Materialmixabweichung (Produktion, Lager, Verkauf)
- Materialverbrauchsabweichung (Produktion, Lager, Verkauf)

Wenn diese Abweichungsursachen dargestellt werden, wird das Delta auf der obersten Aggregationsebene nachvollziehbar erklärt. Selbstverständlich kann dann bei weitergehendem Informationsbedarf in verschiedenen Dimensionen auf weitere Details wie Kunden, Artikel, Werke etc. verzweigt werden. Die dargestellten Abweichungsursachen können sich natürlich auch gegenseitig kompensieren, d. h., auf oberster Ebene summieren sich die Abweichungen gegen null. Diese Informationen würden in einem reinen GuV-Report schlicht untergehen.

Viel wichtiger als zeitintensive Detailanalysen der entstandenen Abweichungen ist aber der darauf aufbauende Blick in die Zukunft. Es ist daher wichtig, zu erkennen, ob sich die bereits entstandenen Abweichungen in der Zukunft wieder aufheben, ob systematische Planungsfehler vorliegen, stabile Trends erkennbar werden etc. Die entstandenen Abweichungen haben für die Vergangenheit nur noch eine Erklärungsfunktion. Der Schwerpunkt der Analyse sollte daher auf der kurzfristigen Prognose der weiteren Entwicklung liegen. Nur so wird es möglich sein, auf sich bereits in der nahen Zukunft ankündigende Abweichungen gezielt zu reagieren und diese ggf. zu vermeiden.

Für eine zielgerichtete und zweckmäßige Gestaltung eines softwaregestützten Controlling-Systems ist die Planung und Implementierung einer systematischen und geschlossenen

Abweichungsrechnung von großer Wichtigkeit, da nur mit ihrer Hilfe eine zeitnahe, wirtschaftliche und zielgerichtete Unternehmenssteuerung erst möglich wird.

3.4.3   Plan-Kostenrechnung und Planungsrechnung

Die Plan-Kostenrechnung in ihrer gegenwärtigen Anwendungsform setzt sich überwiegend mit Fragen der Produktkostenrechnung und Kostenstellenrechnung auseinander, vernachlässigt aber die *periodengerechte* Plan-Betriebsergebnisermittlung sowie die damit zu verzahnende Finanzrechnung.

Die in der Praxis vorherrschenden Systeme der Kosten- und Leistungsrechnung sind für den Aufbau einer integrierten Planungsrechnung daher zwar einerseits unverzichtbares Basiselement, müssen andererseits aber an verschiedene Aspekte der integrierten Planungsrechnung angepasst werden.

Die auf Idealzuständen basierenden Ansätze der Plan-Kostenrechnung sind für die Zwecke einer ganzheitlichen Planungsrechnung nicht ohne Anpassung verwendbar, da ansonsten hohe Abweichungen in der Erfolgs- und Finanzplanung vorprogrammiert sind. Die Mengen- und Zeitstandards sind für die Planungsrechnung durch realistische und erreichbare Prognosewerte zu ersetzen. Ferner sind die häufig auf einer Normalauslastung und auf „Durchschnittsmonaten" basierenden Kostenplanungen für die Finanzplanung nicht verwendbar.

Wie die Untersuchungen von Währisch gezeigt haben, dient die Kosten- und Leistungsrechnung, egal ob als Ist-, Normal- oder Plan-Kostenrechnung aufgebaut, nur selten als Basis für die Planungsrechnung in Industrieunternehmen.[45]

Dieser Befund bestätigt sich auch bei einer Analyse der am Markt angebotenen Softwaresysteme zur Unterstützung von Planungsrechnungen. Von ganz wenigen Ausnahmen abgesehen beinhalten diese Softwaresysteme keinerlei methodisch fundierte Verfahren oder Modelle der Kostenrechnung.

Diese eigentlich überraschende Erkenntnis führt zu der Frage, welche Gründe hierfür möglicherweise ausschlaggebend sind. Die methodischen Schwächen der Kostenrechnung im Hinblick auf ihre Verwendbarkeit in der Planungsrechnung sollen nachfolgend am Beispiel der sogenannten Plan- bzw. Standard-Kostenrechnung aufgezeigt werden.

Bei der Anwendung der Plan-Kostenrechnung stehen in der betrieblichen Praxis überwiegend Aufgaben wie die Kosten- und Wirtschaftlichkeitskontrolle der Kostenstellen, die Erstellung von Plankalkulationen (Kostenträgerstückrechnung) und die Bereitstellung von Kostenrechnungsdaten für die Bewertung fertiger und unfertiger Erzeugnisse im Vordergrund. Die Systeme des betrieblichen Rechnungswesens stellen aus heutiger Sicht einen „Flickenteppich" unterschiedlicher Ansätze und zweckorientierter Planungs- und Abrechnungssysteme bereit. Zur Erfassung pagatorischer Rechnungsgrößen dient dabei die Geschäfts- bzw. Finanzbuchhaltung. Eine Planungsrechnung benötigt produktionswirtschaftliche, kostenrechnerische und pagatorische Elemente und sollte damit ein Modell bereitstellen, das den realen Eigenschaften des „Systems Industrieunternehmen" möglichst

---

45   Währisch, Kostenrechnungspraxis in der deutschen Industrie, S. 86

nahe kommt. Die Prozesse der Beschaffung, Gütertransformation und Leistungsverwertung sollten in ihren mengen- und wertmäßigen Auswirkungen auf die Erfolgs- *und Liquiditätsgrößen* transparent werden. Diese Anforderung kann die Plan-Kostenrechnung in ihrer gegenwärtigen Ausformung aus verschiedenen Gründen nicht erfüllen. Bevor die Ergebnisse der Plan-Kostenrechnung in eine integrierte Planungsrechnung übernommen werden können, müssen diese vielmehr durch zahlreiche Umformungen und Ergänzungen erst entsprechend aufbereitet werden.

Die Mängel der *Plan-Kosten*rechnung im Hinblick auf ihre Verwendung als Basis für eine *Planungs*rechnung stellen sich verkürzt wie folgt dar:

- Teilweise willkürliche Abgrenzung von variablen Einzelkosten und fixen Periodenkosten.
- Unzweckmäßige Verteilung der Produktionskosten (Durchschnittsmonat).
- Aufwendige Verfahren der Kostenstellenrechnung und internen Leistungsverrechnung.
- Die in der Plan-Kostenrechnung durchgeführte Kostenträgerzeitrechnung ist wiederum eine reine Verkaufserfolgsrechnung in Form von Deckungsbeitragsrechnungen.
- Die traditionelle Plan-Kostenrechnung „verschleiert" die Zusammensetzung der Produktkosten. Eine Primär-Kostenrechnung ist meist nicht vorhanden.
- Idealisierte Mengen- und Zeitstandards liefern keine realistischen Planungsgrundlagen.

Die konzeptuelle Alternative für den Aufbau der Planungsrechnung sollte jedoch nicht darin bestehen, statt der Einbeziehung der Kostenrechnung zu einer rein wertmäßigen Planung von pagatorischen Buchhaltungsgrößen überzugehen. Damit würde jede Verbindung zu den mengen- und zeitmäßigen Verflechtungsstrukturen der Leistungsprozesse verlorengehen, womit solche Verfahren für die integrierte Planung und Steuerung noch weniger geeignet erscheinen.

Die Plan-Kostenrechnung muss vielmehr ausgebaut werden zu einer brauchbaren Basisrechnung für die Kostenplanung.

Die Plan-Kostenrechnung trifft zum Teil *willkürliche „Zuordnungsdefinitionen"* im Hinblick auf die Abgrenzung zwischen variablen Einzelkosten und fixen Periodenkosten.

Dies betrifft bspw. die schon ausführlich dargestellte Problematik der unterschiedlichen Behandlung von Lohn- und Abschreibungskosten. Die Planung der Potenzialfaktoren muss sich an deren bereitgestellten Kapazitäten orientieren und nicht ausschließlich an der voraussichtlichen Inanspruchnahme dieser Kapazitäten. Werden die Kapazitäten nämlich nicht zu 100 % in Anspruch genommen (was der Regelfall ist), entstehen Leerkosten und selbstverständlich auch entsprechende Auszahlungen. Bei der Planung der Fertigungslöhne existiert immer die implizite Prämisse, dass diese stets proportional zur Ausbringungsmenge disponiert werden können. Die Realität sieht jedoch anders aus, da die Fertigungslöhne proportional zur Kalenderzeit disponiert werden. In der gängigen Kostenrechnungsliteratur hält sich bis heute überwiegend die Auffassung, dass Fertigungslöhne stets proportionale Produkteinzelkosten darstellen. Dagegen werden Abschreibungskosten der genutzten Produktionsmaschinen stets als fixe Periodenkosten aufgefasst. Die Maschinennutzungszeiten „schlüpfen" genauso ins Produkt wie die Nutzungszeiten der menschlichen Arbeitskraft. Warum sollen denn in dem einen Fall variable Produkteinzelkosten und in dem anderen

Fall fixe Gemeinkosten bzw. Periodenkosten vorliegen? Aus der unkritischen Übernahme der gängigen Lehrmeinungen hierzu entstehen in der Praxis nicht selten (vermeidbare) Planungsfehler.

Wenn die Fertigungslöhne in der (voraussehbaren) Höhe der Ist-Kosten auf den Kostenstellen gebucht werden, wird der zwangsläufig entstehende Unterschied zwischen Nutz- und Leerkosten als „Verbrauchsabweichung" im Kostenstellen-Soll-Ist-Vergleich ausgewiesen. Aus Sicht der Planungsrechnung ist dies jedoch keine Verbrauchsabweichung, sondern ein vermeidbarer Planungsfehler in Form *nicht berücksichtigter Leerkosten*.

Hinsichtlich des *zeitlichen Kostenanfalls* wird in der Plan-Kostenrechnung eine Verdichtung auf einen sogenannten *„Durchschnittsmonat"* vorgenommen. Dabei werden auch Kosten, die stets nur in bestimmten Monaten (bspw. Urlaubs- und Weihnachtsgeld als „kalkulatorischer Soziallohn") anfallen, auf einen Monatsdurchschnitt umgerechnet. Selbst wenn sich aus kostenrechnerischer Sicht Argumente für eine solche Vorgehensweise finden ließen, sind sie aus finanzrechnerischer Sicht trotzdem ohne Belang. Aus Sicht der Kostenrechnung würde eine den tatsächlichen Kostenanfall berücksichtigende Planungsrechnung zu unterschiedlichen Kostenstellverrechnungssätzen je Monat führen, was aus Sicht der Kostenstellen- und Kostenträgerrechnung nicht nur unnötig, sondern auch unzweckmäßig wäre. Für die Finanzplanung ist jedoch entscheidend, wann genau in welcher Höhe bestimmte Auszahlungen zu erwarten sind. Hier liegt insoweit eine Inkongruenz zwischen den Anforderungen der Plan-Kostenrechnung und den Anforderungen der Finanzplanung vor.

Ferner werden in der Plan-Kostenrechnung zum Teil kalkulatorische Kosten (Wagnisse, Zinsen, Abschreibungen etc.) ausgewiesen, die in der pagatorischen Rechnung keine Entsprechung haben. Diese Kosten müssten also vor Übernahme in die Finanzplanung herausgerechnet werden.

Aus der Plan-Kostenrechnung werden im Rahmen der sogenannten Kostenträgerzeitrechnung Aussagen über die geplante Höhe von Erfolgssalden gemacht. Dies geschieht durch den Aufbau einer Deckungsbeitragsrechnung, die wiederum auf den Stückkalkulationen der Produkte basiert. Damit ist die auf der *Plan-Kostenrechnung aufbauende Erfolgsrechnung wiederum eine reine Verkaufserfolgsrechnung*, deren wesentliche Nachteile bereits ausführlich geschildert wurden. Eine Überleitung dieser Verkaufserfolgsrechnung auf die Ist-Ergebnisse soll dann anhand einer komplizierten Überleitungsrechnung sichergestellt werden. Kilger/Plaut schreiben hierzu: „Für die Lösung dieser Aufgabe soll hier nur der rote Faden aufgezeigt werden, der durch dieses *Labyrinth* führen kann. Eine gesamthafte Darstellung *würde den Rahmen unserer Möglichkeiten sprengen*."[46]

Kilger und Plaut räumen hier wenig erhellend ein, dass die Abstimmung der Betriebsergebnisrechnung mit den tatsächlichen Zahlen einem „Labyrinth" gleicht und unmöglich im Detail dargestellt werden kann.

Die Wirkungen von schwankenden Produktionsmengen, Durchlaufzeiten, emanzipierten Produktionsverläufen in stark saisonal geprägten Absatzmärkten etc. spielen in der Plan-Kosten- und Verkaufserfolgsrechnung keine Rolle. Diese Faktoren spielen aber eine ent-

---

scheidende Rolle, wenn es darum geht, den voraussichtlichen Verlauf und die Höhe von Erfolgs- und Liquiditätsgrößen zu antizipieren. Der wesentliche Schwerpunkt der Plan-Kostenrechnung ist in der Wirtschaftlichkeitskontrolle des Produktionsablaufes zu sehen, wobei dieser in Teilprozesse zergliedert wird und in der Kostenrechnung zu sogenannten Kostenstellen führt. Die Abweichungsanalyse der Kostenstellen steht neben der Abweichungsanalyse der Produkteinzelkosten bei der Plan-Kostenrechnung daher im Vordergrund. Die Kostenstellenrechnung ist zudem mit zum Teil aufwendigen Verfahren der internen Leistungsverrechnung belastet. Diese intern hin und her geschobenen „Sekundärkosten", die in Summe die Primärkosten des Unternehmens natürlich nicht verändern, haben meist nur einen geringen Anteil an den Gesamtkosten des Industrieunternehmens. Damit wird versucht, den Genauigkeitsgrad der Kostenzuordnung zu erhöhen, was aufgrund der ohnehin schon zum Teil willkürlichen Zuordnung von fixen Herstellkosten auf die Kostenträger fragwürdig erscheint. Für Zwecke der integrierten Planungsrechnung ist festzustellen, dass sich der Liquiditätsbedarf von der „Scheingenauigkeit" der Kostenzuordnung auf Produkte überhaupt nicht ändert. Für die Erfolgsermittlung ist allenfalls die Höhe der Herstellkosten einzelner Erzeugnisse von Belang, da diese wiederum für die Bewertung der Lagerbestandsveränderungen maßgeblich sind. Im Mehrproduktunternehmen ist zu beachten, dass sich die Herstellkostenänderungen in Folge der internen Leistungsverrechnung aus Produktsicht in Summe ausgleichen, es durch einen veränderten Produktmix in den Lagerbestandsveränderungen aber durchaus zu Erfolgsveränderungen, wenn auch in geringem Umfang, kommen kann.

Ferner ist kritisch anzumerken, dass durch die traditionellen Verfahren der Kostenstellenrechnung die Kostenstruktur der Produkte eher „verschleiert" statt aufgehellt wird. Das liegt daran, dass in der Plan-Kostenrechnung für die Leistungen der Sekundärstellen Verrechnungssätze gebildet werden, die nicht erkennen lassen, welche Anteile primärer Kostenarten in ihnen enthalten sind. Weiterhin werden auch für die primären Kostenstellen komplexe Kalkulationssätze geplant, die keine unmittelbaren Rückschlüsse auf die darin enthaltenen primären Kostenarten zulassen. Diese Eigenschaft ist allen Kostenrechnungsverfahren gemein, in denen die Kostenarten-, die Kostenstellen- und die Kostenträgerstückrechnung als Abrechnungsstufen aufeinanderfolgen. Erfolgt weder in der innerbetrieblichen Leistungsverrechnung noch bei der Bildung von Kalkulationssätzen ein expliziter Ausweis primärer Kostenarten, so kann man auch in den Kalkulationen nicht erkennen, wie viele Primärkosten der einzelnen Primärkostenarten in den Selbstkosten der betrieblichen Erzeugnisse enthalten sind. Die hat zur Folge, dass sich die Kalkulationsergebnisse nicht ohne eine komplizierte Umwertung sämtlicher Kostenpläne, bei der alle interdependenten Beziehungen des innerbetrieblichen Leistungsaustausches zu berücksichtigen sind, an ein verändertes Preisniveau der Primärkostenarten anpassen lassen. Ferner fehlt für viele Entscheidungen im Vertriebsbereich die angestrebte Transparenz der Kostenstruktur.

Diese Nachteile der Plan-Kostenrechnung lassen sich nur durch eine Primär-Kostenrechnung beseitigen, die aber aus einer Ergänzung des Kostenrechnungssystems um entsprechende Zusatzinformationen realisiert werden kann. Letztlich bedeutet eine (totale) Primär-Kostenrechnung die „logische" Eliminierung der Kostenstellenrechnung, da alle primären Kostenarten – sowohl die als Einzelkosten als auch die als Stellenkosten verrechneten – direkt bei den Kostenträgerkosten transparent werden. Dennoch bleibt zur verursachungsgerechten Kostenallokation und für weitere Kostenrechnungszwecke die Stellenrechnung ein wesentliches Element. Statt der Stellenkostensätze werden in der Primär-Kostenrechnung Kostensatzvektoren ausgewiesen.[47]

Aufgrund zunehmender Automatisierung wird es in vielen Produktionsunternehmen immer schwieriger, sinnvoll abgegrenzte Kostenstellen zu finden. Vielmehr sind die (automatisierten) Produktionsprozesse und Produktionsanlagen als Ganzes zu betrachten.

Zum Teil wird in diesem Zusammenhang die Auffassung vertreten, dass die aus Produktsicht fixen Gemeinkosten aufgrund der Automatisierung einen immer größeren Anteil an den Herstellkosten ausmachen und daher die traditionellen Kostenrechnungsverfahren immer fragwürdiger erscheinen würden. Diese Ansichten lassen sich empirisch allerdings nicht nachweisen. Die Anteile der Material-, Lohn-, Energie- und Abschreibungskosten in Relation zum Umsatz sind seit vielen Jahren nahezu konstant. Über längere Zeiträume ist zwar eine Verringerung der Lohnintensität feststellbar, damit korrespondiert aber eine Zunahme der Materialintensität. Das ist auch gesamtwirtschaftlich leicht zu erklären, da sich eine Verschiebung von „Lohnkosten" zu „Maschinenkosten" und eine Erhöhung der übrigen Gemeinkosten, die sich in einer veränderten Kalkulation des Lieferanten niederschlägt, auf der Stufe des Verwenders stets nur im Materialeinsatz auswirken. Wie der Lieferant diesen Materialeinsatz, d. h. seinen eigenen Umsatz kalkuliert hat, kann dem verwendenden Industrieunternehmen auf der nächsten Produktionsstufe völlig egal sein. Ferner spielt es überhaupt keine Rolle, ob zuvor „künstlich" proportionalisierte (fixe) Lohnkosten kostenrechnerisch durch fixe Abschreibungskosten kompensiert werden. Die Lohn- und Abschreibungskosten haben aus Produktsicht einen exakt identischen Kostencharakter, wenn auch einen unterschiedlichen Auszahlungscharakter.

Auch die Problematik im Hinblick auf die Unterschiede zwischen Plan- und Prognose-Kostenrechnung ist für die Planungsrechnung evident. Handelt es sich bei den Mengen- und Zeitstandards der Plan-Kostenrechnung nämlich um *idealisierte Minimal-* oder *Optimal*standards, sind eigentlich nur Abweichungen „nach oben", d. h. höhere Kosten zu erwarten. Die Planungsrechnung sollte aber stets von realistischen Kostengrößen ausgehen, und nicht von Idealnormen. Ansonsten wären mehr oder weniger große Kostenabweichungen und in der Folge negative Erfolgs- und Liquiditätsabweichungen bereits zum Zeitpunkt der Erstellung der Planungsrechnung vorprogrammiert. Dieses Problem wurde schon in der Anfangszeit der Standard-Kostenrechnung von Käfer gesehen: „Ein speziell im Hinblick auf die Planungsrechnung in Form einer integrierten Erfolgs- und Finanzplanung auftretendes Problem ist, ob man die Kosten mit Standardwerten (Normwerten) oder Prognosewerten ansetzt. Der Unterschied liegt auch hier in den Mengen- und Preisansätzen bei der Planung."[48]

Der Unterschied zwischen Plan-Kostenrechnung (mit idealen Standardwerten) und Prognose-Kostenrechnung (mit realistischen Durchschnittswerten) kann anhand folgender Gleichungen verdeutlicht werden:

Standardwert = Normmenge × Festpreis

Prognosewert = Prognosemenge × Prognosepreis

47   Lackes, EDV-orientiertes Kosteninformationssystem, S. 205
48   Käfer, Standardkostenrechnung, S. 424

Die Plan-Kostenrechnung verwendet als Planmengen möglichst gering gehaltene (normierte) Einsatzgütermengen als Mengenvorgabe und bewertet sie mit im Zeitablauf möglichst wenig geänderten Festpreisen. Die Prognose-Kostenrechnung verwendet dagegen prognostizierte Ist-Mengen und Ist-Preise der Zukunft, so gut sie eben voraussagbar sind. Die wesentlichen Unterschiede lassen sich wie folgt zusammenfassen:

Die Plan-Kostenrechnung ist üblicherweise eine einseitige Kostenrechnung ohne ergänzende Leistungsrechnung und auf Verringerung des Einsatzgütermengenverbrauchs und damit auf Kostenverringerung als Unterziel des Erfolgsziels ausgerichtet. Die Prognose-Kostenrechnung ist eher von einer Plan-Leistungsrechnung begleitet, stellt dann eine geschlossene Plan-Erfolgsrechnung dar, die sich an Gewinnplanung und -erhöhung statt nur an Kostensenkung orientiert.

In der Plan-Kostenrechnung werden Kosten vorgegeben, die möglichst erreicht werden sollen, während die Prognose-Kostenrechnung Kosten prognostiziert, die voraussichtlich eintreten werden. Der Akzent liegt einmal auf der Kostenvorgabe und -durchsetzung, das andere Mal auf der Kostenprognose. Der Ausweis hoher Kostenabweichungen als Überschreitungen der Plan- durch Ist-Kosten ist in der Plan-Kostenrechnung erwünscht, weil er weitere Rationalisierungsmöglichkeiten anzeigt und so dem Ziel der Kostenverringerung dient. In der Prognose-Kostenrechnung ist der Ausweis hoher Kostenabweichungen dagegen unerwünscht, weil diese Rechnung, wie gesagt, eine richtige Kosten- und Gewinnvoraussage anstrebt und jede Abweichung dieses Ziel beeinträchtigt.[49]

Die auf Kostenverringerung abzielende Plan-Kostenrechnung ist konzipiert für die dafür zuständigen Ebenen des mittleren und unteren Managements. Die auf Gewinnplanung und -erhöhung ausgerichtete Prognose-Kostenrechnung interessiert dagegen primär das Top-Management. Je stärker es aber gelingt, auch das mittlere Management zu ökonomischem statt nur verfahrenstechnischem Denken zu bewegen, desto eher ist auch die Prognose-Kostenrechnung für die Anwendung im Rahmen einer ganzheitlichen Planungsrechnung geeignet.

Die Plan-Kostenrechnung ist innerbetrieblich orientiert und schirmt sich durch Festpreise gegen Markteinflüsse und -schwankungen ab, während die Prognose-Kostenrechnung gerade diese Markteinflüsse und ihre Kosten- und Gewinnwirkungen erfassen will. Beide Plan-Kostentypen haben eigene Zielsetzungen; Mengen- und Preisansätze vertragen sich deshalb nicht miteinander. Stärker verbreitet ist jedoch die Plan-Kostenrechnung. Im Rahmen eines integrierten Planungssystems und für Zwecke der Gewinnplanung ist jedoch eine Prognose-Kostenrechnung vorzuziehen. Eine integrierte Planungsrechnung sollte stets auf realistischen Prognose-Kostensätzen und Mengenvorgaben beruhen. Damit basiert dann selbstverständlich auch der Finanzplan auf realistischen Prognosezahlen. Bei dem alternativen Standardansatz basieren die Plan-Kosten und damit auch die Plan-Ausgaben auf niedrigeren Normverbrauchsmengen. Da die Ist-Ausgaben jedoch fast immer höher liegen und die Liquiditätslage in der Finanzplanung permanent zu gut dargestellt wird, kommt es unausweichlich zu mehr oder weniger hohen Abweichungen. Ursache dafür ist der Mengenansatz der Plan-Kostenrechnung, bei dem die ohne Raubbau erreichbare Untergrenze des Mengenverbrauchs als Planungselement verwendet wird. Sie wird aufgrund rational-analy-

---

49   Chmielewicz, Erfolgsrechnung, S. 84

tischer Untersuchungen bestimmt, indem z. B. Materialabfall, -verschnitt, -ausschuss, -verderb möglichst ganz vermieden werden. Ähnlich werden minimale Arbeits- und Maschinenzeiten in der Planung als Soll-Werte vorgegeben. Eine Unterschreitung dieses Planansatzes ist nicht mehr möglich. Treten vielmehr, wie zu erwarten, später in der Realisation höhere Ist-Kosten auf, so stellt die mengenbedingte Differenz von Ist-Kosten und Plan-Kosten eine Verbrauchsabweichung dar und zeigt entsprechend der Zielsetzung einer Plan-Kostenrechnung Rationalisierungsreserven und Kostensenkungsmöglichkeiten. Die ganze Produktion stellt aus Sicht der Plan-Kostenrechnung ein fortgesetztes Bemühen dar, die extrem tief angesetzten Plan-Werte zu erreichen. Dieses Bemühen kann durch Kostenersparnisprämien unterstützt werden, die umso höher sind, je größer die Annäherung der Ist- an die tieferen Plan-Kosten ist. Jede Annäherung an die Plan-Kosten ist ein Erfolg, ihre Erreichung das Ideal. In der Realität wird dieses Ideal selten erreicht. Es treten vielmehr hohe Verbrauchsabweichungen nach oben auf. Wenn das regelmäßig der Fall ist und z. B. laufend eine Verbrauchsabweichung von 10 % der Plan-Kosten auftritt, liegt der Gedanke nahe, diese 10 % von vornherein in der Planung zu berücksichtigen. Die Planung basiert dann nicht auf einem optimalen, sondern auf einem normalen Mengenverbrauch. Ausgangspunkt der Planung sind weniger rationale Soll-Analysen als vielmehr Erfahrungen der Vergangenheit. Verbrauchsabweichungen sind dann nicht nur nach oben, sondern auch nach unten möglich. Die Plan-Werte kommen den tatsächlichen Ist-Werten näher. Frustrationseffekte infolge fehlender Zielerreichung entfallen, ebenso die hohen Verbrauchsabweichungen nach oben, die als Signal für Kostensenkungsmöglichkeiten dienen und dann nicht mehr voll sichtbar sind. Ein Anreiz, die Plan-Werte in Richtung auf das Kostenminimum zu unterschreiten, ist nicht von vornherein vorhanden. Prämien werden dann nicht für Erreichung, sondern nur für Unterschreitung der Plan-Kosten gezahlt. Während also die Plan-Kostenrechnung wahlweise von optimalem oder normalem Mengenverbrauch ausgeht, basiert die Prognose-Kostenrechnung auf erwarteten Ist-Mengen. Sie berücksichtigt also in der Planung die Kostenhöhe, die voraussichtlich in der Planperiode realisiert wird. Die Auswirkungen der unterschiedlichen Zielsetzungen beider Planungstypen werden besonders deutlich beim Preisansatz für die Verbrauchsmengen. Die Plan-Kostenrechnung bewertet die Plan- und Ist-Verbrauchsmengen mit Festpreisen und hält damit zeitliche Preisschwankungen ebenso wie Preisabweichungen zwischen Plan- und Ist-Größen aus der Rechnung heraus. Die Plan-Kostenrechnung stellt insofern eine Quasi-Mengenrechnung dar, die nur formal mit dem äußeren Aufbau einer Geldrechnung durchgeführt wird.

Die Bewertung hat lediglich eine Gewichtungsaufgabe:

Sie soll die in verschiedenen Dimensionen (Stück, Liter, Meter, Tonnen usw.) gemessenen Verbrauchsgüter in Werteinheiten als gemeinsame Dimension überführen und so besser vergleichbar machen. Eine Lenkung des Güterverbrauchs nach der relativen Knappheit bzw. wechselnden Preishöhe der Einsatzgüter leistet die Plan-Kostenrechnung dagegen kaum. Wenn Plan- und Ist-Preise gleich sind und somit zwischen ihnen keine Preisabweichungen auftreten, so liegt das nur am formalen Ansatz. Zwischen tatsächlichen Marktpreisen einerseits, den als Plan- und Ist-Werten verwendeten Festpreisen andererseits treten sehr wohl Preisabweichungen auf. Sie werden aber aus dem Standard-Kostensystem ausgeklammert und nicht als Preisabweichungen sichtbar gemacht. Die Festpreise werden zwar zweckmäßigerweise in Anlehnung an die Marktpreise eines Stichtages festgelegt, bleiben dann aber für einen längeren Zeitraum unverändert. Daraus folgt der Name Festpreis. Je länger die Konstanz der Festpreise anhält, desto besser sind die Standard-Kosten verschiedener Perioden vergleichbar; insofern ist die Plan-Kostenrechnung hervorragend für den Zeitvergleich geeignet. Je stärker sich aber die Relation zwischen den Marktpreisen der verschiedenen Einsatzgüter von der Relation zwischen den Festpreisen entfernt, desto eher wird das Festpreissystem geändert und ein neues Festpreissystem gebildet. Die Prognose-Kostenrechnung bewertet dagegen im Planansatz die Verbrauchsmengen mit den tatsächlich erwarteten Ist-Preisen. Dieser Plan-Kostentyp erfasst somit überhaupt erst Marktpreisschwankungen im Zeitablauf. Bei richtiger Preisvoraussage treten keine Preisabweichungen zwischen Plan und Ist auf. Dennoch auftretende Preisabweichungen weisen auf falsche Preisvorausschätzungen hin und zeigen deren Auswirkungen auf die Kosten- und Gewinnhöhe. Diesen Vorteilen steht der Nachteil gegenüber, dass Prognose-Kosten verschiedener Perioden wegen des schwankenden Preisansatzes nicht vergleichbar sind. Bei der Plan-Kostenrechnung spielt die Prognose keine Rolle. Sie erhält erst bei der Prognose-Kostenrechnung, der Prognose-Leistungsrechnung und dem Prognose-Finanzplan entscheidende Bedeutung. Das gilt ebenso für die Mengenprognose, insbesondere die Absatzmengenprognose, wie für die Prognose der Beschaffungspreise. Beide Plangrößen hängen (anders als üblicherweise die Absatzpreise) nicht von eigenen Zielsetzungen und Entscheidungen ab, sondern werden zunächst passiv vorausgesagt und danach indirekt zu beeinflussen versucht. Die Lohntarife sind wegen regelmäßiger überbetrieblicher Änderung in ihrer zeitlichen Steigerungstendenz einigermaßen gut vorhersehbar. Andere Kostenfaktoren wie Material- und Betriebsmittelpreise sind ebenso wie Dienstgewerbepreise und Zinssätze schwieriger zu prognostizieren.

In leistungsfähigen Softwaresystemen zur Planungsunterstützung sollten jederzeit parallele Darstellungen des bewerteten Mengengerüstes möglich sein. So könnten bspw. verschiedene Szenarien mit den Prognosewerten einerseits und den idealisierten Mengen- und Zeitstandards andererseits durchgeführt werden. Damit könnten die Rationalisierungspotenziale nicht nur ex post, sondern im Rahmen von Simulationsrechnungen auch ex ante dargestellt werden.

3.4.4 Derivative Finanzrechnungen

Die fehlende Einbeziehung der Produktionsplanung in die finanzielle Planungsrechnung hat auch erhebliche Auswirkungen auf die Finanzplanung. Eine direkte und differenzierte Finanzplanung ist ohne die Mengen- und Zeitverflechtungen der leistungswirtschaftlichen Ebene weder möglich noch sinnvoll. Vor diesem Hintergrund wird in der Planungspraxis und unterstützenden Softwaresystemen auf methodisch äußerst fragwürdige „Notlösungen" zurückgegriffen. Diese bestehen aus indirekten Rückrechnungsmethoden, die sich ausschließlich auf der finanzwirtschaftlichen Ebene abspielen. Diese Methoden der Finanzrechnung werden auch „derivative Finanzrechnungen" genannt, weil sie aus einer vorgeschalteten Erfolgsrechnung abgeleitet werden. Diese Vorgehensweise kann zu nahezu unbrauchbaren Finanzplänen führen, weil einerseits die Beschaffungs-, Leistungs- und Bereitstellungszeitpunkte unberücksichtigt bleiben und andererseits gar kein methodisches Instrumentarium zur Bewertung relevanter Bilanzpositionen in diesen Systemen zur Verfügung steht (bspw. systematisch abgeleitete Produktkalkulationen).

Viele Systeme bieten zwar neben der indirekten auch die direkte Methode zur Finanzplanung an. Dabei wird jedoch übersehen, dass die direkte Methode in reinen Kontenmodellen keinerlei Sinn ergibt, weil i. d. R die Verbindung zur Beschaffungs- und Leistungswirtschaft fehlt.

Besonders verwirrend ist die Position Zunahme/Abnahme der Vorräte in der Kapitalflussrechnung. Hier werden einfach die Bestandsdifferenzen von Roh- und Hilfsstoffen sowie unfertigen und fertigen Erzeugnissen zusammengezogen und pauschal hinzu- und heruntergerechnet.

Die Bilanz- und Erfolgsrechnung (egal ob als Handels- oder Steuerbilanz) beinhaltet immer sowohl pagatorische als auch kalkulatorische Elemente.

Kalkulatorische Elemente sind in diesem Zusammenhang nicht gleichzusetzen mit den sogenannten kalkulatorischen Kosten im Kontext der Kosten- und Leistungsrechnung, die in einigen Unternehmen als Zusatzkosten (Unternehmerlohn, Wagnisse, Zinsen, Abschreibungen) erfasst werden. Vielmehr wird auf den Umstand abgestellt, dass die Wertansätze bestimmter Bilanzpositionen nur mithilfe bestimmter Nebenrechnungen (Kalkulationen) ermittelt werden können. Im Rahmen dieser Kalkulationen müssen bestimmte Annahmen im Hinblick auf die Zuordnung bestimmter Kosten auf die Kostenträger (bspw. Produkte, selbsterstellte Anlagen, Abschreibungen) getroffen werden. Vor diesem Hintergrund ist es eigentlich irreführend, wenn die Finanzbuchhaltung als pagatorische Rechnung aufgefasst wird. Allein aus der Finanzbuchhaltung heraus lässt sich keine Bilanz erstellen, da hierzu Informationen aus der Kosten- und Leistungsrechnung (Betriebsbuchhaltung) erforderlich sind. Genauso wenig wie die Finanzbuchhaltung als „pagatorische Rückwärtsbuchhaltung" ohne die Kostenrechnung auskommen kann, können Kontenmodelle für Planungszwecke als „pagatorische Vorwärtsbuchhaltung" ohne sie auskommen.

Zwar ist eine Kosten- und Leistungsrechnung nicht gesetzlich vorgeschrieben, fehlt sie jedoch, dann können bestimmte Bilanzpositionen nur über pauschale Wertabschläge und grobe Schätzungen ermittelt werden. Damit würde das Rechnungssystem jedoch vollends an Aussagekraft verlieren. Eine rein pagatorische Bilanz ist eine Fiktion und spielt nur in der theoretischen BWL (bspw. Kosiol[50]) eine Rolle. Trotzdem werden in der Planungspraxis und in einer Vielzahl von Softwaresystemen Bilanzpositionen, die eigentlich nur kalkulatorisch ermittelt werden können, rein pagatorisch geplant. Darauf aufbauend werden dann Zahlungsströme abgeleitet, die häufig auf fehlerhaften Annahmen beruhen. Werden in einer Bewegungsbilanz bspw. pauschal Bestandserhöhungen für „Vorräte" geplant, dann ist einerseits der daraus resultierende Erfolgseinfluss nicht ermittelbar und andererseits kann nicht eindeutig festgelegt werden, welche Auszahlungen aus dem Bestandsaufbau zu erwarten sind.

3.4.4.1   Indirekte Finanzplanung in Verbindung mit Verkaufserfolgsrechnungen

In der üblichen Controlling-Literatur sowie in der Unternehmenspraxis liegt der Fokus auf der (Verkaufs-)Erfolgsrechnung und einer daraus abgeleiteten Veränderungsbilanz (siehe oben). Diese Veränderungsbilanz wird dann zur „indirekten" Planung der liquiden Mittel

---

50   Kosiol, Pagatorische Bilanz

verwendet. Diese Vorgehensweise ist nicht nur methodisch äußerst fragwürdig, sondern birgt für Unternehmen mit engen finanziellen Spielräumen erhebliche Risiken.

Beispielhaft für die Empfehlung dieser methodisch kaum haltbaren Aussagen der Controlling-Literatur sei hier ein Zitat von Prell-Leopoldseder genannt:

„Vor allem in Klein- und Mittelunternehmen (KMU) wird die direkte Finanzplanung gerne eingesetzt, weil sie keine Kenntnisse aus dem Rechnungswesen voraussetzt und darüber hinaus auch leicht verständlich ist ... In der Unternehmenspraxis werden indirekte Finanzpläne im Rahmen einer integrierten Planung erstellt. Sie sollen Aufschluss über die Finanzierbarkeit des geplanten Leistungsbudgets geben. "[51]

Solche Aussagen finden sie nicht nur bei Prell-Leopoldseder, sondern in unzähligen weiteren Standardwerken. Prell-Leopoldseder ist zuzustimmen, wenn sie darauf hinweist, dass die indirekte Methode in der Unternehmenspraxis üblich ist. Absolut nicht nachvollziehbar ist jedoch ihre implizite Aussage, die indirekte Methode verlange besondere Kenntnisse des Rechnungswesens. Daraus leitet sie ab, die direkte Methode sei bei KMU sehr beliebt, allerdings auch sehr aufwendig, weil sie leicht verständlich ist. Hier wird der methodisch mehr als fragwürdigen indirekten Methode auch noch ein Qualitätssiegel für von Rechnungswesenfachleuten entwickelte „Notlösungen" verliehen. Dies verstellt jedoch den Blick für methodisch dringend notwendige Verbesserungen der integrierten Planungsrechnung insgesamt sowie für die Finanzplanung und deren Abbildung in zweckmäßigen Softwaresystemen.

Es wird offensichtlich vollständig übersehen, dass die aus einer Bewegungsbilanz abgeleitete indirekte Methode *ex ante* in sinnvoller Art und Weise überhaupt nicht durchführbar ist. Mit der indirekten Methode können *ex post* aufgrund der immer gültigen Bilanzgleichungen zwar Cashflow-Veränderungen über globale Bilanzgrößen abgeleitet werden. Eine Berechnung des Cashflows ex ante ist aber genau genommen unmöglich, weil zur Erstellung einer Plan-Bilanz die Veränderungen von Beständen der Leistungskontenreihe (bspw. Bestände an Roh-, Hilfs- und Betriebsstoffen, Bestand Ware in Arbeit (WIP), Bestände an fertigen Erzeugnissen) und der Bestand an Verbindlichkeiten aus Lieferungen und Leistungen bekannt sein müssten. Woher sollen diese Informationen aber stammen?

In der Controlling-Literatur wird zudem unpräzise auch darauf hingewiesen, dass die Veränderungen des Working Capital zu planen seien. Die Definition des Working Capital beinhaltet ja unzweifelhaft die liquiden Mittel als Bestandteil des Umlaufvermögens. Wie können aber Veränderungen der liquiden Mittel als vorbereitender „Rechenschritt" schon festgelegt werden, wenn die ganze Rechenprozedur doch diese Veränderungen erst ermitteln soll?[52]

Diese offensichtlich zirkuläre Beziehung kann nur aufgelöst werden, wenn die liquiden Mittel (Cash) durch Ausdifferenzierungen und Umformungen der Bilanzgleichung isoliert werden.

Diese ausdifferenzierten Umformungen ergeben folgendes Bild der Cashflow-Ermittlung:

---

51 Prell-Leopoldseder, Einführung in die Budgetierung und integrierte Planungsrechnung, S. 128
52 Siehe auch http://www.daswirtschaftslexikon.com/d/finanzplanung/finanzplanung.htm

$$\text{Assets} - \text{Liabilities} = \text{Equity} \tag{3.15}$$

$$\text{Cash} + \text{Other Assets} - \text{Liabilities} = \text{Equity} \tag{3.16}$$

$$\Delta \text{ Cash} + \Delta \text{ Other Assets} - \Delta \text{ Liabilities} = \Delta \text{ Equity} \tag{3.17}$$

$$\Delta \text{ Cash} = \Delta \text{ Equity} - \Delta \text{ Other Assets} + \Delta \text{ Liabilities} \tag{3.18}$$

$$\Delta \text{ Cash} = \text{Profit} + \Delta \text{ Other Equity} - \Delta \text{ Fixed Assets} - \Delta \text{ Inventory} -$$
$$\Delta \text{ Receivables} + \Delta \text{ Debt} + \Delta \text{ Payables} \tag{3.19}$$

$$\Delta \text{ Cash} = \text{Sales} - \text{COGS} - \text{Depreciation} + \Delta \text{ Other Equity}$$
$$- (\text{Investments in Fixed Assets} - \text{Depreciation}) - \Delta \text{ Inventory} -$$
$$\Delta \text{ Receivables} + \Delta \text{ Debt} + \Delta \text{ Payables} \tag{3.20}$$

$$\Delta \text{ Cash} = \text{CFO} + \text{CFI} + \text{CFF} \tag{3.21}$$

$$\text{CFO} = \text{Sales} - \text{COGS} - \text{Depreciation} - \Delta \text{ Inventory} - \Delta \text{ Receivables} +$$
$$\text{Depreciation} + \Delta \text{ Payables} \tag{3.22}$$

$$\text{CFI} = - \text{ Investments in Fixed Assets} \tag{3.23}$$

$$\text{CFF} = \Delta \text{ Other Equity} + \Delta \text{ Debt} \tag{3.24}$$

$$\text{CFO} = \text{Sales} - \text{COGS} - \text{Depreciation} - \Delta \text{ Inventory} - \Delta \text{ Receivables} +$$
$$\text{Depreciation} + \Delta \text{ Payables} \tag{3.25}$$

$$\text{CFO} = \text{Sales} - \text{COGS} - \Delta \text{ Inventory} - \Delta \text{ Receivables} + \Delta \text{ Payables} \tag{3.26}$$

$$\text{CFO} = \text{Sales} - \Delta \text{ Receivables} - \text{COGS} - \Delta \text{ Inventory} + \Delta \text{ Payables} \tag{3.27}$$

$$\text{CFO} = \text{Sales} - \Delta \text{ Receivables Sold/Used Inventory} - \Delta \text{ Inventory} + \Delta \text{ Payables} \tag{3.28}$$

$$\text{CFO} = \text{Cash} - \text{Sales} - \text{Inventory purchases} + \Delta \text{ Payables} \tag{3.29}$$

$$\text{CFO} = \text{Cash} - \text{Sales} - \text{Inventory purchased for cash} \tag{3.30}$$

$$\text{Net Cashflow} = \text{CFO} + \text{CFI} + \text{CFF} \tag{3.31}$$

CFO = Cashflow from Operations
CFI = Cashflow from Investing
CFF = Cashflow from Financing

Die ausdifferenzierten Umformungen der Bilanzgleichung zeigen, dass *außerhalb der Erfolgsrechnung* Annahmen darüber getroffen werden müssen, wie sich Vorräte (Inventory = Material, fertige Erzeugnisse, unfertige Erzeugnisse), Verbindlichkeiten (Payables), Forderungen (Receivables), Bankverbindlichkeiten (Debt) und nicht aus der operativen Geschäftstätigkeit stammende Eigenmittel (Other Equity) voraussichtlich entwickeln werden:

$$\Delta \text{ Cash} = \text{Profit} + \Delta \text{ Other Equity} - \Delta \text{ Fixed Assets} - \Delta \text{ Inventory} -$$
$$\Delta \text{ Receivables} + \Delta \text{ Debt} + \Delta \text{ Payables} \tag{3.32}$$

Bei der Interpretation dieser Gleichungen stellen sich automatisch mehrere Fragen:

Wie können Veränderungen der Vorräte pauschal geschätzt werden?

In der Literatur zur Produktionsplanung werden richtigerweise immer die vorhandenen Anfangs- und Ziellagerendbestände zur Bestimmung der Produktionsmengen genannt. Nur selten findet man dort aber Hinweise, aufgrund welcher planungslogischen Überlegungen denn Ziellagerendbestände geplant werden sollten. Die Antwort hierauf führt zwangsläufig zu einer weiteren Zielgröße, nämlich der *angestrebten Lieferfähigkeit*. Bei der Ermittlung von Nachschubmengen zur Erreichung dieser Lieferfähigkeit sind stochastisch schwankende Wiederbeschaffungszeiten für Material und Durchlaufzeiten in der Produktion genauso zu berücksichtigen wie die Höhe und die stochastischen Schwankungen des Bedarfs. Erst bei Einbeziehung dieser Größen können auf nachvollziehbarer und methodischer Basis notwendige Wiederbeschaffungsmengen, Sicherheitsbestände und durchschnittliche Bestände ermittelt werden. Eine sehr gute Anleitung für die Entwicklung solcher Planungsprozeduren gibt Gudehus.[53]

Ferner dürfte wohl klar sein, dass solche Bestands- und Produktionsmengenplanungen nur auf Basis der einzelnen Erzeugnisse, Baugruppen und Teile erfolgen können. Die Planung einer pauschalen Wertänderung der Bilanzposition „Vorräte" wäre nichts anderes als Zahlenspielerei, die mit der betrieblichen Wirklichkeit nicht einmal annähernd etwas zu tun hätte. Diese pauschale Planung von Bestandsveränderungen der Vorräte ist denn auch *Ausdruck der fehlenden Einbeziehung der Produktionsplanung* in die Erfolgsplanung. Würden die Beschaffungs-, Produktions- und Absatzmengen Eingang in die Planungsrechnung finden, dann wäre für die Bilanzposition der fertigen und unfertigen Erzeugnisse sowie der Materialbestände überhaupt keine pauschale Annahme oder Schätzung notwendig.

In der Controlling-Literatur (und in der Implementierung der am Markt vorherrschenden Controlling-Software) wird demnach das genaue Gegenteil dessen empfohlen und praktiziert, was in der Produktionsplanung üblich ist. Entweder werden die Absatzmengen stets mit den Produktionsmengen gleichgesetzt und damit quasi unendliche Produktionsgeschwindigkeit und Liefergeschwindigkeit der Zulieferer unterstellt. Oder es werden „freihändig" und pauschal über Anpassungsmaßnahmen im Rahmen der indirekten Finanzplanung die Vorratsbestände verändert.

Wie können die Rückwirkungen auf die Erfolgsrechnung durch eine pauschale Veränderung der Vorräte berücksichtigt werden?

Eine weitere Problematik der pauschalen Bestandsveränderungsplanung für Vorräte besteht darin, die Rückwirkungen auf den Erfolgssaldo der Periode abzuschätzen. Wie weiter oben ausführlich gezeigt wurde, folgen aus Bestandsveränderungen fertiger und unfertiger Erzeugnissen stets Erfolgsänderungen durch aktivierte oder deaktivierte Fixkostenanteile (fixe Fertigungseinzel- und Fertigungsgemeinkosten). Diese Effekte können jedoch nur berechnet werden, wenn Plankalkulationen für jedes Erzeugnis vorliegen, der Grad der Kapazitätsauslastung bestimmt wurde (auf Basis Plan- oder Normal-Beschäftigung) und die *Bestandsveränderungsmengen je Erzeugnis* bekannt sind. Zudem ändern die durch die Bestandsveränderungen hervorgerufenen Fixkostenaktivierungen bzw. Fixkostendeaktivierungen die *Bemessungsgrundlage für die Gewinnsteuern* (Körperschaftsteuer, Gewerbesteuer).

---

53   Gudehus, Dynamische Disposition

Damit ergibt sich auch von Seiten der Gewinnsteuern eine Auswirkung auf die liquiden Mittel. Diese Erfolgs- und Liquiditätswirkungen können im Rahmen der pauschalen und indirekten Ermittlung von Cashflows überhaupt nicht bestimmt werden, es sei denn, man nimmt wiederum eine willkürliche Schätzung vor. Zu diesem Rückwirkungseffekt der im Rahmen der indirekten Finanzplanung vorgenommenen Vorratsanpassung schweigt die Finanz-Controlling-Literatur allerdings fast komplett. Eine der wenigen Ausnahmen bildet hier das Standardwerk von Egger/Winterheller.[54] Allerdings wird von ihnen versucht, das Problem der Bestandsbewertung und deren Rückwirkung auf die Erfolgsrechnung dadurch zu umgehen, dass sie eine Bewertung mit variablen Herstellkosten fordern. Als Begründung geben sie an, dass dieses Vorgehen angeblich den *Interessen der erwerbswirtschaftlichen Wirtschaft* diene. Diese Interessen seien dadurch gekennzeichnet, dass die erwerbswirtschaftliche Wirtschaft davon auszugehen habe, dass von der Herstellung der Produkte keinerlei Erfolgsrealisation ausgeht. Dem steht allerdings entgegen, dass die Wirklichkeit nun mal anders aussieht. Es liegt nicht im Ermessen der „erwerbswirtschaftlichen Wirtschaft", ihre Erzeugnisbestände mit variablen oder mit vollen Herstellkosten zu bewerten. Vielmehr sind diese *stets zu vollen Herstellungskosten* zu bewerten. Selbst wenn man von diesen zwingenden Umständen absieht, hilft die Forderung nach einer Bewertung zu variablen Herstellkosten auch nicht viel weiter. Es bleibt nämlich auch bei Egger und Winterheller offen, welche Kosten denn in diese Kategorie fallen sollen und zu welcher Bezugsgröße sie sich denn variabel verhalten sollen. Will man nämlich die Bestandsbewertung wirklich erfolgsneutral halten, dann dürften eigentlich nur die Materialkosten in die variablen Herstellkosten einbezogen werden (siehe ausführlich weiter oben). Diese Vorgehensweise ist allerdings schon vor Einführung des Bilanzrechtsmodernisierungsgesetzes unzulässig gewesen. Die genannten Autoren rechnen daher zu den variablen Herstellkosten, wie allgemein üblich, die Fertigungslöhne. Sie übersehen jedoch, dass Zeitlohnsysteme immer und Akkordlohnsysteme bei bestimmten Beschäftigungsschwankungen keine variablen Herstellkosten sein können. Will man diese Probleme trotzdem vermeiden, müsste weiterhin eine Trennung von interner und externer Rechnungslegung gefordert werden, was jedoch inzwischen zu Recht von vielen Unternehmen abgelehnt wird. Eine interne Erfolgsrechnung kann keine stabile Grundlage für eine fundierte Finanzplanung liefern, da von den externen Rechnungslegungs- und Bewertungsvorschriften nun mal unzweifelhaft Erfolgs- und Liquiditätswirkungen ausgehen, die durchaus einen beträchtlichen Umfang annehmen können. Ferner ist die interne Erfolgsrechnung, die auf den Prinzipien der Plan-Kostenrechnung basiert, durch weitere Merkmale geprägt, die eine Verwendung für die Finanzplanung erschweren:

- Kalkulatorische Kosten (Zinsen, Wagnisse, Abschreibungen etc.)
- Kalkulatorische Sozialkosten als Monatsdurchschnittswert
- Idealisierte Mengen- und Zeitstandards
- Monatsbudgets der Kostenstellen als 1/12 des Jahreswertes

Dies sind nur wenige Beispiele, die zeigen, dass die auf Basis von internen Prinzipien vorgenommene Erfolgsermittlung nicht ohne Korrekturen in die Finanzplanung übernommen werden kann. Damit ist der interne Gewinn keine geeignete Basis, um die Gewinnsteuern

---

54   Egger, Winterheller, Kurzfristige Unternehmensplanung, S. 108 ff.

zu ermitteln. Damit kann der auf diese Weise ermittelte Gewinn auch keinen Ausgangspunkt für daraus abzuleitende Finanzströme darstellen.

Wie können Veränderungen der Verbindlichkeiten pauschal geschätzt werden?

In der Controlling-Literatur zur Planung der Vorräte wird zum Teil nicht einmal eine Differenzierung nach Material- und Erzeugnisvorräten vorgenommen. Eine Erhöhung von Erzeugnisvorräten kann ja entweder nur mit einer Verringerung der Materialvorräte oder eben konstanten Materialvorräten einhergehen. Konstante Materialvorräte hätten dann (bei konstanten Zahlungszielen) aber zwangsläufig höhere Kreditorenbestände und geringere Bestände an liquiden Mitteln zur Folge. Die Annahme verringerter Materialvorräte wäre nur ein Aktivtausch, d. h., Material aus dem Lager wird umgeformt und fließt als Materialanteil in ein anderes Lager, nämlich das Erzeugnislager. Eine pauschale Zusammenfassung von Material-, WIP- und Erzeugnislägern kann jedoch keinesfalls zu einer fundierten Annahme hinsichtlich der Veränderung von Verbindlichkeiten führen.

Wie können Veränderungen der Fremd- und Eigenfinanzierungssphäre pauschal geplant werden?

An die mehr als fragwürdige Ermittlung der Cashflow-Veränderung aus dem operativen Geschäft (CFO) und der Investitionsplanung (CFI) knüpft die Veränderung der Finanzierungssphäre (CFF) an. Hier ist schon fragwürdig, auf welcher Basis Investitionsplanungen vorgenommen werden sollen, wenn die Verkaufserfolgsplanung keine sinnvolle Rückkopplung zu den betrieblichen Kapazitäten zulässt. Dies kann nur so zu verstehen sein, dass wiederum außerhalb der Erfolgs- und Finanzplanung nach „Gefühl und Wellenschlag" oder in der vom Controlling-System abgekoppelten Produktionsplanung (sofern diese existiert) Anhaltspunkte gefunden werden sollen. Auf den beiden „Willkürgrößen" des operativen Geschäfts (CFO) und den Investitionen (CFI) setzt dann die Planung der Finanzierungsmaßnahmen (CFF) auf. Dass auf solch einer Datengrundlage, die mit dem realen betrieblichen Geschehen nur wenig zu tun hat, keine Finanzierungsentscheidungen getroffen werden sollten, versteht sich eigentlich von selbst. Trotzdem wird dieses Vorgehen in unzähligen Lehrbüchern verbreitet, empfohlen und, wie die Studien in Kapitel 1.2 gezeigt haben, in der Praxis überwiegend vollzogen.

Diese Ausführungen machen nochmals aus einer anderen Perspektive deutlich, dass der Mengen- und Wertefluss der Produktion offensichtlich in der Praxis der Erfolgs- und Finanzplanung keine Rolle spielt. Diese für das Industrieunternehmen wichtigen Einflussgrößen werden in der Praxis der reinen Verkaufserfolgsrechnung und der indirekten Methode der Finanzplanung einfach ausgeblendet und durch pauschale und realitätsfremde Annahmen ersetzt. Würde die Produktions- und Materialbedarfsplanung systematisch in die Planungsrechnung einbezogen werden, dann ergäbe eine indirekte Finanzplanung überhaupt keinen Sinn, da sich die veränderten Bestände automatisch aus der Erfolgs- und (direkten) Finanzplanung ergeben. *Die indirekte Methode der Finanzplanung ist daher letztlich ein „Kunstgriff", um die methodischen Mängel der fehlenden Einbeziehung der Produktionsplanung zu kaschieren.*

Leider sind sich die Finanzfachleute in den Industrieunternehmen dieser Problematik oft noch nicht einmal bewusst. In Ausbildung und Praxis wird auf die Einbeziehung dieser

Zusammenhänge meist verzichtet. Das mag zum Teil auch an den je nach Produktionstyp äußerst verwickelten Ableitungen und Zusammenhängen liegen. Diese aber einfach aus der „Modellwelt" des Rechnungswesens herauszuhalten, kann fatale Folgen haben. Unternehmen mit großen Liquiditätsreserven in stabilen Absatzmärkten mögen damit, zumindest eine gewisse Zeit, gut leben können. Unternehmen mit angespannter Liquiditätssituation und ausgeschöpften Kreditlinien in volatilen Märkten könnten sich durch solche Methoden aber direkt in die Insolvenz steuern.

3.5 Beurteilungsrahmen für Softwareapplikationen

Wie im Kapitel 3.4 ausgeführt, ist das Planungsmodell ausschlaggebend für die Qualität einer Planungsrechnung, da das Systemverhalten des Industrieunternehmens möglichst realitätsnah simuliert werden soll. Dabei bezieht sich das Systemverhalten, das in dem Modell abgebildet werden soll, auf die „rechenbaren" Einflussgrößen, die für die Höhe und den zeitlichen Verlauf von Erfolgs- und Liquiditätsgrößen entscheidend sind. Die in diesem Zusammenhang relevanten Einflussgrößen wurden in Kapitel 2 eingehend beschrieben. Die in Softwaresystemen zur Planungsunterstützung implementierten Modelle können somit zur Beurteilung der Vollständigkeit und Qualität der Software herangezogen werden. Die ergonomische und benutzerfreundliche Gestaltung von User Interfaces, Auswertungs- und Visualisierungsmöglichkeiten, technische Plattformen etc. spielen zwar auch eine gewichtige Rolle, sind bei der Beurteilung von Controlling-Softwarelösungen jedoch zunächst von untergeordneter Bedeutung. Denn was nützen „hübsche" Oberflächen, ansprechendes Design, bunte Grafiken etc., wenn das verwendete Planungsmodell die wesentlichen „Treiber" der Erfolgs- und Finanzplanung nicht erfassen kann?

Als Ausgangspunkt für die Anforderungen an Softwaresysteme zur Planungsunterstützung können die in der Praxis vorherrschenden Mängel und Schwachstellen herangezogen werden:

— Unverhältnismäßig *hoher Zeitaufwand* für den Planungsprozess. In diesem Zusammenhang entstehen den Unternehmen Kosten in Höhe von 1–2 % des Umsatzes.

— Fehlende oder *unzureichende Integration* der betrieblichen Teilpläne im Rahmen der operativen Planung; in der Folge entstehen zeit- und *ressourcenintensive Abstimmprozesse*.

— Fehlende Integration von *operativer und strategischer* Planung.

— *Fehlende Reaktionsmöglichkeiten* auf veränderte Aktualität der Planungsprämissen; Fehlende Möglichkeiten für *Szenarien/Simulationen*.

— Zukünftige Bedeutung der operativen Unternehmensplanung.

— Die Planung ist überwiegend *absatzmengenorientiert* ausgerichtet. Eine Planungsintegration erfolgt, wenn überhaupt, meist nur in der Finanzdimension und fokussiert sich kosten- und liquiditätsseitig fast ausschließlich auf den Absatz als Mengen- und Werttreiber.

- Die *Produktionsplanung* ist demzufolge nicht integriert. Die Produktion wird, wenn überhaupt, nur im Rahmen des (vertriebsmengenorientierten) Grobkapazitätsabgleichs einbezogen.
- Einsatz von *mehreren Softwaresystemen* zur Unterstützung des Planungsprozesses.

Diese Schwachstellen können auf drei wesentliche Themenbereiche reduziert werden:

1) Unzweckmäßige Planungsmodelle
2) Unzweckmäßige Softwaresysteme zur Unterstützung der Planungsrechnung
3) Flexibilität und Zeitverhalten

Unzweckmäßige Planungsmodelle:

Die in der Unternehmenspraxis vorherrschenden Planungsmodelle zeigen sowohl hinsichtlich der theoretischen Anforderungen an ökonomische Modellbildungen (siehe Kapitel 3.5.6) als auch hinsichtlich der konkreten Unterstützung bezüglich der Planungs- und Steuerungsfähigkeit von Industrieunternehmen erhebliche Mängel. In Kapitel 2 konnte gezeigt werden, dass die Vernachlässigung von dynamischen Zeiteffekten, der Höhe und zeitlichen Verteilung von Produktionsmengen, der der reinen Buchungslogik folgende hohe Verdichtungsgrad von verkaufsmengenorientierten „Plan-Buchhaltungssystemen" und die fehlende Berücksichtigung von Input-Output-Relationen in Form von Produktions- und Kostenfunktionen zu schwerwiegenden inhaltlichen Mängeln der Planungsrechnung führt.

Unzweckmäßige Softwaresysteme:

Die zur Abbildung der Haupteinflussgrößen in der Erfolgs- und Finanzsphäre notwendigen Datenstrukturen fehlen fast in allen am Markt erhältlichen Softwaresystemen zur Planungsunterstützung. Andererseits sind diese Datenstrukturen in fast allen Industrieunternehmen selbstverständlich vorhanden, was an dem hohen Verbreitungsgrad von ERP- und PPS-Systemen in der deutschen Industrie abgelesen werden kann. So setzen über 90 % der deutschen Industrieunternehmen ab einer Betriebsgröße von 50 Mitarbeitern PPS- und ERP-Systeme zur Produktionsplanung und -steuerung ein. Fast ¾ der Unternehmen setzen zusätzlich professionelle Systeme der Kosten- und Leistungsrechnung ein.[55]

Untersuchungen von Währisch zeigen jedoch, dass die betriebliche Kosten- und Leistungsrechnung nur bei ca. 20 % der Unternehmen als Grundlage für eine operative Produktions- und Absatzplanung genutzt wird. Die Kosten- und Leistungsrechnung wird in den Unternehmen der deutschen Industrie offensichtlich weit überwiegend für Dokumentations- und Bewertungszwecke genutzt, während der Nutzung für Zwecke der Unternehmensplanungsrechnung eher eine untergeordnete Bedeutung zukommt.[56]

Ferner werden von fast 90 % der Unternehmen selbst entwickelte Excel-Applikationen im Rahmen der Planung verwendet, wie die BARC-Studie aus dem Jahr 2014 hervorhob (s. Kapitel 1.2.1). 60 % der Unternehmen verwenden zudem spezielle Finanzplanungssoftware. Dieser Anteil dürfte in der Industrie allerdings deutlich geringer sein.

---

55   Konradin, ERP-Studie 2011, S. 29
56   Währisch, Kostenrechnungspraxis in der deutschen Industrie, S. 86

Diese Befunde zeigen, dass zwar die zu einer zweckmäßigen Modellbildung notwendigen Datenstrukturen nahezu flächendeckend vorhanden sind, jedoch nur von einem Bruchteil der Unternehmen für ganzheitliche Planungsmodelle genutzt werden. Der Grund hierfür liegt darin, dass die für die Produktionsplanung und -steuerung verwendeten Systeme zwar die für eine integrierte Produktions- und Absatzplanung erforderlichen Funktionen und Datenstrukturen bereitstellen, hingegen die Überführung dieser Mengenplanung in die Finanzsphäre von „Soll und Haben" nicht ermöglichen. Das wiederum hat seine Ursache in der Transaktionsorientierung der ERP-Systeme. Auf Basis einzelner Geschäftstransaktionen (Kundenauftrag, Fertigungsauftrag, Faktura) werden gruppierte Summensätze zur Weiterverarbeitung an die Finanzbuchhaltung übergeben. Da eine Planung auf der Ebene von Geschäftsvorfällen, d. h. einzelnen Aufträgen und Transaktionen natürlich keinen Sinn ergibt, wird die integrierte Planung von finanziellen Wertgrößen (Geldgrößen) in speziellen Finanzplanungsapplikation und/oder mit Tabellenkalkulationssoftware vorgenommen.

Die „Zersplitterung" des Planungsmodells in unterschiedliche Applikationen sowie der enorm hohe Zeit- und Ressourcenbedarf zur Realisierung einer vollständig integrierten Unternehmensplanungsrechnung ist somit einerseits Ursache für den äußerst geringen Verbreitungsgrad in der Praxis. Andererseits ist aber selbst die Realisierung von teilweise integrierten Modellen aufgrund der heterogenen Systemwelten mit relativ langen Planungsdauern (3–4 Monate) verbunden. Es ist daher naheliegend, die Realisierung von vollständig integrierten Planungsmodellen in einer einzigen Applikation zu fordern. Tabellenkalkulationsprogramme scheiden hierfür aufgrund ihrer Architektur und der enorm großen Datenmengen, die verarbeitet werden müssen, von vornherein aus. Die Erweiterung von ERP-Systemen wäre zwar naheliegend, ist aber aufgrund der Zweck- und Zielsetzungen von Systemen zur Geschäftsprozessunterstützung auch in Zukunft nicht zu erwarten. Das liegt daran, dass die Modellierungs- und Verarbeitungslogik der Transaktionssysteme nicht für Planungsmodelle geeignet ist. ERP-Anbieter müssten demnach entsprechende Planungssysteme von Grund auf neu entwickeln, da die Anwendung der Funktionen und Prozeduren der Transaktionssysteme nicht sinnvoll erscheint. Die mangelnde Effizienz von ERP-Systemen bei der Verarbeitung von Daten für Planungszwecke ist zurückzuführen auf den Umstand, dass dieselben Prozeduren und (transaktionsorientierten) Datenbanken verwendet werden müssen, die auch die Verarbeitung der Geschäftsprozesse unterstützen. Die hierzu verwendeten relationalen Datenmodelle sind auf die effiziente Verarbeitung dieser Geschäftsprozesstransaktionen optimiert und ausgerichtet und nicht für die schnelle Berechnung von Massendaten. Für die Planungsrechnung können also meist nur „rechnende Transaktionsdatenbanken" zum Einsatz kommen, die eigentlich für die effiziente Verarbeitung einzelner Transaktionen vorgesehen sind.

Ebenfalls naheliegend erscheint die Erweiterung und Ergänzung von auf Kontenmodellen basierenden Planungssystemen um die relevanten Elemente der Produktionsplanung und Kosten- und Leistungsrechnung. Tatsächlich gehen bereits vereinzelte Anbieter diesen Weg. Allerdings bringen hierfür eine Vielzahl von Anbietern eher ungünstige Voraussetzungen mit, da deren Applikationen sowohl von der zugrundeliegenden Datenbanklösung (reine MDBMS-Lösungen) als auch inhaltlich fast komplett neu entwickelt werden müssten.

Die günstigsten Voraussetzungen haben Anbieter von Softwaresystemen, die mengenbasierte Kosten- und Leistungsrechnungssysteme abbilden können und diese zu einer systematischen Erfolgsplanungsrechnung ausgebaut haben. Diese Anbieter müssten ihre Systeme lediglich um eine integrierte Buchungslogik für die Finanz- und Bilanzrechnung sowie um bestimmte Bausteine der Produktionsplanung (Mengen- und Bestandsplanung) ergänzen. Der Vorteil dieser Systeme ist, dass die führenden Datenstrukturen und Funktionen der Produktionsplanung (Stücklisten- und Arbeitsplanauflösung, Ressourcenlisten, Kapazitätsabgleich, Kalkulationsstrukturen etc.) bereits vorhanden sind, da diese auch in der Kostenrechnung benötigt werden.

Hinsichtlich der in vielen Studien immer wieder geforderten Flexibilität und Anpassbarkeit von Planungssoftware stellt sich die Frage, was in dieser Hinsicht konkret gemeint sein kann bzw. gefordert wird. In diversen Studien wird hervorgehoben (bspw. BARC), dass an Planungssoftware besondere hohe Anforderungen im Hinblick auf Flexibilität und Anpassbarkeit zu stellen sind. Das wird mit den sich nahezu jährlich ändernden Planungs*prozessen* begründet. Der *Planungsprozess* ist allerdings strikt zu trennen von dem *Planungs- und Simulationsmodell*, das mit Hilfe einer Software abgebildet werden soll. Änderungen kann es selbstverständlich in den Zuständigkeiten für die Wahrnehmung bestimmter Planungsaufgaben geben. Auch die Struktur- und Prozessorganisation eines Unternehmens kann aufgrund zunehmender Umfelddynamik von hohen Änderungsdynamiken geprägt sein. Ferner ändern sich Sortiments- und Produktionsprogrammstrukturen, Rezepturen, Stücklisten und Arbeitspläne etc. Auch die Planungsdimensionen, d. h. die Stammdatenkombinationen zur Sicht auf die Bewegungsdaten können sich von Jahr zu Jahr ändern. Beispielsweise können aus anfänglichen Artikelplanungen in der nächsten Planungsrunde Kunden-/ Artikelplanungen oder Kunden-, Vertriebsregion-, Artikelplanungen werden. Ebenfalls ändern kann sich die Granularität der Planungsobjekte, d. h. der Aggregationsgrad innerhalb der Dimensionshierarchien, auf dem die Planung stattfinden soll. Planungsapplikationen müssen also die Flexibilität ermöglichen, die aufgrund von veränderten Planungsdimensionen, Organisationsstrukturen und ggf. Planungszuständigkeiten notwendig ist. Allerdings fällt ein Großteil der in den bisherigen Planungsprozessen sukzessiv ablaufenden Planungsaktivitäten im Rahmen von Teilplanungen komplett weg. Ein vollständig integriertes Planungsmodell besitzt nur relativ wenige Eingangs- bzw. Eingabegrößen. Alle davon abhängigen Modellgrößen werden sowohl in der Realgütersphäre der Produktionsplanung als auch in der spiegelbildlichen Übersetzung in Geldgrößen der Finanzsphäre automatisch übergeben und neu berechnet. Damit fallen diverse Abstimm- und Koordinationsaufgaben im Rahmen von konventionellen Planungsprozessen weg, die nur aufgrund der sukzessiven Vorgehensweise und der mangelnden Integration notwendig waren. Beispielsweise ist eine Übergabe von aggregierten Verkaufsmengenplanungen an die Planungsverantwortlichen der Produktion und die damit verbundenen Prozessfolgen wie Disaggregation auf Erzeugnisebene, Stücklistenauflösung für die Materialbedarfsplanung, Arbeitsplanauflösung zur Ermittlung der Kapazitätsnachfrage, Kapazitätsabgleich etc. schlicht überflüssig. Ein vollständig integriertes „Ein-Schritt-Rechenmodell" hat all diese Teilaufgaben bereits bei der Eingabe oder Änderung von Verkaufsmengen automatisch abgearbeitet. Die Eingabe und die Berechnung von abhängigen Modellgrößen ist in solchen Systemen überhaupt nicht mehr getrennt wahrnehmbar. Dies ist vergleichbar mit der Eingabe eines Wertes in eine Excel-Tabelle. Nach der Eingabe (d. h. dem Drücken der Entertaste) erfolgt eine automatische Neuberechnung aller Formel- und Ergebniszellen, ohne dass der Anwender den Rechenvorgang zeitlich überhaupt wahrnehmen kann. Das ist übri-

gens auch einer der Hauptgründe, warum sich Tabellenkalkulationsprogramme einer großen Beliebtheit erfreuen und nahezu flächendeckend zum Einsatz kommen. Das darf jedoch
nicht darüber hinwegtäuschen, dass Tabellenkalkulationssoftware mit der Komplexität und
den Datenmengen vollständig integrierter Planungsmodelle überfordert ist. Könnte Tabellenkalkulationssoftware dies leisten, dann wären die in zahlreichen Studien beklagten
Schwachstellen überhaupt nicht existent.

Das einzige, was sich jedoch mit Sicherheit nicht von Jahr zu Jahr ändert bzw. grundsätzlich überhaupt nicht ändern wird, sind die verschiedenen Arten von Einflussgrößen (Men-
gen-, Struktur- und Zeittreiber) und ihre planungslogische Abbildung durch eine bestimmte
Rechen- und Buchungslogik. Gewichtung, Änderungsrichtungen und absolute Ausprägungen dieser Treiber können sich zwar ändern, ihre rechen- und planungslogische Darstellung
bleibt jedoch stets konstant und unverändert.

Umsatz ist stets das Ergebnis der Multiplikation von Mengen- (Stück, Liter, qm, Tonnen
etc.) und Preiseinheiten, ausgedrückt in einer bestimmten Geldwährung. Solange es kapita-
listische Wirtschaftssysteme gibt, ändert sich auch nichts an den seit über 700 Jahren bekannten Buchungsregeln für die Aufzeichnung von Vermögens-, Kapital- und Erfolgsveränderungen.

Ferner sind die in der Produktionsplanung vorherrschenden Rechenverfahren der Stück-
listen- und Arbeitsplanauflösung, Kapazitätsbedarfsrechnung, Materialbedarfsrechnung etc.
seit über 50 Jahren etabliert und werden sich auch in absehbarer Zukunft nicht ändern.

Lediglich im Hinblick auf die Ausführungsplanung wurden immer wieder Versuche unter-
nommen, neue Optimierungsalgorithmen für verschiedene Teilprobleme zu entwickeln.
Insbesondere Aufgabenbereiche wie optimierte Losgrößen-, Maschinenbelegungs-, Termin-
und Reihenfolgeplanung waren immer wieder Gegenstand wissenschaftlicher Arbeiten.
Hierzu muss jedoch kritisch angemerkt werden, dass bis heute keine praktisch anwendbaren
Verfahren existieren, um die in der Praxis vorherrschenden Optimierungsprobleme der
Ausführungsplanung zu lösen.

Diese Probleme sind für die Planungsrechnungen jedoch nicht relevant, da es sich hierbei
im Wesentlichen um Aufgabestellungen der Ausführungs- und Prozessplanung handelt, die
naturgemäß nicht Gegenstand der operativen Planungsrechnung sein können.

Die grundlegende Rechenlogik von Planungsmodellen sollte keinesfalls in die dezentrale
Verantwortung der Fachabteilungen gegeben werden. Das ist weder nötig noch sinnvoll.
Damit hätte man über kurz oder lang nur die gleichen Probleme wie heute mit Tabellenkal-
kulationen. Schließlich werden die Grundregeln und Methoden von den in ERP-Systemen
abgebildeten Geschäftstransaktionen auch nicht in die „kreative" Hand einzelner Fachabteilungen gelegt.

Die Forderungen nach Flexibilität sind berechtigt, sollten sich aber eher auf den Planungsprozess, Planungsdimensionen, Rollen und Verantwortlichkeiten beziehen. Weder die
Buchhaltungslogik noch die Logik der linearen Gleichungssysteme der Produktionsplanung
ändern sich Jahr für Jahr. Ganz im Gegenteil, diese grundlegenden Methoden haben sich
seit vielen Jahren (die Buchhaltung sogar seit über 700 Jahren) nicht geändert und werden
aller Voraussicht nach auch weiterhin Bestand haben.

Aus den beschriebenen drei Hauptgruppen an gegenwärtigen Schwachstellen und den weiter oben beschriebenen Einflussgrößen der Erfolgs- und Finanzrechnung lassen sich wesentliche Hauptelemente eines Beurteilungsrahmens für Softwaresysteme zur Unterstützung der Planungsrechnung ableiten:

1) Vollständigkeit der Einflussgrößen der Erfolgs- und Finanzsphäre
2) Notwendige Datenstrukturen zur Abbildung dieser Einflussgrößen
3) Rechengeschwindigkeit
4) Flexibilität und Anpassbarkeit im Hinblick auf Prozesse und Planungsdimensionen
5) Design und Funktionalität der Oberflächen

3.5.1 Vollständigkeit der Einflussgrößen

Bezüglich des implementierten Planungsmodells dienen die verfügbaren Datenstrukturen als erstes Beurteilungskriterium. Nur wenn neben den Datenstrukturen der Geldgrößenrechnung (Konto) auch die Datenstrukturen zur Beschreibung der Input-Faktoren (Stücklisten, Ressourcenlisten, Arbeitspläne etc., Zeitverhalten der Input-Faktoren, Struktur des Materialinputs etc.) und der Output-Verflechtung (Absatz- und Produktionsprogramm) vorhanden sind, kann von einem vollständig integrierten Planungsmodell ausgegangen werden. Zur Beurteilung der Richtigkeit, Vollständigkeit und Schnelligkeit des implementierten Planungsmodells bietet es sich an, dem Anbieter einen Auszug an Testdaten aus den unternehmenseigenen Datenbanken zur Verfügung zu stellen. Anhand dieses Testdatenszenarios kann gut überprüft werden, ob die erwarteten Ergebnisse mit den vom Modell tatsächlich gelieferten Ergebnissen übereinstimmen. So könnte man bspw. die Erzeugnisse einer bestimmten Produktgruppe auswählen und die für eine vollständige Abbildung des Mengen- und Werteflusses erforderlichen Datenstrukturen hierzu selektieren. Anschließend könnte man ein Testszenario wie folgt definieren:

Eingabe-Daten:

- Einkauf von bestimmten Materialien zu aktuellen Preisen
- Eingabe von Absatzmengen (bspw. realisierte Absatzmengen über die Fakturen des vergangenen Monats)
- Eingabe von Produktionsmengen (bspw. abgerechnete Fertigungsaufträge des vergangenen Monats)

Import-Daten:

- Import der Kostenstellenplanzahlen für die Fertigungsstellen, die an der Produktion der ausgewählten Erzeugnisse beteiligt sind
- Import von Konten- und Kostenstellenstamm
- Import der Buchungssteuerung (Welche Bewegungsdaten werden auf welche Konten gesteuert?)
- Import von Stücklisten, Arbeitsplänen, Ressourcenstamm (Beschreibung des Produktionssystems)
- Import von Preistabellen (Verkaufs- und Einkaufspreise, Kostentarife)

Überprüfung des Outputs:

– Umsätze, Materialeinsatz, Bestandsveränderungen, Energiekosten, Materialbestände, Erzeugnisbestände, Erzeugniskalkulation, Kapazitätsübersicht (Angebot und Bedarf), Liquiditätsfluss, Forderungen, Verbindlichkeiten

Anhand solch eines kleinen Testszenarios (bspw. 20–30 Artikel, 10 Kunden) lässt sich schnell und mit sehr geringem Aufwand prüfen, ob das vom Hersteller implementierte Datenmodell vollständig ist und das konkrete Wirkungsgefüge des jeweiligen Unternehmens korrekt abbilden kann. Sofern sich schon bei der Definition des Daten-Imports herausstellt, dass hierfür die notwendigen Datenstrukturen in der Planungssoftware fehlen, kann der Test natürlich nicht durchgeführt werden. Andererseits ist damit dann in der Regel klar, dass es sich bei den vom Anbieter bereitgestellten Datenmodellen entweder um reine Kontenmodelle (Geldgrößenrechnung) handelt oder um Entwicklungswerkzeuge für Planungssysteme, bei denen das Modell zuerst (meist äußerst aufwendig) definiert, beschrieben und implementiert werden muss. Sind die notwendigen Datenstrukturen in der Planungssoftware vorhanden und die erzeugten Ergebnisse entsprechen den im Testdatenszenario erwarteten Ergebnissen, dann können im Anschluss alle weitere Beurteilungskriterien einer Prüfung und Bewertung unterzogen werden. Dazu gehört insbesondere die Beurteilung der Rechengeschwindigkeit. Wenn bspw. die Berechnung weniger Datensätze (im Beispiel 20–30 Artikel mit komplettem Mengen- und Wertefluss) schon mehrere Minuten Rechenzeit erfordert, müssen sich weitere Performance-Tests mit größeren Datenmengen anschließen. Die Rechenzeit sollte im Idealfall selbst bei sehr großen Verkaufs- und Produktionsprogrammen (> 10.000 Erzeugnisse) nicht über 30–45 Sekunden liegen. Welche Rechenzeiten akzeptabel sind, kann jedoch vom jeweiligen Unternehmen selbst beurteilt werden. Ferner sollte überprüft werden, ob es sich um ein „Ein-Schritt-Rechenmodell" handelt, bei dem nach Änderung eines Parameters alle abhängigen Planungsgrößen automatisch neu berechnet werden, oder um ein prozedurales Modell. Bei einem prozeduralen Modell müssen in der Regel verschiedene Rechen-, Übergabe- und Batchprozeduren vom Anwender angestoßen und an den Schnittstellen zum Teil abgestimmt werden. Solche Modelle haben den Nachteil, dass sie einen größeren Schulungsaufwand erfordern und zudem bestimmte Fehlerquellen bergen (bspw. durch fehlende Prozeduraufrufe).

3.5.2   Notwendige Datenstrukturen

Auf den nachfolgenden Seiten sollen die zur Abbildung der Einflussgrößen in computergestützten Planungssystemen notwendigen Datenstrukturen beschrieben werden. Um bspw. die Auswirkungen von Beschäftigungsänderungen zu simulieren, muss eine geeignete Software die wichtigsten Beschreibungselemente zur Erfassung der Produktionskosten unterstützen. Dies sind in der zusammensetzenden Industrie bspw. Stücklisten und Arbeitspläne, in der Prozessindustrie und chemischen Industrie sind es Rezepturen, die in der Regel zusätzlich die Arbeitspläne beinhalten. Stücklisten, Rezepturen und Arbeitspläne repräsentieren im Prinzip die softwaretechnische Abbildung von Produktionsfunktionen. Sie bilden die Inputseite eines umfassenden Input-Output-Systems ab. Zusammen mit den Fertigerzeugnissen, Baugruppen und Teilen (Outputseite) sowie mit der Abbildung der Datenstrukturen der Kostenrechnung lassen sich die wichtigsten Einflussgrößen (Treiber) eines Industrieunternehmens darstellen. Sollen bspw. aufgrund von Änderungen von Preisparametern auf der Rohstoffseite in Verbindung mit weiteren Kostentarifänderungen auf Kostenstellenebene die Produktkalkulationen aktualisiert werden, dann ist eine Einbeziehung der vielfältigen Verflechtungen und Strukturen der Produktion und Kostenrechnung unabdingbar. Eine Überführung dieser Parameteränderungen auf Detailebene hin zu Datenstrukturen der Erfolgs- und Finanzrechnung erfordert wiederum bestimmte Integrationsmechanismen und Verarbeitungsregeln. Die Detaildaten aus den Datenstrukturen der Produktion müssen mit den Datenstrukturen aus Kostenrechnung und Buchhaltung zusammengeführt werden. Die Datenstrukturen der Kostenrechnung bestehen im Wesentlichen aus Produktdaten (Kostenträger), Materialdaten, Verkaufspreis- und Materialpreistabellen, Kostenträgerkalkulationen, Profit-Center- und Kostenstellenstrukturen und -hierarchien sowie Kosten- und Leistungsarten (sofern nicht identisch mit den Konten der Finanzbuchhaltung). Die Datenstrukturen der Kosten- und Leistungsrechnung setzen im Wesentlichen auf den Grundstrukturen der Produktion auf. Die Produktkalkulationen sind nichts weiter als die Kombination von Stücklisten, Arbeitsplänen, Preis- und Kostentarifen. Formal ausgedrückt sind sie das Ergebnis der Matrizenmultiplikation aus Output-Verflechtungsmatrix, Input-Verflechtungsmatrix und Preismatrizen (siehe im Detail Kapitel 2.6). Die in den Arbeitsplänen angegebenen Arbeitsplätze und Ressourcen werden unter kostenrechnerischen Aspekten in der Kosten- und Leistungsrechnung zu Kostenstellen zusammengefasst. Ferner werden in der Kostenrechnung für die Kostenstellen Bezugsgrößen (Cost Driver) gebildet, die das Leistungsmaß einer Kostenstelle repräsentieren sollen. Dabei kann es sich bspw. um Maschinen-, Rüst-, Arbeitsstunden oder um Stück, Liter, Tonnen etc. handeln. Diese Bezugsgrößen haben naturgemäß ebenfalls eine enge Verbindung zu den Arbeitsplänen. Zur näheren Erläuterung der Detaildatenstrukturen der Kosten- und Leistungsrechnung vgl. bspw.: Scheer, Referenzmodelle für industrielle Geschäftsprozesse.[57]

Die für Planungs- und Simulationsrechnungen notwendigen Datenstrukturen der Finanzbuchhaltung bestehen nur aus dem Konto. Das Konto ist die zentrale Datenstruktur für die aggregierte Darstellung der Erfolgs-, Finanz- und Bilanzrechnung.

Im Folgenden sollen die Datenstrukturen der Produktion weiter im Detail erläutert werden, weil diese von zentraler Bedeutung für die Abbildung der Haupteinflussgrößen im Kontext von Simulations- und Planungsrechnungen in der Industrie sind.

Die wichtigsten Stammdaten der Produktionsplanung und -steuerung sind Materialstamm und Stücklisten, Maschinendaten, Ressourcen und Arbeitspläne. Folgende Ausführungen des Kapitels 3.5.2 sind teils zitatgleich entnommen aus einem Text von Peter Loos.[58]

Materialstamm und Produktdaten

Der Materialstamm liefert die relevanten Informationen zu den im Unternehmen eingesetzten Rohstoffen, Zwischen- und Endprodukten. Neben dem Begriff Materialstamm findet sich häufig auch die synonyme Bezeichnung Teilestamm. Die Bezeichnung Material- bzw. Teilestamm ist jedoch missverständlich, da einerseits nicht nur Material als Input (Repetierfaktor), sondern auch der Output (Produkte) subsumiert wird. Andererseits werden zum

---

57 Scheer, Wirtschaftsinformatik, S. 641 ff.
58 Loos, Grunddatenverwaltung und Betriebsdatenerfassung, in: Corsten, Friedl, Produktionscontrolling, S. 229 ff.

Teilestamm nicht nur wohlgeformte, dreidimensionale und damit zählbare Teile, sondern auch ungeformte Materialien wie beispielsweise Fließgüter gerechnet. Während in der Literatur meist der Begriff Teilestamm vorherrscht, wird in den PPS-Systemen der Praxis überwiegend vom Materialstamm gesprochen.

Unter Material sollen deshalb alle dinglichen Repetierfaktoren sowie alle dinglichen Erzeugnisse zusammengefasst werden, d. h. alle materiellen Input-, Output- und Zwischenstoffe wie Rohstoffe, Hilfsstoffe, Betriebsstoffe, unfertige oder fertige Erzeugnisse oder Handelswaren. Immaterielle Produkte werden im Rahmen des Materialstammes selbstverständlich nicht betrachtet. Die Materialien können aufgrund unterschiedlicher funktionaler Gesichtspunkte in Untergruppen aufgeteilt werden, z. B. fremdbezogene Materialien, Eigenmaterialien und Verkaufsmaterialien oder Rohstoff, Zwischenprodukt und Endprodukt. Die Untergruppen sind in der Regel nicht disjunkt, so dass ein Material in mehreren Untergruppen vorkommen kann.

Pro Material wird im Materialstamm ein Datensatz angelegt. Der Materialstamm stellt das zentrale Informationsobjekt für die Produktionsplanung und -steuerung sowie für andere Anwendungen dar. Die Beschreibungen in Form der Attribute lassen sich, entsprechend der funktionalen Gruppierung, in Attributgruppen oder Segmente aufteilten. Die wichtigsten Segmente sind:

Informationen zur Identifikation und Klassifikation

Identifikationsdaten dienen zur eindeutigen Bestimmung des Materials. Mit der Klassifikation werden die Materialien hinsichtlich verschiedener Merkmale beschrieben, um das Wiederauffinden eines bestimmten Materials zu erleichtern. Häufig werden Klassifikationsinformationen in die Identifikation aufgenommen, indem eine Identifikation beispielsweise aus mehreren Klassifikationsteilen sowie aus einem Zähler besteht. Der Vorteil derart zusammengesetzter, sprechender Schlüssel besteht in der leichten Verständlichkeit für den Anwender, als Nachteil muss die Schwerfälligkeit gegenüber Änderungen und Erweiterungen des Klassifikationsschemas genannt werden. Da die Informationssysteme jedoch einfach zu bedienende Suchfunktionen anbieten, empfiehlt sich die Trennung von Identifikationsdaten und Klassifikationsdaten. Wichtige Attribute sind: eindeutige Material-, Teile- oder Artikelnummer, Versionsnummer, Nummer der technischen Zeichnung, Sachmerkmalsleiste nach DIN und Kennzeichnung des Materials bezüglich des relativen Wertanteils nach der ABC-Analyse.

Weitere, allgemein notwendige Informationen

Die weiteren, allgemein notwendigen Beschreibungen werden in der Regel auch für alle Untergruppen des Materialstammes benötigt. Sie können weiter in unterschiedliche Segmente aufgeteilt werden, z. B. in physikalische Beschreibung (Maßeinheiten für das Material, Abmessung, Gewicht, Volumen, Dichte), Lagerinformationen (Raumbedarf für die Lagerung, besondere Lageranforderungen, maximale Lagerdauer, Sicherheitsbestand, Lagerbestand), Kosteninformationen (Rüstkosten für Eigenteile bzw. bestellfixe Kosten für Fremdteile, Lagerkosten, Stückkostensätze entsprechend der Kalkulation) und Dispositionsdaten (verbrauchs- oder bedarfsgesteuerte Disposition, Primär- oder Sekundärbedarfe).

Beschaffungsdaten

Beschaffungsdaten sind nur für die fremdbezogenen Materialien relevant. Dies sind die Roh-, Hilfs- und Betriebsstoffe und die Handelsware. Wichtige Attribute sind bspw. Formeln zur Mengenberechnung im Rahmen der Beschaffung (Bestellungen), minimale und maximale Bestellmengen, Lieferzeiten und Sicherheitsbestände. Kritisch hierzu anzumerken ist allerdings, dass die Bestellmengen und Sicherheitsbestände in den PPS-Systemen meist statisch hinterlegt werden. Abhängig von der Höhe und den stochastischen Schwankungen der Bedarfsmengen und Wiederbeschaffungszeiten sind diese Daten jedoch regelmäßig dynamisch anzupassen (siehe auch Kapitel 2.2.1.7 zur „dynamischen Disposition"). Besteht mit einem Lieferanten ein Rahmenvertrag, so können auch weitere materialspezifische Informationen des Rahmenvertrags in den Materialstammsatz aufgenommen werden, z. B. Artikelnummer und Bezeichnung des Materials beim Lieferanten.

Produktionsdaten

Produktionsdaten sind nur für Materialien relevant, die selbst produziert werden, also Zwischen- und Endprodukte. Sie werden auch als Eigenteile bezeichnet. Die Informationen zum Produktionsprozess werden detailliert in eigenen Stammdaten beschrieben, insbesondere in den Arbeitsplänen. Im Materialstamm werden in der Regel einige verdichtete Informationen abgelegt, z. B. die minimale, maximale und optimale Losgröße für die eigene Herstellung, Plandurchlaufzeit des Herstellungsprozesses und Nummer des Standardarbeitsplans für die Herstellung. Bei der Festlegung von Losgrößen gilt das zur dynamischen Anpassung von Sicherheitsbeständen und Wiederbeschaffungsmengen Gesagte analog. Auch die Losgrößen können nicht einmalig festgelegt und dann statisch in den Produktionsdaten gespeichert werden. Sie müssen sich im Hinblick auf permanent verändernde Kapazitätszustände, Durchlaufzeiten und Kostenerfordernisse ebenfalls dynamisch anpassen.

Verkaufsdaten

Verkaufsdaten sind nur für Materialien relevant, die dem Absatzmarkt zugeführt werden, also Enderzeugnisse und Handelswaren sowie andere Materialien, die als Ersatzteile verkauft werden. Wichtige Attribute sind: Artikelnummer, EAN-Nummer, Verkaufspreis, Rabattregelung, Gebindegröße für den Verkauf, Vertriebsweg etc. Wird das Produkt innerhalb eines Rahmenvertrages für einen bestimmten Kunden hergestellt, so können weitere, produktspezifische Informationen des Rahmenvertrags in den Materialstamm aufgenommen werden, z. B. Artikelnummer und Bezeichnung des Produkts beim Kunden, Abrufmengen und -intervalle.

Arbeitsplätze

Unter den Arbeitsplätzen versteht man die Einrichtungen und technischen Apparate, auf oder in denen die Produktionsprozesse ablaufen, z. B. manuelle Arbeitsplätze, NC- und CNC-Maschinen, Bearbeitungszentren (BAZ), Flexible Fertigungssysteme (FFS), Roboter und sonstige Apparate. Als ein einzelner Arbeitsplatz wird in der Regel die Menge von technischen Einrichtungen definiert, die zusammen selbstständig und unabhängig von anderen Einrichtungen eine produktive Tätigkeit durchführen können. Neben dem Begriff Arbeitsplätze wird auch die Bezeichnung Maschinenstamm oder Betriebsmittelstamm verwendet. Die einzelnen Arbeitsplätze werden systematisiert und in hierarchischen Strukturen zusammengefasst. Dabei können verschiedene Aspekte bei der Strukturierung berücksichtigt werden wie bspw.:

–   Produktionstechnische Substituierbarkeit

Verschiedene Arbeitsplätze können gleichartige Tätigkeiten im Produktionsprozess durchführen. Zum einen trifft dies auf identische Maschinen zu, wenn beispielsweise mehrere Exemplare eines Typs in einem Produktionsbereich zur Verfügung stehen. Darüber hinaus können sich jedoch auch Maschinen unterschiedlichen Typs substituieren, wenn sie die gleiche Produktionstechnologie bereitstellen. Häufig werden derartige Maschinen in eine Arbeitsplatzgruppe oder eine Maschinengruppe zusammengefasst.

–   Kostenrechnerische Aspekte

Ein weiterer Strukturierungsgesichtspunkt kann sich aus kostenrechnerischen Aspekten ergeben. So können die Arbeitsplätze zusammengefasst werden, die kostenrechnerisch als eine *Kostenstelle* behandelt werden. Häufig werden auch die produktionstechnisch gleichen Maschinen zu einer Kostenstelle zusammengelegt. Von entscheidender Bedeutung für die Durchführung der Kostenplanung und das Funktionieren einer Kostenrechnung ist die Einteilung eines Unternehmens in Kostenstellen. In einer Kostenstelle dürfen nur Maschinen und Arbeitsplätze zusammengefasst werden, deren Kostenverursachung keine wesentlichen Unterschiede aufweist. Nur unter dieser Voraussetzung kann es gelingen, für die Kostenstellen Bezugsgrößen der Kostenverursachung zu finden, die echte Proportionalitätsbeziehungen zwischen den beschäftigungsabhängigen Kosten und den erstellten Leistungen ausdrücken. Wählt man die Kostenstelleneinteilung zu grob, so werden den Bezugsgrößen der Kostenstellen proportionale Kostensätze zugeordnet, die für einen Teil der erstellten Leistungen zu hoch und für einen anderen zu niedrig sind. Hierdurch wird sowohl die Kalkulationsgenauigkeit als auch der Aussagewert der Kostenkontrolle beeinträchtigt.

Eine Ausnahme des obigen Grundsatzes liegt bei Fließfertigung mit vorgegebenen Taktzeiten vor. Hier können auch Maschinen und Arbeitsplätze mit unterschiedlicher Kostenstruktur, die zu einer geschlossenen Fließstrecke gehören, zu einer Kostenstelle zusammengefasst werden, da sie von allen Erzeugnissen stets in der gleichen Relation beansprucht werden. Die Entwicklung der organisierten Fließfertigung hat aber dazu geführt, dass oftmals auch Erzeugnisse über eine Fließstrecke laufen, welche die einzelnen Arbeitsplätze in unterschiedlicher Weise beanspruchen. In diesen Fällen müssen auch bei Fließfertigung für die einzelnen Maschinengruppen und Arbeitsplätze eines Fließbandes gesonderte Kostenstellen oder zumindest getrennte Bezugsgrößen gebildet werden. Ferner sind die Kostenstellen so zu bilden, dass sie selbstständige Verantwortungsbereiche sind. Für jede Kostenstelle muss ein Abteilungsleiter oder Meister als Kostenstellenleiter für die Kosten verantwortlich sein. Er wirkt beim Aufbau der Kostenplanung mit und verantwortet die Kostenstellenabweichungen des Soll-Ist-Kostenvergleichs. Einem Kostenstellenleiter können zwar mehrere Kostenstellen unterstehen, in einer Kostenstelle dürfen aber nicht gleichzeitig mehrere Kostenstellenleiter für die Kostenverursachung zuständig sein. Arbeitet eine

Kostenstelle im Mehrschichtbetrieb, so ist einem Meister oder Abteilungsleiter die Kostenverantwortung zu übertragen.[59]

– Fertigungsorganisatorische Aspekte

Fertigungsorganisatorische Aspekte orientieren sich an der aufbauorganisatorischen Zuständigkeit für die dispositiven oder operativen Aufgaben der Fertigung. Traditionell wird vor dem Hintergrund der Arbeitsteilung die Fertigung verrichtungsorientiert strukturiert. So werden nach produktionstechnischen Gesichtspunkten gleichartige Maschinen zusammengefasst, für die ein Meister zuständig ist. Eine derartige Meisterei wird auch Werkstatt genannt, woraus sich zur Kennzeichnung bestimmter Produktionstypen auch der Begriff der sogenannten Werkstattfertigung abgeleitet hat. Das Gegenstück zur Werkstattorganisation bildet die sogenannte Fertigungsinselorganisation, bei der die Verantwortungsbereiche objektorientiert gebildet werden. Dabei werden alle Arbeitsplätze organisatorisch zusammengeführt, die für die komplette Bearbeitung eines definierten Teilespektrums an Zwischen- oder Endprodukten notwendig sind. Neben den Identifikationsdaten wie Arbeitsplatznummer, Arbeitsplatztyp und Beschreibung werden in den Stammdaten der Arbeitsplätze unter anderem folgende Informationen gepflegt:

– *Dispositive Informationen* für die Produktionsplanung und -steuerung wie Arbeitstage pro Woche, Schichten pro Tag, Nutzungsgrad, Leistungsgrad, durchschnittliche Wartezeit, Rüstzeit und Bearbeitungszeit am Arbeitsplatz.
– *Daten zur Instandhaltung und Wartung* wie Wartungsintervall, Zeitpunkt der letzten und nächsten Inspektion, Lieferant, Laufzeiten, Reststandzeiten etc.
– *Daten zur Anlagenbuchführung und Kostenrechnung:* Kostenstellenzuordnung, Kosten- und Kalkulationssätze, Anschaffungsjahr, Anschaffungspreis, Buchwert, Abschreibungssätze.

Sonstige Ressourcen:

In den PPS-Systemen werden im Hinblick auf die eingesetzten Ressourcen in der Regel die Maschinen und Arbeitsplätze verwaltet. Weitere für den Produktionsprozess relevante Ressourcendaten werden dagegen häufig in anderen Systemen verwaltet. Produktionslogistisch relevant sind aber auch solche Ressourcen, insbesondere dann, wenn sie bei der Planung aufgrund möglicher Kapazitätsengpässe oder als Einzelkosten bei der Kalkulation berücksichtigt werden müssen. Stellen derartige Ressourcen tatsächliche oder potenzielle Kapazitätsengpässe dar, dann sind sie zusätzlich zu den Maschinen und Arbeitsplätzen dispositiv bei der Produktionsplanung zu berücksichtigen. Im Hinblick auf diese sonstigen Ressourcen sollen zwei Beispiel dienen:

Fertigungshilfsmittel

Fertigungshilfsmittel sind Werkzeuge, Vorrichtungen und Prüfmittel. Werkzeuge dienen zur Form- oder Stoffveränderung des Werkstückes. Vorrichtungen dienen zur Aufnahme und Fixierung des Werkstückes während der Bearbeitung. Prüfmittel dienen zur Überprüfung der produzierten Qualität und somit der Qualitätssicherung. Handelt es sich um ge-

---

59   Kilger, Pampel, Vikas, Flexible Plankostenrechnung, S. 249

ringwertige Fertigungshilfsmittel oder um Standardfertigungshilfsmittel, so werden diese oft nicht einzeln verwaltet. Vielmehr werden diese wie Verbrauchsmaterial bevorratet und den einzelnen Maschinen zugeordnet. Eine eigenständige Disposition ist jedoch empfehlenswert, wenn es sich um hochpreisige Werkzeuge und Vorrichtungen handelt oder wenn Werkzeuge und Vorrichtungen in einer eigenen Abteilung (Werkzeug- und Vorrichtungsbau) aus Werkzeugkomponenten und Vorrichtungsbaukasten angefertigt werden. Dies tritt z. B. häufig in der Sondereinzelfertigung auf. Mit einer entsprechenden Verwaltung sind jederzeit der Zustand, Verschleiß und die voraussichtliche Reststandzeit der einzelnen Fertigungshilfsmittel bekannt. Prüfmittel unterliegen dagegen im Allgemeinen nur einem sehr geringen und vernachlässigbarem Verschleiß. Große, stationäre Prüfmittel, zu denen die Werkstücke transportiert werden, können aus produktionslogistischer Sicht wie Arbeitsplätze behandelt werden. Moderne Maschinen wie Bearbeitungszentren oder Flexible Fertigungssysteme haben häufig ein eigenständiges Werkzeugmanagement integriert, von dem die Fertigungshilfsmittel verwaltet, disponiert und überwacht werden.

Menschliche Arbeitsleistung

Die menschliche Arbeitsleistung für operative Aufgaben stellt eine produktionslogistisch relevante Ressource dar, da sie, neben den Maschinen, oft zum Engpass in der Fertigung wird. Trotzdem erfolgt meist keine eigenständige Disposition, da Informationen über Mitarbeiter sensible Daten sind. Zur Verbesserung der Planungsqualität in der Produktion müsste, analog zur Ressource Maschine, zu jedem Mitarbeiter ein Qualifikationsprofil erstellt werden, aus dem ersichtlich ist, welche Tätigkeiten er übernehmen kann. Bei der Planung des Produktionsprogrammes könnte dann, analog zur Belegung der Maschinenkapazität, die Belegung der Mitarbeiterkapazität ermittelt werden. Selbst wenn diese Informationen bereits in den Informationssystemen der Personalabteilung vorhanden sind, wird aus betriebspolitischen Gründen meist auf eine exakte Disposition verzichtet. Vielmehr wird über das Kapazitätsangebot der Ressource Maschine die menschliche Arbeitsleistung näherungsweise berücksichtigt.

Ressourcenkapazität:

Für die Disposition sind neben den eigentlichen Ressourcendaten auch deren potenzielle Kapazitäten von Bedeutung. Die Kapazität bezieht sich dabei einerseits auf die Leistungsfähigkeit einer Ressource und andererseits auf deren zeitliche Verfügbarkeit. Die Leistungsfähigkeit kann in Abhängigkeit vom Ressourcentyp durch unterschiedliche Angaben spezifiziert werden. So wurde beispielsweise beim Arbeitsplatz bereits der Leistungsgrad als beschreibendes Attribut genannt. Mit derartigen Faktoren können unterschiedliche Leistungsangebote einzelner Arbeitsplätze bei der Disposition berücksichtigt werden. Auch die zeitliche Verfügbarkeit der Arbeitsplätze wurde bereits mit den beschreibenden Attributen Arbeitstage pro Woche und Schichten pro Tag erwähnt. Diese verfügbare Zeit stellt in zweifacher Hinsicht eine Vereinfachung dar: Zum einen spiegelt die verfügbare Zeit die Anwesenheit des Bedienungspersonals wider. Dies bedeutet, dass die operative menschliche Arbeitsleistung, wie im vorherigen Abschnitt besprochen, nicht explizit betrachtet, sondern bei der Maschinenkapazität berücksichtigt wird. Zum anderen können statt der recht groben Zahlen detaillierte Schichtpläne spezifiziert werden. Die Schichtpläne enthalten pro Wochentag (oder einer sonstigen Periode) die genauen Arbeitszeiten. Die Schichtpläne werden als eigenständiges Stammdatum gepflegt. Den einzelnen Arbeitsplätzen können zeitlich die jeweiligen Schichtpläne zugeordnet werden, z. B. Maschine D01 in Januar und Februar Normalschicht, ab März Früh- und Spätschicht. Gegebenenfalls können sich die Zeitangaben auch auf einen Fabrikkalender beziehen. Mit diesen Angaben kann für jeden gewünschten Zeitpunkt ermittelt werden, ob ein Kapazitätsangebot vorhanden ist. Aus dieser detaillierten, zeitkontinuierlichen Betrachtung können auch verdichtete, zeitrasterbezogene Angaben abgeleitet werden, z. B. 40 Stunden Kapazitätsangebot in Kalenderwoche 4. Aus den Angaben zur Ressourcen „Normal"kapazität werden die Daten für den Kapazitätsabgleich, d. h. für den Vergleich zwischen Kapazitätsangebot und Kapazitätsnachfrage geliefert. Die Kapazitätsrestriktionen müssen in jeder aussagefähigen Planungsrechnung zeitnah berücksichtigt werden.

Stücklisten:

In sogenannten Stücklisten sind Erzeugnisstrukturen hinterlegt die Auskunft darüber geben, aus welchen Materialien ein Produkt hergestellt wird. Damit geben die Erzeugnisstrukturen im produktionswirtschaftlichen Sinn die Beziehungen und die Verhältnisse von Produktionsinput in Form von Repetierfaktoren und Produktionsoutput in Form von Produkten wieder. Die Erzeugnisstrukturen können in verschiedenen Formen dargestellt werden, z. B. in graphischer Form als Erzeugnisstrukturbaum und Gozintograph sowie in tabellarischer Form als Stücklistenmatrix (zur Darstellung von Stücklisten in Matrixform siehe Kapitel 2.6.1.2). Stücklisten sind tabellarische Auflistungen der Materialkomponenten eines Produkts. Hierbei kann nach der Tiefe der Komponentenangaben und der Art der Mengenangaben unterschieden werden. Bei Baukastenstücklisten werden nur die direkt eingehenden Materialien mit Produktionskoeffizient und Vorlaufverschiebung angegeben. Bei Strukturstücklisten werden zu jeder Komponente jeweils die untergeordneten Komponenten einschließlich Produktionskoeffizienten aufgeführt. Damit stellt die Strukturstückliste die tabellarische Form eines sogenannten Erzeugnisstrukturbaums dar. Die Übersichtsstückliste führt alle unmittelbaren oder mittelbaren Komponenten nur einmal auf und kumuliert für jede Position alle unmittelbaren oder mittelbaren Produktionskoeffizienten. Vorlaufverschiebungen können hier nicht sinnvoll angegeben werden, da durch die Verdichtung wesentliche Informationen und Gewichtungen verlorengehen. *Teileverwendungsnachweise* sind wie die Stücklisten tabellarische Aufstellungen, allerdings mit der entgegengesetzten Blickrichtung. Diese Nachweise können daher auch als inverse Stücklisten bezeichnet werden. Im Teileverwendungsnachweis wird angegeben, in welche Produkte oder Zwischenprodukte ein Material eingeht. Da die Stückliste die in der betrieblichen Praxis am häufigsten benutzte Form der Erzeugnisstruktur ist, wird der Begriff Stückliste oder Stücklistenwesen meist ganz allgemein für den gesamten Bereich der Erzeugnisstrukturverwaltung verwendet, so z. B. auch als Oberbegriff für die Verwaltungsfunktionen in PPS-Systemen. Die Verwaltung von Stücklisten benötigt die Materialstammdaten. Die Pflege des Materialstammes ist also Voraussetzung für die Stücklistenverwaltung. Stücklisten werden in der Regel als Baukastenstücklisten gespeichert, Struktur- und Übersichtsstücklisten können aus den Baukastenstücklisten temporär generiert werden. Stücklisten dienen unter anderem dazu, für ein gegebenes Produktionsprogramm die notwendigen Mengen an Komponenten, Baugruppen, Teilen, Werk- und Rohstoffen zu ermitteln. Des Weiteren stellen sie, neben den Arbeitsplänen, die Basis für die Kalkulation der Produkte dar. Je nach Verwendung der Stückliste können unterschiedliche Stücklistentypen unterschieden werden, z. B. Fertigungsstücklisten als Basis für den Produktionsprozess, Konstruktionsstücklisten als Ergebnis des Konstruktionsvorganges, Verkaufsstücklisten als Kommissionierungsvorgabe für die Verpackung der Endprodukte oder Ersatzteilstücklisten für Ersatzteillieferungen. Die wichtigsten Attribute einer Stückliste sind die Identifikation und die Materialnummer, für die die Stückliste gilt, der Stücklistentyp (z. B. Fertigungs- oder Konstruktionsstücklisten) und Statuskennzeichen, ob die Stückliste noch aktiv ist. Pro Position der Baukastenstückliste wird ein Positionssatz angelegt, der unter anderem die Information zur benötigten Komponente (Materialnummer), zum Produktionskoeffizienten, zur Vorlaufverschiebung und zum Ausschusssatz enthält. Da die effiziente, DV-gestützte Verwaltung von Stücklisten mit einfacher Dateiorganisation ein nicht-triviales Problem ist, wurden frühzeitig spezielle Systeme zur Verwaltung von Stücklisten entwickelt, die sogenannten BOM-Prozessoren (Bill of Materials). Diese können als Vorstufe relationaler Datenbankmanagementsysteme im Produktionsumfeld angesehen werden. In mehrdimensionalen OLAP-Datenbankstrukturen (MDBMS), die zur Optimierung von Datenauswertungen geschaffen wurden, ist es hingegen schwierig bis unmöglich, Stücklistenstrukturen, Arbeitspläne und integrierte Kostenrechnungsfunktionen (z. B. Produktkalkulationen) abzubilden. Eine Produktkalkulation lässt sich bspw. nicht einfach durch Übernahme einer Stücklistenhierarchie in OLAP-Hierarchien transformieren. Stücklistenstrukturen enthalten bspw. neben den Mengenbeziehungen zum Erzeugnis weitere Relationsattribute wie Ausschussraten. OLAP-Hierarchien sind hingegen einfache Verdichtungen. Ferner müssen auf jeder Ebene der Stücklistenstruktur Wertinformationen eingegeben werden. Auf aggregierten Dimensionselementen können in vielen Systemen Werte nicht direkt hinterlegt werden.[60]

Da eine Vielzahl von kommerziellen Systemen zur Unterstützung der betrieblichen Planungsrechnung auf solchen „MDBMS-Systemen" basiert, ist es nicht überraschend, dass Stücklistenstrukturen dort keine Berücksichtigung gefunden haben. Vor dem Hintergrund verschiedener produktionstypologischer Merkmale müssen die Standards der bisher erläuterten Stücklistenstrukturen weitere Anforderungen erfüllen. Hierzu gehören insbesondere:

Varianten

Varianten stellen unterschiedliche Ausführungen von Produkten dar, um die Produktvielfalt für den Kunden zu erhöhen. Die Produkte unterscheiden sich dabei in einzelnen Merkmalen, ohne jedoch grundsätzlich verschieden zu sein. So kann bei einem Auto zwischen verschiedenen Farben, Motorleistung, Innenausstattung etc. ausgewählt werden, wobei sich leicht mehrere tausend unterschiedliche Kombinationsmöglichkeiten von Ausprägungen ergeben. Die Definition jeder Variante mit eigenständigem Materialstammsatz und Stückliste würde zu einer Explosion des Datenbestandes führen. Eine Lösungsmöglichkeit besteht darin, Gleichteile zu definieren, die die Basis einer Variantenfamilie darstellen. Aufbauend auf dem Gleichteil werden die einzelnen Varianten mit Plus-Minus-Stücklisten definiert, bei denen zusätzliche Komponenten hinzugefügt und nicht benötigte Komponenten abgezogen werden

---

60   Oehler, IT-Umsetzung der Produktkostensteuerung mittels OLAP, in: Gleich et al., Moderne Kosten- und Ergebnissteuerung, S. 204

Kuppelprodukte

Bei der Kuppelproduktion fallen gleichzeitig mehrere Produkte an. Dies bedeutet, dass eine Stückliste gleichzeitig mehreren Produkten zugeordnet sein müsste. Falls bei der Kuppel-produktion ein Hauptprodukt mit mehreren Nebenprodukten anfällt, kann dies approxima-tiv durch eine Stückliste für das Hauptprodukt dargestellt werden, bei der neben den Input-materialien die Nebenprodukte als Input mit negativen Mengen angegeben werden. Eine derart einfache Lösung eignet sich beispielsweise für mechanisch hergestellte Produkte, bei denen Nebenprodukte wie Späne und Verschnitt anfallen, die zwar als Wertstoff verkauft werden, für die aber kein Produktionsprogramm geplant wird. Gibt es dagegen mehrere gleichberechtigte Ko-Produkte, z. B. in der der Urproduktion nahen Verarbeitung wie Raf-finerie oder Schlachthof, so sind die Stücklistenstrukturen und die Mengenverrechnungen wesentlich aufwendiger.

Zyklische Strukturen

Bei zyklischen Strukturen wird ein Teil der Produkte selbst wieder als Input benötigt, z. B. Katalysatoren in der chemischen Industrie. Häufig treten Zyklen gleichzeitig mit der Kup-pelproduktion auf. Die Abbildung zyklischer Strukturen in den Stücklisten ist zwar prinzi-piell kein Problem, doch wird dies oft über Plausibilitätsprüfungen abgefangen, da die ein-fachen Algorithmen zur Verarbeitung der Stücklisten Zyklen nicht verarbeiten können. Zyklische Strukturen kann man sich hilfsweise verdeutlichen mit „Zirkelbezügen" in Tabel-lenkalkulationsprogrammen.

Arbeitspläne:

Während die Stücklisten nur die Repetierfaktoren (transformierte Ressourcen) für die Pro-duktion eines Erzeugnisses beschreiben, enthalten die Arbeitspläne alle notwendigen Pro-duktionsressourcen (Potenzialfaktoren, transformierende Ressourcen) sowie die Beschrei-bung des eigentlichen Produktionsprozesses. Die Arbeitspläne dienen beispielsweise als Beschreibung der durchzuführenden Tätigkeiten für die Mitarbeiter in der Produktion, für die Erstellung von Fertigungsauftragspapieren, zur Terminierung der Produktionsprozesse, zur Kalkulation der Fertigungskosten und zur Lohnermittlung bei leistungsabhängiger Ent-lohnung. Die Arbeitspläne beschreiben die einzelnen *Arbeitsschritte* und die *Produktions-ressourcen*, die für die Herstellung eines Zwischen- oder Endproduktes notwendig sind. Die Arbeitsschritte werden Arbeitsgänge oder Arbeitsvorgänge genannt. Üblicherweise wird ein Arbeitsgang als die Tätigkeit an einem Arbeitsplatz definiert. Dies bedeutet, dass der Umfang eines Arbeitsgangs durch das technologische Potenzial des Arbeitsplatzes bestimmt ist. So kann an einer einfachen Bohrmaschine der Arbeitsgang nur eine Bohrung umfassen, während ein Arbeitsgang an einem Bearbeitungszentrum sowohl Bohren als auch Fräsen enthalten kann. Ein Arbeitsplan besteht in der Regel aus mehreren, bei kom-plexen Produktionsprozessen bis zu über 20 Arbeitsgängen. Die Arbeitsgänge sind nachei-nander abzuarbeiten, um aus dem Rohmaterial das Zwischen- oder Endprodukt herzustel-len. Ein Arbeitsplan bezieht sich dabei auf eine bestimmte Stücklistenstufe, d. h., je Teil, Baugruppe und Enderzeugnis bestehen spezifische Arbeitspläne.

Für ein Material können durchaus mehrere alternative Arbeitspläne definiert sein, z. B. in Abhängigkeit von der Losgröße. Einzelstücke oder kleine Lose können so z. B. auf manuellen Arbeitsplätzen, große Lose des gleichen Materials auf hochautomatisierten Arbeitsplätzen gefertigt werden. Ein Arbeitsplan kann andererseits für die Herstellung mehrerer Materialien gültig sein, wenn sich beispielsweise die herzustellenden Teile nur in der Farbe (Varianten), nicht jedoch im Herstellungsprozess unterscheiden. Ein Arbeitsplan besteht aus mehreren Bestandteilen: dem Arbeitsplankopf, den Arbeitsgängen, den notwendigen Ressourcen zur Durchführung der Arbeitsgänge sowie den Rohmaterialien und Werkstoffen. Die wichtigsten Informationen sind im Einzelnen:

Arbeitsplankopf:

- Identifikationsdaten, Nummer des Arbeitsplans.
- Materialnummer des herzustellenden Materials.
- Textuelle Beschreibung.
- Nummern der technischen Zeichnung.
- Art des Arbeitsplans, z. B. Produktionsarbeitsplan, Versuchsarbeitsplan, Reparaturarbeitsplan.
- Losgrößenbereich, für die der Arbeitsplan gilt.
- Aggregierte Zeiten aus den Werten der einzelnen Arbeitsgänge.

Informationen pro Arbeitsgang:

- Identifikation.
- Textuelle Beschreibung der durchzuführenden Tätigkeit.
- Arbeitsplatz für die Durchführung. Je nach der Definition der produktionstechnischen Substituierbarkeit von Arbeitsplätzen kann sich die Angabe auf einen einzelnen Arbeitsplatz oder eine Arbeitsplatzgruppe beziehen. Eventuell werden auch Ausweicharbeitsplätze angegeben.
- Angaben zu benötigten NC-Programmen, falls der Arbeitsgang auf einer NC-gesteuerten Maschine durchgeführt wird.
- Zeitdauern für die Durchführung. Die Zeitangaben werden meist unterschieden nach fixen Rüstzeiten und Bearbeitungszeiten pro Stück. Die Werte werden einerseits als Vorgabezeiten für die Lohnermittlung festgelegt. Andererseits dienen sie auch zur Kalkulation der Fertigungskosten sowie der Terminierung von Fertigungsaufträgen. Weitere Zeitanteile sind beispielsweise Nachbereitungszeiten, Transportzeiten zur nächsten Bearbeitung und Wartezeiten.
- Angaben zu weiteren notwendigen Ressourcen wie Werkzeuge oder Vorrichtungen.

Üblicherweise werden alle Arbeitsgänge eines Arbeitsplans sequentiell abgearbeitet. Die Arbeitsgänge werden hierzu in aufsteigender Folge durchnummeriert. Moderne Fertigungsverfahren lassen jedoch Alternativen zu, die in den Arbeitsplänen gepflegt werden sollten. Dadurch werden der Fertigung größere Freiheitsgrade gegeben, so dass kurzfristig reagiert werden kann. Mögliche Freiheitsgrade sind bspw.:

Ausweicharbeitsgänge:

Für einzelne Arbeitsgänge oder mehrere Arbeitsgänge können Alternativen definiert sein. Im einfachsten Fall sind nur Ausweicharbeitsplätze angegeben. Ändert sich jedoch die Tätigkeit, so sind komplette Alternativarbeitsgänge notwendig.

Überlappende Fertigung oder parallele Arbeitsgänge:

Um die Durchlaufzeit zu verkürzen, kann es sinnvoll sein, die Bearbeitung eines Folgearbeitsgangs nicht erst zu beginnen, wenn die Bearbeitung des kompletten Loses am vorhergehenden Arbeitsgang beendet ist. Vielmehr kann, nachdem ein Teillos abgeschlossen ist, bereits überlappend mit dem Folgearbeitsgang begonnen werden. Werden mehrere unterschiedliche Materialien bearbeitet, z. B. bei Montagevorgängen, kann eine komplette Parallelbearbeitung unterschiedlicher Arbeitsgänge sinnvoll sein. Neben den Stückbearbeitungszeiten können in den Arbeitsplänen zusätzliche Zeitblöcke für Rüst-, Übergangs-, Transport-, Warte- und Pufferzeiten gespeichert werden. Die Summe dieser Zeitblöcke ergibt dann eine *Plandurchlaufzeit* für das jeweilige Teil.

Alternative Reihenfolge

Häufig ist die Reihenfolge der einzelnen Bearbeitungsschritte aus technologischen Gründen nicht zwingend vorgegeben. Hier ist es sinnvoll, die Wahlfreiheit der Reihenfolge zu definieren, z. B. indem zu jedem Arbeitsgang die notwendigen Vorarbeitsschritte definiert werden. In einer konkreten Fertigungssituation kann dann aus den noch offenen Arbeitsgängen der situativ günstigste ausgewählt werden.

Zustandsbedingte Arbeitsgänge

Die Notwendigkeit, bestimmte Arbeitsgänge durchzuführen, kann von bestimmten Zuständen abhängen, z. B. bestimmt die erreichte Produktqualität, ob gegebenenfalls eine Nachbearbeitung notwendig ist. In den PPS-Systemen für die stückorientierte Fertigung hat sich mit dem Konstrukt der Stückliste als Beschreibung der Erzeugnisstruktur und dem Arbeitsplan als Beschreibung der Arbeitsschritte eine Zweiteilung bei der Abbildung der Produktionsprozesse durchgesetzt, die von einem einfachen Produktionsmodell ausgeht. Dabei wird von einer Trennung zwischen Materialwirtschaft einerseits und Zeitwirtschaft andererseits ausgegangen. Die Materialwirtschaft arbeitet vornehmlich mit dem Materialstamm und den Stücklisten. Für temporale Betrachtungen im Rahmen der Materialbedarfsauflösung werden stark vereinfachte Zeitwerte für die Produktionsprozesse in Form von Durchlaufzeit und Vorlaufzeit, wie bei den Stammdaten für Material und Stücklisten aufgezeigt, genutzt. In der sich anschließenden Zeitwirtschaft werden dann im Rahmen der Terminierung die einzelnen Arbeitsgänge detaillierter betrachtet. Das Vorgehen bei der operativen Disposition der Produktionslogistik findet seine Entsprechung in den Leistungsgestaltungsprozessen.

Auch dort werden in der Konstruktion zuerst die Produkte entworfen, geometrisch beschrieben und die Produktbestandteile festgelegt. Hierzu werden CAD-Systeme (Computer Aided Design) eingesetzt. Anschließend werden durch die Arbeitsvorbereitung im Rahmen der Arbeitsplanerstellung die für die Herstellung notwendigen Produktionsschritte definiert, wozu CAP-Systeme (Computer Aided Planning) bzw. NC-Programmiersysteme genutzt werden.

Trotz dieser Trennung muss festgehalten werden, dass Stücklisten und Arbeitspläne gemeinsam die Produktionsprozesse beschreiben. Produktionswirtschaftlich betrachtet handelt es sich bei den beiden Konstrukten um Teilsichten auf die betrieblichen Produktionsfunktionen. Die Stücklisten beschreiben den Einsatz der (transformierten) Repetierfaktoren, die Arbeitspläne den Einsatz der (transformierenden) Potenzialfaktoren. In der Prozessindustrie (z. B. chemischen Industrie) ist eine derartige Trennung nicht üblich, da eine Beschreibung der Prozessschritte ohne genauen Bezug zu den verarbeiteten Materialien nicht sinnvoll ist. Dort werden statt Arbeitsplänen Rezepturen gepflegt. Die Herkunft des Begriffs Rezept vom lateinischen „recipe" für „nimm" deutet auf den Zusammenhang zwischen Einsatzstoffen und Verfahren hin, da ein Rezept zur Herstellung eines Stoffes (Outputmaterial) die Zutaten (Inputmaterialien) sowie die Verarbeitungsvorschriften (Prozessschritte) enthält.

3.5.3   Rechengeschwindigkeit

Zwicker hat zur Abgrenzung von Ein-Schritt-Rechenmodellen zutreffend den Begriff der „rechnenden Datenbank" geprägt. Damit ist gemeint, dass im Rahmen von Datenbankprozessen eine Reihe von Administrations-, Kopier-, Abstimm- und Ladevorgängen sequentiell zu durchlaufen sind. Dabei werden die Rechenergebnisse bestimmter Planungsschritte von Modul zu Modul durch diverse Routinen, Batch-Läufe und Übergabeprozeduren weitergereicht. An den Schnittstellen der einzelnen Module sind zudem Abstimmungen und Überprüfungen vorzunehmen. Die Verwendung „rechnender Datenbanken" für die Neuberechnung bestimmter Teilpläne führt derzeit immer noch zu sehr rechenzeitintensiven Prozeduren. Allein die Neuberechnung einer kompletten Materialbedarfsplanung benötigt nicht selten 24 Stunden und länger.[61] Die Materialbedarfsplanung beinhaltet mathematisch ausgedrückt lediglich die Stücklistenauflösung zur Aufgliederung der Erzeugnisse in Bauteile, Untergruppen, Teile etc. und die anschließende Multiplikation mit Erzeugnisdirektmengen und der Input-Verflechtungsuntermatrix für das Material (siehe ausführlich in Kapitel 2.6):

$$(J - S)^{-1} \times PHd \times Vt_{ow} \qquad\qquad (3.33)$$

Die Ausführung sämtlicher Rechenschritte zur Durchrechnung eines Gesamtplanungsmodells, wie in Kapitel 2.6 beschrieben, würde mit einer „rechnenden Datenbank" noch erheblich mehr Zeit in Anspruch nehmen.

Bei „Ein-Schritt-Rechenmodellen" ist die Situation grundlegend anders. Ein vollständig integriertes Planungsmodell besitzt nur relativ wenige Eingangs- bzw. Eingabegrößen. Alle davon abhängigen Modellgrößen werden sowohl in der Realgütersphäre der Produktionsplanung, in den Bezugsgrößen der Kostenrechnung als auch in der spiegelbildlichen Übersetzung in Geldgrößen der Finanzsphäre automatisch übergeben und neu berechnet. Die Durchrechnung geänderter Parameter und die Berechnung von abhängigen Modellgrößen erfordert in Ein-Schritt-Rechenmodellen lediglich die Betätigung der Eingabetaste. Dies ist vergleichbar mit der Eingabe eines Wertes in eine Excel-Tabelle. Nach der Eingabe (d. h. dem Drücken der Entertaste) erfolgt eine automatische Neuberechnung aller Formel- und Ergebniszellen, ohne dass der Anwender den Rechenvorgang zeitlich überhaupt wahrnehmen kann.

In Excel und in dedizierten Finanzapplikationen kommen stets Ein-Schritt-Rechenmodelle zur Anwendung. Allerdings bezieht sich die Durchrechnung dabei nur auf die oben erläu-

---

61   http://www.computerwoche.de/a/warum-s-4hana-das-bessere-erp-ist,3220604

terten Kontenmodelle, d. h. auf den höchsten Grad der Informationsverdichtung in Planungsmodellen. Diese Planungsmodelle operieren mit sehr kleinen Datenmengen und einfachen Berechnungen. Für die integrierte Unternehmensplanung sind jedoch Ein-Schritt-Rechenmodelle erforderlich, die zusätzlich zur Finanzsphäre alle Teilpläne der leistungswirtschaftlichen Ebene in einem Zug durchrechnen.

Für die Durchrechnung solcher großen Modelle ist eine äußerst effiziente Programmierung der Rechenschritte notwendig. Reale Industrieunternehmen mit zentausenden von Erzeugnissen und Materialien, mehreren hundert Kostenstellen etc. erfordern die effiziente Durchrechnung von zum Teil weit über 100 Millionen Gleichungen. Die Rechenzeit darf dabei nicht mehr als einige Sekunden betragen, da längere Rechenzeiten für die Anwender im Rahmen von Simulationsrechnungen in der Regel nicht akzeptabel sind. Ein-Schritt-Rechenmodelle können effizient nur im Hauptspeicher des Rechners als „In-Memory-Anwendung" realisiert werden.

Lackes hat in seiner Dissertationsschrift „EDV-orientiertes Kosteninformationssystem" im Jahr 1990 Überlegungen zur Systemkomplexität von matrizenbasierten Kostenrechnungssystemen angestellt. Die Systemkomplexität differenziert er in[62]:

- Speicherplatzkomplexität (Datenvolumen realer Industrieplanungsmodelle)
- Komplexität der Inputdatengewinnung (zu ermittelnde und zu importierende Stamm- und Bewegungsdaten aus Vorsystemen)
- Funktions- und Zeitkomplexität (Anzahl und Art erforderlicher Rechenoperationen und Funktionen)

Zur Abschätzung der Komplexität wird von Lackes das System einer flexiblen Grenzplankostenrechnung für ein mittelständisches Modellunternehmen in Abhängigkeit von Systemstrukturparametern dargestellt. Die verwendeten Systemstrukturparameter sind:

- Anzahl der Kostenträger (Erzeugnisse, Baugruppen, Teile)
- Anzahl der primären Kostenstellenbezugsgrößen
- Anzahl der sekundären Kostenstellenbezugsgrößen
- Anzahl der primären Faktorgüter
- Anzahl der Einzelfaktorgüter
- Anzahl der Kostenstellen
- Anzahl der primären Kostenarten
- Anzahl der Zählpunkte (Erfassungspunkte für die Ermittlung von Produktionsmengen)

Zur Quantifizierung der Systemkomplexität verwendet Lackes ein mittelständisches Modellunternehmen mit 60 Kostenträgern, 400 Kostenstellen, 500 Bezugsgrößen, 800 Einzel-Faktorgütern und 4.000 primären Faktorgütern. Für dieses Beispielmodell kommt Lackes zu folgender Einschätzung der Systemkomplexität:

- Speicherplatzbedarf: 13 Megabyte
- Inputdatengewinnung: ca. 600.000 Planungsdaten, ca. 300 Erfassungsdaten
- Funktionsbedarf: ca. 5,5 Millionen Rechenoperationen (als maximale Oberschranke)

---

62 Lackes, EDV-orientiertes Kosteninformationssystem, S. 187

Die Einzelheiten der Verfahrensweise, die Lackes zur Ermittlung der Systemkomplexität angewendet hat, sollen hier nicht weiter interessieren. Der interessierte Leser findet hierzu ausführliche Darstellungen in der genannten Dissertation von Lackes.[63]

Die von Lackes beschriebene Systemkomplexität für ein mittelständisches Unternehmen war noch Ende der 1980er Jahre für die damals verfügbaren Hard- und Software-Technologien durchaus nicht trivial. Andererseits sind die Anforderungen an realitätsnahe Planungsmodelle wesentlich höher als in dem von Lackes verwendeten Beispiel, da dieses sich nur auf die Kostenrechnung beschränkt. Ferner sind in der Praxis mehrere tausend bis hin zu mehreren hunderttausend Kostenträger üblich. Von daher ist die Beispielgröße von nur 60 Kostenträgern eher als „Mini-Modell" zu bezeichnen.

Die in den 1960er Jahren zu Recht formulierten Vorbehalte und Restriktionen für die Implementierung realitätsnaher Planungsmodelle sind unter den heutigen technischen Bedingungen nicht mehr zu rechtfertigen. Heute können selbst umfangreiche und komplexe Modelle von Großunternehmen auf handelsüblichen Personal Computern in wenigen Sekunden durchgerechnet werden, sofern speziell für Planungsrechnungen konzipierte Rechenverfahren eingesetzt werden. Ferner bedarf es dazu einer zweckmäßigen und effizienten Umsetzung der Planungsmodelle in geeignete Datenstrukturen, die in den meisten Softwareapplikationen zur Planungsunterstützung noch fehlen. Die Funktionsweise von „Hochgeschwindigkeitsrechenkernen", die das schnelle Durchrechnen großer Planungsmodelle erlauben, werden in Kapitel 5 vorgestellt. Dabei bezieht sich die Bezeichnung „Hochgeschwindigkeitsrechenkern" nicht auf spezielle Hardware, sondern auf eine bestimmte Klasse von Softwaresystemen, die speziell für die Planungsrechnung in Industrieunternehmen entwickelt wurde.

Vor dem Hintergrund der großen Datenmengen, die in realitätsnahen Planungsmodellen von Industrieunternehmen zu verarbeiten sind, ist in der Geschwindigkeit eine Kernfrage hinsichtlich der Akzeptanz durch den Anwender zu sehen. Nur wenn die Antwortzeiten auf formulierte Fragestellungen in Form von Parameterveränderungen sofort, d. h. innerhalb weniger Sekunden zur Verfügung stehen, kann mit einer Akzeptanz der Anwender gerechnet werden. Würden bspw. auch nur mehrere Minuten nach jeder Eingabe vergehen, dann verlöre der Nutzer schnell die Lust und Aufmerksamkeit, sich damit zu beschäftigen. Wenige Minuten wären vor dem Hintergrund der heute aktuellen Systemwelt trotzdem ein unglaublich guter Wert.

Zwicker hat beschrieben, wie groß eine Excel-Tabelle sein würde, wenn man versuchte ein reales Modell der Unternehmensplanung damit umzusetzen. Dabei bezog er sich auf ein Plan-Kosten-Leistungsmodell, das im Rahmen eines Forschungsprojektes bei Thyssen-Krupp entwickelt wurde:

„Zur Verdeutlichung der Größe dieses Modells sei ein Vergleich mit Excel vorgenommen. Das Modell wäre auch in Excel darstellbar. Dabei wären für jeden Monat die Werte der Variablen zu berechnen, die durch 2.609.035 Gleichungen spezifiziert werden. Für die 12 Monate eines Planjahres wären daher 12 × 2.609.035 = 31.308.420 Gleichungen in 31.308.420 Formelzellen von Excel einzugeben. Die Modelltableaus müssten pro Monat

---

durch 27.532 Berichtsfelder beschrieben werden. Das ergäbe über alle 12 Monate insgesamt 12 × 27.532 = 330.384 Berichtsfelder. Wenn jedes dieser Berichtsfelder bei einem 1:1-Maßstab eine Monitorfläche von 10 mal 14 cm einnehmen würde, dann ergäbe sich eine Excel-Oberfläche von insgesamt 4.326 Quadratmetern. Es handelt sich daher um ein gigantisches Modell. Das ist nicht unbedingt ein Qualitätsmerkmal. Denn auch für die Entwicklung von Planungsmodellen gilt der Grundsatz: „je kleiner, desto besser." Aufgrund der differenzierten mehrstufigen Fertigungsprozesse würde man bei einer höheren Aggregation des Modells zu Modellparametern gelangen, die als Beeinflussungsgrößen einer Planung, d. h. als Basisziele, nicht mehr zu verwenden wären."[64]

Dieses Beispiel von Zwicker beschreibt einerseits die Unmöglichkeit, reale Planungsmodelle in Endbenutzerwerkzeugen wie Excel aufzubauen. Andererseits weist er aber auch zu Recht darauf hin, dass die Größe eines Modells zwar kein Qualitätsmerkmal ist, aber vor dem Hintergrund der Integrationsanforderungen und der relevanten Einflussgrößen in Industrieunternehmen keine andere Möglichkeit besteht, um zu sinnvollen Aussagen zu gelangen. Je höher der Aggregationsgrad des Modells, desto mehr Einflussgrößen bleiben verborgen. Eine Berechnung des Kapazitätsbedarfs ist bspw. nur auf Ebene der Produkte, Baugruppen, Untergruppen und Teile möglich, da höhere Aggregationsstufen (z. B. Produktgruppen) keinen Bezug zu den Entitäten (Stückliste, Arbeitspläne) der Produktion haben. Produktgruppen haben bekanntlich weder Stücklisten noch Arbeitspläne.

Mit Tabellenkalkulationssoftware ist es also praktisch ausgeschlossen, reale Planungsmodelle von Industrieunternehmen abzubilden. Wäre dies möglich, dann gäbe es auch keine Planungsdauern von 4–6 Monaten mehr und solche Modelle wären längst in Spreadsheet-Anwendungen realisiert worden. Tabellenkalkulationssoftware wäre nicht nur in der Handhabung, sondern auch hinsichtlich der Rechenkapazität überfordert, da in solchen Werkzeugen immer *alle Formeln* und die davon abhängigen Größen bei Änderungen komplett durchgerechnet werden müssen. Zur rechnergestützten Realisierung realer Industrieplanungsmodelle werden also Softwaresysteme benötigt, die sowohl sehr große Datenmengen verwalten als auch die komplexen Rechenschritte effizient ausführen können. In Kapitel 5.1 wird ein Softwaresystem beschrieben, das diese Anforderungen inzwischen erfüllen kann. Dabei wird auch näher auf alternative technische Konzepte der „Durchrechnung" großer Datenmengen eingegangen.

3.5.4   Flexibilität und Anpassbarkeit

Hinsichtlich der Flexibilität und Anpassbarkeit des Systems spielen verschiedene Kriterien eine Rolle. So muss bspw. der Detaillierungsgrad der Planungsrechnung jederzeit veränderbar sein. Der Detaillierungsgrad kann sich dabei auf Planungszeiträume und Dimensionshierarchien beziehen.

Bezüglich der Planungszeiträume sollte die Möglichkeit bestehen, innerhalb der Zeitdimension verschiedene Aggregate zu bilden. Zum Beispiel könnte die Granularität auf der Zeit-

---

64   Zwicker, Modelltableausystem von Standard-Kosten-Leistungs-Modellen, S. 9, (www. inzpla.de)

achse nach Wochen, Monaten, Quartalen, Tertialen, Halbjahren oder Jahren gewählt werden.

Ferner sollte es möglich sein, dem Anwender den Detaillierungsgrad der zu planenden Eingabedaten zu überlassen. Es könnte bspw. gewünscht sein, die Eingaben auf höheren Aggregationsstufen nicht auf darunterliegende Detailstufen zu disaggregieren. Soll bspw. die Absatzplanung nur auf Basis weniger Hauptproduktgruppen erfolgen und kein „Herunterbrechen" auf einzelne Artikel erfolgen, dann muss das System grundsätzlich auch diese Möglichkeit bieten. Eine andere Frage ist natürlich die Sinnhaftigkeit dieser pauschaleren Vorgehensweise. Durch die Ausblendung bestimmter Details werden immer auch Informationsverluste bei Abweichungsanalysen erkauft. Ferner sind dadurch bestimmte Teilplanungen von vornherein ausgeschlossen wie bspw. eine integrierte Produktionsmengen-, Ressourcen- und Kapazitätsplanung. Damit einhergehend sind die erzeugten Planungsergebnisse natürlich deutlich unschärfer und zum Teil sogar unbrauchbar.

Planung auf beliebigen Hierarchiestufen (Detaillierungsgrad):

Es kann selbstverständlich nicht zweckmäßig sein, Absatz- und Produktionsprogramm für jedes Teil, jedes Material und jede Baugruppe im Detail für ein ganzes Jahr im Voraus zu „planen". Für die Ermittlung von Materialbedarfen, Materialeinsatz, Kapazitätsbedarfen etc. ist es aber trotzdem erforderlich, auf der für die Produktion maßgeblichen Hierarchieebene innerhalb der Produktdimension zu rechnen. Damit kann natürlich nicht gemeint sein, dass mit einer solchen Planungsrechnung bereits 12 Monate im Voraus festgelegt werden kann, welche Materialien bis hin zur kleinsten Schraube im Dezember eingekauft werden sollen. Es geht dabei vielmehr um die Abschätzung und Simulation von bestimmten Erfolgs- und Liquiditätswirkungen im Rahmen verschiedener alternativer Szenarien. Hierzu ist es erforderlich, dass zwar auf höheren Aggregationsstufen in der Hierarchie (bspw. Produktgruppe, Hauptproduktgruppe) die Eingabe der Plan-Zahlen erfolgt, die Erzeugung der Detailzahlen aber anhand von Vergangenheitswerten, Saisonkurven etc. automatisch erfolgt. Dies ist in Unternehmen mit Großserien- und Massenfertigung für den anonymen Markt meist auch problemlos möglich. Schwieriger ist dies allerdings bei Unternehmen mit relativ kleinen Abnehmergruppen und kundenindividuell gefertigten Erzeugnissen, wie dies überwiegend im Bereich der Einzelfertigung und im Bereich von kundenbezogener Kleinserienfertigung der Fall ist. Bei solchen Unternehmen ist eine detaillierte Absatz- und Produktionsplanung weder möglich noch sinnvoll.

Softwaresysteme zur Planungsunterstützung

Flexibilität und Anpassbarkeit bezieht sich des Weiteren auch die sogenannte Dimensionalität, d. h. die der Betrachtung bestimmter Kennzahlen und Eingabedaten zugrundeliegende Sicht auf die Daten.

Anwender von Softwaresystemen zur Planungsunterstützung müssen die Möglichkeit haben, diese Dimensionen zu verändern, d. h. neue hinzuzufügen, bestehende zu löschen oder Zuordnungen zu verändern. Dabei muss vom System die Vergleichbarkeit mit historischen Daten sichergestellt werden, indem diese automatisch in der der aktuellen Struktur entsprechenden Sichtweise präsentiert werden. Für rollierende Planungen, Szenarien, Forecasts und Ad-hoc-Berechnungen sollte es auch möglich sein, aus vorhandenen Wertesätzen neue

Alternativrechnungen zu erstellen. Hierzu sollten einfache Kopierfunktionen bereitstehen, die bspw. aus einem bestimmten Wertesatz (bspw. Planung des aktuellen Jahres) ein detailgetreues Abbild in einem neuen Wertesatz zur Verfügung stellen. Solche Kopierfunktionen können zusätzlich die Möglichkeit bieten, bestimmte Eingabedaten beim Kopieren umzuwerten, d. h. schon beim Kopiervorgang bestimmte Anpassungen vorzunehmen. Zum Beispiel könnten die Absatzmengen aus dem Wertesatz „Planung" mit bestimmten Anpassungsfaktoren auf beliebigen Hierarchiestufen (z. B. Absatzmenge gesamt, Produktgruppen, Einzelartikel, Kundengruppen etc.) umgerechnet und in einem neuen Wertesatz „Simulation" bereitgestellt werden.

3.5.5   Design und Funktionalität der Oberflächen (GUI)

Sehr häufig wird der Nutzen von Planungsapplikationen, wie generell bei Softwareprodukten, nach „oberflächlichen" Merkmalen beurteilt. Im wörtlichen Sinne werden die Benutzeroberflächen (User Interfaces) in den Mittelpunkt der Bewertung gestellt und zusätzliche Merkmale wie leichte Bedienbarkeit, leichte Erlernbarkeit stark (über-)gewichtet. Das ist einerseits richtig und wichtig und in jeder Hinsicht nachvollziehbar. Das darf jedoch nicht das Bewusstsein für die Vollständigkeit und inhaltlich korrekte Darstellung des betrieblichen Wirkungsgefüges trüben. Eine noch so funktional, mit harmonischen Farben, Grafiken und Oberflächen daherkommende Planungsapplikation ist im Prinzip wertlos, wenn das ökonomische Modell des Industrieunternehmens damit nicht hinreichend abgebildet werden kann. In diesem Zusammenhang wären die ergonomischen und Designanforderungen schlicht irrelevant, weil den Vorteilen einer „schönen" Softwarelösung gravierende Mängel gegenüberstehen, die das Werkzeug nahezu unbrauchbar machen können. Trotzdem ist die ergonomische und angenehme Gestaltung von Eingabe- und Ausgabeoberflächen ein weiterer wichtiger Aspekt im Hinblick auf die Beurteilung von Softwaresystemen zur Planungsunterstützung. Hier den richtigen „Geschmack" der Anwender zu treffen ist nicht leicht und entzieht sich somit auch generellen Empfehlungen.

Allerdings können die Anwender von der Komplexität der Softwaresysteme zur Planungsunterstützung sehr gut „abgeschirmt" werden, wenn die bereits oben erwähnten „Ein-Schritt-Rechenmodelle" zum Einsatz kommen. Komplexe Softwaresysteme zur Planungsunterstützung haben bisher den Nachteil, dass eine Reihe von Administrations-, Kopier-, Abstimm- und Ladevorgängen sequentiell zur durchlaufen sind. Dabei werden die Rechenergebnisse bestimmter Planungsschritte von Modul zu Modul durch diverse Routinen, Batch-Läufe und Übergabeprozeduren weitergegeben. Das hat für den Anwender den Nachteil, dass diese Softwaresysteme nicht selbsterklärend sind und der Nutzer zum Teil langwierige Schulungsprogramme durchlaufen muss. Bei „Ein-Schritt-Rechenmodellen" ist die Situation grundlegend anders. Ein vollständig integriertes Planungsmodell besitzt nur relativ wenige Eingangs- bzw. Eingabegrößen. Alle davon abhängigen Modellgrößen werden sowohl in der Realgütersphäre der Produktionsplanung als auch in der spiegelbildlichen Übersetzung in Geldgrößen der Finanzsphäre automatisch übergeben und neu berechnet. Die Eingabe von geänderten Parametern und die Berechnung von abhängigen Modellgrößen sind in solchen Systemen überhaupt nicht mehr getrennt wahrnehmbar. Dies ist vergleichbar mit der Eingabe eines Wertes in eine Excel-Tabelle. Nach der Eingabe (d. h. dem Drücken der Entertaste) erfolgt eine automatische Neuberechnung aller Formel-

und Ergebniszellen, ohne dass der Anwender den Rechenvorgang zeitlich überhaupt wahrnehmen kann. Das ist übrigens auch einer der Hauptgründe, warum sich Tabellenkalkulationsprogramme einer großen Beliebtheit erfreuen und nahezu flächendeckend zum Einsatz kommen. Vor diesem Hintergrund wurden sogenannte „Hochgeschwindigkeitsrechenkerne" entwickelt. Hierunter ist keine spezielle Hardware zu verstehen, sondern eine neue Softwaresystemklasse, die die erwähnten „Ein-Schritt-Rechenmodelle" für komplexe Industrieunternehmen realisieren. Ein Beispiel eines Hochgeschwindigkeitsrechenkerns wird in Kapitel 5.1 vorgestellt. Die Hochgeschwindigkeitssimulation erlaubt es dem Anwender, sich intuitiv mit dem Planungsmodell und nur mit den jeweils interessierenden betriebswirtschaftlichen Fragestellungen zu beschäftigen. Der administrative Ballast von verschiedenen Datenbank-, Modul- und Übergabeprozeduren entfällt komplett. Intuitiv bedeutet in diesem Zusammenhang auch, dass den Anwender letztendlich interessiert, wie sich Veränderungen von Preisen bestimmter Materialarten ab einem bestimmten Zeitpunkt, veränderte Absatz- oder Produktionsmengen etc. auf die Erfolgs-, Finanz- und Bilanzrechnung auswirken. Zieloutput des gesamten Simulations- und Rechengangs sind letztendlich immer die aggregierten Sekundärpläne der GuV, Finanzrechnung und Bilanz, da hier der Einfluss aller Parameteränderungen auf die Hauptsteuerungsgrößen Erfolg und Liquidität zusammengefasst wird. Vor diesem Hintergrund bietet es sich an, den Anwender beim Einstieg in das Softwaresystem nur mit diesen aggregierten Teilrechnungen zu konfrontieren.

Abbildung 3.9 kann ein Beispiel für einen Einstiegsbildschirm entnommen werden.

Der Anwender sieht im Beispiel nur den Finanzplan, die Plan-Bilanz und drei verschiedenen Erfolgsrechnungen in Form einer Managementerfolgsrechnung nach dem Deckungsbeitragsprinzip, einer GuV nach dem Umsatzkostenverfahren und einer GuV nach dem Gesamtkostenverfahren. Darüber ist ein Informationsfenster abgebildet das Auskunft darüber gibt, ob bei der aktuellen Datenkonstellation wichtige Restriktionen wie bspw. verfügbare Maschinen- und Personalkapazitäten, Lagerkapazitäten und vorhandene Kreditlinien eingehalten werden. Sofern Restriktionen verletzt werden, wird dies durch ein rot eingefärbtes Feld signalisiert. Der Anwender kann sich dann per Rechtsklick auf dieses Feld eine Übersicht hinsichtlich der bestehenden Engpässe aufrufen. So kann er bspw. feststellen, durch welche Erzeugnisse bei welchen Maschinen Engpässe auftreten (siehe Abbildung 3.10).

Im linken Teil des Einstiegsbildschirms sieht der Anwender den Status des aktuellen Szenarios. Hier erhält er Angaben über die Zeit-, Kunden-, Produkt- und Werksdimension. So sind in diesem Beispiel alle Kunden, alle Produkte und alle Werke für das Gesamtjahr 2015 im Szenario 2 ausgewählt. Sofern der Anwender in den Dimensionen nur bestimmte Aggregate, bspw. eine Kundengruppe, sehen will, kann er eine Auswahl durch einen Mausklick in die vorhandenen Auswahlfelder vornehmen. Dabei werden die angezeigten Teilrechnungen jeweils kontextabhängig umgeschaltet, d. h., für bestimmte Kunden oder Kundengruppen wird nur noch eine Deckungsbeitragsrechnung angezeigt, da eine GuV, Finanzrechnung oder Bilanz für einzelne Kunden keinen Sinn ergibt.

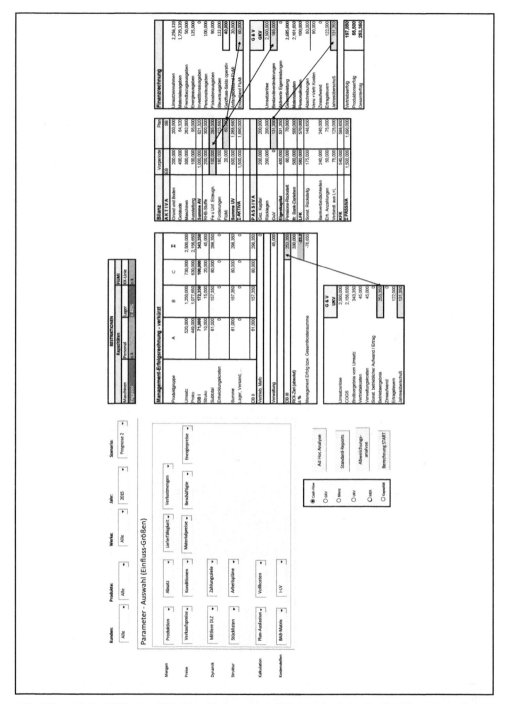

Abb. 3.9: Beispiel Einstiegsbildschirm Hochgeschwindigkeitsrechenkern. Quelle: Eigene Darstellung

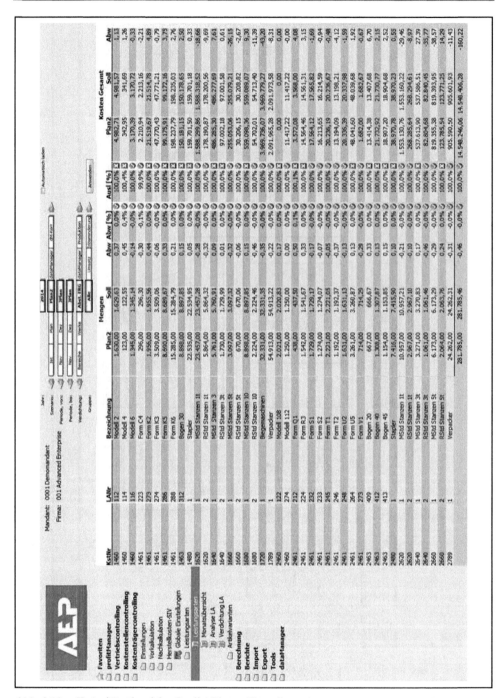

Abb. 3.10:   Kapazitätsübersicht. Quelle: Eigene Darstellung

Zur Simulation verschiedener Fragestellungen kann der Anwender im linken Teil über ein Parameterfenster des Einstiegsbildschirms die jeweiligen Einflussgrößen aufrufen. Die Auswahl kann entweder über dieses Parameterfenster oder kontextabhängig direkt in den angezeigten GuV-, Bilanz- und Finanzrechnungstabellen erfolgen. Soll bspw. eine veränderte Absatz-/Umsatzkonstellation simuliert werden, dann ist lediglich ein Rechtsklick in der Zeile Umsatzerlöse der jeweiligen Ergebnisfenster erforderlich. Über ein entsprechendes Kontext-Menü erhält der Anwender dann weitere Auswahl- und Filtermöglichkeiten und es öffnet sich ein Formular zur Absatz-/Umsatzplanung (siehe Abbildung 3.11).

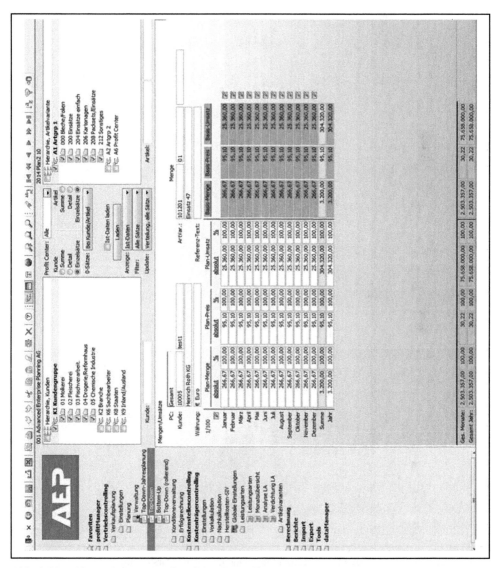

Abb. 3.11: Absatzplanung. Quelle: Eigene Darstellung

Sollen für bestimmte Materialarten die Einkaufspreise ab einem bestimmten Zeitpunkt geändert werden, dann kann wiederum entweder durch Rechtsklick in die GuV-Zeile Materialkosten und Öffnung eines Kontextmenüs oder direkt über das Parameterfenster eine Auswahl getroffen werden und es öffnet sich automatisch ein weiterer Änderungsbildschirm mit Auswahl und Filtermöglichkeiten (siehe Abbildung 3.12).

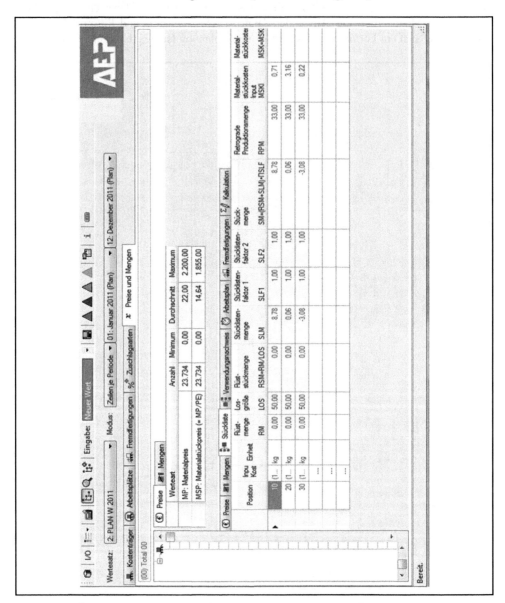

Abb. 3.12:   Änderungsbildschirm Materialpreise. Quelle: Eigene Darstellung

Änderungen von Produktionsmengen sind über zwei Methoden möglich. Bei der direkten Änderung von Produktionsmengen klickt der Anwender entweder in das entsprechende Feld des Parameterfensters oder in die GuV-Zeile Bestandsveränderungen. Es öffnet sich daraufhin wiederum ein Änderungsbildschirm mit Auswahl und Filtermöglichkeiten. Bei der indirekten Änderung kann über die Anpassung von Lieferfähigkeitsgraden eine Veränderung der Produktionsmengen bewirkt werden. Durch Anwahl des Feldes Lieferfähigkeit im Parameterfenster öffnet sich dann ein Simulationsbildschirm für die dynamische Disposition (siehe Abbildung 3.13).

Nach Abschluss der Eingaben gelangt der Anwender zurück in den Einstiegsbildschirm und kann über den Button „Berechnung START" die Neuberechnung von Deckungsbeitragsrechnung, GuV, Finanzrechnung und Bilanz auslösen. Im Hinblick auf die Neuberechnung kann der Anwender zwischen zwei Berechnungsmodi wählen. Im Modus Sofortberechnung wird sofort nach jeder Eingabe eine Neuberechnung ausgelöst. Es können dann bspw. die Ergebnisfenster neben die Änderungsbildschirme der Parameter platziert werden und der Anwender sieht nach jeder Eingabe die Auswirkungen in GuV, Finanzrechnung und Bilanz. Dieser Modus macht natürlich nur Sinn, wenn der Anwender exklusiv mit dem jeweiligen Szenario arbeitet, d. h. keine weiteren Anwender zeitgleich Änderungen vornehmen. Im Modus der manuell auszulösenden Berechnung wird erst nach Durchführung aller Parameteränderungen eine Neuberechnung durchgeführt.

Für den Anwender ist es zudem hilfreich, wenn er sich zu allen berechneten Werten die jeweiligen Berechnungsvorschriften anzeigen lassen kann. Ferner können über sogenannte Delta-Trace-Funktionen die Auswirkungen von Datenänderungen zusammengefasst werden. Ändert der Benutzer bspw. die Absatzmenge eines Artikels, dann kann über die Delta-Trace-Funktion sofort eine Zusammenfassung der Auswirkungen in Erfolgs-, Finanz- und Bilanzrechnung angezeigt werden.

Wirkungsmatrix Parameteränderung
Δ Umsatz
Δ Konditionen
Δ Produktionsmenge
Δ Bestandsveränderungen
Δ EBT
Δ Steuern
Δ Forderungen
Δ Liquide Mittel
Δ Verbindlichkeiten

Diese kurzen Ausführungen zur Gestaltung von Anwendungsoberflächen sollen nur beispielhaft aufzeigen, dass Softwaresysteme zur Planungsunterstützung weitgehend selbsterklärend sein sollten und den Anwender intuitiv durch das System führen sollten. Der Anwender muss sich zu 100 % auf seine betriebswirtschaftlichen Fragestellungen konzentrieren können und darf dabei nicht durch komplizierte Bedienungsfunktionen der Software abgelenkt werden. Die einfache und intuitive Anwenderführung ist durch „Ein-Schritt-Rechenmodelle" prinzipiell wesentlich leichter zu realisieren als durch prozedurale Datenbanktransfers, die in der Regel eine Vielzahl von Zwischenschritten im Rahmen einer Neuberechnung erfordern.

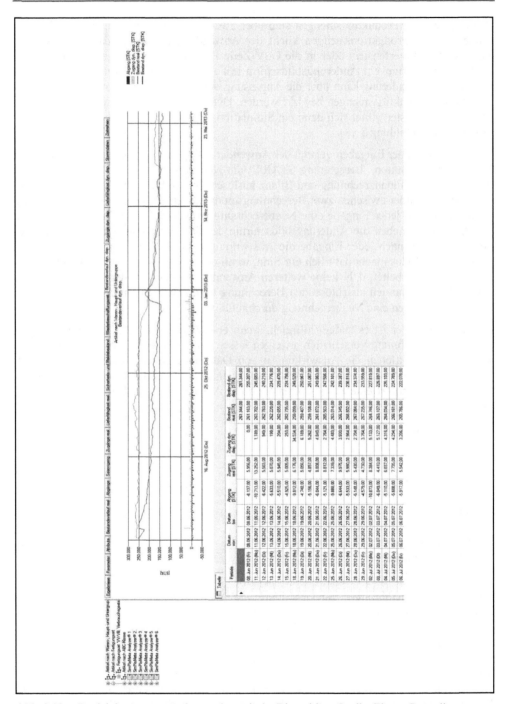

Abb. 3.13:   Produktionsmengenänderung dynamische Disposition. Quelle: Eigene Darstellung

3.5.6 Anforderungen an ökonomische Modellbildungen

Die Qualität der Planungsrechnung hängt in erster Linie von der Qualität der Verkaufsmengenprognosen und der Durchsetzbarkeit der Produktionsplanung ab; in zweiter Linie von der rechnerisch korrekten Erfassung der Eingangsparameter und des internen Wirkungsgefüges. Das interne Wirkungsgefüge im Hinblick auf die Höhe von prognostizierten Erfolgs- und Liquiditätssalden bestimmt die Ausgestaltung des Planungsmodells, das in Softwarelösungen zur Planungsunterstützung implementiert wird. Das interne Wirkungsgefüge ist gleichbedeutend mit den oben beschriebenen Einflussgrößen der Erfolgs- und Finanzsphäre des Industrieunternehmens.

Es müssen stets verschiedene Einflussgrößen, u. U. auch alle Einflussgrößen simultan und in ihren Auswirkungen auf den Betriebserfolg und die Gesamtliquidität betrachtet werden. In der betrieblichen Planungspraxis werden jedoch in der Regel nur wenige Einflussgrößen berücksichtigt und es werden bestimmte Teilprobleme isoliert betrachtet. Der Fokus liegt dabei eindeutig auf den Absatzmengen, was zwar aufgrund des dominierenden Engpassfaktors plausibel erscheint, jedoch vor dem Hintergrund der fehlenden Berücksichtigung zusätzlicher Einflussgrößen meist zu inhaltlich falschen Planungsrechnungen führt. Das größte Problem ist dabei die fehlende Berücksichtigung bzw. Gleichsetzung der Produktionsmengen mit den Absatzmengen.

Aus der Ableitung der notwendigen Planungsgrößen ergeben sich automatisch auch die notwendigen Detailebenen der Planung. So können Variationen der Beschäftigung sinnvoll nur auf der Ebene der einzelnen Erzeugnisse, Baugruppen und Teile simuliert werden. Ferner können Kapazitätsbedarfe und in der Folge die Nutz- und Leerkosten der Potenzialfaktoren ebenfalls nur auf der Ebene der einzelnen Erzeugnisse ermittelt und anschließend aggregiert werden. Eine Planung der Produktionskosten und eine systematische Abstimmung von Produktion und Vertrieb können nicht auf Produktgruppenebene erfolgen. Auf dieser Ebene können weder sinnvolle Produktions- und Kostenfunktionen zur Anwendung kommen noch Bestandsgrößen sinnvoll geplant werden. Die Einbeziehung von Bestandsgrößen ist aber, wie oben gezeigt wurde, von entscheidender Bedeutung für die Qualität der Planungsrechnung. Die angemessene Berücksichtigung notwendiger Planungsgrößen erfordert mithin eine Abbildung der relevanten Input-Output-Beziehungen des Industrieunternehmens auf der gleichen Detailebene, die auch zur Produktionsplanung notwendig ist. Die Darstellung und Beschreibung von Mengen- und Zeitbeziehungen zwischen Output und Input erfolgt in den Transaktionssystemen in der Regel anhand von Stücklisten, Rezepturen und Arbeitsplänen.

Fixe Kosten sind auch fix im Sinne von schnell (fix) geplant. Dazu müssen nur die auf der Zeitachse dispositiv gebundenen Investitions- und Personalentscheidungen aus „Vertragsdatenbanken" in ein Planungsmodell überführt werden. Technische Schwierigkeiten ergeben sich aber bei der situationsgerechten und flexiblen Planung von veränderten Mengenparametern der Beschäftigung, mithin also bei den variablen Kosten und der Umrechnung von fixen Einzelkosten in die Erzeugniskalkulationen, da diese für die Bestandsbewertung unabdingbar sind. Diese Schwierigkeiten sind bis heute darauf zurückzuführen, dass für eine korrekte Abbildung von Beschäftigungsänderungen eine große Menge von Detaildaten und Restriktionen zu berücksichtigen ist. Diese Detaildaten beschreiben die Produktions-

und Kostenfunktionen, die in einem realen Mehrproduktunternehmen ein großes Ausmaß annehmen.

Die Produktions- und Kostenfunktionen wiederum finden ihre datenstrukturelle Entsprechung in Softwaresystemen in Form von Stücklisten, Rezepturen, Arbeitsplänen, Maschinenplänen, Materialpreistabellen, Kostentariftabellen, Personalstammtabellen etc. Die Verknüpfung all dieser Detaildaten im Rahmen eines integrierten Gesamtplanungsmodells stellt die heute verwendeten Applikationen zur Unterstützung der Planungsrechnung vor kaum lösbare Probleme. Das liegt daran, dass die Daten nicht effizient verarbeitet werden und bei den Finanzplanungsapplikationen häufig die zur adäquaten Beschreibung der Produktion notwendigen Datentypen und Beschreibungselemente überhaupt nicht vorhanden sind. Die mangelnde Effizienz bei der Verarbeitung der Daten wiederum ist zurückzuführen auf den Umstand, dass dieselben Prozeduren und (transaktionsorientierten) Datenbanken verwendet werden, die auch für die Verarbeitung der Geschäftsprozesse Anwendung finden. Die hierzu verwendeten relationalen Datenmodelle sind aber auf die effiziente Verarbeitung dieser Geschäftsprozesstransaktionen optimiert und ausgerichtet und nicht für die schnelle Berechnung von Massendaten. In der Planungsrechnung kommen also meist „rechnende Transaktionsdatenbanken" zum Einsatz, die eigentlich für die effiziente Verarbeitung einzelner Transaktionen vorgesehen sind.

Dieses Problem zeigt sich auch bei Datenauswertungen im Rahmen des Berichtswesens. Vor diesem Hintergrund sind in der Vergangenheit Ansätze wie Data Warehousing, OLAP im Rahmen von sogenannten BI-Technologien entstanden. Ferner wurden spaltenorientierte Datenbanken in Verbindung mit In-Memory-Technologien entwickelt und eingesetzt, um die Analyse und Auswertung von Massendaten zu beschleunigen. Hiermit können für die Auswertung von Massendaten beträchtliche Geschwindigkeitsvorteile erzielt werden. Diese Beschleunigung trifft jedoch nicht in gleichem Umfang auf die Berechnung von integrierten Planungsmodellen zu. Für die effiziente und schnelle Berechnung von großen Planungsmodellen werden Datenmodelle und Datenstrukturen benötigt, die die Reihenfolge der Berechnungen und die Datenstrukturen optimieren und alle Datenstrukturen über einen logischen Produktions- und Rechnungswesenpfad miteinander verbinden.

Unternehmen sind dynamische, sozio-technische Systeme. Für die Planungsrechnung eines Industrieunternehmens werden nur Subsysteme, die zur Beschreibung der mengen- und wertmäßigen Veränderungen von Bestands- und Flussgrößen dienen, betrachtet. Für die Verwendung von Softwarewerkzeugen zur Planungsunterstützung ist es daher wichtig, dass eine adäquate Modellabbildung des zugrundeliegenden Industrieunternehmens vorgenommen wird. Die Güte von Softwarewerkzeugen zur Planungsunterstützung wird von den verwendeten Planungsmodellen dominiert. Unzureichende Planungsmodelle können den sinnvollen Einsatz von Planungssoftware unmöglich machen.

Zur Repräsentation *dynamischer Systeme* werden *dynamische Modelle* genutzt, die alle für den Simulationszweck relevanten Systemelemente repräsentieren. Ein dynamisches Modell ist formal durch drei Merkmale charakterisiert:

1) Es muss durch eine Symbolsprache repräsentiert werden.
2) Die mit Hilfe eines dynamischen Modells symbolisierten Ereignisse oder Zustände müssen durch einen Zeitindex gekennzeichnet sein.

3) Dynamische Modelle müssen zumindest eine zeitinvariante Verknüpfung zweier zeitlich gegeneinander verzögerter Ereignisse aufweisen.

Eine zeitinvariante verzögerte Verknüpfung zweier Ereignisse bedeutet, dass eine Beziehung der folgenden Art in das Modell mit aufgenommen wird: Wenn ein Ereignis A zum Zeitpunkt t realisiert wird, dann wird immer ein Ereignis B zum Zeitpunkt $t + \Delta t$ realisiert:
$A(t) \rightarrow B (t + \Delta t)$

Die verzögerte Beziehung zwischen den Ereignissen A und B wird deswegen als zeitinvariant bezeichnet, weil sie für beliebige Perioden $t = -2, -1, 0, 1, 2 \dots$ gelten soll. Derartige Verknüpfungen, in denen unter Vorgabe eines zeitlichen Bezugssystems die Existenz einer stets gleichbleibenden zeitlichen Differenz zwischen einem „Wenn-Ereignis" A und einem „Dann-Ereignis" B gefordert wird, werden als dynamische Hypothesen bezeichnet. Dynamische Hypothesen können wiederum in deterministische und stochastische Hypothesen unterteilt werden. Deterministisch ist in diesem Zusammenhang gleichbedeutend mit „folgt mit Sicherheit", während bei Vorliegen einer stochastischen Hypothese das Eintreten des Folgeereignisses nur mit einer bestimmten Wahrscheinlichkeit behauptet werden kann.

Im Kontext dieser Systemtypen kann eine Unternehmensplanungsrechnung als dynamisches, zeitdiskretes Funktionsmodell in quantitativer Form beschrieben werden. Die dynamischen Hypothesen des Modells sind dabei sowohl deterministisch als auch stochastisch.

Beispiele für stochastische Hypothesen:

– Verhalten der Durchlaufzeiten
– Zahlungsverhalten der Kunden
– Auftragseingang und Absatz
– Entwicklung von Rohstoffpreisen
– Annähernd deterministische Hypothesen:
– Material-, Energie-, (Bearbeitungs-)Zeitverbrauch (Mensch und Maschine)
– Zeitlicher Verlauf der Unternehmensfixkosten aufgrund dispositiver Entscheidungen

Modelle der Unternehmensplanungsrechnung werden im Prinzip in Form von Gleichungen beschrieben. Dabei bilden sogenannte Definitionsgleichungen das Grundgerüst, an das die Hypothesen in Form von Hypothesengleichungen anknüpfen. Die grundlegende Definitionsgleichung im Rahmen der Erfolgsplanung lautet:

$$\text{Erfolg} = \text{Umsatz} - \text{Kosten} \qquad (3.34)$$

Der Gebrauch von Definitionsgleichungen hängt eng mit der Disaggregation der Modellvariablen zusammen. Der Grundgedanke dieser Disaggregation besteht darin, dass durch eine differenzierte Betrachtung der Modellvariablen möglichst „gute" Hypothesen gefunden werden sollen. Die Disaggregation bietet sich als ein sinnvoller Weg zur Entwicklung realitätsnaher Modelle an. Diese eigentlich triviale Erkenntnis wurde im Jahr 2015 sogar mit dem sog. Wirtschaftsnobelpreis ausgezeichnet. Angus Deaton hat erkannt, dass makroökonomische Aggregate für das Verstehen und Steuern von komplexen Systemen (Volkswirtschaften) nicht geeignet sind und die Analyse und Nutzung von Einzeldaten und Einfluss-größen Aufschluss über das Gesamtverhalten eines Systems liefern könne.[65]

Das gilt natürlich nicht nur für ganze Volkswirtschaften, sondern auch für Unternehmen. Auch Planungsrechnungen von Unternehmen, die sich nur auf hochaggregierte Salden der Erfolgsrechnung stützen, können keine sinnvollen Steuerungswirkungen entfalten.

Hypothesengleichungen bilden zusammen mit den Definitionsgleichungen die (strukturellen) Gleichungen eines Planungsmodells. Eine Hypothesengleichung ist eine Gleichung, deren erklärte Variable (auf der linken Seite der Gleichung) eine beobachtbare Größe ist. Die erklärenden Größen (auf der rechten Seite der Gleichung) bestehen entweder aus Hypothesenparametern oder Beobachtungsgrößen. Eine Hypothesengleichung muss widerlegbar sein, d. h., es müssen Beobachtungswerte der als Erklärungsgrößen wirkenden Beobachtungsgrößen angegeben werden können, bei deren Auftreten man sagen kann, dass die Hypothese falsch ist. In der strukturellen Gleichung „Materialkosten = 2000 + 10 × Produktionsmenge" sind die Materialkosten und die Produktionsmenge Beobachtungsgrößen. Die Werte „2000" und „10" sind (nicht beobachtbare) Hypothesenparameter. Die Prognosebehauptung der Gleichung ist eine Hypothese, weil sie widerlegbar ist. Denn Ist-Werte der Materialkosten und der Beschäftigung von beispielsweise Materialkosten = 24.000 € und Produktionsmenge = 2.000 Stück würden die Prognosebehauptung dieser Gleichung von 22.000 € widerlegen. Da die Prognosebehauptung widerlegbar ist, ist sie eine (empirisch überprüfbare) Hypothese. Gleichungen wie „Erfolg = Umsatz – Kosten" sind schon deswegen nicht widerlegbar, weil ihre erklärten (und von ihnen definierten) Variablen, im Beispiel der Erfolg, keine Beobachtungsgrößen sind. Vielmehr handelt es sich dabei um eine buchhalterische Identität, da der Saldo aus den Soll- und Habenbuchungen des GuV-Kontos stets einen positiven, neutralen (0) oder negativen Erfolgssaldo ergibt. Vor diesem Hintergrund werden solche Gleichungen Definitionsgleichungen genannt.[66]

Zur Entwicklung von Planungsmodellen sind umfangreiche Definitionssysteme erforderlich. Solche Modelle knüpfen überwiegend an das Begriffssystem des betrieblichen Rechnungswesens an. Die wertmäßigen Transaktionen im Rahmen des Rechnungswesens eines Unternehmens können in Form einer Transaktionsmatrix beschrieben werden. Eine solche Matrix enthält in den Zeilen die Sollseiten und in den Spalten die Habenseiten aller Konten. Die während einer Periode vorgenommenen Buchungen des Betrages S vom Konto i (Soll) an Konto j (Haben) wird durch das Matrixelement Sij zum Ausdruck gebracht. Sämtliche Buchungsvorgänge eines Unternehmens während einer Periode können daher durch die in Abbildung 3.14 dargestellte Transaktionsmatrix beschrieben werden.

Die Addition der Elemente einer Zeile i ergibt die Summe der Sollbuchungen des Kontos i. Entsprechend liefert die Summe der Elemente der Spalte j die Summe aller Habenbuchungen.

---

65   http://www.zeit.de/wirtschaft/2015-10/wirtschaftsnobelpreis-geht-an-konsumforscher-angus-deaton

66   Zwicker, Simulation und Analyse dynamischer Systeme, S. 26

Habenseite des Kontos j

		1	2	...	j	...	n
	1	S11	S12		S1j		S1n
	2	S21	S22		S2j		S2n
	.	.	.		.		.
	.	.	.		.		.
Sollseite des Kontos i	i	Si1	Si2		Sij		Sin
	.	.	.		.		.
	.	.	.		.		.
	.	.	.		.		.
	n	Sn1	Sn2		Snj		Snn

Abb. 3.14:   Transaktionsmatrix. Quelle: Zwicker, Simulation und Analyse dynamischer Systeme, S. 51

Anhand dieser Größen können die Fortschreibungsgleichungen für die Aktiv- und Passivkonten vorgenommen werden. Für die Aktivkonten ergibt sich die Definitionsgleichung:

$$Ai\,(t) \quad = Ai(t-1) + \sum_{j=1}^{n}(Sij\,(t) - Sji(t)) \qquad (3.35)$$

mit

$Ai\,(t)$ = Bestandsgröße des Aktivpostens i in Periode t

$Sij\,(t)$ = Kumulierter Betrag der Buchungen von Konto i an Konto j

$Sji\,(t)$ = Kumulierter Betrag der Buchungen von Konto j an Konto i

Die Passivkonten ergeben sich entsprechend mit:

$$Pj\,(t) \quad = Pj(t-1) - \sum_{j=1}^{n}(Sij\,(t) - Sji(t)) \qquad (3.36)$$

Damit ist ein umfassender definitorischer Rahmen für die Entwicklung von Bilanzplanungsmodellen geschaffen, in denen Ai und Pj die Bilanzposten repräsentieren oder in größeren Modellen über weitere Definitionen zu den Bilanzposten führen. Solche Definitionssysteme können im Rahmen von Unternehmensplanungsmodellen hohe Dimensionen annehmen. So besitzt bspw. die Firma Siemens ein aus 18.000 Gleichungen bestehendes Definitionssystem.

In diese Definitionssysteme werden dann die empirischen Hypothesen „eingehängt". Betrachten wir beispielsweise die Hypothese

$$S_{41}\,(t) = 0{,}3S_{18}(t) + 0{,}7S_{18}(t-1) \qquad (3.37)$$

unter Berücksichtigung der Kontenfestlegungen:

1: Konto Forderungen aus Warenlieferungen,

4: Konto Bank,

8: Konto Umsatzerlöse.

Sie besagt, in welcher Weise die Warenverkäufe S_{18} zu einem zeitlich verzögerten Eingang der Kundenzahlungen S_{41} führen. S_{41} und S_{18} sind hierbei Elemente der Transaktionsmatrix.[67] Die besagte „Einhängung" kommt dadurch zustande, dass S_{41} durch die angeführte Hypothese erklärt wird. Im Rahmen von betrieblichen Planungsmodellen werden auch auf der Grundlage der Transaktionselemente Sij und weiterer Variablen umfangreiche hierarchische Definitionssysteme geschaffen.

Implikationen eines dynamischen Systems sind Strukturmerkmale, die zwar implizit im Modellansatz enthalten, aber nicht direkt erkennbar sind. Implikationen eines dynamischen Modells sind somit bestimmte Strukturmerkmale, die sich logisch zwingend aus dem Modellansatz ergeben, deren Vorhandensein oder deren konkrete Struktur aus diesem Modellansatz aber nicht unmittelbar zu ersehen sind.

Beispiel:

Eine lineare Funktion zur Ermittlung des Gesamtkosten-Verlaufs in Abhängigkeit von der Produktionsmenge lautet (vereinfacht):

$$K = 100 + 10X \tag{3.38}$$

Ein nicht unmittelbar erkennbares Strukturmerkmal und daher eine Implikation des beschriebenen Modells bildet bspw. der Verlauf der sogenannten Durchschnittskosten in Abhängigkeit von der Produktionsmenge X, welcher anhand des Modells bestimmt werden kann:

$$K/X = 10 + 100/X \tag{3.39}$$

Die Analyse und Aufdeckung von Implikationen kann verschiedenen Zielen dienen:

- Der Gewinnung von Einsichten über Struktur und Entwicklung des Systems.
- Der empirischen Überprüfung des Modellansatzes.
- Der zielgerichteten Beeinflussung des Systems.

3.5.7   Klassifizierung von Planungsmodellen

Die in den vorhergehenden Kapiteln genannten Kriterien eines Beurteilungsrahmens für die Leistungsfähigkeit von Softwaresystemen zur Planungsunterstützung können zu einem Klassifizierungsschema zusammengefasst werden.

Als Ausgangspunkt kann eine Differenzierung der verwendeten Planungsmodelle in *reine Kontenmodelle und Leistungsverflechtungsmodelle* vorgenommen werden.

Die Qualität und Zuverlässigkeit einer Planungsrechnung steht und fällt mit dem Realitätsbezug des verwendeten Planungsmodells.

Die im Planungsmodell verwendete Basisdatenstruktur kann als erstes Abgrenzungskriterium herangezogen werden. Dabei ist zu unterscheiden zwischen Kontenmodellen und Leis-

---

67   Ebd. S. 52

		Verkaufs-erfolgsrechnung	Gesamt-erfolgsrechnung	indirekte Finanzrechnung	direkte Finanzrechnung	direkte Interfaces PPS/APS/MES	integrierte MRP II - Logik	Abgleich der Produktions-kapazitäten	mengenbasierte Ressourcen-Planung	mengenbasierte differenzierte Finanzrechnung	mengenbasierte Kostenstellen-Rechnung	Produkt-Kalkulationen	Bewertung Erzeugnis-bestände zur Abbildung der Bilanzrechnung
Kontenmodell	statisch	x	:	x	x	:	:	:	:	:	:	:	:
	dynamisch	:	:	:	:	:	:	:	:	:	:	:	:
Leistungs-Verflechtungs-Modell	statisch	x	x	x	x	x	x	x	x	x	x	x	x
	dynamisch	x	x	x	x	x	x	x	x	x	x	x	x

Abb. 3.15: Klassifizierung von Planungsmodellen. Quelle: Eigene Darstellung

tungsverflechtungsmodellen. Die Kontenmodelle sind beschränkt auf die finanzwirtschaftliche Ebene des Unternehmens und haben aufgrund der fehlenden Integration zur leistungswirtschaftlichen Ebene die höchste Informationsverdichtung. Diese Informationsverdichtung ist gleichbedeutend mit Informationsverlusten, da die relevanten Einflussgrößen der Erfolgs- und Liquiditätsgrößen in solchen Modellen nicht berücksichtigt werden können.

Die Leistungsverflechtungsmodelle berücksichtigen hingegen alle relevanten Input-Größen und deren Verknüpfung zu den Output-Größen. In diesen Modellen hat die Erfolgs- und Finanzplanung den Charakter einer Sekundärplanung, weil sie das Ergebnis vorgelagerter Mengen- und Preisplanungen ist.

Hinsichtlich der Berücksichtigung zeitdynamischer Aspekte können die Planungsmodelle unterschieden werden in statische und dynamische Modelle. Kontenmodelle können keine zeitdynamischen Aspekte abbilden, da es hierzu an den erforderlichen Datenstrukturen und Algorithmen fehlt. Lediglich die zeitlich nachverlagerte Liquiditätswirkung von Erfolgsvorgängen können Kontenmodelle abbilden. Zeitlich vorverlagerte Prozesse auf der leistungswirtschaftlichen Ebene können von Kontenmodellen nicht erfasst werden.

Aufgrund des fehlenden Leistungsbezugs sind Kontenmodelle i. d. R. reine Verkaufserfolgsrechnungen. Die Liquiditäts- und Erfolgssalden einer Verkaufserfolgsrechnung stimmen bei divergierenden Produktions- und Absatzmengen weder in der Vollkosten- noch in der Teilkostenrechnung mit der Gesamterfolgsrechnung überein. Wie in Kapitel 3.4 gezeigt werden konnte, setzt sich der Gesamterfolg stets aus Verkaufs- und Produktionserfolg zusammen. Da die Zeit- und Mengenverflechtungen und deren kostenrechnerische Bewertung fehlen, ermöglichen Kontenmodelle keine fundierte Bestimmung der Herstellkosten und somit auch keine Bewertung der Leistungserstellung und der Erzeugnisbestände.

Die in Softwaresystemen verwendeten Planungsmodelle können nach dem Grad der Erfassung relevanter Einflussgrößen (Informationsverdichtung) und der Abbildung der zeitlichen Dynamik unterschieden werden in:

– Statische Kontenmodelle
– Dynamische Kontenmodelle
– Statische Leistungsverflechtungsmodelle
– Dynamische Leistungsverflechtungsmodelle

Die Modelle mit dem geringsten Aussagewert und der geringsten Steuerungsrelevanz bilden aufgrund der hohen Informationsverdichtung die statischen Kontenmodelle. Der größte Nutzen ist von dynamischen Leistungsverflechtungsmodellen zu erwarten, da hier alle wesentlichen Einflussgrößen (Treiber) und ihr zeitdynamisches Verhalten berücksichtigt werden.

In der betrieblichen Planungspraxis sind dynamische Kontenmodelle und statische Leistungsverflechtungsmodelle vorherrschend. Letztere werden jedoch meist mit dem Einsatz verschiedener Softwaresysteme (ERP, Tabellenkalkulation, Finanzplanungssoftware) realisiert. Dies führt zu einer langen Planungsdauer und intensiven Abstimm- und Prüfprozeduren. Die am Softwaremarkt vorhandenen Standardsysteme zur Planungsunterstützung sind zum Großteil (teil-)dynamische Kontenmodelle. Sie bilden zwar Zahlungszielspektren ab, können jedoch die zeitdynamischen Aspekte der Leistungswirtschaft nicht berücksichtigen.

3.5.8 Veränderungsbedarf von Softwareapplikationen

Vor dem Hintergrund der aktuellen Studien (siehe Kapitel 1) sowie durch die Analyse der am Markt angebotenen Software zeigt sich, dass bisher kaum Systeme verfügbar sind, die eine vollständige Integration der Mengen- und Zeitplanung mit den finanzorientierten Planungen in der Erfolgs-, Finanz- und Bilanzdimension ermöglichen. Die ERP-Systeme können zwar prinzipiell die Mengenflüsse darstellen, jedoch sind die vorhandenen Systeme für Planungszwecke häufig ungeeignet, weil eine Vielzahl von Prozeduren, Übergaberoutinen und Abstimmläufen erforderlich ist, die aufgrund der transaktionsorientierten Vorgehensweise unvermeidlich sind. Die am Markt vorhanden Softwarelösungen für Controlling und Planung beschränken sich demgegenüber meist auf die Logik und die Regeln der finanzorientierten (buchhalterischen) Verknüpfung der Teilpläne. Das wichtigste Planungsobjekt in diesen Systemen ist immer noch das Konto und ggf. die Kostenstelle. Die vielfältigen Interdependenzen zwischen dem Mengen- und Zeitgerüst der Produktionsplanung mit der Welt von Soll und Haben erfolgt dann meist, wenn überhaupt, über aufwendige Datentransfers und den exzessiven Einsatz von Excel-Tabellen. Das Aufdecken und Beseitigen von Engpässen und die daraus resultierenden Rückwirkungen auf die Finanzsphäre gehen an diesen Systemen völlig vorbei. Dieser „Dreiklang" aus ERP-System, Finanzplanungssoftware und Tabellenkalkulationssoftware ist einer der Hauptgründe für den zeitintensiven Planungsprozess in den Unternehmen. Dieser Ansatz kann vor dem Hintergrund von Industrie 4.0 und der damit einhergehenden Echtzeitsteuerung nicht mehr zielführend sein.

In diesem Zusammenhang klingt eine Aussage von Barkalov jedoch sehr pessimistisch: „*Kein heute verfügbares Tool* wird in der Lage sein, umfangreiche Verknüpfungen und damit eine breite Abstimmung zu erreichen ... *Kein Planungsprozess oder -tool* wird menschliches Handeln in absehbarer Zeit ersetzen können."[68]

Der Aussage von Barkalov kann zugestimmt werden, wenn er hervorhebt, dass menschliches Handeln nicht durch Planungstools ersetzt werden kann. Das ist eine triviale Feststellung und es wird sicher niemand widersprechen. Allerdings ist ihm keineswegs zuzustimmen, dass heute verfügbare Tools nicht in der Lage wären, „umfangreiche Verknüpfungen und damit eine breite Abstimmung" vorzunehmen. Die in Kapitel 5 vorgestellten AEP-Systeme zeigen, dass genau diese umfängliche und vollständige Abstimmung erreicht werden kann. Würden solche Systeme nicht entwickelt werden, dann wäre Industrie 4.0 weitestgehend ein „Blindflug" mit ungewissem Ausgang.

Aus den beschriebenen Visionen von Industrie 4.0 ergibt sich zwangsläufig ein bestimmter Veränderungsbedarf im Hinblick auf die einzusetzenden Softwaresysteme zur Simulation, Planung und Steuerung des Gesamtunternehmens. Die vertikale Integration von der physischen Produktionsebene bis hinauf in die ERP-Systeme darf sich nicht nur auf die operative Steuerungsebene beschränken, sondern muss den gesamten Mengen- und Wertefluss auch für Simulations- und Planungszwecke integrieren. Dabei müssen die Erfolgs-, Finanz und

---

68   Barkalov, Effiziente Unternehmensplanung, S. 9

Bilanzrechnungen für Planungszwecke mit dem Mengen- und Zeitgerüst der Beschaffung und Produktion einerseits und mit dem Mengengerüst auf der Absatzseite andererseits verknüpft werden. Von ganz wenigen Ausnahmen abgesehen fehlen solche Softwarewerkzeuge heute noch weitgehend.

Eine Integration dieser betriebswirtschaftlichen Planungsrechnungen kann sowohl auf Ebene einzelner Industrie-4.0-Komponenten als auch mit den Simulationssystemen der Produktion erfolgen, wobei diese Simulationssysteme selbst Industrie-4.0-Komponenten darstellen können.

Softwaresysteme, die sich nur auf die buchhalterische Integration und damit auf die reine Wertebene beschränken, sind in diesem Zusammenhang unbrauchbar. Solche Systeme sind nicht in der Lage, die Steuerungs- und Prognoseinformationen von den vorgelagerten Produktions- und Logistiksystemen aufzunehmen. Den „Plan-Buchhaltungsmodellen" fehlen einerseits die hierfür notwendigen Datenstrukturen und andererseits sind die notwendigen Algorithmen zur Durchführung einer umfassenden Material-, Produktions- und Bestandsplanung sowie einer leistungsmengenbasierten Kostenträger- und Kostenstellenrechnung überhaupt nicht vorhanden.

Die Einflussgrößen der Erfolgs- und Finanzsphäre müssen in einer integrierten Gesamtrechnung zusammengeführt werden, um realitätsnahe Planungsmodelle zu erhalten. Diese Planungsmodelle müssen die in der Smart Factory entstehenden Informationen zu einer ökonomischen Gesamtschau zusammenfassen. Die bereits oben beschriebenen Merkmale einer integrierten (Industrie-)Planungsrechnung bekommen im Industrie-4.0-Kontext noch zusätzliches Gewicht, da sich eine durchgängige und ganzheitliche Integration nur durch eine Berücksichtigung sämtlicher Mengen-, Zeit-, Struktur-, Preis- und Wertetreiber und deren Abbildung in der Sphäre der Doppik realisieren lässt.

Softwaresysteme zur Unterstützung der Gesamtunternehmensplanung müssen sowohl die Absatz- als auch die Produktionsmengenplanung unterstützen. Aus den Produktionsmengen sind anhand der jeweiligen Produktions- und Kostenfunktionen sowie der dynamischen Vor- und Nachlaufeffekte die Ressourcenverbräuche und Beschaffungsbedarfe zu ermitteln. Dabei sind stets die jeweils geltenden Restriktionen wie Kapazitätsgrenzen, begrenzte Lagerräume, begrenzte Finanzierungsmöglichkeiten zu berücksichtigen. Für die Bewertung von Lagerbestandsveränderungen und zeitpunktbezogener Lagerbestände müssen vom Softwaresystem die jeweils geltenden Bewertungsregeln und Kalkulationsschemata (Plankalkulationen) in der Produktdimension verfügbar sein. Ferner müssen auf der Absatzmarktseite alle Verkaufspreis- und Konditionensysteme im Softwaresystem abgebildet werden. Schließlich sind alle Vorgänge der Realgütersphäre mithilfe der Koordinaten der Doppik (Buchhaltungsmatrix) zusammenzuführen und in die Sprache des Rechnungswesens in Form von Erfolgs-, Finanz- und Bilanzrechnungen zu übersetzen.

Nachfolgend sind überblicksartig die Anforderungen an Softwaresysteme zu einer vollständig integrierten Unternehmensplanung beschrieben:

- Planung von Absatz-, Produktions-, Material- und Bestandsmengen in einem integrierten Mengenflussmodell mit automatischem Kapazitätsabgleich.
- Systematische Bestandsplanung von Material und Erzeugnissen auf Basis realitätsnaher Dispositionsverfahren (dynamische Disposition, Multi-Echelon).

- Analytische Bedarfs- und Bestandsplanung der Potenzialfaktoren Beschäftigte und Maschinen.
- Automatisch abgeleitete Produktkalkulationen zur Herstellkostenermittlung der Erzeugnisse mit Lagerdurchflussmodell sowie Bereitstellung von Informationen zu Kostenpreisen. Kalkulationen auf Teil- und Vollkostenbasis, Deckungsbeitragsrechnung, Umsatz- und Gesamtkostenverfahren, differenzierte Vollkostenrechnung, Einzelkostenrechnung, Projekt- und Prozesskostenrechnung. Alternative Methoden der Kosten- und Leistungsrechnung sind somit integraler Bestandteil des Systems.
- Ausweis von Leerkosten sowie Einstellungs- und Investitionsbedarfen.
- Produktions- und Kostenfunktionen sind integraler Systembestandteil (Stücklisten, Arbeitspläne, Einsatzpreise, Kostentarife etc.).
- Flexible Abbildung eines Multi-Einflussgrößenmodells (z. B. Losgrößen).
- Prognosefunktionen für Abwertungsermittlung Vorräte (Lagerdurchflussmodell).
- Vertriebsplanungsmodell (Absatzmengen, Verkaufspreissystem, Konditionensystem).
- Dynamisierung im Rahmen der Kapazitäts- und Finanzplanung (Vor- und Nachlaufvektoren, Dynamik der Produktion, Zahlungsziele).
- Berücksichtigung vorhandener Restriktionen bei jeder Parameteränderung (Produktionskapazitäten, Lagerkapazitäten, Liquidität etc.).
- Multidimensionale Abbildungen (Produkte, Kunden, Organisation, Werke, Zeit etc.).
- Doppik-System (Buchhaltungsmatrix) ist integraler Bestandteil und fest „verdrahtet" mit leistungswirtschaftlichen Planungsebenen.
- Integrierte Abweichungsrechnung mit frei wählbaren Szenarien (Erfolgs-, Finanz- und Bilanzrechnung) und differenziertem Ausweis von Mengen-, Verbrauchs-, Preis- und Struktureinflüssen getrennt nach den Phasen der Leistungserstellung und Leistungsverwertung.
- Parallele Berechnung unterschiedlicher Szenarien.
- Ein-Schritt-Rechenmodell mit garantierten Antwortzeiten (Echtzeitgarantie).
- Konsistenzprüfung aller Daten aus Vorsystemen (Master-Data-Management).
- Standardschnittstellen zu allen gängigen ERP- und PPS-Systemen.
- Offenen Schnittstellenstandards für RAMI 4.0, I40-Komponenten und Produktionssimulationssysteme (z. B. ProSense).
- Flexible Anbindung von Office-Softwarelösungen (als GUI, für Reports etc.).
- Flexible Anbindung von Systemen zur strategischen Planung.
- Flexible Anbindung von Simulations-Tools auf Basis von System Dynamics.
- Flexible Anbindung von Speziallösungen (Transportoptimierung und Transportkostenplanung, mitarbeiterbezogene Personalkostenplanung, Personaleinsatzplanung etc.).
- Flexible Anbindung von Vertragsdatenbanken und DMS-Systemen (automatisierte Fixkostenplanung auf Basis bestehender Verträge).
- Interaktive Reports der Finanzebene (Top-down-Prinzip). Direkter Sprung aus GuV-, Finanz- und Bilanzdaten in alle Teilplanungen und Abweichungsrechnungen.

3.6 Literatur

Adam, Dietrich (1993): Produktionsmanagement. 7., vollst. überarb. und erw. Aufl. Wiesbaden: Gabler.

Barkalov, Igor (2015): Effiziente Unternehmensplanung. Weniger Aufwand, mehr Flexibilität, mehr Geschäftserfolg. Wiesbaden: Gabler. Online verfügbar unter http://dx.doi.org/10.1007/978-3-658-06839-4.

Bergmann, Universtität Potsdam, S. 16 (http://wi.unipotsdam. de/homepage/potsdam.nsf/e01b4d8cac b32e42c12572bf003d75e2/48957d5593e94766c1257c0a0036d87e/$FILE/ERP%20Markt_M% 20Goetze_S%20Bergmann.pdf)

Bitkom – Bundesverband Informationswirtschaft,Telekommunikation und neue Medien e. V.; Fraunhofer-Institut für Arbeitswirtschaft und Organisation IAO (2014): Industrie 4.0 – Volkswirtschaftliches Potenzial für Deutschland. Studie. Online verfügbar unter https://www.bitkom.org/ Publikationen/2014/Studien/Studie-Industrie-4-0-Volkswirtschaftliches-Potenzial-fuer-Deutsch land/Studie-Industrie-40.pdf.

Chmielewicz, Klaus (1981): Erfolgsrechnung. 2. Aufl. Opladen: Westdt. Verl (WV-Studium, 44).

Coenenberg, Adolf Gerhard; Fischer, Thomas M.; Günther, Thomas (2012): Kostenrechnung und Kostenanalyse. 8., überarb. Aufl. Stuttgart: Schäffer-Poeschel. Online verfügbar unter http:// digitool.hbz-nrw.de:1801/webclient/DeliveryManager?pid=4670713&custom_att_2=simple_ viewer.

Corsten, Hans; Friedl, Birgit (1999): Produktionscontrolling. Kaiserslautern: Univ. Lehrstuhl für Produktionswirtschaft (Schriften zum Produktionsmanagement, 27).

Cronjäger, Ludolf: Bausteine für die Fabrik der Zukunft. Eine Einführung in die rechnerintegrierte Produktion (CIM). Online verfügbar unter http://dx.doi.org/10.1007/978-3-662-00436-4.

Deutsche Bundesbank, Verhältniszahlen aus Jahresabschlüssen deutscher Unternehmen, statistische Sonderveröffentlichungen 2006–2013 Online abrufbar unter http://www.bundesbank.de/ Navigation/DE/Statistiken/Unternehmen_und_private_Haushalte/Unternehmensabschluesse/ Tabellen/tabellen.html.

Deyhle, Albrecht; Hauser, Martin (2010): Controller-Praxis: Führung durch Ziele – Planung – Controlling. Band II – Soll-Ist-Vergleich, Erwartungsrechnung und Führungsstil. 17. Aufl. Offenburg, Wörthsee: Verl. für ControllingWissen (Controlling Pockets, Band 2)

Egger, Anton; Winterheller, Manfred (2007): Kurzfristige Unternehmensplanung. Budgetierung. 14. Aufl. Wien: Linde (Fachbuch Wirtschaft).

Esters, Olaf; Latoska, Ronald (2008): Professional Planner. Das Basiswissen. Version 2008. Norderstedt: Books on Demand.

Gälweiler, Aloys (1986): Unternehmensplanung. 1. Aufl. Frankfurt: s. n.

Gehr (2007), Logistik in der Automobilindustrie, Springer.

Gleich, Ronald; Michel, Uwe; Stegmüller, Werner; Kämmler-Burrak, Andrea (Hg.) (2010): Moderne Kosten- und Ergebnissteuerung. [Grundsätze und Konzepte zur Gemeinkosten-, Produktkosten- und Ergebnissteuerung ; Best Practices zu verschiedenen Aufgaben ; Handlungsempfehlungen zur IT-Umsetzung]. Freiburg: Haufe Mediengruppe (Der Controlling-Berater, 7).

Gudehus, Timm (2012): Dynamische Disposition. Strategien, Algorithmen und Werkzeuge zur optimalen Auftrags-, Bestands- und Fertigungsdisposition. Berlin, Heidelberg: Springer-Verlag Berlin Heidelberg

Gudehus, Timm (2012): Logistik 2. Netzwerke, Systeme und Lieferketten. Studienausgabe der 4. Auflage. Berlin Heidelberg: Springer Berlin Heidelberg (VDI-Buch). Online verfügbar unter http://dx.doi.org/10.1007/978-3-642-29376-4.

Hummel, Siegfried (1969): Die Auswirkungen von Lagerbestandsveränderungen auf den Periodenerfolg. Ein Vergleich der Erfolgskonzeptionen von Vollkostenrechnung und Direct Costing. In: *Schmalenbachs Zeitschrift für betriebswirtschaftliche Forschung : Zfbf* 21 (2/3), S. 155–180.

Hummel, Siegfried; Männel, Wolfgang (1993): Moderne Verfahren und Systeme der Kostenrechnung. 3. Aufl., Nachdr. Wiesbaden: Gabler (Lehrbuch, 2).

Käfer, Karl (1955): Standardkostenrechnung. Stuttgart: Poeschel.

Kämmler-Burrak, Andrea; Wieland, Florian (2010): Brancheneinblicke in die Produktionssteuerung. In: Gleich, Ronald; Michel, Uwe; Stegmüller, Werner; Kämmler-Burrak, Andrea (Hg.): *Moderne Kosten- und Ergebnissteuerung. [Grundsätze und Konzepte zur Gemeinkosten-, Produktkosten- und Ergebnissteuerung ; Best Practices zu verschiedenen Aufgaben ; Handlungsempfehlungen zur IT-Umsetzung].* Freiburg: Haufe Mediengruppe (Der Controlling-Berater, 7), S. 187–198.

Kilger, Wolfgang; Pampel, Jochen R.; Vikas, Kurt (2007): Flexible Plankostenrechnung und Deckungsbeitragsrechnung. 12., vollst. überarb. Aufl. 2007. Springer: Gabler.

Klenger, Franz (2000): Operatives Controlling. 5., durchges. Aufl. München: Oldenbourg.

Konradin, ERP-Studie 2011, Einsatz von ERP-Lösungen in der Industrie

Kosiol (1976), Pagatorische Bilanz, Duncker & Humblot.

Lackes, Richard (1989): EDV-orientiertes Kosteninformationssystem. Flexible Plankostenrechnung und neue Technologien. Univ., Diss. Saarbrücken, 1989. Wiesbaden: Gabler (Neue betriebswirtschaftliche Forschung, 62).

Loos, Peter (1999): Grunddatenverwaltung und Betriebsdatenerfassung als Basis der Produktionsplanung und -Steuerung. In: Corsten, Hans; Friedl, Birgit (Hg.): *Einführung in das Produktionscontrolling.* München: Vahlen, S. 227–252.

Lotter, Wolf (2015): Industrie 4.0: Wandel zur Wissensgesellschaft. Schichtwechsel. In: *brandeins. Wirtschaftsmagazin,* 07/2015, S. 31–41. Online verfügbar unter http://www.brandeins.de/archiv/2015/maschinen/wolf-lotter-industrie-4-0-wissensgesellschaft-schichtwechsel/.

Lünendonk (2013): Lünendonk®-Marktstichprobe 2013. Business Intelligence als Kernkompetenz. Der Markt für spezialisierte Business-Intelligence-Standard-Software-Anbieter in Deutschland. Online verfügbar unter http://luenendonk-shop.de/out/pictures/0/lue_marktstichprobe_bi_f130913_fl.pdf.

Matthes, Dirk (2011): Enterprise architecture frameworks Kompendium. Über 50 Rahmenwerke für das IT-Management. [S.l.]: Springer.

Munzel, Gerhard (1966): Die fixen Kosten in der Kostenträgerrechnung. Wiesbaden: Gabler.

Nyhuis, Peter; Mayer, Jonas; Kuprat, Thorben: Die Bedeutung von Industrie 4.0 als Enabler für logistische Modelle. In: Kersten, W.; Koller, H.; Lödding, H. (Hg.): *Industrie 4.0. Wie intelligente Vernetzung und kognitive Systeme unsere Arbeit verändern,* Schriftenreihe der Hochschulgruppe für Arbeits- und Betriebsorganisation e. V. (HAB), Berlin: GITO-Verlag, S. 79–100. Online verfügbar unter http://www.gito.de/homepage/gito/gitoshop.nsf/download.html/AF7BE597EFB55155C1257DAF0052A6E8/$File/nyhuis_Die-Bedeutung-von-Industrie-4-0-als-Enabler-fuer-logistische-Modelle_HAB-Tagungsband-2014.pdf.

Oehler, Karsten (2006): Corporate Performance Management mit Business Intelligence Werkzeugen. München: Hanser. Online verfügbar unter http://deposit.ddb.de/cgi-bin/dokserv?id=2714908&prov=M&dok_var=1&dok_ext=htm.

Oehler, Karsten (2010): IT-Umsetzung der Produktkostensteuerung mittels OLAP. In: Gleich, Ronald; Michel, Uwe; Stegmüller, Werner; Kämmler-Burrak, Andrea (Hg.): *Moderne Kosten- und Ergebnissteuerung. [Grundsätze und Konzepte zur Gemeinkosten-, Produktkosten- und Ergebnissteuerung ; Best Practices zu verschiedenen Aufgaben ; Handlungsempfehlungen zur IT-Umsetzung].* Freiburg: Haufe Mediengruppe (Der Controlling-Berater, 7), S. 187–198.

Pfeiffer, Sabine; Suphan, Anne (2015): Der AV-Index. Lebendiges Arbeitsvermögen und Erfahrung als Ressourcen auf dem Weg zu Industrie 4.0. Online verfügbar unter http://www.sabine-pfeiffer.de/files/downloads/2015-Pfeiffer-Suphan-draft.pdf.

Prell-Leopoldseder, Sonja (2011): Einführung in die Budgetierung und integrierte Planungsrechnung. Wien: Linde (Skripten). Online verfügbar unter http://www.lindeonline.at/plink/doc-id/fb-budgetierung-planr.

Rieder, Lukas (2010): Deckungsbeitragsrechnung – lange bekannt, meistens verkannt. Online verfügbar unter http://www.czsg.com/pdf/CZSGDeckungsbeitragsrechung.pdf.

Rieder, Lukas; Berger-Vogel, Markus (2008): Echte Deckungsbeitragsrechnung contra Ergebnisrechnung nach IFRS. In: *Controller-Magazin*, 1/2008, S. 2–17. Online verfügbar unter http://www.czsg.com/__DATEIENcms/fachartikel/DBR-contra-IFRS.pdf.

Rieg, Robert (2015): Planung und Budgetierung. Was wirklich funktioniert. 2., überarbeitete Aufl. 2015. Wiesbaden: Gabler (SpringerLink : Bücher).

Scheer, August-Wilhelm (2013): Wirtschaftsinformatik. Referenzmodelle für industrielle Geschäftsprozesse. 7., Aufl. 1997. Berlin: Springer Berlin.

Schneider, Erich (1969): Industrielles Rechnungswesen. Grundlagen u. Grundfragen. 5. Aufl. Tübingen: Mohr.

Schuh, Günther; Stich, Volker (2013) (Hg.): WInD – Wandlungsfähige Produktionssysteme durch integrierte IT-Strukturen und dezentrale Produktionsplanung und -regelung. Aachen: FIR e.V. an der RWTH Aachen (Edition Forschung, 11).

Svoboda, Integrierte Unternehmensplanung, in „Der Controlling Berater" Nr. 6 / 2002, Seite 26

VDI/VDE – Gesellschaft Mess- und Automatisierungstechnik; ZWEI – Die Elektroindustrie: Statusreport. Referenzarchitekturmodell Industrie 4.0 (Rami4.0). Online verfügbar unter http://www.zvei.org/Downloads/Automation/Statusreport-Referenzmodelle-2015-v10.pdf.

Währisch, Michael (1998): Kostenrechnungspraxis in der deutschen Industrie. Eine empirische Studie. Wiesbaden: Gabler (Bochumer Beiträge zur Unternehmungsführung und Unternehmensforschung, Bd. 53).

Zimmermann, Alexander (2010): Praxisorientierte Unternehmensplanung mit harten und weichen Daten. Das Strategische Führungssystem. Berlin, Heidelberg: Springer-Verlag Berlin Heidelberg.

ZVEI – Die Elektroindustrie: Industrie 4.0: Die Industrie 4.0-Komponente. Online verfügbar unter http://www.zvei.org/Downloads/Automation/Industrie%204.0_Komponente_Download.pdf.

Zwicker, Eckart (1981): Simulation und Analyse dynamischer Systeme in den Wirtschafts- und Sozialwissenschaften. Berlin: De Gruyter.

Zwicker, Modelltableausystem von Standard-Kosten-Leistungs-Modellen, www.inzpla.de.

4 Industrie 4.0 - Neue Anforderungen an die Unternehmensplanung

In diesem Kapitel soll der Frage nachgegangen werden, was die in den vorangehenden Kapiteln vorgestellte Systematik einer integrierten Planungsrechnung mit den Visionen von Industrie 4.0 zu tun hat. Im Kontext dieser neuen industriellen Revolution stehen Schlagwörter wie Echtzeitsteuerung, wandlungsfähige Produktionssysteme und Individualisierung der Produktion bis zur viel beschworenen „Losgröße 1". Dabei drängt sich jedoch die Frage auf, ob die heute im betrieblichen Rechnungswesen dominierenden Softwaresysteme für die Realisierung dieser Visionen geeignet sind. Wenn allerdings Planungsdauern von 4–6 Monaten die Regel und Simulationsmöglichkeiten alternativer Szenarien heute in der Praxis so gut wie unmöglich sind, dann kann daran ernsthaft gezweifelt werden. Vor diesem Hintergrund müssen sich die Systeme des betrieblichen Rechnungswesens und insbesondere die Systeme zur Unterstützung der Unternehmensplanung von Grund auf verändern:

Die betriebswirtschaftlichen Planungs- und Steuerungssysteme müssen grundlegend verändert bzw. erweitert werden, wenn die im Rahmen von Industrie 4.0 geforderte Echtzeitsteuerung gelingen soll.

Die heute für Planungs- und Steuerungszwecke über eine Vielzahl von Anwendungssystemen verteilten Datenstrukturen und Funktionen müssen in einem einheitlichen und durchgängigen System zusammengeführt werden.

Diese Zusammenführung ist Voraussetzung für ein „Andocken" der betriebswirtschaftlichen Mess- und Regeltechnik an die technische und produktionswirtschaftliche Mess- und Regeltechnik.

Die im Rahmen der Simulationssysteme der Produktionsplanung und -steuerung generierten Daten müssen ohne Umweg und ohne zeitaufwendige Transfers und Batchroutinen direkt in die jeweiligen Datenstrukturen der betriebswirtschaftlichen Planungs- und Steuerungssysteme übernommen werden. Dadurch können alternative Szenarien der Produktionsplanung direkt mit ihren finanz- und erfolgswirtschaftlichen Konsequenzen dargestellt werden. Veränderte Auftragsreihenfolgen, Auf- und Abbau von Beständen, veränderte Durchlaufzeiten etc. haben entlang der Zeitachse immer Auswirkungen in der Erfolgs- und Finanzsphäre. Auf Basis der durchgängigen Verknüpfung von Produktions-, Erlös- und Kostenfunktionen und Lagerbilanzgleichungen sowie deren Transformation in die Buchungsmatrizen sind die Auswirkungen veränderter Steuerungsentscheidungen sofort sichtbar.

Die bereits in der Entwicklung befindlichen Simulationssysteme der Produktionsplanung im Industrie-4.0-Kontext (siehe Kapitel 5.1.1, „ProSense") erzeugen einen Planungs- und Steuerungsoutput in Form „technischer" Größen wie bspw. Mengen-, Reihenfolge-, Belegungs-, Zeitpunkt- und Zeitraumgrößen. Damit die ökonomischen Wirkungen von produktionswirtschaftlichen Simulationen in „Echtzeit" transparent werden, muss eine Kopplung beider Systemwelten auf der Ebene der technischen Planungs- und Steuerungsgrößen erfolgen. Diese Kopplung ist aber weder mit den derzeit im Einsatz befindlichen ERP-Systemen noch mit den zur Planungsunterstützung eingesetzten Controlling-Softwaresystemen möglich. In ERP-Systemen werden die Detaildaten der produktionswirtschaftlichen Transaktionen lediglich aggregiert und über verschiedene Routinen und Batchläufe summarisch an die Schnittstellen der Buchhaltungs- und Kostenrechnungsmodule übergeben. Für die Simulation alternativer Produktionsszenarien und die anschließende Bewertung in der Finanzdimension fehlen nicht nur geeignete Datenstrukturen, sondern auch durchgängige Modelle zur Abbildung des ökonomischen Wirkungsgefüges. Die Controlling-Softwaresysteme sind noch weiter weg von den Simulationsdaten der Produktion, da sie lediglich aggregierte Daten aus den ERP-Systemen übernehmen können, die ja selber nur verdichtete Summensätze aufbereiten und übergeben. Ferner handelt es sich bei diesen Systemen fast ausschließlich um Verkaufserfolgsrechnungen, die auf einem aggregierten Kontenmodell basieren. Damit agieren diese Systeme quasi *direkt* auf der in Kapitel 2.6.2.1.6 erläuterten Buchungsmatrix. Die Buchungsmatrix ist aber eine Auswertungsdatenstruktur zur Erzeugung des aggregierten Ziel-Outputs, d. h. der Erfolgs-, Finanz- und Bilanzrechnung. Somit ist die Erfolgs- und Finanzplanung planungslogisch betrachtet eine *Sekundärplanung* bzw. regelgesteuerte Zusammenfassung vorgelagerter Planungsschritte. Daraus folgt, dass die bisher im Controlling vorherrschenden Systeme die Simulationsdaten von Produktionsplanungssystemen gar nicht aufnehmen können, weil ihnen die notwendigen Datenstrukturen und Algorithmen zur Weiterverarbeitung fehlen. Wenn es also im Hinblick auf die Visionen von Industrie 4.0 gelingt, Produktionsplanung und Steuerung in „Echtzeit" zu realisieren, können die aktuell im Einsatz befindlichen „kaufmännischen" Systeme damit nichts anfangen. Es bleibt dann bei einer mehr oder weniger großen Zeitlücke zwischen den aktuellen Zuständen und prognostizierten Zustandsveränderungen der „Smart Factory" und ihrem digitalen Abbild in der Finanzsphäre. Damit wäre eine wirkungsvolle Echtzeitsteuerung allerdings unmöglich, da sie sich nicht ausschließlich an technischen Steuerungsgrößen wie Mengen, Terminen und Zeiten orientieren kann. Erst über die ökonomischen Rückwirkungen dieser Steuerungsentscheidungen, die aus der Finanzsphäre zurückgespiegelt werden, entsteht ein sinnvolles Steuerungsinstrument. Wenn das ökonomische Spiegelbild der in „Echtzeit" gesteuerten Smart Factory allerdings wie bisher erst mit 4–6 Wochen Zeitversatz zur Verfügung steht, kann sich keine wirkungsvollere Steuerungsfähigkeit einstellen.

4.1 Was ist Industrie 4.0?

Die im Rahmen der Vision „Industrie 4.0" vorherrschenden Szenarien können als eine orchestrierte Kommunikation von Softwareagenten veranschaulicht werden. Einkaufsagenten nehmen Bestellungen entgegen und übergeben diese an Koordinationsagenten der Fabriken. Diese wiederum verhandeln mit den in Frage kommenden Fabriken und entscheiden, wer die Bestellung ausführen darf. Produktionsagenten wickeln den gesamten Herstellungsprozess ab. Das zu fertigende Produkt und ggf. seine Einzelteile sind mit Mikrochips ausgestattet und mit dem Internet (Internet der Dinge) verbunden. Auf der Route durch die Fabrik kommunizieren die Produkte mit den Produktionsmaschinen und steuern ihren Weg durch die Fertigung selbst. Die Produktionsmaschinen kommunizieren mit dem Logistiksystem und kündigen an, wann welche Produkte die Fertigung verlassen, um den anschließenden Versand zum Kunden zu organisieren.

Im Kern geht es bei Industrie 4.0 also um die digitalisierte und vernetzte Industrieproduktion, die eine verbesserte Wettbewerbsfähigkeit der deutschen Industrie aufgrund neuer Geschäftsmodelle und effizienterer Produktionsprozesse hervorbringen soll.

In einem Artikel der Zeit vom 04.01.2016 wurde das Thema kurz und anschaulich zusammengefasst:

„Es geht um das nächste große Ding: die digitalisierte, vernetzte industrielle Produktion. Maschinenbau trifft Big Data. In der Autoproduktion sollen autonome Roboter Seite an Seite mit Menschen arbeiten, nicht mehr im Sicherheitskäfig. Werkzeugmaschinen sollen dank unzähliger Sensoren und Messdaten besser vorhersagen, wann sie eine Wartung brauchen. Und die Arbeiter laufen künftig mit Tablet-Computern durch die Fabrik wie Mr. Spock durch das Raumschiff Enterprise ... Könnten wir hören, wie die Maschinen miteinander reden, würden wir ein anschwellendes Getöse vernehmen: Im Jahr 2012 waren erstmals so viele Dinge – Spielzeug, Rauchmelder, Maschinen – mit dem Internet verbunden, wie es Menschen auf der Erde gibt, im Jahr 2020 sollen es 50 Milliarden Dinge sein. Ihre elektronischen Kleinhirne speisen Daten ins Netz und empfangen Steuerungsbefehle. Das ist das Internet der Dinge, und es wird in der vernetzten Industrie auf Anlagen wie Werkzeugmaschinen, Lackierautomaten und Milchmaschinen erweitert, oft ist von „cyberphysikalischen Systemen" die Rede. Anlagen und Werkzeugmaschinen sind zwar heute schon computergesteuert. Neu ist, dass sie in der vernetzten Fabrik miteinander Kontakt aufnehmen. Jede Maschine wird in der Cloud von einem digitalen Zwilling repräsentiert. Die Zwillinge kommunizieren miteinander in der virtuellen Fabrik." [1]

Mit Industrie 4.0 ist auch das Versprechen verbunden, individualisierte und maßgefertigte Produkte zum Preis von Massenwaren zu erhalten. Dahinter steht das zum Teil überstrapazierte Schlagwort „Losgröße 1". Der Kunde soll in der intelligenten Fabrik der Zukunft sozusagen ein Unikat vom Fließband erhalten. Damit sind Großserien nicht grundsätzlich ausgeschlossen, allerdings unterscheiden sich die Produkte in ihrer Funktion und ihrem Aussehen zum Teil deutlich voneinander. Dies setzt jedoch in Zukunft eine extrem hohe Flexibilität der bisher noch vielfach auf Massenproduktion eingestellten Industrieunternehmen voraus.

Die digitale, vernetzte und flexible Produktion verlangt im Prinzip nach vollautomatisierten, mit Kunden, Lieferanten und Kooperationspartnern hochflexibel gestalteten Fertigungsprozessen. Dabei verfügen in der intelligenten Fabrik alle relevanten Objekte über eigene „Gehirne", die in Form von RFID-Chips (radio-frequency identification) realisiert sind. Auf Basis dieser implementierten „Mini-Computer" kommunizieren die Objekte mit ihrer Umwelt.

---

1   http://www.zeit.de/zeit-wissen/2016/01/industrie-4-0-kuenstliche-intelligenz-maschinen

Hierzu wird in einem Artikel des Wirtschaftsmagazins „brandeins" durchaus treffend angemerkt:

„Das ist mehr als ein Fließband mit Internetanschluss. Es ist der Abschied von der wichtigsten industriellen Doktrin überhaupt, der Massenproduktion. Die wird es zwar auch weiterhin geben, aber neue Märkte und Wachstum generiert man nur noch durch flexible, individuelle Produkte. Das wird nahezu alles, was uns vertraut vorkommt, nachhaltig verändern."[2]

Der Begriff Industrie 4.0 ist ein derzeit viel diskutierter Begriff. Allerdings kann Industrie 4.0 aktuell mehr als Diskurs denn als empirische Realität angesehen werden. Es ist durchaus ungewöhnlich, dass ein zum Teil noch weit in der Zukunft liegendes Thema so schnell eine so breite mediale Aufmerksamkeit hervorgerufen hat: „Nicht nur ökonomischer Erfolg sowie Wettbewerbs- und Innovationsfähigkeit, sondern auch gute und kreative Arbeit, Ressourceneffizienz, Vereinbarkeit von Arbeit und Leben und altersgerechte Arbeitsplätze – all das soll durch Industrie 4.0 Wirklichkeit werden."[3]

Vielfach wird im Kontext von Industrie 4.0 sogar von einer zukünftigen oder bereits laufenden industriellen Revolution gesprochen. Es bleibt abzuwarten, ob irgendwann einmal in der Rückschau tatsächlich von einer „Revolution" gesprochen werden kann. Die heute in Gang gesetzten Innovationen können durchaus dazu führen, dass die dadurch ausgelösten Entwicklungen in einigen Jahrzehnten von Historikern als revolutionär bezeichnet werden. Allerdings wurden vergangene Revolutionen vorher nur selten angekündigt, sondern vielmehr erst in einer Ex-post-Betrachtung als solche beschrieben. Vor diesem Hintergrund erscheint es vielen Kritikern zu Recht als etwas hochtrabend, die vierte industrielle Revolution auszurufen. Dabei muss auch berücksichtigt werden, dass die verwendeten Technologien aus den Bereichen der Software-Entwicklung, Vernetzung, Sensorik und Elektronik bereits seit längerer Zeit vorhanden sind. Schon vor diesem Hintergrund kann nicht von revolutionär neuen Erfindungen gesprochen werden. Trotzdem spricht aus Sicht vieler Experten einiges dafür, dass die intelligente Vernetzung umwälzende Veränderungen hervorrufen wird. Die aus heutiger Sicht betrachteten Entwicklungen der drei „Vorgänger-Revolutionen" im industriellen Sektor entwickelten sich über Jahrzehnte. Wie revolutionär sich die heutige Industrie in Zukunft verändern wird, kann mithin erst in einigen Jahren, wenn nicht sogar Jahrzenten einigermaßen zuverlässig abgeschätzt werden.

Vor dem Hintergrund der sich abzeichnenden Entwicklung mit Blick auf die Digitalisierung der Produktionswelt ist es von Bedeutung, dass sich die Unternehmen Gedanken machen, inwieweit ihre Geschäftsmodelle und Produktionsprozesse hiervon betroffen sein könnten.

In diesem Zusammenhang stellt sich die Frage, was sich eigentlich konkret hinter dem Schlagwort Industrie 4.0 verbirgt und welche umsetzungsrelevanten Handlungsfelder empfohlen werden.

---

2   Lotter, Industrie 4.0: Wandel zur Wissensgesellschaft, S. ???
3   Pfeiffer, Suphan, Der AV-Index, S. 4

Im November 2011 verabschiedete die Bundesregierung das Zukunftsprojekt Industrie 4.0 im Aktionsplan zur sogenannten Hightech-Strategie. Zeitgleich wurden verschieden Arbeitskreise zu dem Thema ins Leben gerufen. Als vorläufige Ergebnisse dieser Arbeitskreise zeichnen sich acht wichtige Handlungsfelder zur Umsetzung von Industrie 4.0 ab:

1) Arbeitsorganisation und -gestaltung
2) Standardisierung und Referenzarchitektur
3) Aus- und Weiterbildung
4) Ressourceneffizienz
5) Sicherheit
6) Flächendeckende Breitbandinfrastruktur
7) Beherrschung komplexer Systeme
8) Rechtliche Rahmenbedingungen

Auf Basis der Umsetzungsempfehlungen wurden verschiedene Forschungsaktivitäten im Rahmen der sogenannten Plattform Industrie 4.0 gestartet. Diese Plattform entwickelt derzeit konkrete Lösungsvorschläge für die acht definierten Handlungsfelder der Umsetzungsempfehlungen. Die Plattform Industrie 4.0 ist ein Gemeinschaftsprojekt des Verbandes Deutscher Maschinen- und Anlagenbau (VDMA), des Bundesverbandes Informationswirtschaft, Telekommunikation und neue Medien (BITKOM) und des Zentralverbandes Elektrotechnik- und Elektronikindustrie (ZVEI).

Das Ziel dieses Verbundes besteht darin, branchenübergreifend Technologien, Standards, Geschäfts- und Organisationsmodelle zu entwickeln und die Voraussetzungen für die praktische Umsetzung zu schaffen.

Zum Begriff Industrie 4.0 kann festgestellt werden, dass eine Vielzahl unterschiedlicher Definitionen existiert. Auch dies ist ein Zeichen dafür, dass keine Übereinstimmung hinsichtlich des konkreten Inhalts besteht.

Der Lenkungskreis der Plattform Industrie 4.0 hat zur Herbeiführung eines gemeinsamen Begriffsverständnisses folgende Definition vorgeschlagen:

„Der Begriff Industrie 4.0 steht für die vierte industrielle Revolution, einer neuen Stufe der Organisation und Steuerung der gesamten Wertschöpfungskette über den Lebenszyklus von Produkten. Dieser Zyklus orientiert sich an zunehmend individualisierten Kundenwünschen und erstreckt sich von der Idee, dem Auftrag über die Entwicklung und Fertigung, die Auslieferung eines Produkts an den Endkunden bis hin zum Recycling, einschließlich der damit verbundenen Dienstleistungen. Basis ist die Verfügbarkeit aller relevanten Informationen in Echtzeit durch Vernetzung aller an der Wertschöpfung beteiligten Instanzen sowie die Fähigkeit, aus den Daten den zu jedem Zeitpunkt optimalen Wertschöpfungsfluss abzuleiten. Durch die Verbindung von Menschen, Objekten und Systemen entstehen dynamische, echtzeitoptimierte und selbst organisierende, unternehmensübergreifende Wertschöpfungsnetzwerke, die sich nach unterschiedlichen Kriterien wie bspw. Kosten, Verfügbarkeit und Ressourcenverbrauch optimieren lassen.“[4]

---

4   https://www.bitkom.org/Themen/Branchen/Industrie-40/Was-ist-Industrie-40.html

Aus der obigen Definition können grob vier Hauptmerkmale abgeleitet werden:

1) *Echtzeitsteuerung und Echtzeitoptimierung* der Wertschöpfungsnetzwerke und der eigenen Produktion,
2) *horizontale Integration* über Wertschöpfungsnetzwerke,
3) die *Durchgängigkeit der Entwicklungs- und Konstruktionsprozesse* über die gesamte Wertschöpfungskette,
4) die *vertikale Integration* und vernetzte Produktionssysteme.

Als wichtiger Enabler von Industrie 4.0 gilt der flächendeckende Einsatz von sogenannten cyber-physischen Systemen (CPS). Die CPS umfassen physische und vernetzungsfähige Komponenten, die in dem sogenannten Internet der Dinge (IoT, „Internet of Things") miteinander verbunden werden können.

Im Internet der Dinge ist jedem realen Objekt sozusagen ein virtuelles digitalisiertes Abbild zugeordnet. Übertragen auf die Produktionswelt wird in diesem Zusammenhang von *cyber-physischen Produktionssystemen (CPPS) gesprochen*.

Die Umsetzung von Industrie 4.0 auf Basis der vorgeschlagenen Definition hat vielfältige Auswirkungen auf die Gestaltung und Steuerung der gesamten Wertschöpfungskette. Dabei beschäftigt sich Industrie 4.0 schwerpunktmäßig mit der Entwicklung und Integration innovativer Informations- und Kommunikationstechnologien (IKT) für industrielle Einsatzfelder. In diesem Zusammenhang soll vor allem die intelligente Vernetzung von Prozessen und Produkten entlang der Wertschöpfungskette weiterentwickelt werden.

Die intelligente Vernetzung der an der Wertschöpfungskette beteiligten Akteure hat eine wesentlich engere Integration zur Folge und führt zu einer verstärkten Integration aller beteiligten Akteure. Die Vision der Produktion der Zukunft kann anhand der oben genannten vier Hauptmerkmale näher beschrieben werden. Dabei bildet das *erstgenannte Merkmal*, die Echtzeitsteuerung, sozusagen eine gemeinsame Klammer der weiteren Merkmale.

Das *zweite Merkmal* bezieht sich auf die unternehmensübergreifende (horizontale) Integration aller an einer Wertschöpfungskette beteiligten Partner, was in der Vernetzung aller für den Produktionsprozess wesentlichen Prozessschritte zum Ausdruck kommt.

Dabei werden Beschaffungs- und Distributionslogistik, Fertigung, Vertrieb und nachgelagerte Services (After Sales Services) zu einer durchgängigen „End-to-End"-Lösung verbunden. Diese End-to-End-Lösungen beinhalten abgestimmte und integrierte Prozesse von Lieferanten, Kunden und weiteren Wertschöpfungspartnern in einem gemeinsamen Wertschöpfungsnetzwerk. Abbildung 4.1 zeigt überblicksartig die Grundgedanken der horizontalen Integration.

Die Durchgängigkeit der Entwicklungs- und Konstruktionsprozesse über die gesamte Wertschöpfungskette, als *drittes Merkmal,* bezieht sich auf die virtuelle Abbildung der realen physischen Welt von Produktionsressourcen und Produkten, die zu einer durchgängigen Lösung transformiert werden sollen. Auf dieser Basis soll es für Kunden zukünftig möglich sein, ihre Produkte aus einzelnen Komponenten und Funktionen selbst zusammenzustellen und sich nicht wie bisher auf das vom Hersteller festgelegte Produktprogramm zu be-

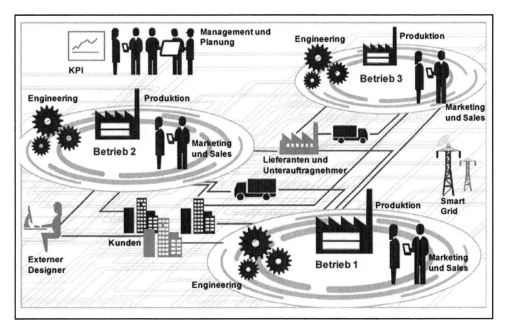

Abb. 4.1:   Horizontale Integration. Quelle: Kagermann et al., Deutschlands Zukunft als Produktionsstandort sichern, S. 26

schränken. Ausgehend von den Kundenanforderungen über die Produktarchitektur bis hin zur Herstellung soll der gesamte Wertschöpfungsprozess abgebildet werden.[5]

Als viertes Merkmal wurden die vertikale Integration und die Vernetzung der Produktionssysteme genannt. Dabei soll zum Ausdruck gebracht werden, dass die verschiedenen Hierarchieebenen der Unternehmen durch integrierte IT-Systeme durchgängig miteinander verbunden sind und somit die Voraussetzung für eine durchgängige Planung und Steuerung aller betrieblichen Wertschöpfungsstufen geschaffen werden soll. So können bspw. Sensor-, Aktor-, Steuerungs-, Produktionsleit-, Herstellungs- und die übergeordnete Unternehmensplanungsebene zu einer „End-to-End"-Lösung verschmolzen werden, was wiederum zu einer performanten, flexiblen und dynamischen Planung und Steuerung sämtlicher Logistik-, Produktions- und Vertriebsprozesse führen soll.

Im Zusammenhang von Industrie 4.0 wird auch immer wieder der Begriff der intelligenten Fabrik (Smart Factory) genannt. In der intelligenten Fabrik sind die Produktionsstrukturen nicht mehr statisch vorgegeben, sondern sollen fallspezifisch über eine Anpassung der Objekte und Abläufe ermöglicht werden. Dabei tauschen die einzelnen Komponenten der intelligenten Fabrik in Echtzeit und über Unternehmens- und Hierarchiegrenzen hinweg permanent Informationen aus.

---

5   Internationaler Controller Verein, Industrie 4.0, S. 6

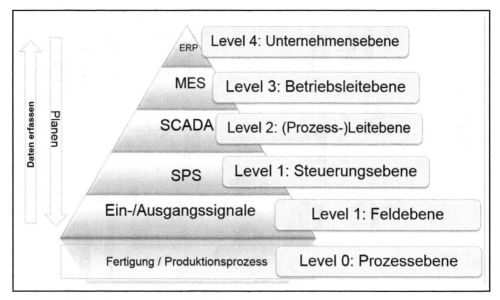

Abb. 4.2:   Vertikale Integration. Quelle: eigene Darstellung

Die Entwicklung modularer Produktionssysteme ist Voraussetzung für flexible Verwendung der Maschinen. Dabei ist das Merkmal der Echtzeit entscheidend, da die Akteure der horizontal integrierten Wertschöpfungsnetzwerke ihre Daten ständig synchronisieren müssen. Nur auf diese Weise können Produktionsprozesse jederzeit über das gesamte Wertschöpfungsnetzwerk aktualisiert und nach verschiedenen Kriterien wie Kosten, Verfügbarkeit und Ressourcenverbrauch optimiert werden. Auch die vertikal vernetzten betriebswirtschaftlichen Prozesse gleichen sich ständig ab und schaffen ein aktuelles Echtzeitabbild der Abläufe in der Fabrik.

Als technologische Voraussetzung für die durchgängige Vernetzung innerhalb und außerhalb der Unternehmen werden sogenannte cyber-physische Systeme (CPS) angesehen.

Wie oben bereits kurz angedeutet, verbinden CPS die virtuelle Welt (cyber) mit der realen Welt (physisch). Cyber-physische Systeme umfassen in der Produktion intelligente Maschinen, Lagersysteme und Betriebsmittel, die eigenständig Informationen austauschen, Aktionen auslösen und sich gegenseitig selbstständig steuern. Sie sollen intelligent vernetzte Fabriken und Wertschöpfungsketten schaffen, die eine flexiblere, effizientere und kundenindividuellere Produktion ermöglichen. Grundsätzlich können cyber-physische Systeme aber auch in Anwendungsbereichen außerhalb der Produktion zum Einsatz kommen und bestehen aus drei Komponenten:

–   Physische Komponente (Sensoren, Aktoren, Steuerungstechnik)
–   Intelligente Komponente (Prozessoren, Software, Datenspeicher)
–   Vernetzungskomponente (drahtlos, drahtgebunden)

Physische Objekte (Geräte, Gebäude, Verkehrsmittel, Produktionsanlagen, Logistikkomponenten etc.), die eine „intelligente" Komponente (Sensoren, Speichermöglichkeiten etc.)

enthalten, werden als eingebettete Systeme bezeichnet. Diese eingebetteten Systeme können über Internetprotokolle miteinander kommunizieren und Internetdienste nutzen. Möglich wird die beschriebene Kommunikation durch Entwicklungen aus verschiedenen Bereichen. Das Zusammenspiel von Elektronik, Softwaretechnik, Vernetzung und Mechatronik prägen den Aufbau von cyber-physischen Systemen. Die Entwicklung geht dabei hin zu immer umfangreicheren Systemen mit mehr verbundenen Komponenten. Ausgangspunkt stellen geschlossene, eingebettete Systeme dar. Wenn die Vernetzung über diese abgeschlossene Systemgrenze hinausgeht, dann spricht man von den bereits genannten cyber-physischen Systemen. Die CPS können über ihre eingebauten Sensoren ihre Umwelt erfassen und diese mit Hilfe weltweit verfügbarer Daten und Dienste auswerten und speichern. Über die erfassten Umweltinformationen können die CPS mit Hilfe von Aktoren direkt auf die physikalische Welt einwirken. Aktoren führen nicht nur Bewegungen von Komponenten des Objekts aus, sondern dienen auch zur Übermittlung visueller oder akustischer Informationen an Personen. Identifikatoren dienen zur eindeutigen Identifikation des Objekts. Ein Barcode oder ein RFID-Transponder sind Beispiele für Identifikatoren.

Der Mikrocontroller bildet die eigentliche Intelligenz von eingebetteten Systemen. Er analysiert die eingehenden Daten, bestimmt den Status der Objekte, bereitet Entscheidungen vor und führt diese aus. Die daraus entstehenden CPS-Plattformen bilden die Basis, um die verschiedenen „Internets" miteinander zu verbinden – das Internet der Menschen mit dem Internet der Dinge und dem Internet der Dienste, womit sich drei Perspektiven auf das Internet ergeben: das Internet der vernetzten Menschen in Social Networks, das Internet der Dinge mit vernetzten Maschinen und smarten Objekten sowie das Internet der Dienste, das serviceorientierte Dienste für Menschen und Dinge bereitstellt. Softwareapplikationen können mit Hilfe der Daten der CPS-Plattformen und der Intelligenz der Menschen dazu führen, dass man dezentral schnell echtzeitnah zu Lösungen in den verschiedensten Bereichen kommen kann. Die Verbindung der drei Welten schafft dann über die CPS-Plattform neue Möglichkeiten als Basis für das Smart Grid, das Smart Home, das Smart Building oder auch die Smart Mobility.[6]

Im Internet der Dinge vernetzen sich die physische und die digitale Welt. Anlagen, Maschinen und einzelne Werkstücke interagieren permanent über ständigen Informationsaustausch und integrieren dabei sämtliche Produktions- und Logistikprozesse. Die Vernetzung schafft dabei die Voraussetzung für den ständigen Informationsaustausch, aus dem automatisch situationsgerechte Prozessanpassungen generiert werden können. Die CPS ermöglichen zudem die Dezentralisierung der Prozesssteuerung, in deren Rahmen die Werkstücke bspw. mit Hilfe eingebetteter Systeme (siehe oben) Umgebungsdaten verarbeiten und daraus entsprechende Steuerungsbefehle ableiten. Dies führt zu einer erheblich flexibleren Produktion, die zudem durch anwendungsoffen konstruierte Maschinen erreicht wird, die in direkter zeitlicher Abfolge unterschiedliche Bearbeitungsvorgänge ausführen oder Werkzeuge einsetzen können. Die Umrüstung und Neukonfiguration dieser Maschinen erfolgt weitestgehend kostenneutral, da der vielfältige Einsatz der Anlagen nahezu automatisch organisiert wird. Diese hohe Flexibilität bedingt komplexe Rechenleistungen, die auf den unterschiedlichen Steuerungsebenen des Unternehmens ablaufen und untereinander verbunden sind. Dabei entsteht eine vertikale Integration aller Prozesse vom Auftragseingang

---

6   Ebd. S. 11 ff.

über das Ressourcenmanagement, die Planung der zeitlichen Fertigungsabfolge, die Fertigungsdurchführung bis hin zur Auslieferung.

Die Prozessebenen des Unternehmens werden also durchgängig miteinander integriert und sind auf Basis der jeweils aktuellsten Prozessdaten jederzeit in der Lage, sich neu aufeinander abzustimmen. Die Technologie die Protokolle des Internets ermöglicht zudem auch eine permanente Koordination zwischen global verteilten Standorten und über Unternehmensgrenzen hinweg. Die Vernetzung mehrerer Unternehmen im Rahmen einer horizontalen Integration ist die Basis für eine flexible Gestaltung ihrer gemeinsamen Wertschöpfungsprozesse. Die dabei entstehenden dynamischen Netzwerke können auftrags- und produktspezifisch ihre Kapazitäten zu virtuellen Produktionsfraktalen zusammenschließen. Auf Basis jederzeit aktueller Daten aus den Märkten und aus der Produktion wird eine kontinuierliche Optimierung aller Prozesse der in den Wertschöpfungsnetzwerken zusammengeschlossenen Unternehmen möglich. Dabei wird versucht, Zielgrößen wie Zeit, Qualität, Kosten, Ressourceneinsatz und Energieeinsatz möglichst gleichzeitig zu optimieren. Digitale Produktgedächtnisse speichern zukünftig Daten aus Fertigung, Logistik, Nutzung und Entsorgung und machen sie für die Produkt- und Prozessoptimierung nutzbar.[7]

Während der Herstellungsphase eines Produktes wird diese Fähigkeit zur dezentralen selbstorganisierten Koordination von Auftrags-, Material- und Informationsströmen genutzt. In der Nutzungsphase eines Produktes dienen die gesammelten Daten bspw. zur Koordination von Inspektionen, Wartungen und Instandhaltungen. Die gespeicherten Produktinformationen werden am Lebensende dazu genutzt, einen geeigneten Recyclingkanal für das Produkt bzw. seine Komponenten auszuwählen.

Die Individualisierung der Produktion ermöglicht es einer Vielzahl von Unternehmen, zu geringen Kosten eine hohe Variantenvielfalt an Produkten anzubieten und herzustellen, um auf diese Weise individuelle Kundenwünsche zu bedienen. Die Unternehmen können dabei flexibel auf veränderte Marktentwicklungen, geänderte Produktanforderungen oder auf schwankende Rohstoff- und Energiepreise reagieren. Auch bei unvorhergesehenen Ereignissen oder Störungen, wie Stromausfällen oder Lieferungsverzögerungen, erfolgt die Anpassung schnell und präzise und zuverlässig. Ferner können auch Reparatur und Wartung von Anlagen erheblich effizienter gestaltet werden, da eingebettete Systeme eine vollständige Transparenz über den Zustand der Maschinen herstellen. Die Maschinen bestellen in Zukunft ihre Ersatzteile selbstgesteuert, sobald Verschleißerscheinungen auftreten.[8]

---

7   http://www.bitkom.org/files/documents/Studie_Industrie_4.0.pdf
8   https://www.bmbf.de/de/zukunftsprojekt-industrie-4-0-848.html

4.2 Integration und Echtzeit

4.2.1 Echtzeit

Eine der Grundvoraussetzungen für zuverlässige Planungsergebnisse im Rahmen der Produktionsplanung und -steuerung besteht in einer vollständigen, konsistenten und widerspruchsfreien Basis an Stamm- und Bewegungsdaten. Um zielführende Steuerungsentscheidungen in der Produktion treffen zu können, sind darüber hinaus echtzeitnahe Daten und Datenanalysen notwendig. Die Datenqualität der derzeit im Produktionsumfeld eingesetzten Unterstützungssysteme ist im Hinblick auf Aktualität, Auflösung und Konsistenz nicht zufriedenstellend und erfüllt die Anforderungen der Produktionsplanung und -steuerung nur unzureichend. Dies ist im Wesentlichen zurückzuführen auf eine mangelhafte Integration der verschiedenen IT-Unterstützungssysteme, was bspw. dazu führt, dass die für die Auftragsabwicklung benötigten Daten nicht in allen Unternehmensbereichen zur richtigen Zeit und in ausreichender Qualität verfügbar sind. Aktuell erfolgen bei rund 60 % der mittelständischen Unternehmen und bei immerhin noch rund 40 % der Großunternehmen die Rückmeldungen von Produktionsprozessdaten in manueller, nicht digitalisierter Form.

Fehlerhafte Rückmeldungen wie bspw. fehlerhafte Datenaggregationen, ungenaue manuelle Meldungen, fehlende Informationen über die belegten Anlagen und Maschinen, fehlende Start- oder Endtermine von Prozessschritten sowie zeitliche Überschneidungen zwischen Arbeitsschritten etc. führen darüber hinaus zu diversen Inkonsistenzen in den Daten. Vor diesem Hintergrund kann von Echtzeit in vielen Produktionssystemen der Industrie noch keine Rede sein. Um auf unvorhersehbare Ereignisse oder Störung angemessen reagieren zu können sind aber fehlerfreie und echtzeitbasierte Daten eine Grundvoraussetzung. Die Konsequenz aus den inkonsistenten und fehlerhaften bzw. gänzlich fehlenden Daten zeigt sich in einem zeitlich stark versetzten und darüber hinaus verzerrten Abbild des Produktionssystems.

Im Zuge der beschriebenen Probleme der zeitnahen Erfassung von Produktionsprozessdaten werden im Rahmen der Produktionsplanung und -steuerung die benötigten Daten über Durchschnittswerte aggregiert oder über Schätzwerte erweitert. Eine Repräsentation des Produktionssystems in Echtzeit ist daher in dieser Form nicht möglich, wodurch Planungen und Entscheidungen innerhalb der Produktionsplanung und -steuerung nicht optimal durchgeführt werden können. Im Rahmen von Industrie 4.0 werden mittels neuartiger Sensoren hochauflösende Rückmeldedaten der Produktion realisierbar, wodurch ein Anstieg der Datenqualität und der Datenquantität zu vermuten ist. Diese Entwicklung lässt zukünftig ein echtzeitfähiges Abbild des Produktionssystems entstehen.[9]

Entwicklungspotenziale logistischer Modelle im Rahmen von Industrie 4.0

Die logistischen Modelle zur Durchlaufsteuerung wurden bisher hauptsächlich in der Gestaltung und Analyse von Produktionssystemen eingesetzt und weniger für die kurzfristige

---

9   Nyhuis, Mayer, Kuprat, Die Bedeutung von Industrie 4.0 als Enabler für logistische Modelle, in: Kersten et al., Industrie 4.0, S. 80 ff.

Planung und Steuerung im operativen Betrieb. Ein wesentlicher Grund hierfür ist darin zu sehen, dass in der Regel große Untersuchungszeiträume notwendig sind, um valide Aussagen auf Basis von Daten niedrigerer Auflösung treffen zu können. Ferner sind die Daten dieser Zeiträume in der Regel mittelwertbasiert und nicht vorhandene bzw. fehlerhafte Produktionsdaten führen zu einer Verringerung der Abbildungsgüte. Beispielsweise führen falsche Angaben bezüglich der Standardabweichung der Auftragszeiten bei gleichzeitigem korrektem Niveau des Mittelwertes der Auftragszeiten zu einer fehlerhaften Berechnung des idealen Mindestbestandes einer Produktionskennlinie. Eine Ursache für eine fehlerhafte Dimensionierung der Standardabweichung der Auftragszeiten liegt z. B. darin, dass die entsprechenden Werte abgeschätzt und nicht auf Basis von Vergangenheitsdaten ermittelt werden. Abschätzungen oder Annahmen im Rahmen der Anwendung der Produktionskenn-linien sind bei einem solchen Datenfehler bei Prozessbeurteilungen und der Gestaltung von Produktionsprozessen als kritisch anzusehen. Die Generierung von durch Industrie 4.0 ermöglichten Rückmeldedaten in Echtzeit gewährleistet die Abbildung aktueller Betriebs-zustände von Produktionssystemen sowie die zeitnahe Identifikation strukturrelevanter Änderungen. Hochaufgelöste Rückmeldedaten befähigen logistische Modelle zu einer Ein-bindung in Aufgaben bezüglich Produktionsplanung, -steuerung und -controlling, wodurch modellbasierte Entscheidungsgrundlagen auf Steuerungsebene geschaffen werden. Bestre-bungen im Rahmen der Industrie 4.0 können dazu genutzt werden, möglichst genaue Plan-durchlaufzeiten für realistische Auftragsterminierungen bereitzustellen. Hochaufgelöste Rückmeldedaten von Ist-Durchlaufzeiten, die kontinuierlich erfasst und ausgewertet wer-den, können zukünftig dazu dienen, die Qualität der Plandurchlaufzeiten signifikant zu erhöhen. So können z. B. die Werte der Ist-Durchführungszeiten kontinuierlich zurück-gemeldet und erfasst werden, um anschließend diese Werte zur Verbesserung der Stamm-daten zu nutzen und gemeinsam mit Angaben über die aktuelle Bestandssituation in die Dimensionierung der Plandurchlaufzeiten einfließen zu lassen. Unter Verwendung der flussgradorientierten Terminierung auf Grundlage der Produktionskennlinie sind darüber hinaus mittlere Übergangszeiten als zweite Komponente von Plandurchlaufzeiten detailliert ermittelbar. Auf Basis einer echtzeitfähigen Rückmeldung über begonnene oder abge-schlossene Arbeitsvorgänge in der Fertigung sind Aussagen über Auftragsfortschritte und aktuelle Arbeitssystembelastungen ableitbar. Weiterhin ist durch die Bereitstellung verbes-serter Datengrundlagen die Identifikation struktureller Veränderungen innerhalb der Pro-duktion realisierbar. Unter Verwendung statistischer Methoden ist beispielsweise die Er-mittlung von Veränderungen hinsichtlich der Auftragszeitverteilungen durchführbar. Diese strukturellen Veränderungen lassen sich direkt in logistischen Modellen abbilden und kön-nen somit zeitnah in Planungsentscheidungen berücksichtigt werden. Eine Verbesserung der Datengrundlage dient folgerichtig einer Verbesserung der Planungsgenauigkeit im Rahmen der Produktionsplanung.[10]

Die generelle Bedeutung von echtzeitnahen Rückmeldedaten aus der Produktion:

Für eine effiziente Produktionsplanung und Steuerung werden vollständig automatisierte und aktuelle Rückmeldedaten benötigt. Die Aufgabe der Betriebsdatenerfassung besteht in der Ermittlung des aktuellen Ist-Zustands betrieblicher Prozesse und Kapazitäten, bei-

---

10   Ebd. S. 92

spielsweise in der Erfassung von Produktionszeiten und -mengen, Maschinenbelegungs- und Stillstandszeiten, Anwesenheitszeiten und -orte des Personals und Materialbestands- und Bewegungsdaten. Betriebsdaten sind also betriebsindividuelle, interne Informationen, die den Verlauf von Produktionsprozessen dokumentieren und als Rahmendaten in betriebliche Entscheidungsprozesse eingehen bzw. bestimmte Entscheidungen erforderlich machen. Aus systemtheoretisch-kybernetischer Sicht handelt es sich bei der Betriebsdatenerfassung um *Rückinformationen über die Regelstrecke*. Erst durch die Information über den eigenen Systemzustand ist eine zielgerichtete Unternehmenssteuerung möglich. Die Kenntnis des eigenen Zustands ist in komplexen Organisationsgebilden wie Unternehmungen nicht selbstverständlich. Die weitgehende Strukturierung in arbeitsteilige Subsysteme und die Separierung der Unternehmensprozesse in einen mehr dispositiven und einen mehr operativen Bereich erschweren die Verfügbarkeit der für die Entscheidungsprozesse auf der dispositiven Ebene erforderlichen Daten. Sie müssen aus kybernetischer Sicht durch ein komplexes Netz von Regelkreisen übersendet werden. Im kybernetischen Grundmodell der Rückkopplungsschleife werden zur Regelung durch die Regelinstanz (Regler) neben den Soll-Daten die Ist-Daten über den aktuellen Zustand des zu regelnden Objektes benötigt. Hierbei wird allerdings meist von einer zeitlichen Divergenz zwischen realem und gemeldetem Ist-Zustand abstrahiert. Betriebsdatenerfassung an sich ist kein Phänomen neuzeitlicher Forschung. Die Zustandsreflexion, abgebildet in numerischen und qualitativen Kenngrößen, gab es schon immer. Neu sind die Automatisierung und Strukturierung der Erfassung sowie die echtzeitnahe Übermittlung von Betriebsdaten, so dass die Informationen vollständiger, aktueller und zuverlässiger sind als früher. Der *time-lag* zwischen tatsächlichem und übermitteltem Ist-Zustand wird bei vollständig automatisierter Betriebsdatenerfassung wegen des Wegfalls der manuellen Erfassung, Bearbeitung und Weiterleitung fast komplett wegfallen. Weitere Vorteile sind die geringere Fehleranfälligkeit und Manipulationsmöglichkeit, die Standardisierung der Informationsform und die umfassendere, genauere Datenerfassung.

Die Bedeutung echtzeitnaher Zustandsinformationen für Entscheidungsprozesse soll nachfolgend etwas weiter ausgeführt werden:[11]

Ein Entscheidungsprozess regelt eine Zustandsvariable, deren Wertebereich, eindimensional skaliert, numerisch gemessen wird. Der Soll-Zustand der Zustandsvariablen ist ein fester Wert. Auf die Variable wirken im Zeitablauf Störungen, die den Zustand innerhalb einer bestimmten Bandbreite verändern können. Der zuletzt gemeldete Ist-Zustand betrifft den Wert der Zustandsvariablen zu einem bestimmten Zeitpunkt. Der in einem bestimmten Zeitpunkt gemeldete Ist-Zustand weicht vom Gegenwartszeitpunkt jedoch meist ab, d. h., es entsteht ein *Informations-time-lag* zwischen Erhebungszeitpunkt und Gegenwartszeitpunkt. Im Gegenwartszeitpunkt ist eine Entscheidung über die Einflussnahme auf die Zustandsvariable zu treffen. Der scheinbare, aktuelle Zustand zum Gegenwartszeitpunkt ist der zuletzt übermittelte Wert. Bedingt durch den time-lag ist der tatsächliche Zustand im Gegenwartszeitpunkt unbekannt. Die Wirkungsreichweite möglicher Einflussnahmen ist durch einen zweiten time-lag (*reaction-time-lag*) gekennzeichnet, d. h., das Ergebnis des Entscheidungsprozesses zur Rückführung der Zustandsvariablen auf ihren Sollwert zum

---

11 Folgende Ausführungen des Kapitels 2.4.1 sind teils zitatgleich entnommen aus: Lackes, EDV orientiertes Kosteninformationssystem, S. 76 ff.

durch den reaction-time-lag gegebenen Zeitpunkt ist eine Aktion, die den *scheinbaren Ist-Zustand* in den gewünschten Soll-Zustand überführen soll. Die tatsächliche Wirkung dieser Maßnahme aber kann den aktuellen Zustand in einen noch weiter vom Soll-Zustand entfernten Zustand versetzen. Durch den Informations-time-lag kann die Entscheidung damit sogar in die falsche Richtung führen, d. h. noch weiter weg vom Soll-Zustand statt näher an den Soll-Zustand heran. Eine automatisierte und dadurch aktuellere Betriebsdatenerfassung reduziert den time-lag deutlich bzw. beseitigt ihn fast vollständig.

Der zuletzt gemeldete Zustand ist mit dem Gegenwartszustand fast identisch. Die echtzeitnahe Erfassung von Betriebs- und Produktionsdaten ermöglicht es damit, die Zustandsvariable innerhalb einer *engeren Bandbreite um den Soll-Zustand* zu halten. In realen Entscheidungsprozessen ist allerdings nicht nur eine eindimensionale Systemzustandsvariable zu beachten, sondern es müssen mehrdimensionale, interdependente Zustandsvektoren ausgeregelt werden.[12]

Auch wenn sich die obigen Ausführungen auf nur eine Zustandsvariable bezogen, können dennoch Aussagen zur voraussichtlichen Wirkungsweise einer echtzeitnahen und automatisierten Erfassung hochauflösender Rückmeldedaten gemacht werden:

– Je größer die Störungsanfälligkeit der Zustandsvariablen, desto geringer sollte der Informations-time-lag sein.
– Je kleiner die Einwirkungsmöglichkeiten, desto wichtiger ist die aktuelle Zustandsinformation.
– Je länger die Wirkungsreichweite (d. h. je größer die Zeitverzögerung der Wirkungsreichweite von Entscheidungen (reaction-time-lag)), desto kürzer sollte der Informations-time-lag sein.
– Je ungünstiger die Zielabweichung beurteilt wird, desto wichtiger ist die aktuellere Betriebsdatenerfassung. Insbesondere dann, wenn der zu maximierende Zielwert in Abhängigkeit vom (zunehmenden) Abstand zum Sollwert progressiv sinkt.
– Das Problem der simultanen Planung von Losgrößen, Reihenfolgen und Terminen wird zwar nicht gelöst, aber durch echtzeitnahe Steuerung kleiner.

4.2.2   Referenzarchitektur und Standards

Um die oben beschriebene durchgängige Kommunikation und Integration zwischen Maschinen, Anlagen, Werkzeugen, Werkstücken untereinander sowie mit den Systemen des Produktionsvollzuges (MES), der Produktionsplanung und -steuerung (PPS) sowie den ERP-Systemen auf der Businessebene zu ermöglichen, sind einheitliche Schnittstellenstandards, Datentypen und Kommunikationsprotokolle notwendig. Im Rahmen der vertikalen Integration der betrieblichen Anwendungen (MES, APS, PPS, ERP) sind eine Vielzahl heterogener Systeme, die zudem mit unterschiedlichen Semantiken, internen Repräsentationen (Datentypen) arbeiten, über eine „einheitliche Sprache" zusammenzuführen. Diese durchgängige Integration ist Voraussetzung für die Realisierung der Vision einer Fabriksteuerung nahezu in Echtzeit.

---

12   Ebd. S. 81

In Zukunft werden die Ressourcen der Produktion (Mensch, Maschine, Material, Energie) von der Feldebene über die Steuerungs- und Prozessleitebene bis zur Betriebsleitebene (MES) direkt und durchgängig mit den Planungs- und Steuerungssystemen (ERP und AEP) des Gesamtunternehmens verbunden sein. Durch den direkten und durchgängigen Datenaustausch in Echtzeit eröffnen sich ganz neue Möglichkeiten für die Planung und Steuerung von Industrieunternehmen. Bisher war durch eine Vielzahl von Umwandlungs- und Übergabeprozeduren, manuelle Rückmeldeprozesse, Redundanzen und unterschiedliche Datenaktualitäten in den verschiedenen Systemen nur ein verzerrtes und zeitlich versetztes Abbild des realen Zustandes der Produktion gegeben. In Zukunft können der reale Zustand der Produktion sowie die kurzfristige Projektion von Zustandsveränderungen nahezu ohne Zeitverzug in den Planungs- und Steuerungssystemen des Unternehmens sichtbar gemacht werden.

Im Rahmen der Industrie-4.0-Vision geht es um das Zusammenspiel von unterschiedlichen Objekten der realen Welt (Produkte, Ressourcen, Maschinen etc.) und der sie repräsentierenden Softwaresysteme zu Verarbeitung von Zustandsänderungen der Objekte. Für dieses Zusammenspiel ist ein umfassender Satz von Regeln und Aspekten in einem einheitlichen Modell abzubilden. Mit Blick auf Industrie 4.0 wurde daher eine sogenannte Referenzarchitektur erarbeitet, die unterschiedliche Aspekte dieses Zusammenspiels in einem gemeinsamen Modell zusammenführen soll. Vor dem Hintergrund der vertikalen und horizontalen Integration sowie eines durchgängigen Engineerings ist eine Vielzahl von Regeln der Interaktion zu beachten. Es muss geregelt sein, wie bspw. Werkstücke mit Maschinen kommunizieren sollen. Im Rahmen des Engineering müssen technische, administrative und kommerzielle Daten, die rund um eine Produktionsressource oder ein Werkstück entstehen, über die gesamte Wertschöpfungskette konsistent abgebildet und über das Netzwerk abrufbar sein.

Bei der Integration und dynamischen Bildung ganzer Wertschöpfungsnetzwerke müssen Regelkreise und Abtastungen im Millisekundenbereich die dynamische Kooperation mehrerer Fabriken ermöglichen. Dabei müssen zusätzlich kommerzielle Fragestellungen berücksichtigt und in einem konsistenten Modell darstellbar sein. Für die Beschreibung der angedeuteten Regeln und Interaktionen gibt es bereits eine ganze Reihe von Standards, die allerdings meist nur Teilaspekte der für Industrie 4.0 geforderten ganzheitlichen Sicht behandeln.

Die Diskussionen zu Industrie 4.0 sind von unterschiedlichen Interessen aus unterschiedlichen Branchen geprägt. Die jeweils unterschiedlichen Standards aus Technologien der Informations- und Kommunikationstechnik, Prozess- und Fabrikautomation, Automatisierungstechnik etc. sind genauso zu berücksichtigen wie die über die Branchenverbände VDMA, VDI, ZVEI und Bitkom formulierten Anforderungen. Ferner sind die Anforderungen internationaler Normungsorganisationen wie bspw. IEC und ISO mit ihren nationalen Entsprechungen wie DKE und DIN zu berücksichtigen. Um ein gemeinsames Verständnis der jeweiligen Anforderungen für Normen und Standards zu erreichen, wurde schnell erkannt, dass ein einheitliches Architekturmodell als Ausgangspunkt gemeinsamer Diskussion von Zusammenhängen und spezifischen Implementierungsdetails dienen kann. Als vorläufiges Ergebnis dieser gemeinsamen Bemühungen gilt inzwischen das Referenzmodell Industrie 4.0 (RAMI 4.0), das in Abbildung 4.3 dargestellt ist.

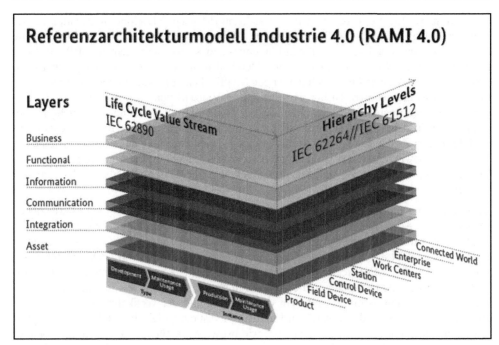

Abb. 4.3:   Referenzarchitekturmodell RAMI 4.0. Quelle: ZVEI, Industrie 4.0: Die Industrie 4.0-Komponente, S. 6

Das Referenzarchitekturmodell ergänzt die Hierarchiestufen aus IEC 62264 am unteren Ende um die Stufe des Produkts bzw. Werkstücks und am oberen Ende über die einzelne Fabrik hinaus um die „Connected World". Damit wird die oben bereits beschriebene vertikale und horizontale Integration weiter konkretisiert. Die waagerechte Achse dient der Darstellung des Lebenszyklus von Anlagen bzw. Produkten, wobei auch der Aspekt der Unterscheidung zwischen Typ und Instanz abgebildet wird.

Die dargestellten sechs Ebenen oder Schichten („Layer") stellen die informationstechnische Repräsentation einer Industrie-4.0-Komponente in strukturierter Form dar. Das Referenzarchitekturmodell lässt sich interpretieren als hierarchisch strukturierter Ansatz einer Kombination von Lebenszyklus und Wertschöpfungskette zur Definition von Industrie-4.0-Komponenten. Ziel soll es sein, mit dem Modell eine möglichst große Flexibilität im Hinblick auf die Beschreibung von Industrie-4.0-Umgebungen zu ermöglichen. Ferner soll der Modellansatz eine sinnvolle Kapselung unterschiedlicher Funktionalitäten gewährleisten und eine schrittweise Migration aus der aktuellen in die zukünftige Industrie-4.0-Welt ermöglichen.

Das Referenzarchitekturmodell RAMI 4.0 wird als DIN SPEC 91345 in entsprechende Standardisierungsregeln überführt. Industrie 4.0 kann als eine Spezialisierung des „Internet of Things and Services" aufgefasst werden. Das Referenzarchitekturmodell ermöglicht die Zerlegung von Aufgaben und Prozessen in übersichtliche Einzelteile. Es soll einen Sachverhalt so anschaulich machen, dass eine zielgerichtete Diskussion im Hinblick auf Standardisierungs- und Normungsbestrebungen ermöglicht wird. Dabei sollen auch vorhandene Normen und Standards in die Betrachtung einbezogen werden, um aufzuzeigen, wo ggf. noch Erweiterungs-/Modifizierungsbedarf besteht bzw. Normen und Standards fehlen. Ferner können Überschneidungen erkannt und damit einer zielgerichteten Diskussion zugeführt werden. Existieren für identische oder ähnliche Sachverhalte aus der Modellbetrachtung heraus mehrere Standards, kann ein Vorzugsstandard im Referenzarchitekturmodell in Betracht gezogen werden. Dabei sollte der Leitgedanke stets darin bestehen, mit einer minimalen Anzahl möglicher Standards auszukommen.

Die Ziele von RAMI 4.0 können wie folgt überblicksartig zusammengefasst werden:

- anschauliches und einfaches Architekturmodell als generelle Referenz,
- Identifikation von vorhandenen Normen und Standards,
- Identifikation und Schließen von Lücken in Normen und Standards,
- Identifikation von Überschneidungen und Festlegung von Präferenzlösungen,
- Minimierung der Zahl der eingesetzten Normen und Standards,
- Identifikation von Untermengen einer Norm bzw. eines Standards zur schnellen Umsetzung von Teilinhalten für Industrie 4.0 („I4.0-ready"),
- Darstellung von Beziehungen,
- Definition übergeordneter Regeln.

Kurzbeschreibung des Referenzarchitekturmodells:

Den durch RAMI-Modell dargestellten Rahmen kann man sich am besten als dreidimensionales Modell vorstellen. Das Modell orientiert sich in seiner Grundstruktur am „Smart Grid Architecture Model", das als Beschreibungsstandard für das intelligente Stromnetz gilt. Es wurde von der europäischen Smart Grid Coordination Group (SG-CG) definiert und ist inzwischen weltweit akzeptiert. Dieses Modell wurde mit Blick auf die Indsutrie-4.0-Anforderungen adaptiert und erweitert.

Die vertikale Achse des RAMI-4.0-Modells beschreibt Layer/Schichten, die zur Darstellung unterschiedlicher Perspektiven wie bspw. Datenabbild, funktionale Beschreibung, Hardware, Kommunikationsverhalten und Geschäftsprozesse genutzt werden. Diese Vorgehensweise korrespondiert mit der in komplexen IT-Projekten praktizierten Differenzierung in überschaubare und leichter handhabbare Teilprobleme. Eine weitere Beschreibungsdimension bildet der sogenannte Produktlebenszyklus mit den darin enthaltenen Wertschöpfungsketten. Diese Dimension kommt in der horizontalen Achse des Modells zum Ausdruck. In der Tiefenachse als dritter Beschreibungsdimension werden Funktionalitäten und Zuständigkeiten innerhalb der Fabriken/Anlagen definiert. Die hier zu beschreibende funktionale Hierarchie ist jedoch nicht gleichzusetzen mit den Hierarchieebenen der sogenannten Automatisierungspyramide, bei der vorwiegend unterschiedliche Geräteklassen beschrieben werden.[13]

Im Hinblick auf die Normung des Informationsaustausches im Unternehmen und die Kommunikation zwischen Anwendungen in der Automatisierungstechnik (IEC 62541) gibt es diverse Gremien und Organisationen, die sich um einheitliche Standards hierzu bemü-

---

13 VDI/VDE, ZVEI, Statusreport, Referenzarchitekturmodell Industrie 4.0, S. 7

hen. Beispielhaft sei hier die Normenreihe DIN EN 62264 genannt, die kompatibel zu ISA 95 ist. ISA 95 bzw. DIN EN 62264 haben das Ziel, einen durchgängigen Informationsaustausch im Unternehmen zu realisieren und die Integration unabhängig vom Automatisierungsgrad zu verbessern. Global agierende Unternehmen haben starkes Interesse an ihr, weil damit unterschiedliche IT-Methoden vereinheitlicht und zusammengeführt werden und man nachhaltig zu robusten und pflegeleichten Integrationslösungen kommen kann.[14]

Im Juli 2015 haben die deutsche Normungsorganisation DIN und das Industrial Internet Consortium (IIC) eine Kooperation vereinbart. Das Industrial Internet Consortium ist eine weltweit tätige Not-For-Profit-Organisation mit über 180 Mitgliedern. Ihm gehören kleinere und große Technologieunternehmen, vertikale Marktführer, Forschungsinstitute und öffentliche Einrichtungen an. Das Konsortium wurde 2014 durch die Unternehmen AT&T, Cisco, General Electric, IBM und Intel gegründet. Das IIC entwickelt Use-Cases für Industrie-4.0-Anwendungen, entwirft Best-Practice-Beispiele sowie Referenzarchitekturen und spielt eine führende Rolle bei der Definition des Standardisierungsbedarfs. DIN und die Deutsche Kommission Elektrotechnik Elektronik Informationstechnik (DKE) haben bereits Ende 2013 die Deutsche „Normungs-Roadmap Industrie 4.0" veröffentlicht, die Handlungsempfehlungen und Normungsbedarfe für die Verzahnung der digitalen mit der realen Welt beschreibt. An der zweiten Fassung der Roadmap wird derzeit gearbeitet. Sie soll im Herbst 2015 veröffentlicht werden. Die darin enthaltenen Erkenntnisse bringt DIN jetzt in die neu gegründete Plattform Industrie 4.0 unter der Leitung der Bundesministerien für Wirtschaft und Energie (BMWi) sowie für Bildung und Forschung (BMBF) ein.[15]

In der Vergangenheit sind bereits verschiedene Integrations- und Geschäftsmodelle für Industrieunternehmen entwickelt worden wie bspw. das Referenzmodell industrieller Geschäftsprozesse von Scheer oder das Kölner Integrationsmodell, das bereits in den 1970er Jahren entwickelt wurde. Diese Modelle dienten und dienen als Blueprint für die Implementierung von Prozessen und Einführung von ERP-Systemen. Vor dem Hintergrund zunehmender Internationalisierung und Standardisierung gibt es eine ganze Reihe von Initiativen, die sich mit der einheitlichen Darstellung und Normung solcher Modelle und Schnittstellen zwischen den Systemwelten beschäftigen.

DIN EN 62264 bietet eine einheitliche Terminologie für Unternehmens-EDV und Leitsysteme sowie eine Anzahl von Konzepten und Modellen für die Integration der Unternehmensfunktionen. Im Kern geht es um die Integration von Unternehmensführungssystemen und Leitsystemen.

---

14   DKE, Interoperabilität von Produktion und Unternehmensführung, Informationsbroschüre des DKE K 931, S. 11
15   www.din.de

4.2.3 Die Industrie-4.0-Komponente[16]

Die Industrie-4.0-Komponente beschreibt Grundlagen von Industrie 4.0. Das hilft Unternehmen und Entwicklern, die Hard- oder Software für Industrie 4.0 realisieren wollen. Sie ist das erste Modell, das auf dem Referenzarchitekturmodell RAMI 4.0 basiert.

Die Industrie-4.0-Komponente ist ein Modell, das Eigenschaften von Cyber-physischen Systemen – reale Objekte der Produktion, die mit virtuellen Objekten und Prozessen vernetzt sind – genauer beschreibt. Hard- und Softwarekomponenten in der Produktion, vom Produktionssystem über die Maschine oder Station bis hin zur einzelnen Baugruppe innerhalb einer Maschine, werden Industrie-4.0-fähig, indem sie diese Eigenschaften erfüllen. Eine Industrie-4.0-Komponente kann demnach ein Produktionssystem, eine Software, eine einzelne Maschine oder auch eine Baugruppe innerhalb einer Maschine repräsentieren.

Zu den Eigenschaften von Industrie-4.0-Komponenten zählen die Kommunikationsfähigkeit der realen Objekte und die dazu gehörigen Daten und Funktionen. Das Modell beschreibt so die Voraussetzungen für Industrie-4.0-konforme Kommunikation zwischen den einzelnen Hard- und Softwarekomponenten in der Produktion. Abbildung 4.4 können einige Beispiele hierfür entnommen werden (s. nächste Seite).

Industrie-4.0-Komponenten müssen über ihren kompletten Lebenszyklus hinweg alle relevanten Daten in einem elektronischen, abgesicherten Container sammeln, mit sich tragen und den am Wertschöpfungsprozess beteiligten Unternehmen zur Verfügung stellen. Dieser elektronische Container wird im Modell als „Verwaltungsschale" bezeichnet.

Die Verwaltungsschale:

Alle relevanten Daten einer Hard- oder Softwarekomponente in der Produktion, z. B. einer Maschine, ergeben zusammengefasst ihr virtuelles Abbild, das in der Verwaltungsschale gespeichert ist. Daraus ergeben sich vollkommen neue Möglichkeiten der vernetzten Produktion. Letztendlich schafft es Mehrwert für die am Wertschöpfungsprozess beteiligten Unternehmen. Dieser Mehrwert kann folgendermaßen beschrieben werden:

–   Daten:
    Die Verwaltungsschale einer Industrie-4.0-Komponente beinhaltet eine große Anzahl an Daten und Informationen, die von Herstellern unter anderem in Form von CAD-Daten, Anschlussbildern, Handbüchern usw. bereitgestellt werden. Systemintegratoren und Betreiber von Fabriken und Anlagen können wichtige weitere Informationen hinzufügen, wie beispielsweise Informationen zur Wartung oder Verschaltung mit anderen Hard- und Softwarekomponenten. Die Plattform Industrie 4.0 definiert Maßnahmen zur Datensicherheit und stellt damit sicher, dass Verfügbarkeit, Vertraulichkeit und Integrität der Daten für alle Anwender gewahrt bleiben.

---

16   Folgende Ausführungen des Kapitels 4.2.3 sind teils zitatgleich entnommen aus: ZVEI, Industrie 4.0: Die Industrie 4.0-Komponente

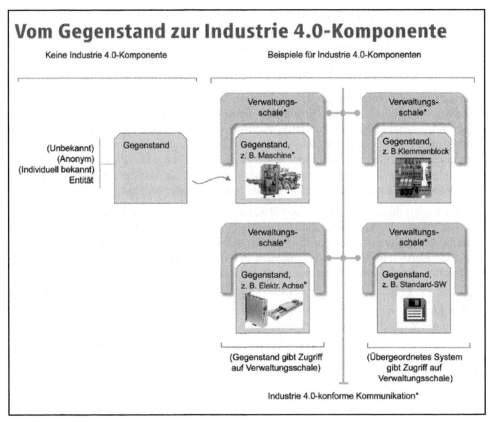

Abb. 4.4:   Industrie-4.0-Komponente. Quelle: ZVEI, Industrie 4.0: Die Industrie 4.0-Komponente, S. 2

–   Funktionen:
    In der Verwaltungsschale werden auch Funktionen bereitgestellt. Diese umfassen bei-spielsweise Planung, Projektierung, Konfiguration, Bedienung, Wartung und komple-xe Funktionen der Geschäftslogik.

–   Dienste:
    Daten und Funktionen sind auf der Komponente selbst, im Unternehmensnetzwerk o-der sogar darüber hinaus in der Cloud verfügbar. Der Mehrwert besteht darin, dass In-formationen nur einmal gespeichert und über IT-Dienste für jeden Nutzer und Anwen-dungsfall transparent bereitgestellt werden können.

–   Integration:
    Durch die Kombination von Industrie-4.0-konformen Kommunikationsprotokollen und die Idee der Verwaltungsschale erfolgt die horizontale und vertikale Integration der Produktion.

- Lückenloses Wissen:
  Im Endeffekt stehen Informationen auf diese Weise sowohl für das Engineering als auch für den Betrieb und die Wartung lückenlos zur Verfügung.

- Modularität:
  Für den Erfolg von Industrie 4.0 ist wesentlich, dass nicht nur ganze Maschinen, sondern auch Informationen zu wichtigen Maschinenteilen und -komponenten in der Verwaltungsschale mitgeführt werden. So bestimmen beispielsweise elektrische Achsen wesentlich die Qualität der Maschinenfunktion. Auch sie sollen zukünftig direkt von zentralen Wartungssystemen erfasst werden können. Gleiches gilt in der Automatisierungstechnik auch für Produktionskomponenten, die über keine eigene Datenschnittstelle verfügen. Ein Klemmenblock trägt beispielsweise in der Verwaltungsschale Informationen darüber, was wann und zu welchem Zweck angeschlossen wurde. So wird jedes Teil zu einem smarten Teil der vernetzten Produktion.

- Nutzen für Unternehmen:
  Die in der Verwaltungsschale gespeicherten Daten können beliebig erweitert werden. Hersteller und Systemintegratoren können smarte Dienste realisieren, indem sie neue Informationen, Wissensmodelle und fachliche Funktionen schaffen. Auf diese Weise können die Daten in einem Informationsnetz wie dem Internet vielen Anwendern zur Verfügung gestellt werden. So wird die smarte Fabrik Realität.

4.3 Ziele von Industrie 4.0

Die o. g. Merkmale der echtzeitnahen horizontalen und vertikalen Integration und des durchgängigen „End-to-End"-Engineerings sollen die Voraussetzungen schaffen, um damit im Zusammenhang stehende Ziele zu erreichen. Diese Ziele beziehen sich sowohl auf die Leistungserstellung (Smart Production) als auch auf die *Leistungsverwertung* zur Erhöhung des Kundennutzens (Smart Products und Smart Services). In der *Leistungserstellung* ist eine *Optimierung der gesamten Wertschöpfungskette* das Ziel. Beim Leistungsangebot soll dagegen der *Kundennutzen* durch neuartige Produkte und Dienstleistungen gesteigert werden.

Im Bereich der Leistungserstellung heißt die Vision Smart Factory. Maschinen, Menschen und zu fertigende Werkstücke verbinden sich hier analog zu einem sozialen Netzwerk miteinander. „Social Machines" kommunizieren untereinander sowie mit intelligenten Objekten in der Fabrik.

Übergeordnetes Ziel dieses Netzwerks ist es, ein Gesamtoptimum aus Qualität, Durchlaufzeit und Auslastung zu erreichen. Als entscheidendes Novum wird angesehen, dass alle Daten in Echtzeit verfügbar sind. Somit ergibt sich ein permanent aktuelles, virtuelles Abbild der Realität. Komplexe Abläufe können dadurch besser gesteuert werden. Eine weitere einschneidende Neuerung stellt die dezentrale Steuerung der Fabrik dar. Dadurch wird der bisherige Produktionsplanungsprozess überdacht. Im Gegensatz zur konventionellen Produktion, die in einer Kette von klar definierten Schrittfolgen angeordnet ist, funktioniert die Produktion in Industrie 4.0 in dynamischen Netzwerken.[17]

4.3.1   Kosten- und effizienzgetriebene Potenziale

Die mit Industrie 4.0 verbundenen Ziele bestehen vor allem darin, der *zunehmenden Volatilität der Märkte durch eine erhöhte Wandlungsfähigkeit der Produktion und zunehmende Flexibilisierung* zu begegnen. Eine hoch flexibilisierte (Groß-)Serienproduktion mit der vielfach beschworenen Losgröße 1 soll darüber hinaus eine *Individualisierung von Produkten* ermöglichen und somit den gestiegenen Kundenanforderungen gerecht werden. *Erhöhte Ressourceneffizienz und damit einhergehende Kostensenkungen* sollen durch die Optimierung und Steuerung von ganzen Wertschöpfungsnetzwerken in Echtzeit ermöglicht werden. Die Industrie soll also produktiver, effizienter und wettbewerbsfähiger werden.

Die Nutzenpotenziale, die sich aus der Umsetzung der Industrie-4.0-Visionen realisieren lassen könnten, beziehen sich im Prinzip auf vier Themenfelder:

- Kostensenkung
- Qualität
- Flexibilität
- Umsatzsteigerung

Während sich die Themen der Qualitäts- und Flexibilitätsverbesserung sowie der Umsatzsteigerung auf die Erhöhung der Wettbewerbsfähigkeit und die Gestaltung neuer Geschäftsmodelle und Services beziehen, ist das Thema der erhofften Kostensenkungen Ausdruck einer innerbetrieblichen Effizienzsteigerung. Das Fraunhofer-Institut nennt im Hinblick auf mögliche Kostensenkungspotenziale verschiedene Funktionsbereiche, in denen sich signifikante Verbesserungen realisieren lassen:

- Bestandskosten
- Fertigungskosten
- Logistikkosten
- Komplexitätskosten
- Qualitätskosten
- Instandhaltungskosten

Im Hinblick auf die Bestandskosten wird durch eine Vermeidung von Bullwhip- und Burbidge-Effekten, welche als Folge von Auftragsschwankungen auftreten, mit einer Reduktion notwendiger Sicherheitsbestände gerechnet. Mögliche Kostensenkungspotenziale werden mit 30–40 % beziffert. Angesichts verlässlicher Echtzeitinformationen sollen die Sicherheitsbestände entscheidend verkleinert werden können. Die Senkung der Fertigungskosten wird mit einer verbesserten Gesamtanlageneffektivität und einer besseren Personalflexibilität begründet und mit 10–20 % quantifiziert. Im Bereich der Logistikkosten rechnet man aufgrund einer Erhöhung des Automatisierungsgrades mit Einsparungen in Höhe von ebenfalls 10–20 %. Durch eine Erweiterung der Leitungsspannen und eine Reduktion des „Trouble Shooting" wird eine Senkung der Komplexitätskosten in einer Bandbreite von

---

17   Internationaler Controller Verein, Industrie 4.0, S. 14

60 % bis 70 % gerechnet. Echtzeitnahe Regelkreise sollen dabei helfen, die Qualitätskosten um 10–20 % zu senken. Optimierte Lagerbestände für Ersatzteile und eine zustandsorientierte Wartung aufgrund aktueller Mess- und Prozessdaten hätten ein Einsparpotenzial von weiteren 10–20 % zur Folge. Bauherhansl stellt in einem Video auf der Homepage des Fraunhofer-Institutes Produktivitätsverbesserungen in Höhe von 30 % bis 50 % in Aussicht.[18] Ob sich diese erwarteten Kostensenkungen in der Praxis tatsächlich einstellen werden, bleibt abzuwarten. Zum gegenwärtigen Zeitpunkt wäre es reine Spekulation, wenn hierzu konkrete Aussagen getroffen werden.

4.3.2   Digitale Produkt- und Servicekonzepte

Das Zukunftsbild, das mit dem Schlagwort Industrie 4.0 entworfen wird, fokussiert vorwiegend auf die umfassende Integration von Menschen, Maschinen, Objekten und Informations-/Kommunikationssystemen zu einem nahezu in Echtzeit steuerbaren Produktionssystem. Die umfassende Vernetzung dieser Systemelemente soll zu weitestgehend selbststeuernden und sich selbst organisierenden Produktionssystemen führen und damit die hierarchische Zentralsteuerung ablösen. Diese umfassende Integration soll die Wettbewerbsfähigkeit der deutschen Industrie gegenüber der zunehmenden Konkurrenz aus Asien und Südamerika verbessern.[19]

Damit ist allerdings noch nichts darüber ausgesagt, welche Möglichkeiten neuer Geschäftsmodelle, Produkte und Services sich möglicherweise im Kontext von Industrie 4.0 erschließen lassen.

Als Einstieg im Hinblick auf die Relevanz digitaler Wertschöpfungsnetzwerke für das eigene Unternehmen müssen Antworten auf zentrale Fragen zur potenziellen Erhöhung des Kundennutzens gestellt werden:

–   Welche Rolle soll mein Unternehmen in Zukunft einnehmen?
–   Wie lässt sich das eigene Geschäftsmodell digitalisieren?
–   Welches Potenzial bieten Daten und Wissen?
–   Welches Potenzial bietet die Vernetzung im Internet der Dinge für das eigene Geschäft und für den Kunden?
–   Welche Dienstleistungen können rund um die eigenen Produkte platziert werden?
–   Welche Best Practices anderer Branchen können relevante Anstöße geben?
–   Welche Akquisitionen und Kooperationen (ggf. mit Wettbewerbern) sind notwendig?
–   Wie können Veränderungen erfolgreich umgesetzt werden?

Darüber hinaus wäre die Frage zu untersuchen, welche Ansätze für die Gestaltung neuer Geschäftsmodelle, Produkte und Services eine Rolle spielen können:

–   Entscheidung über die Hard- und Softwareanteilen im Produkt
–   Modularisierung bestimmter Produkt- und Servicefunktionen
–   Vernetzungsmöglichkeiten mit anderen Produkten zur Steigerung des Kundennutzens
–   Möglicher Individualisierungsgrad der eigenen Produkte

---

18   http://www.ipa.fraunhofer.de/industrie4-0_potenziale.html
19   https://www.bmbf.de/de/zukunftsprojekt-industrie-4-0-848.html

- Freischaltung optionaler Produktfunktionen, die digital zur Verfügung gestellt werden und Preisdifferenzierungsspielräume eröffnen
- Angebot bestimmter Services wie bspw. Predictive Maintenance, komplette Verantwortung für bestimmte Prozesse des Kunden etc.

Diese Fragen/Ansätze implizieren eine konsequente Wertorientierung des eigenen Angebotes. Dies kann darin zum Ausdruck kommen, dass der Kunde bspw. für eine gewisse Produktivität, Produktverfügbarkeit, softwarebasierte Mehrwertdienste etc. bezahlt und nicht für die Summe bereitgestellter Produktfunktionen. Damit entwickeln sich Industrieunternehmen vom reinen Produktanbieter hin zu ganzheitlichen Dienstleistern, welche auch die Geschäftsprozesse des Kunden inkl. der dort entstehenden Daten adressieren und unterstützen. Darauf aufbauend werden Aspekte wie Flexibilitäts- und Produktivitätsbeitrag, Wertbeitrag und möglichst umfassende Lebenszyklusorientierung in Zukunft eine zunehmend wichtige Rolle spielen.

Hierfür müssen sich Industrieunternehmen in gewissem Maße zu hybriden Systemen entwickeln, die sich sowohl über physische Produkte differenzieren als auch über Software und Services. Damit verbunden sind neue Kompetenzen, die aufgebaut werden müssen. Für Maschinen- und Anlagenbauer bedeutet dies, dass sie bspw. ihre proprietäre Maschinensoftware mit unabhängiger Steuerungs- und Optimierungssoftware verbinden müssen. Die Softwarekomponenten des Herstellers müssen sich in die serviceorientierten Architekturen (SOA-Standards) neu entstehender Softwareplattformen einfügen lassen, damit die eigenen Produkte und Services leicht in ein re-konfigurierbares Geschäftsmodellsystem des Kunden eingebunden werden können. Dabei können neue Möglichkeiten entstehen, eigene Produkte zu integrieren und dem Kunden somit ein erweitertes Leistungsangebot zu bieten.

Die IT durchdringt immer stärker die Prozesslandschaft der Unternehmen und zielt dabei auf eine Reduktion von Medienbrüchen und die durchgängige Verwendung von einheitlich und konsistent bereitgestellten Daten ab. Im Rahmen von Industrie 4.0 entsteht zudem die Notwendigkeit, Maschinen und Anlagen horizontal miteinander zu vernetzen bzw. die relevanten Informationen für die produktionsprozessweite Steuerung vertikal möglichst in Echtzeit zur Verfügung zu stellen und somit zur Optimierung des Produktionssystems beizutragen. Dies erfordert IT-Lösungen, die sich von der Steuerung der reinen Maschinenfunktionalität entfernen und in Richtung einer übergreifenden Optimierung beispielsweise der Kapazitäts- und Einsatzplanung entwickeln. Darüber hinaus werden Prozessdaten erzeugt, gesammelt und ausgewertet, um Ausfälle zu reduzieren, Produktivität zu steigern und die Qualität des hergestellten Produkts sicherzustellen. Für viele Unternehmen wird sich die Frage nach der Rolle, die sie zukünftig einnehmen wollen, stellen. Durch smarte, vernetzte Produkte bzw. Maschinen und die damit verbundenen neuen Services und Nutzenpotenziale kann sich der Wettbewerb der produzierenden Unternehmen in Zukunft stark verändern. Es kann erwartet werden, dass viele der heute auf Basis erfolgreicher Geschäftsmodelle etablierten Unternehmen in Zukunft nicht mehr auf gleiche Art und Weise erfolgreich sein können. Um Potenziale für zusätzlichen Kundennutzen zu identifizieren und zu adressieren, können Daten, welche die Produkte und Produktionsanlagen während ihres Lebenszyklus generieren und speichern, herangezogen werden. Auf deren Basis kann auch das Nutzerverhalten analysiert werden und auf die Bedürfnisse eingegangen werden. Entscheidend wird sein, wem die Daten gehören und wer Zugang dazu hat. Das Geschäft mit Daten bietet laut der Expertenaussagen Potenzial für eigene Geschäftsmodelle und wird an Bedeutung stark zunehmen. Diese proaktive Datenerhebung und Verwertung ist für die Maschinenbaubranche eine Herausforderung im Gegensatz zu etablierten IT-Unternehmen oder Unternehmen der Wissens- und Internetökonomie. Hier gilt es, rechtzeitig Kompetenzen aufzubauen, um den Markt nicht an Branchenfremde zu verlieren. Geschäftsmodelle im Kontext von Industrie 4.0 fokussieren auf eine konsequente Serviceorientierung. Dies beginnt auf der Ebene der Bereitstellung eines echten Mehrwerts bzw. eines entsprechenden Wertversprechens der Bedürfniserfüllung („Value as a Service"). Dieses Wertversprechen wird bedarfsorientiert und wirtschaftlich über eine Kombination modularer, in vielen Fällen auch offener Hardware und Software bereitgestellt („Modules as a Service"). Zur Bereitstellung werden sowohl im Bereich der Hardware als auch der Software und Services Plattformen bestimmend sein („Platform as a Service"), die öffentliche oder private Infrastrukturen wirtschaftlich nutzen, um das Leistungsangebot zum Kunden zu bringen („Infrastructure as a Service"). Die Geschäftsmodelle beinhalten somit eine Reihe von Erfolgsfaktoren der möglichen Wertschöpfung. Dabei spielt vor allem die Fähigkeit, sowohl wertorientierte Angebote (end-)kundenfokussiert zu entwickeln als auch sicher und einfach zur Verfügung zu stellen, eine große Rolle. Ein hohes Maß an Kooperationsfähigkeit in Richtung Kunden, Lieferanten und Partnern, das weit über eine reine Käufer-Verkäufer-Beziehung hinausgeht, bildet hierfür eine wichtige Basis. Im Idealfall ist der Kunde in den Produktionsprozess eingebunden und bewertet dies als echten Mehrwert. Das Prinzip der Modularisierung bzw. Funktionskapselung in Hardware, Software und Service muss durchgängig beherrscht werden. Für Industrieunternehmen ist in diesem Zusammenhang die Bewertung und ggf. die Rekonfiguration der eigenen Angebotsarchitektur bestehend aus Hardware, Software und Services von großer Bedeutung. Grundlegende Änderungen der Geschäftsmodelle erfordern zudem, die eigene Organisation und die Geschäftsprozesse entsprechend auszurichten und zu befähigen, um das eigene Industrie-4.0-Geschäftsmodell wirtschaftlich betreiben zu können. Das Angebot modularisierter Leistungen erfolgt über Plattformen, die entweder selbst betrieben (geschlossene Plattformen) oder im Rahmen einer Partnerschaft als offene Plattformen realisiert werden. Dies erfordert ein hohes Flexibilitätsniveau, da die gesamte Bandbreite an Zielkunden mit ihren Anforderungen zu adressieren ist und dabei gleichzeitig die Zuverlässigkeit und Sicherheit der individuellen Produkte und Leistungen zu gewährleisten sind.[20]

4.4 Industrie 4.0 und CIM

Die mit Industrie 4.0 verbundenen Zielsetzungen und Visionen sind nicht neu und wurden bereits vor ca. 30 Jahren unter dem Schlagwort „Computer Integrated Manufacturing" (CIM) teilweise deckungsgleich kommuniziert. Es lassen sich eine ganze Reihe von Parallelen zum aktuellen Industrie-4.0-Thema finden.

---

20   Dr. Wieselhuber & Partner GmbH, Fraunhofer IPA, Geschäftsmodell-Innovation durch Industrie 4.0, S. 48 ff.

Ein Blick in die damals gängige Literatur zu diesem Thema zeigt, dass fast exakt die gleichen Ziele genannt sowie ähnliche Szenarien beschrieben wurden:

- Rechtzeitige Verfügbarkeit der richtigen Informationen am richtigen Ort
- Anpassungsfähigkeit an die ständigen Veränderungen des Umfeldes und der Produktionsprozesse
- Ablauf- und Aufbauorganisationsflexibilität des gesamten Unternehmens
- Optimale Verwendung der Informationstechnologien
- Verwendungsmöglichkeit von Programmen und Maschinen unterschiedlicher Hersteller
- Echtzeitsteuerung der gesamten Arbeitsabläufe[21]

Flexibilität, Wandlungsfähigkeit, Produktionssteuerung in Echtzeit und einheitliche Kommunikationsstandards lassen sich also auch schon in den früheren CIM-Visionen finden. Zur Erarbeitung einheitlicher Kommunikationsstandards wurde auch damals eine Art Referenzmodell entwickelt, das sogenannte CIM-OSA. Genauso wie das RAMI 4.0 als Referenzarchitektur für die Entwicklung von Industrie-4.0-Komponenten dienen soll, war CIM-OSA als Referenzarchitektur für die Entwicklung von CIM-Komponenten gedacht.[22]

Vor diesem Hintergrund stellt sich die Frage, ob Industrie 4.0 als „CIM-reloaded" betrachtet werden kann.

Der Integrationsgedanke in der Industrie ist tatsächlich nicht neu. Die Vernetzung von Logistik-, Konstruktions-, PPS-, ERP-Systemen bis hin zur physischen Produktionsebene war schon in den 1990er Jahren die Grundidee der CIM-Bewegung. Allerdings gab es damals keine hinreichenden Vernetzungsstandards und hoch-performanten Datenbanksysteme zur Realisierung dieser Vision. Auch damals wurde das Potenzial einer flächendeckenden Vernetzung durchaus erkannt und es gab diverse Förderprogramme (bspw. zum Einsatz von CAD-Systemen in mittelständischen Industrieunternehmen) sowie 20 CIM-Zentren an Forschungsinstituten. Bezogen auf die CAD-Systeme hat die deutsche Softwareindustrie jedoch keinen nennenswerten Stellenwert erreichen können und musste den Markt der amerikanischen Konkurrenz überlassen.[23]

Ist Industrie 4.0 also letztlich nur „alter Wein in neuen Schläuchen" oder steckt diesmal mehr dahinter? CIM wurde nur teilweise umgesetzt und blieb weit hinter den damals formulieren Erwartungen zurück. Die Situation heute ist jedoch grundlegend anders als zu Zeiten der CIM-Ära. Damals fehlten die entscheidenden Technologien zur konsequenten Umsetzung der Zielsetzungen. Heute sind bspw. hochperformante und integrierte Datenbanken, Cloud-Computing, RFID-Technologien sowie leistungsstarke Prozessoren verfügbar, was damals weitgehend fehlte. Die in der Tat nicht neuen Konzepte und Ideen treffen heute auf bereits verfügbare Technologien, die für die Umsetzung als Grundvoraussetzung gelten. Damit sind die Realisierungschancen ungleich höher als noch Anfang der 1990er Jahre. Zur besseren Orientierung können Abbildung 4.5 bestimmte Abgrenzungsmerkmale zwischen Industrie 4.0 und CIM entnommen werden.

---

21   Cronjäger, Bausteine für die Fabrik der Zukunft, S. 22
22   Matthes, Enterprise Architecture Frameworks Kompendium, S. 82
23   http://www.august-wilhelm-scheer.com/2013/03/11/industrie-4-0-cim-reloaded-hoffentlich-nicht/

	CIM	Industrie 4.0
Rolle des Menschen	Keine operative Rolle	In Fabrik als Dirigent der Werschöpfung
Produktionsplanung und -steuerung	Zentral über Leitrechner	Dezentrale Optimierung, Kommunikation autonomer Systeme
Änderungen des Produktionsprogramms	Nur langfristig möglich	Kurzfristig, teilweise im laufenden Produktionsprozess möglich
Datenverfügbarkeit	Zeitversetztes Abbild in Datenbank	Echtzeitverfügbarkeit

Abb. 4.5:   CIM vs. Industrie 4.0. Quelle: Internationaler Controller Verein, Industrie 4.0, S. 8

Vor allem den Mitarbeitenden kommt in der Industrie-4.0-Vision eine grundsätzlich andere Rolle zu als in der damaligen CIM-Vision. Während damals noch von der „menschenleeren Fabrik" geredet wurde, steht heute der Mensch als wesentlicher Erfolgsfaktor im Mittelpunkt der Betrachtung. Ferner sind die Prinzipien der Produktionssteuerung heute anders definiert als noch im Rahmen der CIM-Ära. Während CIM noch von einer weitestgehend zentralen Steuerung über Leitrechner ausging, stehen heute dezentrale Steuerungskonzepte im Rahmen der Kommunikation autonomer Systeme im Vordergrund. Auch mit Blick auf die Datenkonzepte gibt es durchaus Unterschiede. CIM sah noch ein zeitversetztes Abbild der Produktionsprozesse in zentralen Datenbanksystemen vor. Industrie 4.0 geht von verfügbaren Echtzeitinformationen und direktem Zugriff auf die Industrie-4.0-Komponenten aus, deren digitales Abbild quasi permanent „In-Memory" zugänglich ist. Bei der Betrachtung der Unterschiede zwischen beiden Konzepten fällt jedoch auch auf, dass die betriebswirtschaftlichen Aspekte wesentlich umfangreicher vordefiniert waren, als das bei Industrie 4.0 der Fall ist. Industrie 4.0 ist wesentlich stärker von technologischen Merkmalen und Diskussionen geprägt.[24]

Diese „blinden Flecken" der Industrie-4.0-Visionen sind Gegenstand des folgenden Kapitels 4.5.

---

24   Internationaler Controller Verein, Industrie 4.0, S. 8

4.5 Industrie 4.0 – Blinde Flecken

Mit Blick auf die viel beschworene Echtzeitsteuerung sowie die Flexibilität und Wandlungsfähigkeit der Smart Factory stellt sich die Frage, wie sich die stärkere Orientierung an individuellen Kundenwünschen und die damit einhergehende Variantenvielfalt auf die Entwicklungs- und Produktionskosten auswirken und wie die damit im Zusammenhang stehenden Controlling-Prozesse auszugestalten sind. Bei der Betrachtung der Visionen, Ziele und technologischen Grundlagen sowie der relevanten Referenzmodelle und Schnittstellen im Rahmen der vertikalen Integration der industriellen Planungs- und Steuerungssysteme fällt ferner auf, dass bisher keine Aspekte im Hinblick auf eine Integration der ökonomischen Planungsrechnung im eigentlichen Sinne auffindbar sind. Oftmals wird die operative Unternehmensplanung und Planungsrechnung fälschlicherweise sogar gleichgesetzt mit den ERP-Systemen, d. h., sie wird dort verortet, wo sie, jedenfalls bisher, nicht stattgefunden hat. So auch in der Quelle zur Beschreibung von DIN EN 62264.[25]

Innerhalb der ERP/PPS-Systeme sind nur Beschreibungsmodelle für die Mengen- und Zeitstrukturen zu finden. Ein durchgängiges Planungsmodell im Sinne der oben beschriebenen integrierten Unternehmensplanung gibt es in ERP-Systemen nicht. In den Modellen der Kosten- und Leistungsrechnung werden nur bestimmte Aspekte des zur Planung notwendigen Mengengerüstes betrachtet (bspw. aggregierte Planbezugsgrößen als Maßstab für die Beschäftigung einer Kostenstelle, abgleitet aus den Planabsatz- oder Produktionsmengen). In den Systemen der Kosten- und Leistungsrechnung ist eine Verbindung zur Finanz- und Bilanzrechnung sowie zu den Datenmodellen der Produktionsplanung und -steuerung wiederum nicht vorgesehen.

Es ist eigentlich überraschend, dass diese Aspekte bisher in den Überlegungen zu Industrie 4.0 keine Rolle gespielt haben. Wie oben bereits festgestellt, ist der Prozess der operativen Unternehmensplanung in fast allen Unternehmen ein äußerst zeitraubender und ressourcenintensiver Prozess von 3–4 Monaten Dauer. Man könnte also erwarten, dass neben einem produktionswirtschaftlichen „Fertigungsleitstand" auch ein betriebs- und finanzwirtschaftlicher „Planungsleitstand" im Zuge der Industrie-4.0-Visionen gefordert wird. Diese Forderung wird, jedenfalls bisher, weitgehend vermisst. Dieser Planungsleitstand sollte jederzeit Auskunft darüber geben, wie sich die Zustandsänderungen des Produktionssystems und seine kurzfristigen Projektionen (wenige Wochen bis einige Monate) sowie prognostizierte Veränderungen auf der Markt- und Absatzseite auf die ökonomischen Führungsgrößen der Erfolgs- und Finanzsphäre auswirken. Hierzu ist eine vollständige Integration des Produktionssystems auf Ebene der Teile, Baugruppen und Erzeugnisse erforderlich, da nur auf dieser Ebene die struktur- und ablaufbeschreibenden Merkmale (Stücklisten, Rezepturen und Arbeitspläne) angesiedelt sind. Eine auf Produktgruppen, Sortimentsbereiche oder sonstwie aggregierte Planungsrechnung scheidet aufgrund der Integrationsanforderungen im Hinblick auf die Produktion von vornherein aus. Damit stellt sich aber die Frage, ob es möglich und sinnvoll ist, auf unterster Ebene in der Produktdimension eine Planungsrechnung betreiben zu wollen. Von verschiedenen Interessengruppen und Unternehmensbera-

---

25 DKE, Interoperabilität von Produktion und Unternehmensführung, Informationsbroschüre des DKE K 931, S. 16

tungen wurde in den vergangenen Jahren eine „Entfeinerung" der Planungsrechnung gefordert, um den Problemen der exzessiven Planungsrituale zu begegnen.[26]

Diese zum Teil sehr berechtigte Forderung darf jedoch nicht darüber hinwegtäuschen, dass für eine ganzheitliche Integration der Planungsrechnung von Industrieunternehmen der Detailgrad für die Verknüpfung von Absatz- und Produktionsplanung zwingend vorgegeben ist. Eine Integration dieser beiden Teilpläne kann nicht über verdichtete oder „entfeinerte" Daten gelingen. Andererseits macht es, wie oben bereits beschrieben, sicher wenig Sinn, eine Planungsrechnung mit hoher Detailtiefe zu betreiben, wenn die Absatzmengenplanung mit großen Unsicherheiten (wie bspw. in der Einzelfertigung) behaftet ist. Dies ist insbesondere bei Unternehmen der Fall, die Produkte anbieten, die in kundenindividuellen Kleinserien- und Einzelfertigungen hergestellt werden, und zudem nur einen kleinen Kreis von Zielkunden bedienen. Unternehmen jedoch, die standardisierte Produkte in großer Stückzahl in Sorten-, Großserien- bzw. Massenproduktion herstellen, sind diesen Beschränkungen der Planbarkeit der Produktion nicht unterworfen. Diese Unternehmen sehen sich jedoch auch in zunehmendem Maße immer volatileren Märkten gegenüber und müssen sich zudem über eine zunehmende Individualisierung ihrer Produkte differenzieren. Die im Rahmen von Industrie 4.0 aufgestellten Forderungen nach Flexibilität und Individualität (bis hin zur immer wieder betonten Losgröße 1) wird diesen Unternehmen in Zukunft komplexere und schwierigere Planungsaufgaben stellen. Dabei ist es zunächst einmal unerheblich, ob diese Planungsprobleme in zentralisiert hierarchischer Organisation oder dezentralisiert gelöst werden. Wichtig ist, dass jederzeit hinreichende Klarheit darüber herrscht, wie sich die finanz- und erfolgswirtschaftlichen Zielgrößen in den nächsten Wochen oder Monaten bzw. bis zum Jahresende oder rollierend für die nächsten 12 Monate entwickeln. Hierfür ist es notwendig, dass die Systeme der Planungsrechnung immer „ihr Ohr" an den Märkten *und* an der Produktion haben und ohne nennenswerten Zeitverzug Änderungen und Abweichungen ankündigen. Heute dauert es meist noch mehrere Wochen, zum Teil gar Monate, bis die finanz- und erfolgswirtschaftlichen Konsequenzen aus Veränderungen im Markt- und/oder Produktionssystem in der Erfolgs-, Finanz- und Bilanzrechnung sichtbar werden bzw. in ihrem vollen Ausmaß angekündigt werden. Industrie 4.0 bietet die Chance, die Controlling- und Planungssysteme auf eine neue Grundlage zu stellen und konsequent mit allen relevanten Datenströmen des Unternehmens zu verbinden.

Im Mittelpunkt von Industrie 4.0 steht daher die *echtzeitfähige, intelligente, horizontale und vertikale Vernetzung von Menschen, Maschinen, Objekten und IKT-Systemen* zum dynamischen Management von komplexen Systemen.[27]

In diesem Zusammenhang ist auch die Aussage von *Adam* aus dem Jahr 1990 aktueller denn je:

„Die traditionellen PPS-Systeme orientieren sich in erster Linie an technischen Zielen. Aus diesem Grund erlauben sie es nicht, die ökonomischen Wirkungen bestimmter Steuerungen zu verdeutlichen. In künftigen Steuerungskonzepten muss eine Orientierung an den ökono-

---

26 http://www.controllingportal.de/Fachinfo/Budgetierung/Moderne-Planung-und-Budgetierung.html

27 Bitkom und Fraunhofer IAO, Industrie 4.0 – Volkswirtschaftliches Potenzial für Deutschland. Studie 2014, S. 18

mischen Wirkungen erfolgen, d. h., derartige Systeme müssen die Möglichkeit eröffnen, den Einfluss einer Steuerung auf die Kosten und Erlöse und die Kapitalbindung zu analysieren. Erst diese ökonomische Bewertung schafft die Voraussetzungen, um die Fertigungssteuerung mit den Unternehmenszielen rückzukoppeln. Gesucht ist dann nicht mehr eine Steuerung mit hoher Termintreue und kurzen Durchlaufzeiten; es wird vielmehr ein Steuerungsergebnis angestrebt, bei dem die Termintreue mit geringen Kosten zu realisieren ist. Durchlaufzeit- und Kostenkalküle sind keinesfalls stets identisch, da eine veränderte Durchlaufzeit durchaus zu steigenden, aber auch sinkenden Kosten führen kann. "[28]

Im Hinblick auf die Echtzeitsteuerung im Rahmen von Industrie 4.0 wird vorwiegend aus einer technischen Perspektive heraus argumentiert. Dabei kommt die Betrachtung der Auswirkungen auf die betriebswirtschaftliche Planung und Steuerung von Industrieunternehmen zu kurz. Diese Auffassung wird gestützt durch eine Bestandsaufnahme der aktuell verfügbaren Literatur zu Industrie 4.0 und durch eine Bewertung vorhandener Normierungsbestrebungen für den Datenaustausch zwischen Produktion und anderen betrieblichen Funktionsbereichen. Weder die auf ISA 95 basierende Norm IEC 62264 im Bereich Elektrotechnik und Elektronik zur Integration von Unternehmensführung und Leitsystemen noch die im Rahmen des sogenannten WInD-Projektes[29] erarbeiteten Empfehlungen zum standardisierten Datenaustauch im Maschinen- und Anlagenbau berücksichtigt die für eine betriebswirtschaftliche Planung und Steuerung notwendigen Datenstrukturen und Schnittstellen. Zu dieser Einschätzung kommen auch Schwaiger und Ranzi in ihrem Beitrag „Integration der Finanz- und Produktionsdomäne nach ANSI/ISA-95 in einem REA-System": „Der ANSI/ISA-95-Standard bildet eine umfassende Grundlage zur prozessorientierten Modellierung der Datenstruktur eines Industriebetriebes. *Die Orientierung an der Produktionssteuerung und -kontrolle führt dazu, dass finanzielle Aspekte im ANSI/ISA-95-Standard nicht betrachtet werden.*"[30]

Diese Einschätzung wird in einem anderen Zusammenhang gestützt von der I4.0-Trendstudie, in deren Rahmen Industrieunternehmen hinsichtlich der Bedeutung von Industrie 4.0 für verschiedene Unternehmensbereiche befragt wurden. Dabei wurde für die Bereiche Finanzen/Controlling der geringste Einfluss auf bestehende Prozesse erwartet. Die befragten Unternehmen waren sich weitgehend einig, dass das Thema Industrie 4.0 inhaltlich vor allem ein IT-Thema ist. Die produzierenden Unternehmen sehen Industrie 4.0 in der Zuständigkeit der Fachabteilungen, insbesondere der Fertigungsleitung, der IT, der technischen Leitung, der Konstruktionsabteilung und Automatisierungsspezialisten.[31]

Die Gefahr ist groß, dass von den Verantwortlichen CFOs und Controllern die gleichen Fehler wie in den 1970er Jahren wiederholt werden, wie sie Haberlandt zutreffend beschreibt:

---

28   Adam, Produktionsmanagement, S. 614
29   Schuh et al., WInD – Wandlungsfähige Produktionssysteme durch integrierte IT-Strukturen und dezentrale Produktionsplanung und -regelung
30   Schwaiger, Ranzi, Integration der Finanz- und Produktionsdomäne nach ANSI/ISA-95 in einem REA-System, S. 1.
31   Manzei et al., Industrie 4.0 im internationalen Kontext, S. 223

„Was ist den letzten drei Jahrzehnten mit der automatisierten Datenverarbeitung, heute fälschlich als Informationstechnik (IT) bezeichnet, passiert? Informatiker haben sich, oft relativ unwissend, des betrieblichen Rechnungswesens angenommen. Die meisten heute in der Praxis eingesetzten PPS-Systeme basieren auf Planungstechniken und DV-Konzepten der 1970er Jahre, die wegen erheblicher Begrenzung der damaligen Hardware-Kapazitäten zu Hilfs- beziehungsweise Notlösungen führten (zum Beispiel stufenweise operative Produktionsplanung entsprechend der MRP-II-Methode, verbunden mit ausufernden Methoden der Materialdisposition). Die vorwiegend nur verbal vollzogene Erweiterung der PPS-Systeme um Enterprise Ressource Planning (ERP), erfolgte mittels schwerfälliger Integration der Buchhaltung und einiger Restbestände der Kostenrechnung. Die Ist-Daten der Produktion und der Verwaltung, das Mengengerüst der Kosten- und Leistungsrechnung, müssen in der Regel in separaten DV-Systemen erfasst und verarbeitet werden und sind mit individuellen Schnittstellen-Programmen rudimentär in das Hauptsystem zu überführen. Steht einmal auf dieser Datenbasis ein einigermaßen zufriedenstellendes Berichtswesen, darf dann auf unbestimmte Zeit hinaus möglichst nicht mehr daran gerührt werden. Der Controller muss inzwischen wichtige Planungs- und Berichtsarbeiten in der Regel vorbei am bestehenden Basissystem mittels MS-Office, vorwiegend mittels Excel erledigen. ... Die Informationstechnologen haben längst erkannt, dass sie die erforderlichen Informationen aus den bestehenden Basissystemen nur schwerfällig und auf Umwegen mit hohem Aufwand einigermaßen zufriedenstellend erfüllen können. Die Patenlösung – sicher nicht datentechnisch – wird im Data-Warehouse und Business-Intelligence gesehen. Und wiederum fehlt es am Input bezüglich den Anforderungen und Konzeptionen des betrieblichen Rechnungswesens. Wer verhindert, dass die Architektur des BI nicht wiederum anstelle eines „geordneten Lagerhauses" zur einer „DataMarts-Rumpelkammer" verkommt? In gewisser Hinsicht ist das derzeitige Rennen in Richtung Data-Warehouse nur eine Notlösung, um den datentechnischen „Verhau" der Basissysteme durch eine Art aufgepfropften Neuanfang zu lichten, weil aus diesen nur sehr umständlich und schwerfällig geeignete Informationen für den Führungsprozess zu gewinnen sind."[32]

Die betriebswirtschaftlichen Aspekte der integrierten Produktionsplanung in Echtzeit wurden im Rahmen der CIM-Ära viel stärker beachtet, konnten jedoch aufgrund der beschriebenen Probleme nicht umgesetzt werden. Industrie 4.0 blendet die betriebswirtschaftlichen Anforderungen hinsichtlich einer „ökonomischen" Echtzeitsteuerung bisher fast komplett aus und fokussiert sich nur auf die produktionswirtschaftlichen Aspekte einer „technischen" Echtzeitsteuerung. Nur wenn es gelingt, alle für die Planung und Steuerung von Unternehmen relevanten Systeme in einem umfassenden Integrationsmodell zu berücksichtigen, kann Industrie 4.0 sein volles Potenzial entfalten.

Die Potenziale einer Echtzeitsteuerung von Industrieunternehmen kommen erst dann voll zur Geltung, wenn neben das digitale Abbild der Zustände der Fabrik ein digitales Abbild des ökonomischen Zustandes tritt. Die Planungs- und Steuerungssoftware, die heute in den meisten Unternehmen zum Einsatz kommt, kann dabei wie folgt charakterisiert werden:

---

32 Haberlandt, Controlling – quo Vadis, in: Dillerup et al., Heilbronner Beiträge zur Unternehmensführung, S. 73

Veränderungen von Durchlaufzeiten, Auftragsreihenfolgen, Beständen, Kapazitätsauslastungen, Bereitstellungszeitpunkten etc. werden erst durch eine Reihe von Umformungen und Zwischenschritten in die „Welt von Soll und Haben" transferiert und zeigen dann ihre monetären Auswirkungen in den aggregierten Erfolgs-, Finanz- und Bilanztableaus erst mit mehr oder weniger großer zeitlicher Verzögerung. Dem digitalen Abbild der Fabrik in Echtzeit steht also ein digitales Abbild des ökonomischen Zustandes erst mit großer zeitlicher Verzögerung gegenüber. Innerhalb dieser Zeitlücke haben sich der Zustand der Fabrik und die kurzfristige Prognose von Veränderungen der Absatzmengen, Produktionsmengen, Auftragsreihenfolgen etc. jedoch häufig schon wieder signifikant verändert. Es klafft also eine Lücke zwischen dem aktuellen Zustand eines Unternehmens und seinem digitalen Abbild. Auf Basis veralteter und unvollständiger Zahlen werden dann Hochrechnungen und Forecasts erstellt, die naturgemäß weit entfernt sein müssen von den später ex post beobachtbaren, tatsächlich eingetretenen Situationen. Diese Lücke wurde bisher wenig bis überhaupt nicht in der Diskussion über die Potenziale von Industrie 4.0 berücksichtigt, da überwiegend Echtzeitsteuerungen im Hinblick auf Mengen, Termine, Losgrößen, Bestände etc. diskutiert werden.

Ein Blick in die einschlägige Literatur der Produktionsplanung und -steuerung zeigt, dass auch hier das Thema Planung ausschließlich in dem Spannungsfeld von Mengen, Terminen, Losgrößen, Reihenfolgen und Beständen behandelt wird. Die Einbettung der Produktionskostenplanung als resultierende Größe der Produktionsprogramm- und Prozessplanung wird, wenn überhaupt, dann nur am Rande, meist jedoch überhaupt nicht behandelt. Die Liquiditäts- und Finanzseite wird in der Produktionsplanung überhaupt nicht betrachtet. Auf der anderen Seite zeigt ein Blick in die gängige Literatur der finanziellen Unternehmensplanung, dass hier ausschließlich mit monetären Größen und deren kosten- und finanzwirtschaftlicher Verflechtung hantiert wird. Eine systematische Verbindung zur Produktionsprogramm- und Prozessplanung wird man hier vergeblich suchen. Diese in der Literatur sowie Lehre und Studium vorherrschende Zweiteilung findet sich auch nahezu flächendeckend in der Planungspraxis deutscher Industrieunternehmen. Möglicherweise ist in der in Literatur und Praxis traditionellen Trennung beider Welten ein Grund für die thematische Ausblendung im Industrie-4.0-Kontext zu sehen.

Dabei sind die Produktionsprogramm- und Prozessplanung und die Ergebnis-, Finanz- und Bilanzplanung *wie zwei Seiten einer Medaille*. Sie gehören eigentlich untrennbar zusammen und ergeben nur über eine konsequente Integration ein sinnvolles Ganzes. Zunehmende Volatilität und die sich abzeichnende Entwicklung im Rahmen von Industrie 4.0 zwingen in Zukunft dazu, die bisher praktizierten Ansätze der Planungsrechnung und ökonomischen Steuerung komplett zu verändern. Die Qualität und die jederzeitige Verfügbarkeit aktueller und detaillierter Simulations- und Planungsrechnungen werden für die Flexibilität und Steuerungsfähigkeit von Industrieunternehmen eine sehr große Bedeutung bekommen.

Denn was nützen netzbasierte Dienste, digitale Produktgedächtnisse, Sensornetzwerke und intelligente eingebettete Systeme, die einen Blick in die aktuellen Zustände von Produkten und Ressourcen ermöglichen, wenn die ökonomischen Rückwirkungen der Ressourcenbedarfe, aufgezeigt in den klassischen Aggregatrechnungen der GuV, Bilanz und Finanzrechnung, erst mit großem Zeitverzug zur Verfügung stehen? Die dynamischen Wirkungen des Produktionssystems finden sich in der Regel nicht in den ökonomischen Planungsrechnungen wieder. In der Produktion wird mit Mengen und Zeiten und im Finanzbereich wird mit aggregierten Wertgrößen geplant.

Prof. Dr. Heinrich Müller, einer der Pioniere der Plaut-Gruppe, hat schon Anfang der 1990er Jahre die Forderung aufgestellt, dass integrierte Unternehmensplanungssysteme zukünftig in der Lage sein müssten, komplexe Datenmodelle von Industrieunternehmen in allen Detailstufen abzubilden und die Auswirkungen von Veränderungen unabhängiger Parameter ohne Zeitverzug und auf allen Darstellungsebenen sichtbar zu machen:

„Geschlossene Simulationsmodelle, die die bestehenden Kapazitäten eines Unternehmens etwa in Form eines komplexen Gleichungssystems beschreiben, und die die Auswirkungen von Veränderungen unabhängiger Parameter ohne Zeitverzug und auf allen Darstellungsebenen sichtbar machen, sind für den großtechnischen Einsatz bisher noch nicht verfügbar. Derartige Unternehmensmodelle könnten im Zuge der Ermittlung der Plan-Bezugsgrößenmengen aufgrund des Absatz-Wunschprogramms selbsttätig und in vernachlässigbarer Zeit Engpässe aufdecken. Die Maßnahmen zur Vermeidung des zunächst nur rechnerisch ermittelten Engpasses, beispielsweise durch „Verdopplung" der installierten Engpasskapazität (durch Überlegung bezüglich eines Übergangs von Einschicht- zu Zweischichtbetrieb) sowie die Rückwirkungen auf das Absatzprogramm sollten sofort sichtbar gemacht werden können. Integrierte Planungs- und Simulationssysteme für die Datenstruktur von Großunternehmen fehlen heute noch vollständig. Es bleibt daher zu wünschen, dass fortschrittliche Softwarehäuser nicht nur integrierte Abrechnungssysteme, sondern in Zukunft auch integrierte Planungssysteme anbieten, die die heute in größeren Industriebetrieben immer noch sehr zeitaufwendigen, teils EDV-maschinellen, teils manuellen Planungsaktivitäten – bis zwei Monate intensiver Arbeit sind die Regel – auf einen wesentlich kürzeren Zeitumfang reduzieren. Dann würde den Planungsfachleuten auch weit mehr Zeit als heute für kreative Überlegungen zur Verfügung stehen, insbesondere bezüglich aller Vorschläge zur Beseitigung von Engpässen."[33]

Diese Forderung ist vor dem Hintergrund der sich abzeichnenden Industrialisierung 4.0 aktueller denn je, da die in der Praxis verwendeten Planungssysteme immer noch auf dem Stand sind, der von Müller vor über 20 Jahren beklagt wurde.

4.6 Literatur

Adam, Dietrich (1993): Produktionsmanagement. 7., vollst. überarb. und erw. Aufl. Wiesbaden: Gabler.

Bauernhansl, Thomas; ten Hompel, Michael; Vogel-Heuser, Birgit (Hg.) (2014): Industrie 4.0 in Produktion, Automatisierung und Logistik. Anwendung, Technologien und Migration. Wiesbaden: Springer Vieweg.

Becker, Dominik; Kilci, Marius; Skroka, Robert (2015): Industrie 4.0 Strategie der SAP. Online verfügbar unter http://winfwiki.wi-fom.de/index.php/Industrie_4.0_Strategie_der_SAP.

---

33   Müller, Prozesskonforme Grenzplankostenrechnung, S. 193

Brecher, Christian (Hg.) (2015): Advances in Production Technology. Cham: Springer International Publishing (Lecture Notes in Production Engineering).

Bundesministerium für Bildung und Forschung Referat IT-Systeme (Hg.) (2013): Zukunftsbild „Industrie 4.0". Bonn: o. V. Online verfügbar unter https://www.bmbf.de/pub/Zukunftsbild_Industrie_40.pdf

Cronjäger, Ludolf: Bausteine für die Fabrik der Zukunft. Eine Einführung in die rechnerintegrierte Produktion (CIM). Online verfügbar unter http://dx.doi.org/10.1007/978-3-662-00436-4.

Dillerup, Ralf; Haberlandt, Karlheinz; Vogler, Gerhard (Hg.) (2009): Heilbronner Beiträge zur Unternehmensführung. 40 Jahre Erfolgsgeschichten. Oldenbourg: De Gruyter. Online verfügbar unter http://dx.doi.org/10.1524/9783486852745.

DKE – Deutsche Kommission Elektrotechnik Elektronik Informationstechnik im DIN und VDE (2007): Interoperabilität von Produktion und Unternehmensführung. Einheitliche Terminologien, Daten- und Betriebsmodelle für das Produktionsmanagement auf Basis der Normenreihe DIN EN 62264 „Integration von Unternehmensführungs- und Leitsystemen". Eine Informationsbroschüre des DKE K 931 „Systemaspekte". Online verfügbar unter https://www.dke.de/de/DKE-Arbeit/MitteilungenzurNormungsarbeit/Documents/BroschuereDKEK931.pdf.

Dr. Wieselhuber & Partner GmbH; Fraunhofer-Institut für Produktionstechnik und Automatisierung IPA (2015): Geschäftsmodell-Innovation durch Industrie 4.0 Chancen und Risiken für den Maschinen- und Anlagenbau. Online verfügbar unter http://www.wieselhuber.de/lib/public/modules/attachments/files/Geschaeftsmodell_Industrie40-Studie_Wieselhuber.pdf

Haberlandt, Karlheinz (2009): Controlling – quo vadis. In: Dillerup, Ralf; Haberlandt, Karlheinz; Vogler, Gerhard (Hg.): *Heilbronner Beiträge zur Unternehmensführung. 40 Jahre Erfolgsgeschichten.* Oldenbourg: De Gruyter, S. 57–80. Online verfügbar unter http://dx.doi.org/10.1524/9783486852745.

Hauptvogel, Annika (2013): ProSense. Ein Beitrag zum Zukunftsprojekt „Industrie 4.0". Hochauflösende Produktionssteuerung auf Basis kybernetischer Unterstützungssysteme und intelligenter Sensorik. Online verfügbar unter: http://files.messe.de/abstracts/51521_101640_Hauptvogel_RWTH_Aachen.pdf

Internationaler Controller Verein: Industrie 4.0. Controlling im Zeitalter der intelligenten Vernetzung. Dream Car der Ideenwerkstatt im ICV 2015. Online verfügbar unter https://www.icv-controlling.com/fileadmin/Assets/Content/AK/Ideenwerkstatt/Files/Dream_Car_Industrie4.0_DE.pdf

Kagermann, Henning; Wahlster, Wolfgang; Helbig, Johannes (Hg.) (2013): Deutschlands Zukunft als Produktionsstandort sichern. Umsetzungsempfehlungen für das Zukunftsprojekt Industrie 4.0. Abschlussbericht des Arbeitskreises Industrie 4.0. Frankfurt/M.: o. V. Online verfügbar unter https://www.bmbf.de/files/Umsetzungsempfehlungen_Industrie4_0.pdf.

Kaufmann, Timothy (2015): Geschäftsmodelle in Industrie 4.0 und dem Internet der Dinge. Der Weg vom Anspruch in die Wirklichkeit. Wiesbaden: Springer Vieweg (essentials).

Kersten, Wolfgang; Koller, Hans; Lödding, Hermann (Hg.) (2014): Industrie 4.0. Wie intelligente Vernetzung und kognitive Systeme unsere Arbeit verändern. Berlin: Gito (Schriftenreihe der Hochschulgruppe für Arbeits- und Betriebsorganisation e. V. (HAB)).

Lingitz, Lukas; Hold, Philipp; Glawar, Robert; Sihn, Wilfried (2014): Integration von Lösungskompetenz operativer Mitarbeiter des Shop-Floors in die Produktionsplanung und –Steuerung. In: Kersten, Wolfgang; Koller, Hans; Lödding, Hermann (Hg.): *Industrie 4.0. Wie intelligente Vernetzung und kognitive Systeme unsere Arbeit verändern.* Schriftenreihe der Hochschulgruppe für Arbeits- und Betriebsorganisation e. V. (HAB). Berlin: Gito, S. 177–198.

Manzei, Christian; Schleupner, Linus; Heinze, Ronald (Hg.) (2016): Industrie 4.0 im internationalen Kontext. Kernkonzepte, Ergebnisse, Trends. Berlin: VDE-Verl.

Matthes, Dirk (2011): Enterprise architecture frameworks Kompendium. Über 50 Rahmenwerke für das IT-Management. [S.l.]: Springer.

Müller, Egon; Riedel, Ralph (2014): Humanzentrierte Entscheidungsunterstützung in intelligent vernetzten Produktionssystemen. In: Kersten, Wolfgang; Koller, Hans; Lödding, Hermann (Hg.): *Industrie 4.0. Wie intelligente Vernetzung und kognitive Systeme unsere Arbeit verändern.* Schriftenreihe der Hochschulgruppe für Arbeits- und Betriebsorganisation e. V. (HAB). Berlin: Gito, S. 211–238.

Müller, Heinrich (1993): Prozesskonforme Grenzplankostenrechnung. Stand – Nutzanwendungen – Tendenzen. Wiesbaden: Gabler. Online verfügbar unter http://dx.doi.org/10.1007/978-3-322-91040-0.

Schmalzried, Dirk (2013): In-Memory-basierte Real-Time Supply Chain Planung. Berlin: Gito.

Schuh, Günther (Hg.) (2015): Ergebnisbericht des BMBF-Verbundprojektes ProSense – Hochauflösende Produktionssteuerung auf Basis kybernetischer Unterstützungssysteme und intelligenter Sensorik. Aachen: Apprimus-Verl.

Schuh, Günther; Reuter, Christina; Hauptvogel, Annika; Dölle, Christian (2015): Hypotheses for a Theory of Production in the Context of Industrie 4.0. In: Brecher, Christian (Hg.): *Advances in Production Technology.* Cham: Springer International Publishing (Lecture Notes in Production Engineering), S. 11–23.

Schuh, Günther; Stich, Volker (2013) (Hg.): WInD – Wandlungsfähige Produktionssysteme durch integrierte IT-Strukturen und dezentrale Produktionsplanung und -regelung. Aachen: FIR e.V. an der RWTH Aachen (Edition Forschung, 11).

Schwaiger, Walter S.A.; Ranzi, Robert: Integration der Finanz- und Produktionsdomäne nach ANSI/ISA-95 in einem REA-System. Online verfügbar unter http://ceur-ws.org/Vol-420/paper11.pdf.

Spath, Dieter (Hg.); Ganschar, Oliver; Gerlach, Stefan; Hämmerle, Moritz; Krause, Tobias; Schlund, Sebastian (2013): Produktionsarbeit der Zukunft – Industrie 4.0. Stuttgart: Fraunhofer Verlag. Online verfügbar unter http://www.iao.fraunhofer.de/lang-de/images/iao-news/produktionsarbeit-der-zukunft.pdf.

VDI/VDE – Gesellschaft Mess- und Automatisierungstechnik; ZWEI – Die Elektroindustrie: Statusreport. Referenzarchitekturmodell Industrie 4.0 (Rami4.0). Online verfügbar unter http://www.zvei.org/Downloads/Automation/Statusreport-Referenzmodelle-2015-v10.pdf.

Westphal, Jan R. (2001): Komplexitätsmanagement in der Produktionslogistik. Ein Ansatz zur flussorientierten Gestaltung und Lenkung heterogener Produktionssysteme. Mit einem Geleitwort von Sebastian Kummer. Wiesbaden: Dt. Univ.-Verl. (Gabler-Edition Wissenschaft).

ZVEI – Die Elektroindustrie: Industrie 4.0: Die Industrie 4.0-Komponente. Online verfügbar unter http://www.zvei.org/Downloads/Automation/Industrie%204.0_Komponente_Download.pdf.

5 Lösungsvorschläge

Den meisten am Markt verfügbaren Softwaresystemen zur Planungsunterstützung fehlt die systematische Abbildung der Bestandsplanung (Lagerbilanzgleichungen), die Erfassung der zeitlichen Dynamik der Produktion (Vor- und Durchlaufzeiten) sowie das gesamte relevante Mengen- und Zeitgerüst der Leistungserstellung (Produktions- und Kostenfunktionen). Daraus folgt einerseits, dass nur ein sehr grobes und zudem verzerrtes Abbild des Unternehmens im Planungsprozess erstellt wird und andererseits Restriktionen nicht sichtbar werden und differenzierte Abweichungsrechnungen unmöglich sind. Damit sind diese Systeme nicht geeignet, eine umfassende Planungsrechnung für Industrieunternehmen abzubilden, und können daher auch nicht in Simulationsumgebungen im Industrie-4.0-Umfeld eingebunden werden.

Die Qualität von Softwaresystemen zur Planungsunterstützung in Industrieunternehmen hängt demnach entscheidend von dem implementierten Planungsmodell ab. Ein realitätsnahes Planungsmodell sollte die in Kapitel 2.6.2 beschriebenen Grundelemente des EFB-Modells enthalten. Nur wenn diese Elemente in einem Softwaresystem vorhanden sind, lassen sich die Haupteinflussgrößen des Industrieunternehmens erfassen und in alternativen Szenarien simulieren. Softwaresysteme, die diese Anforderungen erfüllen, sind sogenannte *AEP-Systeme (Advanced Enterprise Planning)* und bilden eine neue Systemklasse zur Planungsunterstützung in Industrieunternehmen. Ausschlaggebend für die praktische Akzeptanz solcher Systeme sind neben der vollständigen Erfassung des *internen Wirkungsgefüges* der Einflussgrößen vor allem die *Rechengeschwindigkeit* und die Realisierung von *Ein-Schritt-Rechenmodellen*. Die Rechengeschwindigkeit in Verbindung mit Ein-Schritt-Rechenmodellen ermöglichen weitgehend selbsterklärende Applikationen und befreien den Anwender von administrativem Ballast. Dies ermöglicht es dem Anwender, sich ausschließlich auf betriebswirtschaftliche Fragestellungen zu konzentrieren.

Vor dem Hintergrund der in Kapitel 3 vorgestellten Schwachstellen derzeitiger Planungsrechnungen in der Industrie und unter Berücksichtigung des in Kapitel 2.6 vorgestellten EFB-Modells für die integrierten Vertriebs-, Produktions-, Erfolgs- und Finanzplanungen sollen nachfolgend die Anforderungen an zukünftige Softwareapplikationen zusammengefasst werden. Zur Abgrenzung dieser neuen Systemklasse soll der Begriff *Advanced Enterprise Planning (AEP)* gewählt werden.

5.1 Advanced Enterprise Planning (AEP)

AEP umfasst verschiedene Verbesserungen und Erweiterungen der klassischen Planungsrechnung von Industrieunternehmen. *AEP* beinhaltet ein ganzheitlich integriertes Planungsmodell eines Industrieunternehmens. Dabei bezieht sich der Ausdruck „Advanced" sowohl
auf die Ganzheitlichkeit als auch auf bestimmte softwaretechnische Merkmale. Aufgrund
der Unzulänglichkeiten des *MRP*-II-Ansatzes im Hinblick auf die Produktionsplanung und
-steuerung wurden Ende der 1990er Jahre neue Ansätzen wie bspw. „Advanced Planning
and Scheduling" (*APS*) entwickelt. APS-Systeme sollen die Planungsfunktionen der *ERP*-
Systeme (*MRP* II) unterstützen und erweitern. So sollen bspw. mit dem Einsatz von sogenannten „Finite-Capacity-Scheduling-(*FCS*)"-Modellen simultane Planungen von Ressourcen (Material, Maschinen, Personal und Werkzeugen) und Produktionsstartterminen ermöglicht werden.

*In ähnlicher Weise, wie der APS-Begriff für die Erweiterung der Planungsfunktionen von
PPS-Systemen steht, beschreibt der AEP-Begriff die Erweiterung der finanzgetriebenen
Unternehmensplanung um die produktionsgetriebenen Planungsfunktionen des MRP-II/
APS-Ansatzes in einem einzigen Planungsmodell.*

AEP beinhaltet somit die Logik einer integrierten Erfolgs-, Finanz- und Bilanzplanung
(*EFB*) und der wichtigsten *APS/MRP*-II-Funktionen zur integrierten Planung von Kapazitätsbedarfen und Kapazitätsangeboten. Eine integrierte Absatz- und Produktionsmengenplanung einerseits und eine darauf aufbauende Erfolgs-, Finanz- und Bilanzplanung andererseits beschreiben im Prinzip den methodischen und planungslogischen Rahmen dieser
erweiterten Planungsrechnung.

Der Begriff *AEP-System* hingegen soll die softwaretechnische Umsetzung dieser Planungstechnik beinhalten und darüber hinaus weitere Funktionen und Anforderungen erfüllen, die
für eine Planungsrechnung in der Praxis unerlässlich sind.

Ganzheitlich integrierte Planungsmodelle unterscheiden sich von herkömmlichen (integrierten) Planungsmodellen insbesondere im Hinblick auf die Vollständigkeit der einbezogenen Unternehmensfunktionen. Inhaltlich erfolgt eine komplette Integration der Ver-
kaufs-, Beschaffungs- und Produktionsteilpläne.

Erst die Zusammenführung aller wesentlichen Aspekte der Leistungserstellung und Leistungsverwertung in einem ganzheitlichen Planungsmodell schafft daher die Voraussetzungen, um Veränderungen der Eingangsparameter (Mengen, Rohstoffpreise, Kostentarife etc.)
in ihren Auswirkungen in der Erfolgs-, Finanz- und Bilanzsphäre ohne Medienbrüche
sichtbar zu machen.

Aus den inhaltlichen Anforderungen von *AEP* leiten sich diverse softwaretechnische Anforderungen ab, die an ein „*AEP*-System" zu stellen sind. Ein *AEP*-System führt alle bisher
in getrennten Systemen (*ERP*- und *PPS*-Systeme, Spreadsheets, Finanzplanungsapplikationen) gehaltenen Planungsfunktionen und Datenmodelle in einer einzigen „*Realtime*"-In-
Memory-Anwendung zusammen. *AEP*-Systeme schaffen die Voraussetzungen für die Zusammenführung von Echtzeitsimulationssystemen der Produktionsplanung im Rahmen von

Industrie 4.0 mit der betriebswirtschaftlichen „Mess- und Regeltechnik" in der Erfolgs-, Finanz- und Bilanzsphäre.

Die steigenden Anforderungen nach Realitätstreue, Genauigkeit und Geschwindigkeit der Unternehmensplanung und -steuerung haben zu neuen Anforderungen geführt, die die klassischen Systeme nur noch unzureichend leisten können.

Auf eine Kurzformel gebracht könnte man die Definition von AEP-Systemen wie folgt beschreiben:

$$AEP = APS/MRP\ II + KLR + EFB + R \tag{5.1}$$

Ein *AEP*-System beinhaltet also die einleitend beschriebene Logik einer integrierten Erfolgs-, Finanz- und Bilanzplanung (*EFB*), die planungslogisch letztlich *nur Sekundärpläne darstellen, die wiederum sinnvoll nur aus einer integrierten Mengen- und Zeitplanung abgeleitet werden können.* Die detaillierte Mengenplanung der Produktion (*APS/MRP* II) ist verzahnt mit einer prozesskonformen Kosten- und Leistungsrechnung (*KLR*), die ihrerseits mit dem *EFB*-Modul der Erfolgs- und Finanzplanung integriert ist. Diese planungslogischen Komponenten des *AEP*-Systems sind jedoch keine nur lose gekoppelten Module in Form von jeweils getrennt durchzuführenden Rechenschritten und Übergabeprozeduren, sondern es beschreibt ein „Ein-Schritt-Rechensystem", das bei Veränderung eines bestimmten Parameters alle davon abhängigen Größen automatisch, d. h. ohne Unterbrechung in einem Schritt neu berechnet. Das (*R*) in der o. g. Kurzformel soll also andeuten, dass *AEP*-Systeme Simulationen innerhalb des Planungsmodells „Realtime", d. h. mit Antwortzeiten im Sekundenbereich erlauben sollen.

In Abbildung 5.1 ist das Prinzip eines AEP-Systems in visualisierter Form wiedergegeben. Die integrierte Planungsrechnung von Industrieunternehmen erfordert neben der finanzwirtschaftlichen Integration die Integration der produktionswirtschaftlichen Leistungserstellung. Die Haupteinflussgrößen für den Verbrauch und Gebrauch von Produktionsfaktoren in Form prozesskonformer Produktions- und Kostenfunktionen müssen Bestandteil des Modells sein, wenn eine realitätsnahe Simulation des Systems erreicht werden soll. Dabei sind die Kostenfunktionen vereinfacht ausgedrückt die mit Preisen bewerteten Produktionsfunktionen, die die verschiedenen Verbrauchsgüter (Repetierfaktoren) und zeitlichen Inanspruchnahmen der Potenzialfaktoren (Arbeit, Maschinen) gleichnamig machen und für die monetäre Sphäre der Planungsrechnung bereitstellen. Die Produktions- und Kostenfunktionen entsprechen den Output- und Inputverflechtungsmatrizen sowie den Preisvektoren. Die hierzu notwendigen Datenstrukturen sind in den ERP-Systemen in Form von Stücklisten, Arbeitsplänen, Ressourcenlisten, Verwendungsnachweisen, Materialpreistabellen etc. vorhanden. Neben den Grundfunktionen der Leistungserstellung sind die Regeln des Vertriebssystems abzubilden, d. h., Verkaufspreissysteme, Konditionensysteme sind in geeigneten Datenstrukturen und Dimensionen bereitzustellen. Im Vertriebssystem erfolgt die für alle nachgelagerten Funktionen wichtigste Mengenplanung, die Absatzmengenplanung.

Die Absatzmengenplanung ist die wichtigste Eingangsgröße für die Bestandsmengengleichungen, mit denen in der Produktdimension die notwendigen Zugangsmengen (Produktionsmengen) unter Berücksichtigung vorhandener und zur Erreichung von Lieferfähigkeitszielen notwendiger Endbestände berechnet werden. Bestandsmengengleichungen finden

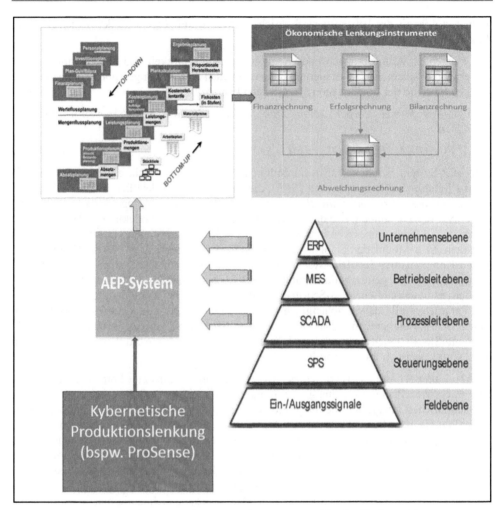

Abb. 5.1: Struktur des AEP-Systems. Automatisierungspyramide. Quelle: in Anlehnung an Langmann (ergänzt und entnommen aus Lass, Kotarski, IT-Sicherheit als besondere Herausforderung von Industrie 4.0, in: Lödding et al., Industrie 4.0, S. 399), und integrierte Unternehmensplanung entnommen aus Svoboda/Zehetner

auch auf der Ebene der Input-Größen Verwendung, die die Basis für die Berechnung notwendiger Material- und Potenzialgüterbestände darstellen. Aus den Produktions- und Kostenfunktionen können die zur Bewertung der Erzeugnislagerbestände notwendigen Erzeugniskalkulationen abgeleitet werden. Zur Erfassung der dynamischen Aspekte des Industrieunternehmens und zur Verbindung der Erfolgs- und Finanzplanung beinhaltet das System entsprechende Datenstrukturen (Spektralvektoren), die den *zeitlichen Vorlauf* von Bereitstellungszeitpunkten in der Produktion und den *zeitlichen Nachlauf* von Erlösen und Kosten abbilden. Zur Prüfung der Einhaltung von vorhandenen Kapazitätsrestriktionen kann im System der Kapazitätsbedarf über die Verknüpfung von Lagerbilanzgleichungen und Verflechtungsmatrizen festgestellt und mit dem Kapazitätsangebot aus den Anfangsbestandsmatrizen der Potenzialfaktoren verglichen werden. Damit erfolgt bei jeder Änderung des Mengengerüstes eine sofortige Rückkopplung mit der Kapazitätsrechnung.

Sämtliche Wertmatrizen aus Beschaffung, Produktion, Vertrieb und Administration sind über Buchungsregeln „fest verdrahtet" mit den Buchungsmatrizen, die letztlich als Auswertungsdatenstruktur für aggregierte Erfolgs-, Finanz- und Bilanzrechnungen fungieren. In der Erfolgsdimension können Gewinn- und Verlustrechnungen, Deckungsbeitragsrechnungen, Managementerfolgsrechnungen, Darstellungen nach Umsatz- und Gesamtkostenverfahren und Ausweiskonzepte nach Einzel-, Teil- und Vollkostenversionen jeweils parallel vom System erzeugt werden. Da alle Planungsgrößen auf den notwendigen Detailstufen mit Mengen- und Preisbestanteilen vorliegen, können Mengen-, Struktur-, Preis- und Verbrauchsabweichungen von der Entstehung in der Beschaffung und Produktion über die einzelnen Lagerstufen bis hin zum Lagerabgang im Verkauf dargestellt werden. Die Abweichungsrechnung beschränkt sich dabei nicht nur auf das Betriebsergebnis, sondern wird auch für die Erklärung von Abweichungen in der Finanz- und Bilanzrechnung genutzt.

Die Merkmale von AEP-Systemen können im Einzelnen überblicksartig wie folgt zusammengefasst werden:

- AEP-Systeme rechnen ohne Medienbrüche vollständig, richtig und schnell.
- Produktionsmodell, Kosten- und Leistungsrechnungsmodell, Erfolgs-, Finanz- und Bilanzrechnungsmodell sind in einem durchgängigen Gesamtplanungsmodell enthalten.
- Rollierende und anlassbezogene Simulationen und Forecasts können die meist eindimensionalen Punktplanungen, die in jährlichen Ritualen abgehalten werden, vollständig ersetzen.
- MRP II/Kosten- und Leistungsrechnung und Doppik sind in einem einzigen System abgebildet.
- AEP-Systeme enthalten Beschreibungselemente für Verflechtungs-, Mengen-, Zeit-, Preis- und Wertstrukturen, d. h. alle für die Planung wesentlichen Datenstrukturen. Sie sind daher in der Lage, sowohl periodengerechte Simulations- und Planungsmodelle als auch als stückbezogene Kalkulationsmodelle parallel abzubilden.
- AEP-Systeme halten das gesamte Modell im Hauptspeicher und stellen die Persistenz in relationalen Datenbankmodellen sicher.
- AEP-Systeme sind mehrdimensional, d. h., die Mengen-, Preis- und Wertstrukturen können in beliebiger Dimensionsvielfalt abgebildet werden (bspw. Kunden, Lieferanten, Geografie, Werke, Profit-Center usw.).
- AEP-Systeme ermöglichen Konzernkonsolidierungen und Konzern-Deckungsbeitragsrechnungen.
- AEP-Systeme können alle Kostenrechnungssysteme parallel abbilden, d. h. Ist-, Normal- und Plan-Kostenrechnung sowohl auf Voll- als auch auf Teilkostenbasis.
- AEP-Systeme können alle Fertigungs- und Fertigungsorganisationstypen abbilden (Einzel-, Serien-, Sorten- und Massenfertigung sowie Werkstatt-, Fließ- und Prozessfertigung).
- Alle für die Erfolgs-, Finanz- und Bilanzplanung wesentlichen Systemelemente des Produktionsmodells sind im *AEP*-System enthalten. Alle strukturbeschreibenden und dynamischen Aspekte sind Bestandteil des Systems.

–   Oberstes Ziel von *AEP*-Systemen ist die Simulation und Planung von periodengenauen Erfolgs- und Finanzmittelflussgrößen.

–   Die Datengranularität von *AEP*-System folgt den Anforderungen des Produktionssystems auf Ebene der Produktionsprogramm- und Grobterminplanung. Die dynamischen Aspekte werden durch *feste Durch-* und daraus abgeleitete *Vorlaufzeiten* berücksichtigt, sofern keine permanente Anbindung zu *PPS-/APS-/MES*-Systemen gegeben ist.

–   *AEP*-Systeme haben standardisierte Schnittstellen für die Integration der Programm- und Ausführungsplanung aus *PPS-/APS-/MES*-Systemen. Dabei werden die Daten der Programm- und Ausführungsplanung in aggregierter Form übernommen. Die dynamischen Aspekte werden im Rahmen der *APS*-Kopplung durch *berechnete Durch-* und *Vorlaufzeiten* berücksichtigt.

–   *AEP*-Systeme sind Ermittlungsmodelle und können lokale Optimierungsmodelle, die für bestimmte Aufgaben sinnvoll eingesetzt werden können, einbinden. Die Optimierungskomponenten beziehen sich bspw. auf die kostenoptimale und lieferservicegradkonforme Bestimmung der Wiederbeschaffungsmengen und Wiederbeschaffungszeitpunkte für Erzeugnisse, Handelswaren und Fertigungsmaterial.

–   *AEP*-Systeme sind Ein-Schritt-Rechenmodelle, d. h., bei Änderung eines Parameters werden alle abhängigen Größen in einem Schritt neu berechnet. *AEP*-Systeme sind Echtzeitsysteme, d. h., sie garantieren, dass eine komplette Durchrechnung des Gesamtmodells stets nur wenige Sekunden bis maximal wenige Minuten dauert.

–   *AEP*-Systeme sind Mehreinflussgrößen-, Mehrperioden- und Mehrproduktrechnungen.

–   Plankalkulationen der Produkte (Kostenträgerstückrechnung) und Kostenstellenplanung können aus *AEP*-Systemen erzeugt werden, sind jedoch nicht, wie bei der Plan-Kostenrechnung, Ziel-Output des Rechengangs.

–   *AEP*-Systeme spalten alle Potenzialfaktoren schon in der Planungsrechnung in einen Nutzungs- und Leerkostenanteil auf.

–   *AEP*-Systeme spalten den Erfolgssaldo im Detail nach Absatz- und Produktionserfolg auf.

–   *AEP*-Systeme führen systemintern eine permanente Aufspaltung von Betriebsergebnisabweichungen nach Ertragsabweichungen und Kostenabweichungen durch. Dabei werden auf der Ertragsseite Absatzmengen-, Sortimentsmix- und Preisabweichungen und auf der Kostenseite Produktionsmengen-, Programmmix-, Einsatzgüterpreis-, Verbrauchs- und Verfahrensabweichungen sichtbar gemacht. Die Abweichungskomponenten finden zudem Eingang in die Abweichungsgrößen der Finanz- und Bilanzrechnung.

–   *AEP*-Systeme sind Industrie-4.0-fähig. Sie können die von Produktionssimulationssystemen und Industrie-4.0-Komponenten generierten Echtzeitdaten der dezentralen Programm- und Ausführungsplanung aufnehmen und somit das digitale Echtzeitabbild der Fabrik in ein digitales Echtzeitabbild von ökonomischen Wertgrößen in Form von integrierten Erfolgs-, Finanz- und Bilanzrechnungen überführen.

–   *Die derzeit zur Unterstützung der operativen Unternehmensplanung eingesetzten Softwaresysteme sind schwerfällig, langsam und rechnen meist planungslogisch falsch. Dagegen sind AEP-Systeme als Softwarewerkzeuge der Zukunft flexibel, extrem schnell und rechnen planungslogisch richtig.*

Die im Rahmen von Industrie 4.0 vorherrschende technische Mess- und Regeltechnik muss mit einer adäquaten betriebswirtschaftlichen Mess- und Regeltechnik verknüpft werden, um ein sinnvolles Ganzes im Hinblick auf die Planung und Steuerung von Industrieunternehmen zu ergeben. Und genau diese betriebswirtschaftliche Mess- und Regeltechnik liefern *AEP*-Systeme als Werkzeug für eine echtzeitfähige und integrierte Unternehmensplanungsrechnung. Das technische Planungs- und Steuerungsmodell im Rahmen von Industrie 4.0 wird damit komplettiert durch ein betriebswirtschaftliches Planungs- und Steuerungsmodell und fungiert auf diese Weise als ökonomisches Spiegelbild der produktions- und absatzwirtschaftlichen Aktivitäten. Echtzeitfähige *AEP*-Systeme könnten die zeitaufwendigen Planungsrituale von 3–4 Monaten Dauer komplett abschaffen und durch selbststeuernde Systeme ersetzen.

Genauso wie mit Industrie 4.0 die zentralistische und hierarchische Produktionsplanung aufgehoben werden soll, können *AEP*-Systeme die starren, zentralistischen und termingebundenen Planungsrituale beseitigen. Damit gewinnen Industrieunternehmen ein Höchstmaß an Flexibilität, Steuerungsfähigkeit und Transparenz. Die selbststeuernden *AEP*-Systeme sind das Gegenstück zu den selbststeuernden Systemen der physischen Produktionswelt der Zukunft. *APS/PPS* und Simulationssysteme der Produktion finden damit in Zukunft eine ökonomische Ergänzung durch *AEP*-Systeme, die zusammen das dynamische Management komplexer Systeme, im Sinne der Industrie-4.0-Ziele (siehe Kapitel 4.3), erst ermöglichen.

Solche Systeme sind bereits verfügbar und werden beständig weiterentwickelt und erprobt. Sie können dabei helfen, die enormen Wertschöpfungspotenziale durch Industrie 4.0 zu realisieren. *AEP*-Systeme bieten aufgrund der vollständigen Integration von Produktions- und Finanzmodell in Verbindung mit softwaretechnischen Hochgeschwindigkeitsrechenkernen nahezu unbegrenzte Simulationsmöglichkeiten.

Im folgenden Kapitel 5.1.1 werden die Ansätze aktueller Forschungsvorhaben zur Verbesserung der Produktionsplanung und -steuerung im Kontext von Industrie 4.0 beschrieben. Die im Rahmen der Forschung neu entwickelten Simulationssysteme für die Produktion können mit *AEP*-Systemen gekoppelt werden und verschmelzen somit zu einer die gesamte Unternehmenssteuerung umfassenden Simulationskomponente.

5.1.1 *Produktionssimulation und Industrie 4.0*

Im Verlauf der bisherigen Erörterungen dieses Buches und unter Berücksichtigung der zentralen Aussagen verschiedener Studienergebnisse wurde deutlich, welche zentrale Stellung der Produktionsplanung innerhalb der integrierten Unternehmensplanung zukommt. Aus den in Kapitel 1 vorgestellten Studien konnte man erkennen, dass eine Vielzahl von Unternehmen die Produktionsplanung in Zukunft stärker in ihre finanziellen Planungsprozesse integrieren wollen. Die unter dem Begriff Industrie 4.0 geführten Diskussionen betonen ebenfalls, dass sämtliche Problemfelder der Produktion in Zukunft in Echtzeit vernetzt betrachtet und gesteuert werden sollen. Vor diesem Hintergrund sind im Rahmen von Industrie 4.0 Forschungsprojekte initiiert worden, die Lösungen für die Echtzeitsteuerung der Produktion entwickeln sollen. Die heute über *ERP*- und *PPS*-Systeme durchgeführten Produktionsplanungen und -steuerungen sind weder echtzeitfähig noch in der Lage, die durch zunehmende Volatilität und Flexibilisierung sowie Individualisierung entstehenden neuen Steuerungsanforderungen zu erfüllen. Ganz allgemein kann festgestellt werden, dass Planung ganzheitliches und vernetztes Denken erfordert. Es dürfen demnach nicht nur einzelne (isolierte) Einflussgrößen und deren Wirkungen im Vordergrund stehen, sondern das gesamte Wirkungsgefüge vernetzter Zusammenhänge. Die vernetzte Betrachtungsweise erfordert ein Denken in nicht linearen, rückgekoppelten Systemen unter Berücksichtigung der Dependenzen und Interdependenzen vieler gleichzeitig variierbarer Parameter.

Die in der Vergangenheit entwickelten und heute noch überwiegend zum Einsatz kommenden IT-Systeme im Produktionsumfeld sind aus struktureller Sicht überwiegend funktionsorientiert ausgerichtet. Daraus erwachsen zunehmend Schnittstellenprobleme zwischen den einzelnen Funktionsbereichen der betrieblichen IT-Systeme. Fehlende Standards hinsichtlich der IT-Schnittstellen erschweren es heute oftmals, IT-Systeme standortübergreifend zu nutzen oder nachträglich zu implementieren. Idealerweise sind die IT-Systeme in Industrieunternehmen zukünftig so zu gestalten, dass ein durchgängiger Datentransfer zwischen allen relevanten Transaktions-, Planungs- und Steuerungssystemen in allen Funktionsbereichen sichergestellt wird.

Eine durchgängige Systemintegration hätte den Vorteil, dass anstatt unterschiedlicher Datenquellen, die häufig zueinander inkonsistente Daten aufweisen, nach Zusammenführung der IT-Systeme eine einzige, wahre Datenquelle entsteht – die sogenannte „Single Source of Truth". Dabei liegt es auf der Hand, dass die Qualität der Produktionsplanung und -steuerung nicht besser sein kann als die Datenbasis, die zur Planung und Steuerung herangezogen wird. Wie bereits ausgeführt, ist die Datenqualität aufgrund fehlerhafter Rückmeldungen und ungenauer Datenerfassung heute oft mangelhaft und beeinträchtigt damit die Planungs- und Steuerungsqualität. Mittels integrierter Sensortechnik z. B. in Form von RFID und Lasertracking können Daten aus dem Produktionsumfeld einheitlich und automatisiert aufgezeichnet werden. Hierdurch können sowohl die Qualität als auch die zeitliche Genauigkeit der erfassten Daten zum Teil deutlich gesteigert werden. Die auf diese Art und Weise gewonnenen, hochauflösenden und echtzeitfähigen Daten des Produktionsvollzuges können genutzt werden, um bspw. die Entscheidungsfindung und Prognosequalität innerhalb der Produktionssteuerung zu verbessern. Der Vorteil dieser Sensoren ist die Möglichkeit der adaptiven Kopplung an bestehende Ressourcen. So können mit geringem Kapitaleinsatz große Skaleneffekte in der Produktion erschlossen werden. Bei der simultanen Nutzung der Sensortechnologie zusammen mit bestehenden Rückmeldesystemen kann es zu redundanten Rückmeldungen kommen, die in ihrer Verdichtung zu einer verbesserten Gesamtqualität der Daten führen, da ggfs. fehlerhafte Rückmeldungen überschrieben werden. Aktuelle Forschungsbemühungen gehen dahin, Ansätze zu entwickeln, um inkonsistente und heterogene Daten der Produktion optimal zu verarbeiten und später als Entscheidungsgrundlage einzusetzen. Um diese Entscheidungsbasis zu schaffen und gleichzeitig die Transparenz der Abläufe in der Produktion zu erhöhen, muss der Einsatz von integrierter Sensortechnik im gesamten Umfeld der Produktion ausgebaut werden.[1]

---

1   Schuh et al., Steigerung der Kollaborationsproduktivität durch cyber-physische Systeme, in: Bauernhansl et al., Industrie 4.0 in Produktion, Automatisierung und Logistik, S. 284

Die heutige Situation der Produktionsplanung und -steuerung ist häufig geprägt durch eine fehlende bzw. mangelhafte situative Anpassung der Produktionssteuerung. Die verwendeten PPS-Systeme passen meist nicht zur Ist-Situation der Produktion und die reale Situation der Produktion weicht von den zur Planung eingesetzten Modellen und deren Prognosen stark ab. In Kapitel 3 wurden bereits einige wesentliche Mängel im Hinblick auf die hierarchische Produktionsplanung, die Unzuverlässigkeit der prognostizierten Durchlaufzeiten und die mangelnde Integration beschrieben. Ferner sind die logistischen Modelle der Durchlaufsteuerung eher für die *Gestaltung und Analyse* von Produktionssystemen geeignet und weniger für die kurzfristige Planung und Steuerung im operativen Betrieb. Die für die Abbildungsgüte relevanten Rückmeldedaten aus der Produktion sind aufgrund der manuellen Erfassung meist fehlerbehaftet und fließen erst mit mehr oder weniger großem Zeitversatz in die Anpassung von Planungs- und Steuerungsentscheidungen ein. Die Generierung von durch Industrie 4.0 ermöglichten Rückmeldedaten in Echtzeit gewährleistet die Abbildung aktueller Betriebszustände von Produktionssystemen sowie die zeitnahe Identifikation strukturrelevanter Änderungen. Hochaufgelöste Rückmeldedaten befähigen logistische Modelle zu einer Einbindung in Aufgaben bezüglich Produktionsplanung, -steuerung und -controlling, wodurch modellbasierte Entscheidungsgrundlagen auf Steuerungsebene geschaffen werden. Zunehmende Volatilität auf dynamischen Märkten und moderne Produktionsprinzipien führen in Zukunft zu hohen Anforderungen an PPS-Systeme. Zukünftige Simulationssysteme der Produktionsplanung und -steuerung müssen die Kombinatorik der Produktion beherrschen, eine Abbildung der realen Situation in der Produktion und ein Aufzeigen von Plan-/Ist-Abweichungen ermöglichen, selbstoptimierend agieren und zuverlässige Prognosen über die zukünftigen Produktionsabläufe erlauben.[2]

In der klassischen Entscheidungstheorie werden gut strukturierte Entscheidungssituationen als Prämisse gefordert. Diese liegen definitionsgemäß dann vor, wenn die Elemente des Planungsschemas dem Planenden vorgegeben sind. Des Weiteren zeichnen sich gut strukturierte Planungssituationen dadurch aus, dass der Entscheidungsträger vollständige Informationen über alle relevanten Planungsmerkmale, d. h. sowohl die zur Verfügung stehenden Handlungsalternativen als auch die von ihm nicht beeinflussbaren Umweltzustände besitzt und dass in einer gegebenen Entscheidungssituation sämtliche Entscheidungsprämissen determiniert sind. Damit können eindimensionale Zielfunktionen formuliert werden, d. h., die Handlungsalternativen werden auf der Basis eines Optimalitätskriteriums geordnet und die günstigste Entscheidungsalternative wird ausgewählt. Daraus folgt, dass Planung eine systematische Analyse der gegebenen Alternativen zur Lösung eines Problems und die rationale Auswahl einer im Hinblick auf ein vorgegebenes Ziel optimalen Entscheidungsalternative darstellt. Daraus kann zusätzlich angenommen werden, dass die klassische Entscheidungstheorie von einem rational handelnden Entscheidungsträger ausgeht.

Überträgt man diese Annahmen auf die Problemfelder der Produktionsplanung und -Steuerung wäre anzunehmen, dass die Informationen über die Elemente des Systems, die Beziehungen zwischen den Systemelementen sowie das Verhalten der Systemelemente und des Gesamtsystems vollständig sind. Damit wird unterstellt, dass die einer Entscheidung zugrundeliegenden Sachverhalte mit Bestimmtheit prognostiziert werden können. Demgemäß wird davon ausgegangen, dass auf der Basis einer sicheren Entscheidungsgrundlage

---

2   Hauptvogel, ProSense Ein Beitrag zum Zukunftsprojekt "Industrie 4.0", S. 6

unter vollkommener Voraussicht der Wirkungen einer Handlung entschieden werden kann. Nur unter diesen Voraussetzungen ist der Fertigungsablauf einer mathematischen Formulierung zugänglich und der Prozess der Produktionsplanung und -Steuerung kann durch ein IT-gestütztes Planungssystem abgebildet werden. Dabei plant das zentral organisierte PPS-System den zeitlichen Produktionsablauf bis auf die Ebene der einzelnen Arbeitsgänge.

Die klassische Entscheidungstheorie führt jedoch zu einem Ausschluss einer Vielzahl praktischer Probleme im Hinblick auf zu treffende Entscheidungen. So bleibt bspw. unberücksichtigt, dass bedingt durch begrenzte Informationsverfügbarkeit, Mängel in organisatorischen Prozessen, Zeitmangel in der Entscheidungssituation, begrenzte Fähigkeiten der Entscheidungsträger, mehrere und wechselnde Entscheidungsträger etc. die Voraussetzungen gut strukturierter Entscheidungssituationen unter realen Bedingungen schon nicht mehr gegeben sind. Die sich im Rahmen der Koordination von Produktionsprozessen ergebenden Entscheidungsprobleme sind daher entgegen den in PPS-Systemen vorherrschenden Annahmen schlecht strukturiert.

Dies liegt u. a. daran, dass es an Kenntnissen über die erfolgversprechenden Handlungsmöglichkeiten oder über die Zusammenhänge zwischen den Handlungsmöglichkeiten und deren Konsequenzen fehlt (wirkungsdefekt), geeignete Wertansätze zur Bewertung der Handlungskonsequenzen im Sinne der verfolgten Zielsetzungen fehlen (bewertungsdefekt), produktionswirtschaftliche Zielkonflikte vorliegen (zielsetzungsdefekt) und effiziente Lösungsverfahren (Algorithmen) fehlen (lösungsdefekt).

Das Entscheidungsproblem der Produktionsplanung ist:[3]

1. *Wirkungsdefekt*: Um die Wirkung von Entscheidungen auf relevante Kennziffern abbilden zu können, sind die Variablen des Entscheidungsproblems festzulegen und es ist der Zusammenhang zwischen dem Niveau der Variablen und dem der relevanten Merkmale aufzuzeigen. Problematisch ist einerseits die große, bei der Produktionsplanung zu berücksichtigende Anzahl von Variablen, und andererseits der fehlende deterministische Zusammenhang zwischen Input- und Output-Größen des Systems. Der Produktionsprozess unterliegt im Hinblick auf seinen zeitlichen Vollzug stochastisch auftretenden Störungen, so dass nur Wahrscheinlichkeiten für bestimmte Zustände angegeben werden können. Dieses Problem ist in gewisser Hinsicht mit dem täglichen Straßenverkehr in den Städten und auf den Autobahnen vergleichbar. Die Navigationssysteme der einzelnen Verkehrsteilnehmer berechnen auf Basis normaler Verkehrsverhältnisse recht zuverlässig die voraussichtlichen Ankunftszeiten der einzelnen „Reise- und Transportvorgänge". Normale Verkehrsverhältnisse wären gegeben, wenn genügende Straßenkapazität vorhanden ist und keine Störungen auf den Strecken auftreten. Je höher jedoch der Zufluss zu den Straßen wird, desto höher ist die Strecken- und Straßenauslastung. In dieser Situation führen schon geringfügige Störungen wie Beschleunigungs- und Bremsvorgänge, Varianz der Fahrgeschwindigkeiten, Straßenhindernisse etc. zu großen Abweichungen der Ankunftszeiten. Die Störungen kumulieren sich zu langen Staus und aus geplanten 30 Minuten Fahrzeit werden nicht selten 2 Stunden Fahrzeit.

---

3   Folgend teils zitatgleich entnommen aus: Westphal, Komplexitätsmanagement in der Produktionslogistik, S. 38 f.

2. Bewertungsdefekt: Bewertungsdefekte entstehen durch die Zerlegung der komplexen Aufgabe in Partialmodelle, so dass die Beziehungen zwischen den Variablen verlorengehen. An die Stelle der zerschnittenen Beziehungen müssen somit spezielle Wertansätze treten, um die Entscheidungen zu koordinieren. Des Weiteren lassen sich die ökonomischen Konsequenzen der Handlungsalternativen nicht vollständig erfassen, da nicht alle für die Planung relevanten Merkmale monetär bewertbar sind. Sachziele lassen sich schwierig quantifizieren, da nur Annahmen über Art und Ausmaß der Reaktion des Marktes und den ökonomischen Schaden für das Unternehmen (Opportunitätskosten) getroffen werden können.

3. Zielsetzungsdefekt: Die Annahme einer eindimensionalen Zielfunktion kann nicht aufrechterhalten werden, da das Unternehmen mehrere zum Teil im Konflikt miteinander stehende Ziele verfolgt. Erforderlich ist die Ableitung einer Zielfunktion, die sowohl Formal- als auch Sachziele integriert. Die Planung kann nur aufzeigen, welche Wirkungen die Auswahl einer bestimmten Handlungsalternative auf die Erfüllung der Teilziele des Zielportfolios hat. Der Entscheidungsträger muss folglich den Zielbeitrag jedes Teilzieles gewichten.

4. Lösungsdefekt: Im Hinblick auf die Produktionsplanung und -steuerung besteht ein kombinatorisches Logistik-, Lagerhaltungs-, Zuordnungs-, Reihenfolge- und Warteschlangenproblem, dessen Lösung ein dynamisches Simultanmodell erfordern würde. Hierfür stehen bisher jedoch keine geeigneten Lösungsverfahren zur Verfügung. Ferner liegen aufgrund des offenen Entscheidungsfeldes zum Zeitpunkt der Planung nur unvollständige Informationen über die Störgrößen und die Ursache-Wirkungs-Zusammenhänge im Produktionssystem vor.

Die Aufgabe einer Neugestaltung der Produktionsplanung und -steuerung besteht darin, die gegebene Problemsituation durch eine möglichst sachgerechte Transformation des defekten Ausgangsproblems in ein nichtdefektes Problem zu überführen, auf welches das klassische Planungsschema angewandt werden kann. In klassischen PPS-Systemen wird das Produktionsproblem als mathematisches Modell als Summe von Funktionen beschrieben, wobei die aufgrund der Stochastik bestehenden Unsicherheiten und Ungenauigkeiten des zeitlichen Produktionsvollzuges durch Sicherheitsfaktoren in den Plandurchlaufzeiten ausgeglichen werden sollen. Die Algorithmen zentraler Planungs- und Steuerungsentscheidungen des Produktionsprozesses setzen die prinzipielle Möglichkeit einer externen Systemlenkung voraus. Da sich für den Zustand des Produktionssystems zu einem bestimmten Zeitpunkt und dessen zukünftige Entwicklung nur Wahrscheinlichkeitsverteilungen vorhersagen lassen, sind die zukünftigen Handlungsalternativen und Wirkungszusammenhänge zum Zeitpunkt der Planung weitgehend unbekannt.[4] Wie bereits oben dargelegt, sind nach empirischen Untersuchungen ca. 75 % der Produktionspläne schon nach 3 Tagen veraltet und nicht mehr realisierbar.

Vor diesem Hintergrund wird deutlich, dass der Produktionsprozess durch die Unsicherheit und prinzipielle Unvorhersehbarkeit der entscheidungsrelevanten Größen geprägt ist. Daraus folgt, dass sich die deterministisch ermittelten Planungs- und Steuerungsgrößen in der Praxis nur selten durchsetzen lassen. In der Folge entstehen große Abweichungen zwischen der geplanten und der tatsächlichen Situation der Fertigung bei Annäherung an den Pla-

---

4 Ebd. S. 39

nungshorizont. Durch nicht in der deterministischen Planung erwartete Störgrößen sind die vom PPS-System unter der Annahme vollständiger Informationen über den Produktionsprozess erzeugten Planungsergebnisse schnell veraltet. Dies führt in relativ kurzen Zeitabständen zu vollständigen Neuplanungen, woraus kaum noch zu überblickende Informationsflüsse im Gesamtsystem sowie eine zunehmend hohe „Planungsnervosität" resultieren. Diese „Planungsnervosität" wird in Anspielung auf die in den PPS-Systemen implementierten MRP-Konzepte häufig auch als „MRP-Nervousness" bezeichnet.

Hohe Planungsfrequenzen und permanente Planänderungen führen dazu, dass in der Fertigung die Akzeptanz der Planungsergebnisse sinkt. Die Instabilität der Planung ist eine der Hauptursachen für eine geringe Termintreue, die große Streuung von Durchlaufzeiten sowie erhöhte Lagerbestände.

Klassische PPS-Systeme sind durch eine Zerlegung der Gesamtplanungsaufgabe in mehrere Teilaufgaben geprägt. Dies ist im Prinzip für alle der Sukzessivplanungsmodelle charakteristisch.

Dabei bilden die Ergebnisse einer Planungsstufe jeweils die Eingangsgrößen der Folgestufe. Die PPS-Systeme enthalten zwar für die deterministische Bedarfsermittlung im Rahmen der Materialwirtschaft zuverlässige Methoden zur Ableitung von Sekundärbedarfen. Jedoch sind sie im Hinblick auf dynamische Aspekte der Termingrobplanung, mit der das Produktionsprogramm unter Beachtung von Kapazitätsbegrenzungen festgelegt wird, sowie im Hinblick auf die besonderen Anforderungen der Terminfeinplanung im Rahmen der Fertigungssteuerung weitgehend mangelhaft.

Ferner besteht eine konzeptionelle Schwachstelle darin, dass traditionelle PPS-Systeme eine Trennung von planenden und ausführenden Tätigkeiten vornehmen. Dies führt häufig zu einer mangelnden Flexibilität auf der Ausführungsebene, was wiederum keine schnellen Reaktionen auf Abweichungen ermöglicht. Da jede Schnittstelle zwischen zwei Betriebsmitteln zentral koordiniert wird, resultiert aus der hohen Komplexität des Materialflusses eine hohe Komplexität des Informationsflusses und der Koordinationsaufgabe. Die zur zentralen Produktionsplanung und -steuerung eingesetzten PPS-Systeme erzeugen somit eine zunehmende Eigenkomplexität, so dass eine zentrale Koordination des Produktionsprozesses mit wachsender Kundennähe im Produktionsprogramm unmöglich wird. In einem PPS-System wird der Produktionsprozess im Rahmen einer deterministischen, linearen und nicht rückgekoppelten Planung (Push-Prinzip) abgebildet. Dazu werden Annahmen über Material und Kapazitätsverfügbarkeilen auf der Basis von Planzeiten getroffen. Zwischen zwei Neuplanungszeitpunkten wird das kybernetische Prinzip der Steuerung umgesetzt, indem die Produktionsbereiche mittels detaillierter Vorgaben koordiniert werden. Da sich die Wirkungen stochastisch auftretender Ereignisse nicht vorhersagen lassen, ist aus kybernetischer Sicht ein Übergang von der Steuerung zum Prinzip der Regelung notwendig.[5]

Dieser Übergang von zentraler Steuerung zu einer Selbstregelung innerhalb komplexer Systeme ist gleichbedeutend mit der Einführung kybernetischer Systemlenkung. Die Über-

---

[5]   Ebd. S. 41

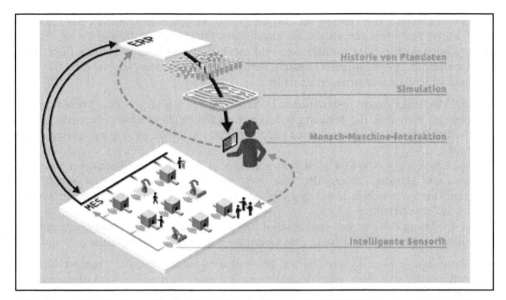

Abb. 5.2:   Ziele ProSense. Quelle: Schuh, Ergebnisbericht des BMBF-Verbundprojektes ProSense

nahme kybernetischer Regelungsmechanismen in die Planung und Steuerung von Unternehmen ist keineswegs neu, sondern wurde in zahlreichen Arbeiten von Stafford Beer und Fredmund Malik[6] schon vor Jahrzehnten beschrieben. Im Produktionsumfeld wurde von Westphal eine kybernetische Gestaltung und Lenkung von Produktionssystemen diskutiert.[7]

Die Prinzipien kybernetischer Gestaltung und Lenkung spielen auch in einem Forschungsprojekt im Rahmen von Industrie 4.0 eine wesentliche Rolle. Dieses Projekt trägt den Namen „ProSense".

Das Ziel des Forschungsvorhabens „ProSense" ist es, eine hochauflösende, selbstoptimierende, adaptive Produktionssteuerung auf Basis kybernetischer Unterstützungssysteme und intelligenter Sensorik zu entwickeln. Die Steuerungssysteme sollen dabei mittels hochauflösender Daten den Menschen als Entscheider optimal bei der Steuerung der Produktion unterstützen, sodass die Effizienz der Produktion gesteigert werden kann. Die genannten Elemente des Forschungsprojektes sollen mithilfe der Abbildung 5.2 illustriert werden.

Ein wesentliches und bestimmendes Qualitätsmerkmal im Hinblick auf die Entwicklung eines Unterstützungssystems zur Planung und Steuerung ist die Unterstützung des Planers in allen Phasen des Planungs- und Entscheidungsprozesses. Im Rahmen der Lenkung des Produktionsprozesses hat das System die Funktion, den Entscheidungsträger bei der Planung zukünftiger Zustände des Produktionssystems, der Ableitung der Zielvorgaben für die Koordination der Produktionsbereiche und bei der Abweichungsanalyse durch die Versorgung mit entscheidungsrelevanten Informationen zu unterstützen. Die Ziele des Einsatzes eines Entscheidungsunterstützungssystems sind die Verringerung der Planungskomplexität

---

6   Malik, Strategie des Managements komplexer Systeme, S. 89
7   Westphal, Komplexitätsmanagement in der Produktionslogistik, S. 66

durch die Erhöhung der Transparenz und die Reduzierung der Unsicherheit des Entscheidungsträgers bezüglich der aus der Umsetzung von Entscheidungsalternativen im Produktionssystem resultierenden quantitativen und qualitativen Wirkungen auf das Zielsystem. Im Rahmen der flussorientierten Lenkung des Produktionsprozesses sind an eine IT-Unterstützung folgende Anforderungen zu stellen:[8]

1) Die Möglichkeit einer dynamischen Betrachtung des Verhaltens des Produktionssystems mit dem Ziel, die Wirkung mehrerer Entscheidungsalternativen bezogen auf zukünftige Zustände der permanenten und temporären Elemente ex ante transparent zu gestalten;

2) das Aufzeigen von Wirkungszusammenhängen in Bezug auf die Sach- und Wertziele des Unternehmens, insbesondere die logistische Serviceleistung an der Schnittstelle Produktionssystem/Kunde mit dem Ziel der Auswahl der Alternative mit der größtmöglichen Zielunterstützung;

3) die Lieferung realistischer Zielvorgaben für die nachgelagerte Lenkungsebene und damit verbunden die Reduzierung der Ungewissheit der Entscheidungsträger.

Zur Realisierung eines kybernetischen Informationssystems sind die Prozessabbildung, Prozesskontrolle und die Stellgrößenermittlung auf allen Ebenen der Lenkungshierarchie erforderlich.

Vor dem Hintergrund komplexer Materialflüsse sowie des stochastischen Charakters des Produktionsprozesses ist eine analytische Beschreibung aller Ursache-Wirkungs-Zusammenhänge des Produktionssystems unmöglich. Die Simulation ist wesentlich besser geeignet, um das zeitdynamische Verhalten des Produktionssystems abzubilden und eine Unterstützung der Lenkung des Produktionssystems zu ermöglichen. Um ein komplexes Problem lösen zu können, benötigt der Entscheidungsträger neben dem Wissen über den aktuellen Systemzustand Informationen über die Durchführbarkeit und die Wirkungen bestimmter Handlungsalternativen auf das zukünftige Systemverhalten. Das Simulationssystem benötigt daher ein, bezogen auf den Aggregationsgrad der Hierarchieebene angepasstes, Modell des Produktionssystems zur Abbildung des dynamischen Verhaltens der Regelstrecke. Aufgrund der Komplexität der Problemstellung kann die Realität jedoch weder in einem Optimierungsmodell abgebildet noch mit exakten mathematischen Methoden gelöst werden.

Der Begriff Simulation bezeichnet eine kybernetische Verfahrensweise, bei der gewisse Regeln der Rückkopplung und des Zeitverhaltens sowie der Informationsübermittlung beachtet werden. Simulation kann aufgefasst werden als eine Methode zur Nachbildung eines dynamischen Prozesses in einem Modell und, darauf aufbauend, als das Vorbereiten, Durchführen und Auswerten gezielter Experimente, um durch die Veränderung von Parameterkonstellationen verschiedene Planungsvarianten zu vergleichen und mit dem Blick auf den Grad der Zielerreichung zu bewerten. Die Simulation wird bevorzugt dort angewendet, wo das zeitdynamische Verhalten eines Systems untersucht wird. Zum Zweck der Analyse wird das Produktionssystem mit seinen Elementen, relevanten Eigenschaften und Wechselwirkungen in einem offenen, hornamorphen Modell abgebildet, das in Bezug auf die zu untersuchenden Variablen das gleiche Verhalten wie das reale System aufweist. Die

---

8   Ebd. S. 110

Ergebnisse der Überprüfung eines geplanten Produktionsprogramms, von Einlastungsstrategien oder des erwarteten Auftragsfortschritts dienen nachfolgend als Entscheidungsgrundlage für die Regelung des Produktionsprozesses.

Da die Komplexität des Materialflusssystems es nicht erlaubt, die Wirkungen von Entscheidungen unmittelbar zu übersehen, wird durch die vereinfachte Abbildung der Informations- und Materialflüsse in Verbindung mit dem Einsatz explorativer Szenarien die Voraussetzung für eine wirksame Entscheidungsunterstützung der Lenkung des Produktionsprozesses geschaffen. „Was-wäre-wenn-Untersuchungen", bei denen ausgehend von einem bekannten Ist-Zustand des Systems mehrere Entwicklungsmöglichkeiten dargestellt werden, erlauben Aussagen zu Durchlaufzeiten und drohenden Engpässen im Produktionssystem. Durch die systematische Variation von System- oder Prozessparametern besteht die Möglichkeit, unterschiedliche Strategien in Bezug auf ihre Effektivität und ihre Effizienz zu untersuchen. Dabei wird die Anzahl der zu variierenden Parameter durch die Beschränkung auf die für den Entscheidungsprozess relevanten Eigenschaften des Realsystems verringert.

Das Modell stellt wiederum ein System dar, dessen Eigenschaften durch die Ausprägungen von Zustandsvariablen beschrieben werden. Als Voraussetzungen, die für die Anwendung des Modells zur Produktionsregelung erfüllt sein müssen, sind insbesondere zu nennen:[9]

1) die Definition der Prozessschnittstelle zur Übernahme des aktuellen Systemzustandes,
2) geringe Antwortzeiten des Simulationsinstrumentes,
3) eine ausreichende Abbildungsgenauigkeit,
4) die Möglichkeit, unterschiedliche Strategien zu verfolgen,
5) die Unterstützung individueller Bewertungskriterien des Nutzers und
6) die Möglichkeit einer differenzierten Betrachtung der Produktionsbereiche.

Durch eine, bezogen auf das jeweilige Szenario, zukunftsrobuste Planung trägt die Simulation dazu bei, einen höheren Zielerreichungsgrad bezogen auf das Zielsystem des Unternehmens zu erreichen.

Eine wesentliche Anforderung an die neu zu entwickelnde Produktionssteuerung besteht demnach darin, sowohl robuste Produktionsprozesse zu ermöglichen als auch schnell auf dynamische Marktbedürfnisse reagieren zu können. Der Einsatz cyberphysischer Systeme soll die jederzeitige Abbildung des aktuellen Status der Produktion in den IT-System ermöglichen.

Die Generierung von hochauflösenden Daten wird mittels cyberphysischer Systeme mit einfachen und günstigen Sensoren realisiert. Dabei wird die Flexibilität der Produktion über die Identifizierung und Implementierung modularer Funktionsbausteine sichergestellt. Damit wird auch eine schnelle und einfache Austauschbarkeit verschiedener Sensorsysteme ermöglicht. Die Funktionsbausteine agieren als intelligente Objekte und Subsysteme, die autonom kommunizieren. Die Zusammenarbeit der verschiedenen Systemkomponenten wird durch die Festlegung einheitlicher Schnittstellen zu den übergeordneten IT-Systemen gewährleistet. Die im Produktionsvollzug generierten Messdaten werden zur Verarbeitung

---

9   Folgend, teils zitatgleich, entnommen aus: Ebd. S. 116

zentral gespeichert und anderen IT-Systemen (PPS, ERP, APS) über selektive Zugriffe bereitgestellt.[10]

Die Planungs- und Steuerungssysteme werten die Daten hinsichtlich auftretender Datenmuster aus und erzeugen mithilfe der gesammelten Daten aus der Produktion ein realistisches Abbild der Situation in der Produktion in einem Simulationsmodell. Im Simulationsmodell wird die Datengranularität bedarfsgerecht an die jeweilige Betrachtungsebene angepasst. Mithilfe des Simulationsmodells soll eine Prognose der zukünftigen Produktionszustände ermöglicht werden. Engpässen an Maschinen oder zu große Umlaufbestände in der Fertigung verbunden mit entsprechenden Durchlaufzeitenverlängerungen und Terminabweichungen könnten somit frühzeitig erkannt werden. Darüber hinaus werden Unstimmigkeiten zwischen der Planung und tatsächlichen Durchführung identifiziert, die ihren Ursprung in abweichenden Arbeitsplätzen, Startzeitpunkten oder auch abweichenden Produktionsmengen haben können.

Durch eine auf hochauflösenden Daten basierende Vorhersage der Produktionssituation könnten ineffiziente Stillstandzeiten von Maschinen und Wartezeiten des Personals verhindert sowie ein insgesamt ruhigerer Produktionsablauf realisiert werden. Die für die Planung und Steuerung der Produktion verantwortlichen Mitarbeiter würden damit gezielt auf Basis der Vorhersagen über zukünftige Produktionszustände Gegensteuerungsmaßnahmen für die angekündigten Störungen einleiten können. Ferner können mithilfe des ProSense-Tools automatisch Gegensteuerungsmaßnahmen simuliert werden, die den Verantwortlichen zur Ausführung vorgeschlagen werden. Die Gegensteuerungsmaßnahmen basieren auf Analysen, die aufgrund erkannter Muster entsprechende Handlungsempfehlungen ableiten können. Dabei sind kurz- und langfristige Analysen zu unterscheiden. Die kurzfristige Analyse und Planung beinhaltet hinsichtlich der Zeitdimension einen maximalen Planungshorizont von einer Woche. Dabei unterstützt das ProSense-System die verantwortlichen Planer mit Handlungsempfehlungen, die anhand einer unternehmensspezifischen, adaptierbaren Zielfunktion bewertet und priorisiert werden, um eine kurzfristige Verbesserung der Produktionssituation zu erreichen.

Die wesentlichen Stellschrauben im Hinblick auf die kurzfristige Planung sind dabei „Maschinelle Kapazität", „Personelle Kapazität", „Eilauftragslage" und „Auftragsfreigabe". Diese vier Handlungsfelder bilden im Wesentlichen die Steuerungsparameter der kurzfristigen logistischen Zielgrößen eines Industrieunternehmens. Davon zu unterscheiden ist die von einem nachhaltigen Charakter geprägte langfristige Analyse. Mit dieser wird das Ziel verfolgt, eine grundlegende Optimierung der Feinplanung produzierender Unternehmen zu ermöglichen. ProSense soll damit eine höhere Planungszuverlässigkeit für künftige Planungsläufe sicherstellen. Die Handlungsempfehlungen werden aus einer Analyse der Plan- und Ist-Werte in der Produktion gewonnen. Bei festgestellten Abweichungen zwischen Ist- und Plan-Werten werden die neuen Systemziele bestimmt und die Handlungsempfehlung bezieht sich auf die Veränderung des zugehörigen Systemverhaltens. Neben den generierten Messwerten (Ist-Daten) werden in ProSense auch die historischen Plan-Daten gespeichert. So könnte bspw. im Rahmen einer langfristigen Analyse festgestellt werden, dass

---

10   Schuh, Ergebnisbericht des BMBF-Verbundprojektes ProSense, S. 10

einige Arbeitsgänge oder Arbeitsgangfolgen über einen gewissen Zeitraum stets länger benötigen, als es den gespeicherten Vorgabezeiten in den Arbeitsplänen entspricht.

Von ProSense werden aufgrund der Analyse Hinweise gegeben, dass möglicherweise die im System hinterlegten Vorgabezeiten für die entsprechenden Arbeitsschritte in den Arbeitsplänen angepasst werden müssen. Die Umsetzung dieser Anpassungsmaßnahmen kann zur einer Verbesserung der Planungsgüte im Rahmen der Produktionsplanung und -steuerung beitragen. Ferner kann insgesamt eine stabilere Planungssituation erreicht werden, die u. a. durch eine geringere Streuung der Durchlaufzeiten geprägt ist. Die Reduzierung der Variationsbreite der Durchlaufzeiten und die damit einhergehende höhere Planungssicherheit bewirken zudem eine Absenkung notwendiger Sicherheitsbestände bei Rohmaterialien und fertigen Erzeugnissen. Die angestrebten Lieferservicegrade lagerhaltiger Artikel können daher mit geringeren durchschnittlichen Bestandshöhen realisiert werden. Die Algorithmen der dynamischen Disposition sind damit integraler Bestandteil des kybernetischen Regelkreises aus Beschaffungs-, Produktions- und Distributionslogistik.

In Summe sollen die im Rahmen von „ProSense" erarbeiteten Lösungen zu Einsparpotenzialen von Prozess-, Steuerungs- und Betriebskosten sowie zu einer höheren Transparenz der Abläufe der Produktion beitragen.[11]

Falsche Plan-/Vorgabezeiten, große Abweichungen der mittleren Durchlaufzeiten (siehe ausführlich hierzu Kapitel 2.2) sowie Varianzen hinsichtlich der Rüst- und Bearbeitungsdauer, Losgrößen und Ankunftsraten führen heute meist dazu, dass die Zuverlässigkeit der erzeugten Produktionspläne bereits nach 3 Tagen nur noch bei ca. 25 % liegt.[12]

Mithilfe von Simulationssystemen soll es in Zukunft möglich sein, Abweichungen im Rahmen der Produktionsplanung echtzeitnah in aktualisierte Prognosen der Produktionsplanung und des Produktionsvollzuges umzusetzen. Änderungen bei Größe und Anzahl von Produktionslosen, Produktionsprogrammzusammensetzung, Auftragsreihenfolgen, Start- und Endzeitpunkten von Produktionsaufträgen, Verweilzeitverteilungen, Lagerbestandsveränderungen etc. können wirklichkeitsnah simuliert werden. Die aus diesen Simulationen resultierenden Mengen- und Zeitdaten können mit den in Kapitel 2.6 beschriebenen Datenstrukturen verbunden werden. In Kapitel 5.1.2 wird ein Simulations- und Planungssystem (AEP I 4.0) vorgestellt, dass für die Planung und Simulation der Erfolgsrechnung alle relevanten Einflussgrößen auf der Detailebene berücksichtigt und darüber hinaus Berechnungen selbst komplexer und großer Datenmodelle in wenigen Sekunden erlaubt. Damit wird eine ganzheitliche Simulation und quantitative Abbildung des realen Unternehmensgeschehens möglich. Es werden nicht nur Mengen-, Zeit- und Qualitätsgrößen der Produktion, sondern deren ökonomische Auswirkungen auf die Erfolgs- und Finanzsphäre des Unternehmens sichtbar.

Simulationssysteme der Produktion können auch mit den oben beschriebenen Systemen der dynamischen Disposition verbunden werden. Die dynamische Disposition als selbstregelndes System analysiert laufend die Höhe und Schwankung der Auftragseingänge sowie die Dauer und Schwankung der Wiederbeschaffungszeiten. Daraus berechnet das Simulations-

---

11   Ebd. S. 8
12   Schuh et al., Steigerung der Kollaborationsproduktivität durch cyber-physische Systeme, in· Bauernhansl et al.,Industrie 4.0 in Produktion, Automatisierung und Logistik, S. 290

system der dynamischen Disposition kostenoptimale und lieferservicegradkonforme Soll-Wiederbeschaffungsmengen (Produktionsmengen). Im Simulationssystem der Produktion erfolgt unter Berücksichtigung eingetretener Abweichungen zwischen Plan und Ist sowie der Bedarfsanforderungen aus der dynamischen Disposition die Simulation des Produktionsdurchlaufes. Durch die Verbesserung der Prognosegüte und die abnehmende Varianz der Durchlaufzeiten werden in der dynamischen Disposition zunehmend die Sicherheitsbestände abgesenkt. Daraus entsteht ein weitestgehend selbstregelndes und selbststeuerndes System, das darüber hinaus mit den Simulationssystemen der Erfolgs- und Finanzplanung auf der ökonomischen Ebene verbunden ist und in Echtzeit die ökonomischen Konsequenzen der veränderten Produktionsplanungen und Produktionssteuerungen in der Erfolgs-, Finanz- und Bilanzsphäre aufzeigt. Damit wird das Unternehmen in die Lage versetzt, die bisherigen Planungsrituale komplett abzuschaffen und stattdessen auf rollierende Simulationsrechnungen überzugehen.

5.1.2   Das System AEP I 4.0

Nachfolgend sollen anhand des Systems AEP I 4.0 einige ausgewählte Simulationsfunktionen im Hinblick auf die operative Unternehmensplanung erläutert werden. Das vorgestellte System entspricht weitestgehend den Anforderungen im Hinblick auf eine vollständige Abbildung des Mengengerüstes aus Produktion und Vertrieb sowie der Bewertung dieses Mengengerüstes mit den entsprechenden Plankalkulationen der Kostenträger. Die Plankalkulationen werden nach jeder Änderung von herstellkostenrelevanten Parametern neu berechnet.

In den Diskussionen um Industrie 4.0 kommt immer wieder zum Ausdruck, dass die zentralistische und hierarchische Produktionsplanungssteuerung durch weitestgehend dezentrale und selbstregelnde Systeme ersetzt wird.[13] Dies ist im Sinne der Sicherung der Überlebens- und Anpassungsfähigkeit von Unternehmen sicher von entscheidender Bedeutung. Dies hat jedoch zur Folge, dass die Prozesse der operativen Unternehmensplanung nicht weiterhin zentral und in einem Prozess von mehreren Monaten Dauer realisiert werden können. Die bisher praktizierte „Punktplanung" als Schlusspunkt des jährlichen „Planungsrituals" sollte ersetzt werden durch einen rollierenden Planungs- und Simulationsprozess, der immer die aktuellen Entwicklungen und Projektionen einbezieht. Rollierende und hinreichend genaue Hochrechnungen scheiterten in der Vergangenheit an nicht verfügbaren Ein-Schritt-Rechenmodellen und der zeitlichen Diskrepanz zwischen der Entstehung, Wahrnehmung und Verarbeitung von Veränderungen relevanter Datenkonstellationen. Aufgrund der beschriebenen Entwicklungslinien von Industrie 4.0 und der bereits verfügbaren Technologien zur Realisierung von AEP-Systemen fallen diese Defizite jedoch weg. Damit wird es möglich, nicht nur in der Produktion permanent neue Simulationen in kurzer Zeit durchzuführen, sondern die ökonomischen Konsequenzen daraus in Echtzeit über AEP-Systeme sichtbar zu machen.

Damit wird sichergestellt, dass die zukünftig dezentral und weitestgehend autonom zu treffenden Steuerungsentscheidungen in der Produktion sich nicht ausschließlich an den tradi-

---

13   So etwa Scheer, Industrie 4.0, S. 15

tionellen Produktionszielen (Mengen, Qualitäten, Termine) orientieren. Die ökonomischen Effekte dieser Steuerungsentscheidungen im Hinblick auf die Zielgrößen der Erfolgs- und Finanzrechnung können ebenso in Echtzeit, d. h. ohne nennenswerte zeitliche Verzögerung bereitgestellt werden. Damit wird das Industrieunternehmen in die Lage versetzt, Korrekturmaßnahmen im Sinne der Ergebnis- und Liquiditätssicherung schon vor der Durchführung produktionswirtschaftlicher Entscheidungen einzuleiten. Erst durch diese permanente Rückkopplung der an technischen Größen orientierten Produktionssphäre mit der an ökonomischen Größen orientierten Finanzsphäre entsteht eine sinnvolle Basis für Planungs- und Steuerungsentscheidungen. Es dürfte unmittelbar einleuchtend sein, dass kein Unternehmen bereit wäre, die Steuerung der Produktion an autonome und selbstregelnde Systeme zu übergeben, ohne dabei jederzeit die volle wirtschaftliche Transparenz und Kontrolle zu behalten. Diese Anforderungen können durch AEP-Systeme realisiert werden.

Einige Möglichkeiten, die sich aus der Kopplung von AEP-Systemen mit Simulationssystemen der Produktion ergeben, sollen nachfolgend beispielhaft skizziert werden.

Durch die Vernetzung von Werkstücken und Maschinen werden permanent Daten bezüglich des tatsächlichen Ressourcenverbrauchs aufgezeichnet. Damit ergibt sich eine wesentlich genauere Verbrauchserfassung und Zuordenbarkeit hinsichtlich des Einsatzes von Material, Energie, Maschinen und menschlicher Arbeit. Kostenarten, die bisher aus Wirtschaftlichkeitsgründen nur pauschal ermittelt und mithilfe bestimmter Schlüssel auf die Kostenträger verteilt wurden (bspw. bestimmte Hilfs- und Betriebsstoffe, Energie etc.), sind nunmehr einer verursachungsgerechten Zuordnung zugänglich. Für Prognose- und Planungsrechnungen wird hinsichtlich des zu erwartenden Ressourcenverbrauchs nicht mehr nur ausschließlich auf die Mengen- und Zeitstandards aus Stücklisten und Arbeitsplänen zurückgegriffen, sondern es werden zusätzlich aktuelle und historische Verbrauchsdaten aus dem „digitalen Gedächtnis" der CPS/CPPS-Systeme berücksichtigt. Die Bewertung der Mengen- und Zeitverbräuche wird auch nicht mithilfe der Plankalkulationen vorgenommen, sondern erfolgt ebenfalls auf Basis aktueller Preis- und Tarifinformationen bzw. prognostizierter Preisentwicklungen. Somit wird aus der Plan-Kostenrechnung eine auf realistischen Daten aufsetzende Prognose-Kostenrechnung in Form einer Unternehmensplanungs- und Prognoserechnung, die wesentlich zuverlässigere Informationen für die rollierenden Hochrechnungen liefert.

Die relevanten Produktionskenngrößen für das AEP-System sind für die *Finanzrechnung* insbesondere:

1) Prognostizierte Materialbereitstellungszeitpunkte und darauf aufbauende Materialbezugsplanungen. Die Materialbereitstellungszeitpunkte ergeben sich ebenfalls aus den bereits genannten Zu- und Abgängen der geplanten/prognostizierten Fertigungsaufträge. Für Prognosezeiträume, die über den Prognosehorizont des PPS-Systems hinausgehen, wird in dem AEP-System auf Basis der mittleren Durchlaufzeiten eine Prognose errechnet.
2) Veränderungen des Bestandes an Potenzialfaktoren (Maschinen, Beschäftigte) und veränderte Schichtenmodelle, soweit diese einen Einfluss auf den Bestand an Potenzialfaktoren haben.
3) Veränderungen der auszahlungsgleichen Kostenreihe aller Produktionskostenarten.

Für die Absatzmengenplanung erfolgt eine laufend zu aktualisierende und rollierende 12-Monatsvorschau. Eingangsgrößen hierfür sind neue Erkenntnisse aus Marketing, Vertrieb und Unternehmensführung, die zu neuen Annahmen hinsichtlich der Absatzmengen führen. Ferner können hier anhand diverser statistischer Methoden (Predictive Analytics) rollierende Prognosen zur Anwendung kommen, sofern die Voraussetzungen der statistischen Prognostizierbarkeit vorliegen.

Rollierendes Prognose-/Forecasting-/Simulationsmodell:

Das AEP-System beinhaltet ein permanent aktualisiertes Mehrperiodenplanungsmodell, das bspw. für einen Zeithorizont von 12 Monaten ereignisgetrieben fortgeschrieben wird. Das Mehrperiodenplanungsmodell ist in seiner Grundstruktur so aufgebaut wie in Kapitel 2.6 beschrieben. Als Ausgangspunkt dient die operative Planung für das folgende Geschäftsjahr. Mit Beginn des Geschäftsjahres wird eine Kopie des Planungsmodells erzeugt. Das AEP-System ist mit dem Simulationssystem der Produktionsplanung verbunden, das wiederum vertikal bis auf die physische Produktionsebene integriert ist (siehe Automatisierungspyramide, Abb. 5.1).

Über voreingestellte Datenbanktrigger wird die Aktualisierung der für das AEP-System relevanten Modellparameter gesteuert, d. h., bei Eintritt bestimmter Ereignisse werden bestimmte Datenbanktabellen (In-Memory) in der vom AEP-System vorgegebenen Periodizität befüllt. Dabei werden die Ereignisse nach zwei Hauptkategorien unterteilt:

- Alle Ereignisse, die Veränderungen innerhalb des Produktionssystems bei gleichbleibenden Planabsatzmengen bewirken.
- Alle Ereignisse, die eine neue Prognose der Gesamtabsatzmengen bewirken.

Relevante Ereignisse könnten bspw. Neuaufwurf der Programmplanung, geänderte Auftragsreihenfolgen (Verschieben, Vorziehen von Fertigungsaufträgen), Stücklistenänderungen, Arbeitsplanänderungen, signifikante Verbrauchsabweichungen auf Fertigungsaufträgen, Einkaufspreisänderungen bestimmter Rohmaterialien und Werkstoffe, Einkaufsmengenänderungen bestimmter Materialien durch neue Rahmenverträge, Wahl alternativer Fertigungsverfahren, Verkaufspreisänderungen, Konditionenänderungen etc. sein.

Die relevanten Produktionskenngrößen für das AEP-System sind für die *Erfolgsrechnung* insbesondere:

1. Ex-post-und Ex-ante-Abweichungen im Hinblick auf Materialmengen- und Materialpreisabweichungen, Lohnsatzabweichungen (Überstundenzuschläge etc.).
2. Zeitlicher Verlauf der Zu- und Abgänge an Fertigungsaufträgen sowie deren Projektion für definierte Prognosezeiträume.
3. Veränderungen des Bestandes an Potenzialfaktoren (Maschinen, Beschäftigte).
4. Veränderte Schichtenmodelle (Übergang vom 2-Schichtbetrieb auf 3-Schichtbetrieb) im Rahmen der zeitlichen Anpassungsmaßnahmen der Produktion.
5. Veränderung der Produktionsgeschwindigkeiten im Rahmen der intensitätsmäßigen Anpassungsmaßnahmen der Produktion.
6. Zeitlicher Verlauf der Zu- und Abgänge im Lager für Fertigerzeugnisse sowie deren Projektion für definierte Prognosezeiträume. Damit werden die prognostizierten Lagerbestandsveränderungen sichtbar.

7. Veränderungen der mittleren Durchlaufzeiten der Teile, Baugruppen und Fertigerzeugnisse. Die Einflussfaktoren der mittleren Durchlaufzeiten wurden oben bereits im Detail erläutert. Durch die mittleren Durchlaufzeiten werden der Auf- und Abbau sowie der zeitliche Verlauf der WIP-Bestände in der Produktion beeinflusst. Da die Produktionsplanung in der Regel einen kürzeren Prognosehorizont als die Erfolgs-, Finanz- und Bilanzplanung hat, sind in dem AEP-System die mittleren Durchlaufzeiten aus Verweilzeitanalysen zu berücksichtigen. Diese Durchlaufzeiten finden Eingang in die dynamische Input-Verflechtungsmatrix und dienen der Prognose des zeitlichen Verlaufs der Fertigung für Prognosezeiträume, die über den Prognosehorizont des PPS-Systems hinausgehen.

Der in Kapitel 2 dargestellte schrittweise (sukzessive) Planungsablauf ist in dem AEP I-4.0-System als sogenanntes „Ein-Schritt-Rechenmodell" realisiert. Die einzelnen Planungsphasen sind also nicht nacheinander manuell zu bearbeiten, sondern laufen nach Betätigung der Eingabetaste automatisch ab. Ändert der Anwender einen Parameter, werden alle abhängigen Werte automatisch in einem Schritt neu berechnet. Dieses Vorgehen entspricht dem Prinzip der Tabellenkalkulation. Daraus kann jedoch nicht geschlossen werden, dass ein reales Planungsmodell eines Industrieunternehmens mit einer Tabellenkalkulationssoftware realisiert werden könnte. Die Komplexität der Verflechtungen und die extrem großen Datenmengen würden jedes Tabellenkalkulationsprogramm versagen lassen. Dazu sei nur ein einfaches Beispiel aufgeführt:

Der Versuch, eine 2000×2000-Matrix in einem Tabellenkalkulationssystem zu invertieren, lässt das Programm nach wenigen Sekunden aussteigen. Es erfolgt der Hinweis: „Für das System waren beim Berechnen einer oder mehrerer Formeln nicht genügend Ressourcen vorhanden. Daher können diese Formeln nicht ausgewertet werden."

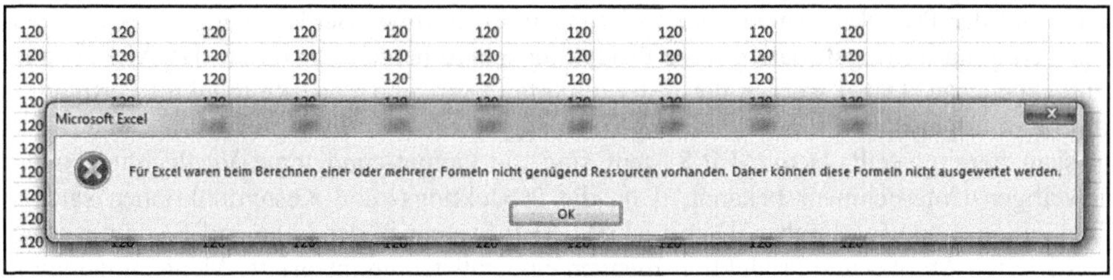

Abb. 5.3:	Invertierung großer Matrizen. Quelle: Eigene Dastellung

Die Multiplikation solcher Matrizen dauert auf einem 64-Bit-System mit 8 Prozessoren ca. 5–7 Minuten. Dabei sind fast alle Prozessoren zu 100 % ausgelastet. Die äußerst rechenintensiven Operationen können daher mit herkömmlicher Tabellenkalkulation nicht realisiert werden. Hinzu kommt, dass in der Praxis der Industrieunternehmen mehrere zehntausend bis hin zu mehreren hunderttausend Matrixzeilen und Matrixspalten auftreten können, da äußerst komplexe Produktprogramme darzustellen sind. Davon unabhängig ist auch die übersichtliche Verwaltung der extrem großen Datenmengen äußerst schwierig bis unmöglich.

Das nachfolgend beschriebene System ist ein Add-In für die Echtzeitsimulation innerhalb des Systems *AEP I 4.0*, das als Basisapplikation für die Erstellung der Ausgangsversionen für eine integrierte operative Unternehmensplanung dient. Das Name AEP I 4.0 ist nicht zufällig gewählt, sondern steht für **Advanced Enterprise Planning 4.0**, wobei 4 keine Versionsnummer darstellt, sondern für Industrie 4.0 steht.

Abbildung 5.4 zeigt die planungslogische Einbettung des Systems AEP I 4.0 in ein Gesamtsystem zur simultanen Simulation von Produktion, Absatz- sowie Bestands- und Lieferdisposition. Dabei wurde beispielhaft das in Kapitel 5.1.1 vorgestellte Simulationssystem (ProSense) der Produktionsplanung als potenzieller Datenlieferant einbezogen. Datenlieferant kann selbstverständlich auch ein APS- oder PPS-System sein. Das AEP-System ist verbunden mit den Transaktionssystemen (ERP) des Unternehmens und erhält aus diesen rollierende Prognosen über die voraussichtliche Absatzmengenentwicklung für die nächsten Monate. Die rollierenden Absatzmengen können auch direkt im AEP-System fortgeschrieben werden. Welches System dabei das führende ist bzw. sein soll, hängt von den Präferenzen des jeweiligen Unternehmens ab. Die rollierenden Absatzprognosen stehen in ProSense zeitgleich zur Verfügung und dienen dort neben den Abweichungsdaten zwischen geplantem und realisiertem Produktionsvollzug als Eingangsparameter für die rollierende Neuberechnung von durchführbaren Produktionsplänen. Aufgrund der Absatzmengenprognosen und deren Schwankungen sowie der Länge und Schwankungsbreite der Wiederbeschaffungszeiten (Durchlaufzeiten) werden vom System *SPM-ISYDIS* unter Berücksichtigung vorgegebener Ziel-Lieferservicegrade regelbasiert rollierende Wiederbeschaffungsmengen je Artikel errechnet. Das System SPM-ISYDIS ist die softwaretechnische Umsetzung der in Kapitel 2.2.1.7 beschriebenen Methoden der dynamischen Disposition in einen Hochgeschwindigkeitsrechnerkern.

Die Daten zur Bestimmung der Länge der Durchlaufzeiten und deren Schwankungen erhält ISYDIS direkt aus den Datenhistorien von ProSense und gibt die zur Erreichung der Lieferservicegrade notwendigen Produktionsmengen an ProSense zurück. Von ProSense werden aufgrund der Produktionsmengenanforderungen sowie unter Berücksichtigung der aktuellen Fertigungsauftragssituation neue Produktionspläne berechnet und an das AEP-System zurückgegeben. Dabei werden die in terminierte (Start- und Ende-Zeitpunkte) Fertigungsaufträge aufgelösten Produktionsmengen in aggregierter Form je Artikel für das AEP-System bereitgestellt. Dem AEP-System sind die Output- und Input-Verflechtungen des jeweiligen Unternehmens bekannt, d. h., die Produktions- und Kostenfunktionen sind im Simulationsmodell verfügbar. Damit ist das AEP-System in der Lage, auf Basis der prognostizierten Absatz- und Produktionsmengen eine vollständig integrierte Mengenplanung in das ökonomische Modell der Finanzsphäre zu überführen. Wie in Kapitel 2.6 formal dargestellt, werden sämtliche Mengenparameter mit den hinterlegten Preisparametern verknüpft und in einem Ein-Schritt-Rechenmodell in die Erfolgs-, Finanz- und Bilanzrechnung gesteuert. Eine veränderte Produktionsplanung würde in diesem Szenario bspw. in Echtzeit die ökonomischen Auswirkungen in der Finanzsphäre des Unternehmens transparent machen. Neben diesen vollautomatisch ablaufenden Simulationsrechnungen hat der Anwender jederzeit die Möglichkeit, eigene Szenarien durch einfache Kopierfunktionen innerhalb von AEP I 4.0 aufzubauen.

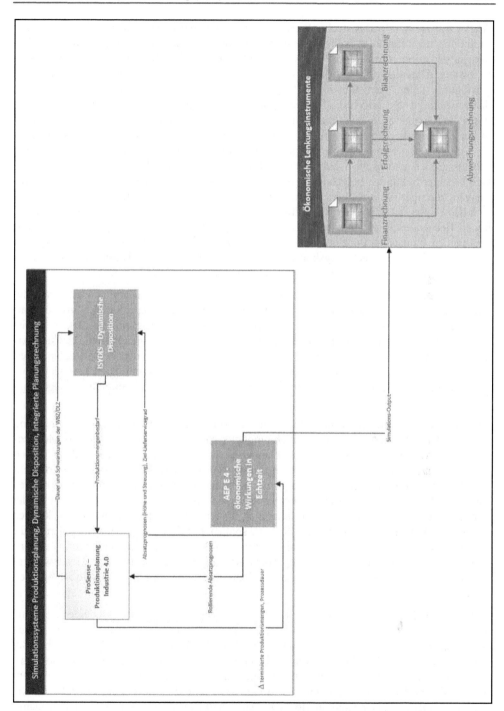

Abb. 5.4: Zusammenspiel der Simulationskomponenten. Quelle: Eigene Darstellung

AEP I 4.0 stellt alle Basistechnologien und planungslogischen Konzepte bereit, die zur Erstellung der relevanten Teilpläne im Industrieunternehmen benötigt werden. Eine Planungsapplikation muss neben der Rechenlogik diverse Funktionen für die Plan-Daten-Erfassung, Datenhaltung, Work-Flow-Überwachung, verteilte Planungsaufgaben etc. zur Verfügung stellen. Aus einer in AEP I 4.0 erzeugten Grundversion einer Planung können dann in wenigen Sekunden die Ergebnisse über alle Artikel, Kunden, Kostenstellen, Stücklisten, Arbeitspläne etc. bis hin zur GuV berechnet werden und in verschiedenen Varianten in der Datenbank gespeichert werden. Das Berechnungsteil des Planungssystems ist damit als Simulationssystem konzipiert, das die Auswirkungen von Variationen der relevanten Einflussgrößen wie bspw. Absatzmengen, Produktionsmengen, Preisparameter etc. innerhalb weniger Sekunden berechnen kann. Damit können einerseits extrem schnelle Berechnungen durchgeführt und verschiedene Szenarien simuliert werden. Andererseits eignet sich das System aufgrund der Vollständigkeit seines Industriedatenmodells und der extrem hohen Rechengeschwindigkeiten für die Integration in die „echtzeitfähige" Fabrik im anbrechenden Industrie-4.0-Zeitalter. Die nachfolgende Abbildung 5.5 zeigt einen Vergleich der verschiedenen „Berechnungskonzepte", die im Hinblick auf die Durchrechnung großer Datenmengen in komplexen Planungsrechnungen zur Anwendung kommen.

Im Hinblick auf unterschiedliche „Berechnungskonzepte" wird hinsichtlich des verwendeten Speichermediums zunächst unterschieden, ob die physische Datenhaltung auf Festplatten oder im Arbeitsspeicher erfolgt. Auf der Ebene des Speichermediums gibt es bereits signifikante Unterschiede im Hinblick auf das Zeitverhalten. So sind Zugriffe auf den Arbeitsspeicher wesentlich schneller und effizienter als Zugriffe auf den Festplattenspeicher. Die zur Anwendung kommenden Speicherkonzepte sind im Wesentlichen die relationale Datenbank, die spaltenorientierte Datenbank, die In-Memory-Datenbank und ein sogenannter Hochgeschwindigkeitsrechenkern.

Ein Hochgeschwindigkeitsrechenkern ist im Prinzip die softwaretechnische Entsprechung des in Kapitel 2.6 beschriebenen Matrizenmodells zur integrierten Planung von Mengen- und Werteflüssen im Rahmen der EFB-Planungsrechnung. Bei relationalen und spaltenorientierten Datenbanken werden die Daten meist in einer Aufteilung zwischen Festplattenspeicher und Arbeitsspeicher gehalten. Der Datenzugriff ist bei relationalen Datenbanken für die Abfragen von allen Tabellenspalten einer Tabellenzeile optimiert. Das liegt an der vorwiegenden Verwendung von relationalen Datenbanken für Geschäftstransaktionen (OLTP = Online Transaction Processing). Die spaltenorientierte Datenbank hingegen ist für den Zugriff auf alle Zeilen einer Spalte optimiert (Online Analytical Processing) und ist damit für schnellere Analysen und Reports besser geeignet. Damit wird ein Geschwindigkeitsvorteil deshalb erzielt, weil nur auf die Datenfelder der jeweiligen Spalte zugegriffen wird.

Von den relationalen und spaltenorientierten Datenbankkonzepten unterscheidet sich eine sogenannte In-Memory-Datenbank dadurch, dass beim Start alle relevanten Daten in den Arbeitsspeicher eingelesen werden und ein Zurückschreiben von Änderungen nur bei Bedarf erfolgt. In-Memory-Datenbanken sind softwareseitig meist eine Kombination aus spalten- und zeilenoptimierten Datenbankkonzepten, die zudem häufig bestimmte Anforderungen an die Hardware stellt. Die Geschwindigkeitsvorteile der In-Memory-Datenbank werden also meist aus einer Kombination von Hard- und Softwarekonzepten realisiert. Damit

operatives Speichermedium	relationale Datenbank (zeilenorientiert)	spaltenorientierte Datenbank	In-Memory-Datenbank	Hochgeschwindigkeitsrechenkern
	Festplatte/Arbeitsspeicher		Arbeitsspeicher	
Datenhaltung	"Data Pages" auf der Festplatte, die bei Bedarf einzeln in den "Buffer Pool" (Arbeitsspeicher) gelesen bzw. wieder zurückgeschrieben werden.		Einlesen aller Daten in den Arbeitsspeicher beim Start, Zurückschreiben aller Änderungen nur bei Bedarf (und außerhalb der Modellrechnung)	
Datenzugriff	günstig beim Zugriff auf alle Spalten einer Zeile (für OLTP)	günstig beim Zugriff auf alle Zeilen einer Spalte (für OLAP)	aufgrund einfacherer Zugriffsalgorithmen höhere Zugriffsgeschwindigkeit	noch schnellere Zugriffsgeschwindigkeit durch die Verwendung von strukturfixen indizierten Arrays, die beim Start während des Einlesens der Daten aufgebaut werden (kaum Selbstverwaltungs-Overhead während der Modellrechnung und günstig für die Auslastung des Prozessor-Caches).
Weitere geschwindigkeitssteigernde Maßnahmen				Speziell auf die Problemstellung optimierter Berechnungsalgorithmen abgestimmt; ad-hoc-Berechnung bestimmter Größen erst auf Anfrage (reduziert nicht nur die Dauer der Modellrechnung, sondern spart zudem Speicherplatz); Einschränkung der Menge der zu berechnenden Größen auf diejenigen, die von der jeweiligen Änderung der Basisgrößen betroffen sind.; Mehrprozessorkern-Unterstützung

Abb. 5.5: Vergleich verschiedener IT-Konzepte für komplexe Planungsrechnungen. Quelle: Dr. Jan Philipp Hummen und ist veröffentlicht unter: http://aep-ag.com/index.php/blog/ unternehmensfuehrung/101-aufgaben-und-rollenbild-des-controllings-2020-vor-dem-hintergrund-von-industrie-4-0

unterscheidet sich der sogenannte Hochgeschwindigkeitsrechenkern, anders als es der Begriff vermuten lässt, deutlich von der In-Memory-Datenbank, da hiermit ein reines Softwarekonzept verbunden ist. Es werden somit keinerlei spezielle Anforderungen an die Hardware gestellt, sondern ein heute handelsüblicher PC reicht vollkommen aus. Die Geschwindigkeitsvorteile werden gegenüber In-Memory-Datenbanken und den übrigen Datenbankkonzepten durch speziell für die Planungsrechnung von Industrieunternehmen optimierte Zugriffs- und Rechenverfahren erzielt. So werden bspw. durch die Verwendung von strukturfixen und indizierten Arrays, die beim Start, also während des Einlesens der Daten, aufgebaut werden, noch höhere Zugriffsgeschwindigkeiten realisiert. Es entsteht dabei kaum „Selbstverwaltungs-Overhead" während der Modelldurchrechnung, was sich sehr günstig auf die Auslastung des Prozessor-Caches auswirkt. Diese indizierten, strukturfixen Arrays entsprechen im Prinzip der softwaretechnischen Umsetzung des in Kapitel 2.6 skizzierten Matrizenmodells. Eine Matrix ist im Prinzip software- bzw. speichertechnisch nichts weiter als ein zweidimensionales Array. Zur Berücksichtigung von Vorlaufverschiebungen und Durchlaufzeiten bei der Ressourcenbedarfsrechnung kommen jedoch auch mehrdimensionale Arrays vor, da die Elemente der Input-Verflechtungsmatrizen dann selbst Vektoren oder Matrizen und damit Tensoren höherer Ordnung darstellen. Weitere Geschwindigkeitsvorteile werden durch spezielle auf die Problemstellung der Planungsrechnung hin optimierte Algorithmen erreicht. So ist bspw. nicht immer eine komplette Durchrechnung des gesamten Matrizenmodells (aller Arrays) notwendig, weil für alle Basisgrößen des Modells nur die jeweils abhängigen Größen bei Änderungen neu berechnet werden müssen. Es ist also quasi für jede Basisgröße ein „Rechenpfad" vorgegeben. Praxistests mit dem System haben gezeigt, dass bei Datenmengen, die ein komplexes mittelständisches Industrieunternehmen mit sich bringt, eine Modelldurchrechnung in wenigen Sekunden statt zuvor mehreren Stunden realisiert werden kann. Berücksichtigt man, dass in der Praxis eine Neudurchrechnung meist mit diversen Berechnungen und Datentransfers zwischen ERP-System, Excel und Finanzplanungssoftware erfolgt, dann beträgt die Zeitersparnis nicht wenige Sekunden zu Stunden, sondern wenige Sekunden zu mehreren Tagen!

Das Konzept des in AEP I 4.0 integrierten Hochgeschwindigkeitsrechenkerns zeigt auch gegenüber den aktuell propagierten spaltenorientieren In-Memory-Datenbanken große Vorteile. Eine Materialbedarfsrechnung mit In-Memory-Datenbanken im Rahmen eines MRP-II-Laufes kann derzeit von 24 Stunden auf weniger als 2 Stunden reduziert werden.[14] Im AEP-System werden nicht nur die zum MRP-II-Lauf gehörenden Rechenschritte, sondern darüber hinaus alle darauf aufbauenden Rechenschritte bis hin zur Erfolgs-, Finanz- und Bilanzrechnung in wenigen Sekunden durchgeführt. Dazu werden weder spezielle Datenbanken noch bestimmte Server benötigt. Zudem können alle ERP-Systeme und relationalen Datenbanken an das AEP-System angebunden werden. Es besteht demnach eine völlige Unabhängigkeit von einzelnen ERP- und Datenbankanbietern. Der Anwender hat damit ein Werkzeug zur Hand, das ihm eine sofortige Ein-Schritt-Durchrechnung bei veränderten Parameterwerten ermöglicht. Dieses Prinzip ist auch in Tabellenkalkulationssoftware vorherrschend. Aufgrund der Komplexität und des Umfanges realer Planungsmodelle kann Tabellenkalkulationssoftware jedoch nicht eingesetzt werden. Tabellenkalkulationssysteme sind aufgrund ihrer Architektur gezwungen, bei einer Neuberechnung wirklich das

---

14   http://www.computerwoche.de/a/print/warum-s-4hana-das-bessere-erp-ist,3220604

gesamte Modell durchzurechnen. Würde man bspw. versuchen, ein reales Industrieplanungsmodell in Matrizenform mit Hilfe von Tabellenkalkulationssoftware umzusetzen, dann würde die Software schon an der Multiplikation und Inversion großer Matrizen scheitern. Damit ist die Umsetzung solcher Modelle mit Hilfe von Tabellenkalkulationssoftware nicht einmal theoretisch möglich und praktisch aus vielen bereits dargelegten Gründen auch nicht zu empfehlen.

Das in Kapitel 5.1.3 vorgestellte System erfüllt bereits weitestgehend den im vorhergehenden Kapitel formulierten Änderungsbedarf und beinhaltet ein „Ein-Schritt-Rechenmodell" zur Simulation von Parameteränderungen.

5.1.3   Hochgeschwindigkeitssimulation mit AEP I 4.0

Der Menü-Baum des Systems in Abbildung 5.6 zeigt die relevanten Planungsbereiche, die über Vertriebs-, Produktions-, Konditionen-, Kostenstellen-, Kostenträger-Stück und Kostenträger-Zeitkalkulationen im Ergebnisbereich „Berechnungen" münden. Dieser Teilbereich des Systems bezieht sich ausschließlich auf den Bereich der Erfolgsrechnung und entspricht somit den unter 2.6.2.2.3 beschriebenen Rechenschritten zur mengen- und preisbasierten Erfolgsplanung.

Die mit der Erfolgsplanung verzahnte Finanz- und Bilanzplanung erfolgt in einem gesonderten Modulbereich „Finance", dessen Menüstruktur in Abbildung 5.7 dargestellt ist.

Im Bereich „Finance" wird die Betriebsergebnisrechnung aus dem Modul „Profit" in die Unternehmensergebnisrechnung (GuV) überführt und alle nachfolgenden Planungsschritte der integrierten Finanz- und Bilanzplanung gesteuert.

Die Einzelfunktionen des Systems können hier nicht im Detail beschrieben werden, sie entsprechen jedoch weitestgehend der in Kapitel 2.6 beschriebenen Rechenlogik und sind ergänzt um alle wichtigen Administrations- und Work-Flow-Funktionen, die im Kontext einer verteilten operativen Unternehmensplanung von Bedeutung sind.

Die im System AEP I 4.0 erzeugten Basisvarianten einer Planung können an die Simulationskomponenten übergeben werden und in allen Dimensionen und Kennzahlen verschiedenen Variationen unterzogen werden. Abbildung 5.8 zeigt den Startbildschirm des Simulationssystems (s. übernächste Seite).

Beim Systemstart können die einzelnen Teilbereiche der Industrieplanungsrechnung optional miteinander verbunden werden. So kann bspw. die Kostenstellen- und Kostenträgerrechnung mit dem Modul Ergebnis- und Finanzrechnung auf Basis bestimmter sogenannter Wertesätze miteinander verbunden werden. Diese Wertesätze können bspw. unterschiedliche Planungs- und Forecastalternativen repräsentieren. Ein Blick in die sogenannte Datenbankschnittstelle zeigt, dass im System rund 30.000 Fertigerzeugnisse mit Stücklisten geplant sind. Aus diesen Stücklisten wurden rund 140.000 Arbeitsplanpositionen generiert. Ferner beinhaltet das Beispielunternehmen ca. 3.200 verschiedene Materialarten, die in die Produktion der Fertigerzeugnisse einfließen. Aus der Kombination der Fertigerzeugnisse und Werkstoffe (Material) ergeben sich im Beispiel ca. 100.000 Stücklistenzeilen. Da in dieser Beispieldatenbank die Absatzplanung auf Basis der Kombination Kunde/Artikel mit

Abb. 5.6: Menübaum Erfolgsrechnung. Quelle: Eigene Darstellung

Abb. 5.7: Menübau Finance-Manager. Quelle: Eigene Darstellung

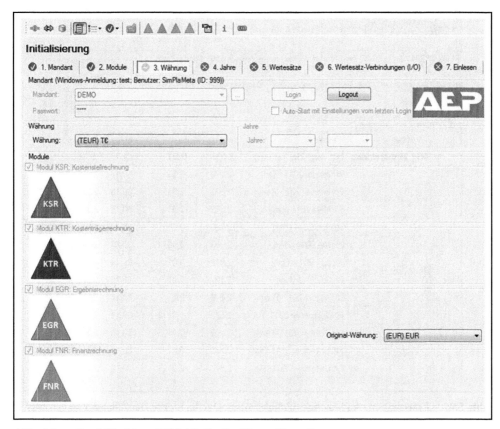

Abb. 5.8: Startbildschirm AEP I 4.0. Quelle: Eigene Darstellung

kunden-/absatzkanalspezifischen Verkaufspreisen und Konditionen erzeugt wurde, umfasst die Simulation über 200.000 Produkte/Kundenkombinationen. Das Beispiel umfasst ferner rund 300 Kostenstellen für ein Industrieunternehmen mit mehrstufiger Produktion. Die Produkte werden in Kleinserienfertigung teils kundenindividuell und teils kundenanonym auf Lager gefertigt.

Beispielhaft sollen an dieser Stelle einige typische Parameteränderungen demonstriert werden, wie sie im Planungsalltag immer wieder vorkommen.

Will man bspw. eine Materialpreisänderung über alle eingesetzten Roh- und Hilfsstoffe durchführen, dann kann über die Kostenträgerhierarchie zunächst ausgewählt werden, ob die Einkaufspreise einzelner Materialien, Materialgruppen oder alle Materialien geändert werden sollen. Hierzu hat der Anwender die Möglichkeit, auszuwählen, ob eine prozentuale Veränderung, ein neuer absoluter Wert, ein Vervielfältiger oder eine absolute Änderung eingegeben werden soll. Sollen bspw. für alle Materialien die Einkaufspreise ab der Periode 04 um 3 % erhöht werden, dann kann der Anwender in der Zeitleiste die Periode auswählen und die prozentuale Veränderung dort eingeben.

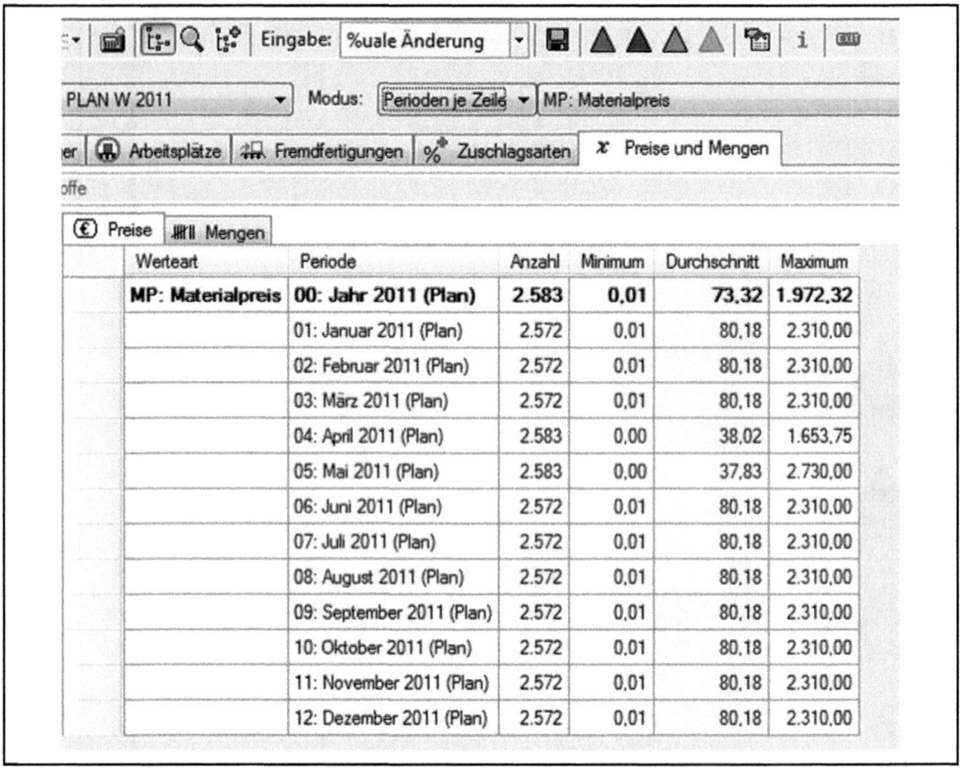

Werteart	Periode	Anzahl	Minimum	Durchschnitt	Maximum
MP: Materialpreis	**00: Jahr 2011 (Plan)**	**2.583**	**0,01**	**73,32**	**1.972,32**
	01: Januar 2011 (Plan)	2.572	0,01	80,18	2.310,00
	02: Februar 2011 (Plan)	2.572	0,01	80,18	2.310,00
	03: März 2011 (Plan)	2.572	0,01	80,18	2.310,00
	04: April 2011 (Plan)	2.583	0,00	38,02	1.653,75
	05: Mai 2011 (Plan)	2.583	0,00	37,83	2.730,00
	06: Juni 2011 (Plan)	2.572	0,01	80,18	2.310,00
	07: Juli 2011 (Plan)	2.572	0,01	80,18	2.310,00
	08: August 2011 (Plan)	2.572	0,01	80,18	2.310,00
	09: September 2011 (Plan)	2.572	0,01	80,18	2.310,00
	10: Oktober 2011 (Plan)	2.572	0,01	80,18	2.310,00
	11: November 2011 (Plan)	2.572	0,01	80,18	2.310,00
	12: Dezember 2011 (Plan)	2.572	0,01	80,18	2.310,00

Abb. 5.9:   Erfassungsmaske Materialpreisänderungen. Quelle: Eigene Darstellung

Nach der Eingabe wird sofort eine Neuberechnung durchgeführt, und im Hintergrund protokolliert. Der Anwender kann sich über den Ergebnismonitor sofort die Auswirkungen der Materialpreisänderungen ansehen. Über das Kalkulationsprotokoll ist ersichtlich, dass für die Neuberechnung des gesamten Modells rund *1,7 Sekunden* benötigt wurden.

Neben den veränderten Zahlen im Ergebnismonitor kann sich der interessierte Anwender auch immer die Berechnungsweise für jede einzelne Zahl ansehen, was das Verständnis für die planungslogischen Zusammenhänge erhöht.

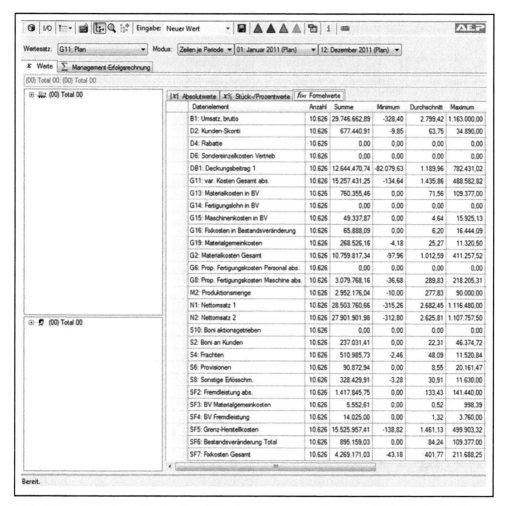

Abb. 5.10: Ergebnismonitor der Simulationskomponente des Systems AEP I 4.0. Quelle: Eigene Darstellung

Dabei hat er neben der globalen Sicht der Erfolgsrechnung die Möglichkeit, in jede gewünschte Detaildarstellung zu verzweigen, da selbstverständlich alle Produktkalkulationen (ca. 30.000 Erzeugnisse), alle Kunden-Deckungsbeitragsrechnungen (ca. 8.000 Kundenkalkulationen) usw. automatisch angepasst wurden. Beispielsweise kann man Abbildung 5.11 entnehmen, dass für ein bestimmtes Fertigerzeugnis die Preise der Einsatzmaterialien nur im April und im Mai angepasst wurden, da für dieses Erzeugnis nur in diesen Monaten ein Bedarf auftritt.

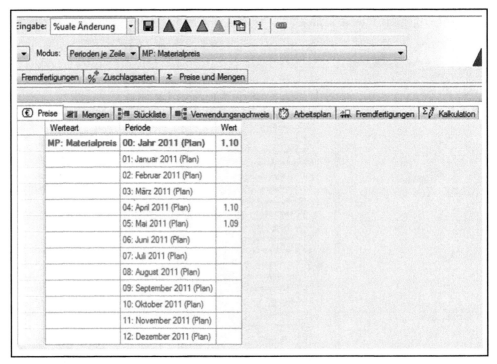

Abb. 5.11: Auswirkungen Materialpreisänderung bei einzelnen Erzeugnissen. Quelle: Eigene Darstellung

Der Anwender hat bspw. auch die Möglichkeit, sich die aktualisierten Kalkulationen bestimmter Erzeugnisse anzeigen zu lassen, s. Abbildung 5.12.

€ Preise | Mengen | Stückliste | Verwendungsnachweis | Arbeitsplan | Fremdfertigungen | Σ Kalkulation

Wertart	Wert pro Stück WST	Retrograde Produktionsmenge RPM	Wert Produktionsmenge WRPM=WST·RPM	Formel
M1: Rohstoffe	5,00	700,00	3.499,02	= MRoSK: Rohstoffestückkosten
M2: Handelswaren	0,00	700,00	0,00	= MHaSK: Handelswarenstückkosten
M3: Zukaufkomponenten	0,00	700,00	0,00	= MZuSK: Zukaufkomponentenstückkosten
M4: Hilfsstoffe	0,00	700,00	0,00	= MHiSK: Hilfsstoffestückkosten
M5: Sonstige Materialien	0,00	700,00	0,00	= MNASK: NAstückkosten
G3: Materialeinzelkosten/Stck	5,00	700,00	3.499,02	= M1: Rohstoffe + M2: Handelswaren + M3: Zukaufkomponenten + M4: Hilf
G9: Schrotterlöse/Stck.	-0,48	700,00	-333,56	= MScSK: Schrotterlösestückkosten
ZB1: Zuschlagsbasis MGK I	5,00	700,00	3.499,02	= M1: Rohstoffe + M2: Handelswaren + M5: Sonstige Materialien
ZB2: Zuschlagsbasis MGK II	0,00	700,00	0,00	= M3: Zukaufkomponenten + M4: Hilfsstoffe
G1: Materialkosten/Stck.	4,52	700,00	3.165,45	= G3: Materialeinzelkosten/Stck + G9: Schrotterlöse/Stck.
G18: Materialgemeinkosten/Stck.	0,20	700,00	139,96	= ZB1: Zuschlagsbasis MGK I · VZS_MGK I: Voller Zuschlagssatz Material
SF1: Fremdleistung/Stck.	0,00	700,00	0,00	= PFFSK: Prop. Fremdfertigungsstückkosten
MK: Materialkosten	4,72	700,00	3.305,41	= G1: Materialkosten/Stck. + G18: Materialgemeinkosten/Stck. + SF1: Frem
G5: Prop. Fertigungskosten Personal/Stck.	0,00	700,00	0,00	= PPSK: Prop. Personalstückkosten (= PPSK_AP bzw. ΣSM·PPSK)
G7a: Prop. Fertigungskosten Maschine	2,49	700,00	1.740,56	= PMSK: Prop. Maschinenstückkosten (= PMSK_AP bzw. ΣSM·PMSK)
G7b: Prop. Werkzeugkosten		700,00	0,00	
G7: Prop. Fertigungskosten Maschine/Stck.	2,49	700,00	1.740,56	= G7a: Prop. Fertigungskosten Maschine + G7b: Prop. Werkzeugkosten
FKp: Fertigungseinzelkosten	2,49	700,00	1.740,56	= G5: Prop. Fertigungskosten Personal/Stck. + G7: Prop. Fertigungskosten
RK: Rüstkosten	0,00	700,00	0,00	= VRSK: Volle Rüststückkosten
FKf: Fertigungskosten fix	2,64	700,00	1.845,86	= FFFSK: Fixe Fremdfertigungsstückkosten + FMSK: Fixe Maschinenstückk
FK: Fertigungskosten	5,12	700,00	3.586,42	= G17: Bereitschaftskosten /Stck. + FKp: Fertigungseinzelkosten + RK: Rüs
G17: Bereitschaftskosten /Stck.	2,64	700,00	1.845,86	= FKf: Fertigungskosten fix + RK: Rüstkosten

Abb. 5.12: Aktualisierte Erzeugniskalkulation. Quelle: Eigene Darstellung

Simulationsmöglichkeiten durch Variationen der relevanten Einflussgrößen:

In einem Planungsmodell, das die Einflussgrößen der Erfolgs- und Finanzrechnung explizit berücksichtigt, können Auswirkungen von Änderungen dieser Einflussgrößen wie bspw. Materialpreise, Verkaufspreise, Verbrauchsmengenstandards (gespeichert in Stücklisten und Arbeitsplänen) direkt durch die Eingabe eines neuen Wertes in einem einzigen Schritt neu berechnet werden. Ein-Schritt-Rechenmodelle, wie das System AEP I 4.0, sind der Schlüssel zur konsequenten Vereinfachung der Planung. Der Anwender verändert über sogenannte Parameter-Cubes lediglich die „Stellschrauben"/Einflussgrößen und betätigt die Eingabetaste.

Die Bezeichnung Parameter-Cube erklärt sich aus der Berücksichtigung aller im Planungsmodell verwendeten Dimensionen. So könnte der Anwender bspw. die Materiapreise für bestimmte Werkstoffe ab dem Monat April um 3 % erhöhen oder die Verkaufsmengen für den Zeitraum Juni bis Dezember für bestimmte Artikel einer bestimmten Kundengruppe um einen bestimmten Prozentsatz verringern. Damit können alle relevanten Einflussgrößen entlang verschiedener Dimensionen gezielt variiert und die Auswirkungen auf Erfolgs-, Finanz- und Bilanzgrößen sofort abgelesen werden. Dies ist letztlich das Prinzip der Tabellenkalkulation, d. h., es werden bestimmte Parameter verändert und alle direkt und indirekt abhängigen Tabellenfelder sind sofort nach Betätigung der Eingabetaste aktualisiert. Dieser Vergleich darf jedoch nicht zu der Annahme verleiten, dass solch ein Modell für reale Industrieunternehmen mit Tabellenkalkulationssoftware umsetzbar wäre. Aber das Prinzip der Funktionsweise von Softwaresystemen, die integrierte Planungsmodelle beinhalten, wird dadurch deutlich. Die Auswirkungen von Parameteränderungen können nicht nur direkt in den veränderten absoluten Zahlen abgelesen werden, sondern es können Vergleiche zu anderen Szenarien (Plan 1, Plan 2, letzte Hochrechnung Vorjahr etc.) ebenfalls automatisch ablaufen, d. h., die oben beschriebenen Abweichungsanalysen in der Erfolgs-, Finanz- und Bilanzdimension werden fortlaufend mit aktualisiert, je nachdem, welches Vergleichsszenario aktiv ist. Aus den Buchungsmatrizen können auch auf einfache Weise die gängigen Bilanz-, Rentabilitäts- und Cashflow-Kennziffern abgeleitet werden. Die Auswirkungen bestimmter Parametervariationen auf diese Kennzahlen können sofort sichtbar gemacht werden. Ferner können die in den Buchungsmatrizen eingetragenen Komponenten der Abweichungsmatrizen zur Erklärung der Veränderung dieser relativen Kennzahlen genutzt werden. So können bspw. die Einflüsse der Materialabweichungsrechnung auf die Höhe der Umsatzrendite schrittweise dargestellt werden. Die Anwendungs- und Simulationsmöglichkeiten sind also praktisch unbegrenzt hoch.

Sofern das oben beschriebene Matrizenmodell der integrierten Planungsrechnung in einer Simulationssoftware verfügbar gemacht wird, können über Variationen der Verkaufsmengen oder der Sortimentszusammensetzung sofort die Auswirkungen auf die Läger, den Produktionsmengenbedarf, den Einsatzgüterbedarf, den Nutzungsanteil der Potenzialfaktoren, den Verlauf der Ein- und Auszahlungen, den Periodenerfolg und die Bestandsverläufe der Bilanz simuliert werden.

Ferner können über Variationen der Preiskomponenten im Einsatzgüter- und Verkaufsbereich sofort die Auswirkungen in Erfolgs-, Finanz- und Bilanzrechnung in allen Details betrachtet werden.

Um veränderte Produktivitätsannahmen zu simulieren, müssten nur die Input-Verflechtungsmatrizen im Hinblick auf den Werkstoffverbrauch und/oder die Vorgabezeiten für Maschinen und Personal variiert werden.

Die Auswirkungen von veränderten Zahlungszielen im Lieferanten- und/oder Kundenbereich lassen sich durch Anpassung der Spektralvektoren analysieren. Durch Anpassung der Vorlaufvektoren in der dynamischen Input-Verflechtungsmatrix lassen sich die Auswirkungen auf den sich in den einzelnen Perioden bildenden mittleren Produktionsbestand, den Materialbedarf und die Höhe der Wiederbeschaffungsmengen abschätzen. Durch eine kombinierte Variation der Spektralvektoren auf der Lieferanten- und Kundenseite sowie der Vorlaufvektoren in der Produktion können bestimmte Maßnahmen zur Working-Capital-Veränderung in ihren Konsequenzen auf den Periodenerfolg und auf den Finanzbedarf sichtbar gemacht werden.

Ferner könnten starke Wachstums- und Schrumpfungsprozesse, zunehmende Volatilität auf der Absatzseite etc. im Rahmen verschiedener Szenarien untersucht werden und die Konsequenzen für Rentabilität und Finanzbedarf transparent gemacht werden. Darüber hinaus kann abgeschätzt werden, wie sich die Erfolgs- und Finanzsalden verhalten, wenn der Verkauf nicht aus der laufenden Produktion der Planungsperiode, sondern aus Lagerbestandsabbau und Produktion gedeckt wird. Wie bereits mehrfach dargelegt, können Kombinationen aus Lagerbestandsabbau und Bedarfsdeckung aus der laufenden Produktion erhebliche Unterschiede im Hinblick auf den Periodenerfolg und den Finanzbedarf bedeuten. Diese Unterschiede werden in konventionellen Planungs-(Software-)systemen nicht transparent, da meist rein verkaufsorientiert auf Basis von Plan-Kostenträgerkalkulationen gerechnet wird und die Bestände in die Betrachtung nicht einbezogen werden (können). Ferner können Simulationen im Hinblick auf die Vereinheitlichung und Strukturierung von Teilen und Baugruppen durchgeführt werden, um abzuschätzen, wie sich eine Erhöhung des Substanzverflechtungskoeffizienten (SVK) auf die Komplexitätskosten des Unternehmens auswirkt (zu den Details der Ermittlung des Substanzverflechtungskoeffizienten siehe Kapitel 2.2.1.2).

Diese wenigen Beispiele mögen genügen, um die nahezu unbegrenzten Simulationsmöglichkeiten von integrierten Planungsrechnungen aufzuzeigen. Mit den meisten im Einsatz befindlichen Planungsmodellen und Softwaresystemen lassen sich solche Simulationen aufgrund der unvollständigen Berücksichtigung der Einflussgrößen jedoch nicht durchführen.

Die Vorteile solcher Simulationssysteme liegen auf der Hand. Vor dem Hintergrund der Echtzeitrückkopplung in der Produktions-, Absatz-, Kapazitäts- und Lagerplanung ist eine simultane Simulation alle relevanten Teilplanungen möglich. Die Abstimmprozesse zwischen Produktion und Vertrieb können damit auf ein Minimum reduziert werden. Die Verantwortlichen in der Produktion können sich stattdessen voll und ganz auf die Produktionsprozessplanung konzentrieren und erhalten nur Produktionsmengenpläne, die mit hinreichend großer Wahrscheinlichkeit kapazitativ auch durchführbar sind. Vertrieb und Marketing konzentrieren sich auf Projekt- und Maßnahmenplanungen und sind nicht in irgendwelche innerbetrieblichen Abstimmrunden eingebunden. Die bereits disponierten Fixkosten, die überwiegend im Rahmen der Unterstützungsprozesse anfallen, können über gekoppelte Vertragsdatenbanken wie bspw. das für AEP I 4.0 optionale Zusatzmodul

„contractmanager2" direkt in das System integriert und automatisch geplant werden. Die Personalkostenplanung ist für das Fertigungspersonal direkt mit der Produktionsplanung rückgekoppelt und ermöglicht so eine automatisierte Personalbedarfsplanung. Die Detailplanung der Personalkosten (bspw. auf Mitarbeiterebene) kann ebenfalls problemlos in das System über optional erhältliche Zusatzmodule eingebunden werden.

Produktions- und Nachschubmengenermittlung:

Wie in Kapitel 2.6 skizziert, ist die Planung der Ziellager-Endbestände in Verbindung mit einer angestrebten Ziel-Lieferfähigkeit von großer Bedeutung für die Ableitung realistischer Produktionsmengen. Vor diesem Hintergrund bietet das System AEP I 4.0 in einem optionalen Simulationsmodul (*ISYDIS*) die Möglichkeit, anhand verschiedener Parameter auf Basis der prognostizierten Absatzmengen Bestandsverläufe und Wiederbeschaffungsmengen zu simulieren.

Dabei kann das System „idealisiert" gegen unbegrenzte Produktionskapazität planen oder mit voraussichtlichen Durchsatzleistungen und Durchlaufzeiten die begrenzte Produktionskapazität bei der Berechnung der Wiederbeschaffungsmengen = Produktionsmengen berücksichtigen. Die Varianzen der Wiederbeschaffungszeiten sowie die des Absatzverhaltens werden im Rahmen der Simulation berücksichtigt.

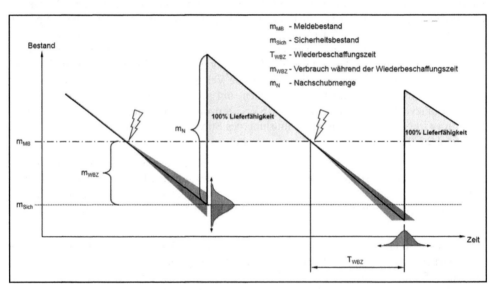

Abb. 5.13: Prinzip des Bestands- und Nachschubmengenverlaufes als dynamische Disposition. Quelle: Eigene Darstellung

Abbildung 5.14 zeigt beispielsweise die Dispositionsparameter, die im Rahmen der Berechnung berücksichtigt werden.

Ergebnisse | Parameter | Attribute | Bestandsverlauf real | Abgänge | Saisongang | Zugänge real | Lieferfähigkeit real | Sicherheits- und Meldebestand | Wiederbeschaffungszeit | Bestandsverlauf dyn. disp. | Zugänge dyn. disp. | Lieferfähigkeit dyn. disp. | Sta

▦ Tabelle

Parameter	Anzahl	Minimum	Durchschnitt	Maximum	davon Werte = 0	Vorgabe Werte = 0	Anzahl Werte <NULL>	Vorgabe Werte <NULL>	Switchen	Vorgabe	Abw.	Reset	Default	Immer verwenden	Default Reset
Dispositionsrhythmus 'wöchentlich'	0										0				
Dispositionsrhythmus 'monatlich'	0										0				
Dispositionsrhythmus 'jährlich'	0										0				
Statische Glättung Bedarfsprognose	1										0				
Glättungsfaktor Bedarfsprognose	0				0		11.258				0		0,05		
Dynamische Glättung Bedarfsprognose	11.257										0				
Maximaler Variationskoeffizient Bedarfsprognose	11.258	0,10	0,13	0,30	0						0				
Minimaler Glättungsfaktor Bedarfsprognose	11.258	0,03	0,03	0,03	0						0				
Maximaler Glättungsfaktor Bedarfsprognose	11.258	0,15	0,17	0,33	0						0				
Auftragskosten [€/Vorgang]	0												1,50		
Auftragskosten 'PD/PDS: Plangesteuert' [€/Vorgang]	0												0,00		
Auftragskosten 'VV/VB: Verbrauchsgesteuert' [€/Vorgang]	11.258												1,50		
Rüstzeit [h/Vorgang]	0				0		0				0		0,20		
Rüstzeit 'PD/PDS: Plangesteuert' [h/Vorgang]	0				0		0				0		0,00		
Rüstzeit 'VV/VB: Verbrauchsgesteuert' [h/Vorgang]	0				0		11.258				0		0,00		
Rüstkosten [€/h]	0				0		0				0		30,00		
Rüstkosten 'PD/PDS: Plangesteuert' [€/h]	0				0		0				0		0,00		
Rüstkosten 'VV/VB: Verbrauchsgesteuert' [€/h]	0				0		11.258				0		0,00		
Kapitalzinssatz [% p.a.]	11.258												0,00	✓	
Risikozinssatz [% p.a.]	11.258				0		0				0			✓	
Variable Grenzkosten [€/ME]	11.258	10,50	25,39	30,00	0						0				
Menge pro Verpackungseinheit [ME/VPE]	11.258	0,40	10,87	490,65	0						0				
Verpackungseinheit pro Kleinladungsträger [VPE/KLT]	11.258	1,00	1,00	1,00	0						0				
Kleinladungsträger pro Palette [KLT/PAL]	11.258	5,00	5,00	5,00	0						0				
Einlagerkosten [€/Palette]	11.258	7,00	7,00	7,00	0						0				
Lagerplatzkosten [€/Lagereinheit/Arbeitstag]	0	0,00	0,00	0,00	11.258		0				0		0,00	✓	
Losgröße nicht fix	11.258						11.258				0		0,00	✓	
Losgröße fix	0										0				
fixe Losgröße [ME]	0				0		11.258				0				
Losgröße nicht runden	11.258										0				
Losgröße runden	0										0				
Rundungstoleranz 1 Palette [%]	11.258	0,00	0,00	0,00	11.258		11.258				0		0,25	✓	
Lagerreichweite [Jahre]	0				0						0			✓	
Dynamische Berechnung der Wiederbeschaffungszeit	11.258												Nein		
Wiederbeschaffungszeit [Arbeitstage]	11.258	5,00	5,00	5,00	0						0				
Glättungsfaktor Wiederbeschaffungszeit	11.258	0,33	0,33	0,33	0						0				
Glättungsfaktor mittlere Auftragsmenge	11.258	0,33	0,33	0,33	0						0				

Abb. 5.14: Dispositionsparameter im System SPM-ISYDIS. Quelle: Eigene Darstellung

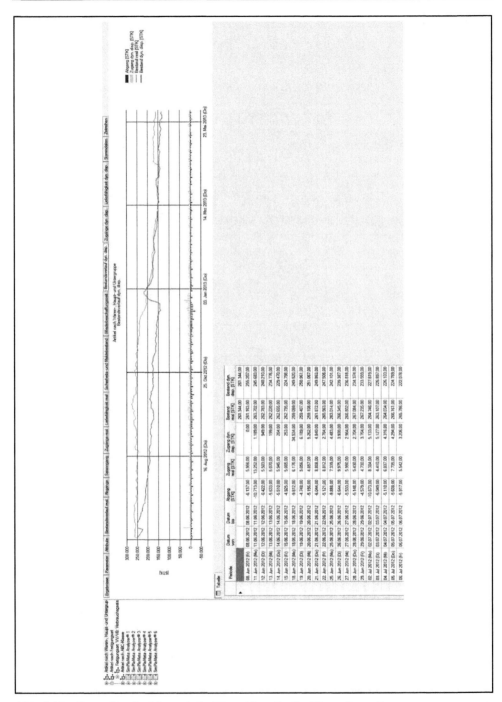

Abb. 5.15:   Bestandsverlauf dynamische Disposition. Quelle: Eigene Darstellung

Nach Einstellung bzw. Änderung dieser Parameter kann vom System ein entsprechender Bestandsverlauf simuliert werden. Die Berechnungen im Rahmen dieser Dispositionssimulationen liegen ebenfalls im Sekundenbereich. Der Planer hat damit die Möglichkeit, anhand verschiedener Parameter die unterschiedlichen Auswirkungen auf Lieferservicegrad, Bestandshöhe und Bestandsverlauf, Wiederbeschaffungsmengen etc. zu simulieren. Damit steht innerhalb der Simulationsumgebung von AEP I 4.0 ein Dispositions- und Bestandsmanagement-System als Hochgeschwindigkeitsrechenkern zur Verfügung, das auf Basis geplanter Absatzmengen und gewünschter Soll-Lieferservicegrade eine zielkonforme Ableitung von Produktionsmengen erlaubt.

Fazit

Eine der wichtigsten Voraussetzungen für eine Realtime-Planung und -Simulation ist eine möglichst vollständige Modellabbildung des konkreten Produktionsunternehmens. Der weitaus größte Teil der in der Praxis vorkommenden Produktionsunternehmen kann mit den beschriebenen Standardmodellen der integrierten Absatz-/Produktions- und EFB-Planung ohne Anpassung abgebildet werden. Die in diesem Kapitel angedeutete „Hochgeschwindigkeitssimulation" eröffnet in Zukunft ganz neue Möglichkeiten der rollierenden Unternehmensplanung, da die Rechenzeiten nicht mehr ins Gewicht fallen und eine vollständig integrierte Abbildung der Mengen- und Werteflüsse im Rahmen der industriellen Planungsrechnung möglich wird. Die jährlichen Planungsrituale von 3–4 Monaten Dauer können damit fast komplett abgeschafft werden und in rollierende Planungs- und Simulationsmodelle überführt werden. Sie bieten damit auch eine gute Voraussetzung für die Integration der an technischen Größen orientierten „Echtzeitplanung" der Smart Factory im Rahmen von Industrie 4.0 mit der notwendigen „betriebswirtschaftlichen Mess- und Regeltechnik". Dabei können solche AEP-Systeme selbstverständlich auch schon vor der Realisierung der Industrie-4.0-Visionen zum Einsatz kommen, da dies quasi nur die Endstufe der Integration darstellen würde. Die Simulation von komplexen Industrieplanungsrechnungen in Echtzeit kann also auch ohne direkte Anbindung an die Simulationssysteme der Produktion erfolgen und ermöglicht vorher nie gekannte Simulations-, Planungs- und Steuerungsmöglichkeiten. Die Umstellung der bis heute schwerfälligen und zeitintensiven Planungsrechnungen in Industrieunternehmen auf solche „Hochgeschwindigkeitssimulationssysteme" kann als wichtige Vorstufe bzw. Vorbereitungsbaustein für die umfassende Realisierung der Industrie-4.0-Vision gesehen werden.

Dabei liefert diese neue Systemklasse nicht nur die gewünschten Berechnungsergebnisse in wenigen Sekunden, sondern gibt den Anwendern (Manager, Controller etc.) einen tiefen Einblick in das betriebswirtschaftliche Wirkungsgefüge des eigenen Unternehmens. Es werden damit auch Meta-Informationen, also Informationen über die Systematik der Planungsrechnung selbst, bereitgestellt.

Da die Aufmerksamkeit und das Interesse im Hinblick auf bestimmte Fragestellungen und Zusammenhänge sehr stark davon abhängen, wie schnell die Antworten auf bestimmte Fragen zur Verfügung gestellt werden können, zeichnen sich hier ganz neue Möglichkeiten der interaktiven Lernerfahrung ab. Damit sind diese Lernvorgänge nicht mehr an abstrakte Trivialbeispiele gebunden, sondern können direkt am eigenen Unternehmen erfahren, getestet und erprobt werden. Damit wird neben den vielfältigen Möglichkeiten der Entscheidungsfundierung und dem Durchspielen verschiedener Szenarien in wenigen Sekunden bei den Anwendern (Manager, Controller, evtl. sogar Aufsichtsräte) ein tiefes Verständnis für die erfolgs- und liquiditätsrelevanten Zusammenhänge des Unternehmens geschaffen. Sie können durch das Unternehmensmodell „wandern" und dabei alle möglichen Konstellationen und Parameteränderungen durchspielen. Sie bekommen ein Gefühl dafür, wo die wirklichen Stellhebel im Unternehmen sind. Sie können in Bandbreiten und Szenarien planen und dabei eine gute Einschätzung hinsichtlich zu erwartender Risiken bekommen. Sie lernen, bei welchen Materialien/Materialgruppen schon kleine Preisänderungen sehr empfindliche Deckungsbeitragsveränderungen bei bestimmten Fertigerzeugnissen/Produktgruppen hervorrufen oder welche Absatz- und Produktionsmengenänderungen bei welchen Produkten zu erheblichen Auslastungsveränderungen der Kapazitäten führen etc. Selbstverständlich kann damit die tiefe Kenntnis des Geschäftes vor Ort nicht ersetzt werden, aber das Verständnis für die ökonomischen Zusammenhänge innerhalb des Unternehmens wird auf jeden Fall signifikant verbessert.

Diese Lerneffekte können sich jedoch nur einstellen, wenn die Antwort auf die formulierten Fragen in Form von Parameterveränderungen sofort, d. h. innerhalb weniger Sekunden zur Verfügung steht. Würden bspw. auch nur mehrere Minuten nach jeder Eingabe vergehen, dann verlöre der Nutzer schnell die Lust und Aufmerksamkeit, sich damit zu beschäftigen. Wenige Minuten wären vor dem Hintergrund der derzeit in der Praxis verwendeten Systeme trotzdem ein unglaublich guter Wert. Die Praxis sieht bisher so aus, dass schon der Neuaufwurf einer Materialplanung durchaus 20 Stunden und länger dauern kann![15] Dies ist für Simulationen natürlich alles andere als brauchbar. Solche Hochgeschwindigkeitssimulationen eröffnen damit nicht nur neue Möglichkeiten im Rahmen der Planungsrechnung, sondern können auch bspw. im Rahmen von Unternehmensbewertungen, Vorbereitung von Anteilskaufverträgen, Risiko-Controlling und Finanzierungsrechnungen eingesetzt werden.

Zur lückenlosen Integration des Produktionsmodells in die Erfolgs-, Finanz- und Bilanzplanung bedarf es noch weitergehender Standardisierungs- und Normierungsbemühungen, die bereits oben im Detail beschrieben wurden. Dies betrifft insbesondere den flächendeckenden Einsatz genormter Schnittstellen im Rahmen der horizontalen und unternehmensübergreifenden Integration, aber auch die sogenannte vertikale Integration (Automatisierungspyramide).

Es wäre jedoch ein Fehler, anzunehmen, die Einführung von AEP-Systemen hätte die Realisierung der im Rahmen von Industrie 4.0 beschriebenen Visionen als

---

15   http://www.deutschlandfunk.de/das-ist-auch-ein-hype.684.de.html?dram:article_id=236960

Voraussetzung. Die Konzeption und Implementierung von AEP-Systemen kann im Gegenteil als ein wichtiger Baustein im Hinblick auf die Vorbereitung und die vollumfängliche Nutzung der Vorteile von Industrie 4.0 angesehen werden. Auch ein noch nicht in Echtzeit mit dem Produktionssystem vernetztes AEP-System bietet enorme Vorteile gegenüber herkömmlichen Lösungsansätzen der betrieblichen Planungsrechnung. Die Rechengeschwindigkeit von AEP-Systemen in Verbindung mit der ganzheitlichen Abbildung der für die Planung und Steuerung relevanten Systemelemente aus Produktion, Materialwirtschaft, Vertrieb, Kostenrechnung und Finanzwesen kann auch ohne echtzeitnahe Planungs- und Steuerungsimpulse aus der Produktion eine signifikante Verbesserung im Hinblick auf die Planungs- und Steuerungsfähigkeit des Industrieunternehmens mit sich bringen. Der Unterschied zu den in Kapitel 2.6 aufgezeigten Szenarien würde lediglich darin bestehen, dass die Abweichungsinformationen wie bisher zeitversetzt generiert werden und die dadurch ausgelösten Neuberechnungen in größeren zeitlichen Abständen erfolgen müssten. Ferner wären auch noch nicht die Vorteile der genaueren Verbrauchserfassung und Zuordenbarkeit gegeben. Vor diesem Hintergrund wäre die Prognosegüte der rollierenden Planungsrechnung sicher noch nicht auf dem erhofften Stand. Andererseits sind aber aufgrund der enormen Rechengeschwindigkeit des Systems jederzeit umfängliche Simulationsmöglichkeiten für alternative Datenkonstellationen gegeben. Der äußerst zeitraubende und ressourcenintensive Prozess des jährlichen Planungsrituals könnte auch ohne die Realisierung der Industrie-4.0-Visionen mithilfe von AEP-Systemen weitestgehend vermieden werden. Die Planung beschränkt sich dann auf ihren ureigenen Zweck, wie oben bereits näher beschrieben. Die Planungs-*rechnung* stellt dann keinen Engpass mehr dar, da zeitaufwendige Abstimmläufe, ERP-Prozeduren, Datentransfers, Koordinationssitzungen etc. der Vergangenheit angehören würden.

Die Visionen von Industrie 4.0 im Hinblick auf eine Echtzeitsteuerung der Produktion darf nicht zu unrealistischen Erwartungen hinsichtlich der ökonomischen Ergebnisse dieser Steuerungen führen. Es ist nicht zu erwarten, dass in Zukunft deckungsbeitrags- bzw. gewinnoptimale Produktionsplanungen erstellt werden können. Dieser Anspruch wird auch in Zukunft an den bereits in Kapitel 2.6 beschriebenen Schwächen der optimierenden Planung scheitern. Was sich in dem neuen technologischen Umfeld jedoch ändern wird, sind die Anzahl und die Geschwindigkeit im Hinblick auf die Erzeugung alternativer Szenarien im Rahmen von Simulationen. Die Simulationen alternativer Produktionsszenarien können nur dann eine sinnvolle Entscheidungsgrundlage liefern, wenn gleichzeitig auch die ökonomischen Folgewirkungen transparent und nachvollziehbar dargestellt werden. Die Fokussierung auf die klassischen Ziele der Produktion in Form von Zeit-, Qualitäts- und Kostenzielen ist dabei nicht ausreichend. Es muss sichergestellt werden, dass alle alternativen Produktionsszenarien Aussagen im Hinblick auf ihre Wirkung, auf die Höhe und die zeitliche Entwicklung der Erfolgs- und Finanzsalden des Industrieunternehmens erlauben. Diese Aussagen sollten ebenso in Echtzeit, also ohne nennenswerten Zeitverzug, zur Verfügung gestellt werden. Nur dann kann überhaupt von einer sinnvollen und nutzenstiftenden Echtzeitsteuerung gesprochen werden.

5.1.4   Controlling-Potenziale durch AEP und Industrie 4.0

Vor dem Hintergrund der aufgezeigten Entwicklungslinien von Industrie 4.0 und der Controlling-Systeme der Zukunft (bspw. AEP-Systemen) stellt sich die Frage, welche Auswirkungen im Hinblick auf das Aufgabenspektrum und Rollenbild der Controller erwartet werden kann. Controller verbringen heute noch einen Großteil ihrer Zeit mit dem Sammeln, Aufbereiten, Umwandeln und Kommentieren von Daten. Diese Aufgaben werden in Zukunft nahezu komplett entfallen. Dabei stellt sich vor dem Hintergrund der immer weiter fortschreitenden Digitalisierung nicht mehr die Frage, *ob* sich diese Entwicklungen einstellen, sondern *wann* diese in der Praxis ankommen.

Controller sind gut beraten, sich bereits heute über mögliche Szenarien der totalen Digitalisierung Gedanken zu machen und dabei ihr eigenes Rollenbild in der Zukunft zu reflektieren. Von Victor Hugo stammt der Satz: „Nichts ist so stark wie eine Idee, deren Zeit gekommen ist." Was mit den Ideen des CIM (Computer Integrated Manufacturing) in den 1990er Jahren des letzten Jahrhunderts vorgezeichnet wurde, wird im Rahmen von Industrie 4.0 weitgehend Realität werden. Vor diesem Hintergrund werden noch heute geführte Diskussionen über den Einsatz von Werkzeugen wie Tabellenkalkulation, ERP-Systemen und Reporting-Tools im Rahmen des Controllings schon in einigen Jahren als anachronistisch gelten und man wird überrascht sein, über welche Probleme man damals nachgedacht hat.

Die sich abzeichnende weitgehende Automatisierung von administrativen Controlling-Prozessen wird Controller zwar nicht überflüssig machen, aber das Anforderungsprofil wird sich wandeln. Controller werden sich von Datensammlern und Verwaltern von Rechnungswesensystemen (Kostenrechnung, ERP-Systeme etc.) zu proaktiven Entscheidungsunterstützern und Navigatoren entwickeln müssen. Dies entspricht zwar schon heute weitgehend dem selbst formulierten Rollenbild, die Praxis sieht jedoch in den meisten Unternehmen anders aus. Ein „Controlling 4.0" in Analogie zu Industrie 4.0 bringt wesentlich höhere Anforderungen an die Interpretations- und Steuerungsfähigkeit von Controllern mit sich. Damit eröffnet sich für Controller jedoch die Möglichkeit, in Zukunft zu echten Beratern und Navigatoren zu werden, da die betriebswirtschaftliche Qualifikation des oberen Managements nicht automatisch durch neue Softwaresysteme zunehmen wird.

Das nachfolgende Zitat aus dem Bericht „Controlling im Zeitalter der intelligenten Vernetzung" der Ideenwerkstatt des Internationalen Controller Vereins unterstreicht dies ausdrücklich:

„Für den Controller bieten sich vielfältige Möglichkeiten, um die Prozesssteuerung zu verbessern oder neue Wirkungszusammenhänge aufzudecken. Die Ansprüche an das Controlling werden sich in Zukunft erhöhen. Um die richtigen Daten aus einer großen Datenmenge zu selektieren, wird der Controller ein noch besseres Geschäftsverständnis benötigen. Zudem wird er neue Analysemethoden aus den Bereichen Predictive Analytics oder Data Mining beherrschen müssen. Der Controller wird weiterhin als Business Partner gefragt sein, um die Entscheidungen der Führungskräfte analytisch zu unterstützen. Zudem rückt er verstärkt in die Rolle des Change Agents. Hier wird er Veränderungen im Unternehmen aktiv mitgestalten müssen. Unabhängig davon, ob Industrie 4.0 als Revolution oder als evolutionäre Entwicklung zu sehen ist, kann ein Paradigmenwechsel bezogen auf die

Möglichkeit zur Echtzeitsteuerung betrieblicher Prozesse erwartet werden. Diese Möglichkeit gilt es für die Ausgestaltung von Controlling-Prozessen, -Systemen und -Instrumenten zu nutzen. Controller sind gefordert, die mit Industrie 4.0 zusammenhängende Entwicklung aktiv mitzugestalten.[16]

Aus den kybernetischen Regelungsmodellen der Produktionswirtschaft der Zukunft können wertvolle Informationen für die Ausprägung der zeitdynamischen Planungsparameter für das EFB-Planungsmodell gewonnen werden, das in Kapitel 2.6.2 beschrieben wurde. Aufgrund der umfangreichen Datenhistorie in kybernetischen Regelungs- und Steuerungssystemen wie ProSense können bspw. die Plandurchlaufzeiten unter Berücksichtigung bestimmter Kapazitätsbedarfe besser abgeschätzt werden und in das EFB-Planungsschema übernommen werden. Ferner können für rollierende Erfolgs- und Liquiditätssimulationen die kurzfristigen Produktionssteuerungen aus ProSense und für den längerfristigen Planungshorizont (1–12 Monate) wiederum realitätsnahe Erfahrungswerte aus der Datenhistorie übernommen werden. Ferner können im Rahmen einer stochastischen Simulation wesentliche Einflussgrößen, z. B. Wahrscheinlichkeitsverteilungen für die Bandbreiten von Plandurchlaufzeiten, durchgespielt werden. Damit wären für alternative Durchlaufzeitenszenarien die Wirkungen alternativer Erfolgs- und Liquiditätssalden abschätzbar.

Die ökonomischen Konsequenzen bestimmter Produktionssteuerungen können damit vollumfänglich und in Echtzeit sichtbar gemacht werden. Damit könnte auch die bereits 1990 von Adam formulierte Forderung hinsichtlich der Kopplung von Produktionssteuerung und ökonomischer Bewertungsrechnung erfüllt werden:

„Die traditionellen PPS-Systeme orientieren sich in erster Linie an technischen Zielen. Aus diesem Grund erlauben sie es nicht, die ökonomischen Wirkungen bestimmter Steuerungen zu verdeutlichen. In künftigen Steuerungskonzepten muss eine Orientierung an den ökonomischen Wirkungen erfolgen, d. h., derartige Systeme müssen die Möglichkeit eröffnen, den Einfluss einer Steuerung auf die Kosten und Erlöse und die Kapitalbindung zu analysieren. Erst diese ökonomische Bewertung schafft die Voraussetzungen, um die Fertigungssteuerung mit den Unternehmenszielen rückzukoppeln ... Durchlaufzeit- und Kostenkalküle sind keinesfalls stets identisch, da eine veränderte Durchlaufzeit durchaus zu steigenden, aber auch sinkenden Kosten führen kann.[17]

Die Berechnung und Realisierung von Produktionsplänen könnte zu einem echtzeitnahen, auf Basis von jederzeit verfügbaren historischen Daten des Produktionsvollzugs und lernenden Optimierungszyklen zu einem Regelkreis verschmelzen. Dabei werden Simulationen stets auf dem Fundament realitätsnaher Modelle durchgeführt, die sich permanent selbst optimieren. Mit Unterstützung dieser Modelle könnten bspw. die Zeitwirtschaft, die Ergonomie und die virtuelle Planung in der digitalen Fabrik miteinander verschmelzen. Gestützt auf realen Daten findet dann eine sehr schnelle und realitätsnahe Planung statt. Die

---

16   Internationaler Controller Verein, Industrie 4.0, S. 3
17   Adam, Produktionsmanagement, S. 614

Planungsprozesse in der Produktionsplanung werden nicht nur enorm beschleunigt, sondern zudem wesentlich zuverlässiger sein.[18]

Die im Rahmen der Produktionsplanung und -steuerung zu optimierenden Zielgrößen werden sich durch Industrie 4.0 nicht verändern. An dem „Zielpolygon" der Produktionswirtschaft in Form der Eckpunkte Qualität, Kosten, Zeit (Liefertermineinhaltung, Durchlaufzeiten) und Kapazitätsauslastung wird sich selbstverständlich nichts ändern. Auch in der Vergangenheit, also ohne Industrie 4.0, wurden in tausenden von Einzelprojekten bereits sehr gute Erfolge in dieser Hinsicht erzielt. Es lässt sich daher feststellen, dass sich im Umfeld von Industrie 4.0 weder das Optimierungsziel noch die zu optimierenden Bereiche verändern. Der zentrale Unterschied besteht in der Art und Weise, wie das Ziel erreicht wird. Während in der Zeit vor Industrie 4.0 die Maßnahmen wesentlich auf einer Leistungssteigerung beruhen, kommt mit Industrie 4.0 die Reduzierung von Medienbrüchen als neues Optimierungspotenzial hinzu.[19]

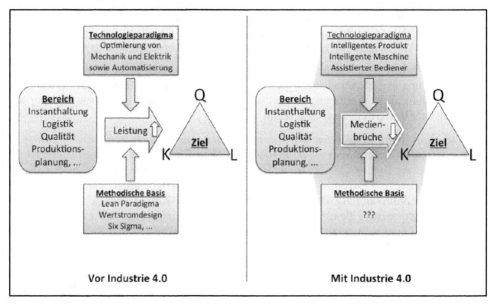

Abb. 5.16:   Reduzierung von Medienbrüchen als Optimierungsmaßnahme in Industrie 4.0. Quelle: Schlick et al., Industrie 4.0 in der praktischen Anwendung, in: Bauernhansl et al., Industrie 4.0 in Produktion, Automatisierung und Logistik, S. 77

---

18   Bauernhansl, Die Vierte Industrielle Revolution – Der Weg in ein wertschaffendes Produktionsparadigma, in: Bauernhansl et al., Industrie 4.0 in Produktion, Automatisierung und Logistik, S. 19

19   Schlick et al., Industrie 4.0 in der praktischen Anwendung, in: Bauernhansl et al., Industrie 4.0 in Produktion, Automatisierung und Logistik, S. 76

Überwiegend ist die Diskussion um die Realisierung von Anwendungen des Internets der Dinge und Industrie 4.0 von einer intensiven technologieorientierten Diskussion geprägt. Dabei wird davon ausgegangen, dass Industrie 4.0 vorrangig ein technologisches Thema ist und Anwendungsbeispiele noch nie dagewesene technische Komplexität implementieren und ein technologisch hohes Innovationspotenzial aufweisen. Hierzu kann jedoch festgestellt werden, dass dies ein grundlegendes Missverständnis ist. Vielmehr sind die im Hinblick auf Industrie 4.0 genannten Basistechnologien des Internets der Dinge wie Auto-ID, eingebettete Systeme oder breitbandige, kabellose Netzwerke seit Jahren verfügbar und werden in ihrem technischen Reifegrad ständig weiterentwickelt. Ebenso sind im Bereich der industriellen Kommunikations- und Steuerungstechnik mit Ethernet-basierten Feldbussen, OPC-UA und softwarebasierte SPS-Standards (speicherprogrammierbare Steuerungen) vorhanden, die eine sehr gute Basis für die Implementierung eines intelligenten Anlagenverhaltens bereits seit längerer Zeit ermöglichen. Der inhaltliche Kern von Industrie-4.0-Anwendungen ist vielmehr die Ausschöpfung der Optimierungspotenziale, die sich heute und in Zukunft aus einer durchgängigen Informationsverarbeitung ohne Medienbrüche für die Produktion ergeben. Die Innovation ergibt sich daher aus der Integration von mehreren bislang getrennten Informationsquellen und dem Verbessern eines technischen oder organisatorischen Prozesses.[20]

Durch die engmaschige und echtzeitnahe Erfassung und Auswertung von Sensordaten in der Produktion entstehen ganz neue Perspektiven der Echtzeitsteuerung nicht nur in der Produktionsplanung, sondern auch im Finanz- und Kosten-Controlling.

Mit einer prozesskonformen und in effizienten Softwaresystemen abgebildeten Kostenrechnung, die wiederum Bestandteil eines umfassenden Planungs- und Steuerungssystems wie bswp. AEP I 4.0 ist, kann die Vielzahl der sich abzeichnenden Vorteile durch Industrie 4.0 genutzt werden:

1) Bezugsgrößen müssen nicht mehr retrograd ermittelt werden, sondern werden direkt beobachtbar. Der Differenzierungsgrad der Kostenstellen wird immer mehr zunehmen, d. h., in Zukunft werden einzelne Maschinen bzw. verbundene flexible Fertigungssysteme und Fertigungsinseln die Kostenstellen bilden.

2) Durch die direkte Kommunikation der Fertigungsaufträge (Werkstücke) mit den Maschinen und Anlagen werden Kostengrößen, die bisher nur über Durchschnittswerte und Schlüsselungen dem Produkt zugeordnet werden konnten, direkt im einzelnen Produkt messbar. Bisher als „unechte Gemeinkosten" behandelte Kostenarten können ohne zusätzlichen Aufwand automatisch direkt erfasst werden. Der Energieverbrauch wird nicht mehr über Standard-Durchschnittswerte zugerechnet, sondern aufgrund des tatsächlichen Verbrauchs, der dem einzelnen Werkstück über die Maschinen mitgeteilt und gespeichert wird. Das Gleiche gilt für den Materialverbrauch, d. h., für jeden Fertigungsauftrag und für jedes einzelne Erzeugnis ist der tatsächliche Materialverbrauch feststellbar. Unterschiedliche Materialchargen können bis ins einzelne Produkt nachverfolgt werden. Verbrauchsfolgefiktionen und Durchschnittswerte, die mangels fehlender Alternative die Bewertung von Beständen bestimmen, könnten in Zukunft wegfallen, da für jedes einzelne Erzeugnis, das seine tatsächlichen Herstellkosten gespeichert hat,

---

20   Ebd. S. 59

der aktuelle Bestand exakt festgestellt werden kann und somit einer Einzelbewertung zugänglich ist.

3) Es wird in Zukunft eine wesentlich bessere Datenbasis für Kosten-Verbrauchsfunktionen durch die direkte Zurechenbarkeit von bisher nur indirekt verteilten Kosten (Energieverbrauch, Hilfsstoffe, Materialverbrauch für das einzelne Produkt, Beginn- und Fertigstellungszeitpunkte von Produktionslosen etc.) geben. Diese Datenbasis wird die Zuverlässigkeit von Verbrauchsprognosen innerhalb der betrieblichen Planungs- und Vorschaurechnung ganz erheblich verbessern können.

4) Da der Zustand und Ort der einzelnen Erzeugnisse jederzeit exakt festgestellt werden kann, können die tatsächlichen Bestände an Roh- und Werkstoffen sowie Fertigerzeugnissen jederzeit in exakt zutreffender Höhe ermittelt und abgefragt werden. Das Problem der Reife- bzw. Anarbeitungsgrade bei der Messung von in Arbeit befindlichen Produktionsbeständen (WIP) auf den einzelnen Fertigungsstufen wird damit ebenfalls gelöst. Es existiert keinerlei Unsicherheit über die Höhe und den bisher angefallenen Kostenverzehr für diese Bestände. Da physische Produkte als Teil der cyber-physischen Systeme permanent Daten über ihren Zustand übermitteln, ist eine jederzeitige Verfügbarkeit von Bestandsdaten in Echtzeit möglich. Diese Bestandsdaten bilden eine wesentliche Eingangsgröße für die Ermittlung von zukünftigen Produktionsmengen. Sie sind damit Ausgangspunkt für die Fortschreibung der Bestandsmengengleichungen, die in Kapitel 2.6 eingehend beschrieben wurden. Damit wird es möglich, die Auswirkungen von Lagerbestandsveränderungen auf den Periodenerfolg und den kurzfristigen Finanzmittelbedarf hinreichend genau abzuschätzen.

5) Im Hinblick auf die Produktionsmengen und Soll-Bestände könnte eine Übernahme rollierender Absatzprognosen aus der dynamischen Disposition und deren Abgleich mit den Prognosen der eigenen Vertriebsexperten und den Echtzeitprognosen aus dem Internet der Dinge erfolgen. Unter Berücksichtigung aktueller Bestandsdaten in Echtzeit und der automatisch aktualisierten Absatzprognosen erfolgt unter Berücksichtigung der Volatilität der Absatzmengen und Wiederbeschaffungszeiten eine rollierende Prognose der kostenoptimalen Wiederbeschaffungsmengen und Zeitpunkte. Diese Wiederbeschaffungsmengen werden permanent in Echtzeit in das Produktionsnetzwerk eingeschleust und um die aktuellen und in Echtzeit verfügbaren WIP-Bestände und aktuellen Auftragsbestände ergänzt. Es erfolgt eine Echtzeitsimulation des Produktionsvollzugs. Ergebnis dieser Simulation ist eine Aggregation der Ist- und Plan-Fertigungsaufträge, gegliedert nach den Teilperioden des AEP-Systems. Die Teilperiodenzuordnung ergibt sich aus den geplanten Start- und Endterminen der simulierten Ist- und Plan-Fertigungsaufträge. Die Simulationssysteme der Produktion ermitteln unter Berücksichtigung gegebener Restriktionen im Hinblick auf Maschinenkapazität und Personalkapazität durchführbare Produktionspläne. Dabei wird zusätzlich geprüft, ob zusätzliche Kapazitäten über die Werksgrenzen hinaus bei Erreichung eigener Kapazitätsgrenzen temporär hinzugeschaltet werden können. Diese zusätzlichen Kapazitäten können durch Werke des eigenen Unternehmens oder durch Werke außerhalb des eigenen Unternehmens in der Supply Chain bereitgestellt werden. Die aktuellen Zustände und prognostizierten Mengen- und Kapazitätsverläufe dieser zusätzlichen Werke können ebenfalls in Echtzeit jederzeit abgefragt werden. Die Simulationssysteme des eigenen Werkes teilen bei dieser Simulation unter Berücksichtigung alternativer Kapazitätsquellen die Gesamtbedarfsmengen automatisch auf Fremdbezugsmengen und eigene Herstellmengen auf. Das

AEP-System ist direkt mit den Produktionssimulationssystemen gekoppelt und erhält die prognostizierten Absatz-, Produktions- und Fremdbezugsmengen entweder zeit- oder ereignisgesteuert. Damit werden in Zukunft nicht nur Fertigungsleitstände in Echtzeit mit aktuellen Ist- und Prognoseinformationen versorgt, sondern gleichzeitig die ökonomischen Auswirkungen des permanent seinen Zustand wechselnden Produktionssystems in einem Ergebnis- bzw. Finanzleitstand des AEP-Systems sichtbar gemacht. Das Management hat dabei jederzeit die Möglichkeit, eigene Simulationen und Szenarien mit Hilfe der Variation bestimmter Parameter durchzuführen. Die Simulationen können zusätzlich über Wahrscheinlichkeitsverteilungen (bspw. Monte-Carlo-Methode) der Ausprägungen bestimmter Parameter automatisiert werden, womit die Bandbreite möglicher Entwicklungen aufgezeigt werden kann.

6) Die während des Jahres festgestellten Kostenstellenabweichungen können ohne nennenswerten Aufwand automatisiert auf die Erzeugnisse nachverrechnet werden. Die heutige Praxis ist dadurch gekennzeichnet, dass die entstandenen Abweichungen direkt in die Ergebnisrechnung ausgebucht werden, da eine exakte Nachverrechnung aller entstandenen Abweichungen auf die Kostenträger als zu aufwendig und komplex erscheint. Sofern sich die Abweichungen in schmalen Bandbreiten halten, ist diese Vorgehensweise akzeptabel. Wenn allerdings größere Abweichungen vorliegen, ist eine erhebliche Abweichung des Erfolgssaldos nach Durchführung der Bestandsbewertungen auf Ist-Kostenbasis jedoch vorprogrammiert. Dieses Risiko wäre durch die zeitnahe Nachverrechnung aller Abweichungen deutlich geringer.

7) Die im Rahmen der Fertigung auftretenden Abweichungsinformationen werden ohne Zeitverzug im Moment der Entstehung sichtbar gemacht und stehen nicht mehr erst Wochen später zur Verfügung. Alle im Verlauf eines Monats erkannten Abweichungen im Produktionssystem und die aktualisierten Absatzprognosen werden in einer Art „Abweichungssammelbecken" zusammengefasst. Nach bestimmten Regeln können diese Abweichungen an das AEP-System zur Durchführung einer Neuberechnung der Erfolgs-, Finanz-, und Bilanzrechnungen übergeben werden. Die Regeln könnten bspw. eine periodische Neuberechnung vorsehen (bspw. täglich, wöchentlich oder jeweils zum Monatsende). Aufgrund des komplett anderen softwaretechnischen Ansatzes ist sogar eine tägliche Neuberechnung problemlos möglich. Im Zuge der Neuberechnung werden die unter 2.6 beschriebenen Abweichungsrechnungen sowohl im Vergleich zur ursprünglichen Planung als auch, sofern gewünscht, im Vergleich zu den letzten Hochrechnungen oder zu Vergangenheitsdatensätzen berechnet. Die Unternehmensleitung ist damit jederzeit über die aktuelle Entwicklung und über mögliche Szenarien im Hinblick auf die weitere Entwicklung im Bilde. Entstandene Abweichungen werden ohne nennenswerten Zeitverzug sichtbar gemacht und angekündigt und in ihren Auswirkungen auf die Erfolgs-, Finanz- und Bilanzsphäre verdeutlicht. Die bereits entstandenen (Ex-post-)Abweichungen sind die Grundlage für Ursachenanalysen und Nachsteuerungen. Ferner werden durch die permanent mitlaufenden Hochrechnungen in Echtzeit Ex-ante-Abweichungen angekündigt, die das Management in die Lage versetzen im Rahmen einer Vorsteuerung der relevanten Größen rechtzeitig entsprechende Gegensteuerungsmaßnahmen und Kurskorrekturen zu bewerten und ggf. umzusetzen.

8) Im Forschungsprojekt ProSense (siehe Kapitel 5.1.1) wurde eine Methodik entwickelt, jede Planung getrennt voneinander zu speichern. Somit entsteht eine Historie aller durchgeführten Planungen. Zusätzlich kann mit Hilfe von Rückmeldedaten aus der Pro-

duktion die Realität in der Produktion abgebildet werden. Hierzu wird auf Informationen der Betriebsdatenerfassung (BDE) und Maschinendatenerfassung (MDE) zurückgegriffen. Zusätzlich können mit Hilfe des Einsatzes von RFID-Technologien und Sensorik weitere Daten, wie z. B. Transportzeiten, aufgenommen werden. Es liegen somit Planungsdaten und ein Abbild der realen Situation vor, auf deren Basis im Anwendungsszenario ein Abgleich erfolgt. Hierbei können auftretende Abweichungen identifiziert werden. Sind die Abweichungen bekannt, kann eine Aussage über die Zuverlässigkeit der Planung erfolgen.[21]

9) Die echtzeitnahe Verfügbarkeit von Zustandsdaten und Abweichungsinformationen sind aber nicht nur für die Produktionssteuerung von Bedeutung. Die permanent verfügbaren Abweichungsinformationen können auch entsprechend bewertet und damit in der Kostendimension Abweichungen von den Soll-Werten signalisieren. Damit können entstandene Kostenabweichungen zwar nicht rückgängig gemacht, aber dafür zeitnah genutzt werden. Die Aggregationen sämtlicher Abweichungsinformationen aus dem aktuellen Auftragsnetz der Produktion können damit ohne Zeitverzug in die rollierenden Hochrechnungen der Erfolgs- und Finanzrechnung einfließen. Sie stehen damit nicht erst mehrere Wochen später zur Verfügung, sondern können für Gegensteuerungsmaßnahmen und sofort angekündigte Abweichungsinformationen genutzt werden. Zusammen mit den permanent aktualisierten Prognosen für Produktions- und Verkaufsmengendaten für die nächsten Monate und den kurzfristigen Abweichungsinformationen des aktuellen Auftragsnetzes (Kostenabweichungen, Reihenfolgeänderungen, Terminverschiebungen) entsteht ein jederzeit aktuelles Informationsnetz, das für die rollierenden Hochrechnungen und Simulationen des Gesamtsystems in Form von Erfolgs- und Finanzrechnungen genutzt werden kann. Damit entstünde nicht nur eine „Online-Kostenrechnung", sondern eine „Online-Erfolgs- und Finanzrechnung", die nicht nur die traditionelle kurzfristige Erfolgsrechnung vollständig ersetzt, sondern auch noch stets aktuelle Projektionen für die nächsten Monate bzw. zum jeweiligen Jahresende bereithält. Formal kann dies so veranschaulicht werden, dass das in Kapitel 2.6 beschriebene Matrizenmodell permanent aktuelle Informationen zu prognostizierten Produktions- (PHg) und Absatzmengen (PK), prognostizierten Durchlaufzeiten (VoiT), entstandenen Abweichungen (Delta-Buchungsmatrix), aktuellen Beständen (PSV, WSV), Verlustmengen und Ausschuss (PVS, PVZ) sowie Verbrauchsmengen (WW) und Zeitverbräuchen (MN, BN) erhält. Durch die extrem hohen Rechengeschwindigkeiten des Simulationssystems (siehe Kapitel 5.1.3) können die Auswirkungen der jeweils aktuellen Datenkonstellationen und Veränderungen der Einflussgrößen sofort in der Erfolgs- und Finanzdimension sichtbar gemacht werden.

10) Die Maschinen selbst kennen jederzeit ihren Status und können zuverlässige Informationen zu anstehenden Wartungs- und Instandsetzungsarbeiten liefern. Diese Daten können sowohl vom einsetzenden Unternehmen als auch von den Lieferanten genutzt werden. Die Instandhaltungsprognosen im Rahmen der rollierenden Hochrechnungen werden damit deutlich zuverlässiger.

---

21 Schuh et al., Steigerung der Kollaborationsproduktivität durch cyber-physische Systeme, in: Bauernhansl et al., Industrie 4.0 in Produktion, Automatisierung und Logistik, S. 290

11) Eine permanent mitlaufende Kalkulation der Fertigungsaufträge wird möglich und alle Abweichungen von den Soll-Werten können sofort registriert und in rollierenden Hochrechnungen der Erfolgs- und Finanzprognose weiterverarbeitet werden.

12) In der Massenfertigung können erhebliche Verbesserungen im Hinblick auf die exakte Erfassung und verursachungsgerechte Zurechnung von Ressourcenverbräuchen realisiert werden. Zählpunkte können permanent ausgelesen und die bisher nur „globale" Abweichungszurechnung über „virtuelle" Fertigungsaufträge auf Ebene von Produktgruppen kann überwunden werden.

13) Ferner ist der Einfluss von Industrie-4.0-Technologien auf die bei der Kostenplanung unterstellten kostentheoretischen Prämissen von Bedeutung. Die genaue Verfolgbarkeit der Kostenentstehung durch permanente Echtzeitrückmeldungen ermöglicht die empirische Überprüfung von Produktions- und Kostenfunktionen. Diese Informationen können zur permanenten Verbesserung der Planungssysteme genutzt werden. Die Gültigkeit und Wirkungsweise von Kostenbestimmungsfaktoren werden damit kontrollierbar.[22]

14) Die konsequente Integration aller für den Produktions- und Absatzprozess relevanten Informationsquellen ermöglicht durch die Abbildung und Übersetzung der gewonnenen Datenströme in die „Doppik"-Modelle der verzahnten Erfolgs-, Finanz- und Finanzplanungsrechnung auch eine „Echtzeitsteuerung" und Simulation der betriebswirtschaftlichen Zielgrößen des Industrieunternehmens. Voraussetzung ist jedoch die Abbildung aller relevanten Mengen- und Zeitstrukturen in den betriebswirtschaftlichen Planungs- und Steuerungssystemen.

15) Anstelle von praktisch ohnehin kaum relevanten Optimierungsalgorithmen (Programm- und Losgrößenplanung, Reihenfolge- und Maschinenbelegungsplanung etc.) können hoch performante Simulationen der digitalen Fabrik in kurzer Zeit mit hinreichender Wahrscheinlichkeit durchführbare Produktionspläne liefern. Modelle der Kybernetik und Warteschlangentheorie können dazu brauchbare Lösungen für die Probleme heutiger zentral ausgerichteter PPS-Systeme liefern.

16) Simulationsmöglichkeiten ergeben sich bspw. für die Abschätzung von mittleren Durchlaufzeiten, mittleren Wartezeiten und mittleren Werkstattbeständen (WIP) mit Hilfe von Warteschlangenmodellen auf Basis verfügbarer „Big-Data"-Bestände, die in CPS/CPPS-Systemen anfallen und gespeichert werden. Belastbare Korrelationen könnten daher die praktisch ohnehin meist unmögliche deterministische Berechnung zum Teil ersetzen.

17) Eine annähernd simultane Planung von Produktions-, Absatz-, Erfolgs- und Finanzmodellen erscheint realisierbar, d. h., es werden ohne Zeitverzug einzuhaltende Ressourcenbeschränkungen (Angebot an Personal- und Maschinenkapazität, Lagerflächen, finanzielle Grenzen etc.) berücksichtigt.

18) Hochauflösende Rückmeldedaten aus der Produktion (BDE) stellen eine engmaschige, online verfolgbare Zustandsbeschreibung der jeweiligen Produktionsfortschritte der einzelnen Fertigungsaufträge dar.

19) Die „Erfassungslücke" heutiger BDE- und manueller Rückmeldesysteme in der Produktion wird geschlossen. Aus einem bisher zeitlich versetztem und verzerrtem Abbild der realen Produktion entsteht ein realistisches „Echtzeitabbild" der Produktion. Dieses

---

22 Lackes, EDV orientiertes Kosteninformationssystem, S. 112

Echtzeitabbild ermöglicht bisher nie dagewesene Planungs- und Steuerungsmöglichkeiten.

20) Die in Kapitel 2.2.1.7 beschriebene dynamische Disposition als selbstregelndes System zur Realisierung angestrebter Lieferfähigkeitsgrade unter Berücksichtigung aller relevanten Absatz-, Produktions-, Logistik- und Wiederbeschaffungsparameter kann „echtzeitnah" in die Unternehmensplanungsrechnung eingebunden werden. Die Folge wird eine wesentliche Verbesserung der Lieferfähigkeit bei insgesamt niedrigeren Kosten und Beständen sein.

21) Aufgrund der Verringerung der Varianz der Durchlaufzeiten und der prognostizierten Auftragsbestände in der Fertigung können Umlaufbestände in der Fertigung vermindert werden, Sicherheitsbestände in den Vormaterial- und Fertigerzeugnislägern gesenkt und die Termintreue verbessert werden. Die Zuverlässigkeit der Produktionspläne kann verbessert werden und in der Folge auch die Planungsgüte der auf der Produktionsplanung aufsetzenden Kostenplanung.

22) Aufgrund der fortschreitenden Vernetzung durch das Internet der Dinge werden Verschleißstati und Ersatzzeitpunkte für eine Reihe von Produkten besser prognostizierbar. Die Absatzprognosen werden (sofern sinnvoll anwendbar) mit den Prognosen aus dem dynamischen Dispositionssystem und durch automatisierte Prognosen innerhalb der Supply Chain permanent mit aktualisierten Daten versorgt. Darüber hinaus fließen aktuelle Zustandsdaten aus dem Internet der Dinge wie bspw. Stati über den Zustand innerhalb des Lebenszyklus der eigenen Produkte in die Absatzprognosen mit ein. Aus diesen Zustandsdaten können bspw. Prognosen über den Bedarfsverlauf bestimmter Serviceleistungen (Inspektionen, Wartungsintervalle etc.) generiert werden. Ferner könnten Prognosen über die Ersatzzeitpunkte je nach Zustand der jeweiligen Produkte errechnet werden. Es könnte auch festgestellt werden, welche Produkte zerstört bzw. nicht mehr einsatzfähig sind und in der Folge Prognosen für den kurzfristigen Ersatz berechnet werden. Dabei wird der Kunde direkt vom Verkaufsteam des Unternehmens angesprochen und ihm werden entsprechende Angebote für Neulieferungen unterbreitet.

23) Das Absatzprognosemodell des Unternehmens kann über ein kybernetisches Modell (bspw. System Dynamics) mit den Makrogrößen seiner relevanten Märkte verbunden werden. Diese Makrogrößen bilden zeitversetzt die relevanten Treiber des Marktvolumens und damit indirekt für das eigene Geschäft ab. Softwaresysteme zur Unterstützung des System-Dynamics-Ansatzes sind in der Lage, die relevanten Systemelemente des Marktmodells in einem dynamischen Simulationsmodell abzubilden und mit Hilfe mathematischer Algorithmen Prognosen über das zeitliche Verhalten des Marktsystems zu generieren. Solche dynamischen Modelle sind nach Zwicker Repräsentanten der damit abzubildenden dynamischen Systeme.[23] Diese dynamischen Modelle sind wiederum verknüpft mit den jeweils relevanten Daten aus dem Internet der Dinge, aktuellen Marktdaten, makroökonomischen Daten etc. Mit diesen Daten werden permanent neue Simulationen erzeugt und bei Eintritt signifikanter Änderungen werden auf Basis in der Software implementierter Trigger die Prämissen des Absatzprognosemodells und der Planungsmodelle aktualisiert. Diese dynamischen Marktmodelle sind parallel mit den Systemen der strategischen Planung gekoppelt. Ferner werden über Text-Mining-Werkzeuge und strukturierte Analysen die Informationen der Vertriebsmitarbeiter aus den

---

23   Zwicker, Simulation und Analyse dynamischer Systeme, S. 21

CRM-Systemen ausgewertet und über bestimmten Algorithmen in kurzfristige Szenarien und Prognosen umgewandelt. Neue Absatzprognosemodelle im Umfeld von Industrie 4.0 und dem Internet der Dinge können damit wichtige Entscheidungshilfen für das Management bereitstellen, das über die Anpassung von prognostizierten Verkaufsmengen in letzter Instanz entscheiden muss.

Die beschriebenen Perspektiven klingen vor dem Hintergrund des heutigen Status quo des betrieblichen Rechnungswesens zugegebenermaßen ein wenig nach Science-Fiction. Dabei sollte jedoch bedacht werden, dass die Technologien zur Verwirklichung dieser Versionen bereits vorhanden sind und intensiv weiterentwickelt werden. Vor 20 Jahren konnten sich auch nur wenige Menschen vorstellen, wie das Internet und Smartphones einmal den Alltag bestimmen würden. Es ist daher nicht unbedingt die Frage, *ob* Industrie 4.0 reale Formen annehmen wird, sondern eher, *wann* dies der Fall sein wird.. In diesem Zusammenhang ist ferner die Frage zu stellen, wie die Unternehmen heute auf diese sich bietenden Möglichkeiten vorbereitet sind. Insbesondere im Mittelstand ist feststellbar, dass Industrie 4.0 noch keine wesentliche Rolle spielt. Hier ist sicher dringender Handlungsbedarf gegeben, wenn ein großer Teil der mittelständischen Unternehmen nicht Gefahr laufen will, den Anschluss an diese Entwicklungen zu verlieren.

Bezüglich des Zustandes des betrieblichen Rechnungswesens und Controllings ist die Situation, wie bereits mehrfach geschildert, eher ernüchternd. Die Studien zur aktuellen Situation der operativen Unternehmensplanung unterstreichen dies eindrucksvoll. Wenn heute Szenarien der Echtzeitsteuerung in der Produktion mit hochintegrierten Systemen im Rahmen von Industrie 4.0 diskutiert werden, erscheinen die Planungs- und Steuerungssysteme des betrieblichen Rechnungswesens geradezu antiquiert.

Es wird gerade im Mittelstand in Zukunft nicht mehr funktionieren, das Unternehmen mit wenigen Zahlen aus der Buchhaltung steuern zu wollen und die Kostenrechnung in Excel-Tabellen zu betreiben.[24]

Vor diesem Hintergrund bleibt nur zu hoffen, dass die Unternehmen die eklatanten Schwachstellen ihrer Controlling-Prozesse erkennen und sich rechtzeitig auf die abzeichnenden Entwicklungen vorbereiten.

Aus den beschriebenen Potenzialen im Hinblick auf neue Möglichkeiten der Unternehmenssteuerung ergeben sich neue Anforderungen an das Controlling und ein grundlegend anderes Rollenbild der Controlling-Funktion:

Controlling heute

Im Planungsprozess erstrecken sich die Aufgaben von Controllern heute überwiegend auf Tätigkeiten wie:

1) Planungsprozess koordinieren,
2) historische Daten sammeln und abstimmen,
3) Daten verteilen und Rücklauf kontrollieren,

---

24 Wilken, Controlling in KMU, S. 4

4) Plausibilitätskontrolle, Datenzusammenführung und Moderation von Abstimm-Meetings (z. B. Vertrieb und Produktion),
5) Auswertung und Aufbereitung der Planungsdaten in GuV, Finanz- und Bilanzrechnung.

Dieser Planungsprozess dauert in den meisten Unternehmen 3–4 Monate und verursacht heute *Prozesskosten* in Höhe von 1–2 % des Umsatzes (siehe Studien in Kapitel 2) Diese Verschwendung von Ressourcen führt dann auch noch zu äußerst zweifelhaften Planungsresultaten, da die Planungsprämissen am Ende des Planungsprozesses häufig schon wieder überholt sind und zudem „systemimmanente" Planungsfehler unvermeidlich sind:

1) Die Planungsmodelle bestehen überwiegend aus reinen *Verkaufserfolgsrechnungen*, die mit Tabellenkalkulationssoftware, ERP-Systemen und kontenbasierten Finanzmodellen erstellt werden.
2) Die Erstellung alternativer Simulationen und Szenarien ist aufgrund der Unzulänglichkeiten der eingesetzten Softwarewerkzeuge so gut wie ausgeschlossen.
3) Im Reporting-Prozess wird 70–80 % der Zeit mit der Sammlung, Aufbereitung, Abstimmung und Verteilung von Daten verbracht.
4) Es klafft eine große Zeitlücke zwischen dem realen Zustand des Unternehmens und dem digitalen „Rechnungswesen"-Abbild des Unternehmens. Abweichungsanalysen und Handlungsempfehlungen kommen daher zu spät und sind häufig nicht fundiert. Reaktionen auf veränderte Markt- und Umfeldbedingungen sind somit meist nur mit großer Zeitverzögerung möglich.
5) In den Planungsmodellen werden nur wenige (verkaufsmengenorientierte) Einflussgrößen in sukzessiven Rechenschritten betrachtet.

Controlling morgen

1) *Im Planungsprozess:* Datensammlung, Rücklaufkontrolle, Zusammenführungen und Abstimmung entfallen nahezu komplett. Dies wird ermöglicht durch ganzheitliche Planungssysteme, die sämtliche Mengen- und Werteflüsse abbilden und in Echtzeit rechnen können. Abstimm-Meetings werden auf ein Minimum reduziert, Produktion und Vertrieb sind auf Ebene der Programm- und Kapazitätsgrobplanung automatisch abgestimmt.
2) Das Planungsmodell *verkaufs- und produktionsorientiert* arbeitet auf Basis der relevanten Input-Output-Modelle eines Produktionsunternehmens unter Berücksichtigung aller Bestands- und Flussgrößen. Dadurch wird eine durchgängige Abbildung aller Mengen-, Zeit- und Werteströme bis in die Erfolgs-, Finanz- und Bilanzperspektive ermöglicht.
3) *Rollierende Simulationen und Szenarien* lösen die kalenderbestimmten Planungsrituale ab. *Prozesskosten* für den Planungsprozess entfallen nahezu komplett. Prozesskosten für rollierende Simulationen und Forecasts sind ebenfalls nahe null. Damit findet ein Paradigmenwechsel in der Steuerung statt, d. h., in Echtzeit erstellte Forecasts sind in Zukunft die entscheidende Basis für Managemententscheidungen.
4) Controller haben 80 % ihrer Zeit für Analysen und Steuerungsaufgaben zur Verfügung.
5) Die Zeitlücke zwischen realem Zustand des Unternehmens und seinem digitalen „Rechnungswesen"- Abbild wird deutlich verkleinert bzw. geschlossen.

6) Abweichungen können nicht nur vergangenheitsorientiert betrachtet, sondern schon ex ante antizipiert werden. Abweichungen sind schon im Zeitpunkt ihrer Entstehung in den Simulationssystemen des Controllings sichtbar.

7) Es entsteht ein großer Gewinn an Steuerungs- und Planungsfähigkeit.

8) Alle relevanten Einflussgrößen aller relevanten Produktions- und Kostenfunktionen werden simultan betrachtet.

9) Reaktionen auf veränderte Markt- und Umfeldbedingungen erfolgen ohne Zeitverzögerung.

10) Die Controller entwickelt sich vom Datensammler und Verwalter zu proaktivem Entscheidungsunterstützer und Navigator.

5.2 Literatur

Adam, Dietrich (1993): Produktionsmanagement. 7., vollst. überarb. und erw. Aufl. Wiesbaden: Gabler.

Bauernhansl, Thomas (2014): Die Vierte Industrielle Revolution – Der Weg in ein wertschaffendes Produktionsparadigma. In: Bauernhansl, Thomas; ten Hompel, Michael; Vogel-Heuser, Birgit (Hg.) (2014): Industrie 4.0 in Produktion, Automatisierung und Logistik. Anwendung, Technologien und Migration. Wiesbaden: Springer Vieweg, S. 5–35.

Bauernhansl, Thomas; ten Hompel, Michael; Vogel-Heuser, Birgit (Hg.) (2014): Industrie 4.0 in Produktion, Automatisierung und Logistik. Anwendung, Technologien und Migration. Wiesbaden: Springer Vieweg.

Chmielewicz, Klaus (1976): Finanzierungsrechnung. 1. Aufl. Berlin [u. a.]: De Gruyter (Sammlung Göschen, 2026).

Fredmund Malik (2006), Strategie des Managements komplexer Systeme, Haupt Verlag.

Hauptvogel, Annika (2013): ProSense. Ein Beitrag zum Zukunftsprojekt „Industrie 4.0". Hochauflösende Produktionssteuerung auf Basis kybernetischer Unterstützungssysteme und intelligenter Sensorik. Online verfügbar unter: http://files.messe.de/abstracts/51521_101640_Hauptvogel_RWTH_Aachen.pdf

Internationaler Controller Verein: Industrie 4.0. Controlling im Zeitalter der intelligenten Vernetzung. Dream Car der Ideenwerkstatt im ICV 2015. Online verfügbar unter https://www.icv-controlling.com/fileadmin/Assets/Content/AK/Ideenwerkstatt/Files/Dream_Car_Industrie4.0_DE.pdf

Kilger, Wolfgang; Pampel, Jochen R.; Vikas, Kurt (2007): Flexible Plankostenrechnung und Deckungsbeitragsrechnung. 12., vollst. überarb. Aufl. 2007. Springer: Gabler.

Lackes, Richard (1989): EDV-orientiertes Kosteninformationssystem. Flexible Plankostenrechnung und neue Technologien. Univ., Diss. Saarbrücken, 1989. Wiesbaden: Gabler (Neue betriebswirtschaftliche Forschung, 62).

Lass, Sander; Kotarski, David: IT-Sicherheit als besondere Herausforderung von Industrie 4.0. In: Kersten, W.; Koller, H.; Lödding, H. (Hg.): Industrie 4.0. Wie intelligente Vernetzung und kognitive Systeme unsere Arbeit verändern, Schriftenreihe der Hochschulgruppe für Arbeits- und Betriebsorganisation e. V. (HAB), Berlin: GITO-Verlag, S. 397–425. Online verfügbar unter: http://gito.de/homepage/gito/gitoshop.nsf/download.html/1F3E402EB972E145C1257DAF00518

C07/$File/lass_IT-Sicherheit-als-besondere-Herausforderung-von-Industrie-4-0_HAB-Tagungs
band-2014.pdf.

Scheer, August-Wilhelm (Hg.) (2012): Industrie 4.0. Wie das Internet Produktionsprozesse bis zum
Jahr 2020 verändert. Saarbrücken: IMC (IM, 27,3).

Schlick, Jochen; Stephan, Peter; Loskyll, Matthias; Lappe, Dennis (2014): Industrie 4.0 in der praktischen Anwendung. In: Bauernhansl, Thomas; ten Hompel, Michael; Vogel-Heuser, Birgit (Hg.)
(2014): Industrie 4.0 in Produktion, Automatisierung und Logistik. Anwendung, Technologien
und Migration. Wiesbaden: Springer Vieweg, S. 57–84.

Schuh, Günther (Hg.) (2015): Ergebnisbericht des BMBF-Verbundprojektes ProSense – Hochauflösende Produktionssteuerung auf Basis kybernetischer Unterstützungssysteme und intelligenter
Sensorik. Aachen: Apprimus-Verl.

Schuh, Günther; Potente, Till; Thomas, Christina; Hauptvogel, Annika (2014): Steigerung der Kolla-
borationsproduktivität durch cyber-physische Systeme. In: Bauernhansl, Thomas; ten Hompel,
Michael; Vogel-Heuser, Birgit (Hg.): Industrie 4.0 in Produktion, Automatisierung und Logistik.
Anwendung, Technologien und Migration. Wiesbaden: Springer Vieweg, S. 277-295.

Schuh, Günther; Reuter, Christina; Hauptvogel, Annika; Dölle, Christian (2015): Hypotheses for a
Theory of Production in the Context of Industrie 4.0. In: Brecher, Christian (Hg.): Advances in
Production Technology. Cham: Springer International Publishing (Lecture Notes in Production
Engineering), S. 11–23.

Stafford Beer (1966), Decision and Control, Wiley & Sons.

Svoboda, Integrierte Unternehmensplanung, in „Der Controlling Berater" Nr. 6 / 2002, Seite 26

Westphal, Jan R. (2001): Komplexitätsmanagement in der Produktionslogistik. Ein Ansatz zur flussorientierten Gestaltung und Lenkung heterogener Produktionssysteme. Mit einem Geleitwort von
Sebastian Kummer. Wiesbaden: Dt. Univ.-Verl. (Gabler-Edition Wissenschaft).

Wilken, Carsten (2007): Controlling in KMU. Eine empirische Untersuchung im Nordwesten
Deutschlands. Online verfügbar unter http://www.hs-emden-leer.de/web/forschung/docs/
Forschungsbericht_06082007121912.pdf.

Zwicker, Eckart (1981): Simulation und Analyse dynamischer Systeme in den Wirtschafts- und Sozialwissenschaften. Berlin: De Gruyter.

6 Zusatzmaterialien

Das in Kapitel 2.6 beschriebene Matrizenmodell einer integrierten Erfolgs-, Finanz-, Bilanz- und Produktionsplanung wurde vom Verfasser in einer Spreadsheet-Anwendung (Excel) programmiert. Vor diesem Hintergrund wurde auch von einem durchgängigen Zahlenbeispiel im Buch abgesehen, da ansonsten der Rahmen der Darstellung gesprengt worden wäre. Nur an einigen Stellen wurden grundlegende Strukturen und Matrizen dargestellt oder kurze Rechenbeispiele in Matrizenform aufgezeigt.

In seiner Grundstruktur geht der programmierte Matrizenkalkül auf Chmielewicz[1] zurück.

Das Modell wurde vom Verfasser wesentlich erweitert und ergänzt, um den praktischen Anforderungen an die Planungsrechnung zu entsprechen. Die wesentlichen Erweiterungen können wie folgt skizziert werden:

- Erweiterung des Modells um eine Vollkostenrechnung
- Entwicklung von Kostenträgerkalkulationen zur realitätsnahen Bewertung der fertigen und unfertigen Erzeugnisse
- Erweiterung des im Ursprungsmodell vorgesehenen Gesamtkostenverfahrens um Umsatzkostenverfahren, Managementerfolgsrechnungen und Deckungsbeitragsrechnungen
- Aufbau und Integration einer Verkaufskonditionenrechnung
- Einführung von Spektralvektoren zur Erfassung zeitlich nachverlagerter Ein- und Auszahlungen zur realistischen Ableitung der Größen der Finanzrechnung.
- Erweiterung um Buchungsmatrizen zur Darstellung der Soll- und Haben-Regeln (Doppik) im Matrixkalkül und damit zur konsistenten und durchgängigen Verbuchung aller vorgelagerten Planungsgrößen
- Entwicklung einer matrizenbasierten Abweichungsrechnung in der Erfolgs-, Finanz- und Bilanzdimension
- Ergänzung einer Kostenstellenrechnung
- Realisierung einer internen Leistungsverrechnung
- Integration einer systematischen Simulation von Lieferservicegraden, Zielbeständen und Wiederbeschaffungsmengen auf Basis der Algorithmen der dynamischen Disposition
- Integration eines Moduls zur Berechnung des Unternehmenswertes auf Basis von DCF-Verfahren

Zudem wurden einige Ungereimtheiten in dem Originalmodell korrigiert. So wurden die produktionsbedingten Verlustmengen (z. B. Ausschuss) in den Kostenträgerkalkulationen korrigiert, da diese bereits in separaten Matrizen der Bestandsmengengleichungen erfasst

---

1   Chmielewicz, Finanzierungsrechnung, S. 57 ff.

wurden und somit die Bruttoproduktionsmengen erhöhen. Eine erneute Berücksichtigung in den Kalkulationen hätte zu Doppelerfassungen geführt. Ferner wurden die Vorlaufzeiten der Produktion auf eine rechnerische Ableitung umgestellt, da im Originalmodell nur losgrößenunabhängige, feste Vorlaufzeiten vorgesehen waren. Darüber hinaus war im Originalmodell kein durchgängiger Ansatz zur Überleitung der Mengen- und Wertmatrizen in die Erfolgs- und Finanzrechnung vorgesehen, der nunmehr durch die Zwischenschaltung von Buchungsmatrizen hergestellt wird.

Zur Annäherung an eine realitätsnahe Industrieanwendung wurde neben diesen Erweiterungen zusätzlich ein aus Praxis und Lehre bekanntes Unternehmensbeispiel umgesetzt. Dieses Unternehmensbeispiel ist die „Getriebebau AG", ein fiktives mittelständisches Beispielunternehmen der Metallindustrie. Dieses Unternehmensbeispiel durchzieht das gesamte Buch „Flexible Plankostenrechnung und Deckungsbeitragsrechnung" von Kilger/Pampel/Vikas. Dieses Beispielmodell wurde in eine integrierte Erfolgs-, Finanz-, Bilanz- und Produktionsplanung mithilfe des Matrizenkalküls überführt. Der Schwerpunkt in dem Werk von Kilger/Pampel/Vikas liegt hingegen in der praktischen Demonstration der Kostenträger- und Kostenstellenrechnung. Die Kurzbeschreibung von Kilger/Pampel/Vikas zu diesem Unternehmensbeispiel soll hier kurz wiedergegeben werden:

„Das Unternehmensmodell „Getriebebau AG" wurde mit der Zielsetzung entwickelt, die Einführung und Anwendung einer Grenzplankostenrechnung in einem mittelständischen Unternehmen der Metallindustrie zu dokumentieren. Angenommen wurde ein Industriebetrieb, der pro Jahr ca. 5500 Getriebe, 400 Druck- und 200 Wasserbehälter sowie die dazugehörigen Ersatzteile erzeugt. Der jährliche Umsatz von ca. 90 Mio. € wird zu 40 % im Ausland erzielt. Es werden ca. 400 Mitarbeiter beschäftigt. Von der Kostenstellenrechnung bis hin zur Ergebnisrechnung werden die wichtigsten Schritte anhand von praxisnahen Abbildungen illustriert. Die technische Grundlage der Zahlenbeispiele bildet die Standardsoftware R/3 CO der SAP. Wegen des wirklichkeitsnahen Umfanges musste auf eine lückenlose Darstellung verzichtet werden. Zur Illustration einer praktischen Lösung sind die Auswertungen jedoch äußerst wertvoll. "[2]

Der interessierte Leser erhält damit ein praxisnahes Planungsmodell. Damit wird einerseits die Möglichkeit eröffnet, alle relevanten Treiber der Erfolgs- und Finanzrechnung im Detail durch eigene Simulationen zu studieren. Andererseits können damit wertvolle Hilfestellungen für die Bewertung und Auswahl von Softwaresystemen der operativen Unternehmensplanung gegeben werden. Der Anwender kann anhand des Beispielmodells eigene Anforderungen definieren und den Markt gezielt im Hinblick auf die Erfüllung dieser Anforderungen selektieren. Der Anwender kann anhand eigener Simulationsrechnungen die Wirkungsweise verschiedener Parameteränderungen selbstständig nachvollziehen. Durch dieses eigenständige Nachvollziehen der Formeln, Matrizenoperationen und Zusammenhänge kann ein wesentlich besserer Lerneffekt erzielt werden als durch das Studium von mathematischen Zusammenhängen auf „Papier".

Die bereits angesprochenen Erweiterungen des Modells wurden vorgenommen, damit eine möglichst realitätsnahe Abbildung typischer Industrieunternehmen gelingt und alle in Kapitel 2.4 beschriebenen Einflussfaktoren am Modell mit konkreten Zahlen nachvollzogen

---

2   Kilger, Pampel, Vikas, Flexible Plankostenrechnung, S. 401

werden können. Bestandteil des Simulationssystems ist ferner die in Kapitel 2.6.2.2 behandelte integrierte Abweichungsrechnung.

Der Anwender erhält neben dem Excel-Simulationsmodell eine ausführliche Anleitung, die alle Matrizenoperationen im Detail erläutert. Das gesamte Modell kann als Excel-Anwendung über die Autoren-/Buchseite des Verfassers unter www.springer.com bezogen werden.

Es bietet sich die Möglichkeit, verschiedene Einsichten in das ökonomische Wirkungsgefüge von Industrieunternehmen zu erhalten. Ferner kann das Modell dazu dienen, einen Teilausschnitt des eigenen Unternehmens in die Excel-Anwendung zu importieren und damit eine Vorgabe für die Entwicklung von Testszenarien für die Bewertung und Auswahl von Planungsapplikationen verschiedener Anbieter zu erstellen. Des Weiteren können auch alle in diesem Buch getroffenen Aussagen hinsichtlich der mangelnden Integration und der ökonomischen Wirkungen bestimmter Planungsverfahren verifiziert werden. Neben der kompletten Integration aller betrieblichen Teilpläne sind auch methodische Hilfen für die Planung und Simulation von Herstellmengen auf Basis bestimmter Dispositionsalgorithmen enthalten. Ausgehend von einer zu definierenden Soll-Lieferzuverlässigkeit können unter Berücksichtigung von stochastischen Schwankungen der Wiederbeschaffungszeit und der Absatzmengen die jeweils notwendigen Nachschubmengen simuliert werden. Darüber hinaus werden die Simulationen der operativen Ergebnis- und Cashflow-Planungen an ein weiteres Modul zur Berechnung des Unternehmenswertes weitergegeben. In diesem Modul werden über verschiedenen Simulationen (bspw. Monte-Carlo-Simulation) Bandbreiten für die aus den Plan-Zahlen abgeleiteten Unternehmenswerte ermittelt. Die in den Excelmodellen verwendeten Beispiele eines fiktiven Industrieunternehmens sind bewusst wesentlich komplexer gestaltet als in der herkömmlichen Planungsliteratur. Dies folgt aus der Natur der Sache, da es sich hier eben nicht um reine Finanzplanungsmodelle handelt, die auf sog. Plan-Buchhaltungsmodellen basieren, sondern es wird der gesamte relevante Mengenfluss eines Industrieunternehmens abgebildet, da eine wirklich vollständige Integration nur auf diese Art und Weise realisiert werden kann.

Vereinfachtes Planungsmodell mit Abweichungsanalyse

Neben dem umfangreichen Simulationsmodell für die Getriebebau AG ist in dem Download-Paket zusätzlich ein kleines Simulationsmodell enthalten, das sich für das Studium der Grundstrukturen der Kostenleistungsrechnung im Hinblick auf die Planung, Abrechnung und Kontrolle eignet. In dieses Modell ist ebenfalls eine umfangreiche Abweichungsrechnung integriert. Dabei kann die Abweichungsanalyse sowohl vom Umsatz- als auch vom Gesamtkostenverfahren und zusätzlich von einer Managementerfolgsrechnung ausgehen.

Simulationsdateien dynamische Disposition

Die oben kurz beschriebene Wirkungsweise der dynamischen Disposition ist in Form von verschiedenen Simulationsmodellen ebenfalls Bestandteil des Zusatzpaketes. Der Anwender kann anhand verschiedener Modellparameter die Schwankungen von Wiederbeschaffungszeiten, Auftragseingängen etc. simulieren und mit einer Vorgabe für bestimmte Lieferservice-Ziele versehen. Vom System werden auf Basis der eingestellten Dispositionsparameter dann Bestandsverläufe, Sicherheitsbestände, Produktions- und Wiederbeschaffungsmengen zur Erreichung der definierten Lieferservice-Ziele berechnet. Die Simulationsdateien der dynamischen Dispositionen können auch mit dem Matrizenmodell der EFB-Planung gekoppelt werden. Damit hat der Anwender die Möglichkeit, die Auswirkungen bestimmter Lieferserviceanforderungen auf den Liquiditätsbedarf, Lagerbestandsveränderungen und Ergebnis, Kosten etc. zu untersuchen.

Simulationsdateien Unternehmensbewertung

Die Simulationen des EFB-Modells können vom Anwender mit Modellen der Unternehmensbewertung verbunden werden. Der Anwender kann durch Einstellung verschiedener Zinssätze, Risikoaufschläge, Risikosimulationen etc. auf Basis von Discounted-Cashflow-Modellen (DCF) Bandbreiten für die Ermittlung des Unternehmenswertes kalkulieren.

Checklisten, Beispielprojektpläne, Tools etc. zur Einführung von Planungssoftware

Für die gezielte Vorbereitung zur Einführung von Softwareapplikationen erhält der Anwender umfangreiche Checklisten, Musterprojektpläne, Lasten-/Pflichtenhefte. Die Checklisten beinhalten bspw. bestimmte Prüf- und Abstimmvorschläge für die Beurteilung der Stammdatenqualität in den Vorsystemen. Ferner wird ein Kriterienkatalog mit ausgeliefert, der die wichtigsten Funktionen und Methoden für Industrieplanungsapplikationen enthält. Anhand dieses Kriterienkataloges kann der Anwender gezielt die eigenen Kriterien gewichten und auf die unternehmensindividuellen Bedürfnisse anpassen. Die ausgewählten Kriterien zusammen mit den Checklisten und dem Pflichtenheft ermöglichen es dem Anwender, gezielt auf dem Markt nach geeigneten Anbietern zu suchen. Dabei bietet es sich auch an, den Anbietern ein Testdatenszenario an die Hand zu geben. Diese Testdaten können bspw. direkt aus dem in Excel programmierten Matrizenmodell abgeleitet werden. Dabei kann bspw. ein kleiner Teilausschnitt aus dem Unternehmen des Anwenders (z. B. 20–30 Artikel, Stücklisten, Arbeitspläne, Materialien etc.) in die Output- und Input-Verflechtungsmatrizen übernommen werden und anhand verschiedener Parameter (Bestände, Absatz- und Produktionsmengen) durchgerechnet werden. Die Berechnungsergebnisse können mit den Resultaten der Kalkulationen der eigenen Systeme abgestimmt werden. Nach Validierung der Berechnungsergebnisse kann dieses Testdatenszenario für die Vorbereitung und Präsentation von Anbieterapplikationen genutzt werden.

Business Case

Zur gezielten ökonomischen Bewertung der Einführung von Planungsapplikationen erhält der Anwender zusätzlich ein Modell zur Wirtschaftlichkeitsberechnung seiner Investition. Er kann anhand verschiedener dynamischer Investitionsrechnungsverfahren und voreingestellter Parameter die Wirtschaftlichkeit seiner Investition beurteilen und erhält Anhaltspunkte für Kapitalwerte, interne Verzinsung, statische und dynamische Amortisationsdauern etc. Dabei sind die Nutzenpotenziale anhand wegfallender Kosten und Prozessvereinfachungen bereits beispielhaft dargestellt. Diese Nutzenpotenziale basieren auf eigenen Projekterfahrungen sowie den oben im Detail vorgestellten Studien. Der Anwender kann alle Parameter selbstverständlich auf die unternehmensindividuellen Verhältnisse anpassen.

Zusätzlich zu den Inhalten der Zusatzpakete können beim Autor auf Anfrage Marktübersichten der Anbieter von Softwarelösungen bestellt werden. Diese Marktübersichten beinhalten neben der Nennung der Anbieter Einschätzungen hinsichtlich der relevanten Merkmale für integrierte Planungsrechnungen von Industrieunternehmen. Dabei wird die in Kapitel 3.5.7 vorgenommene Klassifizierung von Planungsmodellen herangezogen.

6.1 Literatur

Chmielewicz, Klaus (1982): Finanzrechnung und Bilanz. 3. Aufl. Opladen: Westdeutscher Verlag (WV Studium, 43).

Kilger, Wolfgang; Pampel, Jochen R.; Vikas, Kurt (2007): Flexible Plankostenrechnung und Deckungsbeitragsrechnung. 12., vollst. überarb. Aufl. 2007. Springer: Gabler.